Fehlzeiten-Report

T0200156

Reihenherausgeber

B. Badura, Fakultät für Gesundheitswissenschaften, Universität Bielefeld, Bielefeld, Germany

A. Ducki, Beuth Hochschule für Technik Berlin, Berlin, Germany

H. Schröder, Wissenschaftliches Institut der AOK (WIdO), Berlin, Germany

J. Klose, Wissenschaftliches Institut der AOK (WIdO), Berlin, Germany

M. Meyer, Wissenschaftliches Institut der AOK (WIdO), Berlin, Germany

Bernhard Badura · Antje Ducki · Helmut Schröder ·
Joachim Klose · Markus Meyer
Hrsg.

Fehlzeiten-Report 2020

Gerechtigkeit und Gesundheit

Hrsg.
Prof. Dr. Bernhard Badura
Universität Bielefeld
Bielefeld, Deutschland

Prof. Dr. Antje Ducki
Beuth Hochschule für Technik
Berlin, Deutschland

Helmut Schröder
Wissenschaftliches Institut der AOK (WIdO)
Berlin, Deutschland

Joachim Klose
Wissenschaftliches Institut der AOK (WIdO)
Berlin, Deutschland

Markus Meyer
Wissenschaftliches Institut der AOK (WIdO)
Berlin, Deutschland

Fehlzeiten-Report
ISBN 978-3-662-61523-2 ISBN 978-3-662-61524-9 (eBook)
https://doi.org/10.1007/978-3-662-61524-9

Die Deutsche Nationalbibliothek verzeichnet diese Publikation in der Deutschen Nationalbibliografie; detaillierte bibliografische Daten sind im Internet über http://dnb.d-nb.de abrufbar.

Vorwort

Das Empfinden der Beschäftigten, dass es im Unternehmen im Großen und Ganzen gerecht zugeht, ist nicht nur eine wichtige Motivationsquelle, es kann auch die Gesundheit beeinflussen. Sowohl das eigene Wohlbefinden als auch die Produktivität und die individuelle Leistungsfähigkeit können mit dem Empfinden, gerecht behandelt zu werden, in Zusammenhang stehen. Das Thema Gerechtigkeit ist daher auch für Unternehmen in vielen Facetten relevant: Es kann beispielsweise um Auswahlverfahren bei Stellenbesetzungen gehen, um die Höhe der Gehälter, um zwischenmenschliche Umgangsformen, um betriebliche Anreizsysteme oder darum, ausreichende Informationen von der Führungskraft zu erhalten. Was gerechtes Handeln im Unternehmen zur besonderen Herausforderung werden lässt, ist der Umstand, dass das, was als gerecht empfunden wird, individuell unterschiedlich bewertet werden kann. Die wahrgenommene Gerechtigkeit kann somit stark zwischen Individuen differieren. Und gerade diese ist es, die das Wohlbefinden der Beschäftigten bestimmt und damit letztlich auch die Gesundheit beeinflussen kann.

Auch die steten Entwicklungen in der Arbeitswelt tangieren Fragen der Gerechtigkeit: So führen die Folgen der Digitalisierung beispielsweise zu einem hohen Weiterbildungsbedarf, d. h. die Entwicklungsmöglichkeiten der Beschäftigten müssen adäquat erkannt und gefördert werden, ohne Diskriminierungen zu erzeugen. Die Auswirkungen der Entgrenzung der Arbeit, wie die Möglichkeiten der kommunikativen Erreichbarkeit oder das flexible Arbeiten, brauchen klare Regeln. Steigende Mobilitätsanforderungen an die Beschäftigten und ihr soziales Umfeld und häufige betriebliche Restrukturierungen brauchen zumutbare und als gerecht empfundene Rahmenbedingungen. Auch werden die Arbeitsanforderungen aufgrund des technischen Fortschritts immer komplexer – der Grad der daraus entstehenden individuellen Eigenverantwortung muss bestimmt werden. Alle diese Entwicklungen brauchen Regeln, die von den Beschäftigten erwartungsgemäß nur akzeptiert und gelebt werden, wenn sie auch als gerecht empfunden werden. Das Gefühl ungerechter Behandlung kann dabei negative Auswirkungen auf die Gesundheit haben. Die Beiträge in diesem Report machen dies deutlich und sensibilisieren für dieses Thema.

Doch was ist eigentlich Gerechtigkeit? Und was heißt gerechtes Handeln in Unternehmen ganz konkret? Welche Anforderungen haben Beschäftigte an eine gerechte Führungskraft? Und was sind die gesundheitlichen Folgen, wenn sich Beschäftigte subjektiv ungerecht behandelt fühlen? Welchen Beitrag kann das Betriebliche Gesundheitsmanagement leisten, wenn es um Fragen der Gerechtigkeit geht? Mit diesen und vielen weiteren Fragen beschäftigen sich die Autorinnen und Autoren in dem vorliegenden Fehlzeiten-Report, die trotz ihrer vielfältigen Verpflichtungen das Engagement und die Zeit gefunden haben, uns aktuelle und interessante Beiträge zur Verfügung zu stellen.

Wir wussten bei der Planung der vorliegenden Ausgabe des Fehlzeiten-Reports noch nicht, welch schwere Zeit mit der COVID-19-Pandemie auf die Welt und auch auf Deutschland zukommen würde. Trotz der mit der Pandemie verbundenen Herausforderungen des Lockdowns, wie die zu organisierende Betreuung von Kindern oder Pflegebedürftigen, die Organisation des distanzierten Lernens von Schülern und Studierenden oder der Einkauf von teilweise knappen Gütern des täglichen Bedarfs, haben uns alle beteiligten Autorinnen und Autoren mit ihren zugesagten Beiträgen pünktlich unterstützt. Unser spezieller Dank gilt daher insbesondere den Autorinnen und Autoren dieses

Buches, die es trotz schwieriger Zeiten erst ermöglicht haben, dass dieser Report erscheinen kann.

Auch wenn wir im vorliegenden Fehlzeiten-Report die Folgen der Covid-19-Pandemie noch nicht thematisieren konnten, vermuten wir, dass sie Auswirkungen nicht nur auf die wirtschaftliche, sondern auch auf die soziale und gesundheitliche Situation in Deutschland haben wird, denn sozioökonomische Ungleichheiten sind in Deutschland nach wie vor mit einer ungleichen Verteilung von Gesundheit und Krankheit verbunden. Dies wird in dem Beitrag von Michalski et al. in diesem Buch vertiefend dargestellt. Es ist zu befürchten, dass die Covid-19-Pandemie die vorhandene soziale Ungleichheit und somit auch die damit in Zusammenhang stehenden Gesundheitsrisiken nochmals stärker hervortreten lassen wird.

Spätestens seit dem Fehlzeiten-Report 2017, der sich dem Thema Krise und Gesundheit gewidmet hat, wissen wir auch um die mit Krisen verbundenen Chancen, aus denen die Beteiligten gestärkt hervorgehen können. Welche Auswirkungen die gegenwärtige Krise auch auf das Betriebliche Gesundheitsmanagement in den Unternehmen haben wird, lässt sich aktuell nicht prognostizieren. Es ist aber zu hoffen, dass dem Präventionsgedanken zukünftig noch stärker Rechnung getragen wird. Denn gerade in der Covid-19-Pandemie zeigt sich, wie kostbar und wie wenig selbstverständlich unsere Gesundheit ist, sie verweist zugleich auch auf die gesellschaftlichen Schwächen, denn nach wie vor ist Gesundheit und Krankheit sozial unterschiedlich verteilt. Dass die Bevölkerungsgruppen abhängig von der Einkommenssituation, der Arbeitsplatzsicherheit oder der familiären Situation verschieden stark von den Folgen der Pandemie betroffen sind, zeigen erste Forschungsergebnisse.

Zusätzlich zum Schwerpunktthema gibt der Fehlzeiten-Report auch in diesem Jahr wieder einen differenzierten Überblick über die krankheitsbedingten Fehlzeiten in der deutschen Wirtschaft mit aktuellen Daten und Analysen der 14,3 Mio. AOK-Mitglieder, die in mehr als 1,6 Mio. Betrieben im Jahr 2019 tätig waren. Die Entwicklungen in den einzelnen Wirtschaftszweigen werden dabei differenziert dargestellt, was einen schnellen und umfassenden Überblick über das branchenspezifische Krankheitsgeschehen ermöglicht. Der Report berichtet zudem auch wieder über die Krankenstandsentwicklung aller gesetzlich krankenversicherten Arbeitnehmer in Deutschland wie auch speziell in der Bundesverwaltung. Erstmals werden Entwicklungen beim Krankengeld, bei den Erwerbsminderungsrenten und den Arbeits- und Wegeunfällen die Fehlzeiten-Analysen ergänzen. Aber auch die Frage, wie sich die psychischen Erkrankungen unter den Erwerbstätigen in Deutschland entwickelt haben und welche Konsequenzen das für das Betriebliche Gesundheitsmanagement hat, wird erstmals untersucht.

Aus Gründen der besseren Lesbarkeit wird innerhalb der Beiträge bei der Benennung von Personen – wo immer möglich – eine „geschlechtsneutrale" Formulierung verwendet (z. B. Beschäftigte, Mitarbeitende). Ist dies nicht möglich, wird ggf. die männliche Schreibweise verwendet. Wir möchten darauf hinweisen, dass diese Verwendung explizit als geschlechtsunabhängig verstanden werden soll und selbstverständlich jeweils alle Geschlechter gemeint sind.

Danken möchten wir allen Kolleginnen und Kollegen im WIdO, die an der Buchproduktion beteiligt waren und in beeindruckender Weise den Beleg erbracht haben, dass eine Bucherstellung trotz der zahlreichen Pandemie-bedingten Herausforderungen von den heimischen Arbeitsplätzen aus gelingen kann. Zu nennen sind hier vor allem Miriam-Maleika Höltgen und Stefanie Wiegand, die uns bei der Organisation, der Betreuung der Autorinnen und Autoren und durch ihre redaktionelle Arbeit exzellent unterstützt haben. Frau Höltgen hat uns zudem auch wieder gewohnt professionell bei der Autoren-recherche und -akquise unterstützt. Unser Dank gilt ebenfalls Susanne Sollmann für das ausgezeichnete Lektorat und dem gesamten BGF-Team im WIdO. Danken möchten wir gleichermaßen allen Kolleginnen und Kollegen im Backoffice des WIdO, ohne deren Un-terstützung diese Buchpublikation nicht möglich gewesen wäre.

Unser Dank geht last but not least an den Springer-Verlag für die gewohnt hervorra-gende verlegerische Betreuung, insbesondere durch Frau Hiltrud Wilbertz.

Berlin und Bielefeld
im Juni 2020

Inhaltsverzeichnis

III Betriebliche Ebene

IV   Praxisbeispiele

V   Daten und Analysen

Gesellschaftliche Ebene: Grundlagen

Inhaltsverzeichnis

Gerechtigkeit und Gesundheit

Stefan Liebig, Carsten Sauer und Reinhard Schunck

Inhaltsverzeichnis

© Springer-Verlag GmbH Deutschland, ein Teil von Springer Nature 2020
B. Badura et al. (Hrsg.), *Fehlzeiten-Report 2020*, Fehlzeiten-Report,
https://doi.org/10.1007/978-3-662-61524-9_1

1

▪ ▪ Zusammenfassung

Aufsetzend auf philosophische und sozialwissenschaftliche Konzeptionen gibt der Beitrag zunächst einen kurzen Überblick über
die Bedeutungsdimensionen sozialer Gerechtigkeit. Insbesondere aus einer erfahrungswis-
senschaftlichen Perspektive ist dabei entscheidend, dass Gerechtigkeit nicht umstandslos
als Gleichheit zu verstehen ist und subjektive (Un-)Gerechtigkeitserfahrungen bestimmte
Konsequenzen haben. Vor diesem Hintergrund
wird der Zusammenhang zwischen wahrgenommener Gerechtigkeit bzw. Ungerechtigkeit in Beschäftigungsbeziehungen und selbstberichteter physischer und psychischer Gesundheit empirisch beleuchtet. Grundlegend
dafür ist die Unterscheidung von drei Gerechtigkeitsdimension: Interaktionsgerechtigkeit, Verfahrensgerechtigkeit und Verteilungsgerechtigkeit. Empfinden Beschäftigte ihr Beschäftigungsverhältnis auf einer dieser Dimensionen als ungerecht und haben sie nicht die
Möglichkeit, die als ungerecht empfundene
Situation zu ändern, kann sich dies über Stressreaktionen auf die psychische und physische
Gesundheit auswirken. Dieser Zusammenhang
wird mit Daten aus einer groß angelegten Befragung von Beschäftigen (die sog. LINOS-
Studie) illustriert. Es zeigen sich deutliche Zusammenhänge zwischen der selbstberichteten
psychischen Gesundheit und wahrgenommener Ungerechtigkeit: Je ungerechter Teile des
Beschäftigungsverhältnisses empfunden werden, desto häufiger berichten die Befragten von
Niedergeschlagenheit bzw. Trübsinn. Dieser
Zusammenhang zeigt sich auch für körperliche Beschwerden, allerdings in geringerem
Maße.

1.1 Einleitung

Gerechtigkeit beschäftigt die Menschheit seit
sehr langer Zeit. Erste Abhandlungen dazu
finden sich bereits in der Zeit der frühen Hoch-
kulturen des 2. Jahrtausends vor der christ-
lichen Zeitrechnung. Darin wird sie als eine
menschliche Tugend beschrieben, die darin begründet ist, dass sich Menschen gegenseitig
etwas schulden und den Mächtigen nicht alles erlaubt sei. So lässt etwa Platon Sokrates
sagen: Gerechtigkeit gehöre „zu dem Schöns-
ten, was sowohl um seiner selbst willen, als
auch wegen dessen, was daraus folgt, dem,
der glückselig sein will, wünschenswert ist"
(Platon 1989, 358a). Interessant ist dabei, dass
gerechtes Handeln (z. B. der Mächtigen) zwar
einerseits „um seiner selbst willen" gefordert
wird. Ein gerechtes Handeln zeichnet den Einzelnen als tugendhaft aus und unterscheidet
ihn von denjenigen, die nicht über diese Tugend verfügen und die Interessen, Bedürfnisse
oder Rechte ihrer Mitmenschen missachten.
Doch das Sokrates-Zitat verweist auch auf einen zweiten Strang der Begründung, warum
Gerechtigkeit erstrebenswert ist: Es sind die
aus einem gerechten oder ungerechten Handeln folgenden Reaktionen und die zu erwartenden Konsequenzen. Dem liegen zwei
Annahmen zugrunde: Erstens, dass Menschen
über einen Gerechtigkeitssinn verfügen und
„wissen", was gerecht oder ungerecht ist; und
zweitens, dass es im Denken und Handeln jedes Einzelnen einen Unterschied macht, ob
er oder sie ungerecht oder gerecht behandelt
wird. Weil gerechtes oder ungerechtes Handeln (z. B. der Mächtigen) Konsequenzen hat
und deshalb positiv oder negativ auf den Handelnden zurückfallen kann, ist Gerechtigkeit
auch eine Forderung der Klugheit: Wer die
negativen Konsequenzen von Ungerechtigkeiten vermeiden möchte, sollte tunlichst gerecht
handeln.

Das neuzeitliche Gerechtigkeitsverständnis
belässt die Gerechtigkeit nicht im Raum des individuellen Handelns. Der US-amerikanische
Philosoph John Rawls erweitert ihren Gel-
tungsanspruch Anfang der 1970er Jahre in
seiner „Theorie der Gerechtigkeit" auf die gesamte Gesellschaft. Dass Gerechtigkeit zwischen den Menschen und vor allem auch in
einem Gemeinwesen herrschen sollte, wird dabei als eine moralische Forderung angesehen,
die in der neuzeitlichen Vorstellung begründet
ist, alle Menschen seien von Natur aus frei ge-

boren und deshalb mit den gleichen Rechten und Pflichten ausgestattet. Für Rawls ist deshalb Gerechtigkeit „die erste Tugend sozialer Institutionen, so wie die Wahrheit bei Gedankensystemen" (Rawls 1975, S. 19). Sie wird damit zu einem Kriterium, mit dem die einzelnen Institutionen und die Gesellschaft als Ganzes beurteilt werden können. Wenn „(1) jeder die gleichen Gerechtigkeitsgrundsätze anerkennt und weiß, daß das auch die anderen tun, und (2) die grundlegenden gesellschaftlichen Institutionen bekanntermaßen diesen Grundsätzen genügen" (Rawls 1975, S. 21), dann handelt es sich um eine „wohlgeordnete Gesellschaft". Sie zeichnet sich dadurch aus, dass keine „willkürlichen Unterschiede zwischen Menschen" gemacht werden und die Regeln der Zuweisung von Rechten, Chancen, Gütern oder Lasten einen „sinnvollen Ausgleich zwischen konkurrierenden Ansprüchen zum Wohle des gesellschaftlichen Lebens herstellen" (Rawls 1975, S. 21 f.).

1.2 Der Kern der Gerechtigkeit

Versucht man vor dem Hintergrund der an Rawls und anderen Gerechtigkeitstheoretikern anknüpfenden Debatte in der zeitgenössischen Philosophie ein „Kernverständnis" von Gerechtigkeit zu identifizieren, so umfasst dies drei zentrale Grundsätze: (1) den Gleichbehandlungsgrundsatz, d. h. Personen sind unter den gleichen relevanten Umständen auf die gleiche Weise zu behandeln; (2) den Unparteilichkeitsgrundsatz, d. h. „in Situationen des zwischenmenschlichen Interessenkonflikts nach Regeln zu handeln, die für alle Beteiligten von einem unparteiischen Standpunkt aus annehmbar sind" (Koller 1995, S. 55); und (3) der Grundsatz legitimer Ansprüche, d. h. jedem das zukommen zu lassen, was ihm gebührt, oder jede Person so zu behandeln, wie sie es verdient.

Doch diese Grundsätze beschreiben zunächst nur den formalen Kern unseres Gerech-

tigkeitsverständnisses. Sie verweisen darauf, dass es bei Forderungen nach Gerechtigkeit *eigentlich* um drei Aspekte geht. Denn Gerechtigkeit zielt einmal darauf ab, wie Menschen miteinander umgehen und sich gegenseitig behandeln und wie sie auch von den Institutionen in einer Gesellschaft – etwa Behörden oder im Betrieb oder in einem Unternehmen – behandelt werden, wenn es um die Zuteilung von Rechten, Gütern oder Lasten geht. Dies ist das, was man in der Gerechtigkeitsforschung als *Interaktionsgerechtigkeit* bezeichnet (Bies 2015). Gerechtigkeit bedeutet aber auch, dass die Verfahren (Liebig und Sauer 2013, 2016), die angewandt werden, um Einzelnen oder Gruppen bestimmte Rechte, Güter oder Lasten zuzuweisen, gerecht ablaufen (*Verfahrensgerechtigkeit*). Und Gerechtigkeit bezieht sich schließlich auch auf das, was der Einzelne oder auch einzelne Gruppen am Ende erhalten (Cook und Hegtvedt 1983), also über welche Rechte und welchen Umfang an Gütern oder Lasten sie letztlich verfügen können (*Verteilungsgerechtigkeit*). Welche Regeln dabei konkret gelten sollten und was legitime Ansprüche einer Person oder einer Gruppe in einer konkreten Situation sind, bleibt offen.

Diese Konkretisierung und Kontextualisierung der Gerechtigkeit in Hinblick auf einzelne Regeln der Zu- und Verteilung von Rechten, Gütern oder Lasten erfolgt einmal in den Konzeptionen der Gerechtigkeit, wie sie etwa in der praktischen Philosophie oder der Ethik über die Zeit formuliert wurden. Sie werden auch erkennbar in den Regeln und Praktiken, wie in einer Gesellschaft und ihren Institutionen Rechte, Güter und Lasten tatsächlich verteilt werden – ob und nach welchen Regeln etwa Hilfsbedürftige in einer Gesellschaft unterstützt werden (Sozialpolitik) oder ob und wie der Staat in die Verteilung von Einkommen und Vermögen eingreift und wie die Lasten zur Finanzierung staatlicher Leistungen verteilt sind (Steuerpolitik). Und schließlich werden sie sichtbar im Verständnis von Gerechtigkeit, wie sie die Bürgerinnen und Bürger einer Gesellschaft haben.

1

1.3 Gerechtigkeit ist nicht immer Gleichheit

Ein zentrales Ergebnis sozial- und verhaltenswissenschaftlicher Forschung besteht darin, dass die Menschen im Laufe ihrer Entwicklung nicht nur einen Gerechtigkeitssinn entwickelt haben, sondern unter den jeweiligen historischen und gesellschaftlichen Kontexten auch lernen, was in einer konkreten Situation gerecht oder ungerecht ist (Liebig und Sauer 2013). Dabei ist entscheidend, dass Gerechtigkeit nicht immer gleichzusetzen ist mit Gleichheit (Liebig 2015). Zwar besteht große Einigkeit, dass die Chancen im Zugang zu grundlegenden gesellschaftlich vermittelten Ressourcen – wie z. B. Bildung – gleich verteilt sein sollten. Doch neben dem Prinzip der Gleichheit, also der Vorstellung, dass jeder und jede immer den gleichen Anteil erhalten sollte, existiert die Vorstellung einer Verteilung proportional zu den konkreten individuellen Anstrengungen oder Leistungen (Proportionalitäts- oder Leistungsprinzip). Aber auch eine Zuteilung entsprechend der individuellen Bedürftigkeit oder in der Vergangenheit erworbener oder zugeschriebener Anrechte wird in bestimmten Situationen als gerecht angesehen (Hülle et al. 2018). Gerechtigkeit kann somit auch bedeuten, dass sich individuelle Unterschiede und Besonderheiten in der Zuweisung von Gütern oder Lasten niederschlagen, was im Ergebnis zu einer ungleichen Verteilung führt. Wenn deshalb in gesellschaftlichen Debatten Gerechtigkeit ausschließlich als Gleichheit verstanden wird und entsprechend ungleiche Verteilungen grundsätzlich als ungerecht definiert werden, handelt es sich um eine Engführung und ein undifferenziertes Verständnis der Gerechtigkeit. Gerade wenn es um materielle Ressourcen wie Einkommen oder Vermögen geht, stellt sich deshalb nicht die Frage, ob Menschen mehr Gleichheit wollen, sondern vielmehr, unter welchen Bedingungen welches Ausmaß von Ungleichheit als legitim angesehen wird (Sachweh 2012; Sauer et al. 2016).

1.4 Erlebte (Un-)Gerechtigkeiten sind folgenreich

Ein zweites, zentrales Ergebnis der empirischen Gerechtigkeitsforschung ist, dass Menschen, je nachdem ob sie sich gerecht oder ungerecht behandelt fühlen, entsprechende Reaktionen zeigen. Subjektiv erlebte (Un-)Gerechtigkeiten sind handlungsrelevant. Sie haben Konsequenzen, aber nicht nur für Einstellungen und Verhalten, sondern mittel- und langfristig auch für psychische und physische Befindlichkeiten. Ein Kontext, der hier ganz besonders entscheidend ist, sind (Un-)Gerechtigkeitserfahrungen am Arbeitsplatz. Zahlreiche empirische Studien, hauptsächlich aus der Arbeits- und Organisationspsychologie und -soziologie, untersuchen deshalb die Folgen von Ungerechtigkeitswahrnehmungen bei der Arbeit. Diese zeigen, dass Arbeitnehmerinnen und Arbeitnehmer, die sich ungerecht behandelt oder entlohnt fühlen, häufiger den Arbeitsplatz wechseln, mehr Fehltage aufweisen, eher zur „inneren Kündigung" neigen und weniger zufrieden mit ihrer Beschäftigung sind (Colquitt et al. 2001; Roscigno et al. 2018).

Darüber hinaus dokumentieren zahlreiche Untersuchungen, dass sich wahrgenommene Ungerechtigkeit auch auf die psychische und physische Gesundheit auswirken kann. Eine finnische Studie zeigt etwa, dass eine geringe Interaktionsgerechtigkeit – wenn sich Beschäftigte also von ihren Vorgesetzten oder Kolleginnen und Kollegen ungerecht behandelt fühlen – zu mehr krankheitsbedingten Fehltagen aufgrund von Angststörungen führen kann (Elovainio et al. 2013). Werden Interaktionen hingegen als gerecht wahrgenommen, reduziert dies die Wahrscheinlichkeit für Fehltage deutlich. Einen ähnlichen Befund liefert eine schwedische Studie (Leineweber et al. 2017), in der die Autoren zeigen, dass geringe Interaktionsgerechtigkeit mit einer größeren Häufigkeit und längeren Dauer von Fehlzeiten zusammenhängt. Vergleichbare Befunde lassen sich zur Verfahrensgerechtigkeit in Unternehmen finden, wobei vor allem ein negativer Effekt von geringer Verfahrensgerechtigkeit auf die psychische Gesundheit von Arbeitnehmern nachgewiesen werden konnte (Kausto et al. 2005; Ndjaboué et al. 2012). Ähnlich verhält es sich für Arbeitnehmerinnen und Arbeitnehmer, die Aufwand und Ertrag ihrer Arbeit in einem Ungleichgewicht sehen. Auch hier führt dieses Ungleichgewicht langfristig zu gesundheitlichen Problemen und mehr Fehlzeiten (Leineweber et al. 2019).

Überdies zeigen empirische Untersuchungen, dass auch ein Zusammenhang zwischen wahrgenommener Ungerechtigkeit und körperlicher Gesundheit besteht. Arbeitnehmerinnen und Arbeitnehmer, die sich über einen längeren Zeitraum ungerecht bezahlt sehen, berichten einen schlechteren körperlichen Gesundheitszustand (Schunck et al. 2013, 2015). Da in den Analysen dieser Studie die Höhe des Bruttoeinkommens „kontrolliert" wird, handelt es sich um den bereinigten Einfluss der subjektiven Gerechtigkeitswahrnehmung auf den Gesundheitszustand, unabhängig von der Höhe des Erwerbseinkommens. Eine Meta-Studie (Robbins et al. 2012), die den Einfluss von distributiver, Interaktions- und Verfahrensgerechtigkeit auf psychische und physische Gesundheit behandelt, kommt zu dem Schluss, dass Ungerechtigkeit stärker auf psychische Aspekte der Gesundheit wirkt, aber auch körperliche Auswirkungen (Selbsteinschätzung, erhöhter Blutdruck, etc.) hat, die mit psychischen Aspekten (z. B. Burnout, Stress) einhergehen.

Zusammenfassend lässt sich konstatieren, dass durch zahlreiche Studien ein Zusammenhang zwischen Ungerechtigkeitswahrnehmungen der Arbeitnehmer und unterschiedlichen körperlichen und psychischen Gesundheitsproblemen dokumentiert ist. Im folgenden Abschnitt gehen wir näher auf die Gründe ein, warum Ungerechtigkeit überhaupt gesundheitliche Folgen haben kann, und zeigen diesen Zusammenhang anhand aktueller empirischer Daten.

1.5 Warum gesundheitliche Folgen?

Die Beziehung zwischen Arbeitnehmer und Arbeitgeber ist eine Austauschbeziehung (Chan und Goldthorpe 2007; Rousseau 1995; Schunck et al. 2015; Siegrist und Theorell 2006). Die Beschäftigten unternehmen Anstrengungen für den Arbeitgeber, indem sie ihre Arbeitskraft zur Verfügung stellen und körperliche oder geistige Leistungen erbringen. Dafür erhalten sie vom Arbeitgeber Gegenleistungen, wozu neben dem Gehalt bspw. auch Beschäftigungssicherheit, Flexibilität bei der Gestaltung von Arbeitszeiten, Aufstiegsmöglichkeiten oder soziale Anerkennung zählen können (Chan und Goldthorpe 2007; Schunck et al. 2013; Siegrist und Theorell 2006). Die Austauschbeziehung basiert dabei auf der Erwartung des Beschäftigten, für die erbrachten Leistungen gleichwertig bzw. angemessen vergütet zu werden (Gouldner 1960; Siegrist und Theorell 2006). Diese Sicht auf das Beschäftigungsverhältnis umfasst also Aspekte *distributiver Gerechtigkeitsvorstellungen*, bei denen es um die Verteilung von Gütern (z. B. Erwerbseinkommen) geht. Um zu ihrem Urteil zu kommen, nehmen Beschäftigte eine Gerechtigkeitsbewertung vor (Jasso 1978). Sie vergleichen beispielsweise ihre Entlohnung mit der von anderen, bspw. Kollegen, Partnern oder auch anderen Personen mit gleichen Qualifikationen und Berufen (Adams 1965; Berger et al. 1972; Liebig et al. 2011; Markovsky et al. 2008; Sauer und May 2017).

Daneben beurteilen Beschäftigte das Beschäftigungsverhältnis aber auch noch unter den Gesichtspunkten der *Interaktions*- und der *Verfahrensgerechtigkeit*. Bei der *Interaktionsgerechtigkeit* steht die Frage im Mittelpunkt, wie sich Beschäftigte von ihrem Vorgesetzten/ihrer Vorgesetzten behandelt fühlen. Dabei spielen zum einen interpersonelle Aspekte eine Rolle, also inwieweit sich Vorgesetzte an Verhaltensregeln halten, die auf Respekt und gegenseitiger Anerkennung beruhen, und auf der

1

anderen Seite um informationelle Aspekte, also inwieweit Beschäftigte rechtzeitig und vollständig über ihre Aufgaben informiert werden (Roscigno et al. 2018). *Verfahrensgerechtigkeit* bezieht sich im Rahmen des Beschäftigungsverhältnisses darauf, ob bei den Regeln und Entscheidungsprozessen, wie bspw. der Verteilung von Arbeitsaufgaben oder Beförderungen, innerhalb der Organisation Fairnessregeln eingehalten werden. Während also die Interaktionsgerechtigkeit das Verhältnis zwischen einzelnen Personen am Arbeitsplatz im Fokus hat, geht es bei der Verfahrensgerechtigkeit um allgemeine Regeln, wie sie in einem Unternehmen, einem Betrieb oder einer Behörde gelten.

In allen drei Gerechtigkeitsdimensionen – Verteilung (Distribution), Interaktion und Verfahren – haben Beschäftigte also Vorstellungen darüber, ob sie gerecht oder ungerecht behandelt werden. In Bezug auf die Entlohnung stellt die Norm der Reziprozität die Grundlage für die Bewertung der Austauschbeziehung dar (Liebig et al. 2011). Die Beschäftigungsbeziehung wird dann als gerecht empfunden, wenn die erbrachte Leistung – der Arbeitsaufwand – den gleichen Wert hat wie die Gegenleistung – die Entlohnung. Ist dies nicht der Fall, nehmen Beschäftigte die Entlohnung als ungerecht war. Ob die Gegenleistung als gleichwertig empfunden wird, wird über soziale Vergleichsprozesse bestimmbar. Von besonderer Bedeutung sind dabei Referenzpersonen mit ähnlichen Eigenschaften, also bspw. mit dem gleichen Beruf, der gleichen Ausbildung, etc. Dennoch kann es sein, dass Gruppen von Beschäftigten ihre Entlohnung nicht als gerecht empfinden, wenn die Entlohnung bspw. nicht zur Sicherung des Lebensunterhalts reicht oder durch die Entlohnung im Vergleich mit anderen Gruppen von Beschäftigten nicht ausreichend soziale Wertschätzung zum Ausdruck gebracht wird. Wenn in der Arbeitsbeziehung bei Entscheidungen Grundsätze der Gleichbehandlung beachtet und sie nachvollziehbar und transparent getroffen werden, schätzen Beschäftigte die Verfahren als gerecht ein. Ist dies nicht der Fall, werden die Verfahren als ungerecht wahrgenommen. Letztlich können auch

die Beziehungen zu Vorgesetzten und Kollegen als gerecht oder ungerecht angesehen werden – wiederum im Vergleich zu Referenzpersonen.

Warum haben Ungerechtigkeitswahrnehmungen nun gesundheitliche Folgen? Empfinden Beschäftigte ihr Arbeitsverhältnis oder Teile davon als ungerecht, haben sie prinzipiell zwei Möglichkeiten zu reagieren (Schunck et al. 2015): Sie können versuchen, Änderungen in ihrem aktuellen Beschäftigungsverhältnis herbeizuführen oder es zu beenden und eine neue Stelle zu finden. Wenn bspw. die Entlohnung als ungerecht empfunden wird, können sie versuchen, das Verhältnis von erbrachten Leistungen und erhaltenen Gegenleistungen zu ändern, sodass es als gerecht wahrgenommen wird (Roscigno et al. 2018). Entweder dadurch, dass die erhaltenen Gegenleistungen erhöht werden oder dadurch, dass sie ihre erbrachten Leistungen reduzieren. Es ist offensichtlich, dass beide Optionen nicht ohne Weiteres realisierbar sind. Wenn es aufgrund der eigenen Qualifikationen oder der Arbeitsmarktsituation einfach ist, eine andere Stelle zu finden, ist die Wahrscheinlichkeit, ungerecht behandelt zu werden, per se geringer (Chan und Goldthorpe 2007; Schunck et al. 2015). Je schwieriger es ist, eine alternative Stelle zu finden, desto höher ist wiederum die Wahrscheinlichkeit, dass Aspekte der Beschäftigungsbeziehung als ungerecht empfunden werden (Schunck et al. 2015). Auch ist es nicht ohne Weiteres im aktuellen Beschäftigungsverhältnis möglich, höhere Gegenleistungen zu erhalten, die erbrachten Leistungen zu reduzieren (Chan und Goldthorpe 2007; Schunck et al. 2015) oder als gerechter empfundene Interaktionen und Verfahren einzufordern oder durchzusetzen.

Befinden sich Beschäftigte in einer solchen Situation, kann dies zu emotionalen Belastungen und psychologischen und physiologischen Stressreaktionen führen (Markovsky 1988; Siegrist und Theorell 2006; Weiss et al. 1999). Diese Stressreaktionen können sich wiederum negativ auf die physische und psychische Gesundheit auswirken. Die oben angeführten empirischen Belege zeigen den Zusammenhang von Ungerechtigkeitserfahrungen und physischen und psychischen Gesundheitsproblemen auf (Kumari et al. 2004; Kuper et al. 2002; Stansfeld und Candy 2006; Van Vegchel et al. 2005). Von gesundheitlichen Konsequenzen sind insbesondere die Beschäftigten(gruppen) betroffen, die die Stressreaktionen über einen längeren Zeitraum erleben (Schunck et al. 2015). Dies sind die Beschäftigten, die keine oder kaum Möglichkeiten haben, ihre Beschäftigungssituation zu verändern.

Wie sich empfundene Ungerechtigkeiten der Verteilung, der Behandlung durch Vorgesetzte und der Verfahrensregeln auf die subjektive Gesundheit auswirken, wird im Folgenden anhand empirischer Daten gezeigt. Die LINOS-Studie (LINOS als Akronym für „Legitimacy of Inequalities Over the Life Span") ist eine Befragung von Erwerbstätigen in Deutschland, die erstmals 2012 durchgeführt wurde. Ausgewählt wurden die Teilnehmerinnen und Teilnehmer der Befragung nach dem Zufallsprinzip (mit einem höheren Anteil junger Beschäftigter). Die Grundgesamtheit bildeten dabei alle Personen, die zum Stichtag (31.12.2011) in Deutschland sozialversicherungspflichtig beschäftigt waren. Die Teilnehmerinnen und Teilnehmer der ersten Befragung wurden 2017 erneut eingeladen an der Umfrage teilzunehmen (genauere Informationen zur Studie finden sich bei Adriaans et al. 2019; Liebig et al. 2019). Wir zeigen unten Analysen auf Basis der 2. Erhebung (LINOS-2). Das inhaltliche Hauptaugenmerk der Studie liegt auf unterschiedlichen Aspekten der Beschäftigungssituation der Befragungsteilnehmer sowie auf Einstellungen rund um das Thema Arbeit. Unter anderem wurden Gerechtigkeitseinstellungen zu unterschiedlichen Aspekten der Gratifikation und Organisation von Arbeit gemessen, die sich den drei Gerechtigkeitstypen zuordnen lassen.

Die *Distributiven Gerechtigkeitsurteile* wurden anhand der Gerechtigkeitsbewertung des eigenen Bruttoerwerbseinkommens der Studienteilnehmer erhoben. Gemessen wurde diese Bewertung mittels einer elfstufigen Skala (−5 bis +5), auf der die Befragten angeben sollten, ob ihr monatliches Bruttoerwerbseinkommen aus ihrer Sicht gerecht (die Mitte der Skala 0), ungerechterweise zu niedrig (Abstufungen von −1 bis –5) oder ungerechterweise zu hoch (Abstufungen von +1 bis +5) sei. Ungefähr 30 % der Studienteilnehmer bewerteten ihr Erwerbseinkommen als gerecht, 63 % als zu gering und 7 % als zu hoch.

Weiterhin wurden die Studienteilnehmer anhand von vier Aussagen zur *Interaktionsgerechtigkeit* befragt (Bies 2015). Dabei sollten die Studienteilnehmer angeben, wie häufig der oder die Vorgesetzte „offen und ehrlich" ist, den oder die Befragte „respektvoll behandelt", „Entscheidungen begründet" und „rechtzeitig kommuniziert". Die Antwortskala umfasste vier Stufen (nie – selten – manchmal – oft). Für die Analysen wurde aus den Antworten mittels einer Faktorenanalyse ein Faktor gebildet, der geringe bis hohe Interaktionsgerechtigkeit abbildet.

Schließlich wurde die *Verfahrensgerechtigkeit* erhoben („Wie gerecht oder ungerecht schätzen Sie die Regeln und Verfahren ein, die in Ihrem Betrieb für folgende Entscheidungen angewendet werden?"), indem die Gerechtigkeitswahrnehmung der Regeln für Gehalts- und Lohnfestsetzungen, Beförderungen, Entlassungen, Verteilung von Arbeitsaufgaben sowie Urlaubsgenehmigungen auf einer fünfstufigen Skala (sehr ungerecht bis sehr gerecht) erhoben wurden. Für die Analysen wurde aus den Antworten ein Faktor gebildet, der geringe bis hohe Verfahrensgerechtigkeit abbildet.

Zugleich wurde die subjektiv wahrgenommene psychische und physische Gesundheit anhand zweier Fragen erhoben: „Bitte denken Sie einmal an die letzten vier Wochen. Wie oft kam es in dieser Zeit vor a) … dass Sie sich niedergeschlagen und trübsinnig fühlten? b) … dass Sie wegen körperlicher Beschwerden in Ihrem Alltag stark eingeschränkt waren?" Die Antwortskala umfasste jeweils vier Stufen (nie – selten – manchmal – oft).

Die folgenden Analysen zeigen den Zusammenhang zwischen den Gerechtigkeitsbewertungen und Niedergeschlagenheit/Trübsinn

1

sowie körperliche Beschwerden. Dabei wurden zur Schätzung der Einflüsse sog. non-parametrische Regressionsverfahren unter Kontrolle des Alters, des Geschlechts und des Bruttostundenlohns der Befragten verwendet (Cattaneo und Jansson 2018). Die Analysen basieren auf 1.712 Befragten. Da es sich um querschnittliche Analysen handelt, kann anhand dieser Daten allerdings kein kausaler Zusammenhang abgeleitet werden.

◻ Abb. 1.1 zeigt die Ergebnisse zum Zusammenhang der psychischen Gesundheit (Häufigkeit von Niedergeschlagenheit/Trübsinn) und den drei Gerechtigkeitsdimensionen. Die Y-Achse gibt die aus den statistischen Analysen erwartete psychische Gesundheit wieder, und zwar in Abhängigkeit von der empfundenen Gerechtigkeit, die auf der X-Achse abgetragen ist. Zunächst sieht man, dass alle Geraden einen steigenden Verlauf haben. D. h. je gerechter Beschäftigte sich behandelt fühlen, desto seltener berichten sie Niedergeschlagenheit bzw. Trübsinn. In Bezug auf die distributive Gerechtigkeit zeigt sich, dass Beschäftigte, die sich unterbezahlt fühlen, häufiger berichten, niedergeschlagen oder trübsinnig zu sein. Ein ähnliches Muster zeigt sich für die Interaktionsgerechtigkeit und die Verfahrensgerechtigkeit. In beiden Fällen berichten die Beschäftigten häufiger, niedergeschlagen oder trübsinnig zu sein, wenn sie sich in den Interaktionen mit Vorgesetzten oder durch Verfahren im Betrieb nicht gerecht behandelt fühlen. Wenn man die Steigungen der Regressionsgeraden vergleicht, wird außerdem deutlich, dass Interaktions- und Verfahrensgerechtigkeit sich stärker auf die Häufigkeit von Niedergeschlagenheit/Trübsinn auswirken als die distributive Gerechtigkeit (die Regressionsgeraden sind steiler).

Den Zusammenhang zwischen der subjektiv empfundenen Gerechtigkeit und der Häufigkeit körperlicher Beschwerden stellt ◻ Abb. 1.2 dar. Es zeigen sich auch hier ähnliche Muster. Befragte, die ihren Lohn als zu gering empfinden, berichten häufiger von körperlichen Beschwerden als Befragte, die ihren Lohn als gerecht ansehen. Subjektiv wahrge-

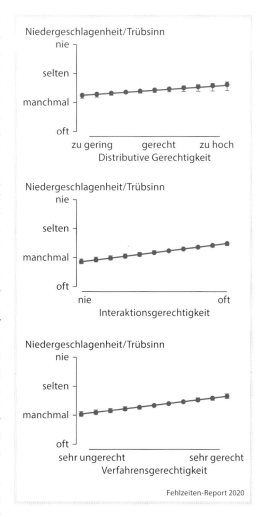

◻ **Abb. 1.1** Zusammenhang zwischen der Häufigkeit von Niedergeschlagenheit/Trübsinn und distributiver, Interaktions- und Verfahrensgerechtigkeit. Marginale Effekte mit 95 %-Konfidenzintervallen (Bootstrap-Methode) basierend auf nicht-parametrischen Regressionen unter Kontrolle von Alter, Geschlecht und Bruttostundenlohn. (Datenquelle: LINOS-2 https://doi.org/10.25652/diwdataS0017.1)

nommene Überbezahlung steht in keinem Zusammenhang mit körperlichen Beschwerden. Bezüglich der Interaktions- und Verfahrensgerechtigkeit zeigt sich: Je gerechter die Befragten sich in diesen Dimensionen behandelt sehen, desto seltener berichten sie körperliche Beschwerden. Vergleicht man die dargestell-

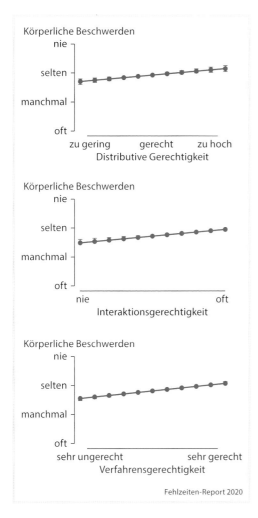

Fehlzeiten-Report 2020

◻ **Abb. 1.2** Zusammenhang zwischen der Häufigkeit von körperlichen Beschwerden und distributiver, Interaktions- und Verfahrensgerechtigkeit. Marginale Effekte mit 95 %-Konfidenzintervallen (Bootstrap-Methode) basierend auf nicht-parametrischen Regressionen unter Kontrolle von Alter, Geschlecht und Bruttostundenlohn. (Datenquelle: LINOS-2 https://doi.org/10.25652/diwdataS0017.1)

ten Anaylsen aus ◻ Abb. 1.1 und 1.2, zeigen sich jeweils ähnliche Muster, wobei die Regressionsgeraden jeweils steiler für den Zusammenhang mit Niedergeschlagenheit/Trübsinn als für körperliche Beschwerden sind. Dies impliziert, dass Ungerechtigkeitswahrnehmungen relevanter für die psychische als

für die körperliche Gesundheit sind, was sich sowohl mit den theoretischen Annahmen der Gerechtigkeitsforschung, die einen engen Zusammenhang zwischen Ungerechtigkeitsempfindungen und emotionalen Reaktionen annimmt, als auch mit internationalen empirischen Befunden deckt.

Die vorgestellten Analysen illustrieren einen Zusammenhang, der bereits in komplexeren, längsschnittlichen Studien gezeigt werden konnte (Schunck et al. 2013, 2015): Ungerechtigkeitserfahrungen am Arbeitsplatz gehen mit einer größeren Wahrscheinlichkeit auftretender seelischer und körperlicher Probleme einher.

1.6 Fazit

Der Kern unseres modernen, demokratischen und freiheitlichen Gesellschaftsverständnisses ist getragen von der Idee, gesellschaftliche Ordnungen seien ein Mittel, um den Einzelnen die Verwirklichung ihrer individuellen Lebensziele zu ermöglichen und die Wohlfahrt aller zu befördern. Darin unterscheidet sich dieses Gesellschaftsverständnis von totalitären Systemen, in denen die gesellschaftliche Ordnung selbst das Ziel ist und die Einzelnen lediglich das Mittel zur Aufrechterhaltung dieser Ordnung sind. Auch die Gerechtigkeit hat – ähnlich wie unser freiheitliches Gesellschaftsverständnis – einen derartigen individualistischen Kern: Es geht darum, jedem Einzelnen das zukommen zu lassen, was ihm gebührt, Personen unter gleichen Umständen gleich zu behandeln und die Regeln der Zu- und Verteilung von Positionen, Gütern oder Lasten so zu gestalten, dass damit eine einseitige und systematische Bevorzugung oder Benachteiligung Einzelner verhindert wird. Gerechtigkeit ist in diesem Sinne eine Zielbeschreibung für die Gestaltung des menschlichen Zusammenlebens und einer gesellschaftlichen Ordnung und ihrer Institutionen unter Bedingungen, unter den nicht jeder das bekommen kann, was er sich eigentlich wünscht. Es geht also um

1

die Lösung von Interessenkonflikten. Dass eine Gesellschaft nicht vollständig gerecht sein kann, sich immer wieder Menschen finden, die sich ungerecht behandelt fühlen oder meinen, es würde ihnen mehr zustehen, liegt gleichsam in der Natur der Sache. Ein realistisches Ziel ist es deshalb, Ungerechtigkeiten zu vermeiden. Wie wir hier zeigen konnten, geht es dabei nicht nur um Verteilungsungerechtigkeiten, also um das, was der oder die Einzelne tatsächlich erhält. Entscheidend ist auch, wie Entscheidungen über die Zuweisung oder Verteilung von Gütern und Lasten zustande kommen (Verfahrensgerechtigkeit) und wie Personen von anderen Personen behandelt werden (Interaktionsgerechtigkeit). Ungerechtigkeiten auf diesen drei Dimensionen vermitteln dem Einzelnen letztlich, dass seine Interessen nicht anerkannt sind, dass er oder sie als Person nicht akzeptiert ist und sich nicht darauf verlassen kann, dass die eigenen Anstrengungen und das eigene Engagement auch adäquat belohnt wird. Die empirisch zu beobachtenden Reaktionen auf derartige Situationen werden insbesondere im betrieblichen Kontext wirksam; sie sind verbunden mit geringerer Leistungsbereitschaft und physischen und psychischen Krankheitssymptomen. Letztere verstärken sich, wenn Personen keine Möglichkeiten sehen, sich den erfahrenen Missachtungen ihrer Person und ihrer Interessen entziehen zu können. Die Forschung zeigt dabei auch, dass es nicht nur die selbsterlebten Ungerechtigkeiten sind, die derartige negativen Konsequenzen haben. Auch wenn man nicht selbst betroffen ist, sondern erlebt, wie andere ungerecht behandelt werden, wird dies als ein Signal erlebt, dass man sich in einem ungerechten Kontext bewegt und früher oder später selbst zu denen gehören kann, die ungerecht behandelt werden.

Will man deshalb derartige Situationen und Konsequenzen vermeiden, so gilt es vor allem keine Gruppen – auch vermeintlich schwächere – systematisch schlechter zu stellen (bspw. Zeit- oder Leiharbeiter oder Frauen in bestimmten Berufen) und transparente und nachvollziehbare Regeln und Verfahren der Entloh-

nung und Beförderung in Unternehmen und Betrieben zu etablieren.

Wie wir zeigen konnten, hat subjektiv erlebte Gerechtigkeit oder Ungerechtigkeit tatsächlich „handfeste" Konsequenzen. Dies gilt insbesondere für Betriebe, wenn etwa die Anzahl der krankheitsbedingten Fehltage bzw. erhöhte Fehlzeiten unmittelbar auch davon beeinflusst sind, ob die Belegschaft sich subjektiv gerecht oder ungerecht behandelt fühlt. Die gesundheitlichen Konsequenzen erlebter Ungerechtigkeiten gehen nicht nur zu Lasten der Betriebe, sondern setzen sich letztlich auch im Gesundheitssystem fort. Worin freilich derartige „systemischen", letztlich gesamte Volkswirtschaften betreffenden Folgen von Ungerechtigkeiten bestehen, könnte Gegenstand weiterer Forschung sein.

Literatur

Adams JS (1965) Inequity In Social Exchange. In: Berkowitz L (Hrsg) Advances in Experimental Social Psychology. Academic Press, New York, S 267–299

Adriaans J, Eisnecker P, Hülle S, Klassen J, Liebig S, Valet P (2019) Erwartungen an Wirtschaft und Gesellschaft – Legitimation of Inequality over the Life-Span. Feldbericht und Codebuch zur zweiten Welle (LINOS-2). DIW Data Documentation 97. Deutsches Institut für Wirtschaftsforschung (DIW), Berlin

Berger J, Zelditch M Jr, Anderson B, Cohen BP (1972) Structural aspects of distributive justice: A status-value formulation. In: Berger J, Zelditch M Jr, Anderson B (Hrsg) Sociological Theories in Progress. Houghton Mifflin, Boston, S 119–146

Bies RJ (2015) Interactional justice: Looking backward, looking forward. In: Cropanzano R, Ambrose ML (Hrsg) The Oxford handbook of justice in the workplace. Oxford University Press, Oxford New York, S 89–107

Cattaneo MD, Jansson M (2018) Kernel-based semiparametric estimators: Small bandwidth asymptotics and bootstrap consistency. Econometrica 86:955–995

Chan TW, Goldthorpe JH (2007) Class and status: The conceptual distinction and its empirical relevance. Am Sociol Rev 72:512–532

Colquitt JA, Conlon DE, Wesson MJ, Porter COLH, Ng YK (2001) Justice at the millennium: A meta-analytic review of 25 years of organizational justice research. J Appl Psychol 86:425–445

Cook KS, Hegtvedt KA (1983) Distributive justice, equity, and equality. Annu Rev Sociol 9:217–241

Elovainio M, Linna A, Virtanen M, Oksanen T, Kivimäki M, Jaan Pentti J, Vahtera J (2013) Perceived organizational justice as a predictor of long-term sickness absence due to diagnosed mental disorders: Results from the prospective longitudinal Finnish Public Sector Study. Soc Sci Med 91:39–47 (http://www.sciencedirect.com/science/article/pii/S0277953613002827. Zugegriffen: 03. Juni 2020)

Gouldner AW (1960) The norm of reciprocity: A preliminary statement. Am Sociol Rev 25:161–178

Hülle S, Liebig S, May MJ (2018) Measuring attitudes toward distributive justice: the basic social justice orientations scale. Soc Indic Res 136:663–692

Jasso G (1978) On the justice of earnings: A new specification of the justice evaluation function. Am J Sociol 83:1398–1419

Kausto J, Elo A-L, Lipponen J, Elovainio M (2005) Moderating effects of job insecurity in the relationships between procedural justice and employee well-being: Gender differences. Eur J Work Organ Psychol 14(2020):431–452. https://doi.org/10.1080/13594320500349813

Koller P (1995) Soziale Gleichheit und Gerechtigkeit. In: Müller HP, Wegener B (Hrsg) Soziale Ungleichheit und soziale Gerechtigkeit. VS, Opladen, S 53–79

Kumari M, Head J, Marmot M (2004) Prospective study of social and other risk factors for incidence of type 2 diabetes in the Whitehall II study. Arch Intern Med 164:1873–1880

Kuper H, Singh-Manoux A, Siegrist J, Marmot M (2002) When reciprocity fails: effort-reward imbalance in relation to coronary heart disease and health functioning within the Whitehall II study. Occup Environ Med 59:777–784

Leineweber C, Eib C, Bernhard-Oettel C, Nyberg A (2019) Trajectories of effort-reward imbalance in Swedish workers: Differences in demographic and work-related factors and associations with health. Work Stress 2020:1–21. https://doi.org/10.1080/02678373.2019.1666434

Leineweber C, Bernhard-Oettel C, Peristera P, Eib C, Nyberg A, Westerlund H (2017) Interactional justice at work is related to sickness absence: a study using repeated measures in the Swedish working population. BMC Public Health. https://doi.org/10.1186/s12889-017-4899-y

Liebig S (2015) Gerechtigkeit ist nicht nur Gleichheit. In: Rutz M (Hrsg) Gerechtigkeit ist möglich – Worauf es in Deutschland und der Welt ankommt. Herder, Freiburg Basel Wien, S 116–133

Liebig S, Sauer C (2013) Soziologische Gerechtigkeitsanalyse. Überlegungen zur theoretischen Fundierung eines Forschungsfeldes. Analyse Krit 35:371–394

Liebig S, Sauer C (2016) Sociology of justice. In: Sabbagh C, Schmitt M (Hrsg) Handbook of social justice theory and research. Springer, New York, S 37–59

Liebig S, Sauer C, Schupp J (2011) Die wahrgenommene Gerechtigkeit des eigenen Erwerbseinkommens: Geschlechtstypische Muster und die Bedeutung des Haushaltskontextes. Kolner Z Soz Sozpsych 63:33–59

Liebig S, Adriaans J, Eisnecker P, Hülle S, Klassen J, Sauer C, Valet P (2019) Erwartungen an Wirtschaft und Gesellschaft – Legitimation of Inequality Over the Life-Span, 2. Welle (LINOS-2). Deutsches Institut für Wirtschaftsforschung (DIW), Berlin

Markovsky B (1988) Injustice and arousal. Soc Just Res 2:223–233

Markovsky B, Dilks LM, Koch P, Mcdonough S, Triplett J, Velasquez L (2008) Modularizing and integrating theories of justice. In: Hegtvedt KA, Clay-Warner J (Hrsg) Advances in Group Processes. Emerald, Bingley, S 211–237

Ndjaboué R, Brisson C, Vézina M (2012) Organisational justice and mental health: a systematic review of prospective studies. Occupational and Environmental Medicine 69:694–700. https://oem.bmj.com/content/oemed/69/10/694.full.pdf. Zugegriffen: 3. Juni 2020

Platon (1989) Phaidon-Politeia. Rowohlt, Hamburg (Sämtliche Werke Bd. 3, übers. von Schleiermacher F, hrsg von Otto WF, Grassi E, Plamböck G.)

Rawls J (1975) Eine Theorie der Gerechtigkeit. Suhrkamp, Frankfurt a. M.

Robbins JM, Ford MT, Tetrick LE (2012) Perceived unfairness and employee health: A meta-analytic integration. J Appl Psychol 97:235–272

Roscigno VJ, Sauer C, Valet P (2018) Rules, relations, and work. Am J Sociol 123:1784–1825

Rousseau D (1995) Psychological contracts in organizations: Understanding written and unwritten agreements. SAGE, Thousand Oaks, CA

Sachweh P (2012) The moral economy of inequality: Popular views on income differentiation, poverty and wealth. Socioecon Rev 10:419–445

Sauer C, May MJ (2017) Determinants of just earnings: The importance of comparisons with similar others and social relations with supervisors and coworkers in organizations. Res Soc Stratif Mobil 47:45–54

Sauer C, Valet P, Liebig S (2016) Welche Lohnungleichheiten sind gerecht? Kolner Z Soz Sozpsych 68:619–645

Schunck R, Sauer C, Valet P (2013) Macht Ungerechtigkeit krank? Gesundheitliche Folgen von Einkommens(un)-gerechtigkeit. WSI Mitt 66(8):553–561

Schunck R, Sauer C, Valet P (2015) Unfair Pay and Health: The Effects of Perceived Injustice of Earnings on Physical Health. Eur Sociol Rev 31:655–666

Siegrist J, Theorell T (2006) Socio-economic position and health: The role of work and employment. In: Siegrist J, Marmot M (Hrsg) Social Inequalities in Health: New Evidence and Policy Implications. Oxford University Press, Oxford, S 73–97

1

Stansfeld S, Candy B (2006) Psychosocial work environment and mental health – a meta-analytic review. Scand J Work Environ Health 32:443–462

Van Vegchel N, De Jonge J, Bosma H, Schaufeli W (2005) Reviewing the effort–reward imbalance model: drawing up the balance of 45 empirical studies. Soc Sci Med 60:1117–1131

Weiss HM, Suckow K, Cropanzano R (1999) Effects of justice conditions on discrete emotions. J Appl Psychol 84:786–794

Organisationale Gerechtigkeit, Demokratie, Subjektivierung und Gesundheit

Severin Hornung, Wolfgang G. Weber und Thomas Höge

Inhaltsverzeichnis

© Springer-Verlag GmbH Deutschland, ein Teil von Springer Nature 2020
B. Badura et al. (Hrsg.), *Fehlzeiten-Report 2020*, Fehlzeiten-Report,
https://doi.org/10.1007/978-3-662-61524-9_2

2

■ ■ **Zusammenfassung**
Der Beitrag entwickelt eine Bestandsaufnahme der angewandten psychologischen Forschung zur organisationalen Gerechtigkeit mit Bezügen zu demokratischen Organisationsstrukturen und arbeitsbezogener Gesundheit. Zuerst wird die etablierte Konzeptualisierung von organisationaler Gerechtigkeit und ihren Komponenten vorgestellt. Danach wird auf Verbindungen zwischen struktureller organisationaler Demokratie und Gerechtigkeit sowie auf Bezüge zum soziomoralischen Organisationsklima eingegangen. Nach einem Überblick zu den Folgen organisationaler Gerechtigkeit für arbeitsbezogene Gesundheit werden abschließend Gerechtigkeitsimplikationen organisationaler Individualisierung diskutiert. Aufgezeigt werden Probleme einer stark subjektivierten Betrachtung sowie die Notwendigkeit, durch partizipative und demokratische Ansätze organisationale Strukturen zu schaffen, die gerechte Handlungsweisen und ein gerechtigkeitsbewusstes soziales Klima ermöglichen.

2.1 Organisationale Gerechtigkeit als subjektive Wahrnehmung

So begründungs-, erklärungs- und interpretationsbedürftig der Gerechtigkeitsbegriff ist, so unstrittig ist auch, dass es sich bei Gerechtigkeit um einen der fundamentalsten Grundsätze zwischenmenschlicher Interaktion und sozialer Organisation handelt (z. B. Goppel et al. 2016). Gerechtigkeit beinhaltet über die Anwendung von Recht im Sinne gesetzlicher Normen hinaus Prinzipien der Gleichbehandlung und Unparteilichkeit, der Ausgewogenheit, Beeinflussbarkeit, des Interessenausgleichs sowie der ethisch-moralischen Begründung von Entscheidungen (z. B. Fortin 2008). Zentrales Charakteristikum der arbeits- und organisationspsychologischen Gerechtigkeitsforschung ist die *„Subjektivierung"* des Gerechtigkeitskonzepts, im Sinne der Konzeptualisierung als individuelles Erleben bzw. subjektive Wahrnehmung oder individuelle Ver-

antwortung (z. B. Moldaschl und Voß 2002). So stellen etwa Maier et al. (2007, S. 97) klar: „Wenn wir im Folgenden von organisationaler Gerechtigkeit sprechen, ist damit in diesem Sinn immer die wahrgenommene Gerechtigkeit gemeint.". Durch Refokussierung von sozialer Gerechtigkeit als einer mehr oder weniger objektiven Kategorie hin zur wahrgenommenen Gerechtigkeit als dem subjektiven Fairnesserleben erübrigt sich (vermeintlicherweise) die Notwendigkeit einer unabhängigen Evaluation von manifesten Bedingungen und Strukturen, wie sie normalerweise in der bedingungsbezogenen psychologischen Arbeitsanalyse erfolgt (siehe Oesterreich et al. 2000). Außerdem wird die organisationale Gerechtigkeit basierend auf mitarbeiterseitigen Selbstauskünften mittels Fragebogeninstrumenten zugänglich.

Gerecht ist im Sinne der operationalen Definition von organisationaler Gerechtigkeit das, was von den betroffenen Individuen als „gerecht" erlebt wird (Colquitt et al. 2001). Angenommen wird, dass die wahrgenommene Gerechtigkeit einerseits von objektiven Bedingungen (z. B. Arbeitsorganisation, Beschäftigungspraktiken, Managementstil, Personalentwicklung), andererseits aber auch maßgeblich von individuellen Unterschieden und Tendenzen in der Wahrnehmung und Bewertung (z. B. Bedürfnis nach Gerechtigkeit, internalisierte Beschäftigungsideologie) sowie Erfahrungen in der persönlichen Berufsbiographie abhängt (z. B. erlebte und beobachtete Diskriminierung, organisationale Restrukturierung, Arbeitsplatzverlust). In der Forschung liegt der Schwerpunkt allerdings vorwiegend auf individuellen Voraussetzungen und psychologischen Prozessen, im Vergleich zu strukturellen Kriterien und Arbeitsbedingungen. Beispielhaft hierfür untersuchen Johnston et al. (2016), inwieweit der Glaube an eine gerechte Welt die subjektive Bewertung von organisationaler Gerechtigkeit „verbessert" und somit zur Entstehung von Arbeitszufriedenheit beiträgt.

Die umfangreiche Forschung zur organisationalen Gerechtigkeit ist wiederholt im Rahmen von Metaanalysen und Überblicksarbeiten verdichtet dargestellt worden (z. B. Cohen-Charash und Spector 2001; Colquitt et al. 2001; Fortin 2008; Viswesvaran und Ones 2002). Colquitt (2012) identifiziert drei Trends: a) Ausdifferenzierung des Gerechtigkeitskonzepts in distributive, prozedurale, interpersonale, informationale Komponenten; b) Fokussierung auf kognitive Bewertungsprozesse und Reaktionen; c) Untersuchung von Gerechtigkeitswahrnehmungen vorwiegend als unabhängige Variablen zur Erklärung von einstellungs-, verhaltens- und gesundheitsbezogenen Konstrukten (z. B. Arbeitszufriedenheit, Arbeitsleistung, psychische Gesundheit). Im Gegenzug empfiehlt der Autor eine stärkere Berücksichtigung allgemeiner bzw. aggregierter Gerechtigkeitswahrnehmungen, affektiver Prozesse und Reaktionen sowie kontextbezogener und struktureller Determinanten. Insbesondere der Frage, unter welchen Umständen organisationale Strukturen und Praktiken als gerecht oder ungerecht wahrgenommen werden, sei nicht ausreichend Aufmerksamkeit gewidmet worden (Colquitt 2012). Somit kommt die organisationale Gerechtigkeitsforschung quasi zum Grundproblem der Subjektivierung des Konzepts zurück, das letztendlich nicht die Notwendigkeit aufhebt, objektive Bedingungen und strukturelle Kriterien für soziale Gerechtigkeit zu definieren.

2.2 Dimensionen organisationaler Gerechtigkeit

Der ursprüngliche Fokus auf die distributive (Verteilungs-)Gerechtigkeit wurde zunächst um die prozedurale (Verfahrens-)Gerechtigkeit erweitert. *Distributive* Gerechtigkeit bezieht sich auf die Gleichgewichtstheorie („*Equity Theory*") von Adams (1965) und definiert sich ursprünglich über das Verhältnis von geleisteter Arbeit (Stückzahl, Qualität) und effektiver Entlohnung (Stück- bzw. Zeitlohn) relativ zu sozialen Vergleichsgruppen (z. B. Kollegen, andere Berufe). Später wurde eine erweiterte

und subjektivere Konzeptualisierung von eigenen Aufwendungen (z. B. persönlicher Einsatz, Qualifikation, Erfahrung) und Erträgen (z. B. Sozialleistungen, Arbeitsbedingungen, Anerkennung) angelegt. Während bei der distributiven Gerechtigkeit das Ergebnis (z. B. Verteilung von Ressourcen) im Vordergrund steht, betont *prozedurale* Gerechtigkeit die Einhaltung von Gerechtigkeitsprinzipien in organisationalen Entscheidungsprozessen und Praktiken. Prozedurale Gerechtigkeit leitet sich ursprünglich von mitarbeiterseitigen Kontroll- und Einflussmöglichkeiten auf von Managern vorgenommene Entscheidungen ab. Sie weist somit Überschneidungen zu Aspekten der organisationalen Partizipation auf (z. B. Weber et al. 2008). Konkretisiert wird prozedurale Gerechtigkeit häufig mit Bezug auf sechs von Leventhal (1980) aufgestellte Kriterien, wonach organisationale Prozeduren: a) *konsistent* (im Zeitverlauf und über verschiedene Personen hinweg); b) *unvoreingenommen* bzw. *unbefangen* (Vermeidung von Interessenkonflikten); c) *sachkundig* (auf korrekten und vollständigen Informationen basierend); d) *anfechtbar* (Einspruchsmöglichkeiten und Korrekturmechanismen bei Fehlentscheidungen); e) *verantwortlich* (im Sinne ethischer und moralischer Standards); und f) *partizipativ* (mitbestimmungsorientiert) sein sollen. Zentrales Kriterium prozeduraler Gerechtigkeit ist somit, dass im Hinblick auf Entscheidungsprozesse und deren Ergebnisse den hiervon betroffenen Individuen und Gruppen geeignete Einspruchs-, Einfluss- und Mitgestaltungsmöglichkeiten zur Verfügung stehen (Colquitt et al. 2001). Im direkten Vergleich stellt sich die prozedurale Gerechtigkeit in der Regel als psychologisch bedeutsamer dar als die distributive, was ein Primat von gerecht erlebten Prozessen und Strukturen gegenüber der resultierenden Verteilung von Ressourcen bzw. den individuellen Aufwendungen und Erträgen (relativ zu anderen) nahelegt (z. B. Cohen-Charash und Spector 2001). Gegenüber der stärker auf soziale Beziehungen ausgerichteten prozeduralen wird die distributive Gerechtigkeit mit der transaktionalen bzw. instrumentellen

2

Logik des ökonomischen Tauschs in Verbindung gebracht (Colquitt et al. 2013). Allerdings wurden auch Synergieeffekte zwischen beiden Formen im Hinblick auf die Mitarbeitergesundheit berichtet (Tepper 2001). Als spezifische Komponente prozeduraler Gerechtigkeit wurde die *interaktionale* (auch relationale oder beziehungsbezogene) Gerechtigkeit identifiziert, die gerechte Behandlung in der sozialen Interaktion mit Vorgesetzten beschreibt. Die Gerechtigkeitsforschung löst sich somit (weiter) von organisationalen Strukturen und nähert sich der Führungsforschung (Karam et al. 2019). Später wurde interaktionale Gerechtigkeit weiter ausdifferenziert in die Dimensionen der *interpersonalen* und *informationalen* Gerechtigkeit (Colquitt 2001, 2012). Erstere bezieht sich auf die Qualität der Interaktion (z. B. Höflichkeit, Respekt, Wertschätzung), letztere auf das Informationsverhalten der Vorgesetzten (z. B. Offenheit, Ehrlichkeit, Erklärungen). Somit korrespondiert interaktionale Gerechtigkeit mit Kernkomponenten partizipativer Führung. Zur Messung organisationaler Gerechtigkeit mittels Selbstauskünften existiert eine Vielzahl von etablierten Skalen. Ein Instrument, das die 4-faktorielle Struktur von distributiver, prozeduraler, interpersonaler und informationaler Gerechtigkeit abbildet, wurde von Colquitt (2001) entwickelt; eine deutschsprachige Version von Maier et al. (2007) validiert.

2.3 Organisationale Gerechtigkeit als soziales Klima

Symptomatisch für die Subjektivierung des Gerechtigkeitskonzepts ist, dass sich vergleichsweise wenig Forschung mit Unterschieden in der Bewertung von organisationaler Gerechtigkeit durch Beschäftigtengruppen mit unterschiedlichen Arbeitsbedingungen und sozialem Status befasst (z. B. Mitarbeiter vs. Management; Kern- vs. Randbelegschaften; permanent vs. temporär Beschäftigte). Eingehend untersucht wurden Gruppenunterschiede jedoch im Hinblick auf das Gerechtigkeitsklima („*justice climate*"; für einen Überblick siehe: Whitman et al. 2012), wobei argumentiert wurde, dass geteilte Gruppennormen zur Gerechtigkeit durch Prozesse der sozialen Ansteckung („*social contagion*") entstehen. Es wurde gezeigt, dass dem (prozeduralen und distributiven) Gerechtigkeitsklima auf der Gruppenebene (über die individuelle Gerechtigkeitswahrnehmung hinaus) ein zusätzlicher Wert für die Prognose psychischer Mitarbeitergesundheit zukommt (Spell und Arnold 2007). Annahmen und Befunde zum Gerechtigkeitsklima lassen sich auf das breiter angelegte Konzept des soziomoralischen Klimas (Strecker et al. 2020; Weber et al. 2008) übertragen, das sich auf das Erleben von diskursiven, partizipativen, wertschätzenden und unterstützenden organisationalen Strukturen und Praktiken bezieht, die als sozialisatorisches Umfeld für die Entwicklung von prosozialen, demokratischen und moralischen Orientierungen im Arbeitskontext gelten (Weber et al. 2008). Komponenten des soziomoralischen Klimas sind: (1) offener Umgang mit Konflikten; (2) zuverlässig gewährte Wertschätzung und Unterstützung; (3) offene Kommunikation und partizipative Kooperation; (4) vertrauensvolle Zuweisung von Verantwortung entsprechend den individuellen Fähigkeiten; (5) organisationale Rücksichtnahme auf den Einzelnen (Höge und Weber 2018; siehe ◘ Abb. 2.1). Diese fünf Komponenten sind zwar analytisch trennbar, hängen aber inhaltlich eng miteinander zusammen (weshalb sie, umgesetzt in die Subskalen eines Fragebogens, auch hoch miteinander korrelieren und deshalb als Gesamtindex erfasst werden). In diesen Dimensionen finden sich prozedurale, interaktionale und informationale Gerechtigkeitaspekte wieder. So sind Wertschätzung und Anerkennung in der Interaktion zwischen Vorgesetzten und Beschäftigten sowie der Beschäftigten untereinander sowie eine offene und transparente Kommunikation zentrale Merkmale eines ausgeprägten soziomoralischen Klimas. Es konnte in mehreren empirischen Untersuchungen gezeigt werden, dass das soziomoralische Klima in Unterneh-

Das soziomoralische Organisationsklima als Gerechtigkeitsklima

Fünf Komponenten

1. *Offener Umgang mit Konflikten*:
Die Beschäftigten nehmen wahr, dass im Unternehmen bzw. der Organisation Konflikte in der Regel offen angesprochen sowie konstruktiv und respektvoll ausgetragen werden. Es herrscht <u>kein</u> Klima des „Unter-den-Teppich-Kehrens".

2. *Zuverlässig gewährte Wertschätzung und Unterstützung*:
Es herrscht insgesamt ein Klima der Wertschätzung unter den Beschäftigten sowie zwischen Beschäftigten und Vorgesetzten. Der Respekt wird nicht von besonderen Leistungen abhängig gemacht, sondern konstant gewährt, selbst wenn jemand einen Fehler macht. Die Einzigartigkeit und Würde als Mensch wird zuverlässig anerkannt.

3. *Offene Kommunikation und partizipative Kooperation*:
Die Beschäftigten haben die Möglichkeit bzw. werden sogar dazu ermutigt, basale Annahmen, Normen und Werte der Organisation zu hinterfragen und gemeinsam zu diskutieren. Der vorherrschende Modus des Treffens von Entscheidungen ist kooperativ und partizipativ.

4. *Vertrauensvolle Zuweisung von Verantwortung*:
Jedem Beschäftigten wird das Ausmaß an Verantwortung übertragen, das er oder sie vor dem Hintergrund der individuellen Fähigkeiten und Fertigkeiten zu übernehmen in der Lage ist. Es herrscht ein Klima des Vertrauens und des Zutrauens. Der oder die Einzelne wird weder unter- noch überfordert. Weder dominiert eine vertrauenslose strikte Kontrolle noch ein uninteressiertes Laissez-Faire.

5. *Organisationale Rücksichtnahme*:
Verantwortungsträger innerhalb der Organisation sind bereit, die Perspektive der Organisationsmitglieder einzunehmen und berücksichtigen in ihren Entscheidungen und Handlungen die legitimen Bedürfnisse von Einzelnen, auch wenn sie gewohnte Routinen und herrschende Prinzipien in Frage stellen.

Fehlzeiten-Report 2020

☐ **Abb. 2.1** Komponenten eines soziomoralischen Organisationsklimas (basierend auf Höge und Weber 2018; Weber et al. 2008)

men mit *demokratischen* Strukturen und substanziell vorhandener individueller Partizipation stärker ausgeprägt ist als in hierarchisch strukturieren Unternehmen. ☐ Tab. 2.1 gibt einen Überblick über die Effektgrößen dieser Studien. Daneben konnte auch die personale Führung als wichtiger Einflussfaktor auf das soziomoralische Klima identifiziert werden. Insbesondere eine sogenannte *dienende Führung* („*servant leadership*", vgl. van Dierendonk 2011) scheint hier positive Wirkungen zu entfalten (Pircher Verdorfer et al. 2015). Während ein soziomoralisches Klima also notwendigerweise Gerechtigkeitsprinzipien umfasst, ist ein Gerechtigkeitsklima ohne Bezug zu ethischen und moralischen Normen und Werten ebenfalls kaum denkbar (z. B. Fortin 2008).

2.4 Organisationale Gerechtigkeit und arbeitsbezogene Gesundheit

Schwerpunkt der organisationalen Gerechtigkeitsforschung ist die Untersuchung von Zusammenhängen mit leistungsbezogenen Einstellungen und Verhaltensweisen, insbesondere Arbeitszufriedenheit, organisationale Bindung („*commitment*"), Arbeitsleistung und

◻ **Tabelle 2.1**   Zusammenhänge zwischen organisationaler Demokratie und dem soziomoralischen Klima

Indikator der organisationalen Demokratie (OD)	Indikator des soziomoralischen Klimas (SMK)	Stichprobe (N)	Effektstärke	Studie
Strukturell verankerte OD (Typologie)	SMK-Screening-Fragebogen (16 Items): SMK auf Ebene der Organisation	30 Betriebe (509 Arbeitende, verschiedene Branchen, D, A, I)	$\eta^2 = 0{,}479$***	Weber et al. 2008
Individuell wahrgenommene OD: POPD-Fragebogen, Langform (43 Items)	SMK-Screening-Fragebogen (16 Items): Individuell wahrgenommenes SMK	325 Arbeitende (aus 22 Betrieben, verschiedene Branchen, D, A, I)	Pearson $r = 0{,}47$***	Weber et al. 2009
Strukturell verankerte OD (Produktivgenossenschaftliche vs. stark hierarchische Unternehmensstruktur)	SMK-Fragebogen, Langform (42 Items): Individuell wahrgenommenes SMK	285 Arbeitende (aus 10 italienischen/Südtiroler Betrieben, verschiedene Branchen)	Cohens $d = 1{,}15$***	Pircher Verdorfer et al. 2013
Individuell wahrgenommene OD: POPD-Fragebogen, Kurzform (12 Items)	SMK-Fragebogen, US-amerikanische Adaption (18 Items): Individuell wahrgenommenes SMK	1.891 Arbeitende (aus 15 US-amerikanischen Polizeibehörden inklusive solchen mit Partizipationsprojekten)	Pearson $r = 0{,}52$**	Wuestewald 2012

Anmerkung: POPD = Perceived Organizational Participation and Democracy; D = Deutschland, A = Österreich, I = Italien; Signifikanzniveaus: **p < 0,01, ***p < 0,001.
Fehlzeiten-Report 2020

kontextbezogenes Leistungs- bzw. Extra-Rollenverhalten („*organizational citizenship behavior*"; z. B. Cohen-Charash und Spector 2001; Colquitt et al. 2001, 2013; Fassina et al. 2008). Dies unterstreicht den „performativen" Charakter dieser Forschung: Gerechtigkeit wird weniger als Wert an sich, sondern vor allem unter instrumentellen Gesichtspunkten im Kontext von für Kapitaleigner und Manager vorteilhaften (bzw. zu vermeidenden) Mitarbeiterreaktionen als relevant angesehen. Dennoch hat sich über den unmittelbaren Leistungsbezug hinaus eine wichtige Rolle erlebter Gerechtigkeit bzw. Ungerechtigkeit im Arbeitsleben auch für das Wohlbefinden und die psycho-physische Gesundheit von Beschäftigten in vielen Untersuchungen bestätigt (einen Überblick bieten Meier-Credner und Muschalla 2019). In einem systematischen Review identifizieren Ndjaboué et al. (2012) 11 Studien, die längsschnittliche Zusammenhänge zwischen prozeduraler und interaktionaler (bzw. relationaler) Gerechtigkeit und Indikatoren für psychische Gesundheit sowie krankheitsbedingten Arbeitsausfallzeiten berichten. Eine Metaanalyse über 83 Studien zu Zusammenhängen zwischen wahrgenommener organisationaler Ungerechtigkeit und diversen Aspekten von Mitarbeitergesundheit präsentieren Robbins et al. (2012). Aggregiert über alle einbezogenen Formen von (Un-)Gerechtigkeit fanden sich Zusammenhänge mittlerer Stärke mit negativen affektiven Zuständen, Stresserleben und Burnout sowie psychischer Gesundheit. Schwächere Zusammenhänge bestanden zu Indikatoren physischer Gesundheit (klinische Diagnosen, Gesundheitsparameter, somatische Beschwerden) und Fehlzeiten (Selbstauskünfte, organisationale Dokumentation). Insgesamt unterstützen die Befunde die Annahme, dass kurz- und mittelfristige Zustände, wie negative affektive Reaktionen und psychische Beanspruchung, zwischen erlebter organisationaler Ungerechtigkeit und längerfristigen psychosomatischen und klinisch relevanten gesundheitlichen Einschränkungen sowie Arbeitsunfähigkeitszeiten kausal oder zumindest im zeitlichen Verlauf vermitteln (vgl. Manville et al. 2016; Ndjaboué et al. 2012). Die stärker ausgeprägten Effekte waren mit Verstößen gegen die prozedurale und interaktionale gegenüber der gesundheitlich weniger relevanten distributiven Gerechtigkeit verbunden. Zusätzlichen varianzanalytischen Erklärungswert zeigte der wahrgenommene Bruch bzw. die Nichterfüllung des *„psychologischen Vertrages"* (Robbins et al. 2012).

Weiterhin Erwähnung finden sollten neuere Einzelstudien, wie etwa eine Untersuchung von Peutere et al. (2019), zu Effekten erlebter interaktionaler (relationaler) Gerechtigkeit auf Langzeit-Erkrankungen in den folgenden drei Jahren, auf Basis des *„Finnish Quality of Work Life Survey"*, kombiniert mit Daten des Sozialversicherungsträgers unter Berücksichtigung organisationaler Rahmenbedingungen (finanzielle Situation). Eine mediierende (vermittelnde) Rolle prozeduraler Gerechtigkeit zwischen Arbeitsplatzunsicherheit und depressiven Symptomen sowie Schlafstörungen demonstrieren Bernhard-Oettel et al. (2019). Weitere Studien weisen auf eine moderierende (puffernde) Wirkung zwischen negativen Ereignissen innerhalb (Gewalt am Arbeitsplatz) und außerhalb (schwere Erkrankung, Erkrankung von Angehörigen) der Arbeitssphäre und depressiven Symptomen bzw. Arbeitsausfallzeiten hin (Andersen et al. 2019; Elovainio et al. 2010). Insgesamt konnten direkte und indirekte Zusammenhänge zwischen organisationaler Gerechtigkeit und Mitarbeitergesundheit anhand einer breiten Palette von Indikatoren, in heterogenen Stichproben und mit teilweise methodologisch anspruchsvollen Untersuchungsdesigns demonstriert und repliziert werden.

2.5 Erweiterte Betrachtung organisationaler Gerechtigkeit

Gegenüber herkömmlichen Konzeptualisierungen organisationaler Gerechtigkeit betont die psychologische Kontrakttheorie mangelnde organisationale Reziprozität in Bezug auf Sachverhalte oder Ressourcen, bei denen die betreffenden Individuen davon überzeugt sind, dass diese ihnen als Gegenleistung für die eigenen Beiträge in Aussicht gestellt bzw. zugesagt wurden (z. B. Entwicklungsmöglichkeiten, Arbeitsplatzsicherheit; Tekleab et al. 2005). Der von Robbins et al. (2012) erweiterte Gerechtigkeitsbegriff verdeutlicht das Spektrum an Konstrukten und Befunden, die für Zusammenhänge zwischen Gerechtigkeit und arbeitsbezogenem Wohlbefinden und Gesundheit relevant sind. Neben den Ergebnissen zu einstellungs-, verhaltens- und befindensbezogenen Auswirkungen von erlebten Brüchen des psychologischen Vertrages beinhaltet dies die Forschung zum sozialen Tausch in Beschäftigungsverhältnissen (z. B. Colquitt et al. 2013). Ebenfalls im Sinne der Gerechtigkeitstheorie interpretierbar (vgl. Ndjaboué et al. 2012) ist die aus der Medizinsoziologie stammende Gratifikationskrisentheorie (*„Effort-Reward Imbalance Model"*) von Siegrist. Diese wurde im Hinblick auf subjektive (z. B. Stresserleben, depressive Symptome) und objektive Gesundheitsparameter (z. B. Herz-Kreislauferkrankungen, ärztliche Diagnosen, Krankheitszeiten) ausgiebig überprüft und validiert (vgl. Kivimäki et al. 2007; Van Vegchel et al. 2005). Arbeitsstress sowie längerfristige psychische und physische Gesundheitsbeeinträchtigungen entstehen demnach als Folge erlebter Ungleichgewichte zwischen eigenen arbeitsbezogenen Beiträgen und Anstrengungen (z. B. Arbeitsleistung, Qualifikation, Loyalität) und den erhaltenen organisationsseitigen Belohnungen und Anerkennungen (z. B. Gehalt, Wertschätzung, Sicherheit). Auch in der Forschung zum Burnout-Syndrom erwies sich erlebte mangelnde Reziprozität als zentraler Prädiktor (vgl. Halbesleben und Buckley 2004).

2

2.6 Organisationale Gerechtigkeit und Individualisierung

Die mit Flexibilisierung und Deregulierung von Arbeit zunehmende Individualisierung von Arbeitsbedingungen schafft Variabilität innerhalb vormals homogener Beschäftigtengruppen (z. B. Beruf, Funktion, Position) und eröffnet neue Dimensionen in der Subjektivierung von Gerechtigkeit. Mit der Betonung des proaktiven Arbeitsverhaltens geht das gegenwärtige Paradigma der psychologischen Organisationsforschung davon aus, dass den einzelnen arbeitenden Individuen eine zentrale Rolle in der Gestaltung ihrer eigenen Arbeitsbedingungen zukommt (Thomas et al. 2010). Dieser Annahme wird in den Konstrukten der Selbstausgestaltung von Arbeit („*job crafting*") und der individuellen Aushandlung von Arbeits- und Beschäftigungsbedingungen („*idiosyncratic deals*") Rechnung getragen (Moldaschl und Voß 2002). Beispielsweise wurde in einer Studie zu den kontextbezogenen Determinanten von positiven mitarbeiterseitigen Einstellungen in Bezug auf individuelle Aushandlung als faire Managementpraktik gezeigt, dass die soziale Akzeptanz derartiger personenspezifischer Regelungen insgesamt höher ausfällt, wenn diese zur Kompensation von Ungleichgewichten in der distributiven Gerechtigkeit dienen, möglichst breiten Beschäftigtengruppen offen stehen und unter Berücksichtigung von Kriterien prozeduraler Gerechtigkeit getroffen werden (Hornung et al. 2016). Ein Kernergebnis der besagten Studie ist in ◻ Abb. 2.2 dargestellt. Dabei handelt es sich um die statistische Interaktion (d. h. das Zusammenwirken) zwischen der Verbreitung individueller Aushandlung und der prozeduralen Gerechtigkeit im gegenwärtigen Arbeitsverhältnis zur Erklärung der erlebten Fairness personalisierter Arbeitsbedingungen im Allgemeinen. Aufbauend auf diesen und anderen empirischen Ergebnissen entwickeln Hornung und Höge (2019) ein Modell gerechtigkeitsbezogener Voraussetzungen einer mitarbeiterorientierten Umsetzung personali-

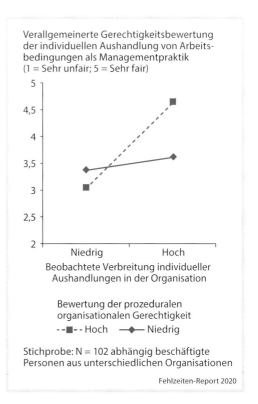

◻ **Abb. 2.2** Zusammenwirken der Verbreitung von individuellen Aushandlungen und der prozeduralen organisationalen Gerechtigkeit auf die verallgemeinerte Bewertung individueller Aushandlungen als gerechter Managementpraktik (basierend auf Hornung et al. 2016)

sierter Arbeitsbedingungen, das auf der Gegenüberstellung von humanistischen und neoliberalen Organisationsprinzipien basiert. Zentrale Aspekte der Gegenüberstellung und Abgrenzung sind ◻ Tab. 2.2 zu entnehmen.

Eine neue Qualität der Subjektivierung von organisationaler Gerechtigkeit zeigt sich in Forschungsarbeiten, die *mitarbeiterseitige* Voraussetzungen einer gerechten Behandlung durch die Organisation thematisieren. Tatsächlich präsentieren Scott et al. (2007) eine Studie, in der das Charisma der Mitarbeiter als Prädiktor für die Einhaltung von Kriterien interpersoneller (und informationaler) Gerechtigkeit seitens ihrer Vorgesetzten untersucht wird. Einer ähnlichen Argumentation folgt eine Untersuchung von Zusammenhängen zwischen

◻ **Tabelle 2.2** Humanistische und neoliberale Organisationsprinzipien individualisierter Arbeitsbedingungen als mitarbeiterorientierte Managementpraktik oder arbeitspolitische Machttaktik (basierend auf Hornung und Höge 2019)

Idealtypus individueller Aushandlung als mitarbeiterorientierte Managementpraktik Orientiert an humanistischen Idealen von Individuation, Solidarität und Emanzipation	**Antitypus individueller Aushandlung als arbeitspolitische Machttaktik** Orientiert an neoliberalen Ideologien von Individualismus, Wettbewerb und Instrumentalität
Ausrichtung auf Humanisierungsziele Transformation von technokratischen Organisationsstrukturen zu personalisierten Arbeitsformen und Entwicklungsmöglichkeiten	**Ausrichtung auf Rationalisierungsziele** Erhöhung von organisationaler Effektivität und Effizienz bzw. Verbesserung der Kostenstruktur von Personalprozessen
Primat prozeduraler Gerechtigkeit Transparente, konsistente, ethisch-moralische und partizipative Prozesse für die Autorisierung personalisierter Arbeitsbedingungen	**Primat distributiver Gerechtigkeit** Gleichwertige Verteilung bzw. Zuweisung von Ressourcen relativ zu formalen Verantwortlichkeiten und Leistungsideologien
Vergabe nach Bedürfnisprinzip Berücksichtigung von und Eingehen auf individuell unterschiedliche Bedürfnisse, Präferenzen und Lebenssituationen der Mitarbeiterschaft	**Vergabe nach Leistungsprinzip** Reaktion auf arbeitsmarktliche Verhandlungsposition unter Berücksichtigung von sozialem Status, Qualifikation und Arbeitsleistung
Relationale und partikulare Ressourcen Betonung des immateriell-abstrakten Nutzens und der persönlichen Bedeutung verhandelter Sachverhalte (z. B. Entwicklungsmöglichkeiten)	**Transaktionale und universelle Ressourcen** Betonung der materiell-konkreten Werte und ökonomischen Basis des Beschäftigungsverhältnisses (z. B. Entlohnungskomponenten)
Egalitärer und inklusiver Ansatz Möglichst weiten Teilen der Mitarbeiterschaft offenstehende Möglichkeiten zur individuellen Anpassung von Arbeitsbedingungen	**Elitärer und exklusiver Ansatz** Bevorzugte Behandlung und zusätzliche Privilegien für hochqualifizierte strategisch wichtige Kernmitarbeiter in Schlüsselpositionen
Supplement zu kollektiven Personalpraktiken Nutzung zur individuellen Anpassung von sozialverantwortlich und mitarbeiterorientiert gestalteten Personalmanagementsystemen	**Substitut für kollektive Personalpraktiken** Nutzung als Ersatz für kollektiv ausgehandelte Vereinbarungen, verbindliche Regelungen und formalisierte Personalpraktiken

Fehlzeiten-Report 2020

mitarbeiterseitigen Persönlichkeitseigenschaften (Gewissenhaftigkeit, soziale Verträglichkeit) und der Anwendung von Gerechtigkeitsregeln durch deren Vorgesetzte (Huang et al. 2017). Vielversprechender als diese Versuche, Ursachen für gerechte Behandlung bei den betroffenen Individuen zu verorten und damit Gefahr zu laufen, ungerechte betriebliche Handlungspraktiken zu psychologisieren und zu verharmlosen, wie es in Studien zur sekundären Viktimisierung untersucht wird (Coreia und Vala 2003), scheint der Ansatz eines umfassenden Modells der Ausübung organisationaler Gerechtigkeit (*„organizational justice enactment"*). Dieses bezieht individuelle, kontextbezogene und strukturelle Einflussfaktoren auf gerechtes Verhalten organisationaler Entscheidungsträger ein (Graso et al. 2019). Die Tendenz, organisationale Gerechtigkeit zu subjektivieren, entspricht Entwicklungen in angrenzenden Forschungsgebieten der angewandten Psychologie und muss kritisch reflektiert und problematisiert werden (siehe Blanchet et al. 2013). So wird etwa die Weigerung von Verantwortungsträgern, für mitarbeiterorientierte, sozial verantwortliche und förderliche

2

Beschäftigungspraktiken zu sorgen, in erhöhte Anforderungen an die Mitarbeiter hinsichtlich einer Proaktivität zur Verbesserung der eigenen Arbeitsbedingungen umdefiniert (Bal und Hornung 2019). Ähnliches gilt für die Forderung nach mitarbeiterseitiger Adaptivität und Resilienz im Hinblick auf beschleunigte organisationale Veränderungsprozesse und eskalierende bzw. sich neu konfigurierende Arbeitsbelastungen. Dies verdeutlicht die Forschung zur „Beschäftigungsfähigkeit" („*employability*"), in der die Verantwortung im Umgang mit Arbeitsplatzunsicherheit und Qualifizierungserfordernissen von der Unternehmensleitung auf die individuellen Mitarbeiter verlagert wird. Wie absurd diese Betrachtungsweise ist, zeigt die paradoxe Analogie der „*Gerechtigkeitsfähigkeit*", auf welche die Forschung zu mitarbeiterseitigen Voraussetzungen gerechter Behandlung durch die Organisationsvertreter (d. h. Vorgesetzte, Management) hinausläuft. Insgesamt zeigt die beschriebene Entwicklung die Problematik einer stark subjektivierten Betrachtung auf. Organisationale Gerechtigkeit liegt eben *nicht* ausschließlich im Auge des Betrachters oder ist gar eine organisationsseitige Reaktion auf bestimmte mitarbeiterseitige Eigenschaften, sondern bleibt an strukturelle Sachverhalte gebunden (z. B. Regelungen, Prozeduren). Sie muss sich an objektiv bestimmbaren Kriterien messen lassen (z. B. Mitbestimmung, Diskriminierung). Partizipative und demokratische Ansätze sind aus dieser Sicht notwendig, um Strukturen zu schaffen, in denen sich unternehmensweit gerechte Handlungsweisen entwickeln können, die wiederum in Zusammenhang mit Indikatoren des psychosozialen Wohlbefindens und der Gesundheit der Mitarbeiter stehen.

2.7 Organisationale Demokratie und organisationale Gerechtigkeit

Die Partizipation von Beschäftigten an betrieblichen Entscheidungen wurde früh als wichtiger Prädiktor insbesondere für die Wahrnehmung *prozeduraler* Gerechtigkeit identifiziert (Greenberg und Folger 1983). Unter *Partizipation* wird hier in erster Linie die Beteiligung an operationalen, d. h. arbeitsplatznahen, Entscheidungen verstanden, nicht an taktischen oder gar strategischen Entscheidungen auf der Unternehmensebene (Weber 1999). Dabei zeigt sich die „Führungsfixierung" der gegenwärtigen Arbeits- und Organisationspsychologie bzw. Forschung zu „Organizational Behavior" (Alvesson und Kärremann 2016) darin, dass Partizipationsmöglichkeiten vor allem als Ausdruck des Verhaltens der Führungskräfte bzw. als Managementtechnik betrachtet werden und weniger als formal und strukturell verankerte demokratische Rechte von Beschäftigten. Im Folgenden wird argumentiert, dass *organisationale Demokratie* die Gerechtigkeit in Unternehmen wirksam fördern kann. Damit wird ein stärker bedingungsbezogener und weniger personen- bzw. wahrnehmungsbezogener Blick auf organisationale Gerechtigkeit möglich.

Im Unterschied zu bloßer Partizipation bezeichnet organisationale Demokratie eine kontinuierliche, breit angelegte und institutionalisierte Mitarbeiterbeteiligung, die nicht nur ad hoc oder gelegentlich gewährt wird, sondern strukturell im Unternehmen verankert ist. Kodifizierte Regeln und Gremien ermöglichen es den Beschäftigten, nicht nur auf arbeitsplatznahe operative Entscheidungen, sondern auch auf taktische und strategische Unternehmensentscheidungen (z. B. Vorgesetztenwahlen, Budgetplanung und Unternehmensumstrukturierungen) durch direkte oder repräsentative Mitbestimmungsprozeduren Einfluss zu nehmen (Schophaus 2019; Weber 1999; Weber et al. 2009, 2020). Häufig sind in demokratischen Unternehmen die Beschäftigten (oder zumindest ein Großteil) auch Eigentümer des Unternehmens. Dies ist jedoch nicht zwingend erforderlich. Demokratische Unternehmen können sehr unterschiedliche Organisations- bzw. Rechtsformen aufweisen. Weber et al. (2008) sowie Unterrainer et al. (2011) entwickelten eine Unternehmenstypologie von acht bzw. zehn Unternehmenstypen mit unterschiedlicher Ausprägung organisationaler Demokratie (z. B. hierarchisch strukturierte Unternehmen, Großunternehmen mit paritätischer Mitbestimmung, demokratische Partnerschaftsunternehmen, demokratische Reformunternehmen, demokratische Produktivgenossenschaften, selbstverwaltete basisdemokratische Belegschaftsunternehmen). Auch wenn sie ein Nischendasein in der aktuellen kapitalistischen Wirtschaft führen, gibt es mehr demokratische Unternehmen als man landläufig vermuten würde. Beispielsweise umfasste das *European Committee of Worker and Social Cooperatives* im Jahr 2017 ca. 50.000 Unternehmen mit ca. 1,3 Mio. Beschäftigten (▶ http://www.cecop.coop/). Für das Jahr 2015 berichtet das *National Center for Employee Ownership* von ca. 6.600 sogenannten ESOP-Unternehmen mit mehr als 10 Mio. Beschäftigten in den USA. Bei den meisten demokratischen Unternehmen handelt es sich um KMUs. Es gibt aber auch bekannte Großunternehmen mit demokratischen Entscheidungsstrukturen, wie das spanische Produktivgenossenschaftsnetzwerk Mondragon CC (Mischkonzern) mit ca. 81.000 Beschäftigten oder das britische Einzelhandelsunternehmen John Lewis Partnership PLC mit ca. 83.000 Beschäftigten (vgl. ▶ www.johnlewispartnership.co.uk; ▶ www.mondragon-corporation.com).

Auch wenn aus allgemeiner gerechtigkeits- und demokratiephilosophischer Sicht demokratische Entscheidungsstrukturen allein Gerechtigkeit nicht garantieren können, gelten demokratische Strukturen als Voraussetzung, dass Gerechtigkeit im Sinne der Kant'schen Moraltheorie und der Diskursethik in Organisationen praktiziert wird (vgl. z. B. Habermas 1992; Rawls 1971). Dies trifft deshalb zu, weil demokratische Strukturen die Akzeptanz von prinzipiell gleichwertigen Interessen und Rechten aller Beteiligten widerspiegeln. Demokratische Strukturen erfordern explizite Regularien und Prozeduren, die diese prinzipiell gleichwertigen Rechte sichern und quasi „einklagbar" machen. Auch bezogen auf das Wirtschaftsleben ermöglichen demokratische Unternehmen offenere, willkür- und herrschaftsfreiere und somit gerechtere Diskurse (Habermas 1981) sowie einen als gerechter erlebten Interessenausgleich, weil regelmäßig stattfindende Foren für direkte Demokratie (z. B. Vollversammlungen) bzw. für repräsentative Mitbestimmung (z. B. gewählte Wirtschaftsausschüsse) existieren. In diesen demokratischen Foren können Organisationsmitglieder über Aspekte ihres Arbeitsalltags, ihrer beruflichen Zukunft oder das Wohlbefinden von mittelbar Betroffenen (z. B. Familienangehörige, Beschäftigte in Zulieferfirmen) beraten, Vorschläge formulieren oder mitentscheiden. Wirtschaftliche, soziale und individuelle Probleme können gemeinsam diskutiert, Lösungsvorschläge entwickelt und für alle akzeptable Entscheidungen getroffen werden. Letzteres wird zwar nicht immer gelingen, jedoch begünstigen solche demokratischen Praktiken, dass sich in solchen Fällen ein Betriebsklima entwickelt, das die Beteiligten als offen für ihre Belange und als gerecht erleben.

Bisher liegen leider nur relativ wenige Studien vor, die explizit den Zusammenhang zwischen organisationaler Demokratie und organisationaler Gerechtigkeit empirisch untersuchen. Die vorliegenden Ergebnisse deuten jedoch auf einen erwartungsgemäß positiven Zusammenhang hin. So nahm in einer qualitativen Studie in einer walisischen Kohlenmine, die von einer konventionellen Organisationsform in eine demokratische Genossenschaft in Belegschaftseigentum transformiert wurde, das Erleben von *prozeduraler* Gerechtigkeit zu (Hoffmann 2001). In einer quantitativen Studie von Schmid (2009) konnte in einer Stichprobe bestehend aus $N = 418$ Beschäftigten aus Unternehmen in Österreich, Süddeutschland und Nord-Italien (Südtirol) in demokratisch strukturierten Unternehmen eine höhere Ausprägung der *prozeduralen* Gerechtigkeit identifiziert werden als in den konventionell-hierarchischen Unternehmen. Organisationale Demokratie scheint sich jedoch auch auf Aspekte der *distributiven* Gerechtigkeit auszuwirken. In einem internationalen Literaturüberblick belegt Pérotin (2016), dass in de-

2

mokratischen Produktivgenossenschaften die Gehaltspreizung geringer ist als in vergleichbaren konventionell hierarchischen Unternehmen. Weber (1999) führt aus, dass eines der Ziele organisationaler Demokratie eine höhere Verteilungsgerechtigkeit auf gesellschaftlicher Ebene ist. Die ist insbesondere der Fall, wenn organisationale Demokratie eine Mit-Eigentümerschaft von Beschäftigten am Unternehmen einschließt.

2.8 Schlussbemerkung: Gerechtigkeit und Demokratie sind zwei Seiten derselben Medaille

Die zentrale Rolle von Gerechtigkeit für menschliche Beziehungen und soziale Organisation zeigt sich in umfangreicher Forschung, die hier schlaglichtartig dargestellt wurde. Kritisch zu sehen ist die Subjektivierung des Gerechtigkeitskonzepts, die den Blick von „objektiven" strukturellen organisationalen Bedingungen für soziale Gerechtigkeit hin zu „subjektiven" normativ überformten psychischen Prozessen auf individueller Ebene lenkt. Die interkulturelle Forschung zum psychologischen Kontrakt beispielsweise zeigt aber, dass auch extrem ungleichgewichtige Austauschbeziehungen als gerecht erlebt werden, sofern dies von gesellschaftlichen Normen legitimiert, psychologisch „rationalisiert" und somit (im wörtlichen Sinne) „gerechtfertigt" wird (Hornung und Rousseau 2012). Die „normative Kraft des Faktischen" darf nicht darüber hinwegtäuschen, dass Gerechtigkeit keine rein subjektive Kategorie, sondern an objektive Bedingungen geknüpft ist. Die historische Ausweitung des Gerechtigkeitsbewusstseins auf zunächst ausgenommene, entrechtete Gruppen (z. B. Sklaven, Frauen, Arme) verdeutlicht dies. Auch heute mangelt es nicht an Versuchen, soziale Ungerechtigkeit zu verklären, zu relativieren und als unabänderlich zu naturalisieren, wofür (auf gesellschaftlicher wie organisationaler Ebene) ökonomistische

und biologistische Rechtfertigungslogiken dienen (individuelle Fähigkeiten, Leistungsethos, Marktgesetze etc.; Jost 2019; Rudman und Saud 2020). Per Definition basieren hierarchische Organisationen auf Über- und Unterordnungsbeziehungen, Machtgefälle und entsprechender Ungleichbehandlung. Es kann argumentiert werden, dass demokratische Strukturen und Praktiken kein absoluter Garant für organisationale Gerechtigkeit sind. So belegen einige Studien, dass auch in demokratischen Unternehmen eine Diskriminierung von Minderheiten vorkommen kann (z. B. Russell 1984; Sobering 2016). Noch viel weniger ist allerdings davon auszugehen, dass soziale Gerechtigkeit im Rahmen hierarchischer Entscheidungs-, Organisations- und Machtstrukturen entsteht (z. B. Adler und Borys 1996; Gould 2020). Entsprechend der Ableitung des Konzepts der prozeduralen Gerechtigkeit von mitarbeiterseitigen Einfluss- und Mitbestimmungsmöglichkeiten bleibt vielmehr zwingend zu schlussfolgern, dass *umfassende Gerechtigkeit ohne organisationale Demokratie theoretisch wie praktisch unmöglich ist*. Aus dieser Sicht sind organisationale Gerechtigkeit und organisationale Demokratie zwei Seiten einer Medaille, deren Verleihung noch aussteht – *der Humanisierung des Arbeitslebens*.

Literatur

Adams JS (1965) Inequity in social exchange. In: Berkowitz L (Hrsg) Advances in experimental social psychology, Bd. 2. Academic Press, New York, S 267–299
Adler PS, Borys B (1996) Two types of bureaucracy: enabling and coercive. Adm Sci Q 41(1):61–89
Andersen LPS, Hogh A, Andersen JH et al (2019) Depressive symptoms following work-related violence and threats and the modifying effect of organizational justice, social support, and safety perceptions. J Interpers Violence. https://doi.org/10.1177/0886260519831386
Alvesson M, Kärreman D (2016) Intellectual failure and ideological success in organization studies: the case of transformational leadership. J Manag Inq 25(2):139–152
Bal PM, Hornung S (2019) Individualization of work: From psychological contracts to ideological deals. In: Griep Y, Cooper CL (Hrsg) Handbook of research

on the psychological contract at work. Edward Elgar, Cheltenham, S 143–163

Bernhard-Oettel C, Eib C, Griep Y et al (2019) How do job insecurity and organizational justice relate to depressive symptoms and sleep difficulties: a multilevel study on immediate and prolonged effects in Swedish workers. Appl Psychol. https://doi.org/10.1111/apps. 12222

Blanchet V, Magista V, Perret V (2013) Stop filling in the gaps! Rethinking organizational justice through problematization. 22ème Conférence AIMS, Clermont-Ferrand, Jun 2013

Cohen-Charash Y, Spector PE (2001) The role of justice in organizations: a meta-analysis. Organ Behav Hum Decis Process 86(2):278–321

Colquitt JA (2001) On the dimensionality of organizational justice: a construct validation of a measure. J Appl Psychol 86(3):386–400

Colquitt JA (2012) Organizational justice. In: Kozlowski SWJ (Hrsg) The Oxford handbook of organizational psychology, Bd. 1. Oxford University Press, New York, S 526–547

Colquitt JA, Conlon DE, Wesson MJ et al (2001) Justice at the millennium: a meta-analytic review of 25 years of organizational justice research. J Appl Psychol 86(3):425–445

Colquitt JA, Scott BA, Rodell JB et al (2013) Justice at the millennium, a decade later: a meta-analytic test of social exchange and affect-based perspectives. J Appl Psychol 98(2):199–236

Correia I, Vala J (2003) When will a victim be secondarily victimized? The effect of observer's belief in a just world, victim's innocence and persistence of suffering. Soc Justice Res 16(4):379–400

van Dierendonck D (2011) Servant leadership: a review and synthesis. J Manage 37(4):1228–1261

Elovainio M, Kivimäki M, Linna A et al (2010) Does organisational justice protect from sickness absence following a major life event? A Finnish public sector study. J Epidemiol Community Health 64(5):470–472

Fassina NE, Jones DA, Uggerslev KL (2008) Meta-analytic tests of relationships between organizational justice and citizenship behavior: testing agent-system and shared-variance models. J Organ Behav 29(6):805–828

Fortin M (2008) Perspectives on organizational justice: concept clarification, social context integration, time and links with morality. Int J Manag Rev 10(2):93–126

Goppel A, Mieth C, Neuhäuser C (Hrsg) (2016) Handbuch Gerechtigkeit. J.B. Metzler, Stuttgart

Gould CC (2020) Diversity beyond non-discrimination: from structural injustices to participatory institutions. In: Lütge C, Lütge C, Faltermeier M (Hrsg) The praxis of diversity. Palgrave Macmillan, Cham, S 15–33

Graso M, Camps J, Strah N et al (2019) Organizational justice enactment: an agent-focused review and path

forward. J Vocat Behav. https://doi.org/10.1016/j.jvb. 2019.03.007

Greenberg J, Folger RG (1983) Procedural justice, participation, and the fair process effect in groups and organizations. In: Paulus PB (Hrsg) Basic group processes. Springer, New York, S 235–256

Habermas J (1981) Die Theorie des kommunikativen Handelns. Bd.1 und Bd.2. Suhrkamp, Frankfurt a.M.

Habermas J (1992) Faktizität und Geltung. Beiträge zur Diskurstheorie des Rechts und des demokratischen Rechtsstaats. Suhrkamp, Frankfurt a.M.

Halbesleben JR, Buckley MR (2004) Burnout in organizational life. J Manage 30(6):859–879

Hoffmann E (2001) Confrontations and compromise: dispute resolution at a worker cooperative coal mine. Law Social Inq 26(3):555–596

Höge T, Weber WG (2018) Das soziomoralische Organisationsklima und Sinnerfüllung in der Arbeit: Erkenntnisse über zwei Gesundheitsressourcen. In: Badura B, Ducki A, Schröder H et al (Hrsg) Fehlzeiten-Report 2018. Sinn erleben - Arbeit und Gesundheit. Springer, Berlin, S 225–233

Hornung S, Doenz R, Glaser J (2016) Exploring employee attitudes on fairness of idiosyncratic deals. Organisational Stud Innov Rev 2(4):9–15

Hornung S, Höge T (2019) Humanization, rationalization or subjectification of work? Employee-oriented flexibility between i-deals and ideology in the neoliberal era. Bus Manag Studies: Int J 7(5):3090–3119

Hornung S, Rousseau DM (2012) Psychological contracts of Chinese employees. In: Huang X, Bond MH (Hrsg) Handbook of Chinese organizational behavior: Integrating theory, research, and practice. Edward Elgar, Cheltenham, S 326–342

Huang JL, Cropanzano R, Li A et al (2017) Employee conscientiousness, agreeableness, and supervisor justice rule compliance: a three-study investigation. J Appl Psychol 102(11):1564–1589

Johnston CS, Krings F, Maggiori C et al (2016) Believing in a personal just world helps maintain well-being at work by coloring organizational justice perceptions. Eur J Work Organ Psychol 25(6):945–959

Jost JT (2019) A quarter century of system justification theory: questions, answers, criticisms, and societal applications. Br J Soc Psychol 58(2):263–314

Karam EP, Hu J, Davison RB et al (2019) Illuminating the 'face'of justice: a meta-analytic examination of leadership and organizational justice. J Manage Stud 56(1):134–171

Kivimäki M, Vahtera J, Elovainio M et al (2007) Effort-reward imbalance, procedural injustice and relational injustice as psychosocial predictors of health: complementary or redundant models? Occup Environ Med 64(10):659–665

Leventhal GS (1980) What should be done with equity theory? New approaches to the study of fairness in social relationships. In: Gergen K, Greenberg M, Willis

2

R (Hrsg) Social exchange: advances in theory and research. Plenum, New York, S 27–55

Manville C, Akremi AE, Niezborala M et al (2016) Injustice hurts, literally: the role of sleep and emotional exhaustion in the relationship between organizational justice and musculoskeletal disorders. Hum Relat 69(6):1315–1339

Maier GW, Streicher B, Jonas E et al (2007) Gerechtigkeitseinschätzungen in Organisationen. Diagnostica 53(2):97–108

Meier-Credner A, Muschalla B (2019) Kann Ungerechtigkeit bei der Arbeit krank machen? Grundannahmen, subjektive Wahrnehmung und Person-Job-Fit. Verhaltenstherapie. https://doi.org/10.1159/000502920

Moldaschl M, Voß GG (2002) Subjektivierung von Arbeit. Hampp, München

Ndjaboué R, Brisson C, Vézina M (2012) Organisational justice and mental health: a systematic review of prospective studies. Occup Environ Med 69(10):694–700

Oesterreich R, Leitner K, Resch M (2000) Analyse psychischer Anforderungen und Belastungen in der Produktionsarbeit: Das Verfahren RHIA-VERA-Produktion – Handbuch. Hogrefe, Göttingen

Pérotin V (2016) What do we really know about workers' co-operatives? In: Webster A, Shaw LM, Vorberg-Rugh R (Hrsg) Mainstreaming co-operation: An alternative for the twenty-first century? Manchester University Press, Manchester, S 239–260

Peutere L, Ojala S, Lipiäinen L et al (2019) Relational justice, economic fluctuations, and long-term sickness absence: a multicohort study. Scand J Work Environ Health 45(4):413–420

Pircher Verdorfer A, Weber WG, Unterrainer C, Seyr S (2013) The relationship between organizational democracy and socio-moral climate: exploring effects of the ethical context in organizations. Econ Ind Democr 34(3):423–449

Pircher Verdorfer A, Steinheider B, Burkus D (2015) Exploring the socio-moral climate in organizations: an empirical examination of determinants, consequences, and mediating mechanisms. J Bus Ethics 132(1):233–248

Rawls J (1971) A theory of justice. Belknap Press, Cambridge

Robbins JM, Ford MT, Tetrick LE (2012) Perceived unfairness and employee health: a meta-analytic integration. J Appl Psychol 97(2):235–272

Rudman LA, Saud LH (2020) Justifying social inequalities: the role of social darwinism. Pers Soc Psychol Bull 46(7):1139–1155

Russell R (1984) The role of culture and ethnicity in the degeneration of democratic firms. Econ Ind Democr 5(1):73–96

Schmid BE (2009) Beteiligungsorientierung in Unternehmen. Eine Studie zum Einfluss von partizipativen Strukturen und Verfahren auf die psychologische Bindung von Unternehmensmitgliedern. Innsbruck University Press, Innsbruck

Schophaus M (2019) Organisationale Demokratie – Wie Mitarbeiterinnen und Mitarbeiter in Organisationen partizipieren. In: Porsch T, Werdes B (Hrsg) Verwaltungspsychologie. Ein Lehrbuch für Studiengänge der öffentlichen Verwaltung. Hogrefe, Göttingen, S 289–320

Scott BA, Colquitt JA, Zapata-Phelan CP (2007) Justice as a dependent variable: subordinate charisma as a predictor of interpersonal and informational justice perceptions. J Appl Psychol 92(6):1597–1609

Sobering K (2016) Producing and reducing gender inequality in a worker-recovered cooperative. Sociol Q 57(1):129–151

Spell CS, Arnold TJ (2007) A multi-level analysis of organizational justice climate, structure, and employee mental health. J Manage 33(5):724–751

Strecker C, Brenner M, Rapp M et al (2020) Verfahren zur Beobachtung des Soziomoralischen Klimas (SMK-B). Manual für Forschung und Anwendung. Innsbruck University Press, Innsbruck

Tekleab AG, Takeuchi R, Taylor MS (2005) Extending the chain of relationships among organizational justice, social exchange, and employee reactions: The role of contract violations. Acad Manage J 48(1):146–157

Tepper BJ (2001) Health consequences of organizational injustice: tests of main and interactive effects. Organ Behav Hum Decis Process 86(2):197–215

Thomas JP, Whitman DS, Viswesvaran C (2010) Employee proactivity in organizations: a comparative meta-analysis of emergent proactive constructs. J Occup Organ Psychol 83(2):275–300

Unterrainer C, Palgi M, Weber WG et al (2011) Structurally anchored organizational democracy: does it reach the employee? J Pers Psychol 10(3):118–132

Van Vegchel N, De Jonge J, Bosma H et al (2005) Reviewing the effort–reward imbalance model: drawing up the balance of 45 empirical studies. Soc Sci Med 60(5):1117–1131

Viswesvaran C, Ones DS (2002) Examining the construct of organizational justice: a meta-analytic evaluation of relations with work attitudes and behaviors. J Bus Ethics 38(3):193–203

Weber WG (1999) Organisationale Demokratie. Anregungen für innovative Arbeitsformen jenseits blosser Partizipation? Z Arb Wiss 53(4):270–281

Weber WG, Unterrainer C, Höge T (2008) Sociomoral atmosphere and prosocial and democratic value orientations in enterprises with different levels of structurally anchored participation. Ger J Hum Resour Manag 22(2):171–194

Weber WG, Unterrainer C, Schmid BE (2009) The influence of organizational democracy on employees' socio-moral climate and prosocial behavioral orientations. J Organ Behav 30(8):1127–1149

Weber WG, Unterrainer C, Höge T (2020) Psychological research on organizational democracy: A meta-analysis of individual, organizational, and societal outcomes. Appl Psych. 69(3): 1009–1071. https://doi.org/10.1111/apps.12205

Whitman DS, Caleo S, Carpenter NC et al (2012) Fairness at the collective level: a meta-analytic examination of the consequences and boundary conditions of organizational justice climate. J Appl Psychol 97(4):776–791

Wuestewald T (2012) The structural relationships among employee participation, socio-moral climate, engagement, and civic attitudes in a police context. Faculty of the Graduate College of the Oklahoma State University, Norman (unpublished PhD thesis)

Soziale Ungleichheit, Arbeit und Gesundheit

Niels Michalski, Stephan Müters und Thomas Lampert

Inhaltsverzeichnis

© Springer-Verlag GmbH Deutschland, ein Teil von Springer Nature 2020
B. Badura et al. (Hrsg.), *Fehlzeiten-Report 2020*, Fehlzeiten-Report,
https://doi.org/10.1007/978-3-662-61524-9_3

3

■■ **Zusammenfassung**

Sozioökonomische Ungleichheiten sind in Deutschland nach wie vor mit einer ungleichen Verteilung von Gesundheit und Krankheit verbunden. Männer und Frauen, die über höhere Einkommen verfügen, haben eine höhere Lebenserwartung als diejenigen niedrigerer Einkommensgruppen. Bezogen auf den beruflichen Status zeigt sich, dass Männer und Frauen aus niedrigen Berufsstatusgruppen ihren Gesundheitszustand deutlich schlechter einschätzen, häufiger Anzeichen einer depressiven Symptomatik berichten und häufiger rauchen als Mitglieder höherer Berufsstatusgruppen. Daneben schätzen Erwerbstätige in niedrigen beruflichen Positionen ihre Arbeit deutlich häufiger als stark gesundheitsgefährdend ein.

Analysen auf regionaler Ebene zeigen außerdem, dass die Anteile Beschäftigter, die starke Belastungen durch die Arbeit berichten, in Bundesländern mit ausgeprägter sozioökonomischer Deprivation höher ausfallen. Die vorgestellten Studienergebnisse und exemplarischen Analysen unterstreichen die Schlüsselrolle ungleich verteilter Arbeitsbelastungen für das Verständnis gesundheitlicher Ungleichheit. Der Beitrag verweist auf die Notwendigkeit spezifischer arbeits- und berufsbezogener Maßnahmen der Prävention und Gesundheitsförderung zur Verringerung gesundheitlicher Ungleichheit.

3.1 Einleitung

Angesichts niedriger Arbeitslosenquoten, hoher Beschäftigungszahlen und eines stabilen Wirtschaftswachstums in den letzten Jahren ließe sich für die gesellschaftliche Lage Deutschlands ein positives Bild zeichnen. Betrachtet man andererseits die Verteilung von Einkommen und Vermögen über diesen Zeitraum, ist festzustellen, dass nur die Haushalte, die zu der Hälfte mit höheren Einkommen zählen, von der stabilen Wirtschaftslage profitiert haben und die ohnehin stark ausgeprägten Ungleichheiten in der Einkommens- und Vermögensverteilung dagegen noch zugenommen haben. Die Realeinkommen der unteren Einkommensgruppen haben stagniert und die Armutsquote ist konstant geblieben (Grabka et al. 2019). Vor dem Hintergrund der aktuellen gesellschaftspolitischen Herausforderungen des demografischen Wandels, der Zuwanderung aus Krisengebieten und der Umstellung auf eine digitalisierte und klimagerechte Wirtschaft sind weitere gesellschaftliche Polarisierungstendenzen und zum Teil auch neue soziale Ungleichheiten zu befürchten.

Die beschriebenen sozialen Ungleichheiten spiegeln sich in der Gesundheit und Lebenserwartung der Bevölkerung wider. Inzwischen zeigt eine große Zahl von Studien, dass Personen mit niedrigem sozialem Status, gemessen zumeist anhand von Angaben zu Bildung, Beruf und Einkommen (Lampert et al. 2013a), häufiger von chronischen Krankheiten und Beschwerden betroffen sind, ihre eigene Gesundheit und gesundheitsbezogene Lebensqualität schlechter einschätzen und ein erhöhtes vorzeitiges Sterberisiko aufweisen (Lampert et al. 2017; Richter und Hurrelmann 2016). Darüber hinaus zeigen die Daten mit Blick auf die vergangenen Jahrzehnte, dass sich die gesundheitlichen Ungleichheiten nicht verringert haben, sondern zum Teil eine Ausweitung zu beobachten ist (European Commission 2013; Lampert et al. 2018).

Bei der Entstehung dieser gesundheitlichen Ungleichheiten kommt der Arbeitswelt große Bedeutung zu. Physische und psychosoziale Beanspruchungen bei der Arbeit stehen in einem engen Zusammenhang mit dem Auftreten von Krankheiten und Beschwerden, Arbeitsunfällen und Arbeitsunfähigkeit, krankheitsbedingten Frühberentungen sowie einem erhöhten Mortalitätsrisiko (Brussig und Schulz 2019; Dragano 2007; Dragano et al. 2016; Kivimäki et al. 2012; Kroh et al. 2012; Lohmann-Haislah 2012; Rommel et al. 2016). Wenngleich eine ausschließlich an der Arbeitswelt ansetzende Erklärung der Ungleichverteilung von Gesundheit und Krankheit zu kurz greift, kann dennoch davon ausgegangen werden, dass die Korrelationen zwischen den genannten arbeitsbezogenen Belastungen und Risiken einerseits und dem beruflichen Status andererseits erheblich zu deren Verständnis beiträgt (Dragano et al. 2016; Lahelma et al. 2004).

Der vorliegende Beitrag gibt einen Überblick über sozialepidemiologische Befunde zu gesundheitlichen Unterschieden entlang des Berufsstatus. Als Ausgangspunkt werden zunächst Unterschiede in der Mortalität nach Einkommen dokumentiert und die Studienlage zu berufsbezogenen Unterschieden in der Lebenserwartung vorgestellt (▶ Abschn. 3.2). In ▶ Abschn. 3.3 richtet sich der Fokus auf den Zusammenhang zwischen dem beruflichen Status und dem selbstberichteten Gesundheitszustand sowie ausgewählten belastungsassoziierten Gesundheitsindikatoren. In ▶ Abschn. 3.4 wird die ungleiche Verteilung von arbeitsbezogenen Belastungen exemplarisch beschrieben. ▶ Abschn. 3.5 zeigt auf, dass sich arbeitsbezogene Belastungen auch auf regionaler Ebene ungleich verteilen und dort mit sozioökonomischer Deprivation korrespondieren. Der Beitrag schließt mit einer kurzen Diskussion der Implikationen der Befunde für die Gesundheitsforschung.

3.2 Soziale Ungleichheiten in der Mortalität und Lebenserwartung

Ausgangspunkt der folgenden Analysen sozialer Unterschiede gesundheitlicher Belastungen entlang des beruflichen Status ist die Mortalität. Mortalität und Lebenserwartung gelten als besonders einprägsame Indikatoren sozialer Ungleichheit, zu der die ganze Breite gesundheitsbezogener Risiko- und Schutzfaktoren beiträgt. Soziale Unterschiede in der Lebenserwartung sind vor allem für das Einkommen dokumentiert und zeigen mit jeder höheren Einkommensgruppe höhere Lebenserwartungen (Kibele et al. 2013; Kroll und Lampert 2008; Lampert et al. 2019a, 2007;

Luy et al. 2015). Aktuelle Schätzungen der Lebenserwartung bei Geburt mit Daten des Sozioökomischen Panels (SOEP) für den Zeitraum von 1992 bis 2017 auf Basis von Sterbetafeln des Statistischen Bundesamtes weisen eine Differenz zwischen der niedrigsten (60 % des mittleren Netto-Äquivalenzeinkommens) und der höchsten Einkommensgruppe (150 % und mehr des mittleren Netto-Äquivalenzeinkommens) von 4,4 Jahren bei Frauen und 8,6 Jahren bei Männern aus (Lampert et al. 2019a).

Auf Basis der gleichen Datengrundlage wurde außerdem das Mortalitätsrisiko vor dem allgemeinen Renteneintrittsalter (65 Jahre) berechnet. Diese Quote, die als vorzeitige Sterblichkeit bezeichnet wird, liegt für Männer aus dem unteren Einkommensquintil bei über 25 %, während aus dem obersten Quintil der Männer nur knapp 14 % vorzeitig versterben (vgl. ◼ Abb. 3.1). Auch für Frauen zeigt sich ein sozialer Gradient der Mortalität in den Daten, wenngleich dieser deutlich schwächer ausfällt.

Für die Analysen der Mortalität nach Einkommen wird üblicherweise das Haushaltseinkommen verwendet, um die materielle Lage von Familien und Haushaltsstrukturen abzubilden, in die die Personen eingebettet sind. Die Betrachtung von Sterblichkeit und Lebenserwartung nach Haushaltseinkommen eignet sich, um die Unterschiede in der Mortalität nach sozioökonomischen Gesichtspunkten zu beurteilen. Sie verdeckt andererseits all jene Unterschiede in Morbidität und Mortalität, die durch die konkreten Charakteristika individueller Erwerbsarbeit begründet sind und körperlich oder psychisch anstrengende Tätigkeiten oder die Entlohnung und Arbeitszeit betreffen.

Die empirische Erfassung der Einflüsse des Arbeitslebens auf die Mortalität ist sehr aufwändig, weil sie Daten erwerbs- und berufsspezifischer Indikatoren über einen großen Zeitraum des Lebensverlaufs erfordert. Zu den Einflüssen des Arbeitslebens auf die Mortalität gibt es deshalb deutlich weniger empirische Studien als zu denen des Einkommens. Die wichtigsten Ergebnisse für Deutschland liefern

3

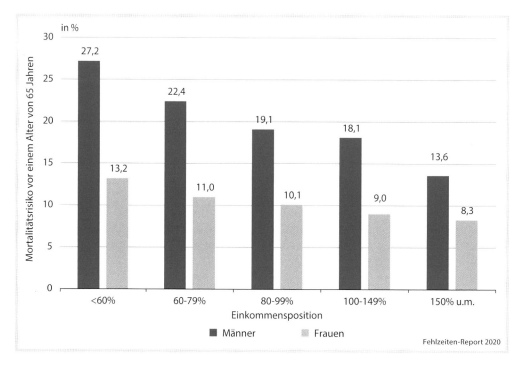

◘ Abb. 3.1   Mortalitätsrisiko vor einem Alter von 65 Jahren in %. (Vgl. Lampert et al. 2019a)

bisher die Analysen von Luy et al. (2015) für den Zeitraum von 1984 bis 1998. Sie zeigen deutliche Unterschiede in den Lebenserwartungen nach Beschäftigungsstatus und nach beruflichen Klassen. Unter anderem wird berichtet, dass Bergarbeiter im Alter von 40 Jahren nur noch durchschnittlich 26 weitere Jahre zu leben haben, während Beschäftigte im Dienstleistungssektor noch mit 35 Jahren und Beschäftigte im Bildungsbereich noch mit etwa 40 weiteren Lebensjahren rechnen können (vgl. Luy et al. 2015, S. 412). Ähnliche Differenzen finden sich auch bei Frauen: Für 40-jährige Frauen wird die Lebenserwartung ungelernter Produktionsarbeiterinnen auf etwa 78 Jahre geschätzt, für im Bildungsbereich beschäftigte Frauen auf etwa 85 Jahre (vgl. Luy et al. 2015, S. 414). Studien über die Einflüsse des Arbeitslebens auf die fernere Lebenserwartung mit Daten des SOEP finden für Männer in Berufen hoher Belastung ein signifikant höheres Mortalitätsrisiko im Rentenalter (Brussig und Schulz 2019; Kroh et al. 2012).

Die Beispiele aus der Empirie für die Lebenserwartung deuten darauf hin, dass ein Großteil der sozialen Unterschiede in der Mortalität mit dem Beruf und dem Arbeitsleben in Zusammenhang stehen. Mortalitätsanalysen entlang des beruflichen Status oder entlang fein differenzierter Jobcharakteristika verbleiben bislang aufgrund der notwendigen längsschnittlichen und biografischen Daten unzureichend. Um dem Zusammenhang zwischen dem Berufsstatus und Gesundheitsbelastungen darzustellen, werden im folgenden ▶ Abschn. 3.3 der allgemeine Gesundheitszustand sowie ausgewählte Gesundheitsindikatoren im Zusammenhang mit der Erwerbsarbeit bzw. dem beruflichen Status diskutiert.

3.3 Berufsstatus und Gesundheitszustand

Die Arbeitswelt gilt seit langem als zentraler Entstehungsort der zu beobachtenden sozialen Unterschiede bei Gesundheit und Krankheit (Dragano et al. 2016; Lahelma et al. 2004; Mielck 2000). Aufgrund des Strukturwandels der Arbeit von der Industrie- zur Dienstleistungs- und Wissensgesellschaft richtet sich die Aufmerksamkeit der Gesundheitswissenschaften heute nicht mehr nur auf die körperlichen Anforderungen und Belastungen der Arbeitswelt (z. B. Schwerarbeit, Nacht- und Schichtarbeit oder Akkordarbeit), Umgebungseinflüsse (z. B. Lärm, Nässe, Dämpfe oder Umgang mit giftigen Stoffen) sowie Unfallgefahren; es fließen psychische und psychosoziale Faktoren gleichermaßen in die Betrachtungen ein. Dies gilt nicht nur für Stressbelastungen, die unmittelbar mit der Arbeit im Zusammenhang stehen, z. B. aufgrund von Zeitdruck, Überforderung oder Konflikten mit Kolleginnen und Kollegen sowie Vorgesetzten, sondern betrifft auch die Zunahme von atypischen Beschäftigungsverhältnissen und die daraus resultierenden Unsicherheiten und Zukunftsängste (Morschhäuser et al. 2010).

Weil psychische und psychosoziale Belastungen unabhängig von konkreten Tätigkeiten in allen Berufen bedeutsam sind, eignen sie sich besonders für die Analyse allgemeiner sozialer Ungleichheiten der Gesundheit, die mit dem Beruf zusammenhängen. Maßzahlen des beruflichen Status wie der ISEI (International Socio-Economic-Index of Occupational Status) vereinen Information über die relativen Einkommen und die zur Ausübung benötigten Bildungsniveaus in einer einheitlichen Kennzahl (Ganzeboom et al. 1992). Der berufliche Status spiegelt damit gesellschaftliche Hierarchien und Positionen entlang der Berufe wider, die hoch mit Einkommen und Bildungsabschlüssen korrelieren.

Im Folgenden werden die Gesundheitsindikatoren selbsteingeschätzter Gesundheitszustand, die Prävalenz einer depressiven Symptomatik sowie das Rauchverhalten, die mit psychischen Belastungen in Verbindung stehen, für Personen mit unterschiedlichem beruflichem Status verglichen. Für die eigenen Analysen wurden jeweils Daten der RKI-Studie „Gesundheit in Deutschland aktuell" (GEDA) ausgewertet. Die Befragung im Rahmen der Studie GEDA 2014/15-EHIS wurde zwischen November 2014 und Juli 2015 durchgeführt. Die vorliegenden Analysen beziehen sich auf n = 7.769 Männer und n = 10.066 Frauen im erwerbsfähigen Alter zwischen 18 und 64 Jahren. Sämtliche Auswertungen berücksichtigen das der Studie zugrunde liegende Stichprobendesign durch entsprechende Gewichtung, sodass die berichteten Ergebnisse für Deutschland repräsentativ sind.

Die Angaben zu den individuellen Berufen und beruflichen Tätigkeiten in GEDA 2014/15-EHIS basieren auf der Vercodung der Berufsangaben nach der „Klassifikation der Berufe des Statistischen Bundesamtes – KldB 2010" (Loos et al. 2013). Diese Klassifikation erlaubt es, verschiedene berufliche Status- und Prestigeskalen zu kodieren, darunter der bereits erwähnte ISEI. Für die folgenden Analysen zum beruflichen Status wurde die ISEI-Skala in fünf Quintile eingeteilt. Das oberste Quintil mit den höchsten Werten des beruflichen Status repräsentiert die Gruppe mit hohem Berufsstatus. Das unterste Quintil stellt die Gruppe mit niedrigem Berufsstatus dar. Die drei mittleren Quintile bilden die Gruppe mit mittlerem Berufsstatus.

3.3.1 Berufsstatus und selbsteingeschätzter Gesundheitszustand

Die Selbsteinschätzung des Gesundheitszustandes hat sich in vielen Studien als robuster Indikator für die objektive gesundheitliche Lage erwiesen und gilt zudem als Prädiktor für die Mortalität (Idler und Benyamini 1997). Der Indikator misst mentale und physische Gesundheit zu etwa gleichen Teilen (Singh-Ma-

3

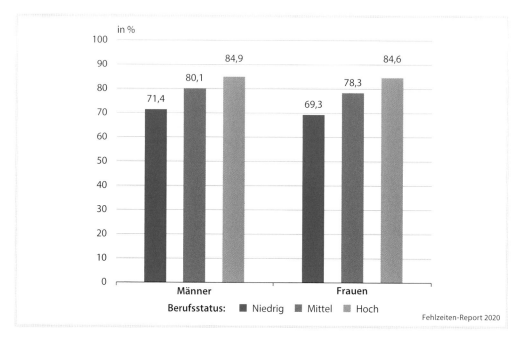

◘ Abb. 3.2 (Sehr) gute subjektive Gesundheit nach Berufsstatus und Geschlecht bei 18- bis 64-Jährigen. (Datenbasis: GEDA 2014/15-EHIS)

noux et al. 2006). Er eignet sich als Ausgangspunkt, um die Verteilung gesundheitlicher Zustände nach beruflichem Status zu untersuchen, weil diese von konkreten Tätigkeiten und Arbeitsbedingungen, die mit spezifischen Belastungen und Erkrankungen in Zusammenhang stehen, losgelöst betrachtet werden können.

Für die folgende Analyse wird die Variable zur subjektiven Gesundheit dichotomisiert, indem der Anteil der Personen, die einen „sehr guten" oder „guten" Gesundheitszustand berichten, zusammengefasst und allen weiteren Kategorien („mittelmäßig", „schlecht", „sehr schlecht") gegenübergestellt wird. Insgesamt bewerten 79,1 % der erwerbstätigen Männer und 77,3 % der erwerbstätigen Frauen im Alter zwischen 18 und 64 Jahren ihren Gesundheitszustand als sehr gut oder gut.

◘ Abb. 3.2 zeigt deutliche Unterschiede im subjektiven Gesundheitszustand zwischen den Berufsstatusgruppen. Während etwa 71 % der Männer mit einem niedrigen Berufsstatus

ihre Gesundheit als gut oder sehr gut einschätzen, sind es bei Männern mit mittlerem Berufsstatus etwa 80 % und bei Männern mit hohem Berufsstatus knapp 85 %. Für Frauen zeigen sich bis auf wenige Prozentpunkte die gleichen Unterschiede zwischen den Berufsstatusgruppen. Die Parallelität der Anteile zwischen den Geschlechtern ist besonders beachtlich, da von geringerer Erwerbsbeteiligung und höherer Teilzeitbeschäftigung bei Frauen ausgegangen werden muss, was eine geringere Variation zwischen den Statusgruppen bei Frauen erwarten ließe (Bundesagentur für Arbeit 2018). Nach Kontrolle des Alters kann der soziale Gradient für den Zusammenhang zwischen beruflichem Status und allgemeinem Gesundheitszustand beziffert werden: Männer und Frauen der niedrigen Berufsstatusgruppe haben eine im Vergleich zur hohen Berufsstatusgruppe um etwa 2,5-fach erhöhte statistische Chance, zu den Menschen zu gehören, die weder gute noch sehr gute Gesundheit berichten. Im Vergleich der mittleren zur hohen

Berufsstatusgruppe liegt die entsprechende statistische Chance beim 1,6-Fachen (🔲 Tab. 3.1).

Eine Reihe von Studien hat außerdem einen deutlichen Zusammenhang zwischen beruflicher Position und subjektiver Gesundheit nachgewiesen und an beruflichen Klassifikationen festgemacht (Dragano et al. 2016; Hämmig und Bauer 2013; McNamara et al. 2017). Betrachtungen mit früheren Wellen der GEDA-Studien 2009 und 2010 zeigten, dass die Prävalenz eines selbst berichteten schlechten Gesundheitszustands bei Männern in einfachen manuellen Berufen, in einfachen Diensten und in Agrarberufen am höchsten lag (Burr et al. 2013). Unter den Frauen handelt es sich bei den am stärksten betroffenen Berufsgruppen ebenfalls um einfache manuelle Berufe und einfache Dienste sowie um qualifizierte manuelle Berufe. Ähnliche Ergebnisse finden sich bei Auswertungen der GEDA-Daten 2010 in Bezug auf psychisches Wohlbefinden. Berufsgruppen mit einem hohen Anteil an ungelernter oder gering qualifizierter Arbeit weisen im Vergleich zu Beschäftigten in qualifizierten und akademischen Berufen ein geringeres psychisches Wohlbefinden auf (Thielen und Kroll 2013).

3.3.2 Berufsstatus und psychische Erkrankungen

Neben sozialen Unterschieden im subjektiv berichteten Gesundheitszustand und psychischen Wohlbefinden finden sich auch Unterschiede für das Risiko psychischer Erkrankungen. Zwar gibt es bisher keine einheitliche, empirisch gestützte Theorie zur Entstehung psychischer Störungen und Depression, es besteht allerdings Konsens über ein multifaktorielles Zusammenwirken biologischer, psychischer und sozialer Faktoren (Wittchen et al. 2010). Im Rahmen dieses Zusammenspiels können psychosoziale Belastungsfaktoren wie der Tod einer geliebten Person, aber auch berufliche oder interaktionale Probleme am Arbeitsplatz als Auslöser einer depressiven Erkrankung fun-

gieren und in diese einmünden (Wittchen und Hoyer 2011). Dabei ist wichtig zu betonen, dass es nur bei einer geringen Anzahl von Personen, die von derartigen Belastungen betroffen sind, zum Ausbruch einer psychischen Erkrankung kommt. Zu den Auswirkungen des psychosozialen Arbeitsstresses auf das Depressionsrisiko gibt es eine Reihe von Studien, die einen substantiellen Effekt finden (Angerer et al. 2014; Dragano et al. 2011; Rugulies et al. 2013; Siegrist 2013; Siegrist et al. 2012).

Zur Erfassung einer depressiven Symptomatik wurde in der Studie GEDA 2014/2015-EHIS die deutsche Version des Patient Health Questionnaire (PHQ-8) eingesetzt, ein Standardinstrument, mit dem die Symptome einer majoren Depression hinsichtlich der Häufigkeit ihres Auftretens in den letzten zwei Wochen beurteilt werden (Bretschneider et al. 2017; Kroenke et al. 2009).

Demnach liegt die Prävalenz einer aktuellen depressiven Symptomatik bei erwerbstätigen Frauen im Alter zwischen 18 und 64 Jahren bei 10,7 %, die gleichaltriger erwerbstätiger Männer bei 7,1 %. Werden die Prävalenzen getrennt nach Berufsstatus betrachtet, zeigt sich bei Männern der unteren Berufsstatusgruppe eine mit knapp 9 % doppelt so hohe Prävalenz wie in der hohen Berufsstatusgruppe. In der mittleren Statusgruppe liegt sie bei knapp 8 % (🔲 Abb. 3.3). Auch bei den Frauen zeigen sich deutliche Unterschiede in der Prävalenz zwischen beruflichen Statusgruppen: In der unteren Berufsstatusgruppe liegt sie bei etwa 13 % und damit höher als in der hohen Berufsstatusgruppe bei etwa 8 %. Ein regressionsanalytischer Vergleich unter Kontrolle der Altersstruktur zeigt für Männer und Frauen eine um etwa 2-fach erhöhte statistische Chance für eine aktuelle depressive Symptomatik in der unteren gegenüber der oberen Berufsstatusgruppe (🔲 Tab. 3.1).

Die Unterschiede spiegeln die allgemeine Studienlage wider, die höhere Prävalenzen depressiver Symptomatiken in niedrigeren beruflichen Positionen finden (Hoven et al. 2015; McNamara et al. 2017). Weitere Studien untersuchen die Stärke der Effekte von Stress-

3

◩ **Tabelle 3.1** Gesundheitsindikatoren nach Berufsstatus und Geschlecht. Ergebnisse logistischer Regressionsanalysen, kontrolliert nach Alter. (Datenbasis: GEDA2014/15-EHIS)

Berufsstatus	Mittelmäßige/(sehr) schlechte subjektive Gesundheit		Depressive Symptomatik		Rauchen	
	OR	(95 %-KI)	OR	(95 %-KI)	OR	(95 %-KI)
Männer						
Niedrig	2,63***	(2,10–3,30)	2,04***	(1,41–2,94)	2,26***	(1,83–2,80)
Mittel	1,64***	(1,35–1,99)	1,75***	(1,27–2,42)	1,66***	(1,40–1,96)
Hoch	Ref.		Ref.		Ref.	
	N = 6.153		N = 6.097		N = 6.168	
Frauen						
Niedrig	2,43***	(1,94–3,05)	1,76***	(1,32–2,34)	2,20***	(1,80–2,69)
Mittel	1,55***	(1,28–1,87)	1,34*	(1,04–1,73)	1,67***	(1,40–1,98)
Hoch	Ref.		Ref.		Ref.	
	N = 7.429		N = 7.383		N = 7.443	

*p < 0,05, **p < 0,01, ***p < 0,001
Fehlzeiten-Report 2020

belastung am Arbeitsplatz auf die subjektive Gesundheit und auf Depressionen getrennt
nach Statusgruppen. Auswertungen der Heinz-
Nixdorf-Recall-Studie zeigen, dass sich Stressbelastungen in den unteren beruflichen Statusgruppen stärker auf das Depressionsrisiko
und auf die subjektive Gesundheit auswirken
als in den höheren beruflichen Statusgruppen
(Wege et al. 2008). Ähnliche Befunde existieren für den Effekt psychosozialer Arbeitsbelastungen auf eine depressive Symptomatik
mit Längsschnittdaten aus Dänemark: Auch
hier wirkt sich Stress in den niedrigen Berufsstatusgruppen stärker negativ aus als in
höheren beruflichen Positionen (Rugulies et al.
2013). Sowohl mediierende als auch moderierende Effekte von Arbeitsbedingungen für
den Zusammenhang zwischen sozioökonomischer Position, meist gemessen über berufliche
Positionen, und einer Vielzahl von Gesundheitsindikatoren können in einer Reihe weiterer Länder mit Längsschnittanalysen bestätigt
werden (Hoven und Siegrist 2013).

3.3.3 Berufsstatus und Tabakkonsum

Dem Tabakkonsum wird eine zentrale Rolle
bei der Erklärung gesundheitlicher Ungleichheiten zugeschrieben. Die Tatsache, dass in
sozial schlechter gestellten Bevölkerungsgruppen häufiger und stärker geraucht wird als in
sozial begünstigten Bevölkerungsgruppen, ist
vielfach dokumentiert (Hiscock et al. 2012;
Huisman et al. 2005; Kuntz et al. 2016, 2018;
Lampert et al. 2013b). Analog zu den bereits
aufgezeigten sozialen Gradienten in der Verteilung der subjektiven Gesundheit und der
depressiven Symptomatik werden auch bezüglich des Rauchverhaltens Mechanismen diskutiert, die Bedingungen der beruflichen Situation und Herausforderungen am Arbeitsplatz
thematisieren (Kuntz et al. 2018). Rauchen
gilt demnach als Copingstrategie für Ermü-
dungserscheinungen, fordernde Arbeitszeiten,
den Umgang mit Gratifikationskrisen und Ar-

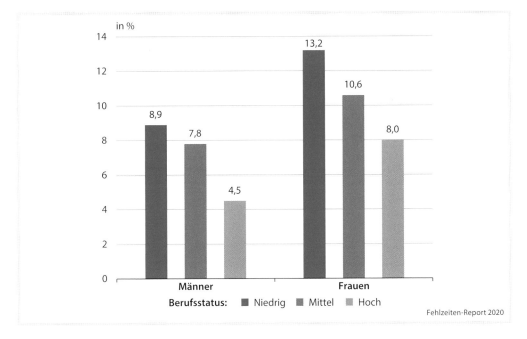

■ **Abb. 3.3** Depressive Symptomatik nach Berufsstatus und Geschlecht bei 18- bis 64-Jährigen. (Datenbasis: GEDA 2014/15-EHIS)

beitsplatzunsicherheit (Frost et al. 2009; Kouvonen et al. 2005; Peretti-Watel et al. 2009). Weiterhin ist das Rauchen mit berufsbedingtem Stress, etwa einer hohen Arbeitsmenge oder einem schnellen Arbeitstempo, assoziiert. Auch der wahrgenommene Handlungsspielraum scheint hier von Bedeutung: Je geringer die eigenen Kontrollmöglichkeiten über die Arbeit, desto häufiger wird geraucht (Hassani et al. 2014).

In GEDA 2014/15-EHIS werden diejenigen, die angeben, täglich oder gelegentlich zu rauchen, als aktuelle Raucher definiert (Zeiher et al. 2017). Demnach rauchen 31,4 % der erwerbstätigen Männer und 26,4 % der erwerbstätigen Frauen zwischen 18 und 64 Jahren. Während etwa 21 % der Männer bzw. 18 % der Frauen der hohen Berufsstatusgruppe rauchen, sind es in den niedrigen Berufsstatusgruppen 39 % der Männer und knapp 33 % der Frauen (■ Abb. 3.4). Die Ergebnisse der Regressionsanalysen zeigen für Männer und Frauen entsprechend sehr ähnliche berufsspezifische

Gradienten in den Rauchquoten. Männer und Frauen der unteren und mittleren Berufsstatusgruppen haben eine um etwa 2,2-fach bzw. 1,7-fach erhöhte statistische Chance zu Rauchen als die jeweilige obere Berufsstatusgruppe (■ Tab. 3.1).

Deutliche berufsgruppenspezifische Unterschiede in den Rauchquoten wurden in einer jüngeren Studie auf Basis von Daten des Mikrozensus dokumentiert (Kuntz et al. 2018). Während die Rauchquote in vorrangig akademisch geprägten Berufen, etwa in den Ingenieur-, Arzt-, Lehr- und juristischen Berufen im Jahr 2013 bei unter 15 % lag, rauchten in anderen, vor allem in manuellen Berufsgruppen oder gering qualifizierten Dienstleistungsberufen, fast die Hälfte der Erwerbstätigen. Am häufigsten rauchten Beschäftigte in der Abfallentsorgung, Reinigungskräfte, Hilfsarbeiter/-innen, Lkw- und Berufsfahrer/-innen sowie Beschäftigte im Verkauf und in der Gastronomie. Längsschnittliche Auswertungen zeigen zudem, dass die Unterschiede

3

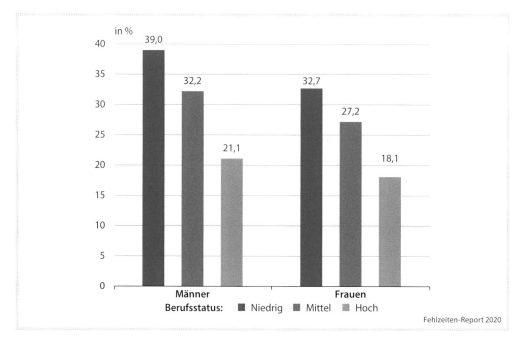

Fehlzeiten-Report 2020

◘ Abb. 3.4 Rauchquote nach Berufsstatus und Geschlecht bei 18- bis 64-Jährigen. (Datenbasis: GEDA 2014/15-EHIS)

zwischen den Berufsstatusgruppen zwischen 1999 und 2013 zugenommen haben (Kuntz et al. 2018).

3.4 Gesundheitsbelastung und berufliches Anforderungsniveau

Viele nationale und internationale Studien belegen, dass Unterschiede in den Arbeitsbedingungen mit dem Auftreten von Krankheiten und Beschwerden sowie einem erhöhten Mortalitätsrisiko verbunden sind. Unterschiedliche Arbeitsbedingungen sind damit wesentliche Erklärungsfaktoren für gesundheitliche Ungleichheiten (Backé et al. 2012; Barnay 2016; Kivimäki et al. 2012; Kroh et al. 2012; Lohmann-Haislah 2012; Siegrist und Dragano 2006).

Die Studie GEDA 2014/2015-EHIS erfasst gesundheitliche Belastungen durch die Arbeit über folgende Frage: „Glauben Sie, dass Ihre Gesundheit durch Ihre Arbeit gefährdet ist?" Für die Auswertung wurden die Antwortmöglichkeiten „sehr stark" und „stark" zusammengefasst (Kroll et al. 2017a). Die Einschätzung der Gesundheitsgefährdung durch die Arbeit lässt sich mit Hilfe des Klassifikationsschemas „Klassifikation der Berufe (KldB)" des Statistischen Bundesamtes in Hinblick auf die mit den konkreten Berufen verbundenen Anforderungsniveaus beschreiben. So werden Berufe, die keine oder höchstens eine einjährige Berufsausbildung voraussetzen, als Helfer- und Anlerntätigkeiten kategorisiert. Fachlich ausgerichtete Tätigkeiten setzen eine mindestens zweijährige berufliche Ausbildung oder langjährige Berufserfahrung voraus. Für komplexe Spezialistentätigkeiten wird mindestens eine Meister- oder Technikerausbildung oder entsprechende Berufserfahrung bzw. ein gleichwertiger Fachschul- oder Hochschulabschluss (Bachelor) erwartet. Die erhöhten Anforderungen in diesen Tätigkeiten gehen häufiger mit Fach- und Führungsaufgaben einher. Hoch komplexe Tätigkeiten schließlich erfordern in

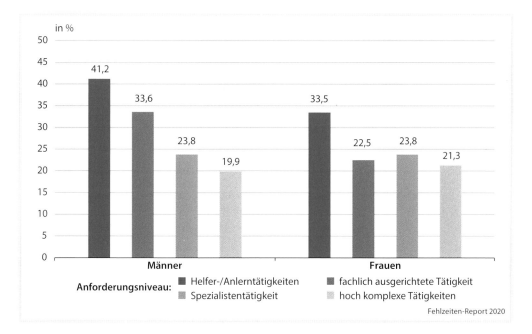

☐ Abb. 3.5 Subjektive gesundheitliche Belastung durch die eigene Arbeit nach Anforderungsniveau im Beruf bei 18- bis 64-jährigen Vollzeiterwerbstätigen. (Datenbasis: GEDA 2014/2015-EHIS)

der Regel eine mindestens vierjährige Hochschulausbildung, manche berufliche Tätigkeiten auch eine Habilitation, Promotion oder das Staatsexamen (Paulus und Matthes 2013). Da der zeitliche Umfang der ausgeübten Tätigkeit von besonderer Bedeutung dafür ist, wie lange Erwerbstätige möglichen gesundheitsgefährdenden Arbeitsbelastungen ausgesetzt sind (Dragano et al. 2016), wurden für die folgende Auswertung für eine bessere Vergleichbarkeit nur in Vollzeit beschäftigte Personen eingeschlossen.

Insgesamt schätzen 27,9 % der vollzeiterwerbstätigen Männer und 23,1 % der vollzeiterwerbstätigen Frauen im Alter von 18 bis 64 Jahren ihre Arbeit als stark bis sehr stark gesundheitsgefährdend ein. Insbesondere bei Männern lassen sich dabei Unterschiede nach dem jeweiligen Anforderungsniveau der beruflichen Tätigkeit feststellen. Während Männer in Helfer- und Anlerntätigkeiten zu etwa 41 % ihre Arbeit als stark/sehr stark gesundheitsgefährdend beurteilen, sind es bei Männern mit fachlich ausgerichteten Tätigkeiten nur et-

wa 34 %. Bei Männern, die komplexe Spezialistentätigkeiten ausführen, beträgt der Anteil etwa 24 % und bei Männern in hoch komplexen Tätigkeiten knapp 20 %. Für Frauen ist dieser Unterschied weniger stark ausgeprägt: Etwa ein Drittel der Frauen in Helfer- und Anlerntätigkeiten gibt starke bis sehr starke gesundheitsgefährdende Arbeitsbedingungen an, in den weiteren Gruppen sind die Anteile starker oder sehr starker gesundheitsgefährdender Arbeitsbedingungen mit etwa 21–24 % ähnlich hoch (☐ Abb. 3.5).

Die Ergebnisse korrespondieren mit Befunden der für Deutschland vorliegenden Daten des European Working Conditions Survey (EWCS), mit denen verschiedene Formen von Arbeitsbelastungen mit den beruflichen Positionen in Verbindung gebracht wurden. So zeigte sich, dass bei Männern und Frauen in manuellen und einfachen Angestelltenberufen physische und psychosoziale Arbeitsbelastungen deutlich häufiger vorkommen als in höher qualifizierten Berufsgruppen (Dragano et al. 2016).

3

Weiterführende, hier nicht ausgewiesene Auswertungen mit Daten der Studie GEDA 2014/15-EHIS zeigen, dass sich die aufgezeigten gesundheitsgefährdenden Arbeitsbedingungen nach Branchen unterscheiden (Kroll et al. 2017a). Demnach nehmen Männer im Personen- und Güterverkehr sowie im Baugewerbe ihre Arbeitsbedingungen besonders häufig als gesundheitsgefährdend wahr. Frauen berichten die höchste gesundheitliche Belastung im Gesundheits- und Sozialwesen und im Personen- und Güterverkehr. Erwerbstätige im Bereich der Dienstleistungen – wie etwa im Finanzsektor oder in den freiberuflichen Tätigkeiten – berichten dagegen deutlich seltener gesundheitsgefährdende Arbeitsbedingungen. Eine Auswertung mit Daten aus einer früheren GEDA-Welle aus dem Jahr 2010 zeigt, dass sowohl Frauen als auch Männer aus einer Reihe unterschiedlicher Arbeitsbedingungen ein schlechtes Arbeitsklima als wichtigsten Grund der Gesundheitsgefährdung am Arbeitsplatz angeben. An zweiter Stelle folgte bei Frauen das Arbeiten unter Zeit- und Leistungsdruck und bei Männern belastende Umgebungsbedingungen (Kroll et al. 2011).

3.5 Regionale Unterschiede in der Gesundheitsbelastung durch die Arbeit

Verschiedene Studien zeigen auch auf regionaler Ebene Manifestationen sozialer Ungleichheit im Gesundheitszustand (Lampert und Kroll 2011; Lampert et al. 2019c). Basierend auf GEDA-2014/15-EHIS-Daten, die repräsentative Aussagen von Mittelwerten und Anteilen auf Ebene der Bundesländer erlauben, stellt ◱ Abb. 3.6 Anteile der Beschäftigten in den Bundesländern dar, die die gesundheitliche Belastung am Arbeitsplatz als stark oder sehr stark einschätzen. Starke Gesundheitsbelastungen werden am häufigsten in Mecklenburg-Vorpommern, Sachsen-Anhalt und Thüringen berichtet (über 30 %). Es folgen Sachsen, Rheinland-Pfalz und Brandenburg. In

Hamburg und Niedersachsen liegen die Anteile starker Gesundheitsbelastung durch die Arbeit etwas über dem Bundesdurchschnitt von etwa 25 %. In Bayern, Baden-Württemberg, dem Saarland und Hessen, aber auch in Nordrhein-Westfalen und Schleswig-Holstein ist der Anteil geringer (20 bis 25 %). Die regionalen Unterschiede in der gesundheitlichen Belastung durch die Arbeit spiegeln zu großen Teilen die regionalen Unterschiede wider, die auch in den jährlichen Fehlzeiten-Reporten dokumentiert sind. Darin wiesen zuletzt das Saarland, Brandenburg, Thüringen und Sachsen-Anhalt die höchsten Krankenstände auf, während diese in Hamburg, Bayern, Berlin und Baden-Württemberg, am geringsten ausfielen (Meyer et al. 2019).

Die bestehenden Ost-West-Unterschiede und das ebenfalls erkennbare Nord-Süd-Gefälle deuten auf strukturelle, die Wirtschaftskraft und regionalen Arbeitsmärkte betreffende Bedingungen hin, die auch in Zusammenhang mit gesundheitlichen Belastungen durch die Arbeit stehen. ◱ Abb. 3.7 zeigt die Verteilung des German Index of Socioeconomic Deprivation (GISD) über die Bundesländer. Der GISD erfasst die Deprivation einer Region anhand aggregierter sozioökonomischer Merkmale der Gemeinde und Kreisebene, darunter die Arbeitslosenquote, die Schuldnerquote und der Anteil von Schulabgängern ohne Abschluss (Kroll et al. 2017b). Die Skala des GISD rangiert hier zwischen dem Wert 0, der dem GISD-Wert des Landkreises mit der geringsten Deprivation zugewiesen wird, und dem Wert 1 für den Landkreis mit dem höchsten GISD-Wert. Für die Bundesländer wurden die GISD-Werte der Landkreise und kreisfreien Städte bevölkerungsgewichtet auf Bundeslandebene aggregiert. In den ostdeutschen Bundesländern ist regionale sozioökonomische Deprivation besonders verbreitet: Die Kommunen in Mecklenburg-Vorpommern, Sachsen-Anhalt und Thüringen weisen dort die höchsten durchschnittlichen Deprivationswerte auf. Aber auch in den westdeutschen Bundesländern Saarland und Rheinland-Pfalz, in Teilen Nordrhein-Westfalens sowie in den ländlichen Regio-

■ 15%–20%   ■ 20%–30%

■ 30%–35%   □ Keine Daten

Fehlzeiten-Report 2020

■ 0,2–0,4   ■ 0,4–0,6

■ 0,6–0,8   ■ 0,8–1,0   □ Keine Daten

Fehlzeiten-Report 2020

◘ Abb. 3.6 Regionale Anteile (sehr) starker subjektiv empfundener Gesundheitsgefährdung unter 18- bis 64-jährigen Beschäftigten. (Datenbasis: GEDA 2014/2015-EHIS)

◘ Abb. 3.7 Regionale sozioökonomische Deprivation auf Bundeslandebene gemessen am German Index of Socioeconomic Deprivation (GISD). (Datenbasis: GISD 2014)

nen Norddeutschlands gibt es einige Landkreise mit hohen Deprivationswerten (Kroll et al. 2017b). Ein Vergleich der beiden Karten (◘ Abb. 3.6 und 3.7) zeigt, wie das Muster der regionalen Verteilung der Arbeitsbelastung mit den GISD-Werten auf Bundeslandebene korrespondiert. Die Korrelation liegt bei r = 0,68. Die aufgezeigten Ost-West-Unterschiede stimmen außerdem mit Auswertungsergebnissen der Daten des International Social Survey Programme (ISSP) überein, laut denen die persönlichen Arbeitsbedingungen im Hinblick auf schwere körperliche Arbeit und Stress in Ostdeutschland schlechter eingeschätzt werden als in Westdeutschland (Bünning 2018, S. 190).

Kennzeichnend für die Strukturschwäche von Regionen, die als Auslöser sozioöko-

nomischer Deprivation der Bevölkerung gilt, sind die geringe Präsenz von Wirtschaftsbetrieben mit hoher und mittlerer Wertschöpfung in Kombination mit schlechten infrastrukturellen Voraussetzungen, wodurch die Beschäftigungsmöglichkeiten eingeschränkt sind (Bertelsmann-Stiftung 2019). Hohe Arbeitslosenquoten fallen in diesen Regionen oft mit der durch die Abwanderung von Facharbeiter/-innen und fehlenden Zuzug ausgelösten ungünstigen Altersstruktur der Bevölkerung zusammen (Gärtner 2015). Die regionalen Disparitäten in der Altersstruktur der Beschäftigten liefern eine Teilerklärung für Unterschiede im Krankenstand (Meyer et al. 2019). Studien zeigen außerdem, dass die durchschnittliche psychosoziale Belastung unter älteren Beschäf-

3

tigten mit befristetem Arbeitsvertrag und in der Landwirtschaft am höchsten ist (Siegrist et al. 2009). Ländliche Regionen und Gegenden, die besonders vom Strukturwandel betroffen sind, wie das Ruhrgebiet, leiden besonders unter den beschriebenen Symptomen und liefern somit eine Erklärung für die regionale Verteilung subjektiv berichteter Arbeitsbelastungen.

3.6 Diskussion

In den letzten Jahrzehnten haben sich soziale Ungleichheiten in Deutschland weiter verfestigt oder sogar ausgeweitet. Die Literatur hat die Abhängigkeit guter Gesundheit und hoher Lebenserwartung von Einkommen und Bildung vielfach belegt (Lampert et al. 2019a, 2017). Der vorliegende Beitrag hat darüber hinaus deutlich gemacht, dass sich diese Ungleichheiten auch entlang des beruflichen Status manifestieren. Die präsentierten empirischen Befunde zeigen, dass statusniedrige Personen nicht nur monetär benachteiligt sind, sondern auch aufgrund ihrer Berufe und ihrer Arbeitsplatzbedingungen die höhere gesundheitliche Last tragen. Werden Arbeitsbelastungen und Zufriedenheit bei der Arbeit in unterschiedlichen Lohngruppen (Bruttostundenlohn) betrachtet, zeigt sich, dass sowohl die körperlichen und psychosozialen Arbeitsbelastungen als auch die Unzufriedenheit mit der eigenen Tätigkeit für Beschäftigte in der niedrigen Lohngruppe am höchsten ist (Lampert et al. 2018). Darüber hinaus sind die Möglichkeiten, dieser doppelten Benachteiligung entgehen zu können, in den niedrigen Statusgruppen am geringsten, denn Personen in der niedrigsten Berufsstatusgruppe haben aufgrund ihrer insgesamt geringeren Chancen am Arbeitsmarkt kaum Spielraum, Jobs oder Berufe mit schlechten Arbeitsbedingungen zu verlassen und in solche mit besseren Arbeitsbedingungen zu wechseln, um Gesundheitsrisiken zu vermeiden. In einer gerechten Gesellschaft sollte es möglich sein, soziale Teilhabe

und die Sicherung eines Mindeststandards an Lebensqualität durch Erwerbsarbeit ohne persönliche Einbußen in der Gesundheit zu realisieren. Der Hinweis auf die doppelte Benachteiligung unterstreicht die Notwendigkeit, präventive Maßnahmen auf die Hochrisikogruppe der Beschäftigten in niedrigen beruflichen Positionen auszurichten.

Die gesundheitliche Ungleichheit zu verringern ist eine zentrale Herausforderung für Public Health und Gesundheitspolitik. Um sich dieser Herausforderung stellen zu können, ist ein besseres Verständnis der Mechanismen und Prozesse erforderlich, die dazu beitragen, dass sich die gesundheitliche Ungleichheit auch unter veränderten gesellschaftlichen Rahmenbedingungen reproduziert. Für die sozialen Unterschiede in Lebenserwartung und Gesundheit sind dabei eine Vielzahl von Faktoren der Lebenswelt bedeutsam, die den Lebensstandard und Fragen der sozialen Sicherung, die Wohnbedingungen und das Wohnumfeld, die soziale Integration und gesellschaftliche Teilhabe, den Lebensstil und das Gesundheitsverhalten sowie auch die Inanspruchnahme des Gesundheitssystems – und zwar sowohl der medizinischen und pflegerischen als auch der präventiven und gesundheitsfördernden Angebote und Leistungen – betreffen (Lampert et al. 2019b, 2016; Mielck 2000). Der Arbeitswelt mit ihrer berufsbezogenen Stratifizierungswirkung kommt eine besondere Bedeutung zu. Denn hier treffen Zugangschancen für Arbeitsmärkte, monetäre Entlohnung und sonstige Gratifikationsmöglichkeiten mit körperlichen und psychischen Belastungen zusammen und strukturieren Lebens- und Gesundheitschancen in besonderer Weise. Die Ergebnisse dieses Beitrags stehen im Einklang mit einer Vielzahl weiterer Studienergebnisse, die die Wichtigkeit der vermittelnden Rolle von Arbeitsbelastungen für den Zusammenhang beruflicher Positionen mit der Gesundheit betonen, darunter vor allem Arbeitsbedingungen, die in niedrigen Berufspositionen häufiger vorzufinden sind, wie geringe Handlungsspielräume, ein Missverhältnis zwischen Verausgabung und Belohnung, größere Arbeitsplatzunsicherheit oder stärkere physische Belastungen (für einen Überblick siehe Dragano et al. 2016). Erklärungsmodelle wie das „Anforderungs-Kontroll-Modell" (Kain und Jex 2010) oder das „Modell beruflicher Gratifikationskrisen" (Siegrist und Theorell 2006) stellen wichtige Grundlagen für ein umfassendes Verständnis über die Zusammenhänge zwischen diesen Faktoren dar.

Literatur

Angerer P, Gündel H, Siegrist K (2014) Stress: Psychosoziale Arbeitsbelastung und Risiken für kardiovaskuläre Erkrankungen sowie Depression. [Stress: psychosocial work load and risks for cardiovascular disease and depression. Dtsch Med Wochenschr 139(24):1315–1320

Backé E-M, Seidler A, Latza U, Rossnagel K, Schumann B (2012) The role of psychosocial stress at work for the development of cardiovascular diseases: a systematic review. Int Arch Occup Environ Health 85(1):67–79

Barnay T (2016) Health, work and working conditions: a review of the European economic literature. Eur J Health Econ 17(6):693–709

Bertelsmann-Stiftung (2019) Kommunaler Finanzreport 2019. Bertelsmann Stiftung, Gütersloh

Bretschneider J, Kuhnert R, Hapke U (2017) Depressive Symptomatik bei Erwachsenen in Deutschland. J Health Monit 2(3):81–88

Brussig M, Schulz ES (2019) Soziale Unterschiede im Mortalitätsrisiko. IAQ-Report 06

Bundesagentur für Arbeit (Hrsg) (2018) Blickpunkt Arbeitsmarkt – Die Arbeitsmarktsituation von Frauen und Männern 2017. Bundesagentur für Arbeit, Nürnberg

Bünning M (2018) Subjektive Wahrnehmung von Arbeitsbedingungen. Datenreport – Ein Sozialbericht für die Bundesrepublik Deutschland. Bundeszentrale für politische Bildung, Bonn, S 185–193

Burr H, Kersten N, Kroll LE, Hasselhorn HM (2013) Selbstberichteter allgemeiner Gesundheitszustand nach Beruf und Alter in der Erwerbsbevölkerung. Bundesgesundheitsblatt Gesundheitsforschung Gesundheitsschutz 56(3):349–358

Dragano N (2007) Arbeit, Stress und krankheitsbedingte Frührenten: Zusammenhänge aus theoretischer und empirischer Sicht. Springer, Berlin Heidelberg

Dragano N, Siegrist J, Wahrendorf M (2011) Welfare regimes, labour policies and unhealthy psychosocial working conditions: a comparative study with 9917 older employees from 12 European countries. J Epidemiol Community Health 65(9):793–799

Dragano N, Wahrendorf M, Müller K, Lunau T (2016) Arbeit und gesundheitliche Ungleichheit. Bundesgesundheitsblatt Gesundheitsforschung Gesundheitsschutz 59(2):217–227

European Commission (Hrsg) (2013) Health inequalities in the EU – Final report of a consortium. European Commission Directorate-General for Health and Consumers, Brussels

Frost P, Kolstad HA, Bonde JP (2009) Shift work and the risk of ischemic heart disease—a systematic review of the epidemiologic evidence. Scand J Work Environ Health 35(3):163–179

Ganzeboom H, De Graaf P, Treiman D (1992) A standard international Socio-economic index of occupational status. Soc Sci Res 21(1):1–56

Gärtner S (2015) Alte Räume und neue Alte: Lebensentwürfe, Chancen und Risiken. In: Fachinger U, Künemund H (Hrsg) Gerontologie und ländlicher Raum: Lebensbedingungen, Veränderungsprozesse und Gestaltungsmöglichkeiten. Springer, Wiesbaden, S 167–183

Grabka MM, Goebel J, Liebig S (2019) Wiederanstieg der Einkommensungleichheit: Aber auch deutlich steigende Realeinkommen. DIW-Wochenbericht 86(19):343–353

Hämmig O, Bauer GF (2013) The social gradient in work and health: a cross-sectional study exploring the relationship between working conditions and health inequalities. BMC Public Health 13:1170

Hassani S, Yazdanparast T, Seyedmehdi SM, Ghaffari M, Attarchi M, Bahadori B (2014) Relationship of occupational and non-occupational stress with smoking in automotive industry workers. Tanaffos 13(2):35

Hiscock R, Bauld L, Amos A, Fidler JA, Munafò M (2012) Socioeconomic status and smoking: a review. Annals NY Acad Sci 1248(1):107–123

Hoven H, Siegrist J (2013) Work characteristics, socioeconomic position and health: a systematic review of mediation and moderation effects in prospective studies. Occup Environ Med 70(9):663–669

Hoven H, Wahrendorf M, Siegrist J (2015) Occupational position, work stress and depressive symptoms: a pathway analysis of longitudinal SHARE data. J Epidemiol Community Health 69(5):447–452

Huisman M, Kunst AE, Mackenbach JP (2005) Inequalities in the prevalence of smoking in the European Union: comparing education and income. Prev Med 40(6):756–764

Idler EL, Benyamini Y (1997) Self-rated health and mortality: a review of twenty-seven community studies. J Health Soc Behav 38(1):21–37

Kain J, Jex S (2010) Karasek's (1979) job demands-control model: a summary of current issues and recommendations for future research. In: Perrewé PL, Ganster DC (Hrsg) New developments in theoretical and conceptual approaches to job stress. Emerald Group Publishing Limited, Bingley, S 237–268

3

Kibele EU, Jasilionis D, Shkolnikov VM (2013) Widening socioeconomic differences in mortality among men aged 65 years and older in Germany. J Epidemiol Community Health 67(5):453–457

Kivimäki M, Nyberg ST, Batty GD, Fransson EI, Heikkilä K, Alfredsson L, PD-Work Consortium I, et al (2012) Job strain as a risk factor for coronary heart disease: a collaborative meta-analysis of individual participant data. Lancet 380(9852):1491–1497

Kouvonen A, Kivimäki M, Virtanen M, Pentti J, Vahtera J (2005) Work stress, smoking status, and smoking intensity: an observational study of 46190 employees. J Epidemiol Community Health 59(1):63–69

Kroenke K, Strine TW, Spitzer RL, Williams JBW, Berry JT, Mokdad AH (2009) The PHQ-8 as a measure of current depression in the general population. J Affect Disord 114(1):163–173

Kroh M, Neiss H, Kroll LE, Lampert T (2012) Menschen mit hohem Einkommen leben länger. DIW-Wochenbericht 79(38):3–15

Kroll LE, Lampert T (2008) Soziale Unterschiede in der Lebenserwartung: Möglichkeiten auf Basis des Sozio-oekonomischen Panels. SOEP Papers on Multidisciplinary Panel Data Research

Kroll LE, Müters S, Dragano N (2011) Arbeitsbelastungen und Gesundheit. GBE kompakt 2(5). Robert Koch-Institut, Berlin

Kroll LE, Müters S, Schumann M, Lampert T (2017a) Wahrnehmung gesundheitsgefährdender Arbeitsbedingungen in Deutschland. J Health Monit 2(4):124–129

Kroll LE, Schumann M, Hoebel J, Lampert T (2017b) Regionale Unterschiede in der Gesundheit – Entwicklung eines sozioökonomischen Deprivationsindex für Deutschland. J Health Monit 2(2):103–120

Kuntz B, Zeiher J, Hoebel J, Lampert T (2016) Soziale Ungleichheit, Rauchen und Gesundheit. Suchttherapie 17:115–123

Kuntz B, Kroll LE, Hoebel J, Schumann M, Zeiher J, Starker A, Lampert T (2018) Zeitliche Entwicklung berufsgruppenspezifischer Unterschiede im Rauchverhalten von erwerbstätigen Männern und Frauen in Deutschland. Bundesgesundheitsblatt Gesundheitsforschung Gesundheitsschutz 61(11):1388–1398

Lahelma E, Martikainen P, Laaksonen M, Aittomäki A (2004) Pathways between socioeconomic determinants of health. J Epidemiol Community Health 58(4):327–332

Lampert T, Kroll LE (2011) Regionalisierung von Gesundheitsindikatoren. Ergebnisse aus der GEDA-Studie 2009. Bundesgesundheitsblatt Gesundheitsforschung Gesundheitsschutz 55(2):129–140

Lampert T, Kroll LE, Dunkelberg A (2007) Soziale Ungleichheit der Lebenserwartung in Deutschland. Polit Zeitgesch 42:11–18

Lampert T, Kroll LE, Müters S, Stolzenberg H (2013a) Messung des sozioökonomischen Status in der Studie „Gesundheit in Deutschland aktuell" (GEDA). Bundesgesundheitsblatt Gesundheitsforschung Gesundheitsschutz 56(1):131–143

Lampert T, von der Lippe E, Müters S (2013b) Verbreitung des Rauchens in der Erwachsenenbevölkerung in Deutschland. Bundesgesundheitsblatt Gesundheitsforschung Gesundheitsschutz 56(5–6):802–808

Lampert T, Richter M, Schneider S, Spallek J, Dragano N (2016) Soziale Ungleichheit und Gesundheit. Bundesgesundheitsblatt Gesundheitsforschung Gesundheitsschutz 59(2):153–165

Lampert T, Hoebel J, Kuntz B, Müters S, Kroll LE (2017) Gesundheitliche Ungleichheit in verschiedenen Lebensphasen. Gesundheitsberichterstattung des Bundes gemeinsam getragen von RKI und DESTATIS. RKI DESTATIS, Berlin

Lampert T, Kroll LE, Kuntz B, Hoebel J (2018) Gesundheitliche Ungleichheit in Deutschland und im internationalen Vergleich: Zeitliche Entwicklungen und Trends. J Health Monit 3(S1)

Lampert T, Hoebel J, Kroll LE (2019a) Soziale Unterschiede in der Mortalität und Lebenserwartung in Deutschland. Aktuelle Situation und Trends. J Health Monit 4(1):3–15

Lampert T, Hoebel J, Kuntz B, Waldhauer J (2019b) Soziale Ungleichheit und Gesundheit. In: Haring R (Hrsg) Gesundheitswissenschaften. Springer, Berlin Heidelberg, S 155–164

Lampert T, Müters S, Kuntz B, Dahm S, Nowossadeck E (2019c) 30 Jahre nach dem Fall der Mauer: Regionale Unterschiede in der Gesundheit der Bevölkerung Deutschlands. J Health Monit 4(S2)

Lohmann-Haislah A (2012) Stressreport Deutschland 2012. Bundesanstalt für Arbeitschutz und Arbeitsmedizin (BAuA), Dortmund

Loos C, Eisenmenger M, Bretschi D (2013) Das Verfahren der Berufskodierung im Zensus 2011. Wirtsch Stat 3:173–184

Luy M, Wegner-Siegmundt C, Wiedemann A, Spijker J (2015) Life expectancy by education, income and occupation in Germany: estimations using the longitudinal survival method. Comp Popul Stud – Zeitschrift Für Bevölkerungswiss 40(4):339–436

McNamara CL, Toch-Marquardt M, Balaj M, Reibling N, Eikemo TA, Bambra C (2017) Occupational inequalities in self-rated health and non-communicable diseases in different regions of Europe: findings from the European Social Survey (2014) special module on the social determinants of health. Eur J Public Health 27(1):27–33

Meyer M, Maisuradze M, Schenkel A (2019) Krankheitsbedingte Fehlzeiten in der deutschen Wirtschaft im Jahr 2018 – Überblick. In: Badura B, Ducki A, Schröder H et al (Hrsg) Fehlzeiten-Report 2019: Digitalisierung – gesundes Arbeiten ermöglichen. Springer, Berlin Heidelberg, S 413–477

Mielck A (2000) Soziale Ungleichheit und Gesundheit.: Empirische Ergebnisse, Erklärungsansätze, Interventionsmöglichkeiten. Huber, Bern

Morschhäuser M, Ertel M, Lenhardt U (2010) Psychische Arbeitsbelastungen in Deutschland: Schwerpunkte-Trends-betriebliche Umgangsweisen. WSI-Mitteilungen 63(7):335–342

Paulus W, Matthes B (2013) Klassifikation der Berufe. Struktur, Codierung, Umsteigeschlüssel. FDZ-Methodenreport 2013/08. Bundesagentur für Arbeit, Nürnberg

Peretti-Watel P, Constance J, Seror V, Beck F (2009) Working conditions, job dissatisfaction and smoking behaviours among French clerks and manual workers. J Occup Environ Med 51(3):343–350

Richter M, Hurrelmann K (2016) Soziologie von Gesundheit und Krankheit. VS, Wiesbaden

Rommel A, Varnaccia G, Lahmann N, Kottner J, Kroll LE (2016) Occupational injuries in Germany: Population-wide national survey data emphasize the importance of work-related factors. PLoS ONE 11(2)

Rugulies R, Aust B, Madsen IE, Burr H, Siegrist J, Bultmann U (2013) Adverse psychosocial working conditions and risk of severe depressive symptoms. Do effects differ by occupational grade? Eur J Public Health 23(3):415–420

Siegrist J (2013) Berufliche Gratifikationskrisen und depressive Störungen. Nervenarzt 84(1):33–37

Siegrist J, Dragano N (2006) Berufliche Belastungen und Gesundheit. Kölner Zeitschrift Für Soziologie Sozialpsychologie Sonderh 46:109–124

Siegrist J, Theorell T (2006) Socio-economic position and health. In: Marmot M, Siegrist J (Hrsg) Social inequalities in health: new evidence and policy implications. Oxford University Press, Oxford, S 73–100

Siegrist J, Dragano N, Wahrendorf M (2009) Psychosoziale Arbeitsbelastungen und Gesundheit bei älteren Erwerbstätigen. Hans-Böckler-Stiftung, Düsseldorf

Siegrist J, Lunau T, Wahrendorf M, Dragano N (2012) Depressive symptoms and psychosocial stress at work among older employees in three continents. Global Health 8(1):27

Singh-Manoux A, Martikainen P, Ferrie J, Zins M, Marmot M, Goldberg M (2006) What does self rated health measure? Results from the British Whitehall II and French Gazel cohort studies. J Epidemiol Community Health 60(4):364–372

Thielen K, Kroll LE (2013) Alter, Berufsgruppen und psychisches Wohlbefinden. Bundesgesundheitsblatt Gesundheitsforschung Gesundheitsschutz 56:359–366

Wege N, Dragano N, Erbel R, Jockel KH, Moebus S, Stang A, Siegrist J (2008) When does work stress hurt? Testing the interaction with socioeconomic position in the Heinz Nixdorf Recall Study. J Epidemiol Community Health 62(4):338–341

Wittchen H-U, Hoyer J (2011) Klinische Psychologie & Psychotherapie. Springer, Berlin Heidelberg

Wittchen H-U, Jacobi F, Klose M, Ryl L (2010) Themenheft 51 „Depressive Erkrankungen". Robert Koch-Institut, Berlin

Zeiher J, Kuntz B, Lange C (2017) Rauchen bei Erwachsenen in Deutschland. J Health Monit 2(2):59–65

Gesundheit und (Geschlechter-) Gerechtigkeit in der Arbeitswelt

Nadine Pieck

Inhaltsverzeichnis

© Springer-Verlag GmbH Deutschland, ein Teil von Springer Nature 2020
B. Badura et al. (Hrsg.), *Fehlzeiten-Report 2020*, Fehlzeiten-Report,
https://doi.org/10.1007/978-3-662-61524-9_4

■■ **Zusammenfassung**

Gerechtigkeit und Gesundheit in der Arbeitswelt orientieren sich an einer gerechten Verteilung von Belastungen und Ressourcen sowie an einer Verfahrensgerechtigkeit, die allen Beschäftigten eine Teilhabe an Aushandlungs- und Entscheidungsprozessen ermöglicht und dabei auch eine Lebensweltperspektive einbezieht. Im betrieblichen Gesundheitsmanagement lassen sich z. B. Konstellationen von Belastungen und Ressourcen durch entgeltliche Erwerbsarbeit und unentgeltliche Sorgearbeit berücksichtigen, die sich nach wie vor systematisch für Frauen und Männer unterscheiden. Die Gestaltung partizipativer Prozesse bietet Chancen, die Verfahrensgerechtigkeit zu erhöhen und die Interessen und Bedarfe bisher marginalisierter Gruppen zu berücksichtigen. Durch eine dialogorientierte Kommunikation erfahren Beteiligte zudem Anerkennung und Wertschätzung als Gesundheitsressource.

4.1 Gerechtigkeit und soziale Ungleichheit

Gerechtigkeit und Gesundheit in der Arbeitswelt sind untrennbar mit Fragen der sozialen Ungleichheit verknüpft. Wer gesundheitliche Chancengleichheit fördern will, kommt nicht umhin, sich mit der Frage zu beschäftigen, ob und über welche Mechanismen Gesundheit bzw. Gesundheitschancen ungleich verteilt sind und ob dies als legitim – gerecht – zu bewerten ist oder nicht. Was als gerecht gilt, ist seit jeher ein mit harten Bandagen umkämpftes Gebiet. Ihren prominentesten Ausdruck findet diese Auseinandersetzung in arbeitspolitischen Kämpfen um Lohn und Arbeitsbedingungen. Welche Deutung sich temporär durchsetzt, hängt nicht zuletzt von vorherrschenden Macht- und Herrschaftsverhältnissen ab. Was jeweils als gerecht gilt, hat einen historischen und kulturellen Kern und ist beeinflusst von gesellschaftlichen Strukturen und Prozessen sowie der sozialen Position der Individuen in einem jeweils spezifischen Kontext (Liebig und Sauer 2016, S. 38).

Mit Blick auf Gerechtigkeit und Gesundheit im Arbeitsleben wird im Weiteren der Frage nachgegangen, wie sich ein gerechtes Gesundheitsmanagement im Betrieb konzipieren lässt. Welche normativen Orientierungspunkte können herangezogen werden? Wie lässt sich Gerechtigkeit rahmen und mit den Handlungsanforderungen im Betrieblichen Gesundheitsmanagement verbinden?

Mit sozialer Ungleichheit ist das Thema Gerechtigkeit verbunden, weil es bei Gerechtigkeit vor allem um die Verteilung von Ressourcen und Lasten in einer Gesellschaft geht. Von sozialer Ungleichheit lässt sich sprechen, wenn gesellschaftlich wertvolle Güter (oder Belastungen) systematisch und regelmäßig ungleich verteilt sind und sich somit die Lebens- und Teilhabechancen der verschiedenen Gruppen unterscheiden (Hradil 2016). Ob es sich hierbei um Benachteiligung/Diskriminierung handelt, hängt davon ab, ob die soziale Ungleichheit auf legitime Weise zustande kommt, etwa durch erbrachte Leistung. Was als legitim gilt, ist wiederum eng verbunden mit gesellschaftlichen Vorstellungen von Gerechtigkeit.

4.2 Was ist Gerechtigkeit?

Welche Verfahren und Kriterien als gerecht eingestuft werden und wie dies durch gesellschaftliche Strukturen beeinflusst wird, ist Gegenstand der soziologischen Gerechtigkeitsforschung (Liebig und Sauer 2016). Diese befasst sich als empirische Wissenschaft mit auftretenden Phänomenen (hier Gerechtigkeitsvorstellungen) und versucht diese zu erklären, u. a. wie sie entstehen oder welche Auswirkungen sie haben. Empirisch lassen sich grundlegende Kriterien für Gerechtigkeit finden:

– Gleichbehandlung: Jede Person wird unter gleichen Umständen gleich behandelt
– Unparteilichkeit/Fairness: Im Falle eines Interessenkonflikts wird nach Regeln ver-

fahren, die aus einer unparteilichen Perspektive für alle Parteien akzeptabel sind
- Beachtung legitimer Ansprüche: Die Personen sollten entsprechend ihrer Leistung belohnt werden (Liebig und Sauer 2016, S. 37)

4.2.1 Verteilungs- und Tauschgerechtigkeit

Neben den grundlegenden Prinzipen lassen sich jedoch je nach Gesellschaft und Kontext verschiedenen Prinzipien und Vorstellungen von Gerechtigkeit finden.

Ein Großteil der Forschung befasst sich mit der Verteilung von Leistungen am Beispiel von Entgelten, Renten oder Sozialleistungen. Für Lasten werden zum Beispiel Steuern herangezogen. In Abhängigkeit vom jeweilig wohlfahrtsstaatlichen Regime gibt es unterschiedliche Orientierungen an den Prinzipien
- Gleichheit (equality)
- Anspruch (entitlement)
- Bedürfnis (need)
- Leistung- oder Tauschprinzip (equity)

Als weitere Prinzipien der Gerechtigkeit sind
- Teilhabe- und Chancengerechtigkeit (Liebig 2010, S. 25),
- Orientierung am Gemeinwohl (produktivistische Gerechtigkeit, wer etwas für das Gemeinwohl leistet, soll ebenfalls belohnt werden),
- globale Gerechtigkeit und
- Generationengerechtigkeit (Hradil 2010, S. 56) von Bedeutung.

An welchen Prinzipien sich Individuen und Gruppen orientieren, hängt davon ab, wie die Individuen in einer Gesellschaft oder Organisation positioniert sind. Denn mit der jeweiligen sozialen Positionierung sind unterschiedliche Lebensbedingungen, Einschränkungen und Chancen verbunden, aus denen entsprechend unterschiedliche Bedarfe und Interessen resultieren.

Gleichzeitig lernen Individuen, wie z. B. in einem Unternehmen Entscheidungen getroffen werden und anhand welcher Gerechtigkeitsvorstellungen Konflikte über die Verteilung von Belastungen und Ressourcen gelöst werden (Liebig und Sauer 2016, S. 45). Sie lernen also je nach eigener Positionierung und Kontext, welche Gerechtigkeitsvorstellungen gelten, und prägen tendenziell Gerechtigkeitsvorstellungen aus, die für sie nützlich erscheinen. So sprechen sich Personen mit geringem Status eher für das Gleichheitsprinzip aus, während sich Personen mit einem hohen Status eher für das Leistungsprinzip aussprechen (Liebig und Sauer 2016, S. 52).

Neben der Positionierung spielt zudem die Art der Beziehung zwischen den Parteien eine Rolle für die präferierten Gerechtigkeitsprinzipien. In langfristigen und engen Beziehungen wie der Familie werden Prinzipen bevorzugt, die sich an Gleichheit und Bedarfen orientieren, in kurzfristigen und konkurrenzorientierten Beziehungen (marktorientiert) werden Leistungsprinzipien bevorzugt, in hierarchischen Beziehungen liegt der Fokus auf erworbenen Ansprüchen. Die jeweiligen Prinzipien wirken zudem auf die Art der Beziehung zurück (Liebig und Sauer 2016, S. 50).

Die Art der Beziehung der Individuen und Gruppen zueinander und die Gerechtigkeitsvorstellungen sind mit Herrschaftsbeziehungen bzw. Herrschaftsverhältnissen verknüpft. Diese umfassen Über- und Unterordnungsverhältnisse, etwa in der Ständegesellschaft, hierarchischen Organisationen oder im Geschlechterverhältnis. Die jeweils geltenden Gerechtigkeitsprinzipien sind demnach nicht neutral oder objektiv, sondern stützen die bestehenden Verhältnisse und spiegeln Interessen der jeweiligen Gruppen wider. Wessen Vorstellungen sich durchsetzen, ist am Ende eine Frage der Macht.

4.2.2 Verfahrensgerechtigkeit und Interaktionsgerechtigkeit

Unabhängig von den sozialen Kontexten und Institutionen gelten Gerechtigkeitsprinzipien, die sich auf Verfahren und Entscheidungsprozesse beziehen. Individuen akzeptieren durchaus für sie unvorteilhafte Ergebnisse, wenn diese durch einen fairen Entscheidungsprozess zustande gekommen sind. Entscheidend dafür ist, welche Werte in ihm zum Ausdruck kommen, ob sich das Individuum darin als zugehöriges Mitglied der Gruppe erkennt und ob seine individuellen Interessen und Bedarfe Berücksichtigung finden (Liebig und Sauer 2016, S. 52). Im Wesentlichen geht es darum, ob Individuen Einfluss auf Entscheidungsprozesse über die Verteilung von Lasten und Gütern nehmen können.

Prozesse gelten dann als fair, wenn

- die für Betroffene relevanten Gesichtspunkte berücksichtigt werden,
- die Verfahren offen für ein Maximum an Informationen sind und neu auftretende Gesichtspunkte berücksichtigt werden,
- einzelne Personen oder Gruppen nicht bevorzugt oder benachteiligt werden,
- die Möglichkeit besteht, sich zu beteiligen und Einsprüche möglich sind,
- entsprechende Öffentlichkeit hergestellt und das Verfahren öffentlich kontrollierbar ist und Korrekturen möglich sind (Liebig 2010, S. 17).

Die Herstellung von Verfahrensgerechtigkeit ist ein zentraler Ansatzpunkt für die Gestaltung des betrieblichen Gesundheitsmanagements.

4.2.3 Anerkennung und Verteilung

Aus einer philosophischen Perspektive schlägt Nancy Fraser als leitende Prinzipien für Gerechtigkeit ein zweidimensionales Konzept vor, das sich an Anerkennung und Verteilung orientiert. Sie setzt sich kritisch mit einem Diskurs über die Anerkennung von Unterschiedlichkeit, wie sie vor allem im Kontext von Diversity Management gefordert wird, auseinander (Fraser 2009).

Fraser geht davon aus, dass sich Subjektivität in der wechselseitigen Anerkennung der Subjekte konstituiert, in einer (idealen) Beziehung, in der die Subjekte einander als ihresgleichen und voneinander verschieden anerkennen. Eine Verweigerung von Anerkennung (Diskriminierung) führt zu einer Verzerrung der Beziehung zum eigenen Selbst und einer Beschädigung der eigenen Identität. Anerkennung bedeutet nach Fraser die Anerkennung der Person als vollwertigen Partner in der sozialen Interaktion, nicht die Anerkennung einer bestimmten Identität. „Diskriminierung bedeutet dementsprechend nicht Abwertung und Deformierung von Gruppenidentitäten, sondern soziale Unterordnung – die Verhinderung gleichrangiger Teilnahme am sozialen Leben" (Fraser 2009, S. 206). Fraser definiert Anerkennung damit als eine Frage des Status. So spricht sie sich gegen ein identitäres Modell der Anerkennung aus, das Gefahr läuft, Zwang auf die Gruppenmitglieder auszuüben, sich den in der Gruppe bestehenden Verhältnissen unterzuordnen – z. B. bestehenden patriarchalen Ansprüchen gegenüber Frauen. Fraser kritisiert am Identitätsmodell, dass dessen Vertreterinnen und Vertreter darauf setzten, die eigene Identität in einem Monolog mit sich selbst, also eben nicht im Dialog mit dem Gegenüber, zu definieren. Eine solche identitäre Orientierung fördere keine Toleranz, sondern Verdinglichung von Gruppeneigenschaften, Intoleranz, Separatismus, Autoritarismus etc. (Fraser 2009, S. 202).

Für das Gesundheitsmanagement im Betrieb bedeutet dies, sich von Diversitykonzepten oder Forderungen zu verabschieden, die ausschließlich auf Anerkennung kultureller Unterschiede von Personengruppen im Betrieb abzielen. Vielmehr ginge es um eine gleichberechtigte Teilhabe am Dialog und an Aushandlungsprozessen, z. B. über Arbeitsbedingungen (Pieck 2017).

4

Die zweite Gerechtigkeitsdimension Frasers ist die Verteilung von Belastungen und Ressourcen. Diese sind in der gegenwärtigen Gesellschaft ungleich verteilt, mit Tendenz zur wachsenden sozialen Ungleichheit (Aulenbacher et al. 2017). Fraser argumentiert, dass in den aktuellen Diskussionen um die Anerkennung von Identitäten der Aspekt der Verteilung (Distribution) aus dem Blick gerate. Die Verteilung von Belastungen und Ressourcen, die dahinterstehenden Mechanismen und der Status von Personen beeinflussen sich jedoch wechselseitig. Gerechtigkeit lasse sich nur durch die Berücksichtigung beider Dimensionen herstellen. Die systematisch ungleiche Verteilung von Ressourcen (z. B. Entgelt) ist u. a. durch ungleiche Zugangsbedingungen sowie sozial ungleich verteilte Leistungsvoraussetzungen bedingt. Zudem sind die Kriterien, nach denen Ressourcen und Belastungen verteilt werden, nicht neutral, sondern bevorzugen manche Gruppen und benachteiligen andere. Bestehende Statusunterordnungen und eine ungleiche Verteilung stabilisieren sich wechselseitig.

> In Bezug auf die Geschlechter gilt in unserer heutigen Gesellschaft, dass Frauen und Männer gleichberechtigt sind und nicht wegen ihres Geschlechts schlechter gestellt oder bevorzugt werden dürfen. Überlegenheitsansprüche von Männern gegenüber Frauen sind – zumindest was die rechtlich kodifizierten Normen betrifft – nicht mehr salonfähig. Besteht eine soziale Ungleichheit fort, etwa in einem *gender pay gap* von 21 % zwischen Frauen und Männern (Hobler et al. 2020), ist dies legitimationsbedürftig. Dem geltenden Diskriminierungsverbot (siehe unten) entsprechend ist zu prüfen, wie soziale Ungleichheiten zustande kommen und ob bzw. wie sie sich legitimieren lassen. Der Blick auf die Mechanismen, über die soziale Ungleichheit hergestellt wird, lässt erkennen, ob die entstandenen Ungleichheiten als legitim oder als unzulässige Benachteiligung bzw. Diskriminierung zu bewerten sind. Im Gesundheitsmanagement kann hieran gut angeknüpft werden, indem

von der tätigkeitsbezogenen Analyse ausgegangen und diese um die Verteilung von Belastungen und Ressourcen im Betrieb und in anderen Lebenszusammenhängen ergänzt wird. Die Anerkennung des Einzelnen kann durch eine konsequente Partizipation und Förderung von Dialog im Gesundheitsmanagement gestärkt werden.

4.3 Diskriminierungsverbot

Das Grundgesetz sowie das Allgemeine Gleichbehandlungsgesetz (AGG) können als normative Grundlage für die Anforderungen an Gerechtigkeit herangezogen werden. Das Grundgesetz verlangt die Gleichstellung von Frauen und Männern sowie eine aktive Mitwirkung des Staates an der Beseitigung von bestehenden Benachteiligungen. Das AGG verbietet unmittelbare und mittelbare Benachteiligung sowie Formen der Belästigung aufgrund von Geschlecht, Rasse/ethnischer Herkunft, Religion oder Weltanschauung, Behinderung, Alter und sexueller Identität.

4.3.1 Unmittelbare Diskriminierung

Eine unmittelbare Benachteiligung liegt vor, „wenn eine Person wegen eines in § 1 genannten Grundes eine weniger günstige Behandlung erfährt, als eine andere Person in einer vergleichbaren Situation erfährt, erfahren hat oder erfahren würde." (§ 3 (1) AGG)

Formen der unmittelbaren Diskriminierung setzen direkt am Geschlecht an, etwa wenn Frauen bestimmte Berufe vorenthalten bleiben oder ihnen das Studium verwehrt wird.

4.3.2 Mittelbare Diskriminierung

Eine mittelbare Benachteiligung liegt vor, „wenn dem Anschein nach neutrale Vorschriften, Kriterien oder Verfahren Personen wegen eines in § 1 genannten Grundes gegenüber anderen Personen in besonderer Weise benachteiligen können (...)" (§ 3 (2) AGG), es sei denn, die betreffenden Vorschriften, Kriterien oder Verfahren sind durch ein rechtmäßiges Ziel gerechtfertigt – und die Mittel zur Erreichung des Ziel sind angemessen und erforderlich. Mittelbare Diskriminierung liegt beispielsweise vor, wenn Teilzeitbeschäftigte von der Betriebsrente ausgeschlossen sind, da von dieser Regelung überwiegend Frauen nachteilig betroffen sind (Schiek 2011, S. 53).

4.3.3 Belästigung und sexuelle Belästigung

Zudem definiert das Gesetz Belästigung als weitere unzulässige Benachteiligung: „Eine Belästigung ist eine Benachteiligung, wenn unerwünschte Verhaltensweisen, die mit einem in § 1 genannten Grund in Zusammenhang stehen, bezwecken oder bewirken, dass die Würde der betreffenden Person verletzt und ein von Einschüchterungen, Anfeindungen, Erniedrigungen, Entwürdigungen oder Beleidigungen gekennzeichnetes Umfeld geschaffen wird." (§ 3 (3) AGG)

Eine sexuelle Belästigung liegt vor, „wenn ein unerwünschtes, sexuell bestimmtes Verhalten, wozu auch unerwünschte sexuelle Handlungen und Aufforderungen zu diesen, sexuell bestimmte körperliche Berührungen, Bemerkungen sexuellen Inhalts sowie unerwünschtes Zeigen und sichtbares Anbringen von pornografischen Darstellungen gehören, bezweckt oder bewirkt, dass die Würde der betreffenden Person verletzt wird, insbesondere wenn ein von Einschüchterungen, Anfeindungen, Erniedrigungen, Entwürdigungen oder Beleidigungen gekennzeichnetes Umfeld geschaffen wird." (§ 3 (4) AGG) Sexuelle Belästigung oder herabwürdigendes Verhalten haben gesundheitlich negative Auswirkungen für die Betroffenen (Nienhaus et al. 2015; Okechukwu et al. 2013) und führen zudem zu Benachtei-

ligungen in anderen Dimensionen (Meschkutat und Holzbecher 2011) und sollten ein Handlungsfeld des Gesundheitsmanagements sein.

4.4 Ungleicher Zugang zu Machtquellen

Um einschätzen zu können, ob eine Diskriminierung vorliegt, ist also zu prüfen, wie eine ungleiche Verteilung von Belastungen und Ressourcen zustande kommt und ob dies legitim ist. Dabei ist u. a. zu klären, ob die Gruppen jeweils über sozial bedingt unterschiedliche Voraussetzungen verfügen, die es erschweren, die als neutral geltenden Leistungsanforderungen zu erfüllen. Gleichzeitig ist zu prüfen, ob die von ihnen erbrachten Leistungen überhaupt angemessen bewertet werden. Von Letzterem hängt insbesondere die Ausstattung mit Ressourcen wie Entgelt ab.

Ebenso lässt sich bei der Verfahrensgerechtigkeit fragen, welche Personengruppen ihre Interessen nicht einbringen können bzw. wessen Interessen Berücksichtigung finden und wer Einfluss auf die Gestaltung ihrer/seiner Lebensbedingungen nehmen kann.

Die Verfahrensgerechtigkeit setzt formal voraus, dass Personen als vollwertige Mitglieder anerkannt sind und über die Verfahren und Kriterien mitbestimmen können. Die formale Zugehörigkeit zu einer Gruppe, z. B. als Bürgerin, entscheidet darüber, ob Personen überhaupt zum *Leistungsparcours* (Schwinn 2008, S. 31) zugelassen sind, also Anrecht auf Leistungen haben, oder über politische Ressourcen (z. B. Mitbestimmungsrechte) verfügen.

Schwinn argumentiert mit Blick auf bestehende Ungleichheitslagen, dass diese u. a. durch die ungleiche Verteilung von Machtquellen zu erklären sind, die je nach Konstellation konkret zu analysieren sind. „Soziale Ungleichheitsbildung vollzieht sich über drei konvertierbare Machtressourcen, kulturelle Deutungs- bzw. Distinktionsstrategien, politische Macht und ökonomische Chancen" (Schwinn

4

2008, S. 36). Klasse, Ethnie und Geschlecht, um hier drei der zentralen Kategorien zu benennen, anhand derer sich soziale Ungleichheiten ausdifferenzieren, sind nach Schwinn nicht die primäre Ebene der Ungleichheit, sondern setzen sich aus ökonomischen, symbolisch-kulturellen und politischen Dimensionen sozialer Ungleichheit zusammen.

Die Verteilung der unterschiedlichen Ressourcen kann zu einer kumulierenden Strukturierung sozialer Ungleichheit führen oder zu einer kompensierenden bzw. überkompensierenden Strukturierung. So führt eine verbesserte Bildungs- und Arbeitsmarktintegration von Frauen zu besseren ökonomischen (z. B. finanziellen) Ressourcen, Erwerb von Kompetenzen und kommunikativer Vernetzung zu einer höheren Konfliktfähigkeit und damit Durchsetzungskraft ihrer Interessen. Hier liegt eine kompensierende Strukturierung vor. Ähnlich wie bei der Entwicklung neuer Formen von Männlichkeit, bei denen sich ökonomisch gut situierte weiße Männer das Geschlechtsbild des „soften Mannes" leisten, weil sie in den anderen beiden Dimensionen bereits privilegiert sind. Zu Überkompensation kommt es z. B., wenn eine ethnische und klassenmäßige Unterprivilegierung zu einer übersteigerten Betonung des männlichen Status gegenüber Frauen führt (Schwinn 2008, S. 37). Dies ist verbunden mit einer Abwertung von Frauen sowie einem erhöhten Risiko von (sexualisierter) Gewalt gegenüber Frauen (BMFSFJ 2014, S. 32).

4.4.1 Ungleiche Verteilung ökonomischer Chancen

Der Zugang zu ökonomischen und zu politischen Ressourcen ist an rechtliche Voraussetzungen gebunden, etwa an die Anerkennung von Bildungsabschlüssen aus dem Ausland, die Staatsbürgerschaft oder an die Art der Integration durch die aufnehmende Gesellschaft. Eng damit verknüpft ist der Zugang zum und die Positionierung am Arbeitsmarkt. Mit einer

schlechten soziökonomischen Lage sind wiederum schlechtere Gesundheitschancen verbunden, etwa aufgrund prekärer bzw. schlechter Arbeitsbedingungen (Brzoska et al. 2010). Für eine ungleiche Verteilung von Belastungen und Ressourcen zwischen den Geschlechtern ist insbesondere die geschlechtstypisierende Arbeitsteilung maßgeblich. Dies wird im ▶ Abschn. 4.5.1.1 noch mal aufgegriffen.

4.4.2 Ungleiche Verteilung politischer Ressourcen

Aufgrund der nach wie vor bestehenden Arbeitsteilung zwischen den Geschlechtern und einem nach Geschlecht vertikal und horizontal segregierten Arbeitsmarkt sowie der damit verbundenen Unterrepräsentanz von Frauen in Führungspositionen und auch in den Betriebsratsgremien (Hobler et al. 2020, S. 39) kann davon ausgegangen werden, dass im Kontext Arbeitswelt (hier Erwerbsarbeit) eine Marginalisierung von Frauen und deren Interessen und Bedarfen im betrieblichen Kontext besteht. Ähnliches gilt für andere Gruppen wie Menschen mit Migrationshintergrund, die relativ zu ihrem Anteil z. B. an der Arbeitnehmerschaft ebenfalls in Entscheidungsfunktionen unterrepräsentiert sind. Die politischen Machtressourcen (Repräsentanz in politischen bzw. Entscheidungsgremien) sind damit ungleich verteilt.

4.4.3 Ungleiche Verteilung der Distinktionsmacht

Im Kontext der Geschlechter- und Diversityforschung ist darauf verwiesen worden, dass es die dominante Gruppe ist, die ihre Maßstäbe, Relevanzsetzungen und Situationsdeutung durchsetzt (Krell und Sieben 2011). Nach Bourdieu (1997) festigt sich ein Herrschaftsverhältnis auch über die symbolische Ordnung, in der sich dominante und dominierte Gruppe (bei Bourdieu Männer und Frauen) die Sicht der dominanten Gruppe (Männer) auf die Welt und auf die Frauen teilen. Bourdieu spricht von symbolischer Gewalt (Bourdieu 1997; Krais 2011). Demnach kommen nicht nur in den Strukturen, Prozessen und Routinen bestehende Macht- bzw. Herrschaftsverhältnisse und Interessen zum Ausdruck, sondern auch in den verfügbaren Wahrnehmungs-, Deutungs- und Bewertungsmustern einer Gesellschaft. Gesellschaftliche Arrangements und Deutungsmuster stabilisieren sich wechselseitig, Goffman spricht von institutioneller Reflexivität (Goffman 1994, S. 40).

Im Bereich der Distinktionsmacht spielen gesellschaftliche Bedeutungs- und Bewertungsmuster eine Rolle: Schwinn (2008) führt hier ein Experiment an, in dem ein türkischstämmiger Geschäftsmann ein Gespräch mit einem deutschen Bettler führt. Der Bettler kann, nachdem er den türkischen Akzent des Gegenübers bemerkt, seine ökonomische Unterlegenheit kompensieren, indem er sich auf den höheren ethnischen Status beruft. Die Ressource, sich auf eine vermeintlich ethnische Überlegenheit berufen zu können, steht dem türkischstämmigen Geschäftsmann in diesem Kontext nicht zur Verfügung. Ihm wird Anerkennung als gleichwertiges Subjekt verwehrt. Schwinn (2008) weist in diesem Zusammenhang darauf hin, dass erst die „Unterschichtung" der türkischen Gastarbeiterinnen und Gastarbeiter in Deutschland und die damit verbundene klassenbezogene Unterprivilegierung ethnische Grenzziehungsprozesse gefördert hat.

Um sich auf die Idee der eigenen nationalen, ethnischen oder männlichen Überlegenheit berufen zu können, müssen die damit verbundenen Statusüberzeugungen (*status beliefs*) im kulturellen Repertoire verankert sein. Damit können sich dominierte Gruppen nicht in gleicher Weise auf Deutungsmuster beziehen, die sie in ihrem Status aufwerten. Im schlimmsten Fall herrschen Deutungsmuster vor, die sie in ihrer Würde und Menschlichkeit verletzen, sie stigmatisieren oder sogar der Verfolgung aussetzen.

Die bestehenden Deutungsmuster spielen auch für die Bewertung eines als gerecht empfundenen Lohns eine Rolle. Für die Beurteilung werden Vergleichsprozesse bemüht. Individuen vergleichen sich mit für sie bedeutsamen anderen. Dabei spielt Status (*status beliefs*) eine Rolle. Statusüberzeugungen regulieren, welche Gruppe als Referenzgruppe überhaupt in Frage kommt.

Als Dimensionen, nach denen sich Vergleichsprozesse strukturieren lassen, gelten

- strukturelle Bedingungen wie Nähe und Bedeutsamkeit der Referenzperson/-gruppe
- Ähnlichkeit in relevanten Charakteristiken
- Motivation für den Vergleich (Liebig und Sauer 2016, S. 54)

Geschlechtsbezogene Statusüberzeugungen sind ein eigenständiger Faktor, der Vergleichsprozesse zwischen Individuen und Gruppen strukturiert. So vergleichen sich Männer in Frauenberufen nicht mit anderen Frauen dieses Berufes, sondern eher mit Durchschnittsverdiensten anderer Männer in anderen Berufen. Frauen vergleichen sich eher mit Frauen in der eigenen Berufsgruppe (Kruphölter et al. 2015, S. 19). Dies lässt sich mit der Konstruktion von Männlichkeit erklären. Für die Bildung der männlichen Identität ist die Abgrenzung vom Weiblichen und von „Unmännlichem" ein zentraler Aspekt (Meuser 2006; Bourdieu 1997). Für Frauen ist die Abgrenzung gegenüber Männern nicht in gleicher Weise relevant. Dies zeigt sich u. a. in Studien zur Grenzziehungsarbeit (*boundary work*), die stärker von Männern ausgeht (Hofbauer 2006).

Gleichzeitig verhindert die Segregation des Arbeitsmarktes nach Geschlecht den Vergleich von Tätigkeiten und deren Bewertung. Wer sich in einem unterbewerteten Segment bewegt und sich mit Personen in diesem Feld vergleicht, kann die Unterbewertung der eigenen Tätigkeit nicht erkennen. Dazu bräuchte es einen Vergleich mit anderen Segmenten: Es gibt Berufe und Tätigkeitsbereiche, die männer- bzw. frauendominiert sind (horizontale Segregation). Zudem dominieren Männer in

4

den Führungs- und Managementebenen (vertikale Segregation) (BMFSFJ 2017, S. 92). Damit einher geht eine unterschiedliche Bewertung der Tätigkeiten. Für die diskriminierungsfreie Bewertung von Arbeit und deren Entlohnung gilt, dass gleiches Entgelt für gleiche und *gleichwertige* Arbeit zu zahlen ist (Schiek 2011; Winter 1998). Von Frauen dominierte Tätigkeiten und Berufsgruppen sind dabei oft unterbewertet, da die zugrunde liegenden Bewertungsverfahren und Maßstäbe nicht diskriminierungsfrei gestaltet sind (Schiek 2011; Winter 1998). So werden beispielsweise unterschiedliche Bewertungsmaßstäbe für verschiedene Tätigkeitsbereiche herangezogen oder Kriterien nicht diskriminierungsfrei ausgelegt. Eine Unterbewertung der eigenen Arbeit lässt sich im Falle einer solchen mittelbaren Diskriminierung nur durch den Vergleich mit *gleichwertigen* Tätigkeiten (Winter 1998) erkennen, nicht durch Vergleiche mit *gleichen* Tätigkeiten.

So vergleichen sich Ingenieure mit andern Ingenieuren, aber nicht mit Ärzten oder Bibliothekaren. Die Unterbewertung der Tätigkeit der Diplom-Bibliothekarin (FH) im Vergleich zum Diplom-Ingenieur (FH) kann nur durch einen Vergleich über die Berufs- bzw. Tätigkeitsbereiche hinweg erkannt werden (Krell et al. 2001). Damit ist die Identifikation der Unterbewertung von Tätigkeiten, die von Frauen ausgeübt werden, durch den nach Geschlecht segregierten Arbeitsmarkt erschwert (Kruphölter et al. 2015) und durch geschlechtsbezogene Statusüberzeugungen legitimiert.

4.4.4 Zusammenfassung

Die bestehenden Strukturen, Wahrnehmungs-, Deutungs- und Bewertungsmuster einer Gesellschaft stabilisieren sich wechselseitig. Vorherrschende Bilder über den Wert von Frauen und Männern, Menschen mit und ohne Migrationshintergrund, mit heterosexueller oder homosexueller Orientierung etc. stehen den einen als Ressource zur Verfügung, während für andere aus diesen Vorstellungen Belastungen resultieren. Bestehende Strukturen wie ein nach Tätigkeit und Geschlecht segregierter Arbeitsmarkt und ungleiche Verteilung der Sorgearbeit statten die Gruppen mit unterschiedlichen Lasten, Rechten und Ressourcen aus. Damit einher gehen ungleiche Gesundheitschancen und Möglichkeiten, auf die eigenen Bedingungen der Gesundheit Einfluss zu nehmen.

4.5 Was hat Gerechtigkeit mit Gesundheitsmanagement zu tun?

Gerechtigkeitsfragen sind unter dem Aspekt von Gender Mainstreaming bzw. Diversity Management für das Betriebliche Gesundheitsmanagement diskutiert und zum Teil mit unterschiedlichen Schwerpunkten versehen worden. Für den Bereich der Geschlechtergerechtigkeit und einzelne Diversityaspekte liegen einige Arbeiten vor, die Handlungsschwerpunkte benennen und entsprechende Vorgehensweisen empfehlen (Weg und Stolz-Willig 2014; Nielbock und Gümbel 2012; Pieck 2017; Schröder 2016).

4.5.1 Ungleiche Verteilung von Belastungen und Ressourcen im Betrieb

Für die Dimension Geschlecht ist die ungleiche Verteilung von Belastungen im Betrieb unter dem Aspekt von Sicherheit und Gesundheit relativ gut untersucht worden, zu anderen Merkmalen, etwa Migrationshintergrund, liegen noch vergleichsweise wenige Daten vor (Faller und Becker 2019).

4.5.1.1 Ungleiche Verteilung nach Geschlecht

Exemplarisch sollen Fragen der Gerechtigkeit und Gesundheit im Arbeitsleben insbesondere am Beispiel Geschlecht aufgezeigt werden.

Eine unterschiedliche Verteilung von Belastungen und Ressourcen ergibt sich insbesondere aus folgenden Aspekten:

- Die geschlechtstypisierende Arbeitsteilung in Beruf und Familie und die widersprüchliche Strukturierung der Erwerbs- und Privatsphäre führen zu unterschiedlichen Belastungs- und Ressourcenkonstellationen für Frauen und Männer. Ein erheblicher Teil der Belastungen resultiert aus den ausgeübten Tätigkeiten (Laaksonen et al. 2010; The Swedish Work Environment Authority 2015). Durch die bestehende Segregation des Arbeitsmarktes nach Geschlecht arbeiten Frauen und Männer in verschiedenen Branchen und üben unterschiedliche Tätigkeiten aus. Damit gehen systematisch unterschiedliche Belastungen einher. Gleichzeitig sind nach wie vor Frauen überwiegend für Sorgearbeit in der Familie zuständig und sind damit anderen Zeitzwängen, Mehrfachbelastungen und widersprüchlichen Anforderungen (Becker-Schmidt und Knapp 2000, S. 55) ausgesetzt; somit verfügen sie gleichzeitig über weniger Erholungsmöglichkeiten und weniger Ressourcen (Voß 2004). Die vertikale Segregation des Arbeitsmarktes nach Geschlecht hat zudem zur Folge, dass Frauen häufiger über weniger Handlungs- und Entscheidungsspielräume verfügen als Männer. So können Frauen z. B. seltener über Pausenzeiten und Arbeitsmengen bestimmen. Führungskräfte verfügen über mehr Handlungsspielräume als Mitarbeiterinnen und Mitarbeiter, Frauen sind in Führungspositionen unterrepräsentiert (Lohmann-Haislah 2012, S. 71 f.).
Häufig werden ihnen auch weniger Ressourcen gewährt als ihren männlichen Kollegen (Hofmeister und Hohmann 2011). Dies betrifft auch das Entgelt: Frauen verdienen im Schnitt in Deutschland immer noch 21 % weniger als Männer (Schrenker und Zucco 2020). Ein Teil des Entgeltunterschiedes geht auf die Teilzeitbeschäftigung von Frauen zurück, ein anderer

Teil auf die Unterbewertung von frauendominierten Tätigkeiten und ein verbleibender Prozentsatz von 13 % (Hinz und Gartner 2005) auf unmittelbare Diskriminierung wegen des Geschlechts.

- Gleichzeitig arbeiten Frauen häufiger als Männer in Teilzeit, woraus andere Expositionszeiten resultieren, die sich risikominimierend auswirken (Faller und Becker 2019, S. 82).

- Andererseits wirken sich Teilzeit und geringfügige Beschäftigung nachteilig auf Aufstiegschancen aus und tragen zum Risiko der Altersarmut von Frauen bei (BMFSFJ 2008, 2017).

- Hegemoniale Formen der Männlichkeit (Wedgwood und Connell 2010; Meuser 2006) haben unterschiedliche Folgen für die Geschlechter. Frauen und Männer, die nicht dem Männlichkeitsideal entsprechen, werden ausgegrenzt und abgewertet. Das wettbewerbsorientierte Männlichkeitsbild fördert zudem risikoaffines Verhalten. Fehler, Schwächen und Entwicklungspotenziale werden von Männern eher verdrängt als offen thematisiert und bearbeitet (Nielbock und Gümbel 2012, S. 183).

- Frauen sind stärker von Belästigung, abwertendem Verhalten und sexueller Gewalt betroffen (BMFSFJ 2017, S. 80). Aber auch Männer, die als homosexuell oder als „unmännlich" wahrgenommen werden, sind von Belästigung und Gewalt betroffen (Kocher und Porsche 2015, S. 10 f.).

4.5.1.2 Ungleiche Verteilung aufgrund anderer Merkmale

Die Frage, ob und wie Belastungen und Ressourcen systematisch ungleich auf Personengruppen verteilt sind, lässt sich auch auf andere Unterscheidungsmerkmale übertragen, etwa auf Herkunft, sexuelle Orientierung oder Alter. Die dahinterstehenden Mechanismen unterscheiden sich jedoch und sind jeweils konkret zu untersuchen. Zudem sind die einzelnen Diskriminierungsmerkmale und -mechanismen miteinander verknüpft. So ist

4

bei der Frage nach potenziellen Benachteiligungen von Menschen mit Migrationshintergrund selbstverständlich auch hier davon auszugehen, dass Frauen und Männer sehr unterschiedlich betroffen sein können. So dürften etwa Debatten um das Kopftuch für Frauen eine gänzliche andere Bedeutung und Tragweite haben als für Männer. Mit dem Prozess der Akkulturation (kulturelle Einführung in die Mehrheitskultur) und der Integration in die aufnehmende Gesellschaft sind spezifische Belastungen verbunden und Ressourcen fallen weg bzw. müssen erst wiederaufgebaut werden. Damit einher gehen neue und zahlreiche Anforderungen an die migrierenden Personen und dies ist mitunter mit Akkulturationsstress (Erfahrung von Diskriminierung, Verlust von sozialer Unterstützung etc.) verbunden (Berry 1997).

4.5.1.3 Zusammenfassung

Ein gerechtes Betriebliches Gesundheitsmanagement müsste auf die Identifikation strukturell bedingter Verteilungen von Belastungen und Ressourcen achten und die jeweils konkreten Konstellationen von Belastungen und Ressourcen in den Blick nehmen und gewährleisten, dass die relevanten Kontexte, Belastungen und Ressourcen aus Sicht der betroffenen Gruppen erfasst und berücksichtigt werden. Dem stehen jedoch als selbstverständlich erachtete Wahrnehmungs-, Deutungs- und Bewertungsmuster und Interessen bisher privilegierter Gruppen sowie oftmals ökonomische Verwertungsinteressen entgegen (Faller und Becker 2019, S. 87).

4.5.2 Verfahrens- und Interaktionsgerechtigkeit im Gesundheitsmanagement

Mit Blick auf die Verfahrens- und Interaktionsgerechtigkeit im Betriebliches Gesundheitsmanagement ist festzuhalten, dass Frauen durch ihre Stellung in der betrieblichen Hierarchie nach wie vor in Entscheidungsgremien unter-

repräsentiert sind. Sowohl als Führungskräfte als auch in der Interessenvertretung (Hobler et al. 2020). Aber auch mit Blick auf die Fachkräfte im Arbeits- und Gesundheitsschutz, wie Fachkraft für Arbeitssicherheit (FaSi) oder Sicherheitsbeauftragte, sind Frauen unterrepräsentiert (Fokuhl 2009). Dies hängt zum Teil mit den technisch ausgerichteten Anfängen des Arbeitsschutzes zusammen. Für die Tätigkeit als Sicherheitsfachkraft war ein technisches Studium Voraussetzung, in welchem Frauen bis heute unterrepräsentiert sind. Erst nach und nach gewinnen andere disziplinäre Zugänge an Bedeutung und psychosoziale Belastung sowie psychische Erkrankungen etablieren sich als Handlungsfelder eines betrieblichen Arbeitsschutzes bzw. Gesundheitsmanagements. Vereinbarkeit von Beruf und Familie ist als Handlungsfeld im Betrieblichen Gesundheitsmanagement angekommen, wenngleich dies immer noch eher Frauen adressiert.

Mit der historischen Unterrepräsentanz von Frauen in Entscheidungspositionen und im Arbeitsschutz ging auch eine Marginalisierung der für den weiblichen Lebenszusammenhang relevanten Belastungen und Ressourcen einher. Auch die widersprüchliche Verschränkung von Erwerbsarbeit und unentgeltlicher Sorgearbeit in der Familie wurde vernachlässigt. Im Selbstverständnis der Akteure begreift sich der Arbeits- und Gesundheitsschutz in der Regel als geschlechtsneutral, während er gemessen am Stand der Geschlechterforschung eher als geschlechtsinsensibel bzw. androzentrisch zu bewerten ist. So sind beispielsweise die Regelungsdichte und Schutzstandards in männerdominierten Brachen deutlich höher als in Feldern, in denen überwiegend Frauen tätig sind (Vogel 2003). Schutznormen orientieren sich zudem an männlichen Lebenszusammenhängen, schließen Mehrfachbelastungen, fehlende Erholungsmöglichkeiten bzw. mangelnden Anforderungswechsel (beispielsweise bei privater und beruflicher Pflegetätigkeit) durch unentgeltliche Sorgearbeit aus. So wirken sich z. B. Familien- und Hausarbeit bei der Anerkennung von Berufskrankheiten oder Erwerbsminderungsrenten nachteilig für Frauen aus, da die unbezahlte Arbeit zum Ausschluss von Versicherungsleistungen führt (Fokuhl 2009). Die ausschließliche Erwerbszentrierung vieler Verfahren und der ihnen zugrunde gelegten Kriterien blendet wesentliche Aspekte des Belastungsgeschehens im weiblichen Lebenszusammenhang aus. Das Prinzip der Verfahrensgerechtigkeit ist hier nicht realisiert.

4.5.3 Partizipation als Weg zu gesundheitlicher Chancengleichheit

Im Rahmen des Betrieblichen Gesundheitsmanagements besteht die Möglichkeit, die oben geschilderten Konstellation von Belastung und Ressourcen für unterschiedliche Interessen- und Zielgruppen im Betrieb angemessen zu adressieren und sich für gesundheitsfördernde Arbeitsbedingungen für alle Beschäftigtengruppen einzusetzen.

4.5.3.1 Bearbeitung von Strukturkonflikten

Angesichts der zunehmenden Globalisierung, erlebter Finanzkrisen, hohen Konkurrenzdrucks, indirekter Steuerungsformen und der damit einhergehenden Subjektivierung von Arbeit und auftretenden Krisenerscheinungen wächst die Kritik an einer ausschließlich marktorientierten Leistungspolitik. Individuen sehen sich damit konfrontiert, Zielkonflikte zunehmend subjektiv lösen zu sollen, bei gleichzeitig unzureichenden Handlungsmöglichkeiten. Was bisher scheinbar nur ein Problem der Frauen war, nämlich die schlechte Vereinbarkeit von Erwerbsarbeit und Familienleben, wird nun auch für Fach- und Führungskräfte erlebbar: Hoch engagierte Fach- und Führungskräfte spüren die reproduktiven Grenzen ihres Arbeitsengagements und entwickeln eine reflexive Haltung zu ihren Ansprüchen an Erwerbsarbeit und Leben (Nickel 2017, S. 255). „Mit der Subjektivierung und Entgrenzung von

Arbeit wachsen die Anforderungen zur Selbstreflexion und kollektiven Verständigung über arbeitspolitische Ziele und Strategien" (Nickel 2017, S. 256). Hierin besteht eine Chance, den Strukturkonflikt zwischen Beruf und Familie bzw. entgeltlich marktvermittelter und unentgeltlich nicht-marktvermittelter Arbeit auch im betrieblichen Kontext neu zu verhandeln. Die historisch entstandene Deutungshoheit, die Frauen die Zuständigkeit für die Fürsorgearbeit auferlegt und die Arbeitsteilung zwischen den Geschlechtern als Ergebnis weiblicher und männlicher Eigenschaften deutet (Gildemeister 2010; Hausen 1976), weicht auf.[1] Formen der mittelbaren Diskriminierung, die sich durch die Arbeitsteilung der Geschlechter und eine Begrenzung des Arbeits- und Gesundheitsschutzes auf den Betrieb ergeben, lassen sich als Ausdruck eines Strukturkonfliktes bearbeiten. Forderungen nach Vereinbarkeit von Beruf und Familie erscheinen dann nicht mehr als illegitime Ansprüche von Frauen, sondern als gesellschaftlich neu zu gestaltendes Handlungsfeld.

4.5.3.2 Partizipation stärken

Um Erwerbsarbeit gesundheitsförderlich und (geschlechter-)gerecht zu gestalten, braucht es neben einem sozial-partnerschaftlichen Aushandlungsprozess zwischen Management und Interessenvertretung auch Formen der direkten Beteiligung bzw. Partizipation der Beschäftigten. Dies würde es ermöglichen, auch Fach- und Führungskräfte in eine konstruktive Aushandlung über *Gute Arbeit* einzubeziehen. Hier fehlen bisher jedoch institutionalisierte Mechanismen der Partizipation (Nickel 2017, S. 256). Zudem lassen sich widersprüchliche Arbeitsanforderungen (Moldaschl 2017), zu

---

1   In der aktuellen Corona-Krise wird deutlich, wie essentiell institutionalisierte Kinderbetreuung ist. Bisher liegen keine Statistiken vor, wie viele Menschen – überwiegend Frauen – wegen der Schließung von Kitas und Schulen ihrer Erwerbsarbeit nicht oder nur eingeschränkt nachkommen können und deswegen Urlaub nehmen, Überstunden abbauen oder Minusstunden ansammeln müssen bzw. finanzielle Einbußen haben.

4

denen Zielkonflikte zwischen den Anforderungen verschiedener Lebenswelten gehören, nur im jeweiligen Kontext unter Beteiligung der jeweils Betroffenen bearbeiten und Maßnahmen zur temporären Lösung der belastenden Arbeitssituation entwickeln.

Partizipative Prozesse sind eine Chance, die Anforderungen an Verfahrensgerechtigkeit und Interaktionsgerechtigkeit zu erfüllen. Insbesondere die Möglichkeit, die eigenen Interessen und Perspektiven einbringen zu können, ist, wie oben erläutert, ein zentraler Aspekt der interaktionalen Gerechtigkeit. Um Partizipation handelt es sich nach Wright (2018) bei Formen der Mitbestimmung, teilweiser Entscheidungskompetenz und Entscheidungsmacht. Um einer Marginalisierung benachteiligter Gruppen entgegenzuwirken, ist es erforderlich, dass diese in Gremien und Arbeitsgruppen repräsentiert sind. Nur so können sie ihre Interessen einbringen und vertreten. Des Weiteren sind die Verfahren so zu gestalten, dass sie einen Perspektivwechsel zwischen den jeweiligen Gruppen fördern und so eine gemeinsame Situationsdeutung und ein Verständnis davon fördern, wie unerwünschten Phänomene entstehen. Die jeweils Betroffenen sind in allen Phasen der Kernprozesse oder von Projekten im Gesundheitsmanagement einzubeziehen (Pieck 2017):

- Auftragsklärung
- Zielsetzung
- Entwicklung von Kriterien
- Priorisierung von Handlungsbedarfen und Themenfeldern
- Entwicklung und Priorisierung von Lösungen
- Entscheidungsprozesse
- Beurteilung der Wirksamkeit

Durch eine projektförmige Organisation einzelner Prozesse des Gesundheitsmanagements, wie etwa der Gefährdungsbeurteilung, lassen sich unterrepräsentierte Gruppen integrieren.

Durch Bildung paritätisch besetzter Steuerungsgremien können die Beschäftigten und die jeweiligen Gruppierungen angemessen an Entscheidungsprozessen teilhaben und dort sowohl an der Zieldefinition als auch an der Festlegung von Kriterien mitwirken.

Für die einzelnen Prozessschritte der Gefährdungsbeurteilung gibt es zahlreiche partizipative Verfahren wie etwa die Arbeitssituationsanalyse (Nieder 2005) oder ganz klassisch der Gesundheitszirkel (Schröer und Sochert 1997), in denen Beschäftigte sowohl bei der vertieften Analyse der Belastungskonstellation als auch bei der Entwicklung von Lösungen einbezogen werden können. Bei der Zusammensetzung der Gesundheitszirkel sollte die Frage handlungsleitend sein, ob die Beteiligten Vertrauen haben, dass die jeweils gewählte Form eine konstruktive Bearbeitung der Belastungen zulässt. Bei Konflikten und einem eher angstbesetzten Klima sollte ggf. erst mit Einzelinterviews oder homogenen Gruppen und einer Einzelbegleitung der Führungskraft begonnen werden und später eine gemeinsame Bearbeitung angestrebt werden (Pieck 2017, S. 33). Auch für die Wirksamkeitsmessung liegen Methoden vor, die ebenfalls die Betroffenen einbeziehen und deren Bewertung der Wirksamkeit von Maßnahmen in den Vordergrund stellen (Pieck 2017).

Eine Übersicht der möglichen Ansatzpunkte für die Integration von Gleichstellungsaspekten in die Betriebliche Gesundheitsförderung und Prävention findet sich in ◘ Tab. 4.1.

Anerkennung im Sinne eines auf Augenhöhe geführten Dialoges lässt sich methodisch unterstützen. Hierzu zählen Moderationsformate und Projektarchitekturen, die über Hierarchieebenen und Arbeitsbereiche hinweg Menschen zusammenbringen, einen Perspektivwechsel und respektvollen Aushandlungsprozess fördern und so zu gemeinsam entwickelten Lösungen beitragen. Entscheidend hierbei ist jedoch, dass sich die Menschen begegnen, zum Beispiel in einem gemeinsamen Workshop. Eine entsprechende Moderation unterstützt dies z. B. dadurch, dass die Beteiligten hierarchie- und/oder abteilungsübergreifend aufgefordert werden, sich zu festgelegten Fragestellungen auszutauschen. Durch die jeweils gewählte Fragestellung wird ein Perspektivwechsel systematisch unterstützt, indem beispielsweise gefragt wird, über welche Ressourcen Führungskräfte und über welche Ressourcen Mitarbeiterinnen und Mitarbeiter verfügen. Auf diese Weise werden die unterschiedlichen Perspektiven und die unterschiedlichen Realitäten in der Organisation für alle Beteiligten nachvollziehbar. Durch die unterschiedlichen Betrachtungsweisen der beteiligten Personen entsteht ein gemeinsames Bild von dem jeweils zu bearbeitenden Problem. Solch dialogförmigen Formate werden selbst als eine Form von Anerkennung und Wertschätzung durch die Beteiligten erfahren und stellen daher eine wichtige Gesundheitsressource in der Arbeitswelt dar (Bindl et al. 2018). Situationsdeutungen, die sonst aufgrund der Hierarchisierung der Kommunikation in Organisationen marginalisiert werden, finden so Eingang in den organisationalen Diskurs.

Auch die Bearbeitung des Themas Gleichstellung beziehungsweise Diskriminierung lässt sich methodisch unterstützen: Gender oder Gleichstellung gehören zu den Themen, bei denen schnell Emotionen aufwallen. Menschen neigen dazu, das Thema in einem Täter-Opfer-Zusammenhang wahrzunehmen. Dies führt nicht selten zu einem reflexartigen Widerstand, sich überhaupt mit der Thematik zu befassen. In der Praxis hat sich ein nüchterner Blick auf strukturelle Zusammenhänge und die konsequente Vermeidung von Stereotypisierungen bewährt. Weder Frauen noch Männer möchten aufgrund ihrer Zugehörigkeit zu einem Geschlecht als mathematisch unbegabt oder kommunikativ inkompetent gelten. Um Stereotypisierungen zu vermeiden, ist es sinnvoll, die jeweilige Situation zu analysieren, statt die Personen und deren Ei-

genschaften in den Fokus zu rücken. Dies ist Teil eines strategischen Framings. So sollte beispielsweise in einem Projekt bei der Polizei untersucht werden, wie es zu unterschiedlich hohen Ausprägungen von Widerstandshandlungen gegenüber Beamtinnen und Beamten kommt. Der ursprüngliche Projektauftrag ging von einem besseren „Gefahrenradar" der Beamtinnen aus. In der angepassten strategischen Rahmung des Projektes wurde hingegen davon ausgegangen, dass sich die Bedingungen für Frauen und Männer in den jeweiligen Einsatzsituationen unterscheiden. In einem gemeinsamen Workshop mit Polizeibeamtinnen und -beamten wurde der Frage nachgegangen, welche Faktoren das Einschreitverhalten der Beamtinnen und Beamten beeinflussen. Die Teilnehmenden analysierten zu diesem Zweck 23 Fälle. Das Vorgehen im Workshop orientierte sich dabei an der Rekonstruktion von Beinahe-Unfällen im Arbeits- und Gesundheitsschutz. Auf der Grundlage der Fälle ermittelten die Beamtinnen und Beamten die zentralen Einflussfaktoren. Zu diesen gehören unter anderem die unterschiedlichen Erwartungen an die Zurschaustellung von Männlichkeit und Weiblichkeit, die persönlichen Handlungs- und Verarbeitungsmuster in Stresssituationen sowie eine erhöhte Aggressivität des polizeilichen Gegenübers gegen Beamtinnen/Beamten. An Frauen und Männer werden also in den jeweiligen Situationen unterschiedliche Anforderungen gestellt und gleichzeitig verstellen die geschlechtsbezogenen Rollenerwartungen den Zugang zu Ressourcen. Auf dieser Grundlage konnten Maßnahmen entwickelt werden, die nicht zu einer Stereotypisierung von Beamten oder Beamtinnen geführt haben, sondern den jeweiligen Handlungserfordernissen in der jeweiligen Situation gerecht werden (Pieck 2017, S. 33 f.).

4

☐ **Tabelle 4.1**   Anknüpfungspunkte zur Integration von Gender (und Diversity) in die Kern- und Supportprozesse der Betrieblichen Gesundheitsförderung und Prävention. (Quelle: Pieck 2017, S. 21 f.)

Regelkreis	Gender/Diversity in der Betrieblichen Gesundheitsförderung und Prävention
Supportprozesse	
Strukturen und Steuerungsprozesse	– Unterschiedliche Perspektiven sollen zum Tragen kommen durch Repräsentation einer vielfältigen Belegschaft in Gremien – Dazu gehört eine ausgewogene Repräsentation von Frauen und Männern im Steuerungsgremium – Bereits im Vorfeld ist auf eine ausgewogene Besetzung von Funktionen mit Frauen und Männern zu achten (Mitglieder der Projektgruppen, Projektleitung/Projektkoordination, Fachkräfte für Arbeitssicherheit, Sicherheitsbeauftragte, Brandschutzbeauftragte, Betriebsärztlicher Dienst usw.)
Sensibilisierungs- und Konzeptionsphase	– Seminare und Workshops zur Gestaltung eines Willensbildungsprozesses – Identifikation von Handlungsbedarfen – Entwicklung von Zielen unter Berücksichtigung von Gleichstellungsaspekten – Entwicklung der Projektidee und strategische Rahmung des Projektes
Kernprozess	
Strukturanalyse und Hypothesenbildung	– Reflexion der Unternehmenskultur und Leitsätze in ihrer Bedeutung für Entscheidungprozesse und Analyse der Unternehmenskultur in einzelnen Unternehmensbereichen – Analyse der geschlechtstypischen Arbeitsteilung im Betrieb – Verteilung von Frauen und Männern auf Hierarchiestufen bzw. in Entscheidungsgremien im Betrieb – Verteilung von Frauen und Männern in Teilzeit und Vollzeit – Verteilung von Entgelt (wenngleich Aufgabe von Sozialpartnern bzw. des Gesetzgebers); von prekären Beschäftigungsverhältnissen sind Frauen und Männer zwischen Tätigkeitsbereichen und innerhalb von Tätigkeitsbereichen gleichermaßen betroffen

Analysephase: Erhebung der Belastungen und Ressourcen, Ermittlung von Handlungsbedarfen	– Wer hat die Definitionsmacht im Unternehmen bzw. in den Abteilungen?
	– Wer wird wofür anerkannt? Welche Tätigkeiten genießen Anerkennung, welche weniger?
	– Die tatsächlichen Tätigkeiten erfassen
	– Konstellationen von Belastungen und Ressourcen in Beruf und Familie in den Blick nehmen
	– Verteilung von Ressourcen auf Frauen und Männer erheben
	– Erhebungsinstrumente müssen das Wesen der Tätigkeit erfassen:
	  – alle Belastungen erfassen
	  – Gender Bias in den Instrumenten vermeiden (Ausblendungen, Über- und Unterbewertungen etc.)
	– Nach geschlechtstypischen Belastungen und Ressourcen fragen (z. B. Stress durch Zeitkonflikte zwischen Erwerbsarbeit und Fürsorgearbeit)
	– Stereotypisierende Erwartungshaltungen als mögliche Belastungen erfassen (Nielbock und Gümbel 2012)
	– Ggf. bestehende Formen von Belästigung/Mobbing/Rassismus identifizieren. (Es sollten entsprechende Anlaufstellen und Strukturen geschaffen werden, die Betroffene unterstützen und die intervenieren können.)

◨ **Tabelle 4.1** (Fortsetzung)

Regelkreis	Gender/Diversity in der Betrieblichen Gesundheitsförderung und Prävention
Kernprozess	
Vertiefende Analyse und Reflexion betrieblicher Praxis in Beteiligungsgruppen zur Entwicklung von Maßnahmen	– Beteiligung der betroffenen Frauen und Männer – Genderkompetente Moderation – Verwendung geeigneter Formate für eine reflexive Praxis – Betrachtung der Wirklichkeit aus verschiedenen Perspektiven und aus unterschiedlichen theoretischen Referenzrahmen – Bedürfnisse unterschiedlicher Interessengruppen wahrnehmen und reflektieren – Einer Marginalisierung von Gruppen entgegenwirken (Baig 2010; Petzold 2007)
Entscheidung über die Umsetzung von Maßnahmen	– Angemessene Repräsentation unterschiedlicher Gruppen in Gremien, Multiperspektivität – Angemessene Repräsentation von Frauen und Männern im Entscheidungsgremium, um einer Marginalisierung vorzubeugen
Umsetzung und Erprobung der Maßnahmen	– Werden Maßnahmen in angemessenem Verhältnis für alle Interessengruppen bzw. Personengruppen realisiert?
Evaluation der Ergebnisse	Mögliche Fragen für die Überprüfung der Ergebnisse sind (vgl. Krell und Sieben 2011, S. 160): – Wird die Kultur von allen Personengruppen als wertschätzend erlebt? – Sind alle Personengruppen vollständig integriert? – Sind personalpolitische Kriterien, Verfahren und Praktiken vorurteilsfrei und diskriminierungsfrei(er) gestaltet? – Herrschen Fairness und Chancengleichheit im Unternehmen? – Fühlen sich die Mitglieder aller Gruppen eingebunden und sind sie auf allen Ebenen vertreten? – Werden betroffene Frauen und Männer zur Wirksamkeitskontrolle und Nachsteuerung der Maßnahmen befragt?

Fehlzeiten-Report 2020

4.6 Fazit

Die gesellschaftliche Entwicklung von Erwerbsarbeit wirkt sich auf die Arbeitsbedingungen in Form von Subjektivierung, Entgrenzung der Arbeit und widersprüchlichen Anforderungen aus. Um dem Anspruch nach einer gerechten Verteilung von Gesundheitschancen zu genügen, sind Verfahren und Methoden erforderlich, die der Diversität organisationaler und lebensweltlicher Kontexte sowie den Mitgliedern der Organisation entsprechen. Insbesondere sind solche Verfahren und Methoden sinnvoll, die herrschende Perspektiven, Wahrnehmungs- und Deutungsmuster und deren Folgen für systematische Ungleichheiten sichtbar und damit verhandelbar machen.

Sie unterstützen einen sozialpartnerschaftlichen Aushandlungsprozess in Organisationen entlang eines partizipativ gestalteten Arbeits- und Gesundheitsschutzes bzw. Gesundheitsmanagements. In partizipativ gestalteten Verfahren eröffnen sich Chancen für Handlungsspielräume, welche die Aushandlung (menschen-)gerechterer Gestaltung von Arbeit in ihren Lebenszusammenhängen ermöglichen.

Betriebliches Gesundheitsmanagement bietet Orte für Partizipation in Organisationen, in denen die jeweiligen Verteilungen von Belastungen und Ressourcen aus den verschiedenen Perspektiven der Beschäftig-

4

ten(gruppen) sichtbar gemacht, analysiert und gestaltet werden können.

Es liegen partizipative Methoden vor, welche die Wirkungszusammenhänge von Belastungen und Ressourcen und ihre Verteilung sichtbar machen sowie Dialog und Aushandlungsprozesse auf Augenhöhe gestalten. Partizipation selbst kann eine Form der Anerkennung sein: die gleichberechtigte Teilhabe am Dialog über Arbeitsbedingungen und die damit verbundenen Gesundheitschancen.

Literatur

Aulenbacher B, Borritz M, Dammayr M et al (2017) Leistung und Gerechtigkeit. Beltz Juventa, Weinheim Basel

Baig S (2010) Diversity-Management zur Überwindung von Diskriminierung? In: Hormel U, Scherr A (Hrsg) Diskriminierung. VS, Wiesbaden, S 345–360

Becker-Schmidt R, Knapp G-A (2000) Feministische Theorien zur Einführung. Junius, Hamburg

Berry JW (1997) Immigration, acculturation, and adaptation. Appl Psychol 46:5–34

Bindl C, Held U, Pieck N (2018) Betriebliches Gesundheitsmanagement im Dialog – Lernen in Theorie und Praxis. In: Johns H, Vedder G (Hrsg) Organisation von Arbeit und berufsbegleitendem Lernen. Hammpp, Augsburg München, S 187–208

Bourdieu P (1997) Männliche Herrschaft revisited. Fem Studien 14:88–99

Brzoska P, Reiss K, Razum O (2010) Arbeit, Migration und Gesundheit. In: Badura B, Schröder H, Klose J, Macco K (Hrsg) Fehlzeiten-Report 2010. Fehlzeiten-Report 2010. Springer, Berlin, Heidelberg

Bundesministerium für Familie, Senioren, Frauen und Jugend (2008) Entgeltungleichheit zwischen Frauen und Männern. Bundesministerium für Familie, Senioren, Frauen und Jugend, Berlin

Bundesministerium für Familie, Senioren, Frauen und Jugend (2014) Gewalt gegen Frauen in Paarbeziehungen, S 1–58

Bundesministerium für Familie, Senioren, Frauen und Jugend (2017) Zweiter Gleichstellungsbericht der Bundesregierung. Deutscher Bundestag, Berlin

Faller G, Becker J (2019) Diversität in der Arbeitswelt im Kontext von Sicherheit und Gesundheit. In: Landesinstitut für Arbeitsgestaltung des Landes Nordrhein-Westfalen (LIA.NRW) (Hrsg) Vielfalt in einer modernen Arbeitswelt – gesund und sicher gestaltbar?! transfer 8. LIA, Bochum, S 13–104

Fokuhl I (2009) Alle gleich? Ansatzpunkte für einen geschlechtersensiblen Arbeits- und Gesundheitsschutz in Gesundheitsdienst und Wohlfahrtspflege. In: Brandenburg S, Endl H-L, Glanzer E et al (Hrsg) Arbeit und Gesundheit geschlechtergerecht?! Arbeit und Gesundheit: geschlechtergerecht, S 42–55

Fraser N (2009) Zur Neubestimmung von Anerkennung. In: Zurn CF, Busch H-CSA (Hrsg) Anerkennung. Akademie Verlag, Berlin, S 201–212

Gildemeister R (2010) Doing Gender. In: Handbuch Frauen- und Geschlechterforschung. VS, Wiesbaden, S 137–145

Goffman E (1994) Interaktion und Geschlecht. Campus, Frankfurt am Main, New York

Hausen K (1976) Die Polarisierung der „Geschlechtscharaktere" – Eine Spiegelung der Dissoziation von Erwerbs- und Familienleben. Klett, Stuttgart

Hinz T, Gartner H (2005) Lohnunterschiede zwischen Frauen und Männern in Branchen, Berufen und Betrieben. IAB DiscussionPaper 04, Institut für Arbeitsmarkt- und Berufsforschung der Bundesagentur für Arbeit, Nürnberg

Hobler D, Lott Y, Pfahl S, Buschoff KS (2020) Stand der Gleichstellung von Frauen und Männern in Deutschland. WSI, Düsseldorf

Hofbauer J (2006) Konkurrentinnen außer Konkurrenz? Österreichische Zeitschrift Für Soziologie 31:23–44. https://doi.org/10.1007/s11614-006-0077-7

Hofmeister H, Hohmann J (2011) She gets less: gender differences in resource allocation to new professors at RWTH Aachen University. In: Going diverse: innovative answers to future challenges. Barbara Budrich, Leverkusen, S 123–136

Hradil S (2010) Wege und Irrwege zur sozialen Gerechtigkeit. Eine Sicht der Soziologie. In: Warum ist Gerechtigkeit wichtig? Roman Herzog Institut e.V., München, S 47–63

Hradil S (2016) Soziale Ungleichheit, soziale Schichtung und Mobilität. In: Einführung in Hauptbegriffe der Soziologie. Springer, Wiesbaden, S 247–275

Kocher E, Porsche S (2015) Sexuelle Belästigung im Hochschulkontext – Schutzlücken und Empfehlungen. Antidiskriminierungsstelle des Bundes, Berlin

Krais B (2011) Die männliche Herrschaft: ein somatisiertes Herrschaftsverhältnis. Österreichische Zeitschrift Für Soziologie 36:33–50. https://doi.org/10.1007/s11614-011-0002-6

Krell G, Carl A-H, Krehnke A (2001) Aufwertung von Frauentätigkeiten Diskriminierungsfreie Bewertung von (Dienstleistungs-) Arbeit. Bundesvorstand ver.di, Stuttgart

Krell G, Sieben B (2011) Managing Diversity: Chancengleichheit als Wettbewerbsfaktor. In: Krell G, Ortlieb R, Sieben B (Hrsg) Chancengleichheit durch Personalpolitik. Gabler, Wiesbaden, S 155–174

Kruphölter S, Sauer C, Valet P (2015) Occupational gender segregation and gender differences in justice evaluations. DFG Research Center (SFB), Bielefeld

Laaksonen M, Mastekaasa A, Martikainen P et al (2010) Gender differences in sickness absence – the contribution of occupation and workplace. Scand J Work Environ Health 36:394–403

Liebig S (2010) Warum ist Gerechtigkeit wichtig? Empirische Befunde aus den Sozial- und Verhaltenswissenschaften. In: Warum ist Gerechtigkeit wichtig? Roman Herzog Institut e.V., München, S 10–27

Liebig S, Sauer C (2016) Sociology of justice. In: Handbook of social justice theory and research. Springer, New York, S 37–59

Lohmann-Haislah A (2012) Stressreport 2012 Deutschland. Psychische Anforderungen, Ressourcen und Befinden. Bundesanstalt für Arbeitsschutz und Arbeitsmedizin (BAuA), Dortmund Berlin Dresden

Meschkutat B, Holzbecher M (2011) Sexuelle Belästigung und Gewalt: (K)ein Thema für Personalverantwortliche? In: Krell G, Ortlieb R, Sieben B (Hrsg) Chancengleichheit durch Personalpolitik. Gabler, Wiesbaden, S 455–462

Meuser M (2006) Hegemoniale Männlichkeit – Überlegungen zur Leitkategorie der Men's Studies. In: FrauenMännerGeschlechterforschung. Westfälisches Dampfboot, Münster, S 160–174

Moldaschl M (2017) Das Konzept der Widersprüchlichen Arbeitsanforderungen (WAA). In: Faller G (Hrsg) Lehrbuch Betriebliche Gesundheitsförderung. Hogrefe, Bern, S 139–151

Nickel H (2017) Partizipative Arbeits- und Geschlechterpolitik. In: Aulenbacher B, Borfitz M, Dammayr M et al (Hrsg) Leistung und Gerechtigkeit. Beltz Juventa, Weinheim Basel, S 248–264

Nieder P (2005) Anpacken wo der Schuh drückt. Das Instrument Arbeitssituationsanalyse. Organisationsentwicklung 24(4):54–61

Nielbock S, Gümbel M (2012) Die Last der Stereotype. Edition der Hans Böckler Stiftung 267. Hans Böckler Stiftung, Düsseldorf

Nienhaus A, Drechsel-Schlund C, Schambortski H, Schablon A (2015) Violence and discrimination in the workplace. Bundesgesundheitsblatt 59:88–97. https://doi.org/10.1007/s00103-015-2263-x

Okechukwu CA, Souza K, Davis KD, de Castro AB (2013) Discrimination, harassment, abuse, and bullying in the workplace: contribution of workplace injustice to occupational health disparities. Am J Ind Med 57:573–586. https://doi.org/10.1002/ajim.22221

Petzold H (2007) Integrative Supervision, Meta-Consulting, Organisationsentwicklung, 2. Aufl. VS, Wiesbaden

Pieck N (2017) Gesundheitliche Chancengleichheit im Betrieb: Schwerpunkt Gender. vdek, Berlin

Schiek D (2011) Was Personalverantwortliche über das Verbot der mittelbaren Geschlechtsdiskriminierung wissen sollten. In: Krell G, Ortlieb R, Sieben B (Hrsg) Chancengleichheit durch Personalpolitik. Gabler, Wiesbaden, S 41–58

Schrenker A, Zucco A (2020) Gender Pay Gap steigt ab dem Alter von 30 Jahren stark an. Diw Wochenbericht 2020(10):138–145

Schröder C (2016) Diversitiy und Gender im Arbeits- und Gesundheitsschutz, sis 6–9. https://doi.org/10.37307/j.2199-7349.2016.01.04

Schröer A, Sochert R (1997) Gesundheitszirkel im Betrieb. Modell und praktische Durchführung. Universum, Wiesbaden, S 18–42

The Swedish Work Environment Authority (2015) How can the work environment be better for both women and men? The Swedish Work Environment Authority, Stockholm

Schwinn T (2008) Zur Analyse multidimensionaler Ungleichheitsverhältnisse. Österreichische Zeitschrift Für Soziologie 33(1):20–30

Vogel L (2003) The gender workplace health gap in Europe. TUTB, Brussels

Voß M (2004) Wo bleibt die Zeit? Stat Monatsh Baden-württemb 6:36–39

Wedgwood N, Connell RW (2010) Männlichkeitsforschung: Männer und Männlichkeiten im internationalen Forschungskontext. In: Becker R, Kortendiek B (Hrsg) Handbuch der Frauen- und Geschlechterforschung. VS, Wiesbaden, S 116–125

Weg M, Stolz-Willig B (2014) Agenda Gute Arbeit: geschlechtergerecht! VSA Verlag, Hamburg

Winter R (1998) Gleiches Entgelt für gleichwertige Arbeit. Ein Prinzip ohne Praxis. Nomos, Baden-Baden

Wright MT (2018) Partizipation: Mitentscheidung der Bürgerinnen und Bürger. In: Bundeszentrale für gesundheitliche Aufklärung (BZgA) (Hrsg) Leitbegriffe der Gesundheitsförderung und Prävention. BZgA, Köln, S 705–711

Gesellschaftliche Ebene: Gerechtigkeit und Gesundheit aus Perspektive der Gewerkschaften und Arbeitgeber

Inhaltsverzeichnis

Arbeit, Gesundheit und Gerechtigkeit – Zur ungleichen Verteilung arbeitsbedingter Belastung

Rolf Schmucker

Inhaltsverzeichnis

© Springer-Verlag GmbH Deutschland, ein Teil von Springer Nature 2020
B. Badura et al. (Hrsg.), *Fehlzeiten-Report 2020*, Fehlzeiten-Report,
https://doi.org/10.1007/978-3-662-61524-9_5

◾◾ Zusammenfassung

Die Weltgesundheitsorganisation begreift den Anteil gesundheitlicher Ungleichheit als ungerecht, der durch menschliches Handeln verursacht und damit vermeidbar ist. Richtet man den Blick auf die Arbeitswelt, so zeigt sich eine sehr ungleiche Verteilung gesundheitlicher Risiken. Die Belastungsprofile unterscheiden sich stark nach Berufsgruppen und ausgeübten Tätigkeiten. Dies gilt für körperliche Anforderungen ebenso wie für arbeitsbedingte psychische Belastungen sowie gesundheitliche Gefährdungen, die mit Lage und Dauer der Arbeitszeit verbunden sind. Arbeitsbedingungen sind ein wichtiger Bestandteil der sozialen Determinanten von Gesundheit, die für die ungleichen Gesundheitschancen in der Bevölkerung verantwortlich sind. Die Arbeitsgestaltung ist damit nicht nur aus gesundheitlichen Gründen relevant, sondern eng mit der Frage sozialer Gerechtigkeit verbunden. Die größten Gesundheits- und Gerechtigkeitsgewinne sind durch eine zielgruppenspezifische, verhältnispräventive Arbeitsgestaltung zu erreichen.

5.1 Einleitung

Arbeit und Gesundheit stehen in einem engen Zusammenhang. Die Ausgestaltung der Arbeitsbedingungen, das Auftreten von Belastungen sowie das Vorhandensein von Ressourcen im Arbeitskontext haben Auswirkungen auf den Gesundheitszustand der Beschäftigten. Gute, menschengerecht gestaltete Arbeit kann gesundheitsförderlich sein, wenn sie nicht nur materielle Sicherheit, sondern auch Selbstbestimmung, Wertschätzung, soziale Unterstützung sowie Entwicklungs- und Teilhabemöglichkeiten bietet. Umgekehrt erhöhen belastende und ressourcenarme Bedingungen für die Betroffenen das Risiko körperlicher und psychischer Erkrankungen.

Belastungen und Ressourcen – und die damit verbundenen Gesundheitschancen – sind zwischen verschiedenen Beschäftigtengruppen ungleich verteilt. Ist das gerecht? Um diese Frage zu diskutieren, wird im Folgenden zunächst Bezug auf die Weltgesundheitsorganisation (WHO) genommen. Die WHO liefert mit der begrifflichen Unterscheidung von „Health Inequalities" und „Health Inequities" einen Ansatz, der Kriterien für Ungerechtigkeiten bei der Verteilung von Gesundheitschancen benennt. Im Kern geht es dabei um die Frage, ob Ungleichheiten menschengemacht und damit veränderbar sind.

Im zweiten Teil wird die ungleiche Verteilung von Arbeitsbelastungen in Deutschland anhand der Daten der Beschäftigtenbefragung des DGB-Index Gute Arbeit dargestellt. Dabei zeigt sich, dass Mehrfachbelastungen auf körperlicher und psychischer Ebene sowie hinsichtlich der Arbeitszeit zwischen den Berufsgruppen deutlich ungleich verteilt sind. Die auftretenden Belastungen und die damit verbundenen Gesundheitsrisiken sind stark tätigkeitsbezogen.

Ungleichheiten und Ungerechtigkeiten zeigen sich jedoch nicht nur bei der Belastungsverteilung. Ein verletztes Gerechtigkeitsempfinden kann darüber hinaus zu einem eigenständigen gesundheitlichen Belastungsfaktor werden. Darauf machen u. a. die Modelle zu organisationaler Gerechtigkeit und zu beruflichen Gratifikationskrisen aufmerksam. Hierauf wird im dritten Abschnitt eingegangen. In den Daten des DGB-Index Gute Arbeit zeigt sich ein deutlicher Zusammenhang zwischen dem Gratifikationsniveau der Beschäftigten und ihrem selbst eingeschätzten Gesundheitszustand. Das Thema Gerechtigkeit ist auch in dieser subjektiven Perspektive relevant für die Gesundheit der Beschäftigten.

Im abschließenden Teil werden Überlegungen aus gewerkschaftlicher Perspektive dazu angestellt, wie betriebliche Prävention zu einer Verringerung der ungleichen Gesundheitschancen beitragen kann. Es wird für eine Stärkung zielgruppenspezifischer und verhältnispräventiver Maßnahmen plädiert. Diese Orientierung findet sich bereits im Arbeitsschutzrecht, wird in der betrieblichen Präventionspraxis jedoch oft vernachlässigt. Eine konsequente Verhältnisprävention, die die besonders belasteten Gruppen in den Mittelpunkt stellt, ist die Voraussetzung für mehr (gesundheitliche) Gerechtigkeit.

5.2 Was hat Gesundheit mit Gerechtigkeit zu tun?

Die Weltgesundheitsorganisation (WHO) versteht Gesundheit als ein Menschenrecht. Um dieses zu gewährleisten, sollte der bestmögliche Gesundheitszustand für jeden Menschen ein übergeordnetes Ziel staatlicher Politiken sein. In der Präambel der WHO-Verfassung heißt es:

» The enjoyment of the highest attainable standard of health is one of the fundamental rights of every human being without distinction of race, religion, political belief, economic or social condition (WHO 1946).

Das Ziel „Gesundheit für alle" wird auch in der Agenda 2030 der Vereinten Nationen betont. Gesundheit ist eines von 17 Entwicklungszielen für eine nachhaltige Entwicklung und steht unter der Überschrift „Ensure healthy lives and promote well-being for all at all ages" (UN 2015).

Große Teile der Weltbevölkerung sind allerdings weit entfernt, den bestmöglichen Gesundheitszustand zu erreichen. Sowohl im globalen als auch im nationalen Maßstab zeigen sich eklatante Unterschiede bei der Bevölkerungsgesundheit. Die gängigen Morbiditäts- und Mortalitätsindikatoren belegen erhebliche gesundheitliche Ungleichheiten sowohl zwischen verschiedenen Ländern als auch zwischen unterschiedlichen sozialen Gruppen innerhalb einzelner Länder (vgl. Muckenhuber und Volk 2018). Die Lebenserwartung bei Geburt in der Gruppe der Länder mit dem weltweit niedrigsten ökonomischen Status lag im Jahr 2016 bei 62,7 Jahren. In den Ländern mit dem höchsten ökonomischen Status, zu denen auch Deutschland gehört, betrug sie 80,8 Jahre – ein Unterschied von 18,1 Jahren (WHO 2019, S. 6).

Die durchschnittliche Lebenserwartung in Deutschland liegt im internationalen Vergleich auf einem vorderen Rang. Innerhalb der Bevölkerung zeigen sich jedoch ebenfalls drastische Unterschiede. Die mittlere Lebenserwartung bei Geburt (nach den Sterbetafeln 1995 bis 2005) betrug für Männer 75,3 Jahre; in der höchsten von fünf Einkommensgruppen lag sie bei 80,9 Jahren, in der niedrigsten bei 70,1 Jahren. Während Frauen im Durchschnitt eine Lebenserwartung von 81,3 Jahren aufwiesen, lag der Wert für die höchste Einkommensgruppe bei 85,3 Jahren und für die niedrigsten bei 76,9 Jahren. Noch stärker ausgeprägt sind die Unterschiede bei der gesunden Lebenserwartung, mit der die Lebensjahre bezeichnet werden, die in guter Gesundheit verbracht werden. Die Differenz bei der gesunden Lebenserwartung zwischen der niedrigsten und der höchsten Einkommensgruppe beträgt 13,3 Jahre für Frauen und 14,3 Jahre für Männer (Lampert und Kroll 2014, S. 3). Trotz aller gesundheitlichen Fortschritte gilt auch für Deutschland: Wer arm ist, hat eine größere Krankheitslast und muss früher sterben.

Während lediglich ein geringerer Teil dieser gesundheitlichen Ungleichheit auf biologische oder andere nicht durch Menschen beeinflussbare Ursachen zurückzuführen ist, wird ein beträchtlicher Anteil der gesundheitlichen Ungleichheit durch Unterschiede in den sozialen Bedingungen verursacht, in denen Menschen aufwachsen und leben. Die sozialepidemiologische Forschung hat diesen Zusammenhang durch zahlreiche Studien belegt (vgl. Lampert et al. 2016). Ernährung, Bildung, Zugang zu medizinischer Versorgung, Wohnsituation und Arbeitsbedingungen haben großen Einfluss auf das Auftreten von Erkrankungen und die Lebenserwartung. Der soziale Status eines Menschen ist maßgeblich für seine gesundheitlichen Chancen und Risiken: Je niedriger der soziale Status, desto höher das Krankheitsrisiko (Lampert 2018, S. 13; Michalski et al., ► Kap. 3 im gleichen Band).

Die Tatsache, dass die sozialen Determinanten von Gesundheit durch politische, ökonomische und soziale Entscheidungen geformt

5

werden, wirft die Frage nach der Gerechtigkeit der sozialen Verhältnisse auf, die für diese extremen gesundheitlichen Unterschiede verantwortlich sind. Im internationalen Kontext wird zwischen „Health Inequalities" und „Health Inequities" unterschieden. Während erstere die generellen Unterschiede im Gesundheitszustand verschiedener Bevölkerungsgruppen bezeichnen, bezieht sich der Begriff der „Health Inequities" auf vermeidbare Ungleichheiten. Gesundheitliche Ungleichheit wird dann als ungerecht verstanden, wenn sie auf prinzipiell gestalt- und veränderbare soziale Bedingungen zurückzuführen ist (WHO 2011a, S. 6).

Die WHO hatte bereits Jahr 2005 eine internationale Kommission zu den sozialen Determinanten von Gesundheit einberufen, die das Thema gesundheitlicher Gerechtigkeit (Health Equity) in den Mittelpunkt ihrer Überlegungen rückte. Diese formulierte den Zusammenhang von Gesundheit und Gerechtigkeit wie folgt:

» Where systematic differences in health are judged to be avoidable by reasonable action they are, quite simply, unfair. It is this that we label health inequity. Putting right these inequities – huge and remediable differences in health between and within countries – is a matter of social justice (CSDH 2008, S. viii).

Die Kommission rief dazu auf, den „Health Gap" innerhalb einer Generation zu schließen. In der Verantwortung sieht sie sowohl nationale Regierungen als auch internationale Institutionen. Die geforderten Maßnahmen, die eine Verringerung der gesundheitlichen Ungerechtigkeiten bewirken sollen, gehen weit über die Gesundheitspolitik hinaus. Die übergeordnete Empfehlung besteht darin, durch Maßnahmen in verschiedenen Politikfeldern zu einer Verbesserung der Lebens- und Arbeitsbedingungen sowie einer gerechteren Verteilung von Macht, Einkommen und Ressourcen beizutragen (CSDH 2008, S. 1 f).

Die Reduzierung gesundheitlicher Ungerechtigkeit ist einerseits ein normatives Ziel, mit dem die Benachteiligung verschiedener Bevölkerungsgruppen bekämpft werden kann. Es ist aber zugleich eine vorrangige gesundheitspolitische Aufgabe, da die größten Gesundheitsgewinne auf Bevölkerungsebene – gemessen an einer Reduzierung von Morbidität und Mortalität – dadurch erzielt werden können, dass die Situation der am stärksten benachteiligten Gruppen verbessert wird. Die WHO verweist in ihrer Deklaration von Rio zu den sozialen Determinanten von Gesundheit aus dem Jahr 2011 auf die große gesellschaftspolitische Bedeutung gesundheitlicher Gerechtigkeit:

» We reaffirm that health inequities within and between countries are politically, socially and economically unacceptable, as well as unfair and largely avoidable, and that the promotion of health equity is essential to sustainable development and to a better quality of life and well-being for all, which in turn can contribute to peace and security (WHO 2011b).

Voraussetzung für eine Reduzierung der gesundheitlichen Ungerechtigkeiten nach der Deklaration von Rio ist einerseits ein Gesundheitssystem, das umfassende, hochwertige und effektive Leistungen für alle Menschen unabhängig ihres sozialen Status und ihrer finanziellen Möglichkeiten bereitstellt. Die vielfältigen Interdependenzen von Gesundheit mit weiteren Lebensumständen machen darüber hinaus ein sektorenübergreifendes Handeln nötig. „Health in all Policies" – so die Forderung der WHO – bedeutet, die sozialen Determinanten von Gesundheit so zu gestalten, dass sie eine gerechte Verteilung von Gesundheitschancen ermöglichen (vgl. WHO 2013). Ein wichtiges Element dabei ist die Verbesserung von Arbeitsbedingungen im Sinne gesundheitsförderlicher, menschenwürdiger Arbeit.

5.3 Die ungleiche Verteilung arbeitsbedingter Gesundheitsbelastungen

Gesundheit und Wohlbefinden von Arbeitnehmerinnen und Arbeitnehmern sind auf verschiedene Weise mit den Arbeitsbedingungen verknüpft. Arbeit kann der Gesundheit zuträglich sein, wenn sie den Beschäftigten eine sinnvolle Tätigkeit, soziale Teilhabe, Unterstützung und Weiterentwicklungschancen ebenso bietet wie ein angemessenes Einkommen und eine sichere Lebensperspektive (siehe auch den Beitrag von Behrendt, ▶ Kap. 16 im gleichen Band). Die Arbeitsbedingungen können jedoch ebenso eine Gefahr für die Gesundheit darstellen. Und damit sind nicht nur Arbeitsunfälle gemeint – hohe arbeitsbedingte körperliche und psychische Belastungen, gesundheitsschädliche Arbeitszeiten, fehlende Wertschätzung und berufliche Unsicherheit bedeuten ein erhöhtes Gesundheitsrisiko. Das kann zu arbeitsbedingten Erkrankungen beitragen, die zumindest zu einem geringeren Teil auf die Arbeitsbedingungen zurückzuführen sind, oder zu berufsbedingten Erkrankungen führen, die zu einem wesentlichen Teil durch die berufliche Tätigkeit verursacht sind (Jansing et al. 2014, S. 12).

Die gesundheitswissenschaftliche und arbeitsmedizinische Forschung hat für die Arbeitsbedingungen zahlreiche Risikofaktoren identifiziert, die die Gesundheit der Betroffenen beeinträchtigen können. Neben den „klassischen" körperlichen Belastungen, die durch biomechanische Einwirkungen das Muskel- und Skelettsystem beeinträchtigen können (vgl. Liebers et al. 2016), haben in den vergangenen Jahren psychosoziale Belastungsfaktoren im Arbeitskontext und ihre Auswirkungen auf die psychische Gesundheit verstärkt Aufmerksamkeit erhalten (vgl. für einen Überblick: Angerer et al. 2014; BAuA 2017). Den meisten Belastungsfaktoren ist gemein, dass sie gestaltbar sind und dass das mit ihnen einhergehende Krankheitsrisiko prinzipiell vermeidbar ist.

Anknüpfend an die Überlegungen der WHO zu gesundheitlichen Ungerechtigkeiten stellt sich die Frage, inwiefern arbeitsbedingte Gesundheitsgefährdungen in Deutschland systematisch ungleich verteilt sind. Dies wäre dann der Fall, wenn die konkrete Tätigkeit mit einem erhöhten Erkrankungsrisiko verbunden ist und damit zu einer gesundheitlichen Benachteiligung führen kann. Inwiefern dies bei Beschäftigten in Deutschland der Fall ist, wird im Folgenden anhand der Daten des DGB-Index Gute Arbeit betrachtet. Der DGB-Index Gute Arbeit ist eine bundesweit repräsentative Beschäftigtenbefragung, die seit 2007 einmal pro Jahr durchgeführt wird. Der standardisierte Fragebogen umfasst 42 Items, mit denen unterschiedliche Aspekte der Arbeitsbedingungen erhoben werden (vgl. Holler et al. 2014). Arbeitsbedingte körperliche und psychische Belastungen spielen dabei ebenso eine Rolle wie die Arbeitszeit, Gestaltungs- und Entwicklungsmöglichkeiten bei der Arbeit, die Betriebskultur, die Einkommenssituation und die Beschäftigungssicherheit. Im Jahr 2019 wurden 6.574 mittels statistischer Zufallsverfahren ausgewählte Beschäftigte aus allen Branchen und Berufsgruppen mit dem DGB-Index Gute Arbeit befragt (vgl. DGB-Index Gute Arbeit 2019a).

Für die Analyse der Ungleichverteilung von Arbeitsbelastungsfaktoren wurden die Daten auf Ebene der Berufsgruppen ausgewertet.[1] Dabei wurden drei verschiedene Belastungsfelder separat betrachtet: körperliche Belastungen, psychische Anforderungen sowie Belastungen durch die Arbeitszeit. In jedem Belastungsfeld wurden vier bzw. fünf Indikatoren berücksichtigt, für die jeweils eine belastbare wissenschaftliche Evidenz für ein erhöhtes Krankheitsrisiko vorliegt. Verstärkend kommt hinzu, dass einzelne Belastungsfaktoren in der Regel nicht isoliert auftreten, sondern mit weiteren Anforderungen kombiniert sind. Solche kumulativen Belastungskonstellationen können den Effekt auf die Gesund-

---

[1]   Für die Datenanalyse danke ich Dr. Johann Gerdes, Institut DGB-Index Gute Arbeit.

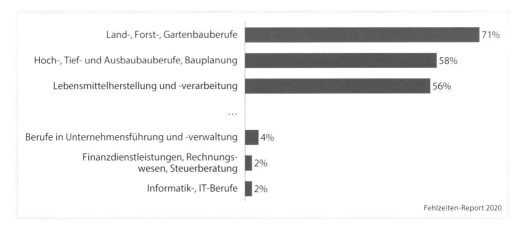

◘ Abb. 5.1 Arbeitsbedingte körperliche Mehrfachbelastung nach Berufsgruppen. (Datenquelle: DGB-Index Gute Arbeit, Erhebungsjahr 2019, eigene Berechnung)

heit der Betroffenen noch einmal verstärken (BAuA 2017, S. 17). Im Folgenden wurde daher für die verschiedenen Belastungsfelder die Verbreitung von Mehrfachbelastungen in den Fokus genommen.

5.3.1 Verbreitung körperlicher Belastung nach Berufsgruppen

Die vier berücksichtigten Indikatoren körperlicher Belastung beschreiben körperlich schweres Arbeiten (z. B. Heben, Tragen oder Stemmen), Arbeit in ungünstiger Körperhaltung (z. B. Hocken, Knien, langanhaltendes Stehen oder Sitzen), Belastungen durch Lärm oder laute Umgebungsgeräusche und das Arbeiten in widrigen Umgebungsbedingungen (z. B. in Kälte, Hitze oder Nässe). Die Befragten konnten auf einer Vierer-Skala angeben, wie häufig sie bei ihrer Arbeit den einzelnen Faktoren ausgesetzt sind. Als körperliche Mehrfachbelastung wurden Tätigkeiten eingestuft, bei denen Beschäftigte von mindestens drei der vier genannten Belastungsfaktoren „sehr häufig" oder „oft" betroffen sind.

Der Vergleich auf Ebene der Berufsgruppen macht die enormen Unterschiede bei der körperlichen Belastung deutlich. ◘ Abb. 5.1 zeigt die drei Gruppen mit den höchsten und den geringsten körperlichen Anforderungen. Die Gruppen, in denen die Mehrfachbelastungen am häufigsten auftreten, sind Land- Forstwirtschafts- und Gartenbauberufe. Hier berichten fast drei Viertel der Befragten von einer (sehr) häufigen Belastung durch mindestens drei der vier genannten Faktoren. Auch in den Bauberufen sowie den Berufen der Lebensmittelherstellung und -verarbeitung (z. B. Köchinnen/Köche, Berufe in der Herstellung von Fleischprodukten, Getränken, Back- oder Tabakwaren) ist körperliche Mehrfachbelastung für mehr als die Hälfte der Befragten an der Tagesordnung. Am anderen Ende der Belastungsskala finden sich eher administrative, planende und steuernde Tätigkeiten. Mehrfache körperliche Belastungen werden etwa aus Berufen der Unternehmensleitung oder in Informatikberufen sehr selten berichtet. Das schließt nicht aus, dass in diesen Berufsgruppen einzelne Belastungsfaktoren, wie das langanhaltende Sitzen, durchaus verbreitet sein können. Kumulative körperliche Belastungen sind jedoch vor allem in Berufen der Land- und Bauwirtschaft, der industriellen Fertigung sowie des Logistiksektors verbreitet.

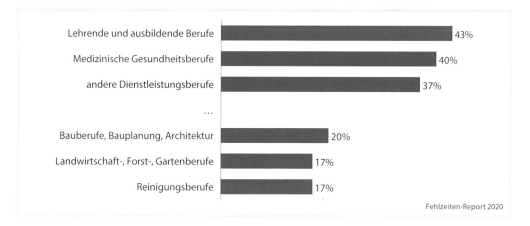

Lehrende und ausbildende Berufe — 43%
Medizinische Gesundheitsberufe — 40%
andere Dienstleistungsberufe — 37%
...
Bauberufe, Bauplanung, Architektur — 20%
Landwirtschaft-, Forst-, Gartenberufe — 17%
Reinigungsberufe — 17%

Fehlzeiten-Report 2020

☐ **Abb. 5.2** Arbeitsbedingte psychische Mehrfachbelastung. (Datenquelle: DGB-Index Gute Arbeit, Erhebungsjahr 2019, eigene Berechnung)

5.3.2 Verbreitung psychischer Belastung nach Berufsgruppen

Weniger stark ausgeprägt, aber dennoch deutlich sichtbar sind die Unterschiede bei der Verbreitung psychischer Belastungsfaktoren. In der Analyse wurden fünf Arbeitsbedingungsmerkmale berücksichtigt. Neben dem Arbeiten unter Zeitdruck sind dies Störungen bzw. Unterbrechungen bei der Arbeit, widersprüchliche Arbeitsanforderungen, ungenügende Informationen zur Arbeitsaufgabe und durch hohen Arbeitsdruck bedingte Abstriche bei der Qualität der Arbeitsausführung. Wenn mindestens drei der fünf Faktoren bei der Arbeit „sehr häufig" oder „oft" auftreten, wird dies als psychische Mehrfachbelastung definiert.

Die am stärksten betroffenen Gruppen finden sich bei den lehrenden und ausbildenden Berufen (v. a. Lehrerinnen/Lehrer), in den medizinischen Gesundheitsberufen (z. B. Krankenpflege, medizintechnische Berufe, Ärztinnen/Ärzte) sowie in der Gruppe „andere Dienstleistungsberufe" (hier sind v. a. Berufe aus Werbung, Marketing, Medien, Journalismus und Kultur zusammengefasst), in denen jeweils etwa 40 % der Befragten angeben, von mindestens drei psychischen Belastungsfaktoren häufig betroffen zu sein (☐ Abb. 5.2). Im Vergleich mit den körperlichen Belastungen zeigen sich deutliche Unterschiede hinsichtlich der am stärksten und der am schwächsten betroffenen Berufsgruppen. Während die Bauberufe sowie Land- und Forstwirtschaftliche Berufe bei den körperlichen Belastungen an der Spitze stehen, sind sie bei den psychischen Belastungen neben den Reinigungsberufen am Ende der Rangliste zu finden. Ein wesentlicher Unterschied zur Verbreitung körperlicher Belastungen besteht auch darin, dass die Diskrepanz zwischen den am stärksten und den am schwächsten betroffenen Gruppen bei den psychischen Belastungen geringer ausgeprägt ist. Während eine Reihe von Berufsgruppen weitgehend ohne körperliche Mehrfachbelastung arbeitet, ist dies bei den psychischen Belastungen nicht der Fall. Selbst in den am schwächsten betroffenen Gruppen gibt nahezu jeder fünfte Beschäftigte an, dass bei seiner Arbeit mindestens drei der benannten Belastungsfaktoren sehr häufig oder oft vorkommen.

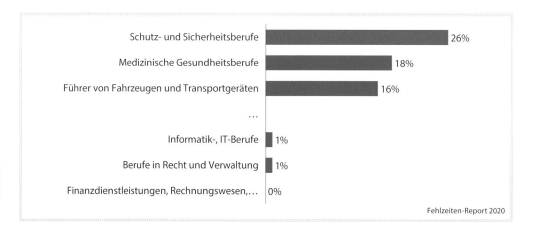

■ **Abb. 5.3** Mehrfachbelastung durch atypische Arbeitszeitlagen und überlange Arbeitszeiten. (Datenquelle: DGB-Index Gute Arbeit, Erhebungsjahr 2019, eigene Berechnung)

5.3.3 Arbeitszeitbelastung nach Berufsgruppen

Die Lage und die Dauer der Arbeitszeit stellen ebenfalls relevante gesundheitliche Belastungsfaktoren dar. Im Folgenden werden atypische Arbeitszeitlagen und überlange Arbeitszeiten berücksichtigt. Neben der Arbeit am Wochenende und der Nachtarbeit (zwischen 23 und 6 Uhr) wird die Verbreitung von Schichtarbeit, das heißt das Arbeiten zu wechselnden Zeiten, in die Auswertung einbezogen. Darüber hinaus werden sehr lange Arbeitszeiten als weiterer Belastungsfaktor herangezogen. Als Mehrfachbelastung wird erfasst, wenn mindestens drei der vier Faktoren auftreten. Wochenend- und Nachtarbeit müssen dafür „sehr häufig" oder „oft" geleistet werden, Schichtarbeit „ständig" oder „regelmäßig". Eine überlange Arbeitszeit liegt vor, wenn die tatsächlich geleistete wöchentliche Arbeitszeit 48 Stunden oder mehr beträgt.

Die Mehrfachbelastung durch die angeführten Arbeitszeitmerkmale ist geringer ausgeprägt als die durch körperliche oder psychische Belastungen. Die Unterschiede zwischen den am stärksten und den am schwächsten betroffenen Berufsgruppen sind dennoch sehr deutlich (■ Abb. 5.3). Das hängt auch damit

zusammen, dass Mehrfachbelastungen bei Lage und Dauer der Arbeitszeit in einer Reihe von Berufsgruppen nur sehr selten vorkommen. In Finanzdienstleistungen, Berufen in Recht und Verwaltung sowie IT und Informatik liegt der Anteil bei 1 %. Ein besonders hohes Belastungsniveau zeigt sich insbesondere in den Schutz und Sicherheitsberufen (z. B. Polizei, Objekt- und Personenschutz). Hier ist jede/r Vierte von mindestens drei der genannten Arbeitszeitbelastungen betroffen. Auch die medizinischen Gesundheitsberufe und Logistikberufe (v. a. Fahrzeugführer) weisen überdurchschnittlich häufig atypische Arbeitszeitlagen, Schichtdienste und überlange Arbeitszeiten auf.

Die Verteilung von gesundheitsrelevanten Arbeitsbelastungen auf den Feldern der körperlichen und psychischen Belastungen sowie der Arbeitszeit zeigt große Unterschiede zwischen den einzelnen Berufsgruppen. Die damit verbundenen Ungleichheiten arbeitsbedingter Belastungen werden noch verstärkt, wenn diese in einzelnen Gruppen kumulativ auftreten. Ein besonders eindrückliches Beispiel sind Berufe in der Alten- und Krankenpflege. Die Beschäftigten in diesen Bereichen weisen überdurchschnittlich hohe Werte sowohl bei physischen als auch bei psychischen Belastungsfaktoren auf. Sie sind darüber hinaus sehr häufig in Schichtarbeit sowie nachts und an Wochenenden tätig (Schmucker 2019). Ein Zusammentreffen verschiedener Belastungsfaktoren macht es wahrscheinlich, dass sich die negativen Wirkungen auf die Gesundheit akkumulieren oder sogar zu einer Verstärkung der Wirkung führen (vgl. BAuA 2017, S. 21).

Die Ungleichheit bei den Arbeitsbelastungen hat offenbar einen stark tätigkeitsbezogenen, systematischen Hintergrund (vgl. auch Dragano et al. 2016). Mit der höheren Exposition gegenüber beruflich bedingten Erkrankungsrisiken geht eine Ungleichheit von Gesundheitschancen einher. Hierbei handelt es sich um ein klassisches Feld sozialer Determinanten von Gesundheit, deren Effekte von der konkreten Gestaltung von Arbeitsorganisation und -inhalten abhängen. Viele der genannten Belastungsfaktoren im Arbeitskontext sind grundsätzlich vermeidbar. Arbeitsbedingte Ungleichheiten von gesundheitlichen Belastungen bilden somit auch für Deutschland eine wichtige Dimension von Health Inequity im Sinne der Weltgesundheitsorganisation.

5.4 Ungerechtigkeit als Belastungsfaktor

Gerechtigkeit ist nicht nur bei der ungleichen Verteilung von arbeitsbedingten Belastungen zwischen verschiedenen Beschäftigtengruppen ein gesundheitsrelevantes Thema. In der arbeits- und gesundheitswissenschaftlichen Forschung werden die von Beschäftigten wahrgenommenen Ungerechtigkeiten im Arbeitskontext darüber hinaus als ein eigenständiger Belastungsfaktor aufgegriffen. Dem liegt die Annahme zugrunde, dass eine Verletzung des subjektiven Gerechtigkeitserlebens einen psychosozialen Stressor darstellt, der – vor allem bei intensiver und langanhaltender Exposition – mit einem erhöhten Erkrankungsrisiko verbunden ist.

Diese Dimension von Gerechtigkeit in der Arbeitssituation wird in verschiedenen theoretischen Modellen erfasst. Gemeinsam ist den Ansätzen die Annahme, dass Menschen grundsätzlich die Erwartung haben, gerecht behandelt zu werden. Das Modell der „*Organisationalen Gerechtigkeit*" beschreibt einen Zustand,

» (…) in dem es einen angemessenen und unparteilichen Ausgleich durch Verteilung von Gütern und Entwicklungschancen zwischen den beteiligten Personen oder Gruppen im Berufsleben gibt. Dabei meint Gerechtigkeit den fairen Umgang vorrangig zwischen der Leitungsebene/dem direkten Vorgesetzten und den Beschäftigten (Haupt et al. 2016, S. 12).

Organisationale Gerechtigkeit manifestiert sich in einer Vielzahl von Arbeitsbedingungsmerkmalen. Dabei spielt die Verteilung von Gütern ebenso eine Rolle wie die Gestaltung von Verfahren (transparente und partizipative Prozesse) oder der sozialen Interaktionen und Beziehungen (faire Behandlung und Entscheidungsfindung) (vgl. ebd., S. 13 f.). Kommt es bei einer oder mehreren dieser Ebenen zu einer Verletzung des Gerechtigkeitsempfindens, entsteht dadurch – so die Modellannahme – arbeitsbedingter Stress.

Weithin etabliert ist zudem das Modell „*beruflicher Gratifikationskrisen*" (Effort-Reward-Imbalance), das insbesondere auf den Aspekt der Tauschgerechtigkeit abzielt (vgl. Siegrist 2015). Eine Gratifikationskrise kann bei einem Beschäftigten dann entstehen, wenn einer hohen Verausgabung bei der Arbeit keine entsprechende Belohnung gegenübersteht. Die Gratifikation kann sowohl materiell (Einkommen, Boni etc.) als auch immateriell (Wertschätzung, Arbeitsplatzsicherheit u. a.) sein. Die Krise wird verstärkt, wenn mehrere Aspekte „enttäuschter Belohnungserwartung" zusammenkommen. Zudem spielen personenbezogene Faktoren eine Rolle. Eine übersteigerte Verausgabungsneigung kann dazu führen, dass das Ungleichgewicht zwischen Engagement und Belohnung verstärkt wahrgenommen wird. Relevant für gesundheitliche Beeinträchtigungen wird eine Gratifikationskrise dadurch, dass „… das zentrale psychische Bedürfnis nach sozialer Anerkennung im

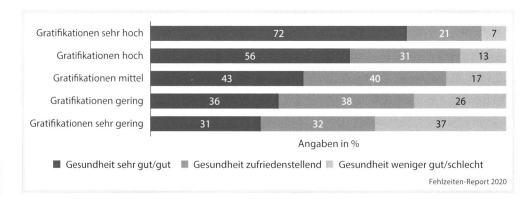

◘ Abb. 5.4 Gesundheitszustand und nicht-monetäres Gratifikationsniveau. (Datenquelle: DGB-Index Gute Arbeit, Erhebungsjahr 2019, eigene Berechnung)

Kontext erbrachter Leistung ..." (ebd., S. 22) verletzt wird. Auch die berufliche Gratifikationskrise wird als eine Quelle von Stress und damit als ein erhöhtes Gesundheitsrisiko identifiziert.

Zu den beiden skizzierten Modellen wurden international zahlreiche empirische Studien durchgeführt. Die Bundesanstalt für Arbeitsschutz und Arbeitsmedizin (BAuA) hat in einer Überblicksarbeit vorliegende wissenschaftliche Erkenntnisse zum Zusammenhang von Gerechtigkeit und (psychischer) Gesundheit im Arbeitskontext zusammengetragen. Die Mehrzahl der Studien zeigt einen Zusammenhang zwischen organisationaler Gerechtigkeit und dem Auftreten von Burnout sowie Depression. (Haupt et al. 2016, S. 60). Noch umfassender ist die Evidenz in den Arbeiten zur beruflichen Gratifikationskrise, in denen nicht nur Zusammenhänge zu psychischen, sondern auch zu somatischen Erkrankungen nachgewiesen wurden (ebd.). Das Risiko für Herz-Kreislauf-Erkrankungen ist für Beschäftigte mit einer beruflichen Gratifikationskrise deutlich erhöht (Siegrist und Dragano 2006). Das Erleben von Ungerechtigkeiten im Arbeitskontext ist ein psychosozialer Stressor, der geeignet ist, „(...) sowohl psychische als auch physische Gesundheitsmerkmale vorherzusagen." (Sende 2014, S. 78).

Die Bedeutung von Anerkennung und Gratifikationen im Arbeitskontext zeigt sich auch in den Daten der Beschäftigtenbefragung zum DGB-Index Gute Arbeit (2019a). Betrachtet man zum Beispiel Merkmale nicht-monetärer Anerkennung, die im Modell der Gratifikationskrisen relevant sind, zeigen sich deutliche Zusammenhänge mit dem von den Beschäftigten berichteten Gesundheitszustand. Die Elemente, die hier zur Einschätzung des Gratifikationsniveaus herangezogen wurden, sind Wertschätzung durch den Vorgesetzten, die Abwesenheit von beruflichen Zukunftsängsten, Möglichkeiten der Weiterqualifikation sowie betriebliche Aufstiegsmöglichkeiten. Beschäftigte, die in ihrem Arbeitskontext alle vier Formen der Anerkennung in hohem oder sehr hohem Maß erfahren, bilden die Gruppe mit sehr hohem Gratifikationsniveau. Bei drei von vier Anerkennungsformen wird von einem hohen, bei zwei von einem mittleren und bei einem von einem geringen Gratifikationsniveau gesprochen. Verfügen Beschäftigten über keine der vier abgefragten Formen, ist das Gratifikationsniveau sehr gering.

Beschäftigte mit unterschiedlichen Gratifikationsniveaus bewerten ihren allgemeinen Gesundheitszustand sehr unterschiedlich (◘ Abb. 5.4). Der Anteil derjenigen, die die eigene Gesundheit als „gut" oder „sehr gut" charakterisieren, liegt in der Gruppe mit einem sehr hohen Gratifikationsniveau bei 72 %. Je weniger Anerkennung die Beschäftigten erhalten, desto kleiner wird der Anteil mit (sehr)

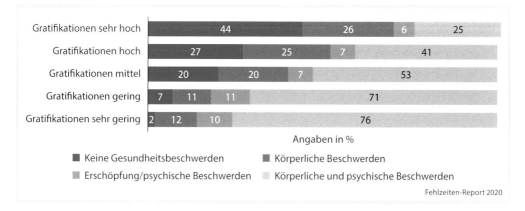

Gratifikationen sehr hoch · 44 · 26 · 6 · 25
Gratifikationen hoch · 27 · 25 · 7 · 41
Gratifikationen mittel · 20 · 20 · 7 · 53
Gratifikationen gering · 7 · 11 · 11 · 71
Gratifikationen sehr gering · 2 · 12 · 10 · 76

Angaben in %

■ Keine Gesundheitsbeschwerden   ■ Körperliche Beschwerden
■ Erschöpfung/psychische Beschwerden   ■ Körperliche und psychische Beschwerden

Fehlzeiten-Report 2020

Abb. 5.5 Gesundheitliche Beschwerden und nicht-monetäres Gratifikationsniveau. (Datenquelle: DGB-Index Gute Arbeit, Erhebungsjahr 2019, eigene Berechnung)

gutem Gesundheitszustand. In der Gruppe, die über keine der vier berücksichtigten Anerkennungsformen verfügt, geben lediglich 31 % einen (sehr) guten Gesundheitszustand an. Umgekehrt steigt der Anteil derjenigen, die ihre Gesundheit als „weniger gut" oder „schlecht" einschätzen, mit sinkender Anerkennung: Von 7 % beim höchsten auf 37 % beim niedrigsten Anerkennungsniveau.

Bei der Betrachtung nach gesundheitlichen Beschwerdegruppen zeigt sich ein ähnliches Bild (■ Abb. 5.5). Angaben zu körperlichen Symptomen (Rückenschmerzen, sonstige Gelenk- und Gliederschmerzen, Kopfschmerzen, Herz- und Brustschmerzen) und psychischen Beeinträchtigungen (Schlafstörungen, Niedergeschlagenheit, körperliche und psychische Erschöpfung) wurden in den beiden Gruppen körperliche und psychische Beschwerden zusammengefasst. Das Auftreten der unterschiedlichen Beschwerdearten steht im Zusammenhang mit dem Niveau der wahrgenommenen Gratifikationen. Je mehr Anerkennungsformen berichtet werden, desto höher ist der Anteil der Beschäftigten, die keine der genannten Beschwerden aufweisen. In der Gruppe mit allen vier Formen der Anerkennung sind 44 % der Befragten beschwerdefrei. Der Anteil sinkt mit zurückgehenden Gratifikationen auf lediglich 2 % in der Gruppe mit sehr geringem Gratifikationsniveau. Der entgegen-

gesetzte Verlauf lässt sich bei den Befragten erkennen, die sowohl über mindestens eine körperliche und eine psychische gesundheitliche Beeinträchtigung berichten. Wenn alle vier Anerkennungsformen vorliegen, gibt immerhin noch jede/r Vierte sowohl psychische als auch körperliche Beschwerden an. Dieser Anteil steigt mit abnehmenden Gratifikationen kontinuierlich an. Auf dem niedrigsten Gratifikationslevel sind drei Viertel (76 %) von körperlichen und psychischen Beschwerden betroffen.

Auch wenn man berücksichtigt, dass es sich um subjektive Einschätzungen des Gratifikationsniveaus und des Gesundheitszustands durch die Beschäftigten handelt, zeichnen die Ergebnisse vor dem Hintergrund der angesprochenen Modelle zu Ungerechtigkeit im Arbeitskontext ein plausibles Bild. Ein Zusammenhang zwischen Anerkennung der Arbeitsleistung und Gesundheit, wie er hier am Beispiel nicht-monetärer Formen der Gratifikation gezeigt wurde, ist deutlich ausgeprägt. Ähnliche Zusammenhänge werden sichtbar, wenn man materielle Aspekte der Anerkennung oder die Gestaltungs- und Beteiligungsmöglichkeiten der Beschäftigten berücksichtigt. Die hier vorgestellten Daten lassen zwar keine unmittelbaren Aussagen über kausale Zusammenhänge zwischen dem Gratifikationsniveau und dem Auftreten gesundheitlicher Beschwerden zu – zumal viele Erkrankungen multikausale Hintergründe haben. Dennoch spricht vieles dafür, das Thema Gerechtigkeit im betrieblichen Kontext auch vor dem Hintergrund möglicher gesundheitlicher Folgen stärker in den Fokus zu nehmen.

5.5 Anforderungen an Prävention und Arbeitsgestaltung

Arbeitsbedingungen und Gesundheit stehen in einem engen Zusammenhang. Die ungleiche Verteilung arbeitsbedingter Belastungen in verschiedenen Berufsgruppen macht deutlich, dass es dabei auch um Fragen der Gerechtigkeit geht. „Gesundheit für alle", die aus den Menschenrechten abgeleitete Zielperspektive der WHO, und das Wissen um die sozialen Determinanten von Gesundheit machen die Arbeitswelt zu einem zentralen gesundheitspolitischen Handlungsfeld. Die Bedeutung von Arbeit für die Bevölkerungsgesundheit wird durch drei besondere Merkmale unterstrichen: Zum einen ist ein sehr großer Anteil der Bevölkerung „exponiert", d. h. geht einer Erwerbsarbeit nach. Zum anderen verbringen viele Menschen einen enormen Anteil ihrer Lebenszeit mit Arbeit. Und nicht zuletzt: Die Bedingungen, unter denen Menschen arbeiten, sind grundsätzlich gestalt- und veränderbar.

Für Gewerkschaften ist der Arbeits- und Gesundheitsschutz seit jeher eines der wichtigsten Themen. Die Vermeidung von Arbeitsunfällen und arbeitsbedingten Erkrankungen war und ist für Arbeitnehmerinnen und Arbeitnehmer eine existenzielle Frage. Und auch wenn in der Vergangenheit große Fortschritte bei der Prävention gemacht wurden, bleibt die gesundheitsgerechte Arbeitsgestaltung eine zentrale Aufgabe. Nach wir vor sind Belastungen durch körperliche Anforderungen weit verbreitet (vgl. DGB-Index Gute Arbeit 2019b) und Arbeitsintensität und psychische Belastung liegen auf einem hohen Niveau (vgl. BAuA 2017; DGB-Index Gute Arbeit 2019a; Lohmann-Haislah 2012). In vielen Bereichen

der Arbeitswelt kann von einer gesundheitsförderlichen Gestaltung der Arbeit nicht die Rede sein. Berücksichtigt man zusätzlich die Gerechtigkeitsdimension, ergeben sich daraus eine Reihe von Konsequenzen für den Arbeits- und Gesundheitsschutz.

Notwendig ist eine Zielgruppenorientierung, die die besonders benachteiligten Beschäftigtengruppen in den Blick nimmt. Die Verteilung der Mehrfachbelastungen auf Ebene der Berufsgruppen hat deutlich gemacht, wie ungleich Gesundheitschancen im Arbeitskontext verteilt sind. Eine Verbesserung der Arbeitsbedingungen für die besonders belasteten Gruppen trägt zur Verbesserung der Gesundheit und zur Reduzierung von Ungleichheit bei.

Die wirksamste Interventionsform – auch im betrieblichen Kontext – bleibt die Verhältnisprävention. Zielgruppenspezifische Maßnahmen, die an den Arbeitsbedingungen ansetzen, haben die stärksten Effekte bei der Vermeidung von Erkrankungen. Die Präventionspraxis in vielen Betrieben und auch in der Betrieblichen Gesundheitsförderung der Krankenkassen setzt dagegen häufig auf weniger wirksame verhaltenspräventive Maßnahmen (vgl. Urban und Ehlscheid 2016). Diese tragen im Zweifelsfall noch zu einer Verstärkung von Ungleichheit bei, weil sie die besonders vulnerablen Gruppen häufig nicht erreichen (Rosenbrock und Gerlinger 2014, S. 85). Voraussetzung für eine Veränderung individuellen Verhaltens ist oftmals eine Veränderung der Verhältnisse.

Die Maßnahmenhierarchie im Arbeitsschutz ist verhältnispräventiv ausgerichtet (§ 4 ArbSchG). An erster Stelle stehen Interventionen, mit denen die Gefährdung beseitigt werden kann. Erst wenn dies nicht vollständig möglich ist, stehen Maßnahmen zur Minderung der Belastung und individuelle Schutzmaßnahmen an. Das Arbeitsschutzgesetz fordert ebenfalls die Berücksichtigung „spezieller Gefahren für besonders schutzbedürftige Beschäftigtengruppen" (ebd.). Die Einhaltung dieser Maßnahmenhierarchie stellt den wirkungsvollsten Schutz vor arbeitsbedingten Gesundheitsgefährdungen dar und kann dazu beitragen, gesundheitliche Benachteiligungen zu vermeiden.

Wo Gefährdungen nicht vollständig vermeidbar sind, können zusätzliche Erholungsmöglichkeiten für die betroffenen Beschäftigtengruppen dazu beitragen, die negativen gesundheitlichen Effekte zu reduzieren. Die Gewerkschaften haben solche Entlastungen in einer Reihe von Tarifvereinbarungen durchgesetzt. In der Metall- und Elektroindustrie ist dies in der Vergangenheit z. B. durch zusätzliche Erholungspausen für Akkordarbeitende oder freie Tage für Beschäftigte im Schichtdienst erreicht worden (vgl. Zitzelsberger 2018).

Zielgruppenspezifische Prävention setzt voraus, dass tätigkeitsspezifische Gefährdungen identifiziert und passende Maßnahmen ergriffen werden. Dafür gibt es mit der Gefährdungsbeurteilung im Arbeitsschutzgesetz ein geeignetes Instrument. Nach wir vor kommen zahlreiche Betriebe ihrer gesetzlichen Pflicht jedoch nicht nach. Gefährdungsbeurteilungen werden häufig gar nicht oder nur unvollständig durchgeführt (Hägele und Fertig 2017). Für eine bessere betriebliche Prävention braucht es eine Stärkung der staatlichen Arbeitsschutzaufsicht sowie eine Konkretisierung der Gefährdung durch psychische Belastung im Regelwerk des Arbeitsschutzes.

Belastungsreduzierung in Pflegeberufen

Die außerordentlich großen Belastungen in der Alten- und Krankenpflege machen deutlich, dass präventive Maßnahmen auf verschiedenen Ebenen ansetzen müssen. Dabei geht es um die Gestaltung sowohl des Arbeits- und Gesundheitsschutzes als auch der Kontextbedingungen der Pflegeberufe.

Ein Schlüsselproblem ist die in vielen Einrichtungen der Alten- und Krankenpflege unzureichende Personalausstattung. Diese ist nicht nur für die hohe psychische

Belastung der Beschäftigten maßgeblich verantwortlich (hoher Zeit- und Leistungsdruck), sie geht auch zu Lasten der Versorgungsqualität. Die Gewerkschaften setzen sich daher seit langem für verbindliche Vorgaben der Personalbemessung ein. Dazu gehört neben entsprechenden tarifvertraglichen Vorgaben eine allgemein verbindliche gesetzliche Regelung, die sowohl die Qualität der Pflege als auch die Gesundheit der Beschäftigten fördert.

Die Personalbemessung ist auch ein Schlüssel für die Arbeitszeitgestaltung. Eine ausreichende Personalausstattung ist die Voraussetzung für eine möglichst gesundheitsverträgliche Gestaltung von Schichtplänen und die Vermeidung überlanger Arbeitszeiten. Damit wird auch eine bessere Vereinbarkeit von Arbeit und Privatleben ermöglicht.

Die in Zeiten der Corona-Pandemie noch einmal überaus deutlich gewordene herausragende gesellschaftliche Bedeutung der Arbeit in der Pflege muss eine entsprechende Wertschätzung erfahren. Dabei ist es mit Applaus allein nicht getan. Zur Vermeidung von Gratifikationskrisen bedarf es auch einer besseren finanziellen Anerkennung. Dies gilt für die Altenpflege in besonderem Maß. Die Einführung eines allgemeinverbindlichen Tarifvertrags, der eine angemessene Entlohnung vorschreibt, ist hier unabdingbar.

Die hohen körperlichen Anforderungen in der Pflege, die v. a. durch das Bewegen und Transportieren von Patienten entstehen, erfordern eine bessere ergonomische Arbeitsgestaltung. Das Risiko von Muskel- und Skeletterkrankungen kann reduziert werden, wenn Beschäftigte über die entsprechenden Kenntnisse des Arbeits- und Gesundheitsschutzes sowie die nötigen Hilfsmittel verfügen. Für regelmäßige Schulungen und Unterweisungen braucht es zeitliche und personelle Ressourcen. Eine ange-

5

messene Personalausstattung ist auch eine Voraussetzung für wirksame verhaltenspräventive Maßnahmen.

Die Liste sinnvoller Arbeitsschutzmaßnahmen ließe sich fortsetzen: der Umgang mit belastenden Ereignissen, die Gestaltung von Pausen- und Erholungszeiten oder Qualifizierungs- und Weiterbildungsangebote sind weitere Elemente für eine zielgruppenorientierte, gesundheitsförderliche Arbeitsgestaltung in der Pflege (vgl. INQA 2007). Neben dem gesundheitlichen Nutzen, den solche Maßnahmen für die Beschäftigten haben, würde zudem die Attraktivität der Pflegeberufe erhöht und ein wirksamer Beitrag zur Bekämpfung des Fachkräftemangels geleistet.

Zu den Merkmalen, die zu gesundheitlichen Ungleichheiten beitragen, gehört auch die Sicherheit und Verlässlichkeit des Beschäftigungsverhältnisses. Die Befunde zu Gratifikationskrisen unterstreichen die Notwendigkeit, sich auch aus gesundheitspolitischen Gründen kritisch mit der Prekarisierung von Arbeit auseinanderzusetzen. Eine große berufliche Unsicherheit, niedrige Einkommen und hohe Belastungen kennzeichnen die Arbeitsrealität vieler prekär Beschäftigter. Sehr deutlich wird dies zum Beispiel an den kumulierten Belastungen von Beschäftigten in Leiharbeit (DGB-Index Gute Arbeit 2019c; Hünefeld und Gerstenberg 2018). Verschiedene Dimensionen prekärer Beschäftigung stehen in einem Zusammenhang mit der Gesundheit der Betroffenen (Tophoven und Tisch 2016). Die Ausbreitung prekärer Beschäftigung durch politische und unternehmerische Entscheidungen kann daher zur Entstehung arbeitsbedingter gesundheitlicher Ungleichheit beitragen. Auch die Arbeitsmarktpolitik trägt eine gesundheitspolitische Verantwortung.

Das Beispiel prekärer Beschäftigung zeigt, dass die Bekämpfung gesundheitlicher Ungleichheit nicht auf das Feld des Arbeits-

und Gesundheitsschutzes beschränkt ist. Viele gewerkschaftliche Kämpfe um angemessene Entlohnung, kürzere Arbeitszeiten und eine bessere Vereinbarkeit der verschiedenen Lebensbereiche haben auch eine gesundheitliche Bedeutung. Die Verbesserung von Arbeits- und Lebensbedingungen hat in den vergangenen Jahrhunderten maßgeblich dazu beigetragen, Morbidität zu reduzieren und die Lebenserwartung in den Ländern des globalen Nordens zu verlängern (vgl. McKeown 1982). Die soziale Frage ist in hohem Maße gesundheitlich relevant. „Es waren diese, damals [im 19. und frühen 20. Jahrhundert, R. S.] meist auf Druck der Arbeiterbewegung zustande gekommenen Änderungen der Lebensverhältnisse, die die für die Prävention unverzichtbaren Veränderungen im Verhalten vor allem der sozialen Unterschichten bewirkten." (Rosenbrock 2001, S. 755). Trotz der erreichten Verbesserungen sind auch die entwickelten kapitalistischen Gesellschaften weiterhin von einer großen und wachsenden Ungleichheit bei Einkommen, Vermögen, Bildung und sozialer Teilhabe gekennzeichnet. Nicht nur in der Arbeitswelt, auch auf gesellschaftlicher Ebene ist soziale Ungleichheit ein Hindernis für eine Verbesserung der Bevölkerungsgesundheit (Pickett und Wilkinson 2015). Soziale Gerechtigkeit ist nicht nur ein Motiv, sondern zugleich das wirksamste Mittel für die Reduzierung gesundheitlicher Ungleichheit.

Literatur

Angerer P, Siegrist K, Gündel H (2014) Psychosoziale Arbeitsbelastungen und Erkrankungsrisiken. In: LIA.nrw – Landesinstitut für Arbeitsgestaltung NRW (Hrsg) Erkrankungsrisiken durch arbeitsbedingte psychische Belastung. LIA.nrw, Düsseldorf, S 30–169

BAuA – Bundesanstalt für Arbeitsschutz und Arbeitsmedizin (2017) Psychische Gesundheit in der Arbeitswelt – Wissenschaftliche Standortbestimmung. BAuA, Dortmund

CSDH – Commission on Social Determinants of Health (2008) Closing the gap in a generation: health equity through action on the social determinants of health. Final Report of the Commission on Social Determinants of Health. World Health Organization, Geneva

DGB-Index Gute Arbeit (2019a) Jahresbericht 2019. Ergebnisse der Beschäftigtenbefragung zum DGB-Index Gute Arbeit 2019. Institut DGB-Index Gute Arbeit, Berlin. https://index-gute-arbeit.dgb.de/-/S2i. Zugegriffen: 20. Febr. 2020

DGB-Index Gute Arbeit (2019b) Körperlich harte Arbeit. So beurteilen die Beschäftigten ihre Belastungen. Institut DGB-Index Gute Arbeit, Berlin. https://index-gute-arbeit.dgb.de/-/CUA. Zugegriffen: 25. Febr. 2020

DGB-Index Gute Arbeit (2019c) Risiko Leiharbeit. Wie die Beschäftigten ihre Arbeitsbedingungen bewerten. kompakt 02/2019. https://index-gute-arbeit.dgb.de/-/CnE. Zugegriffen: 15. März 2020

Dragano N, Wahrendorf M, Müller K et al (2016) Arbeit und gesundheitliche Ungleichheit. Die ungleiche Verteilung von Arbeitsbelastungen in Deutschland und Europa. Bundesgesundhbl 59(2):217–227

Hägele H, Fertig M (2017) 1. Zwischenbericht der Dachevaluation der Gemeinsamen Deutschen Arbeitsschutzstrategie – Auswertung der Betriebs- und Beschäftigtenbefragungen. Geschäftsstelle der Nationalen Arbeitsschutzkonferenz, Köln

Haupt C, Backé EM, Latza U (2016) Psychische Gesundheit in der Arbeitswelt. Gerechtigkeit und Belohnung. BAuA, Dortmund

Holler M, Krüger T, Mußmann F (2014) Die Weiterentwicklung des DGB-Index Gute Arbeit. Z Arb Wiss 68(3):163–174

Hünefeld L, Gerstenberg S (2018) Arbeitsbedingungen von Leiharbeitnehmern im Fokus – Ergebnisse aus der BAuA-Arbeitszeitbefragung. BAuA Focus. BAuA, Dortmund

INQA – Initiative Neue Qualität der Arbeit (2007) Für eine neue Qualität der Arbeit in der Pflege. Leitgedanken für eine gesunde Pflege. Memorandum. INQA, Dortmund

Jansing PJ, Polzer C, Rack R et al (2014) Begriffsklärungen. In: LIA.nrw – Landesinstitut für Arbeitsgestaltung NRW (Hrsg) Erkrankungsrisiken durch arbeitsbedingte psychische Belastung. LIA.nrw, Düsseldorf, S 10–15

Lampert T (2018) Soziale Ungleichheit der Gesundheitschancen und Krankheitsrisiken. Polit Zeitgesch 24:12–18

Lampert T, Kroll LE (2014) Soziale Unterschiede in der Mortalität und Lebenserwartung. GBE kompakt 5(2). Robert Koch-Institut, Berlin

Lampert T, Richter M, Schneider S et al (2016) Soziale Ungleichheit und Gesundheit. Stand und Perspektiven der sozialepidemiologischen Forschung in Deutschland. Bundesgesundhbl 59:153–165

Liebers F, Brendler C, Latza U (2016) Berufsspezifisches Risiko für das Auftreten von Arbeitsunfähigkeit durch Muskel-Skelett-Erkrankungen und Krankheiten des Herz-Kreislauf-Systems – Bestimmung von Berufen mit hoher Relevanz für die Prävention. BAuA, Dortmund

Lohmann-Haislah A (2012) Stressreport Deutschland 2012. Psychische Anforderungen, Ressourcen und Befinden. BAuA, Dortmund

McKeown T (1982) Die Bedeutung der Medizin – Traum, Trugbild oder Nemesis. Suhrkamp, Frankfurt a. M.

Muckenhuber J, Volk H (2018) Gesundheitliche Ungleichheit im internationalen Vergleich. In: Jungbauer M et al (Hrsg) Handbuch Gesundheitssoziologie. Springer, Berlin, S 2–27

Pickett KE, Wilkinson RG (2015) Income inequality and health: a causal review. Soc Sci Med 128:316–326

Rosenbrock R (2001) Was ist New Public Health? Bundesgesundheitsblatt Gesundheitsforschung Gesundheitsschutz 44:753–762

Rosenbrock R, Gerlinger T (2014) Gesundheitspolitik. Eine systematische Einführung. Huber, Bern

Schmucker R (2019) Arbeitsbedingungen in Pflegeberufen. Ergebnisse einer Sonderauswertung der Beschäftigtenbefragung zum DGB-Index Gute Arbeit. In: Jacobs K, Kuhlmey A, Greß S et al (Hrsg) Pflege-Report 2019. Mehr Personal in der Langzeitpflege – aber woher? Springer, Berlin, S 49–59

Sende K (2014) Die ungerechte Organisation: Die Bedeutung des Gerechtigkeitserlebens für Gesundheit und Arbeitssicherheit. Eine empirische Studie im produzierenden Metallgewerbe. In: der Oelsnitz D, Schirmer F, Wüstner K (Hrsg) Die auszehrende Organisation. Leistung und Gesundheit in einer anspruchsvollen Arbeitswelt. Springer, Wiesbaden, S 67–88

Siegrist J (2015) Arbeitswelt und stressbedingte Erkrankung. Forschungsevidenz und präventive Maßnahmen. Urban & Fischer, München

Siegrist J, Dragano N (2006) Berufliche Belastungen und Gesundheit. In: Wolf C, Wendt C (Hrsg) Soziologie der Gesundheit. Sonderheft 46 der Kölner Zeitschrift für Soziologie und Sozialpsychologie. VS, Wiesbaden, S 109–124

Tophoven S, Tisch A (2016) Dimensionen prekärer Beschäftigung und Gesundheit im mittleren Lebensalter. WSI 2:105–112

UN – United Nations (2015) The sustainable development agenda. https://www.un.org/sustainabledevelopment/development-agenda/. Zugegriffen: 10. Febr. 2020

Urban HJ, Ehlscheid C (2016) Gesundheit und Arbeitswelt – Perspektiven betrieblicher Präventionspolitik. In: Knieps F, Pfaff H (Hrsg) Gesundheit und Arbeit. BKK Gesundheitsreport 2016. MWV, Berlin, S 293–297

WHO – World Health Organization (1946) Constitution of the World Health Organization. https://www.who.int/about/who-we-are/constitution. Zugegriffen: 10. Febr. 2020

WHO – World Health Organization (2011a) Health Systems Strengthening Glossary. https://www.who.int/healthsystems/Glossary_January2011.pdf. Zugegriffen: 11. Juni 2020

5

WHO – World Health Organization (2011b) Rio political declaration on social determinants of health. https://www.who.int/social_determinants/sdhconference/declaration/en/. Zugegriffen: 10. Febr. 2020

WHO – World Health Organization (2013) The Helsinki Statement on Health in All Policies. The 8th Global Conference on Health Promotion, Helsinki, Finland, 10–14 June 2013. https://www.who.int/healthpromotion/conferences/8gchp/8gchp_helsinki_statement.pdf. Zugegriffen: 10. Febr. 2020

WHO – World Health Organization (2019) World health statistics 2019. Monitoring health for the SDGs. WHO, Geneva

Zitzelsberger R (2018) Mehr Wahlrecht bei der Arbeitszeit. Der Tarifabschluss in der Metall- und Elektroindustrie 2018. WSI 4:326–331

Gerechtigkeit und Gesundheit: Die Rolle von Arbeitgebern und Führungskräften

Elisa Clauß, Pia Barth und Stefan Mondorf

Inhaltsverzeichnis

© Springer-Verlag GmbH Deutschland, ein Teil von Springer Nature 2020
B. Badura et al. (Hrsg.), *Fehlzeiten-Report 2020*, Fehlzeiten-Report,
https://doi.org/10.1007/978-3-662-61524-9_6

6

■ ■ **Zusammenfassung**

Die Frage „Was ist fair?" beschäftigt uns in aller Regelmäßigkeit. Die Antwort darauf ist jedoch mit Feingefühl zu geben, denn ihre Wahrnehmung ist subjektiv und abhängig von vielen Faktoren, nicht zuletzt von unseren eigenen Erwartungen. Gerechtigkeit ist ein hohes Gut und eine Ressource – nicht nur für Unternehmen, sondern auch für uns als Gesellschaft sowie für die Gesundheit und das Wohlbefinden jedes Einzelnen. Auf globalerer Ebene betrachtet unterstützen die Arbeitgeber diesen Faktor durch ihre Finanzierung der Sozialleistungen, die u. a. dem Schutz der Gesundheit dienen. Auf Unternehmensebene gilt es, die Erwartungshaltungen auf Arbeitgeber- und Beschäftigtenseite richtig zu erkennen und mit diesen umzugehen. Hohe Arbeitszufriedenheit deutet darauf hin, dass Erwartungen in Bezug auf die Arbeitsbeziehung erfüllt werden und ein Gefühl von Gerechtigkeit oder Fairness gegeben ist. Die Arbeitgeber nehmen die Erwartungen der Beschäftigten daher auch sehr ernst und investieren in eine gute Arbeitsgestaltung. Dass ihnen das gelingt, zeigen die 89 % der Beschäftigten, die zufrieden bis sehr zufrieden mit ihrem Job sind. Diese ausgeprägte Zufriedenheit der Beschäftigten mit ihrer Arbeit ist auch Verdienst der Führungskräfte, die durch Vertrauen, Transparenz und einen bewussten Umgang mit Erwartungshaltungen eine als gerecht wahrgenommene Arbeitsatmosphäre schaffen, die gleichzeitig motivierend und gesund ist.

6.1 Gerechtigkeit auf verschiedenen Ebenen

Gerechtigkeit ist ein sensibles und auch schwer greifbares Thema. Die Frage „Ist das fair?" beschäftigt uns in aller Regelmäßigkeit, ob nun im Alltag oder im Arbeitskontext. Die Wahrnehmung von Fairness und Gerechtigkeit ist abhängig von dem, was wir wissen, von unseren Maßstäben und ebenso von den gegebenen Vergleichsmöglichkeiten. Auch die Ebenen und Blickwinkel können durchaus verschieden sein: Eine Debatte über Gerechtigkeit auf politischer und gesellschaftlicher Ebene kann andere Aussagen und Maßnahmen beinhalten als eine Diskussion zu diesem Thema auf Unternehmensebene oder aus Sicht des Individuums.

Die Brücke zwischen Gerechtigkeit und Gesundheit zu schlagen ist gar nicht so einfach. Dennoch wollen wir es an dieser Stelle versuchen und das Thema Gerechtigkeit und Gesundheit aus Unternehmenssicht beleuchten:

- Was macht Gerechtigkeit im Unternehmenskontext aus? Welchen Einfluss hat Fairness plus Erwartung auf Zufriedenheit und Gesundheit der Beschäftigten?
- Welche Rolle kommt der Führungskraft zu, wenn es um die Wahrnehmung von Fairness im Betrieb geht? Wie kann sie zur Gesundheit der Beschäftigten beitragen?

6.2 Gerechtigkeit im Unternehmenskontext

Gerechtigkeit im Unternehmen ist ein hohes Gut und eine wichtige Ressource. Zahlreiche Studien zeigen, dass organisationale Gerechtigkeit mit Arbeitszufriedenheit, Vertrauen, Arbeitsleistung und Kooperation zusammenhängt (siehe dazu die Meta-Analyse von Cohen-Charash und Spector 2001). Allerdings hängt das Empfinden von Gerechtigkeit stark von erfüllten (oder weniger erfüllten) Erwartungen ab. Das gilt auch für den Arbeitskontext: Erfahre ich beispielsweise von einer geplanten Prämie bei guter Leistung und meine, ich hätte diese Leistung erbracht, *erwarte* ich eine Prämie. Es würde sich unfair anfühlen, wenn ich sie nicht erhielte. Wenn ich jedoch weiß, dass ich die Leistung nicht erbracht habe, erwarte ich keine Prämie und empfinde die ausbleibende Zahlung nicht als ungerecht. Denn interessanterweise sind wir Menschen bereit, auch für uns ungünstigere Entscheidungen zu akzeptieren, wenn wir uns fair behandelt fühlen (Dailey und Kirk 1992).

6.2.1 Das Zusammenspiel von Gerechtigkeit und Erwartungen bei der Arbeit

Das Verbindungsglied zwischen Gerechtigkeitsempfinden und Erwartungshaltung im Arbeitskontext bildet der **psychologische Vertrag** (Levinson et al. 1962; Conway und Briner 2005). Unter psychologischen Verträgen werden ganz allgemein die subjektiven Erwartungen zwischen Beschäftigten und ihrem Arbeitgeber verstanden. Diese Erwartungen bestehen auf beiden Seiten und gehen über den formalen, juristischen Arbeitsvertrag hinaus. Dieser Vertrag ist zudem subjektiv; d. h., ob die Erwartungen an die andere „Vertragspartei" erfüllt wurden, hängt von der eigenen Wahrnehmung ab. Zudem werden psychologische Verträge stetig angepasst und verändern sich im Laufe der Zeit (Conway und Briner 2005). Erwartungen bzw. Inhalte des psychologischen Vertrages der Beschäftigten können sein: gute Bezahlung, Karrieremöglichkeiten und Arbeitsplatzsicherheit. Inhalte des psychologischen Vertrages des Unternehmens können sein: Loyalität und Engagement, Zuverlässigkeit sowie Flexibilität.

Viele Beschäftigte haben heute andere Erwartungen an ihre Arbeit als noch vor einigen Jahrzehnten: Sie wünschen sich besonders die Vereinbarkeit der Lebensbereiche und fordern verstärkt eine zeitlich und örtlich flexible Arbeit (DGCN 2018). Das heißt also, es verändern sich durch den Wandel in der Arbeitswelt psychologische Verträge und damit die Wahrnehmung von Gerechtigkeit im Arbeitskontext. Im „alten, traditionellen" psychologischen Vertrag stehen Arbeitsplatzsicherheit, lebenslange Beschäftigung, interner Aufstieg und Spezialisierung mit an vorderster Stelle. Der „neue Vertrag" indes beinhaltet die Erwartung an Eigenverantwortung, interne Entwicklungsmöglichkeiten, Zielorientierung und

Flexibilität (Raeder und Grote 2001). Die Veränderung von psychologischen Verträgen kann jedoch nur gelingen, wenn beide Vertragspartner die Anpassung als fair bewerten – hier müssen also beide Seiten fair und transparent zusammenarbeiten.

6.2.2 Gerechtigkeit und Erwartungen wirken positiv auf Zufriedenheit und Gesundheit

Arbeit ist prinzipiell ein Schutzfaktor, der positiv auf unsere Gesundheit wirkt, besonders auf unsere **psychische Gesundheit**. Auch Fachgesellschaften wie die Deutsche Depressionshilfe bestätigen, dass Arbeit vor Depressionen schützt (Knieps und Pfaff 2019). Gründe für diese positive Wirkung sind unter anderem die Zeitstrukturierung und Selbstvertrauen, das man besonders durch die Arbeitstätigkeit gewinnen kann, sowie die soziale Einbindung und Unterstützung, die man bei der Arbeit erfährt. Auch Gerechtigkeit im Unternehmen kann eine Quelle der Gesundheit sein: Die Wahrnehmung von Fairness im Unternehmen steigert das Wohlbefinden und auch das Engagement im Unternehmen – was wiederum mit einer erhöhten Identifikation mit dem Betrieb, mehr **Arbeitszufriedenheit** und auch einer reduzierten Wechselabsicht einhergeht (Herr et al. 2019; INQA und BAuA 2019). Das Gefühl von Ungerechtigkeit kann hingegen zu einem Arbeitsstressor (also zu einem negativen Belastungsfaktor) werden und steht mit dem Gefühl von Kotrollverlust oder kardiovaskulären Erkrankungen in Zusammenhang (Fischer et al. 2014; Kivimaki et al. 2005).

Obwohl die Bedeutung von Gerechtigkeit, **Erwartungen** und psychologischen Verträgen recht unbekannt ist, spielen diese Faktoren also im täglichen Arbeitskontext eine immense Rolle. Haben die Beschäftigten das Gefühl, dass ihre Erwartungen an ihre Arbeit erfüllt werden, dass sich alle Seiten an den unausgesprochenen psychologischen Vertrag halten

■ **Abb. 6.1** Hohe soziale Unterstützung am Arbeitsplatz als Ressource. (Quelle: BMAS 2017; eigene Darstellung)

6

und es gerecht im Unternehmen zugeht, sind sie zufrieden und engagiert (Herr et al. 2019). Zufriedenheit mit dem Berufsleben hängt wiederum stark mit Gesundheit bzw. Wohlbefinden zusammen – und dadurch auch mit Leistungsfähigkeit, Motivation und Engagement für das Unternehmen (Robertson et al. 2012).

6.2.3 Gute Arbeitsgestaltung als Schlüssel für die hohe Arbeitszufriedenheit der Beschäftigten

Hohe Arbeitszufriedenheit deutet demnach darauf hin, dass Erwartungen in Bezug auf die Arbeitsbeziehung erfüllt werden und ein Gefühl von Gerechtigkeit gegeben ist. Die Betriebe nehmen auch deshalb die Erwartungen der Beschäftigten ernst und investieren in gute Arbeitsgestaltung. Untersuchungen des Statistischen Bundesamts zeigen, dass 89 % der Erwerbstätigen in Deutschland mit ihrer Arbeit zufrieden oder sogar sehr zufrieden sind (Destatis 2018). Dabei unterscheidet sich diese Jobzufriedenheit kaum im Alter (BMAS 2018). Besonders auch mittelständische Unternehmen zeigen viel Engagement und befördern durch ein mitarbeiterorientiertes Personalmanagement Arbeitsqualität und -zufriedenheit (BMAS 2018).

Grundlage für die hohe Zufriedenheit der Beschäftigten sind die guten **Arbeitsbedingungen**, die Betriebe bieten können. Bei der sozialen Unterstützung am Arbeitsplatz (BMAS 2017) zeigt sich, dass 68 % der Beschäftigten häufig das Gefühl haben, ein Teil der Gemeinschaft am Arbeitsplatz zu sein. Diese Beschäftigten sind mit großer Mehrheit (sehr) zufrieden mit ihrer Arbeit insgesamt (93 %) sowie mit ihrem bzw. ihrer Vorgesetzten (84 %) und sie berichten über einen (sehr) guten Gesundheitszustand (65 %) (siehe dazu auch ■ Abb. 6.1). Auch Arbeitstempo und Termindruck verringern sich seit 2005 stetig (Eurofound 2015): Während 2005 noch 32 % der Erwerbstätigen in Deutschland angaben, (fast) die ganze Zeit in einem hohen Arbeitstempo zu arbeiten, lag der Anteil 2015 nur noch bei 20 %. Das ist ein Rückgang um 12 Prozentpunkte. Gleiches gilt für den Termindruck: Im Jahr 2005 gaben noch 28 % der Beschäftigten an, (fast) die ganze Zeit unter hohem Termindruck zu arbeiten. 2015 waren es nur noch 22 %. Auch im europäischen Vergleich arbeiten die Beschäftigten in Deutschland mit weniger Zeitdruck als Beschäftigte in anderen Ländern. Auch bei kleinen und mittelständischen Unternehmen lässt sich kein Anstieg der **Belastungsfaktoren** feststellen. Im Gegenteil, Arbeit unter Zeitdruck sinkt auch in KMU seit 2015 kontinuierlich (Fischmann 2019). Neben dem Anstieg an Ressourcen bei der Arbeit und der Verringerung psychischer Belastungsfaktoren ist auch die physische und umgebungsbezogene **Arbeitsbelastung** in Deutschland niedriger als in den Vorjahren und liegt unter dem europäischen Durchschnitt (Eurofound 2015).

Neben guten Verdiensten und einer umfassenden sozialen Absicherung bieten viele Arbeitgeber ihren Beschäftigten zudem zusätzliche Angebote zur Absicherung und Gesundheit. Die bedeutendste freiwillige Zusatzleistung ist die betriebliche Altersversorgung als zusätzliche Absicherungsmöglichkeit, die zu 80 % von den Arbeitgebern finanziert wird (BMAS 2019a). Über den gesetzlich verpflichtenden **Arbeitsschutz** hinaus gehören zudem Angebote zur guten Life-Domain-Balance wie die Unterstützung bei der Kinderbetreuung oder der Pflege von Angehörigen ins Portfolio. Auch bieten sie zunehmend betriebliche Kranken- und Pflegezusatzversicherungen: Ende 2018 waren rund 760.000 Arbeitnehmer zusätzlich versichert, beispielsweise für Zahnersatz (PKV 2019). Auch der Anteil der Betriebe mit freiwilligen Maßnahmen der betrieblichen Gesundheitsförderung (BGF) ist seit 2006 von 34 auf 45 % im Jahr 2018 gestiegen (Lück et al. 2019). Um die Gesundheit und auch die Selbstfürsorge ihrer Beschäftigten zu stärken, haben immer mehr Unternehmen auch ein Repertoire an Trainings zum rückengerechten Heben und Tragen am Arbeitsplatz, Gesundheits-Check-ups und -Screenings, persönliche Beratungsangebote (z. B. Sozialberatung, medizinische Beratung), Schutzimpfungen sowie Führungskräfteseminare zum gesundheitsgerechten und fairen Führen.

6.3 Gerechtigkeit und Führung

Per definitionem ist Personal- oder Mitarbeiterführung die zielorientierte Einbindung der Mitarbeitenden und Führungskräfte in die Aufgaben des Unternehmens. Führungskräften obliegt die Verantwortung, die Unternehmensziele durch ihre Einflussnahme bei den Mitarbeitenden umzusetzen. **Führung** ist somit dann effektiv, wenn sie zum Erfolg des Unternehmens beitragen kann. Dazu braucht es Mitarbeitende, die das Gefühl haben, dass sich das Unternehmen in die richtige Richtung weiterentwickelt, die ihre Potenziale hinreichend einbringen und nutzen können und die sich eines gegenseitigen Vertrauens sicher sind. Erfolgreiche und als fair wahrgenommene Führungskräfte haben also eine Haltung, die Vertrauen und Transparenz schafft. Sie zeigen zudem einen bewussten Umgang mit Erwartungshaltungen und formen so eine als gerecht wahrgenommene Arbeitsatmosphäre, die gleichzeitig motivierend und gesund ist.

6.3.1 Was eine gerechte Führung ausmacht

Wie sieht zukunftsfähige, faire Führung aus? Wie kann Führung jetzt gerecht sein? Im Zentrum für eine zukunftsfähige und gerechte Führung steht das Vertrauen des Mitarbeitenden. Anders gesagt: Erfolgreiche Führung, die sich auch noch fair anfühlt, benötigt das Vertrauen in die Führungskraft. Um dieses Vertrauen zu erlangen und zu erhalten, müssen Führungskräfte auch Widersprüche bewältigen, die sich z. B. in Unternehmen, die mit agilen Teams arbeiten, durch Verantwortung versus Agilität ergeben. Agilität bedeutet eine gemeinsame Verantwortung des Teams für ihr Produkt und auch für die Arbeitsweise bzw. die Zusammenarbeit im Team (Raitner 2016). Für die Führungskraft ergibt sich hier ein Spannungsverhältnis beispielsweise dadurch, dass sie auf der einen Seite bestehende und feste Prozessabläufe einhalten, auf der anderen Seite aber den agilen Teams notwendige Freiräume einräumen muss. Es ist ein Balanceakt, eine Umgebung zu schaffen, in der Teams ihre Zusammenarbeit und Prozesse kontinuierlich verbessern können, ohne sich strikt an Rollen und festgelegte Prozesse zu halten. Die Vielfalt an Perspektiven und die Miteinbeziehung vieler Wissensträger können die Qualität der Entscheidung verbessern – vorausgesetzt, die

Führungskraft moderiert und gestaltet den Prozess.

> **Gerechtigkeitsempfinden** hängt stark mit den subjektiven Erwartungen zusammen (beides verknüpft durch den sogenannten psychologischen Vertrag, siehe ▶ Abschn. 6.2.1). Das gilt auch für die Wahrnehmung von gerechten Führungskräften. Die Wirksamkeit von Führungsmodellen geht immer auch mit den Erwartungen der Belegschaft und ihrer mitunter einzelnen Mitarbeitergruppen einher. Diese Wirkung kann nicht allein in der Ausgestaltung der Unternehmenskultur beschrieben werden. Vielmehr stellt sich konkret die Frage, welche Erwartungen die Generationen X, Y und Z generell an Führungskräfte haben.

6.3.2 Die Erwartungen der Generation X und Y an ihre Führungskräfte verändern sich

Die Erwartungshaltungen und Wertvorstellungen der Generation X (zwischen 1955 und 1979 geborene Menschen) und der Generation Y (zwischen 1980 bis Mitte 1990 Geborene) unterscheiden sich deutlich, ebenso wie ihre Definition von „erfolgreicher Führung". Auch die nachfolgende **Generation** Z ist bereits auf dem Arbeitsmarkt aktiv und bringt ihre eigenen Wertvorstellungen und Erwartungshaltungen mit sich. Einer Studie der Hochschule für Wirtschaft und Gesellschaft Ludwigshafen gemäß wird partizipative Führung von jungen Menschen der Generationen Y und Z als erfolgreiches Führungsmodell empfunden (Weinert und Ohliger 2019). Sie wünschen sich ein kollaboratives, teamintegrierendes und partizipatives Vorgehen.

Die Führungskräfte stehen quasi in einem Spagat zwischen den Erwartungshaltungen verschiedener Generationen, die natürlich auch in einem Team zusammenarbeiten. Das bedeutet, dass Führungskräfte zeitglich durchaus völlig verschiedene psychologische Verträge erfüllen müssen, die z. B. Flexibilität versus Kontinuität parallel erfüllen sollen. Der Druck, der sich daraus ergibt, ist genauso vorprogrammiert wie Spannungsfelder, Konflikte und gelegentliche Unzufriedenheit. In diesem Zusammenhang sind vor allem organisatorische Rahmenbedingungen der jeweiligen betrieblichen Strukturen ein entscheidender Faktor. Wichtig ist, jeweils herauszufinden, welche Anreize Mitarbeitende motivieren und wie sie generationsübergreifend erfolgreich und fair zusammenarbeiten können.

6.3.3 Gesund, zufrieden und motiviert durch faire Führung

Studien zeigen, dass sich durch einen gerechten Führungsstil die Einstellungen der Beschäftigten bezüglich ihrer Arbeit und damit auch die **Erwartungen** zum Positiven verändern (Cohen-Charash und Spector 2001). Zugleich verbessert sich damit auch die Beziehung zwischen Mitarbeitenden und Führungskraft bedeutsam, ebenso wie die Leistung der Beschäftigten (Kiehling et al. 2006; Tansky 1993). Gerechte Führung ist also eine große Ressource im Unternehmen, die sich auch auf die Gesundheit, Zufriedenheit sowie Motivation und Leistung auswirkt: Das Gefühl von Fairness (besonders in Bezug auf das Verhalten der Führungskraft) ist einer der Hauptgründe dafür, dass Beschäftigte, die ursprünglich über ein schlechtes psychisches Befinden und wenig Engagement berichten, zu Beschäftigten werden, die sich gesund fühlen, sich für die Unternehmensziele engagieren und sich damit identifizieren können (INQA und BAuA 2019).

Entscheidend ist hierbei das sogenannte prozedural-gerechte **Führungsverhalten**. Das heißt, dass Führungskräfte nicht nur in der Lage sind, gerechte Entscheidungen zu treffen – was übrigens laut Studienlage der überwiegenden Mehrheit auch gelingt (Streicher et al. 2008). Wichtig ist auch, dass der Entscheidungsprozess als solcher als fair wahrgenommen wird. Dazu gehört es, diesen zum einen so transparent wie möglich zu gestalten. Zum anderen werden Entscheidungsprozesse auch dann als gerecht wahrgenommen, wenn es die Möglichkeit gibt, sich daran zu beteiligen und der Entscheidungsträger als neutral empfunden wird (Maier et al. 2007). Andernfalls können Entscheidungen der Führungskräfte schnell als willkürlich und damit unfair wahrgenommen werden. Diese Art von fairem Führungsverhalten ist sehr gut trainierbar, wie entsprechende Trainingsstudien bereits aufzeigen (Kiehling et al. 2006).

6.4 Der Faktor Mensch im Zusammenspiel von Gerechtigkeit und Gesundheit

Bei allen Überlegungen als Unternehmen und Führungskraft dahingehend, wie man Prozesse, Ressourcen und Interaktionen gerecht gestalten kann, muss man schlicht auch der Tatsache Respekt zollen, dass Erwartungen und damit auch das **Gerechtigkeitsempfinden** stark subjektiv sind. Ob wir Menschen etwas als fair oder unfair bewerten, hängt von persönlichen Faktoren wie Stimmung, Emotionen und auch der Persönlichkeit ab (Scott und Colquitt 2007). Beispielsweise zeigt sich, dass Neurotizismus (Persönlichkeitseigenschaft, die eine Veranlagung zu übermäßiger Besorgtheit ausdrückt) einen Einfluss darauf hat, ob man von der Arbeit fernbleibt, wenn man sich ungerecht behandelt fühlt (Elovainio et al. 2003). Interessanterweise gibt es auch so etwas wie „**Gerechtigkeitssensitivität**", eine spezifische Persönlichkeitseigenschaft, die für eine unterschiedliche Wahrnehmung von Gerechtigkeit

sorgt. Je nach Ausprägung fühlt man sich eher oder auch weniger schnell ungerecht behandelt. Personen mit einer hohen Gerechtigkeitssensitivität fühlen sich eher gesund und wohl, wenn sie das Gefühl haben, Entscheidungsprozesse sind fair – und sie fühlen sich daher auch eher unwohl und krank, wenn sie diese Prozesse als unfair wahrnehmen (Schmitt und Dörfel 1999). Letztlich ist also auch immer ein gewisses Maß an kritischer Selbstreflexion bzw. auch das Einholen anderer Perspektiven notwendig, bevor man eine Bewertung darüber abgibt, was gerecht oder ungerecht ist.

6.5 Fazit

Gerechtigkeit ist ein hohes Gut und eine Ressource – nicht nur für Unternehmen, sondern auch für uns als Gesellschaft sowie für die Gesundheit und das Wohlbefinden jedes Einzelnen. Und dennoch ist ihre Wahrnehmung sehr subjektiv und abhängig von vielen Faktoren, nicht zuletzt von unseren eigenen Erwartungen. Auf globalerer Ebene betrachtet unterstützen die Arbeitgeber dieses Thema durch ihre stetige und starke Finanzierung der Sozialleistungen, die u. a. dem Schutz der Gesundheit dienen. Auf Unternehmensebene gilt es, die Erwartungshaltungen im Hinblick auf Arbeitgeber- und Beschäftigtenseite richtig zu erkennen und mit diesen umzugehen. Dies bringt auch Herausforderungen mit sich, wie beispielsweise die, Erwartungen verschiedener Generationen gut zusammenzubringen. Als Ergebnis wahrgenommener Fairness stehen dann Zufriedenheit, Motivation und Gesundheit.

Hohe **Arbeitszufriedenheit** deutet demnach darauf hin, dass Erwartungen in Bezug auf die Arbeitsbeziehung erfüllt werden und ein Gefühl von Gerechtigkeit oder Fairness vorhanden ist. Die Arbeitgeber nehmen die Erwartungen der Beschäftigten sehr ernst und investieren daher in gute Arbeitsgestaltung. Untersuchungen des Statistischen Bundesamts zeigen, dass die Beschäftigten ihre Arbeitssituation sehr positiv sehen und 89 %

der Beschäftigten zufrieden bis sehr zufrieden mit ihrem Job sind. Dies ist auch Verdienst der Führungskräfte. Erfolgreiche und als fair wahrgenommene Führungskräfte schaffen durch Vertrauen, Transparenz und bewussten Umgang mit Erwartungshaltungen eine als gerecht wahrgenommene Arbeitsatmosphäre, die gleichzeitig motivierend und gesund ist.

Die **Bundesvereinigung der Deutschen Arbeitgeberverbände (BDA)** engagiert sich auch weiterhin mit dem Ziel, sinnvolle und gute Arbeitsgestaltung zu definieren sowie mögliche negative Belastungsfaktoren durch Arbeit 4.0 aufzudecken und effektive Maßnahmen daraus abzuleiten. Die aktuelle Veröffentlichung „Arbeit Made in Germany – wie Arbeitgeber gute Arbeit gestalten" befasst sich daher u. a. auch mit dem Wandel der Arbeitswelt, Gesundheit und neuen Formen der Führung (BDA 2019).

Literatur

Bundesvereinigung der Deutschen Arbeitgeberverbände (BDA) (2019) Arbeit Made in Germany: Wie Arbeitgeber gute Arbeit gestalten. https://www.arbeitgeber.de/www/arbeitgeber.nsf/res/FCD34BB4D321FB34C12584A100373C6D/$file/BDA_Arbeit_made_in_Germany.pdf. Zugegriffen: 24. Febr. 2020

Bundesministerium für Arbeit und Soziales (BMAS) (2017) Sicherheit und Gesundheit bei der Arbeit Berichtsjahr 2016, Bericht der Bundesregierung über den Stand von Sicherheit und Gesundheit bei der Arbeit und über das Unfall- und Berufskrankheitengeschehen in der Bundesrepublik Deutschland im Jahre 2016. BMAS, Berlin

Bundesministerium für Arbeit und Soziales (2018) Forschungsbericht 505, Arbeitsqualität und wirtschaftlicher Erfolg: Längsschnittstudie in deutschen Betrieben. BMAS, Berlin

Bundesministerium für Arbeit und Soziales (BMAS) (2019) Forschungsbericht 523. Trägerbefragung zur Verbreitung der betrieblichen Altersversorgung (BAV 2017): Endbericht. BMAS, Berlin

Cohen-Charash Y, Spector PE (2001) The role of justice in organizations: a meta-analysis. Organ Behav Hum Decis Process 86:278–321

Conway N, Briner RB (2005) Understanding psychological contracts at work, A critical evaluation of theory and research. Oxford University Press, Oxford

Dailey RC, Kirk DJ (1992) Distributive and procedural justice as antecedents of job dissatisfaction and intent to turnover. Hum Relations 45:305–317

Deutsches Global Compact Netzwerk (DGCN) (2018) Arbeitsstandards 2.0. Flexibilisierung, Optimierung oder Marginalisierung? Im Auftrag des Bundesministeriums für wirtschaftliche Zusammenarbeit und Entwicklung. DGCN, Berlin

Elovainio M, Kivimäki M, Vahtera J, Virtanen M, Keltikangas-Järvinen L (2003) Personality as a moderator in the relations between perceptions of organizational justice and sickness absence. J Vocat Behav 63(3):379–395

Eurofound (2015) Sechste Europäische Erhebung über die Arbeitsbedingungen. www.eurofound.europa.eu/de/data/european-working-conditions-survey?locale=DE&dataSource=EWCS2017NW&media=png&width=740&question=y15_Q88&plot=eu-Bars&countryGroup=linear&subset=agecat_3&subsetValue=All. Zugegriffen: 19. Febr. 2020

Fischer R, Abubakar A, Nyaboke AJ (2014) Organizational justice and mental health: a multi-level test of justice interactions. Int J Psychol 49(2):108–114

Fischmann W (2019) Psychische Belastung und Beanspruchung am Arbeitsplatz. Arbeitsmedizin – Sozialmedizin – Umweltmedizin 54:85–89

Herr RM, Almer C, Bosle C et al (2020) Associations of changes in organizational justice with job attitudes and health—findings from a prospective study using a matching-based difference-in difference approach. IntJ Behav Med 27(1):119–135

Initiative Neue Qualität der Arbeit Geschäftsstelle (INQA), Bundesanstalt für Arbeitsschutz und Arbeitsmedizin (BAuA) (2019) MONITOR Arbeitsbezogenes Wohlbefinden Psychische Gesundheit und Engagement: begünstigende Faktoren und mögliche unternehmerische Folgen. https://inqa.de/SharedDocs/downloads/webshop/monitor-arbeitsbezogenes-wohlbefinden?__blob=publicationFile. Zugegriffen: 25. Juni 2020

Kiehling S, Schwald B, Streicher B, Frey D, Jonas E, Maier GW (2006) Validation of a German training on organizational justice. Beitrag präsentiert auf der 11ten International Social Justice Conference (ISJR), Berlin

Kivimaki M, Ferrie JE, Brunner E et al (2005) Justice at work and reduced risk of coronary heart disease among employees: the Whitehall II Study. Arch Intern Med 165(19):2245–2251

Knieps F, Pfaff H (Hrsg) (2019) Psychische Gesundheit und Arbeit – BKK Gesundheitsreport 2019. Medizinisch Wissenschaftliche Verlagsgesellschaft, Berlin

Levinson H, Price C, Munden K, Mandl HJ, Solley C (1962) Men, management and mental health. Harvard University, Cambridge

Lück M, Hünefeld L, Brenscheidt S, Bödefeld M, Hünefeld A (2019) Grundauswertung der BIBB/BAuA Erwerbstätigenbefragung 2018, Vergleich zur Grundauswertung 2006 und 2012. Bundesanstalt für Arbeitsschutz und Arbeitsmedizin, Dortmund Berlin Dresden

Maier GW, Streicher B, Jonas E, Woschée R (2007)
Gerechtigkeitseinschätzungen in Organisationen: Die
Validität einer deutschsprachigen Fassung des Frage-
bogens von Colquitt (2001). Diagnostica 53:97–108

Raeder S, Grote G (2001) Flexibilität ersetzt Kontinuität.
Veränderte psychologische Kontrakte und neue Formen persönlicher Identität. Arbeit 10(4):352–364

Raitner M (2016) Agilität eine Frage der Verantwortung. https://fuehrung-erfahren.de/2016/11/agilitaet-
eine-frage-der-verantwortung/. Zugegriffen: 12. Febr.
2020

Robertson IT, Jansen Birch A, Cooper CL (2012) Job
and work attitudes, engagement and employee performance: where does psychological well-being fit in?
Leadersh Organ Dev J 33(3):224–232

Schmitt M, Dörfel, M (1999) Procedural injustice at work,
justice sensitivity, job satisfaction and psychosomatic
well-being. Eur J Soc Psychol, 29:443–453

Scott BA, Colquitt JA (2007) Are organizational justice
effects bounded by individual differences? An examination of equity sensitivity, exchange ideology, and
the big five. Group Organ Manag 32(3):290–325

Statistisches Bundesamt (Destatis) (2018) Statistisches
Jahrbuch 2018 – Deutschland und Internatio-
nales. www.destatis.de/DE/Themen/Querschnitt/
Jahrbuch/statistisches-jahrbuch-2018-dl.pdf?_blob=
publicationFile. Zugegriffen: 20. Jan. 2020

Weinert S, Ohliger K (2019) Studie Gewünschte versus gelebte Führung – Anforderungen der Generation Z & Y
treffen auf die Praxis. Personalwirtschaft 12:56–56

Streicher B, Maier GW, Jonas E, Reisch L (2008) Organisationale Gerechtigkeit und Qualität der Führungs-
kraft-Mitarbeiter-Beziehung. Wirtschaftspsychologie
10:54–64

Tansky JW (1993) Justice and organizational citizenship
behavior: What is the relationship? Empl Responsib
Rights J 6:195–207

Verband der Privaten Krankenversicherung (PKV)
(2019) Die betriebliche Krankenversicherung
nützt Arbeitnehmern und Arbeitgebern. www.
pkv.de/themen/krankenversicherung/betriebliche-
krankenversicherung/. Zugegriffen: 23. Febr. 2020

Betriebliche Ebene

Inhaltsverzeichnis

Gerechtigkeitserleben bei der Arbeit und Gesundheit

Ergebnisse einer repräsentativen Befragung von Erwerbstätigen zum Gerechtigkeitserleben im Unternehmen und gesundheitlichen Beschwerden

Andrea Waltersbacher, Helmut Schröder und Julia Klein

Inhaltsverzeichnis

© Springer-Verlag GmbH Deutschland, ein Teil von Springer Nature 2020
B. Badura et al. (Hrsg.), *Fehlzeiten-Report 2020*, Fehlzeiten-Report,
https://doi.org/10.1007/978-3-662-61524-9_7

7

■ ■ **Zusammenfassung**

Erlebte Ungerechtigkeit am Arbeitsplatz kann negative Auswirkungen auf die Motivation, die Leistung, die Kündigungsabsicht und die Gesundheit der Arbeitnehmer haben. Hierbei können verschiedene Dimensionen der Gerechtigkeit unterschiedlich stark Einfluss ausüben: Wie werden Mitarbeiter im Unternehmen behandelt, werden Arbeiten und Arbeitsmittel gerecht verteilt und wird die Entlohnung für die erbrachte Leistung als gerecht empfunden? In der vorliegenden Studie wird untersucht, ob es einen Zusammenhang zwischen den verschiedenen Dimensionen der Gerechtigkeit und dem gesundheitlichen Wohlbefinden der Erwerbstätigen gibt und welche Dimensionen von Gerechtigkeit die Gesundheit stärker beeinflussen. In einer deutschlandweiten, repräsentativen telefonischen Erhebung wurden Erwerbstätige zwischen 18 und 65 Jahren zur subjektiv erlebten Gerechtigkeit im Arbeitsleben, zur Zufriedenheit mit dem Unternehmen sowie zur subjektiven Einschätzung ihres gesundheitlichen Wohlbefindens und zu Kennzahlen wie Arbeitsunfähigkeitstagen und Präsentismus befragt. Dabei konnte ein signifikanter Zusammenhang zwischen der subjektiv wahrgenommenen Unternehmensgerechtigkeit und Indikatoren wie emotionalen Beschwerden, psychosomatischen Beschwerden und Fehlzeiten beobachtet werden.

Gerade auch in Zeiten des Fachkräftemangels könnte sich das Thema Gerechtigkeit als Wettbewerbsfaktor für erfolgreiche Unternehmen erweisen.

7.1 Einführung

Fragen der Gerechtigkeit sind schon seit der Antike ein gesellschaftsrelevantes Thema. Zunächst von Philosophen bearbeitet, waren mit der Industrialisierung auch Nationalökonomen zunehmend damit befasst.[1] In Bezug auf die Arbeitswelt kreisen die Fragen dabei um die Aspekte einer fairen Verteilung der Gewinne aus gemeinsamer kreativer und produktiver Anstrengung unter allen Beteiligten: Gibt es eine gerechtfertigte (sowohl monetäre als auch nicht-monetäre) Anerkennung des Beitrags von Einzelnen? Wie wird mit denen verfahren, die aus den verschiedensten Gründen gar keinen oder nur einen geringen Beitrag leisten können, wie Behinderte und Kranke? Schon die Frage, nach welchen Prinzipien Tätigkeiten, die als Erwerbsarbeit gelten, entlohnt werden sollen, kann nicht isoliert von anderen grundsätzlichen Zielen und Prinzipien der Fürsorge und Verteilung von Gütern in einer Gesellschaft gesehen werden.

7.1.1 Warum ist Gerechtigkeit wichtig?

Gerechtigkeit hat die Funktion, die Kooperationsbereitschaft von Gesellschaftsmitgliedern zu erhalten, denn für den Einzelnen ergeben sich viele Vorteile, wenn er bei „der Bewältigung alltäglicher Handlungs- und Entscheidungsprobleme auf die Idee der Gerechtigkeit und die damit verbundenen Regeln und Prinzipien zurückgreifen kann" (Liebig 2010, S. 24). Und in der aktuellen Arbeitswelt, zumal in immer größer werdenden (internationalen) Unternehmen, stellt die Organisation von Kooperation zwischen einer Großzahl an verschiedenen Personen eine immer größere Herausforderung dar. So birgt das Arbeiten in einer Kooperationsgemeinschaft für jeden Einzelnen die Gefahr, durch die anderen ausgenutzt zu werden. „Trittbrettfahrer" profitieren beispielsweise von der Missachtung von Normen als Einzelfall (Abraham 2007). Je komplexer und

---

1   Die umfangreichste Darstellung sowohl der Geschichte normativer Gerechtigkeitstheorien als auch der bedeutendsten Theorien und Anwendungsfelder findet sich in: Handbuch Gerechtigkeit, hrsg. von Goppel et al. (2016). Für eine systematische Darstellung normativer Gerechtigkeitstheorien siehe Sabbagh (2002). Zur Unterscheidung von normativer und empirischer Gerechtigkeitsforschung siehe besonders Liebig (2002) sowie in kurzer Form Liebig et al., ► Kap. 1 in diesem Band.

größer das Kooperationsgefüge, desto schwieriger ist es für den Einzelnen, Ausbeutung zu erkennen oder sich dagegen zu wehren. Liebig beschreibt den Nutzen von gerechten Regeln und Prinzipien als Schutz vor Situationen, in denen die Leistungen und Anstrengungen des einen von anderen in Anspruch genommen werden, ohne dass sie einen Beitrag geleistet haben (Liebig 2010, S. 21 ff.). Die aus den Gerechtigkeitsgrundsätzen abgeleiteten Verhaltensnormen dienen dazu, Situationen, in denen eine Person ausgenutzt wird, zu erkennen oder zu vermeiden. Das Verhältnis zu Unternehmen ist – anders als die Zugehörigkeit zu anderen Organisationen – durch eine verbindliche Vertragssituation gekennzeichnet: Die Mitarbeiter erwarten im Tausch für ihre Anstrengung einen angemessenen Gegenwert. Für Kooperationsgebilde wie Unternehmen, die auf die Kooperationsbereitschaft ihrer Beschäftigten angewiesen sind, bedeutet das, dass sie die Regeln, die sich aus Gerechtigkeitsvorstellungen im Hinblick auf die Entlohnung und die Behandlung ihrer Mitarbeiter ableiten, auch einhalten müssen, um deren Kooperationsbereitschaft zu erhalten (Liebig 2002, S. 14 ff.; Goldschmidt 2010). Regeln für die Gerechtigkeit im Unternehmen bilden dann – so wie andere soziale Normen – einen Teil der Unternehmenskultur (Beckmann et al. 2016; Höffe et al. 2005; zum soziomoralischen Klima siehe auch Hornung et al., ▶ Kap. 2 in diesem Band).

7.1.2 Was ist gerecht?

Gerechtigkeit wird allgemein in mindestens drei verschiedene Dimensionen unterteilt analysiert: Verteilungsgerechtigkeit (distributive Gerechtigkeit), Verfahrensgerechtigkeit (prozedurale Gerechtigkeit) und interaktionale Gerechtigkeit.

■ ■ **Verteilungsgerechtigkeit**
Die intuitiv eingängigste Dimension von Gerechtigkeit ist die Verteilungsgerechtigkeit

(distributive Gerechtigkeit). Die Verteilung von „Gütern" – und dabei kann es sich um Entlohnung, aber auch um Pflichten, Risiken oder Chancen handeln – kann sich nach vier Tausch- oder Verteilungsprinzipien richten:

- Das Gleichheitsprinzip (Equality) bedeutet, dass jeder den gleichen Anteil an den zu verteilenden „Gütern" (auch Pflichten, Rechte und Chancen) erhält.
- Vom Bedarfsprinzip spricht man, wenn jeder einen Anteil der zu verteilenden „Gütern" entsprechend seinem Bedarf erhält. Dies soll die Deckung der Grundbedürfnisse sicherstellen und Schwache schützen (zum Beispiel Kinder und Kranke).
- Beim Leistungsprinzip (Beitragsprinzip, Equity) erhält jeder einen Anteil an den „Gütern", der proportional zu der individuell erbrachten Leistung bzw. Anstrengung steht. Wer mehr leistet, bekommt also einen größeren Anteil an den Gütern.
- Das Anrechtsprinzip gilt, wenn jeder einen Anteil an den „Gütern" nach zugeschriebenen oder erworbenen Merkmalen (z. B. Position, Geschlecht, Herkunft, sozialer Schicht) erhält.

Welches der vier Prinzipien jeweils die Basis für einen Verteilungsprozess bildet, hängt unter anderem von der sozialen Bindung zwischen den beteiligten Personen ab. Innerhalb von Solidargemeinschaften, z. B. Familie oder gesetzliche Krankenkasse, wird eine Verteilung nach Bedarf als legitim angesehen. Innerhalb eines Kontextes, der auf der Leistungsbereitschaft des Einzelnen basiert, z. B. Schule oder Unternehmen, wird die Verteilung von Noten oder die Entlohnung nach der jeweiligen Anstrengung als legitim angesehen. In der Praxis wirken die jeweiligen Prinzipen oftmals in verschieden großen Anteilen auf den Verteilungsprozess ein. (Beispielhaft für die Darstellung der vier Verteilungsprinzipien und ihre lange philosophische Tradition: Hinsch 2016; Fechtenhauer 2010; Fechtenhauer et al. 2020; Lengfeld und Liebig 2003; Liebig 1997, 2010).

7

■ ■ **Verfahrensgerechtigkeit**

Gerechtigkeit bedeutet auch, dass die Verfahren gerecht ablaufen, die angewendet werden, um Einzelnen oder auch Gruppen bestimmte Rechte, Güter oder Lasten zuzuweisen. Konflikte einer gerechten Verteilung, beispielsweise bei der Frage, für welche Tätigkeit welche Entlohnung angemessen sei, sind in modernen Gesellschaften aber nicht mehr über allgemeingültige Maßstäbe zu regeln, sondern besser über materiale Verteilungsprozesse. Zum einen weil es weniger Akzeptanz von allgemeingültigen Maßstäben quer durch die Gesellschaft gibt und zum anderen, weil die Beiträge von Einzelnen zum Gesamtprojekt in komplexen Handels- und Produktionsverhältnissen nicht mehr zu identifizieren sind (Liebig 2010, S. 24; Fechtenhauer 2010; zu den normativen Referenzstrukturen siehe Lengfeld 2002, S. 103 ff.).

In den letzten Jahrzehnten wurde es zunehmend zur akzeptierten Lösung, über genormte Verfahren zu einer gerechten Verteilung zu kommen (siehe dazu: Liebig und Schlothfeldt 2002, S. 187 ff.; Leventhal et al. 1980; Colquitt 2001; Colquitt et al. 2013; Colquitt und Rodell 2015). Das bedeutet, dass die Ergebnisse eines Verteilungsprozesses aufgrund der zugrunde liegenden „gerechten Verfahren" (prozedurale Gerechtigkeit), also der transparenten und gleichförmigen, personenneutralen Regeln und Prozeduren, die zum Ergebnis geführt haben, als gerecht bewertet werden.

■ ■ **Interaktionale Gerechtigkeit**

Gerechtigkeit kann aber auch darauf abzielen, wie Menschen miteinander umgehen und sich gegenseitig behandeln. Die Dimension der interaktionalen Gerechtigkeit bezieht sich auf die soziale Interaktion im Zusammenhang sowohl mit den Verteilungsprozessen als auch den zugrunde liegenden Verfahren (Greenberg 1986, 1990). Hierbei spielt zum einen die offene Information über die Verteilungsprozesse sowie die Begründung der Entscheidungen eine Rolle (informationale Gerechtigkeit). Zum anderen scheint der höfliche und respektvolle Umgang sowie ein aufrichtiges Verständnis der aus den Entscheidungen entstehenden Konsequenzen wichtig zu sein (interpersonale Gerechtigkeit). Manche Autoren sehen in der interaktionalen Gerechtigkeit eine eigene Kategorie (beispielsweise Greenberg 1986; Meier-Credner und Muschalla 2019; siehe auch Hornung et al., ► Kap. 2 in diesem Band).

Greenberg machte in den achtziger Jahren die seither von vielen Autoren bestätigte Beobachtung, dass Wechselwirkungen zwischen den Dimensionen der Gerechtigkeit und ihrer subjektiven Bewertung bestehen. Für die subjektive Bewertung der Ergebnisse eines Verteilungsprozesses, wie beispielsweise dem Arbeitslohn, ist demnach nicht ausschließlich die vergleichende Einschätzung des Verhältnissens zwischen Leistung (in diesem Fall Arbeitszeit, Qualifikation und Engagement) und monetären sowie nicht-monetären Gegenleistungen (hier Gehalt, Sozialleistungen, Status, Anerkennung) ausschlaggebend. Auch die subjektive Bewertung des Verteilungsprozesses an sich, also die Einschätzung, ob dem Prozess ein faires Verfahren zugrunde lag, ob wichtige Informationen weitergegeben wurden und Entscheidungen begründet wurden, sowie der soziale Umgang mit den Beteiligten beeinflussen die Bewertung und Akzeptanz der Ergebnisse. So gibt es unter Arbeitnehmern eher eine Akzeptanz von Lohnkürzungen, wenn die Hintergründe gut erklärt und begründet werden (Biefer 2004; van den Bos et al. 1997, S. 1034; van den Bos 2003; van den Bos et al. 2001; Liebig 2002).

7.1.3 Was sind die Folgen von erlebter fehlender Gerechtigkeit?

■ ■ **Verhaltensänderungen aufgrund fehlender Gerechtigkeit**

Arbeitnehmer vergleichen ihre Anstrengungen und Leistungen im Arbeitsleben mit dem erhaltenen Gegenwert in Form von Entlohnung, Wertschätzung, Aufstiegschancen, Sozialleistungen usw. (Liebig und Schupp 2008a,b; Maier et al. 2007; Schneider 2018; Lesch und Bennett 2010; Struck et al. 2017; Wegener und Liebig 2015). Bewerten Arbeitnehmer die Verteilungsprozesse sowie deren Ergebnisse, also diesen Gegenwert, als ungerecht, ist mit negativen Folgen sowohl für das Unternehmen als auch für die betroffenen Personen zu rechnen. Siegrist beschreibt mit dem Effort-Reward-Imbalance-Modell (ERI-Modell) die Balance in der Vertragssituation zwischen dem Beschäftigten und dem Unternehmen (Siegrist et al. 2004; Siegrist und Dragano 2008; Siegrist 2012; siehe auch Siegrist und Dragano, ▶ Kap. 12 in diesem Band). Die Gratifikationen, so Siegrist, seien in einem balancierten Verhältnis notwendig, damit der Arbeitnehmer weiterhin motiviert sei etwas zu leisten und auch, damit er keine gesundheitlichen Folgeschäden erleide („Gratifikationskrisen") (siehe auch van Vegchel et al. 2005). Greenberg et al. untersuchen die Folgen von Ungerechtigkeitserleben bei der Arbeit fokussiert auf die Verfahren am Modell der Organisationsgerechtigkeit. Zahlreiche Autoren haben in Anlehnung an diese beiden prominenten Modelle die Folgen von Ungerechtigkeitserleben untersucht. Demnach reagieren Arbeitnehmer auf einen als zu niedrig empfundenen Arbeitslohn oder auf mangelnde Anerkennung und Wertschätzung mit verändertem Verhalten innerhalb des Unternehmens: mit Kündigung, Leistungszurückhaltung, erhöhten Fehlzeiten oder sogar Sabotage und Diebstahl (beispielhaft: Greenberg 1990; Kurth und Otto 2012; Liebig 2002; Felfe 2015; Rich 2010).

■ ■ **Gesundheitliche Beschwerden aufgrund fehlender Gerechtigkeit**

Ungerechtigkeit am Arbeitsplatz – so die nachvollziehbare Wirkung – kann zu Stressreaktionen führen, die, wenn die Betroffenen keine Handlungsoptionen wie beispielsweise Kündigung haben, sich langfristig negativ auf den Gesundheitszustand auswirken (Schunck et al. 2013). Autoren beschreiben Zusammenhänge zwischen wahrgenommener Ungerechtigkeit am Arbeitsplatz und dem Auftreten seelischer/psychischer Erkrankungen wie Depressionen, Burnout, Angststörungen, Schlafstörungen, aber auch körperlicher Erkrankungen wie beispielsweise Erkrankungen des Herz-Kreislauf-Systems und muskuloskelettale Erkrankungen (Backé et al. 2012; Boscher et al. 2018; Elovainio et al. 2002, 2010; Falk et al. 2014; Godin et al. 2005; Haupt et al. 2016; Meier-Credner und Muschalla 2019; Mengstie 2020; Ndjaboué et al. 2012; Robbins et al. 2012; Schunck et al. 2013). Die verschiedenen Dimensionen der Gerechtigkeit haben einen unterschiedlich hohen Einfluss: Robbins et al. zeigten in ihrer 2012 durchgeführten Metaanalyse beispielsweise, dass die prozedurale Gerechtigkeit das gesundheitliche Wohlbefinden stärker zu beeinflussen scheint als die distributive Gerechtigkeit (Robbins et al. 2012; Hornung et al., ▶ Kap. 2 in diesem Band).

7.1.4 Forschungsfragen und Methodik

■ ■ **Analyse des Zusammenhangs von verschiedenen Gerechtigkeitsaspekten und gesundheitlichem Wohlbefinden**

In dieser Untersuchung werden verschiedene Gerechtigkeitsaspekte aus Sicht des Beschäftigten untersucht: Wie werden die erlebten oder praktizierten Ungerechtigkeiten bewertet, wie die organisationale Gerechtigkeit oder die Gerechtigkeit der Führungskraft? Diese Ergebnisse werden hinsichtlich ihres Zusammenhangs mit der Arbeitszufriedenheit, des Verhältnisses zum Unternehmen und Gesundheit und Wohlbefinden untersucht. Die zentrale Forschungsfrage dabei lautet: Gibt es einen messbaren Zusammenhang zwischen dem subjektiven Gerechtigkeitserleben im Unternehmen – als einem Aspekt der Unternehmenskultur – und der eigenen subjektiven Bewertung des Wohlbefindens sowie der Gesundheit der befragten Erwerbstätigen? Fokussiert werden hierbei insbesondere die Unterschiede einzelner Aspekte des subjektiven Gerechtig-

7

keitserlebens – wie der Verfahrensgerechtigkeit oder der Integrität der Führungskraft – in ihrem Zusammenhang mit den Beurteilungen (I) der eigenen Zufriedenheit und Bindung und (II) der eigenen „Stimmungslage", beispielsweise der emotionalen Irritation und der gesundheitlichen Beschwerden. Doch auch, ob sich das eigene Ungerechtigkeitserleben auf die arbeitsunfähigkeitsbedingten Fehlzeiten niederschlägt oder die Beschäftigten trotz Krankheit arbeiten (Präsentismus), wird untersucht.

■ ■ Methodisches Vorgehen

Die empirische Basis dieser Analysen bildet eine bundesweite repräsentative Befragung von 2.500 Erwerbstätigen im Alter von 18 bis 65 Jahren, die zwischen dem 3. Februar und dem 11. März 2020 durch das Befragungsinstitut FORSA als computergestützte Telefonbefragung (CATI) durchgeführt wurde. Der hierfür verwendete Fragenbogen wurde im Wissenschaftlichen Institut der AOK (WIdO) entwickelt und nach einer methodischen Beratung des Messinstruments durch Herrn Prof. Dr. Michael Braun vom GESIS – Leibniz-Institut für Sozialwissenschaften in Mannheim im Rahmen eines Pretests überprüft. Der damit erstellte Fragebogen wurde mit überwiegend standardisierten, geschlossenen Fragen in der Feldphase eingesetzt. Die Fragekomplexe lehnen sich an die Messinstrumente an, die aus der Forschungsliteratur bekannt sind. Gerechtigkeitssensibilität wurde in Anlehnung an die Fragen von Beierlein et al. (2013) abgefragt, die Bewertung der Führungskraft nach Block et al. (2011, 2015), die Beurteilung der Gerechtigkeit im Unternehmen und die Zufriedenheit mit organisationalen Aspekten sowie die Bindung zu Kollegen und zum Unternehmen in Anlehnung an Colquitt (Maier et al. 2007), kognitive und emotionale Irritationen lehnen sich an Mohr und Rigotti an (Mohr et al. 2005) und gesundheitsbezogene Beschwerden an die in den vorangegangenen Fehlzeiten-Reporten dargestellten Befragungsergebnisse. Nahezu alle Fragen wurden auf einer siebenstufigen Skala von 1 „trifft überhaupt nicht zu" bis 7 „trifft voll und ganz zu" beantwortet.[2]

In dieser repräsentativen Untersuchung entsprechen einzelne Merkmale der Befragten nicht dem Bundesdurchschnitt: Befragte aus dem Niedriglohnsektor sowie aus befristeten Beschäftigungsverhältnissen sind etwas unterrepräsentiert, Befragte mit Hochschulabschluss, die in entsprechenden Positionen oder auch Branchen arbeiten, sind etwas überrepräsentiert.

7.2 Ergebnisse der Befragung

7.2.1 Der Bezugsrahmen: Einstellungen zu Gerechtigkeit

■ ■ Bewertung der vier Verteilungsprinzipien

Die Befragung wurde mit einem Gedankenspiel zu den Verteilungsprinzipien in einem idealen Unternehmen eröffnet: Auf einer Skala von 1 (das Prinzip soll keine Anwendung finden) bis 7 (das Prinzip soll unbedingt Anwendung finden) bestimmten die Befragten, ob das jeweilige Prinzip zur Verteilung der Entlohnung gelten sollte. Mehr als vier Fünftel der Befragten (82,5 %) würde in einem idealen Unternehmen die Löhne und Gehälter – eher (5 oder 6) oder unbedingt (7) nach dem Leistungsprinzip verteilen (◘ Abb. 7.1). Deutlich weniger ausgeprägt fällt die Zustimmung zum sogenannten Anrechtsprinzip aus: Mehr als jeder zweite Befragte (55,5 %) würde sich in einem idealen Unternehmen eine Verteilung nach Position bzw. Stellung im Unternehmen (eher oder unbedingt) wünschen. Diese Ergebnisse deuten darauf hin, dass die in den Unternehmen praktizierten Verteilungsprinzipien bei den Befragten auf Zustimmung treffen.

---

2 Die Skalen werden als „quasi-stetig" behandelt und entsprechende Rechenoperationen zugelassen Diese „liberale" Auffassung wird in Bortz und Schuster (2010) beschrieben.

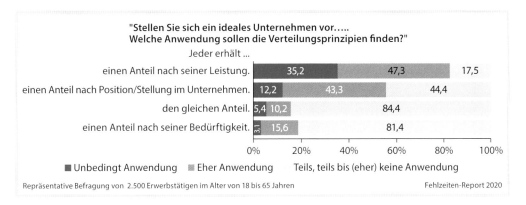

□ Abb. 7.1 Anwendung der Verteilungsprinzipien

Auf nur wenig Zustimmung scheint eine Verteilung der Löhne und Gehälter nach dem Gleichheitsprinzip oder nach dem Bedarfsprinzip zu stoßen. Hier überwiegen die Wertungen von 1 (keine Anwendung) bis 4 (teils, teils). Die Zustimmung zu den in der Marktwirtschaft eher weniger vertretenen Verteilungsprinzipien liegt unter den jüngeren Befragten höher als unter den älteren.

■■ Sensibilität für Ungerechtigkeiten: Ärger, Empörung und Schuldgefühle

Menschen reagieren unterschiedlich auf das Unterlaufen ihrer eigenen moralischen Standards und auf die damit als ungerecht bewertete Situation. In dieser Untersuchung wurden den Befragten emotionale Reaktionen auf spezielle Situationen vorgelesen, denen sie auf einer Skala von 1 „trifft überhaupt nicht zu" bis 7 „trifft voll und ganz zu" zustimmen konnten (□ Abb. 7.2). Die Wertungen 1 (trifft überhaupt nicht zu) bis 4 (teils, teils) sind in der Darstellung zusammengefasst. Situationen, in denen sich die Befragten selbst aktiv unfair gegenüber anderen verhalten, lösen die stärksten emotionalen Reaktionen aus. Fast zwei Drittel der Befragten (62,5 %) äußern, sie hätten Schuldgefühle (trifft voll und ganz zu), wenn sie sich auf Kosten anderer bereichern würden. Mehr als jedem zweiten Erwerbstätigen (53,2 % trifft voll und ganz zu) würde es zu schaffen machen, wenn er sich durch Tricks

Dinge verschaffte, für die sich andere abrackern müssen.

Situationen, in denen die Befragten selbst einen Nachteil erleben, lösen weniger emotionale Reaktionen aus: Mehr als ein Viertel der Befragten (26,3 %) würde es ärgern, wenn es anderen unverdient besser ginge als ihnen selbst (trifft voll und ganz zu). Knapp ein Fünftel (19,6 %) würde es aber auch zu schaffen machen, wenn sie sich für Dinge abrackern müssten, die anderen in den Schoß fallen (trifft voll und ganz zu). Auch für Situationen, die zum eigenen Vorteil oder zum Nachteil anderer ausfallen, aber keine aktive eigene Unfairness bedeuten, schildern die Befragten weniger emotionale Reaktionen. Eine unbeabsichtigte und persönlich nicht zu verantwortende Ungleichheit zu eigenen Gunsten – „in den Schoß fallen" – macht nur wenigen Befragten „zu schaffen". Dazu gehört auch die Beobachtung von Ungleichheit ohne eigene Beteiligung, wenn sich jemand „abrackern muss", die nur bei einem guten Fünftel Emotionen auslöst.

Die Ergebnisse deuten darauf hin, dass Ungleichheit, deren Urheber man nicht selbst oder deren Urheberschaft unpersönlich ist, weniger Ärger oder Empörung auslöst. Wird aber der Rahmen des gerechten Tauschs von Leistung und Belohnung durch „Trittbrettfahren" oder Betrügen oder aus anderen Gründen („unverdient schlechter") verlassen, dann löst dies eher Stress aus („zu schaffen machen"). Wäh-

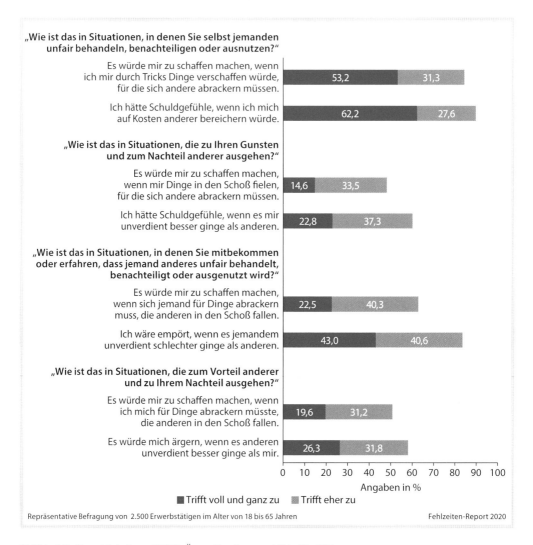

Abb. 7.2 Gerechtigkeitssensibilität: Ärger, Empörung und Schuldgefühle

rend sich kaum Unterschiede in der Gerechtigkeitssensibilität zwischen den Altersgruppen und den Geschlechtern zeigen, sind die Unterschiede nach Bildungsabschluss signifikant verschieden: Je höher der Bildungsabschluss, desto geringer fällt die emotionale Reaktion auf das Erleben von eigener Benachteiligung und die Beobachtung der Benachteiligung Anderer aus.

7.2.2 Gerechtigkeit im Unternehmen

Doch wie bewerten die Befragten die Gerechtigkeit in dem Unternehmen, in dem sie beschäftigt sind? Dabei wurden acht Aussagen, die die Gerechtigkeit im Unternehmen beschreiben, von den Befragten mit der Bewertung auf einer Skala von 1 „trifft überhaupt nicht zu" bis 7 „trifft voll und ganz zu" bewertet. Für die ☐ Abb. 7.3 wurden die Werte 5

Verteilungsgerechtigkeit

Die Arbeit der Mitarbeiter erfährt Wertschätzung und Anerkennung
durch Vorgesetzte/Führungskräfte. — 13,6 | 45,6 | 40,8

Die Leistungen der Mitarbeiter werden
in meinem Unternehmen/meiner
Firma angemessen entlohnt. — 12,3 | 44,8 | 42,9

Die Arbeit wird in meinem
Unternehmen gerecht verteilt. — 11,3 | 40,0 | 48,7

Verfahrensgerechtigkeit

Das Unternehmen unterstützt einen
fairen Umgang mit Kunden und Partnern. — 29,6 | 49,7 | 20,8

Die Mitarbeiter können den Informationen vertrauen, die vom Manage-
ment/vom Vorgesetzten kommen. — 21,0 | 45,6 | 33,4

Konflikte werden in meinem
Unternehmen gerecht gelöst. — 11,7 | 41,9 | 46,4

Interpersonelle Gerechtigkeit

Das Unternehmen steht
hinter seinen Mitarbeitern. — 38,6 | 50,2 | 11,2

Die Vorgesetzten/ Führungskräfte
vertrauen darauf, dass die
Mitarbeiter ihre Arbeit gut machen. — 23,3 | 43,8 | 32,9

0 10 20 30 40 50 60 70 80 90 100
Angaben in %

■ Trifft voll und ganz zu ■ Trifft eher zu Teils-teils bis trifft (eher) nicht zu

Repräsentative Befragung von 2.500 Erwerbstätigen im Alter von 18 bis 65 Jahren   Fehlzeiten-Report 2020

◨ **Abb. 7.3** Komponenten der Verteilungs- und Verfahrensgerechtigkeit im Unternehmen

und 6 zu „trifft eher zu" und die Werte 1 bis 4 zu „teils, teils bis trifft eher nicht zu" zusammengefasst.

Fast 90 % der Befragten stimmen (eher bis voll und ganz) zu, dass ihre Vorgesetzten darauf vertrauen, dass sie ihre Arbeit gut machen. Fast vier Fünftel der Befragten (79,3 %) stimmen (eher bis voll und ganz) zu, dass sie das Unternehmen bei einem fairen Umgang mit Kunden und Partnern unterstützt. Mit zwei Dritteln der Befragten haben deutlich weniger Erwerbstätige (eher bis voll und ganz) das Gefühl, dass sie den Informationen, die vom Management oder den Vorgesetzten kommen, vertrauen können und dass das Unternehmen hinter den Mitarbeitern steht. Damit beschreiben viele Befragte ein subjektiv empfundenes Ungleichgewicht: Dem Mitarbeiter kann ver-

traut werden, der Managementebene weniger bzw. der Mitarbeiter wird eher für die Außendarstellung unterstützt als in Bezug auf sich selbst.

Eine angemessene Entlohnung oder die Wertschätzung der Mitarbeiter für die erbrachten Leistungen symbolisiert eine faire Tauschbeziehung zwischen Arbeitnehmer und Arbeitgeber. Diese Verteilungsgerechtigkeit wird von den Befragten schlechter bewertet als die übrigen Dimensionen der Unternehmensgerechtigkeit. Dabei ist kein großer Unterschied zwischen der Einschätzung der Verteilung monetärer und nicht-monetärer Güter zu sehen: 59,2 % der Befragten stimmen eher oder voll und ganz der Aussage zu, dass die Leistung der Mitarbeiter Wertschätzung und Anerkennung erfährt. Nur geringfügig weniger (57,1 %) stimmen eher oder vollständig zu, dass die Leistungen der Mitarbeiter angemessen entlohnt werden. Im Umkehrschluss bedeutet das, dass mehr als jeder Dritte mangelnde Tauschgerechtigkeit empfindet.

Die Konfliktlösung in ihrem Unternehmen schätzen gerade einmal 53,6 % als gerecht ein. Dies bedeutet, dass fast die Hälfte der Befragten (46,4 %) die Art, wie Konflikte in ihrem Unternehmen gelöst werden, zumindest teilweise als ungerecht empfindet. Die gerechte Verteilung der Arbeit könnte ein Bindeglied zwischen monetären und nicht-monetären Gütern darstellen, da die zugeteilte Arbeit ja ebenfalls ein „Gut" in Form von Belastungen darstellt und die Bewertung der Entlohnung beeinflusst. Die gerechte Arbeitsverteilung bildet aber das Schlusslicht aller Items zur Gerechtigkeit im Unternehmen: Fast jeder zweite Befragte (48,7 %) gibt an, dass es nur teilweise oder (eher) nicht zutrifft, dass die Arbeit in ihrem Unternehmen gerecht verteilt wird.

▪ ▪ Extremgruppen: Wie unterscheiden sich Befragte mit unterschiedlicher Bewertung der Unternehmensgerechtigkeit?

Auf der Skala von 1 „trifft überhaupt nicht zu" bis 7 „trifft voll und ganz zu" bewerten die Befragten die Aspekte der Gerechtigkeit in ihrem Unternehmen (◘ Abb. 7.3) im Mittel mit 4,95; diese Gesamtbewertung erreicht damit einen insgesamt guten Wert.

Damit im weiteren Verlauf dieser Studie untersucht werden kann, wie sich Beschäftigte mit sehr positiver und sehr negativer Bewertung hinsichtlich der Aspekte wie der Zufriedenheit im Unternehmen, dem Verhältnis zum Unternehmen oder dem Wohlbefinden der Befragten unterscheiden, wurden Extremgruppen gebildet. Hierfür wurden die Befragten hinsichtlich ihrer Gesamtbewertung über alle acht Fragen der Unternehmensgerechtigkeit in fünf gleich große Gruppen (Quintile) eingeteilt. Das Fünftel der Befragten, das die Unternehmensgerechtigkeit am negativsten bewertet hat (19,1 %), wird nachfolgend als die Gruppe „Ungerechtes Unternehmen" bezeichnet (N = 461). Dem steht die Gruppe der Befragten gegenüber, die die Unternehmensgerechtigkeit am positivsten bewertet (21,2 %) – nachfolgend die Gruppe „Gerechtes Unternehmen" genannt (N = 511). Die beiden Gruppen unterscheiden sich nicht nach Geschlecht oder Alter.

Die ◘ Abb. 7.4 zeigt die durchschnittlichen Bewertungen der verschiedenen Aspekte der Gerechtigkeit im Unternehmen für beide Extremgruppen sowie für die bereits dargestellte Gesamtgruppe. Die Gesamtbewertung der Unternehmensgerechtigkeit liegt bei der Extremgruppe „Gerechtes Unternehmen" mit der Bewertung 6,38 nahe an der bestmöglichen Wertung von 7. Die Extremgruppe „Ungerechtes Unternehmen" liegt mit einer durchschnittlichen Wertung von 3,13 deutlich unter dem Gesamtdurchschnitt. Die geringste Differenz zwischen beiden Extremgruppen ist bei dem Aspekt zu sehen, der von allen Befragten auch die beste Bewertung erhält: dem Vertrauen der Führungskräfte, dass die Mitarbeiter ihre Arbeit gut machen. Der deutlichste Unterschied zwischen den Gruppen zeigt sich mit einer absoluten Differenz von 3,92 zwischen den jeweiligen Mittelwerten bei der Einschätzung darüber, ob das Unternehmen hinter seinen Mitarbeitern steht, gefolgt von der Beurteilung der Wertschätzung und Anerkennung, die den Mitarbeitern entgegengebracht wird (absolute Differenz: 3,74). Hier scheint es zwischen den beiden Beschäftigtengruppen, die entweder in einem als besonders gerecht oder besonders ungerecht empfundenen Unternehmen arbeiten, gravierende Unterschiede zu geben. Gerade fehlende persönliche und immaterielle Tauschgerechtigkeit scheint besonders schwer zu wiegen.

▪ ▪ Die Beurteilung der Führungskraft

Die Führungskraft hat eine Scharnierfunktion zwischen der Leitung eines Unternehmens und den Mitarbeitern. Die Führungskraft „verkörpert" zum einen die Unternehmens- und damit die Gerechtigkeitskultur in einem Unterneh-

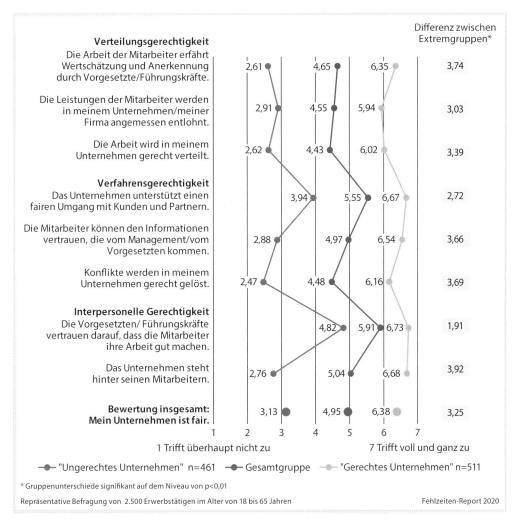

◘ Abb. 7.4 Bewertung der Unternehmensgerechtigkeit: Profile der Extremgruppen und Befragte insgesamt

men, zum anderen ist sie ebenso Beschäftigter mit eigenen Ambitionen und eigenen sozialen Einstellungen. Es ist denkbar, dass die Führungskraft von den Befragten in Teilen auch der Mitarbeiterschaft zugerechnet wird und nicht der Unternehmensführung, deshalb wird sie hier nicht nur als Teil der Unternehmenskultur, sondern auch als eigene Einflussgröße behandelt. Ob eine Führungskraft von den Mitarbeitern als gerecht bewertet wird, hängt nicht nur von der empfundenen Fairness ab, die hier mit Fragen nach unangemessener Schuldzuweisung und rücksichtsloser Verfolgung der

eigenen Karriere adressiert wurde. Eine Vielzahl weiterer Aspekte des Verhaltens von Führungskräften, wie die Ehrlichkeit und Vertrauenswürdigkeit (Integrität), aber auch die Fähigkeit der klaren Aufgaben- und Rollenverteilung, beeinflussen das Gerechtigkeitserleben bei der Arbeit und gehören damit zur Verfahrens- und interaktionalen Gerechtigkeit eines Unternehmens (◘ Abb. 7.5).

Positive Bewertungen von Unternehmen und Führungskraft stehen zumeist im Einklang. Werden die Bewertungen der Befragten zur Gerechtigkeit im Unternehmen und

7

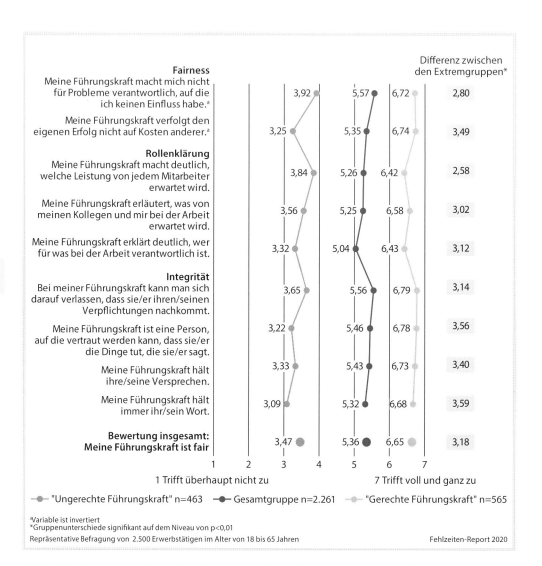

◘ Abb. 7.5 Bewertung der Gerechtigkeit der Führungskraft: Profile der Extremgruppen und Befragte insgesamt

der Führungskraft miteinander in Korrelation gebracht, zeigt sich ein mittelgroßer positiver Zusammenhang[3] $(r = 0{,}6239**)$. Insgesamt

werden die Führungskräfte auf einer siebenstufigen Skala von 1 „trifft überhaupt nicht zu" bis 7 „trifft voll und ganz zu" mit einem Mittelwert von 5,36 etwas positiver bewertet als die Gerechtigkeit im Unternehmen (Mittelwert: 4,95). Die Fairness der Führungskraft wird mit einem Mittelwert von 5,46 von allen

---

3   Die hier gezeigten Korrelationskoeffizienten zeigen den Zusammenhang zwischen zwei Variablen an (bivariate Korrelation). Die Werte des Koeffizienten nach Pearson können zwischen +1 und −1 liegen. Ein Wert von > 0 bedeutet, je mehr die eine Variable zunimmt, desto mehr nimmt auch die andere Variable zu und ein Wert von < 0 bedeutet, je mehr der Wert der einen Variablen zunimmt, desto stärker nimmt der Wert der

anderen Variablen ab. Der Wert 0 zeigt an, dass es keinen linearen Zusammenhang zwischen zwei Variablen gibt.

Führungsaspekten insgesamt am positivsten bewertet. Dahinter steht die besonders positive Bewertung, nicht ungerechtfertigterweise für Probleme verantwortlich gemacht zu werden (Mittelwert 5,57). Nahezu genauso positiv wird gesehen, dass die Führungskraft ihren Verpflichtungen nachkommt. Insgesamt erreichen die Aussagen zur Integrität der Führungskraft die zweitbesten Bewertungen der Befragten (Mittelwert 5,44). Bei allen Aussagen zur Integrität der Führungskraft berichten rund 75 %, dass die Aussage (immer bis häufig) zuträfe. Das bedeutet aber im Umkehrschluss: Jeder vierte Befragte klagt über eine – im Hinblick auf die Verfahrens- und interaktionale Gerechtigkeit – defizitäre Führungskraft.

Von allen Aspekten der Führungsgerechtigkeit wird die Rollenklärung am schlechtesten bewertet. Mit einer durchschnittlichen Bewertung von 5,04 bildet die Klärung, wer für welche Arbeit verantwortlich ist, das Schlusslicht. Jeder dritte Befragte gibt an, das träfe eher selten bis überhaupt nicht zu.

Um analysieren zu können, wie die Beurteilung der Führungskraft mit der Gesundheit und dem Wohlbefinden der Befragten zusammenhängt, wurden ebenfalls sogenannte Extremgruppen gebildet (◘ Abb. 7.5, randständige Linien). Für die Extremgruppenanalysen wurden die Befragten hinsichtlich ihrer Gesamtbewertung über alle neun Fragen der Führungsgerechtigkeit in fünf Gruppen eingeteilt (Quintile). Die Gruppe der Befragten, die die Gerechtigkeit der Führungskraft am negativsten bewertet hat, wird nachfolgend als Gruppe „Ungerechte Führungskraft" (N = 463). bezeichnet. Dem gegenüber steht die Gruppe der Befragten, die die Gerechtigkeit der Führungskraft am positivsten bewertet und somit mit einer „Gerechten Führungskraft" arbeitet (N = 565).[4] Die beiden Gruppen weisen keine statistisch bedeutsamen Alters- und Geschlechtsunterschiede auf.

Die Gruppe „Gerechte Führungskraft" bewertet ihren Vorgesetzten im Durchschnitt mit 6,65. Die Gruppe „Ungerechte Führungskraft" beurteilt ihn im Mittel mit 3,47. Die größten Differenzen zwischen den beiden Gruppen sind bei der Integrität der Führungskraft („Person, auf die vertraut werden kann"/„hält immer Wort") zu sehen. Auf Rang drei der Differenzen zwischen „gerechter Führung" und „ungerechter Führung" liegt die Aussage, dass die Führungskraft den eigenen Erfolg auf Kosten anderer verfolgt. Der Unterschied zwischen einer gerechten und einer ungerechten Führungskraft besteht demnach vor allem darin, ob die Person zuverlässig und solidarisch ist.

Für einen großen Teil der Befragten ist die Beurteilung der Führungskraft eine starke Einflussgröße bei der Beurteilung der Unternehmensgerechtigkeit (◘ Tab. 7.1). Die jeweiligen Extremgruppen (Unternehmen bzw. Führungskraft) sind nicht identisch, überschneiden sich aber deutlich: 59,1 % der Befragten der Gruppe „Gerechtes Unternehmen" gehören auch der Gruppe „Gerechte Führungskraft" an und 55,1 % der Befragten der Gruppe „Ungerechtes Unternehmen" schätzen auch ihre Führungskraft am negativsten ein.

■■ **Die Gegenseitigkeit der Fairness**
Gerechtigkeitserleben im Unternehmen und das eigene Verhalten zeigen einen starken Zusammenhang. Eventuell ist das eigene ungerechte Verhalten gegenüber Kollegen, Vorgesetzten und Kunden Ausdruck eines zerrütteten soziomoralischen Klimas: Befragte aus der Gruppe „Gerechtes Unternehmen" sagen zu mehr als zwei Dritteln, sie hätten sich überhaupt nicht unfair gegenüber Kollegen, Vorgesetzten oder Kunden verhalten. Aus der Gruppe „Ungerechtes Unternehmen" berichtet nur etwa die Hälfte von der eigenen Fairness gegenüber Kollegen und Vorgesetzten. Befragte aus der Gruppe „Gerechte Führungskraft" berichten zu 85 %, sich nicht unfair gegenüber Vorgesetzten verhalten zu haben, aus der Gruppe „Ungerechte Führungskraft" ist demgegenüber nur jeder Zweite fair zur Führungskraft

---

4   Die Prozentangaben beziehen sich auf die Befragten, die eine Führungskraft haben und diese bewertet haben.

☐ Tabelle 7.1 Überschneidung der Extremgruppen zur Gerechtigkeit im Unternehmen und der Führungskraft (N = 2.197)

	„Gerechtes Unternehmen"	Befragte ohne Extremwerte	„Ungerechtes Unternehmen"	Alle Befragten mit Bewertung von Führungskraft und Unternehmen	Alle Befragten mit Bewertung der Führungskraft
„Gerechte Führungskraft"	59,1 % (N = 269)	19,7 % (N = 258)	5,5 % (N = 24)	25,1 % (N = 551)	N = 565
Befragte ohne Extremwerte	39,6 % (N = 180)	64,8 % (N = 847)	39,4 % (N = 171)	54,5 % (N = 1.198)	N = 1.232
„Ungerechte Führungskraft"	1,3 % (N = 6)	15,5 % (N = 203)	55,1 % (N = 239)	20,4 % (N = 448)	N = 463
Alle Befragten mit Bewertung von Führungskraft und Unternehmen	100 % (N = 455)	100 % (N = 1.308)	100 % (N = 434)	100 % (N = 2.197)	N = 2.261
Alle Befragten mit Bewertung der Unternehmensgerechtigkeit	N = 511	N = 1.444	N = 461	N = 2.416	

Repräsentative Befragung von 2.500 Erwerbstätigen im Alter von 18 bis 65 Jahren
Fehlzeiten-Report 2020

7

und noch weniger zu den Kollegen. Die faire Führungskraft hat offenbar einen etwas größeren Einfluss auf das „Gerechtigkeitsklima" als das Unternehmen.

7.2.3 Zufriedenheit und die Bindung an das Unternehmen

■ ■ **Zufriedenheit im Unternehmen**

Damit der Einfluss der empfundenen Gerechtigkeit der Führungskraft und des Unternehmens auf die Zufriedenheit des Beschäftigten im Unternehmen untersucht werden kann, haben die Befragten elf Fragen zur Entlohnung, zu Kollegen und zum sozialen Umgang beantwortet (☐ Abb. 7.6). Auf einer Skala von 1 „überhaupt nicht zufrieden" bis 7 „voll und ganz zufrieden" hat die durchschnittliche Zufriedenheit 5,05 erreicht (☐ Abb. 7.6, mittlere Linie). Die größte Zufriedenheit äußern die Befragten in Bezug auf die Kollegen (im Mittel

5,74) und die Art und Weise, wie mit Partnern und Kunden im Unternehmen umgegangen wird (5,36). Darauf folgt die Zufriedenheit mit dem direkten Vorgesetzten. Aspekte, die stärker formalisiert und ein fester Bestandteil des Arbeitsvertrages sind, werden weniger positiv gesehen. Mit den zur Verfügung gestellten Arbeitsmitteln, Geräten und Maschinen, den Sozialleistungen und dem Gehalt ist ein geringerer Anteil der Befragten (eher bis voll und ganz) zufrieden. Die Zufriedenheit mit dem Gehalt liegt im Durchschnitt bei 4,95. Schlusslicht bildet die Zufriedenheit mit der Art und Weise, wie im Unternehmen Konflikte gelöst werden (4,31). Jeder zweite Befragte ist mit der Konfliktlösung (eher nicht bis überhaupt) nicht zufrieden.

■ ■ **Gerechtigkeit im Unternehmen und Zufriedenheit**

Die Erwerbstätigen, die ihr Unternehmen als gerecht wahrnehmen, sind zufriedener mit ihrem Unternehmen (r = 0,749**). Deshalb ist es wenig überraschend, dass sich die beiden Ex-

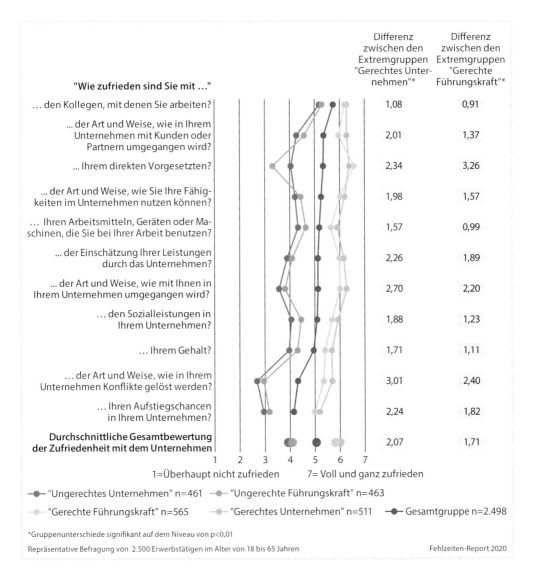

◘ Abb. 7.6 Zufriedenheit im Unternehmen nach Beurteilung der Gerechtigkeit von Unternehmen und Führungskraft (Extremgruppenvergleich)

tremgruppen zur Unternehmensgerechtigkeit auch hinsichtlich ihrer Zufriedenheit deutlich unterscheiden. Die Extremgruppe „Ungerechtes Unternehmen" weist mit 3,92 einen signifikant niedrigeren Gesamtwert der Zufriedenheit auf (◘ Abb. 7.6) als die Gruppe „Gerechtes Unternehmen" mit einem Durchschnittswert von 5,99 (p < 0,001). Dabei unterscheiden sich die beiden Extremgruppen „Gerechtes"

bzw. „Ungerechtes Unternehmen" besonders in der Bewertung der Zufriedenheit mit der Art der Konfliktlösung, mit einer absoluten Differenz von 3,01 und der Zufriedenheit mit dem Mitarbeiterumgang (Differenz: 2,70) (erneut ◘ Abb. 7.6). Der geringste Unterschied zwischen den Gruppen ist für die Zufriedenheit mit den Kollegen zu verzeichnen (1,08), gefolgt von der Zufriedenheit mit den Arbeitsmitteln, Geräten und Maschinen (1,57). In beiden Gruppen herrscht eine relativ hohe Unzufriedenheit mit den Aufstiegschancen (2,95 bzw. 5,19). Auffällig ist, dass die Gruppe „Gerechtes Unternehmen" verhältnismäßig eher unzufrieden mit ihrem Gehalt ist, wobei die Gehaltszufriedenheit in der Gruppe „Ungerechtes Unternehmen" im Vergleich zu den übrigen Zufriedenheitsaspekten eher im Mittelfeld liegt. Der Zusammenhang zwischen der gerechten Entlohnung und der Gehaltszufriedenheit fällt mit $r = 0,580**$ geringer aus, als erwartet werden könnte.

■■ **Gerechtigkeit der Führungskraft und Zufriedenheit**

Zwischen der Bewertung der Gerechtigkeit der Führungskraft und der Zufriedenheit mit dem Unternehmen besteht ein etwas geringerer Zusammenhang als zur Unternehmensgerechtigkeit ($r = 0,632**$). Erwartungsgemäß ist der Zusammenhang zwischen der Beurteilung der „Führungsgerechtigkeit" und der Zufriedenheit mit der Führungskraft ($r = 0,775**$) besonders groß, wobei die Integrität den am stärksten korrelierenden Führungsaspekt darstellt ($r = 0,762**$). Insgesamt gibt die Gruppe „Gerechte Führungskraft" eine signifikant höhere Zufriedenheitsbeurteilung ab als die Gruppe „Ungerechte Führungskraft" (5,80 vs. 4,09, $p < 0,001$). Zwischen der Zufriedenheit mit der Führungskraft der beiden Extremgruppen „Gerechte" bzw. „Ungerechte Führungskraft" liegt eine absolute Differenz von 3,26 (erneut ◘ Abb. 7.6). Da die Führungskraft der Akteur des Unternehmens ist, der vor Ort direkt mit den Mitarbeitern interagiert, ist eine große Differenz zwischen den Extremgruppen bei der Zufriedenheit mit der gerechten Konfliktlösung (2,4) und der Zufriedenheit mit dem Umgang mit den Mitarbeitern (2,20) sowie der Zufriedenheit mit der Leistungseinschätzung (1,89) an dieser Stelle plausibel. Auffällig gering sind die Unterschiede zwischen den beiden Gruppen bei Aspekten, die nicht zwangsläufig in den Verantwortungsbereich der Vorgesetzten fallen: Arbeitsmittel, Gehälter und Kollegen.

■■ **Gerechtigkeitserleben und die Bindung an das Unternehmen**

Die Bindung an das Unternehmen spiegelt unter anderem wider, inwieweit der Beschäftigte mit der Unternehmenskultur zufrieden ist. Eine hohe Bindung erhöht die Wahrscheinlichkeit einer dauerhaften Zusammenarbeit. Mit der Zustimmung zu vier Aussagen auf einer Skala von 1 „trifft überhaupt nicht zu" bis 7 „trifft voll und ganz zu" wurde die emotionale Bindung zum Unternehmen erfragt ◘ Abb. 7.7). Insgesamt fühlen sich gut drei Viertel der Befragten (eher bis voll und ganz) in ihrem „Unternehmen gut aufgehoben" (Mittelwert 5,42). An zweiter Stelle steht die Verbundenheit mit dem Unternehmen (5,12). Weniger Befragte würden ihr Unternehmen als Arbeitgeber an Freunde und Bekannte weiterempfehlen (Mittelwert 4,76), wobei hier auch andere Gründe als Gerechtigkeitsaspekte von Bedeutung sein können. Fasst man diese Aussagen, die sich auf emotionale Aspekte im Verhältnis zum Unternehmen beziehen, zu einer Gesamtbewertung „Bindung" zusammen, dann wird die Bindung zum Unternehmen im Mittel mit 5,07 vergleichsweise gut bewertet und ist damit fast identisch mit der Bewertung der ebenfalls hohen Zufriedenheit (5,05). Die wahrgenommene Unternehmensgerechtigkeit und die Bindung zum Unternehmen zeigen einen großen Zusammenhang ($r = 0,700**$). Auch die Gerechtigkeit der Führungskraft steht in einem Zusammenhang ($r = 0,521**$). Nachvollziehbarerweise ist dieser Zusammenhang schwächer als der zur wahrgenommene Unternehmensgerechtigkeit, da hier die Bindung an das Unternehmen und nicht an die Führungskraft erfasst wird.

Bewerten die Beschäftigten das Unternehmen und die Führungskraft als gerecht, wird eine hohe Bindung an das Unternehmen berichtet. Die Extremgruppen „Gerechtes Unternehmen" und „Ungerechtes Unternehmen" unterscheiden sich in ihrer Bindung zum Unternehmen signifikant ($p < 0,001$): Die Differenz ist mit 3,12 bei der Frage, ob das Unternehmen als Arbeitgeber empfohlen wird, am größten und bei der Verbundenheit am geringsten. Die Gruppe „Gerechte Führungskraft" berich-

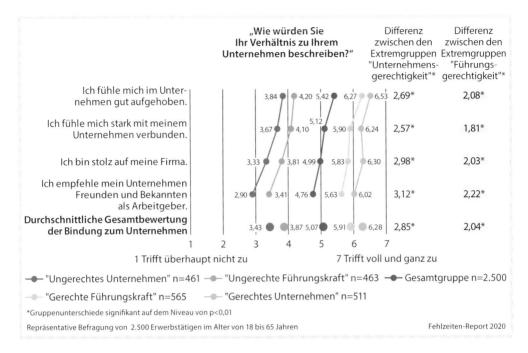

◘ Abb. 7.7 Bindung zum Unternehmen nach Beurteilung der Gerechtigkeit von Unternehmen und Führungskraft (Extremgruppen)

tet mit einem Mittelwert von 5,91 von einer signifikant stärkeren Bindung zum Unternehmen als die Gruppe „Ungerechte Führungskraft" (3,87) (p < 0,001). Die Differenzen zwischen den beiden Gruppen sind denen sehr ähnlich, die die Extremgruppen der Unternehmensgerechtigkeit zeigen. Die Ergebnisse sprechen dafür, dass die Bindung zum Unternehmen ebenfalls durch andere Faktoren wie beispielsweise die Zufriedenheit mit der Tätigkeit oder den Kollegen beeinflusst wird.

■■ **Aspekte des Gerechtigkeitserlebens mit besonders starkem Einfluss auf die Zufriedenheit**

Da sich gezeigt hat, dass eine gute Bewertung der Gerechtigkeit im Unternehmen mit einer höheren Zufriedenheit des Beschäftigten mit dem Betrieb und auch mit einer höheren Bindung an den Arbeitgeber zusammenhängt, stellt sich die Frage, ob einzelne Aspekte mit besonders starkem Einfluss identifiziert werden können.

Die Regressionsergebnisse in ◘ Tab. 7.2 zeigen jeweils die drei Faktoren aus dem Bereich der subjektiv wahrgenommenen Unternehmensgerechtigkeit mit dem stärksten Einfluss auf die Zufriedenheit mit dem Unternehmen und die Bindung zum Unternehmen.[5] Die wahrgenommene Gerechtigkeit im Unternehmen scheint einen mittelstarken positiven Einfluss auf die Zufriedenheit und die Bindung zum Unternehmen zu haben. In der Bewertung der Zufriedenheit lassen sich 54,9 % der Varianzen durch die wahrgenommene Gerechtigkeit im Unternehmen erklären, wobei Wertschätzung und Anerkennung sowie die Entlohnung als Aspekte der Verteilungsgerechtigkeit

---

5 Die angegebenen standardisierten Regressionskoeffizienten (Beta-Werte) geben den Einfluss der jeweiligen Variable auf die Zielvariable (n), (hier Zufriedenheit bzw. Bindung) an. Ein positiver Wert bildet einen „je mehr Gerechtigkeit, desto mehr Zufriedenheit/Bindung"-Zusammenhang ab. Der Regressionskoeffizient Beta kann Werte zwischen −1 und +1 annehmen. Eine 0 bedeutet, dass kein Einfluss vorhanden ist.

◻ Tabelle 7.2 Einfluss der Gerechtigkeitsaspekte des Unternehmens auf Zufriedenheit und Bindung

	1. Einflussfaktor	2. Einflussfaktor	3. Einflussfaktor
Zufriedenheit im Unternehmen Varianzaufklärung 54,9 %	Wertschätzung und Anerkennung	Gerechte Entlohnung	Gerechte Konfliktlösung
	0,328	0,290	0,286
Bindung zum Unternehmen Varianzaufklärung 48,5 %	Das Unternehmen steht hinter seinen Mitarbeitern	Wertschätzung und Anerkennung	Gerechte Konfliktlösung
	0,385	0,227	0,182

Repräsentative Befragung von 2.500 Erwerbstätigen im Alter von 18 bis 65 Jahren
Fehlzeiten-Report 2020

◻ Tabelle 7.3 Einfluss der Gerechtigkeitsaspekte der Führungskraft auf Zufriedenheit und Bindung

	1. Einflussfaktor	2. Einflussfaktor	3. Einflussfaktor
Zufriedenheit im Unternehmen Varianzaufklärung 36,6 %	Meine Führungskraft ist eine Person, auf die vertraut werden kann, dass sie die Dinge tut, die sie sagt.	Bei meiner Führungskraft kann man sich darauf verlassen, dass sie ihren Verpflichtungen nachkommt.	Meine Führungskraft erklärt deutlich, wer für was bei der Arbeit verantwortlich ist.
	0,306	0,221	0,186
Bindung zum Unternehmen Varianzaufklärung 25,0 %	Meine Führungskraft hält ihr Versprechen.	Meine Führungskraft hält immer ihr Wort.	Meine Führungskraft erklärt deutlich, wer für was bei der Arbeit verantwortlich ist.
	0,214	0,197	0,180

Repräsentative Befragung von 2.500 Erwerbstätigen im Alter von 18 bis 65 Jahren
Fehlzeiten-Report 2020

in ihrer Bedeutung noch vor der Konfliktlösung liegen.

Im Bereich der Bindung zum Unternehmen lassen sich 48,5 % der Varianzen durch die subjektiv wahrgenommene Unternehmensgerechtigkeit erklären. Für ein hohes Maß an Bindung zum Unternehmen scheint die monetäre Tauschgerechtigkeit weniger entscheidend zu sein. Den größten Einfluss hat ein Aspekt der interpersonellen Gerechtigkeit („Das Unternehmen steht hinter seinen Mitarbeitern"). Den zweitgrößten Einfluss hat die wahrgenommene Wertschätzung und Anerkennung. Dieser Aspekt der Gerechtigkeit kann nicht nur als nicht-monetäre Tauschressource, sondern

ebenso als Komponente der sozialen Interaktion und Teil eines respektvollen Umgangs gesehen werden. Damit bildet sie ebenso Teile der interpersonellen Gerechtigkeit ab. An dritter Stelle steht wiederum die gerechte Konfliktlösung. Für eine starke Bindung an das Unternehmen scheinen also vor allem die zwischenmenschlichen Verhältnisse – also das soziomoralische Klima – entscheidend zu sein.

Die Bewertung der Gerechtigkeit der Führungskraft hat demgegenüber einen geringeren – dennoch deutlichen – Einfluss auf die Zufriedenheit und die Bindung zum Unternehmen (◻ Tab. 7.3). Die Aspekte der Führungsgerechtigkeit können 36,6 % der Varianzen im

Bereich der Zufriedenheit im Unternehmen und 25,0 % der Varianzen im Bereich der Bindung zum Unternehmen erklären. Sowohl auf die Zufriedenheit als auch auf die Bindung hat die Integrität der Führungskraft den größten Einfluss.

7.2.4 Gerechtigkeitserleben und gesundheitliches Befinden

Die Fragestellung dieser Untersuchung nimmt die Reaktionen von Arbeitnehmern auf erlebte Ungerechtigkeiten im Arbeitsleben in den Fokus. Dabei geht es nicht um gezielte Überlegungen, die Arbeitnehmer aufgrund von Unzufriedenheit anstellen, um die Arbeitssituation zu ändern, sondern um emotionale Reaktionen, die sich über Stress- und Frustrationserleben zu gesundheitlichen Beschwerden weiterentwickeln können. Als Indikatoren wurden verschiedene Beschwerden und Beeinträchtigungen erfragt: die kognitive und emotionale Irritation, eher psychische und körperliche Beschwerden, Fehlzeiten und Zeiten, zu denen

die Befragten trotz Krankheit zur Arbeit gingen.

▪ ▪ Kognitive Irritation

Werden auch nach Feierabend im Geiste noch Probleme des Arbeitslebens bearbeitet – kognitive Irritation genannt –, dann kann die zur Erholung der Beschäftigten notwendige Trennung zwischen Arbeits- und Privatleben nicht gelingen. Es gibt viele Gründe dafür, warum „die Arbeit mit jemandem nach Hause geht". Grundsätzlich unterscheiden sich Erwerbstätige auch aus persönlichen Gründen darin, wie gut sie sich von Vorkommnissen oder Problemstellungen im Unternehmen gedanklich lösen können. In dieser Befragung wurde mit zwei Fragen nach der kognitiven Irritation gefragt, die die Erwerbstätigen auf einer Skala von 1 „trifft überhaupt nicht zu" bis 7 „trifft voll und ganz zu" bewerteten (■ Abb. 7.8). Knapp 14 % der Befragten geben an, dass sie weder nach der Arbeit noch im Urlaub unter kognitiven Irritationen leiden (trifft überhaupt nicht zu), also sehr gut von der Arbeit „abschalten" können. Im Durchschnitt bewerten die Befragten ihre kognitive Irritation nach der Arbeit mit 3,89 und im Urlaub mit 3,17. Die jüngste

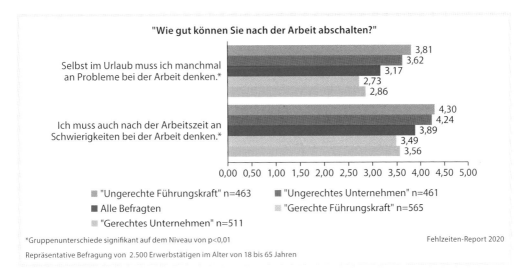

■ Abb. 7.8 Kognitive Irritation nach Beurteilung der Gerechtigkeit von Unternehmen und Führungskraft (Extremgruppenvergleich)

7

Altersgruppe berichtet von einer unterdurchschnittlichen Belastung (3,42) und Befragte mit Vorgesetztenfunktion berichten signifikant häufiger von arbeitsbezogener Rumination (im Durchschnitt 3,9) als Befragte ohne Vorgesetztenfunktion (3,37).

Doch wie wirkt sich die vom Beschäftigten erlebte Gerechtigkeit im Unternehmen aus: Befragte aus der Gruppe „Ungerechtes Unternehmen" (Mittelwert: 4,24, siehe ◘ Abb. 7.8) sagen signifikant häufiger (36,0 %), dass sie unter starken Irritationen nach der Arbeit leiden (trifft voll und ganz zu), als Befragte der Gruppe „Gerechtes Unternehmen" (19,6 %, Mittelwert 3,56). Das „Abschalten" fällt den Befragten im Urlaub insgesamt leichter, aber auch bei dieser Frage zeigt sich ein Unterschied in der Irritation zwischen den beiden Extremgruppen. Die Ergebnisse des Extremgruppenvergleichs der Führungsgerechtigkeit zeigen einen noch deutlicheren Unterschied: Beim Abschalten im Urlaub liegen die Mittelwerte um 1,08 auseinander. Dies scheint auch plausibel, da die Führungskraft im direkten Austausch mit dem Beschäftigten sehr viel „näher" am Mitarbeiter agiert und somit auch stärkere Ausschläge bei der kognitiven Irritation auslösen kann: Bei Befragten mit einer als gerecht empfundenen Führungskraft kann eine Trennung von Beruf und Privatleben gut gelingen – mit Führungskräften, die als ungerecht empfunden werden, gelingt dies schlechter.

▪▪ Beeinträchtigungen des psychischen Wohlbefindens und gesundheitliche Beschwerden

Um die Auswirkungen des subjektiven Erlebens der Fairness im Unternehmen auf das Wohlbefinden der Befragten zu untersuchen, wurde in dieser Untersuchung gefragt, wie oft die Teilnehmer innerhalb der letzten vier Wochen unter bestimmten emotionalen Irritationen (wie Wut oder Niedergeschlagenheit), psychosomatischen Beeinträchtigungen (wie Angstgefühlen oder Schlaflosigkeit) oder körperlichen Beschwerden gelitten haben, sofern sie einen Zusammenhang zum Arbeitsleben

herstellten. Die Einzelitems werden zu den Gruppen der emotionalen Irritationen, der psychosomatischen Beschwerden und der körperlichen Beschwerden zusammengefasst. Zu den einzelnen Beschwerden gaben die Befragten die Häufigkeit auf einer Skala von 1 „überhaupt nicht darunter gelitten" bis 7 „ständig darunter gelitten" an. Für die Darstellung der Häufigkeit in Prozent wurden die Werte 2 und 3 zu „seltene Beschwerden", die Werte 4 und 5 zu „häufige Beschwerden" und die Werte 6 und 7 zu „ständige Beschwerden" zusammengefasst (◘ Abb. 7.9). Im Folgenden werden sowohl zu den Einzelitems als auch zu den Beschwerdegruppen die Mittelwerte dargestellt.

Nur 6 % der Befragten geben an, in den letzten vier Wochen weder unter emotionaler Irritation noch unter psychosomatischen oder körperlichen Beschwerden gelitten zu haben. Ein über alle hier abgefragten Items des gesundheitlichen Wohlbefindens zusammengefasster Mittelwert liegt mit 2,15 vergleichsweise niedrig, weil ein großer Teil der Befragten berichtet, eher selten unter den aufgezählten Beschwerden gelitten zu haben. Dieser Mittelwert zeigt einen mittelstarken Zusammenhang mit der Gesamtbewertung der Unternehmensgerechtigkeit (r = −0,369**) bzw. mit der Bewertung der Führungskraft (r = −0,352**). Alle Indikatoren für das Wohlbefinden zeigen auch einen statistisch bedeutsamen Unterschied zwischen den Gruppen „Gerechtes Unternehmen" und „Ungerechtes Unternehmen", wie im Folgenden differenzierter dargestellt wird.

▪▪ Emotionale Irritation

Emotionale Irritation ist ein Indikator für Beeinträchtigungen des psychischen Befindens aufgrund von Fehlbeanspruchungen. Während kognitive Irritation als tätigkeitsspezifisch betrachtet wird, gilt emotionale Irritation als Folge von Stress durch soziale Beziehungen (Mohr et al. 2005). In der Untersuchung wurde sowohl nach Gefühlen der Gereiztheit (Wut, Ärger, Nervosität) als auch des Rückzugs (Lustlosigkeit, Niedergeschlagenheit) gefragt.

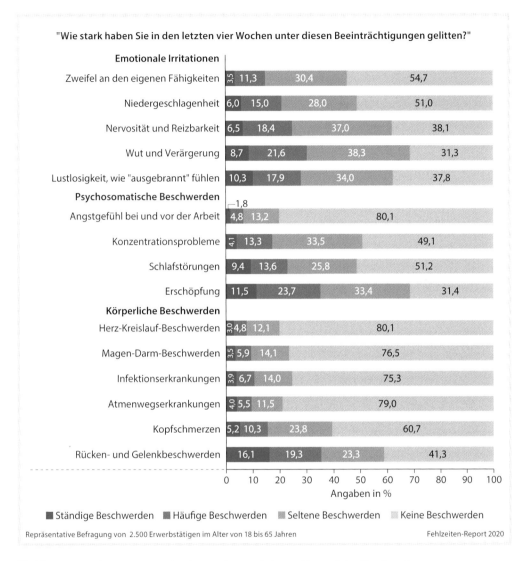

"Wie stark haben Sie in den letzten vier Wochen unter diesen Beeinträchtigungen gelitten?"

■ Ständige Beschwerden ■ Häufige Beschwerden ■ Seltene Beschwerden ▢ Keine Beschwerden

Repräsentative Befragung von 2.500 Erwerbstätigen im Alter von 18 bis 65 Jahren   Fehlzeiten-Report 2020

▣ **Abb. 7.9** Betroffenheit von emotionalen, psychosomatischen und körperlichen Beschwerden

Wie sieht es bei Befragten ohne emotionale Irritationen aus? Über die Hälfte der Befragten gibt an, keine Zweifel an den eigenen Fähigkeiten in den letzten vier Wochen gehabt (54,7 %) und keine Niedergeschlagenheit gefühlt zu haben (51,0 %). Frei von Nervosität und Reizbarkeit (38,1 %) sowie Lustlosigkeit (37,8 %) gewesen zu sein, geben deutlich weniger Befragte an (▣ Abb. 7.9). Hier überwiegt deutlich der Anteil der Befragten mit Beeinträchtigung. Nur ein knappes Drittel

(31,3 %) berichtet, keine Wut oder Verärgerung in Verbindung mit Belangen der Arbeitswelt gehabt zu haben, was bedeutet, dass zwei Drittel der Befragten mehr oder weniger verärgert oder wütend über Belange ihres Arbeitslebens waren.

Insgesamt über alle Items der emotionalen Irritation gesehen, ordnen die Befragten ihre Beeinträchtigung im Mittel bei 2,44 ein (▣ Abb. 7.10). Die höchsten Werte werden bei Wut und Verärgerung (Mittelwert = 2,79)

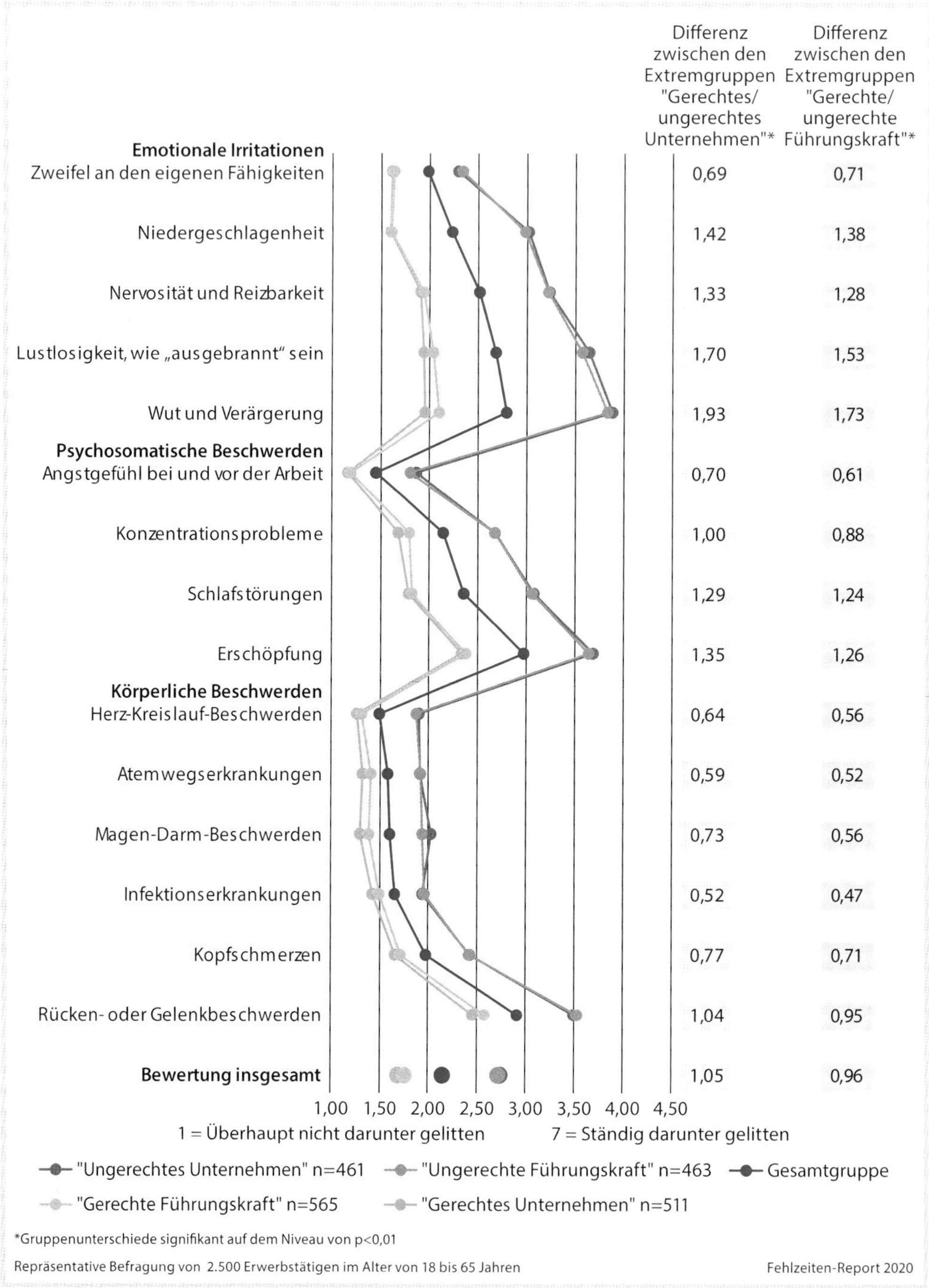

7

Differenz zwischen den Extremgruppen "Gerechtes/ungerechtes Unternehmen"* / Differenz zwischen den Extremgruppen "Gerechte/ungerechte Führungskraft"*

	Differenz zwischen den Extremgruppen "Gerechtes/ungerechtes Unternehmen"*	Differenz zwischen den Extremgruppen "Gerechte/ungerechte Führungskraft"*
Emotionale Irritationen		
Zweifel an den eigenen Fähigkeiten	0,69	0,71
Niedergeschlagenheit	1,42	1,38
Nervosität und Reizbarkeit	1,33	1,28
Lustlosigkeit, wie „ausgebrannt" sein	1,70	1,53
Wut und Verärgerung	1,93	1,73
Psychosomatische Beschwerden		
Angstgefühl bei und vor der Arbeit	0,70	0,61
Konzentrationsprobleme	1,00	0,88
Schlafstörungen	1,29	1,24
Erschöpfung	1,35	1,26
Körperliche Beschwerden		
Herz-Kreislauf-Beschwerden	0,64	0,56
Atemwegserkrankungen	0,59	0,52
Magen-Darm-Beschwerden	0,73	0,56
Infektionserkrankungen	0,52	0,47
Kopfschmerzen	0,77	0,71
Rücken- oder Gelenkbeschwerden	1,04	0,95
Bewertung insgesamt	1,05	0,96

1,00 1,50 2,00 2,50 3,00 3,50 4,00 4,50
1 = Überhaupt nicht darunter gelitten   7 = Ständig darunter gelitten

━●━ "Ungerechtes Unternehmen" n=461   ━●━ "Ungerechte Führungskraft" n=463   ━●━ Gesamtgruppe
━●━ "Gerechte Führungskraft" n=565   ━●━ "Gerechtes Unternehmen" n=511

*Gruppenunterschiede signifikant auf dem Niveau von p<0,01

Repräsentative Befragung von 2.500 Erwerbstätigen im Alter von 18 bis 65 Jahren   Fehlzeiten-Report 2020

◘ **Abb. 7.10** Beeinträchtigungen des seelischen und körperlichen Wohlbefindens nach Beurteilung der Gerechtigkeit von Unternehmen und Führungskraft (Extremgruppen) erreicht, gefolgt von Lustlosigkeit und wie „ausgebrannt sein" (Mittelwert = 2,68). Einige dieser Beeinträchtigungen zeigen untereinander einen großen Zusammenhang: So korrelieren Lustlosigkeit und Niedergeschlagenheit am stärksten (r = 0,673**), Nervosität und Niedergeschlagenheit (r = 0,600**) am zweitstärksten und Wut und Nervosität mit r = 0,594** am drittstärksten. Diese Störungen des Wohlbefindens treten also jeweils häufig gemeinsam auf.

■ ■ Gerechtigkeitserleben und emotionale Irritation

Die Korrelation zwischen emotionalen Irritationen und den Fragen zur Unternehmensgerechtigkeit liegt im unteren bis mittleren Bereich (r = −0,377**). Der Vergleich der beiden Extremgruppen in der Unternehmensbewertung zeigt in ◨ Abb. 7.10 die ausgeprägten Unterschiede, die in der Betroffenheit von emotionalen Irritationen bestehen, anhand der durchschnittlichen Unterschiede: Die Bewertung der Gruppe „Ungerechtes Unternehmen" liegt im Mittel bei 3,21 und die Bewertung der Gruppe „Gerechtes Unternehmen" liegt bei durchschnittlich 1,80. Wut und Verärgerung sind die emotionale Reaktion, die die Befragten der beiden Gruppen am stärksten unterscheidet (Differenz: 1,93).

Wenn Befragte mangelnde Gerechtigkeit bei ihrer Führungskraft empfinden, korreliert diese Einstellung ebenfalls am stärksten mit dem Gefühl von Wut oder Verärgerung (r = −0,365**). Befragte der Extremgruppe „Gerechte Führungskraft" unterscheiden sich am stärksten von der Gruppe „Ungerechte Führungskraft" durch ihre Betroffenheit von Wut und Verärgerung (Differenz: 1,73). Besonders groß ist der Zusammenhang zwischen Wut oder Verärgerung und der als „ungerecht" empfundenen Führungskraft, wenn sich Befragte für Probleme bei der Arbeit verantwortlich gemacht fühlen, auf die sie keinen Einfluss haben. Zweifel an den eigenen Fähigkeiten treten insgesamt am seltensten auf und bei dieser Reaktion unterscheiden sich die Extremgruppen am wenigsten.

■ ■ Psychosomatische Beschwerden

Zahlreiche Beschwerden hinsichtlich Wohlbefinden und Gesundheit gehen mit Beeinträchtigungen von Psyche und Körper einher. Im Folgenden wurden Beeinträchtigungen pragmatisch zu einer Gruppe psychosomatischer Beschwerden zusammengefasst (◨ Abb. 7.9 und 7.10).

Rund ein Fünftel der Befragten gibt an, unter keiner der in dieser Beschwerdegruppe zusammengefassten Beeinträchtigung gelitten zu haben. Erschöpfung ist die häufigste Beeinträchtigung in dieser Beschwerdegruppe: Nur ein knappes Drittel (31,4 %) der Befragten war nach eigener Auskunft in den letzten vier Wochen nicht davon betroffen. Frei von Schlafstörungen (51,2 %) oder Konzentrationsproblemen (49,1 %) war jeweils nur etwa die Hälfte der Befragten.

Über alle Items der psychosomatischen Beschwerden hinweg ordnen die Befragten ihre Beeinträchtigung auf einer Skala von 1 „überhaupt nicht darunter gelitten" bis 7 „ständig darunter gelitten" im Mittel bei 2,23 ein und beschreiben sich damit als weniger von diesen Beschwerden belastet als von den emotionalen Irritationen. Insgesamt gesehen ist der Zusammenhang zwischen den emotionalen Irritationen und den hier unter psychosomatischen Beschwerden zusammengefassten Beeinträchtigungen vergleichsweise hoch (r = 0,797**).

■ ■ Gerechtigkeitserleben und psychosomatische Beschwerden

Die Korrelation zwischen den psychosomatischen Beschwerden insgesamt und der Gesamtbewertung der Unternehmensgerechtigkeit liegt im unteren bis mittleren Bereich (r = −0,314**). Die psychosomatischen Beschwerden hängen demnach nicht ganz so stark mit dem Erleben von Unternehmensgerechtigkeit zusammen wie die emotionalen Irritationen.

Der Vergleich der beiden Extremgruppen der Unternehmensgerechtigkeit zeigt in ◨ Abb. 7.10 die durchschnittlichen Unterschiede, die in der Betroffenheit von psychosomatischen Beschwerden zu erkennen sind.

7

Während Befragte aus der Gruppe „Gerechtes Unternehmen" im Durchschnitt bei einer Häufigkeit der Beschwerden von 1,74 liegen, geben Befragte mit der schlechtesten Unternehmensbewertung im Mittel 2,83 an. Bei der Erschöpfung unterscheiden sich die beiden Extremgruppen am meisten (Differenz: 1,35). Schlafstörungen folgen hier auf Rang 2. Hinter den Mittelwerten stehen beispielsweise für die Erschöpfung folgende Bewertungen: Befragte der Gruppe „Gerechtes Unternehmen" geben zu 45,2 % an, in den letzten vier Wochen nicht unter Erschöpfung gelitten zu haben, aus der Extremgruppe „Ungerechtes Unternehmen" sagt das demgegenüber nur ein gutes Fünftel (21,3 %).

Die Fairness der Führungskraft zeigt bei dem Indikator Erschöpfung einen vergleichbaren Zusammenhang, wenn man die Extremgruppen der Vorgesetztenbewertung betrachtet (Differenz zwischen den Extremgruppen: 1,26). Von den Befragten der Gruppe „Gerechte Führungskraft" geben 46,5 % an, keine Erschöpfung in den letzten vier Wochen empfunden zu haben. Von den Befragten der Gruppe „Ungerechte Führungskraft" fühlten sich 20,7 % nicht erschöpft. Über alle psychosomatischen Beschwerden hinweg zeigt sich der beschriebene Trend: Befragte, die sich von einem gerechten Vorgesetzten geführt sehen, geben zu 31,6 % Prozent an, unter keinen Beschwerden gelitten zu haben. Von den Befragten, die ihre Führungskraft sehr ungerecht finden, sagt das nur knapp ein Zehntel (9,5 %). Anders als bei den emotionalen Irritationen ist die Korrelation zwischen den psychosomatischen Beschwerden und der Fairness der Führungskraft mit r = −0,299** geringer als die Korrelation der Beschwerden mit der Gerechtigkeit im Unternehmen (r = −0,314**).

■ ■ Körperliche Beschwerden

Von den Befragten geben 23,1 % an, dass bei ihnen keine der hier abgefragten körperlichen Beeinträchtigungen, die sie als arbeitsbedingt einordnen, in den letzten vier Wochen aufgetreten sind (erneut ◨ Abb. 7.9). Im Mittel geben die Befragten auf einer Skala von 1 „überhaupt nicht darunter gelitten" bis 7 „ständig darunter gelitten" einen Wert von 1,87 für diese Beschwerdengruppe an. Körperliche Beeinträchtigungen durch das Erwerbsleben liegen damit etwas unterhalb der Beeinträchtigungen durch psychosomatische Beschwerden.

Die körperlichen Beschwerden, unter denen die Befragten gelitten haben, betreffen mit großem Abstand vor allem Rückenbeschwerden, gefolgt von Kopfschmerzen (◨ Abb. 7.9 und 7.10). Von allen Befragten berichten 41,3 %, keine Rückenbeschwerden gehabt zu haben, und 60,7 % hatten keine Kopfschmerzen. Die Korrelation zwischen körperlichen Beschwerden und Gerechtigkeitserleben im Erwerbsleben ist sehr gering (r = −0,144**). Der Unterschied zwischen den Gruppen „Gerechtes Unternehmen" (Mittelwert 1,57) und „Ungerechtes Unternehmen" (Mittelwert 2,29) lässt sich vor allem auf die Unterschiede bei den Rückenbeschwerden zurückführen. (Differenz: 1,04). Das deutet darauf hin, dass Rückenbeschwerden nicht nur mit physikalischen Belastungen in Zusammenhang stehen, sondern auch mit vergleichsweise „weichen" Faktoren wie dem Gerechtigkeitsempfinden. Die beiden Gruppen mit der unterschiedlichen Bewertung der Führungsgerechtigkeit weisen bei allen körperlichen Beschwerden weniger Unterschiede auf.

■ ■ Aspekte des Gerechtigkeitserlebens mit besonders starkem Einfluss auf Wohlbefinden und Gesundheit

Da sich gezeigt hat, dass eine gute Bewertung der Gerechtigkeit im Unternehmen mit weniger emotionalen, psychosomatischen und körperlichen Beschwerden verbunden ist, stellt sich die Frage, ob Aspekte des Gerechtigkeitserlebens im Unternehmen und bei der Fairness der Führungskraft identifiziert werden können, die einen besonders starken Einfluss haben.

Die größte Varianzaufklärung durch die erlebte Gerechtigkeit im Unternehmen wird bei der Gruppe der emotionalen Irritationen mit 14,4 % erreicht (◨ Tab. 7.4). Den größten Einfluss zeigt die durch das Unternehmen erfahrene Wertschätzung und Anerkennung,

▫ Tabelle 7.4 Einflussfaktoren für Wohlbefinden und Gesundheit, Gerechtigkeitsbeurteilung des Unternehmens

Beschwerdegruppen	1. Einflussfaktor	2. Einflussfaktor	3. Einflussfaktor
Emotionale Irritation Varianzaufklärung 14,4 %	Wertschätzung und Anerkennung −0,166	Gerechte Konfliktlösung −0,149	Gerechte Arbeitsverteilung −0,135
Psychosomatische Beschwerden Varianzaufklärung 10,1 %	Gerechte Konfliktlösung −0,145	Wertschätzung und Anerkennung −0,130	Gerechte Entlohnung −0,115
Körperliche Beschwerden Varianzaufklärung 8,5 %	Gerechte Konfliktlösung −0,147	Gerechte Entlohnung −0,113	Unterstützung eines fairen Umgangs mit Partnern und Kunden −0,093

Repräsentative Befragung von 2.500 Erwerbstätigen im Alter von 18 bis 65 Jahren
Fehlzeiten-Report 2020

also ein Aspekt sowohl der nicht-monetären Tauschgerechtigkeit als auch der interpersonellen Gerechtigkeit. Mit Abstand folgt eine Aussage, die sich auf die Verfahrensgerechtigkeit bezieht (Konfliktlösung), und ein Item der Verteilungsgerechtigkeit (Arbeitsverteilung). Bei den psychosomatischen und körperlichen Beschwerden sinkt der Anteil der Varianz, die durch die abgefragten Aspekte erklärt werden kann, weiter ab. An erster Stelle steht hier die gerechte Konfliktlösung. Insgesamt ist der hier gezeigte Zusammenhang nicht besonders groß, was im Hinblick darauf, dass Gerechtigkeit ein (abstrakter) Teil der Unternehmenskultur ist und andere Aspekte der Unternehmenskultur stärker auf Erwerbstätige einwirken, plausibel ist. Bei den zunächst eher kurzfristig von Befragten empfundenen emotionalen Irritationen scheint ein alltäglicher Ärger über die ungerechten Rituale und Verfahren des Unternehmens und der alltägliche Umgang mit den Mitarbeitern in Zusammenhang zu stehen. Psychosomatische und körperliche Beschwerden haben meist einen längeren Entstehungszeitraum. Bei diesen Beschwerden tritt auch der Aspekt der gerechten Entlohnung als Einflussfaktor auf.

Etwas stärker werden die Beschwerden durch die Gerechtigkeitsbewertung der Führungskraft erklärt (▫ Tab. 7.5). Die wahrgenommene Fairness der Führungskraft steht bei allen Beschwerdegruppen an erster Stelle. Bei den emotionalen Irritationen steht an zweiter Stelle die mangelnde Klärung, wer die Verantwortung hat – was hier als komplementärer Aspekt plausibel wirkt. Hier zeigt sich erneut, welchen negativen Einfluss es auf die Mitarbeitergesundheit hat, wenn die Führungskraft als ungerecht empfundene Schuldzuweisungen macht.

■■ **Fehlzeiten aufgrund von Krankheit**

Zwei Indikatoren sind in Zusammenhang mit dem Gerechtigkeitserleben und Wohlbefinden oder Gesundheit für Unternehmen wichtig: Fehlen Beschäftigte, die sich im Unternehmen oder von der Führungskraft ungerecht behandelt fühlen, auch häufiger (Arbeitsunfähigkeitstage) im Betrieb oder sind sie häufiger trotz Krankheit im Betrieb zu finden (Präsentismus)?

Rund ein Viertel der Befragten gibt an, keinen einzigen Tag krankheitsbedingt bei der Arbeit gefehlt zu haben (Männer 25,6 %, Frauen 22,8 %). Insgesamt berichten die Befragten

7

■ **Tabelle 7.5** Einflussfaktoren für Wohlbefinden und Gesundheit, Gerechtigkeitsbeurteilung der Führungskraft

Beschwerdegruppen	1. Einflussfaktor	2. Einflussfaktor	3. Einflussfaktor
Emotionale Irritation Varianzaufklärung 15,5 %	Meine Führungskraft macht mich nicht für Probleme verantwortlich, auf die ich keinen Einfluss habe.[a]	Meine Führungskraft erklärt deutlich, wer für was bei der Arbeit verantwortlich ist.	Meine Führungskraft verfolgt nicht den eigenen Erfolg auf Kosten anderer.[a]
	−0,219	−0,162	−0,144
Psychosomatische Beschwerden Varianzaufklärung 10,6 %	Meine Führungskraft macht mich nicht für Probleme verantwortlich, auf die ich keinen Einfluss habe.[a]	Meine Führungskraft hält ihr Versprechen.	Meine Führungskraft erklärt deutlich, wer für was bei der Arbeit verantwortlich ist.
	−0,203	−0,141	−0,079
Körperliche Beschwerden Varianzaufklärung 8,9 %	Meine Führungskraft macht mich nicht für Probleme verantwortlich, auf die ich keinen Einfluss habe.[a]	Meine Führungskraft hält ihr Versprechen. (−)	Meine Führungskraft hält immer ihr Wort. (−)
	−0,215	−0,079	−0,064

[a] Variable ist invertiert
(−) nicht signifikant
Repräsentative Befragung von 2.500 Erwerbstätigen im Alter von 18 bis 65 Jahren
Fehlzeiten-Report 2020

im Mittel von 12,5 Tagen (■ Abb. 7.11), an denen sie wegen Arbeitsunfähigkeit nicht zur Arbeit gegangen sind.[6]

Deutliche Unterschiede sind bei einem Vergleich der Extremgruppen der Unternehmensgerechtigkeit zu sehen: Im Durchschnitt berichten Befragte der Gruppe „Ungerechtes Unternehmen" von 17,6 krankheitsbedingte Fehltagen. Die Befragten der Gruppe „Gerechtes Unternehmen" geben demgegenüber im Mittel 11,4 krankheitsbedingte Fehltage an. Der Unterschied zwischen den beiden Gruppen bei der Beurteilung der Gerechtigkeit der Führungskraft ist etwas geringer, aber ebenfalls sehr deutlich: Über 15 Fehltage berichten Befragte der Gruppe „Ungerechte Führungskraft" gegenüber 12,7 Tagen bei den Befragten der Gruppe „Gerechte Führungskraft".

Angesichts des mäßigen Zusammenhangs zwischen der wahrgenommenen Gerechtigkeit aus der Sicht der Beschäftigten und deren psychosomatischen und körperlichen Beschwerden überraschen diese deutlichen Unterschiede zwischen den Extremgruppen bei den Fehlzeiten. Eventuell fließen emotionale Irritationen als Grund für Fehltage hier ein.

■ ■ **Präsentismus**

Anwesenheit am Arbeitsplatz trotz krankheitsbedingt eingeschränkter Arbeitsfähigkeit wird als Präsentismus bezeichnet. Entgegen dem ärztlichen Rat krank zur Arbeit zu gehen kann vielfältige Folgen haben: Die Erkrankung kann „verschleppt" werden und das Risiko für eine schlimmere oder langwierigere Erkrankung

---

6   Hier werden die AU-Tage erfasst, an die sich der Befragte erinnert. Ein Vergleich mit offiziellen Angaben der durchschnittlichen Fehltage in der deutschen Wirtschaft ist nicht möglich: In der Fehlzeitenstatistik werden gemeldete Fehltage erfasst. Das bedeutet, dass beispielsweise auch Sonn- und Feiertage mitgezählt wurden, die die Befragten hier unter Umständen nicht mitzählen. Eine weitere Differenz zu offiziellen Zählungen von AU-Tagen ergibt sich dadurch, dass manche Arbeitgeber bereits für den ersten Fehltag ein ärztliches Attest verlangen, andere erst ab dem dritten Tag.

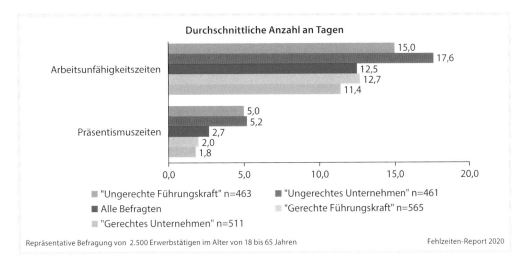

Durchschnittliche Anzahl an Tagen

Arbeitsunfähigkeitszeiten: 15,0 | 17,6 | 12,5 | 12,7 | 11,4

Präsentismuszeiten: 5,0 | 5,2 | 2,7 | 2,0 | 1,8

■ "Ungerechte Führungskraft" n=463   ■ "Ungerechtes Unternehmen" n=461
■ Alle Befragten   ■ "Gerechte Führungskraft" n=565
■ "Gerechtes Unternehmen" n=511

Repräsentative Befragung von 2.500 Erwerbstätigen im Alter von 18 bis 65 Jahren   Fehlzeiten-Report 2020

🅾 Abb. 7.11 Fehltage aufgrund von Arbeitsunfähigkeit und Anwesenheitstage trotz Arbeitsunfähigkeit (Präsentismus) 2019

ist größer, der kranke Mitarbeiter steckt Kollegen oder Kunden an oder macht aufgrund seiner mangelnden Arbeitstauglichkeit Fehler. Die Compliance, im Krankheitsfall nicht gegen ärztlichen Rat zur Arbeit zu gehen, entspricht also einem verantwortungsvollen und angemessenen Gesundheitsverhalten.

Von den Befragten geben 73,8 % an, dass sie an keinem Tag gegen ärztlichen Rat zur Arbeit gegangen sind. Im Mittel berichten die Befragten, an 2,7 Tagen gegen ärztlichen Rat krank zur Arbeit gegangen zu sein (🅾 Abb. 7.11). Frauen geben hierbei mit einem Durchschnittswert von 3,3 Tagen signifikant mehr Präsentismustage an als Männer mit einem mittleren Wert von 2,1 Tagen. Einen prägnanten Unterschied macht die Beurteilung der Gerechtigkeit des Unternehmens: Die Gruppe „Ungerechtes Unternehmen" weist im Mittel 5,24 Präsentismustage auf. Die Befragten aus der Gruppe „Gerechtes Unternehmen" geben im Durchschnitt an, im Jahr 2019 nur an 1,79 Tagen gegen ärztlichen Rat zur Arbeit gegangen zu sein. Die gleiche Differenz lässt sich beim Vergleich zwischen den Extremgruppen der Bewertung der Gerechtigkeit der Führungskraft ablesen. Offenbar können sich die Befragten in subjektiv gerechter emp-

fundenen Unternehmen eher mit ihrer Leistung gesundheitsbewusst zurücknehmen.

Ein als gerecht empfundenes Unternehmen wie auch eine als gerecht empfundene Führungskraft geht damit einher, dass Beschäftigte, die krank sind, auch nicht zur Arbeit erscheinen. Da der sogenannte Präsentismus langfristig negative Folgen für die Gesundheit der Betroffenen und eventuell problematischere Krankheitsverläufe haben kann, profitieren sowohl das Unternehmen als auch der Beschäftigte selbst, wenn in einer als gerecht empfundenen Arbeitswelt die Beschäftigten bei Erkrankung zu Hause bleiben.

7.3 Diskussion der Ergebnisse

Gerechtigkeitserleben ist ein Aspekt der Unternehmenskultur und stellt unter den zahlreichen Dimensionen des Erlebens der Arbeitssituation mit all ihren Belastungen und Belohnungen eine maßgebliche Größe dar. Die hier beschriebenen Ergebnisse legen nahe, den Einfluss von Gerechtigkeitserleben in der Arbeitswelt auf das gesundheitliche Wohlbefinden nicht unbeachtet zu lassen.

7

Die Untersuchung zeigt, dass die Mitarbeiter bei der Beurteilung von Gerechtigkeit im Unternehmen dem Leistungsprinzip und damit dem Tausch von Anstrengung gegen Entlohnung grundsätzlich zustimmen. Auch die beschriebene Funktion von Gerechtigkeit als Schutz in Situationen, in denen jemand ausgenutzt werden könnte, wird in dieser Befragung bestätigt: Beschäftigte reagieren besonders sensibel auf Situationen, in denen die Gerechtigkeit in der Austauschbeziehung nicht eingehalten wird. Wenn sich Befragte selbst auf Kosten anderer bereichern oder beobachten müssen, wie jemand anderes ausgenutzt wird, löst dies stärkere emotionale Reaktionen aus als Situationen, in denen der Ungleichheit keine direkte Mutwilligkeit zugeschrieben wird ("abrackern" vs. "in den Schoß fallen").

■■ **Zufriedenheit mit dem Unternehmen: Wertschätzung, gerechte Entlohnung und Fairness bei Konflikten**

Insgesamt besteht unter den Befragten eine relative große Zufriedenheit mit dem Umgang mit Kunden und die Mitarbeiter sehen sich hierbei durch ihr Unternehmen unterstützt. Zudem scheint ein relativ hohes Maß an Vertrauen zu bestehen: Die Vorgesetzten scheinen darauf zu vertrauen, dass die Mitarbeiter ihre Arbeit gut machen, und die Mitarbeiter haben das Gefühl, den Informationen von Management oder Vorgesetzten vertrauen zu können. Auch die Integrität des direkten Vorgesetzten wird weitgehend positiv bewertet.

Dennoch sehen die Beschäftigten zum Teil Defizite in der gerechten Tauschbeziehung. Insbesondere die Aspekte der Verteilungsgerechtigkeit werden eher kritisch bewertet: Weniger als zwei Drittel empfinden die Entlohnung als angemessen und stimmen zu, dass die Arbeit der Mitarbeiter Wertschätzung erfährt. Nur etwa jeder zweite Befragte sieht Gerechtigkeit bei der Verteilung der Arbeit und rund die Hälfte ist mit ihren Aufstiegschancen unzufrieden. Auch die Konfliktlösung wird von einem Großteil der Befragten negativ bewertet und sorgt für große Unzufriedenheit. Insgesamt tragen die Wertschätzung der Mitarbeiter, die angemessene Entlohnung sowie die Fairness im Konfliktfall am meisten zur Zufriedenheit mit dem eigenen Unternehmen bei.

Wie wird die Gerechtigkeit der Führungskräfte bewertet? Die Führungskraft wird unter Gerechtigkeitsaspekten etwas positiver gesehen als das Unternehmen. Grundsätzlich hängen die Gerechtigkeitsbewertungen des Unternehmens und der Führungskraft jedoch eng zusammen. Da die Führungskräfte eine Scharnierfunktion zwischen der Leitung eines Unternehmens und den Mitarbeitern haben, überraschen die Ergebnisse nur wenig. Auf Ebene der Führungskraft scheint die Integrität eine besondere Rolle zu spielen: Wird sie positiv bewertet, geht das häufig mit einer positiven Beurteilung des Unternehmens einher. Auch ist die Dimension der Integrität diejenige, welche die beiden Extremgruppen der Führungsgerechtigkeit am stärksten unterscheidet und die den stärksten Einfluss auf die Zufriedenheit mit dem Unternehmen hat. Aber auch Aspekte der Fairness sowie der Aufgaben- und Rollenverteilung beeinflussen das Gerechtigkeitserleben sowie die Zufriedenheit bei der Arbeit.

■■ **Gerechtigkeit erhöht die Bindung an das Unternehmen**

Gerecht behandelt zu werden führt zu gelingenden Beziehungsmustern: Beschäftigte, die sich in einem gerechten Unternehmen arbeiten sehen, geben deutlich häufiger an, selbst auch nicht ungerecht gewesen zu sein. Auch eine gerecht agierende Führungskraft wird im Gegenzug deutlich häufiger gerecht behandelt. Mit der Gerechtigkeit geht ebenfalls die Bindung an das Unternehmen einher: Je gerechter ein Unternehmen oder die Führungskraft empfunden wird, desto stärker fühlen sich die Mitarbeiter an das Unternehmen gebunden. Gerade vor dem Hintergrund des aktuellen Fachkräftemangels kann Gerechtigkeit und Fairness gegenüber den Mitarbeitern als Wettbewerbsvorteil von Unternehmen sowohl bei der Rekrutierung von neuen Mitarbeitern als auch bei der Pflege langjähriger Beschäftigungsverhältnisse betrachtet werden.

▪▪ Ungerechtigkeitserleben ist mit kognitiven und emotionalen Irritationen verbunden

Die erlebte Gerechtigkeit im Unternehmen und die Fairness der Führungskraft stehen in einem erkennbaren Zusammenhang mit dem Wohlbefinden der Beschäftigten: Wird über mehr erlebte Ungerechtigkeit berichtet, sind beispielsweise die kognitiven Irritationen, das „Gedankenkreisen" nach Feierabend, bei den Beschäftigten stärker. Die langfristen Folgen von kognitiven Irritationen können sehr groß sein. Menschen benötigen Erholungszeiten sowie Zeit und Energie für andere Lebensbereiche wie Familie, Freunde, Sport oder Kultur.

Der Zusammenhang zwischen dem Gerechtigkeitserleben und dem Auftreten emotionaler Irritationen ist ebenfalls erkennbar: Beschäftigte, die in einem als ungerecht bewerteten Unternehmen oder unter einer als ungerecht bewerteten Führungskraft tätig sind, berichten häufiger über emotionale Irritationen wie Wut und Verärgerung, Nervosität und Reizbarkeit. Die erlebte Ungerechtigkeit scheint demnach typische Stressreaktionen auszulösen. Noch häufiger werden emotionale Irritationen berichtet, wenn das Verhalten der Führungskraft als ungerecht erlebt wird. Eine unfair agierende Führungskraft wirkt situationsbezogen und damit direkter auf das psychische Wohlbefinden der Mitarbeiter ein als organisationale Strukturen.

Bei den psychosomatischen und körperlichen Beschwerden kann der Einfluss des Ungerechtigkeitserlebens nur in geringerem Maße beobachtet werden, weil diese Beschwerden eine längere Entstehungsgeschichte haben und oft nicht so direkt mit bestimmten Arbeitssituationen in Verbindung gebracht werden können. Es ist davon auszugehen, dass minimale Effekte hier stark von anderen Einflüssen wie beispielsweise Lärm, Zeitdruck oder Gefahren überlagert werden.

▪▪ Gerechtigkeitserleben ist mit weniger Fehlzeiten verbunden

Ein als gerecht empfundenes Unternehmen oder eine als gerecht empfundene Führungskraft schlagen sich auch in den vergleichsweise harten Kennzahlen der krankheitsbedingten Fehlzeiten der Mitarbeiter nieder. Da die Unterschiede zwischen den Extremgruppen in Bezug auf die gesundheitlichen Beschwerden jedoch weniger deutlich ausfallen als in Bezug auf die Fehlzeiten, sind die Fehlzeiten unter Umständen auch eine Folge von Verärgerung und Lustlosigkeit.

Beschäftigte, die ihren Betrieb und ihre Führungskraft als gerecht bezeichnen, gehen seltener krank zur Arbeit. Da der sogenannte Präsentismus – also trotz einer Erkrankung zu arbeiten – langfristig negative Folgen für die Gesundheit der Betroffenen mit problematischeren Krankheitsverläufen haben kann, profitieren sowohl das Unternehmen als auch die Beschäftigten selbst, wenn letztere in einer als gerecht empfundenen Arbeitswelt bei Krankheit dem Unternehmen fernbleiben.

7.4 Fazit

Die vorliegenden Ergebnisse verdeutlichen die Bedeutung des Empfindens und Erlebens von Ungerechtigkeit im Unternehmen – mit all seinen negativen Folgen sowohl für die betroffenen Mitarbeiter als auch für das Unternehmen. Über alle mit den Aspekten von Gerechtigkeitserleben in Zusammenhang gestellten und möglicherweise als Folge zu betrachtenden Resultate (Zufriedenheit, Bindung, Beschwerden) hinweg zeigt sich ein deutlicher struktureller Bedarf an Gerechtigkeit in der Unternehmenskultur. Für Unternehmen und Führungskräfte bieten Anerkennung und Wertschätzung der Leistung der Mitarbeiter, alternative Formen der Konfliktlösung, aber auch die Reflexion der Verteilung der Arbeitslasten Ansatzpunkte für Veränderungen. Da die emotionalen Reaktionen auf Ungerechtigkeiten mit zunehmendem Bildungsstand abnehmen und an der

7

im Rahmen dieser Studie genutzten Befragung etwas mehr Befragte mit Hochschulabschluss teilgenommen haben, wird der tatsächliche Bedarf nach mehr Gerechtigkeit in den Unternehmen möglicherweise eher unterschätzt.

Es bleibt abzuwarten, welche Auswirkungen die COVID-19-Pandemie, die erst nach dem Befragungszeitraum dieser Untersuchung Deutschland erreicht hat, auf die Gerechtigkeitsvorstellungen von Erwerbstätigen haben wird. Angesichts der durch den Lockdown sichtbar gewordenen gesellschaftlichen Relevanz von Beschäftigtengruppen wie Pflegepersonal, Verkaufspersonal, Paketzusteller oder Ernte- und Schlachthofarbeiter könnten die Antworten auf die Frage, ob die Arbeiten gerecht entlohnt und anerkannt werden, anders ausfallen als zuvor.

▪ ▪ Praktische Folgerungen

Wertschätzung und Anerkennung sind ein erstrebtes, aber oft strukturell ungleich verteiltes Gut, auch innerhalb von Unternehmen. Für eine verbesserte betriebliche Anerkennungskultur gibt es Instrumente, die in Unternehmen strukturell entwickelt werden könnten: nichtmaterielle Gratifikationsversionen (beispielsweise eine Ausweitung der Dienstleistungen, die das Unternehmen anbietet, wie Angebote zur Kinderbetreuung oder haushaltsnahe Dienstleistungen), eine Würdigung von Betriebstreue und das Vermeiden von Statusverlust bei älteren Mitarbeitern (siehe Siegrist und Dragano, ▶ Kap. 12 in diesem Band). Wertschätzung äußert sich auch darin, bei innerbetrieblichen Prozessen auf die Wünsche der Mitarbeiter einzugehen und Weiterbildungsmöglichkeiten nach dem Bedarf der Mitarbeiter zu gewähren. Hier kann eine – an ethischen Unternehmensleitlinien geschulte – Führungskultur ansetzen, die sich der typischen Zutaten einer guten Mitarbeiterführung bedient: Leistungen und Kompetenz lobend anerkennen und berücksichtigen.

Eine gerechte Arbeitsverteilung setzt eine Unternehmenskultur voraus, in der es Normen der Anerkennung gibt, die sich nicht nur auf Erfolge beziehen, sondern auch auf die

besonderen Belastungen, Gefahr oder Stress, die in Verbindung mit speziellen Tätigkeiten oder Arbeitszeiten entstehen. Kommunikation über Entscheidungen über die Verteilung von innerbetrieblichen Lasten schafft Transparenz über die tatsächliche Belastung und kann zu mehr Akzeptanz der Entscheidungen führen. Entscheidungsspielräume können auf die betroffenen Mitarbeiter ausgeweitet, die Verantwortung dezentralisiert und delegiert werden (Badura und Ehresmann 2016). Selbstorganisierte Teams finden in Aushandlungsprozessen eher zu einer gerechten Lösung als hierarchische Befehlsketten.

Insbesondere Konflikte unter den Mitarbeitern führen zu großen Reibungsverlusten. Sie sind unter anderem auch ein Zeichen für ein Vakuum in Bezug auf gemeinsame Wertmaßstäbe, die sich auf gerechte Verfahren und eine gerechte Verteilung beziehen. Wenn Führungskräfte oder gewählte Vertrauenspersonen bei diesen Konflikten mediieren sollen, dann brauchen sie eine entsprechende Schulung (Felfe 2015; Felfe und Wombacher 2016; Wiek 2018). Hornung et al. (▶ Kap. 2 in diesem Band) lenken darüber hinaus den Blick weg von der individuellen Ebene und hin zu den organisationalen Bedingungen für gerechte Konfliktlösungen. Demokratische Praktiken wie Foren des Austauschs, gewählte Vertreter oder Ausschüsse zu speziellen Fragestellungen verändern das Unternehmensklima positiv, weil in ihnen die Gleichwertigkeit der Interessen und Rechte der Beteiligten zum Ausdruck kommt (Hornung et al.). Mehr Demokratie in Unternehmen könnte, so die Idee, zu mehr organisationaler Gerechtigkeit führen.

Aus der Untersuchung wird deutlich, dass Unternehmen im Rahmen ihrer Unternehmenskultur auch die Gerechtigkeit in ihrem Unternehmen in den Blick nehmen sollten. Unternehmen und Führungskräfte, die von ihren Beschäftigten als gerecht empfunden werden, haben zufriedenere und gesündere Mitarbeiter, die zudem eine höhere Bindung an das Unternehmen haben. Für Unternehmen, die auch zukünftig erfolgreich am Markt bestehen wollen, könnte dies einen Wettbewerbsvorteil darstellen.

Literatur

Abraham M (2007) Wann werden Löhne als gerecht eingeschätzt? Eine tauschtheoretische Betrachtung der Lohngerechtigkeit auf dem Arbeitsmarkt. Z Arbeitsmarktforsch – J Labour Mark Res 40:9–22

Backé EM, Seidler A, Latza U, Rossnagel K, Schumann B (2012) The role of psychosocial stress at work for the development of cardiovascular diseases: a systematic review. Int Arch Occup Environ Health 85:67–79. https://doi.org/10.1007/s00420-011-0643-6

Badura B, Ehresmann C (2016) Unternehmenskultur, Mitarbeiterbindung und Gesundheit. In: Badura B, Ducki A, Schröder H, Klose J, Meyer M (Hrsg) Fehlzeiten-Report 2016. Springer, Berlin Heidelberg, S 81–94

Beckmann O, Meschede M, Zok K (2016) Unternehmenskultur und Gesundheit: Ergebnisse einer repräsentativen Umfrage unter Erwerbstätigen. In: Badura B, Ducki A, Schröder H, Klose J, Meyer J (Hrsg) Fehlzeiten-Report 2016. Springer, Berlin, S 43–70

Beierlein C, Baumert A, Schmitt M, Kemper C, Rammstedt B (2013) Vier Kurzskalen zur Messung des Persönlichkeitsmerkmals „Sensibilität für Ungerechtigkeit". Methoden Daten Anal 7:279–310. https://doi.org/10.12758/mda.2013.015

Biefer R (2004) Ist das fair? Zum Einfluss von verfahrens- und Interaktionaler Gerechtigkeit auf die Bewertung eines Ergebnisses. Masterarbeit an der ETH Zurich. http://www.forschungsnetzwerk.at/downloadpub/fairness%20-%20gerechtigkeit%20-%20psychologie.pdf. Zugegriffen: 5. Juni 2020

Block C, Bormann KC, Rowold J (2011) Deutsche Adaption des Ethical Leadership at Work Questionnaire (ELW-D). Z Arbeits Organisationspsychol 59:130–143

Block C, Bormann K, Rowold J (2015) Ethische Führung. Validierung einer deutschen Adaption des Ethical Leadership at Work Questionnaire (ELW-D) nach Kalshoven, Den Hartog und De Hoogh (2011). Z Arbeits Organisationspsychol 59:130–143

Bortz J, Schuster C (2010) Statistik für Human- und Sozialwissenschaftler Bd. 7. Springer, Berlin Heidelberg

Boscher C, Arnold L, Lange A, Szagun B (2018) The load of injustice: a longitudinal analysis of the impact of subjectively perceived income injustice on the risk of stress-associated diseases based on the german socioeconomic panel study. Gesundheitswesen 80:71–S79. https://doi.org/10.1055/s-0043-107876

Colquitt JA (2001) On the dimensionality of organizational justice: a construct validation of a measure.

J Appl Psychol 86:386–400. https://doi.org/10.1037/0021-9010.86.3.386

Colquitt JA, Rodell JB (2015) Measuring justice and fairness. In: Cropanzano RS, Ambrose ML (Hrsg) The Oxford handbook of justice in the workplace. Oxford University Press (OUP), New York, S 187–202

Colquitt JA, Scott BA, Rodell JB, Long DM, Zapata CP, Conlon DE, Wesson MJ (2013) Justice at the millennium, a decade later: a meta-analytic test of social exchange and affect-based perspectives. J Appl Psychol 98:199–236. https://doi.org/10.1037/a0031757

Elovainio M, Kivimäki M, Vahtera J (2002) Organizational justice: evidence of a new psychosocial predictor of health. Am J Public Health 92:105–108. https://doi.org/10.2105/ajph.92.1.105

Elovainio M, Heponiemi T, Sinervo T, Magnavita N (2010) Organizational justice and health; review of evidence. G Ital Med Lav Ergon 32:B5–9

Falk A, Kosse F, Menrath I, Siegrist J, Verde PE (2014) Unfair pay and health. SOEP papers

Felfe J (2015) Trends der psychologischen Führungsforschung. Neue Konzepte, Methoden, Erkenntnisse. Psychologie für das Personalmanagement, Bd. 27. Hogrefe, Göttingen

Felfe J, Wombacher J (2016) Mitarbeiterbindung und Gesundheit In. In: Badura B, Ducki A, Schröder H, Klose J, Meyer M (Hrsg) Fehlzeiten-Report 2016. Springer, Berlin Heidelberg, S 129–138

Fechtenhauer D (2010) Soziale Gerechtigkeit und die Natur des Menschen. Eine wirtschaftspsychologische Betrachtung. In: Fetchenhauer D, Goldschmidt N, Hradil S, Liebig S (Hrsg) Warum ist Gerechtigkeit wichtig? Roman Herzog Institut e V, München, S 28

Fechtenhauer D, Goldschmidt N, Hradil S, Liebig S (2020) Acht Punkte für ein besseres Verständnis von Gerechtigkeit. In: Fetchenhauer D, Goldschmidt N, Hradil S, Liebig S (Hrsg) Warum ist Gerechtigkeit wichtig? Roman Herzog Institut e V, München, S 80–82

Godin I, Kittel F, Coppieters Y, Siegrist J (2005) A prospective study of cumulative job stress in relation to mental health. BMC Public Health. https://doi.org/10.1186/1471-2458-5-67

Goldschmidt N (2010) Spielregeln der Gerechtigkeit oder warum gerechte Strukturen wichtig sind. Die ordnungsökonomische Sicht. In: Fetchenhauer D, Goldschmidt N, Hradil S, Liebig S (Hrsg) Warum ist Gerechtigkeit wichtig? Roman Herzog Institut e V, München, S 64–79

Goppel A, Mieth C, Neuhäuser C (2016) Der Begriff der Gerechtigkeit. Einleitung. In: Goppel A, Mieth C, Neuhäuser C (Hrsg) Handbuch Gerechtigkeit. Springer, Deutschland, S 2–5

Greenberg J (1986) Determinants of perceived fairness of performance evaluations. J Avolied Psychol 71:340–342

Greenberg J (1990) Employee theft as a reaction to underpayment inequity: the hidden cost of pay cuts.

7

J Appl Psychol 75:561–568. https://doi.org/10.1037/
0021-9010.75.5.561

Haupt C, Backé E-M, Latza U (2016) Psychische Gesundheit in der Arbeitswelt. Gerechtigkeit und Belohnung (BAuA-Forschungsprojekt)

Hinsch W (2016) Distributive Gerechtigkeit. In: Goppel A, Mieth C, Neuhäuser C (Hrsg) Handbuch Gerechtigkeit. Springer, Deutschland, S 77–86

Höffe O, Berger P, Nolte P, Forst R, Böhnke P, Tippelt R, v. Hippel A (2005) Ungleichheit – Ungerechtigkeit. Polit Zeitgesch 37:3–6

Kurth S, Otto K (2012) Zufriedenheit mit und Aufrechterhaltung von freiwilligem Engagement: Organisationale Gerechtigkeit als Ressource in Abhängigkeit der Motivlage. Wirtschaftspsychologie 1:20–29

Lengfeld H (2002) Eigeninteresse oder moralischer Anspruch? Gerechtigkeitsurteile zur eigenen Entlohnung. In: Liebig S, Lengfeld H (Hrsg) Interdisziplinäre Gerechtigkeitsforschung. Campus, Frankfurt/Main, S 103–128

Lengfeld H, Liebig S (2003) Arbeitsbeziehungen und Gerechtigkeit. Stand und Perspektiven der empirischen Forschung. Ind Beziehungen 10:472–490

Lesch H, Bennett J (2010) Arbeit und Fairness: die Suche nach dem gerechten Lohn. Inst. der Dt. Wirtschaft, Medien GmbH, Köln

Leventhal GS, Karuza J, Fry WR (1980) Es geht nicht nur um Fairneß: Eine Theorie der Verteilungspräferenzen. In: Mikula G (Hrsg) Gerechtigkeit und Soziale Interaktion. Huber, Bern, S 185–250

Liebig S (1997) Soziale Gerechtigkeitsforschung und Gerechtigkeit in Unternehmen. Hampp, München

Liebig S (2002) Gerechtigkeitseinstellungen und Gerechtigkeitsurteile. Zur Unterscheidung zweier Urteilskategorien. In: Liebig S, Lengfeld H (Hrsg) Interdisziplinäre Gerechtigkeitsforschung. Campus, Frankfurt/Main, S 77–102

Liebig S (2010) Warum ist Gerechtigkeit wichtig? Empirische Befunde aus den Sozial- und Verhaltenswissenschaften. In: Fetchenhauer D, Goldschmidt N, Hradil S, Liebig S (Hrsg) Warum ist Gerechtigkeit wichtig? Roman Herzog Institut e V, München, S 10–27

Liebig S, Schlothfeldt S (2002) Gerechtigkeit durch Verfahren oder Gerechtigkeit durch Prinzipien?. Zum Problem der Verteilung knapper, unteilbarer Güter in modernen Gesellschaften. In: Liebig S, Lengfeld H (Hrsg) Interdisziplinäre Gerechtigkeitsforschung. Campus, Frankfurt/Main, S 187–218

Liebig S, Schupp J (2008a) Immer mehr Erwerbstätige empfinden ihr Einkommen als ungerecht. Wochenbericht des DIW, S 434–440

Liebig S, Schupp J (2008b) Leistungs- oder Bedarfsgerechtigkeit? Über einen normativen Zielkonflikt des Wohlfahrtsstaats und seiner Bedeutung für die Bewertung des eigenen Erwerbseinkommens. Soz Welt 59:7–30. https://doi.org/10.5771/0038-6073-2008-1-7

Maier G, Streicher B, Jonas E, Woschée R (2007) Gerechtigkeitseinschätzungen in Organisationen. Diagnostica 53:97–108. https://doi.org/10.1026/0012-1924.53.2.97

Meier-Credner A, Muschalla B (2019) Kann Ungerechtigkeit bei der Arbeit krank machen? Grundannahmen, subjektive Wahrnehmung und Person-Job-Fit. Verhaltenstherapie. https://doi.org/10.1159/000502920

Mengstie MM (2020) Perceived organizational justice and turnover intention among hospital healthcare workers. BMC Psychol. https://doi.org/10.1186/s40359-020-0387-8

Mohr G, Rigotti T, Müller A (2005) Irritation – ein Instrument zur Erfassung psychischer Beanspruchung im Arbeitskontext. Skalen- und Itemparameter aus 15 Studien. Z Arbeits Organisationspsychol 49:44–48. https://doi.org/10.1026/0932-4089.49.1.44

Ndjaboué R, Brisson C, Vezina M (2012) Organisational justice and mental health: a systematic review of prospective studies. Occup Environ Med 69:694–700. https://doi.org/10.1136/oemed-2011-100595

Rich B (2010) Job engagement: Antecedents and effects on job performance. AMJ 53:617–635

Robbins JM, Ford MT, Tetrick LE (2012) Perceived unfairness and employee health. A metaanalytic integration. J Appl Psychol 97:235–272

Sabbagh C (2002) Eine Taxonomie normativer und empirischer Theorien der Verteilungsgerechtigkeit. In: Liebig S, Lengfeld H (Hrsg) Interdisziplinäre Gerechtigkeitsforschung. Campus, Frankfurt/Main, S 23–52

Schneider H (2018) Wahrgenommene Lohngerechtigkeit in Deutschland. Leistung Bedarf Chancengerechtigkeit. Worauf basieren gerecht Löhne? https://www.iwkoeln.de/fileadmin/user_upload/Studien/policy_papers/PDF/2018/IW-Policy-Paper_2018_3_Lohngerechtigkeit.pdf. Zugegriffen: 19. März 2020

Schunck R, Sauer C, Valet P (2013) Macht Ungerechtigkeit krank? Gesundheitliche Folgen von Einkommens(un)gerechtigkeit. WSI Mitt 8:553–561

Siegrist J (2012) Effort-reward imbalance at work – theory, measurement and evidence. https://www.uniklinik-duesseldorf.de/fileadmin/Fuer-Patienten-und-Besucher/Kliniken-Zentren-Institute/Institute/Institut_fuer_Medizinische_Soziologie/Dateien/ERI/ERI-Website.pdf. Zugegriffen: 4. Juni 2020

Siegrist J, Starke D, Chandola T, Godin I, Marmot M, Niedhammer I, Peter R (2004) The measurement of effort-reward imbalance at work. European comparisons. Soc Sci Med 58:1483–1499

Siegrist J, Dragano N (2008) Psychosoziale Belastungen und Erkrankungsrisiken im Erwerbsleben. Bundesgesundhbl 51:305–312. https://doi.org/10.1007/s00103-008-0461-5

Struck O, Dütsch M, Stephan G (2017) Bonuszahlungen an Geschäftsführungen: Wodurch werden Gerechtigkeitsurteile von Erwerbstätigen beeinflusst? Kolner Z

Soz Sozpsychol 69:473–501. https://doi.org/10.1007/s11577-017-0483-9

van den Bos K (2003) On the subjective quality of social justice: the role of affect as information in the psychology of justice judgments. J Pers Soc Psychol 85:482–498. https://doi.org/10.1037/0022-3514.85.3.482

van den Bos K, Lind EA, Wilke HAM (2001) The psychology of procedural and distributive justice viewed from the perspective of fairness heuristic theory. In: Cropanzano R (Hrsg) Justice in the workplace, Bd. 2. Erlbaum, Mahwah, NJ, S 49–66

van den Bos K, van den Mheen H, Stronks K, Mackenbach JP (1997) The interrelationship between income, health an employment status. Int J Epidemiol 26:592–600

van Vegchel N, de Jonge J, Bosma H, Schaufeli W (2005) Reviewing the effort-reward imbalance model: drawing up the balance of 45 empirical studies. Soc Sci Med 60:1117–1131

Wegener B, Liebig S (2015) Gerechtigkeitsvorstellungen in Ost- und Westdeutschland im Wandel: Sozialisation, Interessen, Lebenslauf. In: Krause P, Ostner I (Hrsg) Leben in Ost- und Westdeutschland: Eine sozialwissenschaftliche Bilanz der deutschen Einheit. Campus, Frankfurt am Main, S 83–102

Wiek U (2018) Fairness als Führungskompetenz. Springer, Berlin

Fairness- und Vertrauenskultur als Baustein resilienter Organisationen

Thomas Rigotti

Inhaltsverzeichnis

© Springer-Verlag GmbH Deutschland, ein Teil von Springer Nature 2020
B. Badura et al. (Hrsg.), *Fehlzeiten-Report 2020*, Fehlzeiten-Report,
https://doi.org/10.1007/978-3-662-61524-9_8

8

■■ **Zusammenfassung**

Fairness und Vertrauen in Organisationen bilden die Grundlage dafür eine gemeinsame soziale Identität zu entwickeln und sich in einer Gruppe wertgeschätzt zu fühlen. Erlebte Unfairness im Arbeitsleben sowie Vertrauensbrüche zählen andererseits mit zu den bedeutendsten Prädiktoren für die (psychische) Gesundheit von Beschäftigten. Sowohl Fairness als auch Vertrauen wurden innerhalb der Arbeitswissenschaften bisher vorrangig auf der individuellen Ebene betrachtet. Ausgehend von einem Überblick zu verschiedenen Konzepten und Erklärungsmodellen zu Fairnessbewertungen und dem Aufbau von Vertrauen werden Ansätze zur Betrachtung der Fairness- und Organisationskultur in Organisationen vorgestellt. Entlang eines heuristischen systemischen Modells werden Einflussfaktoren auf Fairness und Vertrauen auf der gesellschaftlichen, der organisationalen und der individuellen Ebene diskutiert. Gelingt Unternehmen ein nachhaltiger Aufbau einer Fairness- und Vertrauenskultur, trägt dies zur organisationalen Resilienz bei.

gelegt und ein Bezug zum Konzept der Resilienz von Beschäftigten, von Teams und der Organisation hergestellt. Fairness- und Vertrauenskultur können als Grundsteine für den Aufbau einer resilienten Organisation angesehen werden. Eine resiliente Organisation überlebt und gedeiht in wirtschaftlich schwierigen und volatilen Zeiten (Riolli und Savicki 2003). Sie geht erfolgreich mit Störungen im normalen Arbeitsablauf um und kehrt zügig zu einem dynamischen, aber stabilen Status zurück, in dem sie die Ziele der Produktivität und Wirtschaftlichkeit wiedererlangt (Tillement et al. 2009). Das bedeutet, dass eine resiliente Organisation sich ständig an die sich verändernden Anforderungen im Unternehmensumfeld anpassen kann (Sutcliffe und Vogus 2003). Darüber hinaus gibt es auch auf der organisationalen Ebene die Annahme, dass resiliente Organisationen gestärkt aus schwierigen Zeiten hervorgehen (Vogus und Sutcliffe 2007; Lengnick-Hall et al. 2011). Gleichzeitig können Fairness und Vertrauen als Katalysatoren für individuelle Resilienz gesehen werden.

8.1 Einleitung

„Das ist aber unfair!" ist ein häufig gehörter Aufschrei. Schon früh entwickeln Kinder ein Verständnis von Fairness – wenn auch zunächst noch stark bezogen auf eigene Bedürfnisse und Belange. Aber auch im Erwachsenenalter und dort besonders in der Arbeitswelt verliert Fairness keineswegs an Bedeutung. Eng damit verknüpft ist Vertrauen – denn nur, wenn wir uns in einer sozialen Beziehung fair behandelt fühlen, können wir auch Vertrauen aufbauen.

In der Psychologie werden sowohl Fairness als auch Vertrauen vorrangig als individuelle Wahrnehmung verstanden und untersucht. Ausgehend von individuumszentrierten Definitionen und Theorien wird in diesem Beitrag der Schwerpunkt jedoch vorrangig auf Fairness- und Vertrauenskultur in Unternehmen

8.2 Zur Relevanz von Fairness und Vertrauen

Organisationale Fairness wird meist in drei Facetten unterteilt: (1) Distributive Fairness, also die wahrgenommene Verteilungsgerechtigkeit, (2) Prozedurale Fairness, die Wahrnehmung, dass Entscheidungsprozeduren fair sind, und (3) Interaktionale Fairness, welche die wertschätzende direkte Kommunikation meist von Führungskraft zu Mitarbeitenden in den Fokus nimmt (Folger und Cropanzano 1998).

Im Rahmen der *Instrumentalitätsannahme* wird postuliert, dass Fairness zuvorderst der Durchsetzung individueller Interessen diene. Faire Prozesse und Entscheidungen ermöglichen demnach ein hohes Maß an Kontrolle (Thibaut und Walker 1975). Wir verhalten uns fair, um von anderen faires Verhalten einfordern zu können und so eine individuelle Nutzenmaximierung zu erreichen. Diesem

Ansatz der ökonomischen Rationalität steht der *Relationale Erklärungsansatz* gegenüber. Das Bedürfnis nach Zugehörigkeit und sozialer Identität steht hier im Vordergrund. Fairness dient demnach zuvorderst dem Aufbau guter Beziehungen und dem Zusammenhalt in sozialen Gruppen. Im *Deontologischen Ansatz* wird schließlich davon ausgegangen, dass Gerechtigkeit nicht nur ein Mittel zum Zweck ist, sondern auf abstrakten moralischen Prinzipien beruht. So sei auch zu erklären, dass Menschen auf unfaire Behandlung anderer reagieren (z. B. Turillo et al. 2002).

Vertrauen lässt sich knapp als „the willingness of a party to be vulnerable to the actions of another party" (Mayer et al. 1995, S. 712) definieren. Dadurch, dass ich anderen Sozialpartnern oder auch Institutionen (siehe z. B. Giddens 1995) mein Vertrauen gebe, mache ich mich selbst verletzlich für mögliche Vertrauensbrüche. Eine weitere Unterscheidung kann zwischen kognitivem, affektivem und intendiertem Verhalten als drei Ebenen des Vertrauens, getroffen werden (Cummings und Bromley 1996).

Vertrauen setzt Ressourcen frei, da zunehmend auf Kontrolle verzichtet wird. Einigkeit besteht in der Literatur auch darüber, dass Vertrauen ein Lernprozess ist. Zwar werden dispositionale Unterschiede in der Vertrauensneigung angenommen („Glaube in eine gerechte Welt"), dennoch dürfte sich Vertrauen in sozialen Tauschbeziehungen eher stufenweise aufbauen. Nach dem Konzept von Osterloh und Weibel (2006) wird dabei nach situationsbasiertem, eigenschaftsbasiertem und identifikationsbasiertem Vertrauen unterschieden. In der ersten Stufe, dem situationsbasiertem Vertrauen, sorgen klare Regeln (geteilte Skripte) dafür, dass das Handeln anderer in bestimmten Situationen vorhersehbar ist und es erfahrungsbasiert eine geringe Wahrscheinlichkeit von abweichendem Verhalten gibt. Auf der Stufe des eigenschaftsbasierten Vertrauens werden dem Vertrauensnehmer Integrität, Kompetenz und Benevolenz, also die Zuschreibung, dass keine Veranlassung zur Annahme besteht, dem Vertrauensgeber schaden zu wol-

len, zugesprochen. Auf der letzten Stufe wird davon ausgegangen, dass die Sozialpartner gelernt haben und es ihnen ein Bedürfnis ist, den anderen nicht zu schaden. Es entsteht gegenseitige Sympathie und eine (affektive) Bindung. Je stärker die Vertrauenskultur in einem Unternehmen ausgeprägt ist, desto schneller können diese Phasen auch für neue Mitarbeiterinnen und Mitarbeiter durchlaufen werden und desto weniger Energie muss in die Verhaltenskontrolle investiert werden. Rigotti und Mohr (2006) zeigten nicht nur positive Zusammenhänge von Vertrauen in die Organisation zur Lebenszufriedenheit, positivem Arbeit-Freizeit-Transfer und zu allgemeiner Gesundheit, sondern konnten auch belegen, dass wahrgenommenes Vertrauen positive Effekte der Einhaltung psychologischer Verträge auf das Wohlbefinden verstärkt, dem Vertrauen demnach also eine Katalysatorwirkung für Ressourcengewinne zukommt.

Eine Unterscheidung zwischen Fairness und Vertrauen lässt sich vor allem auf der zeitlichen Bewertungsebene treffen. Während Fairnessbewertungen in der Regel eine retrospektive Bewertung darstellen, also bereits getroffene Entscheidungen, Verteilungen und Prozesse beurteilt werden, stellt Vertrauen eine prospektive, in die Zukunft gerichtete Einstellung dar. Im Falle eines Vertrauensbruchs wird das Verhalten von Sozialpartnern wohl in der Regel aber auch als unfair erlebt.

8.2.1 Wie entstehen Fairness und Vertrauen?

Neben einem reinen transaktionalen, ökonomischen Austausch von Arbeitskraft gegen Lohnleistungen gehen soziale Austauschtheorien davon aus, dass Arbeitsbeziehungen auch darüber hinausgehende Tauschprozesse beinhalten (Rhoades und Eisenberger 2002; Rupp und Cropanzano 2002). Dazu können beispielsweise gegenseitiger Respekt, nicht-monetäre Belohnungssysteme sowie allgemein die Erbringung formal-vertraglich nicht festgeschrie-

8

bener Leistungen gezählt werden. In der sozialen Austauschtheorie wird postuliert, dass Beziehungen zwischen Individuen durch *Kosten-Nutzen-Abwägungen* gekennzeichnet sind und eine Maximierung des Nutzens angestrebt wird (Blau 1964). Für den Austausch wird eine *Reziprozitätsnorm* angenommen (Gouldner 1960, Stegbauer 2002). Dies bedeutet, dass die Beiträge der einen Partei bei der anderen Partei ein Verpflichtungsgefühl bezüglich eines adäquaten Ausgleichs hervorrufen (Dabos und Rousseau 2004).

Adams (1965) postuliert in seiner *Equity Theory*, dass eine Person A dann eine Situation als gerecht erlebt, wenn das Verhältnis zwischen ihrem Beitrag (I_A) und ihrem Ergebnis (O_A) mit jenem Verhältnis einer anderen Person B übereinstimmt. Dieses Verhältnis kann durch eine ganz einfache Formel dargestellt werden. Gerechtigkeit liegt vor, wenn

$$\frac{O_A}{I_A} = \frac{O_B}{I_B}$$

Wenn zum Beispiel eine Person A zehn Stunden arbeitet und hierfür 200 € verdient und eine andere Person B für fünf Stunden für eine gleichwertige Arbeit 100 € erhält, so ist dieses Verhältnis gleich und beide Personen werden die Situation laut Theorie als gerecht erleben.

Weitere Erklärungsmodelle zur Entstehung von Fairnessurteilen postulieren das Zusammenwirken von Bewertungsprozessen. So postuliert etwa Folger (1987) in seiner *Referent Cognitions Theory*, dass sich ein Fairnessurteil aus dem Vergleich von antizipierten Folgen (Referent Outcome) mit möglichen alternativen Szenarien (Referent Instrumentalities) und der Wahrscheinlichkeit für einen späteren Ausgleich (Likelihood of Amelioration) ergeben. Lind und Tyler (1992) betonen in ihrem *Group Value Model* die Beurteilung der Person oder Gruppe, der faires oder unfaires Verhalten zugesprochen wird. Sie unterscheiden dabei zwischen Benevolenz (inwiefern kann den Motiven der Anderen getraut werden), Neutralität (inwiefern werden Handlungen ohne Eigennutz durchgeführt) und Wertschätzung (inwie-

fern wird man respekt- und würdevoll behandelt). Folger und Cropanzano (2001) gehen in ihrer *Fairnesstheorie* ebenfalls von drei Bewertungsaspekten aus: (1) Die Wahrnehmung eines ungünstigen Zustandes im Vergleich zu einem antizipierten Zielzustand (would), (2) die Zuschreibung der Verantwortung; es hätte Handlungsalternativen gegeben (could) und (3) die Beurteilung, dass eine Benachteiligung als Verletzung ethisch-moralischer Normen aufgefasst wird. Kurz zusammengefasst kann also festgehalten werden: „Fairnessurteile entstehen [...] aus einem Ungleichgewicht zwischen antizipierten Zielen und Ergebnissen und/oder aus dem Ungleichgewicht zwischen erbrachten und erhaltenen Leistungen im Vergleich mit Anderen, wobei die Verantwortung zumindest zum Teil bei anderen Personen gesehen wird. Dabei sind nicht nur die individuellen Ergebnisse relevant, sondern vor allem auch wie diese zustande gekommen sind." (Rigotti 2010, S. 214).

8.2.2 Die Rolle von Fairness und Vertrauen für Gesundheit und Wohlbefinden

Ähnlich wie auch in der Führungsforschung standen zunächst in der organisationalen Fairnessforschung längere Zeit Effekte erlebter (Un-)Fairness auf arbeitsbezogene Einstellungen und das Leistungsverhalten von Beschäftigten im Fokus (Colquitt et al. 2001). In den letzten 20 Jahren berichteten zahlreiche Studien aber auch substantielle Zusammenhänge zwischen dem organisationalen Fairnesserleben und der Gesundheit von Beschäftigten. Prospektive Längsschnittstudien konnten Zusammenhänge erlebter Unfairness im Arbeitskontext zu erhöhtem Blutdruck (Wager et al. 2003), zu psychischen Störungen (Elovainio et al. 2002; Kivimäki et al. 2003) und sogar zu einer höheren kardiovaskulären Mortalität aufzeigen (Elovainio et al. 2006). Zudem kann erlebte organisationale Fairness negative Effekte eines Arbeitsunsicherheitsklimas auf die psychische Beanspruchung abfedern (Rigotti et al. 2008).

Dirks und Ferrin (2002) berichten in ihrer Metaanalyse einen hohen Zusammenhang zwischen organisationaler Fairness und Vertrauen in Führungskräfte, das wiederum eng mit arbeitsbezogenen Einstellungen und dem Leistungsverhalten in Zusammenhang steht. Direkte Zusammenhänge zwischen Vertrauen in Führungskräfte oder dem Management und Gesundheitsindikatoren wurden – mit Ausnahme in Bezug auf erlebte Brüche psychologischer Verträge – kaum untersucht. Rigotti (2009) und Rigotti et al. (2007b) konnten jedoch zeigen, dass erlebte Brüche wahrgenommener gegenseitiger Verpflichtungen (Bruch des Psychologischen Vertrages) über bekannte Arbeitsstressoren hinaus substantielle Zusammenhänge mit verschiedenen Gesundheitsindikatoren aufweisen.

8.3 Von der individuellen zur kollektiven Ebene

Nach Barnard (1938/1968) sind Organisationen durch drei wesentliche Elemente gekennzeichnet: Kommunikation, handlungswillige Personen und ein gemeinsames Ziel. Die Bereitschaft zur Kooperation ist ein Schlüsselelement in Barnards Organisationstheorie: „That is, willingness to cooperate is the net effect, first, of the inducements to do so in conjunction with the sacrifices involved, and then in comparison with the practically available net satisfactions afforded by alternatives" (Barnard 1938/1968, S. 85). Vertrauen fördert die Kooperationsbereitschaft in Organisationen (McAllister 1995).

Wenn es um die Beziehung zwischen Arbeitnehmern und Organisationen geht, wird das Modell von March und Simon (1958) in der Regel unter den ersten Veröffentlichungen zitiert (z. B. Coyle-Shapiro und Shore 2007). In diesem Modell wird behauptet, dass Organisationen Anreize als Gegenleistung für die Beiträge der Mitarbeiter bieten. Das organisa-

tionale Gleichgewicht und damit das Überleben der Organisation hängt nach dieser Theorie von der Ausgewogenheit der Anreize und Beiträge sowie von Alternativen zum Arbeitsverhältnis ab. Die meisten sozialen Tauschtheorien innerhalb der Organisationsliteratur gehen davon aus, dass das Arbeitsverhältnis nicht nur aus einem wirtschaftlichen Austausch von Arbeitskraft gegen Geld besteht, sondern auch sozio-emotionale Elemente wie gegenseitigen Respekt, Lohnzusatzleistungen oder über die formale Stellenbeschreibung hinausgehendes Verhalten beinhaltet (Rhoades und Eisenberger 2002; Rupp und Cropanzano 2002). Diese Unterscheidung zwischen wirtschaftlichem (oder materialistischem) und sozio-emotionalem (auch symbolischem) Austausch findet sich in mehreren Bereichen der Organisationsforschung. Beispiele dafür sind Etzionis (1975) makroökonomisches Modell des Involvement (Unterscheidung zwischen rechnerischer und moralischer Beteiligung in Abhängigkeit vom organisatorischen Belohnungssystem) und Allen und Meyers (1990) Drei-Komponenten-Bindungsmodell (affektive, kontinuierliche und normative Verpflichtung). Diese Unterscheidung fand auch in der psychologischen Vertragsliteratur ihren Weg in das Konzept der transaktionalen versus relationalen Psychologischen Verträge (vgl. Rousseau 1995; MacNeil 1985). Auch in Bezug auf Vertrauen lassen sich kognitive und affektive Aspekte unterscheiden (Lewis und Weigert 1985) und hier kann wieder ein Bezug zu dem beschriebenem Phasenmodell hergestellt werden. Formal festgelegte, insbesondere auch ökonomische Tauschgüter bilden die Grundlage für situationsbasiertes Vertrauen. Aber nur durch länger anhaltende positive Interaktionserfahrungen kann affektives Vertrauen im Sinne identifikationsbasierten Vertrauens aufgebaut werden.

8.3.1 Fairness- und Vertrauenskultur

Die bedeutendste Konzeption von Organisationskultur geht auf Schein (1992) zurück, der Kultur allgemein definiert als

» a pattern of basic assumptions – invented, discovered, or developed by a given group as it learns to cope with its problems of external adaption and internal integration – that has worked well enough to be considered valid and, therefore, to be taught to new members as the correct way to perceive, think, and feel in relation to those problems (S. 9).

Dabei postuliert er drei ineinandergreifende Ebenen. Die Ebene der Artefakte (beobachtbare Verhaltensweisen und erkennbare, auch symbolische Repräsentationen), der bekundeten Werte und der grundlegenden, unausgesprochenen Annahmen.

Organisationskultur und damit auch Fairness- oder Vertrauenskultur lässt sich als ein Aggregat individueller Einstellungen begreifen. Chan (1998, S. 236) schlug eine Einteilung in fünf Typen vor: (a) additive Modelle, bei denen Gruppenkonstrukte eine Summe der Einstellungen oder Bewertungen der unteren Ebene sind; (b) direkte Konsensmodelle, wobei der Konsens bezüglich der Einschätzungen als eine Voraussetzung für die Bildung einer Gruppenvariable angesehen wird; (c) referentielle Verschiebungsmodelle, bei denen sich die durch Konsens gebildeten Variablen der unteren Ebene konzeptionell von den ursprünglichen Variablen der unteren Ebene unterscheiden; (d) Verteilungsmodelle (Dispersion), bei denen die Variabilität betrachtet wird, und (e) Prozessmodelle, bei denen die Prozessparameter auf Gruppenebene analog zu den Prozessparametern der unteren Ebene angenommen werden. Es kommt also nicht nur auf die gemittelten Fairness- und Vertrauensurteile an, sondern auch darauf, wie hoch die Übereinstimmung in einer Gruppe, einem Team oder einer Belegschaft ist. Dies wird in der Literatur als Climate oder Culture Strength bezeichnet (Schneider et al. 2002). Um tatsächlich von einer Fairness- oder Vertrauenskultur sprechen zu können, scheint eine gewisse Übereinstimmung der Wahrnehmungen und Einschätzung innerhalb einer betrachteten sozialen Gruppe unabdingbar. Fehlende Übereinstimmung in der Wahrnehmung des Vertrauens innerhalb einer Gruppe bedeutet eine schwache Ausprägung einer geteilten Vertrauenskultur (Klein et al. 2001). Während Organisationsklima und Organisationskultur im Allgemeinen beforscht wurden, finden sich in der Forschungsliteratur kaum konkrete Konzeptionen für Fairness- oder Vertrauenskultur. Dies mag daran liegen, dass diese Konzepte in der Psychologie vor allem als subjektive Wahrnehmungen angesehen wurden („Fairness is in the eye of the beholder"). In den letzten Jahren wurde jedoch verstärkt das Konzept des Psychologischen Sicherheitsklimas untersucht, das eng mit Fairness und Vertrauen in Verbindung steht.

8.3.2 Psychologisches Sicherheitsklima

Psychologisches Sicherheitsklima (Psychosocial safety climate) ist definiert als „organizational policies, practices, and procedures for the protection of worker psychological health and safety" (Dollard und Bakker 2010, S. 580). Law et al. (2011) konnten zeigen, dass ein starkes Sicherheitsklima in einer Organisation mit weniger emotionaler Erschöpfung und mehr Arbeitsengagement korrespondiert sowie negative Effekte durch Mobbing abzuschwächen vermag. Als bedeutender Mechanismus konnte darüber hinaus die wahrgenommene prozedurale Fairness festgestellt werden. Luria (2010) berichtet einen negativen Zusammenhang zwischen Vertrauen und Unfallhäufigkeit. Das Sicherheitsklima zeigte sich dabei als vermittelnder Mechanismus. Golubovich et al. (2014) berichteten, dass Beschäftigte mit hohem Psychologischem Sicherheitsklima weniger Frustration erlebten und weniger muskuloskelettale

◘ Abb. 8.1 Rekursives Modell zum Zusammenhang von Vertrauen und Resilienz auf individueller, Team- und Organisationsebene

Symptome berichteten. Interessanterweise waren Mitarbeiter mit hoher Widerstandsfähigkeit stärker von einem schlechten Sicherheitsklima betroffen.

8.3.3 Vertrauen als Grundstein resilienter Organisationen

Ähnlich wie Vertrauen und Fairness wurde Resilienz bisher vorrangig als individuelle Fähigkeit aufgefasst, trotz aversiver Bedingungen (psychisch) gesund zu bleiben oder sich rasch wieder erholen zu können (vgl. Kunzler et al. 2018). Das Konzept der Resilienz lässt sich aber auch auf soziale Systeme übertragen. Und so wurden auch unterschiedliche Konzeptionen für Resilienz auf Team- und Organisationsebene entwickelt. Dabei ist Team- und auch organisationale Resilienz nicht einfach nur die Summe der Resilienz der Gruppenmitglieder, sondern sie stellen jeweils in Bezug auf mögliche Beschreibungselemente sowie hinderliche und förderliche Aspekte eigenständige Konstrukte dar. Dies ist nicht der Platz, um ausführlich auf verschiedene Konzeptualisierungen von Resilienz einzugehen. Der Fokus liegt hier auf der Wechselbeziehung zwischen Vertrauen und Resilienz auf den verschiedenen Ebenen. In ◘ Abb. 8.1 ist ein rekursives Modell mit dem Fokus auf Zusammenhänge

zwischen Vertrauen und Resilienz auf den verschiedenen Ebenen dargestellt. Für die einzelnen dargestellten Zusammenhänge lassen sich empirische Belege angeben, das Modell als Ganzes wurde jedoch noch nicht untersucht.

Die individuelle Vertrauensneigung, der Glaube an eine gerechte Welt oder auch das Kohärenzerleben sowie das Vertrauen in eigene Fähigkeiten (Selbstwirksamkeitserwartung) zählen zu den etablierten persönlichen Ressourcen, die im positiven Zusammenhang mit individueller Resilienz stehen. Individuelle Resilienz kann trainiert werden (Robertson et al. 2015). Aber sie benötigt vor allem auch einen sozialen Nährboden. Umgebungsfaktoren können die individuelle Resilienz-Kapazität beeinflussen und somit einen entscheidenden Beitrag zur Stärkung individueller Resilienz leisten (Britt et al. 2016). Nur in passenden Umgebungen kann die Resilienz bzw. deren Kapazität entwickelt und aufrechterhalten werden (Ungar 2011). Nach Arnold und Rigotti (2020) fördert gesundheitsförderliches Führungsverhalten das Psychologische Kapital (Hoffnung, Selbstwirksamkeit, Resilienz, Optimismus), das wiederum die Wahrscheinlichkeit für eine resiliente Reaktion auf Belastungen erhöht.

Die Team-Resilienz kann beeinflusst werden durch die im Team herrschenden gemeinsamen Emotionen (Hartmann et al. 2019). Resilienz-förderliche Emotionen in Teams sind zum Beispiel Optimismus, Begeisterung oder Entspannung (Meneghel et al. 2016b). Das Teilen von positiven Emotionen im Team hilft dabei, sich von Bedenken und Schwierigkeiten zu erholen (Stephens et al. 2013). Zwischenmenschliche Prozesse, welche die Resilienz im Team erhöhen, sind zum Beispiel hohe Verbundenheit der Team-Mitarbeitenden (Carmeli et al. 2013), Vertrauen untereinander sowie sich gegenseitig eine emotionale Stütze zu sein (Stephens et al. 2013). Mitarbeitende in resilienten Teams haben die Sicherheit, dass ein anderes Team-Mitglied bei Schwierigkeiten ansprechbar ist und sich grundsätzlich in ethischer Art und Weise verhalten wird (Stephens et al. 2013). Ein positives Klima der gegenseitigen sozialen Unterstützung im Team sowie eine gute Team-Koordination erhöhen ebenfalls die Resilienz (Meneghel et al. 2016a). Dies spielt auch zusammen mit konsequenter Kommunikation im Team, wie regelmäßige Briefings und Debriefings in Krisensituationen (Kennedy et al. 2016). Die Etablierung von Netzwerken zur Problemlösung kann hier hilfreich sein (Sutcliffe und Vogus 2003). Die grundsätzliche Offenheit, sein Wissen, seine Ideen und Gedanken mit den anderen Teammitgliedern zu teilen, erhöht ebenfalls die Resilienz (Vidal et al. 2009). In resilienten Teams besteht außerdem die Gewissheit, dass auch kritische Aspekte offen und ehrlich angesprochen werden können (Carmeli und Gittell 2009). Der nachhaltigste Weg zum Aufbau resilienter Organisationen kann jedoch im Aufbau einer Fairness- und Vertrauenskultur gesehen werden.

8.3.4   Wie kann eine Fairness- und Vertrauenskultur geschaffen werden?

Ursprünglich als heuristisches Modell im Rahmen der Forschung zu psychologischen Verträgen entwickelt (Rigotti und De Jong 2019), scheint mir das in ◘ Abb. 8.2 dargestellte systemische Modell auch übertragbar für eine Kategorisierung von Einflussfaktoren und Moderatoren der Fairness- und Vertrauenskultur.

Die *Makroebene* stellt gesellschaftliche Einflüsse dar, die sich im Großen und Ganzen in das politische und rechtliche System, das Wirtschaftssystem und kulturelle Normen und Werte unterscheiden lassen. Hohe Arbeitslosenquoten können z. B. zu einer Zunahme der informellen Macht der Arbeitgeber führen und die Möglichkeiten der Arbeitnehmer einschränken. Sie kann auch Arbeitgeber daran hindern, ihren Mitarbeiterinnen und Mitarbeitern langfristige Perspektiven zu bieten, was zu einem Vertrauensverlust beitragen kann (Rigotti et al. 2007a). Kulturelle Normen und Werte beeinflussen das Verhalten von Mitarbeitern und Führungskräften in Organisationen sowohl direkt als auch indirekt, sofern sie durch organisatorische Faktoren (Organisationsstruktur, Organisationsklima, Personalführungspolitik) vermittelt werden (vgl. Bond und Smith 1996; Kabanoff et al. 2000; Trompenaars 2000).

Die *Mesoebene* umfasst Faktoren auf der organisationalen Ebene. Formale Strukturen wie z. B. die Zugehörigkeit zum öffentlichen vs. privaten Sektor, Profit- vs. Non-Profit-Organisation, Organisationsgröße, Gewerkschaftsdichte und Kontrollspanne können unterschiedliche Rahmenbedingungen für eine Vertrauens- und Fairnesskultur bilden.

Ning und Zhaoyi (2017) konnten zeigen, dass das ethische Klima in einer Organisation auch die Auswirkungen von Verletzungen des Psychologischen Vertrages auf unethisches Verhalten puffert (vgl. auch Wang und Hsieh 2014). Estreder et al. (2020) berichten, dass ein in der Organisation geteiltes Verständnis über den Psychologischen Vertrag (Normativer Kontrakt) mit organisationaler Fairness in Zusammenhang steht und Effekte individuell erlebter Vertrauensbrüche verstärken kann.

Als wichtige Instrumente zum Aufbau einer Vertrauenskultur werden Feedback, Partizipation und Empowerment angesehen (Nyhan 2000). *Feedback* wird u. a. im Job Characteristics Model (Hackman und Oldham 1975) als bedeutendes Aufgabenmerkmal gesehen.

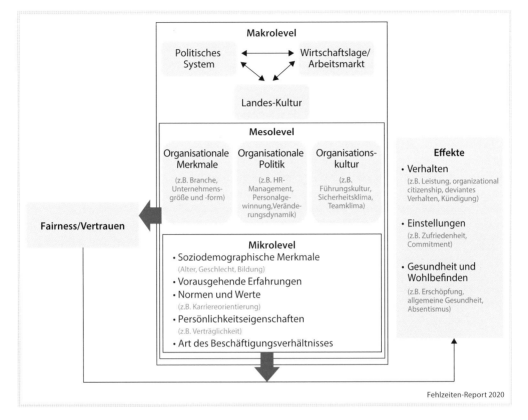

◻ Abb. 8.2   Systemisches Modell zu den Einflussfaktoren auf Fairness und Vertrauen in Organisationen

Ohne Feedback kann kein Lernen stattfinden und auch für die (professionelle) Identitätsbildung sowie den Selbstwert ist konstruktives Feedback essentiell. Unter *Partizipation* ist die Teilhabe an Entscheidungsprozessen zu verstehen. Weber et al. (2019) fassten in einer Meta-Analyse die Effekte verschiedener Partizipationsoptionen zusammen. Die Teilhabe von Beschäftigten an Entscheidungsprozessen konnte dabei als bedeutender Prädiktor für prosoziale Orientierungen und Verhaltensweisen bestätigt werden. Die direkte Beteiligung der Beschäftigten an strategischen und taktischen Entscheidungen beeinflusst dabei die individuelle Arbeitsorientierung stärker als die bloße Einrichtung demokratischer Vertretungsgremien. *Empowerment* bedeutet, ein Umfeld zu schaffen, in dem Beschäftigte mehr Freiheitsgrade und Verantwortung für die Erfüllung ihrer Arbeitsaufgaben und Arbeitsziele erhalten.

Wahrgenommene *organisationale Unterstützung* (Perceived Organisational Support, POS) kann als die globale Überzeugung der Mitarbeiter definiert werden, inwieweit die Organisation als Ganzes ihre Beiträge schätzt und sich um ihr Wohlergehen kümmert. Organisationale Unterstützung „is assumed to be based on the favourableness of employees' history of treatment by the organization" (Aselage und Eisenberger 2003, S. 492). Es besteht ein enger Zusammenhang zwischen organisationaler Unterstützung und der Erfüllung des psychologischen Vertrags, einschließlich der Wahrnehmung von fairer Behandlung und Vertrauen (Guest und Conway 2002) sowie der gefühlten Verpflichtungen (Coyle-Shapiro et al. 2006). Darüber hinaus berichten Tekleab et al. (2005)

8

über eine negative Beziehung organisationaler Unterstützung und Vertrauensbrüchen. Die von den Vorgesetzten erhaltene Unterstützung wird als ein zentraler Baustein organisationaler Unterstützung angesehen. Die Kausalität dieser Implikation konnte in einer Cross-Lagged-Panel-Studie von Eisenberger et al. (2002) nachgewiesen werden.

In Bezug auf Führungskräfte ist vor allem auch das Konzept des Leader-Member-Exchange (LMX) aufzuführen. LMX bezieht sich auf die Qualität der Beziehung zwischen Vorgesetzten und ihren Teammitgliedern (Graen 1976; Liden und Graen 1980; Liden et al. 2000). Nach der LMX-Theorie behandeln Vorgesetzte jedes Teammitglied unterschiedlich, womit auch die Qualität der Führungsbeziehung, die unter anderem auf Vertrauen, Loyalität und Respekt basiert, individuell sehr unterschiedlich ausfallen kann (vgl. Graen und Uhl-Bien 1995). LMX wurde auch als potenzieller Moderator für die Effekte von psychologischen Vertragsbrüchen (die auch als Vertrauensbrüche angesehen werden können) untersucht, jedoch mit widersprüchlichen Ergebnissen. Während einige Studien feststellten, dass LMX die negativen Auswirkungen von Vertrauensbrüchen verstärkt („Betrayel", Bal et al. 2010; Restubog et al. 2010; Suazo und Stone-Romero 2011), berichteten andere, dass LMX die negativen Auswirkungen eines Vertragsbruchs abfedert („buffer", Dulac et al. 2008; Griep et al. 2016; Ng et al. 2014; Zagenczyk et al. 2009). Doden et al. (2018) lieferten eine mögliche Erklärung für diese konkurrierenden Ergebnisse. Für Beschäftigte mit organisationszentrierten Karriere-Orientierungen zeigten sich bei hoher Beziehungsqualität zu Vorgesetzten (LMX) verstärkte negative Reaktionen auf Vertrauensbrüche, während für Beschäftigte mit egozentrischen Karriere-Orientierungen die Pufferhypothese bestätigt werden konnte. Holstad et al. (2013) konnten zeigen, dass die wahrgenommene prozedurale Fairness den Zusammenhang zwischen transformationalem Führungsverhalten und psychischer Beanspruchung vermittelt. Ein wichtiger Aspekt scheint dabei auch zu sein, als wie

fair die Aufgabenverteilung im Team durch die Führungskraft wahrgenommen wird (Scheel et al. 2019).

8.4 Fazit

Es wird deutlich, dass Fairness im Arbeitsleben sich auszahlt: als Grundlage von Vertrauen, als Katalysator für innovative Arbeit und als förderlicher Faktor langfristiger Motivations- und Gesundheitserhaltung. Der Aufbau von Vertrauen benötigt Zeit und nur durch konsistente positive soziale Erfahrungen kann identifikationsbasiertes Vertrauen aufgebaut werden. Die faire Verteilung von Ressourcen (Distributive Fairness), transparente und möglichst partizipative Entscheidungsprozesse in Organisationen (Prozedurale Fairness) und individuelle Wertschätzung (Interaktionale Fairness) begünstigen den Aufbau von Vertrauen.

Gelingt der Aufbau einer nachhaltigen Fairness- und Vertrauenskultur im Unternehmen, trägt dies auch zur Resilienz der Organisation sowie der einzelnen Beschäftigten bei. Resilienz auf organisationaler Ebene zu fördern ist überaus wichtig, um in Krisensituationen handlungsfähig zu bleiben und adäquat zu reagieren (Rodríguez-Sánchez und Perea 2015). Hollnagel et al. (2006) beschreiben vier Fähigkeiten, die resiliente Organisationen ausmachen: 1.) Resiliente Organisationen antizipieren zukünftige Entwicklungen, 2.) Gefährdende Veränderungen werden innerhalb und außerhalb der Organisation identifiziert, 3.) In resilienten Organisationen wird auf unvorhergesehene Ereignisse adäquat reagiert, 4.) Resiliente Organisationen lernen aus den vergangenen und überwundenen Ereignissen (siehe auch Soucek et al. 2016).

Individuelle Resilienz, Resilienz auf Team- sowie Organisationsebene können sich dabei gegenseitig verstärken. Vertrauen wirkt als sozialer Klebstoff und Katalysator (Rigotti und Mohr 2006) im Sinne einer positiven Ressourcenspirale. Zu Vertrauen gehört das Risiko der

Verletzlichkeit durch Vertrauensbrüche. Klare Regeln im Umgang mit Fehlverhalten stehen daher nicht im Widerspruch, sondern sollten m. E. fester Bestandteil einer transparenten Vertrauenskultur sein. Eine Vertrauenskultur im Unternehmen fördert auch die Bereitschaft, Fehlverhalten anzuzeigen. An einer solchen Vertrauenskultur hat es offensichtlich bei den Skandalen u. a. in der Autobranche in den letzten Jahren gemangelt.

Literatur

Adams JS (1965) Inequity in social exchange. In: Berkowitz L (Hrsg) Advances in experimental social psychology, Bd. 2. Academic Press, New York, S 267–299

Allen NJ, Meyer JP (1990) The measurement and antecedents of affective, continuance and normative commitment to the organization. J Occup Psychol 63:1–18

Arnold M, Rigotti T (2020) Is it getting better or worse? Health-oriented leadership and psychological capital as resources for sustained health in newcomers. Appl Psychol (Epub ahead of print)

Aselage J, Eisenberger R (2003) Perceived organizational support and psychological contracts: a theoretical integration. J Organiz Behav 24:491–509

Bal MP, Chiaburi D, Jansen P (2010) Psychological contract breach and work performance: Is social exchange a buffer or an intensifier? Journal of Managerial Psych 25:252–273

Barnard (1968) The functions of the executive. Harvard University Press, London

Blau PM (1964) Exchange and power in social life. Wiley, New York

Bond MH, Smith PB (1996) Cross-cultural social and organizational psychology. Annu Rev Psychol 47:205–235

Britt TW, Shen W, Sinclair RR, Grossman MR, Klieger DM (2016) How much do we really know about employee resilience? Ind Organ Psychol 9:378–404

Carmeli A, Gittell JH (2009) High-quality relationships, psychological safety, and learning from failures in work organizations. J Organiz Behav 30:709–729

Carmeli A, Friedman Y, Tishler A (2013) Cultivating a resilient top management team: the importance of relational connections and strategic decision comprehensiveness. Saf Sci 51:148–159

Chan D (1998) Functional relations among constructs in the same content domain at different levels of analysis: a typology of composition models. J Appl Psychol 83:234–246

Colquitt JA, Conlon DE, Wesson MJ et al (2001) Justice at the millennium: a meta-analytic review of 25 years of organizational justice research. J Appl Psychol 86:425–445

Coyle-Shapiro JAM, Shore LM (2007) The employee-organization relationship: where do we go from here? Hum Resour Manag Rev 17:166–179

Coyle-Shapiro JAM, Morrow PC, Kessler I (2006) Serving two organizations: exploring the employment relationship of contracted employees. Hum Resour Manage 45:561–583

Cummings LL, Bromiley P (1996) The organizational trust inventory (OTI): development and validation. In: Kramer RM, Tyler TR (Hrsg) Trust in organizations: frontiers of theory and research. SAGE, Thousand Oaks, S 302–330

Dabos GE, Rousseau DM (2004) Mutuality and reciprocity in the psychological contracts of employees and employers. J Appl Psychol 89:52–72

Dirks KT, Ferrin DL (2002) Trust in leadership: meta-analytic findings and implications for research and practice. J Appl Psychol 87:611–628

Doden W, Grote G, Rigotti T (2018) Does leader-member exchange buffer or intensify detrimental reactions to psychological contract breach? The role of employees' career orientation. J Vocat Behav 106:192–208

Dollard MF, Bakker AB (2010) Psychosocial safety climate as a precursor to conducive work environments, psychological health problems, and employee engagement. J Occup Organ Psychol 83:579–599

Dulac T, Coyle-Shapiro JA, Henderson DJ et al (2008) Not all responses to breach are the same: the interconnection of social exchange and psychological contract processes in organizations. AMJ 51:1079–1098

Elovainio M, Kivimäki M, Vahtera J (2002) Organisational justice: evidence of a new psychosocial predictor of health. Am J Public Health 92:105–108

Elovainio M, Leino-Arjas P, Vahtera J et al (2006) Justice at work and cardiovascular mortality: a prospective cohort study. J Psychosom Res 61:271–274

Eisenberger R, Stinglhamber F, Vandenberghe C et al (2002) Perceived supervisor support: contributions to perceived organizational support and employee retention. J Appl Psychol 87:565–573

Estreder Y, Rigotti T, Tomás I et al (2020) Psychological contract and organizational justice: the role of normative contract. Employee Relat 42:17–34

Etzioni A (1975) An evaluation of complex organizations: on power, involvement and their correlates. Free Press, New York

Folger R, Cropanzano R (1998) Organizational justice and human resource management. SAGE, London

Folger R (1987) Reformulating the preconditions of resentment: a referent cognitions model. In: Masters CJ, Smith WP (Hrsg) Social comparison, justice, and rela-

8

tive deprivation: theoretical, empirical, and policy perspectives. Lawrence Erlbaum, Hillsdale, S 183–215

Folger R, Cropanzano R (2001) Fairness theory: justice as accountability. Adv Organ Justice 1:1–55

Giddens A (1995) A contemporary critique of historical materialism. Polity Press, Cambridge

Golubovich J, Chang CH, Eatough EM (2014) Safety climate, hardiness, and musculoskeletal complaints: a mediated moderation model. Appl Ergon 45:757–766

Gouldner AW (1960) The norm of reciprocity: a preliminary statement. Am Sociol Rev 25:161–178

Graen G (1976) Role making processes within complex organizations. In: Dunnette MD (Hrsg) Handbook of industrial and organizational psychology. Rand McNally, New York, S 1201–1246

Graen GB, Uhl-Bien M (1995) Development of leader-member exchange (LMX) theory of leadership over 25 years: Applying a multi-level-multi-domain perspective. Leadersh Q 6:219–247

Griep Y, Vantilborgh T, Baillien E et al (2016) The mitigating role of leader–member exchange when perceiving psychological contract violation: a diary survey study among volunteers. Eur J Work Organ Psychol 25:254–271

Guest DE, Conway N (2002) Communicating the psychological contract: an employer perspective. Hum Resour Manag J 12:22–38

Hackman R, Oldham GR (1975) Development of the job diagnostic survey. J Appl Psychol 60:159–170

Hartmann S, Weiss M, Newman A, Hoegl M (2019) Resilience in the workplace: a multilevel review and synthesis. Appl Psychol 8:1–47

Hollnagel E, Woods DD, Leveson N (2006) Resilience engineering: concepts and precepts. Ashgate Publishing Ltd, Farnham

Holstad T, Rigotti T, Otto K (2013) Prozedurale Fairness als Mediator zwischen transformationaler Führung und psychischer Beanspruchung am Arbeitsplatz: Eine Mehrebenenstudie. Z Arbeits Organisationspsychol 57:163–176

Kabanoff B, Jimmieson NL, Lewis MJ (2000) Psychological contracts in Australia. A "fair go" or a "not-so-happy transition"? In: Rousseau DM, Schalk R (Hrsg) Psychological contracts in employment: cross-national perspectives. SAGE, Thousand Oaks, S 29–46

Kennedy DM, Landon LB, Maynard MT (2016) Extending the conversation: employee resilience at the team level. Ind Organ Psychol 9:466–475

Kivimäki M, Elovainio M, Vahtera J et al (2003) Association between organizational inequity and incidence of psychiatric disorders in female employees. Psychol Med 43:319–326

Klein KJ, Conn AB, Smith DB et al (2001) Is everyone in agreement? An exploration of within-group agreement in employee perceptions of the work environment. J Appl Psychol 86:3–16

Kunzler AM, Chmitorz A, Bagusat C et al (2018) Construct validity and population-based norms of the German Brief Resilience Scale. Eur J Health Psychol 25:107–117

Law R, Dollard MF, Tuckey MR et al (2011) Psychosocial safety climate as a lead indicator of workplace bullying and harassment, job resources, psychological health and employee engagement. Accid Analysis Prev 43:1782–1793

Lengnick-Hall CA, Beck TE, Lengnick-Hall ML (2011) Developing a capacity for organizational resilience through strategic human resource management. Hum Resour Manag Rev 21:243–255

Lewis JD, Weigert A (1985) Trust as a social reality. Soc Forces 63:967–985

Liden RC, Graen G (1980) Generalizability of the vertical dyad linkage model of leadership. AMJ 23:451–465

Liden RC, Wayne SJ, Sparrow RT (2000) An examination of the mediating role of psychological empowerment on the relations between the job, interpersonal relationships, and work outcomes. J Appl Psychol 85:407–416

Lind EA, Tyler TR (1992) The social psychology of procedural justice. Plenum, New York

Luria G (2010) The social aspects of safety management: trust and safety climate. Accid Analysis Prev 42:1288–1295

MacNeil IR (1985) Relational contract: what we do and do not know. Law Review, Wisconsin, S 483–525

March JG, Simon HA (1958) Organizations. John Wiley & Sons, New York

Mayer RC, Davis JH, Schoorman FD (1995) An integrative model of organizational trust. AMR 20:709–734

McAllister DJ (1995) Affect-and cognition-based trust as foundations for interpersonal cooperation in organizations. AMJ 38:24–59

Meneghel I, Martínez IM, Salanova M (2016a) Job-related antecedents of team resilience and improved team performance. Pers Rev 45:505–522

Meneghel I, Salanova M, Martínez IM (2016b) Feeling good makes us stronger: How team resilience mediates the effect of positive emotions on team performance. J Happiness Stud 17:239–255

Ng TW, Feldman DC, Butts MM (2014) Psychological contract breaches and employee voice behaviour: the moderating effects of changes in social relationships. Eur J Work Organ Psychol 23:537–553

Ning N, Zhaoyi L (2017) Psychological contract breach, organizational disidentification, and employees' unethical behavior: organizational ethical climate as moderator. Soc Behav Pers Int J 45:1409–1424

Nyhan RC (2000) Changing the paradigm: trust and its role in public sector organizations. Am Rev Public Adm 30:87–109

Osterloh M, Weibel A (2006) Investition Vertrauen. Gabler, Wiesbaden

Restubog SLD, Bordia P, Tang RL et al (2010) Investigating the moderating effects of leader–member exchange in the psychological contract breach-employee performance relationship: a test of two competing perspectives. Brit J Manage 21:422–437

Rhoades L, Eisenberger R (2002) Perceived organizational support: a review of the literature. J Appl Psychol 87:698–714

Rigotti T (2009) Der Psychologische Vertrag und seine Relevanz für die Gesundheit von Beschäftigten. In: Badura B, Schröder H, Klose J et al (Hrsg) Fehlzeiten-Report 2009, Psychische Belastungen reduzieren – Wohlbefinden fördern. Springer, Berlin, S 157–164

Rigotti T (2010) Fairness im Arbeitsleben. In: Windemuth D, Jung D, Petermann O (Hrsg) Praxishandbuch Psychische Belastungen im Beruf. Universum Verlag, Wiesbaden, S 210–219

Rigotti T, Mohr G (2006) Trau – Schau – Wem? Vertrauen in die Organisation als salutogenetischer Katalysator. Wirtschaftspsychologie 8:22–29

Rigotti T, Otto K, Mohr G (2007a) East-west differences in employment relations, organisational justice and trust: possible reasons and consequences. Econ Ind Democr 28:212–238

Rigotti T, Otto K, Mohr G (2007b) Psychologische Verträge und ihr Zusammenhang zu psychosozialem Befinden von Arbeitnehmerinnen und Arbeitnehmern. In: Richter P, Rau R, Mühlpfordt S (Hrsg) Arbeit und Gesundheit. Pabst, Lengerich, S 227–246

Rigotti T, Otto K, Mohr G (2008) Die Bedeutung von organisationaler Gerechtigkeit für das Beanspruchungserleben in Abhängigkeit von Kontextbedingungen: Ein Mehrebenenansatz. Wirtschaftspsychologie 10:24–33

Rigotti T, De Jong J (2019) Thresholds, non-linear and differential effects in psychological contract research. In: Cooper CL, Griep Y (Hrsg) Handbook of research on the psychological contract at work. Edward Elgar Publishing, London, S 253–271

Riolli L, Savicki V (2003) Information system organisational resilience. Int J Manag Sci 31:227–233

Robertson IT, Cooper CL, Sarkar M et al (2015) Resilience training in the workplace from 2003 to 2014: a systematic review. J Occup Organ Psychol 88:533–562

Rodríguez Sánchez AM, Perea VM (2015) The secret of organisation success: a revision on organisational and team resilience. Intl Jnl of Emergency Services 4:27–36

Rousseau DM (1995) Psychological contracts in organizations. Understanding written and unwritten agreements. SAGE, Thousand Oaks

Rupp DE, Cropanzano R (2002) The mediating effect of social exchange relationships in predicting workplace outcomes from multifoci organizational justice. Organ Behav Hum Decis Process 89:925–946

Scheel TE, Otto K, Vahle-Hinz T et al (2019) A fair share of work: Is fairness of task distribution a mediator between transformational leadership and follower emotional exhaustions? Front Psychol 10:2690

Schein EH (1992) Organizational culture and leadership. Jossey-Bass Inc, San Francisco

Schneider B, Salvaggio AN, Subirats M (2002) Climate strength: a new direction for climate research. J Appl Psychol 87:220–229

Soucek R, Ziegler M, Schlett C et al (2016) Resilienz im Arbeitsleben – Eine inhaltliche Differenzierung von Resilienz auf den Ebenen von Individuen, Teams und Organisationen. Gruppe. Interaktion. Organisation. Zeitschrift Für Angew Organisationspsychologie (gio) 47:131–137

Stegbauer C (2002) Reziprozität: Einführung in soziale Formen der Gegenseitigkeit. Westdeutscher Verlag, Wiesbaden

Stephens JP, Heaphy ED, Carmeli A et al (2013) Relationship quality and virtuousness: emotional carrying capacity as a source of individual and team resilience. J Appl Behav Sci 49:13–41

Suazo MM, Stone-Romero EF (2011) Implications of psychological contract breach: a perceived organizational support perspective. Journal of Managerial Psych 26:366–382

Sutcliffe K, Vogus T (2003) Organizing for resilience. In: Cameron K, Dutton J, Quinn R (Hrsg) Positive organisational scholarship: foundations of a new. Berrett-Koehler, San Francisco, S 94–110

Tekleab AG, Takeuchi R, Taylor MS (2005) Extending the chain of relationships among organizational justice, social exchange, and employee reactions: The role of contract violations. AMJ 48:146–157

Thibaut J, Walker L (1975) Procedural justice: a psychological analysis. Erlbaum, Hillsdale

Tillement S, Cholez C, Reverdy T (2009) Assessing organizational resilience: an interactionist approach. M@n@gement 12:230–264

Trompenaars F (2000) Riding the waves of culture—understanding cultural diversity in business, 2. Aufl. Nicholas Brealey, London

Turillo CJ, Folger R, Lavelle JL et al. (2002) Is virtue its own reward? Self-sacrificial decisions for the sake of fairness. Organ. Behav. Hum. Decis. Process. 89:839–865

Ungar M (2011) The social ecology of resilience: addressing contextual and cultural ambiguity of a nascent construct. Am J Orthopsychiatry 81:1–17

Vidal MC, Carvalho PV, Santos MS et al (2009) Collective work and resilience of complex systems. J Loss Prev Process Ind 22:516–527

Vogus TJ, Sutcliffe KM (2007) Organizational resilience: towards a theory and research agenda. 2007 IEEE International Conference on Systems, Man and Cybernetics, S 3418–3422

Wager N, Fieldman G, Hussey T (2003) The effects on ambulatory blood pressure of working under favourably and unfavourably perceived supervisors. Occup Environ Med 60:468–474

Wang YD, Hsieh HH (2014) Employees' reactions to psychological contract breach: a moderated mediation analysis. J Vocat Behav 85:57–66

Weber WG, Unterrainer C, Höge T (2019) Psychological research on organisational democracy: a meta-analysis of individual, organisational, and societal outcomes. Appl Psychol Int Rev (Epub ahead of print)

Zagenczyk TJ, Gibney R, Kiewitz C et al (2009) Mentors, supervisors and role models: do they reduce the effects of psychological contract breach? Hum Resour Manag J 19:237–259

8

Wie unfair ist das denn? Ursachen und Folgen organisationaler Gerechtigkeit

Andrea Fischbach

Inhaltsverzeichnis

© Springer-Verlag GmbH Deutschland, ein Teil von Springer Nature 2020
B. Badura et al. (Hrsg.), *Fehlzeiten-Report 2020*, Fehlzeiten-Report,
https://doi.org/10.1007/978-3-662-61524-9_9

■■ Zusammenfassung

Organisationale Gerechtigkeit ist die Einhaltung von moralischen Normen und Werten bei Entscheidungen und ihrer Umsetzung in Organisationen. Organisationale Ungerechtigkeit löst emotionale (physiologische, erlebensbezogene und verhaltensbezogene) Reaktionen bis hin zu Verbitterung bei den Beschäftigten aus. Organisationale Gerechtigkeit reflektiert und befriedigt grundlegende individuelle, soziale und moralische Grundbedürfnisse der Menschen in der Arbeit. Hohe organisationale Gerechtigkeit fördert selbstbestimmtes Arbeitsengagement und Gesundheit der Beschäftigten. Mangelnde organisationale Gerechtigkeit erhöht Risiken für Erkrankungen, negative Arbeitseinstellungen und unternehmensschädigendes Verhalten. In diesem Kapitel wird gezeigt, warum Menschen organisationale Gerechtigkeit wichtig ist und welche psychologischen Mechanismen den Effekt organisationaler Gerechtigkeit auf Arbeitsengagement und Gesundheit der Beschäftigten erklären können. Im Fokus stehen dabei die Merkmale organisationaler Ungerechtigkeit, die sich in der gemeinsamen Bewertung, gemeinsamen negativen Reaktionen und übereinstimmenden Verhaltensweisen der betroffenen Beschäftigten in Situationen mit Gerechtigkeitsbezug zeigen. Die Effekte organisationaler Gerechtigkeit auf Arbeitsengagement und Gesundheit der Beschäftigten wird an zwei empirischen Beispielen aus Forschungsprojekten zu Karriereverläufen und zur Gestaltung von organisationalen Veränderungsprozessen illustriert. Die Beispiele zeigen, dass organisationale Gerechtigkeit nicht „im Auge des Betrachtenden" liegt, sondern systematisch von der Gestaltung organisationaler Situationen mit Gerechtigkeitsbezug abhängt und ein Gebot gesundheits- und performanzförderlicher Arbeits- und Organisationsgestaltung ist (Fischbach et al. 2014).

9.1 Einleitung

Werde ich fair bezahlt? Wird meine Kollegin von ihrem Chef ausgenutzt? Ist unsere Unternehmensstrategie nachhaltig? Organisationale Gerechtigkeit ist im Unternehmen allgegenwärtig und Mitarbeitende achten empfindlich darauf, wie fair oder unfair es in ihrem Betrieb zugeht (Colquitt et al. 2001; Greenberg 2011). Dabei bezieht sich diese Empfindlichkeit nicht allein auf die persönliche Betroffenheit (z. B. welche Regeln bei der eigenen Beförderungsentscheidung angewendet wurden), sondern auch auf ungerechte Unternehmenspraktiken gegenüber Dritten innerhalb der Organisation (z. B. gegenüber anderen Kolleginnen oder einer Nachbarabteilung) und außerhalb der Organisation (z. B. gegenüber Kunden oder der Allgemeinbevölkerung, vgl., Colquitt und Zipay 2015; Rupp et al. 2017). Dauerhaft wahrgenommene Ungerechtigkeit am Arbeitsplatz ist mit hohen Kosten für die Beschäftigten und das Unternehmen verbunden. Aktuelle Forschungsarbeiten zeigen Effekte wahrgenommener Ungerechtigkeit auf psychische Gesundheit (z. B. Ndjaboué et al. 2012) und unternehmensschädigendes Verhalten (z. B. Colquitt et al. 2013; Spector und Fox 2010). Die Wahrnehmung von Fairness liegt dabei nicht einfach „im Auge des Betrachtenden". Menschen reagieren in ähnlicher Weise empfindlich auf Ungerechtigkeit am Arbeitsplatz, weil Ungerechtigkeit soziale und moralische Grundbedürfnisse im Zusammenhang mit Arbeit bedroht (Cropanzano et al. 2001; Rupp et al. 2011). Ziel des vorliegenden Kapitels ist es, arbeitsbezogene Bedingungen für die Wahrnehmung organisationaler Gerechtigkeit zu beschreiben, Indikatoren für Missstände in der organisationalen Gerechtigkeit zu identifizieren und daraus Gestaltungsansätzen zur Förderung der organisationalen Gerechtigkeit abzuleiten.

9.2 Warum Mitarbeitende aufmerksam für Ungerechtigkeit sind

Organisationale Gerechtigkeit reflektiert und befriedigt fundamentale individuelle, soziale und moralische Grundbedürfnisse der Menschen in der Arbeit. Die empfindliche Aufmerksamkeit für Ungerechtigkeit im Betrieb ist eine evolutionsbiologisch verankerte emotionale Reaktion und Verhaltenstendenz mit dem Ziel, diese Grundbedürfnisse zu schützen (Greenberg 2011; Rupp et al. 2017). Organisationale Gerechtigkeit zeigt, ob im Betrieb die individuellen Bedürfnisse nach selbstbestimmtem Arbeiten (Autonomie), sozialer Eingebundenheit in den Betrieb (Zugehörigkeit) und persönlicher Einflussnahme auf Arbeitsprozesse und Arbeitsergebnisse (Kompetenz) geachtet und erfüllt oder bedroht und frustriert werden (Deci et al. 2017). Organisationale Gerechtigkeit zeigt weiter, ob im Betrieb das soziale Miteinander funktioniert oder ob im Betrieb ein mangelnder Ausgleich konkurrierender Interessen existiert. Und schließlich ist organisationale Gerechtigkeit eine Tugend „an sich", die sich in Ergebnissen, Prozessen und Handlungen zeigt und in der sich die soziale Verantwortung für individuelle, organisationsweite und gesamtgesellschaftliche Anliegen ausdrückt (Cropanzano et al. 2001; Deci et al. 2017; Rupp et al. 2011; Ryan und Deci 2000). Diese Aspekte zeigen, dass die Empfindung organisationaler Ungerechtigkeit über Fragen der Frustration oder Befriedigung von Eigeninteressen weit hinausgeht. Wahrnehmung organisationaler Ungerechtigkeit schließt die Perspektivenübernahme bei der Verletzung von Gerechtigkeit bei anderen und das moralische Urteil darüber, was richtig und gutes Handeln in der Organisation ist, mit ein (◨ Abb. 9.1).

Modell der Organisationalen Gerechtigkeit und Fairnesswahrnehmung (◨ Abb. 9.1)
Organisationen tragen Verantwortung für ihre primären Profiteure (beispielsweise die Eigentümer eines Wirtschaftsbetriebs), für die Menschen, die bei ihnen arbeiten (Beschäftigte), für die Menschen, die mit ihnen im direkten Kontakt stehen (beispielsweise Kunden), für die funktionale und soziale Organisationsstruktur (Gemeinschaft) und für die Gesellschaft insgesamt. Ob Organisationen ihrer Verantwortung gegenüber diesen Anspruchsgruppen gerecht werden, zeigt sich in ihrem organisationalen Handeln. Sichtbares organisationales Handeln betrifft sowohl die vorgegebene Unternehmensstrategie (die Unternehmenspolitik und das Management) als auch die gelebte Unternehmenspraxis (Ereignisse und das Verhalten der Akteure in der Organisation). Vorgegebenes und tatsächlich gelebtes organisationales Handeln kann stärker oder schwächer übereinstimmen. Strategie und Praxis des organisationalen Handelns betreffen den Umgang mit Menschen (ihren Beschäftigten, ihren Kunden usw.), die Entscheidungen über die Verteilung von Ressourcen und die Einhaltung von Normen. In diesen Verantwortungsbereichen wird organisationale Gerechtigkeit beobachtbar. Die sichtbaren Ergebnisse des organisationalen Handelns (Häufigkeit und Qualität des fairen Umgangs der Organisation mit den Menschen für die sie Verantwortung trägt, Häufigkeit und Qualität der fairen Ressourcenaufteilung, die für einen Interessensausgleich sorgt und Häufigkeit und Einhaltung der für die Organisation verbindlichen Rechtsnormen und sozialen Normen) begründen die Fairnessurteile der Beobachtenden (z. B. der Beschäftigten). Die generelle moralische Richtschnur für diese Fairnessurteile (die Rechtfertigungsgrundlage für das moralische Urteil darüber, was gut ist

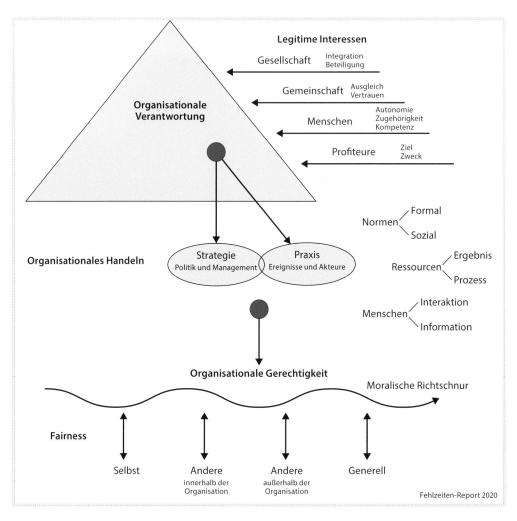

□ Abb. 9.1   Modell der Organisationalen Gerechtigkeit und Fairnesswahrnehmung

und was in der Organisation sein soll) begründet sich aus den legitimen Interessen derjenigen, für die die Organisation Verantwortung trägt. Die Gemeinsamkeit in der Übereinstimmung von Beobachtenden über Fairness ist ein Hinweis darauf, ob die Organisation diese Rechtfertigungsmerkmale für Verantwortlichkeit allgemeingültig anwendet und auf die daraus folgenden Urteile über Gerechtigkeit oder Ungerechtigkeit

des organisationalen Handelns. Unterschiede in den Fairnessurteilen können durch interindividuelle Unterschiede in der moralischen Richtschnur erklärt werden. Diese Unterschiede können in Kontextbedingungen, Lernerfahrungen und Personenmerkmalen der Beobachtenden begründet sein. Die Fairnessurteile stehen immer in Bezug zu einem Referenten, das kann der/die Urteilende selbst (z. B. ich werde unfair behandelt), andere Organisationsmitglieder (z. B. meine Kollegin wird unfair behandelt), andere außerhalb der Organisation (z. B. unsere Kunden werden unfair behandelt) oder ein genereller moralischer Referent sein (z. B. dieses organisationale Handeln ist gesetzeswidrig).

9.3 Wie sich Ungerechtigkeit bei Ergebnis, Prozess, Interaktion und Inhalt zeigt

Die Wahrnehmung von Fairness kann sich beziehen auf

- die Verteilung von Aufgaben und Ressourcen und hier die Ergebnisse (die Quantität und Qualität der verteilten Aufgaben und Ressourcen) betreffen, wie z. B. Arbeitsräume, Verantwortung, Status und Bezahlung;
- die Prozesse, wie z. B. Transparenz und Objektivität der Entscheidung und Umsetzung der Aufgaben- und Ressourcenverteilung;
- die sozialen Interaktionen, wie z. B. die Qualität der sozialen Beziehungen und der Kommunikation im Rahmen der Aufgaben- und Ressourcenverteilung oder
- die sozialen und formalen Normen, die für die Ressourcenverteilung, Prozessgestaltung und Gestaltung sozialer Beziehungen gelten.

Bei Fragen wie: „Ist meine Bezahlung fair?" bezieht sich die Wahrnehmung von Fairness auf ein Ergebnis. Hier geht es darum, ob der Arbeitseinsatz in der Organisation angemessen belohnt wird und ein gerechter Ausgleich zwischen Arbeitseinsatz (Effort) und Ergebnis (Reward) gefunden wird (vgl. distributive Gerechtigkeit; Adams 1965). Ein faires Ergebnis aus individueller Perspektive vermittelt den Betroffenen, dass die Organisation individuelle Fähigkeit, Leistung und Arbeitsengage-

ment wertschätzt und dieses Engagements im Vergleich zu Fähigkeit, Leistung und Arbeitsengagement der anderen Organisationsmitglieder angemessen berücksichtigt. Darüber hinaus kann ein Ergebnis „an sich" fair sein, beispielsweise, wenn man sich damit einen angemessenen Lebensstandard finanzieren kann. Genauso stellt sich diese Frage nach der Fairness eines Ergebnisses aus der Beobachtung der Ergebnisse anderer Organisationsmitglieder (z. B. „Ist die Bezahlung unserer Reinigungskräfte fair?") und Akteure außerhalb der eigenen Organisation (z. B. „Zahlen wir unseren Lieferanten angemessene Preise?") bis hin zur Frage nach Ergebnissen, die gesamtgesellschaftliche Belange betreffen (z. B. „Sind unsere Investitionen für den Umweltschutz ausreichend?").

Bei Fragen wie: „Erfolgt meine Leistungsbeurteilung nach objektiven und transparenten Kriterien?" bezieht sich die Wahrnehmung von Fairness auf den Prozess, der zu einem angestrebten Ergebnis führt. Hier geht es darum, ob ein Ergebnis (z. B. eine Beurteilungsnote) erwartet werden kann und ob dieser Prozess für alle anderen in der Organisation gleich verläuft (prozedurale Gerechtigkeit; Leventhal 1980). Ein fairer Prozess aus individueller Perspektive vermittelt den Betroffenen Autonomie und Kontrollüberzeugungen, weil sie erkennen können, wie sie selbst Einfluss auf den Prozess nehmen können, um ein gewünschtes Ergebnis zu erzielen. Sie haben damit die Chance, ein erwünschtes Ergebnis aus eigener Kraft und Anstrengung heraus zu erreichen – ein Aspekt, der die Möglichkeit widerspiegelt, eigene Kompetenzen wirksam in die Organisation einzubringen und das Bedürfnis nach Selbstbestimmung erfüllt. Darüber hinaus können sie bei einem fairen Prozess nachvollziehen, dass es keine systematischen Benachteiligungen in der Organisation gibt, die das soziale Klima durch Neid und Missgunst stören würden. Und schließlich signalisiert ein fairer Prozess „an sich", wie wir uns nach allgemeingültigen ethisch-moralischen Maßstäben richtige und gute Entscheidungsfindungen im Betrieb wünschen. Genauso stellt sich diese Frage aus sozialer Perspektive auch aus der Beobachtung des Prozesses in Bezug auf andere Organisationsmitglieder (z. B. „Ist die Beurteilung unserer Teilzeitkräfte fair?") und Akteure außerhalb der eigenen Organisation (z. B. „Integrieren wir die Perspektive unserer Kunden in die Leistungsbeurteilung?") bis hin zur Frage nach der Fairness von Prozessen, die gesamtgesellschaftliche Belange betreffen („Tragen wir zur Chancengleichheit in der Gesamtbevölkerung bei?").

Fairness kann sich darüber hinaus auf die Qualität der sozialen Interaktion im Zusammenhang mit der Kommunikation von Entscheidungen beziehen (vgl. interaktionale Gerechtigkeit; Bies und Moag 1986). Bei Fragen wie „Warum werde ich in diesem Jahr nicht für eine Beförderung berücksichtigt?" geht es um die Informationen, mit denen eine Entscheidung begründet wird (informationale Gerechtigkeit), und bei Fragen wie: „Wie wird mit mir umgegangen, wenn ich wider Erwarten nicht befördert werde?" geht es um die Beziehungsqualität, in der eine Entscheidung kommuniziert wird (interpersonale Gerechtigkeit). Eine faire Interaktion aus individueller Perspektive vermittelt den Betroffenen Respekt und Wertschätzung für individuelle Wünsche und Interessen. Die Entscheidenden zeigen ihr Interesse an einer guten Beziehung mit den Betroffenen und ihren Wunsch, Verständnis für eine Entscheidung zu wecken, in der es um Abwägung und Ausgleich unterschiedlicher und möglicherweise konkurrierender Ziele und Interessen aller Anspruchsgruppen der Organisation geht. Damit werden zentrale Bedürfnisse nach Zugehörigkeit und Beteiligung erfüllt. Und schließlich signalisiert eine faire Interaktion „an sich" ein wünschenswertes soziales Miteinander im Betrieb. Genauso stellt sich diese Frage bei Beobachtung von Interaktionen in Bezug auf andere Organisationsmitglieder (z. B. „Bekommen jüngere Mitarbeitende eine angemessene Erklärung für Beförderungsentscheidungen?") und Akteure außerhalb der eignen Organisation (z. B. „Öffnet die Organisation ihre Kunstausstellung für die Öffentlichkeit?") bis hin zur Frage nach der Fairness

von Interaktionen, die gesamtgesellschaftliche Belange betreffen („Entschuldigt sich das Unternehmen in der Öffentlichkeit für einen folgenschweren unternehmensinternen Fehler?").

Die in den Beispielen genannten Ergebnisse, Prozesse, Interaktionen und ethisch-moralischen Inhalte, die Gerechtigkeitsempfindungen auslösen, werden somit in Abhängigkeit von den Eigeninteressen, den Interessen der anderen direkt Betroffenen, aber auch in Abhängigkeit von der moralischen Qualität der Ergebnisse, Prozesse, Interaktionen und Inhalte „an sich" als fair oder unfair empfunden. Die moralische Richtschnur für diese organisationale Wahrnehmung ist der nachvollziehbare Ausgleich zwischen legitimen (moralisch guten und richtigen) Eigeninteressen, legitimen konkurrierenden Interessen der anderen Organisationsmitglieder und der anderen Anspruchsgruppen der Organisation und dem legitimen sozialen Handeln (Cropanzano et al. 2001). Legitimität begründet sich aus der Würde und dem Respekt für den Einzelnen, für die gesamten Organisationsmitglieder und für die Menschen außerhalb der eigenen Organisation, die unmittelbar oder mittelbar vom organisationalen Handeln betroffen sind (Kunden, Lieferanten, Bevölkerung des nahen Umfelds, die Gesamtbevölkerung, usw., vgl. Rupp et al. 2011).

9.4 Wie (Un-)Gerechtigkeit auf Arbeitsengagement und Gesundheit wirkt

Organisationale Gerechtigkeit löst Gerechtigkeitsempfindungen bei den Beschäftigten aus und wirkt sich auf Arbeitsengagement und Gesundheit aus. Sie signalisiert die Bereitschaft der Organisation, sich für die Bedürfnisse, Interessen und Wünsche der Beschäftigten zu engagieren. Je nach Stärke und Qualität der organisationalen Gerechtigkeit löst dies unterschiedlich starke positive Emotionen aus (z. B. Zufriedenheit, Freude, Dankbarkeit oder sogar Hochachtung). Warme und freundliche Emotionen signalisieren Verbundenheit in einem sozialen Verhältnis (Scherer et al. 2013). Verbundenheit erhöht das Vertrauen gegenüber den Partnern und die Bereitschaft, Bedürfnisse, Interessen und Wünsche der Organisation zu erfüllen und dabei auch eigene Nachteile in Kauf zu nehmen.

Hohe organisationale Ungerechtigkeit signalisiert hingegen mangelnde Bereitschaft der Organisation, sich für die Bedürfnisse, Interessen und Wünsche der Beschäftigten zu engagieren, obwohl die Möglichkeiten dazu vorhanden wären. Je nach Stärke und Qualität der organisationalen Ungerechtigkeit löst dies unterschiedlich starke negative Emotionen aus (z. B. Ärger, Wut, Missbilligung oder sogar Verachtung). Kalte und feindliche Emotionen signalisieren Gegnerschaft in einem sozialen Verhältnis (Scherer et al. 2013). Gegnerschaft führt dazu, dass sich die Betroffenen moralisch vom Betrieb loslösen und sich vermehrt für die eigenen Bedürfnisse, Interessen und Wünsche einsetzen und die des Betriebes missachten. Die Qualität des sozialen Verhältnisses im Betrieb – d. h. ob die Bedürfnisse, Interessen und Wünsche der Beschäftigten erfüllt oder frustriert werden – und die damit verbundenen freundlichen bzw. feindlichen Emotionen sind wiederum die Quelle von Arbeitsengagement und Gesundheit bzw. unternehmensschädigendem Arbeitsverhalten, Stressreaktionen und Gesundheitsrisiken.

Verschiedene Studien im organisationalen Kontext zeigen, wie die Wahrnehmung organisationaler Gerechtigkeit bei Beschäftigten Vertrauen und Bindung in den Betrieben stärkt und dies mit intrinsisch motiviertem Arbeitsverhalten korreliert, das die sozio-emotionalen Aspekte im Betrieb stärkt und für das auch persönliche Nachteile in Kauf genommen werden (Colquitt et al. 2013; Robbins 2016; Rupp und Cropanzano 2002). Umgekehrt zeigen Studien, wie die Wahrnehmung organisationaler Ungerechtigkeit bei Beschäftigten Feindseligkeit und moralische Loslösung vom Betrieb fördert und dies mit einem extrinsisch motivierten Arbeitsverhalten korreliert, bei dem es um die Maximierung persönlicher Gewin-

ne und Minimierung persönlicher Verluste geht und für das auch eine Schwächung der sozio-emotionalen Aspekte im Betrieb bis hin zu unternehmensschädigenden Konsequenzen in Kauf genommen werden (Colquitt et al. 2013, 2001; Greenberg 1990; Spector und Fox 2005, 2010).

Schließlich zeigen aktuelle Forschungsarbeiten, dass organisationale Gerechtigkeit einen eigenständigen Effekt auf die psychische Gesundheit der Beschäftigten hat (Ndjaboué et al. 2012) und dass wahrgenommene organisationale Ungerechtigkeit einen eigenständigen Effekt auf allgemeine körperliche Erkrankungen, Herz-Kreislauf-Erkrankungen und Krankheitstage hat (Dragano et al. 2017; Elovainio et al. 2002; Kivimäki et al. 2003). Das bedeutet, dass wahrgenommene organisationale Ungerechtigkeit einen eigenständigen Anteil im Stressprozess hat, der über die arbeits- und aufgabenbezogenen Effekte des Ungleichgewichts zwischen Anforderungen und Kontrollmöglichkeiten (Karasek 1979) und Anstrengung und Belohnung (Siegrist 1996) hinausgeht. So können beispielsweise Beschäftigte mit hoher Aufgabenvielfalt und Handlungsspielräumen und optimaler Arbeitskomplexität, die für ihren Einsatz angemessene Ressourcen erhalten (z. B. ein positives kollegiales Klima, sozial-emotionale Unterstützung von Vorgesetzten, Einkommen, Status, interessante Arbeitstätigkeiten, soziale Anerkennung) dennoch Stress erleben, wenn sie starke organisationale Ungerechtigkeiten gegenüber der eigenen Person (z. B. wenn sie von Informationen ausgeschlossen werden), Dritten (die z. B. für den gleichen Arbeitseinsatz weit weniger Ressourcen erhalten) oder außerhalb der Organisation stehenden Gruppen erleben (vor denen z. B. internes Fehlverhalten oder illegale Praktiken vertuscht werden, obwohl sie dadurch Nachteile erlangen).

9.5 Warum (Un-)Gerechtigkeit auf Arbeitsengagement und Gesundheit wirkt

Die aktuelle Forschung zu den negativen Effekten der organisationalen Ungerechtigkeit auf Arbeitsengagement und Gesundheit zeigt, dass es sich bei organisationaler Ungerechtigkeit um einen Stressor handelt, dessen Effekte nicht vollständig von den traditionell untersuchten Stressmodellen (Effekte des Ungleichgewichts zwischen Anforderungen und Kontrollmöglichkeiten/JDC (Karasek 1979) und Anstrengung und Belohnung/ERI (Siegrist 1996)) erklärt werden können. Erklärungsansätze für die Besonderheit der organisationalen Ungerechtigkeit im Stressprozess beziehen sich bislang insbesondere auf die mit Ungerechtigkeitserleben verbundenen Stressreaktionen und die Verhaltensabsichten der Beschäftigten. Nach Theorien des sozialen Austauschs richten Menschen ihr Verhalten auf der Grundlage von Kosten-Nutzen-Erwägungen aus, nach dem Ansatz des psychologischen Vertrags gibt es in Organisationen Erwartungen der Beschäftigten über gegenseitige Verpflichtungen. Bei Ungerechtigkeit begehen Organisationen gegenüber ihren Mitarbeitenden Vertragsbruch. Dieser Vertragsbruch führt zu erlebter negativer Anspannung (akute Stressreaktionen, die zu einer Verringerung des Wohlbefindens und der Gesundheit führen) und zu negativen Einstellungen gegenüber dem Betrieb (eine Verringerung der „Moral", die sich in einer Verringerung von Arbeitszufriedenheit und Engagement für den Betrieb zeigt), weil die Mitarbeitenden sich infolge des Vertragsbruchs nicht mehr an ihren Teil des psychologischen Vertrages gebunden fühlen (Chang et al. 2009; Ndjaboué et al. 2012; Rousseau 2011). Diese Erklärungsansätze zeigen allerdings nicht, warum organisationale Ungerechtigkeit Effekte auf Arbeitsengagement und Gesundheit hat, die sich von den Effekten anderer Stressoren unterscheiden. Eine Erklärung könnte in der Besonderheit des Emotionsprozes-

ses bei organisationaler Ungerechtigkeit liegen.

Auf Grundlage eines konzeptionellen Modells zur Wirkung von Emotionen bei organisationaler Ungerechtigkeit untersuchen wir aktuell das Stressgeschehen in Situationen mit Gerechtigkeitsbezug aus emotionspsychologischer Perspektive. Das konzeptionelle Rahmenmodell ist in ◘ Abb. 9.2 zusammenfassend dargestellt (Fischbach 2020). Die Besonderheiten der organisationalen Ungerechtigkeit werden deutlich, wenn man das emotionale Erleben einer Person, die organisationale Ungerechtigkeit erfährt, und den Bewertungsprozess, der diesen Emotionen vorausgeht, systematisch betrachtet (Linden et al. 2007; Linden und Rotter 2018; Mikula et al. 1998; Scherer 2001; Semmer et al. 2007; Tayfur et al. 2013; Tomlinson 2013; Tripp et al. 2007). Im Modell wird postuliert, dass organisationale Ungerechtigkeit auf drei Ebenen wirkt: Auf der Beziehungsebene wirkt sie als Vertrauensbruch, auf der Sachebene als Unfairness und auf der Situationsebene als Kontrollverlust für die Betroffenen (siehe ◘ Abb. 9.2a). Der Vertrauensbruch zeigt den Mangel an Integrität der handelnden organisationalen Akteure an, die bei organisationaler Ungerechtigkeit ihrer Verantwortung gegenüber den legitimen Interessen der Betroffenen nicht nachkommen, während die Betroffenen darauf vertrauen, dass die Interessen der Anspruchspartner einer Organisation durch die Entscheidenden der Organisation angemessen vertreten werden. Die Unfairness zeigt den Mangel an Legitimität der getroffenen Entscheidungen und ihrer Umsetzungen an, sodass legitime Ansprüche der Betroffenen im Ergebnis nicht angemessen berücksichtigt wurden. Schließlich zeigt der Kontrollverlust den Mangel an Einflussmöglichkeiten der Betroffenen auf die Entscheidungssituation und ihre befürchteten und tatsächlichen negativen Konsequenzen an, weil organisationale Ungerechtigkeit in uneindeutigen, unsicheren und interdependenten Entscheidungssituationen entsteht, für die keine objektiven Gerechtigkeitsansprüche geltend gemacht werden können. Ein Vertrauensbruch erzeugt Ärger, Wut, bis hin zur Verachtung für die handelnden Akteure, die für die Ungerechtigkeit verantwortlich gemacht werden können. Unfairness erzeugt Enttäuschung und Kränkung, weil die handelnden Akteure in Unfairness ihren Mangel an Respekt für die Bedürfnisse und Interessen der Betroffenen ausdrücken und andere Interessen stärker gewichten und deren Interessen durchsetzen, obwohl sie den Betroffenen schaden, und in der sozialen Organisationsstruktur einige zu Gewinnern und andere zu Verlieren machen. Schließlich erzeugt Kontrollverlust Hilflosigkeit und Traurigkeit, weil die ungerechte Situation nicht aus eigener Kraft verändert werden, Gerechtigkeit nicht eingefordert werden und man sich nicht gegen organisationale Ungerechtigkeit durchsetzen kann. Diese emotionalen Reaktionstendenzen bei organisationaler Ungerechtigkeit erzeugen gegenläufige Verhaltensabsichten: Während Ärger und Wut mit dem Wunsch zusammenhängen, die eigenen Interessen und Werte durchzusetzen, und die erfahrene Enttäuschung und Kränkung mit dem Wunsch, den eigenen Selbstwert zu schützen, zeigt der Kontrollverlust den Mangel an Möglichkeiten für Durchsetzung und Selbstwertschutz an. Damit führt organisationale Ungerechtigkeit zu Verbitterung (siehe ◘ Abb. 9.2b). Im Emotionsmodell der organisationalen Gerechtigkeit wird postuliert, dass hier der zentrale Unterschied zu Stressoren ohne Gerechtigkeitsbezug liegt. Organisationale Ungerechtigkeit löst bei den Betroffenen einen Mix aus verschiedenen und starken negativen Emotionen aus (siehe ◘ Abb. 9.2c; vgl. Mikula et al. 1998; Scherer 2001). Variabilität und Stärke der bei organisationaler Ungerechtigkeit ausgelösten Emotionen und ihr komplexes Zusammenwirken kennzeichnen Verbitterung (Alexander 1960). Ereignisse, die starke Verbitterung ausgelöst haben, können in der Regel spontan aus dem Gedächtnis abgerufen werden, auch wenn sie länger zurückliegen sollten (Basch und Fisher 2000; Elfenbein 2014). Ein solches Verbitterungs-Ereignis oder die kumulierten Effekte vieler solcher Einzelereignisse können die psychi-sche Gesundheit beeinträchtigen, selbstschädigendes Verhalten und unternehmensschädigendes Verhalten fördern und es entsteht im Extremfall eine schwere psychische Beeinträchtigung in Form einer Posttraumatischen Verbitterungsstörung (Linden et al. 2007; Linden und Rotter 2018; Nimmo 2018). Damit kann organisationale Ungerechtigkeit über die bei Beschäftigten ausgelöste Verbitterung neue organisationale Ungerechtigkeit erzeugen, weil Verbitterung dazu motiviert, Gerechtigkeit durchzusetzen oder wiederherzustellen, obwohl Gerechtigkeit auf dem Weg der Rache und Vergeltung niemals erlangt werden kann. Klinische Ansätze zur Behandlung von Verbitterungsstörungen legen nahe, dass das psychische Leiden der Betroffenen durch Verbitterung bei mangelnden Veränderungsmöglichkeiten nur durch eine Anpassung an die Situation (durch Neubewertung der Situation oder Verlassen der emotionsauslösenden Situation) beendet werden kann (Linden 2008). In Betrieben kann eine solche Anpassung erfolgen, indem die Betroffenen ihre Bindung an die Organisation reduzieren, ihre Ansprüche verringern und sich auf Situationen zurückziehen, in denen sie Kontrollmöglichkeiten sehen. Beispielsweise zeigt die Forschung, dass Beschäftigte sich durch „prevention focused job crafting" vor weiteren Verlusterfahrungen wie z. B. die der organisationalen Ungerechtigkeit bei der Arbeit schützen, indem sie ihre Tätigkeit an ihr reduziertes Arbeitsengagement und ihre Erschöpfung anpassen. Dies tun sie z. B, indem sie weniger anstrengende Aufgaben suchen und bestimmte soziale Kontakte bei der Arbeit vermeiden (Lichtenthaler und Fischbach 2018). Rebound-Effekte (siehe ◘ Abb. 9.2d, oberer Pfeil, der den Rückkopplungseffekt der Verbitterung auf zukünftige Situationen mit Gerechtigkeitsbezug anzeigt) wirken also von der organisationalen Ungerechtigkeit über die erlebte Verbitterung der Beschäftigten auf die organisationale Ungerechtigkeit selbst wieder zurück, weil die Beschäftigten ihrerseits mit Verhalten reagieren, das zu organisationaler Ungerechtigkeit beiträgt. Darüber hinaus wirken Rebound Ef-

9

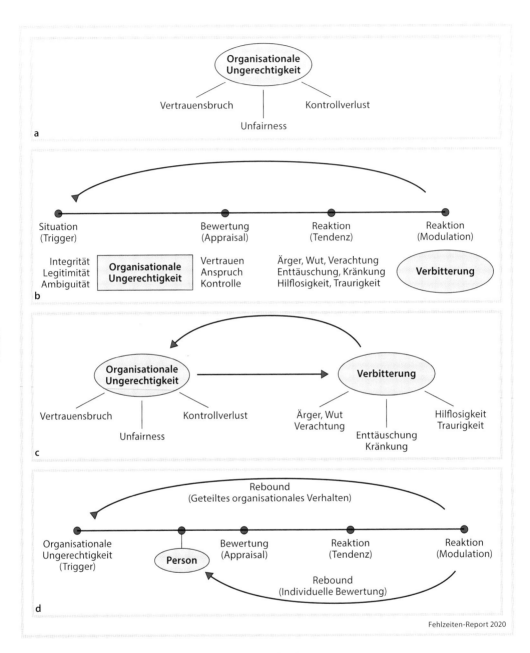

◘ Abb. 9.2 Verbitterungsmodell Organisationaler Ungerechtigkeit

fekte (siehe ◘ Abb. 9.2d, unterer Pfeil, der den Rückkopplungseffekt der Verbitterung auf das organisationale Lernen der Betroffenen anzeigt) von der organisationalen Ungerechtigkeit über die erlebte Verbitterung der Beschäftigten auf die von der Verbitterung betroffen Personen zurück, weil diese Strategien wählen, die sie davor schützen sollen, zukünftig organisationale. Ungerechtigkeit zu erleben und zu bewerten. Der Fokus dieses Verbitterungsmodells organisationaler Ungerechtigkeit liegt auf deren generellen Effekten über die Erzeugung von Verbitterung auf Arbeitsengagement und Gesundheit der Beschäftigten. Weitere stabile individuelle Personenmerkmale, die auf das organisationale Verhalten mit Gerechtigkeitsbezug Einfluss haben (z. B. machiavellistische Persönlichkeitsmerkmale und eine Tendenz zu mikropolitischen Machtspielen), die Bewertung solcher Situationen (z. B. eine unangemessene Anspruchshaltung und überhöhte moralische Überzeugungen der Betroffenen) und die Emotionsregulation in solchen emotionsauslösenden Situationen (z. B. emotionale Stabilität und emotionale Intelligenz der Betroffenen) werden im Modell nicht näher betrachtet, weil es hier um die generellen Effekte organisationaler Ungerechtigkeit auf organisationales Erleben und Verhalten geht, das sich in übereinstimmenden Situationsbewertungen und Verhaltensreaktionen der betroffenen Personen zeigt.

Verbitterungsmodell Organisationaler Ungerechtigkeit (◻ Abb. 9.2)
Im Rahmenmodell werden Effekte organisationaler Ungerechtigkeit auf Arbeitsengagement und Gesundheit durch die von organisationaler Ungerechtigkeit ausgelöste Verbitterung erklärt. Organisationale Ungerechtigkeit ist durch Vertrauensbruch, Unfairness und Kontrollverlust gekennzeichnet (◻ Abb. 9.2a). Organisationale Ungerechtigkeit zeigt sich in Situationen, die Verbitterung auslösen, diese Situationen triggern Verbitterung. Dem Erleben der komplexen Emotion Verbitterung geht ein systematischer Bewertungsprozess voraus (Appraisal), der verschiedene intensive Emotionen (Reaktionstendenzen auf physiologischer, erlebensmäßiger und verhaltensmäßiger Ebene) auslöst (◻ Abb. 9.2b). Die von organisationaler Ungerechtigkeit ausgelöste Verbitterung wirkt wieder auf zukünftige organisationale Situationen mit Gerechtigkeitsbezug (Rebound Effekt) und es kommt zu übereinstimmenden Verhaltens-

tendenzen der von Verbitterung betroffenen Anspruchsgruppen in der Organisation (◻ Abb. 9.2c). Darüber hinaus wirkt die von organisationaler Ungerechtigkeit ausgelöste Verbitterung wieder auf Personenmerkmale zurück (◻ Abb. 9.2d). Die (geteilte) organisationale Erfahrung bedingt zukünftige Situationsgestaltung, Situationsbewertung und Emotionsregulation der von Verbitterung betroffenen Personen.

9.6 Organisationale Gerechtigkeit im Karriereverlauf und bei Veränderungsprozessen

Gerechtigkeit reflektiert die Beachtung normativer und ethischer Regeln in Entscheidungssituationen. Die Effekte organisationaler Gerechtigkeit auf Arbeitsengagement, Gesundheit und Wohlbefinden der Beschäftigten soll an zwei empirischen Beispielen aus Forschungsprojekten zu Karriereverläufen bei der Polizei und zur Gestaltung eines organisationalen Veränderungsprozesses bei einem kirchlichen Arbeitgeber illustriert werden. Beim Projekt Karriereverläufe wurde die wahrgenommene Fairness bei Beförderungsentscheidungen bei über 700 Polizeivollzugsbeamtinnen und -beamten einer Polizeibehörde in Westdeutschland erhoben (entsprechende Items mit 5-stufigem Antwortformat waren z. B. „Eine Beförderung ist bei uns vor allem von eigener Leistungsfähigkeit abhängig."; Herrmann et al. 2012). Wie erwartet hängt die wahrgenommene Fairness bei Beförderungsentscheidungen positiv mit der berichteten Karrierezufriedenheit zusammen (entsprechende Items mit 5-stufigem Antwortformat waren z. B. „Ich bin mit den Erfolgen, die ich in meiner bisherigen Berufslaufbahn erzielt habe, zufrieden."; Greenhaus et al. 1990). Dieser direkte positive Zusammenhang ($b = 0{,}60$, CI 0,52, 0,67) wird nochmals durch einen indirekten (Mediations-) Effekt auf Effort-Reward-Imbalance (b = 0,13, CI 0,09, 0,17) verstärkt (siehe ■ Abb. 9.3). Entsprechende Items mit 4-stufigem Antwortformat waren für Effort z. B. „Bei meiner Arbeit werde ich häufig unterbrochen und gestört.", für Reward z. B. „Die Aufstiegschancen in meinem Bereich sind schlecht." (rekodiert). Je größer das Verhältnis von Effort zu Reward, desto größer die Imbalance (Siegrist et al. 2004). ERI ist ein gut erforschter Indikator für Stresserleben am Arbeitsplatz, der psychische und physische Erkrankungsrisiken erhöht und das Wohlbefinden der Beschäftigten reduziert (Ndjaboué et al. 2012). Die hier berichtete Studie zeigt, dass die wahrgenommene organisationale Gerechtigkeit bei Beförderungsentscheidungen auch das persönliche Belastungserleben, das aus der unmittelbaren Aufgabenerledigung resultiert, reduzieren kann und so zusätzlich zum direkten positiven Effekt, den die wahrgenommene Fairness auf die Karrierezufriedenheit hat, auch indirekt über eine Reduzierung des Belastungserlebens die Karrierezufriedenheit fördern kann. Dies zeigt, dass Betriebe die Gesundheit und das Wohlbefinden ihrer Mitarbeitenden fördern, wenn der Karriereverlauf im Betrieb als fair wahrgenommen werden kann.

Beim Projekt Veränderungsprozessgestaltung wurde die wahrgenommene Fairness bei Veränderungsprozessen bei über 600 Beschäftigten bei einem kirchlichen Arbeitgeber in Westdeutschland erhoben. Fragen wurden aus der Forschung zu organisationaler Gerechtigkeit und zu Veränderungsprozessen adaptiert (Colquitt 2001; Szebel 2015). Im Rahmen der Studie wurde die wahrgenommene organisationale Gerechtigkeit auf drei Ebenen mittels Items mit jeweils 5-stufigem Antwortformat erhoben: die Ebene der Veränderung an sich (wahrgenommener Sinn der Veränderung, z. B. „Der Veränderungsprozess wird die Wirksamkeit meiner Arbeit erhöhen."), die Ebene der Prozessgestaltung (wahrgenommener Handlungsspielraum bei der Veränderung, z. B. „Ich kann auf diesen Veränderungsprozess kaum Einfluss nehmen.", rekodiert) und die Ebene der Interaktion (wahrgenommene soziale Unterstützung und Kommunikation der Verände-

rung, z. B. „Ich fühle mich ausreichend informiert hinsichtlich aller mit dem Veränderungsprozess zusammenhängenden Aspekte."). Wie erwartet zeigt sich bei allen Aspekten der wahrgenommenen Fairness bezüglich des Veränderungsprozesses ein negativer Zusammenhang mit der Burnout-Dimension Emotionale Erschöpfung (Items mit 7-stufigem Antwortformat, z. B. „Bei meiner Arbeit fühle ich mich emotional erschöpft."; Schaufeli et al. 1996). Je geringer die wahrgenommene Fairness im Veränderungsprozess, desto höher das Risiko für emotionale Erschöpfung der Beschäftigten. Dieser Effekt wird jeweils vollständig durch eine Verstärkung aktiv negativer Emotionen erklärt (Items mit 7-stufigem Antwortformat, die den Grad erlebter negativer Anspannung zeigen, z. B. nervös, angespannt, besorgt; Warr et al. 2014). Wahrgenommene organisationale Ungerechtigkeit beim Veränderungsprozess erhöht die negative Anspannung, die wiederum das Risiko für emotionale Erschöpfung erhöht (siehe ■ Abb. 9.4). Der indirekte Effekt der wahrgenommenen Sinnhaftigkeit über die Erhöhung der negativen Anspannung auf emotionale Erschöpfung ist b = −0,18 (CI −0,24, −0,12); des wahrgenommenen Handlungsspielraums über die Erhöhung der negativen Anspannung auf emotionale Erschöpfung ist b = −0,19 (CI −0,26, −0,14) und der wahrgenommenen Unterstützung und Kommunikation über die Erhöhung der negativen Anspannung auf emotionale Erschöpfung ist b = −0,11 (CI −0,16, 0,06). Die hier berichtete Studie zeigt, dass die wahrgenommene organisationale Ungerechtigkeit bei Veränderungsprozessen das persönliche Belastungserleben erhöht, indem die negative Anspannung und in der Folge das Risiko für emotionale Erschöpfung steigen. Dies zeigt, dass Betriebe die Gesundheit und das Wohlbefinden ihrer Mitarbeitenden gefährden, wenn Veränderungsprozesse im Betrieb als unfair wahrgenommen werden.

Wie erwartet zeigt sich bei allen Aspekten der wahrgenommenen Fairness bezüglich des Veränderungsprozesses ein positiver Zusammenhang mit einem Indikator für proaktives Arbeitsverhalten. Im Rahmen der Stu-

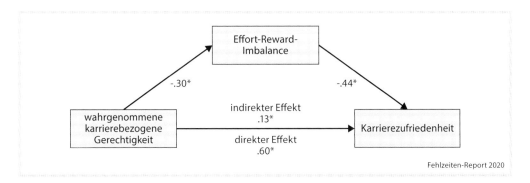

□ **Abb. 9.3** Direkter und indirekter Effekt von wahrgenommener karrierebezogener Gerechtigkeit auf Karrierezufriedenheit über Effort-Reward-Imbalance; N = 726; b = unstandardisierte Regressionskoeffizienten; * = signifikant (das Bootstrap-Konfidenzintervall von b schließt die 0 nicht ein)

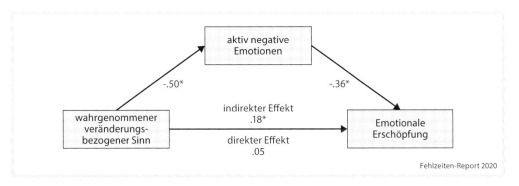

□ **Abb. 9.4** Direkter und indirekter Effekt von wahrgenommenem veränderungsbezogenem Sinn auf Burnout (emotionale Erschöpfung) über aktiv negative Emotionen; N = 615; b = unstandardisierte Regressionskoeffizienten; * = signifikant (das Bootstrap-Konfidenzintervall von b schließt die 0 nicht ein)

die wurde dazu auf Grundlage der aktuellen Forschung zu Job Crafting eine Skala zur selbstgesteuerten Arbeitsgestaltung eingesetzt, die nach der Erweiterung der eigenen Lern- und Entwicklungsmöglichkeiten bei der Arbeit fragt (vgl. Lichtenthaler und Fischbach 2018; Tims und Bakker 2010) und Items mit 7-stufigem Antwortformat einsetzt, z. B.: „Ich werde die Gelegenheit, die der Veränderungsprozess bietet, nutzen, um neue Dinge zu lernen.". Je höher die wahrgenommene Fairness im Veränderungsprozess, desto mehr Engagement zeigen die Beschäftigten für selbstgesteuerte Arbeitsgestaltung. Dieser Effekt wird jeweils durch eine Vergrößerung aktiv positiver Emotionen erklärt (operationalisiert über Items mit 7-stufigem Antwortformat, die den Grad

erlebter positiver Aktivierung zeigen, z. B. begeistert, freudig, inspiriert; Warr et al. 2014). Wahrgenommene organisationale Gerechtigkeit beim Veränderungsprozess verstärkt positive Aktivierung, die wiederum selbstgesteuerte Arbeitsgestaltung fördern. Der indirekte Effekt der wahrgenommenen Sinnhaftigkeit über die Erhöhung der positiven Aktivierung auf selbstgesteuerte Arbeitsgestaltung ist b = 0,18 (CI 0,11, 0,25) und verstärkt den direkten Effekt der wahrgenommenen Sinnhaftigkeit auf selbstgesteuerte Arbeitsgestaltung b = 0,27 (CI 0,19, 0,36) nochmals signifikant; der Effekt des wahrgenommenen Handlungsspielraums über die Erhöhung der positiven Aktivierung auf selbstgesteuerte Arbeitsgestaltung ist b = 0,24 (CI 0,19, 0,13) und wird vollständig über die positive Aktivierung mediiert und der Effekt der wahrgenommenen Unterstützung und Kommunikation über die Erhöhung der positiven Aktivierung auf selbstgesteuerte Arbeitsgestaltung ist b = 0,12 (CI 0,07, 0,17). Die hier berichtete Studie zeigt, dass die wahrgenommene organisationale Gerechtigkeit bei Veränderungsprozessen Arbeitsengagement und Wohlbefinden erhöht, indem positives emotionales Erleben bei der Arbeit verstärkt wird, das in der Folge proaktives Arbeitsverhalten anregt. Dies zeigt, dass Betriebe Arbeitsengagement und Wohlbefinden ihrer Mitarbeitenden fördern, wenn Veränderungsprozesse im Betrieb als fair wahrgenommen werden können.

9.7 Gestaltungsansätze zur Förderung organisationaler Gerechtigkeit

Die Beispiele der Polizei und eines kirchlichen Arbeitgebers zeigen im Kontext der Gestaltung von Karriereverläufen und Veränderungsprozessen die Wirkung wahrgenommener organisationaler Gerechtigkeit auf Arbeitsengagement, Gesundheit und Wohlbefinden der Beschäftigten. Dabei stellt sich die Frage, ob die Einschätzung organisationaler Gerechtigkeit tatsächlich die objektive Gestaltung von Entscheidungen nach ethisch-moralischen Kriterien reflektiert oder ob sie von egozentrischen Urteilstendenzen der Beschäftigten verfälscht wird. Tatsächlich tendieren Menschen generell dazu, die eigenen Bedürfnisse, Interessen und Werte stärker in ihrem Gerechtigkeitsurteil zu berücksichtigen als die von anderen (Greenberg 2011). Persönlichkeitsmerkmale, wie beispielsweise eine proindividuelle Persönlichkeit oder eine hohe Aufmerksamkeit für selbstwertbedrohliche Situationen, oder Situationsmerkmale, wie beispielsweise auffällige Merkmale der Mitglieder einer Vergleichsgruppe, die Neid auslösen, verstärken zudem solche egozentristischen Urteilstendenzen (Blader et al. 2013). Insgesamt gibt es

aber viele Bereiche in Unternehmen, die Mitarbeitende übereinstimmend als unfair erleben und die systematisch mit erlebten negativen Emotionen, Stressreaktionen und einer Verringerung der organisationalen Bindung und des Arbeitsengagements und einer Erhöhung unternehmensschädigender Verhaltensweisen zusammenhängen (Colquitt et al. 2013, 2001). Dazu gehören illegitime politische Aktivitäten im Betrieb (beispielsweise die Besserbezahlung oder Beförderung von Günstlingen, das Verleumden von Kollegen oder das Untergraben betrieblicher Regeln durch informelle Absprachen), die den egoistischen Zielen einer Koalition dienen, ohne betriebliche Interessen zu berücksichtigen (Chang et al. 2009), oder illegitime Aufgaben, destruktives Feedback und destruktive Führung, die unmittelbar den Mitarbeitenden schaden, deren Gesundheit, Motivation und Leistung beeinträchtigen und damit mittelbar das unternehmerische Wohlergehen schädigen (Deci et al. 2017; Hoobler und Wayne 2009; Semmer et al. 2007; Tepper 2000). Es ist Aufgabe von Führung und Unternehmensverantwortlichen, solche objektiven Missstände in der organisationalen Gerechtigkeit zu erkennen und entsprechende Maßnahmen zu ergreifen. Die Unterscheidung der organisationalen Gerechtigkeitsaspekte bezogen auf den ethisch-moralischen Inhalt von organisationalen Entscheidungen, das Ergebnis der Entscheidungen, die Prozessgestaltung bei der Entscheidungsfindung und die Gestaltung der Interaktionsqualität bei der Kommunikation von Entscheidungen zeigen die Ansatzpunkte zur Gestaltung organisationaler Gerechtigkeit.

Dabei ist zu beachten, dass die Gestaltung organisationaler Gerechtigkeit die Perspektive beobachteter Betroffener innerhalb und außerhalb des Betriebs berücksichtigen muss (vgl. ◨ Abb. 9.1).

Führungskräfte und Organisationsverantwortliche können hinterfragen, wie sie zu organisationalen Entscheidungen gelangen und wie sie diese Entscheidungen legitimieren. Durch die aktive Gestaltung von Mitsprache- und Ausgestaltungsmöglichkeiten für Betroffene erhöhen Führungskräfte und Organisationsverantwortliche die prozedurale Gerechtigkeit, eine offene Kommunikation der legitimen Möglichkeiten und Grenzen der Mitsprache- und Mitgestaltung und ein respektvoller Umgang erhöhen die interaktionale Gerechtigkeit. Die Begründung der Entscheidung auf Grundlage ethisch-moralischer Kriterien erhöht den Sinngehalt der Entscheidung und trägt zur distributiven Gerechtigkeit bei. Diese Kriterien wirken wechselseitig aufeinander. Beispielsweise kann bei einem notwendigen organisationalen Veränderungsprozess durch Mitsprache- und Ausgestaltungsmöglichkeiten und Berücksichtigung ethisch-moralischer Grundsätze nach solchen Lösungen gesucht werden, die Gleichbehandlungsgrundsätze, den Ausgleich gegensätzlicher Interessen, sozioemotionales Wohlergehen in der Organisation und das Gemeinwohl berücksichtigen. Diese Gestaltung organisationaler Veränderungsprozesse nach Gerechtigkeitskriterien sollte bei den Beschäftigten zu einer erhöhten Fairnesswahrnehmung führen. Umgekehrt kann die Fairnesswahrnehmung der Beschäftigten bei einer feststehenden Entscheidung, beispielsweise über die Einführung von betrieblichen Frauenförderungsmaßnahmen, erhöht werden, indem die ethisch-moralischen Entscheidungskriterien offengelegt werden (z. B. auf Grundlage der Analyse objektiver Personaldaten und gesetzlicher Rahmenbedingungen zur Chancengleichheit), mit den Betroffenen über diese Entscheidung gesprochen wird (z. B. mit den Männern und Frauen im Betrieb), hier die Befürchtungen angehört und negative Reaktionen aufgenommen und relevante Informationen zum Abbau von Vorurteilen und Gerüchten vermittelt werden (z. B. indem der Nachweis erbracht wird, dass Karriereentscheidungen bei Männern und Frauen fair und auf Grundlage objektiver Leistungskriterien getroffen werden).

Ein zentrales Qualitätskriterium der Gestaltung organisationaler Gerechtigkeit ist Glaubwürdigkeit, Echtheit und Authentizität. Führungspersonen und Organisationsverantwortliche müssen sich fragen, ob die bei Entscheidungen nach außen vertretenen Werte und ethisch-moralischen Maßstäben im Betrieb nach innen tatsächlich gelebt werden. Wenn beispielsweise illegitime politische Aktivitäten im Betrieb dazu führen, dass Günstlinge bei Beförderungsentscheidungen bevorzugt werden, strahlt diese ungerechte Praxis auf die Glaubwürdigkeit der nach außen vertretenen Chancengleichheit aus. Die Integrität der organisationalen Akteure ist gering und das Vertrauen in diese Akteure sinkt. In einem solchen mikropolitischen Klima kann beispielsweise leicht behauptet werden, dass unter dem Deckmantel der Chancengleichheit das alte mikropolitische Spiel mit vertauschten Rollen gespielt wird: Die Günstlinge von gestern (Männer) sind die Benachteiligten von heute und haben ihre Rolle mit den Günstlingen der Gegenwart (Frauen) getauscht. Mit einer ungerechten mikropolitischen Maßnahme (Günstlingswirtschaft) wird dann eine gerechte unternehmenspolitische Maßnahme (Chancengleichheit) kontaminiert. Diese Ungerechtigkeitsargumentation kann für machtpolitische Interessen leicht missbraucht werden (beispielsweise, indem über eine missliebige weibliche Führungsperson behauptet wird, sie sei nur aufgrund guter Kontakte und nicht aufgrund ihrer Leistungen in einer Führungsposition). Solange in der Praxis zwischen begünstigten und nicht begünstigten Mitarbeitenden unterschieden werden kann, können die Maßnahmen zur Chancengerechtigkeit in diesem Sinne leicht fehlinterpretiert werden, weil das Vertrauen in die Integrität der organisationalen Akteure fehlt. Diese Ungerechtigkeitswahrnehmung durch die Einwirkung mikropolitischer Spiele auf die Wahrnehmung und Bewertung der Gerechtigkeitsbemühungen im Betrieb erzeugt negative Emotionen und kann soziale Konflikte im Betrieb befeuern. Ungerechtigkeit bedroht die vertrauensvolle Beziehung zwischen Betrieb und Beschäftigten und missachtet grundlegende menschliche Bedürfnisse nach sozialer Zugehörigkeit (durch den sozialen Ausschluss), Autonomie (durch die mangelnde Einflussmöglichkeit) und Kompetenzerleben (es fehlt der Zusammenhang zwischen eigener Leistung und Arbeitsengagement und Ressourcengewinn) in der Arbeit. Organisationale Ungerechtigkeit verletzt Vertrauen und den legitimen Anspruch auf Fairness für sich selbst und Dritte. Das Beispiel zeigt, dass unternehmerische Maßnahmen zur Veränderung bestehender Ungerechtigkeit durch begründete Regelungen nach außen konsequent vertreten und nach innen konsequent umgesetzt und gelebt werden müssen. Die Forschung zur organisationalen Gerechtigkeit legt nahe, dass illegitimen Praktiken, die im Betrieb toleriert oder gefördert werden, auf Dauer mit hohen Kosten für das Arbeitsengagement, die Gesundheit und das Wohlbefinden der Beschäftigten verbunden sind und in der Folge das organisationale Wohlbefinden insgesamt gefährden. Umgekehrt können Führungspersonen und Organisationsverantwortliche durch eine ethisch-moralische Gestaltung des betrieblichen Kontextes die Bindung ihrer Mitarbeitenden, das gegenseitige Vertrauen und damit Arbeitsengagement und Leistungsfähigkeit und Gesundheit und Wohlbefinden ihrer Beschäftigten fördern. In den Betrieben stehen bislang beim Gesundheitsschutz und im Performanzmanagement vielfach aufgaben- und personenbezogene Gestaltungsansätze im Vordergrund (z. B. die Reduzierung aufgabenbezogener Stressoren, die Vermittlung der Sinnhaftigkeit der Tätigkeit, Kompetenztrainings). Bei der Gestaltung organisationaler Gerechtigkeit kann durch die organisationsübergreifende Gestaltung des ethisch-moralischen und sozioemotionalen Miteinanders ein eigenständiger Beitrag zu Leistungsfähigkeit und Gesundheit im Betrieb geleistet werden.

Literatur

Adams JS (1965) Inequity in social exchange. Adv Exp Soc Psychol 2:267–299

Alexander J (1960) The psychology of bitterness. Int J Psychoanal 4:514–520

Basch J, Fisher CD (2000) Affective events-emotions matrix: a classification of work events and associated emotions. In: Ashkanasy NM, Haertel CE et al (Hrsg) Emotions in the workplace: research, theory, and practice. Quorum Books, Greenwood Publishing Group, Westport, S 36–48

Bies RJ, Moag JS (1986) Interactional communication criteria of fairness. Res Organ Behav 9:289–319

Blader SL, Wiesenfeld BM, Fortin M, Wheeler-Smith SL (2013) Fairness lies in the heart of the beholder: How the social emotions of third parties influence reactions to injustice. Organ Behav Hum Decis Process 121(1):62–80. https://doi.org/10.1016/j.obhdp.2012.12.004

Chang CH, Rosen C, Levy P (2009) The relationship between perceptions of organizational politics and employee attitudes, strain, and behavior: A meta-analytic examination. Acad Manag J 52(4):779–801. https://doi.org/10.5465/AMJ.2009.43670894

Colquitt JA (2001) On the dimensionality of organizational justice: a construct validation of a measure. J Appl Psychol 86(3):386–400. https://doi.org/10.1037/0021-9010.86.3.386

Colquitt JA, Scott BA, Rodell JB, Long DM, Zapata CP, Conlon DE, Wesson M (2013) Justice at the millennium, a decade later: a meta-analytic test of social exchange and affect-based perspectives. J Appl Psychol 98(2):199–236. https://doi.org/10.1037/a0031757

Colquitt JA, Wesson MJ, Porter COLH, Conlon DE, Ng KY (2001) Justice at the millennium: a meta-analytic review of 25 years of organizational justice research. J Appl Psychol 86:425–445

Colquitt JA, Zipay KP (2015) Justice, fairness, and employee reactions. Annu Rev Organ Psychol Organ Behav 2(1):75–99. https://doi.org/10.1146/annurev-orgpsych-032414-111457

Cropanzano R, Byrne ZS, Bobocel DR, Rupp DE (2001) Moral virtues, fairness heuristics, social entities, and other denizens of organizational justice. J Vocat Behav 58(2):164–209. https://doi.org/10.1006/jvbe.2001.1791

Deci EL, Olafsen AH, Ryan RM (2017) Self-determination theory in work organizations: the state of a science. Annu Rev Organ Psychol Organ Behav 4(1):19–43. https://doi.org/10.1146/annurev-orgpsych-032516-113108

Dragano N, Siegrist J, Nyberg ST, Lunau T, Fransson EI, Alfredsson L, Kivimäki M et al (2017) Effort-reward imbalance at work and incident coronary heart disease: a multicohort study of 90,164 individuals. Epidemiology 28(4):619–626. https://doi.org/10.1097/EDE.0000000000000666

Elfenbein AH (2014) Emotion in organizations: a review and theoretical integration. Acad Manag Ann 38(1):114–142

Elovainio M, Kivimäki M, Vahtera J (2002) Organizational justice: Evidence of a new psychosocial predictor of health. Am J Public Health 92(1):105–108. https://doi.org/10.2105/AJPH.92.1.105

Fischbach A (2020) Organizational Justice and Embitterment. German Police University, Münster (in Vorbereitung)

Fischbach A, Lichtenthaler PW, Horstmann N, Boltz J (2014) Stresstheorien – Zentrale und aktuelle Stresskonzeption für die Polizeiliche Praxis. In: Lorei C, Hallenberger F (Hrsg) Grundwissen Stress. Verlag für Polizeiwissenschaft, Frankfurt a. M., S 5–29

Greenberg J (1990) Employee theft as a reaction to underpayment inequity: the hidden cost of pay cuts. J Appl Psychol 75(5):561–568. https://doi.org/10.1037/0021-9010.75.5.561

Greenberg J (2011) Organizational justice: the dynamics of fairness in the workplace. In: Zedeck S (Hrsg) APA handbook of industrial and organizational psychology. APA, Washington DC, S 271–327

Greenhaus JH, Parasuraman S, Wormley WM (1990) Effects of race on organizational experiences, job performance evaluations, and career outcomes. AMJ 33(1):64–86. https://doi.org/10.2307/256352

Herrmann D, Felfe J, Hardt J (2012) Transformationale Führung und Veränderungsbereitschaft: Stressoren und Ressourcen als relevante Kontextbedingungen. Z Arbeits Organisationspsychol 56(2):70–86. https://doi.org/10.1026/0932-4089/a000076

Hoobler JM, Wayne SJ (2009) Bosses' perceptions of family-work conflict and women's promotability: glass ceiling effects. Acad Manage J 52(5):939–957

Karasek RA (1979) Job demands, job decision latitude, and mental strain: implications for job redesign. Adm Sci Q 24(2):285–308

Kivimäki M, Elovainio M, Vahtera J, Ferrie JE (2003) Organisational justice and health of employees: prospective cohort study. Occup Environ Med 60(1):27–33. https://doi.org/10.1136/oem.60.1.27

Leventhal GS (1980) What should be done with equity theory? In: Gergen K, Greenberg M, Willis R (Hrsg) Social exchange: advances in theory and research. Plenum, New York, S 27–55 https://doi.org/10.1007/978-1-4613-3087-5_2

Lichtenthaler PW, Fischbach A (2018) A meta-analysis on promotion- and prevention- focused job crafting. Eur J Work Organ Psychol 28(1):30–50. https://doi.org/10.1080/1359432X.2018.1527767

Linden M (2008) Posttraumatic embitterment disorder and wisdom therapy. Journal of Cognitive Psychotherapy 22(1):4–14. https://doi.org/10.1891/0889.8391.22.1.4

Linden M, Baumann K, Rotter M, Schippan B (2007) The psychopathology of posttraumatic embitterment disorders. Psychopathology 40(3):159–165. https://doi.org/10.1159/000100005

Linden M, Rotter M (2018) Spectrum of embitterment manifestations. Psychol Trauma Theory Res Pract Policy 10(1):1–6. https://doi.org/10.1037/tra0000307

Mikula G, Scherer KR, Athenstaedt U (1998) The role of injustice in the elicitation of differential emotional reactions. Pers Soc Psychol Bull 24(7):769–783

Nimmo S (2018) Organizational justice and the psychological contract. OCCMED 68(2):83–85. https://doi.org/10.1093/occmed/kqx115

Ndjaboué R, Brisson C, Vezina M (2012) Organisational justice and mental health: a systematic review of prospective studies. Occup Environ Med 69(10):694–700. https://doi.org/10.1136/oemed-2011-100595

Robbins BG (2016) Probing the links between trustworthiness, trust, and emotion: evidence from four survey experiments. Soc Psychol Q 79(3):284–308. https://doi.org/10.1177/0190272516657546

Rousseau DM (2011) The individual-organization relationship: the psychological contract. In: Zedeck S (Hrsg) APA handbook of industrial and organizational psychology. APA, Washington DC, S 191–220

Rupp DE, Cropanzano R (2002) The mediating effects of social exchange relationships in predicting workplace outcomes from multifoci organizational justice. Organ Behav Hum Decis Process 89(2020):925–946. https://doi.org/10.1016/S0749-5978(02)00036-5

Rupp DE, Shapiro DL, Skarliki DP (2017) A critical analysis of the conceptualization and measurement of organizational justice: is it time for reassessment? Acad Manag Ann 11(2):919–959. https://doi.org/10.5465/annals.2014.0051

Rupp DE, Williams CA, Aguilera RV (2011) Increasing corporate social responsibility through stakeholder value internalization (and the catalyzing effect of new governance): an application of organizational justice, self-determination, and social influence theories. In: Schminke M (Hrsg) Managerial ethics: managing the psychology of morality. Routledge, New York, S 69–88 https://doi.org/10.4324/9780203852460

Ryan R, Deci E (2000) Self-determination theory and the facilitation of intrinsic motivation, social development, and well-being. Am Psychol 55(1):68–78. https://doi.org/10.1037/0003-066X.55.1.68

Schaufeli WB, Leiter MP, Maslach C, Jackson SE (1996) Maslach burnout inventory-general. In: Maslach C, Jackson SE, Leiter MP (Hrsg) The Maslach burnout inventory-test manual, 3. Aufl. Consulting Psychologists Press, Palo Alto, S 19–26

Scherer KR (2001) Appraisal considered as a process of multilevel sequential checking. In: Scherer KR, Schorr A, Johnstone T (Hrsg) Appraisal processes in emotion: Theory, methods, research. Oxford University Press, New York, S 92–120

Scherer KR, Shuman V, Fontaine JRJ, Soriano C (2013) The GRID meets the Wheel: Assessing emotional feeling via self-report. In: Fontaine JRJ, Scherer KR, Soriano C (Hrsg) Components of emotional meaning: a sourcebook. Oxford University Press, Oxford, S 281–298

Semmer NK, Jacobshagen N, Meier LL, Elfering A (2007) Occupational stress research: the "stress-as-offense-to-self" perspective. In: Houdmont J, McIntyre S (Hrsg) Occupational health psychology: European perspectives on research, education and practice. ISMAI publishers, Maia, S 43–60

Siegrist J (1996) Adverse health effects of high-effort/low-reward conditions. J Occup Heal 1:27–41

Siegrist J, Starke D, Chandola T, Godin I, Marmot M, Niedhammer I, Peter R (2004) The measurement of effort-reward imbalance at work: European comparisons. Soc Sci Med 58(8):1483–1499. https://doi.org/10.1016/S0277-9536(03)00351-4

Spector PE, Fox S (2005) The stressor-emotion model of counterproductive work behavior. In: Fox S, Spector PE (Hrsg) Counterproductive work behavior: investigations of actors and targets. American Psychological Association, Washington, DC, S 151–174 https://doi.org/10.1037/10893-007

Spector PE, Fox S (2010) Counterproductive work behavior and organisational citizenship behavior: are they opposite forms of active behavior? Appl Psychol 59(1):21–39. https://doi.org/10.1111/j.1464-0597.2009.00414.x

Szebel A (2015) Veränderungskompetenz von Mitarbeitern. Universität zu Köln. https://d-nb.info/1073247260/34. Zugegriffen: 5. Juni 2020

Tayfur O, Bayhan Karapinar P, Metin Camgoz S (2013) The mediating effects of emotional exhaustion cynicism and learned helplessness on organizational justice-turnover intentions linkage. Int J Stress Manag 20(3):193–221. https://doi.org/10.1037/a0033938

Tepper BJ (2000) Consequences of abusive supervision. Acadamy Manag J 43(2):178–190

Tims M, Bakker AB (2010) Job crafting: towards a new model of individual job redesign. South African J Ind Psychol 36(2):1–9

Tomlinson EC (2013) An Integrative Model of Entitlement Beliefs. Employee Responsibilities and Rights Journal 25(2):67–87. https://doi.org/10.1007/s10672-012-9208-4

Tripp TM, Bies RJ, Aquino K (2007) A vigilante model of justice: revenge, reconciliation, forgiveness, and avoidance. Soc Just Res 20(1):10–34. https://doi.org/10.1007/s11211-007-0030-3

Warr P, Bindl UK, Parker SK, Inceoglu I (2014) Four-quadrant investigation of job-related affects and behaviours. Eur J Work Organ Psychol 23(3):342–363. https://doi.org/10.1080/1359432X.2012.744449

9

Gerechtes Führen: Wie sich ethisches und destruktives Führungsverhalten auf die Mitarbeitenden auswirkt

Ellen Schmid und Armin Pircher Verdorfer

Inhaltsverzeichnis

© Springer-Verlag GmbH Deutschland, ein Teil von Springer Nature 2020
B. Badura et al. (Hrsg.), *Fehlzeiten-Report 2020*, Fehlzeiten-Report,
https://doi.org/10.1007/978-3-662-61524-9_10

10

■ ■ **Zusammenfassung**

Die Frage nach der ethischen Dimension von Führung ist in den letzten beiden Jahrzehnten zunehmend in den Fokus der Forschung gerückt und die Führungsforschung beschäftigt sich hierbei sowohl mit der ethischen als auch mit der destruktiven Seite der Führung (Quade et al. 2019). Vor dem Hintergrund der Negativitätsverzerrung, die besagt, dass negative Interaktionen einen stärkeren Einfluss auf Menschen haben als positive, wird klar, dass diese ausgewogene Betrachtung der ethischen Dimension zentral ist, um Führung in ihrer Komplexität zu verstehen.

In diesem Kapitel stellen wir dementsprechend zunächst unterschiedliche Ausprägungen destruktiver Führung und deren Auswirkungen auf die Mitarbeitenden dar und diskutieren mögliche Ursachen. Anschließend widmen wir uns dem Thema der ethischen Führung, stellen ausgewählte Forschungserkenntnissen dazu vor und schließen mit der Ableitung von Handlungsempfehlungen für Unternehmen und Führungskräfte.

10.1 Einleitung

Führung beschreibt die bewusste und zielbezogene Einflussnahme auf das Verhalten von Menschen im Kontext von Arbeit und Organisation (Northouse 2018). Damit ist Führung eine der wichtigsten Beziehungen am Arbeitsplatz. Wie Führungskräfte kommunizieren, Aufgaben zuweisen, Entscheidungen treffen oder mit Konflikten umgehen hat einen entscheidenden Einfluss darauf, wie Mitarbeitende ihren Arbeitsalltag erleben (Northouse 2018). Dementsprechend beschäftigt sich die Führungsforschung schon lange mit der Frage, was „gute" Führung ausmacht. Die Frage nach der **ethischen Dimension von Führung** ist dabei erst in den letzten beiden Jahrzehnten zunehmend in den Fokus der Forschung gerückt (Ciulla 2005). Davor hatte man Fragen der Ethik entweder nicht als erfolgsrelevante Zielgröße in Unternehmen gesehen oder

man pflegte eine „harmonische" Sichtweise, die „erfolgreiche" Führung – gleichsam per definitionem – mit moralisch guter Führung gleichsetzt (Kuhn und Weibler 2012). Allerdings findet man immer wieder Beispiele, bei denen moralisch bedenkliche oder verwerfliche Führungspraktiken sehr wohl zur Erreichung von Geschäftserfolgen führen können und in diesem Sinne „erfolgreich" sind, insbesondere wenn Erfolg ausschließlich über kurzfristige Ergebnisse oder Gewinnmaximierung definiert ist. Vor diesem Hintergrund erscheint es notwendig, neben ethisch guter Führung auch die **„dunkle" Seite von Führung**, d. h. moralisch verwerfliche Führungspraktiken, besser zu verstehen (Schyns und Schilling 2013). Eine besondere Relevanz erhält die Beschäftigung mit negativen und destruktiven Führungspraktiken, wenn man sich das Phänomen der sogenannten **„Negativitätsverzerrung"** (negativity bias) vor Augen führt. In einem Artikel mit dem bezeichnenden Titel „Bad Is Stronger Than Good" zitieren Baumeister et al. (2001) umfangreiche Studien, die zeigen, dass negative Ereignisse und Interaktionen stärkeren Einfluss auf Menschen haben als positive. Erklärt wird dies anhand evolutionspsychologischer Mechanismen: Um zu überleben, ist es für Organismen zunächst wichtiger, negative Informationen bzw. Bedrohungen zu erkennen und zu erinnern als positive Informationen zu verarbeiten. Als Folge dessen haben negative Informationen eine größere emotionale und motivationale Bedeutung. Angewendet auf den Führungskontext bedeutet dies: Destruktives Führungsverhalten hat einen weitaus stärkeren Einfluss auf die Mitarbeitenden als konstruktives Führungsverhalten und die daraus resultierenden emotionalen und motivationalen Folgen überwiegen in der Regel die positiven Effekte, die aus positiven Interaktionen im Arbeitsalltag resultieren (Schmid et al. 2018). Aufgrund dessen stellen wir in diesem Kapitel zunächst unterschiedliche Ausprägungen destruktiver Führung und deren Auswirkungen auf die Mitarbeitenden dar und diskutieren mögliche Ursachen. Anschließend widmen wir uns dem

Thema der ethischen Führung, stellen ausgewählte Forschungserkenntnissen dazu vor und leiten zum Schluss Handlungsempfehlungen für Unternehmen und Führungskräfte ab.

10.2 Destruktive Führung

Der Begriff **destruktive Führung** subsummiert Führungsverhalten, das sich destruktiver Einflussnahme bedient oder destruktive Ziele verfolgt (Krasikova et al. 2013). Diese destruktive Einflussnahme kann sich in der Praxis ganz unterschiedlich äußern. Stellen Sie sich folgendes Szenario vor:

> Ihr Chef ist ein Choleriker[1]. Er erinnert Sie immer wieder an vergangene Fehler und macht sich vor anderen über Sie lustig. Wenn Sie Vorschläge zur Verbesserung machen, sagt er Ihnen, dass Ihre Ideen dumm und Sie inkompetent seien. Er hat zahlreiche seiner Versprechen an Sie gebrochen und es geschieht immer wieder, dass er die Beherrschung verliert und Sie anschreit.

Bei dem beschriebenen Führungsverhalten handelt es sich um ein Paradebeispiel für **Abusive Supervision** (Tepper 2000), was im Deutschen gelegentlich mit „despotischer Führung" übersetzt wird (Schilling und May 2015) Abusive Supervision ist eines der Führungskonstrukte, das unter destruktive Führung fällt, zudem eines der ersten wissenschaftlichen Konstrukte zum Thema und das bis heute am meisten untersuchte (Schyns und Schilling 2013). Abusive Supervision äußert sich durch feindseliges und herabsetzendes Verhalten der Führungskraft den Mitarbeitenden gegenüber (Tepper 2000). Beschrieben werden Führungskräfte, die ihre Mitarbeitenden beispielsweise

beschimpfen oder sich über sie lustig machen. Zentral ist, dass dieses Verhalten wiederholt gezeigt wird und es sich nicht um eine einmalige Episode handelt.

Die negativen Auswirkungen von Abusive Supervision sind gut belegt. So führt Abusive Supervision – wenig überraschend – zu Unzufriedenheit und befördert den Wunsch, das Unternehmen zu verlassen. Auch wurden Zusammenhänge mit Burnout und Stresserleben und häufigeren krankheitsbedingten Fehlzeiten gefunden (Martinko et al. 2013). Studien konnten auch zeigen, dass es Zusammenhänge zwischen Abusive Supervision und einer späteren Diagnose klinischer Depression (Ylipaavalniemi et al. 2005) sowie Alkoholmissbrauch (Bacharach et al. 2008) bei Mitarbeitenden gibt. Aber destruktive Führung kann sich auch viel subtiler äußern. Im Gegensatz zu der im vorherigen Szenario beschriebenen Führungskraft, die sich lustig macht und Mitarbeitende anschreit, können destruktive Führungskräfte auch sehr freundliches Verhalten an den Tag legen und ungerechtes Verhalten in subtilerer Weise zeigen:

> Sie arbeiten an einem wichtigen Projekt. Ihr Chef hat Sie gebeten, an den Wochenenden zu arbeiten und auf Weiterbildungsmaßnahmen zu verzichten, um sicherzustellen, dass alle Projektfristen eingehalten werden. Jetzt ist das Projekt abgeschlossen und Sie sind sehr stolz auf das Ergebnis. Ihr Chef, charmant wie immer, reißt die Aufgabe an sich, die Ergebnisse den Kunden zu präsentieren. Die sind sehr beeindruckt und laden ihren Chef ein, das Projekt auf einem angesehenen Kongress vorzustellen. Ihr Chef erzählt Ihnen freudig, dass er zu dieser Reise eingeladen wurde. Ihm wird der ganze Ruhm für das erfolgreiche Projekt zuteil und bei seiner Rückkehr erhält er sogar die langersehnte Beförderung. Sie erhalten keinerlei Anerkennung für Ihre Arbeit an dem Projekt.

---

1   Aus Gründen der besseren Lesbarkeit wird die männliche Schreibweise verwendet. Wir weisen eindeutig darauf hin, dass beide Geschlechter gemeint sind.

Dieses Szenario beschreibt das Konzept der **ausnutzenden Führung** (Schmid et al. 2019). Ausnutzende Führung zeichnet sich vor allem durch ein hohes Eigeninteresse der Führungskraft aus. Zentral ist die Erreichung eigener Ziele, Mitarbeitende werden lediglich als Mittel zum Zweck gesehen. Studien zeigen aber auch bei dieser Form der destruktiven Führung ganz ähnliche Effektive wie bei Abusive Supervision: Mitarbeitende, die ihre Führungskraft als ausnutzend einschätzen, sind weniger zufrieden mit ihrer Arbeit und dort weniger engagiert, haben den Wunsch, das Unternehmen zu verlassen und berichten mehr Stresserleben (Schmid et al. 2019). Auch wenn ausnutzende Führung subtiler ist, sind die Auswirkungen auf Mitarbeitende also nicht weniger destruktiv.

Ausnutzende Führung und Abusive Supervision sind nur zwei Beispiele für destruktive Führung, die verdeutlichen, wie unterschiedlich sich diese zeigen kann. Auch wenn es auf den ersten Blick naheliegend erscheint, dass destruktive Führung zu negativen Auswirkungen bei Mitarbeitenden führt, ist es wichtig zu verstehen, wie es zu diesen negativen Auswirkungen kommt, um entsprechend reagieren zu können.

Es ist gut belegt, dass destruktive Führung destruktiv auf emotionaler und motivationaler Ebene wirkt, weil sie das Selbstwertgefühl der Mitarbeitende angreift (z. B. Thau und Mitchell 2010). Mitarbeitende, die immer wieder mit selbstwertbedrohenden Interaktionen im Arbeitsalltag konfrontiert werden, erfahren negative Emotionen und Stress. Herausforderungen werden zur Bedrohung und alltägliche Situationen sind nicht vorhersagbar. Besser damit umgehen können Mitarbeitende, wenn sie Möglichkeiten finden, ihr Selbstwertgefühl zu schützen oder zu stärken. Dies kann durch emotionale Unterstützung von Kolleginnen und Kollegen oder Familienangehörigen geschehen oder auch dadurch, dass man die Situation verlässt, sich einen anderen Arbeitgeber sucht und dort positive Interaktionen erlebt (Tepper et al. 2009).

Des Weiteren hat die Forschung konsistent gefunden, dass Mitarbeitende, die destruktive Führung erleben, eher bereit sind, organisationale Normen zu verletzen. Das kann bedeuten, dass Firmenressourcen für private Zwecke genutzt werden oder sogar Diebstahl am Unternehmen verübt wird (Martinko et al. 2013). Theorien zur Gerechtigkeit können dieses Verhalten erklären (Fortin 2008). Gerechtigkeit in Unternehmen kann über möglichst gerechte Verteilung von Ressourcen (Verteilungsgerechtigkeit), aber vor allem auch über faire Prozesse der Entscheidungsfindung (Prozedurale Gerechtigkeit) und einen fairen und respektvollen Umgang miteinander (Interpersonale Gerechtigkeit) erreicht werden. Menschen, die sich ungerecht behandelt fühlen, streben danach, diese Ungerechtigkeit wieder auszugleichen. Wenn also wie bei der Ausnutzenden Führung Ressourcen ungerecht verteilt werden und die Führungskraft sich mehr nimmt, als ihr zusteht, oder Erwartungen an fairen Umgang und Respekt, wie bei Abusive Supervision, durch eine feindselige Führungskraft verletzt werden, können Mitarbeitende durch „Rache" an dem Unternehmen versuchen, diese Ungerechtigkeit auszugleichen. Die Arbeitsleistung wird minimiert oder eingestellt und man nimmt sich etwas von dem Unternehmen zurück, das es Führungskräften erlaubt, die Mitarbeitenden schlecht zu behandeln.

10.3 Woher kommt destruktive Führung?

Die Frage, warum sich manche Führungskräfte unethisch und ungerecht verhalten, hat viele Forschungsbemühen beschäftigt und dementsprechend werden für destruktives Verhalten von Führungskräften unterschiedliche Gründe aufgeführt (Tepper et al. 2017; Krasikova et al. 2013).

Krasikova et al. (2013) argumentierten, dass destruktive Führung als Reaktion auf die Wahrnehmung einer Zielblockade gesehen werden kann. Wie bereits eingangs erwähnt, beschreibt der Begriff Führung Einflussnahme mit Blick auf bestimmte Ziele. Wenn Führungskräfte zu der Einschätzung gelangen, dass die Erreichung besagter Ziele schwierig oder gar gefährdet ist, erhöht sich die Wahrscheinlichkeit für die Anwendung destruktiver Führungsmethoden. Dies stimmt mit jenen Befunden überein, die zeigen, dass Beschäftigte in Unternehmen ganz allgemein eher dann destruktives Verhalten zeigen und für sich legitimieren, wenn sie sich in ihrer Zielerreichung behindert sehen (Schweitzer et al. 2004).

Die Gründe für die Wahrnehmung solcher Zielblockaden durch die Führungskraft können im Umfeld liegen, aber auch in der Person der Führungskraft selbst. Ein Grund im Umfeld kann z. B. die subjektive Wahrnehmung sein, dass die Geführten zu wenig Motivation oder Leistung zeigen. Daneben können aber auch hohe Arbeitsbelastung und Druck dazu führen, dass Führungskräfte nicht mehr genug Ressourcen für die **Selbstregulation** zur Verfügung haben und dann womöglich Mitarbeitende rücksichtslos behandeln (Tepper et al. 2017). Aber auch **Normen**, die sich im Unternehmen entwickelt haben, können destruktive Führung begünstigen. So wird in manchen Organisationen ausnutzendes und ungerechtes Verhalten von Führungskräften gefördert, indem genau diese Führungskräfte befördert werden oder es keine Konsequenzen für destruktive Interaktionen mit Mitarbeitenden gibt. Andere Führungskräfte können sich dieses Verhalten dann zum Vorbild nehmen und sich aneignen (Tepper et al. 2017).

Als Gründe, die in der Person der Führungskraft liegen, hat die Führungsforschung vor allem Persönlichkeitseigenschaften wie die sogenannte „**dunkle Triade**" angeführt: **Narzissmus**, **Machiavellismus** und **Psychopathie** (LeBreton et al. 2018). Machiavellismus beschreibt die grundlegende Tendenz, andere Menschen als Mittel zum Zweck für die Erreichung eigener Ziele und die Befriedigung eigener Bedürfnisse zu sehen. Psychopathie, in ihrer subklinischen Ausprägung, ist vor allem

durch mangelndes Mitgefühl oder mangelnde Reue gekennzeichnet. Narzissmus, ebenfalls subklinisch definiert, bezieht sich vor allem auf ein übersteigertes Selbstwertgefühl sowie ein übermäßiges Bedürfnis nach Beachtung (Furnham et al. 2013).

Obwohl diese drei Persönlichkeitseigenschaften aus theoretischer Sicht unterschiedliche Akzentuierungen aufweisen, überlappen sie inhaltlich und empirisch stark, gerade mit Blick auf ihre mögliche Relevanz als Antezedenzien für destruktives Führungsverhalten. So wurden für alle drei Zusammenhänge mit destruktivem und unethischem Verhalten in Organisationen gefunden (LeBreton et al. 2018).

Interessante Befunde gibt es zu der Frage ob Führungskräfte, die hohe Narzissmuswerte aufweisen, erfolgreich sein können im Sinne der Erreichung von organisationalen Zielen. Die Forschung hat hierzu widersprüchliche Erkenntnisse hervorgebracht. Manche Studien haben einen positiven Zusammenhang mit organisationalem Erfolg gefunden, manche keinen Zusammenhang und manche einen negativen. Eine Meta-Analyse legt nahe, dass es auf das Maß an Narzissmus ankommt und ein mittleres Maß an Narzissmus bei Führungskräften durchaus auch zu positiven Einschätzungen führen kann (Grijalva et al. 2015). Auch Tepper et al. (2017) haben argumentiert, dass destruktive Führung, am Beispiel Abusive Supervision, kurzfristig zu besserer Leistung führen könnte, da Mitarbeitende durch Mehranstrengung und gute Leistung erneutes herabsetzendes Verhalten der Führungskraft vermeiden wollen. Gerade aufgrund solcher Überlegungen ist es zentral, Führung nicht nur anhand von (oft kurzfristigem) organisationalem Erfolg, sondern auch mit Blick auf ethische Dimensionen zu bewerten.

10.4 Ethische Führung

Wenn es um die Frage nach „guter" Führung geht, hat sich in den letzten zwei Jahrzehnten in der modernen, organisationspsychologisch ausgerichteten Führungsforschung die Sichtweise etabliert, die ethische Dimension der Führung als eigenständige Zielgröße zu betrachten. Hierbei wird vor allem der Umgang von Führungskräften mit dem Spannungsfeld zwischen Erreichung von Unternehmenszielen und der Orientierung an **moralischen Prinzipien** betrachtet (Kerschreiter und Eisenbeiss 2015). Moral bezeichnet die soziale Regulation und Bewertung von Handlungen anhand präskriptiver Normen. Damit stellt sich aber auch die Frage, welche moralischen Prinzipien ethischer Führung zugrunde legen. Wenngleich manche Forschende hierbei erstaunlich vage blieben, lag der Fokus oft zumindest implizit auf Aspekten der Fürsorge und Gerechtigkeit gegenüber den Geführten (Brown et al. 2005).

Aktuellere Ansätze haben versucht, allgemeine und universell gültige Moralprinzipien als normative Grundlage ethischer Führung herauszuarbeiten. Eisenbeiss (2012) hat hierbei vier Prinzipien identifiziert, die in der zeitgenössischen Moralphilosophie sowie in der Morallehre aufgeklärter Versionen der Weltreligionen verankert sind:

1) **Orientierung am Menschen**: Hierbei steht das Wohl der Mitarbeitenden im Fokus. Ethische Führung bedeutet, den Geführten mit Würde und Respekt zu begegnen, ihnen keinen Schaden zuzufügen, sondern sie fürsorglich zu behandeln.

2) **Gerechtigkeit**: Unter diese Kategorie fallen sämtliche Bemühungen von Führungskräften, sich fair zu verhalten. Neben der möglichst gerechten Verteilung von Ressourcen (Verteilungsgerechtigkeit) beinhaltet dies vor allem auch faire Prozesse der Entscheidungsfindung (Prozedurale Gerechtigkeit).

3) **Mäßigung**: Hierunter versteht man, dass Führungskräfte sich selbst nicht als zentralen Maßstab sehen, ihre Schwächen und Grenzen reflektieren und eigene Bedürfnisse und Ansprüche rücksichtsvoll mit jenen von anderen disponieren.

4) **Verantwortung und Nachhaltigkeit**: Hierunter fällt das Bemühen einer Führungskraft, das eigene Handeln bzw. ihren Einfluss mit Blick auf Belange der Umwelt und des Allgemeinwohls zu reflektieren und auszurichten.

Zusammengenommen beschreiben diese Orientierungen eine ethische Führungskraft als „moralische Person", die ihr Verhalten als Führungskraft an „normativ angemessenen" Kriterien ausrichtet (Brown et al. 2005; Eisenbeiss 2012). Als ethische Führung wird außerdem die Anleitung der Mitarbeitenden hin zu ethischem Verhalten gesehen. Daher ist es wichtig, dass die Führungskraft auch als „moralischer Manager" agiert, also normativ angemessenes Verhalten und die Ausrichtung an ethischen Standards bei den Mitarbeitenden proaktiv verstärkt und entsprechend belohnt (Trevino et al. 2000).

Im Gegensatz zu den vorher im Zusammenhang mit destruktiver Führung beschriebenen Szenarien kann man sich hier Folgendes vorstellen:

Sie arbeiten an einem wichtigen Projekt. Auch wenn es immer wieder Phasen gibt, in denen Mehrarbeit nötig ist, um Projektfristen einzuhalten, ist Ihrem Chef wichtig, dass Sie einen Freizeitausgleich nehmen und auch weiterhin an einem Weiterbildungsprogramm teilnehmen. Zu einem Zeitpunkt noch sehr früh im Projekt musste entschieden werden, ob ein Lieferant, der dafür bekannt ist, umweltschädliche Herstellungsmethoden zu verwenden, hinzugezogen wird, um einen Meilenstein einzuhalten. Ihr Chef hat sich an den Kunden gewendet und erklärt, dass dies nicht mit den Werten des Projektteams im Einklang steht, und die volle Verantwortung für die Verspätung des Projektmeilensteins übernommen. Nach erfolgreichem Abschluss des Projekts hat Ihr Chef Ihnen und einem Kollegen übertragen, die Ergebnisse den Kunden vorzustellen, die sehr beeindruckt waren. Ihr Chef hat zu Projektbeginn entschieden, dass die beiden Teammitglieder, die den größten Anteil am

Projekterfolg hatten, auch die Lorbeeren erhalten sollen.

■ Abb. 10.1 Die vier Prinzipien ethischer Führung und gesundheitsförderliche Führung. (Nach Eisenbeiss 2012 und Jiménez et al. 2017a)

Die oben genannten Prinzipien ethischer Führung sind – wenngleich in unterschiedlichen Ausprägungen und Betonungen – in den meisten aktuellen organisationspsychologischen Führungstheorien enthalten.

Am besten untersucht sind dabei die Effekte von wertschätzendem bzw. **fürsorglichem Führungsverhalten**, wobei insbesondere die positiven Konsequenzen für das psychische und physische Wohlbefinden der Mitarbeitenden als hinreichend belegt gelten. So konnte gezeigt werden, dass dies unter anderem z. B. zu weniger Stressempfinden und mehr Zufriedenheit führt (Kuoppala et al. 2008; Rigotti et al. 2014; Van Dierendonck et al. 2004).

Ähnliche Befunde liegen für als gerecht empfundenes Führungsverhalten vor (Elovainio et al. 2002; Kivimäki et al. 2004). Zwar basiert ein Großteil der Evidenz hierbei auf Studien zur **organisationalen Gerechtigkeit** (d. h. das Ausmaß, in dem Beschäftigte die Behandlung durch die Organisation als Ganzes als gerecht wahrnehmen), allerdings legen zahlreiche Studien nahe, dass der wahrgenommenen Behandlung durch die Führungskraft ein größeres Gewicht zukommt (Colquitt et al. 2013). Außerdem beinhalten die genannten Studien zum Zusammenhang zwischen organisationaler Gerechtigkeit und dem Wohlbefinden der Beschäftigten in der Regel auch Indikatoren für die sogenannte interpersonale Gerechtigkeit, also das Ausmaß, in dem Führungskräfte bei Entscheidungen als wertschätzend und freundlich beurteilt werden. Hervorzuheben ist hierbei, dass die Befundlage zu den Auswirkungen erlebter Gerechtigkeit am Arbeitsplatz auf gesundheitsrelevante Indikatoren besonders belastbar ist. So konnte gezeigt werden, dass nicht nur das von den Beschäftigten selbst eingeschätzte Wohlbefinden positiv beeinflusst wird, sondern auch das objektiv erfasste Risiko zu erkranken (z. B.

an kardiovaskulären Erkrankungen) substantiell sinkt (Elovainio et al. 2006; 2010).

Neben den motivations- und leistungsförderlichen Effekten gelten die gesundheitsförderlichen Auswirkungen von Führung, die sich an Prinzipien der Fürsorge und Gerechtigkeit orientieren, als sehr gut bestätigt. Vor diesem Hintergrund sind auch jene Ansätze zu verstehen, die besagte Prinzipien explizit in ein umfassendes Gerüst der „**gesundheitsförderlichen Führung**" integrieren (siehe ■ Abb. 10.1) (Jiménez et al. 2017a).

Dabei geht es weniger um einen konkreten bzw. separaten Führungsstil, sondern um ein Konglomerat von Wirkgrößen, die im weitesten Sinne dem Einflussbereich der Führungskraft unterliegen und die einen Einfluss auf die Gesundheit der Mitarbeitenden haben. Dazu zählen beispielsweise neben der Ausgestaltung der Aufgabenverteilung auch das Belohnungssystem sowie das Gemeinschaftsgefühl im Team bzw. im Unternehmen. Ein besonders wichtiger Punkt ist hierbei, dass die Gesundheit und das Wohlbefinden der Mitarbeitenden explizit als Führungsaufgabe und gesunde Mitarbeitende als Führungsziel verstanden werden. Dies bedeutet, dass Arbeitsbedingungen, Aufgaben und Prozesse im Unternehmen nicht nur mit Blick auf ihre betriebswirtschaftliche Dimension bewertet und ggf. adaptiert werden, sondern auch explizit hinsichtlich ihrer gesundheitlichen Auswirkungen für die Mit-

10

arbeitenden. Erste Befunden zeigen, dass eine solche Führungskultur in einem positiven Verhältnis mit mehr Ressourcen und weniger Stresserleben bei den Beschäftigten steht und das Burnout-Risiko signifikant senkt (Jiménez et al. 2017b).

Die Befundlage zum Prinzip der Mäßigung als Komponente ethischen Führens ist insgesamt weniger umfangreich. Allerdings zeigen Studien zur sogenannten **dienenden Führung** (servant leadership), einem Führungsstil, bei dem Führungskräfte sich selbst zurücknehmen und explizit auf die Entwicklung der Mitarbeitenden achten, dass diese konsistent positiven Auswirkungen auf die Leistungsbereitschaft und das Wohlbefinden der Geführten hat (Eva et al. 2019). Hervorzuheben ist hier, dass neben selbsteingeschätzten Indikatoren, wie beispielsweise Stress oder Burnout (Rivkin et al. 2014) auch objektive Größen, allen voran krankheitsbedingte Fehlzeiten, erfasst wurden (Feng et al. 2015). Darauf aufbauend verweist auch die die neueste Forschung zu **Bescheidenheit** (leader humility) als möglicher Tugend von Führungskräften auf vielfältige positive Auswirkungen (Mao et al. 2019; Owens et al. 2013). Studien in diesem Bereich legen insgesamt nahe, dass Führungskräfte, die nicht beständig im Mittelpunkt stehen möchten, die Stärken und Leistungen anderer hervorheben, dabei eigene Fehler zugeben und Lernbereitschaft signalisieren, ihren Einfluss bei den Mitarbeitenden sogar verstärken können (Pircher Verdorfer 2019).

Bisher wenig erforscht ist die Ausrichtung ethischen Führungsverhaltens an Prinzipien der **Nachhaltigkeit und gesellschaftlichen Verantwortung**. Zwar ist diese Komponente in einigen einschlägigen Messinstrumenten zu ethikorientierter Führung abgebildet (z. B. Kalshoven et al. 2011; Liden et al. 2008), man weiß jedoch wenig über die distinkten bzw. differentiellen Effekte solchen Führungsverhaltens. Einige Befunde belegen, dass die Betonung dieses Prinzips im Führungsverhalten auch die Geführten zu mehr Verantwortung und Engagement für das Allgemeinwohl motivieren kann (Liden et al. 2008).

Andere Studien hingegen legen nahe, dass diese Komponente insgesamt am schwächsten mit der Akzeptanz ethischer Einflussnahme von Seiten der Führungskraft verknüpft ist (Pircher Verdorfer und Peus 2019). Allerdings ist davon auszugehen, dass gerade bei dieser Komponente vor allem auch die individuellen Wertepräferenzen der Mitarbeitenden eine größere Rolle spielen als bei den anderen Komponenten. Mitarbeitende, die Belangen der gesellschaftlichen Verantwortung wenig Bedeutung zumessen und dies nicht unmittelbar mit der eigenen Arbeitstätigkeit in Verbindung bringen, dürften wenig sensibel für entsprechendes Handeln ihrer Führungskraft sein.

10.5 Handlungsempfehlungen

Nachdem nun die Erscheinungsformen destruktiver Führung und ihre Konsequenzen für Mitarbeitende erörtert sowie Prinzipien der ethischen Führung und aktuelle Forschungserkenntnisse zusammengefasst wurden, stellt sich die Frage, welche Handlungsempfehlungen für Führungskräfte ausgesprochen werden können. Aus unserer Sicht sollte es bei allen Maßnahmen darum gehen, destruktives Verhalten einzuschränken und gleichzeitig ethisches Verhalten zu stärken.

Um ethisches Führungsverhalten in Unternehmen zu fördern, sollten zum einen entsprechende Strukturen und Maßnahmen im Unternehmen implementiert werden und zum anderen sollte jede Führungskraft durch Führungskräfteentwicklungsmaßnahmen individuell unterstützt werden (Day und Dragoni 2015)

Schon bei der **Personalauswahl** ist es zentral, dass Entscheidungsträger sensibel dafür sind, ob eine angehende Führungskraft dazu neigt, die Rolle zur Erreichung eigener Zwecke auszunutzen. Gerade Narzissten sind sehr gut darin, einen positiven ersten Eindruck zu hinterlassen, sich „gut zu verkaufen" und bei anderen den Eindruck zu erzeugen, die ideale Besetzung für eine Führungsrolle zu sein. Kommt dann noch der Druck hinzu, eine Stelle schnell besetzen zu müssen, oder gibt es vielleicht wenig Bewerbende mit den entsprechenden Fachkenntnissen, kann dies dazu führen, dass „Blender" eingestellt werden. Diesem Effekt der Blendung können Personalverantwortliche mit klaren Anforderungs- und Auswahlkriterien für Führungsrollen, die auf Prinzipien der ethischen Führung beruhen, und entsprechenden Auswahlmethoden (z. B. geeigneten Interviews oder auch situationalen Verfahren) entgegentreten.

Belohnungsstrukturen in Organisationen können ganz gezielt destruktives Führungsverhalten fördern oder auch verringern. Werden Bonuszahlungen und Beförderungen rein nach persönlicher Erreichung von Profitzielen bemessen, werden unethische Verhaltensweisen möglicherweise gefördert. Durch gezielte Belohnung des Verhaltens nach Prinzipien der ethischen Führung kann dieses Verhalten dagegen gefördert werden.

Natürlich ist dies nicht immer leicht umzusetzen, da Belohnungsstrukturen oft tief in der Historie der Organisation verankert sind. Gerade Führungskräfte im mittleren Management berichten von dem Handlungskonflikt, Belohnungsstrukturen der Organisation anwenden zu müssen, die nicht mit ihrem Bestreben, ethikorientiertes Verhalten auf Teamleiterebene zu fördern, im Einklang stehen. Wenn eine strukturelle Veränderung auf Organisationsebene nicht möglich ist, können Führungskräfte in ihren Teams jedoch durch gezielte Anwendung der Prinzipien ethischer Führung viel bewegen und sich durch individuelle Weiterbildungsmaßnahmen (wie z. B. Coaching) Unterstützung suchen.

Wenn es um strukturierte Weiterbildungsprogramme für Führungskräfte geht, stehen viele Unternehmen vor der Herausforderung, dass jede Führungskraft ganz eigene Stärken, aber auch Entwicklungsbedarfe hat. Während vielleicht der Teamleiter Schwierigkeiten damit hat, klare und faire Entscheidungen zu treffen, fällt dies der Abteilungsleiterin leicht, sie hadert jedoch damit, auf ihre Mitarbeitenden einzugehen und Fürsorge zu zeigen. In der modernen Führungskräfteentwicklung

empfiehlt es sich daher, **individuelle Weiterentwicklungsmöglichkeiten** zu schaffen. die dazu anzuregen, sich an den in ▶ Abschn. 10.4 beschriebenen vier Prinzipien der ethischen Führung (Eisenbeiss 2012) zu orientieren. Digitale Technologien und Weiterbildungsplattformen bieten viele Möglichkeiten, Weiterbildung individuell und bedarfsgerecht anzubieten.

Die Entwicklung hin zu einer ethikorientierten Führungskraft kann darüber hinaus auch durch regelmäßige Reflektion des eigenen Führungsverhaltens in Bezug auf die Prinzipien ethischer Führung (Eisenbeiss 2012) im Alltag unterstützt werden (Day und Dragoni 2015). Dadurch und durch die gezielte Förderung ethischen Verhaltens im Unternehmen im Rahmen entsprechender Strukturen kann vor allem langfristig das Ziel erreicht werden, destruktive Führung einzuschränken und ethische Führung zu stärken.

Literatur

Bacharach SB, Bamberger PA, Doveh E (2008) Firefighters, critical incidents, and drinking to cope: the adequacy of unit-level performance resources as a source of vulnerability and protection. J Appl Psychol 93(1):155

Baumeister RF, Bratslavsky E, Finkenauer C, Vohs KD (2001) Bad is stronger than good. Rev Gen Psychol 5(4):323–370

Brown ME, Trevino LK, Harrison DA (2005) Ethical leadership: a social learning perspective for construct development and testing. Organ Behav Hum Decis Process 97(2):117–134

Ciulla JB (2005) The state of leadership ethics and the work that lies before us. Bus Ethics: A Eur Rev 14(4):323–335

Colquitt JA, Scott BA, Rodell JB, Long DM, Zapata CP, Conlon DE, Wesson MJ (2013) Justice at the millennium, a decade later: a meta-analytic test of social exchange and affect-based perspectives. J Appl Psychol 98(2):199–236

Day DV, Dragoni L (2015) Leadership development: an outcome-oriented review based on time and levels of analyses. Annu Rev Organ Psychol Organ Behav 2(1):133–156

Eisenbeiss SA (2012) Re-thinking ethical leadership: an interdisciplinary integrative approach. Leadersh Q 23(5):791–808

Elovainio M, Kivimäki M, Vahtera J (2002) Organizational justice: evidence of a new psychosocial predictor of health. Am J Public Health 92(1):105–108

Elovainio M, Leino-Arjas P, Vahtera J, Kivimäki M (2006) Justice at work and cardiovascular mortality: a prospective cohort study. J Psychosom Res 61:271–274

Elovainio M, Ferrie JE, Singh-Manoux A, Gimeno D, De Vogli R, Shipley M, Vahtera J, Brunner E, Marmot MG, Kivimäki M (2010) Organisational justice and markers of inflammation: the Whitehall II study. Occup Environ Med 67:78–83

Eva N, Robin M, Sendjaya S, van Dierendonck D, Liden RC (2019) Servant leadership: A systematic review and call for future research. Leadersh Q 30(1):111–132

Feng X, Pircher Verdorfer A, Peus C (2015) Thriving in turbulent times: Servant leadership as a pathway to employee well-being and retention. Paper accepted for presentation at the 75th Annual Meeting of the Academy of Management, Vancouver, British Columbia, Canada

Fortin M (2008) Perspectives on organizational justice: concept clarification, social context integration, time and links with morality. Int J Management Reviews 10(2):93–126

Furnham A, Richards SC, Paulhus DL (2013) The dark triad of personality: A 10 year review. Social Pers Psych Compass 7(3):199–216

Grijalva E, Harms PD, Newman DA, Gaddis BH, Fraley RC (2015) Narcissism and leadership: a meta-analytic review of linear and nonlinear relationships. PERSONNEL PSYCHOLOGY 68(1):1–47

Jiménez P, Winkler B, Dunkl A (2017a) Creating a healthy working environment with leadership: the concept of health-promoting leadership. Int J Hum Resour Manag 28(17):2430–2448

Jiménez P, Bregenzer A, Kallus KW, Fruhwirth B, Wagner-Hartl V (2017b) Enhancing resources at the workplace with health-promoting leadership. IJERPH 14(10):1264

Kalshoven K, Den Hartog DN, De Hoogh AHB (2011) Ethical leadership at work questionnaire (ELW): Development and validation of a multidimensional measure. Leadersh Q 22(1):51–69. https://doi.org/10.1016/j.leaqua.2010.12.007

Kerschreiter R, Eisenbeiss SA (2015) Ethische Führung. In: Felfe J (Hrsg) Trends der psychologischen Führungsforschung. Hogrefe, Göttingen

Kivimäki M, Ferrie JE, Head J, Shipley MJ, Vahtera J, Marmot MG (2004) Organisational justice and change in justice as predictors of employee health: the Whitehall II study. J Epidemiol Community Health 58(11):931–937. https://doi.org/10.1136/jech.2003.019026

Krasikova DV, Green SG, LeBreton JM (2013) Destructive leadership: a theoretical review, integration, and future research agenda. J Manage 39(5):1308–1338

Kuhn T, Weibler J (2012) Führungsethik in Organisationen. Kohlhammer, Stuttgart

Kuoppala J, Lamminpää A, Liira J, Vainio H (2008) Leadership, job well-being, and health effects – a systematic review and a meta-analysis. J Occup Environ Med 50(8):904–915. https://doi.org/10.1097/JOM.0b013e31817e918d

LeBreton JM, Shiverdecker LK, Grimaldi EM (2018) The dark triad and workplace behavior. Annu Rev Organ Psychol Organ Behav 5(1):387–414. https://doi.org/10.1146/annurev-orgpsych-032117-104451

Liden RC, Wayne SJ, Zhao H, Henderson D (2008) Servant leadership: development of a multidimensional measure and multi-level assessment. Leadersh Q 19(2):161–177

Mao J, Chiu C-Y, Owens BP, Brown JA, Liao J (2019) Growing followers: exploring the effects of leader humility on follower self-expansion, self-efficacy, and performance. Jour of Manage Stud 56(2):343–371. https://doi.org/10.1111/joms.12395

Martinko MJ, Harvey P, Brees JR, Mackey J (2013) A review of abusive supervision research. J Organiz Behav 34(S1):S120–S137

Northouse PG (2018) Leadership: theory and practice. SAGE, Los Angeles

Owens BP, Johnson MD, Mitchell TR (2013) Expressed humility in organizations: implications for performance, teams, and leadership. Organ Sci 24(5):1517–1538. https://doi.org/10.1287/orsc.1120.0795

Pircher Verdorfer A (2019) The paradox of serving: Can genuine servant leadership gain followers' respect for the leader? Evidence from Germany and Lithuania. Ger J Hum Resour Manage 33(2):113–136. https://doi.org/10.1177/2397002218793840

Pircher Verdorfer A, Peus C (2019) Leading by example: testing a moderated mediation model of ethical leadership, value congruence, and followers' openness to ethical influence. Business Ethics: A Eur Rev. https://doi.org/10.1111/beer.12255

Quade MJ, Perry SJ, Hunter EM (2019) Boundary conditions of ethical leadership: exploring supervisor-induced and job hindrance stress as potential inhibitors. J Bus Ethics 158(4):1165–1184. https://doi.org/10.1007/s10551-017-3771-4

Rigotti T, Holstad T, Mohr G, Stempel C, Hansen E, Loeb C, Perko K (2014) Rewarding and sustainable healthpromoting leadership. Bundesanstalt für Arbeitsschutz und Arbeitsmedizin, Dortmund

Rivkin W, Diestel S, Schmidt KH (2014) The positive relationship between servant leadership and employees' psychological health: A multi-method approach. Ger J Hum Resour Manage 28(1–2):52–72

Schilling J, May D (2015) Negative und destruktive Führung. In: Felfe J (Hrsg) Trends der psychologischen Führungsforschung. Hogrefe, Göttingen, S 317–330

10

Schmid EA, Pircher Verdorfer A, Peus C (2019) Shedding light on leaders' self-interest: theory and measurement of exploitative leadership. J Manage 45(4):1401–1433

Schmid EA, Pircher Verdorfer A, Peus CV (2018) Different shades—different effects? Consequences of different types of destructive leadership. Front Psychol 9:1289

Schweitzer ME, Ordóñez L, Douma B (2004) Goal setting as a motivator of unethical behavior. AMJ 47(3):422–432

Schyns B, Schilling J (2013) How bad are the effects of bad leaders? A meta-analysis of destructive leadership and its outcomes. Leadersh Q 24(1):138–158

Tepper BJ (2000) Consequences of abusive supervision. AMJ 43(2):178–190

Tepper BJ, Carr JC, Breaux DM, Geider S, Hu C, Hua W (2009) Abusive supervision, intentions to quit, and employees' workplace deviance: A power/dependence analysis. Organ Behav Hum Decis Process 109(2):156–167

Tepper BJ, Simon L, Park HM (2017) Abusive supervision. Annu Rev Organ Psychol Organ Behav 4:123–152

Thau S, Mitchell MS (2010) Self-gain or self-regulation impairment? Tests of competing explanations of the supervisor abuse and employee deviance relationship through perceptions of distributive justice. J Appl Psychol 95(6):1009

Trevino LK, Laura PH, Brown ME (2000) Moral person and moral manager: how executives develop a reputation for ethical leadership. Calif Manage Rev 42(4):128–142. https://doi.org/10.2307/41166057

Van Dierendonck D, Haynes C, Borrill C, Stride C (2004) Leadership behavior and subordinate well-being. J Occup Health Psychol 9(2):165

Ylipaavalniemi J, Kivimäki M, Elovainio M, Virtanen M, Keltikangas-Järvinen L, Vahtera J (2005) Psychosocial work characteristics and incidence of newly diagnosed depression: a prospective cohort study of three different models. Soc Sci Med 61(1):111–122

„Fair" ändern? Veränderungsprozesse mittels Führung fair gestalten

Kathleen Otto und Tabea Scheel

Inhaltsverzeichnis

© Springer-Verlag GmbH Deutschland, ein Teil von Springer Nature 2020
B. Badura et al. (Hrsg.), *Fehlzeiten-Report 2020*, Fehlzeiten-Report,
https://doi.org/10.1007/978-3-662-61524-9_11

▪▪ Zusammenfassung

Organisationaler Wandel kann die Motivation von Mitarbeiterinnen und Mitarbeitern beeinträchtigen. Förderlich für die Veränderungsbereitschaft der Beschäftigten ist vor allem ein transformationaler Führungsstil der Führungskräfte. Die betroffenen Personen schätzen auf Basis bisheriger Erfahrungen ein, ob der anstehende Veränderungsprozess fair ablaufen wird. Die Wahrnehmung von Unfairness geht mit höherem Stresserleben und schlechterer Gesundheit einher. Die Uncertainty-Management-Theorie legt nahe, dass Fairness in unsicheren Situationen an Bedeutung gewinnt und insofern ein Mechanismus sein kann, durch den sich Führungsverhalten auf den Umgang mit Veränderungen auswirkt. Vor allem die informationale Fairness sollte durch zeitnahe und umfassende Informationsbereitstellung sowohl mit mehr Veränderungsbereitschaft als auch besserem psychischem Befinden der Beschäftigten einhergehen. In einer Querschnittsstudie mit 243 Beschäftigten bestätigen wir die Annahme, dass transformationale Führung mit mehr Veränderungsbereitschaft und besserer psychischer Gesundheit zusammenhängt. Die interaktionale (insbesondere informationale) Fairness mediierte diesen Zusammenhang vollständig, d. h. adäquate Informationen über anstehende Veränderungen seitens der Führungskraft sind unabdingbar für die Bereitschaft von Beschäftigten, Veränderungen mitzutragen. Praxisrelevante Empfehlungen für interaktionale, prozedurale und distributive Fairness werden gegeben.

11.1   Organisationaler Wandel

Der Erfolg von Organisationen hängt heutzutage wesentlich von der Fähigkeit ab, sich permanent zu verändern und an interne und externe Herausforderungen anzupassen (By 2005). Zu letzteren zählen u. a. die Globalisierung von Märkten und die Einführung neuer Technologien, die in Zeiten der digitalen Revolution auch weiterhin Bestand haben. Daher ist Wandel in Organisationen alltäglich und maßgeblich für den unternehmerischen Erfolg in der Zukunft. Allerdings sind Veränderungsprozesse meistens wenig erfolgreich (Amis et al. 2004; Palmer et al. 2016), wobei unterschiedliche Kriterien für den Misserfolg herangezogen werden (De Keyser et al. 2019). Als Hauptursache für das Scheitern gelten die Einstellungen der Beschäftigten bezüglich Veränderungen – Wenn Change als Bedrohung wahrgenommen wird, reagieren Betroffene mit Widerstand oder Kündigung (Rafferty und Restubog 2017).

Eine Vielzahl von Studien belegt, dass abrupter, massiver und häufiger organisationaler Wandel bei den Beschäftigten zu einer Beeinträchtigung der Motivation, der Arbeitseinstellungen, der Leistung und Kreativität, und des Wohlbefindens bzw. der Gesundheit führt (Campbell-Jamison et al. 2001; Kivimäki et al. 2007). Die Auswirkungen von Change auf Beschäftigte werden sichtbar durch erhöhte Arbeitsmengen, verminderte Ressourcen (Tvedt et al. 2009), Unsicherheit, ob der eigene Arbeitsplatz bei Personalabbau fortbesteht, oder aufgrund von zukünftigen Charakteristika des Arbeitsplatzes mit veränderten Anforderungen, höherer Arbeitsintensität, neu zusammengesetzten Teams oder des Einsatzes neuer Techniken (Cheng und Chan 2008; Sverke et al. 2002).

11.2   Fairness und Führung im Wandel

Aufgrund der negativen individuellen Reaktionen wurde in Forschung und Praxis nach möglichen organisationalen Stellschrauben gesucht (Self et al. 2007), mit deren Hilfe es gelingen kann, besser mit dem wachsenden Veränderungsdruck umzugehen und anstehende Veränderungsmaßnahmen zu meistern.

11.2.1 Die Bedeutung von Fairness für Veränderungen

Das Erleben von Unfairness im Arbeitskontext ist eng verbunden mit der Wahrnehmung eines Bruchs oder sogar einer Verletzung des psychologischen Vertrags, d. h. der wahrgenommenen Versprechungen der Organisation beispielsweise in Bezug auf die Garantie eines sicheren Arbeitsplatzes oder von Entwicklungsmöglichkeiten (Robinson und Rousseau 1994). Bereits in einem sehr frühen Stadium einer Restrukturierungsmaßnahme wird von den betroffenen Personen antizipiert, ob der anstehende Veränderungsprozess fair ablaufen wird oder nicht, wobei sich die globale Fairnesseinschätzung daraus ableitet, wie fair die eigene Führungskraft und die Organisation bisher mit der betroffenen Person umgegangen sind (Shapiro und Fugate 2012). Entsprechend ist eine durch positiven sozialen Austausch getragene Beziehung in stabilen Zeiten wichtig, damit in Krisenzeiten darauf zurückgegriffen werden kann.

Unabhängig von organisationalem Wandel wurde erlebte Unfairness in Verbindung gebracht mit psychischer Beanspruchung, kardiovaskulären Erkrankungen sowie Morbidität und Mortalität (Fox et al. 2001; Miller et al. 1996; Räikkönen et al. 1999). Schaut man sich nun spezifisch die Situation in Restrukturierungsprozessen an, so weisen epidemiologische Studien darauf hin, dass die Wahrnehmung von Unfairness mit höherem Stresserleben und geringerer Gesundheit einhergeht, was sich an einer Zunahme an krankheitsbedingten Fehlzeiten ablesen lässt (Elovainio et al. 2005). Darüber hinaus gibt es meta-analytische Befunde, die den Zusammenhang von Fairness mit Loyalität und Leistung in Verbindung bringen (Colquitt et al. 2001; Li und Cropanzano 2009; Viswesvaran und Ones 2002).

Im Rahmen der organisationalen Gerechtigkeitsforschung werden verschiedene Dimensionen von Fairnesseinschätzungen unterschieden: Die älteste und am häufigsten untersuchte Dimension der *distributiven Fairness* bezieht sich darauf, wie materielle Outcomes wie Lohn (Cohen 1987) oder immaterielle Ressourcen wie Arbeitsaufgaben (Scheel et al. 2019) verteilt werden, wobei die Fairnessbewertungen von implizit zugrunde gelegten Verteilungsnormen abhängen. Die *prozedurale Fairness* bezieht sich auf die erlebte Fairness in organisationalen Verfahrens- und Entscheidungsprozessen, wozu Partizipationsmöglichkeiten und die Anwendung konsistenter ethischer Standards während des Verfahrens zählen (Colquitt 2001). Letztlich bezieht sich die *interaktionale Fairness* auf eine wertschätzende und transparente zwischenmenschliche Interaktion (Bies und Moag 1986) – mit den Subdimensionen der informationalen vs. interpersonalen Fairness – und wird damit in entscheidender Weise durch die eigene Führungskraft geprägt.

11.2.2 Die Rolle der Führungskraft im Change-Prozess

Da Führungskräfte eine Schnittstellenposition zwischen strategischer und operativer Ebene einnehmen (Naumann und Bennett 2000), kommt dem fairen Verhalten von Führungskräften eine große Bedeutung für die Gesundheit von Beschäftigten zu (Elovainio et al. 2005). In dieser sensiblen Rolle ist es oft ihre Aufgabe, Entscheidungen des Managements in Bezug auf Veränderungsprozesse – von denen sie unter Umständen selbst nicht überzeugt sind – an ihnen unterstellte Beschäftigte zu „verkaufen". Nicht zu unterschätzen ist dabei, dass Führungskräfte dies neben ihrem Alltagsgeschäft stemmen müssen, möglicherweise selbst Angst vor Macht- oder Arbeitsplatzverlust haben sowie sich mit den negativen Reaktionen ihrer Beschäftigten auseinandersetzen müssen und deshalb besonders hoher Belastung ausgesetzt sind (Kieselbach und Triomphe 2010).

Aus der Forschung ist bekannt, dass wahrgenommene soziale Unterstützung durch die Organisation die Bereitschaft zu Veränderungen fördert (Gigliotti et al. 2019), wobei das Verhalten von Führungskräften aufgrund ihrer Funktion als Rollenmodelle besonders wichtig ist (Oreg und Berson 2019). Die Führungskraft wird auch als *Change Agent* (Bass und Riggio 2005) gesehen, da sie Veränderungsbereitschaft als verhaltensbezogene Einstellung (Holt et al. 2007) fördert und damit zum Gelingen von Veränderungsprozessen beiträgt. Demgegenüber verstärkt destruktives Führungsverhalten die ohnehin schon negativen Effekte von Restrukturierungsprozessen auf die Gesundheit (Otto et al. 2018).

11.2.3 Transformationale Führung im Change-Prozess

Gerade im Rahmen eines transformationalen Führungsstils ist die Transformation von Werten und Einstellungen das Kernelement (Bass 1985) und somit auf den konkreten Gegenstand der Veränderung bezogen. Zusätzlich wirkt dieser Führungsstil besonders gut in neuen oder vagen Situationen (Zhao et al. 2016). Da Veränderungssituationen sowohl Prozesse als auch Arbeitsinhalte infrage stellen, hat das Personal ein Interesse an einer positiven Zukunftsvision (Ford und Ford 1994).

Über die Phasenmodelle von Lewin (1947) hinausgehend werden – im Idealfall – Perspektiven gemeinsam entwickelt sowie die Autonomie der Beschäftigten im Denken und Handeln gefördert (Bass 1995). Transformationale Führung umfasst auch eine vermittelnde Rolle für Visionen (Bass und Riggio 2005). Die organisationalen Ziele des Wandels sollten hierdurch zu individuellen Zielen der Betroffenen werden und deren Engagement zur Zielerreichung verstärken (Herold et al. 2008). Dass dieser Führungsstil eine „individuelle Berücksichtigung" beinhaltet, schließt die individuellen Sorgen und Wünsche der Beschäftigten bezüglich Veränderungen mit ein (Bass und Riggio 2005; Ford und Ford 1994). Transformationale Führung geht insofern auch mit einer geringeren psychischen Beanspruchung einher, als

Handlungsspielräume und Partizipationsmöglichkeiten eröffnet werden, die auch im Umgang mit Veränderungen hilfreich sind (Rafferty und Griffin 2006).

11.3 Fairness als entscheidender Wirkmechanismus

Positives Führungsverhalten wie transformationales (Alamir et al. 2019; Holstad et al. 2013) oder authentisches Führungsverhalten (Kampa et al. 2017) fördert die Wahrnehmung von Fairness. Experimentelle Studien und Feldstudien zeigen weiterhin, dass die erlebte Fairness die Offenheit für (Roczniewska und Higgins 2019) sowie die Unterstützung von Veränderungen (Tsai und Harrison 2019) erhöht. Die Befundlage deutet darauf hin, dass Fairness ein Mechanismus sein könnte, durch den sich Führungsverhalten auf den Umgang mit Change auswirkt.

11.3.1 Die theoretische Basis: Umgang mit Unsicherheit

Eine Erklärung, warum Fairness insbesondere in unsicheren Situationen relevant ist, bietet die aus der Sozialpsychologie stammende *Uncertainty-Management-Theorie* (Van den Bos et al. 1998). Veränderungsprozesse bzw. Restrukturierungsmaßnahmen gehen per se gleich mit ihrer Ankündigung mit großer Unsicherheit einher (De Cuyper et al. 2010). Dabei kann sich die Ungewissheit darauf beziehen, wie die geplanten Maßnahmen implementiert werden sollen, wie lange der Zeitraum angesetzt wird oder welche Konsequenzen sich für die eigene Tätigkeit ergeben in Bezug auf Änderungen des Inhalts, des sozialen Gefüges, der eigenen künftigen Positionierung oder der Arbeitszeit (bis hin zum Arbeitsplatzverlust).

Das Erleben von Fairness, so wird in der Uncertainty-Management-Theorie argumentiert, hilft Betroffenen, insbesondere mit ungewissen und unvorhersehbaren Situationen zurechtzukommen (Van den Bos 2001). Die Turbulenz von organisationalen Veränderungen erzeugt Unsicherheit bei den Betroffenen und Fairness stiftet Vertrauen (Lind 2001) und unterstützendes Verhalten bei der Veränderung (Tsai und Harrison 2019). Als Beleg für die Uncertainty-Management-Theorie fand sich für den Arbeitskontext, dass das Erleben von Fairness im Falle eines hohen Arbeitsplatzunsicherheitsklimas (Rigotti et al. 2008) oder in unsicherheitsvermeidenden Kulturen (Otto et al. 2011a) an Bedeutung gewinnt. Damit ist Fairness eine der wichtigsten Ressourcen für die Offenheit für und den Umgang mit Change.

11.3.2 Transformationale Führung und interaktionale Fairness

Der transformationale Führungsstil beinhaltet sowohl einen angemessenen Umgang mit persönlichen Anliegen der Beschäftigten als auch eine adäquate Heranführung an bevorstehende Veränderungen im Arbeitskontext, die idealerweise ehrlich, zeitnah und respektvoll geschieht. Dieses Führungsverhalten begünstigt eine Zuschreibung interaktionaler Fairness seitens der Betroffenen (Bies und Moag 1986). Vor allem die informationale Fairness sollte – im Sinne von Uncertainty Management – durch zeitnahe und umfassende Informationsbereitstellung sowohl mit mehr Veränderungsbereitschaft als auch besserem psychischem Befinden der Beschäftigten einhergehen.

Generell nimmt die Möglichkeit zu, Veränderungsbereitschaft durch transformationale Führung positiv zu beeinflussen, wenn die Beschäftigten über Ressourcen wie u. a. Fairness verfügen (Herrmann et al. 2012). Soziale Gruppen können vor allem dann von Veränderungen überzeugt werden, wenn der Inhalt der Veränderungen ausreichend kommuniziert wird (Lewin 1947). Auch Empfehlungen zum Management von Veränderungen sprechen sich dafür aus, jeden möglichen Kanal zu nutzen, um neue Visionen und Strategien

kontinuierlich und zeitnah mitzuteilen (Kotter 1996). Entsprechend fanden Kernan und Hanges (2002) einen signifikanten Zusammenhang von informationaler Fairness mit der wahrgenommenen Qualität der Kommunikation und der Implementation von Change-Prozessen.

Speziell die Inspiration durch die Führungskraft kann Perspektiven vermitteln, insbesondere wenn Strukturen und Aufgaben einer Organisation zuvor wenig festgelegt waren (van der Voet 2014) und alte sowie neue Arbeitsanforderungen im Veränderungsprozess vage erscheinen. So kann der organisationale Kontext durch Unsicherheiten das Bedürfnis nach Orientierung im Sinne transformationaler Führung erhöhen. Eine verstärkte Wirksamkeit transformationaler Führung in akuten bzw. vagen Veränderungssituationen ist darauf zurückzuführen, dass entstehende Unsicherheiten reduziert und Handlungsspielräume erhöht werden. Fairness stiftet Vertrauen und damit ein Klima psychologischer Sicherheit, das die Ängste vor Rollenveränderungen am Arbeitsplatz puffern kann (Baer und Frese 2003).

11.3.3 Eine empirische Studie zur Bedeutung von Fairness bei Change

Im Rahmen einer Studie wurde untersucht, ob transformationale Führung mit psychischer Gesundheit sowie mit der Veränderungsbereitschaft der Beschäftigten zusammenhängt (für weitere Details siehe Pietsch 2016). Angenommen wurde, dass interaktionale Fairness hier als Wirkmechanismus funktioniert (◘ Abb. 11.1). Akute Umbruchsituationen sollten den Zusammenhang von transformationaler Führung und Veränderungsbereitschaft noch verstärken. Organisationaler Wandel wurde aus psychologischer Perspektive erfasst und daher wurden alle Veränderungen einbezogen, die das Erleben und Verhalten auf Personenebene betreffen.

An der Querschnittstudie nahmen $N = 243$ Beschäftigte aus 196 Firmen des deutschen

11

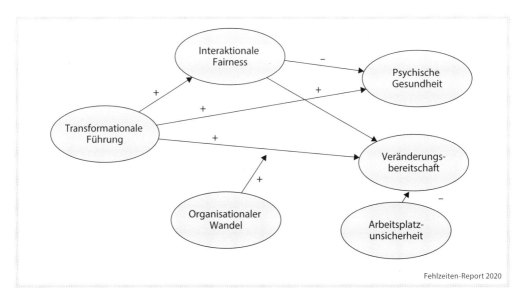

■ **Abb. 11.1** Interaktionale Fairness als Mediator zwischen Führungsstil und Veränderungsbereitschaft sowie psychischer Gesundheit unter Berücksichtigung von organisationalem Wandel als Moderator

Sprachraums teil, davon 220 über einen Online-Fragebogen und 23 anhand einer Papier-Bleistift-Version. Die Stichprobe setzte sich aus 157 Frauen (64,6 %) und 85 Männern (35,0 %) sowie einer Person mit der Angabe „divers" zusammen; das Durchschnittsalter betrug 29,6 Jahre ($SD = 10{,}0$). Im Schnitt waren die Personen 3,3 Jahre ($SD = 4{,}8$) auf ihrer derzeitigen Position beschäftigt; 92,5 % waren dem Dienstleistungs- und Informationssektor zuzurechnen. Da zehn Fälle aufgrund fehlender Werte bzw. Ausreißern ausgeschlossen wurden, betrug die Stichprobe für die Analysen 233 Personen. Die Konstrukte wurden wie folgt erfasst:

Die *organisationalen Veränderungen* (organizational change) wurden mit 20 Items einer Eigenentwicklung (Pietsch 2016) erfasst; Merkmale der Arbeit und der Arbeitsbedingungen wurden auf einer fünfstufigen Skala (von 1 = *verändert sich nicht* bis 5 = *verändert sich stark*) erfragt. Zudem konnte auch angegeben werden, ob ein Bereich nicht zutrifft. Die fünf inhaltlichen Kategorien waren Soziale Struktur und Kultur (z. B. „Teamzusammensetzung"); Rahmenbedingungen der Arbeit (z. B.

„Genutzte Kommunikationsmittel"); Führung und Hierarchien (z. B. „Aufstiegschancen"); Fertigkeiten und Fähigkeiten (z. B. „Nutzung neuer Technologien"); Normen und Ziele (z. B. „Firmenziele"). Cronbachs α war 0,87.

Die 25 Items für die Erfassung von *Veränderungsbereitschaft* (Holt et al. 2007) wurden mit der Vorwärts-Rückwärts-Prozedur (Brislin 1970) ins Deutsche übersetzt. Auf einer fünfstufigen Likert-Skala (1 = *stimme überhaupt nicht zu* bis 5 = *stimme voll und ganz zu*) wurden individuelle und verhaltensbezogene Einstellungen zum Wandel erfasst; die vier Subskalen (Angemessenheit; Unterstützung des Managements; Selbstwirksamkeit; persönlicher Nutzen) wurden als Globalwert verwendet. Ein Beispielitem ist „Diese Veränderungen vereinfachen meine Arbeit". Cronbachs α war 0,88.

Transformationale Führung wurde mit den sieben Items der Global Transformational Leadership Scale erfasst (Carless et al. 2000). Die deutsche Übersetzung (vgl. Holstad et al. 2013) wurde adaptiert; eingeschätzt wurden die Verhaltensweisen der für den Veränderungsprozess verantwortlichen Führungskraft auf einer fünfstufigen Likert-Skala von 1 = *in sehr geringem Maß* bis 5 = *in sehr hohem Maß*. Ein Beispielitem ist „Meine direkte Vorgesetzte/mein direkter Vorgesetzter kommuniziert eine klare und positive Sicht auf die Zukunft". Cronbachs α war 0,92.

Interaktionale Fairness wurde mittels acht Items (Colquitt 2001; dt. Übersetzung von Maier et al. 2007) zur Fairness des Verhaltens der/des direkten Vorgesetzten auf einer fünfstufigen Likert-Skala (1 = *überhaupt nicht* bis 5 = *voll und ganz/oft*) eingeschätzt. Je vier Items umfassen die interpersonale Fairness (bspw. „Wie sehr hat sie/er Sie höflich behandelt?") und die informationale Fairness (bspw. „Wie sehr hat sie/er ihre/seine Erklärungen auf Ihre persönlichen Bedürfnisse zugeschnitten?"). Es wurden sowohl der Globalwert (α = 0,88) für interaktionale Fairness als auch die interpersonale (α = 0,87) und die informationale Dimension (α = 0,84) separat berücksichtigt.

Irritation wurde mit sechs Items (Mohr et al. 2005) auf einer fünfstufigen Likert-Skala (1 = *stimme überhaupt nicht zu* bis 5 = *stimme voll und ganz zu*) zur subjektiven Wahrnehmung der emotionalen und kognitiven Beanspruchungen eingeschätzt. Beispielitems sind „Ich bin schnell verärgert" bzw. „Es fällt mir schwer, nach der Arbeit abzuschalten". Diese Beanspruchungen gelten als Vorstufen schwerer Befindensbeeinträchtigungen (Mohr 1991). Der Globalwert hatte ein Cronbachs α von 0,84.

Die vier Items der Skala zur *Arbeitsplatzunsicherheit* (De Witte et al. 2010; dt. Übersetzung siehe Otto et al. 2011b) wurden auf einer fünfstufigen Likert-Skala von 1 = *stimme überhaupt nicht zu* bis 5 = *stimme voll und ganz zu* eingeschätzt. Ein Beispielitem ist „Ich denke, dass ich meinen Job in naher Zukunft verliere"; Cronbachs α war 0,81.

In bivariaten sowie multiplen linearen Regressionsmodellen wurden die Art und die Erklärung des Zusammenhangs zwischen transformationaler Führung und Veränderungsbereitschaft sowie Irritation von Beschäftigten untersucht. Dabei wurden, wie in ◘ Abb. 11.1 dargestellt, interaktionale Fairness als Me-

diator, Organizational Change als Moderator und Arbeitsplatzunsicherheit als Kontrollvariable schrittweise in die Analyse aufgenommen. Zur Hypothesentestung wurde der Ansatz von Baron und Kenny (1986) insofern erweitert, als sämtliche Effekte abschließend in einem Modell geschätzt sowie die Moderation eines Mediationspfads dargestellt wurden (Hayes 2013). Die statistische Absicherung der indirekten Effekte erfolgte dabei mithilfe des Sobel-Tests (Sobel 1982) und anhand des bias-korrigierten Bootstrapping-Verfahrens aus 1.000 Resamples (MacKinnon 2008). Zentrale Ergebnisse zur Vorhersage von Veränderungsbereitschaft werden in ◘ Tab. 11.1 aufgeführt.

Bestätigt wurde die Annahme, dass transformationale Führung mit mehr Veränderungsbereitschaft ($B = 0,23$, $p < 0,001$; vgl. Modell 1 in ◘ Tab. 11.1) und geringerer psychischer Beanspruchung (Irritation: $B = -0,21$, $p < 0,001$) zusammenhängt.

Zudem mediierte interaktionale Fairness erwartungsgemäß vollständig den Zusammenhang von transformationaler Führung und Veränderungsbereitschaft (Modell 2): Weiterführende Analysen zeigten dabei, dass transformationale Führung vor allem über die informationale Fairnesskomponente mit Veränderungsbereitschaft verbunden war. Wurden nämlich die Subfacetten informationale und interpersonale Fairness gleichzeitig als Mediatoren berücksichtigt, ergab sich nur für erstere ein signifikanter indirekter Effekt von $B = 0,16$ ($p < 0,001$), nicht jedoch für die interpersonale Fairness mit $B = 0,02$ ($p > 0,05$). Informationale Fairness beinhaltet die Einschätzung, wie zeitnah, vollständig und wahrheitsgemäß die Führungskraft die Beschäftigten über Veränderungen am Arbeitsplatz informiert (Bies und Moag 1986).

Je größer der organisationale Wandel, desto stärker hingen Führungsstil und Veränderungsbereitschaft zusammen (Modell 3), d. h. akute Umbruchsituationen machen Führung besonders salient. Diese Moderation galt nur für den direkten Effekt; wenn Fairness berücksichtigt wurde, war das Ausmaß des Wandels

11

◻ Tabelle 11.1 Regressionsanalysen zur Vorhersage von Veränderungsbereitschaft

		Indirekter Effekt			Sobel *(SE)*	Bootstrap KI uKG oKG	R^2
		B (SE)	uKG	oKG			
Modell 1 *Totale Effekte*	Transformationale Führung	**0,23 (0,03)***	0,16	0,30			**0,16***
Modell 2 *Mediation*	Transformationale Führung	0,08 (0,06)	−0,04	0,20	**0,15 (0,05)****	0,06 0,23	**0,20***
	Interaktionale Fairness (Mediator)[a]	**0,23 (0,08)***	0,08	0,38			
Modell 3 *Moderation*	Transformationale Führung	−0,01 (0,12)	−0,24	0,23			**0,18***
	Organizational Change (Moderator)	−0,24 (0,15)	−0,53	0,06			
	Interaktionsterm[b]	**0,10 (0,04)***	0,01	0,18			
Modell 4 *Mediation und Moderation*	Transformationale Führung	−0,19 (0,13)	−0,44	0,06	**0,16 (0,05)****	0,06 0,24	**0,22***
	Interaktionale Fairness (Mediator)	**0,25 (0,08)***	0,10	0,40			
	Organizational Change (Moderator)	−0,25 (0,15)	−0,54	0,04			
	Interaktionsterm (direkter Effekt)[c]	**0,10 (0,04)***	0,02	0,19			

◘ **Tabelle 11.1** (Fortsetzung)

	Indirekter Effekt			Sobel (SE)	Bootstrap KI uKG oKG	R^2
	B (SE)	uKG	oKG			
Modell 5						
Kontrolle						
Arbeitsplatzunsicherheit[d]	**−0,16 (0,04)*****	−0,24	−0,08	**0,14 (0,05)****	0,06 0,23	**0,27*****
Transformationale Führung	−0,23 (0,12)	−0,48	0,01			
Interaktionale Fairness (Mediator)	**0,22 (0,07)****	0,07	0,36			
Organizational Change (Moderator)	−0,27 (0,14)	−0,55	0,01			
Interaktionsterm (direkter Effekt)[c]	**0,11 (0,04)****	0,03	0,19			

Anmerkungen: $N = 223$–232. Signifikante Effektschätzer ($p < 0,05$, zweiseitige Testung) sind fett gedruckt, wobei $*p < 0,05$, $**p < 0,01$ und $***p < 0,001$. B (SE) = Unstandardisiertes Regressionsgewicht bei einer Skala von 1 bis 5 und Standardfehler; uKG und oKG = untere und obere Grenze eines 95-%-Konfidenzintervalls; Sobel (SE) = Sobel-Test des indirekten Effekts und Standardfehler; Bootstrap KI = 95-%-Konfidenzintervall des indirekten Effekts, geschätzt mittels Bootstrapping aus $N = 1.000$ Samples;

[a] Die bivariate Regression von interaktionaler Fairness auf transformationale Führung ergab B (SE) = 0,65 (0,03)***;

[b] Interaktionsterm gebildet aus transformationaler Führung und Organizational Change;

[c] Interaktionsterm gebildet aus dem direkten Effekt transformationaler Führung und Organizational Change;

[d] Die bivariate Regression von Veränderungsbereitschaft auf Arbeitsplatzunsicherheit ergab B (SE) = −0,23 (0,04)***.

Fehlzeiten-Report 2020

nicht mehr ausschlaggebend (Modell 4). Ein befürchteter Verlust des Arbeitsplatzes hing mit geringerer Veränderungsbereitschaft zusammen; die oben genannten Zusammenhänge wurden davon aber nicht berührt, d. h. Arbeitsplatzunsicherheit lieferte hier zusätzliche Erklärungen (Modell 5).

Als Fazit der Studie lässt sich die zentrale Bedeutung von *informationaler Fairness* hervorheben – so sind insbesondere adäquate Informationen über anstehende Veränderungen seitens der Führungskraft unabdingbar für die Bereitschaft von Beschäftigten, Veränderungen mitzutragen und damit maßgeblich zu deren Gelingen beizutragen. Da Informationen substanziell dazu beitragen, Unsicherheit zu reduzieren, unterstreicht die Rolle der informationalen Fairness in dieser Studie die Annahmen der Uncertainty-Management-Theorie (van den Bos 2001).

11.4 Implikationen und Fazit

Nachfolgend sollen mit Fokus auf die drei globalen Bewertungsdimensionen von Fairness (distributiv, prozedural, interaktional, vgl. ▶ Abschn. 11.2.1) mögliche praktische Implikationen dargestellt werden. Zur Veranschaulichung werden die dargestellten Präventionsansätze mit Zitaten aus einer Interviewstudie ergänzt, die im Rahmen eines Projekts der Bundesanstalt für Arbeitsschutz und Arbeitsmedizin durchgeführt wurde (vgl. Rigotti et al. 2014). Im Rahmen von Experteninterviews wurden 20 Change Agents (Geschäftsführende mit Downsizing-Erfahrungen, Führungskräfte des mittleren Managements, Change Consultants sowie Gewerkschafter und Vertreter des Betriebsrats) u. a. zu förderlichen und hinderlichen Faktoren für die erfolgreiche Umsetzung betrieblicher Veränderungen befragt. Ohne dabei explizit nach der Notwendigkeit von Fairness im Kontext von Veränderungsprozessen gefragt zu haben, wurden diese Aspekte in den Interviews durchgängig thematisiert.

Mit Blick auf die *interaktionale Fairness* und in Anlehnung an die Befunde der dargestellten empirischen Studie kann eine transparente und zeitnahe Kommunikation dabei behilflich sein, organisationale Veränderungen zu meistern und zu psychischer Gesundheit beitragen (Tanner und Otto 2016). Im Sinne der Best Practice äußert sich ein Geschäftsführer hierzu folgendermaßen: „Es gibt die Standardkommunikationskanäle angefangen bei der Mitarbeiterzeitschrift klassisch Print-Formate über Aushänge (...) Neben diesen Standardkanälen ist für mich ganz entscheidend die Kommunikation über Führungskräfte, auch in der Kaskade über die Organisation, über die Hierarchie, Führungskräfte nicht nur im disziplinarischen Sinne oder im inhaltlichen Sinne verantwortlich zu machen, sondern eben auch als Botschafter des Veränderungsprozesses in die Pflicht zu nehmen ...".

Eine qualitativ hochwertige Kommunikation ist essentiell, denn sie reduziert Angst und fördert das Commitment zur Veränderung (Rafferty und Restubog 2010). Ein Change-Berater fasst die Realität, die er erlebt, allerdings so zusammen: „Bei den kleinen Unternehmen wird erstmal vom Inhaber in der Regel überhaupt nicht kommuniziert, sondern das findet alles im stillen Kämmerchen statt ...". Von Personen aus dem eigenen Umfeld, zu denen man eine persönliche Beziehung hat, wird erwartet, dass diese authentisch agieren. Dies trifft somit auch auf Führungskräfte zu. Haben Beschäftigte kein Vertrauen mehr zu ihrer Führungskraft, weil sie sie nicht als ehrlich und wahrhaftig erleben, wird eine schwer zu stoppende Abwärtsspirale losgetreten. Man denke hier an Folgendes: Führungskräfte gelten als stellvertretende Rollenmodelle der Organisation. Ist die eigene Führungskraft also nicht ehrlich, warum sollte es die Organisation, die Firma, der Arbeitgeber sein? Es ist also anzunehmen, dass durch diesen Prozess eine innere Kündigung in Gang gesetzt wird. Um interaktionale Fairness zu gewährleisten, sollten Führungskräfte zeitnah, transparent und möglichst umfassend alle vorhandenen Informationen (*informationale Fairness*) in wertschätzender und einfühlsamer Art und Werte (*interpersonale Fairness*) zur Verfügung stellen. Oft wird zu spät und unzureichend oder aufgrund von Unsicherheiten gar nicht kommuniziert, dass bestimmte Ereignisse eintreten werden (z. B. die Anzahl der Betroffenen bei Personalabbau). Es gilt hier: Jede – auch noch nicht gesicherte – Information sollte frühestmöglich weitergeben werden, wobei der Grad an Verlässlichkeit der Information klar thematisiert werden sollte. Dass Mitarbeiterinnen und Mitarbeiter verunsichert und besorgt darüber sind, wie es für sie in Zukunft weitergehen wird, ist verständlich. Es wäre ein Fehler, wenn Führungskräfte darauf mit Gleichgültigkeit reagierten und die Sorgen als unbegründet abtäten (vielleicht auch deshalb, weil sie selbst verunsichert sind und sich um ihre eigene Zukunft sorgen). Stattdessen sollten sie Verständnis vermitteln und Chancen der Veränderung aufzeigen – ein entscheidender Vorteil transformationaler Führung. Forschungsbefunde zeigen, dass Information und Rechtfertigung auch in einem signifikant positiven Zusammenhang mit *prozeduraler Fairness* stehen (Michel et al. 2009). Dass sie Informationen sowie eine Erklärung von Gründen erhalten, bedeutet für Beschäftigte Partizipation. Diese geht einher mit Empowerment, d. h. einer erhöhten Autonomie und Selbstbestimmung, die bei akutem Wandel die Veränderungsbereitschaft fördern kann (Lizar et al. 2015), da die neuen Aufgaben durch eigene Fähigkeiten und Fertigkeiten bewältigt werden sollen und können (Conger et al. 2000).

Die Chancen, die sich durch Partizipation ergeben würden, werden auch von einem Gewerkschafter so thematisiert: „… wenn man jetzt (…) auch die Beschäftigten einbezieht, dann gibt es ja viel mehr Ideen und natürlich auch viel mehr Widerstände. (…) Würde man jetzt den Zyklus länger machen und im Zweifel sagen, wir arbeiten mal drei, vier Jahre an so einer Umstrukturierung. Und wir sehen das jetzt auch nicht als gottgegeben an, sondern wir sind immer noch in der Lage links und rechts auszutarieren, und wir justieren da. Wir entwickeln das gemeinsam und entwickeln das auch

gemeinsam fort. (…) Dann wäre die Halbwertzeit sehr viel länger. Die Leute wären motivierter und alle sind zu Recht der Meinung, sie sind ja an dem Prozess beteiligt. Die würden sich völlig anders einbringen. Innovation würde viel, viel höher sein …". Um prozedurale Fairness zu steigern, sollten Beschäftigte weitestmöglich nicht nur auf operativer, sondern zumindest auch auf taktischer und idealerweise auch auf strategischer Ebene in wichtige Veränderungsprozesse einbezogen werden. Sie sind Expertinnen und Experten in ihrem Arbeitsumfeld und sollten auch die Möglichkeit bekommen, Verbesserungsvorschläge einzubringen und aktiv in Veränderungsprozessen „(an)gehört" zu werden. Dadurch lassen sich Mitarbeiterinnen und Mitarbeiter motivieren, selbst zu Change Agents zu werden und den organisationalen Wandel mit voranzutreiben und nicht als Change Recipients Veränderungsprozesse passiv und fatalistisch zu er- oder überleben.

Letztlich spielt auch die *distributive Fairness* zumindest im Kontext von sozialen Vergleichsprozessen bei Veränderungen eine Rolle. Die Wichtigkeit von Gleichbehandlung lässt sich beispielsweise gut an unterschiedlichen Entscheidungen im Rahmen von Change bei verschiedenen Standorten festmachen, wie die Schilderung eines Betriebsrates belegt: „(…) An diesem Standort ist es dann immer schwierig, wenn an unserem Hauptstandort (…) eine Entscheidung getroffen wird, die dann für die Mitarbeiter sehr positiv klingt. Die sagen: ‚Warum kriegen wir das nicht?' Aber ohne dann gewisse Hintergründe zu wissen. Arbeitszeitabsenkungen zum Beispiel ist ja gut, aber das ist ohne Lohnausgleich. Und das sind dann Dinge, die man immer erst erläutern muss. Zu sagen: Passt auf, bei uns sind die Bedingungen anders …". Distributive Fairness lässt sich erhöhen, indem Organisationen generell auf Gleichbehandlung in ihrer Organisationskultur Wert legen und bei Veränderungsprozessen Entscheidungen nachvollziehbar erscheinen. Werden Sozialkriterien bei betriebsbedingten Kündigungen berücksichtigt? Spielt die Leistung (Equity-Prinzip) eine Rolle oder eher, wie lange Personen im Unternehmen beschäftigt sind (Senioritätsprinzip)? Wenn die Firma ohnehin schon mit dem Rücken zur Wand steht (Stichwort: Turnaround) und deshalb restrukturieren muss, kann Unzufriedenheit mit Entscheidungsprozessen (innere Kündigung wegen Equity Distress) im schlimmsten Fall in die Insolvenz führen.

Zusammenfassend lässt sich feststellen, dass ein faires Gestalten von Change-Prozessen eine zentrale Stellschraube ist, die entscheidet, ob Beschäftigte sich offen für Veränderungen zeigen, sich einbringen und auch gesundheitlich keinen Schaden nehmen, oder ob es zu Widerstand, Kündigungen oder psychischen Beeinträchtigungen und krankheitsbedingten Fehlzeiten kommt (Elovainio et al. 2005). Da Maßnahmen im Rahmen Betrieblicher Gesundheitsförderung gerade dann als nicht so bedeutend erachtet werden, wenn Restrukturierungen auf der Tagesordnung stehen (Richter et al. 2010), obliegt es der Führungskraft, Sicherheit, Vertrauen und Fairness zu vermitteln.

Literatur

Alamir I, Ayoubi RM, Massoud H, Al Hallak L (2019) Transformational leadership, organizational justice and organizational outcomes. Leadersh Organ Dev J 40:749–763

Amis JM, Slack T, Hinings CR (2004) The pace, sequence, and linearity of radical change. AMJ 47:15–38

Baer M, Frese M (2003) Innovation is not enough: climates for initiative and psychological safety, process innovations, and firm performance. J Organiz Behav 24:45–68

Baron RM, Kenny DA (1986) The moderator–mediator variable distinction in social psychological research: conceptual, strategic, and statistical considerations. J Pers Soc Psychol 51:1173–1182

Bass BM (1985) Leadership and performance beyond expectation. Free Press, New York

Bass BM (1995) Theory of transformational leadership redux. Leadersh Q 6:463–478

Bass BM, Riggio RE (2005) Transformation leadership. Lawrence Erlbaum, Mahwah

Bies RJ, Moag JS (1986) Interactional justice: Communication criteria of fairness. In: Lewicki RJ, Sheppard BH, Bazerman MH (Hrsg) Research on negotiation in organizations. JAI Press, Greenwich, S 43–55

Brislin RW (1970) Back-translation for cross-cultural research. J Cross Cult Psychol 1:185–216

By RT (2005) Organisational change management: a critical review. J Chang Manag 5:369–380

Campbell-Jamison F, Worrall L, Cooper C (2001) Downsizing in Britain and its effects on survivors and their organizations. Anxiety Stress Coping 14:35–58

Carless SA, Wearing AJ, Mann L (2000) A short measure of transformational leadership. J Bus Psychol 14:389–405

Cheng GHL, Chan DKS (2008) Who suffers more from job insecurity? A meta-analytic review. Appl Psychol Int Rev 57:272–303

Cohen RL (1987) Distributive justice: theory and research. Soc Just Res 1:19–40

Colquitt JA (2001) On the dimensionality of organizational justice: a construct validation of a measure. J Appl Psychol 86:386–400

Colquitt JA, Conlon DE, Wesson MJ, Porter CO, Ng KY (2001) Justice at the millennium: a meta-analytic review of 25 years of organizational justice research. J Appl Psychol 86:425–445

Conger JA, Kanungo RN, Menon ST (2000) Charismatic leadership and follower effects. J Organiz Behav 21:747–767

De Cuyper N, De Witte H, Vander Elst T, Handaja Y (2010) Objective threat of unemployment and situational uncertainty during restructuring: Associations with perceived job insecurity and strain. J Bus Psychol 25:75–85

De Keyser B, Guiette A, Vandenbempt K (2019) On the dynamics of failure in organizational change: A dialectical perspective. Hum Relations https://doi.org/10.1177/0018726719884115

De Witte H, De Cuyper N, Handaja Y, Sverke M, Näswall K, Hellgren J (2010) Associations between quantitative and qualitative job insecurity and well-being: A test in Belgian banks. Int Stud Manag Organ 40:40–56

Elovainio M, van den Bos K, Linna A, Kivimäki M, Ala-Mursula L, Pentti J, Vahtera J (2005) Combined effects of uncertainty and organizational justice on employee health: testing the uncertainty management model of fairness judgments among Finnish public sector employees. Soc Sci Med 61:2501–2512

Ford JD, Ford LW (1994) Logics of identity, contradiction, and attraction in change. Acad Manag Rev 19:756–785

Fox S, Spector PE, Miles D (2001) Counterproductive work behavior (CWB) in response to job stressors and organizational justice: some mediator and moderator tests for autonomy and emotions. J Vocat Behav 59:291–309

Gigliotti R, Vardaman J, Marshall DR, Gonzalez K (2019) The role of perceived organizational support in individual change readiness. J Chang Manag 19:86–100

11

Hayes AF (2013) Introduction to mediation, moderation, and conditional process analysis. A regression-based approach. Guilford, New York

Herold DM, Fedor DB, Caldwell S, Liu Y (2008) The effects of transformational and change leadership on employees' commitment to a change: a multilevel study. J Appl Psychol 93:346–357

Herrmann D, Felfe J, Hardt J (2012) Transformationale Führung und Veränderungsbereitschaft: Stressoren und Ressourcen als relevante Kontextbedingungen. Z Arbeits Organisationspsychol 56:70–86

Holstad T, Rigotti T, Otto K (2013) Prozedurale Fairness als Mediator zwischen transformationaler Führung und psychischer Beanspruchung am Arbeitsplatz: Eine Mehrebenenstudie. Z Arbeits Organisationspsychol 57:163–171

Holt DT, Armenakis AA, Feild HS, Harris SG (2007) Readiness for organizational change: the systematic development of a scale. J Appl Behav Sci 43:232–255

Kampa J, Rigotti T, Otto K (2017) Mechanisms linking authentic leadership to emotional exhaustion: the role of procedural justice and emotional demands in a moderated mediation approach. Ind Health 55:1–13

Kernan MC, Hanges PJ (2002) Survivor reactions to reorganization. Antecedents and consequences of procedural, interpersonal, and informational justice. J Appl Psychol 87:916–928

Kieselbach T, Triomphe CE (2010) Health in restructuring. Hampp, München

Kivimäki M, Honkonen T, Wahlbeck K, Elovainio M, Pentti J, Klaukka T, Virtanen M, Vahtera J (2007) Organisational downsizing and increased use of psychotropic drugs among employees who remain in employment. J Epidemiol Community Health 61:154–158

Kotter JP (1996) Leading change. Harvard Business School Press, Boston

Lewin K (1947) Frontiers in group dynamics: concept, method and reality in social science; social equilibria and social change. Hum Relations 1:5–41

Li A, Cropanzano R (2009) Do East Asians respond more/less strongly to organizational justice than North Americans? A meta-analysis. Jour of Manage Stud 46:787–805

Lind EA (2001) Fairness heuristic theory: Justice judgments as pivotal cognitions in organizational relations. In: Greenberg J, Cropanzo R (Hrsg) Advances in Organizational Justice. Stanford University Press, Stanford, S 56–88

Lizar AA, Mangundjaya WL, Rachmawan A (2015) The role of psychological capital and psychological empowerment on individual readiness for change. J Dev Areas 49:343–352

MacKinnon DP (2008) Introduction to statistical mediation analysis. Lawrence Erlbaum, Mahwah

Maier GW, Streicher B, Jonas E, Woschee R (2007) Gerechtigkeitseinschätzungen in Organisationen. Diagnostica 53:97–108

Michel A, Stegmaier R, Meiser D, Sonntag K (2009) Der Elfenbeinturm öffnet sich – Veränderungsprozesse im Hochschulbereich: Werden Commitment to Change und Person-Organisations-Passung durch Prozessmerkmale bestimmt? Zeitschrift Für Pers 8:1–13

Miller TQ, Smith TW, Turner CW, Guijarro ML, Hallet AJ (1996) A meta-analytic review of research on hostility and physical health. Psychol Bull 119:322–348

Mohr G (1991) Fünf Subkonstrukte psychischer Befindensbeeinträchtigungen bei Industriearbeitern: Auswahl und Entwicklung. In: Greif S, Bamberg E, Semmer N (Hrsg) Psychischer Stress am Arbeitsplatz. Hogrefe, Göttingen

Mohr G, Rigotti T, Müller A (2005) Irritation - ein Instrument zur Erfassung psychischer Beanspruchung im Arbeitskontext. Skalen- und Itemparameter aus 15 Studien. Z Arbeits Organisationspsychol 49:44–48

Naumann SE, Bennett N (2000) A case for procedural justice climate: Development and test of multilevel model. Acad Man J 43:881–889

Oreg S, Berson Y (2019) Leaders' impact on organizational change: Bridging theoretical and methodological chasms. Acad Manag Ann 13:272–307

Otto K, Baumert A, Bobocel DR (2011a) Cross-cultural preferences for distributive justice principles: resource type and uncertainty management. Soc Just Res 24:255–277

Otto K, Hoffmann-Biencourt A, Mohr G (2011b) Is there a buffering effect of flexibility for job attitudes and work-related strain under conditions of high job insecurity and regional unemployment rate? Econ Ind Democr 32:609–630

Otto K, Thomson B, Rigotti T (2018) When dark leadership exacerbates the effects of restructuring. J Chang Manag 18:96–115

Palmer I, Dunford R, Akin G (2016) Managing organizational change. McGraw-Hill, New York

Pietsch MC (2016) Bereit zur Veränderung? Über den Einfluss und die Wirkungsweise transformationaler Führung im Kontext organisationalen Wandels. Unveröffentlichte Diplomarbeit, Philipps-Universität Marburg

Rafferty AE, Griffin MA (2006) Perceptions of organizational change: a stress and coping perspective. J Appl Psychol 91:1154–1162

Rafferty AE, Restubog SL (2010) The impact of change process and context on change reactions and turnover during a merger. J Manage 36:1309–1338

Rafferty AE, Restubog SL (2017) Why do employees' perceptions of their organization's change history matter? The role of change appraisals. Hum Resour Manage 56:533–550

Räikkönen K, Matthews KA, Flory JD, Owens JF, Gump BB (1999) Effects of optimism, pessimism, and trait anxiety on ambulatory blood pressure and mood during everyday life. J Pers Soc Psychol 76:104–113

Richter P, Nebel C, Wolf S (2010) Ja, mach nur einen Plan! Gesundheitsinterventionen in turbulenten Zeiten. In: Rigotti T, Korek S, Otto K (Hrsg) Gesund mit und ohne Arbeit. Pabst Science Publishers, Lengerich, S 73–90

Rigotti T, Otto K, Köper B (2014) Herausforderung Restrukturierung – Bedeutung, Auswirkungen, Gestaltungsoptionen. Bundesanstalt für Arbeitsschutz und Arbeitsmedizin, Dortmund

Rigotti T, Otto K, Mohr G (2008) Die Bedeutung von organisationaler Gerechtigkeit für das Beanspruchungserleben in Abhängigkeit von Kontextbedingungen: Ein Mehrebenenansatz. Wirtschaftspsychologie 10:24–33

Robinson SL, Rousseau DM (1994) Violating the psychological contract: Not the exception but the norm. J Organiz Behav 15:245–259

Roczniewska M, Higgins ET (2019) Messaging organizational change: How regulatory fit relates to openness to change through fairness perceptions. J Exp Soc Psychol 85:103882

Scheel TE, Otto K, Vahle-Hinz T, Holstad T, Rigotti T (2019) A fair share of work: Is fairness of task distribution a mediator between transformational leadership and follower emotional exhaustion? Front Psychol 9:2427

Self DR, Armenakis AA, Schraeder M (2007) Organizational change content, process, and context: A simultaneous analysis of employee reactions. J Chang Manag 7:211–229

Shapiro DL, Fugate M (2012) Fostering anticipatory justice: A new option for enhancing the employee-organization relationship? In: Shore LM, Coyle-Shapiro JAM, Tetrick LE (Hrsg) The employee-organization relationship: applications for the 21st century. Routledge, New York, S 335–362

Sobel ME (1982) Asymptotic confidence intervals for indirect effects in structural equation models. Sociol Methodol 13:290–312

Sverke M, Hellgren J, Näswall K (2002) No security: a meta-analysis and review of job insecurity and its consequences. J Occup Health Psychol 7:242–264

Tanner G, Otto K (2016) Superior-subordinate-communication during organizational change: under which conditions does a high-quality communication become important? Int J Hum Resour Manag 27:2183–2201

Tsai KL, Harrison W (2019) Organizational actions in gaining employee support for change: the roles of affective commitment to change, organizational justice, and organizational cynicism. J Organ Psychol 19:141–155

Tvedt SD, Saksvic PØ, Nytr ØK (2009) Does change process healthiness reduce the negative effects of organizational change on the psychosocial work environment? Work Stress 2:80–89

Van den Bos K (2001) Uncertainty management: the influence of uncertainty salience on reactions to perceived procedural fairness. J Pers Soc Psychol 80:931–941

Van den Bos K, Wilke HA, Lind EA (1998) When do we need procedural fairness? The role of trust in authority. J Pers Soc Psychol 75:1449–1458

Van der Voet J (2014) The effectiveness and specificity of change management in a public organization: transformational leadership and a bureaucratic organizational structure. Eur Manag J 32:373–382

Viswesvaran C, Ones DS (2002) Examining the construct of organizational justice: a meta-analytic evaluation of relations with work attitudes and behaviors. J Bus Ethics 38:193–203

Zhao HH, Seibert SE, Taylor MS, Lee C, Lam W (2016) Not even the past: the joint influence of former leader and new leader during leader succession in the midst of organizational change. J Appl Psychol 101:1730–1738

11

Der Beitrag von Gratifikationen zur Mitarbeitergesundheit

Johannes Siegrist und Nico Dragano

Inhaltsverzeichnis

© Springer-Verlag GmbH Deutschland, ein Teil von Springer Nature 2020
B. Badura et al. (Hrsg.), *Fehlzeiten-Report 2020*, Fehlzeiten-Report,
https://doi.org/10.1007/978-3-662-61524-9_12

■■ Zusammenfassung

Wie weit sich Beschäftigte in Betrieben gerecht behandelt fühlen, hängt ganz wesentlich von der Erfüllung ihrer Erwartungen bezüglich einer fairen Belohnung erbrachter Leistungen ab. Diese Gratifikationen sind nicht auf Löhne und Gehälter sowie etwaige Bonuszahlungen begrenzt, sondern schließen auch nicht-monetäre Formen der Anerkennung sowie gewährte Optionen des Erhalts bzw. der Verbesserung des beruflichen Status sowie Arbeitsplatzsicherheit mit ein. Hier bestehen für das Management oft Ermessensspielräume und konkrete Gestaltungsmöglichkeiten. Zur Prüfung negativer Auswirkungen unangemessener oder versagter Gratifikationen auf die Gesundheit von Beschäftigten wurden umfangreiche empirische Untersuchungen durchgeführt. Sie belegen mit hoher Konsistenz erhöhte Risiken stressassoziierter gesundheitlicher Gefährdungen (v. a. Depressionen und Herz-Kreislauf-Erkrankungen). Das Kapitel gibt einen kurzen Überblick über die wichtigsten Forschungsbefunde und erörtert abschließend praktische Folgerungen für die betriebliche Prävention mit Bezug zu positiven Ergebnissen aus Interventionsstudien.

12.1 Der Hintergrund: Veränderte Arbeitswelt

In Deutschland und vielen anderen Industrienationen hat in den vergangenen Jahrzehnten ein weitreichender Wandel der Erwerbsarbeit eingesetzt. Die Verlagerung der Erwerbssektoren vom sekundären in den tertiären Bereich geschah einerseits aufgrund zunehmender Technisierung und Automatisierung industrieller Produktion, andererseits aufgrund wachsender Nachfrage nach Dienstleistungen in demographisch und sozialstrukturell veränderten Gesellschaften. Während damit der Anteil der in der industriellen Produktion Beschäftigten deutlich schrumpfte, wuchs der Anteil Erwerbstätiger in Dienstleistungs- und Verwaltungsberufen. Allerdings wurde auch der tertiäre Bereich von tiefgreifenden technologischen Neuerungen erfasst, nämlich von den umwälzenden Prozessen digitaler Transformation von Arbeit und Beschäftigung, die durch die mikroelektronische Revolution eingeleitet worden sind (Brynjolfsson und McAfee 2016). Die Umgestaltung von Produktions- und Distributionsprozessen kann mit Stichworten wie Robotik, Industrie 4.0, Virtualisierung und künstlicher Intelligenz nur in Ansätzen umschrieben werden (Harteis 2018). Zugleich verändern sich auch die Beschäftigungsverhältnisse dadurch, dass sich flexible Formen von Arbeitsverträgen, Arbeitszeiten und -orten verbreiten, und es nehmen Bedenken zu, dass Arbeitsplätze durch Technologie wegfallen werden (Frey und Osborne 2017). Man kann die Auswirkungen dieser Veränderungen auf die arbeitenden Menschen jedoch nicht angemessen erfassen, wenn nicht zugleich ein dritter Aspekt des Wandels berücksichtigt wird: die wirtschaftliche Globalisierung (Siegrist und Wahrendorf 2016). Sie zeichnet sich durch eine rasante Expansion des transnationalen Flusses an Waren, Kapital und Arbeitskräften aus, initiiert durch global operierende Großkonzerne sowie eine hochaktive Finanzwirtschaft und unterstützt von internationalen Organisationen (Internationaler Währungsfonds, Weltbank, Welthandelsorganisation). Mit einer weitgehend neoliberalen Wirtschaftspolitik hat die ökonomische Globalisierung in Hochlohnländern die Konkurrenz um Lohnkosten verschärft und damit einer Intensivierung der Arbeit Vorschub geleistet.

Die skizzierten Veränderungen werfen zahlreiche Fragen nach Chancen einer gerechten Gestaltung des Arbeitslebens auf. Neue *Diskurse über Gerechtigkeit* betreffen sowohl die makrosoziale wie auch die mikrosoziale Ebene. Auf der makrosozialen Ebene spitzt sich der Diskurs über soziale Gerechtigkeit angesichts einer wachsenden Disparität von Lebenslagen und steigender Einkommensungleichheit in der Bevölkerung zu. Ebenso stellt sich die Frage, wie Arbeitsplätze angesichts ihrer zu erwartenden Verknappung gerecht auf ein umfangreiches Arbeitskräfteangebot verteilt werden. Für welche Personen werden die Privilegien einer formalen Vollzeitbeschäftigung zugänglich sein und wie werden die neuen Formen digitaler Selbständigkeit sozial abgesichert? Auch auf der mikrosozialen Ebene von Betrieben und Unternehmen stellen sich Fragen der Verfahrens- und der Verteilungsgerechtigkeit, etwa bei Auswahlkriterien für beruflichen Aufstieg oder für Umschulungen angesichts technologischen Wandels. Wie steht es mit dem Recht auf Arbeit der Mitarbeitenden, wenn in bestimmten Bereichen die von Robotern produzierten Ergebnisse effizienter und billiger sind?

Ein sowohl die makrosoziale wie die mikrosoziale Dimension betreffendes Problem bezieht sich auf die von den Beschäftigten bei ihrer Arbeit gesammelten Erfahrungen und ihre Empfindungen, gerecht oder ungerecht behandelt zu werden. Intensive Erfahrungen von Ungerechtigkeit und Unfairness vermögen die Gesundheit der Beschäftigten zu beeinträchtigen, insbesondere im Kontext zunehmender Arbeitsverdichtung und Arbeitsplatzunsicherheit. Diese zuletzt genannte These wird in diesem Kapitel begründet und mit Resultaten empirischer Forschung belegt. Dabei steht *ein* Aspekt der Gerechtigkeit im Zentrum, der für die Gesundheit und das Wohlbefinden arbeitender Menschen eine besondere Bedeutung hat: die *Tauschgerechtigkeit*. Der folgende Abschnitt begründet diese Fokussierung des Themas in einer theoretischen Perspektive. Nachfolgend wird anhand empirischer Befunde gezeigt, wie eng der Zusammenhang zwischen Gratifikationen – als einem elementaren Bestandteil von Tauschgerechtigkeit – und der Gesundheit von Beschäftigten ist. Hierzu werden vor allem Bedingungen untersucht, in denen die Tauschgerechtigkeit aus Sicht der Beschäftigten verletzt wird, indem den erbrachten Leistungen keine angemessenen Belohnungen gegenüberstehen (sog. Gratifikationskrisen). Zudem berichten wir über Ergebnisse aus Interventionsstudien, in denen verbesserte Gratifikationen zu einer besseren Gesundheit der Beschäftigten beitrugen. Abschließend leiten wir aus den vorgestellten Erkenntnissen

einige praktische Folgerungen für die betriebliche Prävention ab.

12.2 Gratifikation und Gesundheit: Der theoretische Rahmen

Wiederkehrend einer bezahlten Arbeit nachgehen zu können stellt für den überwiegenden Teil der erwerbsaktiven Bevölkerung eine positive Tatsache dar. Mit einem vertraglich vereinbarten Arbeitsverhältnis geht eine gewisse Absicherung gegenüber basalen Existenzrisiken (z. B. Krankheit, Arbeitslosigkeit, Erwerbsunfähigkeit) einher und es werden bestimmte Rechte und Pflichten vereinbart, die eine Mitgliedschaft in einem Unternehmen oder einer Organisation begründen. Wichtig ist die Tatsache, dass mit der Erzielung eines regelmäßigen Erwerbseinkommens die Abhängigkeit von Transfereinkommen bzw. subsidiär gewährtem Unterhalt überwunden und damit die individuelle Autonomie und Entscheidungsmacht gestärkt wird. Abhängig beschäftigt zu sein impliziert stets die Einwilligung in einen Tauschprozess zwischen Arbeitgeber und Arbeitnehmer. Im *Arbeitsvertrag* wird das Verhältnis zwischen geforderter Leistung und gewährter Gegenleistung – in erster Linie Lohn und Gehalt – festgelegt. Allerdings wird dieses Verhältnis nicht in allen Einzelheiten geregelt, da dies die erforderliche Flexibilität von Arbeit und Beschäftigung einengen würde. Damit eröffnen sich auf der Arbeitgeberseite bestimmte Ermessensspielräume, während zugleich auf der Arbeitnehmerseite Unsicherheiten bestehen bleiben. Im Grundsatz orientiert sich der Arbeitsvertrag jedoch an der grundlegendenden *Norm sozialer Reziprozität*. Sie besagt, dass jede Leistung einer Person oder Gruppe A, die einen Nutzen für eine Person oder Gruppe B erzeugt, von dieser mit einer gleichwertigen Gegenleistung gegenüber A beantwortet wird (Gouldner 1960). Diese „goldene Regel" liegt vielen vertraglichen Regelungen zugrunde und sie hat sich in der gesellschaftlichen Evolution als stabile, soziale Ordnungen sichernde Strategie erwiesen. Daher schwächen Verletzungen und Verstöße gegen dieses Prinzip der Tauschgerechtigkeit nicht nur den moralischen Kern der Leistungsgesellschaft, sondern bedrohen auch die Kontinuität kooperativer Beziehungen. Wenn Kooperationspartner in ihren berechtigten Erwartungen wiederkehrend enttäuscht werden, brechen sie die Beziehung ab oder üben Widerstand, beispielsweise in Form von Boykott, innerer Kündigung oder Einschränkung der Arbeitsleistung. In jedem Fall ruft die erfahrene Verletzung der Reziprozitätsnorm starke negative Emotionen der Wut, der Verärgerung und Enttäuschung hervor (s. u.).

Wir sagten, dass im Zentrum des vertraglichen Tausches die *Balance* zwischen erbrachter *Leistung* und gewährter *Gratifikation* in Form von Lohn und Gehalt steht. Abweichungen von dieser Balance sind in zwei Richtungen möglich. Einerseits kann es sein, dass Gratifikationen gewährt werden, ohne dass die hierfür erwarteten Leistungen erbracht worden sind. Andererseits können die gezahlten Löhne und Gehälter unfair sein, weil sie nicht dem Wert der erbrachten Leistung entsprechen. Unfaire Löhne und Gehälter sind ein weit verbreitetes Phänomen. Man denke etwa an Lohnunterschiede bei gleicher Leistung in Abhängigkeit von wirtschaftlicher Region, Arbeitsmarktsituation, Qualifikationsniveau oder Geschlecht (Falk et al. 2018). Auch die Erzielung von Profit ohne angemessene Leistung stellt ein relevantes Thema dar, das insbesondere mit der Ausbreitung der Finanzwirtschaft an Aktualität gewonnen hat. Ein Beispiel stellen die kontrovers diskutierten *Bonuszahlungen* an Spitzenmanager dar. Sie sind in Hochlohnländern in den vergangenen Jahrzehnten rasant gestiegen. So wird etwa darauf hingewiesen, dass sich die Vorstandsvergütungen in DAX-Unternehmen zwischen 1987 und 2010 um 624 % erhöht haben, während die Reallöhne vieler Beschäftigter im gleichen Zeitraum stagnierten (Struck et al. 2016). Selbst wenn man dabei die vereinzelt positiven Aspekte wie den erzielten Unternehmenserfolg und die Beteiligung der Beschäftigten an entsprechenden

Prämien in Rechnung stellt, werden diese Gewinne überwiegend als ungerecht betrachtet, da kein angemessenes Verhältnis zu der erbrachten Leistung besteht (Struck et al. 2016).

Haben *Verletzungen* der Norm der *Tauschgerechtigkeit* negative Auswirkungen auf die *Gesundheit* von Beschäftigten? Und können im Gegenzug fair zugeteilte Gratifikationen ihre Gesundheit und ihr Wohlbefinden stärken? Um auf diese Fragen empirisch belastbare Antworten zu finden, erweist sich der Rückgriff auf ein theoretisches Modell der Identifizierung belastender psychosozialer Arbeitsbedingungen als hilfreich, das *Modell beruflicher Gratifikationskrisen* (Siegrist 1996) (siehe ◨ Abb. 12.1). Dieses Modell analysiert die in der Arbeitswelt häufig anzutreffende Situation eines Ungleichgewichts zwischen hoher erbrachter Leistung und ungenügend gewährter – oder sogar ausbleibender – Gratifikation. Dabei gibt es drei Dimensionen: die finanzielle Dimension von *Lohn und Gehalt* sowie eventuell erfolgter Zuzahlungen, die Dimension der Sicherung und Verbesserung des *beruflichen Status* (Aufstieg, Beförderung, Arbeitsplatzsicherheit) und die Dimension nichtmonetärer Gratifikationen der *Wertschätzung* und *Anerkennung* von Leistung. Alle drei Dimensionen sind für Beschäftigte von Belang, da sie zentrale Bedürfnisse wie das Bedürfnis nach wirtschaftlichem Verdienst, nach Sicherung und Verbesserung des sozialen Status und nach positivem, durch Anerkennung verstärktem Selbstwertgefühl berühren. Die zentralen Aussagen des Modells lassen sich in wenigen Sätzen zusammenfassen (Siegrist 2015). Erstens übt jede Komponente des Modells (hohe Verausgabung und die drei Komponenten niedriger Gratifikation) einen eigenständigen negativen Effekt auf die Gesundheit aus. Zweitens ist dieser Effekt besonders ausgeprägt, wenn das Ungleichgewicht zwischen hoher Verausgabung und niedriger Gratifikation („Gratifikationskrise") ins Zentrum der Analyse gestellt wird. Und drittens ist zu erwarten, dass Gratifikationskrisen trotz ihrer ungünstigen Folgen dann auch langfristig in Kauf genommen werden, wenn Menschen *keine Alternative zu*

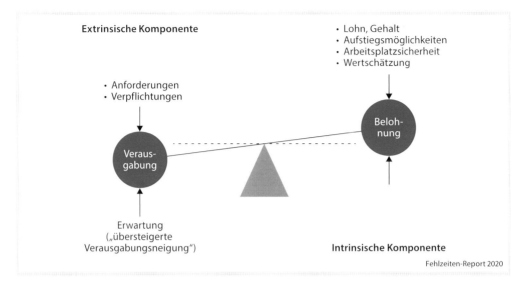

■ Abb. 12.1 Modell beruflicher Gratifikationskrisen. (Quelle: Siegrist 2015)

ihrem Arbeitsplatz besitzen und wenn *starke Konkurrenz* ihr Verbleiben im Arbeitsmarkt bedroht. Sie können aber auch mit ihrem eigenen beruflichen Leistungsverhalten zu einer Verstetigung dieser Krisen beitragen, so vor allem durch eine *übersteigerte Verausgabungsneigung.*

Die wichtigste Folgerung aus diesen theoretischen Annahmen besagt, dass eine Verringerung *hoher* beruflicher *Verausgabung* und eine *Stärkung von Gratifikationen* dazu führt, dass sich der *Gesundheitszustand* der Beschäftigten *verbessert.* Dies ist der entscheidende Punkt, an dem die Ergebnisse wissenschaftlicher Analyse für das praktische Handeln bedeutsam werden. Daher wollen wir zunächst anhand einer Zusammenfassung wichtiger Ergebnisse aus sozialepidemiologischen Studien zeigen, in welchem Umfang berufliche Gratifikationskrisen das Risiko erhöhen, eine stressassoziierte Erkrankung zu erleiden. Im Anschluss beschreiben wir exemplarisch Befunde, welche die gesundheitsfördernde Wirkung verbesserter Gratifikationen belegen.

12.3 Gratifikationskrisen und stressassoziierte Erkrankungen: Empirische Evidenz

Die *erste Frage* lautet: *Wie stark* sind berufliche *Gratifikationskrisen* in der arbeitenden Bevölkerung *ausgeprägt?* Gibt es Unterschiede zwischen Ländern, zwischen sozialen Schichten und Berufsgruppen? Und wie ist diese Form von Arbeitsstress bei Männern und Frauen ausgeprägt? Zur *Messung des Modells* sind psychometrisch validierte Skalen entwickelt worden, die in Form eines standardisierten Befragungsinstruments den Beschäftigten zur Beantwortung vorgelegt werden. Auf diese Weise lassen sich für jede einzelne Skala Mittelwerte ermitteln, welche die Höhe der Belastung für eine Population anzeigen. Zusätzlich wird ein Quotient aus den Skalen „Verausgabung" und „Belohnung" gebildet, der das Verhältnis der beiden Komponenten auf individueller Ebene quantifiziert. Demnach zeigt ein Quotient mit der Zahl 1,0 ein ausgewogenes Verhältnis zwischen Verausgabung und Belohnung an. Je höher jedoch der Wert über 1,0 liegt, umso stärker sind berufliche Gratifikationskrisen in der untersuchten Gruppe ausgeprägt (Siegrist 2015).

Ländervergleichende Werte zu diesem Messansatz liegen in größerem Umfang für Europa vor. So wurden beispielsweise in 16 europäischen Ländern die Mittelwerte des Quotienten aus Verausgabung und Belohnung bei älteren Beschäftigten berechnet. Dabei zeigte sich, dass die Werte besonders niedrig in Schweden, den Niederlanden, der Schweiz und Dänemark waren, während sie in Polen, Ungarn, Tschechien und ebenso in südeuropäischen Ländern wie Portugal und Italien deutlich erhöht waren (Lunau et al. 2015). Interessanterweise bestand eine enge Korrelation zwischen dem Ausmaß, in dem die Länder eine integrative Arbeitsmarktpolitik implementiert hatten, und dem Ausmaß an durchschnittlichem Arbeitsstress: Je umfangreicher eine solche Implementation erfolgte, umso geringer war die durchschnittliche Arbeitsbelastung bei den Befragten der entsprechenden Länder (Wahrendorf und Siegrist 2014; Lunau et al. 2015). Weitere Studien untersuchten die soziale Verteilung beruflicher Gratifikationskrisen. Wiederum auf der Ebene europäischer Vergleiche konnte ein ausgeprägter *sozialer Gradient* von Arbeitsstress beobachtet werden: Je niedriger die berufliche Position von Befragten war, desto häufiger waren berufliche Gratifikationskrisen ausgeprägt (Wahrendorf et al. 2013). Es gibt allerdings auch Studienergebnisse, die von diesem Muster abweichen (Dragano und Wahrendorf 2016). Besonders bedeutsam ist die Beobachtung, dass Beschäftigte in Berufen, die *personenbezogene Dienstleistungen* erbringen, trotz ihrer vergleichsweise hohen Qualifikation in starkem Maß von beruflichen Gratifikationskrisen betroffen sind. Dies gilt für Lehrerinnen und Lehrer (Lehr et al. 2009), Krankenschwestern und -pfleger (Hasselhorn et al. 2004) sowie Ärztinnen und Ärzte (Knesebeck et al. 2010). Angesichts der dokumentierten *Benachteiligung von Frauen* bei Gehalt und Aufstiegschancen kann davon ausgegangen werden, dass sie häufiger unter Gratifikationskrisen leiden. In den vorliegen-

den Studien gibt es Belege, die diese Annahme stützen (Li et al. 2006; Feldt et al. 2013; Leineweber et al. 2019), aber andere Studien konnten keine Geschlechtsunterschiede nachweisen (Wege et al. 2018). Letzteres könnte möglicherweise dadurch erklärt werden, dass die durchschnittliche Verausgabungshöhe aufgrund durchschnittlich längerer Arbeitszeiten bei Männern höher liegt als bei Frauen, sodass bei kombinierter Betrachtung beider Komponenten der Effekt niedriger Belohnung bei Frauen nicht mehr sichtbar wird.

Die *zweite*, hier interessierende *Frage* lautet: Für *welche Gesundheitsindikatoren* ist ein Zusammenhang mit beruflichen Gratifikationskrisen nachgewiesen worden und wie stark ist dieser Zusammenhang? Antworten auf diese Frage sind dann besonders beweiskräftig, wenn *Längsschnittstudien* durchgeführt werden. In ihnen wird Arbeitsstress als Prädiktor zu Beginn einer Studie gemessen – zu einem Zeitpunkt, da die interessierende Krankheit als abhängige Variable noch nicht aufgetreten ist. Durch die Dokumentation von Neuerkrankungen im nachfolgenden Beobachtungszeitraum kann geprüft werden, ob das relative Risiko einer Neuerkrankung in der Gruppe mit hohem Arbeitsstress höher ist als dasjenige in der Gruppe ohne Arbeitsstress.

Besonders häufig sind *Depressionen* als Indikator einer stressassoziierten Erkrankung in Abhängigkeit von beruflichen Gratifikationskrisen untersucht worden. Die Befunde sind weitgehend konsistent: Zusammengefasst ist das relative Risiko einer Depression bei Vorliegen einer Gratifikationskrise um 80 % erhöht (Rugulies et al. 2017). Neue Daten aus zwei repräsentativen Bevölkerungsstudien aus Schweden und Deutschland unterstreichen dies, wie aus den in ◘ Tab. 12.1 dargestellten Ergebnissen hervorgeht. Erstens zeigen sich für alle Komponenten des Modells beruflicher Gratifikationskrisen signifikante Zusammenhänge mit einem erhöhten Depressionsrisiko (Odds Ratio). Dies bedeutet, dass die durch das jeweils obere oder untere Terzil am stärksten belastete Gruppe gegenüber der nicht belasteten Gruppe eine signifikant erhöhte Wahr-

12

◘ **Tabelle 12.1** Zusammenhang zwischen Komponenten des Gratifikationskrisenmodells und Depressionsrisiko in zwei bevölkerungsrepräsentativen Längsschnittstudien (GSOEP: Deutsches Sozioökonomisches Panel; N = 10.919 Männer und Frauen; SLOSH: Schwedische Berufliche Längsschnittstudie; N = 9.619 Männer und Frauen). Odds Ratios (OR) und 95 % Konfidenzintervall (CI). (Zusammenstellung basierend auf Li et al. 2019)

GSOEP	OR (95 % CI)	SLOSH	OR (95 % CI)
Verausgabung (V)		Verausgabung (V)	
Mittleres Terzil[a]	1,06 (0,89, 1,26)	Mittleres Terzil	1,38 (1,01, 1,87)
Oberes Terzil	2,09 (1,79, 2,45)	Oberes Terzil	3,44 (2,58, 4,58)
Belohnung (B) (Gesamtwert)		Belohnung (B) (Gesamtwert)	
Mittleres Terzil	1,38 (1,15, 1,66)	Mittleres Terzil	1,45 (1,01, 2,10)
Unteres Terzil	3,01 (2,53, 3,57)	Unteres Terzil	3,85 (2,78, 5,33)
Anerkennung		*Anerkennung*	
Mittleres Terzil	1,17 (0,98, 1,41)	Mittleres Terzil	1,25 (0,88, 1,79)
Unteres Terzil	2,38 (1,99, 2,86)	Unteres Terzil	2,43 (1,70, 3,47)
Arbeitsplatzsicherheit		*Arbeitsplatzsicherheit*	
Mittleres Terzil	1,30 (1,06, 1,59)	Mittleres Terzil	1,30 (0,92, 1,86)
Unteres Terzil	2,13 (1,84, 2,46)	Unteres Terzil	2,73 (2,06, 3,62)
Bezahlung/Aufstieg		*Bezahlung/Aufstieg*	
Mittleres Terzil	1,45 (1,21, 1,74)	Mittleres Terzil	1,66 (1,20, 2,29)
Unteres Terzil	2,43 (2,05, 2,88)	Unteres Terzil	3,01 (2,18, 4,16)
V-B-Quotient		V-B-Quotient	
Mittleres Terzil	1,08 (0,90, 1,29)	Mittleres Terzil	1,62 (1,15, 2,27)
Oberes Terzil	2,83 (2,41, 3,32)	Oberes Terzil	4,76 (3,46, 6,55)

[a] Referenzgruppe der Terzile der Skalenwerte ist jeweils das untere bzw. obere Terzil, mit der OR = 1,00.
Die Ergebnisse der multivariablen logistischen Regressionsanalysen sind adjustiert für Alter, Geschlecht, Familienstand, Bildung und Einkommen. Sie beziehen sich bei GSOEP auf einen Messzeitpunkt (2016), bei SLOSH auf die zweite Befragungswelle (2018).
Depression wurde in GSOEP mit der PHQ2-Skala und in SLOSH mit der SCL-CD6-Skala gemessen.
Fehlzeiten-Report 2020

scheinlichkeit aufweist, an Depression zu erkranken. Zweitens sind die Effekte in Schweden generell etwas stärker ausgeprägt als in Deutschland. Zum Beispiel weist die Odds Ratio für das obere Terzil einer Gratifikationskrise in Schweden ein 4,76-fach erhöhtes Depressionsrisiko auf im Vergleich zu einem 2,83-fachen Depressionsrisiko in Deutschland. Es ist wichtig darauf hinzuweisen, dass in den zitierten Studien Depression entweder anhand klinischer Interviews oder anhand validierter Testverfahren gemessen wurde.

Koronare Herzkrankheiten stellen einen zweiten Gesundheitsindikator stressassoziierter Erkrankungen dar. Auch hierzu liegen Resultate aus mehreren prospektiven Studien vor. Sie dokumentieren im Vergleich zur Depression etwas niedrigere, jedoch signifikant erhöhte Risiken (Dragano et al. 2017; Backé et al. 2012). Da sowohl Depression als auch koronare Herzkrankheit aufgrund ihrer Verbreitung und ihrer volkswirtschaftlichen Folgen von hoher Relevanz sind und da sie in sozial benachteiligten Bevölkerungsgruppen häufiger auftreten, stellt sich die Frage nach dem Stellenwert von Arbeitsstress im Kontext einer *sozial ungleich verteilten Krankheitslast*. Dieser Frage sind ebenfalls verschiedene Untersuchungen nachgegangen, die zeigen, dass die gesundheitlichen Folgen belastender Arbeit bei Mitgliedern rangniedriger beruflicher Positionen besonders stark ausgeprägt sind (Wege et al. 2008; Rugulies et al. 2013; Dragano et al. 2017). Diese Ergebnisse sind praktisch bedeutsam, da sie einen *erhöhten Interventionsbedarf* bei *sozial schlechter gestellten Gruppen* des Arbeitsmarktes nahelegen (s. u.).

Es ist im Rahmen dieses Kapitels nicht möglich, einen repräsentativen Überblick über die vielen Studienergebnisse zu geben, die negative Folgen unangemessener Gratifikationen im Leistungszusammenhang der Erwerbsarbeit auf die körperliche und seelische Gesundheit nachgewiesen haben. Das Spektrum dieser Zusammenhänge betrifft medizinische und verhaltensgebundene Risikofaktoren kardiovaskulärer Erkrankungen, verschiedene psychosomatische Störungen und Suchterkrankungen, gesundheitliche Funktionseinschränkungen, sowie Arbeitsunfähigkeitszeiten (Siegrist und Wahrendorf 2016). *Zusammenfassend* lässt sich sagen, dass die von Beschäftigten erlebten Tauschungerechtigkeiten in der täglichen Erwerbsarbeit einen bedeutenden Einfluss auf deren Gesundheit ausüben. Daher ist es wichtig zu wissen, ob durch mehr Tauschgerechtigkeit ein Gesundheitsgewinn erzielt werden kann. Dieser Frage gehen wir im folgenden Abschnitt nach.

12.4 Verbessern Gratifikationen die Gesundheit?

Die wichtigste Folgerung aus den Annahmen des Modells beruflicher Gratifikationskrisen besteht darin, dass eine Verringerung hoher beruflicher Verausgabung und eine Stärkung von Gratifikationen dazu führen soll, dass sich der Gesundheitszustand der Beschäftigten verbessert. Gibt es hierfür empirische Belege? Bekanntlich stößt die Durchführung methodisch hieb- und stichfester Interventionsstudien im Gebiet der Arbeitsstressforschung auf erhebliche Schwierigkeiten. Dennoch sind verschiedentlich theoriegeleitete *betriebliche Interventionen* durchgeführt und wissenschaftlich evaluiert worden. Zwei methodisch aussagekräftige Studien, die in Kanada durchgeführt wurden, sollen hier *exemplarisch* dargestellt werden (Brisson et al. 2016). Im Rahmen dieser Studien wurden Maßnahmen der Organisations- und Personalentwicklung implementiert, die darauf abzielten, das Verhältnis von Verausgabung und Belohnung zu verbessern – speziell darauf, Gratifikationen zu erhöhen und Wertschätzung und Anerkennung zu geben –, ferner den Anforderungsdruck zu verringern, den Entscheidungsspielraum bei der Arbeitsgestaltung zu erweitern und die Kooperation mit Vorgesetzten und Mitarbeitenden zu verbessern. Die erste Studie bezieht sich auf *pflegerisches und ärztliches Personal* auf Stationen eines *Akutkrankenhauses* im Vergleich zu dem Personal eines Kontrollkrankenhauses, in dem keine Veränderungen vorgenommen wurden (Bourbonnais et al. 2006, 2011). ◻ Tab. 12.2 zeigt für diese erste Studie die Mittelwerte der einzelnen Modellkomponenten vor Beginn der Intervention und nach zwölf Monaten in der Interventionsgruppe sowie in der entsprechenden Kontrollgruppe. Die *Ergebnisse,* die sich auf 492 Teilnehmer an der Intervention und 618 Teilnehmer in der Kontrollgruppe stützten, wiesen eine signifikante *Senkung des Verausgabungs-Belohnungsquotienten* in der Interventionsgruppe sowie eine signifikante *Verringerung des Anforderungs-*

◻ Tabelle 12.2 Vergleich psychosozialer Arbeitsbedingungen vor und nach der Interventionsphase in Interventions- und Kontrollgruppen in zwei Studien (Zusammenstellung basierend auf Brisson et al. 2016)

Studie 1: Bourbonnais et al. (2006, 2011)				Studie 2: Brisson et al. (2006), Gilbert-Ouimet et al. (2011) und Trudel et al. (2011)				
Psychosoziale Arbeitsbedingungen	**Interventions-gruppe**		**Kontroll-gruppe**	**Psychosoziale Arbeitsbedingungen**	**Interventions-gruppe**		**Kontroll-gruppe**	
Mittelwerte	Vorher	12 M.	Vorher	12 M.	*Prävalenz (%)*	Vorher	6 M.	Vorher	6 M.
Anerkennung	30,8	31,11	30,2	30,0	Wenig Anerkennung	50,5	51,0	58,2	54,8*
					Wenig Respekt und Wertschätzung	36,1	29,8*	n. e.	n. e.
VB-Q	1,1	1,08*	1,2	1,16	VB-Q	29,8	29,2	21,4	20,6
Psychische Anforderungen	12,5	11,8*	13,3	12,9	Hohe psychische Anforderungen	50,1	47,8*	35,9	37,2
Arbeitskontrolle	69,9	68,7*	69,4	68,0*	Geringe Arbeitskontrolle	56,2	56,7	59,9	59,5
Rückhalt durch Mitarbeitende	12,5	12,5	12,5	12,2*	Wenig Rückhalt durch Mitarbeitende	53,9	50,0*	52,4	49,5
Rückhalt durch Vorgesetzte	11,5	10,8*	11,1	10,4	Wenig Rückhalt durch Vorgesetzte	52,1	52,2	54,6	53,8

*p < 0,05 für Intra-Gruppenvergleich zwischen Prä-Interventions- und Post-Interventionsmaßen.
Abkürzungen: VB-Q = Verausgabungs-Belohnungs-Quotient; M. = Monate; n. e. = nicht erhoben
Fehlzeiten-Report 2020

drucks nach. Bei den Aspekten *Belohnung, Kontrolle* und *Rückhalt* ergaben sich keine Veränderungen oder sogar eine leichte, signifikante Verschlechterung, was auch bei der Kontrollgruppe beobachtet wurde. Bemerkenswert ist der in ◻ Tab. 12.2 nicht aufgeführte Befund, dass die beiden signifikanten Verbesserungen in der Interventionsgruppe auch nach 36 Monaten weiter bestehen blieben, wie eine Nachuntersuchung ergab (Brisson et al. 2016). Die zweite Studie wurde bei *Beschäftigten der Versicherungsbranche* durchgeführt, wobei 1.093 Mitarbeitende an der Intervention und 1.074 Mitarbeitende an der Kontrollgruppe teilnahmen (Brisson et al. 2006; Gilbert-Ouimet et al. 2011; Trudel et al. 2011). Der zweite Messzeitpunkt wurde hier nach sechs Monaten erfasst, wobei statt Mittelwerten Häufigkeiten (Prozentwerte) angegeben wurden. Die Ergebnisse zeigten, dass nach Intervention *Anerkennung*

und Respekt sowie *Rückhalt durch Mitarbeitende* signifikant verbessert sowie *Anforderungen* signifikant reduziert wurden.

Entscheidend ist nun die Frage, ob am Ende der Intervention jeweils im Vergleich zur Kontrollgruppe *positive gesundheitliche Effekte* zu verzeichnen waren. In Studie 1 hatte sich die auf den Beruf bezogene *Burnout-Belastung* in der Interventionsgruppe gegenüber der Kontrollgruppe sowohl nach zwölf Monaten wie auch nach 36 Monaten signifikant verringert. In Studie 2 nahm ein Summenmaß der *psychischen Stressbelastung* in der Interventionsgruppe signifikant ab, während es in der Kontrollgruppe leicht anstieg. Schließlich zeigte sich in der Interventionsgruppe, dass sowohl der systolische wie auch der diastolische *Blutdruck signifikant gesenkt* wurde, wodurch auch die Prävalenz des hohen Blutdrucks von 28,2 auf 23,6 % sank. Für die Kontrollgruppe waren allerdings keine Blutdruckwerte ermittelt worden (Brisson et al. 2016). Während somit generell einige positive Wirkungen auf die Gesundheit der Beschäftigten erzielt wurden, ist es nicht möglich, diese Effekte den einzelnen Komponenten des Interventionsgeschehens zuzuordnen. Informativ ist jedoch der Hinweis der Autorengruppe, dass „Gratifikation und sozialer Rückhalt diejenigen psychosozialen Faktoren waren, die am häufigsten adressiert wurden" (Brisson et al. 2016, S. 348). Die beiden Studien geben somit erste empirisch fundierte Antworten auf die entscheidende Frage nach positiven Auswirkungen verbesserter Gratifikationen im Erwerbsleben auf die Gesundheit von Beschäftigten, auch wenn die angestrebten Interventionseffekte nicht in vollem Umfang erreicht wurden. Welche praktischen Folgerungen lassen sich aus ihnen für eine verstärkte betriebliche Gesundheitsförderung ziehen?

12.5 Folgerungen für die betriebliche Prävention

Nach den hier dargestellten Erkenntnissen steht die Stärkung einer mitarbeiterorientierten Unternehmenskultur im Zentrum betrieblicher Gesundheitsförderung. So wichtig dieses Ziel ist, so sehr muss auf die begrenzte Wirkung von Maßnahmen auf dieser Ebene verwiesen werden, vergegenwärtigt man sich die einleitend skizzierten makroökonomischen, technologischen und soziostrukturellen Einflüsse auf die Chancen gesunder und gerechter Arbeit. Dennoch bietet der betriebliche Kontext eine wichtige Basis für die Entwicklung und Implementierung nachhaltiger Projekte gesundheitsfördernder Arbeit. Diese Projekte schließen die bereits weithin praktizierten verhaltensbezogenen Präventionsprogramme und die von Arbeitsschutz und Betriebsmedizin angebotenen Maßnahmen ebenso ein wie die Entwicklung theoriebasierter Programme der Organisations- und Personalentwicklung. Für letztere stehen verschiedene Verfahren zur Verfügung, die von

externer Beratung über die Einrichtung von Gesundheitszirkeln bis zu Strategien systemischer, selbst initiierter Organisationsentwicklung reichen. Ebenso sind Aufgaben sekundärer Prävention wie das betriebliche Eingliederungsmanagement und die Rückkehr- und Fehlzeitengespräche in diese Ansätze zu integrieren. Hier überall spielt es eine zentrale Rolle, über relevante Informationen zu kritischen Arbeitsbedingungen und zu Gesundheitsproblemen der Mitarbeitenden zu verfügen, da mit ihrer Hilfe eine nach Möglichkeit objektivierende Bestandsaufnahme aktueller Probleme erfolgen soll. Auf die umfangreiche Literatur zu Mitarbeiterbefragungen und auf Probleme der Umsetzung daraus resultierender Ergebnisse in die betriebliche Praxis kann hier nicht eingegangen werden (Nebel-Töpfer et al. 2014). Es ist jedoch im Kontext der Frage nach Verfahren zur Stärkung von Gratifikationen in Betrieben von Interesse zu erwähnen, dass einzelne standardisierte Befragungsinstrumente ebenso wie bestimmte Strategien der Gesprächsführung diese Thematik gezielt berücksichtigen. Als Beispiele zu Ersterem seien der Fragebogen zu beruflichen Gratifikationskrisen (Siegrist 2016) sowie das Erhebungsverfahren „Dynamik" (Diebig et al. 2019) genannt. Ein erprobtes Instrument zu Letzterem bilden die „wertschätzenden Dialoge" (Geißler et al. 2007). Diese von geschulten Führungskräften durchgeführten Dialoge richten sich an die Mehrheit der Mitarbeitenden, die durch ihre geringen Fehlzeiten und ihre hohe Leistungsbereitschaft das Unternehmen stärken. Durch einen anerkennenden Erfahrungsaustausch wird nicht nur die Wertschätzung dieses Verhaltens zum Ausdruck gebracht, sondern es werden auch konstruktive Anregungen zu erfolgreicher und befriedigender Zusammenarbeit gesammelt und zugleich Schwächen, Konflikte und Hinderungsgründe thematisiert und einer Lösung zugeführt.

Welche konkreten Maßnahmen stehen zur Verfügung, wenn Gratifikationen im Kontext betrieblicher Gesundheitsförderung gestärkt werden sollen? Die Befunde dieses Kapitels haben gezeigt, dass jede der drei Belohnungskomponenten des theoretischen Modells für die Gesundheit eine vergleichbare Bedeutung besitzt. Soweit Opportunitäten bestehen, sollten daher sowohl monetäre Belohnung, nicht-materielle Würdigung wie auch beruflicher Aufstieg und Gewährung von Arbeitsplatzsicherheit berücksichtigt werden. Obwohl Tariflöhne und überbetriebliche Verträge den Spielraum einengen, können Unternehmen eine Reihe von Maßnahmen zur Erhöhung der Lohngerechtigkeit durchführen. Betriebliche Referenzlöhne und Transparenz von Gehältern ermöglichen den Mitarbeitenden, die Verhältnismäßigkeit von Gehaltsunterschieden auf dem Hintergrund von Leistungskriterien zu erkennen. Ungünstige horizontale Vergleichsprozesse mit ihren kränkenden und Stress auslösenden Wirkungen können dadurch vermindert werden, wenn auch kritisch angemerkt werden muss, dass Gehalts- und Bonuszahlungen im höheren Management in vielen Unternehmen geheim bleiben. Lösungsansätze bei der Behebung gravierender Probleme wie geschlechtsspezifische Bezahlung, Vergütung im Niedriglohnbereich, kompensierende Lohndifferentiale sowie exzessive Bonuszahlungen an das Spitzenmanagement sollen in den mit Entscheidungen befassten Gremien erörtert werden. Außertarifliche Leistungszulagen und Bonuszahlungen an die Belegschaft sind ein weiteres Mittel Lohngerechtigkeit anzustreben. Dies gilt auch für Vergütung in Form angebotener Freizeit sowie für innerbetriebliche Dienstleistungen. Sie beide stellen wichtige Instrumente betrieblicher Anerkennungskultur dar. Das Spektrum verfügbarer Dienstleistungen (z. B. Betriebskindergarten, Sportangebote) variiert je nach Größe und wirtschaftlicher Lage der Unternehmen. Nicht-materielle Gratifikationen werden in erster Linie durch eine gute Führungskultur und ein mitarbeiterorientiertes Unternehmensklima gewährleistet. In einer Zeit zunehmender Restrukturierung und Transformation von Unternehmen sollten die Würdigung von Betriebstreue und die Vermeidung von Statusverlust insbesondere bei älteren Beschäftigten prioritär berücksichtigt werden. Schließlich sind Investitionen in Weiterqualifikation und berufliche Aufstiegschancen geboten. Obwohl die wichtigste Gratifikation, die Sicherung des Arbeitsplatzes, in manchen Branchen und Unternehmen nicht garantiert werden kann, sollte es zur guten Praxis größerer Unternehmen gehören, begleitende Maßnahmen zur Krisenintervention in der Vorbereitungs-, Akut- und Nachbereitungsphase von Restrukturierungsprozessen und Schließung von Betrieben zu treffen (Siegrist 2015).

Als *Fazit* lässt sich festhalten, dass sowohl aus Sicht des wissenschaftlichen Kenntnisstandes wie auch aus Sicht praktischer Erfahrungen mit Maßnahmen der Organisations- und Personalentwicklung überzeugende Argumente für eine gezielte Stärkung von Gratifikationen im Kontext beruflicher Arbeit vorliegen. Entsprechende Investitionen sollten daher überall dort erfolgen, wo die Wahrung und Stärkung der Gesundheit von Beschäftigten ein prioritäres Ziel darstellt.

Literatur

Backé E, Seidler A, Latza U et al (2012) The role of psychosocial stress at work for the development of cardiovascular diseases: A systematic review. Int Arch Occup Environ Health 85(1):67–79

Bourbonnais R, Brisson C, Vinet A et al (2006) Effectiveness of a participative intervention on psychosocial work factors to prevent mental health problems in a hospital setting. Occup Environ Med 63(5):335–342

Bourbonnais R, Brisson C, Vézina M (2011) Long-term effects of an intervention on psychosocial work factors among healthcare professionals in a hospital setting. Occup Environ Med 68(7):479–486

Brisson C, Cantin V, Larocque B et al (2006) Intervention research on work organization factors and health: research design and preliminary results on mental health. Can J Comm Mental Health 25(2):241–259

Brisson C, Gilbert-Ouimet M, Duchaine C et al (2016) Workplace interventions aiming to improve psychosocial work factors and related health. In: Siegrist J, Wahrendorf M (Hrsg) Work stress and health in a globalized economy. The model of effort-reward imbalance. Springer, Cham, S 333–363

Brynjolfsson E, McAfee A (2016) The second machine age. Work, progress, and prosperity in a time of brillant technologies. W. W. Norton, New York

Diebig M, Dragano N, Körner U et al (2019) Development and validation of a questionnaire to measure psychosocial work stressors in modern working environments. J Occup Environ Med Epub Nov. https://doi.org/10.1097/JOM.0000000000001779

Dragano N, Wahrendorf M (2016) A social inequalities perspective on effort-reward imbalance at work. In: Siegrist J, Wahrendorf M (Hrsg) Work stress and health in a globalized economy. The model of effort-reward imbalance. Springer, Cham, S 67–85

Dragano N, Siegrist J, Nyberg SM et al (2017) Effort-reward imbalance at work as a risk factor for incident coronary heart disease: a meta-analysis of individual participant data from 90,164 individuals. Epidemiology 28(4):619–626

Falk A, Kosse F, Menrath I et al (2018) Unfair pay and health. Manage Sci 64(4):1477–1488

Feldt T, Huhtala H, Kinnunen U et al (2013) Long-term patterns of effort-reward imbalance and over-commitment: investigating occupational wellbeing and recovery experiences as outcomes. Work Stress 27:64–87

Frey CB, Osborne MA (2017) The future of employment: how susceptible are jobs to computerisation? Technol Forecast Soc Change 114:254–280

Geißler H, Bökenheide T, Geißler-Gruber B et al (2007) Faktor Anerkennung. Betriebliche Erfahrungen mit wertschätzenden Dialogen. Campus, Frankfurt

Gilbert-Ouimet M, Brisson C, Vézina M et al (2011) Intervention study on psychosocial work factors and mental health and musculoskeletal outcomes. Invited essay. Healthc Pap 11(Special Issue):47–66

Gouldner AW (1960) The norm of reciprocity: a preliminary statement. Am Sociol Rev 25(2):161–178

Harteis C (Hrsg) (2018) The impact of digitalization in the workplace: an educational view. Professional and practice-based learning Bd. 21. Springer, Cham

Hasselhorn H, Tackenberg P, Peter R (2004) Effort-reward imbalance among nurses in stable countries and in countries in transition. Int J Occup Environ Health 10(4):401–408

Knesebeck O von dem, Klein J, Grosse Frie K et al (2010) Psychosoziale Arbeitsbelastungen bei chirurgisch tätigen Krankenhausärzten. Dt Ärzteblatt 14:248–153

Lehr D, Hillert A, Keller S (2009) What can balance the effort? Associations between effort-reward imbalance, over-commitment, and affective disorders in German teachers. Int J Occup Environ Health 15(4):374–384

Leineweber C, Eib C, Bernhard-Oettel C et al (2019) Trajectories of effort-reward imbalance in Swedish workers: Differences in demographic and work-related factors and associations with health. Work Stress. https://doi.org/10.1080/02678373.2019.1666434

Li J, Yang W, Cho SI (2006) Gender differences in job strain, effort-reward imbalance and health functioning among Chinese physicians. Soc Sci Med 62:1066–1077

Li J, Leineweber C, Nyberg A et al (2019) Cost, gain and health: Theoretical clarification and psychometric validation of a work stress model with data from two national studies. J Occup Environ Med 61(11):898–904

Lunau T, Siegrist J, Dragano N et al (2015) The association between education and work stress: Does the policy context matter? PLoS ONE 10(3):e121573

Nebel-Töpfer C, Wolf S, Richter P (2014) Instrumente und Methoden zur Messung psychischer Belastung. In: Windemuth D, Jung D, Petermann O (Hrsg) Praxishandbuch psychische Belastungen im Beruf. Universum Verlag, Wiesbaden, S 273–286

Rugulies R, Aust B, Madsen IEH et al (2013) Adverse psychosocial working conditions and risk of severe depressive symptoms. Do effects differ by occupational grade? Eur J Publ Health 23:415–420

Rugulies R, Aust B, Madsen IEH (2017) Effort-reward imbalance at work and risk of depressive disorders. A systematic review and meta-analysis of prospective cohort studies. Scand J Work Environ Health 43(4):294–306

Siegrist J (1996) Adverse health effects of high effort-low reward conditions at work. J Occup Health Psychol 1:27–43

Siegrist J (2015) Arbeitswelt und stressbedingte Erkrankungen. Forschungsevidenz und präventive Maßnahmen. Elsevier, München

Siegrist J (2016) Fragebogen zur Messung beruflicher Gratifikationskrisen (ERI). In: Letzel S, Nowak D (Hrsg) Handbuch der Arbeitsmedizin 40. Ecomed, Landberg, S 3–17

Siegrist J, Wahrendorf M (Hrsg) (2016) Work stress and health in a globalized economy. The model of effort-reward imbalance. Springer, Cham

Struck O, Dütsch M, Stephan G (2016) Bonuszahlungen an Manager. Eine Szenarienanalyse zu Gerechtigkeitsurteilen. WSI Mitteilungen 69:85–94

Trudel X, Gilbert-Ouimet M, Brisson C et al (2011) Blood pressure reduction following intervention on psychosocial work factors: LB3.5. J Hypertens 29:e118

Wahrendorf M, Dragano N, Siegrist J (2013) Social position, work stress and retirement intentions: A study with older employees from 11 European countries. Eur Sociol Rev 29:792–802

Wahrendorf M, Siegrist J (2014) Proximal and distal determinants of stressful work: framework and analysis of retrospective European data. BMC Public Health 14:849

Wege N, Dragano N, Erbel R et al (2008) When does work stress hurt? Testing the interaction with socioeconomic position in the Heinz Nixdorf Recall Study. J Epidemiol Community Health 62(4):338–341

Wege N, Li J, Siegrist J (2018) Are there gender differences in associations of effort–reward imbalance at work with self-reported doctor-diagnosed depression? Prospective evidence from the German Socio-Economic Panel. Int Arch Occup Environ Health 91(4):435–443

12

Menschengerechte Arbeitszeiten – Grundlagen, Kriterien und Gestaltungsmöglichkeiten

Corinna Brauner und Anita Tisch

Inhaltsverzeichnis

© Springer-Verlag GmbH Deutschland, ein Teil von Springer Nature 2020
B. Badura et al. (Hrsg.), *Fehlzeiten-Report 2020*, Fehlzeiten-Report,
https://doi.org/10.1007/978-3-662-61524-9_13

■ ■ Zusammenfassung

Die menschengerechte Gestaltung der Arbeitszeit ist bedeutsam für unterschiedliche Faktoren wie die Zufriedenheit und Gesundheit von Beschäftigten und damit auch essenziell für die Leistungsfähigkeit von Unternehmen. Als menschengerecht können hierbei Arbeitszeiten erachtet werden, die gesundheits- und erholungsgerecht, vereinbarkeitsgerecht, alterns- und teilhabegerecht sowie aufgabengerecht gestaltet sind und angemessen kompensiert und ausgeglichen werden. Sie schützen die Gesundheit und das Wohlbefinden von Beschäftigten, ermöglichen eine gute Balance zwischen Arbeit und Privatleben, erleichtern Beschäftigten die Teilhabe am Erwerbsleben, sind auf das Arbeitsvolumen abgestimmt und beinhalten angemessene Gegenleistungen. Mit Blick auf diese Kriterien wird der gegenwärtige Erkenntnisstand aus der arbeitswissenschaftlichen Forschung zur Länge, Lage und Flexibilität von Arbeitszeiten umrissen. Zudem wird entlang der Kriterien auf soziale Ungleichheiten hingewiesen, die auf eine nicht gerechte Verteilung von arbeitszeitlichen Belastungen und Ressourcen zurückzuführen sind. Schließlich werden betriebliche Ansätze und Stellschrauben für die Gestaltung von menschengerechten Arbeitszeiten skizziert. Mehrwerte von menschengerechten Arbeitszeiten ergeben sich dabei nicht nur für Beschäftigte, sondern auch aus unternehmerischer und gesellschaftlicher Sicht.

13.1 Einleitung

Beschäftigte haben das Recht auf sicher und menschengerecht gestaltete Arbeitsbedingungen und dabei insbesondere auch das Recht auf eine Begrenzung der Höchstarbeitszeit, auf tägliche und wöchentliche Ruhezeiten sowie auf bezahlten Jahresurlaub (vgl. Europäische Union 2000). Die rechtlichen Leitplanken der Arbeitszeitgestaltung gibt in Deutschland das

Arbeitszeitgesetz (ArbZG) vor. Es legt Höchstgrenzen für die tägliche Arbeitszeit, Mindestruhezeiten, Pausenzeiten und Vorschriften zur Gestaltung von Nacht- und Schichtarbeit fest, lässt jedoch in zahlreichen Punkten auch Ausnahmen und abweichende Regelungen in Form von Tarifverträgen, Betriebs- oder Dienstvereinbarungen sowie in bestimmten Berufen und Branchen und bei Notfällen zu. Das Arbeitszeitgesetz (ArbZG) setzt damit die EU-Arbeitszeitrichtlinie (Richtlinie 93/104/EG) um. Weitere gesetzliche Regelungen finden sich u. a. im Arbeitsschutzgesetz, Teilzeit- und Befristungsgesetz, Mutterschutzgesetz und Jugendarbeitsschutzgesetz. Auch auf tarifvertraglicher und betrieblicher Ebene können arbeitszeitliche Maßnahmen für eine menschengerechte Gestaltung der Arbeit sowie eine gerechte Verteilung von Belastungen beitragen. So können menschengerecht gestaltete Arbeitszeiten einerseits Mehrbelastung ausgleichen, wie etwa die verkürzte Vollzeit oder die tarifliche Freistellungszeit im Tarifabschluss der Metall- und Elektroindustrie 2018, andererseits aber auch mehr Freiräume bei der Gestaltung der eigenen Arbeitszeit schaffen, wie z. B. Gleitzeit- oder Telearbeitsregelungen. Insbesondere vor dem Hintergrund von arbeitsbedingtem Stress und zunehmenden psychischen Belastungen werden immer wieder auch Forderungen nach kürzeren Wochen- bzw. Tagesarbeitszeiten (wie etwa der 4-Tage-Woche oder dem 5-Stunden-Tag) gestellt. Längere Erholungszeiten und kürzere Arbeitszeiten werden hierbei als gerechter Ausgleich für zunehmend komplexe und verdichtete Arbeitsanforderungen betrachtet. Zwar hat die menschengerechte Gestaltung von Arbeit und Arbeitszeit im Sinne des Arbeitsschutzgesetzes das Ziel, gesundheits- und persönlichkeitsfördernde Arbeitsbedingungen für alle zu schaffen. Gleichzeitig sind jedoch arbeitszeitliche Anforderungen und Ressourcen nicht über alle Beschäftigtengruppen gleich verteilt. Während die einen auf eine Vielzahl an Flexibilitätsressourcen zurückgreifen können, sind andere von Flexibilitätsanforderungen und ungünstigen Arbeitszeitlagen betroffen (vgl. Backhaus et al. 2018). Die konkrete Gestaltung der Arbeitszeit kann mögliche strukturelle Ungleichheiten allerdings zumindest teilweise ausgleichen.

Der vorliegende Beitrag beleuchtet vor diesem Hintergrund unterschiedliche Kriterien, die als Maßstab für (menschen-)gerechte Arbeitszeiten herangezogen werden und geht dabei auf Ungleichheiten als Indikator für soziale (Un-)Gerechtigkeit ein. Die im Folgenden diskutierten Kriterien konkretisieren die Standards menschengerechter Arbeitsgestaltung (Hacker und Richter 1980; Luczak und Volpert 1987; Rohmert 1972) in erster Linie im Hinblick auf die Arbeitszeitgestaltung: So sollten menschengerechte Arbeitszeiten gesundheits- und erholungsgerecht, vereinbarkeitsgerecht, alterns- und teilhabegerecht sowie aufgabengerecht sein, aber auch angemessen kompensiert sowie ausgeglichen werden.

Betriebliche Aushandlungsprozesse sollten stets die aktuellen arbeitswissenschaftlichen Erkenntnisse zugrunde legen, aber auch die individuellen Bedürfnisse, Wünsche und Lebensrealitäten von Beschäftigten berücksichtigen (Grzech-Sukalo und Hänecke 2016; Rothe et al. 2017), da diese maßgeblich auch zum subjektiven Gerechtigkeitsempfinden beitragen. Im Folgenden werden die genannten Kriterien menschengerechter Arbeitszeiten diskutiert und Gestaltungsansätze für die betriebliche Praxis aufgezeigt. Hierbei wird jeweils sowohl auf die Gestaltung der Länge und Lage als auch auf flexible Arbeitszeitmerkmale und soziale Ungleichheiten eingegangen.

13.2 Kriterien und Gestaltungsansätze für menschengerechte Arbeitszeiten

13.2.1 Gesundheits- und erholungsgerechte Arbeitszeiten

Arbeitszeiten und Erholungsphasen sind entscheidend für den Erhalt der Gesundheit sowie das Gelingen von Erholung (Amlinger-Chatterjee 2016; Beermann et al. 2018) und sind damit zentral für eine menschengerechte Gestaltung der Arbeit. Dementsprechend geben Arbeitszeiten den zeitlichen Rahmen vor, in dem andere Stressoren auf Erwerbstätige einwirken, und können bei ungünstiger Gestaltung zu gesundheitlichen Beeinträchtigungen führen (Moreno et al. 2019; Tucker und Folkard 2012). Hierbei kommt der Erholung eine besondere Rolle zu. Nach dem Effort-Recovery Model (Meijman und Mulder 1998) beginnt Erholung, wenn Menschen Stressoren nicht mehr ausgesetzt sind. Finden zeitnahe Erholungsphasen nicht statt und sind Erwerbstätige über längere Zeiten Stressoren ausgesetzt, kann dies zu chronischen Beeinträchtigungen führen (Geurts und Sonnentag 2006). Lange und ungünstige Arbeitszeiten können außerdem zur Ermüdung beitragen, sodass das Risiko von Arbeits- oder Wegeunfällen ansteigt (Fischer et al. 2017). Arbeitszeiten sollten daher so gestaltet sein, dass sie auch im Zusammenwirken mit anderen Stressoren nicht zu irreversiblen Beeinträchtigungen der Gesundheit oder erhöhten Sicherheitsrisiken führen, sondern zeitnahe Erholungsphasen ermöglichen. Deshalb sind Arbeitszeiten und Ruhezeiten auch essentieller Bestandteil der Gefährdungsbeurteilung (Beck et al. 2017, vgl. auch Grzech-Sukalo und Hänecke 2016).

Zahlreiche Überblicksarbeiten stellen Zusammenhänge zwischen langen Arbeitszeiten und Beeinträchtigungen der mentalen und physischen Gesundheit fest, wie einem höheren Risiko für Angstzustände, Schlafstörungen, depressive Verstimmungen und Herz-Kreislauf-Erkrankungen (Bannai und Tamakoshi 2014; Virtanen und Kivimäki 2018). Überdies ist ab der achten bis neunten Arbeitsstunde ein erheblicher Anstieg des Unfallrisikos zu verzeichnen (Fischer et al. 2017). Im Sinne einer gesundheits- und erholungsgerechten Arbeitszeitgestaltung sollten lange tägliche und wöchentliche Arbeitszeiten daher vermieden werden. Ähnlich verhält es sich mit Überstunden, für die ebenfalls Zusammenhänge mit gesundheitlichen Problemen wie Herz-Kreislauf-Erkrankungen, Muskel-Skelett-Erkrankungen und arbeitsbedingte Erkrankungen oder Verletzungen gefunden wurden (Dembe et al. 2005; Trinkoff et al. 2006; Virtanen et al. 2010). Auch diese sollten, um erholungsgerecht zu sein, möglichst vermieden – oder aber zeitnah ausgeglichen werden.

Nacht- und Schichtarbeit stellen eine besondere Belastung für den menschlichen Organismus dar, da Beschäftigte entgegen ihrem Schlaf-Wach-Rhythmus arbeiten (Tucker und Folkard 2012). Dies kann mit Störungen der zirkadianen Rhythmik, Schlafstörungen und auch langfristigen gesundheitlichen Folgen einhergehen (Orpella et al. 2016; Itani und Kaneita 2016). Dementsprechend bedeutet eine gesundheitsgerechte Arbeitszeitgestaltung, dass Nachtarbeit vermieden wird. Ist Nachtschichtarbeit unausweichlich, muss sich diese an arbeitswissenschaftlichen Empfehlungen orientieren (vgl. § 6 ArbZG) und möglichst gerecht über mehrere Beschäftigte verteilt sein. Nach arbeitswissenschaftlichen Erkenntnissen sollte u. a. die Zahl der aufeinanderfolgenden Nachtschichten möglichst gering sein, auf Nachtschichten sollte eine möglichst lange Ruhephase folgen, die Schichtrotation möglichst vorwärts erfolgen, die Frühschicht nicht zu früh beginnen und die Nachtschicht möglichst früh enden. Außerdem gilt es eine Massierung von Arbeitszeiten zu vermeiden (Beermann 2005).

Im Hinblick auf erholungsgerechte Arbeitszeiten stellt die gesetzlich vorgeschriebene Ruhezeit zwischen zwei Arbeitszeiten (vgl. § 5 ArbZG) einen Mindeststandard dar, denn verkürzte Ruhezeiten werden mit psychosomatischen Beschwerden wie Schlafproblemen, vermehrter Müdigkeit und Erschöpfung in Verbindung gebracht (Backhaus et al. 2019a, 2019b; s. ◘ Abb. 13.1). Zudem ist bei verkürzten Ruhezeiten das Risiko für krankheitsbedingte Arbeitsunfähigkeit erhöht (Vedaa et al. 2017). Darüber hinaus stehen verkürzte Ruhezeiten auch im Zusammenhang mit einem höheren Unfallrisiko und einer höheren Fehlerrate, die eine Gefährdung für die Beschäftigten selbst sowie andere Personen bedeuten können (Folkard und Lombardi 2006; Nielsen et al. 2019; Vedaa et al. 2019).

Pausen stellen eine gute Möglichkeit für kurzzeitige Erholung während eines Arbeitstages dar und können das Unfallrisiko senken (Fischer et al. 2017). Das Arbeitszeitgesetz sieht dabei Ruhepausen von insgesamt 30 Minuten bei sechs Stunden Arbeit bzw. 45 Minuten bei neun Stunden Arbeit vor. Fallen Pausen dagegen aus oder müssen unterbrochen werden, geht dies häufig mit Ermüdung und gesundheitlichen Beeinträchtigungen einher (Wendsche und Lohmann-Haislah 2016a). Dort, wo eine kontinuierliche Fortführung der Arbeitstätigkeit erforderlich ist (z. B. Pflege im Krankenhaus), kann eine bewusste Organisation der Pause und der Pausenvertretung (z. B. durch Springerteams) eine Ruhepause und das Entfernen vom Arbeitsplatz ermöglichen (Initiative Neue Qualität der Arbeit 2019). Doch auch Kurzpausen, wie etwa Kaffeepausen oder ein kurzes Gespräch mit Kollegen, sowie Mikropausen, beispielsweise der kurze Blick aus dem Fenster, können zur Gesundheit und Erholung von Beschäftigten beitragen und verringern gleichzeitig nicht die Produktivität (Wendsche und Lohmann-Haislah 2016a).

Schließlich stellt auch das mentale Abschalten, d. h. sich auch gedanklich von der Arbeit zu distanzieren, eine wichtige Erholungserfahrung dar, die dazu beitragen kann, die Gesund-

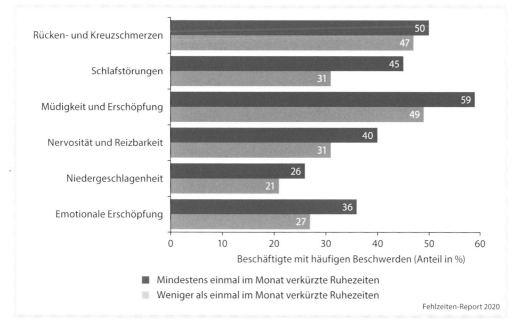

◘ Abb. 13.1 Verkürzte Ruhezeiten und gesundheitliche Beschwerden von abhängig Vollzeitbeschäftigten ($6.383 \leq n \leq 6.391$). (Quelle: Backhaus et al. 2019b, beruhend auf Daten der BAuA-Arbeitszeitbefragung 2017)

heit zu erhalten und Erschöpfung zu reduzieren (Sonnentag und Fritz 2007; Wendsche und Lohmann-Haislah 2016b). Hierzu kann auch eine gute Arbeitszeitgestaltung beitragen: So berichten Beschäftigte über mehr gesundheitliche Beschwerden, wenn sie häufig außerhalb der Arbeitszeit aus arbeitsbezogenen Gründen kontaktiert werden oder von ihnen ständige Erreichbarkeit erwartet wird (Wöhrmann et al. 2016). Insbesondere ist dies bei Beschäftigten der Fall, die die Erreichbarkeit nicht als zumutbar empfinden, was als Ausdruck mangelnder wahrgenommener Gerechtigkeit gewertet werden kann. Während Führungskräfte mit einem hohen Bildungsniveau beispielsweise eher bereit sind, auch in der Freizeit für berufliche Belange erreichbar zu sein, trifft dies nicht auf alle anderen abhängig Beschäftigten zu. Gleichwohl ist auch eine zunehmende Zahl Beschäftigter mit einem niedrigen Bildungsniveau, beispielsweise in Schutz-, Sicherheits- und Überwachungsberufen oder in nichtmedizinischen

Gesundheitsberufen, von erweiterter Erreichbarkeit betroffen. Gute Arbeitsorganisation und Vertretungsregeln machen Erreichbarkeit in der Freizeit allerdings oft unnötig. Wo Erreichbarkeit erforderlich ist, tragen klare und transparente Absprachen sowie die Verteilung von Erreichbarkeitszeiten zu einem gerechten Umgang mit notwendiger Erreichbarkeit bei (Pauls et al. 2019).

Insgesamt ist es für eine gesundheitsgerechte Arbeitszeitgestaltung schließlich erforderlich, neben der Arbeitszeit auch weitere, häufig mit ungünstigen Arbeitszeiten gemeinsam auftretende Arbeitsbelastungen zu berücksichtigen. So sind Beschäftigtengruppen mit ungünstigen Arbeitszeitlängen und -lagen, wie sie etwa in der Pflege oder auch im Transportgewerbe auftreten, häufig auch mit weiteren gesundheitsgefährdenden Beanspruchungen, wie etwa schwerem Heben oder Tragen wie auch dem Arbeiten in Zwangshaltung, konfrontiert (vgl. Backhaus et al. 2018).

13.2.2 **Vereinbarkeitsgerechte Arbeitszeiten**

Der Effekt von Arbeitszeiten wirkt sich über die Arbeitsdomäne hinaus aus (Voydanoff 2005) und steht auch in engem Zusammenhang mit der Balance des Arbeits- und Privatlebens. Dementsprechend bestimmen Arbeitszeitmodelle maßgeblich mit, wann und wie viel Zeit für Familie und Privatleben zur Verfügung steht (Arlinghaus et al. 2019; Tucker und Folkard 2012; Wöhrmann 2016). Dabei können Arbeitszeitmodelle, die eine gute Work-Life-Balance ermöglichen, nicht nur berufstätige Eltern oder pflegende Angehörige bei der Bewältigung vielfältiger Anforderungen unterstützen, sondern die berufliche und persönliche Weiterentwicklung von Erwerbstätigen in allen Lebensphasen fördern (Gitza 2014).

Literaturreviews zeigen, dass lange Arbeitszeiten und Überstunden mit einer geringeren Work-Life-Balance und mit mehr Konflikten zwischen beiden Lebensbereichen zusammenhängen (Ng und Feldman 2008; Wirtz 2010). Dies belegen auch Analysen auf Grundlage der BAuA-Arbeitszeitbefragung 2017: Männer bewerten ihre Work-Life-Balance am besten, wenn sie eine tatsächliche Wochenarbeitszeit von durchschnittlich 35 bis 39 Stunden aufweisen. Frauen hingegen sind am zufriedensten, wenn sie in Teilzeit, also weniger als 35 Stunden arbeiten. Die Zufriedenheit mit der Work-Life-Balance sinkt deutlich bei Arbeitszeiten über 48 Wochenstunden (s. ◼ Abb. 13.2). Dies gilt sowohl für Männer als auch für Frauen. Vereinbarkeitsgerecht wäre folglich die Vermeidung langer Arbeitszeiten und die Kompensation von Überstunden durch Freizeitausgleich.

Zugleich hängt die Länge der Arbeitszeit, die eine gute Balance zwischen Arbeit und Privatleben erlaubt, stark von den jeweiligen Lebensumständen ab. So wünschten sich in Deutschland insbesondere Frauen mit Kindern deutlich kürzere Arbeitszeiten als Frauen ohne Kinder (Brauner et al. 2018). Auffällig ist jedoch, dass Beschäftigte über alle Lebensphasen hinweg im Durchschnitt gerne die Arbeitszeiten verkürzen würden.

Auch Arbeit zu ungünstigen Zeiten kann eine Desynchronisation von sozialen Rhythmen zur Folge haben (Tucker und Folkard 2012). So gehen Nacht- und Schichtarbeit mit mehr Problemen bei der Vereinbarkeit von Arbeit und Privatleben einher (Arlinghaus et al. 2019). Darüber hinaus besetzen Wochenend- und Abendarbeit sozial wertvolle Zeiten, die traditionell für Privat- und Familienleben reserviert sind, und hängen daher mit einer schlechteren Work-Life-Balance zusammen (Arlinghaus et al. 2019). Im Einklang damit sind Beschäftigte, die regelmäßig am Wochenende oder außerhalb von 7 und 19 Uhr arbeiteten, in der BAuA-Arbeitszeitbefragung 2017 seltener zufrieden mit der Work-Life-Balance (s. ◼ Abb. 13.2). Daher sollten bei der Gestaltung von Schichtplänen geblockte Wochenendfreizeiten einzelnen freien Tagen vorgezogen werden (Beermann 2005). Vereinzelt zeigen Studien, dass komprimierte Arbeitswochen zu einer besseren Work-Life-Balance beitragen können, da die Beschäftigten hierdurch mehr freie Tage am Stück zur Verfügung haben (Brough und O'Driscoll 2010). Allerdings sollte es hierbei nicht zu einer Massierung von Arbeitszeiten kommen, um dennoch eine ausreichende Erholung sicherzustellen. Dies impliziert, dass Schichtpläne, die sowohl der individuellen Work-Life-Balance als auch der Gesundheit gerecht werden, in der Regel nur bei verkürzten Wochenstunden realisierbar sind.

Auch unvorhersehbare Arbeitszeiten oder häufige Änderungen der Arbeitszeit sowie Arbeit auf Abruf können zu Konflikten zwischen Arbeit und Privatleben führen (Arlinghaus et al. 2019; Wöhrmann et al. 2016; s. auch ◼ Abb. 13.2). Dagegen können planbare Arbeitszeiten und längere Ankündigungszeiträume Beschäftigte darin unterstützen, das Zusammenspiel von Arbeit und Privatleben besser zu organisieren und in Einklang zu bringen (Lott 2017). Ebenso können Beteiligungsmöglichkeiten bei der Gestaltung der eigenen Arbeitszeit vor Konflikten zwischen

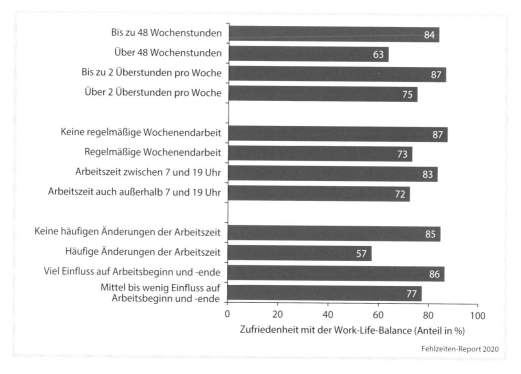

Fehlzeiten-Report 2020

◻ **Abb. 13.2** Zufriedenheit mit der Work-Life-Balance in Abhängigkeit von Länge, Lage und Flexibilität der Arbeitszeit bei abhängig Beschäftigten ($8.141 \leq n \leq 8.570$). (Quelle: eigene Berechnungen beruhend auf Daten der BAuA-Arbeitszeitbefragung 2017)

Arbeit und Privatleben schützen (Arlinghaus et al. 2019), indem Beschäftigte die Arbeitszeiten besser auf private Anforderungen abstimmen können. So sind beispielsweise Beschäftigte, die Einfluss darauf haben, wann sie die Arbeit beginnen oder beenden, wann sie ein paar Stunden freinehmen und wann sie Urlaub oder ein paar Tage freinehmen können, zufriedener damit, wie Arbeit und Privatleben zusammenpassen (Wöhrmann et al. 2016). In vielen Tätigkeitsbereichen können Gleitzeitmodelle Beschäftigten mehr Autonomie über die tägliche Arbeitszeit geben. Es zeigt sich jedoch, dass viele Beschäftigte sich mehr Einfluss auf ihre Arbeitszeiten wünschen. Beispielsweise berichten über alle Lebenssituation hinweg Männer wie Frauen, dass sie gerne mehr Einfluss darauf nehmen würden, sich flexibel ein paar Stunden am Tag freizunehmen (vgl. ◻ Abb. 13.3). Kinderlose Männer zwischen 30 und 49 Jahren haben die geringste Diskrepanz zwischen gewünschtem und tatsächlichem Einfluss darauf, ein paar Stunden freizunehmen. Die größte Diskrepanz liegt bei Frauen mit Kindern unter sechs Jahren vor.

Auch geregelte Arbeit von zu Hause (z. B. vertraglich vereinbarte Telearbeit) sowie ausreichende Ruhezeiten tragen zur Zufriedenheit mit der Work-Life-Balance bei (vgl. Backhaus et al. 2020, 2019a; Karhula et al. 2017, 2018). Ständige Erreichbarkeit hingegen kann es erschweren, verschiedene Lebensbereiche in Einklang zu bringen, wie ein Review von Pangert et al. (2016) verdeutlicht. Müssen Beschäftigte jederzeit damit rechnen, dass sie arbeitsbezogene E-Mails oder Telefonate entgegennehmen müssen, kann dies die Freizeitgestaltung stark einschränken. Ähnliches gilt für Rufbereitschaft: So zeigt sich in einer Studie von Bamberg et al. (2012), dass Beschäftig-

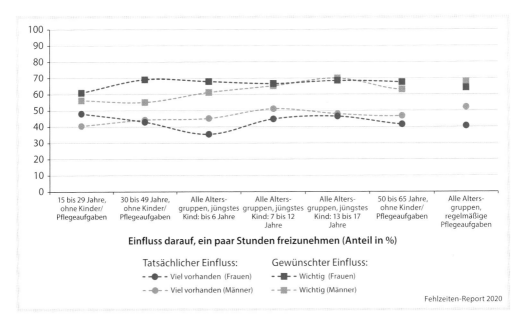

◘ Abb. 13.3 Gewünschter und tatsächlicher Einfluss darauf, ein paar Stunden freizunehmen in unterschiedlichen Lebensphasen bei abhängig Beschäftigten (8.733 ≤ n ≤ 8.734). (Quelle: eigene Berechnungen beruhend auf Daten der BAuA-Arbeitszeitbefragung 2017)

te in Rufbereitschaft ihre sozialen Aktivitäten und Haushaltstätigkeiten einschränken, unabhängig davon, ob sie tatsächlich kontaktiert werden. Bereits die Möglichkeit, wieder die Arbeit aufnehmen zu müssen und somit nicht die volle Kontrolle über die eigene Ruhezeit zu haben, scheint somit das Privatleben zu beeinträchtigen. Insgesamt sollten gute Möglichkeiten zur Trennung von Arbeit und Privatleben angestrebt werden, da diese von drei Vierteln der Beschäftigten als wichtig empfunden werden (Brauner et al. 2018).

13.2.3 Alter(n)s- und teilhabegerechte Arbeitszeiten

Neben der Teilhabe am Sozial- und Familienleben erlauben gerechte Arbeitszeiten auch im fortgeschrittenen Alter oder bei gesundheitlichen Einschränkungen eine Teilhabe am Erwerbsleben. Auf diese Weise können gerech-

te Arbeitszeiten sowohl zu einem gesunden Älterwerden in der Arbeit als auch dazu beitragen, dass Personengruppen mit allgemein erschwertem Zugang zum Arbeitsmarkt von den sinnstiftenden, persönlichkeitsförderlichen und gesundheitsförderlichen Effekten von Arbeit profitieren können (vgl. Kamerāde et al. 2019; Badura et al. 2018).

Ausreichende Erholungszeiten und ein zeitnaher Ausgleich von Arbeitsbelastungen sind für alle Alters- und Beschäftigtengruppen zentral. Allerdings kann sich die Belastbarkeit in Abhängigkeit vom Alter verändern. Dementsprechend ist die Beeinträchtigung durch lange und überlange Arbeitszeiten aufgrund von Vorbelastungen im fortgeschrittenen Lebensalter höher als bei jüngeren Beschäftigten (Mühlenbrock 2017).

Darüber hinaus nimmt die Toleranz für Schichtarbeit mit dem Alter ab und die negativen Auswirkungen v. a. von regelmäßiger Nachtarbeit nehmen zu. Schlafstörungen, aber auch Leistungsbeeinträchtigungen sind die Folge (Leser et al. 2013; Saksvik et al.

2011). Demensprechend sind im Arbeitszeitgesetz (§ 6 ArbZG) besondere Schutzbestimmungen für ältere Nachtarbeitnehmerinnen und -nehmer festgeschrieben. Im Zuge des demographischen Wandels und der Alterung vieler Belegschaften kann die Entlastung älterer Beschäftigter jedoch zu einer Mehrbelastung jüngerer Kolleginnen und Kollegen führen – altersgerechte Arbeitszeiten können also soziale Ungerechtigkeiten zu Ungunsten Jüngerer nach sich ziehen. Für eine teilhabe- und alternsgerechte Arbeitszeitgestaltung ist es jedoch zentral, dass eine Entlastung älterer oder gesundheitlich beeinträchtigter Beschäftigter nicht zu einer Überlastung der gesunden oder jüngeren Kolleginnen und Kollegen führt. Mitbestimmung bei ungünstigen Arbeitszeiten, zeitnahe Ausgleichzeiten und zeitliche Begrenzung der Mehrbelastung können adäquate Maßnahmen einer für alle Altersgruppen gerechten Arbeitszeitgestaltung sein.

Darüber hinaus können Teilzeitmodelle Beschäftigte entlasten und dazu beitragen, ältere sowie gesundheitlich beeinträchtigte Personen länger im Erwerbsleben zu halten (Bundesministerium für Arbeit und Soziales 2016; Mühlenbrock 2017), sowie gerade nach längeren Krankheitsphasen die Wiedereingliederung erleichtern. Zudem bieten sie die Chance, arbeitsmarktfernen Personen, die lange erwerbslos waren, den Wiedereinstieg ins Erwerbsleben zu ermöglichen (Brenzel et al. 2013). Auch Telearbeit oder Homeoffice erlauben Beschäftigten, die nicht oder wenig mobil sind, Erleichterungen im Berufsalltag (Bundesministerium für Arbeit und Soziales 2016). Neben der Berücksichtigung ergonomischer Kriterien sollte darauf geachtet werden, dass auch Beschäftigte, die zu Hause arbeiten, ausreichend soziale Unterstützung aus dem beruflichen Umfeld erfahren und soziale Kontakte pflegen können (Gajendran und Harrison 2007; Beauregard et al. 2019).

13.2.4 Aufgabengerechte Arbeitszeiten

Grundsätzlich können Arbeitszeiten nur dann gerecht gestaltet werden, wenn eine ausreichende Passung zwischen Arbeitsvolumen und dem eingesetzten Personal gegeben ist. Ist die Arbeitsmenge in der dafür zur Verfügung stehenden Zeit nicht zu schaffen, kann die Arbeitsintensivierung mittel- und langfristig zu Überlastung und negativen Beanspruchungsreaktionen führen (Stab und Schulz-Dadaczynski 2017).

Grundlage für eine aufgabengerechte Arbeitszeitgestaltung ist eine realistische Personalbedarfsplanung (Grzech-Sukalo und Hänecke 2016), die auch Urlaubstage und Krankheitsphasen miteinschließt. So machen Beschäftigte Überstunden in der Regel aus betrieblichen Gründen oder weil die Arbeit sonst nicht zu schaffen wäre (Backhaus et al. 2018). Zudem geht häufiger Termin- und Leistungsdruck mit längeren Arbeitszeiten und Überstunden, einer Überforderung durch die Arbeitsmenge sowie dem Ausfall von Pausen einher (Wöhrmann et al. 2016).

Insbesondere in Kombination mit indirekter Steuerung kann ein zu großes Arbeitsvolumen zu Selbstausbeutung und selbstgefährdenden Verhaltensweisen führen (Krause et al. 2012).

Bezüglich der Arbeitszeitlage sollte geprüft werden, ob Nachtarbeit bzw. Arbeit in den Randstunden und am Wochenende erforderlich ist, um die Arbeitsaufgaben zu erledigen. Während einige Arbeitsaufgaben rund um die Uhr anfallen, wie etwa in der medizinischen Versorgung oder auch der öffentlichen Sicherheit, sind manche Wartungs- und Reparaturarbeiten auch auf den Folgetag verschiebbar.

Schließlich sollte auch bei Teilzeitarbeit die Passung zwischen Arbeitsvolumen und der zur Verfügung stehenden Zeit bedacht werden. Verringern Beschäftigte ihre Arbeitszeit, muss daher auch eine Reduktion der Aufgaben bzw. eine Entlastung erfolgen. Ebenso darf bei neu geschaffenen Teilzeitstellen auch nur der anteilige Aufgabenumfang einer Vollzeitstelle vorgesehen werden.

13.2.5 Ausgleich und angemessene Kompensierung

Im Sinne eines Reziprozitätsverständnisses erwarten Erwerbstätige für die von ihnen geleistete Arbeit eine angemessene Gegenleistung, beispielsweise in Form von Geld, Wertschätzung, Aufstiegschancen und Sicherheit. Dies legt auch das Effort-Reward-Imbalance-Modell (Siegrist 1996) nahe. Haben die Beschäftigten den Eindruck, dass die erhaltenen Gegenleistungen hinter der geleisteten Arbeit zurückbleiben, kann es zu Gratifikationskrisen und durch den damit verbundenen Stress zu psychischen oder gesundheitlichen Beeinträchtigungen kommen. Dementsprechend können beispielsweise Arbeit auf Abruf und Rufbereitschaft das Risiko einer Gratifikationskrise erhöhen (Schult 2012). Entscheidend ist es hier, Fehlanreize, die zu Overcommitment und selbstgefährdendem Verhalten verleiten, auszuschließen (ebd.; Rothe et al. 2017).

Grundlage für eine angemessene Kompensation ist die Dokumentation der Arbeitszeit, wie sie auch vom Europäischen Gerichtshof (2019) gefordert wurde. Diese sollte auch im Homeoffice, bei Telearbeit oder bei mobiler Arbeit erfolgen. Die oft diffamierte Stechuhr ist hierfür heutzutage nicht mehr erforderlich, da digitale Arbeitszeiterfassungssysteme die Erfassung der Arbeitszeit, beispielsweise per App, ermöglichen. Vertrauensarbeitszeit ohne Arbeitszeiterfassung birgt dagegen Gerechtigkeitsrisiken, da sie das Risiko der interessierten Selbstgefährdung durch Beschäftigte erhöht, insbesondere, wenn sie mit indirekten Steuerungsformen kombiniert wird (Astleithner und Stadler 2019). Ein besonderes Risiko der interessierten Selbstgefährdung ist bei hochqualifizierten Personen und/oder Beschäftigten mit Führungsaufgaben zu finden (vgl. hierzu auch Krause et al. 2012)

Dementsprechend ist es für eine gerechte Arbeitszeitgestaltung selbstverständlich, dass geleistete Überstunden bzw. Mehrarbeit kompensiert – besser noch durch Freizeitausgleich abgegolten werden. Diese sogenannten transitorischen Überstunden haben in den vergangenen Jahrzehnten an Bedeutung gewonnen und stellen auch eine Flexibilitätsmöglichkeit für Beschäftigte dar (Zapf 2016), wenngleich der überwiegende Teil der Überstunden aus betrieblichen Gründen gemacht wird (vgl. Backhaus et al. 2018).

Kompensiert werden können neben langen Arbeitszeiten auch ungünstige Arbeitszeitlagen (Arlinghaus und Lott 2018). Nachtarbeit entgegen dem natürlichen Schlaf-Wach-Rhythmus stellt eine besondere Beanspruchung des menschlichen Organismus dar, die zusätzliche Erholung erfordert (Härmä et al. 2019). Aus diesem Grund kann es gerecht sein, Nachtarbeit statt mit finanziellen Zuschlägen auch mit einem zusätzlichen Freizeitausgleich zu kompensieren. Dies könnte zum Abbau von Fehlanreizen bei Beschäftigten, die körperlich nicht gut mit der Arbeit in der Nacht zurechtkommen, beitragen.

In einigen Branchen und Berufen ist es erforderlich, dass stets ein Teil der Beschäftigten erreichbar ist. Bereitschaftszeiten, die durch Geld bzw. Freizeit kompensiert werden, stellen hier gegenüber unregulierten Formen der ständigen Erreichbarkeit die gerechtere Alternative dar, da hier die Zeiten der Erreichbarkeit klarer geregelt und vergütet bzw. ausgeglichen werden. Dennoch hängen auch diese mit Beeinträchtigungen der Gesundheit und Work-Life-Balance zusammen und sollten daher sparsam eingesetzt werden (Wöhrmann et al. 2016).

13.3 Fazit

Der Beitrag betont einmal mehr, dass eine menschengerechte Gestaltung von Arbeitszeiten die Gesundheit und Work-Life-Balance von Beschäftigten fördern und schützen kann. Außerdem trägt sie zu einem geringeren Krankenstand bei und erhöht die Teilhabechancen arbeitsmarktfernerer Personen. Damit ist die Gestaltung von Arbeitszeiten nicht nur für einzelne Beschäftigte, sondern auch aus unternehmerischer und gesellschaftlicher Sicht relevant. Für Betriebe können gerechte Arbeitszeiten und eine faire Kompensation in Zeiten des Fachkräftemangels und demographischen Wandels zudem ein Schlüsselfaktor für die Gewinnung und Bindung von qualifiziertem Personal sein.

Nicht immer sind Arbeitszeiten jedoch gerecht verteilt. So sind einige Beschäftigtengruppen beispielsweise mit hohen Flexibilitätsanforderungen konfrontiert, während andere die Chance haben, ihre Arbeitszeiten flexibel an ihre persönlichen Wünsche und Bedarfe anzupassen (Backhaus et al. 2018). Deutliche Unterschiede zeigen sich zum Teil zwischen Männern und Frauen, Teilzeit- und Vollzeitbeschäftigten sowie nach Alter, Bildungsstand, Wirtschaftsbereich und Betriebsgröße (Backhaus et al. 2018; Wöhrmann et al. 2016). Alarmierend dabei ist, dass es bei bestimmten Beschäftigtengruppen zu einer Kumulation von ungünstigen Arbeitsbedingungen und damit einer Häufung von negativen Beanspruchungsfolgen kommt.

Daher sollten Arbeitszeiten und ihr Zusammenspiel mit weiteren Arbeitsbedingungen auch in der Gefährdungsbeurteilung berücksichtigt werden (vgl. § 5 ArbSchG). Ein besonderes Augenmerk sollte dabei auch auf orts- und zeitflexible Arbeitsformen gelegt werden.

Literatur

Amlinger-Chatterjee M (2016) Psychische Gesundheit in der Arbeitswelt: Atypische Arbeitszeiten. Bundesanstalt für Arbeitsschutz und Arbeitsmedizin, Dortmund https://doi.org/10.21934/baua:bericht20160713/3a

Arlinghaus A, Bohle P, Iskra-Golec I et al (2019) Working Time Society consensus statements: evidence-based effects of shift work and non-standard working hours on workers, family and community. Ind Health 57(2):184–200. https://doi.org/10.2486/indhealth.SW-4

Arlinghaus A, Lott Y (2018) Schichtarbeit gesund und sozialverträglich gestalten. In: Report Forschungsförderung. Hans-Böckler-Stiftung, Düsseldorf

Astleithner F, Stadler BS (2019) Arbeitszeitlänge im Kontext von Autonomie: Zeiterfassung als Instrument gegen interessierte Selbstgefährdung? Z Arb Wiss 73:355–368. https://doi.org/10.1007/s41449-019-00174-x

Backhaus N, Wöhrmann AM, Tisch A (2018) BAuA-Arbeitszeitbefragung: Vergleich 2015–2017. Bundesanstalt für Arbeitsschutz und Arbeitsmedizin, Dortmund https://doi.org/10.21934/baua:bericht20180718

Backhaus N, Brauner C, Tisch A (2019a) Auswirkungen verkürzter Ruhezeiten auf Gesundheit und Work-Life-Balance bei Vollzeitbeschäftigten: Ergebnisse der BAuA-Arbeitszeitbefragung 2017. Z Arb Wiss 73:394–417. https://doi.org/10.1007/s41449-019-00169-8

Backhaus N, Brenscheidt F, Tisch A (2019b) Verkürzte Ruhezeiten bei Vollzeitbeschäftigten: Ergebnisse aus der BAuA-Arbeitszeitbefragung 2017. In: Gesellschaft für Arbeitswissenschaft e. V. (Hrsg) Dokumentation des 65. Arbeitswissenschaftlichen Kongresses. GfA-Press, Dortmund

Backhaus N, Wöhrmann AM, Tisch A (2020) BAuA-Arbeitszeitbefragung: Telearbeit in Deutschland. Bundesanstalt für Arbeitsschutz und Arbeitsmedizin, Dortmund

Badura B et al (2018) Über sinnstiftende Arbeit. In: Badura B, Ducki A, Schröder H et al (Hrsg) Fehlzeiten-Report 2018. Springer, Berlin Heidelberg, S 1–7

Bamberg E, Dettmers J, Funck H et al (2012) Effects of on-call work and well-being: results of a daily survey. Appl Psychol Health Wellbein 4(3):299–320. https://doi.org/10.1111/j.1758-0854.2012.01075.x

Bannai A, Tamakoshi A (2014) The association long working hours and health: a systematic review of epidemiological evidence. Scand J Work Environ Health 40(1):5–18. https://doi.org/10.5271/sjweh.3388

Beauregard TA, Basile K, Canonico E et al (2019) Telework: outcomes and facilitators for employees. In: Landers RN (Hrsg) The Cambridge handbook of technology and employee behavior. Cambridge University Press, Cambridgde, S 511–543 https://doi.org/10.1017/9781108649636.020

Beck D, Berger S, Breutmann N et al (2017) Empfehlungen zur Umsetzung der Gefährdungsbeurteilung psychischer Belastung. Bundesministerium für Arbeit und Soziales, Berlin

Beermann B (2005) Leitfaden zur Einführung und Gestaltung von Nacht- und Schichtarbeit, 9. Aufl. Bundesanstalt für Arbeitsschutz und Arbeitsmedizin, Dortmund

Beermann B, Amlinger-Chatterjee M, Brenscheidt F et al (2018) Orts- und zeitflexibles Arbeiten: Gesundheitliche Chancen und Risiken. Bundesanstalt für Arbeitsschutz und Arbeitsmedizin, Dortmund https://doi.org/10.21934/baua:bericht20170905

Brauner C, Wöhrmann AM, Michel A (2018) BAuA-Arbeitszeitbefragung: Arbeitszeitwünsche von Beschäftigten in Deutschland. Bundesanstalt für Arbeitsschutz und Arbeitsmedizin, Dortmund https://doi.org/10.21934/baua:bericht20181005

Brenzel H, Eglmaier A, Kubis A et al (2013) Neueinstellungen in Teilzeit: Betriebe wie Beschäftigte können profitieren. IAB-Kurzbericht 19/2013. Institut für Arbeitsmarkt- und Berufsforschung, Nürnberg

Brough P, O'Driscoll M (2010) Organizational interventions for balancing work and home demands: an overview. Work Stress 24(3):280–297. https://doi.org/10.1080/02678373.2010.506808

Bundesministerium für Arbeit und Soziales (2016) Zweiter Teilhabebericht der Bundesregierung über die Lebenslagen von Menschen mit Beeinträchtigungen. Bundesministerium für Arbeit und Soziales, Bonn

Dembe AE, Erickson JB, Gelbos RG et al (2005) The impact of overtime and long work hours on occupational injuries and illnesses: new evidence from the United States. Occup Environm Med 62(9):88–597. https://doi.org/10.1136/oem.2004.016667

Europäischer Gerichtshof (2019) Member States must require employers to set up a system enabling the duration of daily working time to be measured (C-55/18). Europäischer Gerichtshof, Luxembourg

Europäische Union (2000) Charta der Grundrechte der Europäischen Union. 2000/C 364/01

Fischer D, Lombardi DA, Folkard S et al (2017) Updating the „Risk Index": a systematic review and meta-analysis of occupational injuries and work schedule characteristics. Chronobiol Int 34:1–16. https://doi.org/10.1080/07420528.2017.1367305

Folkard S, Lombardi DA (2006) Modeling the impact of the components of long work hours on injuries and "accidents". Am J Ind Med 49:953–963. https://doi.org/10.1002/ajim.20307

Gajendran RS, Harrison DA (2007) The good, the bad, and the unknown about telecommuting: meta-analysis of psychological mediators and individual consequences. J Appl Soc Psychol 92(6):1524–1541. https://doi.org/10.1037/0021-9010.92.6.1524

Geurts SA, Sonnentag S (2006) Recovery as an explanatory mechanism in the relation between acute stress reactions and chronic health impairment. Scand J Work Environ Health 32:482–492. https://doi.org/10.5271/sjweh.1053

Gitza C (2014) Life-Balance: Ein an Lebensphasen und Lebensereignissen orientierter Ansatz. In: AOK-Bundesverband, BKK Dachverband e. V., Deutsche Gesetzliche Unfallversicherung e. V. (Hrsg) iga Fakten 7. AOK-Bundesverband, BKK Dachverband e. V., Deutsche Gesetzliche Unfallversicherung e. V., Berlin

Grzech-Sukalo H, Hänecke K (2016) Handbuch zur Gefährdungsbeurteilung „Arbeitszeit". Bundesanstalt für Arbeitsschutz und Arbeitsmedizin, Dortmund

Hacker W, Richter P (1980) Psychologische Bewertung von Arbeitsgestaltungsmaßnahmen. Ziele und Bewertungsmaßstäbe. VEB Deutscher Verlag der Wissenschaften, Berlin

Härmä M, Karhula K, Puttonen S et al (2019) Shift work with and without night work as a risk factor for fatigue and changes in sleep length: A cohort study with linkage to records on daily working hours. J Sleep Res. https://doi.org/10.1111/jsr.12658

Itani O, Kaneita Y (2016) The association between shift work and health: a review. Sleep Biol Rhythms 14(3):231–239. https://doi.org/10.1007/s41105-016-0055-9

Initiative Neue Qualität der Arbeit (Hrsg) (2019) Kein Stress mit dem Stress - Lösungen und Tipps für stationäre und ambulante Pflegeeinrichtungen, 2. Aufl. Initiative Neue Qualität der Arbeit, Berlin

Kameräde D, Wang S, Burchell B et al (2019) A shorter working week for everyone: How much paid work is needed for mental health and well-being? Soc Sci Med. https://doi.org/10.1016/j.socscimed.2019.06.006

Karhula K, Puttonen S, Ropponen A et al (2017) Objective working hour characteristics and work-life conflict among hospital employees in the finnish public sector study. Chronobiol Int 34(7):876–885

Karhula K, Koskinen A, Ojajärvi A (2018) Are changes in objective working hour characteristics associated with changes in work-life conflict among hospital employees working shifts? A 7-year follow-up. Occup Environ Med 75(6):407–411. https://doi.org/10.1136/oemed-2017-104785

Krause A, Dorsemagen C, Stadlinger J et al (2012) Indirekte Steuerung und interessierte Selbstgefährdung: Ergebnisse aus Befragungen und Fallstudien. Konsequenzen für das Betriebliche Gesundheitsmanagement. In: Badura B, Ducki A, Schröder H et al (Hrsg) Fehlzeiten-Report 2012. Springer, Berlin Heidelberg, S 191–202

Leser C, Tisch A, Tophoven S (2013) Schichtarbeit und Gesundheit. IAB-Kurzbericht 21/2013. Institut für Arbeitsmarkt- und Berufsforschung, Nürnberg

Lott Y (2017) Stressed despite or because of flexible work arrangements? Flexible work arrangements, job pressure and work-to-home conflict for women and men in Germany. Working Paper Forschungsförderung Number 046. Hans-Böckler-Stiftung, Düsseldorf

Luczak H, Volpert W (1987) Arbeitswissenschaft. RKW-Verlag, Eschborn

Meijman TF, Mulder G (1998) Psychological aspects of workload. In: Drenth PJD, Thierry HK, De Wolff CJ (Hrsg) Handbook of work and organizational psychology, 2. Aufl. Psychology Press/Erlbaum, Hove, S 5–33

Moreno CRC, Marqueze EC, Sargent C et al (2019) Working Time Society consensus statements: evidence-based effects of shift work on physical and

13

mental health. Ind Health 57(2):139–157. https://doi. org/10.2486/indhealth.SW-1

Mühlenbrock I (2017) Alterns- und altersgerechte Arbeitsgestaltung. Grundlagen und Handlungsfelder für die Praxis, 2. Aufl. Bundesanstalt für Arbeitsschutz und Arbeitsmedizin, Dortmund https://doi.org/10.21934/baua:praxis20161116

Ng TWH, Feldman DC (2008) Long work hours: a social identity perspective on meta-analysis data. J Organ Behav 29(7):853–880. https://doi.org/10.1002/job.536

Nielsen HB, Hansen ÅM, Conway SH et al (2019) Short time between shifts and risk of injury among Danish hospital workers: a register-based cohort study. Scand J Work Environ Health 45:166–173. https://doi.org/10.5271/sjweh.3770

Orpella X, Gonzalez JA, Prat N et al (2016) Systematic review of the relationship between shift or night work as risk factors for health. Occup Environ Med. https://doi.org/10.1136/oemed-2016-103951.624

Pangert B, Pauls N, Schüpbach H (2016) Die Auswirkungen arbeitsbezogener erweiterter Erreichbarkeit auf Life-Domain-Balance und Gesundheit, 2. Aufl. Bundesanstalt für Arbeitsschutz und Arbeitsmedizin, Dortmund

Pauls N, Schlett C, Pangert B et al (2019) Den Umgang mit arbeitsbezogener erweiterter Erreichbarkeit gesund gestalten. In: Rump J, Eilers S (Hrsg) Arbeitszeitpolitik. Zielkonflikte in der betrieblichen Arbeitszeitgestaltung lösen. Springer Gabler, Berlin, S 197–211

Rohmert W (1972) Aufgaben und Inhalt der Arbeitswissenschaft. Die Berufsbildende Sch 24:3–14

Rothe I, Adolph L, Beermann B et al (2017) Psychische Gesundheit in der Arbeitswelt: Wissenschaftliche Standortbestimmung. Bundesanstalt für Arbeitsschutz und Arbeitsmedizin, Dortmund https://doi.org/10.21934/baua:bericht20170421

Saksvik IB, Bjorvatn B, Hetland H et al (2011) Individual differences in tolerance to shift work – a systematic review. Sleep Med Rev 15(4):221–235

Schult M (2012) Nach der Arbeit ist vor der Arbeit. Eine empirische Analyse unter Anwendung des Modells der beruflichen Gratifikationskrisen. WAO Soziologie 2012(2):1–36

Siegrist J (1996) Adverse health effects of high-effort/low-reward conditions. J Occup Health Psychol 1(1):27–41. https://doi.org/10.1037/1076-8998.1.1.27

Sonnentag S, Fritz C (2007) The recovery experience questionnaire: development and validation of a measure for assessing recuperation and unwinding from work. J Occup Health Psychol. https://doi.org/10.1037/1076-8998.12.3.204

Stab N, Schulz-Dadaczynski A (2017) Arbeitsintensität: Ein Überblick zu Zusammenhängen mit Beanspruchungsfolgen und Gestaltungsempfehlungen.

Z Arb Wiss 71(1):14–25. https://doi.org/10.1007/s41449-017-0048-9

Trinkoff AM, Le R, Geiger-Brown J et al (2006) Longitudinal relationship of work hours, mandatory overtime, and on-call to musculoskeletal problems in nurses. Am J Ind Med 49(11):964–971. https://doi.org/10.1002/ajim.20330

Tucker P, Folkard S (2012) Working time, health and safety: a research synthesis paper. Conditions of work and employment series no. 31. ILO, Geneva

Vedaa Ø, Pallesen S, Waage S et al (2017) Short rest between shift intervals increases the risk of sick leave: a prospective registry study. J Occup Environ Med 74:496–501. https://doi.org/10.1136/oemed-2016-103920

Vedaa Ø, Harris A, Erevik EK et al (2019) Short rest between shifts (quick returns) and night work is associated with work-related accidents. Int Arch Occup Environ Health 92(6):829–835. https://doi.org/10.1007/s00420-019-01421-8

Virtanen M, Ferrie JE, Singh-Manoux A et al (2010) Overtime work and incident coronary heart disease: the Whitehall II prospective cohort study. Eur Heart J 31(14):1737–1744. https://doi.org/10.1093/eurheartj/ehq124

Virtanen M, Kivimäki M (2018) Long working hours and risk of cardiovascular disease. Curr Cardiol Rep 20(11):123. https://doi.org/10.1007/s11886-018-1049-9

Voydanoff P (2005) Toward a conceptualization of perceived work-family fit and balance: a demands and resources approach. J Marriage Fam 67(4):822–836. https://doi.org/10.1111/j.1741-3737.2005.00178.x

Wendsche J, Lohmann-Haislah A (2016a) Psychische Gesundheit in der Arbeitswelt: Pausen. Bundesanstalt für Arbeitsschutz und Arbeitsmedizin, Dortmund https://doi.org/10.21934/baua:bericht20160713/3b

Wendsche J, Lohmann-Haislah A (2016b) Psychische Gesundheit in der Arbeitswelt: Detachment. Bundesanstalt für Arbeitsschutz und Arbeitsmedizin, Dortmund https://doi.org/10.21934/baua:bericht20160713/3c

Wirtz A (2010) Gesundheitliche und soziale Auswirkungen langer Arbeitszeiten. Bundesanstalt für Arbeitsschutz und Arbeitsmedizin, Dortmund, Berlin, Dresden

Wöhrmann AM (2016) Psychische Gesundheit in der Arbeitswelt: Work-Life-Balance. Bundesanstalt für Arbeitsschutz und Arbeitsmedizin, Dortmund https://doi.org/10.21934/baua:bericht20160713/3f

Wöhrmann AM, Gerstenberg S, Hünefeld L et al (2016) Arbeitszeitreport Deutschland 2016. Bundesanstalt für Arbeitsschutz und Arbeitsmedizin, Dortmund https://doi.org/10.21934/baua:bericht20160729

Zapf I (2016) Verbreitung und Umfang von Überstunden bei Frauen und Männern: Die Uhren gehen noch immer etwas anders. IAB-Forum 1:108–113

Digitale Spaltung

Kerstin Guhlemann, Martin Eisenmann und Tobias Wienzek

Inhaltsverzeichnis

© Springer-Verlag GmbH Deutschland, ein Teil von Springer Nature 2020
B. Badura et al. (Hrsg.), *Fehlzeiten-Report 2020*, Fehlzeiten-Report,
https://doi.org/10.1007/978-3-662-61524-9_14

■ ■ **Zusammenfassung**

Die Veränderungen der Arbeit und Arbeitsbedingungen durch die fortschreitende Digitalisierung sind Gegenstand unterschiedlicher Szenarien, die die mögliche Bandbreite aufzeigen (Hirsch-Kreinsen und Wienzek 2019). Die Heterogenität der möglichen und aktuellen Entwicklungen erschwert eine zukunftssichere, gesundheitsgerechte Arbeitsgestaltung. Der Beitrag fokussiert vor diesem Hintergrund eine Entwicklungslinie, die im Polarisierungsszenario beschrieben ist. Anhand eines Fallbeispiels wird gezeigt, wie die Polarisierung von Arbeitstätigkeiten zu einer digitalen Spaltung führen kann, aus der sich neue Belastungen und Ressourcen für die Beschäftigten ergeben. Wenngleich die Beschäftigungseffekte im Kontext von Industrie 4.0 derzeit nicht eindeutig sind, finden sich aktuell einige Beispiele, die von einer zunehmenden Polarisierung von Arbeit ausgehen und damit einer digitalen Spaltung sowie einer ungerechten Verteilung von Arbeit und Arbeitsbedingungen Vortrieb leisten.

14.1 Digitalisierung – nur Technologie?

Schlagworte wie digitale Transformation, Industrie 4.0 und Arbeit 4.0 prägen seit einigen Jahren die politische und wissenschaftliche Debatte über die Zukunft der wirtschaftlichen Entwicklung in Deutschland. Nach ihrer Entstehung im Kontext des industriellen Sektors hat sich die These einer vierten industriellen Revolution auf alle Wirtschaftsbereiche ausgeweitet. Die Grundannahme dieser Debatte richtet sich auf eine durchgehende Digitalisierung und Vernetzung der Produktion mit autonomer Software und künstlicher Intelligenz, wobei die (vermuteten) Anwendungspotenziale scheinbar unbegrenzt seien und in nicht unerheblichem Maße den Wirtschaftsstandort Deutschland sichern sollen. Der These einer anstehenden disruptiven Veränderung von Arbeit und sozialen Verhältnissen kann hierbei

kaum widersprochen werden, da in einer ganzen Reihe von Sektoren mit einer zunehmenden Digitalisierung und Vernetzung ein umfassender Veränderungsprozess verbunden ist, der Prozesse von der Auftragserteilung über die Produktion bis hin zum Konsum der Produkte und Dienstleistungen einschließt. Veränderungen, die sich auf die Tätigkeitsbereiche der Beschäftigten auswirken, lassen sich vor allem in Dienstleistungsbereichen (Finanzen, Verlagswesen etc.) erkennen. Im Konsumbereich ist die vermehrte Nutzung digitaler Plattformen symptomatisch für die Veränderung der Nachfrageprozesse (Hirsch-Kreinsen und Wienzek 2019). Diese Veränderungen führen oftmals zu „einer neuen Qualität der Kundenbeziehungen, Geschäftsmodelle(n) und damit zusammenhängenden Arbeitsmuster(n)" (ebd. S. 18). Derart umfassend lassen sich diese disruptiven Veränderungen im industriellen Sektor bisher nicht beobachten. Hier finden sich vielmehr kleinteilige und zurückhaltende personelle, technologische und organisatorische Wandlungstendenzen (z. B. Arntz et al. 2016; Wienzek 2018), die eher als pfadabhängig (Hirsch-Kreinsen 2018) zu bezeichnen sind. Unter pfadabhängig werden dabei „nur inkrementelle Digitalisierungsmaßnahmen in den Betrieben und ein damit verbundener strukturkonservativer Wandel" (ebd., S. 1) gefasst. Für die Entwicklung der Arbeitsbedingungen bedeutet das auch, dass sich bestehende ungünstige oder ungerechte Strukturen durch die Entwicklungen verfestigen oder verstärken können. Langfristig werden sich auch im industriellen Sektor Tätigkeiten und Qualifikationen tiefgreifend (und damit abweichend vom bisher zu beobachtenden Pfad inkrementeller Veränderungen und strukturkonservativem Wandel von Arbeit) ändern, ohne dass dies auf die Beschäftigten der unmittelbar ausführenden Ebene (Shopfloor) begrenzt bleiben wird. Auch Planungs-, Steuerungs-, und vor allem Führungsaufgaben werden einem Wandel unterworfen sein (Guhlemann 2020). Offen ist bisher noch, in welchem Umfang dies geschehen wird und welche Auswirkungen dies auf Arbeit an sich haben wird. Ebenso of-

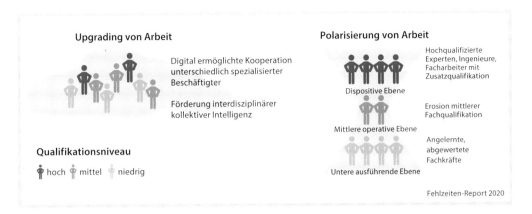

□ Abb. 14.1 Entwicklungsszenarien von Arbeit. (Quelle: Hirsch-Kreinsen und Wienzek 2019)

fen sind Fragen, welche Qualifikationen und Kompetenzen zukünftig auf allen Ebenen notwendig sein werden, welche gesundheitlichen Auswirkungen die Veränderungen auf die Beschäftigten haben und ob Benachteiligungen bestimmter Personengruppen die Folge sein können.

Die Offenheit der Entwicklung in Zusammenhang mit ihrer starken Präsenz in öffentlichen und wissenschaftlichen Diskursen hat zu einer Vielzahl an Entwürfen möglicher Entwicklungstendenzen und -folgen geführt. Vielfach werden pessimistische Tendenzen deutlich, die von einem hohen Maß an De-qualifizierung und Entwertung bzw. einem Wegfall von Arbeit ausgehen, verbunden mit steigenden psychischen Belastungen für die verbleibenden Beschäftigten. Optimistische Sichtweisen sprechen hingegen von einer möglichen Aufwertung von Arbeit, sicheren Arbeitsplätzen, gesundheitlichen Entlastungen und einer „guten, digitalen Arbeit" (Kagermann 2014). Aus Sicht der sozialwissenschaftlichen Arbeitsforschung lassen sich unterschiedliche Szenarien der Entwicklung nachzeichnen (vgl. □ Abb. 14.1), die mögliche Entwicklungstendenzen deutlich machen (Hirsch-Kreinsen 2018). Um die Auswirkungen der Entwicklung auf die Beschäftigten abzuschätzen, soll im Folgenden der Blick auf die Extreme gelenkt werden, die sich in den pessi-

mistischen und optimistischen Einschätzungen widerspiegeln. Da die technische Entwicklung grundsätzlich beide Entwicklungsstränge ermöglicht, ist es nicht unwahrscheinlich, dass diese in der Praxis parallel vorkommen. Die Ambivalenz findet sich sowohl im Polarisierungsszenario der Entwicklung von Arbeit als auch im Konstrukt der digitalen Spaltung wieder. In der Praxis lässt sich nach ersten empirischen Ergebnissen vor allem im industriellen Sektor als Kernfeld des deutschen Diskurses zur Digitalisierung eine Entwicklung in Richtung einer digitalen Spaltung feststellen, die nachfolgend in ihren Eigenschaften und im Hinblick auf gesundheitliche Auswirkungen auf die Beschäftigten näher beschrieben werden soll. Die zugrundeliegende Frage ist, welche Risiken und Gestaltungschancen der Entwicklung innewohnen. Zunächst beleuchtet dieser Artikel die Polarisierungsthese als eines der Szenarien zum Wandel von Arbeit. Daran schließt sich ein Fallbeispiel aus der industriellen Instandhaltungspraxis an, aus dem anschließend die gesundheitlichen Implikationen der beschriebenen Entwicklungen abgeleitet werden. Empirisch basieren die folgenden Aussagen auf den Ergebnissen abgeschlossener (Adaption; Steps; Prävention 4.0) und laufender Untersuchungen und Forschungsprojekte (Visits; ella 4.0; GRK 2193) zum Themenfeld an der Sozialforschungsstelle der TU

Dortmund, deren Fokus auf dem Wandel von Arbeit liegt[1].

14.2 Szenarien zum Wandel von Arbeit – Polarisierung

Betrachtet man die vorliegenden Forschungsergebnisse zum Wandel von Arbeit im Zuge der Digitalisierung, wird deutlich, dass im industriellen Kontext von einem pfadabhängigen Wandel auszugehen ist (Hirsch-Kreinsen 2020), d. h. die technologiebeförderte Entwicklung des Unternehmens folgt im Kern den gegebenen betrieblichen Logiken. Das ist auch hinsichtlich der Auswirkungen auf die Beschäftigten nicht trivial, in Bezug auf welche die vorherrschende Unternehmens-, oder Präventionskultur einen neuen Stellenwert erhält. Viele Unternehmen treiben die Entwicklung der Digitalisierung und Vernetzung, auch befördert durch die allgegenwärtige Debatte, aktiv voran. Im Hinblick auf die Entwicklung auf Arbeitsplatzebene wird es durch Rationalisierungseffekte zumindest kurzfristig zu Freisetzungen im Rahmen von Digitalisierungsanstrengungen der Unternehmen kommen (Hirsch-Kreinsen und Wienzek 2019). Ob sich dieser Wegfall kompensieren lässt, ist derzeit heftig umstritten. Unstrittig ist hingegen, dass der Wegfall von Arbeitsplätzen vor allem im Bereich geringqualifizierter und nichtwissensintensiver Tätigkeiten stattfinden wird, die ein hohes Maß an Regelgebundenheit aufweisen und sich mit geringem Aufwand automatisieren lassen (Frey und Osborne 2017). Ersten Untersuchungen, die eine Ausweitung

des Trends auf qualifizierte Tätigkeiten prognostizieren (Frey und Osborne 2017; Dengler und Matthes 2018), steht die These gegenüber, dass im Zuge der Digitalisierung das gesamte Beschäftigungsniveau steigt und in einer mehr und mehr dynamischen Umgebung weiterhin einfache Routinetätigkeiten nachgefragt werden (Warning und Weber 2017). Solche quantitativen Veränderungen bedingen zumeist auch qualitative Entwicklungen von Arbeit, auf denen in diesem Artikel der Fokus liegt.

Deutlich wird in dieser Debatte, dass Beschäftigungseffekte nach Branchen und Tätigkeiten variieren. Auszugehen ist von einem breiten Spektrum verschiedener, teilweise widersprüchlicher Entwicklungen, die auch nebeneinander vorkommen können. Idealtypisch lassen sich dabei verschiedene Entwicklungsszenarien ausmachen, die in der Praxis in dieser Form oder in Mischformen identifiziert werden konnten (Hirsch-Kreinsen und Wienzek 2019).

Mit Bezug auf das Phänomen der digitalen Spaltung ist besonders das Szenario der zunehmenden Polarisierung von Arbeit in den Blick zu nehmen. Hier findet sich auf der einen Seite der Pol, den man mit einer generellen Aufwertung von Tätigkeiten und Qualifikationen beschreiben kann. Dabei wird es jedoch zu Arbeitsplatzverlusten bei einfachen und geringqualifizierten Tätigkeiten am anderen Pol kommen. Generell wird sich in diesem Szenario jedoch eine deutliche Aufwertung bisheriger Qualifikationen und Tätigkeiten bis hin zur Etablierung völlig neuer Anforderungen an Tätigkeiten und die damit verbundenen (neuen) Qualifikationen ergeben. In diesem Zuge werden vor allem mittlere Qualifikationen zunehmend an Bedeutung verlieren, da sich die Schere zwischen komplexen und einfachen Tätigkeiten weiter öffnen wird. Dies wird entweder zu einer höheren Qualifizierung der mittleren Qualifikationsgruppe oder deren De-Qualifizierung führen (Hirsch-Kreinsen 2018). Erste empirische Hinweise lassen vor allem in klassischen Facharbeiterberufen (bspw. Instandhaltung) eine derartige Entwicklung deutlich werden, die im Weiteren näher

---

1   Die genannten Forschungsprojekte waren/sind vom Bundesministerium für Bildung und Forschung (BMBF) gefördert. Der analysierte Fallbetrieb entspringt den empirischen Untersuchungen aus dem DFG-finanzierten Graduiertenkolleg der TU Dortmund (GRK 2193, Fördernummer: 276879186) Eine umfassende Darstellung würde den hier gesetzten Rahmen sprengen. Nähere Informationen zu den einzelnen Forschungsprojekten und weitere Untersuchungsergebnisse finden sich unter: ▶ www.neue-industriearbeit.de.

betrachtet werden soll. Einen groben Überblick zu möglichen Eintrittswahrscheinlichkeiten der einzelnen Szenarien im industriellen Kontext liefert eine Kurzbefragung[2], aus der sich ergab, dass kein Szenario als grundsätzlich „unwahrscheinlich" bewertet wurde. Insbesondere die Szenarien „Polarisierung" und „Upgrading" wurden von über 70 % der Befragten als „sehr wahrscheinlich" oder „wahrscheinlich" beschrieben.

Einen ähnlichen Dualismus wie im Szenario der Polarisierung beschreibt auf gesellschaftlicher Ebene auch das Konzept der digitalen Spaltung in Bezug auf a) verschiedene Zugangsmöglichkeiten von Personen und Personengruppen zum Internet bzw. digitalen Technologien und b) Unterschiede in der Nutzungsart. Die Entwicklung wurde hauptsächlich im Zusammenhang mit der Wissenskluft-These problematisiert, die besagt, dass ein vergrößertes Informationsangebot von Personen mit besseren (technischen wie soziodemografischen) Zugangschancen stärker genutzt wird und dadurch Bildungsunterschiede weiter wachsen, wenn das Angebot steigt (Verständig et al. 2017). Ähnliche Phänomene sind für den Bereich der Nutzung sozialer Netzwerke und von Präventionsangeboten beschrieben. Grundsätzlicher lässt sich an dieser Stelle fragen, ob eine zunehmende Spaltung bzw. der eingeschränkte Zugang einiger Personengruppen zu bestimmten Inhalten als ungerecht zu bezeichnen ist und ob dieser Zustand über einen Eingriff in die soziale Gerechtigkeit zu verändern ist (von der Pfordten 2013)? Kennzeichnend hierfür wäre eine gleichberechtigte Verteilung von Arbeit nach Kriterien der Bedürfnisse, Fähigkeiten, Bemühungen, Erfolge und Marktanforderungen, eine unvoreingenommene, genaue und anpassungsoffene Prozessgestaltung sowie eine Auflösung der Gerechtigkeitsverluste in den Bereichen der Interaktion und Integration. Die Auswirkungen einer digitalen Spaltung durch eine Polarisierung der Arbeitswelt auf die Beschäftigten verbunden mit der Frage nach Gerechtigkeitsaspekten sind allerdings noch wenig untersucht. So etwa auch die Frage, ob einer zunehmenden Polarisierung in der Arbeitswelt durch regelnde Eingriffe begegnet werden soll oder ob diese Regelung den Marktkräften obliegen soll (ebd.). Zusammenfassend lässt sich festhalten, dass das Entwicklungsszenario „Polarisierung" einen ersten Hinweis auf die bisher nur vermutete digitale Spaltung in der Arbeitswelt geben kann. Dieser Beitrag folgt daher der Annahme, dass sich eine digitale Spaltung am Beispiel polarisierter Arbeitsstrukturen von Service-Technikern beschreiben und in ihren Folgen auf die Beschäftigten erklären lässt. Die Folgen eines solchen „digital divide" sollen zunächst an einem Beispiel illustriert und abschließend diskutiert werden.

14.3 Fallbeispiel Systemtechniker in der Wasserwirtschaft

Die empirische Erhebung bei dem Systemtechniker fand im Rahmen des GRK 2193 (siehe oben) mittels qualitativer, leitfadengestützter Interviews am Stammsitz des Unternehmens satt. In diesen wurde aus sozialwissenschaftlicher Perspektive die Polarisierung des Wirtschaftssegments der Instandhaltung (bspw. in Form von Remote-Anwendungen) thematisiert. Dabei konnte durch Interviews mit mehreren Personen unterschiedlicher Funktion und Hierarchieebene (Geschäftsführung, Produktionsmanagement und operative/strategische Montage), eine Betriebsbesichtigung am Stammsitz des Systemtechnikers sowie eine ergänzende Websiteanalyse eine Kurzfallstudie erstellt werden, deren zentrale Ergebnisse nun erläutert werden.

Das folgende Fallbeispiel beschreibt ein ca. 200 Beschäftigte starkes Unternehmen, dessen Stammsitz in Nordrhein-Westfalen liegt und das ein weiteres Werk betreibt, in dem insbesondere Maschinen und Anlagen für kom-

---

2   Die Kurzbefragung (n = 25) wurde im Rahmen der Messeveranstaltung „Zukunftskongress Logistik" am 13.09.2017 in Dortmund durchgeführt, ohne den Anspruch auf Repräsentativität zu erheben. Die Ergebnisse dienen der Abschätzung von Trendentwicklungen.

14

munale Betreiber und Städte in der Wasserwirtschaft (Zu-, Abwassersysteme, Regen- und Rückhaltebecken, Wasseraufbereitungsanlagen, Klärbecken, Kanal- sowie Prozesswassersysteme etc.) gefertigt werden. Die Kernkompetenz des Systemtechnikers besteht zum einen in der Herstellung dieser Produktionsanlagen für die Be- und Entwässerung zumeist kommunaler Akteure und zum anderen in der Entwicklung der hauseigenen IT-Automationslösungen, mit denen die eigenen Anlagen ausgestattet werden, die aber auch als Einzelprodukt angeboten werden. Das Unternehmen fokussiert sich daher auf das Zusammenwachsen von „IT und Maschine" (Geschäftsführer Softwareentwickler/Maschinen- und Anlagenbauer). Zum Portfolio kommen darüber hinaus entsprechende Beratungsleistungen insbesondere in den Marktsegmenten Wasser und Energie. Exemplarisch für die vielfältige IT- und Software-Infrastruktur ist das Instrument der „Betriebsführungs- bzw. Instandhaltungssoftware" als Kernstück zu nennen. Dieses Softwaretool ist modular aufgebaut und bietet u. a. die Möglichkeit eines Daten- und Wissensmanagements sowie Condition Monitoring, erfüllt aber auch Funktionen zur „Arbeitsvorbereitung, Planung, Steuerung, Dokumentation, Auswertung, [...] Bestellwesen, Störungswesen" (Produktmanager Softwareentwicklung/Maschinenbau) und ist somit stark in den Service- und Instandhaltungsalltag integriert.

14.3.1 Eckdaten zu Berufen und Beschäftigung

Das Beschäftigungsverhältnis teilt sich unter den zwei Standorten wie folgt auf: In der Fertigungsstätte arbeiten insgesamt 20 Personen, was einem Anteil von 10 % der insgesamt Beschäftigten des Unternehmens entspricht. Von diesen sind sechs Auszubildende, acht Schlosser/Industriemechaniker/Fertigungsmechaniker sowie eine Fertigungsleitung. Hinzu kommen zwei Beschäftigte des Bereichs Service-Montage. Am Hauptsitz tei-

len sich die Beschäftigten auf die Abteilungen Projektierung, Softwareentwicklung, Verwaltung und Auszubildende auf. Darüber hinaus sind drei weitere Servicemitarbeitende am Hauptsitz beschäftigt, was zusammen mit den Service-Technikern aus der Fertigungsstätte einen Anteil an Servicemitarbeitenden von 2,5 % an allen Beschäftigten ausmacht. Das berufliche Spektrum umfasst Berufe im gewerblichen Bereich (bspw. Industrie-, Fertigungsmechanik, Elektrik, Mechatronik, Elektrotechnik, Informationstechnik etc.). Um dem anhaltenden Fachkräftemangel und der Fluktuation im Unternehmen entgegenzuwirken, wird zum einen in diesen Berufen ausgebildet, wodurch ein hauseigener Nachwuchs gefördert werden soll, zum anderen werden digitale Technologien in den Arbeitsalltag integriert, um Beschäftigte komplexitätsreduzierend für bestimmte Tätigkeiten zu befähigen. Quantitativ betrachtet sind die Servicetechniker deutlich in der Minderheit, ihre Anzahl lässt sich im Zeitverlauf als „konstant" beschreiben. In Bezug auf die Inhalte und Anforderungen der Arbeitstätigkeit zeichnen sich für diese kleine Beschäftigungsgruppe deutliche Tendenzen ab.

14.3.2 Herausforderungen durch Komplexität und Technik

Die im Folgenden aufgeführten Herausforderungen in der Instandhaltung erscheinen im Zuge der Digitalisierung von Wissens- und Arbeitsstrukturen sehr vielfältig. Exemplarisch werden die Herausforderungen am Beispiel des untersuchten Systemtechnikers verdeutlicht, die jedoch auch in dieser oder ähnlicher Form bei anderen Industriedienstleistern und Instandhaltungsbetrieben beobachtet werden konnten. Auf die Frage, welche Herausforderungen im Zuge des wahrgenommen digitalen Wandels in der Instandhaltung entstehen, wurde im Fallbeispiel ein enormer Anstieg an *Komplexität* auf Basis digital verfügbarer Information und Daten genannt, der sinngemäß von anderen Befragten im Wirtschaftssegment der Instandhaltung validiert wurde:

> » Weil es zu komplex wäre. Vielleicht könnte ich es gar nicht bewältigen. Aber auch bei einer Tätigkeit, die an bestimmten Maschinen zu erfolgen hat, und wenn jetzt die Maschine älter ist, […] dann kann ich das Wissen so nicht alles haben (Geschäftsführer Softwareentwicklung/Maschinenbau).

Als herausfordernd, wenngleich auch effizient, wird im Rahmen von Service- und Instandhaltungsprozessen der Einsatz von Assistenzsystemen (bspw. Tablets, Smartphones und perspektivisch Datenbrillen) wahrgenommen, der im Fallbeispiel im Rahmen des Einsatzes der Betriebsführungs- bzw. Instandhaltungssoftware zu beobachten ist. Diese technischen Lösungen (Software und Assistenzsysteme) werden zumeist eingeführt, um die Komplexität in Instandhaltungsprozessen zu reduzieren. Im Fallbeispiel ist diese Software modular aufgebaut und hat auch Auswirkungen hinsichtlich der Reorganisationstendenzen von Arbeit. Der Umstand, dass jüngere Beschäftigtengruppen mit solchen Technologiekombinationen effektiver umgehen als ältere Beschäftigte, verwundert kaum, wird aber im Fallbetrieb wie auch in einer Vielzahl anderer Instandhaltungskontexte als herausfordernd wahrgenommen. Denn auch ältere und erfahrene Beschäftigte müssen im Umgang mit Assistenzsystemen eine sichere Handlungsweise – insbesondere bei Kundenkontakt – vorweisen und entsprechende Fähigkeiten (mediale und IT-Kompetenzen) entwickeln und ausbilden. Der betriebliche Umgang mit den Assistenzsystemen in Kombination mit der selbstentwickelten Software stellt sich im Fallbeispiel für einige Beschäftigungsgruppen (wenig erfahrene, junge Service-Techniker, Auszubildende etc.) als systemseitige Unterstützung bzw. Vorgabe dar. Zugleich ist mit dem Einsatz von Software und Assistenzsystemen die ambitionierte Aufgabe verbunden, dass „eine leere digitale Hülle" (Geschäftsführer Softwareentwickler/Maschinen- und Anlagenbauer) vermieden werden soll. Der Versuch der Wissens-

konservierung ist in Instandhaltungsabteilungen und bei den industriellen Dienstleistern ein gängiges Mittel, um dem demographischen Wandel und der Fluktuation entgegenzuwirken. Daher versucht auch der beobachtete Systemtechniker, Wissenselemente erfahrener Service-Techniker durch die Funktion des Daten- und Wissensmanagements mit Hilfe der Assistenzsysteme zu konservieren. Auf der anderen Seite werden jedoch durch den Umgang mit Assistenzsystemen auch neue Handlungsfähigkeiten zwangsläufig in den Arbeitsalltag integriert. Bspw. bringen sich im hier betrachteten Unternehmen einige Instandhalter und Servicetechniker im Rahmen autodidaktischen Lernens Programmierkenntnisse bei:

> » Also das merken wir natürlich auch selber bei den IT-versierteren Anwendern, die toben sich da im System schon mal aus und programmieren auch selber nochmal was dabei. Die kennen unser Datenmodell […]. Ja. Schreiben ihre eigenen Berichte, weil sie es einfach können, technisch (Produktmanager Softwareentwicklung/Maschinenbau).

Die geschilderten Herausforderungen hinsichtlich der gestiegenen Komplexität und der intendierten Reduzierung dieser durch den Einsatz digitaler Technologien (hier: Software und Assistenzsysteme) können sich darin äußern, dass polarisierte Reorganisationstendenzen und damit verbundene veränderte Arbeitsstrukturen auftreten (▶ Abschn. 14.3.3), die für das Wirtschaftssegment der Instandhaltung im Allgemeinen und insbesondere für den beschriebenen Systemtechniker zu beobachten sind.

14.3.3 Reorganisationstendenzen

Auf Basis der o. g. technologischen Veränderungen im Zuge der Digitalisierung der Industrie sind auch im analysierten Unternehmen Wechselwirkungen im Hinblick auf organisatorische und personelle Entwicklungen zu beobachten, die nun analysiert werden. Diese

Beobachtungen weisen erhebliche Schnittmengen zu anderen Unternehmen der Instandhaltung und der technischen Services auf. Die Nutzung der Betriebsführungs- und Instandhaltungssoftware via Assistenzsysteme wirkt bei dem beobachteten Systemtechniker unterschiedlich und ambivalent:

Hinsichtlich der personellen Auswirkungen zeigen sich zum einen systemseitige Vorgaben bei Wartungs- und Dokumentationstätigkeiten, die den Arbeitsprozess nicht unerheblich einschränken. Diese systemseitige Standardisierung durch Instandhaltungssoftware zeigt sich auch in anderen Betrieben. Einerseits wird durch die Nutzung digitaler Checklisten und dadurch, dass „das System einem dann sagt, aus einem gewissen Katalog, der und der Fehler wird es höchstwahrscheinlich sein" (Mitarbeiter operative/strategische Montage), das Instandhaltungspersonal angeleitet und hinsichtlich seiner Tätigkeiten dequalifiziert. Darüber hinaus wird ein Großteil möglicher anderer Herangehensweisen zur Fehlererkennung oder -behebung ausgeblendet und nicht berücksichtigt, sodass es sich erheblich schwieriger darstellt, bedeutsames Erfahrungswissen in der Instandhaltungspraxis anzusammeln. Insbesondere bei Wartungs- bzw. Dokumentationstätigkeiten werden Tätigkeitsinhalte standardisiert bzw. vereinfacht, sodass für standardmäßige und wiederkehrende Instandhaltungsaufgaben eher unerfahrene Instandhalter eingesetzt werden, da diese noch Entwicklungs- und Lernpotenzial im Vergleich zu erfahrenen und hoch-kompetenten Instandhaltern aufweisen.

Andererseits besteht auch durch die Möglichkeit (bspw. bei Überwachungstätigkeiten), bestimmte Parameter durch virtuell aufbereitete Realitäten (Stichwort: AR) kontextsensitiv sowie komplexitätsreduzierend im Serviceprozess zu visualisieren und so schneller, einfacher und kostensparender zu einer Lösung zu kommen. Dabei spielt die Kombination von visualisierter Information und Erfahrungswissen eine erhebliche Rolle. Auf die Frage, wie sich die strategische Instandhaltungspraxis bei komplexen Problemen darstellt, lautete die einstimmige Antwort der Interviewpartner, dass in solchen Fällen „natürlich der Mitarbeiter mit höherer Erfahrung hingeschickt" wird und Auszubildende bzw. Instandhalter mit geringer Berufserfahrung allenfalls ergänzend und zu Schulungszwecken eingesetzt werden. Die hohe Relevanz des Erfahrungswissens konnte durch Befragte andere Instandhaltungsbetriebe bestätigt werden.

Hinsichtlich der Wechselwirkungen auf die Organisationsstruktur ist die Integration neuer Handlungsfähigkeiten zu nennen, die bei dem untersuchten Fallbetrieb in Form von Schulungen institutionalisiert werden. Bspw. werden für das Personal, das sich Programmierkenntnisse in Eigeninitiative aneignet, weiterführende Schulungen angeboten. Eine weitere Entwicklungstendenz, die unternehmensübergreifend in engem Zusammenhang mit der gestiegenen Komplexität und dem Wunsch eines möglichst allumfassenden Daten- und Wissensmanagement steht, ist der Wunsch, Expertise und im Idealfall Experten im Unternehmen zu halten. Denn es ist auch von Bedeutung, ein Wissens- und Datenbanksystem zielführend und punktuell als Hilfestellung zu nutzen, da eine breite Know-how-Basis zwecks flexibler Ausgestaltung der Instandhaltungsprozesse weiterhin das Credo erfolgreicher Instandhaltung bliebe, so der Geschäftsführer Softwareentwicklung/Anlagen und Maschinenbau. Das personengebundene Expertenwissen, bleibt eine hochrelevante Unternehmensressource in der Instandhaltung. Ein weiterer Aspekt, der die Organisationsstruktur vor dem Hintergrund steigender Informationsverfügbarkeit betrifft, ist die stark selbstorganisierte Tätigkeits- und Handlungsstruktur der Service-Techniker im untersuchten Unternehmen wie auch in anderen Instandhaltungskontexten, die ihre Tagesplanung und ihre Arbeitsabläufe selbst koordinieren.

Vom Umstand des Fachkräftemangels und der hohen Fluktuation in der Instandhaltung ausgehend werden bei dem Systemtechniker und auch bei einer Vielzahl anderer Instandhaltungsbetriebe perspektivisch Remote-Szenarien Einzug halten, in denen Mitarbeiter mit einem hohen Maß an Berufserfahrung und Qualifikationen das ungelernte bzw. basisqualifizierte Instandhaltungspersonal bei der Ausführung einfacher Tätigkeiten bspw. Routinewartungen oder Inspektionen über Remote-Anweisungen anleiten können. In solchen Szenarien zeigt sich ein deutlicher Trend zur Polarisierung, durch den die Beschäftigtengruppe in erfahrene Service-Techniker und unerfahrene Beschäftigte unterteilt wird. Ein solcher Zukunftstrend bzgl. der Remote-Szenarien und der damit verbundenen Polarisierungstendenzen ist unternehmensübergreifend für die breite Instandhaltungslandschaft bestätigt. Neben dem qualitativen Unterschied in den Handlungstätigkeiten der Service-Techniker und Instandhalter sind auch quantitative Beschäftigungsperspektiven beobachtbar: zum einen in Richtung des Pols einiger weniger hochqualifizierter Experten und zum anderen in Richtung des Pols basisqualifizierter, zahlenmäßig wachsender Facharbeiter: „Und wenn ich eben stattdessen quasi online von einem Experten geleitet werden kann, dann ist das schon optimal. Und die Experten werden immer rarer." (Geschäftsführer Softwareentwicklung/Maschinenbau)

Wie bereits oben skizziert, sind mit den im Fallbetrieb prognostizierten Polarisierungstendenzen im Sinne einer digitalen Spaltung auch Gerechtigkeitsaspekte verbunden, die sich deutlich im Dualismus Erfahren/Unerfahren wiederspiegeln. Für die angeleiteten Instandhalter besteht hier die Gefahr der De-Qualifizierung und gleichzeitig wird diesen – im Vergleich zu den ohnehin schon hoch-qualifizierten Experten – die Möglichkeit genommen, Erfahrungswissen anzusammeln. Damit könnten sich auch strukturelle Ungerechtigkeitsmechanismen hinsichtlich der Aspekte Karriere, Entlohnung oder Arbeitsschutz (bspw. bei Tragen einer Datenbrille) einschleichen.

14.4 Polarisierte Arbeitsstrukturen: Belastungen und Ressourcen

Das Fallbeispiel zeigt auf erster Ebene eine verstärkte Technisierung der Arbeitsschritte. Durch die Digitalisierung und Vernetzung der Arbeit entstehen Rationalisierungspotenziale, die der Betrieb nutzt, um dem Fachkräftemangel zu begegnen. Die wesentlichen Veränderungen sind dabei die steigende Vorhersehbarkeit der Störungsursache und die durch den Betrieb noch zu erschließende Möglichkeit der Fernwartung. Hieraus ergibt sich bereits die Grundlage einer potenziellen digitalen Spaltung: Wo früher im Vorfeld die Qualifikationsanforderungen an die Servicetechniker nicht genau zu bestimmen waren, können die Arbeiten nun in der Planungsphase in einfache und komplexere Tätigkeiten aufgeteilt werden. Mit den Technologien gehen weiterhin neue Möglichkeiten der Qualifizierung einher, sowohl in Bezug auf die Qualifizierungsinhalte als auch auf die -arten. Dass diese Angebote genutzt werden, zeigt sich im Beispiel an der eigeninitiativen Aneignung digitaler Kompetenzen durch einige Beschäftigte.

In der Fallbeschreibung wird deutlich, dass sich diese Entwicklungen auch auf der Ebene des Beschäftigteneinsatzes niederschlagen und es in der Folge zu einer Polarisierung der Arbeit der Servicetechniker kommt. Perspektivisch könnte das zu einer Aufspaltung der Beschäftigten in „Experten" und „Handlanger" führen. Eng damit verbunden ist eine Veränderung der Arbeitstätigkeiten für beide Gruppen. Die Arbeit wird grundsätzlich jeweils gleichförmiger: komplexer bzw. herausfordernder für die eine Gruppe, anforderungsärmer für die andere. Da hiermit eine Entwicklung beschrieben ist, ergeben sich zum einen Auswirkungen, die für die Phase des Wandels gültig sind und zum anderen langfristige Veränderungseffekte.

Mit Rückbezug auf das Konzept der digitalen Spaltung können in der Entwicklung sowohl unterschiedliche Zugänge zu den Technologien als auch unterschiedliche Verwendungsweisen identifiziert werden, die sich perspektivisch gegenseitig verstärken und die Spaltung weiter vorantreiben können. Unterschiedliche Kompetenzniveaus sowohl auf Ebene der digitalen Kompetenzen als auch auf Ebene der Fachkompetenzen fungieren in erster Instanz als Zugangsbeschränkung zu abwechslungsreicher Tätigkeit und verwehren dabei gleichzeitig den Aufbau neuen Erfahrungswissens, das vorher beim Umgang mit unbekannten Problemen „on the job" gewachsen ist. Am anderen Pol nutzen die Servicetechniker die gesteigerten Möglichkeiten des Kompetenzaufbaus und erwerben weitere Fähigkeiten im Rahmen der Arbeit mit komplexeren Problemen. Diese Entwicklung kann beide Gruppen mit steigenden, hauptsächlich psychosozialen, Belastungen konfrontieren. Für die Gruppe der „Experten" steigen langfristig die Anforderungen: an Selbstorganisation, Technikkompetenz, Komplexitätsbewältigung und fachlichen Fertigkeiten. Steigen damit einhergehend die Anteile von Bildschirmarbeit, inklusive der Möglichkeit zu Remote Work (Fernwartung), geht damit eine Flexibilisierung der Arbeit einher. Es entsteht die Gefahr einer erweiterten Erreichbarkeit über digitale Assistenzsysteme wie Smartphones oder Tablets. In Verbindung mit ihrem Status als Wissensträger, die perspektivisch Wissen bündeln, das vormals auf mehrere Beschäftigte verteilt war, kann zum einen während der Arbeit die Kommunikationsdichte steigen, was eine Mehrbelastung sein kann, wenn keine zusätzlichen Zeitfenster für diese Tätigkeiten geschaffen werden. Darüber hinaus können sich die Kommunikationsanforderungen in den Freizeitbereich ausdehnen. Zum anderen kann die steigende Verantwortung als Belastung erlebt werden. Chancen ergeben sich demgegenüber durch die potenzielle Aufwertung der Tätigkeit, körperliche Entlastungen durch eine Verschiebung zu komplexeren Tätigkeiten und psychische Entlastungen durch die Möglichkeit von passgenauen Hilfestellungen durch die digitalen Assistenzsysteme.

Für die geringer qualifizierten Beschäftigten kann als langfristiger Effekt mit der Digitalisierung von Arbeit ein Gefühl der Überwachung, Entmündigung oder Fremdsteuerung einhergehen, insbesondere wenn Arbeitsplanung über digitale Assistenzsysteme erfolgt. Wenn die Anforderungen der Arbeitstätigkeit sinken und Fachkompetenzen nicht mehr in die Tätigkeit eingebracht werden, können diese veralten. Daraus ergibt sich die Gefahr einer De-Qualifizierung, einer geringeren Entlohnung und eines Reputationsverlustes, die besonders in der Phase des Umbruchs belastend wirken. Sinkende Abwechslung und Anforderungen bei steigender Repetitivität der Arbeitsaufgaben entwerten die Arbeit und stellen eine langfristige Quelle psychischer Belastungen dar. Chancen ergeben sich in dieser Gruppe durch die Verminderung von Überforderung und die Abnahme qualitativer Arbeitsintensität. Auch die Verantwortungsreduktion kann als Entlastung wahrgenommen werden.

Für beide Gruppen ergibt sich darüber hinaus die Gefahr einer sozialen Isolation, da die Interaktionsdichte mit Kollegen durch die digitale Übermittlung von Aufträgen sinkt.

Besonders die Phase der digitalen Spaltung, in der die Beschäftigten eine Auf- bzw. Abwertung ihrer Tätigkeit erleben, ist unter Gerechtigkeitsaspekten schwierig zu bewerten. Die Verschiebung in der Stellung der Tätigkeit wird durch eine Verschiebung in den karriereförderlichen Voraussetzungen bestimmt, die für die Beschäftigten vorab nicht ersichtlich oder vorhersehbar war. Da die Digitalisierung mit Rationalisierungseffekten einhergeht, kann das für die benachteiligte Gruppe auch zu einem Verlust ihrer Tätigkeit führen. Steigende Chancen ergeben sich im beschriebenen Branchenbeispiel für die Gruppen der Erfahrenen, meist Älteren, und besonders technikaffinen bzw. lernbereiten, meist Jüngeren. Nachwuchskräfte ohne besondere Technikkompetenz oder Beschäftigte ohne Erfahrungen in den erforderlichen Bereichen trifft diese Entwicklung unvorbereitet. Wie gezeigt wurde, wird aus der betrieblichen Logik heraus wenig entgegengesteuert; es erfolgt eine Weiterqualifizierung der Personen mit einem Wissensvorsprung und damit eine Erweiterung der

14

Spaltung. Dadurch steigen für die Personen mit abgewerteten Tätigkeiten die psychischen Belastungen nicht nur durch wachsende Monotonie oder Abnahme der Handlungsspielräume – eine Abwertung der Tätigkeit bei gleichbleibender Leistung kann auch als ungerecht aufgefasst werden und Gratifikationskrisen verursachen.

Grundsätzlich liegen die steigenden Belastungen sowohl kurz- als auch langfristig im psychischen Bereich, was für die Beschäftigten zu einer sinkenden Widerstandskraft führt und die Entstehung von körperlichen wie psychischen Erkrankungen erhöhen kann. Eine erste betriebliche Gegenstrategie kann in einer stärkeren Partizipation der Beschäftigten und ihrer Vertretungen bestehen, die auch Ungerechtigkeitsentwicklungen entgegenwirken kann. Die neuen Tätigkeitszuschnitte sollten über eine Gefährdungsbeurteilung (inkl. Psyche!) im Rahmen des betrieblichen Gesundheitsmanagements neu bewertet und entsprechende Maßnahmen abgeleitet und umgesetzt werden, z. B. zu Kompetenzentwicklung und Erreichbarkeit. Eine vielversprechende Strategie könnte im Bereich der betrieblichen Gesundheitsförderung in der Stressprävention der aufgewerteten Gruppe und dem Aufbau von Widerstandsressourcen und generellem Empowerment der abgewerteten Gruppe liegen.

14.5 Fazit – partizipativer Kompetenzaufbau gegen digitale Spaltung

Die beschriebenen Entwicklungen sind für die Beschäftigten nur teilweise ergebnisoffen. Inwieweit die entstehenden Belastungen die Arbeitserleichterungen überwiegen, ist hochgradig abhängig von den persönlichen Prädispositionen und der individuellen betrieblichen Umsetzung. Neben den Veränderungen im Bereich der psychosozialen Arbeitsanforderungen ist die menschengerechte Gestaltung inhaltlicher Veränderungen eine besondere Herausforderung. Verändern sich Berufsbilder, birgt dies

immer die Gefahr, die Beschäftigten jenseits ihrer Fähigkeiten einzusetzen, sie zu überfordern und ihre Arbeit für sie zu entwerten. Im Polarisierungsszenario, das sich im Fallbeispiel konkretisiert, zeigt sich deutlich eine beginnende digitale Spaltung, die neue Ungerechtigkeiten auf betrieblicher Ebene in Bezug auf die Verteilung der Arbeit, die Prozessgerechtigkeit und die Interaktions- und Integrationsebene schafft. Wird die Spaltung durch die Förderung der Bessergestellten und die De-Qualifizierung der Schlechtergestellten weiter vorangetrieben, verlagern sich die Ungerechtigkeiten auf die biographische Ebene, indem die Karrierechancen der Gruppen sich ebenfalls weiter auseinanderentwickeln. Durch die verschiedenen Belastungsniveaus kann mit der Entwicklung darüber hinaus eine Verringerung der gesundheitlichen Chancengleichheit einhergehen.

Auch wenn die Veränderungen nicht disruptiv, sondern sukzessive erfolgen, handelt es sich häufig um erhebliche Restrukturierungsprozesse, die in ihren kurzfristigen wie langfristigen Auswirkungen nicht unterschätzt werden sollten. Dazu kommt, dass Restrukturierungen an sich schon ein Belastungspotenzial tragen, dem häufig nicht genügend Aufmerksamkeit gewidmet wird (DoFAPP 2015).

Es wird deutlich, dass eine zu beobachtende Pfadabhängigkeit bei der Umsetzung von Digitalisierungsprojekten (vgl. oben) in ihren Implikationen für menschengerechte Arbeitsgestaltung nicht unterschätzt werden darf, da der Funktionsumfang der technischen Neuerungen durchaus ein erhebliches Belastungspotenzial birgt (Urban 2019). Wenn durch Polarisierung wie im Fallbeispiel psychische Belastungswechsel abnehmen, kann die Folge qualitative Arbeitsintensivierung auf der Seite der Experten sein und Monotonie auf der anderen. Um den Gefahren einer Verschlechterung der Arbeitsbedingungen zu begegnen, ist es wichtig, sich die Potenziale zu vergegenwärtigen, die den Veränderungen innewohnen. In erster Linie ist hier der Einsatz der Beschäftigten entsprechend ihrem Qualifikationsniveau zu nennen, bei gleichzeitiger Ermöglichung eines Kompetenzaufbaus. So ist eine Nutzung der anforderungsreicheren Arbeitstätigkeiten als Lernmöglichkeit für geringer Qualifizierte im Tandem mit einem Experten ein vielversprechender Ansatz, der der digitalen Spaltung entgegenwirken könnte.

Als Strategie gegen den Fachkräftemangel und zur Integration neuer Beschäftigtengruppen in den Arbeitsmarkt könnte die beschriebene Entwicklung für alle Akteure gewinnbringend genutzt werden, wenn Gerechtigkeitsaspekte bereits in der Planungsphase mit berücksichtigt werden. Sollen die oft beschriebenen Verheißungen (zusammenfassend Bauer et al. 2014) einer „vierten industriellen Revolution" und der „damit erwartete Absatz industrieller Güter in erheblichem Ausmaß" (Hirsch-Kreinsen und Wienzek 2019, S. 18) auch umgesetzt werden, ist auf betrieblicher Ebene vor allem die Akzeptanz von digitalen Systemen und den damit verbundenen Gestaltungsmöglichkeiten sicherzustellen. Dies kann nur durch frühzeitige Partizipation und die Zusammenarbeit aller betrieblichen Akteure (Belegschaften, Betriebsräte und Management) erreicht werden. Ziel dieser Zusammenarbeit sollte eine frühzeitig ansetzende, sukzessive Weiterqualifizierung der Beschäftigten sein, um diese auf einen absehbaren digitalen Wandel vorzubereiten und einer Entstehung digitaler Spaltung und neuer Ungerechtigkeiten vorzubeugen.

Literatur

Arntz M, Gregory T, Lehmer F, Matthes B, Zierahn U (2016) Arbeitswelt 4.0 – Stand der Digitalisierung in Deutschland. IAB-Kurzbericht 22/2016. Institut für Arbeitsmarkt- und Berufsforschung (IAB), Nürnberg

Bauer W, Schlund S, Marrenbach D, Ganschar O (2014) Industrie 4.0.Volkswirtschaftliches Potential für Deutschland. Fraunhofer, Berlin

Dengler K, Matthes B (2018) Wenige Berufsbilder halten mit der Digitalisierung Schritt. IAB-Kurzbericht 4/2018. Institut für Arbeitsmarkt- und Berufsforschung (IAB), Nürnberg

DoFAP (Dortmunder Forschungsbüro für Arbeit, Politik und Prävention) (2015) Gesundheit und Beteiligung in Change-Prozessen. Eine Handlungshilfe für die betriebliche Praxis. http://dofapp.de/wp-content/uploads/2019/07/change_Brosch%C3%BCre_webversion.pdf. Zugegriffen: 17. Nov. 2019

Frey C, Osborne M (2017) The future of employment: how susceptible are jobs to computerisation? Technol Forecast Soc Chang 114(1):254–280

Guhlemann K (2020) Prävention 4.0 im Prozess digitaler Arbeitsgestaltung. In: Georg A, Guhlemann K, Peter G (Hrsg) Humanisierung der Arbeit 4.0. Prävention und Demokratie in der digitalisierten Arbeitsgesellschaft. VSA, Hamburg, S 113–138

Hirsch-Kreinsen H (2018) Die Pfadabhängigkeit digitalisierter Industriearbeit. Arbeit 7(3):1–21

Hirsch-Kreinsen H, Wienzek T (2019) Arbeit 4.0: Segen oder Fluch? In: Badura B, Ducki A, Schröder H, Klose J, Meyer M (Hrsg) Fehlzeiten-Report 2019. Springer, Berlin, S 17–28

Hirsch-Kreinsen H (2020) Industrie 4.0. In: Blättel-Mink B, Schulz-Schaeffer I, Windeler A (Hrsg) Handbuch Innovationsforschung. Springer VS, Wiesbaden

Kagermann H (2014) Chancen von Industrie 4.0 nutzen. In: Bauernhansl T, ten Hompel M, Vogel-Heuser B (Hrsg) Industrie 4.0 in Produktion, Automatisierung und Logistik. Anwendung, Technologien, Migration. Springer Vieweg, Wiesbaden, S 603–614

Urban H-J (2019) Gute Arbeit in der Transformation. Über eingreifende Politik im digitalisierten Kapitalismus. VSA, Hamburg

Verständig D, Klein A, Iske S (2017) Zero-Level Digital Divide: Neues Netz und neue Ungleichheiten. Siegen:sozial: Analysen Berichte Kontroversen (si:so) 21(1):50–55

von der Pfordten D (2013) Gerechtigkeit. In: Grunwald A, Simonidis-Puschmann M (Hrsg) Handbuch Technikethik. J. B. Metzler, Stuttgart, S 179–186

Warning A, Weber E (2017) Digitalisierung verändert die betriebliche Personalpolitik. IAB-Kurzbericht 12/2017. Institut für Arbeitsmarkt- und Berufsforschung (IAB), Nürnberg

Wienzek T (2018) Typologie Industrie 4.0. In: Wagner R (Hrsg) Industrie 4.0 in der Praxis umsetzen – eine Orientierung für mittelständische Unternehmen. Springer Gabler, Wiesbaden

Gerechte oder ungerechte Kontrolle?

Das Management von Digitalisierung in Unternehmen zur Ausgestaltung von Peer-Kontrolle in virtuellen Teams

Thomas Afflerbach und Katharina Gläsener

Inhaltsverzeichnis

© Springer-Verlag GmbH Deutschland, ein Teil von Springer Nature 2020
B. Badura et al. (Hrsg.), *Fehlzeiten-Report 2020*, Fehlzeiten-Report,
https://doi.org/10.1007/978-3-662-61524-9_15

▪ ▪ Zusammenfassung

Immer häufiger arbeiten die Mitarbeiterinnen und Mitarbeiter von Unternehmen in virtuellen Teams zusammen. Gleichzeitig stehen Unternehmen vor der Herausforderung, diesen Teams eine erfolgreiche Zusammenarbeit zu ermöglichen, denn virtuelle Teams sind häufig durch Kooperationsprobleme gekennzeichnet. Peer-Kontrolle ist dabei eine Möglichkeit, die Kooperation zwischen den einzelnen Mitgliedern des virtuellen Teams sicherzustellen. Allerdings ist bisher unklar, wie Peer-Kontrolle im virtuellen Arbeitsumfeld angewendet werden kann. Dieser Beitrag zeigt, wie Mitglieder von virtuellen Teams Peer-Kontrolle erleben und inwiefern jene als gerecht oder ungerecht wahrgenommen wird. Es wird aufgezeigt, welche Konsequenzen die Wahrnehmung von ungerechtfertigter Peer-Kontrolle für die Zusammenarbeit in virtuellen Teams haben kann und welche Handlungsempfehlungen sich daraus für Unternehmen ergeben.

15.1 Einleitung

Die Digitalisierung durchdringt die Arbeitswelt (Kauffeld und Maier 2020; Maier et al. 2020) und die Zusammenarbeit in virtuellen Teams ist bereits seit Jahren immer mehr zur Regel geworden (Zander et al. 2012, S. 592). Gleichzeitig stehen die Unternehmen vor der Herausforderung, diese geographisch, zeitlich und organisational verteilten Teammitglieder, die hauptsächlich über elektronische Kommunikationsmedien miteinander interagieren, bestmöglich in ihrer Zusammenarbeit zu unterstützen. Denn trotz ihrer Verbreitung zeichnet sich die virtuelle Teamarbeit häufig durch Kooperationsprobleme aus (u. a. Hinds et al. 2014; Afflerbach 2020). Beispielsweise kann Stille in der digitalen Interaktion von den beteiligten Kommunikationspartnern unterschiedlich interpretiert werden (u. a. Bjørn et al. 2014, S. 3) und wie die Stille des anderen wahrgenommen wird, kann von „meine Nachricht wird ignoriert", „wurde übersehen", „nicht verstanden" bis „wird aktuell bearbeitet" reichen. Viele traditionelle Lösungen für Kooperationsprobleme in Teams sind nur bedingt auf den virtuellen Kontext übertragbar, da beispielsweise die direkte Supervision durch Führungskräfte nur eingeschränkt möglich ist. Daher ist es entscheidend für den Erfolg eines virtuellen Teams, dass die einzelnen Teammitglieder gemeinsam Verantwortung für die Arbeitsergebnisse ihres Teams übernehmen (Carte et al. 2006, S. 323).

Peer-Kontrolle ist eine Möglichkeit für die Teammitglieder, die Kooperation in ihrem (virtuellen) Team sicherzustellen, denn Peer-Kontrolle kann mögliches opportunistische Verhalten anderer Teammitglieder – im Sinne von nicht-zielführend für das Team – begrenzen (Long und Sitkin 2006). Der Begriff *Peer* hebt hervor, dass es sich um hierarchisch gleichgestellte Mitglieder des Teams handelt, die keine gegenseitige Weisungsbefugnis besitzen. Dabei bezieht sich Peer-Kontrolle darauf, den Überblick über die Arbeit der anderen Teammitglieder zu behalten, während man seiner eigenen Arbeit nachgeht. Die einzelnen Teammitglieder nutzen Peer-Kontrolle, um sicherzustellen, dass die anderen Teammitglieder die Aufgaben korrekt bearbeiten und im Sinne des Teams agieren (McIntyre und Salas 1995, S. 23). Inwiefern sich Peer-Kontrolle bei einer virtuellen Zusammenarbeit anders ausgestaltet als in einem Face-to-Face-Setting ist bisher unklar. Aktuell gibt es nur eine kleine Anzahl an Publikationen mit einem expliziten Fokus auf Peer-Kontrolle in virtuellen Teams. Einige Forscher nehmen an, dass Peer-Kontrolle in virtuellen Teams gänzlich anders ist (Loughry 2010), während andere vermuten, dass der virtuelle Kontext die Fähigkeit der Teammitglieder zur gegenseitigen Kontrolle lediglich einschränkt (z. B. Gibson und Gibbs 2006; Muethel et al. 2012). Im Gegensatz dazu vertreten wiederum andere Forscher die Annahme, dass elektronische Kommunikationstechnologien die Möglichkeiten, die anderen Teammitglieder zu kontrollieren, sogar erweitert (Kirsch et al. 2010).

Die vorliegende Studie hilft zu verstehen, wie Mitglieder virtueller Teams Peer-Kontrolle erleben und inwiefern jene als gerecht oder ungerecht wahrgenommen wird. Zudem liefert die Studie neue Erkenntnisse, welche Konsequenzen die Wahrnehmung von ungerechtfertigter Peer-Kontrolle für die Zusammenarbeit in virtuellen Teams haben kann.

Dafür werden zunächst die theoretischen Grundlagen zu Kooperationsproblemen und Peer-Kontrolle in virtuellen Teams dargelegt. Im Anschluss wird die Methode erläutert: Im Rahmen einer qualitativen Studie mit mehreren virtuellen Teams in zwei internationalen Unternehmen wurden 25 leitfadengestützte Interviews und zwei Fokusgruppeninterviews à drei Personen geführt. Diese Datenerhebung wurde um fünf Interviews mit Experten für virtuelle Teamarbeit ergänzt. Darauf aufbauend werden die empirischen Ergebnisse beschrieben, indem gezeigt wird, wie Mitglieder von virtuellen Teams Peer-Kontrolle erleben und inwiefern diese als gerecht oder ungerecht wahrgenommen wird. Die Erkenntnisse werden abschließend diskutiert und es werden Handlungsempfehlungen für Unternehmen abgeleitet, wie eine gerechte Peer-Kontrolle unterstützt werden kann.

15.2 Theorie

Der vorliegende Beitrag konzentriert sich auf zwei Forschungsstränge: (1) Kooperationsprobleme in virtuellen Teams und (2) Peer-Kontrolle in virtuellen Teams.

15.2.1 Kooperationsprobleme in virtuellen Teams

Per Definition handelt es sich bei virtuellen Teams um geographisch, zeitlich und organisational verteilte Teams, in denen die Teammitglieder hauptsächlich über computergestützte Kommunikationstechnologie miteinander interagieren (Maznevski und Chudoba 2000; Kanawattanachai und Yoo 2002).

Jedoch ist eine Kooperation im Team nicht zwangsläufig garantiert, selbst wenn Unternehmen fähige Individuen in Teamkonstellationen zusammenarbeiten lassen (Hackman 1987; Salas et al. 2005, S. 555 f.). Auf der einen Seite birgt die Teamarbeit zwar ein großes Potenzial; wenn die Teammitglieder jedoch nicht miteinander kooperieren, kann es weitreichende negative Konsequenzen für die Unternehmen haben, z. B. verringerte Produktivität, Nichteinhaltung von Fristen, Verlust von Umsatz oder Erstellung von fehlerhaften Produkten (z. B. Alderfer 1977; Janis 1972). Kooperation kann dabei als willentlicher Beitrag der persönlichen Bemühung zur Erledigung von voneinander abhängigen Aufgaben definiert werden (Wagner 1995, S. 152). Kooperationsprobleme in Teams können demnach als Prozessverluste konzeptualisiert werden, die auftreten, weil einzelne Teammitglieder persönliches Bemühen zurückgehalten haben. Solch ein Zurückhalten von persönlichem Bemühen wird definiert als die Wahrscheinlichkeit, dass ein Individuum weniger als das maximal mögliche Bemühen für eine arbeitsbezogene Aufgabe aufbringt (Lin und Huang 2010, S. 188). Im Teamkontext wird solch ein nicht-kooperatives Verhalten meist im Zusammenhang mit „sozialem Faulenzen" (Englisch: social loafing) und „Trittbrettfahren" (free riding) erforscht (z. B. Wagner 1995; Chidambaram und Tung 2005; Lin und Huang 2010). Trotz der unterschiedlichen Ursprünge beschreiben diese beiden theoretischen Konstrukte jeweils Verhaltensweisen von Teammitgliedern, die sich weniger als maximal möglich beteiligen oder bemühen aufgrund von *Motivation* und *(Arbeits-)Umfeld* (Kidwell und Bennett 1993, S. 430).

Motivationale Gründe für das Zurückhalten von Bemühen werden dabei meist mit dem sogenannten „Verwässerungseffekt" (Englisch: dilution effect, Chidambaram und Tung 2005, S. 151) belegt. Gemäß diesem Effekt sind Individuen weniger motiviert, wenn sie das Gefühl haben, dass ihr Beitrag zur Teamleistung nicht oder kaum identifizierbar ist. Dies ist häufig in größeren Gruppen der Fall, in denen sich das jeweilige Individuum leichter „in der Masse verstecken" kann (Karau und Williams 1993; Kidwell und Bennett 1993; George 1992; Wagner 1995).

Demgegenüber beziehen sich *Gründe aus dem (Arbeits-)Umfeld* auf den Kontext der Zusammenarbeit der Teammitglieder. Als eine besondere Herausforderung aufgrund des (Arbeits-)Umfeldes ist dabei die Virtualität anzusehen (z. B. Berry 2011, S. 192). Demnach sind virtuelle Teams besonders von Problemen der Kooperation und Koordination betroffen (z. B. Montoya-Weiss et al. 2001), weil grundlegende Schwierigkeiten bei der Organisation ihrer kooperativen Bemühungen bestehen (Lipnack und Stamps 2000; Piccoli und Ives 2003; Afflerbach 2020). Obwohl die Technik es ermöglicht, dass virtuelle Teammitglieder auch über große geographische Distanzen miteinander interagieren, benötigt neue Technologie auch eine erhöhte Medienkompetenz der Mitarbeitenden (Paulsen et al. 2020). Und wenn Mitarbeitende mit den Medien nicht kompetent umgehen können, ist auch eine Kooperation im virtuellen Team erschwert. Bisherige Untersuchungen haben zudem gezeigt, dass die virtuelle Zusammenarbeit erfordert, dass die Teammitglieder der Kommunikation besondere Aufmerksamkeit widmen, um die physischen Grenzen zu überwinden, die sie voneinander trennen (Cramton 2001; Cummings und Haas 2012). Interessanterweise hat eine vergleichende Fallstudie über virtuelle Teams in einem traditionellen Produktionsunternehmen und virtuelle Teams in einem modernen IT-Unternehmen gezeigt, dass unabhängig von der Qualität der Ausstattung der Kommunikationstechnologie die Mitglieder von virtuellen Teams ähnliche kontextuelle Herausforderungen für ihre Kooperation erleben. Beispielsweise nahmen die Teammitglieder in beiden untersuchten Unternehmen eine psychologische Distanz durch die erhöhte Anonymität und einen fehlenden informell-persönlichen Austausch wahr. Dadurch steigt unter anderem die Wahrscheinlichkeit, dass E-Mails nicht beantwortet und Aufgaben nicht

innerhalb der vorgegebenen Zeit erledigt werden (Afflerbach 2020).

15.2.2 Peer-Kontrolle in virtuellen Teams

Traditionell wurden Kooperationsprobleme in Teams als eine der elementaren Führungsaufgaben betrachtet (Miller 1992; Pfeffer 1997). In einem virtuellen Kontext ist die direkte Supervision durch Führungskräfte in Form von z. B. Kontrollieren und Eingreifen jedoch deutlich schwieriger. Führungskräfte sind meist nie direkt in alle Aufgabenerledigungen involviert und in der virtuellen Zusammenarbeit heißt das, dass sie nicht in jeden E-Mail-Verkehr und alle Videokonferenzen eingebunden sind. Durch die Virtualität und die unterschiedlichen Standorte der einzelnen Teammitglieder ist es für die Führungskräfte zudem weder möglich, sich „auf dem Gang" mal kurz nach dem aktuellen (Bearbeitungs-)Stand zu informieren, noch in Erfahrung zu bringen, wie Kollege XY mit seinem Teil der Aufgabe vorankommt. Folglich ist die Bereitschaft der einzelnen Teammitglieder zur Übernahme von Verantwortung für die gemeinsamen Arbeitsergebnisse entscheidend für den Erfolg des virtuellen Teams (Carte et al. 2006, S. 323). Daher sind dezentralisierte Lösungen wie Peer-Kontrolle von besonderer Bedeutung, um Kooperationsprobleme in virtuellen Teams zu überwinden.

Peer-Kontrolle ist eine spezielle Art der organisatorischen Kontrolle, die Teammitglieder ausüben, um die Zusammenarbeit sicherzustellen (Loughry und Tosi 2008, S. 876). Der Begriff *Peer* hebt dabei hervor, dass es sich um hierarchisch gleichgestellte Mitglieder des Teams handelt. Allgemein kann Peer-Kontrolle als Prozess verstanden werden, in dem Personen ihre Aufmerksamkeit auf andere Organisations- oder Teammitglieder richten und diese dazu motivieren, sich im Sinne der kontrollierenden Person zu verhalten (Loughry 2010, S. 325). Trotz ihrer weiten Verbreitung in Organisationen ist die Forschung zu Peer-

Kontrolle in virtuellen Teams rar. Erste theoretische Erkenntnisse zu diesem Thema gibt es aus dem Fachgebiet Organisationskontrolle und erste empirische Hinweise aus dem Fachgebiet Informatik (siehe folgend).

Die Literatur zur Organisationskontrolle gibt erste Einblicke in die Ausgestaltung von Peer-Kontrolle in einer virtuellen Welt. Loughry (2010, S. 351) betont dabei, wie wichtig es sei die Merkmale des organisatorischen Kontextes bei der Erforschung von Peer-Kontrolle zu berücksichtigen. Sie beschreibt, dass die Virtualität bei der Zusammenarbeit die Art und Weise beeinflusst, wie Peer-Kontrolle ausgeübt werden kann, denn virtuelle Teammitglieder üben Peer-Kontrolle anders aus und erleben sie anders als Teammitglieder, die von Angesicht zu Angesicht miteinander interagieren. Durch die Virtualität nimmt zudem die Reichweite der Peer-Kontrolle zu, da elektronische Kommunikationsformen wie E-Mail, Blogs und Websites den Menschen mehr Optionen bieten, Peer-Kontrolle auszuüben. Es besteht die Möglichkeit, mit minimalem Zeit- und Arbeitsaufwand viele Peers beeinflussen zu können, indem beispielsweise eine E-Mail gleichzeitig an verschiedene Empfänger gesendet wird (z. B. Kirsch et al. 2010). Im Gegensatz dazu beschreiben andere Forscher, dass die Virtualität die Fähigkeit der Teammitglieder einschränkt, den Fortschritt der anderen Teammitglieder bei den zu erfüllenden Teamaufgaben zu kontrollieren (z. B. Muethel et al. 2012). Verschiedene Forscher treffen die Aussage, dass die Abhängigkeit von computergestützter Kommunikation die Möglichkeiten zur Kontrolle der anderen Teammitglieder verringere (Gibson und Gibbs 2006) und dass eine direkte Überwachung meist unmöglich sei (Carson et al. 2003).

Die Informatikliteratur liefert einige empirische Belege für die Möglichkeit der Kontrolle in virtuellen Beziehungen. Peer-Kontrolle ist ein grundlegender Baustein für virtuelle Plattformen wie Wikipedia (jeder kann die Artikel anderer kontrollieren und bearbeiten), eBay (Käufer und Verkäufer kontrollieren und bewerten die Zuverlässigkeit des an-

deren) oder andere Open-Source-Phänomene. Daher wird die Kontrolle in virtuellen Umgebungen häufig von Informatikern thematisiert, die sich auf (informelle) Kontrollmechanismen von Softwaresystemen konzentrieren. Darüber hinaus zeigen einige Studien, dass beispielsweise Open-Source-Software- und andere Online-Communities in hohem Maße auf informelle Kontrollmechanismen in verteilten virtuellen Entwicklungsteams angewiesen sind. Dies gibt Hinweise auf die Möglichkeit der Peer-Kontrolle in einer virtuellen Arbeitsumgebung (Stewart und Gosain 2006). Auf der Grundlage einer Sekundäranalyse über veröffentlichte Fallstudien zum Thema virtuelle Open-Source-Softwareteams argumentiert Gallivan (2001), verschiedene Kontrollmechanismen könnten eine effektive Leistung von Mitarbeitern in diesen virtuellen Umgebungen gewährleisten. Darüber hinaus argumentieren andere Forscher, dass in der gegenwärtigen, digitalisierten (Arbeits- und Studenten-)Umgebung der häufige Zugang zum Internet von den Studienteilnehmern als bequem empfunden und gerne genutzt wird, sowohl zur Unterstützung als auch zur Kontrolle. In diesem Sinne konzentrieren sich einige Forscher auch auf Online-Monitoring, das eher einem Online-Mentoring entspricht und oft als eine Art bedarfsgerechte Kontrolle beschrieben wird (Ensher et al. 2003). Dies basiert auf einem Verständnis des gemeinschaftlichen Charakters der Beziehung und ist darauf ausgerichtet, den anderen zu helfen (McAllister 1995, S. 31).

Insgesamt gibt es eine kleine Zahl an theoretischen und empirischen Hinweisen zur Peer-Kontrolle in virtuellen Kollaborationen. Jedoch bleibt unklar, wann und wie Peer-Kontrolle als gerecht und wann und wie sie als ungerecht wahrgenommen wird.

15.3 Methode[1]

Für die vorliegende Studie wurde ein qualitativer Forschungsansatz gewählt, weil das Thema Peer-Kontrolle in virtuellen Teams noch explorativ erschlossen werden muss. Zur Beantwortung der Forschungsfrage wurden insgesamt 36 Personen interviewt. Es wurden 25 qualitative leitfadengestützte Interviews und zwei Fokusgruppeninterviews à drei Personen in zwei internationalen Fortune-1.000-Unternehmen sowie fünf Interviews mit Experten für virtuelle Teamarbeit durchgeführt. Die beiden untersuchten Unternehmen werden mit den Pseudonymen GlobalMobility (GM) und GlobalTech (GT) anonymisiert, haben jeweils mehr als 70.000 Mitarbeiter weltweit und ihren Hauptsitz in Nordamerika. GlobalMobility ist eines der führenden Unternehmen im Mobilitätssektor und GlobalTech ist eines der führenden Unternehmen im IT-Sektor. Beide Unternehmen fokussieren sich auf den B2B-Markt. In diesen Unternehmen wurden Führungskräfte und Teammitglieder aus mehreren virtuellen Teams interviewt, die über verschiedene geographische Standorte hinweg zusammenarbeiten. Die Teams sind jeweils Teil der internen Service-Abteilungen für Personal und/oder Finanzen und die Teammitglieder arbeiten interdependent zusammen. Die Interviewpartner waren zwischen 27 und 64 Jahre (im Durchschnitt 38 Jahre) alt. Dabei umfasst die Stichprobe 11 Männer und 20 Frauen. Die Interviews wurden jeweils vor Ort an den unterschiedlichen Standorten Face-to-Face durchgeführt, und zwar an vier Standorten in Deutschland, zwei Standorten in der Schweiz, einem Standort in Polen und einem Standort in Rumänien. Die Interviews dauerten zwischen 31 und 157 Minuten (im Durchschnitt 74 Minuten). ◲ Tab. 15.1 fasst die Stichprobe zusammen.

Beispielfragen in den Interviews waren „Wie arbeiten Sie mit den anderen Mitgliedern Ihres virtuellen Teams zusammen?", „Wie stellen Sie sicher, dass die Teamaufgaben rechtzeitig fertig werden?" und „Wie nehmen Sie Kontrolle unter Kollegen in Ihrem virtuellen Team war?". Alle Interviews wurden mit einem Audiogerät aufgenommen. Die Audioaufzeichnungen wurden vollständig verschriftlicht und mit der hybriden qualitativen Inhaltsanalyse nach Schreier (2012) von beiden Autoren ausgewertet. Dabei wurde zunächst ein deduktiver Kodierleitfaden auf Basis der Forschungsfrage und des theoretischen Vorwissens entwickelt.

---

1   Die empirischen Daten wurden im Zuge des Forschungsprojekts für die Dissertation von Thomas Afflerbach erhoben.

◲ **Tabelle 15.1**   Überblick über die Stichprobe

Unternehmen	Standort	Anzahl der interviewten Personen
GlobalMobility (GM)	Standort_1 Deutschland (GM1)	6
	Standort_2 Deutschland (GM2)	3
	Standort_3 Rumänien (GM3)	14[a]
GlobalTech (GT)	Standort_1 Schweiz (GT1)	1
	Standort_2 Schweiz (GT2)	1
	Standort_3 Deutschland (GT3)	1
	Standort_4 Deutschland (GT4)	1
	Standort_5 Polen (GT5)	4
Experten für virtuelle Teamarbeit	Deutschland	5
Summe		**36**

[a]inklusive zwei Fokusgruppeninterviews à drei Personen

Fehlzeiten-Report 2020

Anschließend wurde dieser auf das Material angewendet und durch induktive Kategorien ergänzt. Die Datenauswertung erfolgte mithilfe des Softwareprogramms MAXQDA 11.

15.4 Empirische Ergebnisse

Die empirischen Ergebnisse zeigen, dass Peer-Kontrolle das Kooperationsproblem in virtuellen Teams verschlimmern kann: Insbesondere wenn ein Verdacht der fehlenden Kompetenz der Kollegen besteht und dadurch Überwachung – und nicht Unterstützung – die Motivation zur Kontrolle der gleichrangigen Kollegen (Peers) ist, kann dies negative Dynamiken auslösen. Verstärkt werden diese Dynamiken, wenn die Kontrollintensität sehr hoch ist – dann kann die Peer-Kontrolle zu einer Verdrängung von Anstrengungen und zu Stress führen. Diese Wirkungskette wird nachfolgend empirisch-fundiert beschrieben: (1) die Wolke des Verdachts, (2) die überwachungsbasierte Kontrolle, (3) die Kontrollintensität und (4) als Konsequenz die Verdrängung von Anstrengungen sowie die Entstehung von Stress.

15.4.1 Wolke des Verdachts

Der Begriff Wolke des Verdachts beschreibt metaphorisch ein latentes Misstrauen und Verdächtigungen zwischen den Mitgliedern eines Teams. Insbesondere bei GlobalMobility lassen sich Hinweise finden, dass solche misstrauischen Verhaltensweisen ein gängiges Phänomen sind und die Kooperation zwischen den Mitgliedern des virtuellen Teams dadurch beeinflusst wird. Die interviewten Experten und Expertinnen beschreiben dies als typisches Phänomen bei virtuellen Teams, da es oft Schwierigkeiten beim Aufbau von Vertrauen gibt:

» Sie arbeiten an zwei verschiedenen Standorten, für einen längeren Zeitraum, dauerhaft. Wir haben sieben Leute in Deutschland, wir haben die gleiche Anzahl im anderen Land.

Wir haben sofort erkannt, dass es überhaupt kein Vertrauen gibt (Experte 1).

Auf die Frage „Welche Rückmeldung bekommen Sie zu Ihrer Arbeit von den virtuellen Kollegen in Deutschland?" legt eine Interviewpartnerin von GlobalTech exemplarisch ihr Gefühl des latenten Misstrauens in der Zusammenarbeit dar. Sie schildert, dass ihre deutschen Kollegen und Kolleginnen alles, was sie und ihre Kollegen und Kolleginnen am Standort in Osteuropa tun, als problematisch oder fehlerhaft betrachten:

» Aber von Zeit zu Zeit hatten wir das Gefühl, dass für die Deutschen alles ein Fehler ist (Interviewpartnerin 25_GT5).

Ein wahrgenommenes Fehlen an Kompetenz kann sich auf die Wolke des Verdachts auswirken. Interessanterweise bestätigt ein Interviewpartner von GlobalMobility, dass die obige Wahrnehmung von der GlobalTech Mitarbeiterin am osteuropäischen Standort (Interviewpartnerin 25_GT5) auch für sein Unternehmen zuträfe. Dazu führt er aus, dass die Teammitglieder am Standort_1 (Deutschland) einen (latenten) Verdacht, beziehungsweise eine Unsicherheit, in Bezug auf die Kompetenzen der Teammitglieder am Standort_3 (Rumänien) hätten. Dies führe zu – gegebenenfalls voreiligem – unterstützendem Eingreifen in die Aufgabenerbringung der anderen Teammitglieder:

» Es gab fünf Dinge, die völlig schief gelaufen wären, aber Lokal (Standort_1 Deutschland) hat dann ein wenig eingegriffen, das sollte sie eigentlich nicht, aber nur dadurch hat es geklappt (Interviewpartner 4_GM1)

In einem Fokusgruppeninterview mit Teammitgliedern am GlobalMobility Standort_1 in Deutschland bekunden zwei Mitglieder recht deutlich ihr Misstrauen und ihre Wahrnehmung von Inkompetenz bei den meisten Teammitgliedern am Standort_3 (Rumänien):

» Interviewpartner 5_GM1: Letzten Freitag hatten wir einen Fehler von rund 1 Mio. € bei unseren Banküberweisungen. Und warum? Sie (Standort_3 Rumänien) haben die letzten drei Ziffern der BIC-Codes aller unserer Sparkassen gelöscht und durch dreifach x ersetzt. Jetzt müssen alle 92 Bankzahlungen von uns (Standort_1 Deutschland) manuell korrigiert werden. Können Sie sich die Arbeitsbelastung vorstellen, die sie damit verursacht haben?

» Interviewpartner 1_GM1: Dann fragt man sich, ob sie (Standort_3 Rumänien) das absichtlich tun? Aber das will niemand hören.

Dabei scheint die signifikanteste Auswirkung eines derartigen Verdachts zu sein, dass die Individuen zögern, das Verhalten der anderen Teammitglieder für bare Münze zu nehmen. Solch eine Voreingenommenheit kann eine Person wachsamer für Hinweise machen, die auf negative Informationen hindeuten. Dies kann wiederum zu einer Übertreibung des Negativen führen:

» Das gleiche muss man ihnen 100-mal erklären (Interviewpartner 5_GM1).

Auch Generalisierungen des Problems im Sinne von „nie" oder „alles falsch" können auf eine solche Wolke des Verdachts hindeuten:

» Ich hatte heute wieder mit den Stammdaten zu tun, im Moment wieder mit großen Problemen, dass sie im Grunde nie das tun, was wir ihnen sagen. Heute habe ich wieder eine gemeine E-Mail geschrieben, dass ich verärgert bin, weil sie alles falsch eingegeben haben (Interviewpartner 7_GM2).

Zwei andere Teammitglieder von GlobalMobility erklären während des Fokusgruppeninterviews, dass ihr Verdacht in Bezug auf die Inkompetenz darauf zurückzuführen sei, dass sie viele unwichtige oder dumme Frage von den Teammitgliedern am Standort_3 (Rumänien) gestellt bekommen:

» Interviewpartner 1_GM1: Und dann bekommst du eine dumme Frage und sie fragen etwas Dummes.

» Interviewpartner 2_GM1: Oder etwas völlig Unwichtiges: „Was sollen wir jetzt dort schreiben?"

» Interviewpartner 1_GM1: Aber es dauert sehr lange und man muss sehr oft prüfen und es dann selbst wieder tun.

» Interviewpartner 2_GM1: Es dauert lange, dann fragen sie dumme Dinge, wo ich sage, „dass Sie, Gott weiß, selbst entscheiden können, ob Sie mit einer blockierten Kostenstelle (…) etwas schreiben oder nicht, das ist völlig irrelevant" (stöhnt).

In ähnlicher Weise erklärt einer der Global-Tech-Mitarbeiter vom Standort_1 (Schweiz), dass das fortlaufende Stellen von zu vielen Fragen eine negative Auswirkung auf seine Wahrnehmung der Kompetenz des fragenden Interaktionspartners habe:

» Natürlich meine ich, wenn Sie immer und immer wieder fragen, dann werden Sie als inkompetent wahrgenommen (Interviewpartner 18_GT1).

Darüber hinaus verkündet eine Informantin ihren Ärger über das Gefühl, alles überprüfen zu müssen und begründet dieses Gefühl damit, dass sich die Interaktionspartner nicht an die Vorgaben hielten, die sie ihnen gemacht habe:

» Manchmal schafft es Frustration, wenn es vielleicht eine Aufgabe war, die relativ schnell hätte gelöst werden können, und wenn er sich an meine Beschreibung gehalten hätte, hätte es reibungslos funktioniert [...] normalerweise hätte ich bei so etwas nicht nachsehen brauchen, eigentlich hätte ich mich darauf verlassen. Natürlich bist du dann vorerst verärgert, wenn man jetzt doch besser checkt, weil viel falsch ist (Interviewpartner 8_GM2).

15.4.2 Überwachungsbasierte Peer-Kontrolle

Überwachungsbasierte Peer-Kontrolle in virtuellen Teams bedeutet, dass die zugrunde liegende Motivation der Peer-Kontrolle darin besteht, die Teamkollegen zu überprüfen, anstatt sie zu unterstützen und ihnen zu helfen. Es gibt jedoch durchaus auch die Möglichkeit einer positiv wahrgenommenen Peer-Kontrolle. Ein Experte betont diese wichtige Unterscheidung, die in der jeweiligen Intention der Kontrolle liegt:

» …im positiven Sinne der Kontrolle, (…) was wichtig ist, ist die Absicht dahinter (Experte 4).

Auch ein weiterer Experte schildert die positiven Aspekte:

» Wenn es einen virtuellen Teamraum gibt, in dem sie verfolgen können, wo sie notiert haben, was sie getan haben, und ich denke, wenn es so gemeint ist, kann es ziemlich gut sein (Experte 5).

Die Teammitglieder beschreiben jedoch eine überwachungsbasierte Peer-Kontrolle in ihren virtuellen Teams. Sie nennen diese als einen Weg, um die Zusammenarbeit sicherzustellen, auch über Entfernungen hinweg und trotz eines konstanten Verdachts (vgl. ▶ Abschn. 15.4.1 Wolke des Verdachts).

Eine GlobalMobility-Interviewpartnerin bietet Einblicke, wie sich eine solche überwachungsbasierte Peer-Kontrolle in der Kommunikation mit ihren Kollegen manifestiert:

» Ich war sehr nett und habe das Wort „Fehler" vermieden. Aber jetzt bin ich brutal. Jetzt schreibe ich, wie ich denke […] Fingerzeig. (klopft auf den Tisch) Da hast du ein Durcheinander gemacht, korrigiere es erneut (Interviewpartnerin 6_GM1).

Die überwachungsbasierte Peer-Kontrolle von Kollegen hat das Ziel sicherzustellen, dass es keine Fehler in der Arbeit gibt – insbesondere keine Fehler, die persönlich Probleme bereiten könnten:

» Gegenstände, die eine besondere Priorität haben oder besondere Aufmerksamkeit haben, bei denen das Risiko höher ist, dass etwas schiefgeht, da habe ich natürlich einen genaueren Blick darauf. (IW: Also, was ist Ihre Motivation?) Um nicht beschuldigt zu werden, würde ich sagen / ich persönlich würde es gerne verhindern, ja. Keine Schuld ist die beste Belohnung (Interviewpartner 2_GM1).

Eine andere Informantin fügt hinzu, dass sie eine überwachungsbasierte Peer-Kontrolle durchführe, weil sie einen gewissen Druck verspüre, dass die Arbeit des gesamten Teams korrekt sein müsse. Aufgrund des voneinander abhängigen Prozesses der Aufgabenerfüllung sei sie für die Arbeit des gesamten Teams verantwortlich, obwohl sie die einzelnen Aufgaben tatsächlich nicht erledigt habe:

» Wenn ich ihnen etwas sende, mache das bitte und überprüfe es später noch einmal. […] Weil es meistens dringende Dinge sind, wichtige Dinge, bei denen von außen und von innen ein enormer Druck herrscht. Und die Leute üben keinen direkten Druck auf Rumänien aus, immer noch nicht, es ist bei mir (Interviewpartnerin 3_GM1).

Einer der Interviewpartner von GlobalMobility erklärt, dass ein weiterer Grund für die überwachungsbasierte Peer-Kontrolle durch seine Kollegen die wahrgenommene mangelnde Kompetenz der Mitarbeiter am Standort_3 in Rumänien ist:

» Ich bin überzeugt, dass sie dazu nicht in der Lage sind. Sie verstehen es einfach nicht […]. Lassen Sie es mich so sagen, es gibt einfach kein qualifiziertes Personal. In der Finanzabteilung sollten Sie mindestens jemanden haben, der weiß, was Debit und Credit sind. Und dann können wir von dort aus beginnen. Und das ist nicht der Fall (Interviewpartner 7_GM2).

Infolgedessen beschreibt eine weitere Interviewpartnerin ihre Frustration darüber, dass dieser zusätzliche Aufwand auf fehlerhafte Eingaben im Informationssystem zurückzuführen sei:

» Das ist es, was die meiste Frustration verursacht, egal was du berührst, alles dauert jetzt viermal so lange (Interviewpartnerin 9_GM2).

Darüber hinaus berichten auch die Global-Tech-Interviewpartner über die Kontrolle mit der Absicht, die Teammitglieder zu überwachen. Eine Interviewpartnerin erklärt, dass es ihrer Meinung nach bei einigen Kollegen notwendig sei, ihr Verhalten genau zu verfolgen und zu überwachen. Sie gehe davon aus, dass diese Kollegen keine Frage stellen würden, obwohl sie nicht verstünden, was sie tun müssten. Dies könne die erfolgreiche Erledigung der Aufgabe gefährden:

》 Sie wissen also, dass es bei manchen Menschen schwieriger ist. Also, mit diesen Leuten werden Sie sie anders behandeln, weil Sie mehr Mikromanagement betreiben würden, weil Sie alles nachverfolgen müssen. Weißt du, wenn du ihnen etwas gibst, ein Projekt, können sie nicht daran arbeiten, weil sie, wenn sie es nicht verstehen, werden sie keine Frage stellen. Dann musst du regelmäßig schauen und sagen, okay, wo bist du mit diesem Projekt, ist da etwas, das du nicht verstehst, und es dann wieder erklären (Interviewpartner 19_GT2).

15.4.3 Kontrollintensität

Die Interviewpartner geben verschiedene Hinweise, welche Bedeutung eine hohe Intensität der Peer-Kontrolle hat. Ein Interviewpartner von GlobalTech erklärt, wie er nicht nur seinen Verhalten hin zu überwachungsbasierter Peer-Kontrolle geändert, sondern gleichzeitig seine Kontrollintensität erhöht habe. Er änderte sein Kontrollverhalten, weil seine Kollegin das letzte Mal, als sie große Probleme mit einem Geschäftsvorgang hatte, das Problem nicht rechtzeitig genug mitgeteilt habe und der Vorgang fehlgeschlagen sei. Daher werde er sie das nächste Mal genauer überwachen, um Fehler in ihrer Zusammenarbeit zukünftig zu vermeiden:

》 Ich werde sie jetzt mit dem neuen Prozess aktiver regelmäßiger ansprechen. Frü-

her war der Ansatz eher, hey, das ist dein Prozess, aber es ist in meinem Interesse, dass er funktioniert. Du sagst mir, es funktioniert, dann gut. Und ansonsten melden Sie sich bitte, wenn ich Sie unterstützen kann. Oder falls sich der Zeitplan ändert. Das werde ich im nächsten Jahr nicht so machen, sondern ich werde aktiver auf sie zukommen, um zu verstehen, wo sie stehen (Interviewpartner 21_GT4).

Insbesondere bei GlobalMobility scheint die Kontrollintensität der Kollegen und Kolleginnen sehr hoch zu sein. Beispielsweise betrachten einige GlobalMobility-Interviewpartner am Standort_1 Peer-Kontrolle als die einzig vernünftige Art der Interaktion mit ihren Teamkollegen am Standort_3:

》 Man muss alles überprüfen (Interviewpartner 1 und 5_GM1).

Eine Interviewpartnerin skizziert beispielhaft die hohe Intensität ihrer aktuellen Peer-Kontrolle, die für sie zu viel zusätzlichem Arbeitsaufwand führe. Gleichzeitig betont sie, dass sie eigentlich keine Zeitressourcen habe, um alles ständig zu kontrollieren:

》 Hier denke ich immer ahh, zwei Schritte vorwärts, zwei Schritte zurück und manchmal sogar einen dritten Schritt zurück. Das ist nervig [...]. Für solche Dinge haben wir nicht mehr die Kapazität (Interviewpartner 4_GM1).

Die folgenden Aussagen verdeutlichen, dass die derzeitige Interaktion zwischen einigen der GlobalMobility-Teammitgliedern durch eine intensive Peer-Kontrolle gekennzeichnet ist:

》 Ich schreibe alles im Detail vor, „das müssen Sie eingeben", und dann schaue ich am nächsten Tag nach (Interviewpartnerin 6_GM1).

》 Wir werden ständig kontrolliert (Interviewpartner 13_GM3).

15.4.4 Konsequenz der Peer-Kontrolle: Verdrängung von Anstrengungen und Entstehung von Stress

Eine sehr intensive Kontrolle kann zu einer Dilemma-Situation führen. Insbesondere kann die intensive Kontrolle dem kontrollierten Kollegen die Möglichkeit nehmen, seine Fähigkeiten zu beweisen, denn die kontrollierten Teammitglieder haben teilweise keine Chance mehr, ihre Kompetenz oder Vertrauenswürdigkeit unter Beweis zu stellen, weil sie sowieso ständig überwacht werden. Eine Interviewpartnerin erklärt, sie wisse, dass sie ihre Kollegen eigentlich weniger kontrollieren sollte, trotzdem kontrolliere sie immer noch sehr viel. Da sie den größten Teil der Arbeit ihrer Kollegen zeitnah überprüfe, würden ihre Erwartungen, dass ihre Kollegen möglicherweise etwas falsch machen, häufig erfüllt und sie fände tatsächlich Fehler, bei denen ihre Kollegen beispielsweise gar keine Möglichkeit hatten, diese erstmal selbst zu finden und zu korrigieren. Dies führe zu einem Dilemma, da die Wichtigkeit und Richtigkeit ihrer Kontrolle durch tatsächlich gefundene Fehler bekräftigt werde und sie folglich keine Möglichkeit sehe, weniger zu überwachen:

» Ist oft so, wo man sagt / Also würde ich sagen: Bestimmte Dinge, die wir immer noch zu sehr kontrollieren [...] Sie haben bestimmte Dinge, wo Sie wissen, damit sind sie sicher. Aber ich weiß auch: Oh, wenn ich das verschicke, muss ich es noch einmal überprüfen. Manchmal habe ich Glück, dass es in Ordnung ist und manchmal habe ich Pech. Ich überprüfe immer noch zu viel, würde ich denken, auch wenn es manchmal gar nicht angebracht ist (Interviewpartner 7_GM2).

Eine Verdrängung von Anstrengungen kann das Ergebnis einer zu intensiven Kontrolle der Teammitglieder sein. Eine intensive Peer-Kontrolle kann den Einzelnen frustrieren, weil sie

einen daran hindert, Eigeninitiative und ein Gefühl der relativen Unabhängigkeit zu entwickeln. Eine Interviewpartnerin beschreibt, dass ihre Kollegen frustriert seien, wenn sie sie kontaktiere, um sie wissen zu lassen, dass sie aufgrund ihrer Kontrolle einen Fehler entdeckt habe:

» Ich habe das Gefühl, sie mögen es nicht, wenn sie etwas sehen, was falsch ist, und wir machen sie darauf aufmerksam. Das mögen sie nicht (Interviewpartnerin 6_GM1).

Darüber hinaus geht eine weitere Interviewpartnerin davon aus, dass sich ihre Teammitglieder am Standort_3 von GlobalMobility möglicherweise weniger wohl und weniger sicher dabei fühlen, wie sie die Aufgaben ausführen. Möglicherweise fühlen sie sich weniger sicher, weil sie ständig von den Teammitgliedern der anderen Standorte überwacht und korrigiert werden:

» Ich gehe davon aus, dass sie es weniger mögen und weniger wagen etwas zu buchen, weil sie das Gefühl haben, dass sie es nicht in der erwarteten Form der Aufgabe liefern können (Interviewpartner 8_GM2).

Die Interviewpartnerin führt dann weiter aus, dass sich ihre Kollegen irgendwann isoliert fühlen könnten. Sie komme zu dieser Einschätzung, weil sie manchmal die Aufgaben der Kollegen überarbeite, ohne sie vorher zu informieren. Wenn sie sie dann anschließend darüber informiere, dass etwas nicht stimmte, sie es jedoch mittlerweile korrigiert habe, um ihren Standards zu entsprechen, fühlten sich die Interaktionspartner ihrer Vermutung nach herabgesetzt und ungerecht behandelt:

» Wenn ich etwas anfordere und die Zeit knapp wird und dieses Feedback falsch oder nicht in der Form ist, wie ich es mir gewünscht hätte oder wie es sein soll, und da die Zeit zu knapp ist, mache ich es dann neu oder ich korrigiere ihre Arbeit und gebe sie so weiter. Und ich informiere sie danach darüber, dass es nicht richtig war [...], weil sie sich gemäß dem Thema gerügt fühlen könnten: „Nun, Sie haben es wieder vermasselt!

Oder: Wir können sie nicht befriedigen." Dass Sie dann den Eindruck haben: Na ja, der andere führt es aus. Ja, damit er sich herabgesetzt fühlt und nicht gerecht behandelt (Interviewpartner 8_GM2).

Zwei ihrer Kolleginnen am Standort_3 von GlobalMobility beschreiben, dass sie bei der Arbeit Stress empfänden, weil sie sich bewusst seien, dass ihre Arbeit praktisch ständig von ihren Kollegen überwacht werde:

» Es ist natürlich stressiger, immer überprüft zu werden. Und du hast immer das, sag nicht Angst, Angst ist ein großes Wort, aber du hast etwas, okay, wenn ich es vermassle, habe ich Eskalationen und ich habe viele E-Mails und Telefone und mein Chef, was dort passiert ist und so. Es ist stressiger (Interviewpartnerin 16_GM3).

» Es ist ganz schön Stress, weil die immer schnell schauen, ob ich es richtig mache. Das ist nicht gerecht finde ich, ich mache eigentlich gute Arbeit, aber so weiß ich nicht mehr warum (Interviewpartnerin 11_GM3).

Das letzte Zitat zeigt auch, dass eine als ungerecht wahrgenommen Kontrolle dazu führen kann, dass die Teammitglieder anfangen, an der Sinnhaftigkeit ihrer eigenen Arbeit zu zweifeln.

Bei GlobalMobility berichten des Weiteren mehrere Interviewpartner über Situationen, in denen Teammitglieder negativ auf die intensive überwachungsbasierte Peer-Kontrolle reagieren, indem sie weniger Arbeitsaufwand zeigen. Einer von ihnen beschreibt, dass die Kollegen und Kolleginnen am Standort_3 keine Endkontrollen durchführten, sondern hofften, dass sich die Teammitglieder an den anderen Standorten um die Korrektheit der Aufgaben kümmern. Er spüre, dass einige von ihnen ihre entsprechenden Anstrengungen zurückhielten:

» Sie hoffen immer, dass es jemanden gibt, der die Endkontrolle durchführt, ob das, was ich tue, tatsächlich richtig ist [...], natürlich leidet die Genauigkeit darunter [...] Ich möchte nicht sagen, dass es ein allgemeiner

Trend ist, aber es kommt ziemlich oft vor (Interviewpartner 2_GM1).

In ähnlicher Weise stellen zwei Interviewpartner von GlobalMobility fest, dass die Mitarbeiter vom Standort_3 weniger Arbeitsaufwand zeigen und davon ausgehen, dass ihre Fehler von anderen korrigiert werden, bevor diese für sie oder für das gesamte Team Probleme verursachen können. Sie verwenden Begriffe wie „Regenschirm" und „Sicherheitsnetz", um zu beschreiben, wie Mitglieder des Standorts_3 ihre Kollegen an den anderen Standorten wahrnehmen:

» das Ding mit dem Regenschirm, dass wir ein Regenschirm sind, nach dem Motto, naja der andere wird nochmal nachschauen. Und deshalb spielt es eigentlich keine Rolle, welche Qualität ich liefere, weil ich sie nicht direkt sende, aber die anderen werden mich retten, das sind wir (vom Standort_1) (Interviewpartner 4_GM1).

» Aber die Menschen in Rumänien sind sich bewusst, dass es immer irgendwo einen [...] Sie wissen auch zu schätzen, dass es einen Fallback-Level gibt. Sie haben immer jemanden im Rücken oder hinter sich, der sie aus Schwierigkeiten heraushölt [...] ein Sicherheitsnetz (Interviewpartner 2_GM1).

15.5 Diskussion und Fazit

Dieser Beitrag verdeutlicht, dass Peer-Kontrolle in der virtuellen Teamarbeit dysfunktional für die Zusammenarbeit und die erbrachte Teamleistung sein kann und von den kontrollierten Teammitgliedern als stressig und ungerecht erlebt werden kann. Diese Wahrnehmung einer ungerechtfertigten Kontrolle entsteht meist, wenn die Peer-Kontrolle zu intensiv ausgeübt wird und auf einer Motivation zur Überwachung (und nicht zur Unterstützung) basiert.

Erstens kann eine zu hohe Kontrollintensität zu einer Art „Dilemma des Vorgesetzten" (Strickland 1958; Kruglanski 1970) führen.

15

Demnach hat das kontrollierte Teammitglied häufig keine Chance, sich als vertrauenswürdig zu erweisen, weil bei einer solchen intensiven Kontrolle mehr als die reine Erfüllung der Vorgaben nicht möglich ist. Die vorliegende empirische Studie hat in diesem Zusammenhang gezeigt, dass dies zudem eine Art „selbsterfüllende Prophezeiung von Vorurteilen" auslöst. Dies kann mit dem Golem-Effekt (Eden 1992) erklärt werden, wonach eine geringere Leistung der einen Person aufgrund von geringerer Erwartung des jeweiligen Interaktionspartners entsteht. Wenn das kontrollierte Teammitglied die Peer-Kontrolle als ungerecht wahrnimmt, kann dies zudem zu einer „Verdrängung von Anstrengungen" führen. Solch eine Verdrängung entsteht, wenn das eine Teammitglieder weniger als das maximal Mögliche leistet und sich gleichzeitig darauf verlässt, dass mögliche Fehler oder Unvollständigkeiten u. a. vom kontrollierenden Teammitglied erkannt und korrigiert werden. Eine aktuelle Studie der Hans Böckler Stiftung über Worker-Coworker-Ratings als betriebliches Evaluierungs- und Kontrollinstrument bei dem Internetversandhändler Zalando zeigt hierzu ebenfalls, dass solch eine horizontalisierte Arbeitskontrolle unter Kollegen und Kolleginnen (Peer-Kontrolle) negative Effekte auf die Arbeitsqualität haben kann (Staab und Geschke 2020, S. 29).

Zweitens bezieht sich die Wolke des Verdachts auf die latente Sorge einer Person, dass die Handlungen des Interaktionspartners nachteilig oder schädlich sein könnten (Fein 1996; Lewicki et al. 1998; Connelly et al. 2012). Ein solches latentes Misstrauen entsteht, wenn es mehrere, plausibel konkurrierende Hypothesen über die Motive oder die Echtheit des Verhaltens des Interaktionspartners gibt (Fein 1996, S. 1165). Die Folge des Verdachts kann darin bestehen, dass die Person zögert, das Verhalten ihrer Interaktionspartner für bare Münze zu nehmen (Fein 1996). Eine solche Tendenz kann dazu führen, dass sich die Teammitglieder mehr auf Hinweise konzentrieren, die negative Informationen enthüllen (Schul et al. 2004). Da Individuen negative Ereignisse im Allgemeinen stärker gewichten als positive Er-

eignisse, berücksichtigen sie auch bei ihren Bewertungen anderer eher negative als positive Informationen (Bloom und Price 1975; Slovic 1993; Connelly et al. 2012). Daher kann die Wolke des Verdachts die zukünftige Interaktionserfahrung erheblich und nachhaltig beeinflussen. In virtuellen Teams kann durch die Peer-Kontrolle, die auf einem negativem Verdacht beruht, eine negative Interaktionsdynamik ausgelöst werden.

Es besteht zudem das Risiko, dass Peer-Kontrolle das Wohlbefinden der einzelnen Organisationsmitglieder vermindern kann (z. B. Bijlsma-Frankema und Costa 2005). Ein hoher Grad an Druck von anderen Teammitgliedern und als unangemessen wahrgenommene Formen von Peer-Kontrolle schaden der individuellen und kollektiven Leistung, können ein unangenehmes Arbeitsumfeld schaffen und Stress verursachen (Kandel und Lazear 1992; Barron und Gjerde 1997; Staab und Geschke 2020). Die Erkenntnisse dieses Beitrags stehen damit im Einklang mit den empirischen Ergebnissen der bereits erwähnten aktuellen Studie der Hans Böckler Stiftung zum Thema Worker-Coworker-Ratings. Als Quelle von Stress wird explizit das Gefühl der ständigen Kontrolle genannt (Staab und Geschke 2020, S. 29). Auf Basis der Stresstheorie von Lazarus und Folkman (1984) kann abgeleitet werden, dass die Situation des häufigen Überwachtwerdens von den Teammitgliedern als stressvoll erlebt wird. Demnach beurteilen die kontrollierten Personen zunächst die potenzielle Gefahr und die potenziellen negativen Auswirkungen. In den Interviews wurde von der Angst vor möglichen Eskalationen als Gefahr gesprochen und von der Sorge, dass der Chef eingebunden wird. Daraufhin bewerten die Personen ihre verfügbaren Ressourcen, und wenn die Gefahr die eigenen Kapazitäten zur Bewältigung der Situation übersteigt, entsteht Stress (Haslam und van Dick 2011; van Dick und Haslam 2012).

Hinsichtlich Handlungsempfehlungen sollten die Personalverantwortlichen bei der Digitalisierung ihrer Unternehmen neben der technischen Perspektive auch den Faktor Mensch in den Fokus nehmen. Denn häufig werden bei der Digitalisierung von Prozessen in Unternehmen die Auswirkungen auf die Menschen, die mit den digitalisierten Prozessen arbeiten, vernachlässigt. Dabei gewinnen für die Mitarbeitenden neben der fachlichen Eignung aufgrund der Digitalisierung neue berufliche Kompetenzen signifikant an Bedeutung (Kauffeld und Paulsen 2018; Kauffeld und Maier 2020), insbesondere entstehen erhöhte Anforderungen in Bezug auf die Medien- und die Selbstkompetenz der Mitarbeitenden (Paulsen et al. 2020).

Bezogen auf die Erkenntnisse dieses Beitrags sollten die Mitglieder von virtuellen Teams in Workshops für das Thema Peer-Kontrolle in einer digitalisierten Arbeitswelt sensibilisiert werden. Dabei kann aufgezeigt oder in Rollenspielen erlebbar gemacht werden, inwiefern Peer-Kontrolle als unangemessen umgesetzt und als ungerecht empfunden werden kann. Zusätzlich kann eine Netiquette für die virtuelle Zusammenarbeit formuliert werden, in welcher gemeinsam schriftlich festgehalten wird, wie in einem virtuellen Team zusammengearbeitet werden soll. Dort können allgemein Regeln für das Verhalten bei der elektronischen Kommunikation festgelegt werden, wie beispielsweise „Haben Sie bei Videokonferenzen immer Ihre Kamera an?" (vgl. auch Afflerbach 2020, S. 155 ff.). Damit die Peer-Kontrolle in der virtuellen Zusammenarbeit als gerecht erlebt werden kann, sollte in einer Netiquette bezüglich Peer-Kontrolle Folgendes festgelegt werden:

- WANN: Definieren Sie in Ihrem virtuellen Team, ab wann es in Ordnung ist, Erinnerungsmails zu einer Aufgabe zu senden. Denn Zeitempfinden kann subjektiv und situativ sehr unterschiedlich sein (was für eine Person gerechtes „Nachhaken" ist, da schon 24 Stunden vergangen sind, ist für eine andere Person als ungerecht empfundene Kontrolle, da 48 Stunden und nicht 24 Stunden als legitim für die Erledigung der Aufgabe angesehen werden).
- WIE: Schaffen Sie ein gemeinsames Verständnis dafür, wie in Ihrem virtuellen Team kontrolliert wird. Definieren Sie, wie kontrolliert und wie anschließend darüber informiert wird – per Kontrolle im System, per Nachfrage via E-Mail, Telefonanruf, Chat? Wenn die Art und Weise gemeinsam festgelegt und transparent gemacht wird, kann derartige Peer-Kontrolle eher als angemessen und dadurch als gerecht wahrgenommen werden.
- WARUM: Liefern Sie Begründungen, warum in einer bestimmten Situation Peer-Kontrolle ausgeübt wird, um somit ein Gerechtigkeitsempfinden beim Interaktionspartner herzustellen (z. B. ich selbst habe übermorgen eine Frist zu dem Thema und muss daher morgen mit Ihren Daten weiterarbeiten).
- WO: Verständigen Sie sich im Team auf eine gemeinsame Fehlerkultur. Denn wo Sie arbeiten – im Sinne des organisationalen Kontextes – determiniert auch, welche Kultur in Ihrem virtuellen Team vorherrscht. Schaffen Sie in Ihrem Unternehmen und vor allem in Ihrem virtuellen Team ein positives Klima für den Umgang mit Fehlern. Wenn Peer-Kontrolle als ein notwendiger und natürlicher Bestandteil von Teamprozessen eingeführt und akzeptiert wird, kann sie in der Praxis als gerecht wahrgenommen werden. Peer-Kontrolle kann dabei helfen, sich gegenseitig zu unterstützen, gemeinsam Fehler zu vermeiden und daraus zu lernen und somit die Kooperation und den Erfolg in virtuellen Teams zu fördern.

Mit Hilfe dieser Handlungsempfehlungen können dysfunktionale Konsequenzen von Peer-Kontrolle wie eine als unangenehm wahrgenommene Zusammenarbeit im virtuellen Team, eine als ungerecht empfundene Kontrolle und infolgedessen eine verminderte Anstrengung bei der Arbeit sowie erhöhter Stress abgemildert oder präventiv vermieden werden. Der Beitrag hat aber auch deutlich gemacht, dass Peer-Kontrolle eine hinreichende fachliche Eignung aller Teammitglieder nicht ersetzen kann.

Literatur

Afflerbach T (2020) Hybrid Virtual Teams in Shared Services Organizations. Practices to Overcome the Cooperation Problem. Progress in IS. Springer Nature, Cham

Alderfer CP (1977) Improving organizational communication through long-term intergroup intervention. J Appl Behav Sci 1(3):193–210

Barron JM, Gjerde KP (1997) Peer pressure in an agency relationship. J Labor Econ 15(2):234–254

Berry GR (2011) Enhancing effectiveness on virtual teams: Understanding why traditional team skills are insufficient. J Bus Commun 48(2):186–206

Bijlsma-Frankema K, Costa AC (2005) Understanding the trust-control nexus. Int Sociol 20(3):259–282

Bjørn P, Esbensen M, Jensen RE, Matthiesen S (2014) Does distance still matter? Revisiting the CSCW fundamentals on distributed collaboration. ACM Trans Comput Interact 21(5):1–26 (article 27)

Bloom HS, Price HD (1975) Voter response to short-run economic conditions: The asymmetric effect of prosperity and recession. Am Polit Sci Rev 69(04):1240–1254

Carson SJ, Madhok A, Varman R, John G (2003) Information processing moderators of the effectiveness of trust-based governance in interfirm R&D collaboration. Organ Sci 14(1):45–56

Carte TA, Chidambaram L, Becker A (2006) Emergent leadership in self-managed virtual teams. Group Decis Negot 15(4):323–343

Chidambaram L, Tung LL (2005) Is out of sight, out of mind? An empirical study of social loafing in technology-supported groups. Inf Syst Res 16(2):149–168

Connelly BL, Miller T, Devers CE (2012) Under a cloud of suspicion: Trust, distrust, and their interactive effect in interorganizational contracting. Strat Mgmt J 33(7):820–833

Cramton CD (2001) The mutual knowledge problem and its consequences for dispersed collaboration. Organ Sci 12(3):346–371

Cummings JN, Haas MR (2012) So many teams, so little time: Time allocation matters in geographically dispersed teams. J Organiz Behav 33(3):316–341

Eden D (1992) Leadership and expectations: Pygmalion effects and other self-fulfilling prophecies in organizations. Leadersh Q 3(4):271–305

Ensher EA, Heun C, Blanchard A (2003) Online mentoring and computer-mediated communication: New directions in research. J Vocat Behav 63(2):264–288

Fein S (1996) Effects of suspicion on attributional thinking and the correspondence bias. J Pers Soc Psychol 70(6):1164–1184

Gallivan MJ (2001) Striking a balance between trust and control in a virtual organization: a content analysis of open source software case studies. Inform Syst J 11(4):277–304

George JM (1992) Extrinsic and intrinsic origins of perceived social loafing in Organizations. AMJ 35(1):191–202

Gibson CB, Gibbs JL (2006) Unpacking the concept of virtuality: The effects of geographic dispersion, electronic dependence, dynamic structure, and national diversity on team innovation. Adm Sci Q 51(3):451–495

Hackman JR (1987) The design of work teams. In: Lorsch JW (Hrsg) Handbook of Organizational Behaviour. Prentice Hall, Englewood Cliffs, S 315–342

Haslam SA, van Dick R (2011) A social identity analysis of organizational well-being. In: de Cremer D, van Dick R, Murnighan K (Hrsg) Social psychology and organizations. Taylor & Francis, New York, S 325–352

Hinds PJ, Neeley TB, Cramton CD (2014) Language as a lightning rod: Power contests, emotion regulation, and subgroup dynamics in global Teams. J Int Bus Stud 45(5):536–561

Janis IL (1972) Victims of groupthink: A psychological study of foreign-policy decisions and Fiascoes. Houghton Mifflin

Kanawattanachai P, Yoo Y (2002) Dynamic nature of trust in virtual teams. J Strateg Inf Syst 11(3):187–213

Kandel E, Lazear EP (1992) Peer pressure and partnerships. J Polit Econ 100(4):801–817

Karau SJ, Williams KD (1993) Social loafing: A meta-analytic review and theoretical integration. J Pers Soc Psychol 65(4):681

Kauffeld S, Maier GW (2020) Digitalisierte Arbeitswelt. Gruppe Interakt Organisation Zeitschrift Für Angew Organisationspsychologie 51:1–4

Kauffeld S, Paulsen H (2018) Kompetenzmanagement in Unternehmen. Kompetenzen beschreiben, messen, entwickeln und nutzen. Kohlhammer, Stuttgart

Kidwell RE, Bennett N (1993) Employee propensity to withhold effort: A conceptual model to intersect three avenues of research. AMR 18(3):429–456

Kirsch LJ, Ko DG, Haney MH (2010) Investigating the antecedents of team-based clan control: Adding social capital as a predictor. Organ Sci 21(2):469–489

Kruglanski AW (1970) Attributing trustworthiness in supervisor-worker relations. J Exp Soc Psychol 6(2):214–232

Lazarus RS, Folkman S (1984) Stress, appraisal, and coping. Springer, New York

Lewicki RJ, McAllister DJ, Bies RJ (1998) Trust and distrust: New relationships and realities. AMR 23(3):438–458

Lin TC, Huang CC (2010) Withholding effort in knowledge contribution: The role of social exchange and social cognitive on project teams. Inf Manag 47(3):188–196

Lipnack J, Stamps J (2000) Virtual Teams: People Working across Boundaries with Technology. John Wiley & Sons

Long CP, Sitkin SB (2006) Trust in the balance: How managers integrate trust-building and task control. In: Bachmann R, Zaheer A (Hrsg) Handbook of trust research. Edward Elgar, Cheltenham, S 87–106

Loughry ML (2010) Peer control in organizations. In: Sitkin SB, Cardinal LB, Bijlsma-Frankema KB (Hrsg) Organizational control. Cambridge University Press, Cambridge, S 324–361

Loughry ML, Tosi HL (2008) Performance implications of peer monitoring. Organ Sci 19(6):876–890

Maier GW, Engels G, Steffen E (Hrsg) (2020) Handbuch Gestaltung digitaler und vernetzter Arbeitswelten. Springer, Berlin

Maznevski ML, Chudoba KM (2000) Bridging space over time: Global virtual team dynamics and effectiveness. Organ Sci 11(5):473–492

McAllister DJ (1995) Affect-and cognition-based trust as foundations for interpersonal cooperation in organizations. Acad Manag J 38(1):24–59

McIntyre RM, Salas E (1995) Measuring and managing for team performance: Emerging principles from complex environments. In: Guzzo RA, Salas E (Hrsg) Team effectiveness and decision making in organizations. Jossey-Bass, San Francisco, S 9–45

Miller G (1992) Managerial Dilemmas. The Political Economy of Hierarchy. Cambridge University Press, New York

Montoya-Weiss MM, Massey AP, Song M (2001) Getting it together: Temporal coordination and conflict management in global virtual teams. AMJ 44(6):1251–1262

Muethel M, Siebdrat F, Hoegl M (2012) When do we really need interpersonal trust in globally dispersed new product development teams? R&d Manag 42(1):31–46

Paulsen H, Zorn V, Inkermann D, Reining N, Baschin J, Vietor T, Kauffeld S (2020) Soziotechnische Analyse und Gestaltung von Virtualisierungsprozessen – Ein Fallbeispiel zur virtuellen Inbetriebnahme. Gruppe Interakt Organ 51:81–93

Pfeffer J (1997) New directions for organization theory: Problems and prospects. Oxford University Press, New York

Piccoli G, Ives B (2003) Trust and the unintended effects of behavior control in virtual teams. MIS Q 27(3):365–395

Salas E, Sims DE, Burke CS (2005) Is there a "big five" in teamwork? Small Group Res 36(5):555–599

Schreier M (2012) Qualitative content analysis in practice. SAGE, London

Schul Y, Mayo R, Burnstein E (2004) Encoding under trust and distrust: the spontaneous activation of incongruent cognitions. J Pers Soc Psychol 86(5):668–679

Slovic P (1993) Perceived risk, trust, and democracy. Risk Analysis 13(6):675–682

Staab P, Geschke SC (2020) Ratings als Arbeitspolitisches Konfliktfeld. Das Beispiel Zalando, 429. Aufl. Hans Böckler Stiftung, Düsseldorf

Stewart KJ, Gosain S (2006) The impact of ideology on effectiveness in open source software development teams. MIS Q 30(2):291–314

Strickland LH (1958) Surveillance and trust. J Personality 26(2):200–215

Van Dick R, Haslam SA (2012) Stress and well-being in the workplace: Support for key propositions from the social identity approach. In: Jetten J, Haslam C, Haslam SA (Hrsg) The social cure: Identity, health, and well-being. Psychology Press, Hove, New York, S 175–194

Wagner JA III (1995) Studies of individualism-collectivism: Effects on cooperation in groups. AMJ 38(1):152–173

Zander L, Mockaitis AI, Butler CL (2012) Leading global teams. J World Bus 47(4):592–603

15

Teilhabegerechtigkeit im Arbeitsleben – Innerbetriebliche Inklusionsmechanismen und -hindernisse

Hauke Behrendt

Inhaltsverzeichnis

© Springer-Verlag GmbH Deutschland, ein Teil von Springer Nature 2020
B. Badura et al. (Hrsg.), *Fehlzeiten-Report 2020*, Fehlzeiten-Report,
https://doi.org/10.1007/978-3-662-61524-9_16

▪▪ Zusammenfassung

Eine gerechte Teilhabe für alle gesellschaftlichen Gruppen zu gewährleisten, ist ein allseits anerkanntes politisches, rechtliches und moralisches Ziel. Eine wichtige Dimension ist dabei die dauerhafte Teilhabe am Arbeitsleben. Teilhabegerechtigkeit im Arbeitsleben bedeutet, dass jede Person im Erwerbsalter die Möglichkeit haben sollte, ihren Lebensunterhalt eigenverantwortlich durch selbstgewählte Arbeit zu bestreiten. Dass Menschen mit Behinderungen und gesundheitlichen Einschränkungen eine besonders stark von beruflichem Ausschluss bedrohte Gruppe darstellen, ist gut erforscht und vielfach belegt worden. Eine wichtige präventive Strategie, um ihre Teilhabe an der Arbeitswelt dauerhaft zu sichern, besteht darin, Entlassungen durch Interventionen im Betrieb zu vermeiden. Vor diesem Hintergrund beleuchtet der vorliegende Beitrag innerbetriebliche Inklusionsmechanismen und -hindernisse für Weiterbeschäftigung und Rehabilitation. Im *ersten* Schritt wird der heterogene Personenkreis der gesundheitlich beeinträchtigten und behinderten Mitarbeiter näher bestimmt. Anschließend werden in einem *zweiten* Schritt der Wert beruflicher Teilhabe erläutert und grundlegende Forderungen sozialer Teilhabegerechtigkeit abgeleitet. *Drittens* sollen dann verschiedene Dimensionen betrieblicher Teilhabe aufgezeigt und Wege der Inklusion und Wiedereingliederung von Mitarbeitern mit Behinderungen und gesundheitlichen Einschränkungen dargelegt werden.

16.1 Vom beruflichen Ausschluss zur Teilhabegerechtigkeit

Eine gerechte Gesellschaft darf einzelne Personen oder Gruppen nicht marginalisieren, sondern muss jeden Menschen gleichwertig behandeln. Andere grundlos aus gesellschaftlichen Verhältnissen auszuschließen oder ihnen den Zugang zu sozialen Gütern und Positionen vorzuenthalten, stellt moralisches Unrecht dar. In diesem Sinne steht *Teilhabegerechtigkeit* für das Ideal einer inklusiven, pluralistischen und moralisch integren Gesellschaft, in der es jedem Mitglied offensteht, gleichberechtigt an ihr teilzuhaben.

Eine gerechte Teilhabe für alle gesellschaftlichen Gruppen zu gewährleisten, gehört auch zu den erklärten politischen Zielen der Bundesrepublik. Eine wichtige Dimension ist dabei die dauerhafte Teilhabe am Arbeitsleben, wie sie in Kapitel 10 Sozialgesetzbuch IX ausdrücklich als zentrale sozialpolitische Forderung gesetzlich verankert ist. Dahinter steht die Überzeugung, dass in unserer heutigen Gesellschaft „soziale Zugehörigkeit und Anerkennung [...] wesentlich über die Teilhabe am Arbeitsleben in der Leistungsrolle des Erwerbstätigen vermittelt werden", wie Wansing (2012, S. 385) es ausdrückt. Jede erwerbsfähige Person sollte dementsprechend die Möglichkeit haben, ihren Lebensunterhalt eigenverantwortlich durch selbstgewählte Arbeit zu bestreiten. Seit Inkrafttreten der UN-Konvention über die Rechte von Menschen mit Behinderungen (UN-BRK) im Jahr 2009 besteht in Deutschland ein sogar rechtlich einklagbarer Anspruch auf „inklusive Arbeitswelten" (United Nations 2006, Art. 27).

Doch noch immer ist in Deutschland für einige Personengruppen, insbesondere für Menschen mit körperlichen, geistigen oder seelischen Beeinträchtigungen, eine gerechte Teilhabe am Erwerbsleben nicht verwirklicht. Im Gegenteil: Besonders mit Blick auf die berufliche Exklusion ist das weit verbreitete Gefühl einer tiefreichenden Spaltung unserer Gesellschaft einschlägig, wie eine hochrangige UN-Delegation im März 2015 bescheinigte. Der Ausschuss zeigte sich alarmiert, da Deutschland noch weit davon entfernt sei, wirksam einen inklusiven, mit dem „Übereinkommen in Einklang stehenden Arbeitsmarkt" (United Nations 2015, Ziffer 49) zu schaffen (vgl. dazu grundsätzlich auch Weimer 2017).

Teilhabegerechtigkeit verlangt faire Zugangs- und Partizipationsmöglichkeiten an der gesellschaftlichen Kooperation. Niemand darf willkürlich privilegiert oder benachteiligt werden. Um im Rahmen der gesellschaftlichen Zu-

16

sammenarbeit als freie und gleiche Person zu gelten, nicht als abhängige oder ausgeschlossene, besitzt jeder Bürger und jede Bürgerin daher einen moralischen Anspruch auf berufliche Inklusion. Das Ideal einer inklusiven Arbeitswelt fordert also, dass alle Menschen im erwerbsfähigen Alter effektiv am Berufsleben teilhaben sollen, weil berufliche Teilhabe für den Status eines gleichwertigen Gesellschaftsmitglieds entscheidend ist. Nur auf diese Weise ist die nötige Selbstständigkeit und Unabhängigkeit in der Verfolgung eigener Lebenspläne gewährleistet, welche die Freiheit und Gleichheit moralischer Personen ausmachen. Und so stellt es eine Forderung gesellschaftlicher Teilhabegerechtigkeit dar, dass niemand dauerhaft vom Erwerbsleben ausgeschlossen bleibt.

Dass Menschen mit Behinderungen und gesundheitlichen Einschränkungen eine besonders stark von beruflichem Ausschluss bedrohte Gruppe darstellen, ist mittlerweile gut erforscht und vielfach belegt worden.[1] Eine wichtige präventive Strategie, um ihre Teilhabe an der Arbeitswelt zu sichern, besteht in der Vermeidung von Entlassungen durch Interventionen im Betrieb (vgl. u. a. Schmal und Niehaus 2004; Niehaus 2005). Vor diesem Hintergrund beleuchtet der vorliegende Beitrag innerbetriebliche Inklusionsmechanismen und -hindernisse für Weiterbeschäftigung und Rehabilitation mit Blick auf Menschen, die bereits in einem Beschäftigungsverhältnis stehen. Im *ersten* Schritt wird der heterogene Personenkreis der gesundheitlich beeinträchtigten und behinderten Mitarbeiter näher bestimmt (▶ Abschn. 16.2). Anschließend wird in einem *zweiten* Schritt der Wert beruflicher

---

1 Neben den Zahlen des Statistischen Bundesamtes (▶ https://www.destatis.de) liefert u. a. das sogenannte „Inklusionsbarometer Arbeit" (▶ https://www. aktion-mensch.de/inklusionsbarometer.html;) der Aktion Mensch regelmäßige Analysen des *Status quo*. In den Diskursen der Behinderungs- und Teilhabeforschung sowie den internationalen *Disability Studies* ist dieser Sachverhalt überdies bereits vielfach beleuchtet worden. Exemplarisch sei hier auf Wolfgang Jantzen verwiesen, der die gesellschaftliche Konstruktion von Behinderung bereits in den 1970er Jahren beschrieben hat (vgl. u. a. Jantzen 1974).

Teilhabe erläutert und es werden grundliegende Forderungen sozialer Teilhabegerechtigkeit abgeleitet (▶ Abschn. 16.3). *Drittens* sollen dann verschiedene Ebenen betrieblicher Teilhabe aufgezeigt und Wege der Inklusion und Wiedereingliederung von Mitarbeitern mit Behinderungen und gesundheitlichen Einschränkungen dargelegt werden (▶ Abschn. 16.4).

16.2 Dem Exklusionsrisiko begegnen: Auf den Kontext kommt es an

Fortgeschrittenes Alter, Behinderungen und gesundheitliche Einschränkungen steigern das Exklusionsrisiko in der Arbeitswelt beträchtlich. Allerdings ist die tatsächliche Größenordnung der betroffenen Personengruppe schwer fassbar, da eine gesundheitliche Beeinträchtigung nicht zwangsläufig auch die ausgeübte berufliche Tätigkeit betreffen muss. Eine präzise Definition der verwandten Begriffe „Behinderung", „Krankheit" und „Gesundheit" kann hier keine Abhilfe schaffen. Für die vorliegende Untersuchung von innerbetrieblichen Inklusionsmechanismen und -hindernissen ist die richtige Einordnung in den betrieblichen Kontext daher aufschlussreicher als eine trennscharfe Begriffsbestimmung. In Deutschland gelten sozialrechtlich rund 10 Millionen Menschen als „behindert", knapp 8 Millionen als „schwerbehindert". Mathilde Niehaus hat allerdings mit großer Überzeugungskraft dafür argumentiert, dass die Orientierung an rechtlichen Kategorien im Rahmen beruflicher Teilhabe- und Inklusionsforschung mitunter problematische Ausprägungen annehmen kann, da Menschen mit einem entsprechenden formalen Behindertenstatus nicht zwangsläufig auch in der speziellen Leistungsfähigkeit für die von ihnen ausgeübten Tätigkeiten eingeschränkt sein müssen. Auf der anderen Seite gibt es jedoch ebenfalls Fälle, in denen „eine für die Arbeitstätigkeit bedeutsame gesundheitliche Einschränkung oder Beeinträchtigung vorliegt", ohne dass die betroffenen Mitarbeiter vor dem

Gesetz gleichzeitig auch anerkannt schwerbehindert wären (Niehaus 2005, S. 5).

Zu differenzieren sind in diesem Kontext allerdings die Termini „Beeinträchtigung", was den Verlust einer normalen Körperfunktion anzeigt, und „Behinderung", womit etwas bezeichnet wird, das man in der Folge einer Beeinträchtigung in seiner Umgebung nicht tun kann. Weil die korrekte Zuschreibung dabei von dem formalen Kriterium der Funktionsfähigkeit abhängig gemacht wird, drückt diese Sichtweise ein funktionalistisches Verständnis von Behinderung und Krankheit aus. Da Funktionsfähigkeit wiederum als das Ergebnis einer multiplen Wechselbeziehung zwischen dem Menschen mit einer Beeinträchtigung und seinen umwelt- und personenbezogenen Faktoren angesehen wird, hat sich interdisziplinär die Bezeichnung „bio-psychosoziales Modell" durchgesetzt (vgl. Hollenweger 2003).

Eine international einflussreiche Klassifikation, die diese bio-psycho-soziale Perspektive zugrunde legt, ist die von der Weltgesundheitsorganisation (WHO) im Jahr 2001 entwickelte „Internationale Klassifikation der Funktionsfähigkeit" (ICF). Die ICF wurde erstmals 1980 als ICIDH veröffentlicht, 1999 in ICIDH2 geändert und 2001 von einem großen Gremium internationaler Experten umfassend überarbeitet. Dieses jüngste auf die WHO zurückgehende Verständnis von Krankheit und Behinderung konzentriert sich dabei auf das betroffene Individuum und seine jeweiligen Teilhabemöglichkeiten an gegebenen sozialen Verhältnissen und Gütern (vgl. WHO 2001).

Übernimmt man die gewinnbringenden Unterscheidungen dieses Modells, besteht die Möglichkeit, sowohl intrinsische als auch relationale Aspekte ins Auge zu fassen: So ist das dauerhafte Fehlen einer Körperfunktion ein stabiles Merkmal einer Person. Jedoch muss aus dieser biologische Tatsache keinesfalls eine Behinderung folgen. Da es vom funktionalistischen Standpunkt aus darauf ankommt, was in konkreten Umständen mit einer Beeinträchtigung getan oder nicht getan werden kann – das heißt, auf die Wechselwirkung des Akteurs mit einer mehr oder weniger entgegenkommenden sozialen wie materiellen Umwelt – können Personen mit den gleichen körperlichen, seelischen oder geistigen Beeinträchtigungen je nachdem, in welchem spezifischen Kontext sie sich bewegen, das eine Mal als behindert und ein anderes Mal als nicht behindert gelten. Entscheidend ist also, ob die Beeinträchtigung der Funktionsfähigkeit zum Tragen kommt oder ob im Ergebnis trotz dieser eine effektive Teilhabe möglich ist. Typischerweise sind Menschen demnach nicht *entweder* behindert *oder* nicht behindert, sondern nur *mehr* oder *weniger* stark. Entsprechendes kann nach dem salutogenetischen Modell für die verwandten Phänomene Gesundheit und Krankheit gesagt werden, wonach gilt, dass „alle Menschen als mehr oder weniger gesund und gleichzeitig mehr oder weniger krank zu betrachten" sind (Bengel et al. 1998, S. 24).

Wie diese Ausführungen verdeutlichen, haben wir es im Kontext der Arbeitswelt folglich mit einer sehr heterogenen Gruppe von Menschen mit unterschiedlichsten Formen von gesundheitlichen Beeinträchtigungen und daraus resultierenden Behinderungen zu tun, die sich kaum adäquat quantifizieren lässt. Anstatt pauschal von gesundheitlich beeinträchtigten und behinderten Mitarbeitern zu sprechen, will ich Personen, die für ihre bisherige Arbeitstätigkeit bedeutsame gesundheitliche Beeinträchtigungen haben, mit denen die Ausführung dieser Tätigkeit nicht mehr uneingeschränkt möglich ist, im Anschluss an Klaus Wieland (1995) als „leistungsgewandelt" bezeichnen. Innerbetriebliche Inklusionsbemühungen dürfen demnach nicht nur auf Mitarbeiter mit anerkanntem Behindertenstatus zielen, sondern müssen ebenfalls die Gruppe der leistungsgewandelten und langzeitkranken Mitarbeiter einschließen, die hier im Folgenden deshalb auch immer stillschweigend mitadressiert werden (vgl. Niehaus 2005, S. 73–75).

16

16.3 Teilhabegerechtigkeit: Einen Platz im normalen Arbeitsleben finden

Wenngleich eine erschöpfende Analyse der Komplementärbegriffe „Inklusion" und „Exklusion" in diesem Rahmen nicht durchgeführt werden kann, sollen zur besseren Einordnung zunächst wenigstens zentrale Merkmale benannt werden (vgl. auch für das Folgende Behrendt 2017). Wird „Inklusion" in erster Annährung als soziale Einbindung von Personen verstanden, bezeichnet „Exklusion" demgegenüber Phänomene sozialen Ausschlusses. Es handelt sich hierbei also um zwei einander entgegengesetzte Pole *sozialer Teilhabe*. Wird jemand erfolgreich inkludiert, hat er anschließend in größerem Umfang am Sozialen teil als dies vorher der Fall gewesen ist. Als *Prozess* zielt Inklusion somit auf eine Steigerung sozialer Teilhabe, die nach erfolgreicher Verwirklichung als *Zustand* realisiert ist. Das heißt, zunächst *wird* man in soziale Verhältnisse inkludiert; anschließend *ist* man es. Auf dem Kontinuum sozialer Teilhabe können Inklusion und Exklusion auf diese Weise komplementär bestimmt werden.

Das infrage stehende Phänomen sozialer Teilhabe bezieht sich dabei direkt auf Teilhabemöglichkeiten an gesellschaftlich eingespielten Praktiken. Die in ihnen zur Verfügung stehenden Rollen stellen den Dreh- und Angelpunkt sozialer Inklusion dar. Inkludiert zu sein heißt, innerhalb eines verstetigten Praxiszusammenhangs Zugang zu den vorhandenen Rollen zu besitzen, die bei Einnahme der entsprechenden Positionen von allen Beteiligten (inklusive des Trägers selbst) in ihren aufeinander bezogenen Aktivitäten wechselseitig anerkannt werden (müssen). Das Maß, in dem eine bestimmte Person in eine soziale Praxis effektiv inkludiert ist, hängt nach der hier vorgeschlagenen Analyse somit von ihrer Möglichkeit ab, die in dieser Praxis prinzipiell verfügbaren Positionen auch tatsächlich einzunehmen. Am Sozialen teilzuhaben bedeutet für den Einzelnen somit, in qualifizierter Weise in die zwischenmenschlichen Praktiken seiner Lebenswelt eingebunden zu sein. Demnach vollziehen sich In- und Exklusionsvorgänge immer relativ zu den vorhandenen Rollenarrangements eines gegebenen Praxiszusammenhangs. Soziale Praktiken stellen die zentralen Bezugsgrößen sozialer Teilhabe dar.

Teilhabe an der Arbeitswelt wird in diesem Rahmen so verstanden, dass Menschen ihren Platz im normalen Arbeitsleben finden, sprich: beruflich inkludiert sind. Gegenstand beruflicher Inklusion sind demnach Arbeitsplätze, die in Unternehmen hauptsächlich als Lohnarbeitsverhältnis institutionalisiert sind. Diese für berufliche Teilhabe relevanten Formen der Lohnarbeit sind bestimmte vertraglich vereinbarte und entlohnte Tätigkeiten im Rahmen ökonomischer Praxis. Das heißt: Teilhabe am Arbeitsleben findet üblicherweise als Arbeitnehmer in einer entsprechenden Berufsrolle statt.

Jeder Mensch im Erwerbsalter soll dauerhaft am Arbeitsleben teilhaben, weil berufliche Teilhabe für den Status eines gleichwertigen Gesellschaftsmitglieds entscheidend ist (vgl. Behrendt 2018a, Abschn. 7.3). Soziale Gerechtigkeit verlangt eine faire Verteilung aller Vorteile und Lasten der gesellschaftlichen Kooperation. Niemand darf grundlos privilegiert oder benachteiligt werden. Aus diesem moralischen Grundprinzip lassen sich Rechte und Pflichten zur Teilhabe an der Arbeitswelt ableiten. So stellt Arbeit zum einen ein wichtiges Instrument zur autonomen Verfolgung eigener Lebenspläne dar. Zwar könnten die nötigen Ressourcen für ein selbstbestimmtes Leben im Prinzip auch durch eine groß angelegte sozialstaatliche Umverteilung ermöglicht werden. Doch geraten Menschen auf diese Weise in existenzielle Abhängigkeit von anderen. Um im Rahmen der gesellschaftlichen Kooperation als freie und gleiche Person zu gelten – nicht als ausgegrenzt oder überflüssig – besitzt jeder Bürger einen moralischen Anspruch auf berufliche Inklusion. Es kommt dabei entschieden darauf an, gesellschaftliche Teilhabesituationen so zu gestalten, dass sie sich als Beitrag zum individuellen Wohlergehen verstehen lassen. Die sozialen Lebensumstände müssen jedem Einzelnen ein würdevolles Leben ermöglichen. Sozialstaatliche Alimentierung mag vor extremen Notlagen bewahren. Doch nur die Möglichkeit, sich seinen Lebensunterhalt durch eigene Arbeit zu verdienen, ist – in den Worten von Catrin Misselhorn (2017, S. 24) – „Ausdruck der Autonomie und Würde moralischer Personen". Wer im Rahmen einer arbeitsteiligen Gesellschaft am allgemeinen Leistungsaustausch teilnimmt, erwirbt damit nicht nur seinen eigenen Lebensunterhalt, sondern trägt umgekehrt auch zum Unterhalt aller anderen Mitglieder bei. Auf diese Weise ist sichergestellt, dass man im Rahmen der gesellschaftlichen Kooperation als Gegenleistung für die eigenen Beiträge zur Gesellschaft entlohnt wird und nicht abhängig von Unterstützungsleistungen durch Dritte ist. Nur die dauerhafte Teilhabe an der Arbeitswelt gewährleistet die nötige Selbstständigkeit und Unabhängigkeit in der Verfolgung eigener Lebenspläne, die die Freiheit und Gleichheit moralischer Personen ausmacht.

Umgekehrt lassen sich aus diesen Überlegungen Gründe für die Annahme geltend machen, dass es ebenfalls eine moralische Pflicht ist, sich an der sozialen Kooperation der Gesellschaft in angemessener Form aktiv zu beteiligen und einen fairen Beitrag zu leisten. Denn es wäre allen anderen gegenüber schlicht ungerecht, auf ihre Kosten zu leben und sie buchstäblich für sich arbeiten zu lassen. Es ist Teil der reziproken Beziehung zwischen gleichwertigen moralischen Personen, dass sie in gegenseitiger Ergänzung am gesellschaftlichen Ganzen mitwirken. Wir sollten daher von einer *Pro-tanto*-Pflicht zur Teilnahme am Erwerbsleben ausgehen. Wenn man akzeptiert, dass alle Mitglieder gleichermaßen von den Erträgen der gesellschaftlichen Zusammenarbeit profitieren sollen, so besitzt jeder gegenüber allen anderen einen Anspruch darauf, dass sie sich ebenfalls im Rahmen ihrer Möglichkeiten engagieren, um ihren gerechten Beitrag zu leisten. Diese Pflicht gilt allerdings nur *pro tanto*, weil es möglich ist, seinen Teil in anderer Hinsicht beizusteuern, zum Beispiel durch ehrenamtliches Engagement oder unbezahlte Haus- und Sorgearbeit in der Familie.

Teilhabe an der Arbeitswelt ist also wichtig, um als vollwertiges Mitglied der Gesellschaft zu gelten. Und so stellt es ein gesellschaftliches Ideal gerechten Zusammenlebens dar, dass niemand dauerhaft vom Erwerbsleben ausgeschlossen bleibt. Teilhabegerechtigkeit impliziert, dass ein moralischer Anspruch auf effektive Teilhabe in der Rolle eines normalen Erwerbstätigen besteht, nicht der eines prekär Beschäftigten oder Fürsorgeempfängers. Andernfalls wäre der Status eines *vollwertigen* Gesellschaftsmitglieds missachtet.

16.4 Wege aus der Exklusionsfalle: Innerbetriebliche Inklusionsmechanismen und -hindernisse

Eine wichtige präventive Strategie, um die Teilhabe an der Arbeitswelt auf Dauer zu sichern, besteht darin, Entlassungen nach Krankheit oder behinderungsbedingter Fehlzeit durch Interventionen im Betrieb zu vermeiden. Eine frühzeitige und konsequente Rückkehr an den Arbeitsplatz ist sowohl für die betroffenen Arbeitnehmer als auch für ihre Arbeitgeber von großem Interesse. Je länger man krankheitsbedingt ausfällt, desto größer ist die Wahrscheinlichkeit, dass eine Rückkehr überhaupt nicht mehr erfolgt. Sowohl persönliche als auch berufliche Faktoren spielen dafür eine Rolle (vgl. auch für das Folgende van Oostrom und Boot 2013).

Auf persönlicher Seite erschweren schwindende Motivation und geringe Selbstsicherheit eine Wiedereingliederung, insbesondere dann, wenn die Erkrankung mit ungelösten Problemen bei der Arbeit in Zusammenhang zu bringen ist. Die Rückkehr an einen unverändert problembelasteten Arbeitsplatz ist in diesen Fällen trotz medizinischer Behandlung des Arbeitnehmers möglicherweise nicht erfolgreich und kann sogar zu erneuten und länger andauernden Folgeerkrankungen führen. Auf Seiten

16

des Betriebs müssen häufig Kolleginnen und Kollegen für den Erkrankten einspringen, seine Aufgaben zusätzlich zu den eigenen Verpflichtungen übernehmen oder die unerledigte Arbeit häuft sich, bis ein vollwertiger Ersatz mit seinen Aufgaben betraut wird.

Diese Faktoren können sich als manifeste Hindernisse für die dauerhafte Rückkehr ins Berufsleben herausstellen. Um die Chancen für eine erfolgreiche Wiedereingliederung nach Krankheit oder behinderungsbedingter Fehlzeit zu erhöhen, sollten Betroffene also nicht nur möglichst schnell wieder an ihren Arbeitsplatz zurückkehren, sondern es ist außerdem geboten, potenzielle Hindernisse zu identifizieren und frühzeitig abzubauen. Dies schützt den Arbeitnehmer vor dem Arbeitsplatzverlust und reduziert gleichzeitig die Kosten für den Arbeitgeber. Ja, mehr noch: „Aus Sicht der Betriebe geht es um einen möglichst leistungsadäquaten Einsatz von Mitarbeitern mit Handicap und um die Wahrnehmung der sozialen Verantwortung als Unternehmen. Für die betroffenen Mitarbeiter/innen ist neben dem Erhalt ihres Arbeitsplatzes vor allem auch das Gefühl, leistungsfähig zu sein, und einen produktiven Beitrag für das Unternehmen zu leisten sowie die soziale Integration im Sinne des Erhaltes von sozialen Kontakten zu den Kollegen statt sozialer Ausgrenzung wichtig" (Niehaus 2005, S. 83). Dass die betroffenen Mitarbeiter in der Regel nicht bereits mit Behinderungen und gesundheitlichen Einschränkungen eingestellt worden sind, sondern diese erst im Laufe ihres Berufslebens, nicht selten durch belastende Arbeitstätigkeiten selbst, erworben haben, erhöht die Notwendigkeit von innerbetrieblichen Inklusionsbemühungen zur Wiedereingliederung zusätzlich.

16.4.1 Inklusion und Exklusion: Institutionelle, intersubjektive und materielle Erscheinungsformen

Inklusion kann grundsätzlich auf drei einander ergänzenden Ebenen erfolgen (vgl. von Kardorff et al. 2013, Kap. 2; Behrendt 2017). Die erste Ebene ist *institutionell*. Sie reflektiert den Umstand, dass Teilhabe stets auf bestimmte institutionalisierte Rollen einer bestehenden Praxisstruktur bezogen ist. Nur wo es Praktiken gibt, die Positionen vorsehen, in die man einbezogen oder von denen man ausgeschlossen werden kann, ist Inklusion überhaupt möglich. Die notwendigen Rollenkompetenzen, die erforderlich sind, um eine bestimmte Position erfolgreich einzunehmen, bestimmen den formalen Inklusionsmechanismus. Durch ihn wird festgelegt, ob jemand die Teilhabe an einer Rolle berechtigterweise beanspruchen kann. *Formelle Inklusion* ist somit gegeben, wenn jemand die institutionalisierten Anforderungen an potenzielle Rollenträger tatsächlich erfüllt (vgl. ▶ Abschn. 16.4.2). Da es für die Erfüllung formeller Inklusion darauf ankommt, dass die individuellen Merkmale der Inklusionssubjekte mit den institutionalisierten Inklusionsregeln einer Praxisform übereinstimmen, lässt sie sich entweder verwirklichen, 1) indem die Merkmale des Akteurs an die Inklusionsregeln angepasst werden, oder andersherum, 2) indem die Inklusionsregeln der Praxis auf die Eigenschaften des betroffenen Subjekts abgestimmt werden. Im ersten Fall lässt sich von „strukturerhaltender Inklusion", im zweiten von „strukturverändernder Inklusion" sprechen.

Die zweite Ebene ist *intersubjektiv*. Sie trägt der Tatsache Rechnung, dass sich alle Beteiligten in den von ihnen jeweils eingenommenen Rollen auch wechselseitig anerkennen müssen, damit diese praktische Geltung erhalten. Erst die allgemeine Akzeptanz der Rollenträger durch ihre jeweiligen Bezugsgruppen ermöglicht eine wirksame Teilhabe an der eingenommenen Position. *Informelle Inklusion* zielt dementsprechend darauf ab, die erforderlichen intersubjektiven Einstellungen zwischen den Beteiligten in konkreten Interaktionen sicherzustellen (vgl. ▶ Abschn. 16.4.2). Dies betrifft den Abbau von Vorurteilen und Aversionen auf kognitiver, affektiver und/oder praktischer Ebene (negativ formuliert) sowie das Eintreten für gegenseitige Anerkennung und Wertschätzung (positiv formuliert). Diese intersubjektive Ebene ist wichtig, damit Teilhabe nicht nur nominal dem Anspruch nach, sondern auch tatsächlich praktisch verwirklicht ist. Praktiken strukturieren soziale Beziehungen dem jeweiligen Kontext entsprechend in zeitlicher, sachlicher und sozialer Hinsicht, indem generalisierte Verhaltenserwartungen institutionalisiert werden. Wechselseitige Verhaltenserwartungen sind allerdings nur in dem Maße wirksam institutionalisiert, als Anspruch und Wirklichkeit nicht allzu oft auseinandertreten. Mit anderen Worten muss sich auch das tatsächliche Verhalten aller Beteiligten überwiegend an der vorgegebenen Rollenstruktur orientieren. Die Praxisteilnehmer müssen alle Motive zur Übernahme und Erfüllung der erforderlichen Aufgaben und Verpflichtungen besitzen, die intern mit ihren gegenseitigen Rollenerwartungen verknüpft sind. Dabei müssen zwei Fälle informeller Inklusion unterschieden werden: Im ersten Fall besitzt ein Praxisteilnehmer zwar einen *institutionellen Status*, aber in den „Augen der möglichen Interaktionspartner aus der Gruppe der Mehrheit keinen gleichen *intersubjektiven Status*." (Ikäheimo 2014, S. 125; meine Hervorhebung). Aus der umgekehrten Perspektive liegt hingegen ausschließlich ein intersubjektiver Status vor, ohne dass auch ein entsprechender institutioneller Status gegeben wäre. Wenn soziale Positionen ohne die normative Rückendeckung der konstitutiven Regeln einer Praxis ausgeübt oder – wie im umgekehrten Fall – trotz formalem Anspruch interpersonal ausgeschlagen werden, stellt das ein ernstzunehmendes Inklusionsdefizit dar, das danach verlangt, in die eine oder andere Richtung aufgelöst zu werden.

Die dritte Ebene ist *materiell*. Sie ergibt sich aus dem Umstand, dass die spezielle Gestaltung der materiellen Rahmenbedingungen einer sozialen Praxis die Teilhabemöglichkeiten des Einzelnen nachhaltig beeinflussen. Dies kommt oftmals allein dadurch zustande, dass die gegenständlichen Materialisierungen von Praktiken so gestaltet sind, dass sie auf die typischen Eigenschaften und Fähigkeiten der durchschnittlichen Rollenträger passen. Menschen, deren individuelle Merkmale von diesem Durchschnitt atypisch abweichen, werden daher mitunter von einer effektiven Teilhabe ausgeschlossen, einfach darum, weil sie wegen der für sie kaum zu überwindenden Hindernisse gar nicht erst in den relevanten Kontext vordringen können. So sind etwa Gebäude, die ausschließlich über Treppen und schmale Türen verfügen, für Rollstuhlfahrer nur schwer zugänglich; das gleiche gilt für Busse oder Bahnen, denen entsprechende Ein- und Ausstiegshilfen fehlen. *Strukturelle Inklusion* hängt demnach davon ab, dass die materiellen Komponenten einer Praxis für alle Beteiligten *barrierefrei* – das heißt voll nutzbar – gestaltet sind. Versteht man unter einer barrierefreien Praxis, dass niemand, der formell teilhabeberechtigt ist, von der vollwertigen Partizipation ausgeschlossen oder diese unverhältnismäßig erschwert wird, so lassen sich verschiedene Maßnahmen zur Umsetzung von Barrierefreiheit unterscheiden: Diese können von rechtlichen Bestimmungen über finanzielle Förderprogramme bis hin zu wissenschaftlicher Expertise und gesellschaftlicher Bewusstseinsbildung reichen (vgl. Bethke et al. 2015). Ob jemandem der Zugang zu den Positionen einer Praxis effektiv offensteht, ist neben den bereits eingeführten Konditionen *institutioneller* und *intersubjektiver* Art also außerdem eine Frage der *materiellen* Ausgestaltung des relevanten Kontextes. Barrierefreiheit stellt daher eine wesentliche strukturelle Voraussetzung für die wirkungsvolle Verwirklichung soziale Teilhabe des Einzelnen dar.[2]

---

2 „Barrierefreiheit" bedeutet, dass alle formell teilhabeberechtigten Personen einer Praxis vollen Zugang haben. Barrieren können somit alle Dinge und Strukturen sein, die (über die formellen Inklusionsregeln hinaus) Zugangsbeschränkungen darstellen.

Effektive Inklusion

Ein beliebiger sozial kompetenter Akteur *A* ist in eine sozial etablierte Praxis *SP* effektiv inkludiert genau dann, wenn gilt:

i. *A* steht mindestens eine normative Statusposition *Y* offen, die von den für *SP* konstitutiven Regeln definiert und damit für eine qualifizierte Teilnahme als Rolle vorgesehen wird (formelle Inklusion);

ii. welche alle beteiligten Interaktionspartner im relevanten Kontext *K* gegebenenfalls mit sämtlichen Konsequenzen in ihren aufeinander bezogenen Haltungen und normativen Einstellungen wechselseitig berücksichtigen (informelle Inklusion); und

iii. *A* der Zugang zum relevanten Kontext *K* nicht aufgrund von Barrieren der Praxisstruktur systematisch verstellt ist (strukturelle Inklusion).

Der Tatbestand sozialer Exklusion kann jetzt einfach in negativer Abgrenzung zu diesen Bestimmungen definiert werden: Grenzen institutionalisierte Rollenanforderungen bestimmte Personen oder Gruppen von vorhandenen Positionen aus, haben wir es mit *formeller Exklusion* zu tun. Besteht hingegen ein formell berechtigter Anspruch auf Teilhabe, den Beteiligte durch negative Einstellungen faktisch missachten, liegt *informelle Exklusion* vor. Der Sachverhalt *struktureller Exklusion* schließlich ist erfüllt, wenn aufgrund von Barrieren unverhältnismäßig erschwert oder gänzlich verhindert wird, dass eine soziale Rolle eingenommen und ausgeübt werden kann.

Ein konkretes Beispiel kann helfen, diese Typologie zu veranschaulichen: Angenommen, ein kleiner Handwerksbetrieb besteht aus drei institutionalisierten Berufsrollen: Einem Meister, den angestellten Gesellen und den Lehrlingen. Jeder dieser Rollentypen verlangt charakteristische Rollenkompetenzen, die erforderlich sind, um die entsprechende Position einzunehmen – Meister müssen über andere Qualitäten verfügen als Gesellen oder Lehrlinge – und mit jeder Position sind unterschiedliche Rollenerwartungen und -befugnisse verknüpft. Erst wenn ein Lehrling seine Ausbildung erfolgreich abgeschlossen hat, steht ihm die Rolle eines Gesellen formal offen und die eines Meisters sogar erst dann, wenn er noch eine zusätzliche Weiterbildung absolviert hat. Um beruflich effektiv (und nicht bloß formal) teilzuhaben, ist es dabei entscheidend, dass der Lehrling nicht nur über den erforderlichen institutionellen Status verfügt, sondern darin auch von allen relevanten Bezugsgruppen (dem Meister und den Gesellen) intersubjektiv anerkannt wird (und diese seinerseits in ihren Rollen anerkennt). Wer von Vorgesetzten systematisch nur zum sprichwörtlichen Kaffeekochen oder Werkstattfegen abgestellt wird, dessen Teilhabe ist informell eingeschränkt, was zu häufigen Fehlzeiten und im Extremfall sogar zur kompletten Aufgabe der Stelle führen kann. Zusätzlich könnten auch Barrieren die berufliche Teilhabe beschneiden. Beispiele für strukturelle Teilhabebeschränkungen wären etwa unpassendes Arbeitsmobiliar und Werkzeuge, aber auch unflexible Arbeitszeiten. Wer sich ständig über den Arbeitsplatz bücken muss, weil die Arbeitsfläche zu tief ist, oder nicht mit der bevorzugten Hand arbeiten kann, weil ein Spezialwerkzeug nicht für Linkshänder vorhanden ist, wird strukturell an der adäquaten Ausübung seiner Tätigkeit gehindert. Aber auch fehlende Betreuungsmöglichkeiten für minderjährige Kinder aufgrund von ungünstigen Arbeitszeitmodellen können strukturelle Barrieren darstellen, die insbesondere Frauen in ihrer beruflichen Teilhabe einschränken. Wer im Schichtdienst bereits früh morgens im Betrieb sein muss, wird kaum eine entsprechende Lehrstelle annehmen können, wenn zu Hause ein Kind zu versorgen ist, das zu dieser Zeit noch nicht in einer Kinderkrippe o. ä. untergebracht werden kann.

Wenden wir uns nun der Frage zu, wie sich dem Exklusionsrisiko von Menschen mit Behinderungen und gesundheitlichen Einschränkungen im Arbeitsleben durch innerbetriebliche Maßnahmen begegnen lässt.

16.4.2 Mechanismen beruflicher Exklusion erkennen und verhindern

■ ■ **Strukturelle Barrieren**

Eine Ursache für die ausgeprägte Tendenz beruflicher Exklusion von Menschen mit Behinderungen und gesundheitlichen Einschränkungen ist sicherlich darin zu sehen, dass Arbeitsplätze für sie eine Vielzahl von Barrieren aufweisen. Eine Barriere führt dazu, dass jemand eine bestimmte Berufsrolle nicht richtig ausüben kann, obwohl die formellen Rollenkompetenzen eigentlich vorhanden sind. Neben bekannten baulichen Barrieren, wie Treppen anstatt Rampen oder Aufzügen, sind typische Barrieren im beruflichen Kontext oftmals weniger sichtbar. Fehlt Menschen mit einer Sehbehinderung eine Sprachausgabe am Computer oder steht gehörlosen Menschen kein Gebärdensprachdolmetscher zur Verfügung, stellt dies in vielen Berufen eine erhebliche Inklusionsschwelle dar und limitiert somit ihre beruflichen Teilhabemöglichkeiten drastisch.

Barrieren können durch gezielte Interventionen am jeweiligen Arbeitsplatz abgebaut werden, um betroffenen Mitarbeitern eine adäquate Teilhabe zu ermöglichen. Eingriffe, die sich auf Änderungen der Arbeitsplatzgestaltung konzentrieren, können Änderungen am Arbeitsmobiliar, an Werkzeugen, Materialien oder Maschinen umfassen, die für die Ausführung der Arbeitsaufgaben erforderlich sind. Eine zu niedrige Tischhöhe kann beispielsweise chronische Schmerzen verursachen, die zu einem langen Ausfall des Arbeitnehmers führen können. Darüber hinaus sind Änderungen in der Arbeitsorganisation möglich, unter anderem eine Umstellung von Arbeitsplänen und dem Aufgabenprofil oder den Kommunikationsprozessen zwischen Mitarbeitern. Auch die Arbeitssituation, etwa die vertraglichen Regelungen zu Arbeitszeit und Entlohnung, sowie das Arbeitsumfeld, beispielsweise Lärmbelastung, Beleuchtung usw., lassen sich an die besonderen Bedürfnisse von Mitarbeitern mit Inklusionsbedarf anpassen, um mögliche Barrieren für den Inklusionserfolg zu beseitigen.

■ ■ **Intersubjektive Ausgrenzungen**

Neben strukturellen Barrieren spielen auch informelle Exklusionsmechanismen im Arbeitsleben von gesundheitlich beeinträchtigten und behinderten Mitarbeitern eine entscheidende Rolle. Sowohl mangelhafte Aufklärung und fehlende Informationen bei Arbeitgebern und Kollegen im Speziellen als auch gesamtgesellschaftliche Geringschätzung und Stigmatisierung von Behinderung und Krankheit im Allgemeinen prägen bis heute das Berufsleben vieler Betroffener, wie eine Studie im Auftrag der Antidiskriminierungsstelle des Bundes festhält: „Beim Zugang auf den Arbeitsmarkt und in das Beschäftigungssystem, aber auch bei der Sicherung des Arbeitsplatzes für behinderte und chronisch kranke Menschen wirken manifeste und mehr noch latente Vorurteile und negative Einstellungen als entscheidende" Exklusionsmechanismen (von Kardorff et al. 2013, S. 28 f.). Insbesondere die (unterstellte oder tatsächliche) geminderte Leistungsfähigkeit der Betroffenen spielt im innerbetrieblichen Kontext bei Kollegen und Vorgesetzten eine wichtige Rolle hinsichtlich mangelnder Anerkennung und Ausgrenzung.

Ein wichtiges Instrument intersubjektiver Inklusion, um dem entgegenzutreten und Akzeptanz und Wertschätzung gegenüber Mitarbeiterinnen und Mitarbeitern mit Behinderungen und gesundheitlichen Einschränkungen zu fördern, sind regelmäßige Schulungen und Sensibilisierungsmaßnahmen sowohl speziell für unmittelbar betroffene Kollegen als auch allgemein für die weiteren betrieblichen Beteiligten. Auch auf dieser Ebene sind außerdem Änderungen in der Arbeitssituation und -organisation zu berücksichtigen. Neben dem Hinweis auf ein angepasstes Entlohnungssystem zur „Verminderung von Neid und Konkurrenzdenken" findet sich bei Niehaus (2005, S. 78) so auch die Beobachtung, dass „Akzeptanz von eingeschränkter Leistung [. . .] am ehesten gewährleistet [ist], wenn der Mitarbeiter [. . .] bereits länger zu der betreffenden Gruppe gehört und wenn es keine erhöhte Anzahl von Mitarbeitern mit Handicaps in einem Bereich gibt, sondern eine ungefähre Gleichverteilung über verschiedene Arbeitsgruppen gegeben ist."

■ ■ Institutionelle Voraussetzungen

Strukturelle und informelle Inklusionsmaßnahmen im Betrieb können zur Verbesserung der beruflichen Teilhabesituation von Menschen mit Behinderungen und gesundheitlichen Einschränkungen beitragen. Eine erfolgreiche Rehabilitation, die die dauerhafte Teilhabe am Arbeitsleben sichern soll, kann allerdings ohne Vorkehrungen gegen formelle Exklusionsmechanismen in der Arbeitswelt nicht gelingen. Dabei ist die persönliche Eignung der Arbeitskraft ein ausschlaggebender Faktor für den formellen Inklusionserfolg. So müssen die Beschäftigten dem spezifischen Leistungsanspruch der entsprechenden Tätigkeit gerecht werden können, um einen produktiven Beitrag für das Unternehmen zu leisten. In einem allgemeinen Sinne beziehen sich diese notwendigen Rollenkompetenzen einer Berufsrolle einerseits auf die erforderlichen technischen Umgangs- oder Verfahrensregeln. Darunter lässt sich laut Claus Offe (1970, S. 29) die „Gesamtheit von physischer Leistungsfähigkeit, aus Erfahrung und Übung gewonnenem Leistungskönnen und Leistungswissen" verstehen, „die an einem bestimmten Arbeitsplatz notwendig sind, damit die entsprechende Arbeitsaufgabe erfüllt werden kann". Andererseits umfassen sie die erforderlichen normativen Orientierungen, um der jeweiligen Rolle im Betrieb gerecht werden zu können. Hierunter lassen sich wiederum laut Offe „sämtliche Normen, Werte, Interessen und Motive [...], von denen erwartet wird, dass sie im institutionellen Rahmen des Arbeitsprozesses befolgt werden" (ebenda) fassen. Die genannten Rollenkompetenzen bringen zum Ausdruck, was man auch die „persönliche Eignung" des Bewerbers um eine entsprechende Berufsrolle nennen kann. Diese Anforderungen an den Arbeitsvollzug müssen selbstständig bewältigt werden können, andernfalls ist der Betroffene als Akteur auf dem internen wie externen Arbeitsmarkt nicht in ausreichendem Maße wettbewerbsfähig.

Auf dieser Ebene gibt es zwei dominante Strategien zur formellen beruflichen Inklusion, namentlich die innerbetriebliche Suche nach einem freien leistungsadäquaten Arbeitsplatz und/oder die frühzeitige wie auf Dauer gestellte berufliche (Weiter-)Qualifizierung der Arbeitnehmer. Ziel der Suche nach einem freien leistungsadäquaten Arbeitsplatz ist die arbeitsplatzerhaltende Neuplatzierung betroffener Mitarbeiter im Betrieb. Wie Schmal und Niehaus (2004, S. 228 f.) feststellen, ist die Bereitschaft des dabei in der Regel verantwortlichen direkten Vorgesetzten maßgeblich für den Erfolg der Maßnahme. Um adäquate Arbeitsplätze zu ermitteln, müssen die Fähigkeitsprofile der betroffenen Mitarbeiter mit den Anforderungsprofilen der bestehenden Arbeitsplätze abgeglichen werden, wofür selten die nötige technische Infrastruktur vorgehalten wird. Daher ist es für hoch bzw. mehrfach qualifizierte Mitarbeiter sehr viel leichter, einen passenden Arbeitsplatz zu finden, als für gering qualifizierte Mitarbeiter, weshalb eine hohe innerbetriebliche Mobilitätsbereitschaft für den Inklusionserfolg vorausgesetzt werden muss (vgl. ebenda, S. 229). Da die Suche nach leistungsadäquaten Arbeitsplätzen erfolgreicher verläuft, wenn Betroffene entsprechend qualifiziert sind, stellen Angebote zur beruflichen (Weiter-)Qualifizierung wichtige präventive Maßnahmen dar, die die Chancen einer erfolgreichen Wiedereingliederung steigern. Die europäische Politik hat entsprechende Rahmenbedingungen geschaffen, indem sie dem lebenslangen Lernen als sogenanntem Querschnittziel einen herausragenden Stellenwert eingeräumt hat (Kommission der Europäischen Gemeinschaft 2003; vgl. Niehaus 2005, S. 78).

In diesem Kontext können auch technische Assistenzsysteme geeignete Hilfsmittel zur Verwirklichung beruflicher Inklusion darstellen, weil durch ihren Einsatz am Arbeitsplatz die Leistungskraft der Nutzer verbessert wird. Ein konkretes Beispiel sind technische Assistenzsysteme für die manuelle Montage, wie sie in einem Projekt mit dem Namen „mo-

tionEAP" bereits für den Einsatz in industriellen Betrieben entwickelt wurden (vgl. auch für das Folgende Funk et al. 2016). Diese Montageassistenzsysteme können an so gut wie jedem herkömmlichen Arbeitsplatz eingesetzt werden. Mittels Tiefendatenerkennung lassen sich die einzelnen Arbeitsvorgänge *in situ* erfassen. Wird ein Bauteil montiert, gleicht das System die veränderten Tiefendaten mit einem hinterlegten Arbeitsschritt ab und prüft diesen auf Korrektheit. Nach diesem Prinzip lässt sich so der gesamte Montageprozess vollautomatisch begleiten und einzelne Schritte lassen sich gegebenenfalls anleiten oder korrigieren. Um dabei eine sachlich effiziente wie fachlich adäquate Assistenz zu gewährleisten, werden während eines Montagevorgangs multiple Informationen und direktes Feedback auf den Arbeitsplatz projiziert. So können fehlerhafte Arbeitsschritte unmittelbar angezeigt, Anweisungen in Echtzeit zur Verfügung gestellt und der nächste Montageschritt direkt am Platz angeleitet werden.

Wie Studien der Universität Stuttgart belegen, sind diese Assistenzsysteme für die Förderung der beruflichen Qualifikation für beide Seiten des Arbeitsverhältnisses von Nutzen (vgl. Behrendt 2018b). Insbesondere schwerst geistig behinderte Mitarbeiter konnten von dem getesteten Montageassistenzsystem erheblich profitieren. Da sie normalerweise nur über eine sehr begrenzte Einsatz- und Leistungsfähigkeit verfügen, ist es im Regelfall kaum möglich, sie mit anderem als sehr einfachen, repetitiven Aufgaben zu betrauen. Aufgrund ihrer kognitiven Einschränkungen stellen komplexere Arbeitsinhalte eine zu hohe mentale Beanspruchung dar, was sich in einer erhöhten Fehlerquote und auffallend langen Montagezeiten niederschlägt. Daher waren sie bisher darauf angewiesen, die gesetzlich garantierte Betreuung in Werkstätten für Menschen mit Behinderung in Anspruch zu nehmen, ohne dabei wertschöpfenden Arbeitstätigkeiten nachgehen zu können. Begleitende Beobachtungen und quantitative Studien während der Testphase mit dem hier betrachteten Assistenzsystem konnten bestätigen, dass selbst Mitarbeiter mit sehr schweren kognitiven Beeinträchtigungen durch technische Assistenzsysteme befähigt werden, anspruchsvolle Montageprozesse selbstständig zu bewältigen. Dadurch, dass bei gesteigerter Arbeitsgeschwindigkeit und Stückzahl auch eine erhebliche Steigerung der Motivation und Arbeitszufriedenheit sowie eine signifikante Fehlerreduktion erzielt werden konnte, lässt sich von einer qualitativen Verbesserung des Arbeitsplatzes sprechen. Somit besteht das Potenzial, durch technische Assistenzsysteme auch die schwächste Personengruppe in die Lage zu versetzten, gleichermaßen sinnvolle wie wertschöpfende Tätigkeiten erfolgreich durchzuführen.

Indem man Menschen mit besonderem Unterstützungsbedarf durch technische Assistenzsysteme am Arbeitsplatz zielgerichtet unterstützt, werden sie in die Lage versetzt, anspruchsvolle Arbeitsschritte selbstständig ausführen, ohne dass dabei ständige Überforderung mit typischen Symptomen wie psychischer Ermüdung, Stress und Unzufriedenheit die Folge wären. Durch den Einsatz technischer Assistenz am Arbeitsplatz können so eine dauerhafte berufliche Teilhabe ermöglicht sowie die Produktivität für den Betrieb sichergestellt werden (vgl. Behrendt 2018a).

16.5   Fazit

Gerechte Teilhabeverhältnisse für alle gesellschaftlichen Gruppen zu gewährleisten ist ein allseits anerkanntes politisches, rechtliches und moralisches Ziel. Die gesellschaftlichen Lebensumstände müssen jedem Einzelnen ein würdevolles Leben ermöglichen. Dafür müssen sich alle Angehörigen einer Gesellschaft als frei und gleich begreifen können, nicht als ausgegrenzt oder überflüssig. Eine wichtige Dimension ist dabei die dauerhafte Teilhabe am Arbeitsleben. Berufliche Teilhabegerechtigkeit bedeutet, jeder Person eine gleichwertige und würdevolle Teilhabe am Arbeitsleben zu ermöglichen. Jeder Mensch im Erwerbsalter sollte seinen Lebensunterhalt selbstständig durch selbstgewählte Arbeit bestreiten können. Teilhabe an der Arbeitswelt ist wichtig, um als vollwertiges Mitglied der Gesellschaft zu gelten. Und so stellt es ein gesellschaftliches Ideal dar, dass niemand dauerhaft vom Erwerbsleben ausgeschlossen bleibt. Somit kommt es entschieden darauf an, individuelle berufliche Teilhabesituationen so zu gestalten, dass sie sich als Beitrag zur Verwirklichung gesellschaftlicher Teilhabegerechtigkeit verstehen lassen. Im Vordergrund muss dabei das Ziel stehen, Schritte in Richtung einer inklusiven Arbeitswelt anzustoßen, sodass jeder Mensch eigenverantwortlich ein gutes und gelungenes Leben führen kann.

Eine wichtige präventive Strategie, um Menschen mit Behinderungen und gesundheitlichen Einschränkungen eine dauerhafte Teilhabe an der Arbeitswelt zu sichern, besteht in der Vermeidung von Entlassungen durch Interventionen im Betrieb. Vor diesem Hintergrund wurden innerbetriebliche Inklusionsmechanismen und -hindernisse für Weiterbeschäftigung und Rehabilitation beleuchtet. Die mehrdimensionale Betrachtung hat gezeigt, dass Maßnahmen im Betrieb auf formeller, informeller und struktureller Ebene ansetzen müssen, um die Chancen zur Teilhabe gesundheitlich beeinträchtigter und behinderter Menschen im Betrieb zu erhöhen. Hier lassen sich *erstens* gezielte Interventionen am jeweiligen Arbeitsplatz zum Abbau von strukturellen Barrieren anführen. *Zweitens* muss der Stellenwert intersubjektiver Inklusionsstrategien zur Überwindung von Vorurteilen und negativen Einstellungen gegenüber Betroffenen hervorgehoben werden. *Drittens* lässt sich betonen, dass eine dauerhafte Teilhabe am Arbeitsleben nur dann sichergestellt werden kann, wenn darüber hinaus auch institutionelle Vorkehrungen getroffen werden, wie insbesondere die Suche nach leistungsadäquaten freien Arbeitsplätzen im Betrieb und Angebote zur lebenslangen beruflichen (Weiter-)Qualifizierung.

Literatur

Behrendt H (2017) Was ist soziale Teilhabe? Plädoyer für einen dreidimensionalen Inklusionsbegriff. In: Misselhor C, Behrendt H (Hrsg) Arbeit, Gerechtigkeit und Inklusion. Wege zu gleichberechtigter gesellschaftlicher Teilhabe. Metzler, Stuttgart, S 50–76

Behrendt H (2018a) Das Ideal einer inklusiven Arbeitswelt. Teilhabegerechtigkeit im Zeitalter der Digitalisierung. Campus, Frankfurt a. M./New York

Behrendt H (2018b) Berufliche Inklusion von Menschen mit kognitiven Beeinträchtigungen durch technische Assistenz am Arbeitsplatz. Zeitschrift Für Inklusion 12(2). https://www.inklusion-online.net/index.php/inklusion-online/article/view/426. Zugegriffen: 19. März 2020

Bengel J, Strittmacher R, Willmann H (1998) Was erhält Menschen gesund? Antonovskys Modell der Salutogenese – Diskussionsstand und Stellenwert. Bundeszentrale für gesundheitliche Aufklärung, Köln

Bethke A, Kruse K, Rebstock M, Welti F (2015) Barrierefreiheit. In: Degener T, Diehl E (Hrsg) Handbuch Behindertenrechtskonvention. Teilhabe als Menschenrecht – Inklusion als gesellschaftliche Aufgabe. BpB, Bonn, S 170–188

Funk M, Kosch T, Kettner R, Korn O, Schmidt A (2016) Motioneap: an overview of 4 years of combining industrial assembly with augmented reality for industry 4.0. In: Proceedings of the 16th international conference on knowledge technologies and data-driven business. ACM, New York

Hollenweger J (2003) Die internationale Klassifikation der Funktionsfähigkeit, Behinderung und Gesundheit (ICF) Ein neues Modell von Behinderungen (Teil I). Schweizerische Zeitschrift Für Heilpädagogik 10:1–8

Ikäheimo H (2014) Anerkennung. DeGruyter, Berlin

Jantzen W (1974) Sozialisation und Behinderung. Focus, Gießen

von Kardorff E, Ohlbrecht H, Schmidt S (2013) Zugang zum allgemeinen Arbeitsmarkt für Menschen mit Behinderungen. Antidiskriminierungsstelle des Bundes, Berlin

Kommission der Europäischen Gemeinschaft (2003) Chancengleichheit für Menschen mit Behinderungen: Ein Europäischer Aktionsplan. Mitteilungen der Kommission 650. 30.10.2003. Kommission der Europäischen Gemeinschaft, Brüssel

Misselhorn C (2017) Arbeit, Technik und gutes Leben. Perspektiven für Menschen mit und ohne Behinderung auf Industrie 4.0. In: Misselhorn C, Behrendt H (Hrsg) Arbeit, Gerechtigkeit und Inklusion. Wege zu gleichberechtigter gesellschaftlicher Teilhabe. Metzler, Stuttgart, S 19–38

Niehaus M (2005) Chancen und Barrieren der Teilhabe gesundheitlich beeinträchtigter und behinderter Menschen im Betrieb. Zeitschrift Für Sozialreform Schutz

Gesundh Teilhabe Am Arbeitsleb Behinderter Chron Kranker Älterer Menschen 51:73–86

Offe C (1970) Leistungsprinzip und industrielle Arbeit. Mechanismen der Statusverteilung in der Arbeitsorganisation der industriellen „Leistungsgesellschaft". Europäische Verlagsanstalt, Frankfurt a. M.

van Oostrom S, Boot C (2013) Workplace interventions. In: Loisel P, Anema J (Hrsg) Handbook of work disability. Prevention and management. Springer, New York

Schmal A, Niehaus M (2004) Betriebliche Maßnahmen zur Integration von Mitarbeiter/innen mit Handicap. In: Steffgen G (Hrsg) Betriebliche Gesundheitsförderung. Problembezogene psychologische Interventionen. Hogrefe, Göttingen

United Nations (2006) Convention on the Rights of Persons with Disabilities. UN, Genf

United Nations (2015) Abschließende Bemerkungen über den ersten Staatenbericht Deutschlands. Staatenberichtsprüfung. UN, Genf

Wansing G (2012) Inklusion in einer exklusiven Gesellschaft. Oder: Wie der Arbeitsmarkt Teilhabe behindert. Behindertenpädagogik 51:381–396

Weimer G (2017) Inklusion und Arbeit – ein ganz dickes politisches Brett. In: Misselhorn C, Behrendt H (Hrsg) Arbeit, Gerechtigkeit und Inklusion. Wege zu gleichberechtigter gesellschaftlicher Teilhabe. Metzler, Stuttgart, S 135–145

Wieland K (1995) Arbeitsgestaltung für behinderte und leistungsgewandelte Mitarbeiter: Grundlagen, Vorgehensweisen, Beispiele. Haufe, Freiburg

World Health Organization (2001) International classification of functioning, disability, and health. WHO, Genf

16

Betriebliche Soziale Arbeit und Soziale Gerechtigkeit

Edgar Baumgartner, Martin Klein und Bettina Stoll

Inhaltsverzeichnis

© Springer-Verlag GmbH Deutschland, ein Teil von Springer Nature 2020
B. Badura et al. (Hrsg.), *Fehlzeiten-Report 2020*, Fehlzeiten-Report,
https://doi.org/10.1007/978-3-662-61524-9_17

▪▪ Zusammenfassung

Das Thema Soziale Gerechtigkeit impliziert für Unternehmen ganz unterschiedliche Facetten. Die Betriebliche Soziale Arbeit kann hierbei aufgrund ihrer Positionierung und ihres Auftrags eine besondere Rolle übernehmen. Die Soziale Arbeit agiert gesamtgesellschaftlich als Institution, die für die Bearbeitung der Folgen sozialer Ungleichheit vor dem normativen Zielhorizont sozialer Gerechtigkeit zuständig ist. Die Betriebliche Soziale Arbeit als ein Arbeitsfeld der Sozialen Arbeit konkretisiert diesen Auftrag innerhalb und außerhalb von Unternehmen. Dem unternehmensinternen Bereich ist die Aufgabe einer Betrieblichen Sozialberatung zuzurechnen, die soziale Ordnung bzw. die Integration des sozialen Systems Unternehmens dann zu bearbeiten, wenn sie für die Mitarbeitenden einen schädlichen oder wenig förderlichen Einfluss auf deren Lebenssituation bzw. auf einzelne Lebensbereiche (z. B. Gesundheit) haben. Anlass kann hierbei auch die Verletzung von Prinzipien der sozialen Gerechtigkeit sein, auf deren Herstellung Soziale Arbeit dann hinarbeitet. Die Betriebliche Soziale Arbeit gestaltet aber auch die Beziehungen des Unternehmens zur Gesellschaft bzw. zum Gemeinwesen. Im unternehmensexternen Bereich kann sie eine wesentliche Unterstützerin bzw. professionelle Gestalterin bezüglich Corporate-Citizenship-Aktivitäten (auch diese können wiederum im speziellen auf Gesundheit zielen) sein und einen Beitrag zur sozialen Gerechtigkeit leisten. Diese Bezüge von Sozialer Arbeit, die in und aus Unternehmen agiert, und sozialer Gerechtigkeit werden im Beitrag systematisch aufgezeigt und diskutiert.

17.1   Einleitung

Um der Frage nach dem zentralen Gegenstand von Gerechtigkeit in der Sozialen Arbeit näher zu kommen, lassen sich sieben relevante Themenbereiche eingrenzen. Neben der internationalen, politischen, intergenerationellen, juridischen Gerechtigkeit (darunter besonders die Strafgerechtigkeit) geht es auch um die Gerechtigkeit zwischen den Geschlechtern und gegenüber gesellschaftlichen Minderheiten. Der siebte und für diesen Text relevante Themenbereich umfasst die soziale Gerechtigkeit, die die ökonomische Gerechtigkeit miteinbezieht.

Mit der Aufzählung der sieben Themenbereiche wird deutlich, dass damit eher die Institutionenethik gemeint ist. Die Mehrzahl der Philosophen aus Antike und Mittelalter fasst aber Gerechtigkeit primär als eine Eigenschaft bzw. als Tugend von Personen auf, meint damit also eher die Individualethik.

In der *Betrieblichen Sozialen Arbeit* sind beide Perspektiven von Bedeutung. Die institutionentheoretische Sichtweise beinhaltet häufig zwar eine personalistische Perspektive, die sich auf z. B. gerechte Funktionsträger bezieht. Diese Sichtweise ermöglicht es, dass wir Institutionen, die durch Personen repräsentiert werden, als gerecht definieren, wenn sie gerechte Verhältnisse, Zustände oder Regeln schaffen. Diese Sichtweise wird durch ein lebensweltliches Gerechtigkeitsverständnis ergänzt. Der individuelle Gerechtigkeitssinn leistet dabei einen wichtigen Beitrag als moralische Grundlage einer Gesellschaft. Dieser basiert auf zwei traditionellen Ideen. Entweder Personen erhalten das, was sie verdienen, im positiven oder negativen Sinn eines Vorteils oder eines Nachteils. Oder aber es gibt die Idee einer angemessenen Gleichheit. Gerecht ist dann eine Gleichbehandlung gleicher Fälle sowie eine Ungleichbehandlung ungleicher Fälle (vgl. Horn 2011, S. 934).

Zur weiteren Bearbeitung des Themas soziale Gerechtigkeit und Betriebliche Soziale Arbeit erscheint es ratsam, aus diesen Vorüberlegungen vier Kategorien abzuleiten (vgl. Pogge 2005, S. 16).

1. Individuelle (z. B. einzelne Mitarbeitende und Führungskräfte) und kollektive Akteure, wie die Familie oder die Organisation oder der Staat
2. Das Handeln und Unterlassen dieser Akteure

3. Soziale Regeln, Richtlinien, Gesetze und soziale Institutionen
4. Zustände, zum Beispiel die Tatsache, dass es einigen besser ergeht als anderen

In der Regel liegt bei den Akteuren und deren Handeln die Verantwortung für die Gerechtigkeit sozialer Regeln und, bedingt durch diese Regeln, die Gerechtigkeit von Zuständen. Die Auflistung dieser vier Kategorien der Gerechtigkeit ermöglicht einen Blick auf die Interdependenzen und der dem Gerechtigkeitsbegriff innewohnenden Komplexität. Wir werden uns im Folgenden diese Interdependenzen genauer ansehen. Zuerst betrachten wir den funktionalen Bezugspunkt der Betrieblichen Sozialen Arbeit und beschreiben dann die vier Zuständigkeitsbereiche der Betrieblichen Sozialen Arbeit, in denen es um soziale Gerechtigkeit geht.

17.2 Der funktionale Bezugspunkt der Betrieblichen Sozialen Arbeit

Die *Soziale Arbeit* ist eng mit dem Konzept der *Sozialen Gerechtigkeit* verknüpft. Sie ist die gesellschaftliche Institution, die für die Bearbeitung der Folgen sozialer Ungleichheit vor dem normativen Hintergrund der Gleichheit und aktueller Konzepte sozialer Gerechtigkeit (etwa dem Konzept der Capabilities, vgl. Nussbaum 2011; Sen 2008) zuständig ist. Über diesen gesellschaftlichen Zentralwert kann sie sich von anderen Professionen bzw. Tätigkeitsfeldern abgrenzen (vgl. Schrödter 2007).

Soziale Arbeit ist damit auch abhängig von der Semantik der Gesellschaft. Für die Betriebliche Soziale Arbeit als ein Arbeitsfeld der Sozialen Arbeit gilt dies umso mehr. Denn abgesehen von Einsatzfeldern wie öffentlichen Verwaltungen, Universitäten oder sogar dem Militär ist sie vorrangig in Wirtschaftsunternehmen angesiedelt oder wird als externe Dienstleistung beauftragt (▶ Abschn. 17.3). Sie agiert folglich häufig in einem anderen, primär an

ökonomischen Prinzipien orientierten Kontext und hat daher an der Schnittstelle zwischen Unternehmen und Gesellschaft eine fragile Position inne (vgl. Baumgartner und Sommerfeld 2015). Aus diesem Grund setzt ihre Existenz und ihr Entfaltungspotenzial Werthaltungen in Organisationen voraus, die soziale Verantwortung für Mitarbeitende und Gesellschaft beinhalten.

Den Bezug zur sozialen Gerechtigkeit stellt die Betriebliche Soziale Arbeit operativ sowohl über die Beziehungen zum Gemeinwesen, das die Organisation umgibt, wie auch durch die Bearbeitung von problematischen Formen eines Lebensführungssystems von Mitarbeitenden her. Der funktionale Kern der Aufgaben der Betrieblichen Sozialen Arbeit, die sich auf die Mitarbeitenden beziehen, ist es, die Integration von Mitarbeitenden z. B. in ein Unternehmen und in den Arbeitsmarkt aufrechtzuerhalten oder zu ermöglichen, wenn diese aufgrund von gesundheitlichen oder sozialen Problemen (wie z. B. Sucht oder Partnerschaftsproblemen) belastet, gefährdet oder erschwert ist (vgl. Baumgartner und Sommerfeld 2018, S. 7). In historischer Perspektive deckten in den Anfängen der sogenannten Fabrikpflege solche Probleme und gerade der Bereich der Gesundheitsfürsorge und -vorsorge einen bedeutsamen Teil der Aufgaben ab (vgl. Blandow 1993).

Der Aufgabenbereich Betrieblicher Sozialer Arbeit deckt sich mit einer allgemeinen Funktionsbestimmung der Sozialen Arbeit, Probleme der Integration und Lebensführung zu bearbeiten, die sich typischerweise an den Inklusionsverhältnissen unterschiedlicher Teilsysteme und im gesamten „Lebensführungssystem" einer Person zeigen (vgl. Baumgartner und Sommerfeld 2016, S. 40). Ein Lebensführungssystem einer Person setzt sich aus der Beteiligung an unterschiedlichen sozialen Systemen zusammen (ausführlich dazu: Sommerfeld et al. 2011). Die diversen Teile des *Lebensführungssystems* einer Person, dazu zählen etwa die Bereiche Familie, Arbeit oder Schule, private Sozialkontakte oder Kultur und Freizeit (vgl. Baumgartner und Sommerfeld 2016,

S. 213), hängen eng miteinander zusammen. Schwierigkeiten, die in einem Teil des Lebensführungssystems einer Person auftreten, zum Beispiel private Probleme in der Familie, wirken sich auf die Prozesse in anderen Teilen – zum Beispiel die Arbeitsleistung am Arbeitsplatz – aus.

17.3 Organisatorische Anbindung

Die Organisationsformen Betrieblicher Sozialer Arbeit sind vielfältig. Dazu wurden alle Mitglieder des Bundesfachverbandes Betriebliche Soziale Arbeit Ende 2018 mit mehr als 300 Mitgliedern befragt, von denen mehr als ein Drittel die Fragebögen ausfüllten (n = 107). Auch wenn es viele verschiedene Sparten gibt, in denen Betriebliche Soziale Arbeit angeboten wird, sind die Industriebetriebe aus den Wirtschaftszweigen Metall, Chemie, Elektro und Pharma bei dieser Befragung am häufigsten vertreten, gefolgt von der öffentlichen Verwaltung, Banken und Versicherungen und Einrichtungen des Gesundheits- und Sozialwesens. Durch die Spartenmischung wird eine große Bandbreite der Betrieblichen Sozialen Arbeit abgedeckt.

Die Befragung (Klein 2018) bestätigt, dass die organisatorische Anbindung der Betrieblichen Sozialen Arbeit sehr heterogen ist. Die unterschiedlichen Angebote unterscheiden sich danach, ob sie intern oder extern angeboten werden. Bei der internen Betrieblichen Sozialen Arbeit sind die Fachkräfte in der Organisation eingestellt, während die externe Betriebliche Soziale Arbeit pauschal oder

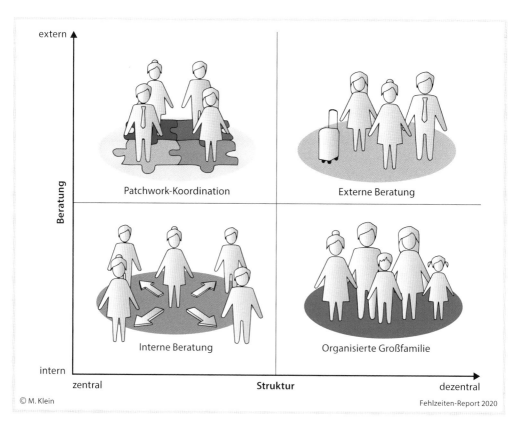

© M. Klein   Fehlzeiten-Report 2020

■ **Abb. 17.1** Typen organisatorischer Anbindung der Betrieblichen Sozialen Arbeit

anlassbezogen eingekauft wird. Ein weiteres Unterscheidungskriterium ist die Frage, ob die Organisationen zentral oder dezentral aufgebaut sind. Die möglichen Typen der organisatorischen Anbindung der Betrieblichen Sozialen Arbeit sind in ◼ Abb. 17.1 dargestellt.

Die interne Betriebliche Soziale Arbeit lässt sich in die „Interne Beratung" und die „Organisierte Großfamilie" unterteilen. Bei der internen Beratung, der sich 70 % der Befragten zugeordnet haben, sind die Fachkräfte fest in der Organisation angestellt und für alle Standorte zuständig. Das Modell der „organisierten Großfamilie" wird nur von 9 % der Befragten angeboten. Die interne Beratung wird in diesem Modell von anderen Mitarbeitenden der Organisation vor Ort unterstützt. Diese Mitarbeitenden werden häufig als soziale Ansprechpartner und Ansprechpartnerinnen bezeichnet. Bei der externen Betrieblichen Sozialen Arbeit können die „Externe Beratung" und die „Patchwork-Koordination" unterschieden werden. In beiden Fällen sind externe Anbieter für die Betriebliche Soziale Arbeit in der Organisation zuständig. Bei der externen Beratung, der sich immerhin 15 % der Befragten zugeordnet haben, ist der externe Anbieter auch für die dezentralen Organisationseinheiten zuständig. Bei der Patchwork-Koordination werden sowohl interne als auch externe Fachkräfte tätig. Häufig gibt es die Betriebliche Soziale Arbeit an einem zentralen Standort und für die dezentralen Orte wird externe Beratung eingekauft (Klein 2019, S. 12). Diese Form ist allerdings mit 6 % der Befragten die seltenste Form der Betrieblichen Sozialen Arbeit.

17.4 Zuständigkeitsbereiche

Die Zuständigkeit der Betrieblichen Sozialen Arbeit ergibt sich einerseits vor dem Hintergrund der (oben ausgeführten) Funktionsbestimmung entlang der Probleme der Lebensführung von Personen und Gruppen, deren gesellschaftliche Integration bzw. deren Arbeits-

integration gefährdet bzw. beschädigt ist (vgl. Baumgartner und Sommerfeld 2018, S. 7). Andererseits daraus, dass das Unternehmen Teil der Gesellschaft/eines Gemeinwesens ist und zu diesem (und dessen Mitgliedern und Subsystemen) in Beziehungen(en) steht.

Die erfolgreiche Sicherung der Integration von Personen und Gruppen ist davon abhängig, ob die problemverursachenden Faktoren und/oder die Integrationsbedingungen der konkreten Handlungssysteme, aus denen sich das Lebensführungssystem von Personen zusammensetzt, erfolgreich beeinflusst werden können. Das gesamte Lebensführungssystem von Mitarbeitenden kommt damit in den Blick, sowohl die außerhalb wie auch innerhalb des Organisationskontexts angesiedelten Integrationsverhältnisse und deren Zusammenhang mit der individuellen Lebensführung (vgl. Baumgartner und Sommerfeld 2018, S. 7). Aus dieser – auf die Gestaltung der Beziehungen der Organisation zu den Arbeitnehmenden gerichteten – Ausrichtung, ergeben sich drei Zuständigkeitsbereiche der BSA (▶ Abschn. 17.4.1.) Ein vierter Zuständigkeitsbereich resultiert aus dem Zusammenspiel von Organisation/Korporation und Gesellschaft (▶ Abschn. 17.4.2).

17.4.1 Beziehungen der Organisation zu den Mitarbeitenden

■ ■ Probleme der Lebensführung außerhalb der Organisation

Einen ersten Zuständigkeitsbereich der Betrieblichen Sozialen Arbeit markieren die außerhalb des Betriebes angesiedelte Probleme der Lebensführung von individuellen Akteuren, wie die Mitarbeitenden oder Führungskräfte – Probleme, welche die Integration in das Unternehmen durch die Beeinträchtigung der beruflichen Leistungsfähigkeit und Leistungsbereitschaft oder die Qualität der sozialen Beziehungen in der Arbeit gefährden. Zu diesem traditionellen Aufgabenbereich zählen familiäre, finanzielle oder soziale Probleme sowie alle Formen von Sucht und gesundheitliche Beeinträchtigungen physischer, aber vor allem auch psychischer Art (Baumgartner und Sommerfeld 2016, S. 236). Die Betriebliche Soziale Arbeit berät hier zu persönlichen und privaten Themen wie Alltagssorgen, Familie und Partnerschaft, Kinder und Erziehung, persönliche Krisen, Depression, Ängste, Krankheit, Trauer, Sucht und Abhängigkeit, Pflege und kooperiert mit spezialisierten Beratungsstellen, an die bedarfsgerecht weitervermittelt wird.

In diesem Zuständigkeitsbereich ist die Mehrheit jener Themen angesiedelt, die zu den häufigsten Aufgabenschwerpunkten einer Betrieblichen Sozialberatung gehören. Dieses Bild ergibt auch eine Erhebung bei 130 Betrieblichen Sozialberatungen in der Deutschschweiz und 48 Betrieblichen Sozialberatungen in Deutschland (im Jahr 2008; Baumgartner und Sommerfeld 2016, S. 156): Zu den häufigsten Themen zählen etwa familiäre Beziehungen oder finanzielle Angelegenheiten. Rund um das Thema Gesundheit ist das Bild disparat. Mit dem Thema „*psychische Schwierigkeiten* von Mitarbeitenden" setzen sich praktisch alle Betrieblichen Sozialberatungen auseinander, auch für das Thema „*Sucht*" gilt das für Deutschland und abgeschwächt für die Deutschschweiz (77 % der Betrieblichen Sozialberatungen nennen dies als bearbeitetes Thema). Die „*Wiedereingliederung* nach Rehabilitationsmaßnahmen" zählt in Deutschland bei einem Anteil von 90 % der Betrieblichen Sozialberatungen zum Aufgabenspektrum, in der Deutschschweiz bei 59 %. Das Thema „*Abwesenheiten und Fehlzeiten*" bearbeiten noch mehr als die Hälfte der Betrieblichen Sozialberatungen (Deutschland: 63 %; Schweiz: 55 %), was ein Indiz für die Variation der Zuständigkeitsprofile und den unterschiedlichen Einbezug in das *Case Management* ist. Aufgaben des Case Managements nehmen 79 % der Betrieblichen Sozialberatungen in Deutschland (Deutschschweiz: 56 %) wahr (vgl. Baumgartner und Sommerfeld 2018, S. 150 f.)

17

Probleme der Lebensführung innerhalb der Organisation

Ein weiterer, zweiter Zuständigkeitsbereich sind Probleme der Lebensführung innerhalb der Organisation, welche die *Integration* in Unternehmen gefährden. Im Zentrum stehen hier soziale Probleme in Interaktionen, die Beteiligte in ihrer Integrität oder im Hinblick auf ihre Integration so beschädigen oder verletzen, dass das Lebensführungssystem der betroffenen Person massiv beeinflusst und in der Folge auch die Integration in das Unternehmen in Frage gestellt wird. Hierzu zählen Handlungen wie sexuelle Belästigung, Mobbing oder auch andauernde Konfliktsituationen zwischen Mitarbeitenden, aber auch inklusive Leitungspersonen (vgl. Baumgartner und Sommerfeld 2018, S. 8). Des Weiteren geht es um Unterstützung bei *Work-Life-Balance*, Karrieredynamik etc., Notfällen und Krisen (Unfälle, akute Krisen, Katastrophen, unvorhergesehene Ereignisse, schwere Belastungen). Dieser Zuständigkeitsbereich ist in der Betrieblichen Sozialberatung (ebenfalls) ein gewichtiges Tätigkeitssegment (vgl. Klein 2018; Baumgartner und Sommerfeld 2016, S. 156). So gehört die Bearbeitung von Problemen am Arbeitsplatz (Belastungen, Konflikte) zum zweithäufigsten Aufgabenschwerpunkt: Ein Anteil von 96 % (Deutschland) bzw. 89 % (Deutschschweiz) der Betrieblichen Sozialberatungen nehmen entsprechende Aufgaben wahr (vgl. Baumgartner und Sommerfeld 2016, S. 156).

Integrationsprobleme in der Organisation

Ein dritter auf das Lebensführungssystem von Mitarbeitenden bezogener Zuständigkeitsbereich thematisiert die Integrations- bzw. Inklusionsbedingungen, rückt also die soziale Ordnung eines konkreten sozialen Systems und die damit ermöglichte Integration eines Individuums ins Zentrum. Die Betriebliche Soziale Arbeit greift folglich problematische soziale Dynamiken oder soziale Regeln in Teams oder *Konflikte* zwischen einer Leitungsperson und Teams sowie Fragen bzw. Beeinträchtigungen der sozialen Gerechtigkeit auf. Konkrete Beispiele können z. B. Themen der Gleichstellung oder Vereinbarkeit von Familie und Beruf sein (vgl. Baumgartner und Sommerfeld 2018, S. 8). Führungskräfte und Funktionsträger erhalten hier u. a. Unterstützung und Schulungen zu Themen wie Gesprächsführung, Motivation, Umgang mit häufigen Fehlzeiten und auffälligem Verhalten, Wiedereingliederungsgespräche, Umgang mit „schwierigen" Mitarbeitern etc. Sehr häufig wird die Betriebliche Soziale Arbeit bei Notfällen und *Krisen* angefragt, seien es Todesfälle, Suizide, Unfälle, Katastrophen, Überfälle oder unvorhergesehene Ereignisse. Die Beratung von Vorgesetzten und Führungskräften hat sich in der Betrieblichen Sozialen Arbeit breit etablieren können: So sind 98 % der Betrieblichen Sozialberatungen in Deutschland bzw. ein Anteil von 75 % in der Deutschschweiz entsprechend aktiv (vgl. Baumgartner und Sommerfeld 2018, S. 156).

17.4.2 Beziehungen der Organisation zur Gesellschaft

Ein vierter Zuständigkeitsbereich thematisiert die Gestaltung der Beziehungen der Organisation zur Gesellschaft bzw. zum Gemeinwesen. Die Betriebliche Soziale Arbeit kann auch über diesen Zuständigkeitsbereich zu einer (sozialen) Teilhabegerechtigkeit – die spezifisch auch die Ressource „Gesundheit" betreffen kann – beitragen.

■ ■ **Zuschreibung einer externen sozialen Verantwortung an die Unternehmen**
Dass Unternehmen – letztlich unabhängig davon, ob profitwirtschaftliche, sozialwirtschaftliche oder öffentliche – per se nicht nur eine interne soziale Verantwortung zugeschrieben werden kann, sondern auch eine in die Gesellschaft reichende externe Verantwortung, wird einmal mehr durch die sogenannte europäische „*Corporate Social Responsibility/* CSR-Richtlinie" (Richtlinie 2014|95|EU) deutlich. Für Deutschland wurde das entsprechende CSR-Richtlinie-Umsetzungsgesetz (CRR-

RUG) 2017 beschlossen. Damit werden insbesondere kapitalmarktorientierte/börsennotierte Unternehmen mit mehr als 500 Mitarbeitenden verpflichtet, sich zu ihren Auswirkungen auf die Gesellschaft zu äußern. Exemplarisch über die Lieferketten kann eine diesbezügliche Transparenz unter Umständen aber auch von kleinen und mittelständischen Unternehmen gefordert werden bzw. von allen Unternehmen (ob kapitalmarktorientiert oder nicht), die in (vertraglicher) Beziehung zu diesen Unternehmen stehen. Es sind mindestens „Angaben zu Umwelt-, Sozial- und Arbeitnehmerbelangen, zur Achtung der Menschenrechte und zur Bekämpfung von Korruption und Bestechung" zu machen (aus Rn. 6: Richtlinie 2014|95|EU). Zu den Sozial- und Arbeitnehmer- bzw. Arbeitnehmerinnenbelangen gehören inhaltlich z. B. Angaben zu den Arbeitsbedingungen, zum Gesundheitsschutz, zum Dialog mit lokalen Gemeinschaften und/oder zur Sicherstellung des Schutzes und der Entwicklung dieser Gemeinschaften (aus Rn. 19: Richtlinie 2014|95|EU).

Dass Unternehmen über ihre wahrgenommene Verantwortung bezüglich ihrer Auswirkungen auf die Gesellschaft berichten können, setzt voraus, dass sie auch in diesem Sinne tatsächlich tätig sind bzw. tätig werden. Begreift sich ein Unternehmen in diesem Kontext als „Bürger oder Bürgerin" (Citizen) und handelt dementsprechend, um konkrete gesellschaftliche Probleme (im Umfeld) zu lösen (vgl. Riess 2010, S. 589) – beschränkt sich somit nicht passiv auf die sich unmittelbar aus dem Kerngeschäft beziehende „Dokumentation" seiner Auswirkungen –, kann von „*Corporate Citizenship* (CC)" gesprochen werden. Nimmt ein Unternehmen in diesem Kontext Verantwortung umsetzend war, ergeben sich damit nicht selten Schnittmengen zwischen den Zielen, die das Unternehmen als Corporate Citizen und die „Soziale Arbeit" per se verfolgen: z. B. Abwendung von Schaden von Menschen und der Gemeinschaft, Förderung der persönlichen Entwicklung, der sozialen Kompetenzen und des Sozialverhaltens von Menschen, die Knüpfung von Netzwerken zwischen Organisationen oder die sozialpolitische Einflussnahme (vgl. Bieker 2011, S. 13).

Diese Zielüberschneidungen zeigen sich exemplarisch in Beispielen aus der verantwortlichen Unternehmenspraxis: So kann es z. B. gleichzeitiges Ansinnen von Unternehmen und Sozialer Arbeit sein, Menschen mit Behinderung bei der Herstellung von Produkten in die gesamte Prozesskette zu integrieren (so z. B. als Ziel formuliert durch die Möbelmanufaktur AMS), genauso zeigt sich die Zielkongruenz z. B. im Kampf gegen Armut und bestehende gesellschaftliche Probleme durch Initiierung und Förderung sozialer Geschäftsmodelle (Danone GmbH), ebenso z. B. im Einsatz von Unternehmensmitarbeiter*innen für sozial Benachteiligte und Kranke in der Gesellschaft (AXA Konzern AG) (vgl. zu den Beispielen CSR Germany o. J.). Nicht selten werden solche gesellschaftlichen, bürgerschaftlichen Anliegen über Kooperationen (vgl. Labigne et al. 2018, S. 13 f.), genauer über *Soziale Kooperationen* zwischen den Unternehmen und z. B. sozialen Organisationen in Angriff genommen, da gerade über die jeweiligen spezifischen Kompetenzen Synergien bei der und für die Lösung/Zielerreichung angenommen werden können. Soziale Kooperationen werden dabei verstanden als „Partnerschaften von gerichteten Unternehmen, gemeinnützigen Organisationen und ggf. öffentlichen Verwaltungen, in denen sich Unternehmen … in die Gestaltung ihres Umfeldes einbringen, um damit für sich, ihre gemeinnützigen Kooperationspartner, deren Adressaten und das Gemeinwesen/den Standort insgesamt einen Nutzen zu erzielen." (Lang et al. 2007, S. 1)

▪▪ Bedarf an professioneller gemeinwesenorientierter sozialer Handlungskompetenz

Für Unternehmen ergeben sich im Rahmen von CC/Sozialen Kooperationen zwei übergreifende Herausforderungen: Das Unternehmen muss sich erstens in die Lage versetzen, „empfänglich" dafür zu sein, welche gesellschaftlichen Herausforderungen im geografischen Umfeld und/oder Umfeld der Geschäftstätig-

keit relevant sind, z. B. Bildungsbenachteiligung bei Jugendlichen, Gefährdung der Gesundheit bei/durch spezifische Gruppen (z. B. bezogen auf Suchtmittel, Beweglichkeit (auch älterer Menschen)), Sicherung der Work-Life-Balance. Zum Zweiten braucht es Verantwortliche im Unternehmen, die in die Bearbeitung/Lösung der gesellschaftlichen Herausforderungen und für die Gestaltung Sozialer Kooperationen fundierte Kompetenzen einbringen können. Dies betrifft, neben der genuin fachlichen Kompetenz im Umgang mit sozialen Herausforderungen z. B. auch Kompetenzen in der Projektarbeit/-management und auch in der Gestaltung von Kooperation/Kollaboration. In beiderlei Hinsicht sind die Fachkräfte Betrieblicher Sozialer Arbeit prädestiniert. An dieser Stelle wird davon ausgegangen, dass Betriebliche Soziale Arbeit durch Fachkräfte realisiert wird, die einen Hochschulabschluss in Sozialpädagogik/Sozialer Arbeit o. Ä. aufweisen. Was Betriebliche Soziale Arbeit fachlich definiert, wird davon beeinflusst, in welchem Zusammenhang sie generell mit der Profession und Professionalität „Sozialer Arbeit" steht (vgl. Stoll 2013, S. 23 ff, S. 56 ff; vgl. auch Baumgartner und Sommerfeld 2016, S. 16 ff.).

▪▪ BSA als Akteurin der nach außen gerichteten Verantwortung des Unternehmens

Es liegen derzeit keine empirischen Forschungsergebnisse vor, inwiefern „die" Betriebliche Soziale Arbeit die Verantwortung des Unternehmens als Corporate Citizen unterstützen kann oder dies bereits erfolgt. Dies hängt sicherlich davon ab, inwiefern sich die Mitarbeitenden Betrieblicher Sozialer Arbeit selbst als Experten zur Umsetzung von CC/Sozialen Kooperationen wahrnehmen und im Unternehmen „sichtbar" sind. Generell ist jedoch „die" Betriebliche Soziale Arbeit bereits mit ihrem historischen Ursprung, (nach Reinicke 1988, S. 202 „beginnend" 1900 als „Fabrikpflege"), darauf ausgerichtet, sowohl gesellschaftliche Verhältnisse als auch den Menschen in seiner gesellschaftlichen Einbettung und Erfordernisse von Unternehmen, bzw. von

Menschen in Unternehmen, in ihrem Zusammenhang zu betrachten bzw. diese Zusammenhänge zu gestalten.

Im Verlauf ihrer Entwicklung bzw. „heute" beteiligt sich eine „nach außen gerichtete" Betriebliche Soziale Arbeit bzw. deren Fachkräfte als Vertretung des Unternehmens teils z. B. an regionalen „*Gesundheitstagen*" oder realisieren gemeinsam mit externen Kooperationspartnern pädagogische Programme für Kinder von Mitarbeitenden, die im und außerhalb des Unternehmens stattfinden. Sie können Initiierende von Corporate-Volunteering-Programmen sein – Programme, über die gemeinnütziges, sowohl in der als auch außerhalb der Arbeitszeit stattfindendes Engagement von Arbeitnehmenden unternehmensseitig möglich gemacht bzw. unterstützt wird (vgl. Lang et al. 2007, S. 4).

Darüber hinaus kann die Betriebliche Soziale Arbeit allgemein Maßnahmen unterstützen, die auf ein gegenseitiges Verständnis verschiedener gesellschaftlicher Institutionen zielen, indem z. B. Führungskräfte aus einem Wirtschaftsunternehmen für eine bestimmte Zeit z. B. in eine soziale Organisation wechseln (zu dieser Form des „Switchens" zwischen verschiedenen „Welten" vgl. Bertel 2002, S. 94 f.). Gesellschaftliche Entwicklungen wie die Einführung der europäischen CSR-Richtlinie, die Unternehmen in die soziale/gesellschaftliche Pflicht nehmen, bieten der Betrieblichen Sozialen Arbeit die Gelegenheit, ihre Bedeutung für das Unternehmen einmal mehr offensichtlich zu machen. Dazu gehört auch die Überprüfung, inwiefern die Betriebliche Soziale Arbeit das Unternehmen bei den nach außen gerichteten neuen Leistungen zur Übernahme von sozialer Verantwortung unterstützen kann.

Das Unternehmen kann damit in verschiedener Hinsicht durch die Einbindung der Betrieblichen Sozialen Arbeit profitieren und damit seinen Beitrag zu einer extern liegenden sozialen *Teilhabegerechtigkeit* optimieren: Fachkräften Betrieblicher Sozialer Arbeit kann ein sensibles und „wachsames" Auge gegenüber sozialen gesellschaftlichen Herausforderungen „unterstellt" werden. Teilweise greifen

Unternehmen mit Kooperations- und gesellschaftlichem Interesse auf externe „Vermittlungsagenturen" zurück, um geeignete Kooperationsprojekte und -partner zu finden.

Die Betriebliche Soziale Arbeit hat häufig aber bereits konkrete Ideen und potenzielle Partner an der Hand oder kann die Suche über Vermittlungsagenturen vorab schärfen. „Schärfen" insofern, als die Betriebliche Soziale Arbeit durch ihr spezifisches Wissen über das Unternehmen einen besonderen Blick dafür hat, welche Art und Weise des gesellschaftlichen bzw. sozialen Engagements gut zum Unternehmen „passen" könnte.

Zudem kann die Betriebliche Soziale Arbeit unternehmensinterne Netzwerke aufbauen, pflegen und entsprechend agieren, da sie weiß, wer im Unternehmen für Kooperationen einzubinden ist. Treten die Fachkräfte der Betrieblichen Sozialen Arbeit nach außen als Kooperations(ansprech)partner auf, wird dadurch eine in vielfacher Hinsicht relevante Glaubwürdigkeit des Unternehmens und seines sozialen Engagements ermöglicht: Nicht alle gemeinnützigen/öffentlichen Institutionen stehen zunächst einer Kooperation mit einem profitorientierten Unternehmen offen gegenüber. Die „Ehrlichkeit" des Engagements wird u. U. in Zweifel gezogen. Es wird befürchtet, dass die Organisationen und deren sozialen Handlungsprogramme, die Handlungslogiken sowie die angestrebte Wirkung durch das profitorientierte Unternehmen und dessen ökonomische Handlungslogik konterkariert werden (in diesem Kontext weisen Ergebnisse einer qualitativen Studie mit 14 Unternehmen unterschiedlicher Größe/Branche darauf hin, dass Unternehmen zwar durchaus Interesse an der Definition von sozialen Wirkungsindikatoren des jeweiligen Kooperationsprojektes haben, die diesbezügliche fachliche Kompetenz aber letztlich bei den Sozialen Organisationen gesehen wird, vgl. Stoll und Herrmann 2018, S. 2). Hier kann mit einer Fachkraft der Betrieblichen Sozialen Arbeit häufig einfacher eine gemeinsame Sprache gefunden werden. Dies kann die Kooperation/Kollaboration „auf Augenhöhe" vereinfachen sowie das Interesse an einer tatsächlich dem Gemeinwesen/der sozialen Gerechtigkeit dienenden Wirkung des gemeinsamen Handelns erhöhen.

17.5 Fazit

Soziale Gerechtigkeit markiert für die Betriebliche Soziale Arbeit eine Voraussetzung wie auch den Zielhorizont ihres Wirkens. Wenn Organisationen bzw. Unternehmen Fragen der sozialen Gerechtigkeit als relevant und bedeutsam erachten, schafft dies der Sozialen Arbeit eine Legitimationsbasis. Im Fokus stehen gleichermaßen die Beziehungen der Organisation zum Gemeinwesen wie auch zu den Mitarbeitenden. Soziale Arbeit kann die Verantwortung z. B. eines Unternehmens als Corporate Citizen wie auch die soziale Verantwortung gegenüber Mitarbeitenden konkretisieren und unterstützen. Der Aktionsradius der Sozialen Arbeit umfasst hierbei individuelle und kollektive Akteure und Akteurinnen, Handlungen, soziale Regeln oder auch Zustände innerhalb und außerhalb von Organisationen. Wie seit ihren historischen Ursprüngen ist sie darauf ausgerichtet, sowohl gesellschaftliche Verhältnisse als auch die gesellschaftliche Einbettung von Menschen in ihrem Zusammenhang zu betrachten und zu gestalten. Die Betriebliche Soziale Arbeit kann in Organisationen Akteure und deren Handeln befähigen, die Verantwortung für die Gerechtigkeit sozialer Regeln wahrzunehmen und bedingt durch diese Regeln die Gerechtigkeit von Zuständen in den Organisationen zu verbessern.

Aufgrund ihrer Positionierung trägt die Betriebliche Soziale Arbeit dazu bei, die ungleiche Verteilung gesellschaftlicher Grundgüter, also von Rechten, Freiheiten oder Chancen sowie Einkommen und Vermögen wie auch die sich daraus ergebende lebenspraktische Relevanz und Transformation in Möglichkeiten der Lebensführung (vgl. Ziegler 2011, S. 154) zu bearbeiten. Mit dem Bezugspunkt sozialer Gerechtigkeit als Zielhorizont berücksichtigt Betriebliche Soziale Arbeit in ihrem Aktivi-

tätshorizont, dass ein subjektiv gutes Leben (Nussbaum 2009) soziale und gesellschaftliche Voraussetzungen hat und daher auch an den konkreten Integrationsbedingungen und mit sozialen Systemen zu arbeiten ist.

In besonderem Maß gilt dies auch für Fragen der betrieblichen Gesundheit. In der Berücksichtigung des ganzen Lebensführungssystems von Mitarbeitenden und der psychosozialen Dimension von Gesundheit liegt das spezifische Problemlösungspotenzial der Sozialen Arbeit. Daher bildet die Aufgabe, Personen im Falle von Unfall, Krankheit oder Behinderung beim Zugang oder nach längerer Abwesenheit bei der Rückkehr in ein Unternehmen zu unterstützen oder den Erhalt des Arbeitsplatzes zu ermöglichen, einen sinnvollen Teil des Leistungsspektrums der Betrieblichen Sozialen Arbeit (vgl. Baumgartner und Sommerfeld 2018, S. 12). Diesem Anspruch, eine zentrale Rolle im Rahmen eines breit verstandenen und auch die Verantwortung von Unternehmen als Corporate Citizen einlösenden *„Eingliederungsmanagements"* (Geisen und Mösch 2018) zu spielen und etwa die interprofessionelle Zusammenarbeit mit weiteren Berufsgruppen zu koordinieren, kann die Betriebliche Soziale Arbeit allerdings nur teilweise nachkommen. Denn sie ist nur noch teilweise und nicht mehr durchgehend in solche Aufgaben eines Case Managements oder des „Eingliederungsmanagements" involviert. Die historisch einst gegebene Zuständigkeit in der Bearbeitung von Fragen zu Krankheit und Gesundheit von Mitarbeitenden zwecks Erhalt bzw. Wiederherstellung ihrer Arbeitsfähigkeit ist brüchig geworden und es stellen vermehrt andere Akteursgruppen – etwa Sozialversicherungen (Tagegeldversicherung) als externe Dienstleister oder unternehmensinterne Dienste (Human Resource Management, Disability Management, usw.) – diese Aufgaben sicher (vgl. Baumgartner und Sommerfeld 2018, S. 9). Andererseits ist zu beobachten, dass Betriebliche Soziale Arbeit – wie im gesamten Verlauf ihrer Historie – sich in „neuer Form" entwickelnde Bedarfe aufgreift bzw. Angebote bereitstellt, z. B. Begleitung von Gesundheitszirkeln, Gesundheitscoaching, Angebote im Kontext von Work-Life-Balance, abgestimmt auf die jeweiligen Lebensphasen der Mitarbeitenden des Unternehmens.

Literatur

Baumgartner E, Sommerfeld P (2015) Soziale Arbeit in fremden Gefilden – Herausforderungen und Perspektiven zur Betrieblichen Sozialen Arbeit. SozialAktuell 47(11):10–12

Baumgartner E, Sommerfeld P (2016) Betriebliche Soziale Arbeit. Empirische Analyse und theoretische Verortung. Springer VS, Wiesbaden

Baumgartner E, Sommerfeld P (2018) Betriebliche Soziale Arbeit und Eingliederungsmanagement. In: Geisen T, Mösch P (Hrsg) Praxishandbuch Eingliederungsmanagement. Springer Reference Sozialwissenschaften. Springer VS, Wiesbaden, S 1–14

Bertel U (2002) switch – die andere Seite. Ein Weiterbildungsangebot des Sozialreferats der Landeshauptstadt München. In: Braun B, Kromminga P (Hrsg) Soziale Verantwortung und wirtschaftlicher Nutzen. Verlag Bundesinitiative „Unternehmen: Partner der Jugend" (UPJ) beim Verband Kinder- und Jugendarbeit Hamburg e. V., Hamburg, S 94–95

Bieker R (2011) Trägerstrukturen in der Sozialen Arbeit – ein Überblick. In: Bieker R, Floerecke P (Hrsg) Träger, Arbeitsfelder und Zielgruppen der Sozialen Arbeit. Kohlhammer, Stuttgart

Blandow J (1993) Betriebliche Sozialarbeit – Von der Fabrikpflege auf dem Weg wohin? Theor Prax Sozial Arb 44(8):312–319

CSR-Germany (o. J.) CSR in der Praxis – Best Practice. http://www.csrgermany.de/www/csr_cms_relaunch.nsf/id/alphabetisch-de. Zugegriffen: 26. März 2020

Geisen T, Mösch P (Hrsg) (2018) Praxishandbuch Eingliederungsmanagement. Springer Reference Sozialwissenschaften. Springer VS, Wiesbaden

Horn C (2011) Gerechtigkeit. In: Kolmer P, Wildfeuer AG (Hrsg) Neues Handbuch philosophischer Grundbegriffe. Karl Alber, Freiburg im Breisgau, S 933–947

Klein M (2018) Mitgliederbefragung des Bundesfachverbandes Betriebliche Soziale Arbeit. BBS e. V., Münster (unveröffentlicht)

Klein M (2019) Gesundheit ist nicht alles! Gesundheitsmanagement und Soziale Arbeit in Organisationen. Forum Sozialarbeit Gesundh 1/19:11–14

Labigne A, Gilroy P, Kononykhina O et al (2018) Bessere Daten für besseres Unternehmensengagement. CC-Survey 2018: Unternehmensengagement und Corporate Citizenship in Deutschland. ZiviZ, Bertelsmann Stiftung (Hrsg). https://www.ziviz.de/medien/cc-survey-2018. Zugegriffen: 26. März 2020

Lang R, Kromminga P, Dresewsk F (2007) Wie Unternehmenskooperation die Problemlösungskompetenz Sozialer Arbeit stärkt. UPJ-Arbeitspapier, Berlin. https://www.upj.de/fileadmin/user_upload/MAIN-dateien/Publikationen/m1_sozialekooperationen.pdf. Zugegriffen: 26. März 2020

Nussbaum MC (2009) Gerechtigkeit oder Das gute Leben. Suhrkamp, Frankfurt a. M.

Nussbaum MC (2011) Creating capabilities. The human development approach. Harvard University Press, Cambridge (Massachusetts) and London (England)

Pogge T (2005) Was ist Gerechtigkeit? In: Kaul S, Bittner R (Hrsg) Fiktionen der Gerechtigkeit. Nomos, Baden-Baden, S 13–31

Reinicke P (1988) Die Sozialarbeit im Betrieb: Von der Fabrikpflege zur Betrieblichen Sozialberatung. Soziale Arbeit 37:202–213

Richtlinie 2014|95|EU des Europäischen Parlaments und des Rates vom 22. Oktober 2014 zur Änderung der Richtlinie 2013|34|EU im Hinblick auf die Angabe nichtfinanzieller und die Diversität betreffender Informationen durch bestimmte Unternehmen und Gruppe (ABl. vom 15.11.2014, L330/1-L330/9)

Riess B (2010) Unternehmensengagement – ein Beitrag zur gesellschaftlichen Selbststeuerung zwischen Markt und Staat. In: Backhaus-Maul H, Biedermann C, Nährlich S et al (Hrsg) Corporate Citizenship in Deutschland. Gesellschaftliches Engagement von Unternehmen. Bilanz und Perspektiven, 2. Aufl. VS, Wiesbaden, S 588–600

Schrödter M (2007) Soziale Arbeit als Gerechtigkeitsprofession. Zur Gewährleistung von Verwirklichungschancen. Neue Praxis 37(1):3–28

Sen AK (2008) Commodities and capabilities. Oxford University Press, New Delhi

Sommerfeld P, Hollenstein L, Calzaferri R (2011) Integration und Lebensführung. Ein forschungsgestützter Beitrag zur Theoriebildung der Sozialen Arbeit. VS, Wiesbaden

Stoll B (2013) Betriebliche Sozialarbeit. Aufgaben und Bedeutung. Praktische Umsetzung, 2. Aufl. Walhalla, Regensburg

Stoll B, Herrmann H (2018) Soziale Teilhabe – Unternehmerische Verantwortung. Corporate Social Responsibility/ Corporate Citizenship – Potenziale zur Stärkung der sozialen Teilhabe von Menschen und Gruppen. https://www.hs-fulda.de/fileadmin/user_upload/CeSSt/Graue_Literatur/Die_Perspektive_der_U_auf_die_SozKop_2018-04-20.pdf. Zugegriffen: 26. März 2020

Ziegler H (2011) Gerechtigkeit und Soziale Arbeit. Capabilities als Antwort auf das Massstabsproblem in der Sozialen Arbeit. In: Böllert K (Hrsg) Soziale Arbeit als Wohlfahrtsproduktion. VS, Wiesbaden, S 153–166

Praxisbeispiele

Inhaltsverzeichnis

Organisationale Gerechtigkeit durch gesunde Führung – Ein Blended-Learning-Ansatz

Patricia Lück und Sabrina Fenn

Inhaltsverzeichnis

© Springer-Verlag GmbH Deutschland, ein Teil von Springer Nature 2020
B. Badura et al. (Hrsg.), *Fehlzeiten-Report 2020*, Fehlzeiten-Report,
https://doi.org/10.1007/978-3-662-61524-9_18

▪▪ Zusammenfassung

Der Beitrag beschäftigt sich mit Möglichkeiten der Förderung und Verbreitung gesundheitsgerechter Führung durch ein mehrmoduliges Web-based-Training und dessen Erweiterung in einem Blended-Learning-Ansatz. Gesundheitsgerechte Führung gilt als zentraler Erfolgsfaktor für die Implementierung eines Betrieblichen Gesundheitsmanagements und dient dem Erhalt und der Förderung von Wohlbefinden, Motivation und Leistungsfähigkeit der Beschäftigten durch Prinzipien der Fürsorge und Gerechtigkeit. Die erste Bewertung dieser Ansätze und Weiterentwicklungspotenziale werden aufgezeigt.

18.1 Gesundheitsgerechte Führung als Stellschraube für Gerechtigkeit im Unternehmen

Gesundes Führen ist die Einflussnahme einer Führungskraft auf das Verhalten von Beschäftigten in einer Organisation(seinheit) mit dem Ziel, Leistungsfähigkeit, Gesundheit und Wohlbefinden der Belegschaft zu erhalten und zu fördern. Gesundheitsgerechte Führung ist eine kooperative, mitarbeiterorientierte Führung, die sinnvollerweise im Rahmen einer Führungskultur stattfindet, die darauf ausgerichtet ist, die Beschäftigten zu einem Verhalten zum allgemeinen Wohl und einer Verantwortung für die Belegschaft zu motivieren. Die Führungskultur und deren individuelle Ausgestaltung ist daher für die Gesundheit der Beschäftigten eine zentrale Stellschraube. Zahlreiche Befunde verweisen auf die Bedeutung gesundheitsgerechter Führung als präventiv wirkende Ressource. Insbesondere die Etablierung der Prinzipien wie Partizipation und Transparenz durch wertschätzende, regelmäßige Kommunikation, die gerechte Verteilung von Ressourcen und Arbeit, aber auch die Vorbildfunktion und Vermeidung inakzeptablen Sozialverhaltens dienen der Gewährleistung organisationaler Gerechtigkeit im betrieb-

lichen Alltag (BAuA 2017). Unter Gerechtigkeit fasst man eine weitgehend gerechte Verteilung von Ressourcen (Verteilungsgerechtigkeit), aber vor allem auch faire Prozesse der Entscheidungsfindung (prozedurale Gerechtigkeit) – und dies nicht nur im eigenen Team, sondern auch im ganzen Unternehmen (organisationale Gerechtigkeit).

Organisationale Gerechtigkeit ist abhängig von der Arbeitsorganisation, dem Managementstil sowie von individuellen Unterscheidungen in der Wahrnehmung und Bewertung. Unter organisationaler Gerechtigkeit werden zwei Dimensionen verstanden: Zum einen die distributive Gerechtigkeit und zum anderen die prozedurale Gerechtigkeit. Die distributive Gerechtigkeit beschreibt die Verteilungsgerechtigkeit und basiert auf den Gleichgewichtstheorien und Grundsätzen der Gleichbehandlung. Unter der prozeduralen Gerechtigkeit wird grundsätzlich die Einhaltung von Gerechtigkeitsprinzipien wie Transparenz und Mitgestaltungsmöglichkeiten verstanden. Als spezifische Komponente der prozeduralen Gerechtigkeit gilt die interaktive Gerechtigkeit. Diese beschreibt die gerechte Behandlung und Interaktion zwischen Beschäftigten und Vorgesetzten. Damit ist zum einen die Qualität der Interaktion und zum anderen das Informationsverhalten der Vorgesetzten gemeint (siehe ► Kap. 2).

Gerechtigkeit im Unternehmen bezieht sich auch auf die Verteilung bzw. Erhaltung der Gesundheit der Beschäftigten und kann demnach als distributive Gerechtigkeit eingeordnet werden. Gesundheitsgerechte Arbeitsplätze berücksichtigen alle Merkmale, um belastungsfrei arbeiten zu können. Gesundheitsgerechte Führung wiederum zielt über diese Rahmenbedingungen hinaus auch auf eine interaktionale Gerechtigkeit, indem allen Beschäftigten fair und gerecht Informationen und Ressourcen bereitgestellt werden.

Die erlebte organisationale Gerechtigkeit hat einen nachgewiesenen Einfluss auf die *Beschäftigtengesundheit* und das Wohlbefinden. Diesen Zusammenhang belegen eine Reihe von Studien und Metaanalysen, wie der Beitrag von Hornung et al. (▶ Kap. 2) zeigt. In einem systematischen Review identifizieren Ndjaboué et al. (2012; zitiert nach Hornung et al. 2020) elf Studien, die einen Zusammenhang zwischen prozeduraler und interaktionaler Gerechtigkeit und Indikatoren der psychischen Gesundheit belegen. Führungskräfte haben eine wichtige Rolle und Einfluss auf die wahrgenommene organisationale Gerechtigkeit und gleichzeitig auf die Gesundheit und das Wohlbefinden ihrer Beschäftigten. Durch ihre Aufgabe als Gestalter von Arbeitsprozessen haben sie zum einen die Möglichkeit, Belastungen und Ressourcen gerecht zu verteilen (prozedurale Gerechtigkeit), zum anderen nehmen sie durch ihr Kommunikationsverhalten Einfluss auf die prozedurale Gerechtigkeit. Wichtige Prinzipien hierbei sind neben der wertschätzenden Kommunikation Partizipation und Mitarbeiterbeteiligung, die zudem wichtige Fähigkeiten einer gesundheitsgerechten Führung beschreiben. Gesundheitsgerechte Führung hat demnach einen großen Einfluss auf die organisationale Gerechtigkeit. Das im Folgenden vorgestellte Online-Programm „gesund führen" berücksichtigt zum einen wichtige Prinzipien organisationaler Gerechtigkeit und zum anderen Aspekte der gesundheitsgerechten Führung.

18.2 Ein Angebot der AOK: das Online-Programm „gesund führen"

Die Etablierung einer gesundheitsgerechten Führungskultur gilt als die zentrale Stellschraube für erfolgreiches Betriebliches Gesundheitsmanagement (BGM) und hat zudem einen positiven Einfluss auf die organisationale Gerechtigkeit. Die Kernanliegen von Partizipation und Mitarbeiterbeteiligung über wertschätzende Kommunikation bis hin zur Umsetzung von Gestaltungsvorschlägen aus Gesundheitszirkeln oder Beschäftigtenbefragungen sind nur über dafür sensibilisierte, kompetente Führungskräfte in einer entsprechenden Unternehmenskultur erreichbar. Um über die Beratungsleistung in Projekten der Betrieblichen Gesundheitsförderung (BGF) hinaus eine breitere Zielgruppe zu erreichen, wurden digitale Angebote als weiterer Zugangsweg identifiziert. Ort und Uhrzeit wie auch die Intensität und Dauer der Beschäftigung mit dem Programm können frei gewählt und auch knappe Zeitfenster genutzt werden. Die Inhalte sollen als nützlich und entlastend für die eigene Führungspraxis erkennbar dargeboten werden, um einer sofortigen Ablehnung aufgrund von Überfrachtung mit Führungsaufgaben entgegenzuwirken. Reflexionen über die eigene Situation und die der Beschäftigten sollen den Transfer in den Alltag erleichtern.

18.2.1 Mehr als ein E-Learning-Programm

Auf Basis erprobter und evaluierter Programme zum Ressourcenmanagement wurde ein modulares Online-Programm entwickelt, das unabhängig von Projektaktivitäten in BGF und BGM bundesweit von allen Führungskräften und Interessierten genutzt werden kann (Busch et al. 2009, 2014).

Das Programm bietet als Einstieg einen Selbsttest zur Ermittlung der eigenen Stärken. Jeweils drei Fragen pro Thema ermitteln per Selbstaussage den Status des Teilnehmenden. Diese Aussagen basieren auf getesteten Faktoren des Programms „Ressourcenmanagement" (Busch et al. 2009, 2014). Das Einstiegsscreening kann nach Ausführung des Programms erneut durchgeführt werden, um Verbesserungen des eigenen Führungsverhaltens zu überprüfen. Mit einem Schnuppermodul, dem ersten Baustein, kann man auch ohne Registrierung starten. Erst danach wird eine Registrierung notwendig, um alle Programmteile nutzen zu können.

Jedes der sechs Module

— kann in etwa 20 Minuten bearbeitet werden,

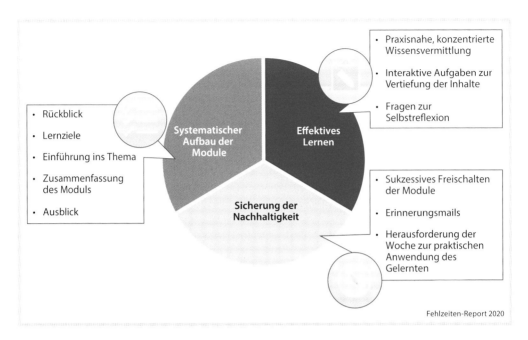

Fehlzeiten-Report 2020

◼ Abb. 18.1   Didaktisches Konzept des Online-Programms „gesund führen"

▬ gibt Möglichkeit zur Selbstreflexion, Anregungen und Handwerkszeug für den Führungsalltag,

▬ enthält die eigenen Ausarbeitungen und Materialien, die in einem persönlichen Organizer gespeichert und weiter genutzt werden können,

▬ regt nach Beendigung eines Bausteins mit der „Herausforderung der Woche" eine Erprobung und den Transfer in den beruflichen Alltag an.

Der systematische Aufbau jedes Themas (Moduls) folgt einem wiederkehrenden didaktischen Konzept (◼ Abb. 18.1).

Aspekte gesunder Führung werden in sechs aufeinander aufbauenden Modulen vermittelt. Wissensvermittlung erfolgt über praktische Beispiele und über eine Reflexion der eigenen Führungs- oder Belastungssituation, z. B. mittels einer selbst zu füllenden Ressourcenwaage. In interaktiven Elementen oder in Form von Spielszenen können verschiedene Szenarien erspielt werden. Erst nach zwei Wochen wird ein weiteres Thema freigeschaltet; in der Zwischenzeit soll mit einer ganz einfach umzusetzenden Aufgabe ein Kernelement in der eigenen Führung erprobt werden. Mehrere Erinnerungen helfen dabei, im Programm fortzufahren.

Nach etwa drei bis sechs Monaten kann dieses Web-based-Training mit einem Zertifikat abgeschlossen werden. Dieses Zertifikat dient als Bestätigung, wenn beispielsweise im Rahmen von Personalentwicklungsmaßnahmen das Online-Programm empfohlen wird.

18.2.2   Ein modulares Online-Programm: die Bausteine

Gerade im mittleren Management geraten Führungskräfte selbst in die sogenannte Sandwichposition und erleben Druck von oben und unten. Ziel des Programms war, eine Ressourcenorientierung anzuregen, ohne Belastungen aus den Augen zu verlieren. Ressourcen wie soziale Unterstützung, wertschätzende Kom-

18

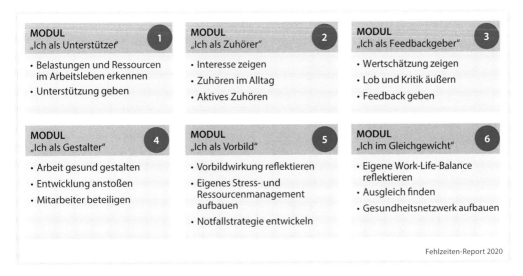

Fehlzeiten-Report 2020

◻ Abb. 18.2 Modulinhalte des Online-Programms „gesund führen"

munikation und Life-Balance sollen als Entlastung der eigenen Führungsarbeit wahrgenommen werden und dazu motivieren, diese verstärkt einzusetzen.

In der Konzeptionierung der Inhalte wurde berücksichtigt, dass Führungskräfte zum einen in der Verantwortung für ihr Team stehen, zum anderen aber auch für sich selbst, für die eigene Balance und Gesundheit sorgen müssen, um auch die Rolle des Vorbilds ausfüllen zu können (Franke und Felfe 2011; Felfe und Pundt 2017). Die Team-Fürsorge („Staffcare") wird vor allem durch eine aktive Kommunikation, wertschätzendes Verhalten und präventive Arbeitsgestaltung aufgegriffen. Der Baustein „Ich als Gestalter" zeigt auf, wie Beschäftigte am Aufbau gesunder Arbeits- und Rahmenbedingungen beteiligt werden können. Die Bausteine „Ich als Zuhörer" und „Feedbackgeber" sensibilisieren für wertschätzende Kommunikation und „Ich als Unterstützer" leitet an, wie das Verhältnis von Ressourcen und Belastungen ermittelt werden kann und welchen Einfluss diese Faktoren auf die eigene Gesundheit und die des Teams hat (◻ Abb. 18.2).

Am Beispiel der sogenannten Ressourcenwaage wird die Führungskraft schon zum Start des Programms aufgefordert, einen Blick auf die eigenen Anforderungen/Belastungen und Ressourcen zu werfen (◻ Abb. 18.3). Die Teilnehmenden werden dafür sensibilisiert, wie wichtig Ressourcen als Gegengewicht zu vorhandenen Belastungen sind, wie auch für die negativen Folgen bei fehlenden Ressourcen. Als Unterstützer hat die Führungskraft die Aufgabe, die Perspektive der Mitarbeiter einzunehmen, um die individuellen Ressourcen aufzubauen sowie Belastungen gemeinsam mit dem Team zu besprechen und im Sinne einer distributiven Gerechtigkeit abzubauen.

In dem Modul „Ich als Unterstützer" werden die Führungskräfte für ihre wichtige Rolle im Kontext der betrieblichen Gesundheit, ihren Einfluss auf die Beschäftigtengesundheit sowie ihren Einfluss auf die organisationale Gerechtigkeit sensibilisiert. Neben der Auseinandersetzung mit arbeitsbedingten Ressourcen und Anforderungen werden Formen und Möglichkeiten der Unterstützung vermittelt sowie Gesprächstechniken praxisnah trainiert. Den Führungskräften werden dabei zwei Ebenen der Unterstützung vermittelt: Zum einen darin, ihre Mitarbeiter tatkräftig zu unterstützen und beispielsweise selbst bei Problemen zu helfen, Kollegen einzubinden oder auch in Form von

◘ Abb. 18.3 Ressourcenwaage aus dem Online-Programm „gesund führen"

regelmäßigen Feedbacks und Rückmeldungen. Zum anderen können sie durch klärende Gespräche bei Problemen oder durch regelmäßige Beteiligung und Information ihre Beschäftigten auf der emotionalen Ebene unterstützen. Führungskräfte, die Belastungen und Ressourcen erkennen, entsprechend handeln und ihre Mitarbeiter emotional und tatkräftig unterstützen, leisten einen wichtigen Beitrag für eine gesundheitsgerechte Arbeitsgestaltung sowie organisationale Gerechtigkeit und Beschäftigtenzufriedenheit.

Damit Führungskräfte als Vorbild für gesundes Arbeiten wirken können, ist auch die eigene Situation in den Blick zu nehmen und zu gestalten. Diesem Aspekt der Selbstfürsorge („Selfcare") wird in den Modulen „Ich im Gleichgewicht" und „Ich als Vorbild" Rechnung getragen.

Die Inhalte der Module greifen die zentralen Aspekte der gesundheitsgerechten sowie mitarbeiterorientierten Führung wie Beteiligung, transparente individuelle Kommunikation, wertschätzendes Sozialverhalten, faire Prozesse sowie die Vorbildfunktion auf. Das Online-Programm „gesund führen" leistet demnach neben der Sensibilisierung zur gesundheitsgerechten Führung einen Beitrag zur Förderung der organisationalen Gerechtigkeit im betrieblichen Alltag.

Ein Online-Programm ist ein individuelles Angebot und eine freiwillige Maßnahme für jede interessierte Führungskraft. Ort und Zeit für die Durchführung der Module ist frei wählbar, mehrfache Erinnerungen sollen zusätzlich ein Dranbleiben fördern.

Das bundesweit nutzbare AOK-Online-Programm „gesund führen" ist seit Mai 2017 im Einsatz und kann von jedem Interessierten genutzt werden. Es stößt auf großes Interesse (durchschnittlich ca. 2.000 Besucher pro Monat). Das Programm bietet die Möglichkeit, ohne Anmeldung einen Selbsttest und ein erstes „Schnuppermodul" durchzuführen. Die Hürden für eine Teilnahme sollten möglichst klein gehalten werden. Bei weiterführendem Interesse steht das komplette Programm nach einer Anmeldung zur Verfügung. Die Teilnehmenden erhalten Anleitungen, Rückblenden und mehrere Erinnerungen, um auch im dichtgedrängten Führungsalltag am Ball bleiben zu können, haben aber aus diesen Gründen auch größtmögliche zeitliche Freiräume für die Fortsetzung. Daher und aus Gründen des Datenschutzes ist eine individuelle Nachverfolgung aller angemeldeten Teilnehmenden nicht möglich. Bis Ende Dezember 2019 haben sich seit dem Start des Programms insgesamt ca. 2.700 Teilnehmende registriert. Im letzten halben Jahr ergab das Reporting 737 Registrierungen, 218 Teilnehmende beendeten das Programm in diesem Zeitraum. Auf Basis dieser Zahlen kann von einer Abschluss-Quote von etwa 30 % ausgegangen werden, d. h. 30 % vollenden das Programm komplett bis zum sechsten Modul. In den früheren Modulen sind die Quoten jeweils höher.

Um das Commitment zu fördern und das Angebot auch im betrieblichen Kontext im Rahmen des Betrieblichen Gesundheitsmanagements nutzen zu können, hat die AOK Niedersachsen das Online-Programm mit mehreren Präsenz-Workshops in Unternehmen begleitet.

18.3 Erweitertes Angebot in BGF-Projekten: Blended Learning

Aktuelle Studien zu digitalen Lernmöglichkeiten schreiben dem Blended Learning eine zentrale Bedeutung für zukünftiges Lernen zu (mmb Institut 2018). Blended Learning bezeichnet ein Lernkonzept, das klassische Lernmethoden wie Präsenzveranstaltungen mit digitalen Lernmethoden wie E-Learnings verknüpft (Sauter und Sauter 2004). Thalheimer (2017) kommt in einer Meta-Studie zu dem Ergebnis, dass Blended Learning im Vergleich zum E-Learning und klassischen Präsenzveranstaltungen die effektivste Lernform darstellt.

18.3.1 Das „Kombi-Angebot Gesund Führen" der AOK Niedersachsen

Im Rahmen des Innovationsprojekts „Gesundheit in der Arbeitswelt 4.0" hat die AOK Niedersachsen auf Basis des vorgestellten AOK-Online-Programms „gesund Führen" ein Blended-Learning-Angebot entwickelt und in der Praxis erprobt. Bei dem „Kombi-Angebot Gesund Führen" wird das Online-Programm „gesund führen" mit Präsenzterminen vor, während und nach der Durchführung der Online-Module kombiniert, die der Reflexion und Umsetzung konkreter Strategien gesunder Führung in der Praxis dienen. Der Face-to-Face-Kontakt unter den Führungskräften bietet eine Plattform für den persönlichen Austausch, der online nicht möglich ist. Dort können die subjektiven Erfahrungen und Anregungen vor dem Hintergrund des individuellen Arbeitsalltags reflektiert, in den betriebsindividuellen Kontext gebracht und gefestigt werden. Bei der Gestaltung der Präsenztermine wurde auf eine inhaltliche und methodische Verzahnung mit dem Online-Programm geachtet. Die Präsenztermine bereiten die Teilnehmenden auf die Durchführung des Online-Programms vor, sichern während der Selbstlernphasen den Austausch unter den Führungskräften und schließen das Programm ab. Im Kick-off-Termin wird die Grundlage für die Durchführung des Online-Programms geschaffen. Neben einer Vermittlung von Basiswissen zum Einfluss von Führung auf Gesundheit und dem Austausch über Erfahrungen werden die sechs Module des Online-Programms als Kernkompetenzen gesunder Führung erläutert. Dies mündet in die Bearbei-

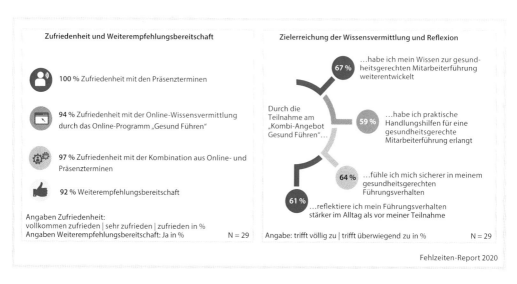

Zufriedenheit und Weiterempfehlungsbereitschaft

100 % Zufriedenheit mit den Präsenzterminen

94 % Zufriedenheit mit der Online-Wissensvermittlung durch das Online-Programm „Gesund Führen"

97 % Zufriedenheit mit der Kombination aus Online- und Präsenzterminen

92 % Weiterempfehlungsbereitschaft

Angaben Zufriedenheit:
vollkommen zufrieden | sehr zufrieden | zufrieden in %
Angaben Weiterempfehlungsbereitschaft: Ja in %   N = 29

Zielerreichung der Wissensvermittlung und Reflexion

67 % …habe ich mein Wissen zur gesundheitsgerechten Mitarbeiterführung weiterentwickelt

Durch die Teilnahme am „Kombi-Angebot Gesund Führen"…

59 % …habe ich praktische Handlungshilfen für eine gesundheitsgerechte Mitarbeiterführung erlangt

64 % …fühle ich mich sicherer in meinem gesundheitsgerechten Führungsverhalten

61 % …reflektiere ich mein Führungsverhalten stärker im Alltag als vor meiner Teilnahme

Angabe: trifft völlig zu | trifft überwiegend zu in %   N = 29

Fehlzeiten-Report 2020

◼ **Abb. 18.4** Evaluationsergebnisse „Kombi-Angebot Gesund Führen"

tung der ersten drei Module im Rahmen einer Selbstlernphase, an die sich die Führungswerkstatt als Präsenztermin mit Raum zum Erfahrungsaustausch anschließt. Inhalte sind das gemeinsame Erarbeiten von Umsetzungsstrategien, der Austausch über Herausforderungen und das Festhalten von Good-Practice-Ansätzen. Im Anschluss an die Führungswerkstatt bearbeiten die Teilnehmenden die letzten drei Module des Online-Programms. Im Abschlusstermin erfolgt ein erneuter Erfahrungsaustausch sowie eine gemeinsame Reflexion zu den Kernkompetenzen. Abschließend werden die Lernerfahrungen in den 15 Wochen der Angebotslaufzeit festgehalten und unternehmensseitig ein Ausblick gegeben, wie das Thema der gesundheitsgerechten Führung zukünftig weiterbearbeitet und in die Unternehmensstrukturen integriert wird.

18.3.2 Umsetzung und Evaluationsergebnisse

Das „Kombi-Angebot Gesund Führen" wurde im Zeitraum von Oktober 2018 bis Januar 2020 in drei Unternehmen mit insgesamt 57 Führungskräften erprobt. Nach Programmabschluss wurden im Rahmen einer standardisierten Online-Befragung die Zufriedenheit der Teilnehmenden mit den Elementen des Kombi-Angebots, ihre Einschätzung zu Veränderungen ihres Führungsverhaltens sowie ihre Weiterempfehlungsbereitschaft erfragt. Darüber hinaus hatten die Teilnehmenden die Möglichkeit, freies Feedback zum „Kombi-Angebot Gesund Führen" und zum AOK-Online-Programm „gesund führen" zu geben. Die Ergebnisse basieren auf einem Rücklauf von 51 % (N = 29). ◼ Abb. 18.4 fasst ausgewählte Ergebnisse zusammen.

■■ **Hohe Zufriedenheit und Weiterempfehlungsbereitschaft**

Sowohl durch die praktische Arbeit mit den Führungskräften in den Präsenzterminen als auch durch die Ergebnisse aus der Online-Befragung wird eine hohe Gesamtzufriedenheit der Teilnehmenden mit dem Angebot deutlich. Die Weiterempfehlungsbereitschaft zur Teilnahme am „Kombi-Angebot Gesund Führen" liegt bei 95 %. 97 % der Teilnehmenden waren mit der Kombination aus onlinebasierter Wissensvermittlung und Präsenzterminen zufrieden.

Auch die onlinebasierte Wissensvermittlung bewerteten die Teilnehmenden zu 94 % positiv. Folgende Aussagen fassen die Rückmeldungen über die Freitextfrage „Was hat Ihnen am Online-Programm ‚gesund führen‘ besonders gefallen?" zusammen:

> „Am Online-Programm ‚gesund führen‘ hat mir besonders gut gefallen …"
> ▬ … die Zeit- und Ortsflexibilität
> ▬ … die technische Aufbereitung: z. B. die Erinnerungsfunktion, die Herausforderungen der Woche und die Speicherfunktion von Dokumenten
> ▬ … die Medienvielfalt
> ▬ … die Zeitdauer der Module
> ▬ … die einfache Handhabung und flexible Einteilung der Module
> ▬ … die Auffrischung und bewusste Anwendung der Inhalte

Auch die Präsenztermine wurden positiv bewertet. 85 % der Führungskräfte gaben an, dass diese sie bei der Reflexion ihres Führungsverhaltens unterstützt haben. Insbesondere den Raum für Austausch und Reflexion hoben die Teilnehmenden positiv hervor. 92 % der Teilnehmenden gaben an, dass sie nach Abschluss des „Kombi-Angebots Gesund Führen" weiterhin einen regelmäßigen Austausch unter Führungskräften wünschen.

▪▪ **Erfolgreiche Sensibilisierung**
zur gesundheitsgerechten Führung
Im Zuge der Evaluation wurde erhoben, inwiefern die Führungskräfte durch die Teilnahme am „Kombi-Angebot Gesund Führen" Veränderungen im eigenen Führungsverhalten wahrgenommen haben (◘ Abb. 18.4). 64 % der Teilnehmenden gaben an, sich sicherer in ihrem gesundheitsgerechten Führungsverhalten zu fühlen. Über die Hälfte der Teilnehmenden reflektierten darüber hinaus das eigene Führungsverhalten stärker als vorher und haben praktische Handlungshilfen für eine gesundheitsgerechte Mitarbeiterführung gewonnen.

Die Ergebnisse der Erprobung zeigen, dass mit dem Blended-Learning-Angebot die Vorteile von Präsenzterminen – der direkte Austausch, die Möglichkeit des Unternehmensbezugs sowie die gemeinsame Reflexion – mit den Vorteilen digitaler Wissensvermittlung – selbstbestimmtes sowie zeitlich und räumlich flexibles Lernen – erfolgreich verknüpft werden konnten. Mit dem „Kombi-Angebot Gesund Führen" kann demnach gesundheitsgerechte Führung nachhaltig in Unternehmensstrukturen integriert werden.

In allen drei Unternehmen der Erprobung wurden im Anschluss an die Durchführung des „Kombi-Angebots Gesund Führen" sowohl die Online-Module zu den Kernkompetenzen gesundheitsgerechter Führung als auch der systematische Austausch unter den Führungskräften in eigene Strukturen überführt. Überzeugt haben dabei zum einen die ressourcenschonende und dennoch umfassende Vermittlung und Reflexion der Kernkompetenzen gesunder Führung durch den Blended-Learning-Ansatz, zum anderen die langfristige Auslegung über mehrere Monate, da dies die Möglichkeit bietet, den Führungsalltag mit fokussierten Lernphasen zu verzahnen.

18.4 **Fazit und Ausblick**

Mit dem AOK Online-Programm „gesund führen" und dem Blended-Learning-Ansatz „Kombi-Angebot Gesund Führen" wurden unterschiedliche Instrumente und Herangehensweisen zur Optimierung gesundheitsgerechten Führens und somit zu organisationaler Gerechtigkeit entwickelt und erprobt. Das Online-Programm wird zur Sensibilisierung und Verbreitung gesundheitsgerechter Führung eingesetzt. Das Blended-Learning-Konzept integriert das Thema im Betrieb und im BGM. Im Rahmen der Erprobung des Blended-Learning-Ansatzes haben die befragten Führungskräfte beiden Ansätzen einen hohen Nutzen für ihren Führungsalltag bestätigt und eine hohe Zufriedenheit angegeben. Eine hohe Weiterempfehlungsrate unterfüttert das Ziel, den Blended-Learning-Ansatz weiter zu multiplizieren.

Positiv ist auch, dass Unternehmen das Angebot in ihre Weiterbildungsprogramme aufgenommen haben und ihren Führungskräften eine Teilnahme empfehlen.

Ein Ausbau des Reportings und ein Usability Test sollen in Zukunft bessere Hinweise liefern, an welchen Stellen das Programm nicht weiter fortgesetzt werden sollte und ob statt des modularen Aufbaus das Angebot frei wählbarer Bausteine noch mehr Führungskräfte zur Teilnahme motivieren könnten.

Das Online-Programm „gesund führen" ist unter ▶ www.aok-gesundfuehren.de zu finden, Information zum Innovationsprojekt „Gesundheit in der Arbeitswelt 4.0" der AOK Niedersachsen unter ▶ www.aok-projekt-viernull.de.

Literatur

Busch C, Lück P, Ducki A (2009) ReSuM: Stress- und Ressourcenmanagement für Geringqualifizierte. In: Badura B, Schröder H, Klose J, Macco K (Hrsg) Fehlzeiten-Report 2009. Psychische Belastungen reduzieren – Wohlbefinden fördern. Springer, Heidelberg, S 205–214

Busch C, Cao P, Clasen J, Deci N (2014) Betriebliches Gesundheitsmanagement bei kultureller Vielfalt. Springer, Heidelberg

Bundesanstalt für Arbeitsschutz und Arbeitsmedizin (BAuA) (2017) Psychische Gesundheit in der Arbeitswelt – Wissenschaftliche Standortbestimmung. BAuA, Dortmund Berlin Dresden

Felfe J, Pundt F (2017) HoL – Health oriented Leadership. Instrument zur Erfassung gesundheitsförderlicher Führung. Hogrefe, Göttingen

Franke F, Felfe J (2011) Diagnose gesundheitsförderlicher Führung – das Instrument „Health-oriented Leadership". In: Badura B, Ducki A, Schröder H, Klose J, Macco K (Hrsg) Fehlzeiten-Report 2011. Führung und Gesundheit. Springer, Berlin, S 3–14

Hornung S, Weber WG, Höge T (2020) Organisationale Gerechtigkeit, Demokratie, Subjektivierung und Gesundheit. In: Badura B, Ducki A, Schröder H, Klose J, Meyer M (Hrsg) Fehlzeiten-Report 2020. Gesundheit und Gerechtigkeit. Springer, Berlin

mmb Institut (2018) mmb-Trendmonitor. Weiterbildung und digitales Lernen heute und in drei Jahren. Erklärfilme als Umsatzbringer der Stunde. Ergebnisse der 12. Trendstudie „mmb Learning Delphi". mmb Institut, Essen

Sauter S, Sauter W (2004) Blended Learning. Effiziente Integration von E-Learning und Präsenztraining. Luchterhand, Neuwied

Thalheimer W (2017) Does eLearning work? What the Scientific Research Says! https://www.worklearning.com/wp-content/uploads/2017/10/Does-eLearning-Work-Full-Research-Report-FINAL2.pdf. Zugegriffen: 6. März 2020

18

Betriebliche Gesundheit erfordert erlebte Selbstwirksamkeit

Einblicke in die gelebte Praxis Betrieblicher Gesundheitsförderung beim Kuratorium Wiener Pensionisten-Wohnhäuser (KWP)

Gabriele Fuchs-Hlinka, Heidemarie Staflinger und Christian Seubert

Inhaltsverzeichnis

© Springer-Verlag GmbH Deutschland, ein Teil von Springer Nature 2020
B. Badura et al. (Hrsg.), *Fehlzeiten-Report 2020*, Fehlzeiten-Report,
https://doi.org/10.1007/978-3-662-61524-9_19

▪▪ Zusammenfassung

In diesem praxisorientierten Beitrag wird die Planung, Umsetzung und Evaluierung von Maßnahmen des Betrieblichen Gesundheitsmanagements (BGM) im Kuratorium Wiener Pensionisten-Wohnhäuser (KWP), insbesondere unter dem Aspekt „Gesundheit für alle", dargestellt. Dies umfasst einerseits den Aspekt der Umsetzung der Vision „selbstbestimmte Lebens- und Arbeitswelten" und andererseits die personenzentrierte Gestaltung von Aktivitäten, durch die Mitarbeiterinnen und Mitarbeiter, Bewohnerinnen und Bewohner sowie An- und Zugehörige mit ihren unterschiedlichen Problemlagen wahrgenommen und eingebunden werden und sich demnach selbstwirksam und fair behandelt erleben können. Der Beitrag zeigt auf, wie Motivation und Gesundheit der Beschäftigten in einer sich stetig verändernden Arbeitswelt durch Einbezug, Mitbestimmungsmöglichkeiten und Gleichbehandlung bewahrt und gefördert werden können. Die Umsetzung Betrieblicher Gesundheitsförderung wird insbesondere anhand einer ausgewählten Maßnahme zur Betrieblichen Gesundheitsförderung für Mitarbeiter im KWP dargestellt: der „Einführung von Gesundheitszirkeln zum Aufzeigen von Problemen und Lösungen". Der Beitrag wird eingerahmt durch interessenspolitische und arbeitspsychologische Perspektiven auf gelingendes BGM, wobei günstigen rechtlichen Rahmenbedingungen für humanorientiere Arbeitsgestaltung eine besondere Bedeutung zukommt.

19.1 Die Arbeit in der Langzeitpflege in Österreich

Immer mehr Menschen in Österreich sind langfristig auf hochwertige Betreuung und Pflege angewiesen. Das zeigt sich an der steigenden Anzahl von Pflegegeldbezieherinnen und -beziehern. 2018 lebten in Österreich 8.837.707 Menschen (Statistik Austria 2020b). Zum Stichtag 31.12.2018 haben da-

von 462.179 Menschen in Österreich Pflegegeld[1] bezogen (Bundesministerium für Arbeit, Soziales, Gesundheit und Konsumentenschutz [BMASGK] 2019[2]). Davon haben mehr als 95.000 Menschen in einer Einrichtung der stationären Langzeitpflege gelebt (Statistik Austria 2020a). Der Zugang zu Heimen ist im Regelfall ab der Pflegestufe vier (mehr als 160 Stunden Pflegeaufwand/Monat) festgelegt. Die verfassungsrechtliche Zuständigkeit für Seniorenheime fällt in Österreich in die Zuständigkeit der Länder (für einen Überblick siehe Staflinger 2016). Auch wenn es gemeinsame Grundlagen und Vereinbarungen gibt, ist die Ausgestaltung in den neun Bundesländern sehr unterschiedlich. Die unterschiedlichen Zielsetzungen und Herangehensweisen wurden nicht zuletzt in der COVID-19-Pandemie sichtbar. Hier wurden seitens des zuständigen Bundesministeriums für Soziales, Gesundheit, Pflege und Konsumentenschutz aufgrund fehlender kompetenzrechtlicher Zuständigkeit häufig nur Empfehlungen für die Länder ausgesprochen (BMASGK 2020).

Zur Erbringung der verschiedenen Aufgaben kommen unterschiedlichste Berufsgruppen zum Einsatz. Deren Ausbildungen vermitteln Basiskompetenzen und sind in komplexen und unterschiedlichen Gesetzen geregelt. Bundes- und Länderkompetenzen greifen ineinander (für einen Überblick zur Ausgangslage und zum Einsatz der unterschiedlichen Berufsbilder siehe Glaser et al. 2018; Staflinger 2016). Die unterschiedlichen Gesundheits- und Sozialbetreuungsberufe werden je nach Bundesland in einem unterschiedlichen Qualifikationsmix eingesetzt. Dieser bildet die Basis für den Personaleinsatz in den Senioreneinrichtungen in den neun Bundesländern (für

---

1 Im Unterschied zu Deutschland gibt es in Österreich sieben Pflegestufen. Für eine Kurzbeschreibung dazu siehe Staflinger 2016.

2 Hinweis: Die letzten gesammelten Zahlen liegen für das Jahr 2018 vor. Die Veröffentlichung der 2019er-Zahlen hat sich durch die COVID-19-Pandemie verzögert. Interne Auswertungen bestätigen jedoch diese Entwicklung.

eine detaillierte Aufstellung siehe Staflinger und Müller-Wipperfürth 2019).[3]

Die Analyse und Gestaltung von Arbeitsbedingungen zur Erhaltung der Gesundheit von Pflegepersonen sind ein intensiv beforschtes Thema (z. B. Bauer et al. 2018; Büssing et al. 2002; Glaser et al. 2018). Bei der Planung und Umsetzung von Maßnahmen zur Verbesserung der Arbeitsbedingungen ist es sinnvoll und wichtig, die Mitarbeiter als Experten für ihre eigene Tätigkeit einzubeziehen. Partizipative Gestaltung wird als gerechter erlebt, da die Personen die Maßnahmen selbst mitgestalten können, von denen sie betroffen sind (Elovainio et al. 2004; Roberson et al. 1999). Solche Maßnahmen sollten möglichst alle Aspekte organisationaler Gerechtigkeit berücksichtigen (Colquitt et al. 2013), um die Fairness von Entscheidungsprozessen (prozedural), die faire Verteilung von Ressourcen (distributiv), respektvolle Kommunikation (interpersonal) und angemessene Erklärung von Entscheidungen (informational) zu ermöglichen.

Als Konsequenzen von organisationaler Gerechtigkeit wurden neben einer höheren Qualität des sozialen Austauschs, besserer Arbeitsleistung, vermehrter extraproduktiver und verminderter kontraproduktiver Verhaltensweisen (Colquitt et al. 2013) sowie verringerter Kündigungsabsichten (Kumar und Jauhari 2016) auch positive Effekte auf die Mitarbeitergesundheit identifiziert, wie verringerter psychischer Stress (Tepper 2001) sowie weniger Ängste und Depressivität (Spell und Arnold 2007). Studien mit Pflegeberufen zeigen, dass wahrgenommene Fairness in der Austauschbeziehung zwischen Mitarbeitern und Organisation mit körperlicher und psychischer Gesundheit zusammenhängt (Höge 2005) und wahrgenommene organisationale Gerechtigkeit über einen Zwei-Jahres-Zeitraum prädiktiv für weniger Krankmeldungen war (Elovainio et al. 2004).

Ziel des vorliegenden Beitrags ist es, einen zur erwähnten Forschung komplementären, praxisnahen Einblick in die Organisation der Betrieblichen Gesundheitsförderung (BGF) bzw. des Betrieblichen Gesundheitsmanagements (BGM) im Kuratorium Wiener Pensionisten-Wohnhäuser (KWP) zu geben. Anhand eines Best-Practice-Beispiels wird zudem aufgezeigt, wie Mitarbeiter im Rahmen von Gesundheitszirkeln für die Mitgestaltung ihrer eigenen Arbeitsbedingungen gewonnen werden können und dass die damit einhergehenden partizipativen Aushandlungsprozesse zu mehr Fairness, Gerechtigkeit und Selbstwirksamkeitserleben beitragen können.

19.2 Langzeitpflege – Umsetzung auf betrieblicher Ebene

Es ist die Kunst der Pflege- und Betreuungsorganisation, innerhalb einer Trägerorganisationen aus den Rahmenbedingungen und der Zusammenarbeit Vieler ein gemeinsames Miteinander zu entwickeln. Menschliche Betreuungs- und Pflegesituationen zu gestalten, die alle Interessen einbeziehen, Spaß und Freude ermöglichen, Gestaltungsspielräume eröffnen und dabei unterschiedliche Berufs- und Altersgruppen mit ihren Ansprüchen und Erwartungen einzubinden. Ihnen Raum für Selbstbestimmung zu geben und sie Selbstwirksamkeit erleben zu lassen.

Das Kuratorium Wiener Pensionisten Wohnhäuser blickt stolz auf die Vielfalt in Sprache, Biographie und ethnischer Herkunft seiner Mitarbeiterinnen und Mitarbeiter aus 60 verschiedenen Nationen. Sie gesund und motiviert im Arbeitsprozess zu erhalten, ist große Verantwortung und Ansporn zugleich. Gleichzeitig erfordert diese Diversität auch immer wieder, sich aktiv mit Gerechtigkeitsfragen auseinanderzusetzen, um ein produktives soziales Miteinander zu fördern. Betriebliche Gesundheitsförderung ist daher ein Eckpfeiler von Angeboten, um als attraktiver Arbeitgeber auf dem Sektor der Seniorenbetreuung

---

3   Anmerkung: Im Rahmen der COVID-19-Krise in Österreich wurden in einigen Bundesländern kurzfristig Personalvorgaben außer Kraft gesetzt. Diese sind hier nicht dargestellt. Für einen Überblick dazu siehe Staflinger und Gratzer 2020.

wahrgenommen zu werden. Der Erfolg dieser Bemühungen im KWP wurde z. B. mit dem zweiten Platz beim Wiener Gesundheitspreis 2019 in der Kategorie „Gesund in Einrichtungen und Organisationen" für das Projekt „ASK & GO Runden" der Abteilung Diversitäts- und Gesundheitsmanagement belohnt. Die Aktivitäten dieser Abteilung zielen auf die spezifische Förderung von Gesundheit, Zufriedenheit, Leistungs- und Arbeitsmotivation der Mitarbeiterinnen und Mitarbeiter ab. ASK & GO Runden dienen dazu, sie vor Ort über Schwerpunktthemen zu informieren, wie beispielsweise Mobbing, Diskriminierung, Rassismus, Alkohol oder sexuelle Belästigung am Arbeitsplatz. Die Kolleginnen und Kollegen haben dabei die Gelegenheit, anonym konkrete Fälle zu besprechen, zu diskutieren und Fragen zu stellen. Ziel ist es, alle Mitarbeiter zu sensibilisieren und stärken, damit sie Diskriminierung erkennen und in Fällen von Diskriminierung dagegen vorgehen können. Federführend verantwortet wird das Projekt „ASK & GO Runden" von der Wiener Gesundheitsförderung gemeinnützige GmbH (2019).

19.3 Das KWP im Überblick

19.3.1 Struktur und Auftrag

Das Kuratorium Wiener Pensionisten-Wohnhäuser (KWP) nimmt in der Betreuung und Pflege von Seniorinnen und Senioren eine zentrale Rolle ein und feiert 2020 bereits sein 60-jähriges Bestehen. Es ist ein gemeinnütziger, privatrechtlicher Fonds der Stadt Wien und betreibt in Wien 30 „Häuser zum Leben", die Senioren rund 9.000 Plätze bieten. Dazu kommen 150 Pensionistenklubs der Stadt Wien mit etwa 17.000 eingeschriebenen Klubmitgliedern. Damit ist das KWP österreichweit der größte Anbieter auf dem Sektor der Seniorenbetreuung. Insgesamt arbeiten im KWP über 4.400 Mitarbeiterinnen und Mitarbeiter. Zudem engagieren sich über 500 ehrenamt-

liche Mitarbeiter und 70 Zivildiener für die KWP-Kunden. Rund 75 % der Mitarbeiter sind weiblich. 2018 betrug das Durchschnittsalter 45 Jahre. Rechtliche Basis für die Arbeit in der stationären Langzeitpflege ist neben weiterer Gesetzen, wie z. B. dem ArbeitnehmerInnenschutzgesetz, das Wiener Wohn- und Pflegeheimgesetz.

19.3.2 Fit für die Zukunft

Mit einem laufenden Ausbau bzw. einer Anpassung des Leistungsangebots und der Entwicklung neuer Leistungen reagiert das KWP auf den steigenden Anteil der Bevölkerung im fortgeschrittenen Alter, die höhere Lebenserwartung und den wachsenden Pflegebedarf. In Wien wird auf Basis der Personalbedarfsprognose für den Sozialbereich von einem Personalbedarf von rund 9.000 Personen bis 2030 ausgegangen (Rappold et al. 2019). All das wirkt sich auf die Arbeit des KWP und somit auch auf die Mitarbeiter – als wichtigste Ressource – im KWP aus.

Die Entwicklung der durchschnittlichen Pflegestufen in den letzten fünf Jahren zeigt auch im KWP sowohl im betreuten Wohnen als auch im stationären Bereich einen kontinuierlichen Aufwärtstrend. Er steht in direktem Zusammenhang mit dem sich verändernden Betreuungsbedarf der Bewohner und damit auch den Arbeitsanforderungen an die Mitarbeiter. Daraus lässt sich ableiten, dass es Sinn ergibt, den Fokus auf die Ressourcen der Mitarbeitenden zu legen, sie zu stärken, das Ausmaß gesunder Arbeit zu erweitern und damit das Sinnerleben der Beschäftigten sowie ihre Selbstwirksamkeit zu unterstützen (Perschke-Hartmann und Drupp 2018).

Das KWP als Arbeitgeber punktet mit der gelebten Praxis, nach der in erster Linie der Mensch zählt. Welches Geschlecht, welches Alter, welche sexuelle Orientierung, welche ethnische Herkunft, welche Hautfarbe und welche Religion jemand hat, ist nicht wichtig. Unternehmen haben sich diesen unterschiedlichen Herausforderungen zu stellen und den verschiedenen Mitarbeitergruppen und Haltungen ein jeweils passendes Arbeitsumfeld zu bieten. Im KWP wird damit das Ziel verfolgt, die Selbstbestimmung der Bewohner und der Mitarbeiter zu optimieren. Die Diversitätsmanagerin unterstützt dabei, diese Einstellung mit unterschiedlichen Angeboten nachhaltig zu verankern. Ebenso braucht es dazu das passende Führungsverständnis bzw., damit verbunden, die passenden Führungsmethoden. Eine der Voraussetzungen für zielorientiertes und erfolgreiches unternehmerisches Handeln ist gelingende Kommunikation. Der Leitsatz „Hinschauen statt Wegschauen" im Betrieblichen Gesundheitsmanagement zielt genau in diese Richtung.

19.3.3 Gesundheitsförderung/ Gesundheitsmanagement beim KWP: Hinschauen, nicht wegschauen

Das KWP entschied sich 2010, die Funktion einer Diversitäts- und Gesundheitsbeauftragten einzuführen, und startete kurz darauf mit einem Pilotprojekt „Gesundheit hat kein Alter (GHKA)" in drei Häusern zum Leben. Dabei wurden für die Zielgruppen Bewohnerinnen und Bewohner, Mitarbeiterinnen und Mitarbeiter sowie Angehörige gesundheitsfördernde Maßnahmen entwickelt, umgesetzt und von externen Projektpartnern wie der Wiener Gesundheitsförderung, dem Hauptverband der Sozialversicherungsträger, dem Fonds Gesundes Österreich und dem Ludwig Boltzmann Institut unterstützt bzw. wissenschaftlich evaluiert.

Aufbauend auf diesem Projekt entstand im Jahr 2013 das „Gesunde SeniorInnen-Wohnhaus" als strategische Definition der Gesundheitspolitik im KWP. In einer Hausstruktur wurden alle Maßnahmen der Betrieblichen Gesundheitsförderung zusammengeführt und bildhaft als „Gesundes SeniorInnen-Wohnhaus" dargestellt (◼ Abb. 19.1).

Basierend auf dem Ethik- und Verhaltenskodex (Code of Conduct) des KWP wurden drei wesentliche Säulen für die Gesundheitspolitik definiert: Mitarbeiter, Bewohner und Angehörige. Die Darstellung beinhaltet einen Gesamtüberblick über die Strategie der Maßnahmen für alle drei Personengruppen.

Im Rahmen einer Implementierungsstudie gab es unterschiedlichste Schulungs- und Kommunikationsangebote für die Umsetzung der Programme Mobilitätsinterventionen, Ergonomielotsen und Gesundheitszirkel. Im März 2013 wurde das Projekt GHKA erfolgreich abgeschlossen. Von all den Maßnahmen, die in den Pilothäusern getestet und evaluiert wurden, stellten sich zwei Maßnahme als besonders relevant heraus, die in der Folge weitergeführt wurden: das Ergonomielotsen-Programm (zur Sensibilisierung der Kolleginnen und Kollegen für Gesundheit und Ergonomie am Arbeitsplatz) und die Gesundheitszirkel (zum Aufzeigen von Problemen und Lösungen durch Mitarbeiter), das nachfolgend als Best-Practice-Beispiel vorgestellt wird.

19.3.4 Best Practice: Gesundheitszirkel zum Aufzeigen von Problemen und Lösungen

Zielsetzung der Maßnahme ist es, Mitarbeitern die Möglichkeit zu bieten, sich unter Anleitung selbst mit ihren Arbeitsbedingungen auseinanderzusetzen, sie zu analysieren und Verbesserungsvorschläge zu erarbeiten. Seit 2017 sind Gesundheitszirkel auf alle Häuser zum Leben im KWP ausgerollt und werden jährlich durchgeführt. Geleitet werden sie von eigens dafür geschulten Gesundheitszirkel-Moderatoren. Diese gestalten die Treffen, unterstützen bei der Definition von Belastungsfaktoren, der Erarbeitung von Verbesserungsvorschlägen und Maßnahmen sowie der Berichtslegung.

Erhobene Belastungen und daraus resultierende Verbesserungsvorschläge der Gesund-

◼ Abb. 19.1   Gesundes SeniorInnen-Wohnhaus

heitszirkel-Teilnehmerinnen und Teilnehmer
fließen in den jährlichen Gesundheitszirkelbe-
richt ein, der an die jeweiligen Hausdirektoren
und die Gesundheitsbeauftragte in der Zentrale übermittelt wird. Der Bericht wird in
einer Leitungsteamsitzung im jeweiligen Haus
von den Gesundheitszirkel-Moderatoren präsentiert. Dort wird entschieden, welche Maßnahmen vor Ort umgesetzt werden können
bzw. welche Alternativen (wie z. B. weiterführende, spezifische Analysen) zur Verfügung
stehen und wer zusätzlich einbezogen werden sollte, falls andere Instanzen erforderlich
scheinen.

Zweimal jährlich findet ein Follow-up-
Vernetzungstreffen für alle Gesundheitszirkel-Moderatoren zwecks häuserübergreifen-
den Austauschs statt. Dabei werden gemeinsame Verbesserungsthemen und Änderungsvor-
schläge für das Folgejahr erarbeitet. Zudem
folgt seitens der Gesundheitsbeauftragten jähr-

lich ein Monitoring aller genannten Belastungen aus allen Gesundheitszirkeln der Häuser
sowie ein Bericht und eine Präsentation in
der Geschäftsleitung, um dementsprechende
Maßnahmen zur Reduktion der von den Mitarbeitern definierten Belastungen KWP-weit
umsetzen zu können. ◼ Abb. 19.2 zeigt einen
Vergleich der von den Mitarbeitern selbst definierten Belastungen in den Jahren 2016, 2017
und 2018.

Bei der Beschreibung der Belastungen waren großteils subjektive Eindrücke und Empfindungen leitend. Es wurden bei der Samm-
lung keinerlei Einschränkungen auferlegt. Alles, was als „belastend" erlebt wurde, konnte
als Thema eingebracht werden.

Viele dieser Faktoren waren nach Analyse behebbar und ermöglichten positiv erlebte
„quick wins" für alle Beteiligten. Das betrifft
besonders die Kategorien fehlende Ausstattung, Reparaturnotwendigkeiten oder ungeeig-

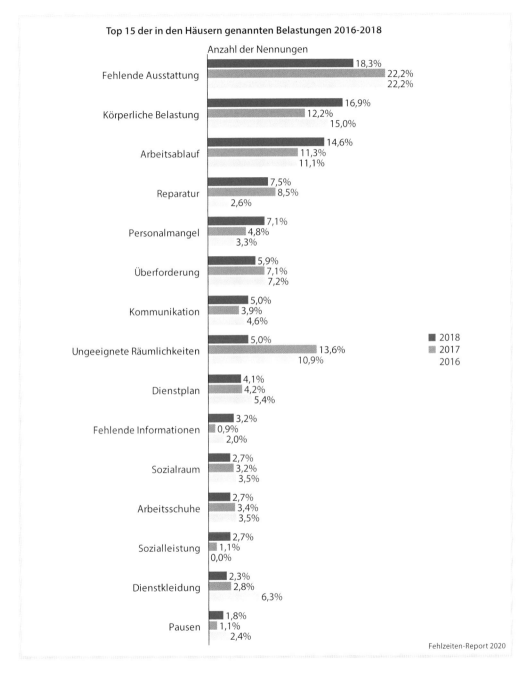

Top 15 der in den Häusern genannten Belastungen 2016-2018

Anzahl der Nennungen

Abb. 19.2 Belastungen, Entwicklung 2016–2018

nete Räumlichkeiten inkl. Sozialraum. Aber auch bei Kategorien, die eine intensive, inhaltliche und oft hausspezifische Analyse sowie größere Anstrengung zur Beeinflussung benö-

tigten, wie beispielsweise Überforderung und Dienstplan, Dienstkleidung und Arbeitsschuhe, gelangen sichtbare Verbesserungen. Die Thematik Personalmangel braucht immer noch

ganz besondere Aufmerksamkeit und münde-
te in ein spezifisches Mangelberufsprojekt, das
langsam erste Resultate im Recruiting und in
der Bindung der Mitarbeiter ans Unternehmen
zeigt.

Als Fazit kann festgehalten werden, dass
der Gesundheitszirkel seine Wirkung zeigt und
die Mitarbeiterinnen und Mitarbeiter Resultate sehen. Die durchwegs positiven Rückmeldungen derjenigen Mitarbeiter, die am Gesundheitszirkel teilgenommen haben, verdeutlichen, dass sie sich durch die aktive Partizipation auf Augenhöhe als selbstwirksam erleben.
Dazu einige Originalaussagen:

»

- „Ich freue mich über das Interesse des
  Unternehmens an meinem Befinden und
  meinen Veränderungsvorschlägen."

- „Durch die Gesundheitszirkel wird das
  interdisziplinäre Verständnis und der
  Zusammenhalt im Haus gefördert und
  verbessert. Wir wissen jetzt, wie wichtig
  es ist, sich gegenseitig personell ‚auszu-
  helfen.‘"

- „Wenn man Probleme anspricht, selbst
  ‚Kleinigkeiten‘, sind oft schnelle Verbesserungen möglich. Da braucht man
  gar nicht auf den Abschlussbericht warten."

- „Wenn man in die Abläufe eingebunden
  ist und sie kennt, kann man Optimierun-
  gen selbst erarbeiten."

19.3.5 Gesundheit und Teilhabe als Teil der Unternehmens- und Führungskultur im KWP

Die beschriebene Aktivität „Gesundheitszirkel" basiert auf dem Verständnis von Unter-
nehmens- und Führungskultur im KWP. Mitarbeiter sind die wichtigste Ressource zur Erbringung der Kernleistung Pflege und Betreuung und daher ist es dem KWP ein Anliegen,
dass sie sich partizipativ einbringen können
und dass es ihnen gut geht. Das Ziel ist es, sie

unter anderem durch eine gesundheitsfördernde Gestaltung des Arbeitsumfeldes möglichst
lange und gesund im Arbeitsprozess halten zu
können. Die Geschäftsführerin des KWP, Frau
Mag.[a] Gabriele Grauman sagt dazu: „Unsere
Herausforderung liegt darin, Menschen zu suchen, zu finden und zu halten, die gerne bei uns
arbeiten" (KWP 2019, S. 9).

Das KWP hat sich einen „Code of Conduct" gegeben, der das tagtägliche Handeln
der Geschäftsleitung und aller Mitarbeiter auf
der strategischen Metaebene leitet. Die Un-
ternehmenssatzungen besagen unter anderem,
Lebensqualität zu optimieren, Gerechtigkeit zu
achten, Freiheit zu garantieren und Solidari-
tät zu leben. Das KWP versucht daher, wie
bei allen Maßnahmen auch im Gesundheitsmanagement mit einem partizipativen Ansatz
für Chancengerechtigkeit zu sorgen. Selbstbestimmte Lebensräume und Arbeitswelten sind
dabei sowohl eine Vision als auch ein maß-
gebliches Handlungsprinzip. Die Führungsher-
ausforderung besteht darin, die unterschiedlichen Problemlagen zu erkennen, sie vor dem
jeweiligen Hintergrund der Einzelnen wie Berufsgruppe, Einstellung, Haltung oder organisationsspezifische Besonderheit zu betrachten
und zielgruppenspezifische Lösungen zu erarbeiten. Dabei wird die Diversität in Sprache,
Biographie und ethnischer Herkunft der Mitarbeiter ganz besonders berücksichtigt. Integra-
ler Bestandteil des KWP sind die Mitarbeiterinnen und Mitarbeiter aus ca. 60 Nationen,
wobei jede und jeder ihren oder seinen kulturellen Hintergrund und subjektive Lebens-
und Ausbildungserfahrungen ins Unternehmen
mit- und einbringt. Das bedeutet, dass Ein-
schulung auch ein Heranführen an informelle
Strukturen und formale Gepflogenheiten im
System KWP erfordert. Eingerahmt wird dies
durch die Bereitschaft, den Menschen als Ganzes zu betrachten und die jeweiligen biographi-
schen Ressourcen als wichtige Unterstützung
für die Klienten sehen, die sich auch in ihrer Zusammensetzung verändern. Um diesen
Prozess erfolgreich zu gestalten, ist Kommunikation auf Augenhöhe und passend zur individuellen Persönlichkeitsstruktur zentral, wes-

19

halb KWP unternehmensweite Schulungen im Process Communication Model anbietet. Dieses Instrument ermöglicht es, Kommunikation mit erfolgreichem Selbstmanagement zu verbinden. Es ist ein Anliegen von KWP, allen Entwicklungschancen bieten zu können und dadurch einen Arbeitsplatz im KWP zu etwas ganz Besonderem zu machen. Für diese Bemühungen erhielt das KWP im April 2020 das Gütesiegel Betriebliche Gesundheitsförderung des Österreichischen Netzwerks für Betriebliche Gesundheitsförderung[4].

19.4 Ausblick aus Sicht der Praxis

Das KWP sieht im Sinne der personellen Ressourcen vor allem die Berufszufriedenheit der Mitarbeiterinnen und Mitarbeiter im Zentrum aller Bemühungen. Um dem Personalbedarf im Pflege- und Betreuungsbereich begegnen zu können, braucht es jedoch die Möglichkeit, „Neues Denken" praktisch zu erproben. Soll Pflege neu gedacht werden, dann muss erlaubt sein, alles in Frage zu stellen. Vielleicht braucht Ehrenamt einen stärkeren Anteil an Freiwilligenarbeit – mit sozialversicherungsrechtlicher Absicherung oder stundenweiser Anstellung als „Laienpflege" in der Sicherheit einer Institution (und nicht nur, wie derzeit in Österreich diskutiert, für Angehörige in der häuslichen Pflege). Vielleicht können zusätzliche und neue Unterstützungsberufe helfen, die Zeitressourcen und Tätigkeiten professionell Pflegender verstärkt auf die Kernkompetenzen der Pflege zu lenken. Vielleicht könnte man in die Lehrpläne von Berufsschulen, die zu musischen oder handwerklichen Berufen ausbilden, ein verpflichtendes Fach „Alltagsgestaltung im Seniorenbereich" mit einem entsprechenden Kurzpraktikum aufnehmen. Soviel in aller Kürze zu beispielhaften Überlegungen – nicht zuletzt bedeutet „Pflege neu zu denken"

auch, aus festgefahrenen Denkmustern auszubrechen, um Neuem eine Chance zu geben.

Dazu müssen sich auch die entsprechenden gesetzlichen Rahmenbedingungen bewegen. Nur ineinander verschränkte Kompetenzbereiche von Pflegefachkräften und Betreuungspersonen ermöglichen ein ganzheitliches Angebot für die Bewohner. Vielfältige, niederschwellige Zugänge für den Erstkontakt mit Pflege und Betreuung, wie oben angeführt, könnten das Interesse für dieses Berufsfeld wecken. Flexibel gestaltete, berufsbegleitende Ausbildungsangebote könnten dazu beitragen, Quereinsteiger zu begeistern, zumindest einen Teil ihres Berufslebens der Pflege und/oder Betreuung von Senioren oder Hochbetagten zu widmen. Die Implementierung ganzheitlicher Pflege- und Betreuungsangebote ist mit den derzeitigen, starren Kompetenzzuordnungen und uneinheitlichen Abrechnungsformen teilweise schwer umzusetzen. Um neue Formen des Arbeitens in Senioreneinrichtungen zu ermöglichen, müssen rechtliche Vorgaben zur Langzeitpflege und berufsrechtliche Bestimmungen ebenfalls entsprechend angepasst werden.

Das KWP setzt sich intensiv mit einem sinnvollen, multiprofessionellen und durchlässigen, zukünftigen Personalmix auseinander, damit Pflege und Betreuung nachhaltig sichergestellt bleiben. Möglicherweise bilden auch die derzeit verfügbaren Berufsbilder noch nicht den bestmöglichen Kompetenzmix ab, um die zukünftigen großen Herausforderungen in Pflege und Betreuung bewältigen zu können. Auch dies gehört zur Herausforderung, Pflege neu zu denken.

19.5 Fazit: Gesunde Senioreneinrichtungen brauchen einen geeigneten Rahmen

Die in Einrichtungen der stationären Langzeitpflege arbeitenden Menschen zählen zu den gesundheitlich am stärksten belasteten Berufs-

---

4 Weitere Informationen zum Gütesiegel und Kriterien siehe Netzwerk Betriebliche Gesundheitsförderung (2020).

gruppen in Österreich (Institut für empirische Sozialforschung 2014). Dass Senioreneinrichtungen zudem (gemeinsam mit privaten Haushalten) mit Abstand am stärksten von der COVID-19-Pandemie getroffen wurden (Österreichische Agentur für Gesundheit und Ernährungssicherheit 2020), zeigt einerseits die Verwundbarkeit eines von Einspardebatten geprägten Systems, andererseits aber auch die Leistungsbereitschaft der Menschen, die in diesem System einen Dienst am Menschen erbringen. Dieses Engagement ist wenigstens zum Teil erklärbar durch die aus dem direkten Kontakt zu Klienten erlebte Bedeutsamkeit und Sinnhaftigkeit der eigenen Tätigkeit (Schnell 2018). Zugleich führen enge finanzielle und personelle Vorgaben zu Zeitknappheit, Stresserleben, Sinnverlusten und gesundheitlichen Beeinträchtigungen (Glaser et al. 2018; Voswinkel 2015). Träger wie das KWP zeigen, wie wichtig unter diesen Bedingungen eine systematisch verfolgte Betriebliche Gesundheitsförderung auf Träger- und Einrichtungsebene ist und wie Mitarbeiterinnen und Mitarbeiter nutzenstiftend im Rahmen ihrer eigenen Interessen eingebunden werden können. Die Gesundheitszirkel, die in diesem Beitrag beschrieben wurden, verfolgen einen partizipativen Ansatz der Einflussnahme auf die eigenen Arbeitsbedingungen. Dass den Mitarbeitern Freiheitsgrade gewährt werden, die eigene Tätigkeit mitzugestalten, erleben diese als Stärkung ihrer Selbstwirksamkeit und ihrer Motivation (Ulich und Wülser 2018). Partizipation und das Erleben organisationaler Gerechtigkeit sind eng miteinander verflochten (Kumar und Jauhari 2016; Roberson et al. 1999). Zusammen mit den bekannten positiven Auswirkungen von Partizipation und Gerechtigkeitserleben auf individueller und organisationaler Ebene (Colquitt et al. 2013; Weber et al. 2019) ergibt sich die klare Empfehlung für eine Stärkung der Mitarbeitermitbestimmung. Deutlich wird aber auch, dass Mitarbeiter und Führungskräfte sich nur im gesetzlichen Rahmen bewegen können. Es braucht daher eine kritische Reflexion der aktuellen Rahmenbedingungen in der stationären Langzeitpflege. Diverse Studien zeigen auf, dass Beschäftigte bereits vor COVID-19 teils an ihre persönlichen Leistungsgrenzen gelangt sind (z. B. Bauer et al. 2018). Ein Grund dafür sind teils veraltete und verkrustete Strukturen und gesetzliche Vorgaben zur Personalberechnung, die nicht mehr den heutigen Anforderungen entsprechen (Glaser et al. 2018; Staflinger 2016). Ähnlich wie in Deutschland (Rothgang et al. 2019) wurde daher auch in Österreich der Ruf nach neuen und zeitgemäßen Personalberechnungen immer lauter. Nicht zuletzt hat sich die österreichische Bundesregierung im aktuellen Regierungsprogramm (Bundeskanzleramt 2020) darauf geeinigt, die Arbeitsbedingungen im gesamten Pflegebereich verbessern zu wollen. Konkrete Inhalte lassen bis dato – auch aufgrund der aktuellen Entwicklungen durch COVID-19 – auf sich warten. Um Gesundheitsförderung in Senioreneinrichtungen zukunftsgerecht zu gestalten, braucht es neben den betrieblichen Anstrengungen vor allem eine Änderung des regulatorischen Rahmens. Diese liegt großteils in der Verantwortung von Gesetzgebung und Politik.

Literatur

Bauer G, Rodrigues R, Leichsenring K (2018) Arbeitsbedingungen in der Langzeitpflege aus Sicht der Beschäftigten in Österreich. Eine Untersuchung auf Basis der internationalen NORDCARE-Befragung. Arbeiterkammer, Wien. https://www.euro.centre.org/downloads/detail/3288/1. Zugegriffen: 15. Mai 2020

Bundeskanzleramt (2020) Aus Verantwortung für Österreich. Regierungsprogramm 2020–2024. https://www.bundeskanzleramt.gv.at/dam/jcr:7b9e6755-2115-440c-b2ec-cbf64a931aa8/RegProgramm-lang.pdf. Zugegriffen: 15. Mai 2020

Bundesministerium für Arbeit, Soziales, Gesundheit und Konsumentenschutz (2019) Österreichischer Pflegevorsorgebericht 2018. https://broschuerenservice.sozialministerium.at/Home/Download?publicationId=719. Zugegriffen: 15. Mai 2020

Bundesministerium für Arbeit, Soziales, Gesundheit und Konsumentenschutz (2020) Coronavirus – Rechtliches. https://www.sozialministerium.at/Informationen-zum-Coronavirus/Coronavirus---Rechtliches.html. Zugegriffen: 15. Mai 2020

19

Büssing A, Glaser J, Höge T (2002) Screening psychischer Belastungen in der stationären Krankenpflege (Belastungsscreening TAA-KH-S). Handbuch zur Erfassung und Bewertung psychischer Belastungen bei Beschäftigten im Pflegebereich. Schriftenreihe der Bundesanstalt für Arbeitsschutz und Arbeitsmedizin: Forschungsbericht, Bd. 932. Wirtschaftsverlag NW Verlag für neue Wissenschaft, Bremerhaven

Colquitt JA, Scott BA, Rodell JB et al (2013) Justice at the millennium, a decade later: a meta-analytic test of social exchange and affect-based perspectives. J Appl Psychol 98(2):199–236

Elovainio M, Kivimäki M, Steen N et al (2004) Job decision latitude, organizational justice and health: Multilevel covariance structure analysis. Soc Sci Med 58:1659–1669

Glaser J, Seubert C, Hopfgartner L et al (2018) Arbeitswissenschaftliche Analyse und Bewertung pflegerischer Humandienstleistungstätigkeiten in der stationären Langzeitpflege als Basis für eine leistungsgerechte Personalbemessung. Universität Innsbruck/Bundesarbeitskammer, Innsbruck/Wien. https://wien.arbeiterkammer.at/service/studien/Sozialpolitik/Arbeit_in_der_Langzeitpflege.pdf. Zugegriffen: 15. Mai 2020

Höge T (2005) Salutogenese in der ambulanten Pflege: Zum Zusammenhang zwischen organisationalen Ressourcen, erlebter Fairness, Kohärenzsinn und der psychophysischen Gesundheit von ambulanten Pflegekräften. Z Gesundheitspsychologie 13(1):3–11

Institut für empirische Sozialforschung (2014) Der Österreichische Arbeitsgesundheitsmonitor: Die Jobs mit den geringsten und den höchsten Belastungen. https://www.ifes.at/aktuelles/arbeitsgesundheitsmonitor-berufe-mit-geringsten-hoechsten-belastungen. Zugegriffen: 15. Mai 2020

Kumar M, Jauhari H (2016) Employee participation and turnover intention: exploring the explanatory roles of organizational justice and learning goal satisfaction. J Workplace Learn 28(8):496–509

Kuratorium Wiener Pensionisten-Wohnhäuser (KWP) (2019) Leben und Arbeiten im KWP. Geschäftsbericht 2018. https://geschaeftsbericht.kwp.at/wp-content/uploads/2019/06/Geschaeftsbericht-Haeuser-zum-Leben-2019.pdf. Zugegriffen: 15. Mai 2020

Netzwerk Betriebliche Gesundheitsförderung (2020) Betriebliche Gesundheitsförderung. https://www.netzwerk-bgf.at/cdscontent/?contentid=10007.701059&portal=bgfportal. Zugegriffen: 15. Mai 2020

Österreichische Agentur für Gesundheit und Ernährungssicherheit (2020) Epidemiologische Abklärung am Beispiel COVID-19. https://www.ages.at/service/service-presse/pressemeldungen/epidemiologische-abklaerung-am-beispiel-covid-19/. Zugegriffen: 15. Mai 2020

Perschke-Hartmann C, Drupp M (2018) Ressourcen stärken in der Altenpflege. In: Badura B, Ducki A, Schröder H et al (Hrsg) Fehlzeiten-Report 2018. Springer, Berlin, S 303–314

Rappold E, Juraszovich B, Pochobradsky E et al (2019) Pflegepersonalbedarfsprognose Langzeitpflege Wien – unter Berücksichtigung einiger Einrichtungen aus dem Bereich des vollbetreuten Wohnens im Behindertenbereich. Gesundheit Österreich GmbH, Wien

Roberson QM, Moye NA, Locke EA (1999) Identifying a missing link between participation and satisfaction: the mediating role of procedural justice perceptions. J Appl Psychol 84(4):585–593

Rothgang H, Fünfstück M, Kalwitzki T (2019) Personalbemessung in der Langzeitpflege. In: Jacobs K, Kuhlmey A, Greß S et al (Hrsg) Pflege-Report 2019. Mehr Personal in der Langzeitpflege – aber woher? Springer, Berlin, S 147–157

Schnell T (2018) Von Lebenssinn und Sinn in der Arbeit. In: Badura B, Ducki A, Schröder H et al (Hrsg) Fehlzeiten-Report 2018. Springer, Berlin, S 11–21

Spell CS, Arnold TJ (2007) A multi-level analysis of organizational justice climate, structure, and employee mental health. J Manage 33(5):724–751

Staflinger H (2016) Der oö. Mindestpersonalschlüssel für Alten- und Pflegeheime auf dem Prüfstand: Grundlagen, Herausforderungen, Entwicklungsbedarf. AK Oberösterreich, Linz. https://ooe.arbeiterkammer.at/interessenvertretung/arbeitswelt/arbeitsbedingungen/AB_2016_Forschungsbericht_Mindestpflegepersonalschluessel_OO.pdf. Zugegriffen: 15. Mai 2020

Staflinger H, Gratzer A (2020) Weil Applaus allein zu wenig ist: was wir von COVID-19 für Krankenhäuser und die Langzeitpflege lernen können. https://awblog.at/von-covid-19-fuer-krankenhaeuser-und-langzeitpflege-lernen/. Zugegriffen: 15. Mai 2020

Staflinger H, Müller-Wipperfürth S (2019) Der oö. Mindestpersonalschlüssel für Alten- und Pflegeheime auf dem Prüfstand: Grundlagen, Herausforderungen, Entwicklungsbedarf. Update: Rechtliche Grundlagen in den Bundesländern. AK Oberösterreich, Linz. https://ooe.arbeiterkammer.at/interessenvertretung/arbeitswelt/arbeitsbedingungen/AB_2019_Der_ooe_Mindestpflegepersonalschluessel_update.pdf. Zugegriffen: 15. Mai 2020

Statistik Austria (2020a) Betreuungs- und Pflegedienste. http://www.statistik.at/web_de/statistiken/menschen_und_gesellschaft/soziales/sozialleistungen_auf_landesebene/betreuungs_und_pflegedienste/index.html. Zugegriffen: 15. Mai 2020

Statistik Austria (2020b) Bevölkerung. http://www.statistik.at/web_de/statistiken/menschen_und_gesellschaft/bevoelkerung/index.html. Zugegriffen: 15. Mai 2020

Tepper BJ (2001) Health consequences of organizational injustice: Tests of main and interactive effects. Organ Behav Hum Dec 86(2):197–215

Ulich E, Wülser M (2018) Gesundheitsmanagement in Unternehmen, 7. Aufl. Springer, Wiesbaden

Voswinkel S (2015) Sinnvolle Arbeit leisten – Arbeit sinnvoll leisten. Arbeit 24(1–2):31–48

Weber WG, Unterrainer C, Höge T (2019) Psychological research on organisational democracy: a meta-analysis of individual, organisational, and societal outcomes. Appl Psychol-Int Rev 69(3):1009–1071

Wiener Gesundheitsförderung gemeinnützige GmbH (2019) Ausgezeichnete Vielfalt: Wiener Gesundheitspreis 2019 verliehen! https://www.wig.or.at/WienerGes.2425+M54a708de802.0.html. Zugegriffen: 15. Mai 2020

Organisationskultur und -gerechtigkeit, betrieblicher Wandel und Gesundheit: eine Auseinandersetzung am Beispiel „Pausengestaltung" in der Pflege

Peter Jaensch, Ulrike Fugli, Julia Maria Ott, Werner Winter und Jürgen Zerth

Inhaltsverzeichnis

© Springer-Verlag GmbH Deutschland, ein Teil von Springer Nature 2020
B. Badura et al. (Hrsg.), *Fehlzeiten-Report 2020*, Fehlzeiten-Report,
https://doi.org/10.1007/978-3-662-61524-9_20

▪▪ Zusammenfassung

Die professionelle Pflege ist als Sorgeberuf besonderen Herausforderungen des organisatorischen Wandels ausgesetzt. Veränderte Fallschweren von Patientinnen und Patienten sowie sich ändernde Bedarfsanfragen an die Pflege korrespondieren mit den Anforderungen unzureichender Personalstrukturen sowie Anpassungsnotwendigkeiten im Pflegeprozess. Der Blick auf einen gesundheitsförderlichen Prozess der professionellen Pflegearbeit wirft den Fokus auf die Auseinandersetzung, wie Verhältnis- und Prozessstrukturen in den diversen pflegerischen Settings dyadisch im Sinne des Gepflegten und des Pflegenden ausgerichtet sein können. Exemplarisch für eine tiefergehende Betrachtung gesunder und nachhaltiger Pflegestrukturen ist die Frage der Pausengestaltung. Im Sinne von Detachment-Strategien geht es darum, während des Arbeitsprozesses Distanzphasen zu ermöglichen, um personelle Ressourcen und Kompetenzen zu stärken und zu erneuern. Hinweise aus der internationalen Literatur zeigen die positiven Effekte von Pausen in der Pflege sowohl für die Arbeitszufriedenheit von Pflegekräften als auch für den pflegerischen Outcome auf. Anhand qualitativer Forschung wurden in einer Studie „Pause in der Pflege" Komponenten für eine (gute) Pause formuliert, die insbesondere die Bedeutung von Räumen zur Kommunikation und Begegnung von Pflegekräften deutlich machen und darüber hinaus die Bedeutung partizipatorischer Mitgestaltung unterstreichen. In dieser Hinsicht lassen sich Pausenorganisation und Pausengestaltung als Teil einer prozessualen Form einer fairen und gerechten Organisationskultur interpretieren, wenn es gelingt, als Organisation die Bedeutung aktiver wie reaktiver Mitgestaltung und Mitwirkung von Pflegekräften zielgerecht zu nutzen.

20.1 Problemstellung

Böhle (2011) beschreibt Pflege als eine Ausdrucksform einer Interaktions- und Sorgearbeit, die in einer besonderen personalen wie organisationalen Beziehung zwischen dem Pflegenden, dem Pflegebedürftigen und dem ordnenden Pflegesetting oder Pflegearrangement einzuordnen ist. Dabei steht gerade der Beruf der professionell Pflegenden prototypisch in einem beruflichen Kontext mit hohen und wachsenden Belastungseffekten.

Pflegewissenschaftliche wie auch organisations- oder gesundheitsökonomische Arbeiten zur Analyse der arbeitsteiligen Prozesse im Pflegebereich thematisieren sowohl das Wechselspiel zwischen den unterschiedlichen Professionsformen innerhalb der Pflege (intraprofessionelle Arbeitsteilung) als auch die Interaktionsbeziehungen zu weiteren medizinisch-pflegerischen Berufen (interprofessionelle Arbeitsteilung,) (vgl. Sickau und Thiele 2017 oder auch Görres et al. 2019).

Diese Beziehungen sind jeweils eingebettet in ein definiertes Pflegearrangement, etwa klinische Pflege, ambulante oder stationäre Pflege (vgl. etwa Görres et al. 2019 oder auch Nitsche 2017). Die Frage, wie Pflege sich sowohl institutionell als auch organisatorisch weiterentwickelt, wird auch davon abhängig sein, wie es gelingt, die unterschiedlichen Interaktionsformen von Pflegearbeit mit den unterschiedlichen Pflegearrangements zu verknüpfen (vgl. hier Zerth 2018, S. 295). Aus Sicht der Pflegenden gilt es, Formen der Arbeitsorganisation und -struktur zu finden, die gemäß verhaltenswissenschaftlicher Modelle der Organisationstheorie deren Erwartungsvergleichen an den Arbeitsprozess statthalten können. Diese Vergleiche umfassen sowohl intra- wie interpersonale Vergleiche der Akteurs- und Interaktionsbeziehungen als auch intra- wie interorganisationale Vergleiche zwischen den Einrichtungen und Arbeitgebern (Vergleich der Organisationsstrukturen im Kontext divergenter Pflegearrangements) (vgl. grundsätzlich Adams 1963, aber auch Picot et al. 2012, S. 113–115).

Studien zur Belastung von professionell Pflegenden zeigen psychische wie physische Belastungen für Pflegeberufe in deutlicher Form auf (vgl. etwa Brennan 2017). Höhmann et al. führen exemplarisch Belastungsfaktoren für Pflegende sowohl auf der Makroebene – etwa mangelnde gesellschaftliche Anerkennung, Bürokratisierung und Gestaltung monetärer Vergütung – und der Meso- oder Organisationsebene – Aspekte der Führungskultur, Fragen der Arbeitszeit und Arbeitsorganisation sowie insbesondere der körperlichen Belastung lassen sich aufführen – als auch auf der Mikroebene auf (vgl. Höhmann et al. 2016, S. 74–75). Bei letztgenannter Perspektive gewinnen insbesondere Fragen der intra- wie interprofessionellen Kommunikation und Kooperation sowie Aspekte der emotional-psychischen Ebene an Bedeutung. Verschiedene Studien weisen auf die Notwendigkeit des Gleichklangs institutionell-struktureller Ansätze, etwa die Weiterentwicklung von Kompetenzprofilen, und damit verbundener erweiterter Formen von Tätigkeitsspektren und Verantwortungsbereichen hin (vgl. hier etwa Bettig und Göppert 2017, S. 147 ff.).

Insbesondere im gegebenen Workflow pflegerischer Tätigkeiten gewinnt die Frage nach Entlastung während der Pflegetätigkeit an Bedeutung. Studien zur Situation der Pausenwahrnehmung und zum Pausenverhalten erlauben einen unmittelbaren mikrobezogenen Blick auf belastende und bei günstiger Pausengestaltung entlastende Strategien (vgl. etwa Wendsche et al. 2017 oder Nejati et al. 2016). Lohmann-Haislah et al. (2019b) konnten beispielsweise zeigen, dass Beschäftigte in Pflegeberufen in einem weitgehend größeren Maß als andere Beschäftigte über Pausenausfall berichten bzw. Pausen nicht wahrnehmen (können). Der vorliegende Beitrag soll an dieser Stelle ansetzen und sich exemplarisch mit Pausengestaltung als einer Form organisationstheoretischer Strategien befassen, auch um eine von Pflegenden als fair oder gerecht empfundene Arbeitssituation herstellen zu können.

20.2 Erwartungen an eine „faire Pflegearbeit": eine Reformulierung

Eine „faire Pflegearbeit" kann als Erwartungsabgleich aus Sicht der Pflegenden zwischen den zugesprochenen, als Soll erwarteten, personalen wie organisationalen Aspekten und den im pflegerischen Alltag rekapitulierten Wahrnehmungen konstruiert werden.

20.2.1 Pflege als Teamproduktion: organisationstheoretische Modellierung

Pflege als eine Form der Dienstleistungsarbeit (vgl. Sickau und Thiele 2017, S. 40) verknüpft strukturelle Potenziale, etwa Gebäude, Ausrüstung u. a., mit den personalen Potenzialen insbesondere von Pflegekräften, die im Sinne verschiedener Formen von Teamproduktion personenorientierte Dienstleistungsarbeit erbringen (vgl. in Analogie hier Grönroos und Ojasalo 2004).

Orientiert an der Theorie der „Service-dominant-logic" (vgl. etwa Lusch und Nambisan 2015) beeinflusst das Zusammenspiel zwischen operanden settingbezogenen Ressourcen und operanten personalen Kompetenzen sowohl bei den Pflegenden als auch bei der gepflegten Person den zu erwarteten Pflegeoutcome in der Teamproduktion.

Pflege als Sorgearbeit ist aus Sicht der Pflegenden eingebunden in die multiplen Herausforderungen diverser Pflegebeziehungen. Es gilt sowohl den Zielen des Pflegebedürftigen gerecht zu werden, ohne jedoch seine eigenen Zielvorstellungen außer Acht zu lassen und somit eine Balance zwischen extrinsischen – etwa monetären – Anreizen und intrinsischen Motivationskräften herzustellen. Diese Balance fordert gerade den Ausgleich zwischen der Wahrnehmung der eigenen Kompetenzen und deren Grenzen sowie der erwarteten Anerkennung – insbesondere informeller Natur – heraus. Die Ansätze von Erholungsstrategien für Pflegende, die einen Ausgleich zwischen Ressourcen und Arbeitsanforderungen herstellen (vgl. hier Lohmann-Haislah et al. 2019b, S. 420), beschreiben diese Herausforderung. In Anlehnung an die Ideen einer *service-dominant logic* liegt ein notwendiges Zusammenspiel zwischen operanten und operanden Ressourcen vor, um etwa einen Erholungs- oder Ausgleichsansatz von personalen Ressourcen in den Blick zu nehmen und zu einem positiven Arbeitserleben beizutragen. Bornheim und Sieben (2014, S. 89) beschreiben dies aus Sicht von Altenpflegekräften mit dem Blick auf eine gelungene Komposition aus Bedürfnisorientierung (aus der professionellen Selbstwirksamkeit von Pflegekräften), einer ganzheitlichen Organisation förderlicher Pflegestrukturen sowie der Zurverfügungstellung als hilfreich empfundener Arbeitsbedingungen.

20.2.2 Implikationen für eine gerechte Organisation und Organisationskultur

Neben den monetären und sachlichen Aspekten, die direkt an der Person (Verhaltenskategorie) andocken, orientieren sich prozessual wahrgenommene Gerechtigkeitsaspekte, etwa die Bedeutung pflegerischer Arbeit im interprofessionellen Zusammenspiel, am Aspekt organisationaler Gerechtigkeit. In diesem Sinne kann organisationale Gerechtigkeit aus der Verknüpfung von Verhaltens- und Verhältnisaspekten abgeleitet werden (vgl. Cropanzana et al. 2007). Nach dieser Vorgehensweise kommt die Interaktionsgerechtigkeit als subjektiv wahrgenommene Kategorie ins Spiel, die sich in Anlehnung an Taxonomien organisationaler Gerechtigkeit im Zusammenwirken der Prozess-Dimension mit proaktiven bzw. reaktiven Dimensionen einordnen lässt (vgl.

◻ **Tabelle 20.1** Taxonomien von organisatorischen Gerechtigkeitsansätzen. (Quelle: Eigene Darstellung in enger Anlehnung an Greenberg 1987, S. 10)

	Kontent (inhaltliche Struktur)	Prozess-Dimension
Reaktive Dimension	Equity Theory (Adams 1963)	Procedural Justice Theory (Thibaut und Walker 1975)
Proaktive Dimension	Justice Judgement Theory (Leventhal 1980)	Allocation Preference Theory (Leventhal et al. 1980)

Fehlzeiten-Report 2020

◻ Tab. 20.1). Nach Greenberg (1987) kann hierfür folgende Taxonomie Verwendung finden.

So lässt sich die Erwartungshaltung von Mitarbeitenden im Sinne einer Verhaltens- und Verhältnisstruktur in eine handelnde Dimension (proaktives oder reaktives Handeln) sowie in die Bezüglichkeit des Settings, nämlich den inhaltlichen Strukturen sowie den prozessualen Umgang, einordnen. In Anlehnung an eine rechtstheoretische Arbeit von Newman (1993) lässt sich schlussfolgern, dass Arbeitnehmer insbesondere die Beteiligung sowohl an den Zielsetzungen und den sozialen Strukturen auf der Unternehmens- wie Einrichtungsebene als konstitutiv für eine gelungene Wahrnehmung prozessualer Gerechtigkeit innerhalb organisatorischer Kontexte interpretieren.

Dabei spielt sowohl die Balance mit und zwischen den Zielen im organisatorischen Setting als auch die transparente und klare Struktur (Correctness) der Komponenten von Verhältnis- wie Verhaltensstrukturen eine wesentliche Rolle (vgl. Newman 1993, S. 1492). Vor diesem Hintergrund lässt sich die Auseinandersetzung mit Pausenstrukturen sowie -konzepten als eine Ausprägung einer balancierten Struktur zwischen Verhaltens- und Verhältnisstrukturen im organisationalen Umfeld und somit im Sinne einer fairen und gesunden

Arbeitsbedingung einordnen (vgl. hierzu etwa Galanakis et al. 2015).

Je nachdem, wie Mitarbeitende die Mitwirkungs- und Mitgestaltungsmöglichkeiten an strukturbildenden Inhalten, wie z. B. der Pause, sowie insbesondere an Prozessen des Arbeitsflusses sehen (vgl. in Anlehnung an ◘ Tab. 20.1), werden sie sich als mitgenommen oder ausgeschlossen im Hinblick auf organisationale Ziele sehen.

Es ist die Frage aufzuwerfen, mit welchen entlastenden Strukturen und Prozessen Pflegearbeit aufgewertet werden kann. Die Bezugnahme zu glaubhafter Pausengestaltung als einer Entlastungsstrategie im gemeinsamen Ziel einer Pflegeorganisation kann hier als pars pro toto stehen.

20.2.3 Problemkontext: Belastungen und Entlastungen – die Bedeutung von Pausen

Entlastende Anknüpfungspunkte von Pausen lassen sich in die Kategorie von „Detachment-Strategien" einordnen (vgl. Etzion et al. 1998). Demnach stehen individuelle Fähigkeiten (Verhalten), aber auch Arbeitsverhältnisse im Blickfeld, um sich sowohl während als auch außerhalb von Dienstzeiten insbesondere psychisch von der Arbeit distanzieren zu können. Ziel ist es, Erholungsressourcen zu aktivieren, die dazu beitragen können, sowohl den Belastungen des Arbeitsprozesses zu begegnen als auch die eigene Regeneration zu fördern. Detachment-Effekte können während der Ruhezeiten außerhalb der Arbeitszeiten als auch während der Arbeitszeiten erzielt werden, insbesondere in Form von Pausen (vgl. auch Lohmann-Haislah et al. 2019a).

Im Rahmen eines international angelegten Scoping-Reviews konnten Wendsche et al. (2017) Randbedingungen und Ergebnisfaktoren von Pausenorganisation analysieren, die insbesondere die demotivierende Bedeutung von ungeplanten Pausenunterbrechungen oder unzureichenden Pausenmodellen deutlich gemacht machen.

Gleichzeitig konnten sie aber auch die geringe Aussagekraft von personenbezogenen Faktoren auf als zufriedenstellend organisierte Pausenmodelle herausarbeiten. Die Autoren sehen weiteren Forschungsbedarf, Zusammenhänge zwischen institutionellen, organisationalen Bedingungen sowie den verknüpfenden Aspekten organisationscharakteristischer Aspekte der Pausengestaltung zu analysieren. Letztendlich gilt es noch zu diskutierende adäquate Messvariablen zu entwickeln (vgl. Wendsche et al. 2017, S. 78).

Mit Blick auf die (internationale) Literatur von Erholungszeiten und -räumen (im physischen wie auch im erweiterten Sinne) zeigt die von Pflegekräften wahrgenommene Wirkung von Erholungszeiten und Pausen sowohl für (1) die eigene Arbeitszufriedenheit, für (2) die Bereitschaft, den Arbeitgeber zu wechseln, für (3) die erwartete Pflegeproduktivität als auch für (4) die erwartete Pflegequalität hohe Bedeutung.

In einer Befragung von über 10.000 Pflegekräften der amerikanischen Academy of Medical-Surgical Nurses haben Nejati et al. (2016) über alle vier genannten Outcome-Kategorien eindeutige Ergebnisse des von den Pflegekräften erwarteten Impacts nachzeichnen können (vgl. ◘ Abb. 20.1). Der überwiegende Teil der Befragten erachtete den Einfluss von Pausen als „ziemlich bedeutend" oder „sehr bedeutend". Ein etwas abweichendes Muster zeigt sich nur bei der Bleibeneigung, einem im Sachverhalt komplexeren Konstrukt, das von deutlich mehr Faktoren als nur einer guten Pause abhängt. Die relative Mehrheit der Befragten bewertete den Einfluss von guten Pausen auf die Bleibeneigung indifferent, doch auch hier überwogen in Summe die Zustimmungsraten.

Wendsche et al. (2017) haben in dem bereits oben erwähnten Scoping-Review differenzierte Kategorien zwischen organisationalen Faktoren von Pause in der Pflege und akteursbezogenen Outcomekategorien beschreiben können, entsprechende Studiener-

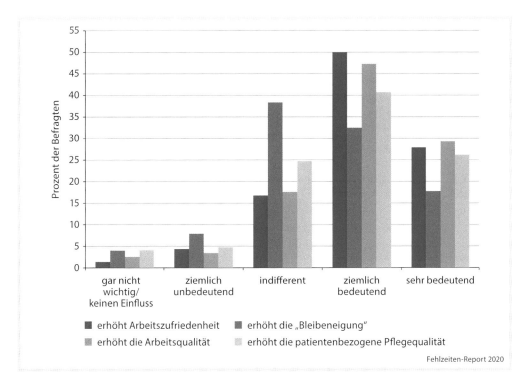

◘ Abb. 20.1 Wahrgenommener Einfluss von Pause(n) auf Arbeitszufriedenheit, Bleibeneigung, Arbeitsqualität und patientenbezogene Pflegequalität. (Quelle: Eigene Darstellung in enger Anlehnung an Nejati et al. 2016, S. 518)

gebnisse zugeordnet und konnten insbesondere die Bedeutung organisatorischer Faktoren auf wahrgenommene nutzvolle Pausenarrangements charakterisieren. Dabei wird insbesondere deutlich, dass nur in wenigen Studien personenorientierte Faktoren Erklärungsbeiträge für eine zufriedenstellende Pausengestaltung in der Pflege liefern. Die bisherigen Studien unterstreichen die förderliche Bedeutung von Pausen und insbesondere die Einhaltung von Pausenzeiten und weisen auf den Zusammenhang sowohl auf die Zufriedenheit der Pflegekräfte als auch auf den Outcome der Pflegekräfte hin. Gleichwohl stellt sich mit Hinblick auf die settingabhängige Struktur von Pflege – wie es gerade in Deutschland üblich ist – die Frage, welche Aspekte in einer gestaltenden, definitorischen Sicht für eine praxisorientierte und akteursdienliche Pausengestaltung hilfreich sein können. Eine Auseinandersetzung mit Hinweisen für „gute" Pausengestaltung,

die im Sinne eines Abgleichs der Erwartungen an eine gerechte Organisationsstruktur (vgl. ▶ Abschn. 20.2.1) angeordnet sind, soll im nachfolgenden Kapitel skizziert werden.

20.3 Explorative Studie „Pause in der Pflege" – Kriterien zur Bewertung effektiver und implementierbarer Organisationskonzepte

Um der Frage nach Kriterien für eine gelingende Pause in der Pflege nachgehen zu können, wurde von der AOK Bayern 2019 eine Studie in Auftrag gegeben, die Kriterien „guter" Pause explorativ und systematisch erfassen sollte. Ziel war es, anhand dieser Kriterien – in einem Wettbewerb der AOK Bayern – gute Pausenkonzepte sowohl im klinischen Sektor, in der stationären Altenpflege als auch in der ambulanten Altenpflege abzuleiten (vgl. Zerth et al. 2019)[1].

20.3.1 Methodische Grundlagen und Durchführung der Studie

Die Studie sollte dezidiert einen explorativen, verstehenden Charakter einnehmen und aus akteursbezogenen Erfahrungen wahrgenommene Beispiele von Strukturen, Bedingungen und Erfahrungen der Pausengestaltung sammeln und diese im Lichte einer deskriptiven Literaturanalyse gewichten.

Dazu wurde in einem ersten Schritt eine Analyse der gesundheits- und arbeitswissenschaftlichen Literatur zu Pausen bzw. Pausen in der Pflege sowohl mittels Freihandsuche im Schneeballverfahren als auch anhand einer systematischen Datenbankrecherche in den wissenschaftlichen Datenbanken PubMed und CINAHL durchgeführt. Eine Orientierung an Kriterien der Pausengestaltung gab beispielsweise die Arbeit von Wendsche und Wegge (2018) zur Pausengestaltung in ausgesuchten sächsischen Altenpflegeeinrichtungen. Wie die eingeschränkte Literaturanalyse zeigte, beschäftigten sich die Autoren und Autorinnen in der internationalen Literatur hauptsächlich mit den Aspekten der Analyse von Arbeitsbedingungen, Gründen und Auswirkungen von Pausenausfällen sowie den Einflüssen von Pausen auf die Leistungsfähigkeit und das Gesundheitsverhalten professionell Pflegender. Nach einer Titel-, Abstract- und Volltext-Selektion sowie der Selektion von Duplikaten wurden acht relevante Publikationen identifiziert und in die Analyse und Kategorisierung von Merkmalen einer *(guten) Pause* eingeschlossen.

Die durch Freihandsuche ergänzt durchgeführten Literaturrecherchen in den Datenbanken CINAHL und PubMed identifizierten zahlreiche und zunächst unstrukturiert anmutende Kriterien und Merkmale, die eine (gute) Pause beeinflussen können. Diese wurden zu sieben zentralen Kategorien gegliedert, die sich im Groben an aufbauorganisatorischen Aspekten sowie am Ablaufcharakter von Pausen orientiert.

- die Konzeption und Planung des Pausenkonzeptes sowie
- die Rückmelde- und Partizipationsmechanismen,
- die zeitliche und strukturelle Pausenorganisation,
- die Pausenauslösung,
- das Thema der Erreichbarkeit während der Pause,
- die Pauseninhalte sowie
- die Infrastruktur des Pausenortes.

Die Frage, wie sich das Zusammenspiel dieser Kriterien im Sinne einer Gewichtung einer „guten" Pause darstellt, ließ sich an dieser Stelle ohne weitere Informationen noch nicht beantworten. Diese Merkmale waren deshalb zunächst als „notwendige" Bedingungen für eine gute Pause zu interpretieren (siehe ◘ Abb. 20.2).

In einem zweiten Schritt wurden die aus der Literaturanalyse ermittelten Faktoren mittels leitfadengestützter Interviews mit Pflege-Akteuren aus 13 Einrichtungen in Bayern validiert und konnten gegebenenfalls noch erweitert werden. Um weitere Hinweise zu erhalten, wurden zu diesem Zweck neben allgemeinen Strukturdaten zunächst die individuellen Bedingungen in den Organisationen der Teilnehmenden in Bezug auf oben genannte Kategorien erfragt. Dies diente vordringlich zur Reflexion der jeweiligen Pausensituation und möglichen Erweiterung des bisherigen Kategorienschemas. Im Abschluss wurden 27 Items zur Bewertung vorgestellt, die mögliche Kriterien „guter" Pause anboten. Die Kriterien stammten größtenteils aus den Ergebnissen der Literaturrecherche und konnten als „nicht wichtig", „neutral" oder „wichtig" bewertet werden. Ergänzend konnten die Befragten zu jedem Item frei Kommentare äußern.

---

1   Die Studie wurde erstellt für die AOK Bayern – Die Gesundheitskasse, Zentrale, Betriebliche Gesundheitsförderung Nürnberg.

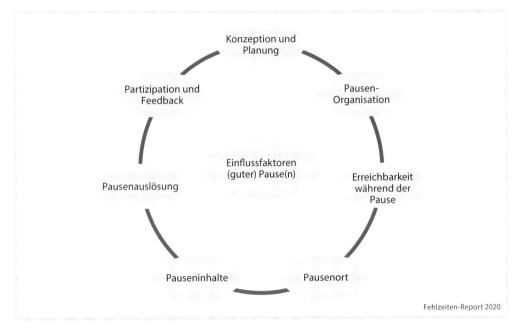

Abb. 20.2 Einflussfaktoren von Pause(n) in der Pflege (Eigene Darstellung)

20.3.2 **Ergebnisse der Befragung**

Es konnten insgesamt dreizehn Telefoninterviews mit Pflegenden aus den Settings Krankenhaus (fünf Interviewpartner) sowie ambulante und stationäre Altenpflege (jeweils vier Teilnehmer) per Telefon realisiert werden. Die Gespräche dauerten im Durchschnitt ca. 30 Minuten. Von den Einrichtungen, in denen die Teilnehmer beschäftigt waren, standen fünf in öffentlicher Trägerschaft und je vier waren gemeinnützig bzw. privat institutionalisiert. Die Anzahl der zu betreuenden Pflegebedürftigen in den Einrichtungen lag zwischen 6 und 155 Personen. Die Validierung der Kategorien und der für die Befragung gewählten Items lieferte keine wesentlich neuen Erkenntnisse, sodass von einer Sättigung der angebotenen Kriterien von Pause ausgegangen wurde. Eine zentrale Frage der Untersuchung lag in der Wahrnehmung, was im Sinne der Kombinatorik der sieben als wesentlich unterlegten Kategorien relevant für eine gute Pause sei. Zur Ableitung hinreichender Kriterien für eine qualitative Strukturierung der Einflussfaktoren und Interaktionen der Kategorien wurde das Antwortverhalten der befragten Experten sowohl in der Häufigkeitsausprägung als auch im qualitativen Gewicht näher beleuchtet. Entsprechend wurden für eine erste Gewichtung all jene Kriterien ausgewählt, die eine klare Tendenz (80 % der Befragten und mehr) aufwiesen und die jeweilige Bewertung, in der sich der Modus befand, als Grad der Wichtigkeit herangezogen.

Die beiden Kategorien **Konzeption und Planung des Pausenkonzeptes** sowie die **Rückmelde- und Partizipationsmechanismen** als prozessuale Faktoren einer methodischen Konzeption wurden in der Analyse zusammengefasst. Sie bildeten elementare Bestandteile von Change-Prozessen und konnten im Gegensatz zu den anderen Kriterien als indirekt wirksam auf die Wahrnehmung der Pause eingeordnet werden. Sie beziehen sich ausschließlich auf die Implementierung neuer Pausenkonzepte bzw. Fortentwicklung bestehender Konzepte, etwa im Sinne eines kontinuierlichen Verbesserungsprozesses, und wurden folglich gemeinsam betrachtet. Auch unterschieden sie sich von den anderen, inhaltlichen Kategorien von Pause dadurch, dass hier eher institutionell-methodische Elemente adressiert werden. Mit einer Ausnahme haben alle Befragten in dieser Kategorie das Item „Kommunikation des Themas Erholung/erholsamer Pausen in der Einrichtung" – hier wäre etwa an Aspekte des Austausches im Kolleginnen- und Kollegenkreis über die wahrgenommene Pausensituation, aber auch an einen Abgleich mit den offiziellen Informationen über Pausengestaltung zu denken – als wichtig genannt. Weiterhin als wichtig bewertet wurden die „Mitbeteiligung der Mitarbeitenden bei Planung und Umsetzung" sowie das Item „Einholung der Meinung/Reflexion der Mitarbeitenden".

Die Befragung der Kriterien zur zeitlichen und strukturellen **Pausenorganisation** ergab eine Bewertung der Items „Tageszeitliche Anpassung der Pausen/Anpassung an Arbeitsverlauf/Pausenzeitpunkt", „Selbstbestimmte Organisation und Pauseninhalte" und „Maßnahmen gegen und Umgang mit Unterbrechungen und Ausfällen der Pause" als wichtig in Bezug auf eine gute Pause.

In der Kategorie **Pausenauslösung** wurden die Items: „Entscheidende Rolle der Führungskraft", „Soziale Unterstützung in der Einhaltung der Pause durch Vorgesetzte(n) und durch Kolleg*innen" als wichtig, das Item „Kontrolle der Einhaltung" neutral bewertet.

Im fünften Bereich, dem Thema **Erreichbarkeit** während der Pause, zeichnete sich eine kritische und ambivalente Diskussion ab. Tendenziell wurden die Aspekte „Informationen/Wissen, was auf Station/Wohnbereich vor sich geht" und „Nähe zu Patienten/Bewohnern/Klienten" als nicht wichtig bewertet. Das Item „Privatheit/Privatsphäre während der Pause" wurde dagegen überwiegend als wichtig empfunden. Das Item „Erreichbarkeit während der Pause" ließ aufgrund der ambivalenten Beurteilung keine Aussage über Tendenzen zu.

Im Bereich der **Pauseninhalte** bewerteten die Befragten die Items „Erfüllung körperlicher Bedürfnisse allgemein", „Nahrungs- und Flüssigkeitsaufnahme", „Pflegen von Sozialkontakten/Interaktion allgemein" überwiegend als wichtig. Das Bedürfnis, während der Pause Angebote zur körperlichen Aktivierung nutzen zu können, spielte weniger eine Rolle. Als wesentlicher Grund hierfür wurde die bereits als anstrengend wahrgenommene körperliche Anspannung während des Schichtdienstes genannt. Im Bereich Entspannung fanden die Items: „Entspannung allgemein", „Mentales Distanzieren", „Möglichkeit für sich zu sein/Privatsphäre" und „Gedanklich abschalten können" und „keinen Druck haben, in Pause arbeiten zu müssen" die stärkste Zustimmung.

In Bezug auf die siebte Kategorie, die Infrastruktur des **Pausenortes,** spielten für die Mehrheit der Befragten die Items: „Ruhe/Freiheit von akustischen und arbeitsbedingten Störungen", „Leichte Erreichbarkeit des Pausenortes", „Zugang zu Tageslicht, frischer Luft oder der Natur", „Individualisierung der Ausstattung an Bedürfnisse des Teams", „Zugang zu Wasser/Kaffee/Getränken", „Möglichkeit Verpflegung zu kühlen und zu erwärmen" und „Ausreichend, ergonomische Sitzmöglichkeiten" eine zentrale Rolle. Diese Ergebnisse lassen den Schluss zu, dass die Funktionalität der Pause, d. h. die Ermöglichung der genannten Bedürfnisse und Präferenzen, als wichtiger interpretiert werden als die reine organisatorisch bzw. bauliche Gestaltung des Pausenraumes.

In der Kategorie **„offene Fragen"** zeigte die Untersuchung, dass die aus der gewählten Heuristik abgeleiteten Kategorien offensichtlich schon in einer hohen Sättigung relevante Kriterien von (guter) Pause adressiert hatten. So haben 85 % der Befragten keine weiteren Ergänzungen mehr gemacht. Als weitere Kategorien sind noch zwei Aspekte genannt worden: das Stellen von Getränken sowie die Möglichkeit, in der Nähe der Pflegeeinrichtung (z. B. Kantine, Cafeteria, Supermarkt) Verpflegung besorgen zu können.

20

20.3.3 Zentrale Diskussionspunkte: Implikationen für eine gute (faire) Pause?

Eine zentrale Frage der Untersuchung lag in der Wahrnehmung, was im Sinne der Kombinatorik der sieben als wesentlich unterlegten Kategorien relevant für eine gute Pause sei. Die befragten Pflegekräfte wurden im Rahmen des Interviews deshalb aufgefordert, gemäß den skizzierten Kategorien die jeweils zugehörigen Items als wichtig oder neutral, d.h. weniger wichtig, zu bewerten. Die im Sinne einer qualitativen Vorgehensweise relevantesten, d.h. mehrheitlich als wichtig oder neutral empfundenen Nennungen über alle sieben Kategorien zeigt zusammenfassend ◻ Tab. 20.2. Berücksichtigt sind hier sowohl die Einschätzungen der vorgegebenen Items als auch die Nennungen in den vorangegangenen Fragen zur individuellen Pausensituation in der Organisation.

Der am eindrücklichsten genannte Aspekt bei den „offenen Fragen" stammte aus dem Themenfeld Erreichbarkeit, nämlich keine Störungen und Unterbrechungen während der Pause zu erleben. Hier gibt es konfligierende Zielvorstellungen, da dem übergeordneten Ziel der Erholung und Ungestörtheit in den Pausen organisatorische und/oder selbstgewählte Zielvorstellungen gegenüberstehen.

So ist es nicht immer möglich, alle in ◻ Tab. 20.2 aufgeführten Aspekte zu gewährleisten, ohne gleichzeitig mit Erfordernissen des Arbeitsplatzes, denen die Pause schließlich dienen soll, im Wechselspiel zu stehen. Da Pausen nicht für sich isoliert stehen, sondern immer erst im Kontext der Arbeit, in die sie eingebettet sind, zu Pausen werden, greift hier die Logik eines „mehr ist besser" nicht und es gibt keine per se besseren oder schlechteren Lösungen. Für eine Bewertung wäre hier das Ergebnis der Abwägung im jeweiligen Kontext zu würdigen.

Generell steht das Ziel, ungestört zu sein, dem Ziel, die Gepflegten adäquat zu versorgen, entgegen, da eine Erreichbarkeit im Notfall unerlässlich ist. Dies kann im Einzelfall zumutbar sein, in Einrichtungen oder Abteilungen, in denen dies – auch strukturell bedingt – öfter geschieht, sollten jedoch die Aspekte der Erreichbarkeit während der Pause und das Eingreifen im Notfall adressiert werden. Insgesamt ist fraglich, inwieweit der Pausenraum mit Notrufglocken oder Telefonen ausgestattet sein sollte.

Es lässt sich weiterhin festhalten, dass die Nähe zu den Patienten/Bewohnern und die weiterhin vorhandene Wahrnehmung, was auf der jeweiligen Station vor sich geht, als kritischer Faktor gesehen wird, eine Pause als Entspannungszeit oder Zeit zum Abschalten nutzen zu können. In der Befragung wurden diese Aspekte ambivalent bewertet und diskutiert, jedoch wurde eine räumliche Trennung – sofern sie nicht zu groß ist und zu viel Wegezeit, die zu Lasten der Ruhepause geht, in Anspruch nimmt – häufig als guter Ansatz empfunden. Interessant wäre in diesem Kontext in weiteren Untersuchungen zu klären, ob und wie es Einrichtungen/Institutionen gelingt, den Pausenort stärker vom Arbeitsumfeld räumlich zu trennen, ohne dass die Erreichbarkeit des Pausenortes zu stark eingeschränkt wird.

Der Wunsch, die Pause gemeinsam im Team zu verbringen, wurde zahlreich geäußert. An dieser Stelle gewinnen Strategien an Bedeutung, die Unterbrechungen der Pause durch Anliegen von Patienten, Angehörigen, Ärzten und anderen Bezugsgruppen in eine prozessuale und abgestimmte Strategie bringen. In Bezug auf eine gute Pause könnten Regelungen gefunden werden, wie z. B. die Pause gestaffelt in Gruppen zu nehmen, während der eine Teil des Teams Anfragen, Anliegen, Telefonate, etc. entgegennimmt und der andere Teil ungestört Pause machen kann.

Abschließend lässt sich festhalten, dass die Frage der Pausenorganisation und des Ablaufs von Pausen zwingender Teil der Aufbau- und Ablauforganisation sein muss: Je stärker Aufgaben strukturiert und ähnlich sind, desto stärker sind Pausen ex ante planbar und eine organisierte gemeinsame Pause lässt sich beispielsweise durchsetzen (vgl. Picot et al. 2012, S. 450 f.). Mit wachsender Veränderlichkeit

☐ **Tabelle 20.2**   Alle Pausenkategorien, zentrale Ergebnisse (Eigene Darstellung)

Bewertung	
Vorrangig wichtig	**Neutral**
Konzeption und Planung der Pausengestaltung	
– Kommunikation des Themas Erholung/erholsame Pausen in der Einrichtung	– Vorliegen eines Konzeptes zur Pausengestaltung – Betriebliche Vorschriften zur Pausengestaltung
Rückmelde- und Partizipationsmechanismen	
– Mitbeteiligung der MA bei Planung und Umsetzung – Einholung der Meinung/Reflexion der MA	
Pausenorganisation	
– Tageszeitliche Anpassung der Pausen/Anpassung an Arbeitsverlauf/Pausenzeitpunkt – Selbstbestimmte Organisation und Pauseninhalte – Maßnahmen gegen und Umgang mit Unterbrechungen der Pause – Maßnahmen gegen und Umgang mit Ausfall von Pausen	– Festgelegte Pausenschemata – Stabilität des Pausenschemas – Möglichkeit zur Umsetzung von Kurzpausensystemen – Pause mit ganzem Team – Pausen in Gruppen – Pausen allein
Pausenauslösung	
– Entscheidende Rolle der Führungskraft (Hinter dem Pausenkonzept zu stehen, MA an Pause zu erinnern, Zuständigkeit für Einhaltung der Pausen) – Soziale Unterstützung in der Einhaltung der Pause durch Vorgesetzte(n) – Soziale Unterstützung in der Einhaltung der Pause durch Kolleginnen/Kollegen	– Kontrolle der Einhaltung
Erreichbarkeit während der Pause	
– Privatheit/Privatsphäre während der Pause	– Informationen/Wissen, was auf Station/WB vor sich geht – Nähe zu Patienten/Bewohnern/Klienten – Möglichkeit in Situationen eingreifen zu können – Erreichbarkeit persönlich (z. B. gerufen werden), per Telefon, über Notrufglocke
Pauseninhalte	
– Erfüllung körperlicher Bedürfnisse allgemein – Nahrungs- und Flüssigkeitsaufnahme – Pflegen von Sozialkontakten/Interaktion allgemein – Entspannung allgemein – Mentales Distanzieren, gedanklich abschalten können – Möglichkeit für sich zu sein, Privatsphäre – Keinen Druck haben, in der Pause arbeiten zu müssen	– Erfüllung anderer körperlicher Bedürfnisse, ggfs. Rauchen – Erfüllung eigener Bedürfnisse allgemein – Private Erledigungen – Nutzen elektronischer Medien, z. B. TV, Smartphone – Kontakt zu Kollegen/Mitarbeitenden – Körperliche Aktivierung allgemein – Spaziergang, Natur – Ausgleichsübungen, Sport – Anforderungswechsel – Abhängen, bequeme Körperhaltung, Beine hochlegen – Kurzschlaf, Powernap – Anwendung von Entspannungstechniken – Entspannende Aktivitäten wie Lesen, Musik hören, Zeichnen etc.

20

◻ **Tabelle 20.2** (Fortsetzung)

Bewertung	
Vorrangig wichtig	**Neutral**
Pausenort	
– Ruhe/Freiheit von akustischen und arbeitsbedingten Störungen – Leichte Erreichbarkeit des Pausenortes – Zugang zu Tageslicht – Zugang zu frischer Luft, z. B. Möglichkeit Fenster zu öffnen – Zugang zur Natur, Möglichkeit an frische Luft zu gelangen, z. B. Balkon – Individualisierung der Ausstattung an Bedürfnisse des Teams – Zugang zu Wasser/Kaffee/Getränken – Möglichkeit Verpflegung zu kühlen und zu erwärmen – Ausreichend, ergonomische Sitzmöglichkeiten	– Separater Pausenraum im Wohnbereich/Station, räumliche Distanzierung vom Arbeitsfeld – Distanzierung von dem Wohnbereich/der Station – Farbkonzept, z. B. knallige, beruhigende, warme Farben – Dekoration, z. B. Pflanzen, Bilder, Kalender, etc. – Möglichkeit Beine hochzulegen, Liegemöglichkeit – Unterhaltung, z. B. Kicker-Tisch, Radio, TV

Fehlzeiten-Report 2020

der Aufgaben gewinnen Aspekte der gemeinsam getragenen Pausenkultur und der Beförderungsräume von Pausen an Bedeutung. Für den Moment müssen Bewertungen zur „Kultur der guten Pause" mangels einer tiefgreifenden empirischen Erhebung zunächst außen vor bleiben.

20.4 Fazit/Ausblick

Fragen organisationsbezogener Gerechtigkeit fokussieren im Kontext von „Pause" auf den Abgleich der Erwartungen zwischen Führungskräften und Mitarbeitenden an eine gute, als fair angesehene Pause und der wahrgenommenen Praxis. Gerade die Pausengestaltung in der Pflege steht exemplarisch für die Frage, wie (Pflege-)Settingstrukturen, Mitarbeiterführung und -einbindung in der Praxis gelebt werden. So lässt sich etwa festhalten, dass auch Artefakte für eine potenziell gute Pausengestaltung – etwa eine angemessene Ausstattung von Sozial- und Ruheräumen – kontrafaktisch wirken können, wenn die gelebte Arbeitsor-

ganisation die Nutzung dieser Möglichkeiten erschwert oder gar ausschließt. Die Ergebnisse der explorativen Studie „Gute Pause in der Pflege" (Zerth et al. 2019) haben Kontingenzen zwischen Pausenorganisation, Pausenort und -inhalten und dem partizipatorischen Einbinden der Mitarbeitenden als wesentliche Kriterien für eine grundlegend „gute Pause", die als „fair" interpretiert werden kann, herausarbeiten können. Somit werden die empirischen Ergebnisse des Wirkungszusammenhangs von Pause auf die Arbeitszufriedenheit, den Verbleib im Pflegeberuf und letztendlich die Bedeutung auf den pflegerischen Outcome, wie etwa bei Nejati et al. (2016) oder auch Lohmann-Haislah et al. (2019a) herausgearbeitet wurde, ergänzend unterstrichen. Vor diesem Hintergrund bietet es sich an, den Bezug zur These herzustellen, dass eine Passung verhaltens- wie verhältnisbezogener Maßnahmen und somit eine ganzheitliche organisatorische Gesundheitskultur zielführend sowohl für die Mitarbeitenden in der Pflege, die Einrichtungen als auch die Patienten ist.

Pausengestaltung und Pausenkultur stehen somit sinnbildlich für den für die Pflege relevanten Kontext zwischen Care-Mix, Case-Mix und Organisationscharakteristika (vgl. Görres et al. 2019, S. 142) und der damit zusammenhängenden relevanten Einschätzung von Pflegekräften, inwieweit sie sich selbst in einer wertschätzenden und fairen Umgebung sowie einem diesbezüglichen Prozess wiederfinden. So lässt sich gerade ein wesentliches Ergebnis der qualitativen Studie nochmals hervorheben, dass es um Erholungs- und Begegnungsräume für Pflegende im übertragenen Sinne geht und erst in zweiter Linie um die Gestaltung „echter, physischer" Räume (Zerth et al. 2019). Hier setzen weitere Fragen zur Weiterentwicklung von auf- und ablauforganisatorischen Aspekten an, die durch weitere ergänzende Forschung, aber insbesondere durch gute Praxisbeispiele vorangebracht werden können.

Literatur

Adams S (1963) Towards an understanding of inequity. J Abnorm Soc Psychol 67:422–436

Bettig U, Göppert T (2017) Die Entwicklung von primärqualifizierenden Studiengängen. In: Bettig U, Frommelt M, Roes M, Schmidt R, Thiele G (Hrsg) Pflegeberufe der Zukunft: Akademisierung, Qualifizierung und Kompetenzentwicklung. medhochzwei, Heidelberg, S 123–152

Böhle F (2011) Interaktionsarbeit als wichtige Arbeitstätigkeit im Dienstleistungssektor. WSI Mitteilungen 9:456–461

Bornheim N, Sieben B (2014) Auf dem Weg zu mehr Geschlechtergerechtigkeit in Belegschaften. In: Badura B, Ducki A, Schröder H, Klose J, Meyer M (Hrsg) Fehlzeiten-Report 2014. Erfolgreiche Unternehmen von morgen – gesunde Zukunft heute gestalten. Springer, Heidelberg, S 85–91

Brennan EJ (2017) Towards resilience and wellbeing in nurses. Br J Nurs 26(1):43–47. https://doi.org/10.12968/bjon.2017.26.1.43

Cropanzana R, Bowen DE, Gilliland SW (2007) The management of organizational justice. Acad Manage Perspect 27(4):34–48

Etzion D, Eden D, Lapidot-Raz Y (1998) Relief from job stressors and burnout: reserve service as a respite. J Appl Psychol 83:577–585

Galanakis M, Bithava I, Emmanouil Ch, Lali P, Symeonidi A-H, Darviri C (2015) Evidence for the inter/intra-relationship between the sense of fairness at workplace, distress, and health outcome: a systematic review. Psychology 6:2081–2090

Görres S, Böttcher S, Schumski (2019) Rationaler Personaleinsatz in der Alten- und Langzeitpflege. In: Jacobs K, Kuhlmey S, Greß S, Klauber J, Schwinger A (Hrsg) Pflege-Report 2019. Mehr Personal in der Langzeitpflege – aber woher? Springer, Berlin, S 137–145

Greenberg J (1987) A taxonomy of organizational justice theories. Acad Manag Rev 12(1):9–22

Grönroos C, Ojasalo K (2004) Service productivity: towards a conceptualization of the transformation of inputs into economic results in services. J Bus Res 57(4):414–423

Höhmann U, Lautenschläger M, Schwarz L (2016) Belastungen im Pflegeberuf: Bedingungsfaktoren, Folgen und Desiderate. In: Jacobs K, Kuhlmey S, Greß S, Klauber J, Schwinger A (Hrsg) Pflege-Report 2016. Schwerpunkt: Die Pflegenden im Fokus. Schattauer, Stuttgart, S 73–89

Leventhal GS (1980) What should be done with equity theory? In: Gergen KJ, Greenberg MS, Willis RH (Hrsg) Social exchange: advances in theory and research. Plenum, New York, S 27–55

Leventhal GS, Karuza J, Fry WR (1980) Beyond fairness: a theory of allocation preferences. In: Mikula G (Hrsg) Justice and social interaction. Springer, New York, S 167–218

Lohmann-Haislah A, Wendsche J, Schulz A, Scheibe T, Schöllgen I (2019a) Von der Arbeit (Nicht) Abschalten-Können: Ursachen, Wirkungen, Verbreitung und Interventionsmöglichkeiten. In: Badura B, Ducki A, Schröder H, Klose J, Meyer M (Hrsg) Fehlzeiten-Report 2019. Digitalisierung – gesundes Arbeiten ermöglichen. Springer, Heidelberg, S 307–317

Lohmann-Haislah A, Wendsche J, Schulz A, Schöllgen I, Escobar Pinzon LC (2019b) Einflussfaktoren und Folgen des Ausfalls gesetzlicher Ruhepausen bei Pflegekräften in Deutschland. Z Arb Wiss 73:418–438

Lusch R, Nambisan S (2015) Service innovation: a service-dominant logic perspective. MISQ 39:155–175

Nejati A, Rodiek S, Shepley M (2016) The implications of high-quality staff break areas for nurses' health, performance, job satisfaction and retention. J Nurs Manag 24:512–523

Newman K (1993) The just organization: creating and maintaining justice in work environments. Wash Lee Law Rev 50:1489–1513

Nitsche S (2017) Gesundheitskompetenz im Unternehmen: Der richtige „Fit" zwischen Verhalten und Verhältnis. In: Bettig U, Frommelt M, Roes M, Schmidt R, Thiele G (Hrsg) Pflegeberufe der Zukunft: Akademisierung, Qualifizierung und Kompetenzentwicklung. medhochzwei, Heidelberg, S 51–62

Picot A, Dietl H, Franck E, Fiedler M, Royer M (2012) Organisation: Theorie und Praxis aus ökonomischer Sicht. Schäffer-Poeschel, Stuttgart

Sickau S, Thiele G (2017) Die pflegerische Arbeit und der Umgang mit deren Anforderungen. In: Bettig U, Frommelt M, Roes M, Schmidt R, Thiele G (Hrsg)

Pflegeberufe der Zukunft: Akademisierung, Qualifizierung und Kompetenzentwicklung. medhochzwei, Heidelberg, S 37–50

Thibaut J, Walker L (1975) Procedural justice: a psychological analysis. Erlbaum, Hillsdale

Wendsche J, Ghadiri A, Bengsch A, Wegge J (2017) Antecedents and outcomes of nurses' rest break organization: a scoping review. Int J Nurs Stud 75:65–80

Wendsche J, Wegge J (2018) Pausen in der Pflege. Arbeit und Erholung besser in Einklang bringen. https://www.researchgate.net/publication/329308182_Pausen_in_der_Pflege_Arbeit_und_Erholung_besser_in_Einklang_bringen. Zugegriffen: 28. Dez. 2019

Zerth J (2018) Pflege – ein Zukunftsszenario vernetzter Unterstützungsprozesse. In: Rebscher R, Kaufmann S (Hrsg) Zukunftsmanagement in Gesundheitssystemen. medhochzwei, Heidelberg, S 289–310

Zerth J, Jaensch P, Ott J (2019) Pause in der Pflege – Kriterien zur Bewertung effektiver und implementierbarer Organisationskonzepte zur Pausengestaltung in der Pflege. Beitrag für einen Wettbewerb „Pause in der Pflege". AOK Bayern, Fürth/Nürnberg

Daten und Analysen

Inhaltsverzeichnis

Die Aussagekraft der Kennzahl „Fehlzeiten" – Deutungsversuch aus Sicht der Gesundheitswissenschaften

Bernhard Badura und Cona Ehresmann

Inhaltsverzeichnis

© Springer-Verlag GmbH Deutschland, ein Teil von Springer Nature 2020
B. Badura et al. (Hrsg.), *Fehlzeiten-Report 2020*, Fehlzeiten-Report,
https://doi.org/10.1007/978-3-662-61524-9_21

21

•• Zusammenfassung

Fehlzeiten sind wegen der damit verbundenen Kosten eine der Hauptgründe, warum sich die Unternehmensführung mit dem Thema Gesundheit befasst. Worin genau aber liegt der Nutzen einer vertieften Betrachtung ihrer betriebsbedingten Ursachen? Fehlzeiten haben – so der hier unterbreitete Vorschlag – die Funktion eines Fieberthermometers. Steigende oder zu hoch erachtete Fehlzeiten signalisieren Bedarf an einer genaueren „Diagnostik" der zugrunde liegenden Probleme und ihrer Ursachen, als zwingende Vorbedingung für eine bedarfsgerechte „Therapie". Wir plädieren für eine evidenzbasierte Unternehmensführung, die – jenseits jeder Polemik – Fehlzeiten als Indikator für die Qualität einer Organisation erachtet. Unser Diskussionsbeitrag befasst sich mit dazu vorliegenden wissenschaftlichen Erkenntnissen. Fehlzeiten hängen keineswegs nur mit dem Zustand einzelner Beschäftigter zusammen, sondern auch mit dem sozialen System einer Organisation: der Unternehmenskultur, dem Betriebsklima und dem Verhalten der Führungskräfte. Investitionen in die Gesundheit der Anwesenden fördern die Mitarbeiterbindung und dienen der Senkung von Absentismus und Präsentismus.

21.1 Absentismus und Präsentismus[1]

Nicht jeder Abwesende ist krank, aber auch nicht jeder Anwesende ist gesund. Wenn Mitarbeiter[2] abwesend sind, kann das krankheitsbedingt sein, muss es aber nicht. Untersuchungen zeigen, dass z. B. geringe *persönliche Verbundenheit* mit der eigenen Aufgabe, mit Kollegen und Führungskräften, mit den Werten und Zielen einer Organisation oder den Kunden Einfluss auf die Entscheidung haben kann,

der Arbeit fern zu bleiben. Diese Entscheidung beruht nicht nur auf der Deutung des eigenen Befindens, sondern enthält ein nicht zu unterschätzendes motivationales Element (z. B. Walter und Münch 2009; Badura 2017 S. 71 ff; Clifton und Harter 2020). Der Begriff „Krankenstand" ist aus diesem und einem weiteren Grund irreführend: Wie die Präsentismusforschung belegt, sind Beschäftigte bereit, trotz Krankheit und auch gegen ärztlichen Rat ihrer Arbeit nachzugehen, „präsent" zu sein – vielleicht, weil Termine drängen, Wichtiges zu erledigen ist oder Kollegen nicht im Stich gelassen werden dürfen (z. B. Iverson et al. 2010).

Problematisch ist auch die sich immer noch hartnäckig haltende Unterstellung, Menschen seien grundsätzlich arbeitsunwillig, vulgo: faul, und ergriffen deshalb gerne Gelegenheiten zum „Blaumachen". In unserer Arbeitsgesellschaft dürfte eher das Gegenteil zutreffen, liegt vermutlich die größere Gefahr in der Selbstüberforderung, bedingt durch überzogene Leistungsziele oder durch vergebliche Suche nach sinnvoller Betätigung (Ehresmann und Badura 2018). Kontrollmaßnahmen der Führung zur Identifizierung einzelner „schwarzer Schafe" können zur Demotivation der übrigen Mitarbeiter beitragen. Nicht nur Führungskräfte, auch Beschäftigte verbinden mit dem Thema Fehlzeiten gelegentlich problematische Vorstellungen, wie die Fehlzeitenerfassung diene allein ihrer Kontrolle und sei Ausdruck unerschütterlichen Misstrauens des Managements gegenüber der Belegschaft. Richtig verstanden und bei strenger Einhaltung des Datenschutzes dienen Hinweise auf die *Häufung* von Fehlzeiten beiden Betriebsparteien: Sie erlauben Aussagen über den Gesundheitszustand einer Organisation – so die im Folgenden untersuchte These –, wenn ihnen Mängel in der Zusammenarbeit und ihrer Struktur zugrunde liegen. Der Umgang mit dem Thema Fehlzeiten liefert Hinweise auf die Führungskultur einer Organisation: Je geringer das Misstrauen zwischen Führung und Belegschaft, umso größer ist die Wahrscheinlichkeit, dass die Organisation die Fehlzeitenstatistik im Sinne

---

1 Wir danken Mika Steinke für die hilfreiche Kommentierung des Manuskripts.
2 Die in diesem Artikel gewählte männliche Schreibweise bezieht sich immer auch auf die weibliche und die diverse Form.

einer zugleich erfolgsorientierten und partnerschaftlichen Unternehmenspolitik konstruktiv nutzt.

Manchmal nützen Fehlzeiten dem Unternehmen. Tatsächlich erkrankte Mitarbeiter sollten besser zu Hause bleiben, um eine Ansteckungsgefahr für Kunden und Kollegen oder eine weitere Verschlechterung des Gesundheitszustandes zu vermeiden. Verschleppte psychische oder körperliche Beeinträchtigungen – aus Pflichtgefühl oder hoher Identifikation mit den Unternehmenszielen oder veranlasst durch Anwesenheitsprämien – wirken sich möglicherweise negativ auf den nachhaltigen Erhalt der Arbeitsfähigkeit aus, was den Fachkräftemangel verstärkt. Dessen ungeachtet gilt: Eine Häufung von Fehlzeiten sollte im wohlverstandenen Interesse beider Betriebsparteien durch ein professionelles Gesundheitsmanagement vermieden werden.

Als hoch erachtete Fehlzeiten sind wegen ihrer Kosten einer der Gründe für Führungskräfte, dem Thema Gesundheit überhaupt Aufmerksamkeit zu schenken. Fehlzeiten bilden Kennzahlen, die für die Führung unübersehbar und jederzeit verfügbar sind. Sie werden nach üblicher Lesart als Problem gesehen, bei dem einzelne Personen, ihre Arbeitssituation und ihre Gesundheit im Zentrum stehen. Auch gesetzliche Vorgaben zur betrieblichen Wiedereingliederung (BEM-Verfahren) unterstreichen die Bedeutung dieser *individuellen* Betrachtung des Fehlzeitenthemas.

Im Folgenden soll aufgezeigt werden, warum sich auch eine *systemische Betrachtung der Häufung von Fehlzeiten* als nützlich erweisen kann. Bevor wir darauf genauer eingehen, wird der praktische Umgang mit dem Thema Fehlzeiten an einem aktuellen Beispiel erläutert. Dort beklagt sich ein Unternehmer über zu hohe Fehlzeiten in zweier seiner Werke, mit folgender Begründung:

» Wir haben in … das aufwendigste Gesundheitsmanagement unserer Firmengruppe … . Da können die meisten Fitnessstudios nicht mithalten. Trotzdem haben wir hier

die höchsten Abwesenheitsraten in der Firmengruppe wegen angeblicher Krankheiten (Ritzer 2019, S. 18).

Eine durchschnittliche Abwesenheit wie die im gleichen Artikel vom Arbeitgeber beklagten 26 Tage ist bei einem Bundesdurchschnitt von 19,4 Tagen in der Tat bedenklich. Dass sich ein Arbeitgeber deshalb Sorgen um die Wettbewerbsfähigkeit seiner Unternehmen macht, ist verständlich. Aber was genau bedeuten diese hohen Fehlzeiten und welche Schlüsse sollte das betroffene Management daraus ziehen? Trägt Bewegung in Fitnessstudios zur Senkung von Fehlzeiten bei? Wird das pauschale Argument der „angeblichen" Krankheiten den Gründen für Absentismus gerecht? Könnten hohe Fehlzeiten nicht auch durch Probleme in der Organisation bewirkt sein? Fehlzeiten können ihre Ursachen im ungesunden Verhalten der Beschäftigten, z. B. im Bewegungsmangel, haben. Sie können aber ebenso mit anderen persönlichen oder mit betrieblichen, jahreszeitlichen oder konjunkturellen Einflüssen zusammenhängen. Im Folgenden konzentrieren wir uns auf betriebliche Einflüsse auf das Fehlzeitengeschehen, auch um weitere Forschung zum Thema anzuregen.

21.2 Analyse von Routinedaten

Unser Ziel ist es, ausgehend von einer beispielhaften Beschreibung des Fehlzeitengeschehens mithilfe von Routinedaten, fortzuschreiten in Richtung einer Ursachenanalyse mithilfe zusätzlicher Befragungsdaten aus der vergleichenden Organisationsforschung.

Sorgfältige Dokumentation von Fehlzeiten ist aus unserer Sicht der erste, zwingend gebotene Schritt zur Ermittlung von Handlungsbedarf im Betrieblichen Gesundheitsmanagement. Dabei richtet sich der Blick auf die Varianz im Fehlzeitengeschehen, z. B. auf Zeitreihen oder Vergleiche von Organisationen, Branchen und Berufsgruppen. Zu unterscheiden gilt es dabei zwischen möglichen „hausgemachten", also organisationsbedingten

21

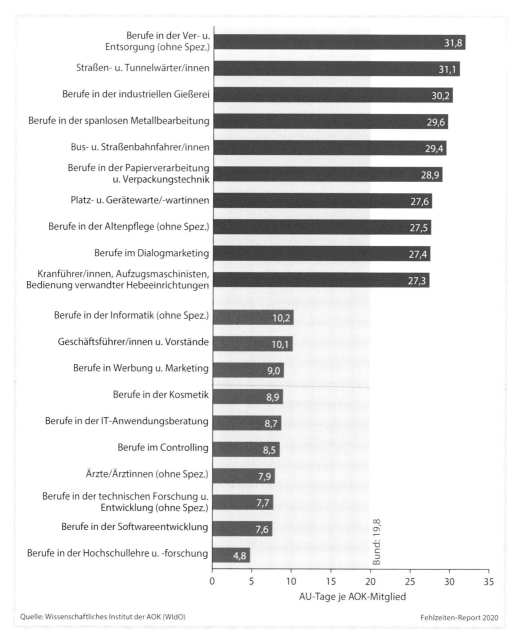

■ **Abb. 21.1** Zehn Berufsgruppen mit hohen und niedrigen Fehlzeiten je AOK-Mitglied, 2019. (Quelle: Meyer et al. 2020, ■ Abb. 23.18)

und externen Einflüssen. Jahreszeitliche und konjunkturelle Einflüsse sind Beispiele für externe Bedingungen. Sie bleiben in unserem Beitrag unberücksichtigt, weil wir uns auf organisationsspezifische Einflüsse konzentrieren wollen, als Grundlage zur Ermittlung von Handlungsbedarf im Einzelfall. Wenn es gilt den spezifischen Einfluss der internen Qualität einer Organisation, also ihres sozialen Systems, herauszuarbeiten, worauf wir uns im

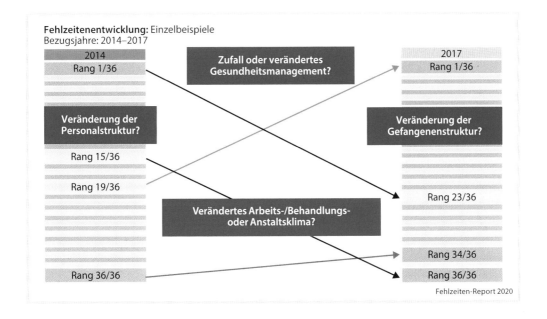

◘ **Abb. 21.2** Fehlzeitenentwicklung in JVAs des Landes NRW. (Quelle: Wirth 2019, S. 101)

Folgenden konzentrieren, sollten Daten stets für Alter, Geschlecht und Bildungsgrad kontrolliert werden. Berufe mit geringer Qualifikation haben im Vergleich zu Berufen mit höher Qualifizierten deutlich höhere Fehlzeiten.

Der Einfluss sozialer Ungleichheit auf die Gesundheit zeigt sich auch im Fehlzeitengeschehen (◘ Abb. 21.1).

Fehlzeiten variieren aber auch – und darum geht es im Folgenden – in Abhängigkeit vom inneren Geschehen einer Organisation. Hinweise darauf finden sich z. B. in einer vergleichenden Analyse der Fehlzeitenentwicklung in den Justizvollzugsanstalten in NRW (Wirth 2019). Deren Fehlzeiten unterscheiden sich deutlich voneinander – bei zumindest grundsätzlich ähnlichen Bedingungen. Besonders bemerkenswert ist die starke Zu- bzw. Abnahme der Fehlzeiten in einigen JVAs innerhalb einer kurzen Zeitspanne zwischen 2014 und 2017. Vergleichende Organisationsstudien zum Thema Fehlzeiten liegen bisher nur vereinzelt vor. Deshalb sind die Daten aus den JVAs von besonderem Interesse. ◘ Abb. 21.2

belegt eine erstaunliche Bewegung in den Statistiken der untersuchten 36 Organisationen. Sie zeigt, „dass die Anstalt mit der geringsten Fehlzeitenbelastung im Jahr 2014 binnen dreier Jahre auf Rang 23 von 36 ‚abgerutscht' und eine zuvor im Mittelfeld rangierende JVA im selben Zeitraum gar am Ende der Rangliste gelandet ist. Für die zuvor dort platzierte Anstalt waren hingegen kaum nennenswerte Änderungen erkennbar, während eine andere JVA, für die in 2014 noch mittlere Fehlzeitenwerte registriert waren, die Rangliste in 2017 mit den niedrigsten Werten anführt" (Wirth 2019, S. 101).

Der Autor führt die festgestellten Veränderungen „nicht (nur) auf die Quantität des verfügbaren Personals, sondern (auch) auf die Qualität der Zusammenarbeit im Vollzugsalltag zurück, die ihrerseits durch mehr oder weniger große Belastungen im Umgang mit den Inhaftierten, also dem Behandlungsklima beeinflusst wird" (Wirth 2019, S. 103 f.). Die angeführte Statistik unterstreicht die Notwendigkeit, weitere Daten– insbesondere aus Mitarbeiterbefragungen – hinzuzuziehen, wenn es

21

gilt, die Ursachen für die doch bemerkenswerten Veränderungen im Fehlzeitengeschehen besser zu verstehen und etwa die vom Autor selbst aufgeworfenen Fragen fundierter zu beantworten.

Fehlzeiten variieren in Abhängigkeit von innerbetrieblichen Faktoren, wie auch der Vergleich zweier Stahlwerke zeigt (◻ Tab. 21.1). Dieser Vergleich zweier Unternehmen belegt deutliche Unterschiede in zahlreichen Kennzahlen. Er verweist zudem auf einen höheren Erkenntniswert der Fehlzeiten durch Heranziehung weiterer Routinedaten. Jede Organisation ist ein Fall für sich. Die auffällige Differenz zwischen den Unternehmen A und B in den angeführten Kennzahlen deutet auf *systembedingte* Schwächen im Unternehmen A hin. Personalausstattung und Technik können dafür verantwortlich sein – aber auch Unterschiede in der Qualität ihrer sozialen Systeme. Auf dieses Beispiel werden wir im folgenden ▶ Abschn. 21.3 noch einmal eingehen.

Bemerkenswert ist auch die Varianz der Fehlzeiten in den unterschiedlichen Ämtern einer großen Stadtverwaltung (◻ Abb. 21.3).

Eine Kontrolle der Fehlzeiten nach Alter, Geschlecht und Bildungsgrad war in diesem wie den vorangegangenen Fällen leider nicht möglich, was ihre Aussagekraft schwächt. Der Wert dieser Statistik liegt gleichwohl in der Demonstration bereichsabhängiger Varianz von Fehlzeiten innerhalb ein und derselben Organisation als Ausgangspunkt für eine tiefer schürfende Analyse der zugrunde liegenden Zusammenhänge mithilfe einer standardisierten Mitarbeiterbefragung.

Erste Belege dafür, dass der *Zustand des sozialen Systems* einer Organisation auf das Fehlzeitengeschehen Einfluss hat, fanden sich in Befragungsdaten aus einem Chemieunternehmen (vgl. ◻ Abb. 21.4). Auch auf dieses Fallbeispiel werden wir im folgenden ▶ Abschn. 21.3 noch einmal zurückkommen.

◻ **Tabelle 21.1** Verfügbare Kennzahlen im Standortvergleich zweier Stahlwerke. (Quelle: Krüger 2013, S. 235)

	Standort A	Standort B
Mitarbeiteranzahl	321	221
Anzahl gewerblicher MA	291	181
Fehlzeitenquote gewerbliche MA [%]	**7,3**	**3,19**
Durchschnittsalter gewerbliche MA [Jahre]	44,5	42
Fehlzeitenquote Angestellte [%]	**4,2**	**2,3**
Durchschnittsalter Angestellte [Jahre]	44,2	48
Anzahl Facharbeiter	212	122
Facharbeiterquote [%]	72,9	67,4
Anzahl leistungsgewandelter Mitarbeiter	**17**	**3**
Quote [%]	5,8	1,7
Anzahl Langzeitkranker (AU Dauer > 6 Wochen)	**30**	**7**
Arbeitsplatzwechsel aus gesundheitlichen Gründen	23	1
Durchschnittliche Betriebszugehörigkeit [Jahre]	20,2	17
Durchschnittlicher Länge des Arbeitsweges [km]	9,2	11,2
Unfallereignisse	**100**	**66**
Meldepflichtige Unfälle	15	5
Unfallhäufigkeit	39	18,75
Verbesserungsvorschläge/1.000.000 h	**87,7**	**215,21**

Fehlzeiten-Report 2020

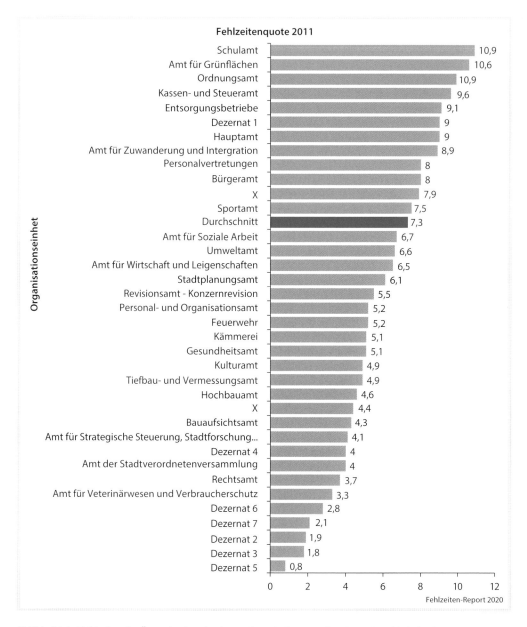

Fehlzeitenquote 2011

◻ Abb. 21.3 Fehlzeiten der Ämter in einer Stadtverwaltung in Prozent. (Quelle: Badura 2012, S. 14)

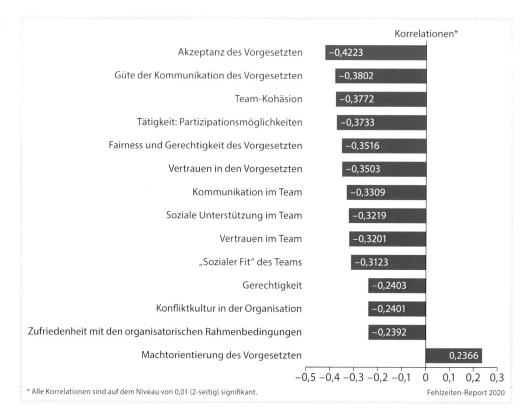

◻ Abb. 21.4 Korrelation zwischen objektiven Fehlzeiten, immateriellen Arbeitsbedingungen und dem Sozialkapital in einem Chemieunternehmen. (Quelle: Walter und Münch 2009, S. 148)

Beim Vergleich der Wirtschaftsbranchen sind die hohen Fehlzeiten in der öffentlichen Verwaltung und bei den Sozialversicherungen besonders auffällig. Sie werden nur übertroffen von der Branche Energie/Wasser/Entsorgung und Bergbau – also in Bereichen mit einem hohen Anteil an gering qualifizierter körperlicher Arbeit (◻ Abb. 21.5).

Warum bleiben die Angehörigen der öffentlichen Verwaltung und der Sozialversicherung der Arbeit fast ebenso häufig fern wie Beschäftigte in der Energieversorgung oder im Bergbau? Hier besteht erheblicher For-schungsbedarf. Neben personenbedingten Faktoren wie Geschlecht, Alter und Bildung – so die hier vertretene These – haben offensichtlich Kontextfaktoren Einfluss auf das Fehlzeitengeschehen. Wir sind durch unsere im Folgenden skizzierten eigenen Befunde davon überzeugt, dass neben Unterschieden im Humankapital Unterschiede im Sozialkapital von Organisationen zur Aufklärung der Varianz im Fehlzeitengeschehen beachtet werden sollten, insbesondere Kultur, Führung und Beziehungsklima.

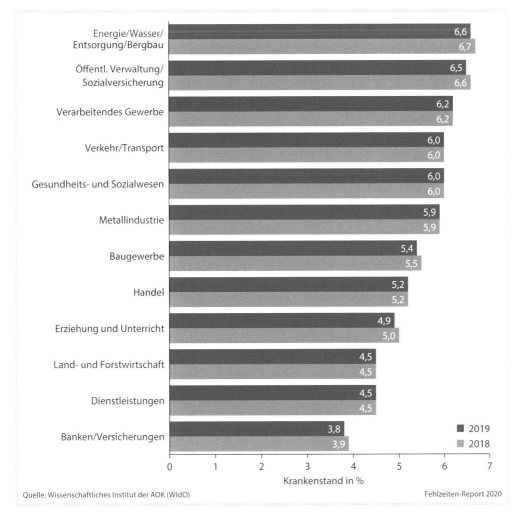

■ **Abb. 21.5** Krankenstand der AOK-Mitglieder nach Branchen im Jahr 2019 im Vergleich zum Vorjahr. (Quelle: Meyer et al. 2020, ■ Abb. 23.7)

21.3 Analyse von Befragungsdaten zur Ermittlung von Zusammenhängen zwischen Sozialkapital, Fehlzeiten und Gesundheit

Im zurückliegenden Jahrzehnt wurden Studien mit Befragungs- und mit objektiven Fehlzeitendaten publiziert, die sich mit dem Zusammenhang zwischen dem sozialen System einer Organisation (ihrem „Sozialkapital") und der Gesundheit der Beschäftigten sowie ihrem Fehlzeitenverhalten befassen. Diese Studien haben wir im Folgenden aufgelistet. Sie konnten zum einen aufzeigen, dass Merkmale des sozialen Systems (die Qualität der Kultur und der horizontalen oder vertikalen Beziehungen) in einem signifikanten Zusammenhang mit den erhobenen Gesundheitsindikatoren stehen. Sie demonstrieren zweitens, dass auch das Fehlzeitengeschehen mit dem sozialen System signifikant zusammenhängt.

21

Zusammenhänge zwischen dem Gesundheitszustand und den objektiven Fehlzeiten waren wider Erwarten in zwei von drei Studien jedoch nicht nachweisbar. Der naheliegende Schluss lautet: Wenn Absenzen unabhängig vom Gesundheitszustand der Mitglieder einer Organisation variieren können, sollte bei der Suche nach Ursachen auch dem sozialen Kontext mehr Aufmerksamkeit gewidmet werden:

- In einem Großunternehmen aus der *Chemiebranche* wurde in vier Organisationseinheiten eine Befragung mit insgesamt 228 Beschäftigten durchgeführt. Ziel war es, zu untersuchen, in welchem Zusammenhang Sozialkapital, Gesundheit und objektive Fehlzeiten zueinander stehen. Dafür wurden die auf Ebene der Abteilungen gemittelten Fehlzeiten zunächst mit Merkmalen der subjektiven Gesundheit korreliert. Dazu zählten das Ausmaß an Wohlbefinden und Depressivität sowie die Güte des körperlichen Gesundheitszustands und das Ausmaß psychosomatischer Beschwerden. Auf dieser Grundlage stellten die Autoren fest, dass keines dieser Gesundheitsmerkmale mit den Fehlzeiten signifikant korrelierte. Im Unterschied dazu ließen sich moderate Zusammenhänge zwischen Teilen des betrieblichen Sozialkapitals und den Fehlzeiten aufdecken. Insbesondere Führungsmerkmale und Merkmale des Beziehungsklimas wie z. B. das Ausmaß an Fairness und die Akzeptanz des Vorgesetzten, der Grad der Kohäsion oder das Vertrauen im Team korrelierten mit den Fehlzeiten. Darüber hinaus konnten die Unternehmenskultur und die Sinnhaftigkeit der Arbeit mit den Gesundheitsdimensionen in einen signifikanten Zusammenhang gebracht werden (vgl. Walter und Münch 2009).
- In einer Studie bei einem großen *Automobilhersteller* (Schwarting und Ehresmann 2013) zeigte sich ebenfalls kein Zusammenhang zwischen dem selbsteingeschätzten Gesundheitszustand der Beschäftigten und den objektiven Fehlzeiten. Die Unter-suchungsstichprobe umfasste 789 Beschäftigte, die sich auf insgesamt 113 Produktionsteams verteilten. Im Rahmen der Studie konnten auf Basis von Mittelwertvergleichen zwischen den Teams signifikante Abweichungen in den Fehlzeiten, nicht aber in Bezug auf den Gesundheitszustand der Teammitglieder aufgedeckt werden. In den weiterführenden Korrelationsanalysen ließen sich schließlich keine statistisch signifikanten Zusammenhänge für die Indikatoren der Gesundheit mit der Fehlzeitenquote auf Ebene der Teams aufzeigen. Bemerkenswert war das Ergebnis, dass die Teams mit den niedrigsten Fehlzeiten zugleich das höchste Ausmaß an Sozialkapital aufwiesen. Dieser Zusammenhang stellte sich jedoch lediglich deskriptiv in der Untersuchungsstichprobe dar und erreichte in den Korrelationsanalysen keine statistische Signifikanz. Allerdings korrelierte das Sozialkapital signifikant moderat mit dem psychischen und physischen Gesundheitszustand, sowohl auf der Ebene der Teams als auch auf der individuellen Ebene der Beschäftigten.

- Eine weitere Studie wurde in zwei *Stahlwerken* durchgeführt. Dabei ging der Autor der Frage nach, inwieweit das Sozialkapital einen Erklärungsbeitrag zur Varianz der Fehlzeiten und des Gesundheitszustands der Beschäftigten leistet. Insgesamt wurden 321 Mitarbeiter im Stahlwerk A sowie 221 Mitarbeiter im Stahlwerk B befragt (vgl. ◘ Tab. 21.1). Im Rahmen der Studie wurden sowohl selbsteingeschätzte Fehlzeiten als auch auf Abteilungsebene gemittelte objektive Fehlzeiten einbezogen. Wie die Untersuchung gezeigt hat, variierten die selbsteingeschätzten Fehlzeiten, der Gesundheitszustand, die Arbeitsfähigkeit sowie die Qualität von Führung und Organisationskultur signifikant zwischen den Standorten und zwischen Abteilungen. In einer weiteren Analyse auf Ebene der Gesamtstichprobe stellte sich heraus, dass sowohl die selbsteingeschätzten Fehlzeiten als auch die Gesundheit und Arbeitsfähigkeit mit Variablen des Sozialkapitals korrelierten. Insbesondere bei der Organisationskultur fanden sich die stärksten Zusammenhänge: z. B. mit dem Wohlbefinden ($r_p = 0{,}47$), mit dem Ausmaß an emotionaler Erschöpfung ($r_p = -0{,}48$), der Arbeitsfähigkeit ($r_p = 0{,}39$) oder den selbsteingeschätzten Fehlzeiten ($r_p = -0{,}23$). Dagegen waren Zusammenhänge zwischen den Arbeitsbedingungen – wie Zeitdruck, Handlungsspielraum, Arbeitstätigkeit – und den selbsteingeschätzten Fehlzeiten nur gering ausgeprägt. In dieser Studie fanden sich darüber hinaus auch Zusammenhänge zwischen Gesundheitsmerkmalen und den selbsteingeschätzten Fehlzeiten, z. B. zwischen emotionaler Erschöpfung ($r_p = -0{,}56$) oder dem allgemeinen Wohlbefinden und den Fehlzeiten ($r_p = -0{,}27$). Bei Betrachtung der objektiven abteilungsbezogenen Fehlzeiten sind die Organisationskultur ($r_p = -0{,}25$) und das Beziehungsklima ($r_p = -0{,}24$) als stärkste Korrelate hervorzuheben. In einer multivariaten Analyse waren die drei Sozialkapitalfaktoren, allen voran die Kultur, die stärksten Treiber der abteilungsgemittelten Fehlzeiten (vgl. Krüger 2013).

- Im Rahmen einer Untersuchung von fünf *Organisationen verschiedener Branchen* widmete sich ein weiteres Autorenteam (Rixgens et al. 2013) den Zusammenhängen zwischen sozialen Organisationsmerkmalen und Fehlzeiten. Sie wiesen auf Basis von Mitarbeitendenbefragungen mit 2.287 Beschäftigten signifikante Zusammenhänge zwischen Führung, Beziehungsklima, Organisationskultur sowie der Sinnhaftigkeit der Arbeit und den von den Mitarbeitenden selbst eingeschätzten Fehlzeiten nach. Die Sozialkapitalmerkmale sowie die Sinnhaftigkeit der Arbeit korrelierten zudem signifikant mit den Indikatoren für Depressivität, Wohlbefinden, psychosomatische Beschwerden und Güte des körperlichen Gesundheitszustands.

- In einer vertiefenden Analyse der gleichen Organisationen fanden Ueberle und Grei-

ner (2013) außerdem signifikante Beziehungen zwischen den objektiven Fehlzeiten einzelner Unternehmen und Merkmalen des Beziehungsklimas, der Führungsqualität oder der Organisationskultur.

- Zusammenhänge zwischen Sozialkapital und Fehlzeiten sowie Sozialkapital und Gesundheit finden sich auch in Einrichtungen des Gesundheitswesens. In einer Stichprobe von 1.980 Beschäftigten aus 21 *medizinischen Rehabilitationskliniken* ließen sich signifikante Zusammenhänge zwischen den Sozialkapitaldimensionen, insbesondere der Organisationskultur, und den selbsteingeschätzten Fehlzeiten auf Abteilungsebene nachweisen. Je besser das Sozialkapital eingeschätzt wurde, desto geringer war auch das eingeschätzte Ausmaß der Fehlzeiten auf Ebene der Abteilungen. In dieser Studie fand sich außerdem ein signifikanter Zusammenhang zwischen den Sozialkapitalfaktoren, speziell der Organisationskultur, und dem Burnout-Ausmaß der Beschäftigten: Je besser das Sozialkapital, desto geringer war das Burnout-Ausmaß. Dabei umfasst die Stichprobe sämtliche Berufsgruppen in den Kliniken, also Ärzte, Pflegekräfte, Therapeuten, aber auch Mitarbeitende aus der Verwaltung. Vermittelt wurden die Zusammenhänge durch die Sinnhaftigkeit der Arbeit. Das Ausmaß an erlebter Sinnhaftigkeit bei der Arbeit ist offenbar eine Schlüsselvariable zwischen Sozialkapital und Gesundheit sowie Sozialkapital und Fehlzeiten. Der Zusammenhang zwischen Gesundheit und Fehlzeiten war nicht Gegenstand der Untersuchung (vgl. Ehresmann und Badura 2018).

- Des Weiteren wurde in einem *Akutkrankenhaus* der Zusammenhang zwischen Sozialkapital und selbsteingeschätzten Fehlzeiten untersucht. Auch hier umfasste die Stichprobe ($n = 872$) sämtliche Berufsgruppen der Klinik. Aufgezeigt werden konnte ein signifikanter Zusammenhang zwischen der Organisationskultur und den selbsteingeschätzten Fehlzeiten: Je besser die Organisationskultur eingeschätzt wurde, desto

21

geringer waren die Fehlzeiten. Analysen zum Zusammenhang von Gesundheit und Fehlzeiten blieben auch in dieser Studie unberücksichtigt. Auch in diesem Krankenhaus stand die Organisationskultur mit der Gesundheit der Beschäftigten in einem signifikanten Zusammenhang (vgl. Weller 2013).

Die Kontextabhängigkeit von Fehlzeiten verbietet eine ausschließlich personenbezogene Deutung möglicher Ursachen. Die erwähnten Befunde der Grundlagenforschung belegen einen Zusammenhang mit dem sozialen System. Erst in Verbindung mit weiteren Kennzahlen einzelner Unternehmen, Verwaltungen und Dienstleistungseinrichtungen ergeben sich klare Hinweise für Entwicklungsbedarf im konkreten Fall. Die Häufung von Fehlzeiten ist ein Indiz für Funktionsstörungen in einer Organisation. Ihre Ursachen verdienen deshalb besondere Aufmerksamkeit der obersten Führungsebene. Fehlzeitenanalysen sind der erste wichtige Schritt einer verlässlichen Organisationsdiagnostik, wozu – wie eben aufgezeigt – zusätzlich Daten aus Mitarbeiterbefragungen herangezogen werden sollten.

21.4 Zum (begrenzten) Nutzen von Fehlzeitenanalysen

Fehlzeiten sind idealerweise Teil eines umfassenderen Kennzahlensystems. Sie sind Spätindikatoren (wie z. B. Zahlen zur Frühberentung, Fluktuation oder zum Präsentismus). Sie gewinnen Erklärungswert z. B. in Verbindung mit Daten über den Gesundheitszustand der Beschäftigten und die Qualität des sozialen Systems einer Organisation, d. h. über Treiber und Frühindikatoren (Badura 2017, Kap. 3, 4 und 5) (siehe dazu ◘ Abb. 21.7). Fehlzeitenstatistiken haben Stärken und Schwächen, die in ◘ Tab. 21.2 aufgeführt sind.

Wie das folgende Eisbergmodell veranschaulicht, sollte sich das Betriebliche Gesundheitsmanagement (BGM) keinesfalls auf Fehlzeitenbekämpfung beschränken (◘ Abb. 21.6). Es sollte vielmehr zuallererst dem Schutz und der Förderung der Gesundheit *anwesender* Mitarbeiter dienen und damit auch der Prävention von Absentismus und Präsentismus. Und es sollte sich – wie unsere Ursachenanalysen zeigen – insbesondere auf die Beseitigung vermeidbarer Belastungen und auf die Festigung der emotionalen Mitarbeiterbindung durch Entwicklung einer Kultur vertrauensvoller Zusammenarbeit konzentrieren.

Bloße Anwesenheit sagt nichts über Qualität und Menge der geleisteten Arbeit aus.

◘ **Tabelle 21.2** Stärken und Schwächen von Fehlzeitenstatistiken. (Quelle: Badura 2017, S. 76)

Stärken	Schwächen
Leicht verfügbar	Keine Aussage über zugrunde liegende Probleme und ihre Ursachen
Leicht kommunizierbar	
Bezahlte, aber nicht geleistete Arbeit ist ein „Produktivitätskiller"	Kein verlässlicher Indikator für den realen Gesundheitszustand der Abwesenden
Häufung von Fehlzeiten ist ein Indiz für Organisationsprobleme und Handlungsbedarf	Keine Information zum Gesundheitszustand der Anwesenden
	Nichterfassung „verdeckter" Produktivitätsverluste durch Präsentismus

Fehlzeiten-Report 2020

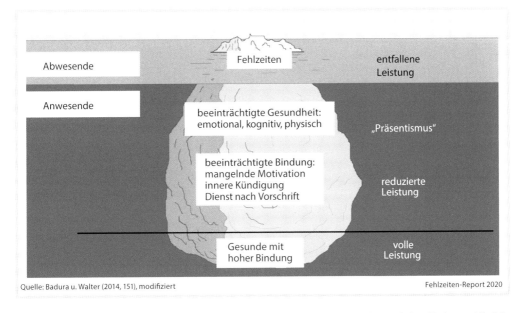

Quelle: Badura u. Walter (2014, 151), modifiziert   Fehlzeiten-Report 2020

☐ **Abb. 21.6** Eisbergmodell: Struktur der Beschäftigten aus Sicht der Gesundheitswissenschaften (Badura und Steinke 2019, S. 83)

Vorliegende Daten sprechen dafür, dass Präsentismus – also gesundheits- und/oder motivationsbedingte Leistungsminderungen – verbreitet sind (Steinke und Badura 2020; Steinke und Lampe 2017): „Das alltägliche Klima der meisten Organisationen ist wahrscheinlich toxischer, als wir uns eingestehen wollen" (Senge in: de Geus 1998, S. 8).

Das eingangs angesprochene Element intrinsischer Motivation im Fehlzeitengeschehen sollte keinesfalls einen Vorwand dafür liefern, „hausgemachte" Einflüsse zu vernachlässigen. Die angeführten Erkenntnisse belegen: Gehäuft auftretende Fehlzeiten, inklusive ihrer motivationalen Erklärungsanteile, haben ihre Wurzeln auch oder sogar primär in von einzelnen Beschäftigten nicht oder nur schwer beeinflussbaren Arbeits- und Organisationsbedingungen, z. B. in einem schlechten Beziehungsklima, in einer Kultur des Misstrauens und der Angst oder in zeitlicher oder inhaltlicher Überforderung. Unternehmen, Behörden und Dienstleistungseinrichtungen tragen Verantwortung für beides: für den Zustand ihres Human- und ihres Sozialkapitals und damit auch für Gesundheit und Wohlbefinden ihrer Mitglieder. Organisationen wirken auf die Biologie und das Verhalten ihrer Mitglieder durch den Einfluss auf ihr Gefühlsleben (Decety und Cacioppo 2011). Menschen wachsen und gedeihen durch sinnvolle Betätigung in einer Umwelt vertrauensvoller Beziehungen. Organisationen üben über ihr spezifisches soziales System sowohl anziehende als auch abstoßende Wirkungen auf ihre Mitglieder aus. Überwiegen die anziehenden, „bindenden" Wirkungen, dann identifizieren sie sich mit ihren Aufgaben, sind loyaler, arbeiten qualitätsbewusster, sind gesünder und fehlen seltener (Badura und Ehresmann 2016; Ehresmann und Badura 2018; Badura und Walter 2014; siehe dazu auch Akerlof und Kranton 2011).

21

21.5 Wandel der Arbeitswelt und die Gesetzgebung erzwingen eine Erweiterung führungsrelevanter Kennzahlen

Für eine sachgerechte Diskussion von Fehlzeiten ist u. E. zwingend geboten, den Wandel in der Arbeitswelt zugunsten selbstorganisierter Kopfarbeit zu berücksichtigen (Badura 2017). Was sagt „Anwesenheit am Arbeitsplatz" im Zeitalter der Globalisierung und Digitalisierung überhaupt noch über die tatsächliche Arbeitsleistung aus? Aufträge müssen kundenorientiert erbracht, Termine und Kostenrahmen eingehalten werden, oft einhergehend mit ausgedehnten Dienstreisen. Geistige Arbeit hält sich ohnehin nicht an vorgegebene Arbeitszeiten. Gute Ideen können z. B. auch in schlaflosen Nächten oder durch private Kontakte entstehen. Die Stechuhr – lange Zeit ein Symbol für die disziplinierenden Ansprüche an gering qualifizierte Industriearbeit – erlebt ein Revival.[3] Vertrauensarbeitszeit kann grenzenlose Arbeit fördern. Zu viel Arbeit beeinträchtigt auf Dauer Gesundheit und Produktivität. So gesehen kann eine Arbeitszeit registrierende Stechuhr Beschäftigte auch vor zu viel Arbeit schützen. Das gilt besonders bei selbstorganisierter Teamarbeit, z. B. bei Anwendung des sog. „Scrum"-Verfahrens, bei dem Software-Entwickler in kleinen Teams selbst für alles verantwortlich sind bis hin zur Vermarktung ihrer Arbeit bei den Kunden. Entscheidend ist, die intrinsische Motivation der Kopfarbeiter zu fördern und nicht zu ruinieren, z. B. durch sinnlose Kontrollen oder durch Bonifizierung potenziell schädigender Überstunden.

Eine sich heute immer noch allein auf finanzielle Kennzahlen wie Umsatz, Kosten und Investitionen stützende Führung arbeitet in einer hochtechnisierten Kopfarbeiterwirtschaft mit Zahlen aus vergangenen Tagen gering qualifizierter Maschinenarbeit. Wenn die Arbeit sich fundamental verändert, sollten auch die Führungsinstrumente angepasst werden. Wenn der Zustand des Human- und Sozialkapitals eines Unternehmens immer wichtiger für seinen Erfolg wird, dann sollten auch die finanziellen Kennzahlen entsprechend erweitert werden. *Eine Kopfarbeiterwirtschaft benötigt Kennzahlen, die Auskunft über den Zustand ihrer Köpfe geben* und über die darauf Einfluss nehmenden Arbeits- und Organisationsbedingungen.

▪▪ **Vorschlag für ein BGM Kennzahlensystem**
Nachhaltige Unterstützung durch die oberste Führungsebene ist für das BGM von existenzieller Bedeutung. Deshalb sollten Beiträge zu Organisationszielen nicht nur versprochen, sondern regelmäßig dokumentiert werden. Dies geschieht durch die Entwicklung und laufende Erhebung einer begrenzten Zahl an Kennzahlen: 1. zum Gesundheitszustand der Beschäftigten (Frühindikatoren), 2. der darauf Einfluss nehmenden Bedingungen (Treiber) und 3. deren Folgen für das Betriebsgeschehen (Spätindikatoren) (◻ Abb. 21.7).

Die im Folgenden vorgeschlagenen Kennzahlen haben mehrfache Funktionen. Sie informieren die Führung einer Organisation über den Zustand ihres sozialen Systems und den Entwicklungsbedarf. Sie informieren zudem über den wirtschaftlichen Nutzen von Investitionen in die Gesundheit und über den Stand der Zielerreichung in den einzelnen Untergliederungen: darüber, wieviel Gesundheit bei den Mitgliedern tatsächlich ankommt. Sie dienen zudem auch dem operativen Geschehen im BGM. Sie lenken die Aufmerksamkeit der Gesundheitsexperten, der Personalvertretungen und der einzelnen Organisationsmitglieder, helfen Schwerpunkte ihres Handelns zu ermitteln, die Bedarfsgerechtigkeit einzelner Maßnahmen zu begründen und deren Durchführung zu bewerten. Für die Entwicklung des BGM zu einem lernenden System sind Kenn-

---

3   Der Europäische Gerichtshof hat am 14. März 2019 (C-55/18) entschieden, dass die EU-Staaten alle Arbeitgeber dazu verpflichten müssen, ein System zu errichten, mit dessen Hilfe die tägliche Arbeitszeit der Arbeitnehmer erfasst werden soll.

Treiber	Frühindikatoren	Spätindikatoren
• Kultur	• Bindung	• Fehlzeiten
• Führung	• Körperliche Gesundheit	• BEM - Statistik
• Beziehungsklima	• Wohlbefinden	• Präsentismus
• Sinnhaftigkeit der Ziele und Aufgaben	• Schlafstörungen	• Qualitätsbewusstsein
• Qualifikation	• Ängste	• Verbesserungsvorschläge
• Zeitliche Anforderungen	• Burnout	• Freiwillige Fluktuation
• Handlungsspielraum	• Arbeitsfähigkeit	• Frühberentung
• Vereinbarkeit von Arbeit und Privatleben		• Arbeitsunfälle

Fehlzeiten-Report 2020

◻ **Abb. 21.7** BGM-Kennzahlensystem (Badura und Steinke 2019, S. 13 f.)

zahlen zu Treibern, Früh- und Spätindikatoren erforderlich.

Auch der Gesetzgeber erwartet mehr Informationen über die Situation der Mitarbeiter. Vorgeschrieben ist dies als „Gefährdungsbeurteilung psychischer Belastungen" seit 2013 (§ 5 Arbeitsschutzgesetz). Vorgeschrieben ist dies auch seit 2017 im CSR-Richtlinien-Umsetzungsgesetz, nach dem Kapitalgesellschaften mit mehr als 500 Mitarbeitern zu einer „nichtfinanziellen Erklärung" verpflichtet sind über Umweltbelange, Arbeitnehmerbelange, Gesundheit, Sozialbelange, die Achtung von Menschenrechten sowie die Bekämpfung von Korruption und Bestechung.

Worin liegt der tiefere Sinn dieser beiden Gesetze – nicht nur für Unternehmen, sondern letztlich auch für den öffentlichen Dienst und die Sozialversicherungsträger? Beide Gesetze verfolgen u. E. das Ziel, die Mitarbeiterorientierung im Arbeitsleben zu stärken. Damit verpflichtet der Staat Unternehmen (und auch sich selbst) zu mehr Transparenz und Aufmerksamkeit für das innere Betriebsgeschehen: die *innere Qualität von Organisationen*. Kennzahlen zu Fehlzeiten, aber auch zu Fluktuation

oder Frühberentung erlauben darüber Aussagen.

Fehlzeiten haben – so der hier unterbreitete Vorschlag – die Funktion eines Fieberthermometers. Steigende oder als zu hoch erachtete Fehlzeiten signalisieren Bedarf an einer genaueren „Diagnostik" der zugrunde liegenden Probleme und ihrer Ursachen als zwingende Vorbedingung für eine bedarfsgerechte „Therapie". Wir plädieren für eine evidenzbasierte Unternehmensführung, die – jenseits jeder Polemik – Fehlzeiten auch als Indikator für die Qualität einer Organisation erachtet. Unternehmen sind mehr als Geldmaschinen. Und Mitarbeiter sind mehr als Kostenfaktoren. Sie sind keine Mängelwesen, sondern von zentraler Bedeutung für den Organisationserfolg. Nicht nur technische Systeme, auch soziale Systeme sollten daher regelmäßig auf ihre Funktionsfähigkeit und Gesundheitsförderlichkeit geprüft werden. Fehlzeitenstatistiken, vergleichend aufbereitet und sachgerecht interpretiert, liefern dazu wichtige Hinweise (vgl. dazu Pfaff und Zeike 2019).

Gesunde Mitarbeiter sind bessere Mitarbeiter. Anders als zu Beginn der Industrialisierung

21

entstehen gesundheitliche Probleme heute sehr viel seltener an der Mensch-Maschinen-, aber dafür immer häufiger an der Mensch-Mensch-Schnittstelle. Zu viele Organisationen interessieren sich noch zu wenig für das *psychische Befinden* ihrer Mitglieder als *Indikator für die Funktionsfähigkeit und -bereitschaft ihrer Gehirne*. Bei Kopfarbeitern entscheidet die psychische Gesundheit über Energieeinsatz und Qualität der erbrachten Leistung. Der Organisationserfolg wird in Zukunft noch stärker davon abhängen, als dies bereits in der Vergangenheit der Fall war. Auch weil das Interesse von Investoren, der Öffentlichkeit und das von Bewerberinnen und Bewerbern sich immer stärker darauf richtet.

Literatur

Akerlof GA, Kranton RE (2011) Identity Economics. Warum wir ganz anders ticken, als die meisten Ökonomen denken. Hanser, München

Badura B (2012) Führung und Gesundheit in der öffentlichen Verwaltung. Gutachten, einer Landeshauptstadt. Unveröffentlichtes Manuskript. Universität Bielefeld

Badura B, Walter U (2014) Führungskultur auf dem Prüfstand. In: Badura B, Ducki A, Schröder H, Klose J, Meyer M (Hrsg) Fehlzeiten-Report 2014. Erfolgreiche Unternehmen von morgen – gesunde Zukunft heute gestalten. Springer, Berlin Heidelberg, S 149–161

Badura B, Ehresmann C (2016) Unternehmenskultur, Mitarbeiterbindung und Gesundheit. In: Badura B, Ducki A, Schröder H, Klose J, Meyer M (Hrsg) Fehlzeiten-Report 2016. Unternehmenskultur und Gesundheit – Herausforderungen und Chancen. Springer, Berlin Heidelberg, S 81–94

Badura B (2017) Sozialkapital und Betriebsergebnisse. In: Badura B (Hrsg) Arbeit und Gesundheit. im, Bd. 21. Jahrhundert. Springer, Berlin Heidelberg, S 71–87

Badura B, Steinke M (2019) Mindeststandards im Behördlichen Gesundheitsmanagement (BGM) der Landesverwaltung Nordrhein-Westfalen. Abschlussbericht zum Vergabeverfahren „Entwicklung und Festlegung von Standards für BGM in der Landesverwaltung" (Auftragsnummer ZVSt-2018-192/BGM). https://www.landtag.nrw.de/portal/WWW/dokumentenarchiv/Dokument/MMV17-2114.pdf. Zugegriffen: 20. Febr. 2020

Clifton J, Harter J (2020) Auf die Führungskraft kommt es an! Die 52 Gallup Erfolgsgeheimnisse zur Zukunft der Arbeit. Campus, Frankfurt am Main

Decety J, Cacioppo JT (Hrsg) (2011) The Oxford handbook of social neuroscience (Oxford library of psychology). Oxford University Press, Oxford

Ehresmann C, Badura B (2018) Sinnquellen in der Arbeitswelt und ihre Bedeutung für die Gesundheit. In: Badura B, Ducki A, Schröder H, Klose J, Meyer M (Hrsg) Fehlzeiten-Report 2018. Sinn erleben – Arbeit und Gesundheit. Springer, Berlin, S 47–59

de Geus A (1998) Jenseits der Ökonomie. Die Verantwortung der Unternehmen. Stuttgart. Ersterscheinung The living company: habits for survival in a turbulent business environment., Bd. 1997. Klett-Cotta, Harvard BusinessSchool Press, Boston)

Iverson D, Lewis KL, Caputi P, Knospe S (2010) The cumulative impact and associated costs of multiple health conditions on employee productivity. J Occup Environ Med 52(12):1206–1211

Krüger A (2013) Zur Erklärung von Fehlzeiten in zwei Stahlwerken. In: Badura B, et al (Hrsg) Sozialkapital. Grundlagen von Gesundheit und Unternehmenserfolg. Springer, Berlin Heidelberg, S 231–246

Meyer M, Wiegand S, Schenkel A (2020) Krankheitsbedingte Fehlzeiten in der deutschen Wirtschaft im Jahr 2019 – Überblick. In: Badura B, Ducki A, Schröder H, Klose J, Meyer M (Hrsg) (2020) Fehlzeiten-Report 2020. Gerechtigkeit und Gesundheit. Springer, Berlin Heidelberg

Pfaff H, Zeike S (2019) Controlling im Betrieblichen Gesundheitsmanagement. Springer, Wiesbaden

Ritzer U (2019) Immer diese Blaumacher. Süddeutsche Zeitung 12. Dezember 2019, S 18

Rixgens P, Behr M, Badura B (2013) Sozialkapital, Gesundheit und Betriebsergebnis. In: Badura B, Greiner W, Rixgens P, Ueberle M, Behr M (Hrsg) Sozialkapital. Grundlagen von Gesundheit und Unternehmenserfolg. Springer, Berlin Heidelberg, S 87–145

Schwarting M, Ehresmann C (2013) Zum Zusammenhang zwischen Sozialkapital, Absentismus und Gesundheitszustand in der Automobilproduktion. In: Badura B, Greiner W, Rixgens P, Ueberle M, Behr M (Hrsg) Sozialkapital. Grundlagen von Gesundheit und Unternehmenserfolg. Springer, Berlin Heidelberg, S 247–262

Steinke M, Lampe D (2017) Präsentismus: Zum Zusammenhang von Gesundheit und Produktivität. In: Badura B (Hrsg) Arbeit und Gesundheit. im, Bd. 21. Jahrhundert. Springer, Berlin Heidelberg, S 127–151

Steinke M, Badura B (2020) Präsentismus als Kennzahl für das Berichtswesen im Betrieblichen Gesundheitsmanagement (BGM). Praxis Klinische Verhaltensmedizin und. Rehabilitation 109:25–33

Ueberle M, Greiner W (2013) Ergebnisse prozessproduzierter Kennzahlen. In: Badura B, Greiner W, Rixgens P, Ueberle M, Behr M (Hrsg) Sozialkapital. Grundlagen von Gesundheit und Unternehmenserfolg. Springer, Berlin Heidelberg, S 127–145

Walter U, Münch E (2009) Die Bedeutung von Fehlzeiten-statistiken für die Unternehmensdiagnostik. In: Badura B, Schöder H, Vetter C (Hrsg) Fehlzeiten-Report 2008. Betriebliches Gesundheitsmanagement: Kosten und Nutzen. Springer, Berlin Heidelberg, S 139–154

Weller R (2013) Der Einfluss des Sozialkapitals auf das Qualitätsbewusstsein im Krankenhaus. In: Badura B, Greiner W, Rixgens P, Ueberle M, Behr M (Hrsg) Sozialkapital. Grundlagen von Gesundheit und Unternehmenserfolg. Springer, Berlin Heidelberg, S 263–279

Wirth W (2019) Statistische Fehlzeitenanalyse im Strafvollzug. Was zeigt uns das Management Informationssystem – MIS? In: Badura B, Steinke M (Hrsg) Mindeststandards im Behördlichen Gesundheitsmanagement (BGM) der Landesverwaltung Nordrhein-Westfalen. Abschlussbericht zum Vergabeverfahren „Entwicklung und Festlegung von Standards für BGM in der Landesverwaltung" (Auftragsnummer ZVSt-2018-192/BGM), S 92–106

Psychische Erkrankungen bei den Erwerbstätigen in Deutschland und Konsequenzen für das Betriebliche Gesundheitsmanagement

Miriam Meschede, Christiane Roick, Cona Ehresmann, Bernhard Badura, Markus Meyer, Antje Ducki und Helmut Schröder

Inhaltsverzeichnis

© Springer-Verlag GmbH Deutschland, ein Teil von Springer Nature 2020
B. Badura et al. (Hrsg.), *Fehlzeiten-Report 2020*, Fehlzeiten-Report,
https://doi.org/10.1007/978-3-662-61524-9_22

■ ■ **Zusammenfassung**

Psychische Erkrankungen von Beschäftigten sind seit Jahren ein häufig diskutiertes Thema und Schwerpunkt zahlreicher Studien. Dabei zeichnen die Routinedaten der Krankenkassen das Bild eines Prävalenzanstiegs, während epidemiologische Studien von einer hohen, jedoch nicht zunehmenden Prävalenz berichten. Der vorliegende Beitrag analysiert die Bedeutung psychischer Erkrankungen bei den Beschäftigten in Deutschland anhand der Routinedaten der AOK sowie unter Bezugnahme von Daten der Deutschen Rentenversicherung und des Statistischen Bundesamtes und ordnet die Ergebnisse in die wissenschaftliche Diskussion ein. Der Beitrag zeigt anschließend Ansatzpunkte für die Prävention und Bewältigung psychischer Erkrankungen für Unternehmen sowie für entsprechende politische Rahmenbedingungen auf.

22.1 Einleitung

Wie ist der in den Routinedaten der gesetzlichen Krankenversicherung (GKV) seit Jahren zu beobachtende kontinuierliche Anstieg der dokumentierten psychischen Erkrankungen bei den Beschäftigten zu bewerten? Welche Rolle spielen dabei Veränderungen in der Arbeitswelt? Auf diese in der Fachwelt und der Öffentlichkeit immer häufiger aufgeworfenen Fragen erlaubt der aktuelle Forschungsstand keine klaren Antworten. Nationale und internationale epidemiologische Studien stellen einhellig fest, es gebe keinerlei Hinweise für auffällige Veränderungen der Häufigkeiten psychischer Erkrankungen. Zugleich zeigen hierzulande die GKV-Arbeitsunfähigkeitsdaten einhellig eine deutliche Zunahme der dokumentierten Diagnosen psychischer Erkrankungen.

Zu einer intensiveren Auseinandersetzung mit dieser Diskrepanz zwischen epidemiologisch gesicherten Befunden einerseits, den Routinedaten der GKV andererseits und ihren möglichen Gründen empfehlen wir zunächst einen Blick auf die tiefgreifende Transformation, die sich seit der Frühindustrialisierung in den Volkswirtschaften hochentwickelter Gesellschaften abzeichnet. Sie ist in ihrer Bedeutung vielleicht nur mit dem sich vor Jahrtausenden abspielenden Übergang von der Jäger- und Sammlerwirtschaft zur Agrarproduktion vergleichbar. Bis weit hinein in das 20. Jahrhundert war Arbeit eine ganz überwiegend physische, die Muskelkraft beanspruchende Tätigkeit. Mit dem fundamentalen Wandel von der Hand- zur Kopfarbeit wird stattdessen die das Gehirn beanspruchende psychische Arbeitsleistung des Menschen zur zentralen Triebkraft der Wirtschaft. Deutlich ablesbar war dieser Wandel bereits an der Wanderung der Beschäftigten von der Güterproduktion in den Dienstleistungssektor. Dieser Prozess erhält durch die Digitalisierung weitere Verstärkung. Das Gehirn wird zum für Arbeit (und Gesundheit) wichtigsten Organ. Mit dieser Entwicklung gewinnen für den Erfolg einer Organisation und für die Gesundheit ihrer Mitglieder „weiche" Faktoren wie die Führung, die Kultur und die erlebte Sinnhaftigkeit der Arbeit an Einfluss, liegt der neue „Reichtum der Nationen" in den immateriellen Grundlagen von Wirtschaft und Gesellschaft: in ihrem Human- und Sozialvermögen (z. B. Ostrom und Ahn 2003; Akerlof und Shiller 2009; Stiglitz et al. 2010). Mit der Dematerialisierung der Arbeitsprozesse verändern sich auch deren Auswirkungen auf die Gesundheit der Erwerbsbevölkerung. Neben der in Zeiten der Digitalisierung bedeutsamen Mensch-Maschinen-Schnittstelle steht zugleich die Mensch-Mensch-Schnittstelle im Fokus der Arbeitsgestaltung und damit auch der Umfang und die Qualität der Kooperation sowie der damit verbundene Verbrauch an psychischer Energie.

Der vorliegende Beitrag unternimmt den Versuch zu klären, ob die Beschäftigten in den Betrieben Deutschlands in den letzten Jahren zunehmend von psychischen Erkrankungen betroffen sind. Dies wird mit den Leistungsdaten der AOK-versicherten Beschäftigten, den Erwerbsminderungsdaten der Deutschen Ren-

22

tenversicherung, den Suizidraten des Statistischen Bundesamtes sowie auf Basis von epidemiologischen Studien empirisch beleuchtet. Die Zunahme psychisch bedingter Arbeitsunfähigkeit ist mit viel Leid bei den Betroffenen verbunden und erzeugt in der Wirtschaft sowie bei den Sozialversicherungsträgern enorme Kosten. Dies sollte mit dem Hinweis auf den fehlenden Anstieg in epidemiologischen Befunden nicht bagatellisiert werden. Darüber, ob Beschäftigte mit einem subjektiven Krankheitsempfinden den Arzt aufsuchen oder ihrer Arbeit nachgehen, entscheidet immer auch ein motivationaler Faktor, den es besser zu verstehen gilt (siehe dazu den Beitrag von Badura und Ehresmann, ▶ Kap. 21 in diesem Band). Das Folgende ist ein Versuch, die Welt der psychiatrischen Epidemiologie und die der Routinedatenanalyse voneinander zu unterscheiden und den Dialog zwischen beiden Welten anzuregen.

22.2 Auswertung der Routinedaten der AOK-versicherten Beschäftigten

22.2.1 Ergebnisse der Auswertung der AOK-Leistungsdaten[1]

Im Jahr 2018 waren 3,56 Mio. erwerbstätige AOK-Versicherte (30,4 % aller erwerbstätigen AOK-Versicherten)[2] wegen einer psychischen Erkrankung aus dem Diagnosespektrum ICD-10 F10–F69 in stationärer und/oder ambulanter Behandlung (❑ Tab. 22.2). Dieses Ergebnis liegt unter der von Wittchen et al. (2011) für die EU-Bevölkerung ermittelten Jahresprävalenz psychischer Erkrankungen von 38,2 % (Wittchen et al. 2011). Al-

lerdings konzentrierte sich der systematische Review von Wittchen et al. nicht nur auf Erwerbstätige. Die Daten von Wittchen et al. beanspruchen Repräsentativität, was für die AOK-Daten wegen der spezifischen Versichertenpopulation nicht gilt. In der für Deutschland repräsentativen DEGS1-MH-Studie wurde anhand standardisierter Bevölkerungsbefragungen eine Jahresprävalenz psychischer Erkrankungen von 34,5 % festgestellt (Jacobi et al. 2015)[3]. Obwohl die DEGS1-MH-Studie ein ähnliches Diagnosespektrum wie die vorliegende Arbeit untersucht, zeigt auch diese Studie eine etwas höhere Jahresprävalenz. In der DEGS1-MH-Studie wurde jedoch einerseits ein leicht abweichendes Diagnosespektrum psychischer Erkrankungen untersucht, andererseits wurde die untersuchte Population nicht auf Erwerbstätige beschränkt. Dass in der vorliegenden Analyse niedrigere Prävalenzraten psychischer Erkrankungen festgestellt wurden, könnte auch ein Hinweis darauf sein, dass psychische Erkrankungen bei Erwerbstätigen seltener als in der erwachsenen Gesamtbevölkerung auftreten. Auch Subgruppen-Analysen der DEGS1-MH-Studie zeigen, dass die Prävalenz psychischer Erkrankungen in der nicht erwerbstätigen Bevölkerung höher ist als bei Erwerbstätigen (Jacobi et al. 2015).

Betrachtet man bei den Erwerbstätigen die Untergruppen psychischer Erkrankungen separat (❑ Tab. 22.1), so zeigen die vorliegenden Daten die höchste dokumentierte Jahresprävalenz bei neurotischen, Belastungs- und somatoformen Störungen (F40–F49: 19,1 % der erwerbstätigen AOK-Mitglieder), gefolgt von affektiven Störungen (F30–F39: 11,5 % der erwerbstätigen AOK-Mitglieder) und psychischen und Verhaltensstörungen durch psychotrope Substanzen (F10–F19: 8,9 % der erwerbstätigen AOK-Mitglieder) (❑ Tab. 22.2). Diese Reihenfolge findet sich auch in der DEGS1-MH-Studie für die Subgruppe der Er-

---

1 Hinweise zur Methodik finden sich im Anhang dieses Beitrages.
2 Die zu ▶ Kap. 23 Meyer et al. abweichende Anzahl der AOK-Mitglieder erklärt sich dadurch, dass dort Mitglieder mehrfach gezählt werden, wenn Betriebswechsel stattgefunden haben.

3 Für nähere Beschreibungen der methodischen Vorgehensweise in den Studien von Wittchen und Jacobi (2005) und Wittchen et al. (2011) und der DEGS-Studie siehe auch ▶ Abschn. 22.5 „Einordnung in die wissenschaftliche Diskussion".

◪ Tabelle 22.1 Untergruppen Psychische und Verhaltensstörungen

Untergruppen der ICD-Hauptgruppe „Psychische und Verhaltensstörungen"

ICD-Code	Bezeichnung	Erläuterung
F10–F19	Psychische und Verhaltensstörungen durch psychotrope Substanzen	Störungen unterschiedlicher Schwere und mit verschiedenen klinischen Erscheinungsbildern, die durch den Gebrauch einer oder mehrerer psychotroper Substanzen entstehen
F20–F29	Schizophrenie, schizotype und wahnhafte Störungen	Schizophrenien sind meist durch charakteristische Störungen von Denken und Wahrnehmung sowie inadäquate oder verflachte Affekte gekennzeichnet. Bei schizoaffektiven Störungen kommt es neben schizophrenen auch zu manischen oder depressiven affektiven Symptomen. Bei schizotypen Störungen steht exzentrisches Verhalten in Verbindung mit Anomalien des Denkens und der Stimmung im Vordergrund. Bei anhaltenden wahnhaften Störungen liegt ein über mindestens mehrere Monate anhaltender Wahn vor, während bei vorübergehenden psychotischen Störungen die Symptome (u. a. Halluzinationen, Wahnvorstellungen) akut auftreten und sich in wenigen Wochen bis Monaten wieder vollständig bessern
F30–F39	Affektive Störungen	Störungen, die hauptsächlich durch Veränderungen der Stimmung entweder zur Depression oder zur gehobenen Stimmung (Manie) gekennzeichnet sind und meist von Veränderung des allgemeinen Aktivitätsniveaus begleitet werden
F40–F48	Neurotische, Belastungs- und somatoforme Störungen	Erkrankungen, bei denen unterschiedliche Beschwerden im Vordergrund stehen, u. a.: Angst- und Zwangsstörungen; Anpassungsstörungen bei schweren Belastungen; Verlust der Integration der Erinnerung an die Vergangenheit, des Identitätsbewusstseins, der Wahrnehmung unmittelbarer Empfindungen; Leiden an körperlichen Beschwerden, die nicht hinreichend durch körperliche Ursachen begründbar sind
F50–F59	Verhaltensauffälligkeiten mit körperlichen Störungen und Faktoren	u. a. Essstörungen; nicht organisch verursachte Schlafstörungen, sexuelle Funktionsstörungen
F60–69	Persönlichkeits- und Verhaltensstörungen	u. a. spezifische Persönlichkeitsstörungen (u. a. Borderline-Störung), andauernde Persönlichkeitsänderungen nach extremer Belastungen oder psychischer Krankheit, Störungen der Impulskontrolle (u. a. Spielsucht), Störungen der Geschlechtsidentität oder der Sexualpräferenz

Quelle: Internationale statistische Klassifikation der Krankheiten und verwandter Gesundheitsprobleme 10. Revision, German Modification, Version 2020 ► https://www.dimdi.de/static/de/klassifikationen/icd/icd-10-gm/kode-suche/htmlgm2020/#V
Fehlzeiten-Report 2020

werbstätigen, während in der erwachsenen Gesamtbevölkerung (Jacobi et al. 2015) die Suchterkrankungen (F10–F19) auf Platz 2 und die affektiven Störungen auf Platz 3 liegen.

Nach den vorliegenden Daten, aber auch nach den Ergebnissen von DEGS1-MH überwiegt bei neurotischen, Belastungs- und somatoformen Störungen sowie bei affektiven Störungen deutlich der Anteil der Frauen, während Männer häufiger von Suchterkrankungen betroffen sind. Bei psychotischen Störungen und Verhaltensauffälligkeiten mit körperlichen Störungen zeigt sich dagegen ein fast ausgewogenes Geschlechterverhältnis.

Tabelle 22.2 Kennzahlen nach Diagnoseuntergruppen (ambulant und stationär), 2018. Hinweise zur Methodik finden sich im Anhang dieses Beitrages

Diagnoseuntergruppe	Personen mit stat. o. amb. Diagnose (n)	Prävalenzrate (in %)	Jahre mit Diagnose seit 2014	Durchschnittsalter	Frauen (in %)	Stationär Behandelte wg. der jew. F-Diagnose (in %)	Personen mit Psychopharmaka-Verordnung (in %)	Personen mit AU wg. jew. F-Diagnose (in %)	Personen mit AU wg. jegl. Diagnose (in %)
Psychische und Verhaltensstörungen durch psychotrope Substanzen (F10–F19)	1.038.002	8,85	2,52	45,01	38,91	2,59	16,90	9,88	77,80
Schizophrenie, schizotype und wahnhafte Störungen (F20–29)	49.947	0,43	2,76	42,52	45,65	7,87	66,09	20,96	74,07
Affektive Störungen (F30–F39)	1.343.711	11,46	2,60	44,82	60,84	2,16	39,83	22,79	79,97
Neurotische, Belastungs- und somatoforme Störungen (F40–F48)	2.243.920	19,14	2,47	42,68	61,97	0,74	24,78	27,18	80,06
Verhaltensauffälligkeiten mit körperlichen Störungen und Faktoren (F50–F59)	343.532	2,93	1,82	45,32	43,07	0,28	25,91	7,27	77,15
Persönlichkeits- und Verhaltensstörungen (F60–F69)	174.418	1,49	2,21	40,28	56,61	1,57	37,95	10,44	78,63
Gesamt F1–F6 ohne Mehrfachnennung	**3.562.478**	**30,39**	**2,47**	**43,46**	**54,57**	**2,15**	**21,52**	**24,48**	**77,81**
Keine F-Diagnose im Kalenderjahr	*7.987.926[a]*	*–*	*–*	*39,61*	*38,76*	*0*	*1,68*	*–*	*53,12*
Gesamt (erwerbstätige AOK-Mitglieder)	*11.722.524[b]*	*–*	*–*	*40,69*	*43,62*	*0,87[c]*	*7,76*	*7,85[d]*	*60,55*

a Anzahl Personen ohne F-Diagnose

b untersuchte Grundgesamtheit, unabhängig einer ambulanten oder stationären F-Diagnose

c Anteil der Personen mit stationärem Aufenthalt mit einer F-Diagnose als Hauptdiagnose im Kalenderjahr (nach Entlassdatum ins Kalenderjahr eingeordnet)

d Anteil der Personen mit einer Arbeitsunfähigkeitsmeldung wegen einer F-Diagnose

Fehlzeiten-Report 2020

Zu stationären Behandlungen aufgrund der jeweiligen psychischen Erkrankung kommt es nach den vorliegenden Daten am häufigsten bei Erwerbstätigen mit psychotischen Störungen (F20–F29) (7,9 %), psychischen und Verhaltensstörungen durch psychotrope Substanzen (F10–F19) (2,6 %) und mit affektiven Störungen (F30–F39) (2,2 %). Bei den psychotischen Störungen (F20–F29) werden auch am häufigsten Psychopharmaka verordnet (66,1 %), gefolgt von affektiven Störungen und Persönlichkeits- und Verhaltensstörungen (F30–F39: 39,8 %, F60–F69: 38 %). Dass die von einer psychischen Erkrankung betroffenen Erwerbstätigen im Mittel schon seit zwei bis drei Jahren an dieser Krankheit leiden, deutet darauf hin, dass es sich oft nicht nur um vorübergehende psychische Beschwerden, sondern um chronische Erkrankungen handelt. Da bei der Ermittlung der Krankheitsdauer nur die Diagnosen der letzten fünf Jahre berücksichtigt wurden, wird die tatsächliche mittlere Krankheitsdauer in der vorliegenden Untersuchung wahrscheinlich sogar noch unterschätzt.

Erwerbstätige mit einer psychischen Erkrankung aus dem F10–F69-Spektrum sind im Mittel älter als Erwerbstätige ohne psychische Erkrankungen (43,5 Jahre im Vergleich zu 39,6 Jahren). Am höchsten ist das Durchschnittsalter bei Erwerbstätigen mit Verhaltensauffälligkeiten mit körperlichen Störungen (45,3 Jahre), substanzbezogenen Störungen (45 Jahre) und affektiven Störungen (44,8 Jahre). Das könnte darauf hindeuten, dass sich diese psychischen Erkrankungen eher im späteren Berufsleben manifestieren und eventuell mit einer im Vorfeld aufgetretenen langjährigen beruflichen und/oder privaten Überlastung zusammenhängen. Auffallend ist zudem, dass der Anteil weiblicher Personen in der Gruppe der hier untersuchten psychischen Erkrankungen deutlich höher ist als in der Gruppe ohne psychische Erkrankungen (54,6 % im Vergleich zu 38,8 %).

Bei den 30,4 % der hier untersuchten erwerbstätigen AOK-Versicherten mit einer psychischen Erkrankung wurde im Jahr 2018 bei 77,8 % eine Arbeitsunfähigkeit dokumentiert – auch aufgrund anderer, nicht-psychischer Erkrankungen. Damit sind durch psychische Erkrankungen belastete Erwerbstätige deutlich häufiger von Arbeitsunfähigkeit betroffen als psychisch gesunde Erwerbstätige (53,1 %). Am häufigsten kam es im Jahr 2018 bei Erwerbstätigen mit neurotischen, Belastungs- und somatoformen Störungen zu einer Arbeitsunfähigkeit (80,1 %). Eine Arbeitsunfähigkeit wegen einer psychischen Erkrankung wurde jedoch nur gut einem Viertel (24,5 %) aller Erwerbstätigen mit einer psychischen Erkrankung (F10–F69) bescheinigt. Über die Hälfte der psychisch erkrankten Erwerbstätigen war wegen anderer, nicht-psychischer Ursachen arbeitsunfähig.

In ◻ Tab. 22.2 wurde berechnet, wie hoch der Anteil der *erwerbstätigen Personen mit einer ambulant oder stationär dokumentierten psychischen Erkrankung* ist, die dann aufgrund dieser Diagnose bzw. diagnoseunabhängig eine Arbeitsunfähigkeitsbescheinigung erhalten haben.

Darüber hinaus wurde untersucht, wie hoch der Anteil an AU-Fällen *an allen erwerbstätigen AOK-Versicherten* ist, bei denen aufgrund der untersuchten psychischen Erkrankungen eine Arbeitsunfähigkeit bescheinigt wurde. Die Zahlenangaben können dabei, obwohl immer das Jahr 2018 betrachtet wird, nicht unmittelbar aufeinander bezogen werden, da die zugrundeliegenden Daten – bedingt durch die unterschiedliche Datenbeschaffenheit und -herkunft – voneinander abweichen.

Im Jahr 2018 waren 5,4 % aller erwerbstätigen AOK-Versicherten wegen einer Erkrankung aus dem Spektrum F10–F69 arbeitsunfähig. Die höchsten AU-Quoten entfielen dabei auf die neurotischen, Belastungs- und somatoformen Störungen (F40–F48) sowie die affektiven Störungen (F30–F39) (AU-Quote 4,7 % bzw. 2,4 %). In diesen beiden Diagnosesubgruppen traten auch die meisten AU-Tage und AU-Fälle auf (Tage: 170,9 bzw. 151,5; Fälle: 7,5 bzw. 3,8; jeweils bezogen auf 100 Versichertenjahre). Die mittlere Dauer des einzelnen AU-Falls war jedoch bei affektiven Störungen am längsten (40,2 Tage), gefolgt von

22

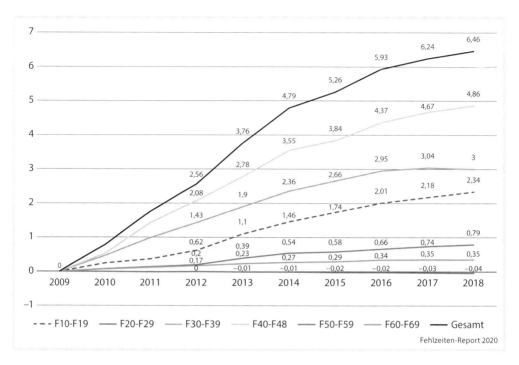

□ **Abb. 22.1** Absolute Prävalenzentwicklung (ambulante und stationäre Diagnosen) nach Diagnoseuntergruppen bei erwerbstätigen AOK-Versicherten (18–65 Jahre), indexiert ausgehend vom Jahr 2009

psychotischen Störungen (F20–29) (39 Tage) und Persönlichkeits- und Verhaltensstörungen (F60–69) (35,7 Tage). Über alle untersuchten Subgruppen (F10–F69) lag die durchschnittliche Dauer eines AU-Falls bei 27,5 Tagen.

□ Abb. 22.1 zeigt die relative Entwicklung der in den AOK-Abrechnungsdaten dokumentierten Prävalenz psychischer Störungen anhand von ambulanten sowie stationären Diagnosen von 2009 bis 2018, wobei die Veränderung ausgehend vom Jahr 2009 betrachtet wurde. Lediglich die dokumentierte Prävalenz psychotischer Störungen (F20–F29) blieb in diesem Zeitraum unverändert, während bei allen anderen Diagnosegruppen ein relativer Prävalenzanstieg von 30 bis 37 % zu beobachten ist, der bei Verhaltensauffälligkeiten mit körperlichen Störungen (F50–F59) und Suchterkrankungen (F10–F19) am stärksten ist (□ Tab. 22.3). Bei depressiven Störungen, die eine Subgruppe der affektiven Störungen darstellen, hatten bereits mehrere routineda-

tenbasierte Untersuchungen im letzten Jahrzehnt eine deutliche dokumentierte Prävalenzzunahme beobachtet (Gerste und Roick 2014, 2016; Melchior et al. 2015). Repräsentative Bevölkerungsbefragungen sprechen jedoch dafür, dass die tatsächliche Prävalenz depressiver Störungen und psychischer Erkrankungen insgesamt nicht zugenommen hat (Jacobi et al. 2014). Auf die Diskrepanz zwischen den Prävalenzraten nach Leistungsdaten und epidemiologischen Studien wird ausführlich im ► Abschn. 22.6 eingegangen.

Dass nach den vorliegenden Daten auch die dokumentierte Prävalenz weiterer psychischer Erkrankungen (mit Ausnahme psychotischer Störungen) im Zeitverlauf zugenommen hat, deutet darauf hin, dass die Behandlungsbereitschaft der Betroffenen und die Awareness der Ärzte in den letzten Jahren bei diesen Erkrankungen gewachsen sind. Tatsächlich zeigen repräsentative Befragungen, die 1990 und 2011 in Deutschland durchgeführt wurden, dass sich

■ **Tabelle 22.3** Prävalenz der Diagnoseuntergruppen (ambulante und stationäre Diagnosen) bei erwerbstätigen AOK-Versicherten (18–65 Jahre) 2009 bis 2018, in %

Jahr	F10–F19	F20–F29	F30–F39	F40–F48	F50–F59	F60–F69	Gesamt
2009	6,51	0,47	8,46	14,28	2,14	1,14	23,93
2010	6,76	0,47	8,93	14,81	2,22	1,21	24,71
2011	6,88	0,46	9,45	15,71	2,28	1,26	25,69
2012	7,13	0,47	9,89	16,36	2,34	1,31	26,49
2013	7,61	0,46	10,36	17,06	2,53	1,37	27,69
2014	7,97	0,46	10,82	17,83	2,68	1,41	28,72
2015	8,25	0,45	11,12	18,12	2,72	1,43	29,19
2016	8,52	0,45	11,41	18,65	2,80	1,48	29,86
2017	8,69	0,44	11,50	18,95	2,88	1,49	30,17
2018	8,85	0,43	11,46	19,14	2,93	1,49	30,39

Fehlzeiten-Report 2020

beispielsweise das Image von Menschen, die wegen Alkoholabhängigkeit behandelt werden, deutlich verbessert hat und die Akzeptanz einer professionellen Therapie der Alkoholabhängigkeit in der Bevölkerung zugenommen hat (Schomerus et al. 2014). Für psychotische Störungen scheint das nicht in gleichem Maße zuzutreffen: Die Stigmatisierung dieser Erkrankungen in der Allgemeinbevölkerung hat seit 1990 sogar zugenommen (Angermeyer et al. 2013).

In den ■ Abb. 22.2 und 22.3 ist dargestellt, wie sich die Fehlzeiten aufgrund psychischer Erkrankungen im Zeitverlauf entwickelt haben. Ausgangspunkt ist das Indexjahr 2008, für das die damals pro Diagnosegruppe registrierten Fehlzeiten auf 100 % gesetzt wurden. Bei diesen Auswertungen wurden die Arbeitsunfähigkeitsmeldungen aller AOK-versicherten Beschäftigten berücksichtigt, unabhängig davon, ob ebenfalls eine ambulante oder stationäre Diagnose für eine psychische Erkrankung vorlag. Bei den Suchterkrankungen und den psychotischen Störungen zeigt sich hinsichtlich der AU-Tage und -fälle seit 2008 tendenziell ein Rückgang. Bei allen anderen

untersuchten Diagnosesubgruppen nehmen die AU-Tage und -fälle bis zum Jahr 2018 tendenziell zu. Am stärksten ist diese Zunahme bezogen auf die AU-Fälle in den Diagnosesubgruppen F4 und F5 und bezogen auf die AU-Tage in den Subgruppen F3 und F4.[4]

Die ■ Abb. 22.4 zeigt die Alters- und Geschlechtsverteilung der AU-Tage in den untersuchten Diagnoseuntergruppen im Jahr 2018. Diese Analysen basieren auf den Arbeitsunfähigkeitsmeldungen aller AOK-versicherten Beschäftigten, unabhängig davon, ob eine psychische Erkrankung in der ambulanten oder stationären Behandlung dokumentiert wurde

---

4 Bislang ungeklärt ist, warum es in allen Diagnosegruppen bei den AU-Fällen (und weniger deutlich auch bei den AU-Tagen) – unabhängig vom Trend der Vorjahre von 2013 auf 2014 – einen deutlichen Anstieg gibt. Teilweise widerspricht dieser Anstieg von 2013 auf 2014 völlig dem sonstigen Trend: So gehen die AU-Fälle bei F20–F29 von 2009 bis 2013 kontinuierlich zurück, steigen 2014 plötzlich stark an und gehen dann bis 2018 wieder kontinuierlich zurück. Es ist zu vermuten, dass es sich hierbei um ein methodisches Artefakt handelt, das beispielsweise auf geänderte Rahmenbedingungen der AU-Meldung oder die AU-Bezugsgrößen zurückzuführen sein könnte.

22

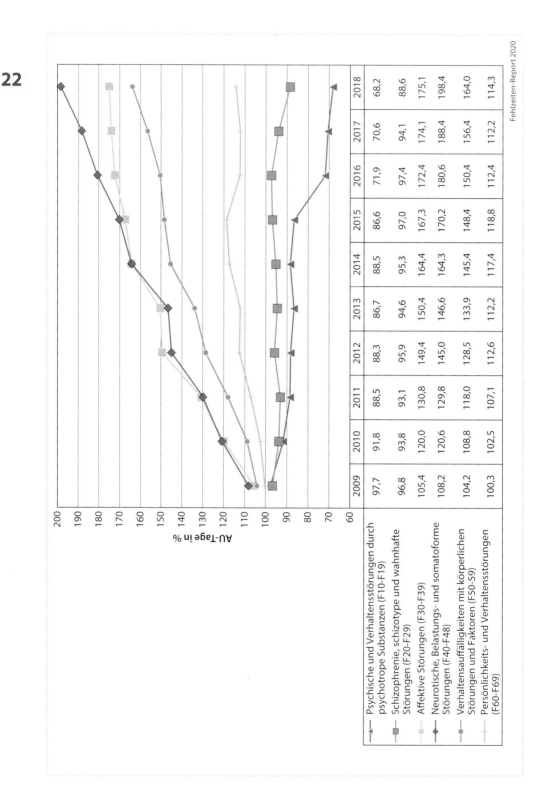

	2009	2010	2011	2012	2013	2014	2015	2016	2017	2018
Psychische und Verhaltensstörungen durch psychotrope Substanzen (F10-F19)	97,7	91,8	88,5	88,3	86,7	88,5	86,6	71,9	70,6	68,2
Schizophrenie, schizotype und wahnhafte Störungen (F20-F29)	96,8	93,8	93,1	95,9	94,6	95,3	97,0	97,4	94,1	88,6
Affektive Störungen (F30-F39)	105,4	120,0	130,8	149,4	150,4	164,4	167,3	172,4	174,1	175,1
Neurotische, Belastungs- und somatoforme Störungen (F40-F48)	108,2	120,6	129,8	145,0	146,6	164,3	170,2	180,6	188,4	198,4
Verhaltensauffälligkeiten mit körperlichen Störungen und Faktoren (F50-59)	104,2	108,8	118,0	128,5	133,9	145,4	148,4	150,4	156,4	164,0
Persönlichkeits- und Verhaltensstörungen (F60-F69)	100,3	102,5	107,1	112,6	112,2	117,4	118,8	112,4	112,2	114,3

AU-Tage in %

Fehlzeiten-Report 2020

☐ **Abb. 22.2** Arbeitsunfähigkeitstage der AOK-Mitglieder nach Diagnoseuntergruppen in den Jahren 2009–2018, indexiert ausgehend vom Jahr 2008 – standardisiert nach Alter und Geschlecht auf Basis des Jahres 2008

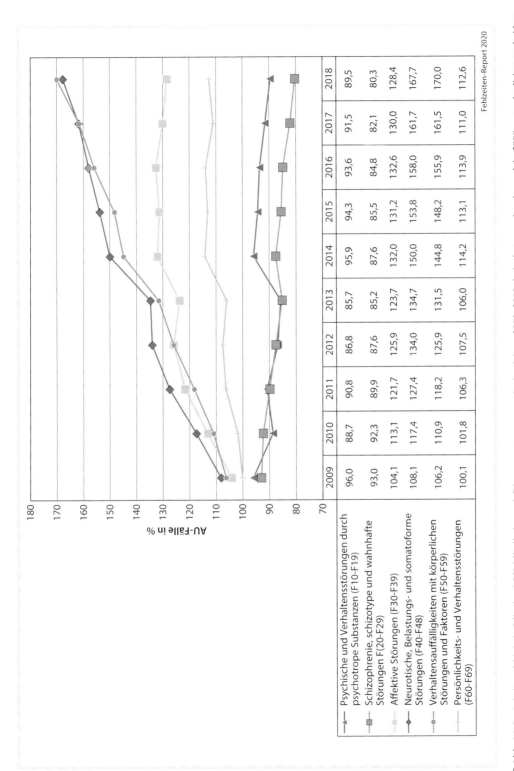

	2009	2010	2011	2012	2013	2014	2015	2016	2017	2018
Psychische und Verhaltensstörungen durch psychotrope Substanzen (F10–F19)	96,0	88,7	90,8	86,8	85,7	95,9	94,3	93,6	91,5	89,5
Schizophrenie, schizotype und wahnhafte Störungen F(20–F29)	93,0	92,3	89,9	87,6	85,2	87,6	85,5	84,8	82,1	80,3
Affektive Störungen (F30–F39)	104,1	113,1	121,7	125,9	123,7	132,0	131,2	132,6	130,0	128,4
Neurotische, Belastungs- und somatoforme Störungen (F40–F48)	108,1	117,4	127,4	134,0	134,7	150,0	153,8	158,0	161,7	167,7
Verhaltensauffälligkeiten mit körperlichen Störungen und Faktoren (F50–F59)	106,2	110,9	118,2	125,9	131,5	144,8	148,2	155,9	161,5	170,0
Persönlichkeits- und Verhaltensstörungen (F60–F69)	100,1	101,8	106,3	107,5	106,0	114,2	113,1	113,9	111,0	112,6

Fehlzeiten-Report 2020

□ **Abb. 22.3** Arbeitsunfähigkeitsfälle der AOK-Mitglieder nach Diagnoseuntergruppen in den Jahren 2009–2018, indexiert ausgehend vom Jahr 2008 – standardisiert nach Alter und Geschlecht auf Basis des Jahres 2008

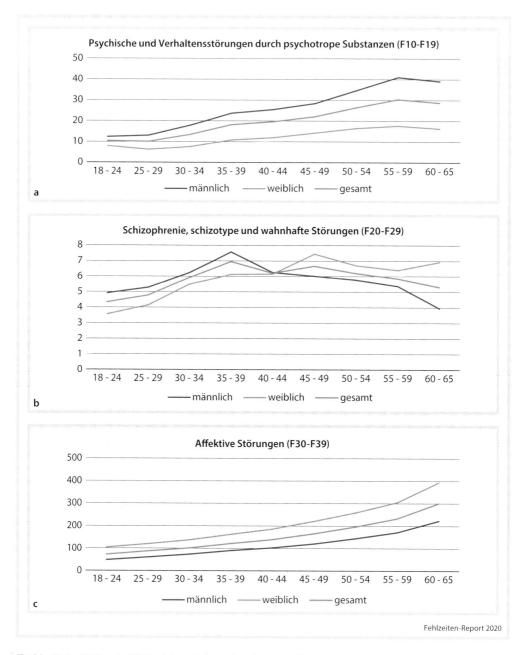

■ **Abb. 22.4** AU-Tage je 100 Versichertenjahre aufgrund von psychischen Erkrankungen, differenziert nach Alter und Geschlecht

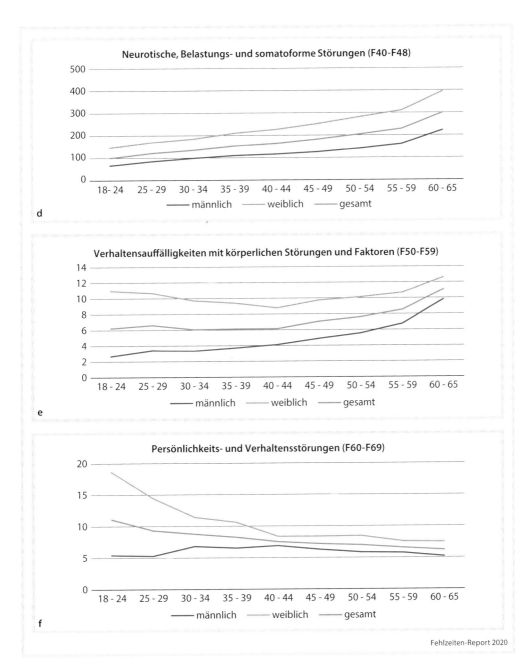

d

e

f

Fehlzeiten-Report 2020

▫ Abb. 22.4 (Fortsetzung)

22

oder ob sie nicht kontinuierlich das ganze Jahr AOK-versichert waren. Insgesamt konnten somit 941.004 Personen der AOK-versicherten Erwerbstätigen berücksichtigt werden, die mindestens einmal im Jahr 2018 wegen einer psychischen Erkrankung nicht arbeitsfähig waren.

In den Diagnoseuntergruppen F30–F69 entfallen mehr AU-Tage auf Frauen als auf Männer. Am deutlichsten ist dieser Unterschied über alle Altersgruppen bei den neurotischen, somatoformen und Belastungsstörungen (F40–F48) und den affektiven Störungen (F30–F39). In beiden Diagnosesubgruppen und bei beiden Geschlechtern nehmen die AU-Tage mit dem Alter kontinuierlich zu und erreichen ihren Gipfel zum Ende des Erwerbsalters. Das könnte dafür sprechen, dass Überlastungen im Berufs- und/oder Privatleben mit zunehmendem Alter schlechter kompensiert werden können. Frühzeitig im Berufsleben einsetzende Präventionsmaßnahmen zur Verhinderung entsprechender Überlastungen könnten die starke Zunahme von AU-Tagen im höheren Alter eventuell dämpfen.

Betrachtet man die Einzeldiagnosen, die für die Fehlzeiten besondere Bedeutung haben, so sind dies bei den affektiven Störungen die unipolaren Depressionen (F32.1, F32.9, F33.1). Diese zeichnen sich durch Symptome wie Interessensverlust, gedrückte Stimmung, Antriebslosigkeit, Konzentrations-, Schlaf-, Appetit- oder Selbstwertstörungen, Hoffnungslosigkeit, Schuldgefühle oder auch Suizidgedanken aus, die über einen Zeitraum von mindestens zwei Wochen andauern (DGPPN, BÄK, KBV, AWMF: S3-Leitlinie/NVL Unipolare Depression 2015). Bipolare Störungen hingegen, die durch Episoden mit gestörtem Aktivitätsniveau – einmal in Richtung gehobener Stimmung, vermehrtem Antrieb und Aktivität (Hypomanie oder Manie), dann wieder in Richtung Depression – gekennzeichnet sind oder anhaltende affektive Störungen, also über Jahre anhaltende, meist fluktuierende Stimmungsstörungen, bei denen die einzelnen Episoden in der Regel etwas milder verlaufen (ICD-10 2020), spielen dagegen in den

Fehlzeiten eine untergeordnete Rolle. In der Gruppe der F40–F48-Erkrankungen werden die meisten AU-Tage durch Neurasthenien, Anpassungsstörungen und akute Belastungsreaktionen verursacht (F48.0, F43.2, F43.0). Das Krankheitsbild der Neurasthenie beschreibt eine verstärkte geistige Ermüdbarkeit, die häufig mit abnehmender Arbeitsleistung oder Effektivität bei der Bewältigung täglicher Aufgaben oder Gefühlen körperlicher Erschöpfung und Schmerzen bereits nach geringer Anstrengung und Unfähigkeit zu Entspannung einhergeht (ICD-10 2020). Anpassungsstörungen gehen auf Symptome wie das Gefühl subjektiver Bedrängnis und emotionaler Beeinträchtigung zurück, die soziale Funktionen und Leistungen behindern und nach entscheidenden Lebensveränderungen oder belastenden Lebensereignissen auftreten können. Depressive Reaktionen oder Störungen anderer Gefühle und des Sozialverhaltens können damit einhergehen. Akute Belastungsreaktion zeichnen sich durch vorübergehend eingeschränkte Aufmerksamkeit, beeinträchtigte Reizverarbeitung oder Desorientiertheit verbunden mit innerem Rückzug oder Unruhe und Überaktivität aus, die nach außergewöhnlichen körperlichen oder psychischen Belastungen auftreten und innerhalb von Stunden oder Tagen wieder abklingen (ICD-10 2020).

Für die genannten Erkrankungen, die besonders häufig Fehlzeiten verursachen, könnten Arbeitsbedingungen, die mit großer Arbeitsverdichtung und hohem Zeit- und Leistungsdruck einhergehen, ein wesentlicher Risikofaktor sein. Nach eigener Einschätzung erreichen in Deutschland aktuell 18 % der Vollzeitbeschäftigten oft die Grenze ihrer Leistungsfähigkeit, 23 % verzichten auf Pausen und knapp ein Viertel der Beschäftigten ist mit einem Arbeitstempo konfrontiert, das sie langfristig nicht durchzuhalten glauben (Bertelsmann Stiftung und Barmer GEK 2015). Wenn psychosoziale Risikofaktoren in der Arbeitswelt stärker in den Fokus der Betrieblichen Gesundheitsförderung und des Arbeitsschutzes gerückt würden, könnte dies somit nicht nur zu einer Stärkung der psychischen Gesundheit der

Beschäftigten, sondern auch zu einem Rückgang der durch die genannten Erkrankungen bedingten Fehlzeiten führen.

Auch bei Verhaltensauffälligkeiten mit körperlichen Störungen und Faktoren (F50–59) sind die meisten AU-Tage zum Ende des Erwerbsalters zu verzeichnen. Im Gegensatz zu den F30–F39- und F40–F48-Erkrankungen findet sich bei den Frauen jedoch ein zusätzlicher Gipfel zu Beginn des Erwerbsalters (18–24 Jahre). Die mit Blick auf die AU-Tage häufigsten Einzelerkrankungen in der Diagnosesubgruppe F50–F59 sind nicht näher bezeichnete Schlafstörungen und nichtorganisch bedingte Schlaflosigkeit. Der bei Frauen zu beobachtende AU-Gipfel im jungen Erwerbsalter ist deshalb mit hoher Wahrscheinlichkeit auf die in dieser Lebensphase auftretende Doppelbelastung aus Elternschaft und Erwerbstätigkeit zurückzuführen. Bei Männern findet sich dieser frühe Gipfel interessanterweise nicht. Ob Frauen deshalb insgesamt länger arbeitsunfähig sind, weil sie in Paarbeziehungen primär die Kinderbetreuung übernehmen müssen, ob die stärkere Belastung der Frauen vor allem auf alleinerziehende Mütter zurückgeht oder ob Männer hinsichtlich der Belastungen durch die Kinderbetreuung resilienter sind, kann mit den im Rahmen dieser vorliegenden Studie genutzten Daten nicht geklärt werden. Die Zahlen weisen jedoch darauf hin, dass Maßnahmen zur Entlastung junger erwerbstätiger Frauen und ggf. Mütter auch zu einer Reduktion von AU-Zeiten beitragen könnten.

Auch bei Persönlichkeits- und Verhaltensstörungen (F60–F69) kommt es im frühen Erwerbsalter bei Frauen zu einer Häufung von AU-Tagen und einem deutlichen Rückgang bis zum mittleren Lebensalter. Der weitere Verlauf ist dann bei Männern und Frauen bis zum Ende des Erwerbsalters stabil auf relativ niedrigem AU-Niveau. Die Erkrankung, die in dieser Diagnose-Subgruppe auf die AU-Tage den stärksten Einfluss hat, ist die emotional instabile Persönlichkeitsstörung vom Borderline-Typ. Von dieser Erkrankung sind überwiegend Frauen betroffen. Sie beginnt in der Regel in der Adoleszenz und remittiert dann mit zunehmendem Alter. Nach zehn Jahren haben fast 90 % der Betroffenen eine Remission erreicht (Jacob und Lieb 2007). Auch von anderen Persönlichkeitsstörungen ist bekannt, dass die Symptomatik nach der erfolgreichen Bewältigung kritischer Lebensphasen, wie der Adoleszenz wieder zurückgehen kann (DGPPN 2009). Die bei Persönlichkeits- und Verhaltensstörungen zu beobachtenden geschlechts- und altersabhängigen Unterschiede in den Fehlzeiten dürften somit zum großen Teil auf die bekannten Unterschiede im Krankheitsverlauf dieser Erkrankungen zurückzuführen sein.

Auch die alters- und geschlechtsabhängig unterschiedlichen Fehlzeiten bei den psychotischen Störungen (F20–F29) dürften wesentlich auf die bekannten Unterschiede im Krankheitsverlauf zurückzuführen sein. So treten schizophrene Psychosen, die mit der paranoiden Schizophrenie auch die häufigste Einzeldiagnose dieser Diagnosesubgruppe umfassen, bei Männern und Frauen über die gesamte Lebenszeit gesehen etwa gleich häufig auf. Bei Frauen gibt es aber um die Menopause herum einen zweiten Gipfel für das erstmalige Auftreten der Erkrankung (DGPPN 2019). Dieser zweite Erkrankungsgipfel geht mit einem ab dem 45. Lebensjahr deutlich sichtbaren Anstieg der AU-Tage bei Frauen einher. Die krankheitsbedingten Fehlzeiten der Männer gehen dagegen ab Anfang 40 fast kontinuierlich zurück. Eine Ursache dafür ist wahrscheinlich, dass etwa ein Fünftel aller schizophrenen Psychosen nach der ersten Krankheitsepisode voll remittiert, ohne dass Rezidive der Erkrankung auftreten. Bei zwei Dritteln der Patienten kommt es jedoch im weiteren Lebensverlauf immer wieder zu Rezidiven der Erkrankung, die dann in der Regel auch mit längerer Arbeitsunfähigkeit einhergehen. Bei weiteren 10 % ist der Krankheitsverlauf chronisch progredient (DGPPN 2019). Letztere Patientengruppe hat, ebenso wie die von rezidivierenden Erkrankungsschüben betroffene Gruppe, ein hohes Risiko, den Arbeitsplatz zu verlieren. Das könnte auch erklären, warum die AU-Tage bei Männern im mittleren und höheren Lebensalter deutlich zurückgehen.

22

Suchterkrankungen (F10–F19) sind die einzige Diagnosesubgruppe, bei der in allen Altersgruppen deutlich mehr AU-Tage auf Männer als auf Frauen entfallen. Das überrascht nicht, da die Prävalenz dieser Erkrankungen bei Männern deutlich höher ist als bei Frauen (Jacobi et al. 2015). Dabei steigen die auf Suchterkrankungen zurückzuführenden AU-Tage über das Erwerbsalter hinweg nahezu kontinuierlich an. Die Einzeldiagnose, die mit Blick auf die AU-Tage den größten Einfluss hat, ist die Alkoholabhängigkeit. Diese Erkrankung ist nach der Nikotinabhängigkeit auch die häufigste Suchterkrankung. Interessanterweise sind jedoch auch die Abhängigkeit und der schädliche Gebrauch von Nikotin mit einer hohen Zahl von AU-Tagen assoziiert. Es kann vermutet werden, dass die relativ häufige Angabe von Nikotinabhängigkeit als AU-auslösende Diagnose auf eine Unschärfe bei der Codierung hinweist. Wahrscheinlich ist, dass eine durch die Nikotinabhängigkeit hervorgerufene Erkrankung ursächlich für die Arbeitsunfähigkeit ist, die Nikotinabhängigkeit jedoch zusätzlich auf der AU-Bescheinigung erfasst wird.

22.2.2 Zusammenfassung der Ergebnisse

- 30,4 % aller AOK-versicherten Erwerbstätigen hatte im Jahr 2018 eine von ambulant oder stationär tätigen Ärzten dokumentierte psychische Erkrankung. Diese Prävalenzzahl liegt damit nachvollziehbarerweise etwas niedriger als in vergleichbaren Studien, die sich auf andere Populationen bezogen und andere Methoden zur Prävalenzermittlung genutzt haben (34,5 % bzw. 38,2 %).
- Für alle untersuchten Subgruppen der psychischen Erkrankungen ist die Prävalenzrate seit 2009 kontinuierlich angestiegen – mit Ausnahme der Schizophrenie, die auf gleichbleibendem Niveau stagniert.

- Unter den Erwerbstätigen mit einer psychischen Erkrankung sind mehr Frauen zu finden (Frauenanteil hier: 54,6 %; Frauenanteil bei Erwerbstätigen ohne psychische Erkrankungen: 38,8 %) und es zeigt sich ein höheres Durchschnittsalter (43,5 Jahre; Durchschnittsalter ohne psychische Erkrankungen 39,6 Jahre).
- Die häufigsten psychischen Erkrankungen unter den AOK-versicherten Erwerbstätigen (ambulante/stationäre Diagnosen) waren mit 19,1 % neurotische, Belastungs- und somatoforme Störungen (z. B. Angststörungen) und mit 11,5 % affektive Störungen (z. B. Depressionen).
- 2,2 % der AOK-versicherten Erwerbstätigen mit einer psychischen Erkrankung wurden im Jahr 2018 wegen der psychischen Erkrankung im Krankenhaus behandelt, 21,5 % haben mindestens eine Arzneimittelverordnung aus der Wirkstoffgruppe der Psychopharmaka erhalten.
- Ein Viertel der AOK-versicherten Erwerbstätigen mit einer psychischen Erkrankung (24,5 %) wies im Jahr 2018 aufgrund dessen arbeitsunfähigkeitsbedingte Fehlzeiten auf.
- Mehr als drei Viertel der AOK-versicherten Erwerbstätigen mit einer dokumentierten psychischen Erkrankung (77,8 %) hatten 2018 mindestens einen arbeitsunfähigkeitsbedingten Fehltag. Der Vergleichswert unter den AOK-versicherten Beschäftigten ohne eine psychische Erkrankung liegt deutlich darunter (53,1 %).
- Im Durchschnitt dauerte ein Arbeitsunfähigkeitsfall, der auf eine psychische Erkrankung zurückging, 27,5 Tage.
- AOK-versicherte erwerbstätige Frauen haben zumeist mehr krankheitsbedingte Fehltage im Vergleich zu den Männern. Einzig bei den Suchterkrankungen haben Männer in allen Altersgruppen deutlich mehr AU-Tage als Frauen.

22.3 Erwerbsminderungsrenten aufgrund psychischer Erkrankungen

Nicht nur der Anstieg der Fehlzeiten, auch der steigende Anteil der Erwerbsminderungsrenten aufgrund psychischer Diagnosen kann als Hinweis auf eine zunehmende Verbreitung von psychischen Störungen interpretiert werden. In ◘ Abb. 22.5 wurde der Anteil der psychisch bedingten Erwerbsminderungsrenten an allen Erwerbsminderungsrenten von 2009 bis 2018 ausgewertet (Quelle: Sonderauswertung Deutsche Rentenversicherung, Stand 18.12.2019). Dabei ist von 2009 bis 2014 ein leichter relativer Anstieg der psychisch bedingten Erwerbsminderungsrenten zu erkennen; von 2014 bis 2018 hingegen stagniert dieser Aufwärtstrend bei einem Anteil von ca. 42,7 % psychisch bedingter Erwerbsminderungsrenten an allen

Erwerbsminderungsrenten. Auch wenn diese Ergebnisse nicht alters- und geschlechtsadjustiert sind, wird damit deutlich, dass nahezu jede zweite Erwerbsminderungsrente mit einer psychischen Erkrankung begründet wird. Zur differenzierten Betrachtung wurde zudem die Entwicklung der psychisch bedingten Erwerbsminderungsrenten auf Ebene der Diagnoseuntergruppen ausgewertet (◘ Abb. 22.6). Bis auf die affektiven Störungen zeichnet sich für alle Gruppen seit 2009 eine Seitwärtsbewegung ab. Erwerbsminderungsrenten aufgrund affektiver Störungen sind hingegen seit 2009 mit leichten Schwankungen stetig gestiegen, sodass die absolute Anzahl an Personen mit Erwerbsminderungsrente aufgrund der Diagnose „affektive Störung" von 23.532 im Jahr 2009 auf 33.857 im Jahr 2018 stieg. Der viel benannte Anstieg der psychischen Störungen in den Erwerbsminderungsrenten kann somit anhand der durchge-

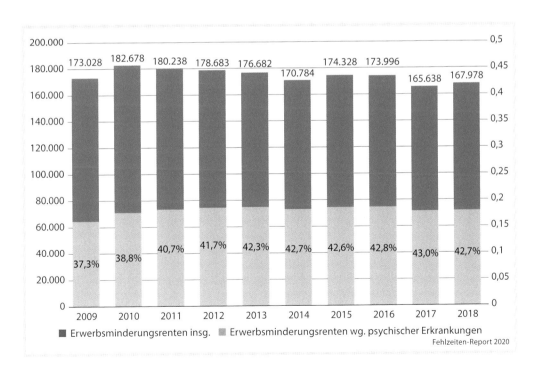

◘ **Abb. 22.5** Anteil an Erwerbsunfähigkeitsrenten aufgrund psychischer Erkrankungen an allen Erwerbsunfähigkeitsrenten

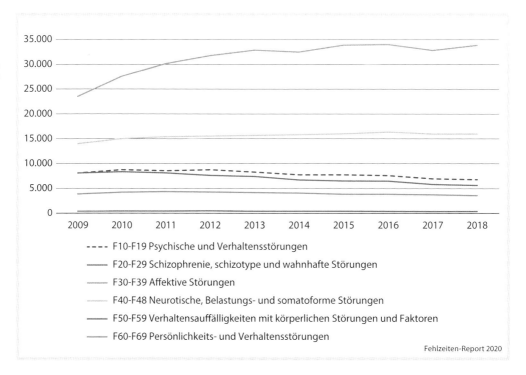

Abb. 22.6 Entwicklung der Erwerbsminderungsrenten aufgrund psychischer Störungen nach Diagnoseuntergruppen

führten Auswertung lediglich für die Gruppe der affektiven Störungen nachvollzogen werden.

Gelegentlich wird von Experten kritisch hinterfragt, ob der Anstieg an Erwerbsminderungsrenten aufgrund psychischer Erkrankungen tatsächlich durch eine steigende Anzahl an Menschen begründbar ist, die unter diesen Erkrankungen leiden (s. z. B. Dornes 2016). Des Weiteren sollte bei der Einordnung der Ergebnisse berücksichtigt werden, dass viele Personen vor ihrer Erwerbsminderungsrente keiner beruflichen Tätigkeit mehr nachgegangen sind. So war von den insgesamt 71.671 Rentenneuzugängen wegen verminderter Erwerbstätigkeit aufgrund von psychischen Erkrankungen weniger als jeder Zweite (44,4 %) in einer versicherungspflichtigen Beschäftigung tätig (Sonderauswertung Deutsche Rentenversicherung, Stand 20.01.2020).

22.4   Entwicklung der Suizidrate

Nahezu alle psychischen Erkrankungen werden als Risikofaktor für suizidales Handeln angesehen, wobei affektive Störungen sowie Suchterkrankungen den stärksten Effekt zeigen (Schneider et al. 2005; Schulte-Wefers und Wolfersdorf 2006). Aus diesem Grund kann die Entwicklung der Suizidrate als Indikator für die psychische Gesundheit der Bevölkerung herangezogen werden.

Abb. 22.7 zeigt die Entwicklung der Suizidrate in Deutschland anhand der Anzahl an Suiziden je 100.000 Einwohner differenziert nach Geschlecht.[5] Seit 1991 ist eine stetige Abnahme der Suizide bei beiden Geschlechtern zu erkennen, wobei in der männlichen Be-

---

5   Bis einschl. 1997: Selbstmord und Selbstbeschädigung (Pos.-Nr. E950-E959 der ICD-9), ab 1998: Vorsätzliche Selbstbeschädigung (Pos.-Nr. X60-X84 der ICD-10).

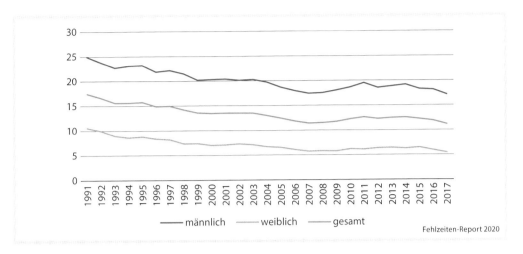

■ **Abb. 22.7** Entwicklung der Suizidrate je 100.000 Einwohner in Deutschland nach Geschlecht von 1991 bis 2017. (Datenquelle: Statistisches Bundesamt (Destatis))

völkerung eine durchgehend mehr als doppelt so hohe Anzahl an Suiziden zu verzeichnen ist. Insgesamt hat sich die Anzahl der Suizide je 100.000 Einwohner mit 11,15 im Jahr 2017 im Vergleich zu 17,45 im Jahr 1991 deutlich verringert.

Neben psychischen Erkrankungen können weitere Merkmale als Risikofaktoren für einen Suizid angesehen werden. Dazu zählen unter anderem das männliche Geschlecht sowie ein höheres Lebensalter, wenn dies durch Krankheit, Vereinsamung, Verwitwung oder Funktionseinschränkungen geprägt ist (Schulte-Wefers und Wolfersdorf 2006). Grundsätzlich wird insbesondere im höheren Lebensalter von einer relativ hohen Dunkelziffer bei Suiziden ausgegangen. Bei älteren Menschen werden Suizide häufig nicht als solche bewertet, da die Abgrenzung zu Unfällen oft nicht eindeutig ist. Des Weiteren werden affektive Störungen, die einen Hauptrisikofaktor für suizidales Verhalten bei älteren Menschen darstellen, oft fälschlicherweise als normale Alterserscheinungen klassifiziert und demzufolge nicht therapiert (Linnemann und Leyhe 2015).

Vor diesem Hintergrund wurde eine Alters- und Geschlechtsstandardisierung der Suizidraten durchgeführt (■ Abb. 22.8)[6]. Danach wäre, wenn die Alters- und Geschlechtsstruktur seit 1991 gleichgeblieben wäre, eine noch deutlichere Abnahme der Suizidrate von 1991 bis 2017 erkennbar. Der Entwicklung der Suizidrate liegen komplexe Erklärungsmuster zugrunde, die hier nicht umfassend erläutert werden können. Insgesamt kann aber vermutet werden, dass eine adäquatere ärztliche Versorgung bei psychischen Erkrankungen bei dieser Entwicklung eine Rolle spielt. Beispielhaft sei hier genannt, dass die zunehmende Verschreibungszahl von Psychopharmaka mit der sinkenden Anzahl von Suiziden in einem Zusammenhang gesehen wird (Stiftung Deutsche Depressionshilfe 2013).

---

6   Bis einschl. 1997: Selbstmord und Selbstbeschädigung (Pos.-Nr. E950-E959 der ICD-9), ab 1998: Vorsätzliche Selbstbeschädigung (Pos.-Nr. X60-X84 der ICD-10).

22

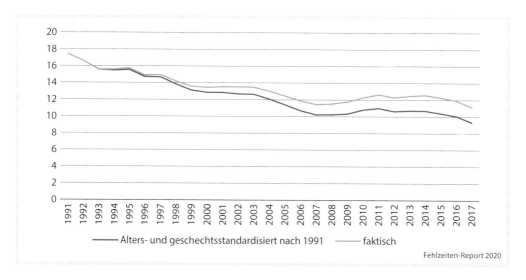

Fehlzeiten-Report 2020

◻ **Abb. 22.8**   Entwicklung der Suizidrate je 100.000 Einwohner in Deutschland von 1991 bis 2017 standardisiert nach Alter und Geschlecht. (Datenquelle: Statistisches Bundesamt (Destatis); Sonderauswertung Statistisches Bundesamt, Stand 2. März 2020)

22.5   Einordnung in die wissenschaftliche Diskussion

Zahlreiche Ergebnisse deuten darauf hin, dass die Prävalenz von psychischen Erkrankungen in der Bevölkerung nicht ansteigt (u. a. Richter und Berger 2013; Jacobi 2009; Jacobi und Linden 2018; Dornes 2016). Diese begründen sich in den Ergebnissen epidemiologischer Studien, die die Prävalenzentwicklung psychischer Erkrankungen untersucht haben. Hier sind insbesondere die DEGS-Studie des Robert Koch-Instituts sowie die europaweite Studie von Wittchen und Jacobi aus dem Jahr 2005 hervorzuheben, die 2011 leicht variiert wiederholt wurde. Im Rahmen der DEGS-Studie (Studie zur Gesundheit Erwachsener in Deutschland) wurden an 180 Standorten in Deutschland in mehreren Erhebungswellen Daten einer repräsentativen Stichprobe zur Gesundheit der deutschen Bevölkerung erhoben. Durch Aufnahme von Teilnehmenden des Bundesgesundheitssurveys von 1998 (BGS98) sowie durch die Fortsetzung von dessen Erhebungsprogramm konnten Längsschnittdaten ausge-

wertet werden (Gößwald et al. 2012). Während im Bundesgesundheitssurvey von 1998 eine 12-Monats-Prävalenz psychischer Erkrankungen bei Erwachsenen (18 bis 65 Jahre) von 31,1 % ermittelt wurde (Jacobi et al. 2014), ergaben die Ergebnisse der DEGS-Studie eine Prävalenzrate psychischer Erkrankungen von 34,5 % (18 bis 79 Jahre) (Jacobi et al. 2015). Ausgehend von diesen Ergebnissen des BGS98 konnte somit mit der DEGS-Studie keine Zunahme der psychischen Erkrankungen festgestellt werden.

Die europaweite Studie von Wittchen und Jacobi aus dem Jahr 2005 untersuchte anhand von Surveydaten, strukturieren Expertenbefragungen sowie einer iterativen Literaturrecherche epidemiologischer Veröffentlichungen die Prävalenz psychischer Erkrankungen in Europa. Für Europa wurde eine 12-Monats-Prävalenz von 27,4 % bei Erwachsenen zwischen 18 und 65 Jahren ermittelt (Wittchen und Jacobi 2005). In der leicht abgewandelten Wiederholungsstudie von 2011 wurde eine Prävalenzrate von 38,2 % ermittelt, die jedoch nach Aussage der Autoren vollständig auf die Ausweitung der untersuchten Erkrankungen sowie die Einbeziehung von Kindern, Jugendlichen und älteren Personen zurückzuführen ist (Wittchen et al. 2011). Es konnte demnach kein Anstieg der Häufigkeit psychischer Erkrankungen verzeichnet werden.

Die Mannheimer Kohortenstudie untersuchte 600 Personen aus drei verschiedenen Jahrgängen (1935, 1945, 1955) zu drei unterschiedlichen Messzeitpunkten (1979, 1985, 1994) mithilfe psychoanalytischer Tiefeninterviews. Die Autoren dieser Langzeitstudie sehen keine Anhaltspunkte für eine Zunahme der psychischen Erkrankungen in der Bevölkerung (Franz et al. 2000).

Ergänzt werden diese Studien durch eine systematische Literaturrecherche von Richter et al., in der 44 internationale Studien aus West-Europa, Nord-Amerika, Australien/ Ozeanien identifiziert werden konnten, die eine identische Studienpopulation an mindestens zwei Messzeitpunkten mit vergleichbaren Methoden untersucht hatten. Im Ergebnis wurde festgestellt, dass es keinen Hinweis auf einen Anstieg psychischer Erkrankungen in der westlichen Welt nach dem zweiten Weltkrieg gibt (Richter et al. 2008). Auch das Update dieser Übersichtsarbeit aus dem Jahr 2013 kam zu dem gleichen Ergebnis (Richter und Berger 2013).

Es kann zusammengefasst werden, dass diese Bevölkerungsstudien das übereinstimmende Bild einer Seitwärtsbewegung bei den Prävalenzraten der psychischen Erkrankungen zeichnen und keine Hinweise auf eine Zunahme liefern. Allerdings zeigen diese Studien auch, dass die Prävalenzrate über alle psychischen Erkrankungen insgesamt etwas höher liegt, als es die Leistungsdaten der Krankenkassen zeigen. Um dieser Diskrepanz auf den Grund zu gehen und sich der Beantwortung der Frage anzunähern, ob eine reale Zunahme der Prävalenz psychischer Erkrankungen stattgefunden hat, sollen im folgenden Abschnitt vier Thesen erläutert werden, die Erklärungsansätze anbieten können.

22.6 Erklärungsansätze für die Diskrepanz zwischen der Prävalenzentwicklung in standardisierten Bevölkerungsbefragungen und Routinedaten

Im Einzelnen werden die folgenden Thesen vorgestellt:

These 1 – Die Menschen sind genauso psychisch krank wie früher, verändert hat sich nur das Inanspruchnahme- und Diagnoseverhalten.

These 2 – Die Menschen sind genauso psychisch krank wie früher, es wird nur heute etwas als Erkrankung klassifiziert, was früher als „normale Lebensprobleme" galt.

These 3 – Zunehmende arbeitsbedingte und gesellschaftliche Belastungen stellen die Ursache für den Anstieg der psychischen Diagnosen und Fehlzeiten in den Leistungsdaten dar.

These 4 – Auch die abnehmende Bindekraft der Unternehmen, Verwaltungen und Dienstleistungseinrichtungen könnte sich in den ansteigenden AU-Daten widerspiegeln.

In diesen Thesen werden teilweise sich widersprechende Positionen eingenommen, die aber aufgrund der mangelnden empirischen Evidenz argumentierbar sind. Abschließend wird eine Bewertung hinsichtlich der Kompatibilität der eingangs dargestellten Auswertungen vorgenommen.

❯ **These 1**
  Die Menschen sind genauso psychisch krank wie früher, verändert hat sich nur das Inanspruchnahme- und Diagnoseverhalten.

Nach dieser These ist die Realprävalenz über die Jahre gleich geblieben – die Menschen erkranken also genauso häufig an psychischen Erkrankungen wie früher – lediglich der Umgang mit diesen Erkrankungen hat sich verändert, sodass sie häufiger diagnostiziert bzw. behandelt werden. Bedingt sein kann dies durch einen „psychologischen Kulturwandel", der zu einer abnehmenden Stigmatisierung von psychischen Krankheiten in der Gesellschaft und einer zunehmenden mental health literacy bei den Betroffenen führt (Thom et al. 2019). Als Konsequenz treten diese eher hilfesuchend mit dem Versorgungssystem in Kontakt und beschreiben ihre Symptome differenzierter und – aufgrund der geringeren Stigmatisierung – offener. Ergänzend dazu wird davon ausgegangen, dass Ärzte als Folge von Schulungen aufmerksamer für Symptome psychischer Erkrankungen geworden sind. Das Resultat kann eine steigende Anzahl von Diagnosen und sich daraus ergebender Therapien sein (Jacobi 2009). Auch der Ausbau des Versorgungssystems in Bezug auf die Behandlung psychisch kranker Menschen sowie der vereinfachte Zugang zu Psychotherapeuten durch die Einführung des Direktzugangs im Rahmen des Psychotherapeutengesetzes von 1999 kann bewirkt haben, dass Betroffene zunehmend in Kontakt mit dem Gesundheitswesen treten (Jacobi und Linden 2018; Jacobi 2009). Gestützt werden kann diese These durch die Vermutung, dass eine Verschiebung von somatischen in Richtung psychischer Diagnosen stattgefunden hat, die durch eine steigende Awareness der Ärzte und eine zunehmende Bereitschaft der Patienten, über psychische Probleme zu sprechen, bedingt sei („right-coding") (DAK 2013). Auch Genz und Jacobi schließen sich unter Bezugnahme auf eine Untersuchung der DAK der Vermutung einer Diagnoseverschiebung an (Genz und Jacobi 2014). Auf den ersten Blick kann anhand der Arbeitsunfähigkeitsdaten sowie anhand der Daten der Deutschen Rentenversicherung, die jüngeren Datums sind, nicht eindeutig belegt werden, dass dieser mögliche Trend seit 2013 anhält.

Im Umkehrschluss würde These 1 bedeuten, dass die Behandlungsprävalenz in der Vergangenheit unterdokumentiert wurde, da Ärzte wie Betroffene Symptome einer psychischen Erkrankung nicht als solche erkannt haben oder Letztere erst gar nicht in Kontakt mit dem Versorgungssystem getreten sind. Grundsätzlich kann davon ausgegangen werden, dass die Prävalenz psychischer Erkrankungen in der Bevölkerung unterschätzt wurde, da in früheren Studien häufig lediglich die Behandlungs-

prävalenz untersucht wurde, also Personen erfasst wurden, die wegen einer psychischen Erkrankung behandelt wurden (Jacobi 2009). Heute ist jedoch bekannt, dass ein Großteil der Betroffenen erst spät in Kontakt mit dem Versorgungssystem kommt (in der DEGS-Studie gaben 57 % der Personen mit psychischen Erkrankungen an, noch nie deshalb das Versorgungssystem aufgesucht zu haben). Folglich kann angenommen werden, dass eine Vielzahl an psychisch erkrankten Personen in früheren Studien nicht erfasst wurde (Thom et al. 2019). Zudem ist heute aufgrund der weiterentwickelten Diagnosekriterien eine genauere Erfassung psychischer Erkrankungen möglich (Jacobi 2009).

Es bleibt abzuwarten, ob es zu einem weiteren Anstieg der psychisch bedingten Fehlzeiten sowie der Verschreibungs- und Diagnosezahlen in den Leistungsdaten kommen wird. Ein adäquates Abbild der tatsächlichen Prävalenz in den Leistungsdaten wäre grundsätzlich zu begrüßen, da so eine krankheitsspezifische Versorgung von Betroffenen erfolgen kann. Zudem sollte in Studien eingehend überprüft werden, bei welchen psychischen Indikationen ggf. durch eine noch frühzeitigere Diagnostik und Behandlung die Lebensqualität der Betroffenen erhöht und der Krankheitsverlauf – auch mit Blick auf die Sekundär- und Tertiärprävention – günstig beeinflusst werden kann.

> **These 2**
> Die Menschen sind genauso psychisch krank wie früher, es wird nur heute etwas als Erkrankung klassifiziert, was früher „normale Lebensprobleme" waren.

Eine zweite These geht ebenfalls davon aus, dass psychische Erkrankungen im Laufe der Zeit nicht häufiger vorkommen. Nach dieser These wird davon ausgegangen, dass beispielsweise die große mediale Aufmerksamkeit, die Meldungen mit dem Thema psychische Gesundheit hervorrufen, sowie die steigende mental health literacy in der Bevölkerung dazu geführt haben, dass Menschen ihre eigene psychische Verfassung tendenziell schlechter einstufen und sie sich deshalb in Behandlung begeben. So weisen Thom et al. (2019) darauf hin, dass eine Zunahme der psychischen Gesundheitskompetenz zu einer schlechteren Einschätzung der eigenen Psyche führen kann. In einer Metaanalyse untersuchten Baxter et al. (2014), ob psychische Erkrankungen gemäß ICD bzw. DSMV-Kriterien zwischen 1990 und 2010 angestiegen waren, was nicht der Fall war. Darüber hinaus untersuchten sie im Rahmen eines systematischen Reviews, ob demgegenüber subklinische Symptome angestiegen seien. Dafür werteten sie Studien aus, in denen das Ausmaß an psychischem Disstress in Populationen über die Zeit (die Studiendauer variierte zwischen 12 und 20 Jahren im Zeitfenster 1977 bis 2010) erfasst wurde. In insgesamt acht von elf passenden Studien, darunter auch in einer deutschen Studie, zeigte sich jeweils ein signifikanter Anstieg an psychischem Disstress. Zusammenfassend konnte geschlussfolgert werden, dass die subjektiv empfundene Beeinträchtigung zwar signifikant zugenommen, die Prävalenz psychischer Erkrankungen jedoch gleich geblieben war (Baxter et al. 2014).

Weiterhin wird in der Epidemiologie und Versorgungsforschung teilweise die These vertreten, dass das zunehmende Versorgungsangebot sowie das Wissen der Ärzte über psychische Erkrankungen „normale" Krisen und Problemlagen im Sinne einer „Psychologisierung menschlicher Lebenswirklichkeit" pathologisiert (Thom et al. 2019). Dies hätte eine psychotherapeutische Versorgung von Problemen zur Folge, die eigentlich kein klinisch-relevantes Ausmaß aufweisen. Nach Freyberger und Linden (2014) gibt es keine belastbaren Zahlen, die belegen, zu welchem Prozentsatz Richtlinien-Psychotherapien durchgeführt werden, obwohl dies nicht notwendig und im Hinblick auf die Solidargemeinschaft nicht wirtschaftlich und somit unethisch sei. Die fehlende Notwendigkeit und Wirtschaftlichkeit liege dann vor, wenn eine Richtlinien-Psychotherapie zwar hilfreich wäre, jedoch keine psychische Erkrankung, sondern „Probleme in der Lebensführung" vorlägen, kein Behandlungs-

erfolg prognostiziert würde, es wirtschaftlichere Therapieformen gäbe oder „eine Abwägung von Kosten und Nutzen gegen eine Psychotherapie [spräche]" (Freyberger und Linden 2014).

Nach dieser These könnten die Steigerungsraten bei der Diagnostik und Behandlung von psychischen Erkrankungen kritisch bewertet werden. Vor diesem Hintergrund könnte eine angebotsinduzierte Nachfrage postuliert werden, die nicht nur nicht den Behandlungsbedarf abdeckt, sondern ggf. gleichzeitig neuen, unangemessenen Bedarf schafft.

❯ These 3

Zunehmende arbeitsbedingte und gesellschaftliche Belastungen stellen die Ursache für den Anstieg der psychischen Diagnosen und Fehlzeiten in den Leistungsdaten dar.

Bei der dritten These wird davon ausgegangen, dass die sich in den Routinedaten abzeichnende Zunahme von psychischen Erkrankungen als Hinweis auf ein häufigeres Vorkommen verstanden werden kann. Der Anstieg psychisch bedingter Arbeitsunfähigkeit ist ein Faktum, das einer eigenen Erklärung bedarf – unabhängig von der Befundlage in der psychiatrischen Epidemiologie. Die gleichbleibenden Prävalenzen in den letzten Jahren bei den Bevölkerungsstudien werden bei dieser These allerdings ignoriert. Nach diesem Ansatz ergibt sich durch die Zunahme von Stressoren in der Arbeits- und Lebenswelt auf der einen Seite und die Abnahme von Ressourcen auf der anderen Seite eine stressverursachende Dysbalance, die sich im subjektiven Befinden der Personen, aber auch in erhöhten Fehlzeiten und Behandlungsquoten widerspiegelt.

Demnach stellt die Entwicklung von psychischen Erkrankungen – auch bezeichnet als Zeitkrankheiten – eine an sich gesunde Reaktion der Menschen auf die Herausforderungen einer fordernden Gesellschaft dar. So wird angenommen, dass die als Belastungsfaktoren eingestuften Trends der Individualisierung, Selbstausbeutung und Leistungsorientierung zugenommen haben (Thom et al. 2019; Weber

22

2007), während die Schutzfaktoren familiäre Kohäsion, stabile Wertesysteme sowie soziale Unterstützung abgenommen haben (Jacobi 2009). Im Beruf finden sich Hinweise auf eine zunehmende Beschleunigung und Arbeitsverdichtung sowie einen u. a. durch die Globalisierung bedingten steigenden Wettbewerbsdruck (Weber 2007; Lenhardt et al. 2010). Der Trend zur Entgrenzung von Arbeit, bedingt durch eine zunehmende Digitalisierung, Informatisierung und Flexibilisierung, fordert von den Beschäftigten eine stärkere Fähigkeit zur Selbstregulation, zur Eigeninitiative und zum Selbstmanagement (Lenhardt et al. 2010; Lohmann-Haislah 2012a; Ducki 2016; Jacobi und Linden 2018). Nicht alle Beschäftigten können jedoch mit einer wachsenden Zahl an zu treffenden Entscheidungen und Optionen umgehen. Das Resultat kann eine Art „Optionsstress" als Kehrseite des positiv assoziierten Entscheidungsspielraums sein (Stieler-Lorenz et al. 2011). Nach Lenhardt et al. (2010) besteht Konsens, dass die sich verändernde Arbeitswelt mit einer Zunahme von psychischen Belastungen verbunden ist. In zahlreichen empirischen Befunden (z. B. Rugulies et al. 2017; Theorell et al. 2015) wurde gemäß des Anforderungs-Kontroll-Modells (Karasek 1979) die Kombination aus hohen quantitativen Arbeitsanforderungen und einem geringen Handlungsspielraum als zentraler Stressfaktor identifiziert. Im Modell beruflicher Gratifikationskrisen (Siegrist 1996; vgl. auch Siegrist und Dragano, ▶ Kap. 12 in diesem Band) wird dargelegt, dass die Kombination aus einer hohen externen und internen Verausgabung bei geringer Belohnung (z. B. Aufstiegsmöglichkeiten, Gehalt oder Lob) Krankheiten durch Stress verursacht. Aus der Arbeitsschutzberichterstattung des Bundes geht hervor, dass Arbeitsbelastungen, wie starker Termin- und Leistungsdruck oder Arbeitsunterbrechungen, in der heutigen Arbeitswelt verbreitet sind (BMAS und BAuA 2019) und häufig auch als subjektiv belastend empfunden werden (Lohmann-Haislah 2012b). Auch in einer repräsentativen Befragung der Bertelsmann Stiftung trifft für ein Drittel der Erwerbstätigen die

Aussage „Man fragt sich, wie man die ständig steigenden Arbeitsanforderungen bewältigen soll" eher bzw. voll und ganz zu. 42 % geben an, dass ihr Arbeitsumfeld „durch ständig neue Leistungs-/Ertragsziele" geprägt ist, 18 % arbeiten oft oder sehr oft bis „bis an die Grenzen ihrer Leistungsfähigkeit" (Chevalier und Kaluza 2015). Emotionale Erschöpfung („Burnout") steht in Zusammenhang mit z. B. einer zu hohen Arbeitslast oder mangelndem Handlungsspielraum (z. B. Alarcon 2011; Aronsson et al. 2017). Ob alle hier als Stressoren aufgeführten Tendenzen jedoch tatsächlich der Belastungsseite zuzuschreiben sind, wird von Dornes (2016) kritisch hinterfragt. So merkt er an, dass beispielsweise eine gestiegene Scheidungsrate – als Beispiel für die Abnahme familiärer Kohäsion – auch bedeuten könne, dass Menschen heute die Möglichkeit hätten, belastende Lebenssituationen proaktiv zu verändern und ihr Leben nach ihren Bedürfnissen zu gestalten. Er proklamiert stattdessen, dass eine Zunahme auf der Ressourcenseite in Bezug auf soziale Unterstützung und Problemlösefähigkeit stattgefunden habe und sogar Hinweise darauf vorlägen, dass sich die psychische Gesundheit verbessert habe (Dornes 2016). Auch Richter et al. (2008) betonen, dass Einflussfaktoren wie die Globalisierung oder Individualisierung sowohl positiv als auch negativ mit der psychischen Gesundheit assoziiert sein könnten.

Insbesondere für Menschen mit psychischen Erkrankungen können Belastungen in der Arbeitswelt eine besondere Herausforderung darstellen. Hinzu kommt, dass der in den letzten Jahrzehnten stattgefundene Wandel der Arbeitswelt zu einer Veränderung der geforderten Kompetenzen geführt hat. So fand in den vergangenen Jahrzehnten eine Verschiebung hin zu vermehrt geistigen und kommunikativen Tätigkeiten statt, die zudem flexible Handlungsweisen erfordern. Hinzu kommt die Entwicklung, dass Arbeitsprozesse stärker standardisiert und überwacht werden. Diese Veränderungen können für Beschäftigte mit psychischen Erkrankungen eine Überforderung darstellen, deren Folgen erhöhte Fehlzeiten und langfristig erhöhte Erwerbsunfähigkeitsquoten sein können (Jacobi und Linden 2018). Die Zunahme an psychisch bedingten Fehlzeiten kann demzufolge zumindest auch teilweise durch den Verlust von sogenannten „Nischen" für psychisch vulnerable Beschäftigte in der Arbeitswelt bedingt sein – unabhängig davon, ob die Arbeitsbedingungen an sich als pathogen zu bewerten sind (Thom et al. 2019).

Der regelmäßig erscheinende Stressreport der BIBB/BAuA (zuletzt 2012) gibt einen Überblick über das subjektive Stresserleben der Beschäftigten. Die zugrunde liegende Erwerbstätigenbefragung wird turnusmäßig durchgeführt und bietet somit die Möglichkeit, Entwicklungen und Trends aufzuzeigen. In der aktuellsten Befragung von ca. 18.000 Beschäftigten im Jahre 2012 wurde eine leichte Verschlechterung der langfristigen Stressfolgen festgestellt, gekennzeichnet durch eine negativere Einschätzung der subjektiven Gesundheit sowie eine Zunahme der Anzahl an Beschwerden seit der letzten Erhebungswelle 2005/2006 (Rothe 2012). Die gemessenen Werte für arbeitsbedingte psychische Belastungen stagnieren hingegen auf einem hohen Niveau. So gaben 58 % der befragten angestellten Beschäftigten in der Befragung an, Multitasking betreiben zu müssen (59 % in der Erhebung 2005/2006) und 52 %, sich starkem Termin- und Leistungsdruck ausgesetzt zu fühlen (54 % in der Erhebung 2005/2006). Auf der Ressourcenseite wurden für die Indikatoren Handlungsspielraum und soziale Unterstützung gleichbleibend gute Werte gemessen (Lohmann-Haislah 2012b). Hapke et al. (2013) untersuchten im Rahmen der DEGS-Studie die Prävalenz chronischer Stressbelastung (Alter 18 bis 64) und fanden heraus, dass 13,9 % der Frauen und 8,2 % der Männer eine starke Stressbelastung wahrnehmen. Personen in dieser Gruppe gaben zudem deutlich öfter an, unter Beschwerden wie Schlafstörungen oder depressiven Symptomen zu leiden, womit die Ergebnisse den Zusammenhang von anhaltenden Stressbelastungen und psychischen Beeinträchtigungen verdeutlichen. Zudem gibt die Studie Hinweise darauf, dass die soziale Unterstützung eine mediierende Wirkung auf die Wirkung der Stressbelastung hat und damit eine wichtige Ressource darstellt. Sowohl bei den männlichen als auch bei den weiblichen Befragten stieg die chronische Stressbelastung mit abnehmendem sozioökonomischem Status.

> **These 4**
> Auch die abnehmende Bindekraft der Unternehmen, Verwaltungen und Dienstleistungseinrichtungen könnte sich in den ansteigenden AU-Daten widerspiegeln.

Ob sich das Problem der steigenden Fehlzeiten mit zunehmendem Arbeitsstress – wie auch immer erhoben – erklären lässt, ist unklar. Dabei bleibt völlig außer Acht, dass psychische Beeinträchtigungen nicht nur eine Folge von Arbeitsstress sein müssen. Bei der Konzentration auf Arbeitsbelastungen bleibt unberücksichtigt, dass sie auch Folgen einer Krise von Sinn und Werten sein können (Maslach und Leiter 2016). Befunde aus empirischen Studien zeigen entsprechend, dass nicht nur chronische Stressoren der Arbeit wie Zeitdruck oder ein mangelnder Handlungsspielraum, sondern auch eine fehlende emotionale Bindung (affektives Commitment) und ein Mangel an Sinnhaftigkeit in der Arbeit mit psychischen Beeinträchtigungen zusammenhängen. So fand sich in einer deutschen Studie bei rund 2.000 Beschäftigten in Rehabilitationskliniken bspw. ein signifikanter Zusammenhang zwischen dem Sozialkapital (Qualität von Kultur, Führung und Beziehungsklima), der emotionalen Bindung und dem Ausmaß an Burnout. Die Rolle der sozialen Organisationsbedingungen spiegelte sich dabei im unterschiedlichen Burnout-Ausmaß der Beschäftigten zwischen den Kliniken wider. Hier konnte das Sozialkapital 60 % der Varianz im Burnout-Ausmaß zwischen den Kliniken erklären. Außerdem fand sich in der Studie ein starker Zusammenhang zwischen dem Sozialkapital und der emotionalen Bindung. Sozialkapitalmerkmale können als gesundheitsrelevante Bindekräfte von Or-

22

ganisationen verstanden werden (vgl. Ehresmann 2017). In einer weiterführenden Untersuchung ließ sich aufzeigen, dass das Ausmaß an Burnout in einem signifikanten Zusammenhang mit der Sinnhaftigkeit der Arbeit steht; diese wurde wiederum wesentlich von der Organisationskultur bestimmt. Nicht nur die psychische Gesundheit, sondern auch das wahrgenommene Ausmaß der Fehlzeiten auf Abteilungsebene korrelierte mit diesen Faktoren (Ehresmann und Badura 2018a). Dass die emotionale Bindung mit dem Sozialkapital einer Organisation zusammenhängt – also mit gemeinsamen Überzügen, Werten und Regeln, mit denen sich die Beschäftigten identifizieren (Organisationskultur), mit einer mitarbeiterorientierten Führung sowie einem guten Beziehungsklima –, belegen noch weitere Studien (Kockert und Schott 2016; Lükermann 2013). Je geringer diese Bindekräfte einer Organisation ausgebildet sind, desto größer ist das generelle Risiko psychischer Beeinträchtigungen (Badura 2017; Ehresmann und Badura 2018b; Mayer und Maltin 2010).

Zur Vermeidung von psychischen Beeinträchtigungen und damit assoziierten Fehlzeiten sollten also nicht nur Arbeitsbelastungen in den Blick genommen und reduziert, sondern auch die Bindekräfte von Organisationen gestärkt werden. Kontinuierliche Beobachtung, Schutz und Förderung der psychischen Gesundheit in der Arbeitswelt sollten erheblich intensiviert werden. In einer Kopfarbeiterwirtschaft wird die psychische Energie der Erwerbsbevölkerung zur zentralen Triebkraft für den Organisationserfolg.

Eine der zentralen Quellen guter Arbeit ist die intrinsische Motivation, also das Resultat der Passung von persönlicher Leistungsbereitschaft und anspruchsvollen komplexen Aufgabenbedingungen. Die tatsächlich investierte Motivation und Energie eines jeden Einzelnen variiert mit den Arbeits- und Organisationsbedingungen, zum Beispiel, wie sinnstiftend konkrete Aufgaben bewertet werden oder wie gut die Beziehungen im Kollegenkreis oder mit den direkten Vorgesetzten sind, also mit

Bindung und Motivation beeinflussenden Faktoren – mit oft durchschlagenden Auswirkungen auf innere Kündigung, Fehlzeiten, Qualitätsbewusstsein und Gesundheit (Ducki et al. 2014).

Zusammenfassend kann festgestellt werden, dass der in den Leistungsdaten zu verzeichnende Anstieg nicht in einem Widerspruch zu den Ergebnissen der epidemiologischen Studien stehen muss, sondern „eine unterschiedliche Facette der gleichen ‚Wahrheit‘ sein" kann (Dornes 2016, S. 33), wenn davon ausgegangen wird, dass erstere die Realprävalenz, letztere die Behandlungsprävalenz messen. Jedoch ist grundsätzlich zu hinterfragen, inwiefern eine Antwort auf die Frage nach der „wahren Prävalenz" aus gesellschaftlicher Sicht überhaupt zielführend ist. Tatsache ist, dass Menschen in den letzten zehn Jahren vermehrt aufgrund psychischer Beschwerden das Versorgungssystem aufsuchen, Therapiemöglichkeiten in Anspruch nehmen und arbeitsunfähig sind. Unabhängig davon, ob dieselben Symptome früher ebenfalls zu einer Diagnose, Behandlung oder Arbeitsunfähigkeit geführt hätten, bewerten sich die Betroffenen subjektiv dahingehend, dass sie das Gesundheitssystems aufsuchen. Thom et al. (2019) geben zu bedenken, dass bei der Ermittlung des Behandlungsbedarfs anstelle der Prävalenzrate vielmehr die soziale Teilhabe, das Vorliegen von Funktionseinschränkungen sowie die Wahrscheinlichkeit des Fortschreitens von Erkrankungen berücksichtigt werden sollte.

Auch wenn das Entstehungsgeschehen psychischer Erkrankungen komplex ist und von einer Vielzahl von Faktoren abhängt, ist dennoch unbestritten, dass die Arbeitswelt einen maßgeblichen Beitrag zur psychischen Gesundheit – positiv wie negativ – leisten kann. Insofern scheint es wichtig, die Handlungsmöglichkeiten für Unternehmen aufzuzeigen. Damit könnten durch Ansätze der Verhaltens- und Verhältnisprävention die psychische Gesundheit der Mitarbeiter gefördert und Beschäftigte mit bereits bestehenden psychischen Erkrankungen noch besser unterstützt werden.

22.7 Implikationen für die Betriebe

Die Beantwortung der Frage, ob psychische Probleme – sei es in Form subklinischer oder klinischer Symptome – zugenommen haben, ist eine Herausforderung für die Wissenschaft. Mit dem erheblichen Anstieg der Fehlzeiten und der gesetzlichen Verpflichtung zur psychischen Gefährdungsbeurteilung (§ 5 ArbSchG) rückt das Thema Psyche in den letzten Jahren verstärkt in den Vordergrund. Unternehmen sind dazu gezwungen, Gefährdungen der psychischen Gesundheit bei der Arbeit zu identifizieren und zu vermeiden. In diesem Zusammenhang erwähnenswert ist auch die Höherstufung von Burnout durch die WHO als „arbeitsbedingtes Syndrom" (World Health Organization 2019).

Psychische Probleme haben wegen ihrer starken Verbreitung in der Erwerbsbevölkerung (vgl. BMAS/BAuA 2019) in jedem Fall eine erhebliche ökonomische Bedeutung. Da sind die zunächst besonders auffälligen, seit Jahren ansteigenden Kosten durch psychisch bedingte Fehlzeiten („Absentismus"). Da sind zum zweiten die bisher immer noch häufig übersehenen Kosten aufgrund von psychischen Problemen oder durch mangelhafte Unternehmensbindung verursachten Einschränkungen der Arbeitsfähigkeit oder Arbeitsbereitschaft anwesender Mitarbeiter („Präsentismus"). Zu denken ist ferner an die zunehmenden volkswirtschaftlichen Kosten für die Versorgung und Frühberentung.

Psychische Probleme (klinische und subklinische Symptome)
- beeinträchtigen die Lebens- und Arbeitsqualität von Beschäftigten
- erhöhen die Arbeitskosten in der Privatwirtschaft, im öffentlichen Dienst und der Sozialversicherung
- erhöhen die Versorgungskosten insbesondere bei der Kranken- und bei der Rentenversicherung

Aus dem jährlich publizierten Bericht „Sicherheit und Gesundheit bei der Arbeit" des Bundesministeriums für Arbeit und Soziales (BMAS) und der Bundesanstalt für Arbeitsschutz und Arbeitsmedizin (BAuA) geht hervor, dass sich jeder zweite Erwerbstätige müde, matt und erschöpft fühlt, etwa jeder Dritte sich von nächtlichen Schlafstörungen sowie Nervosität und Reizbarkeit betroffen, jeder Vierte sich emotional erschöpft und jeder Fünfte sich niedergeschlagen fühlt (BMAS und BAuA 2019). Damit weist ein erheblicher Anteil der Erwerbtätigen subklinische psychische bzw. psychosomatische Symptome auf. Eichhorst et al. (2016) fanden auf Basis eines Vergleichs der Daten der BIBB/BAuA Erwerbstätigenbefragung der Jahre 2006 und 2012 heraus, dass Indikatoren wie psychische Beanspruchung, emotionale Erschöpfung, Niedergeschlagenheit, Nervosität und Reizbarkeit, nächtliche Schlafstörungen, Mattigkeit und Erschöpfung sowie allgemeine Müdigkeit in den vergangenen Jahren über verschiedenste Berufsgruppen hinweg stark angestiegen sind.

Die genannten Befunde aus den repräsentativen BIBB/BAuA-Erwerbstätigenbefragung zeigen auf, dass psychische Beeinträchtigungen stark verbreitet und aus Sicht der Erwerbstätigen angestiegen sind. Sie erlauben isoliert betrachtet jedoch keine Rückschlüsse auf zugrundeliegende Ursachen. Allerdings ist die wissenschaftliche Evidenz (vgl. auch die Thesen 3 und 4 in ▶ Abschn. 22.6) inzwischen so umfassend, dass keine Zweifel bestehen, dass die Arbeits- und Organisationsbedingungen einen erheblichen Einfluss auf die psychische Gesundheit nehmen.

Für Kopfarbeiter ist die psychische Gesundheit besonders wertvoll, aber auch besonders gefährdet. Bereits geringe im Gehirn auftretende Funktionsstörungen, wie nachlassende Konzentrationsfähigkeit, Aufmerksamkeit oder Gedächtnisleistung, können sich negativ auf Arbeitsprozesse und ihre Ergebnisse auswirken. Mit Blick auf die geistige Arbeit sind deshalb stark verbreitete Beeinträchtigungen, wie Erschöpfung, Schlafstörungen, depressive Verstimmung oder situationsbedingte

22

Ängste, sehr wohl beachtenswert. Sie können den Energieeinsatz des Menschen reduzieren, sein Arbeitsverhalten verschlechtern und Leidensdruck auslösen. Und sie bilden – bei ihrer Chronifizierung – Risikofaktoren für später auftretende manifeste physische Erkrankungen (Russ et al. 2012).

Das wohl anschaulichste Beispiel für das zunehmende Problem steigender Fehlzeiten aufgrund von psychischen Beeinträchtigungen ist Burnout. Aufgrund des hohen Selbsterkennungswertes, so wird vermutet, erleichtert Burnout den Zugang zu professionellen Gesundheitsdiensten (Thalhammer und Paulitsch 2014). Die offenkundige Folge ist ein starker Anstieg der AU-Fälle und AU-Tage zur Diagnose Z73 (vgl. Meyer et al., ▶ Kap. 23 in diesem Band). Immer mehr Menschen sind immer länger in Verbindung mit dieser Diagnose arbeitsunfähig geschrieben, mit entsprechenden Kosten für nicht geleistete, aber bezahlte Arbeit seitens der Betriebe und für die Versorgung. Absentismuskosten sind dabei allerdings nicht das einzige Problem, das sich für Betriebe stellt. Problematisch ist, dass das Arbeiten trotz fortbestehender psychischer Beeinträchtigung über einen längeren Zeitraum zu Leistungsverlusten und hohen Produktivitätseinbußen führen kann, mit anderen Worten eine Präsentismusproblematik gegeben ist (Steinke und Badura 2011), denn Menschen mit Burnout neigen dazu, trotz Krankheitsempfinden zur Arbeit zu gehen (Demerouti et al. 2009). Neben einer emotionalen Erschöpfung und einer kognitiven und emotionalen Distanzierung von der Arbeit bzw. von Kunden ist eine reduzierte Leistungsfähigkeit Teil des Syndroms (Maslach et al. 2001). Iverson et al. (2010) konnten für eine Vielzahl an psychosomatischen Beeinträchtigungen, z. B. Stress, Schlafstörungen, depressive Verstimmung oder Kopfschmerzen, aufzeigen, dass die Kosten, die einem deutschen Unternehmen durch die damit verbundenen Leistungseinbußen entstehen, viermal so hoch sein können wie die Kosten durch Absentismus.

Hohe Funktionsfähigkeit des Gehirns ist in einer Kopfarbeitergesellschaft von größter Bedeutung. Daher erscheint es dringend geboten, dem Thema psychische Gesundheit mehr Beachtung zu schenken. Beschäftige mit psychischen Beeinträchtigungen verursachen nicht nur Fehlzeiten, es besteht für Organisationen das Risiko einer Chronifizierung mit Präsentismus.

▪▪ Stress bekämpfen und Bindung stärken

In weiten Teilen unserer Arbeitswelt besteht gegenwärtig Unsicherheit und Hilflosigkeit, wie mit psychischen Belastungen und Beeinträchtigungen der Beschäftigten umgegangen werden soll. Im Verlauf der zurückliegenden Jahrzehnte ist es den Betrieben gelungen, die physischen Risiken zu beherrschen. Für die von ihnen miterzeugten psychischen Risiken gilt dies bisher nicht. Die Praxis ihrer Arbeitssicherheit und des Gesundheitsschutzes hält erkennbar nicht Schritt mit der realen Entwicklung. Dabei können Unternehmen mittlerweile auf breite Forschungsergebnisse zur Wirksamkeit einzelner Maßnahmen zurückgreifen, die entweder dabei unterstützen, die Selbstregulation und das Verhalten zu ändern (verhaltenspräventive Maßnahmen) oder Arbeitsbedingungen gesundheitsgerecht zu verändern (verhältnispräventive Maßnahmen). Es kann davon ausgegangen werden, dass eine Kombination aus verhaltens- und verhältnispräventiven Maßnahmen für das Betriebliche Gesundheitsmanagement in Betrieben gute Ergebnisse erzielen kann. Denn auch wenn die Wirksamkeit verhaltenspräventiver Trainings belegt werden konnte, liegt bei diesem Ansatz die Förderung nur beim Einzelnen und es kommt nicht zu einer gesundheitsförderlichen Optimierung von Arbeitssystemen und Arbeitsorganisationen. Die wirksamsten verhaltenspräventiven Maßnahmen mit Blick auf psychische Risiken sind Angebote zur Stressbewältigung, die auf Techniken der kognitiv-behavioralen Psychotherapie beruhen, zielgruppengerecht und multimodal konzipiert sind (Joyce et al. 2016; Richardson und Rothstein 2008; Bamberg und Busch 1996, 2006). Dabei werden Online-Trainings zunehmend bedeutsamer. Sie bestehen wie auch die Präsenztrainings aus mehreren Trainingseinheiten. Ihre Attraktivität besteht darin, dass sie Zielgruppen erreichen, die mit herkömmlichen Maßnahmen der Gesundheitsförderung nicht erreicht werden, z. B. weil sie sozial stigmatisierte gesundheitliche Probleme haben. Dies trifft u. a. für Erwerbstätige mit Suchterkrankungen zu, die – wie die Daten unter ► Abschn. 22.2.1 belegen – überwiegend männlich sind. Aber auch mobil Arbeitende können von Online-Angeboten profitieren. Erste Metaanalysen bestätigen ihre Wirksamkeit. So zeigen zahlreiche Studien mit Warte-Kontroll-Gruppendesign, dass Teilnehmende am Ende der Trainings weniger depressive Beschwerden, weniger Schlafbeschwerden, weniger Sorgegedanken sowie eine stärkere gedankliche Distanzierungsfähigkeit gegenüber beruflichen Problemen aufweisen. Ebenfalls zeigten sich positive Effekte auf den Absentismus der Teilnehmenden (Lehr et al. 2016, S. 3). Unternehmen können und sollten daher zukünftig verstärkt prüfen, ob nicht Online-Angebote im Rahmen einer umfassenden BGM-Strategie einen festen Platz für die Erwerbstätigen erhalten, die bislang nicht oder nur sehr schwer erreicht werden konnten.

Während der Forschungsstand zu den generellen Zusammenhängen von Aufgabenmerkmalen und Gesundheit als gut bezeichnet werden kann, sind die Befunde der Interventionsstudien deutlich seltener und weniger eindeutig. Besonders problematisch sind die Einflüsse diverser Drittvariablen (Einfluss von Führung, Restrukturierungen, Mitarbeiterfluktuation) und Hindernisse bei der praktischen Umsetzung der Interventionen im betrieblichen Alltag. Bei verhältnispräventiven Maßnahmen zeigen sich am deutlichsten positive Effekte für Maßnahmen, die zum Ziel haben, die Handlungs- und Entscheidungsräume der Mitarbeitenden zu vergrößern, was wiederum zu einer Reduktion von Stress und psychischen Beschwerden führen kann (Egan et al. 2007; Joyce et al. 2010). Vielversprechend sind Programme, die die Besonderheiten der Zielgruppe berücksichtigen, partizipativ ausgerichtet sind und die Maßnahmen auf mehreren Ebenen umfassen, z. B. Veränderung technischer

Bedingungen, organisationaler und sozialer Rahmenbedingungen (GKV-Präventionsleitfaden 2018; Montano et al. 2014). Erste positive Erfahrungen liegen auch mit verhältnispräventiven Online-Trainings vor, die im Wesentlichen darauf abzielen, das arbeitsgestalterische Wissen bei Beschäftigten und Führungskräften zu verbreitern und damit die gesundheitsgerechte Gestaltung der Arbeit zu erleichtern (z. B. Ducki et al. 2019).

Sowohl in der Praxis als auch in der Forschung liegt der Fokus bislang im Bereich der individuellen Verhaltensprävention. Große Herausforderungen ergeben sich zudem für verhältnispräventive Angebote in der digitalisierten Arbeitswelt. Hier wird zukünftig u. a. bei der Gestaltung der Mensch-Maschine-Kollaboration in sog. Cyber-Physical Systems (CPS) darauf zu achten sein, dass repetitive Aufgabenbestandteile Maschinen zugeordnet werden und planerisch komplexe Aufgabenbestandteile beim Menschen verbleiben, um deren Steuerungs- und Regulationskompetenzen auch weiterhin zu erhalten. Es stellt eine große Herausforderung dar, die Mensch-Maschine-Aufgabenteilung so zu gestalten, dass Aufgaben für den Menschen anspruchsvoll und abwechslungsreich bleiben und menschliche Potenziale auch weiterhin fordern und fördern. Dies kann nur zu einem sehr frühen Zeitpunkt der Entwicklung der IT-Programme geschehen und setzt eine intensive Zusammenarbeit mit Software- bzw. IT-Entwicklern voraus. Die nächsten Jahre werden zeigen, wie eine gesundheitsgerechte und humane digitale Arbeit aussehen kann.

Unstrittig ist, dass Arbeit mit Stress verbunden sein, die Leistungsfähigkeit beeinträchtigen und krankmachen kann. Unstrittig ist aber auch, dass Arbeit Wohlbefinden fördert, wenn sie positiv erlebte soziale Eingebundenheit ermöglicht und Sinn stiftet. Arbeit im 21. Jahrhundert erfordert einen hohen Verbrauch an psychischer Energie für Problemlösung, Gefühlsregulierung, Netzwerkpflege und gelingende Kooperation. Für das Betriebliche bzw. Behördliche Gesundheitsmanagement folgt daraus, dass es nicht nur auf die

22

Vermeidung von Ängsten, Überforderung und Erschöpfung ankommt, sondern auch auf die Förderung von emotionaler Bindung, Sinnstiftung und vertrauensvolle Kooperation (Badura 2017; Ehresmann 2017). Beschäftigte sind dabei mitverantwortlich für ihre Motivation und Gesundheit. Dies darf allerdings keinesfalls einen Vorwand dafür liefern, arbeits- und organisationsbedingte Einflüsse auf Wohlbefinden, Gesundheit, Produktivität, Qualitätsbewusstsein etc. zu vernachlässigen. Wissenschaftlich gut belegt ist: Gehäuft auftretende Fehlzeiten haben ihre Ursache auch oder sogar primär in von den Beschäftigten nicht oder nur schwer beeinflussbaren (vorgefundenen) Arbeits- und Organisationsbedingungen, z. B. in ihrer mangelhaften Bindungskraft, in einer Kultur des Misstrauens und der Angst oder in zeitlicher oder inhaltlicher Überforderung (Badura 2017). Unternehmen, Behörden und Dienstleistungseinrichtungen tragen Verantwortung für beides: für den Zustand ihres Human- und Sozialvermögens und damit auch für Gesundheit und Wohlbefinden. Menschen streben nicht nur danach, Bedrohungen und Schädigungen zu vermeiden, sondern – wie uns auch die Erkenntnisse der Neuroforschung lehren – nach sozialer Verbundenheit, nach sinnvoller Betätigung und nach Anerkennung ihrer Beiträge (Damasio 2017; Decety und Cacioppo 2011). Organisationen, die diesen biopsychosozialen Grundbedürfnissen gerecht werden, sind – so darf vermutet werden – gesünder und attraktiver (Badura und Steinke 2019; Ehresmann 2017).

Zur Bewältigung schlagen wir vor, den Ursachen psychischer Probleme genauer nachzugehen und – soweit sie in der Arbeitswelt zu lokalisieren sind – ähnlich wie in der Umweltpolitik nach dem Verursacherprinzip zu verfahren. Der Staat sollte Unternehmen, die mit qualitätsgesicherten Bemühungen „hausgemachten" Ursachen begegnen, Steuererleichterung gewähren. Die sozialen Sicherungssysteme sollten die Unternehmen dabei unterstützen.

Anhang

▪▪ Hinweise zur Methodik – ◨ Tab. 22.2
In den Auswertungen wurden die Daten der erwerbstätigen AOK-Versicherten zwischen 18 und 65 Jahren ausgewertet.

Ambulante/stationäre Diagnosen Für die Auswertung der psychischen Erkrankungen wurde eine Differenzierung nach Diagnoseuntergruppen vorgenommen. Dabei wurden für die jeweilige Diagnoseuntergruppe alle Personen berücksichtigt, bei denen die betreffende ambulante oder stationäre F-Diagnose dokumentiert war. Als ambulante Diagnosen wurden Diagnosen aus dem vertragsärztlichen Sektor und aus ambulanter Krankenhausbehandlung mit dem Diagnosekennzeichen „gesichert" gezählt, wenn die betroffene Person im Quartal der Diagnosedokumentation erwerbstätig war. Im Bereich der stationären Diagnosen wurden Haupt- und Nebendiagnosen gewertet, wenn das Aufnahmedatum des Krankenhausfalls im Erwerbstätigkeitszeitraum lag.

Kennzahl „Anteil Personen mit stationärer Behandlung" Um den Anteil an Personen an der Grundgesamtheit einer Diagnoseuntergruppe zu berechnen, der stationär behandelt wurde, wurden alle Patienten gezählt, bei denen ein stationärer Krankenhausfall mit der entsprechenden F-Diagnose als Hauptdiagnose und einem Aufnahmedatum im Erwerbstätigkeitszeitraum vorlag.

Kennzahl „Anzahl Personen mit Psychopharmakaverordnung" Es wurde der Anteil an Personen der jeweiligen Diagnoseuntergruppe im Jahr 2018 berechnet, bei dem eine Arzneimittelverordnung über einen der folgenden ATC-Codes vorlag: N03AF, N03AG, N03AX, N07B, N05A, N05B, N06A, N06B, N06C. Das Verordnungsdatum musste dabei innerhalb des Erwerbstätigkeitszeitraums liegen. Die zugrunde liegende Indikation konnte nicht berücksichtigt werden, da hierzu keine Informationen in den Routinedaten der Krankenkassen vorliegen.

Kennzahl „Anzahl Jahre mit Diagnose seit 2014"
Für diese Kennzahl wurde auf Personen mit
durchgängiger Versicherungszeit seit 2014 eingeschränkt, definiert als mindestens 1 Tag
AOK-versichert in jedem Jahr des betrachteten
5-Jahres-Zeitraums. Dabei wurden in der Vergangenheit auch Zeiträume berücksichtigt, in
denen eine Person ggf. nicht erwerbstätig war,
solange sie in diesem Zeitraum versichert war.
In den Ergebnistabellen ist das arithmetische
Mittel zu dieser Kennzahl ausgewiesen.

Literatur

Akerlof GA, Shiller RJ (2009) Animal Spirits. Wie
Wirtschaft wirklich funktioniert. Wirtschaft 2009,
1. Aufl. Campus, Frankfurt am Main (http://www.
content-select.com/index.php?id=bib_viewundean=
9783593405070. Zugegriffen: 17. Juni 2020)

Alarcon GM (2011) A meta-analysis of burnout with
job demands, resources, and attitudes. J Vocat Behav
79:549–562

Angermeyer MC, Matschinger H, Schomerus G (2013) Attitudes towards psychiatric treatment and people with
mental illness: changes over two decades. Br J Psychiatry 203(2):146–151

Aronsson G, Theorell T, Grape T, Hammarström A,
Hogstedt C, Marteinsdottier I et al (2017) A systematic review including meta-analyis of work environment and burnout symptoms. BMC Public Health.
https://doi.org/10.1186/s12889-017-4153-7

Badura B (Hrsg) (2017) Arbeit und Gesundheit im
21. Jahrhundert. Mitarbeiterbindung durch Kulturent-
wicklung. Springer Gabler, Wiesbaden

Badura B, Ehresmann C (2016) Unternehmenskultur, Mit-
arbeiterbindung und Gesundheit. In: Badura B, Ducki
A, Schröder H, Klose J, Meyer M (Hrsg) Fehlzeiten-
Report 2016. Unternehmenskultur und Gesundheit –
Rahmenbedingungen, Einflüsse, Potenziale. Springer,
Berlin, Heidelberg, S 81–94

Badura B, Steinke M (2019) Mindeststandards im
Behördlichen Gesundheitsmanagement (BGM)
der Landesverwaltung Nordrhein-Westfalen.
Abschlussbericht zum Vergabeverfahren „Entwicklung und Festlegung von Standards für
BGM in der Landesverwaltung" (Auftragsnummer ZVSt-2018-192/BGM). https://www.landtag.
nrw.de/portal/WWW/dokumentenarchiv/Dokument/
MMV17-2114.pdf. Zugegriffen: 17. Juni 2020

Bamberg E, Busch C (1996) Betriebliche Gesundheitsförderung durch Stressmanagementtraining: Eine Metaanalyse (quasi-)experimenteller Studien. Z Arbeits
Organisationspsychol 40(3):127–137

Bamberg E, Busch C (2006) Stressbezogene Interventionen in der Arbeitswelt. Z Arbeits Organisationspsychol 50(4):215–226

Baxter A, Scott K, Ferrari A, Normann R, Vos T, White-
ford H (2014) Challenging the myth of an „epidemic"
of common mental disorders: trends in the global
prevalence of anxiety and depression between 1990
and 2010. Depress Anxiety 31:506–516

Bertelsmann Stiftung, Barmer GEK (2015) Gesundheitsmonitor. https://www.bertelsmann-stiftung.
de/fileadmin/files/BSt/Publikationen/imported/
leseprobe/LP_978-3-86793-680-4_1.pdf. Zugegriffen: 1. Apr. 2020

Bundesministerium für Arbeit und Soziales [BMAS],
Bundesanstalt für Arbeitsschutz und Arbeitsmedizin
(BAuA) (2019) Sicherheit und Gesundheit bei der
Arbeit 2018: Unfallverhütungsbericht Arbeit. BMAS,
Berlin und Dortmund

Chevalier A, Kaluza G (2015) Psychosozialer Stress am
Arbeitsplatz. In: Böcken J, Braun B, Meierjürgen R
(Hrsg) Gesundheitsmonitor 2015. Bertelsmann Stif-
tung, Gütersloh, S 228–253

Damasio AR (2017) Im Anfang war das Gefühl. Der biologische Ursprung menschlicher Kultur, 1. Aufl. Siedler,
München

Decety J, Cacioppo JT (Hrsg) (2011) The Oxford
handbook of social neuroscience (Oxford library
of psychology). Oxford University Press, Oxford
(http://www.loc.gov/catdir/enhancements/fy1212/
2011015616-b.html. Zugegriffen: 25. Februar 2020)

Demerouti E, Le Blanc PM, Bakker AB, Schaufeli WB,
Hox J (2009) Present but sick: a three-wave study on
job demands, presenteeism and burnout. Career Dev
Int 14:50–68

DAK-Gesundheitsreport (2013). https://dak.de/dak/
bundesthemen/gesundheitsreport-2013-2120158.
html. Zugegriffen: 26. Febr. 2020

Deutsche Rentenversicherung. Sonderauswertung. Erwerbsminderungsrenten in Deutschland von 2009 bis
2018 nach Diagnosegrundgruppen. Übermittelt am
18. Dez. 2019

Deutsche Rentenversicherung. Sonderauswertung. Ren-
tenzugänge Erwerbsminderungsrenten nach SGB VI
ICD-10 Diagnoseschlüssel F00–F99. Versicherungs-
status am 31.12. des Jahres vor dem Leistungsfall.
Übermittelt am 20. Jan. 2020

DGPPN, BÄK, KBV, AWMF (2009) S2-Leitlinie für Persönlichkeitsstörungen. S2 Praxisleitlinien in Psychiatrie und Psychotherapie, Bd. 1

DGPPN, BÄK, KBV, AWMF (Hrsg.) für die
Leitliniengruppe Unipolare Depression (2015)
S3-Leitlinie/Nationale VersorgungsLeitlinie Unipolare Depression – Langfassung, 2. Auflage. Version
5. DOI: https://doi.org/10.6101/AZQ/000364. http://
www.depression.versorgungsleitlinien.de

DGPPN e. V. (2019) für die Leitliniengruppe: S3-Leitlinie
Schizophrenie. Langfassung, 2019, Version 1.0, zu-

letzt geändert am 15. März. https://www.awmf.org/leitlinien/detail/ll/038-009.html. Zugegriffen: 17. Juni 2020

Dornes M (2016) Macht der Kapitalismus depressiv? Über seelische Gesundheit und Krankheit in modernen Gesellschaften. Fischer, Frankfurt am Main

Ducki A (2016) Smart arbeiten – Arbeitspsychologische Gestaltungsoptionen für multiple Entgrenzungen. In: Wieland R, Seiler K, Hammes M (Hrsg) Psychologie der Arbeitssicherheit und Gesundheit Dialog statt Monolog. Asanger Verlag, Kröning, S 15–25

Ducki A, Felfe J, Franke F (2014) Führungsaufgaben der Zukunft. In: Badura B, Ducki A, Schröder H, Klose J, Meyer M (Hrsg) Fehlzeiten-Report 2014. Erfolgreiche Unternehmen von morgen – gesunde Zukunft heute gestalten. Springer, Berlin Heidelberg, S 139–148

Ducki A, Behrendt D, Boss L, Brandt M, Janneck M, Jent S, Kunze D, Lehr D, Nissen H, Wappler P (2019) Digitale Prävention und Gesundheitsförderung – Erfahrungen aus der Entwicklung eines Programms für junge Unternehmen. In: Badura B, Ducki A, Schröder H, Klose J, Meyer M (Hrsg) Fehlzeiten-Report 2019. Digitalisierung – gesundes Arbeiten ermöglichen. Springer, Berlin Heidelberg, S 333–345

Egan M, Bambra C, Petticrew M, Whitehead M, Thomas S, Thompson H (2007) The psychosocial and health effects of workplace reorganisation 1: a systematic review of interventions that aim to increase employee participation or control. J Epidemiol Community Health 61(11):945–954

Ehresmann C (2017) Burn-out und das Sozialkapital von Organisationen – auf die Bindung kommt es an. Eine quantitative Analyse zu Sozialkapital, emotionaler Bindung und psychischer Erschöpfung am Beispiel von Mitarbeitern in medizinischen Rehabilitationskliniken. https://pub.uni-bielefeld.de/publication/2911987. Zugegriffen: 25. Febr. 2020 (Dissertation an der Universität Bielefeld)

Ehresmann C, Badura B (2018a) Sinnquellen in der Arbeitswelt und ihre Bedeutung für die Gesundheit. In: Badura B, Ducki A, Schröder H, Klose J, Meyer M (Hrsg) Fehlzeiten-Report 2018. Sinn erleben – Arbeit und Gesundheit. Springer, Berlin Heidelberg, S 47–59

Ehresmann C, Badura B (2018b) Soziale Ungleichheit, sozialer Zusammenhalt und Gesundheit. Public Health Forum 26(4):322–324. https://doi.org/10.1515/pubhef-2018-0088

Eichhorst W, Tobsch V, Wehner C (2016) Neue Qualität der Arbeit? Zur Entwicklung von Arbeitskulturen und Fehlzeiten. In: Badura B, Ducki A, Schröder H, Klose J, Meyer M (Hrsg) Fehlzeiten-Report 2016: Unternehmenskultur und Gesundheit – Rahmenbedingungen, Einflüsse, Potenziale. Springer, Heidelberg, S 9–20

Franz M, Lieberz K, Schepank H (2000) Seelische Gesundheit und neurotisches Elend. Der Langzeitverlauf in der Bevölkerung. Springer, Wien New York

Freyberger HJ, Linden M (2014) Die Entscheidung über die Notwendigkeit ist komplex. Dtsch Arztebl 12(11):487–488

GKV-Präventionsleitfaden (2018). https://www.gkv-spitzenverband.de/media/dokumente/presse/publikationen/Leitfaden_Prävention_2018_barrierefrei.pdf. Zugegriffen: 21. Jan. 2019

Genz A, Jacobi F (2014) Nehmen psychische Störungen zu? In: Angerer P, Glaser J, Gündel H, Henningsen P, Lahmann C, Letzel S, Novak D (Hrsg) Psychische und psychosomatische Gesundheit in der Arbeit. Ecomed Medizin, Heidelberg, München, Landsberg, Frechen, Hamburg

Gerste B, Roick C (2014) Prävalenz und Inzidenz sowie Versorgung depressiver Erkrankungen in Deutschland. Eine Analyse auf Basis der in Routinedaten dokumentierten Depressionsdiagnosen. In: Klauber J, Günster C, Gerste B, Robra B, Schmacke N (Hrsg) Versorgungs-Report 2013/2014. Schwerpunkt: Depression. Schattauer, Stuttgart, S 21–54

Gerste B, Roick C (2016) Prävalenz und Inzidenz depressiver Erkrankungen in Deutschland im Jahr 2012. In: Klauber J, Günster C, Gerste B, Robra B, Schmacke N (Hrsg) Versorgungs-Report 2015/2016. Schwerpunkt: Kinder und Jugendliche. Schattauer, Stuttgart, S 309–327

Gößwald A, Lange M, Kamtsiuris P, Kurth B-M (2012) DEGS: Studie zur Gesundheit Erwachsener in Deutschland. Bundesgesundhbl 55:775–780

Hapke U, Maske UE, Scheid-Nave C, Bode L, Schlack R, Busch MA (2013) Chronischer Stress bei Erwachsenen in Deutschland. Ergebnisse der Studie zur Gesundheit Erwachsener in Deutschland. Bundesgesundheitsblatt 56:749-754

Internationale statistische Klassifikation der Krankheiten und verwandter Gesundheitsprobleme (2020). 10. Revision, German Modification Version. https://www.dimdi.de/static/de/klassifikationen/icd/icd-10-gm/kode-suche/htmlgm2020/. Zugegriffen: 22. Juni 2020

Iverson D, Lewis KL, Caputi P, Knospe S (2010) The cumulative impact and associated costs of multiple health conditions on employee productivity. J Occup Environ Med 52(12):1206–1211

Jacob G, Lieb K (2007) Borderline-Persönlichkeitsstörung. Psychiatrie und Psychotherapie up2date. https://doi.org/10.1055/s-2006-951883. Zugegriffen: 17. Juni 2020

Jacobi F (2009) Nehmen psychische Störungen zu? Rep Psychol 34:16–28

Jacobi F, Höfler M, Strehle J et al (2014) Twelve-month prevalence, comorbidity and correlates of mental disorders in Germany: the Mental Health Module of the German Health Interview and Examination Survey for Adults (DEGS1-MH). Int J Methods Psychiatr Res 23(3):304–319

Jacobi F, Höfler M, Strehle J et al (2015) Twelve-months prevalence of mental disorders in the German Health Interview and Examination Survey for Adults – Mental Health Module (DEGS1-MH): a methodological addendum and correction. Int J Methods Psychiatr Res. https://doi.org/10.1002/mpr.1479

Jacobi F, Linden M (2018) Macht die moderne Arbeitswelt psychisch krank- oder kommen psychisch Kranke in der modernen Arbeitswelt nicht mehr mit? Arbeitsmedizin Sozialmedizin Umweltmedizin 53(18):530–536

Joyce K, Pabayo R, Critchley JA, Bambra C (2010) Flexible working conditions and their effects on employee health and wellbeing. Cochrane Database Syst Rev. https://doi.org/10.1002/14651858.CD008009.pub2

Joyce S, Modini M, Christensen H, Mykletun A, Bryant R, Mitchell PB, Harvey SB (2016) Workplace interventions for common mental disorders: a systematic meta-review. Psychol Med. https://doi.org/10.1017/S0033291715002408

Karasek RA (1979) Job demands, job decision latitude, and mental strain: implications for job redesign. Adm Sci Q 24:285–307

Kockert S, Schott T (2016) Gesundheit in und von Organisationen. In: Jungbauer-Gans M, Kriwy P (Hrsg) Handbuch Gesundheitssoziologie. Springer Reference Sozialwissenschaften. Springer VS, Wiesbaden, S 1–24

Lehr D, Heber E, Sieland E, Hillert A, Funk B, Daniel D (2016) Occupational eMental Health" in der Lehrergesundheit Ein metaanalytisches Review zur Wirksamkeit von Online-Gesundheitstrainings bei Lehrkräften. Prävention und Gesundheitsförderung. https://doi.org/10.1007/s11553-016-0541-6

Lenhardt U, Ertel M, Morschhäuser M (2010) Psychische Arbeitsbelastungen in Deutschland: Schwerpunkte-Trends-betriebliche Umgangsweisen. WSI 2010(7):335

Linnemann C, Leyhe T (2015) Suizid bei älteren Menschen – Risikofaktoren und Prävention. Ther Umsch 72(10):633–636

Lohmann-Haislah A (2012a) Hintergründe und Rahmenbedingungen. In: Lohmann-Haislah A (Hrsg) Stressreport Deutschland 2012. Bundesanstalt für Arbeitsschutz und Arbeitsmedizin, Dortmund Berlin Dresden

Lohmann-Haislah A (2012b) Stress aktuell – Ergebnisse der Erwerbstätigenbefragung. In: Lohmann-Haislah A (Hrsg) Stressreport Deutschland 2012. Bundesanstalt für Arbeitsschutz und Arbeitsmedizin, Dortmund Berlin Dresden

Lükermann S (2013) Sozialkapital und Qualität von Produkten und Dienstleistungen. In: Badura B, Greiner W, Rixgens P, Ueberle M, Behr M (Hrsg) Sozialkapital: Grundlagen von Gesundheit und Unternehmenserfolg, 2. Aufl. Springer Gabler, Wiesbaden, S 211–230

Maslach C, Leiter M (2016) Understanding the burnout experienc: recent reserach and ist implications for psychiatry. World Psychiatry 15:103–111

Maslach C, Schaufel WB, Leiter MP (2001) Job Burnout. Annu Rev Psychol 52:397–422

Melchior H, Schulz H, Härter M (2015) Faktencheck Gesundheit: Regionale Unterschiede in der Diagnostik und Behandlung von Depressionen. 2014. http://faktencheck-gesundheit.de/fileadmin/files/user_upload/Faktencheck_Depression_Studie.pdf. Zugegriffen: 17. Juni 2020

Meyer JP, Maltin ER (2010) Employee commitment and well-being: a critical review, theoretical framework and research agenda. J Vocat Behav 77:323–337

Montano D, Hoven H, Siegfrist J (2014) Effects of organisational-level interventions at work on employees' health: a systematic review. BMC Public Health. https://doi.org/10.1186/1471-2458-14-135

Ostrom E, Ahn TK (Hrsg) (2003) Foundations of social capital. Critical studies in economic institutions Bd. 2. Elgar, Cheltenham

Richardson KM, Rothstein HR (2008) Effects of occupational stress management intervention programs: A meta-analysis. J Occup Health Psychol 13(1):69–93

Richter D, Berger K, Reker T (2008) Nehmen psychische Störungen zu? Eine systematische Literaturübersicht. Psychiat Prax 35:321–330

Richter D, Berger K (2013) Nehmen psychische Störungen zu? Update einer systematischen Übersicht über wiederholte Querschnittsstudien. Psychiatr Prax 40:176–182

Rothe I (2012) Psychische Anforderungen – Herausforderungen für den Arbeitsschutz. In: Lohmann-Haislah A (Hrsg) Stressreport Deutschland 2012. Bundesanstalt für Arbeitsschutz und Arbeitsmedizin, Dortmund Berlin Dresden

Rugulies R, Aust B, Madsen IEH (2017) Effort-reward imbalance at work and risk of depressive disorders. A systematic review and meta-analysis of prospective cohort studies. Scand J Work Environ Health 43:294–306. https://doi.org/10.5271/sjweh.3632

Russ TC, Stamatakis E, Hamer M, Starr JM, Kivimäki M, Batty GD (2012) Association between psychological distress and mortality: individual participant pooled analysis of 10 prospective cohort studies. BMJ 345:e4933

Schneider B, Bartusch B, Schnabel A, Fritze J (2005) Achse-I-Störungen als Risikofaktoren für Suizid in Abhängigkeit von Alter und Geschlecht. Psychiatr Prax 32(4):185–194

Schomerus G, Matschinger H, Lucht MJ et al (2014) Changes in the perception of alcohol-related stigma in Germany over the last two decades. Drug Alcohol Depend. https://doi.org/10.1016/j.drugalcdep.2014.07.033

Schulte-Wefers H, Wolfersdorf M (2006) Suizidalität bei Männern. Blickpunkt der Mann. Wissenschaftliches J Für Männergesundheit 4:10–18

Siegrist J (1996) Soziale Krisen und Gesundheit. Hogrefe, Göttingen

22

Statistisches Bundesamt (2020) Sonderauswertung. Anzahl der Gestorbenen aufgrund von Suizid nach Alter und Geschlecht, 1991–2017. Übermittelt am 2. März 2020

Statistisches Bundesamt (Destatis) Todesursachenstatistik. https://www-genesis.destatis.de/genesis/online?sequenz=tabelleErgebnis%26selectionname=23211-0002%26sachmerkmal=TODUR1%26sachschluessel=TODESURS78%26startjahr=1980#abreadcrumb. Zugegriffen: 20.07.2020

Steinke M, Badura B (2011) Präsentismus: Ein Review zum Stand der Forschung. Dortmund: Bundesanstalt für Arbeitsschutz und Arbeitsmedizin. https://www.baua.de/DE/Angebote/Publikationen/Berichte/Gd60.pdf?__blob=publicationFile. Zugegriffen: 1. Aug. 2013

Stieler-Lorenz B, Pfaff H, Jung J (2011) Gesundheitsförderliche Prozessoptimierung zur Reduzierung psychischer Beanspruchungen/Stress in der ITK1-Branche – Konsequenzen für die Führung. In: Badura B, Ducki A, Schröder H, Klose J, Macco K (Hrsg) Fehlzeiten-Report 2011. Führung und Gesundheit. Springer, Berlin Heidelberg, S 159–168

Stiftung Deutsche Depressionshilfe (2013), Pressemitteilung: Zunahme der Antidepressivaverschreibung und Rückgang der Suizidraten: Besteht ein Zusammenhang?

Stiglitz JE, Walsh CE, Ladstätter G (2010) Mikroökonomie, 4. Aufl. Bd. 1. Oldenbourg, München (Aus d Engl übers von Ladstätter G)

Thalhammer M, Paulitsch K (2014) Burnout – eine sinnvolle Diagnose? Kritische Überlegungen zu einem populären Begriff. Neuropsychiatrie 28(3):151–159

Theorell T, Hammarström A, Aronsson G, Bendz T, Grape T, Hogstedt C, Marteinsdottir I, Skoog I, Hall C (2015) A systematic review including meta-analysis of work environment and depressive symptoms. BMC Public Health 15:738. https://doi.org/10.1186/s12889-015-1954-4

Thom J, Bretschneider J, Kraus N, Handerer J, Jacobi F (2019) Versorgungsepidemiologie psychischer Störungen. Bundesgesundhbl 62:128–139

Weber A (2007) Psychische Erkrankungen im Wandel von Gesellschaft und Arbeitswelt. In: Weber A, Hörmann G (Hrsg) Psychosoziale Gesundheit im Beruf Mensch, Arbeitswelt, Gesellschaft. Genter, Stuttgart, S 21–33

Wittchen H-U, Jacobi F (2005) Size and burden of mental disorders in Europe – a critical review and appraisal of 27 studies. Eur Neuropsychopharmacol 15:357–376

Wittchen H-U, Jacobi F, Rehm J, Gustavsson A, Svensson M, Jönsson B, Olesen J, Allgulander C, Alonso J, Faravelli C, Fratiglioni L, Jennum P, Lieb R, Maercker A, van Os J, Preisig M, Salvador-Carulla L, Simon R, Steinhausen H-C (2011) The size and burden of mental disorders and other disorders of the brain in Europe 2010. Eur Neuropsychopharmacol 21:655–679

World Health Organization (2019) Mental Health. Burnout an "occupational phenomenon": International Classification of Diseases. https://www.who.int/mental_health/evidence/burn-out/en/. Zugegriffen: 25. Febr. 2020

Krankheitsbedingte Fehlzeiten in der deutschen Wirtschaft im Jahr 2019

Markus Meyer, Stefanie Wiegand und Antje Schenkel

Inhaltsverzeichnis

© Springer-Verlag GmbH Deutschland, ein Teil von Springer Nature 2020
B. Badura et al. (Hrsg.), *Fehlzeiten-Report 2020*, Fehlzeiten-Report,
https://doi.org/10.1007/978-3-662-61524-9_23

▪ ▪ Zusammenfassung

Der folgende Beitrag liefert umfassende und differenzierte Daten zu den krankheitsbedingten Fehlzeiten in der deutschen Wirtschaft im Jahr 2019. Datenbasis sind die Arbeitsunfähigkeitsmeldungen der 14,4 Mio. erwerbstätigen AOK-Mitglieder in Deutschland. Dieses einführende Kapitel gibt zunächst einen Überblick über die allgemeine Krankenstandsentwicklung und wichtige Determinanten des Arbeitsunfähigkeitsgeschehens. Im Einzelnen werden u. a. die Verteilung der Arbeitsunfähigkeit, die Bedeutung von Kurz- und Langzeiterkrankungen und Arbeitsunfällen, von Kinderpflegekrankengeld, regionale Unterschiede in den einzelnen Bundesländern und Städten sowie die Abhängigkeit des Krankenstandes von Faktoren wie Branche, Beruf, Beschäftigtenstruktur und demografischen Faktoren dargestellt. In ▶ Kap. 24 wird dann detailliert die Krankenstandsentwicklung in den unterschiedlichen Wirtschaftszweigen beleuchtet.

23.1 Überblick über die krankheitsbedingten Fehlzeiten im Jahr 2019

▪ ▪ Allgemeine Krankenstandsentwicklung

Der Krankenstand im Jahr 2019 ist im Vergleich zum Vorjahr um 0,1 % gesunken und lag bei 5,4 %. In Westdeutschland lag der Krankenstand mit 5,3 % um 0,6 Prozentpunkte niedriger als in Ostdeutschland (5,9 %). Bei den Bundesländern verzeichneten Brandenburg sowie Sachsen-Anhalt und Thüringen mit jeweils 6,2 % den höchsten Krankenstand. In Bayern (4,8 %) und Hamburg (4,6 %) lag der Krankenstand am niedrigsten. Im Schnitt waren die AOK-versicherten Arbeitnehmer 19,8 Kalendertage arbeitsunfähig. Für etwas mehr als die Hälfte aller AOK-Mitglieder (52,8 %) wurde mindestens einmal im Jahr eine Arbeitsunfähigkeitsbescheinigung ausgestellt.

Das Fehlzeitengeschehen wird hauptsächlich von sechs Krankheitsarten dominiert: Im Jahr 2019 gingen mehr als ein Fünftel der Fehlzeiten auf Muskel- und Skelett-Erkrankungen (22,4 %) zurück, danach folgten psychische Erkrankungen (11,9 %), Atemwegserkrankungen (11,8 %) und Verletzungen (10,8 %) sowie Erkrankungen des Kreislaufsystems und der Verdauungsorgane (5,4 bzw. 4,6 %). Die psychischen Erkrankungen sind damit in diesem Jahr zum ersten Mal an die zweite Stelle gerutscht, noch vor die Atemwegserkrankungen. Der Anteil der Atemwegserkrankungen an den Fehlzeiten ist am deutlichsten gesunken: im Vergleich zum Vorjahr um 1,5 Prozentpunkte. Gesunken ist auch der Anteil der Verletzungen und der Verdauungserkrankungen um jeweils 0,1 Prozentpunkte, während der Anteil an psychischen Erkrankungen (0,6 Prozentpunkte), Muskel- und Skelett-Erkrankungen (0,4 Prozentpunkte) sowie der Herz-Kreislauf-Erkrankungen (0,1 Prozentpunkte) im Vergleich zum Vorjahr gestiegen ist. Im Vergleich zu den anderen Krankheitsarten kommt den psychischen Erkrankungen eine besondere Bedeutung zu: Seit 2008 haben die Krankheitstage aufgrund psychischer Erkrankungen um 67,5 % zugenommen. Im Jahr 2019 wurden erneut mehr Fälle aufgrund psychischer Erkrankungen (5,4 %) als aufgrund von Herz- und Kreislauf-Erkrankungen (3,7 %) registriert. Die durchschnittliche Falldauer psychischer Erkrankungen war im Jahr mit 27 Tagen je Fall mehr als doppelt so lang wie der Durchschnitt mit zwölf Tagen je Fall im Jahr 2019.

Neben den psychischen Erkrankungen verursachten insbesondere Verletzungen (19,1 Tage je Fall), Herz- und Kreislauf-Erkrankungen (17,6 Tage je Fall) sowie Muskel- und Skelett-Erkrankungen (17,2 Tage je Fall) lange Ausfallzeiten. Auf diese vier Erkrankungsarten gingen 2019 bereits 62,8 % der durch Langzeitfälle (> sechs Wochen) verursachten Fehlzeiten zurück.

Langzeiterkrankungen mit einer Dauer von mehr als sechs Wochen verursachten weit mehr als ein Drittel der Ausfalltage (43,5 % der AU-Tage). Ihr Anteil an den Arbeitsunfähigkeitsfällen betrug jedoch nur 4,4 %. Bei Kurzzeiterkrankungen mit einer Dauer von ein bis

23

drei Tagen verhielt es sich genau umgekehrt: Ihr Anteil an den Arbeitsunfähigkeitsfällen lag bei 35,5 %, doch nur 5,9 % der Arbeitsunfähigkeitstage gingen auf sie zurück.

Schätzungen der Bundesanstalt für Arbeitsschutz und Arbeitsmedizin zufolge verursachten im Jahr 2018 708,3 Mio. AU-Tage[1] volkswirtschaftliche Produktionsausfälle von 85 Mrd. bzw. 145 Mrd. € Ausfall an Produktion und Bruttowertschöpfung (Bundesministerium für Arbeit und Soziales/Bundesanstalt für Arbeitsschutz und Arbeitsmedizin 2020).

Die Ausgaben für Krankengeld sind im Jahr 2019 erneut gestiegen. Für das 1. bis 4. Quartal 2019 betrug das Ausgabenvolumen für Krankengeld rund 14,4 Mrd. €. Gegenüber dem Vorjahr bedeutet das einen Anstieg von 9,9 % (Bundesministerium für Gesundheit 2020).

■■ **Fehlzeitengeschehen nach Branchen**

In fast allen Branchen gab es im Jahr 2019 keine Veränderung bzw. einen sehr leichten Rückgang des Krankenstandes im Vergleich zum Vorjahr. In der Branche Energie, Wasser, Entsorgung und Bergbau lag der Krankenstand mit 6,6 % am höchsten. Ebenfalls hohe Krankenstände verzeichneten die Branchen Öffentliche Verwaltung und Sozialversicherung (6,5 %), gefolgt vom verarbeitenden Gewerbe (6,2 %) sowie dem Verkehr/Transport und Gesundheits- und Sozialwesen mit jeweils 6,0 %. Der niedrigste Krankenstand war mit 3,8 % in der Branche Banken und Versicherungen zu finden. Im Vergleich zum Vorjahr hat sich der Krankenstand lediglich in den Branchen Energie, Wasser, Entsorgung und Bergbau (von 6,7 auf 6,6 % gesunken), Öffentliche Verwaltung und Sozialversicherung (von 6,6 auf 6,5 % gesunken), im Baugewerbe (von 5,5 auf 5,4 % gesunken), Erziehung und Unterricht (von 5,0 auf 4,9 % gesunken) sowie Banken/Versicherungen (von 3,9 auf 3,8 %) leicht verändert.

Bei den Branchen Land- und Forstwirtschaft, Baugewerbe sowie Verkehr und Transport handelt es sich um Bereiche mit hohen körperlichen Arbeitsbelastungen und überdurchschnittlich vielen Arbeitsunfällen. Im Baugewerbe gingen 6,1 % der Arbeitsunfähigkeitsfälle auf Arbeitsunfälle zurück. In der Land- und Forstwirtschaft waren es sogar 7,6 %, im Bereich Verkehr und Transport 4,1 %.

In den Branchen Baugewerbe, Energie, Wasser, Entsorgung und Bergbau sowie Metallindustrie sind viele Arbeitsunfähigkeitsfälle durch Verletzungen zu verzeichnen, in der Regel durch Arbeitsunfälle bedingt. Der Bereich Land- und Forstwirtschaft verzeichnet mit 23,4 Tagen je Fall die höchste Falldauer vor der Branche Verkehr und Transport mit 21,9 Tagen je Fall.

Im Jahr 2019 ist der Anteil der Muskel- und Skelett-Erkrankungen mit 22 % an der Gesamtheit der Erkrankungen in allen Branchen wie im Vorjahr am höchsten. Einzig in der Branche Banken und Versicherungen sowie im Bereich Erziehung und Unterricht nehmen die Atemwegserkrankungen und psychische Erkrankungen mit jeweils 16 % einen größeren bzw. gleichen Anteil ein als die Muskel- und Skelett-Erkrankungen (14 und 16 %). Zudem weisen diese beiden Branchen die insgesamt höchsten Werte für die Atemwegserkrankungen und psychischen Erkrankungen auf.

Psychische Erkrankungen sind v. a. in der Branche Gesundheits- und Sozialwesen zu verzeichnen. Der Anteil der Arbeitsunfähigkeitsfälle ist hier mit 16,1 Arbeitsunfähigkeitsfällen je 100 AOK-Mitglieder fast dreimal so hoch wie in der Land- und Forstwirtschaft (5,8 AU-Fälle je 100 AOK-Mitglieder). Nach der Branche Gesundheits- und Sozialwesen steht der Bereich Öffentliche Verwaltung und Sozialversicherung mit 15,1 AU-Fällen pro 100 AOK-Mitglieder an zweiter Stelle, gefolgt von der Branche Erziehung und Unterricht mit 14,1 AU-Fällen pro 100 AOK-Mitglieder.

---

1   Dieser Wert ergibt sich durch die Multiplikation von rund 40,6 Mio. Arbeitnehmern mit durchschnittlich 17,4 AU-Tagen.

■■ **Fehlzeitengeschehen nach Altersgruppen**
Zwar nimmt mit zunehmendem Alter die Zahl der Krankmeldungen ab, die Dauer der Arbeitsunfähigkeitsfälle dagegen steigt kontinuierlich an. Ältere Mitarbeiter sind also seltener krank, fallen aber in der Regel länger aus als ihre jüngeren Kollegen. Dies liegt zum einen daran, dass Ältere häufiger von mehreren Erkrankungen gleichzeitig betroffen sind (Multimorbidität), aber auch daran, dass sich das Krankheitsspektrum verändert.

Bei den jüngeren Arbeitnehmern zwischen 15 und 19 Jahren dominieren v. a. Atemwegserkrankungen und Verletzungen: 22,6 % der Ausfalltage gingen in dieser Altersgruppe auf Atemwegserkrankungen zurück, der Anteil der Verletzungen liegt bei 19 % (zum Vergleich: 60- bis 64-Jährige: 7,9 % bzw. 8,2 %). Ältere Arbeitnehmer leiden dagegen zunehmend an Muskel- und Skelett-, psychischen oder Herz- und Kreislauf-Erkrankungen. Diese Krankheitsarten sind häufig mit langen Ausfallzeiten verbunden. Im Schnitt fehlt ein Arbeitnehmer aufgrund einer Atemwegserkrankung lediglich 6,4 Tage, bei einer Muskel- und Skelett-Erkrankung fehlt er hingegen 17,2 Tage. So gehen in der Gruppe der 60- bis 64-Jährigen über ein Viertel der Ausfalltage (26,1 %) auf Muskel- und Skelett-Erkrankungen und 9 % auf Herz- und Kreislauf-Erkrankungen zurück. Bei den 15- bis 19-Jährigen hingegen sind es lediglich 8,7 bzw. 1,3 %.

Die meisten Fehltage aufgrund psychischer Erkrankungen entfallen auf die 35- bis 39-Jährigen (14,1 %) sowie auf die 30- bis 34-Jährigen (14 %), die wenigsten auf die Altersgruppe der 15- bis 19-Jährigen (7,9 %).

■■ **Fehlzeitengeschehen nach Geschlecht**
Im Fehlzeitengeschehen zeigen sich auch Unterschiede zwischen den Geschlechtern. Der Krankenstand liegt bei den Frauen mit 5,5 % etwas höher als bei den Männern mit 5,3 %. Frauen waren mit einer AU-Quote von 55,3 % auch häufiger krankgemeldet als Männer (50,9 %).

Die beruflichen Tätigkeiten korrespondieren mit unterschiedlichen somatischen und psychischen Belastungen. Der Großteil der männlichen AOK-Mitglieder arbeitet im Dienstleistungsbereich (27,7 %) und in der Metallindustrie (15,0 %), beispielsweise in Berufen der Lagerwirtschaft, als Berufskraftfahrer, im Maschinenbau und in der Betriebstechnik, im Hochbau oder als Köche. Der überwiegende Teil der Frauen ist ebenfalls im Dienstleistungsbereich beschäftigt (30,4 %), gefolgt von der Branche Gesundheits- und Sozialwesen (22,8 %). Frauen arbeiten dabei verstärkt als Büro- und Sekretariatskräfte, in Reinigungsberufen, im Verkauf, in der Gesundheits- und Krankenpflege oder in der Kinderbetreuung und -erziehung.

Unterschiede zwischen den Geschlechtern finden sich bei Betrachtung der einzelnen Krankheitsarten: Bei Männern machen insbesondere Muskel- und Skelett-Erkrankungen und Verletzungen einen höheren Anteil an den Arbeitsunfähigkeitstagen aus als bei Frauen (Männer: 23,8 % bzw. 13,0 % an allen Fehltagen; Frauen: 20,8 und 8,2 %). Dies dürfte damit zusammenhängen, dass Männer nach wie vor in größerem Umfang körperlich belastenden und unfallträchtigen Tätigkeiten nachgehen. Bei Frauen hingegen liegen neben Muskel- und Skelett-Erkrankungen (20,8 % an allen Fehltagen) vor allem psychische Erkrankungen (15,1 %; Männer: 9,2 %) und Atemwegserkrankungen (12,4 %; Männer: 11,2 %) vor. Frauen gehen vor allem Berufen nach, die vermehrt Kontakte mit anderen Menschen wie Kunden und Patienten mit sich bringen. Dies bringt mehr psychische Belastungen mit sich und erhöht zugleich die Wahrscheinlichkeit, sich mit Atemwegserkrankungen wie einer Erkältung anzustecken.

Im Bereich der Herz- und Kreislauf-Erkrankungen leiden Männer vermehrt an ischämischen Herzkrankheiten wie beispielsweise dem Myokardinfarkt. Etwas mehr als ein Fünftel aller Fehltage (22,3 %) innerhalb dieser Krankheitsart entfallen bei den Männern auf diese Erkrankung, bei den Frauen sind es lediglich 9,4 %.

Auch bei den psychischen Erkrankungen ergeben sich Unterschiede: 15,0 % aller Ar-

23

beitsunfähigkeitstage bei den Frauen gehen auf affektive Störungen und neurotische, Belastungs- und somatoforme Störungen zurück, bei den Männern sind es dagegen nur 8,3 % aller Fehltage.

23.2 Datenbasis und Methodik

Die folgenden Ausführungen zu den krankheitsbedingten Fehlzeiten in der deutschen Wirtschaft basieren auf einer Analyse der Arbeitsunfähigkeitsmeldungen aller erwerbstätigen AOK-Mitglieder. Die AOK ist nach wie vor die Krankenkasse mit dem größten Marktanteil in Deutschland. Sie verfügt daher über die umfangreichste Datenbasis zum Arbeitsunfähigkeitsgeschehen. Ausgewertet wurden die Daten des Jahres 2019 – in diesem Jahr waren insgesamt 14,4 Mio. Arbeitnehmer bei der AOK versichert. Dies ist im Vergleich zum Vorjahr ein Plus von 2,9 %.

Datenbasis der Auswertungen sind sämtliche Arbeitsunfähigkeitsfälle, die der AOK im Jahr 2019 gemeldet wurden. Es werden sowohl Pflichtmitglieder als auch freiwillig Versicherte berücksichtigt, Arbeitslosengeld-I-Empfänger dagegen nicht. Unberücksichtigt bleiben auch Schwangerschafts- und Kinderkrankenfälle. Arbeitsunfälle gehen mit in die Statistik ein, soweit sie der AOK gemeldet werden. Kuren werden in den Daten berücksichtigt. Allerdings werden Kurzzeiterkrankungen bis zu drei Tagen von den Krankenkassen nur erfasst, soweit eine ärztliche Krankschreibung vorliegt. Der Anteil der Kurzzeiterkrankungen liegt daher höher, als dies in den Krankenkassendaten zum Ausdruck kommt. Hierdurch verringern sich die Fallzahlen und die rechnerische Falldauer erhöht sich entsprechend. Langzeitfälle mit einer Dauer von mehr als 42 Tagen wurden in die Auswertungen einbezogen, weil sie von entscheidender Bedeutung für das Arbeitsunfähigkeitsgeschehen in den Betrieben sind.

Die Arbeitsunfähigkeitszeiten werden von den Krankenkassen so erfasst, wie sie auf den Krankmeldungen angegeben sind. Auch Wochenenden und Feiertage gehen in die Berechnung mit ein, soweit sie in den Zeitraum der Krankschreibung fallen. Die Ergebnisse sind daher mit betriebsinternen Statistiken, bei denen lediglich die Arbeitstage berücksichtigt werden, nur begrenzt vergleichbar. Bei jahresübergreifenden Arbeitsunfähigkeitsfällen wurden ausschließlich Fehlzeiten in die Auswertungen einbezogen, die im Auswertungsjahr anfielen.

◼ Tab. 23.1 gibt einen Überblick über die wichtigsten Kennzahlen und Begriffe, die in diesem Beitrag zur Beschreibung des Arbeitsunfähigkeitsgeschehens verwendet werden. Die Kennzahlen werden auf der Basis der Versicherungszeiten berechnet, d. h. es wird berücksichtigt, ob ein Mitglied ganzjährig oder nur einen Teil des Jahres bei der AOK versichert war bzw. als in einer bestimmten Branche oder Berufsgruppe beschäftigt geführt wurde.

Aufgrund der speziellen Versichertenstruktur der AOK sind die Daten nur bedingt repräsentativ für die Gesamtbevölkerung in der Bundesrepublik Deutschland bzw. die Beschäftigten in den einzelnen Wirtschaftszweigen. Infolge ihrer historischen Funktion als Basiskasse weist die AOK einen überdurchschnittlich hohen Anteil an Versicherten aus dem gewerblichen Bereich auf. Angestellte sind dagegen in der Versichertenklientel der AOK unterrepräsentiert.

Im Jahr 2008 fand eine Revision der Klassifikation der Wirtschaftszweige statt. Die Klassifikation der Wirtschaftszweige Ausgabe 2008 wird vom Statistischen Bundesamt veröffentlicht (Anhang 2). Aufgrund der Revision kam es zu Verschiebungen zwischen den Branchen, eine Vergleichbarkeit mit den Daten vor 2008 ist daher nur bedingt gegeben. Daher werden bei Jahresvergleichen Kennzahlen für das Jahr 2008 sowohl für die Klassifikationsversion 2003 als auch für die Version 2008 ausgewiesen.

Die Klassifikation der Wirtschaftszweigschlüssel in der Ausgabe 2008 enthält insgesamt fünf Differenzierungsebenen, von denen allerdings bei den vorliegenden Analysen

■ **Tabelle 23.1** Kennzahlen und Begriffe zur Beschreibung des Arbeitsunfähigkeitsgeschehens

Kennzahl	Definition	Einheit, Ausprägung	Erläuterungen
AU-Fälle	Anzahl der Fälle von Arbeits-unfähigkeit	Je AOK-Mitglied[a] bzw. je 100 AOK-Mitglieder	Jede Arbeitsunfähigkeitsmeldung, die nicht nur die Verlängerung einer vorangegangenen Meldung ist, wird als ein Fall gezählt. Ein AOK-Mitglied kann im Auswertungszeitraum mehrere AU-Fälle aufweisen.
AU-Tage	Anzahl der AU-Tage, die im Auswertungsjahr anfielen	Je AOK-Mitglied[a] bzw. je 100 AOK-Mitglieder	Da arbeitsfreie Zeiten wie Wochenenden und Feiertage, die in den Krankschreibungszeitraum fallen, mit in die Berechnung eingehen, können sich Abweichungen zu betriebsinternen Fehlzeitenstatistiken ergeben, die bezogen auf die Arbeitszeiten berechnet wurden. Bei jahresübergreifenden Fällen werden nur die AU-Tage gezählt, die im Auswertungsjahr anfielen.
AU-Tage je Fall	Mittlere Dauer eines AU-Falls	Kalendertage	Diese Kennzahl ist ein Indikator für die Schwere einer Erkrankung.
Krankenstand	Anteil der im Auswertungszeitraum angefallenen Arbeitsunfähigkeitstage am Kalenderjahr	In %	War ein Versicherter nicht ganzjährig bei der AOK versichert, wird dies bei der Berechnung des Krankenstandes entsprechend berücksichtigt.
Krankenstand, standardisiert	Nach Alter und Geschlecht standardisierter Krankenstand	In %	Um Effekte der Alters- und Geschlechtsstruktur bereinigter Wert.
AU-Quote	Anteil der AOK-Mitglieder mit einem oder mehreren Arbeitsunfähigkeitsfällen im Auswertungsjahr	In %	Diese Kennzahl gibt Auskunft darüber, wie groß der von Arbeitsunfähigkeit betroffene Personenkreis ist.
Kurzzeiterkrankungen	Arbeitsunfähigkeitsfälle mit einer Dauer von 1–3 Tagen	In % aller Fälle/Tage	Erfasst werden nur Kurzzeitfälle, bei denen eine Arbeitsunfähigkeitsbescheinigung bei der AOK eingereicht wurde.
Langzeiterkrankungen	Arbeitsunfähigkeitsfälle mit einer Dauer von mehr als 6 Wochen	In % aller Fälle/Tage	Mit Ablauf der 6. Woche endet in der Regel die Lohnfortzahlung durch den Arbeitgeber, ab der 7. Woche wird durch die Krankenkasse Krankengeld gezahlt.
Arbeitsunfälle	Durch Arbeitsunfälle bedingte Arbeitsunfähigkeitsfälle	Je 100 AOK-Mitglieder[a] in % aller AU-Fälle/Tage	Arbeitsunfähigkeitsfälle, bei denen auf der Krankmeldung als Krankheitsursache „Arbeitsunfall" angegeben wurde, nicht enthalten sind Wegeunfälle.
AU-Fälle/Tage nach Krankheitsarten	Arbeitsunfähigkeitsfälle/-tage mit einer bestimmten Diagnose	Je 100 AOK-Mitglieder[a] in % aller AU-Fälle bzw. -Tage	Ausgewertet werden alle auf den Arbeitsunfähigkeitsbescheinigungen angegebenen ärztlichen Diagnosen, verschlüsselt werden diese nach der Internationalen Klassifikation der Krankheitsarten (ICD-10).

[a] umgerechnet in ganzjährig Versicherte

Fehlzeiten-Report 2020

23

◼ **Tabelle 23.2** AOK-Mitglieder nach Wirtschaftsabschnitten im Jahr 2019 nach der Klassifikation der Wirtschaftszweigschlüssel, Ausgabe 2008

Wirtschaftsabschnitte	Pflichtmitglieder		Freiwillige Mitglieder
	Absolut	Anteil an der Branche in %	Absolut
Banken und Versicherungen	150.607	15,7	20.537
Baugewerbe	1.031.007	54,4	13.671
Dienstleistungen	4.007.850	48,1	107.593
Energie, Wasser, Entsorgung und Bergbau	182.047	32,7	13.674
Erziehung und Unterricht	371.883	28,5	19.982
Gesundheits- und Sozialwesen	1.681.111	34,2	36.638
Handel	1.988.154	44,3	42.647
Land- und Forstwirtschaft	194.636	77,0	765
Metallindustrie	1.370.779	33,2	139.518
Öffentliche Verwaltung/Sozialversicherung	578.852	31,3	19.778
Verarbeitendes Gewerbe	1.254.341	43,6	43.817
Verkehr und Transport	993.005	54,0	11.557
Sonstige	102.484		2.822
Insgesamt	**13.906.756**	**41,6**	**472.999**

Fehlzeiten-Report 2020

nur die ersten drei berücksichtigt wurden. Es wird zwischen Wirtschaftsabschnitten, -abteilungen und -gruppen unterschieden. Ein Abschnitt ist beispielsweise die Branche „Energie, Wasser, Entsorgung und Bergbau". Diese untergliedert sich in die Wirtschaftsabteilungen „Bergbau und Gewinnung von Steinen und Erden", „Energieversorgung" und „Wasserversorgung, Abwasser- und Abfallentsorgung und Beseitigung von Umweltverschmutzungen". Die Wirtschaftsabteilung „Bergbau und Gewinnung von Steinen und Erden" umfasst wiederum die Wirtschaftsgruppen „Kohlenbergbau", „Erzbergbau" etc. Im vorliegenden Unterkapitel werden die Daten zunächst ausschließlich auf der Ebene der Wirtschaftsab-

schnitte analysiert (Anhang 2). In den folgenden Kapiteln wird dann auch nach Wirtschaftsabteilungen und teilweise auch nach Wirtschaftsgruppen differenziert. Die Metallindustrie, die nach der Systematik der Wirtschaftszweige der Bundesanstalt für Arbeit zum verarbeitenden Gewerbe gehört, wird, da sie die größte Branche des Landes darstellt, in einem eigenen Kapitel behandelt (▶ Abschn. 24.10). Auch dem Bereich „Erziehung und Unterricht" wird angesichts der zunehmenden Bedeutung des Bildungsbereichs für die Produktivität der Volkswirtschaft ein eigenes Kapitel gewidmet (▶ Abschn. 24.6). Aus ◼ Tab. 23.2 ist die Anzahl der AOK-Mitglieder in den einzelnen Wirtschaftsabschnitten sowie deren Anteil an den sozialversicherungspflichtig Beschäftigten insgesamt[2] ersichtlich.

Da sich die Morbiditätsstruktur in Ost- und Westdeutschland nach wie vor unterscheidet, werden neben den Gesamtergebnissen für die Bundesrepublik Deutschland die Ergebnisse für Ost und West separat ausgewiesen.

Die Verschlüsselung der Diagnosen erfolgt nach der 10. Revision der ICD (International Classification of Diseases)[3]. Teilweise weisen die Arbeitsunfähigkeitsbescheinigungen mehrere Diagnosen auf. Um einen Informationsverlust zu vermeiden, werden bei den diagnosebezogenen Auswertungen im Unterschied zu anderen Statistiken[4], die nur eine (Haupt-)Diagnose berücksichtigen, auch Mehrfachdiagnosen[5] in die Auswertungen einbezogen.

23.3 Allgemeine Krankenstandsentwicklung

Die krankheitsbedingten Fehlzeiten sind im Jahr 2019 im Vergleich zum Vorjahr nahezu unverändert. Bei den 14,4 Mio. erwerbstätigen AOK-Mitgliedern betrug der Krankenstand 5,4 % (◼ Tab. 23.3). 52,8 % der AOK-Mitglieder meldeten sich mindestens einmal krank. Die Versicherten waren im Jahresdurchschnitt zwölf Kalendertage pro Arbeitsunfähigkeitsfall krankgeschrieben.[6] 5,8 % der Arbeitsunfähigkeitstage waren durch Arbeitsunfälle bedingt.

---

2 Errechnet auf der Basis der Beschäftigtenstatistik der Bundesagentur für Arbeit, Stichtag: 30. Juni 2019 (Bundesagentur für Arbeit 2020).
3 International übliches Klassifikationssystem der Weltgesundheitsorganisation (WHO).
4 Beispielsweise die von den Krankenkassen im Bereich der gesetzlichen Krankenversicherung herausgegebene Krankheitsartenstatistik.
5 Leidet ein Arbeitnehmer an unterschiedlichen Krankheitsbildern (Multimorbidität), kann eine Arbeitsunfähigkeitsbescheinigung mehrere Diagnosen aufweisen. Insbesondere bei älteren Beschäftigten kommt dies häufiger vor.
6 Wochenenden und Feiertage eingeschlossen.

Die Zahl der krankheitsbedingten Ausfalltage nahm im Vergleich zum Vorjahr um 0,7 % ab. Im Osten nahmen die Ausfalltage um 0,3 %, im Westen um 0,8 % ab. Die Zahl der Arbeitsunfähigkeitsfälle ist im Vergleich zum Vorjahr im Osten ebenfalls um 2,2 %; im Westen um 2,8 % gesunken. Diese Entwicklung schlägt sich mit einem um 0,1 Prozentpunkte gesunkenen Krankenstand im Osten auf 5,9 % und im Westen in gleichem Umfang auf 5,3 % nieder. Die durchschnittliche Dauer der Krankmeldungen stieg jedoch sowohl in Ostdeutschland (um 1,9 %) als auch in Westdeutschland (um 2,1 %). Die Zahl der von Arbeitsunfähigkeit betroffenen AOK-Mitglieder (AU-Quote: Anteil der AOK-Mitglieder mit mindestens einem AU-Fall) fiel im Jahr 2019 um 1,3 Prozentpunkt auf 52,8 %.

Im Jahresverlauf wurde der höchste Krankenstand mit 6,7 % im Februar erreicht, während der niedrigste Wert (4,7 %) im August zu verzeichnen war. Der Krankenstand lag insbesondere in den beiden Monaten Februar und März des Jahres 2019 deutlich unter dem Wert des Vorjahres (◼ Abb. 23.1).

◼ Abb. 23.2 zeigt die längerfristige Entwicklung des Krankenstandes in den Jahren 2000 bis 2019. Seit Ende der 1990er Jahre konnte ein Rückgang der Krankenstände bis zum Jahr 2006 verzeichnet werden. Danach stieg der Krankenstand sukzessive an und lag im Jahr 2019 im Bundesdurchschnitt mit 5,4 % wieder auf dem gleichen Stand wie im Jahr 2000.

Bis zum Jahr 2000 war der Krankenstand in Ostdeutschland stets niedriger als in Westdeutschland. In den Jahren 2000 bis 2002 waren dann jedoch in den neuen Ländern die gleichen bzw. etwas höhere Werte als in den alten Ländern zu verzeichnen. Diese Entwicklung führte das Institut für Arbeitsmarkt- und Berufsforschung auf Verschiebungen in der Altersstruktur der erwerbstätigen Bevölkerung zurück (Kohler 2002). Diese sei nach der Wende zunächst in den neuen Ländern günstiger gewesen, weil viele Arbeitnehmer vom Altersübergangsgeld Gebrauch machten. Dies

23

◙ **Tabelle 23.3**   Krankenstandskennzahlen 2019 im Vergleich zum Vorjahr

	Kranken- stand in %	Arbeitsunfähigkeit je 100 AOK-Mitglieder				Tage je Fall	Veränd. z. Vorj. in %	AU- Quote in %
		AU-Fälle	Veränd. z. Vorj. in %	AU-Tage	Veränd. z. Vorj. in %			
West	5,3	164,7	−2,8	1.939,0	−0,8	11,8	2,1	52,1
Ost	5,9	163,8	−2,2	2.167,2	−0,3	13,2	1,9	56,4
Bund	**5,4**	**164,6**	**−2,7**	**1.978,3**	**−0,7**	**12,0**	**2,1**	**52,8**

Fehlzeiten-Report 2020

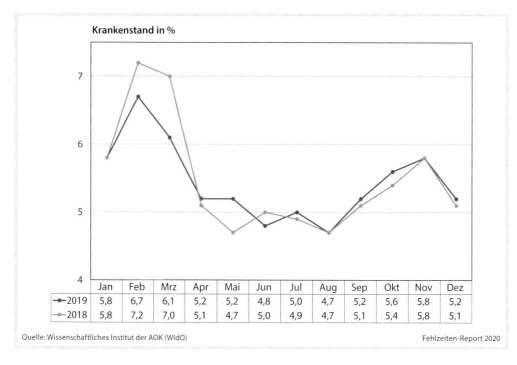

Krankenstand in %

	Jan	Feb	Mrz	Apr	Mai	Jun	Jul	Aug	Sep	Okt	Nov	Dez
2019	5,8	6,7	6,1	5,2	5,2	4,8	5,0	4,7	5,2	5,6	5,8	5,2
2018	5,8	7,2	7,0	5,1	4,7	5,0	4,9	4,7	5,1	5,4	5,8	5,1

Quelle: Wissenschaftliches Institut der AOK (WIdO)   Fehlzeiten-Report 2020

◙ **Abb. 23.1**   Krankenstand im Jahr 2019 im saisonalen Verlauf im Vergleich zum Vorjahr, AOK-Mitglieder

habe sich aufgrund altersspezifischer Kranken- standsquoten in den durchschnittlichen Kran- kenständen niedergeschlagen. Inzwischen sind diese Effekte jedoch ausgelaufen.

Nachdem der Krankenstand in den Jahren 2003 bis 2008 durchgehend in Ostdeutschland unter dem Westdeutschlands lag, ist seither mit Ausnahme der Jahre 2009 und 2011 in Ost- deutschland wieder ein höherer Krankenstand

zu konstatieren. Im Jahr 2019 lag der Kran- kenstand im Osten Deutschlands bei 5,9 %, im Westen Deutschlands bei 5,3 %.

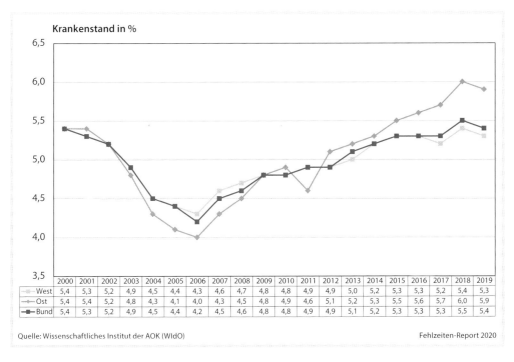

Quelle: Wissenschaftliches Institut der AOK (WIdO) Fehlzeiten-Report 2020

■ **Abb. 23.2** Entwicklung des Krankenstandes in den Jahren 2000–2019, AOK-Mitglieder

23.4 Verteilung der Arbeitsunfähigkeit

Den Anteil der Arbeitnehmer, die in einem Jahr mindestens einmal krankgeschrieben wurden, wird als Arbeitsunfähigkeitsquote bezeichnet. Diese lag 2019 bei 52,9 % (■ Abb. 23.3). Der Anteil der AOK-Mitglieder, die das ganze Jahr überhaupt nicht krankgeschrieben waren, lag somit bei 47,1 %.

■ Abb. 23.4 zeigt die Verteilung der kumulierten Arbeitsunfähigkeitstage auf die AOK-Mitglieder in Form einer Lorenzkurve. Daraus

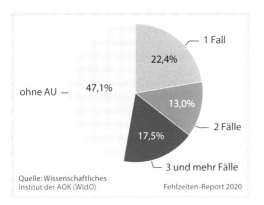

Quelle: Wissenschaftliches
Institut der AOK (WIdO) Fehlzeiten-Report 2020

■ **Abb. 23.3** Arbeitsunfähigkeitsquote der AOK-Mitglieder im Jahr 2019

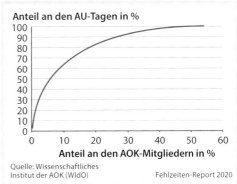

Quelle: Wissenschaftliches
Institut der AOK (WIdO) Fehlzeiten-Report 2020

■ **Abb. 23.4** Lorenzkurve zur Verteilung der Arbeitsunfähigkeitstage der AOK-Mitglieder im Jahr 2019

23

ist ersichtlich, dass sich die überwiegende Anzahl der Tage auf einen relativ kleinen Teil der AOK-Mitglieder konzentriert. Die folgenden Zahlen machen dies deutlich:

- Rund ein Viertel der Arbeitsunfähigkeitstage entfällt auf nur 1,5 % der Mitglieder.
- Nahezu die Hälfte der Tage wird von lediglich 5,3 % der Mitglieder verursacht.
- Knapp 80 % der Arbeitsunfähigkeitstage gehen auf nur 17,6 % der AOK-Mitglieder zurück.

23.5 Kurz- und Langzeiterkrankungen

Die Höhe des Krankenstandes wird entscheidend durch länger dauernde Arbeitsunfähigkeitsfälle bestimmt. Die Zahl dieser Erkrankungsfälle ist zwar relativ gering, aber für eine große Zahl von Ausfalltagen verantwortlich (◘ Abb. 23.5). 2019 waren über die Hälfte aller Arbeitsunfähigkeitstage (52,1 %) auf lediglich 7,4 % der Arbeitsunfähigkeitsfälle zurückzuführen. Dabei handelt es sich um Fälle mit einer Dauer von mehr als vier Wochen. Besonders zu Buche schlagen Langzeitfälle, die sich über mehr als sechs Wochen erstre-

cken. Obwohl ihr Anteil an den Arbeitsunfähigkeitsfällen im Jahr 2019 nur 4,4 % betrug, verursachten sie 43,5 % des gesamten AU-Volumens. Langzeitfälle sind häufig auf chronische Erkrankungen zurückzuführen. Der Anteil der Langzeitfälle nimmt mit steigendem Alter deutlich zu.

Kurzzeiterkrankungen wirken sich zwar oft sehr störend auf den Betriebsablauf aus, spielen aber – anders als häufig angenommen – für den Krankenstand nur eine untergeordnete Rolle. Auf Arbeitsunfähigkeitsfälle mit einer Dauer von ein bis drei Tagen gingen 2019 lediglich 5,9 % der Fehltage zurück, obwohl ihr Anteil an den Arbeitsunfähigkeitsfällen 35,5 % betrug. Insgesamt haben sich die Kurzzeiterkrankungen im Vergleich zum Vorjahr bezogen auf die Arbeitsunfähigkeitstage und Arbeitsunfähigkeitsfälle nicht verändert bzw. sind um 0,7 Prozentpunkte gestiegen. Da viele Arbeitgeber in den ersten drei Tagen einer Erkrankung keine ärztliche Arbeitsunfähigkeitsbescheinigung verlangen, liegt der Anteil der Kurzzeiterkrankungen allerdings in der Praxis höher, als dies in den Daten der Krankenkassen zum Ausdruck kommt.

2019 war der Anteil der Langzeiterkrankungen mit 52,5 % in der Land- und Forstwirtschaft sowie im Baugewerbe (50,3 %) am

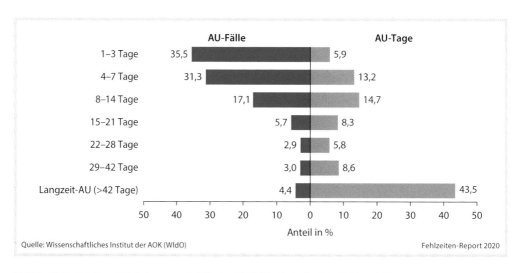

Quelle: Wissenschaftliches Institut der AOK (WIdO)   Fehlzeiten-Report 2020

◘ **Abb. 23.5** Arbeitsunfähigkeitstage und -fälle der AOK-Mitglieder im Jahr 2019 nach Dauer

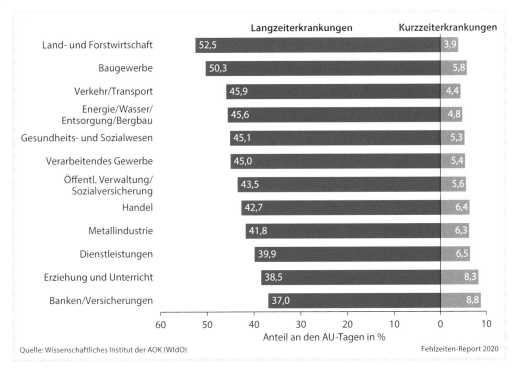

	Langzeiterkrankungen	Kurzzeiterkrankungen
Land- und Forstwirtschaft	52,5	3,9
Baugewerbe	50,3	5,8
Verkehr/Transport	45,9	4,4
Energie/Wasser/Entsorgung/Bergbau	45,6	4,8
Gesundheits- und Sozialwesen	45,1	5,3
Verarbeitendes Gewerbe	45,0	5,4
Öffentl. Verwaltung/Sozialversicherung	43,5	5,6
Handel	42,7	6,4
Metallindustrie	41,8	6,3
Dienstleistungen	39,9	6,5
Erziehung und Unterricht	38,5	8,3
Banken/Versicherungen	37,0	8,8

Anteil an den AU-Tagen in %

Quelle: Wissenschaftliches Institut der AOK (WIdO)   Fehlzeiten-Report 2020

◘ **Abb. 23.6** Anteil der Kurz- und Langzeiterkrankungen an den Arbeitsunfähigkeitstagen nach Branchen im Jahr 2019 AOK-Mitglieder

höchsten und in der Branche Banken und Versicherungen mit 37 % am niedrigsten. Der Anteil der Kurzzeiterkrankungen schwankte in den einzelnen Wirtschaftszweigen zwischen 8,8 % im Bereich Banken und Versicherungen und 3,9 % im Bereich Land- und Forstwirtschaft (◘ Abb. 23.6).

23.6 Krankenstandsentwicklung in den einzelnen Branchen

Im Jahr 2019 wies die Branche Energie, Wasser, Entsorgung und Bergbau mit 6,6 % den höchsten Krankenstand auf, während die Banken und Versicherungen mit 3,8 % den niedrigsten Krankenstand hatten (◘ Abb. 23.7). Bei dem hohen Krankenstand in der Branche Öffentliche Verwaltung/Sozialversicherung (6,5 %) muss allerdings berücksichtigt

werden, dass ein großer Teil der in diesem Sektor beschäftigten AOK-Mitglieder keine Bürotätigkeiten ausübt, sondern in gewerblichen Bereichen mit teilweise sehr hohen Arbeitsbelastungen tätig ist, wie z. B. im Straßenbau, in der Straßenreinigung und Abfallentsorgung, in Gärtnereien etc. Insofern sind die Daten, die der AOK für diesen Bereich vorliegen, nicht repräsentativ für die gesamte öffentliche Verwaltung. Hinzu kommt, dass die in den öffentlichen Verwaltungen beschäftigten AOK-Mitglieder eine im Vergleich zur freien Wirtschaft ungünstige Altersstruktur aufweisen, die zum Teil für die erhöhten Krankenstände mitverantwortlich ist. Schließlich spielt auch die Tatsache, dass die öffentlichen Verwaltungen ihrer Verpflichtung zur Beschäftigung Schwerbehinderter stärker nachkommen als andere Branchen, eine erhebliche Rolle. Mit einem Anteil von einem Fünftel aller schwerbehinderten Beschäftigten stellt der öffentliche Dienst

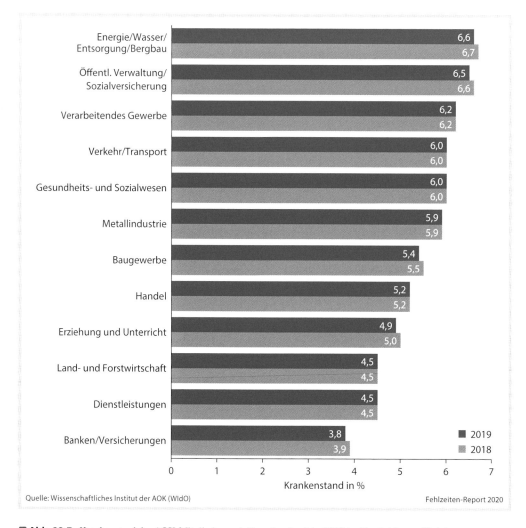

☐ Abb. 23.7 Krankenstand der AOK-Mitglieder nach Branchen im Jahr 2019 im Vergleich zum Vorjahr

einen bedeutsamen Arbeitgeber für schwerbehinderte Menschen dar (Bundesagentur für Arbeit 2017). Es kann vermutet werden, dass die höhere Zahl von Arbeitsunfähigkeitsfällen im öffentlichen Dienst auf die hohe Anzahl an schwerbehinderten Beschäftigten zurückzuführen ist (vgl. Benz 2010).[7]

Die Höhe des Krankenstandes resultiert aus der Zahl der Krankmeldungen und deren Dauer. Im Jahr 2019 lagen bei der Branche Energie/Wasser/Entsorgung und Bergbau (6,6 %), der Öffentlichen Verwaltung/Sozialversicherung (6,5 %), im verarbeitenden Gewerbe (6,2 %) sowie im Gesundheits- und Sozialwesen (6,0 %) sowohl die Zahl der Krankmeldungen als auch die mittlere Dauer der Krankheitsfälle über dem Durchschnitt (☐ Abb. 23.8). Der überdurchschnittlich hohe Krankenstand in der Branche Verkehr/Transport (6,0 %) war dagegen nur auf die lange

---

7   Vgl. dazu Marstedt et al. 2002. Weitere Ausführungen zu den Bestimmungsfaktoren des Krankenstandes in der öffentlichen Verwaltung finden sich in Oppolzer 2000.

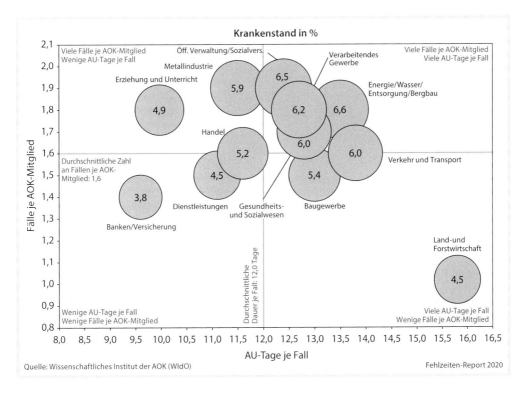

Krankenstand in %

Viele Fälle je AOK-Mitglied
Wenige AU-Tage je Fall

Öff. Verwaltung/Sozialvers.

Verarbeitendes
Gewerbe

Viele Fälle je AOK-Mitglied
Viele AU-Tage je Fall

Metallindustrie

Erziehung und Unterricht

Energie/Wasser/
Entsorgung/Bergbau

Handel

Durchschnittliche Zahl
an Fällen je AOK-
Mitglied: 1,6

Verkehr und Transport

Dienstleistungen   Gesundheits-
und Sozialwesen

Baugewerbe

Banken/Versicherung

Land- und
Forstwirtschaft

Durchschnittliche
Dauer je Fall: 12,0 Tage

Wenige AU-Tage je Fall
Wenige Fälle je AOK-Mitglied

Viele AU-Tage je Fall
Wenige Fälle je AOK-Mitglied

Fälle je AOK-Mitglied

AU-Tage je Fall

Quelle: Wissenschaftliches Institut der AOK (WIdO)

Fehlzeiten-Report 2020

■ **Abb. 23.8** Krankenstand der AOK-Mitglieder nach Branchen im Jahr 2019 nach Bestimmungsfaktoren

Dauer (13,8 Tage je Fall) der Arbeitsunfähigkeitsfälle zurückzuführen.

■ Tab. 23.4 zeigt die Krankenstandsentwicklung in den einzelnen Branchen in den Jahren 2000 bis 2019 differenziert nach West- und Ostdeutschland. Im Vergleich zum Vorjahr blieb der Krankenstand im Jahr 2019 in den meisten Branchen unverändert.

Tabelle 23.4 Entwicklung des Krankenstandes der AOK-Mitglieder in den Jahren 2000–2019

Wirtschafts-abschnitte	Krankenstand in %																				
	2000	2001	2002	2003	2004	2005	2006	2007	2008 (WZ03)	2008 (WZ08)[a]	2009	2010	2011	2012	2013	2014	2015	2016	2017	2018	2019
Banken und Versicherungen																					
West	3,6	3,5	3,5	3,3	3,1	3,1	2,7	3,1	3,1	3,1	3,2	3,2	3,3	3,2	3,2	3,4	3,6	3,7	3,6	3,7	3,6
Ost	4,1	4,1	4,1	3,5	3,2	3,3	3,2	3,4	3,6	3,6	3,9	4,0	3,9	4,1	4,1	4,2	4,4	4,5	4,8	4,9	4,8
Bund	3,6	3,6	3,5	3,3	3,1	3,1	2,8	3,1	3,2	3,2	3,3	3,3	3,3	3,4	3,4	3,5	3,7	3,8	3,8	3,9	3,8
Baugewerbe																					
West	6,1	6,0	5,8	5,4	5,0	4,8	4,6	4,9	5,1	5,0	5,1	5,1	5,2	5,3	5,4	5,5	5,5	5,5	5,3	5,4	5,4
Ost	5,4	5,5	5,2	4,6	4,1	4,0	3,8	4,2	4,5	4,4	4,7	4,7	4,4	5,1	5,2	5,4	5,6	5,5	5,5	5,7	5,7
Bund	5,9	5,9	5,7	5,3	4,8	4,7	4,4	4,8	4,9	4,9	5,1	5,1	5,1	5,3	5,3	5,5	5,5	5,5	5,4	5,5	5,4
Dienstleistungen																					
West	4,6	4,6	4,5	4,3	3,9	3,8	3,7	4,0	4,2	4,1	4,2	4,2	4,3	4,3	4,3	4,3	4,4	4,3	4,3	4,4	4,3
Ost	5,6	5,4	5,2	4,7	4,1	3,9	3,8	4,1	4,3	4,2	4,5	4,6	4,4	4,7	4,7	4,8	4,9	5,0	5,1	5,3	5,2
Bund	4,8	4,7	4,6	4,3	4,0	3,8	3,8	4,1	4,2	4,1	4,2	4,2	4,3	4,4	4,4	4,4	4,5	4,4	4,4	4,5	4,5
Energie, Wasser, Entsorgung und Bergbau																					
West	5,8	5,7	5,5	5,2	4,9	4,8	4,4	4,8	4,9	5,6	5,8	6,0	6,1	6,0	6,4	6,5	6,7	6,7	6,7	6,8	6,7
Ost	4,4	4,4	4,5	4,1	3,7	3,7	3,6	3,7	3,9	4,9	5,3	5,5	4,9	5,4	5,7	5,7	5,9	5,9	6,2	6,3	6,3
Bund	5,5	5,4	5,3	5,0	4,6	4,6	4,3	4,6	4,7	5,4	5,7	5,9	5,8	5,9	6,2	6,3	6,5	6,5	6,6	6,7	6,6

◻ **Tabelle 23.4** (Fortsetzung)

Wirtschafts-abschnitte	Krankenstand in %								2008 (WZ03)	2008 (WZ08)[a]											
	2000	2001	2002	2003	2004	2005	2006	2007			2009	2010	2011	2012	2013	2014	2015	2016	2017	2018	2019
Erziehung und Unterricht																					
West	6,3	6,1	5,6	5,3	5,1	4,6	4,4	4,7	5,0	5,0	5,2	5,1	4,6	4,8	4,4	4,6	4,8	4,8	4,8	4,9	4,8
Ost	9,2	8,9	8,6	7,7	7,0	6,6	6,1	6,1	6,2	6,2	6,5	5,7	5,1	5,8	4,9	4,9	5,0	5,0	5,2	5,4	5,3
Bund	7,3	7,1	6,6	6,1	5,9	5,4	5,1	5,3	5,4	5,4	5,6	5,3	4,7	5,0	4,5	4,6	4,8	4,8	4,8	5,0	4,9
Gesundheits- und Sozialwesen																					
West	5,7	5,5	5,4	5,1	4,8	4,6	4,5	4,8	4,9	4,9	5,1	5,2	5,3	5,3	5,5	5,7	5,9	5,8	5,8	6,0	5,9
Ost	5,4	5,3	5,2	4,7	4,2	4,1	3,9	4,2	4,5	4,5	4,9	5,1	4,8	5,2	5,4	5,5	5,7	5,9	6,1	6,4	6,4
Bund	5,7	5,5	5,4	5,1	4,7	4,6	4,4	4,7	4,8	4,8	5,0	5,2	5,2	5,3	5,5	5,6	5,8	5,8	5,9	6,0	6,0
Handel																					
West	4,6	4,6	4,5	4,2	3,9	3,8	3,7	3,9	4,1	4,1	4,2	4,3	4,4	4,4	4,7	4,8	5,0	5,0	4,9	5,1	5,1
Ost	4,2	4,2	4,1	3,7	3,4	3,3	3,3	3,6	3,8	3,7	4,1	4,1	3,9	4,4	4,6	4,7	4,9	5,1	5,3	5,5	5,5
Bund	4,6	4,5	4,5	4,2	3,8	3,7	3,6	3,9	4,0	4,0	4,2	4,3	4,3	4,4	4,7	4,8	5,0	5,0	5,0	5,2	5,2
Land- und Forstwirtschaft																					
West	4,6	4,6	4,5	4,2	3,8	3,5	3,3	3,6	3,7	3,1	3,0	3,3	3,4	3,2	3,3	3,4	3,4	3,5	3,5	3,6	3,5
Ost	5,5	5,4	5,2	4,9	4,3	4,3	4,1	4,4	4,6	4,6	5,0	5,1	4,9	5,4	5,5	5,5	5,7	5,9	6,0	6,2	6,3
Bund	5,0	5,0	4,8	4,5	4,0	3,9	3,7	3,9	4,1	3,9	4,0	4,2	4,0	4,1	4,2	4,2	4,3	4,4	4,4	4,5	4,5

◻ **Tabelle 23.4** (Fortsetzung)

Wirtschaftsabschnitte	Krankenstand in %																				
	2000	2001	2002	2003	2004	2005	2006	2007	2008 (WZ03)	2008 (WZ08)[a]	2009	2010	2011	2012	2013	2014	2015	2016	2017	2018	2019
Metallindustrie																					
West	5,6	5,5	5,5	5,2	4,8	4,8	4,5	4,8	5,0	5,0	4,9	5,1	5,2	5,3	5,5	5,6	5,9	5,8	5,7	5,9	5,9
Ost	5,0	5,1	5,0	4,6	4,2	4,1	4,0	4,3	4,5	4,5	4,7	4,9	4,8	5,3	5,6	5,6	5,8	6,0	6,0	6,2	6,2
Bund	5,5	5,5	5,5	5,1	4,8	4,7	4,5	4,8	4,9	5,0	4,9	5,1	5,2	5,3	5,5	5,6	5,9	5,8	5,8	5,9	5,9
Öffentliche Verwaltung/Sozialversicherung																					
West	6,4	6,1	6,0	5,7	5,3	5,3	5,1	5,3	5,3	5,3	5,5	5,5	5,6	5,5	5,6	5,9	6,2	6,2	6,3	6,5	6,4
Ost	5,9	5,9	5,7	5,3	5,0	4,5	4,7	4,8	4,9	4,9	5,3	5,7	5,5	5,5	5,9	6,1	6,5	6,6	6,9	7,2	7,0
Bund	6,3	6,1	5,9	5,6	5,2	5,1	5,0	5,2	5,2	5,2	5,4	5,5	5,6	5,5	5,7	5,9	6,3	6,3	6,4	6,6	6,5
Verarbeitendes Gewerbe																					
West	5,6	5,6	5,5	5,2	4,8	4,8	4,6	4,9	5,0	5,0	5,0	5,2	5,4	5,5	5,7	5,8	6,0	6,0	6,0	6,1	6,1
Ost	5,1	5,2	5,1	4,7	4,3	4,2	4,1	4,9	4,6	4,6	4,9	5,1	5,0	5,6	5,8	6,0	6,2	6,2	6,4	6,7	6,7
Bund	5,6	5,5	5,5	5,1	4,7	4,7	4,5	4,8	5,0	5,0	5,0	5,2	5,3	5,5	5,7	5,8	6,0	6,0	6,0	6,2	6,2
Verkehr und Transport																					
West	5,6	5,6	5,6	5,3	4,9	4,8	4,7	4,9	5,1	5,1	5,3	5,5	5,5	5,6	5,7	5,8	6,0	5,9	5,9	5,9	5,9
Ost	4,8	4,9	4,9	4,5	4,2	4,2	4,1	4,3	4,5	4,5	5,0	5,2	4,8	5,4	5,8	5,9	6,0	6,1	6,3	6,5	6,5
Bund	5,5	5,5	5,5	5,2	4,8	4,7	4,6	4,8	4,9	5,0	5,3	5,5	5,4	5,5	5,7	5,8	6,0	6,0	6,0	6,0	6,0

[a] aufgrund der Revision der Wirtschaftszweigklassifikation in 2008 ist eine Vergleichbarkeit mit den Vorjahren nur bedingt möglich

Fehlzeiten-Report 2020

23.7 Einfluss der Alters- und Geschlechtsstruktur

Die Höhe des Krankenstandes hängt entscheidend vom Alter der Beschäftigten ab. Die krankheitsbedingten Fehlzeiten nehmen mit steigendem Alter deutlich zu. Die Höhe des Krankenstandes variiert ab dem 40. Lebensjahr in Abhängigkeit vom Geschlecht nur leicht (■ Abb. 23.9).

Zwar geht die Zahl der Krankmeldungen mit zunehmendem Alter zurück, die durchschnittliche Dauer der Arbeitsunfähigkeitsfälle steigt jedoch kontinuierlich an (■ Abb. 23.10). Ältere Mitarbeiter sind also nicht unbedingt häufiger krank als ihre jüngeren Kollegen, fallen aber bei einer Erkrankung in der Regel wesentlich länger aus. Der starke Anstieg der Falldauer hat zur Folge, dass der Krankenstand

mit zunehmendem Alter deutlich ansteigt, obwohl die Anzahl der Krankmeldungen nur minimal zunimmt. Hinzu kommt, dass ältere Arbeitnehmer im Unterschied zu ihren jüngeren Kollegen häufiger von mehreren Erkrankungen gleichzeitig betroffen sind (Multimorbidität). Auch dies kann längere Ausfallzeiten mit sich bringen.

Da die Krankenstände in Abhängigkeit vom Alter und Geschlecht sehr stark variieren, ist es sinnvoll, beim Vergleich der Krankenstände unterschiedlicher Branchen oder Regionen die Alters- und Geschlechtsstruktur zu berücksichtigen. Mithilfe von Standardisierungsverfahren lässt sich berechnen, wie der Krankenstand in den unterschiedlichen Bereichen ausfiele, wenn man eine durchschnittliche Alters- und Geschlechtsstruktur zugrunde legen würde. ■ Abb. 23.11 zeigt die standardisierten Werte für die einzelnen Wirtschaftszweige im

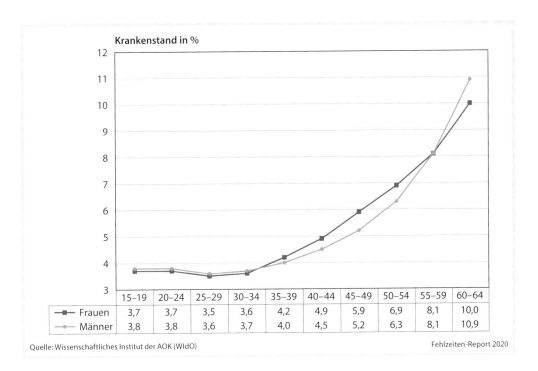

Krankenstand in %	15–19	20–24	25–29	30–34	35–39	40–44	45–49	50–54	55–59	60–64
Frauen	3,7	3,7	3,5	3,6	4,2	4,9	5,9	6,9	8,1	10,0
Männer	3,8	3,8	3,6	3,7	4,0	4,5	5,2	6,3	8,1	10,9

Quelle: Wissenschaftliches Institut der AOK (WIdO)   Fehlzeiten-Report 2020

■ **Abb. 23.9** Krankenstand der AOK-Mitglieder im Jahr 2019 nach Alter und Geschlecht

23

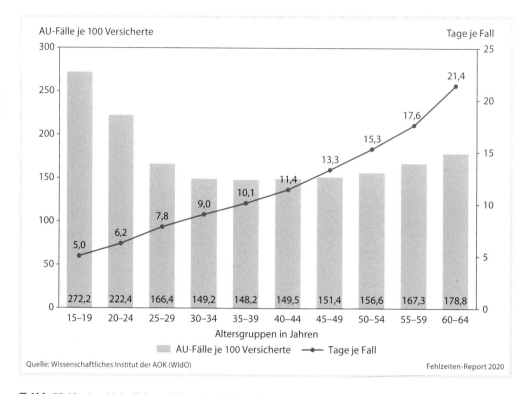

◧ Abb. 23.10 Anzahl der Fälle und Dauer der Arbeitsunfähigkeit der AOK-Mitglieder im Jahr 2019 nach Alter

Vergleich zu den nicht standardisierten Krankenständen[8].

In den meisten Branchen zeigen die standardisierten Werte nur geringfügige Abweichungen von den nicht standardisierten Werten. In der Branche Energie, Wasser, Entsorgung und Bergbau (0,8 Prozentpunkte), im Baugewerbe (0,6 Prozentpunkte) und in der öffentlichen Verwaltung (0,5 Prozentpunkte) ist der überdurchschnittlich hohe Krankenstand zu einem erheblichen Teil auf die Altersstruktur in diesen Bereichen zurückzuführen. In den Branchen Verkehr und Transport, Handel, Dienstleistungen (jeweils 0,2 Prozentpunkte) und Banken und Versicherungen (0,1 Prozent-

punkt), ist es hingegen genau umgekehrt: Dort wäre bei einer durchschnittlichen Altersstruktur ein etwas höherer Krankenstand zu erwarten.

◧ Abb. 23.12 zeigt die Abweichungen der standardisierten Krankenstände vom Bundesdurchschnitt. In den Bereichen Verkehr und Transport, Verarbeitendes Gewerbe, Öffentliche Verwaltung und Sozialversicherung, Metallindustrie, Gesundheits- und Sozialwesen, Energie, Wasser, Entsorgung und Bergbau sowie im Handel liegen die standardisierten Werte über dem Durchschnitt. Hingegen ist der standardisierte Krankenstand in der Branche Banken und Versicherung um 25,7 % und damit deutlich geringer als im Bundesdurchschnitt. Dies ist in erster Linie auf den hohen Angestelltenanteil in dieser Branche zurückzuführen.

---

8   Berechnet nach der Methode der direkten Standardisierung – zugrunde gelegt wurde die Alters- und Geschlechtsstruktur der erwerbstätigen Mitglieder der gesetzlichen Krankenversicherung insgesamt im Jahr 2015 (Mitglieder mit Krankengeldanspruch). Quelle: Bundesagentur für Arbeit 2020.

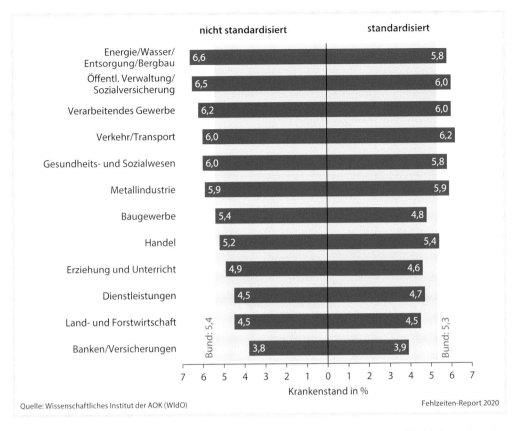

nicht standardisiert | standardisiert

Branche	nicht standardisiert	standardisiert
Energie/Wasser/Entsorgung/Bergbau	6,6	5,8
Öffentl. Verwaltung/Sozialversicherung	6,5	6,0
Verarbeitendes Gewerbe	6,2	6,0
Verkehr/Transport	6,0	6,2
Gesundheits- und Sozialwesen	6,0	5,8
Metallindustrie	5,9	5,9
Baugewerbe	5,4	4,8
Handel	5,2	5,4
Erziehung und Unterricht	4,9	4,6
Dienstleistungen	4,5	4,7
Land- und Forstwirtschaft	4,5	4,5
Banken/Versicherungen	3,8	3,9

Bund: 5,4 | Bund: 5,3

Krankenstand in %

Quelle: Wissenschaftliches Institut der AOK (WIdO)

Fehlzeiten-Report 2020

☐ **Abb. 23.11** Alters- und geschlechtsstandardisierter Krankenstand der AOK-Mitglieder im Jahr 2019 nach Branchen

23

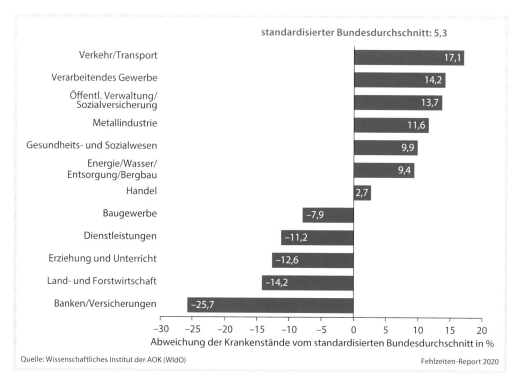

standardisierter Bundesdurchschnitt: 5,3

Verkehr/Transport	17,1
Verarbeitendes Gewerbe	14,2
Öffentl. Verwaltung/Sozialversicherung	13,7
Metallindustrie	11,6
Gesundheits- und Sozialwesen	9,9
Energie/Wasser/Entsorgung/Bergbau	9,4
Handel	2,7
Baugewerbe	–7,9
Dienstleistungen	–11,2
Erziehung und Unterricht	–12,6
Land- und Forstwirtschaft	–14,2
Banken/Versicherungen	–25,7

Abweichung der Krankenstände vom standardisierten Bundesdurchschnitt in %

Quelle: Wissenschaftliches Institut der AOK (WIdO)   Fehlzeiten-Report 2020

◘ Abb. 23.12   Abweichungen der alters- und geschlechtsstandardisierten Krankenstände vom Bundesdurchschnitt im Jahr 2019 nach Branchen, AOK-Mitglieder

23.8 Fehlzeiten nach Bundesländern

Im Jahr 2019 lag der Krankenstand in Ostdeutschland um 0,6 Prozentpunkte höher als im Westen Deutschlands (◘ Tab. 23.3). Zwischen den einzelnen Bundesländern[9] zeigen sich jedoch erhebliche Unterschiede (◘ Abb. 23.13): Die höchsten Krankenstände waren 2019 in Brandenburg mit 6,3 % zu verzeichnen, gefolgt von Thüringen und Sachsen-Anhalt mit jeweils 6,2 % sowie dem Saarland mit 6,1 %. Die niedrigsten Krankenstände wiesen Hamburg (4,6 %), Bayern (4,8 %) sowie Berlin mit 5,0 % auf.

Die hohen Krankenstände kommen auf unterschiedliche Weise zustande. In Mecklenburg-Vorpommern, Sachsen-Anhalt, Brandenburg sowie im Saarland lag vor allem die durchschnittliche Dauer pro Arbeitsunfähigkeitsfall über dem Bundesdurchschnitt (◘ Abb. 23.14). In Nordrhein-Westfalen und Niedersachsen ist der hohe Krankenstand (5,8 bzw. 5,7 %) dagegen auf die hohe Zahl der Arbeitsunfähigkeitsfälle zurückzuführen.

Inwieweit sind die regionalen Unterschiede im Krankenstand auf unterschiedliche Alters- und Geschlechtsstrukturen zurückzuführen? ◘ Abb. 23.15 zeigt die nach Alter, Geschlecht und Branche standardisierten Werte für die einzelnen Bundesländer im Vergleich zu den nicht standardisierten Krankenstän-

---

9   Die Zuordnung zu den Bundesländern erfolgt über die Postleitzahlen der Betriebe.

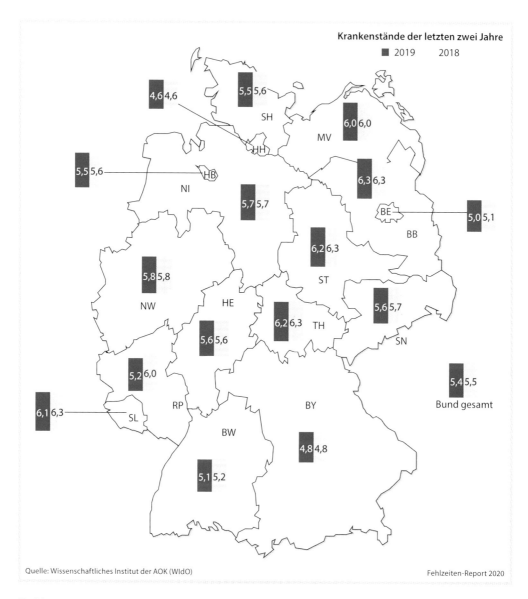

Krankenstände der letzten zwei Jahre

■ 2019   2018

Bundesland	2019	2018
SH	5,5	5,6
HH	4,6	4,6
MV	6,0	6,0
HB	5,5	5,6
NI		
BB	6,3	6,3
BE	5,0	5,1
NW	5,8	5,8
HE	5,7	5,7
ST	6,2	6,3
TH	6,2	6,3
SN	5,6	5,7
RP	5,6	5,6
SL	5,2	6,0
	6,1	6,3
BY	4,8	4,8
BW	5,1	5,2
Bund gesamt	5,4	5,5

Quelle: Wissenschaftliches Institut der AOK (WIdO)

Fehlzeiten-Report 2020

◘ **Abb. 23.13** Krankenstand der AOK-Mitglieder nach Bundesländern im Jahr 2019 im Vergleich zum Vorjahr

23

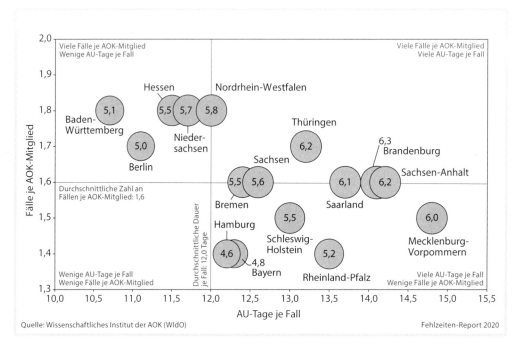

■ **Abb. 23.14** Krankenstand der AOK-Mitglieder nach Bundesländern im Jahr 2019 nach Bestimmungsfaktoren

den.[10] Durch die Berücksichtigung der Alters-, Geschlechts- und Branchenstruktur relativieren sich die beschriebenen regionalen Unterschiede im Krankenstand etwas. Das Bundesland Brandenburg hat auch nach der Standardisierung mit 6,2 % den höchsten, Thüringen den zweithöchsten Krankenstand (6,1 %). In Hamburg zeigt sich eine Zunahme um 0,6 Prozentpunkte, in Berlin ebenfalls um 0,6 Prozentpunkte, d. h. in diesen Städten liegt eine vergleichsweise günstige Alters- und Geschlechtsstruktur vor, die sich positiv auf den Krankenstand auswirkt. Bayern weist nach der Standardisierung mit einem Anstieg von nur 0,1 Prozentpunkten auf 4,9 % den günstigsten Wert auf.

■ Abb. 23.16 zeigt die prozentualen Abweichungen der standardisierten Krankenstände vom Bundesdurchschnitt. Die höchsten Werte weisen Brandenburg und Thüringen auf. Dort liegen die standardisierten Werte mit 13,3 bzw. 10,5 % deutlich über dem Durchschnitt. In Bayern ist der standardisierte Krankenstand mit 10,5 % Abweichung wesentlich niedriger als im Bundesdurchschnitt.

Im Vergleich zum Vorjahr haben im Jahr 2019 die Arbeitsunfähigkeitsfälle in den Bundesländern insgesamt um 2,7 % und die Arbeitsunfähigkeitstage um 0,7 % abgenommen (■ Tab. 23.5). Die Falldauer der Arbeitsunfähigkeiten ist mit 14,8 Tagen in Mecklenburg-Vorpommern am höchsten und in Baden-Württemberg mit 10,7 Tagen am geringsten.

---

10 Berechnet nach der Methode der direkten Standardisierung – zugrunde gelegt wurde die Alters-, Geschlechts- und Branchenstruktur der Beschäftigten in Deutschland im Jahr 2015. Quelle: Bundesagentur für Arbeit 2020.

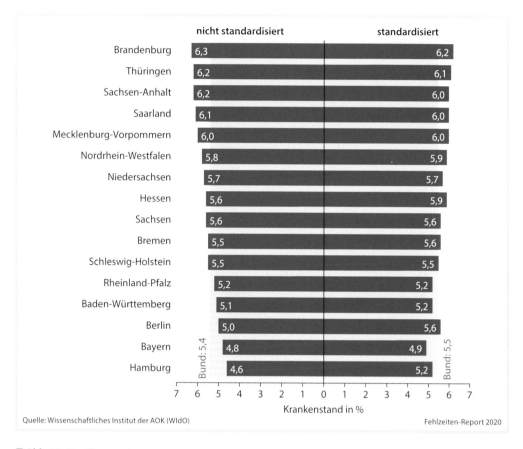

Abb. 23.15 Alters- und geschlechtsstandardisierter Krankenstand der AOK-Mitglieder im Jahr 2019 nach Bundesländern

23

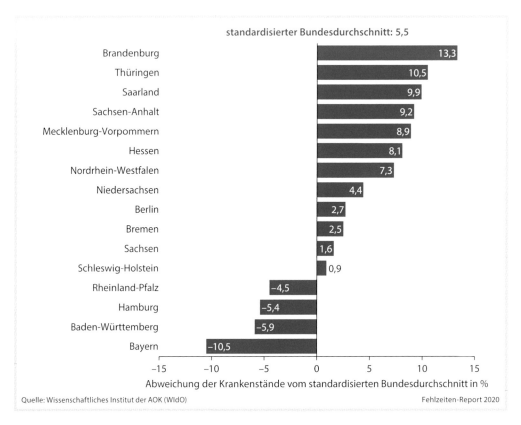

Quelle: Wissenschaftliches Institut der AOK (WIdO)   Fehlzeiten-Report 2020

◘ **Abb. 23.16** Abweichungen der alters- und geschlechtsstandardisierten Krankenstände vom Bundesdurchschnitt im Jahr 2019 nach Bundesländern, AOK-Mitglieder

◻ **Tabelle 23.5**   Krankenstandskennzahlen nach Regionen, 2019 im Vergleich zum Vorjahr

	Arbeitsunfähigkeiten je 100 AOK-Mitglieder				Tage je Fall	Veränd. z. Vorj. in %
	Fälle	Veränd. z. Vorj. in %	Tage	Veränd. z. Vorj. in %		
Baden-Württemberg	175,2	−0,9	1.879,1	−0,3	10,7	0,6
Bayern	142,2	−1,0	1.755,9	0,1	12,3	1,1
Berlin	165,0	−1,9	1.831,3	−1,7	11,1	0,2
Brandenburg	164,0	−2,2	2.312,3	0,5	14,1	2,8
Bremen	161,0	−2,2	1.997,2	−1,4	12,4	0,8
Hamburg	137,3	−2,0	1.671,3	−0,3	12,2	1,7
Hessen	177,7	−1,7	2.051,4	−0,4	11,5	1,4
Mecklenburg-Vorpommern	149,1	−2,1	2.206,4	0,9	14,8	3,0
Niedersachsen	178,7	−1,1	2.085,0	−0,1	11,7	1,0
Nordrhein-Westfalen	175,4	−2,6	2.107,9	0,1	12,0	2,8
Rheinland-Pfalz	141,3	−27,6	1.904,9	−12,5	13,5	20,8
Saarland	161,3	−5,6	2.209,0	−4,0	13,7	1,8
Sachsen	163,2	−1,8	2.060,3	−0,2	12,6	1,6
Sachsen-Anhalt	159,8	−1,8	2.270,5	−1,4	14,2	0,4
Schleswig-Holstein	154,8	−2,9	2.009,7	−1,4	13,0	1,5
Thüringen	172,2	−3,1	2.273,0	−0,5	13,2	2,7
Bund	**164,6**	**−2,7**	**1.978,3**	**−0,7**	**12,0**	**2,1**

Fehlzeiten-Report 2020

23.9   Fehlzeiten nach Ausbildungsabschluss und Vertragsart

Die Bundesagentur für Arbeit definiert und liefert die für die Unternehmen relevanten Tätigkeitsschlüssel. Die Unternehmen sind verpflichtet, ihren Beschäftigten den jeweils für die Art der Beschäftigung gültigen Tätigkeitsschlüssel zuzuweisen und diesen zu dokumentieren. Diese Schlüssel sind in den Meldungen zur Sozialversicherung enthalten und werden neben weiteren Angaben zur Person den Ein-zugsstellen, in der Regel den Krankenkassen der Arbeitnehmer, übermittelt. Auf Grundlage der Meldungen führt die Krankenkasse ihr Versichertenverzeichnis und übermittelt die Daten dem Rentenversicherungsträger (vgl. Damm et al. 2012). Grundlage der Tätigkeitseinstufung war bis zum Jahr 2012 die „Klassifikation der Berufe" aus dem Jahr 1988 (KldB 1988).

In den letzten Jahren haben sich jedoch sowohl die Berufs- und Beschäftigungslandschaft als auch die Ausbildungsstrukturen stark verändert. So sind nicht nur neue Ausbildungsabschlüsse entstanden, auch die Trennung zwischen Arbeitern und Angestellten ist bereits

23

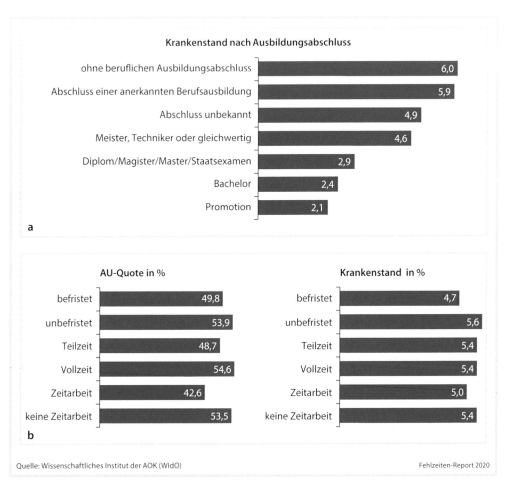

Krankenstand nach Ausbildungsabschluss

ohne beruflichen Ausbildungsabschluss	6,0
Abschluss einer anerkannten Berufsausbildung	5,9
Abschluss unbekannt	4,9
Meister, Techniker oder gleichwertig	4,6
Diplom/Magister/Master/Staatsexamen	2,9
Bachelor	2,4
Promotion	2,1

a

AU-Quote in %

befristet	49,8
unbefristet	53,9
Teilzeit	48,7
Vollzeit	54,6
Zeitarbeit	42,6
keine Zeitarbeit	53,5

Krankenstand in %

befristet	4,7
unbefristet	5,6
Teilzeit	5,4
Vollzeit	5,4
Zeitarbeit	5,0
keine Zeitarbeit	5,4

b

Quelle: Wissenschaftliches Institut der AOK (WIdO)   Fehlzeiten-Report 2020

■ **Abb. 23.17 a** Krankenstand nach Ausbildungsabschluss im Jahr 2019, AOK-Mitglieder; **b** Krankenstand und AU-Quote nach Vertragsart im Jahr 2019, AOK-Mitglieder

seit dem Jahr 2006 rentenrechtlich bedeutungslos. Aus diesem Grund wurde die veraltete Klassifikation der Berufe von der Bundesagentur für Arbeit durch eine überarbeitete Version (KldB 2010) ersetzt. Diese weist zugleich eine hohe Kompatibilität mit der internationalen Berufsklassifikation ISCO-08 (International Standard Classification of Occupations 2008) auf. Die neue Version gilt seit dem 01.12.2011. Infolge der Umstellung wird die Stellung im Beruf (wie die Trennung nach Arbeiter oder Angestellter) nicht mehr ausgewiesen.

Die krankheitsbedingten Fehlzeiten variieren deutlich in Abhängigkeit vom Ausbil-

dungsabschluss (vgl. ■ Abb. 23.17). Dabei zeigt sich, dass der Krankenstand mit steigendem Ausbildungsniveau sinkt. Den höchsten Krankenstand weisen mit 6,0 % Beschäftigte ohne beruflichen Abschluss auf. Beschäftigte mit einem Diplom, Magister, Master und Staatsexamen oder einem Bachelorabschluss liegen deutlich darunter (2,9 bzw. 2,4 %). Den geringsten Krankenstand weisen mit 2,1 % Beschäftigte mit Promotion auf.

Diese Ergebnisse können zu der Annahme führen, dass die Differenzen im Krankenstand u. a. auf den Faktor Bildung zurückzuführen sind. Diese Annahme wird auch in empirischen Studien bestätigt, bei denen Bildung als eine wesentliche Variable für die Erklärung von gesundheitlichen Differenzen erkannt wurde.

Die Gründe sind u. a. darin zu suchen, dass sich beispielsweise Akademiker gesundheitsgerechter verhalten, was Ernährung, Bewegung und das Rauchverhalten angeht. Ihnen steht ein besserer Zugang zu Gesundheitsleistungen offen. In der Regel werden ihnen auch bei ihrer beruflichen Tätigkeit größere Handlungsspielräume und Gestaltungsmöglichkeiten eingeräumt und für die erbrachten beruflichen Leistungen werden adäquate Gratifikationen wie ein höheres Gehalt, Anerkennung und Wertschätzung sowie Aufstiegsmöglichkeiten und Arbeitsplatzsicherheit gewährt (vgl. u. a. Mielck et al. 2012; Karasek und Theorell 1990; Siegrist 1999; Marmot 2005). Dies führt dazu, dass Beschäftigte in höheren Positionen motivierter sind und sich stärker mit ihrer beruflichen Tätigkeit identifizieren. Aufgrund dieser Tatsache ist in der Regel der Anteil motivationsbedingter Fehlzeiten bei höherem beruflichem Status geringer.

Umgekehrt haben Studien gezeigt, dass bei einkommensschwachen Gruppen verhaltensbedingte gesundheitliche Risikofaktoren wie Rauchen, Bewegungsarmut und Übergewicht stärker ausgeprägt sind als bei Gruppen mit höheren Einkommen (Mielck 2000). Die theoretische Grundlage liefern hier kulturell determinierte Lebensstilunterschiede.

Hinzu kommt, dass sich die Tätigkeiten von gering qualifizierten Arbeitnehmern im Vergleich zu denen von höher qualifizierten Beschäftigten in der Regel durch ein größeres Maß an physiologisch-ergonomischen Belastungen, eine höhere Unfallgefährdung und damit durch erhöhte Gesundheitskrisen auszeichnen. Zudem gibt es Zusammenhänge zu einer ungesünderen Ernährung und häufigerem Übergewicht (vgl. Wissenschaftszentrum Berlin für Sozialforschung 2018) Nicht zuletzt müssen Umweltfaktoren sowie Infra- und Versorgungsstrukturen berücksichtigt werden. Ein niedrigeres Einkommensniveau wirkt sich bei Geringqualifizierten auch ungünstig auf die außerberuflichen Lebensverhältnisse wie die Wohnsituation und die Erholungsmöglichkeiten aus.

Die AU-Quote weist den Anteil der AOK-Mitglieder mit mindestens einem Arbeitsunfähigkeitsfall im Auswertungsjahr aus. Betrachtet man die AU-Quoten nach der Vertragsart, zeigt sich, dass die unbefristet und Vollzeit-Beschäftigten mit 53,9 bzw. 54,6 % öfter von einer Krankschreibung betroffen sind als befristet bzw. Teilzeit-Beschäftigte (49,8 bzw. 48,7 %). Dies spiegelt sich zugleich im Krankenstand wider: Der Krankenstand bei den unbefristet Beschäftigten liegt im Vergleich zu den befristet Beschäftigten um 0,9 Prozentpunkte höher. Hier kann vermutet werden, dass befristet Beschäftigte eher bereit sind, auch einmal krank zur Arbeit zu gehen, da die permanente Gefahr besteht, dass der Arbeitgeber den befristeten Arbeitsvertrag nicht verlängert. Der Krankenstand bei den Teilzeitbeschäftigten und den Vollzeitbeschäftigten beträgt jeweils 5,4 %.

Betrachtet man die Fehlzeiten von Zeitarbeitern, so stellt sich die Frage: Welchen gesundheitlichen Belastungen sind Zeitarbeiter ausgesetzt? Es sind weniger Zeitarbeitsbeschäftigte krankgeschrieben als Beschäftigte ohne Zeitarbeitsverhältnis (42,6 vs. 53,5 %), auch die Anzahl der Fehltage pro Fall ist bei Zeitarbeitern kürzer (Zeitarbeiter: 8,8 Tage vs. Nicht-Zeitarbeiter 12,2 Tage). Eine mögliche Erklärung für dieses Phänomen könnte sein, dass Zeitarbeiter eher bereit sind, krank zur Arbeit zu gehen, um die Chancen einer Weiterbeschäftigung nicht zu gefährden.

23.10 Fehlzeiten nach Berufsgruppen

Auch bei den einzelnen Berufsgruppen[11] gibt es große Unterschiede hinsichtlich der krankheitsbedingten Fehlzeiten (◼ Abb. 23.18). Die Art der ausgeübten Tätigkeit hat erheblichen Einfluss auf das Ausmaß der Fehlzeiten. Die meisten Arbeitsunfähigkeitstage weisen Berufsgruppen aus dem gewerblichen Bereich auf, wie beispielsweise Berufe in der Ver- und Entsorgung. Dabei handelt es sich häufig um Berufe mit hohen körperlichen Arbeitsbelastungen und überdurchschnittlich vielen Arbeitsunfällen (▶ Abschn. 23.13). Einige der Berufsgruppen mit hohen Krankenständen, wie Altenpfleger, sind auch in besonders hohem Maße psychischen Arbeitsbelastungen ausgesetzt. Die niedrigsten Krankenstände sind bei akademischen Berufsgruppen wie z. B. Berufen in der Hochschullehre und -forschung, der Softwareentwicklung oder bei Ärzten zu verzeichnen. Während Hochschullehrer im Jahr 2019 im Durchschnitt nur 4,8 Tage krankgeschrieben waren, waren es bei den Berufen in der Ver- und Entsorgung 31,8 Tage, also mehr als das Sechsfache.

---

11 Die Klassifikation der Berufe wurde zum 01.12.2011 überarbeitet und aktualisiert (▶ Abschn. 23.10). Daher finden sich ab dem Jahr 2012 zum Teil andere Berufsbezeichnungen als in den Fehlzeiten-Reporten der Vorjahre.

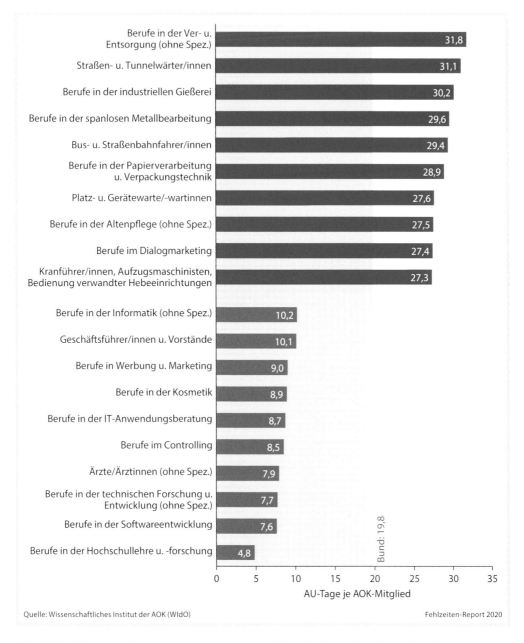

Abb. 23.18 Zehn Berufsgruppen mit hohen und niedrigen Fehlzeiten je AOK-Mitglied im Jahr 2019

23

23.11 Fehlzeiten nach Wochentagen

Die meisten Krankschreibungen sind am Wochenanfang zu verzeichnen (◐ Abb. 23.19). Zum Wochenende hin nimmt die Zahl der Arbeitsunfähigkeitsmeldungen tendenziell ab. 2019 entfiel ein Drittel (34,4 %) der wöchentlichen Krankmeldungen auf den Montag.

Bei der Bewertung der gehäuften Krankmeldungen am Montag muss allerdings berücksichtigt werden, dass der Arzt am Wochenende in der Regel nur in Notfällen aufgesucht wird, da die meisten Praxen geschlossen sind. Deshalb erfolgt die Krankschreibung für Erkrankungen, die bereits am Wochenende begonnen haben, in den meisten Fällen erst am Wochenanfang. Insofern sind in den Krankmeldungen vom Montag auch die Krankheits-

fälle vom Wochenende enthalten. Die Verteilung der Krankmeldungen auf die Wochentage ist also in erster Linie durch die ärztlichen Sprechstundenzeiten bedingt. Dies wird häufig in der Diskussion um den „blauen Montag" nicht bedacht.

Geht man davon aus, dass die Wahrscheinlichkeit zu erkranken an allen Wochentagen gleich hoch ist und verteilt die Arbeitsunfähigkeitsmeldungen vom Samstag, Sonntag und Montag gleichmäßig auf diese drei Tage, beginnen am Montag – „wochenendbereinigt" – nur noch 12,4 % der Krankheitsfälle. Danach ist der Montag nach dem Freitag (10,4 %) der Wochentag mit der geringsten Zahl an Krankmeldungen. Eine finnische Studie zu diesem Thema bestätigt ebenfalls die geringe Bedeutung des Montags bei krankheitsbedingten Fehlzeiten (Vahtera et al. 2001). Die Mehrheit der Ärzte bevorzugt als Ende

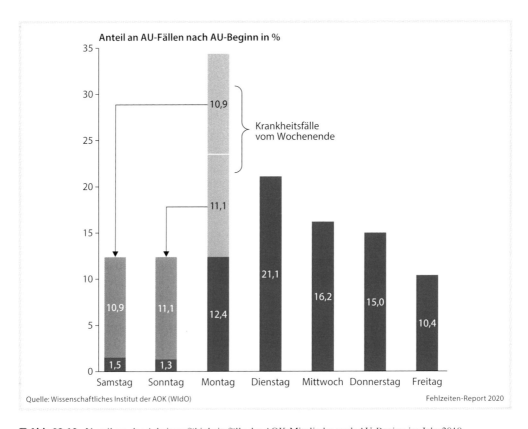

Quelle: Wissenschaftliches Institut der AOK (WIdO)   Fehlzeiten-Report 2020

◐ **Abb. 23.19** Verteilung der Arbeitsunfähigkeitsfälle der AOK-Mitglieder nach AU-Beginn im Jahr 2019

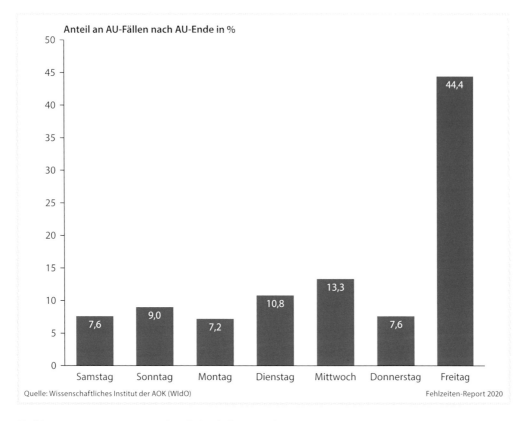

Anteil an AU-Fällen nach AU-Ende in %

Quelle: Wissenschaftliches Institut der AOK (WIdO)　　　　Fehlzeiten-Report 2020

◘ Abb. 23.20　Verteilung der Arbeitsunfähigkeitsfälle der AOK-Mitglieder nach AU-Ende im Jahr 2019

der Krankschreibung das Ende der Arbeits-
woche (◘ Abb. 23.20). 2019 endeten 44,4 %
der Arbeitsunfähigkeitsfälle am Freitag. Nach
dem Freitag ist der Mittwoch der Wochentag,
an dem die meisten Krankmeldungen (13,3 %)
abgeschlossen worden sind.

Da meist bis Freitag krankgeschrieben
wird, nimmt der Krankenstand gegen Ende der
Woche hinzu. Daraus abzuleiten, dass am Freitag besonders gerne „krankgefeiert" wird, um
das Wochenende auf Kosten des Arbeitgebers
zu verlängern, erscheint wenig plausibel, insbesondere wenn man bedenkt, dass der Freitag
der Werktag mit den wenigsten Krankmeldungen ist.

23.12 Arbeitsunfälle

Im Jahr 2019 waren 3,0 % der Arbeitsunfähigkeitsfälle auf Arbeitsunfälle[12] zurückzuführen.
Diese waren für 5,8 % der Arbeitsunfähigkeitstage verantwortlich.

In den einzelnen Wirtschaftszweigen variiert die Zahl der Arbeitsunfälle erheblich. So
waren die meisten Fälle in der Land- und Forstwirtschaft und im Baugewerbe zu verzeichnen
(◘ Abb. 23.21). 2019 gingen beispielsweise
7,6 % der AU-Fälle und 14,1 % der AU-Tage in
der Land- und Forstwirtschaft auf Arbeitsunfälle zurück. Neben dem Baugewerbe (6,1 %)
und der Land- und Forstwirtschaft gab es auch
im Bereich Verkehr und Transport (4,1 %) und

12　Zur Definition der Arbeitsunfälle ◘ Tab. 23.1.

23

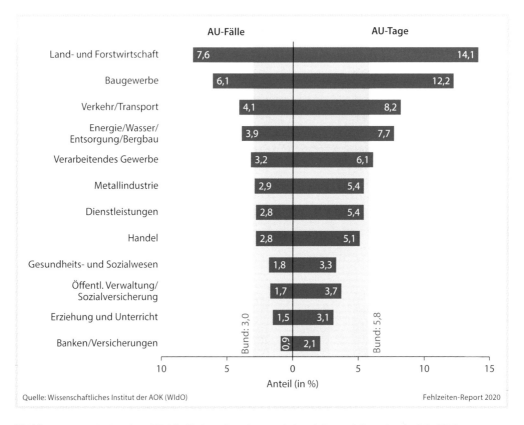

◘ Abb. 23.21   Fehlzeiten der AOK-Mitglieder aufgrund von Arbeitsunfällen nach Branchen im Jahr 2019

in der Branche Energie, Wasser, Entsorgung und Bergbau (3,9 %) überdurchschnittlich viele Arbeitsunfälle. Den geringsten Anteil an Arbeitsunfällen verzeichneten die Banken und Versicherungen mit 0,9 %.

Die Zahl der Arbeitsunfälle lag in Westdeutschland höher als in Ostdeutschland: Während im Westen durchschnittlich 49,5 Fälle auf 1.000 AOK-Mitglieder entfielen, waren es im Osten 46,1 Fälle je 1.000 Mitglieder (◘ Abb. 23.22).

Die Zahl der auf Arbeitsunfälle zurückgehenden Arbeitsunfähigkeitstage war lediglich in den Branchen Land- und Forstwirtschaft, Dienstleistungen sowie Banken und Versicherungen und geringfügig in Verkehr/Transport in Ostdeutschland höher als in Westdeutschland (◘ Abb. 23.23).

◘ Tab. 23.6 zeigt die Berufsgruppen, die in besonderem Maße von arbeitsbedingten Unfällen betroffen sind. Spitzenreiter waren im Jahr 2019 Berufe in der Zimmerei (4.579 AU-Tage je 1.000 AOK-Mitglieder), Berufe in der Dachdeckerei (4.096 AU-Tage je 1.000 AOK-Mitglieder) sowie Berufe im Beton- und Stahlbetonbau (3.975 AU-Tage je 1.000 AOK-Mitglieder).

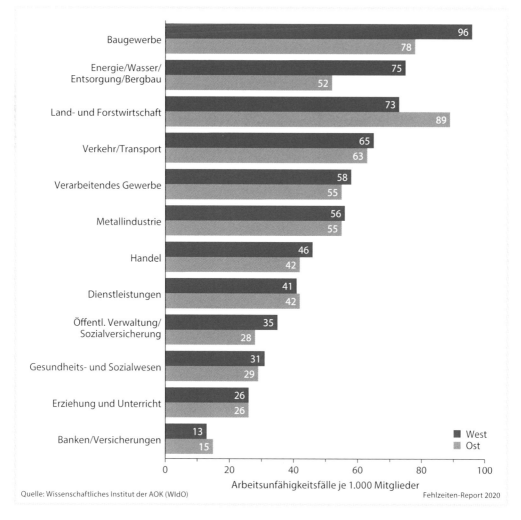

Quelle: Wissenschaftliches Institut der AOK (WIdO)
Fehlzeiten-Report 2020

◨ **Abb. 23.22** Fälle der Arbeitsunfähigkeit der AOK-Mitglieder aufgrund von Arbeitsunfällen nach Branchen in West- und Ostdeutschland im Jahr 2019

23

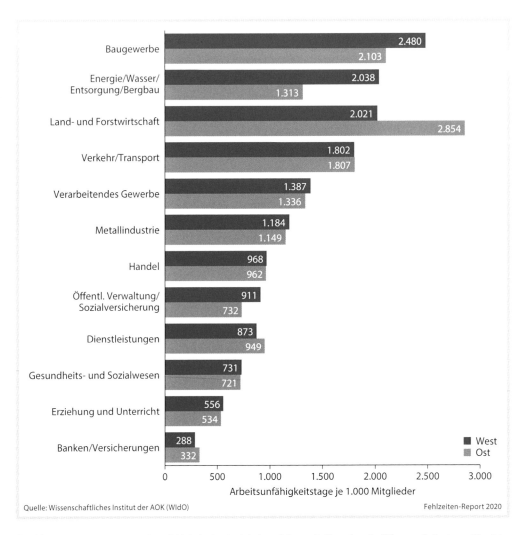

Quelle: Wissenschaftliches Institut der AOK (WIdO)   Fehlzeiten-Report 2020

◘ **Abb. 23.23** Tage der Arbeitsunfähigkeit durch Arbeitsunfälle nach Branchen in West- und Ostdeutschland im Jahr 2019

◘ **Tabelle 23.6** Tage der Arbeitsunfähigkeit durch Arbeitsunfälle nach Berufsgruppen im Jahr 2019 AOK-Mitglieder

Berufsgruppe	AU-Tage je 1.000 AOK-Mitglieder
Berufe in der Zimmerei	4.579
Berufe in der Dachdeckerei	4.096
Berufe im Beton- u. Stahlbetonbau	3.975
Berufe im Maurerhandwerk	3.682
Berufe im Hochbau (ohne Spez.)	3.098
Berufe im Tiefbau (ohne Spez.)	2.911
Berufe in der Ver- u. Entsorgung (ohne Spez.)	2.895
Berufe im Aus- u. Trockenbau (ohne Spez.)	2.757
Berufskraftfahrer/innen (Güterverkehr/LKW)	2.715
Berufe in der Holzbe- u. -verarbeitung (ohne Spez.)	2.582
Berufe im Metallbau	2.576
Führer/innen von Erdbewegungs- u. verwandten Maschinen	2.492
Berufe im Garten-, Landschafts- u. Sportplatzbau	2.444
Platz- u. Gerätewarte/-wartinnen	2.389
Berufe für Post- u. Zustelldienste	2.352
Berufe im Holz-, Möbel- u. Innenausbau	2.340
Berufe in der Sanitär-, Heizungs- u. Klimatechnik	2.175
Kranführer/innen, Aufzugsmaschinisten, Bedienung verwandter Hebeeinrichtungen	2.134
Berufe in der Fleischverarbeitung	2.072
Berufe in der Schweiß- u. Verbindungstechnik	2.034
Berufe für Maler- u. Lackiererarbeiten	2.029
Berufe im Gartenbau (ohne Spez.)	2.000
Berufe in der Landwirtschaft (ohne Spez.)	1.967
Fahrzeugführer/innen im Straßenverkehr (sonstige spezifische Tätigkeitsangabe)	1.852
Bus- u. Straßenbahnfahrer/innen	1.698

Fehlzeiten-Report 2020

23

23.13 Krankheitsarten im Überblick

Das Krankheitsgeschehen wird im Wesentlichen von sechs großen Krankheitsgruppen (nach ICD-10) bestimmt: Muskel- und Skelett-Erkrankungen, Atemwegserkrankungen, Verletzungen, psychische und Verhaltensstörungen, Herz- und Kreislauf-Erkrankungen sowie Erkrankungen der Verdauungsorgane (☐ Abb. 23.24). 62,9 % der Arbeitsunfähigkeitsfälle und 66,9 % der Arbeitsunfähigkeitstage gingen 2019 auf das Konto dieser sechs Krankheitsarten. Der Rest verteilte sich auf sonstige Krankheitsgruppen.

Der häufigste Anlass für die Ausstellung von Arbeitsunfähigkeitsbescheinigungen waren Atemwegserkrankungen. Im Jahr 2019 waren diese für fast ein Viertel der Arbeitsunfähigkeitsfälle (22,6 %) verantwortlich. Aufgrund einer relativ geringen durchschnittlichen Erkrankungsdauer betrug der Anteil der Atemwegserkrankungen am Krankenstand al-

lerdings nur 11,8 %. Die meisten Arbeitsunfähigkeitstage wurden durch Muskel- und Skelett-Erkrankungen verursacht, die häufig mit langen Ausfallzeiten verbunden sind. Allein auf diese Krankheitsart waren 2019 22,4 % der Arbeitsunfähigkeitstage zurückzuführen, obwohl sie nur für 15,9 % der Arbeitsunfähigkeitsfälle verantwortlich war.

☐ Abb. 23.25 zeigt die Anteile der Krankheitsarten an den krankheitsbedingten Fehlzeiten im Jahr 2019 im Vergleich zum Vorjahr. Während die Anteile der psychischen Erkrankungen und der Muskel- und Skelett-Erkrankungen um 0,6 bzw. um 0,4 Prozentpunkte anstiegen, sanken die Anteile von Atemwegserkrankungen um 1,5 Prozentpunkte, die von Verletzungen sowie von Erkrankungen des Verdauungsapparats um jeweils 0,1 Prozentpunkte.

Die ☐ Abb. 23.26 und 23.27 zeigen die Entwicklung der häufigsten Krankheitsarten in den Jahren 2010 bis 2019 in Form einer Indexdarstellung. Ausgangsbasis ist dabei der Wert (Arbeitsunfähigkeitsfälle bzw. Arbeitsunfähig-

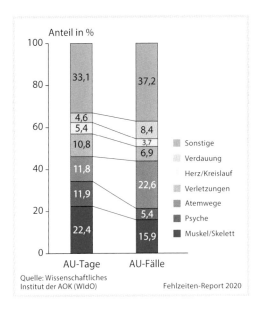

☐ **Abb. 23.24** Arbeitsunfähigkeit der AOK-Mitglieder nach Krankheitsarten im Jahr 2019

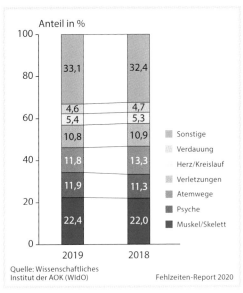

☐ **Abb. 23.25** Tage der Arbeitsunfähigkeit der AOK-Mitglieder nach Krankheitsarten im Jahr 2019 im Vergleich zum Vorjahr

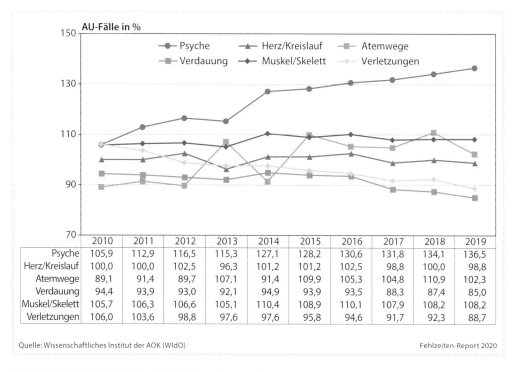

◘ Abb. 23.26 Fälle der Arbeitsunfähigkeit der AOK-Mitglieder nach Krankheitsarten in den Jahren 2010–2019, Indexdarstellung (2009 = 100 %)

keitstage je 100 Versichertentage) des Jahres 2009. Dieser wurde auf 100 normiert. Wie in den Abbildungen erkennbar ist, haben die psychischen Erkrankungen in den letzten Jahren deutlich zugenommen. Über die Gründe für diesen Anstieg wird gesellschaftlich kontrovers diskutiert. Neben der Zunahme belastender Arbeitsbedingungen in der modernen Arbeitswelt wird ein wichtiger Grund auch darin gesehen, dass die Ärzte zunehmend bezüglich psychischer Probleme sensibilisiert sind und psychische Krankheiten aufgrund der gestiegenen gesellschaftlichen Akzeptanz eher dokumentieren. Hierzu trage auch die verstärkte und verbesserte Schulung von Ärzten – insbesondere von Hausärzten – bei. Dazu kommt die zunehmende Bereitschaft der Patienten, psychische Probleme auch offener anzusprechen als früher. Als weiterer Grund wird die Verlagerung in Richtung psychischer Störungen als Diagnose diskutiert, d. h. bei Beschäf-

tigten, die früher mit somatischen Diagnosen wie beispielsweise Muskel-Skelett-Erkrankungen krankgeschrieben waren, wird heute öfter eine psychische Erkrankung diagnostiziert. Auch der erleichterte Versorgungszugang (durch den Direktzugang zu Psychotherapeuten) oder dass Lebensprobleme heute häufiger als psychische Störungen erlebt, interpretiert und behandelt werden, werden ursächlich genannt. Weiterhin werden die gesellschaftliche Tendenz zur Individualisierung mit dem Zerfall sozialer und familiärer Strukturen und ein gesellschaftlicher Werteverfall mit dem Anstieg psychischer Störungen in Verbindung gebracht (vgl. Thom et al. 2019). Die „reale Prävalenz" von psychischen Erkrankungen in der Bevölkerung sei aber insgesamt unverändert geblieben. Die 12-Monats-Prävalenz liegt in Deutschland allerdings mit 27,7 % deutlich höher als es die Leistungsdaten der gesetzlichen Krankenkassen nahelegen (u. a. Jaco-

23

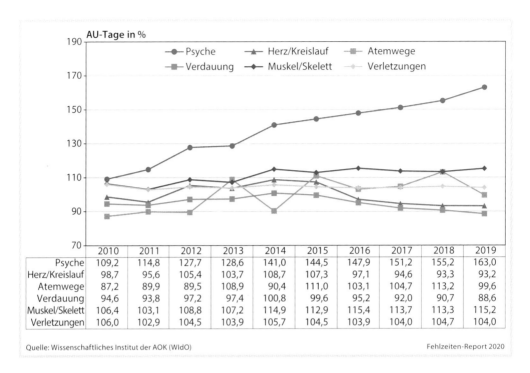

	2010	2011	2012	2013	2014	2015	2016	2017	2018	2019
Psyche	109,2	114,8	127,7	128,6	141,0	144,5	147,9	151,2	155,2	163,0
Herz/Kreislauf	98,7	95,6	105,4	103,7	108,7	107,3	97,1	94,6	93,3	93,2
Atemwege	87,2	89,9	89,5	108,9	90,4	111,0	103,1	104,7	113,2	99,6
Verdauung	94,6	93,8	97,2	97,4	100,8	99,6	95,2	92,0	90,7	88,6
Muskel/Skelett	106,4	103,1	108,8	107,2	114,9	112,9	115,4	113,7	113,3	115,2
Verletzungen	106,0	102,9	104,5	103,9	105,7	104,5	103,9	104,0	104,7	104,0

Quelle: Wissenschaftliches Institut der AOK (WIdO)   Fehlzeiten-Report 2020

◳ **Abb. 23.27** Tage der Arbeitsunfähigkeit der AOK-Mitglieder nach Krankheitsarten in den Jahren 2010–2019, Indexdarstellung (2009 = 100 %)

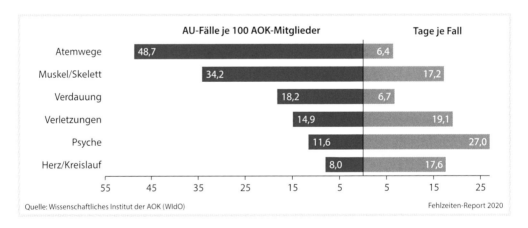

Quelle: Wissenschaftliches Institut der AOK (WIdO)   Fehlzeiten-Report 2020

◳ **Abb. 23.28** Arbeitsunfähigkeitsfälle je 100 AOK-Mitglieder und Tage je Fall nach Krankheitsarten, 2019

bi et al. 2014). Der Anteil psychischer und psychosomatischer Erkrankungen an der Frühinvalidität ist in den letzten Jahren konstant hoch. Fast jede zweite Frühberentung (43 %) geht auf eine psychisch bedingte Erwerbsminderung zurück (Deutsche Rentenversicherung Bund 2019) Nach Prognosen der Weltgesundheitsorganisation (WHO) ist mit einem weiteren Anstieg der psychischen Erkrankungen zu rechnen (WHO 2011). Der Prävention dieser Erkrankungen wird daher weiterhin eine große Bedeutung zukommen.

◻ **Tabelle 23.7** Arbeitsunfähigkeitstage und -fälle der AOK-Mitglieder nach Krankheitsarten 2019 im Vergleich zum Vorjahr

ICD-Hauptgruppe	Bezeichnung	Arbeitsunfähigkeitsfälle je 100 Mitglieder		Veränd. zum Vorjahr in %	Arbeitsunfähigkeitstage je 100 Mitglieder		Veränd. zum Vorjahr in %
		2019	2018		2019	2018	
5	Psyche	11,6	11,4	1,9	313,5	298,5	5,0
9	Herz/Kreislauf	8,0	8,1	−1,7	140,8	141,0	−0,2
10	Atemwege	48,7	52,8	−7,8	309,6	351,8	−12,0
11	Verdauung	18,2	18,7	−2,7	122,3	125,1	−2,3
13	Muskel/Skelett	34,2	34,2	0,1	589,8	580,5	1,6
19	Verletzungen	14,9	15,5	−3,9	284,6	286,5	−0,6
	Sonstige	80,2	80,6	−0,5	869,5	855,8	1,6

Fehlzeiten-Report 2020

Die Anzahl der Arbeitsunfähigkeitsfälle ist im Vergleich zum Jahr 2009 bei den psychischen Erkrankungen, den Atemwegs- und den Muskel- und Skelett-Erkrankungen angestiegen. Arbeitsunfähigkeitsfälle, die auf Verletzungen und Verdauungserkrankungen zurückgingen, reduzierten sich um 11,3 bzw. 15 Prozentpunkte. Die durch Atemwegserkrankungen bedingten Fehlzeiten unterliegen aufgrund der von Jahr zu Jahr unterschiedlich stark auftretenden Erkältungswellen teilweise erheblichen Schwankungen. Im Jahr 2019 war die Fallzahl um 8,6 Prozentpunkte niedriger als im Jahr 2018, in dem es eine starke Erkältungs- und Grippewelle gab. Bezogen auf die Fehltage sind in den letzten zehn Jahren vor allem die psychischen Erkrankungen angestiegen (um 63 %), gefolgt von den Muskel- und Skelett-Erkrankungen (um 15,2 %). Einen Rückgang gab es vor allem bei den Verdauungserkrankungen (um 11,4 %).

Die meisten Arbeitsunfähigkeitsfälle entstehen aufgrund von Atemwegserkrankungen. 48,7 Krankschreibungen entfallen hier durchschnittlich auf 100 ganzjährig versicherte AOK-Mitglieder. Zugleich sind mit 6,4 Fehltagen pro Fall mit den Atemwegserkrankungen die vergleichsweise kürzesten Ausfallzeiten verbunden, wohingegen bei den psychischen Erkrankungen mit 27 Arbeitsunfähigkeitstagen je Fall im Schnitt die längsten Ausfallzeiten zu beobachten sind (◻ Abb. 23.28).

Auf ein AOK-Mitglied entfallen – unabhängig davon, ob es erkrankt war oder nicht – im Jahr 2019 durchschnittlich 5,9 Fehltage aufgrund einer Muskel-/Skeletterkrankung. Damit steht diese Diagnosegruppe auf Platz 1 als Ursache für Fehltage in Unternehmen, gefolgt von den psychischen Erkrankungen (3,1 Fehltage pro AOK-Mitglied). Die durchschnittlichen Arbeitsunfähigkeitstage sind sowohl bei den Muskel- und Skelett-Erkrankungen als auch bei den psychischen Erkrankungen im Vergleich zum Vorjahr angestiegen (1,6 bzw. 5,0 %) (◻ Tab. 23.7).

Zwischen West- und Ostdeutschland sind nach wie vor Unterschiede in der Verteilung der Krankheitsarten festzustellen (◻ Abb. 23.29). In den westlichen Bundesländern verursachten Muskel- und Skelett-Erkrankungen (0,6 Prozentpunkte) psychische Erkrankungen (0,3 Prozentpunkte) und Verletzungen (0,1 Prozentpunkte) mehr Fehltage als in den neuen Bundesländern. In den östlichen Bundesländern entstanden vor allem durch Atemwegserkrankungen

23

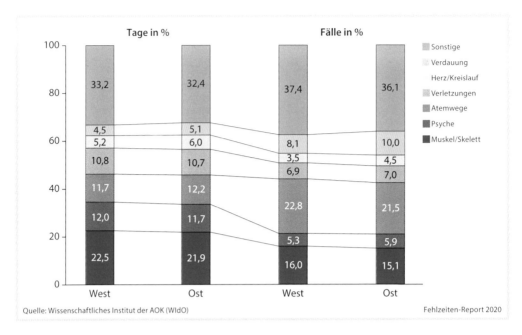

Fehlzeiten-Report 2020

◘ **Abb. 23.29** Arbeitsunfähigkeit der AOK-Mitglieder nach Krankheitsarten in West- und Ostdeutschland im Jahr 2019

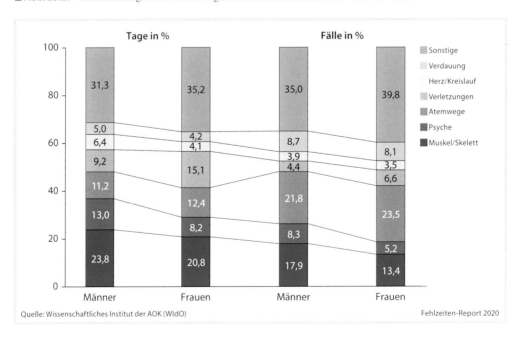

Fehlzeiten-Report 2020

◘ **Abb. 23.30** Arbeitsunfähigkeit der AOK-Mitglieder nach Krankheitsarten und Geschlecht im Jahr 2019

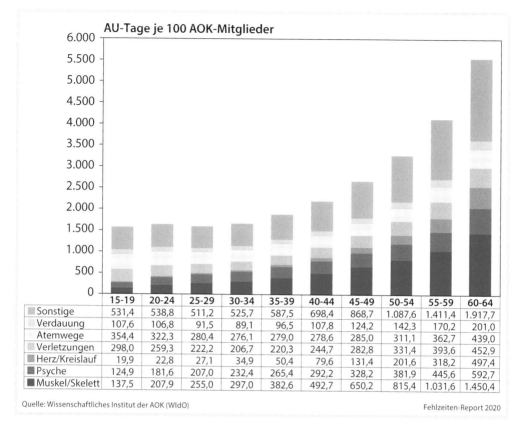

AU-Tage je 100 AOK-Mitglieder	15-19	20-24	25-29	30-34	35-39	40-44	45-49	50-54	55-59	60-64
Sonstige	531,4	538,8	511,2	525,7	587,5	698,4	868,7	1.087,6	1.411,4	1.917,7
Verdauung	107,6	106,8	91,5	89,1	96,5	107,8	124,2	142,3	170,2	201,0
Atemwege	354,4	322,3	280,4	276,1	279,0	278,6	285,0	311,1	362,7	439,0
Verletzungen	298,0	259,3	222,2	206,7	220,3	244,7	282,8	331,4	393,6	452,9
Herz/Kreislauf	19,9	22,8	27,1	34,9	50,4	79,6	131,4	201,6	318,2	497,4
Psyche	124,9	181,6	207,0	232,4	265,4	292,2	328,2	381,9	445,6	592,7
Muskel/Skelett	137,5	207,9	255,0	297,0	382,6	492,7	650,2	815,4	1.031,6	1.450,4

Quelle: Wissenschaftliches Institut der AOK (WIdO)   Fehlzeiten-Report 2020

Abb. 23.31 Tage der Arbeitsunfähigkeit je 100 AOK-Mitglieder nach Krankheitsarten und Alter im Jahr 2019

(0,5 Prozentpunkte), Herz- und Kreislauf-Erkrankungen (0,8 Prozentpunkte) sowie Verdauungserkrankungen (0,6 Prozentpunkte) mehr Fehltage als im Westen.

Auch in Abhängigkeit vom Geschlecht ergeben sich deutliche Unterschiede in der Morbiditätsstruktur (■ Abb. 23.30). Insbesondere Verletzungen und muskuloskelettale Erkrankungen führen bei Männern häufiger zur Arbeitsunfähigkeit als bei Frauen. Dies dürfte damit zusammenhängen, dass Männer nach wie vor in größerem Umfang körperlich beanspruchende und unfallträchtige Tätigkeiten ausüben als Frauen. Auch der Anteil der Erkrankungen des Verdauungssystems und der Herz- und Kreislauf-Erkrankungen an den Arbeitsunfähigkeitsfällen und -tagen ist bei Männern höher als bei Frauen. Bei den Herz- und Kreislauf-Erkrankungen ist insbesondere der Anteil an den AU-Tagen bei Männern höher als bei Frauen, da sie in stärkerem Maße von schweren und langwierigen Erkrankungen wie einem Herzinfarkt betroffen sind.

Psychische Erkrankungen und Atemwegserkrankungen kommen dagegen bei Frauen häufiger vor als bei Männern. Bei den psychischen Erkrankungen sind die Unterschiede besonders groß: Während sie bei den Männern in der Rangfolge nach AU-Tagen erst an vierter Stelle stehen, nehmen sie bei den Frauen den zweiten Rang ein.

■ Abb. 23.31 zeigt die Bedeutung der Krankheitsarten für die Fehlzeiten in den unterschiedlichen Altersgruppen. Aus der Abbildung ist deutlich zu ersehen, dass die Zunahme der krankheitsbedingten Ausfalltage mit dem Alter v. a. auf den starken Anstieg der Muskel- und Skelett-Erkrankungen und der

23

Herz- und Kreislauf-Erkrankungen zurückzuführen ist. Während diese beiden Krankheitsarten bei den jüngeren Altersgruppen noch eine untergeordnete Bedeutung haben, verursachen sie in den höheren Altersgruppen die meisten Arbeitsunfähigkeitstage. Bei den 60- bis 64-Jährigen gehen etwas mehr als ein Viertel (26,1 %) der Ausfalltage auf das Konto der muskuloskelettalen Erkrankungen. Muskel- und Skelett-Erkrankungen und Herz- und Kreislauf-Erkrankungen zusammen sind bei dieser Altersgruppe für mehr als ein Drittel des Krankenstandes (35,1 %) verantwortlich. Neben diesen beiden Krankheitsarten nehmen auch die Fehlzeiten aufgrund psychischer Erkrankungen und Verhaltensstörungen in den höheren Altersgruppen zu, allerdings in geringerem Ausmaß. Zur ältesten Altersgruppe hin ist dabei der größte Sprung bei den psychischen Erkrankungen zu beobachten.

23.14 Die häufigsten Einzeldiagnosen

In ❑ Tab. 23.8 sind die 40 häufigsten Einzeldiagnosen nach Anzahl der Arbeitsunfähigkeitsfälle aufgelistet. Im Jahr 2019 waren auf diese Diagnosen 56,2 % aller AU-Fälle und 45,2 % aller AU-Tage zurückzuführen.

Die häufigste Einzeldiagnose, die im Jahr 2019 zu Arbeitsunfähigkeit führte, war die akute Infektion der oberen Atemwege mit 9,7 % der AU-Fälle und 4,4 % der AU-Tage. Die zweithäufigste Diagnose, die zu Krankmeldungen führte, sind Rückenschmerzen mit 6,1 % der AU-Fälle und 6,1 % der AU-Tage. Unter den häufigsten Diagnosen sind auch weitere Krankheitsbilder aus dem Bereich der Muskel- und Skelett-Erkrankungen besonders zahlreich vertreten.

◻ Tabelle 23.8 Anteile der 40 häufigsten Einzeldiagnosen an den AU-Fällen und AU-Tagen im Jahr 2019

ICD-10	Bezeichnung	AU-Fälle in %	AU-Tage in %
J06	Akute Infektionen an mehreren oder nicht näher bezeichneten Lokalisationen der oberen Atemwege	9,7	4,4
M54	Rückenschmerzen	6,1	6,1
A09	Sonstige und nicht näher bezeichnete Gastroenteritis und Kolitis infektiösen und nicht näher bezeichneten Ursprungs	4,2	1,4
K08	Sonstige Krankheiten der Zähne und des Zahnhalteapparates	1,9	0,4
R10	Bauch- und Beckenschmerzen	1,8	0,9
J20	Akute Bronchitis	1,7	1,0
B34	Viruskrankheit nicht näher bezeichneter Lokalisation	1,7	0,7
I10	Essentielle (primäre) Hypertonie	1,6	1,4
F43	Reaktionen auf schwere Belastungen und Anpassungsstörungen	1,5	2,7
K52	Sonstige nichtinfektiöse Gastroenteritis und Kolitis	1,4	0,5
R51	Kopfschmerz	1,3	0,5
M25	Sonstige Gelenkkrankheiten, anderenorts nicht klassifiziert	1,2	1,4
J40	Bronchitis, nicht als akut oder chronisch bezeichnet	1,2	0,7
K29	Gastritis und Duodenitis	1,2	0,6
F32	Depressive Episode	1,1	3,4
J00	Akute Rhinopharyngitis [Erkältungsschnupfen]	1,1	0,4
T14	Verletzung an einer nicht näher bezeichneten Körperregion	1,0	1,0
J03	Akute Tonsillitis	1,0	0,4
R11	Übelkeit und Erbrechen	1,0	0,4
J32	Chronische Sinusitis	0,9	0,5
J01	Akute Sinusitis	0,9	0,4
J02	Akute Pharyngitis	0,9	0,4
M79	Sonstige Krankheiten des Weichteilgewebes, anderenorts nicht klassifiziert	0,8	0,8
M99	Biomechanische Funktionsstörungen, anderenorts nicht klassifiziert	0,8	0,7
R53	Unwohlsein und Ermüdung	0,8	0,7
M51	Sonstige Bandscheibenschäden	0,7	1,9
M75	Schulterläsionen	0,7	1,7
F48	Andere neurotische Störungen	0,7	1,2
M77	Sonstige Enthesopathien	0,7	0,9
R42	Schwindel und Taumel	0,7	0,5

23

◻ Tabelle 23.8 (Fortsetzung)

ICD-10	Bezeichnung	AU-Fälle in %	AU-Tage in %
G43	Migräne	0,7	0,3
J98	Sonstige Krankheiten der Atemwege	0,7	0,3
Z98	Sonstige Zustände nach chirurgischem Eingriff	0,6	1,7
F45	Somatoforme Störungen	0,6	1,2
M53	Sonstige Krankheiten der Wirbelsäule und des Rückens, anderenorts nicht klassifiziert	0,6	0,7
B99	Sonstige und nicht näher bezeichnete Infektionskrankheiten	0,6	0,3
A08	Virusbedingte und sonstige näher bezeichnete Darminfektionen	0,6	0,2
M23	Binnenschädigung des Kniegelenkes [internal derangement]	0,5	1,2
S93	Luxation, Verstauchung und Zerrung der Gelenke und Bänder in Höhe des oberen Sprunggelenkes und des Fußes	0,5	0,7
G47	Schlafstörungen	0,5	0,6
	Summe hier	**56,2**	**45,2**
	Restliche	43,8	54,8
	Gesamtsumme	**100,0**	**100,0**

Fehlzeiten-Report 2020

23.15 Krankheitsarten nach Branchen

Bei der Verteilung der Krankheitsarten bestehen erhebliche Unterschiede zwischen den Branchen, die im Folgenden für die wichtigsten Krankheitsgruppen aufgezeigt werden.

■ ■ Muskel- und Skelett-Erkrankungen

Die Muskel- und Skelett-Erkrankungen verursachen in fast allen Branchen die meisten Fehltage (◻ Abb. 23.32). Ihr Anteil an den Arbeitsunfähigkeitstagen bewegte sich im Jahr 2019 in den einzelnen Branchen zwischen 14 % bei Banken und Versicherungen und 26 % im Baugewerbe. In Wirtschaftszweigen mit überdurchschnittlich hohen Krankenständen sind häufig die muskuloskelettalen Erkrankungen besonders ausgeprägt und tragen wesentlich zu den erhöhten Fehlzeiten bei.

◻ Abb. 23.33 zeigt die Anzahl und durchschnittliche Dauer der Krankmeldungen aufgrund von Muskel- und Skelett-Erkrankungen in den einzelnen Branchen. Die meisten Arbeitsunfähigkeitsfälle waren im Verarbeitenden Gewerbe sowie im Bereich Energie, Wasser, Entsorgung und Bergbau zu verzeichnen; mehr als doppelt so viele wie bei den Banken und Versicherungen.

Die muskuloskelettalen Erkrankungen sind häufig mit langen Ausfallzeiten verbunden. Die mittlere Dauer der Krankmeldungen schwankte im Jahr 2019 in den einzelnen Branchen zwischen 14,1 Tagen bei Banken und Versicherungen und 21,5 Tagen in der Land- und Forstwirtschaft. Im Branchendurchschnitt lag sie bei 17,2 Tagen.

◻ Abb. 23.34 zeigt die zehn Berufsgruppen mit hohen und niedrigen Fehlzeiten aufgrund von Muskel- und Skelett-Erkrankungen. Die meisten Arbeitsunfähigkeitsfälle sind bei den

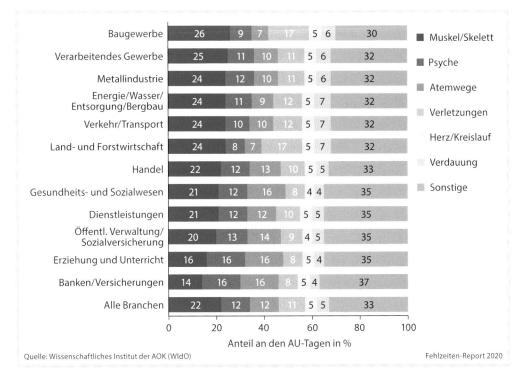

◘ Abb. 23.32 Arbeitsunfähigkeitstage der AOK-Mitglieder nach Krankheitsarten und Branche im Jahr 2019

Berufen in der industriellen Gießerei zu verzeichnen, während Berufe in der Hochschullehre und -forschung vergleichsweise geringe Fallzahlen aufgrund von Muskel- und Skelett-Erkrankungen aufweisen.

23

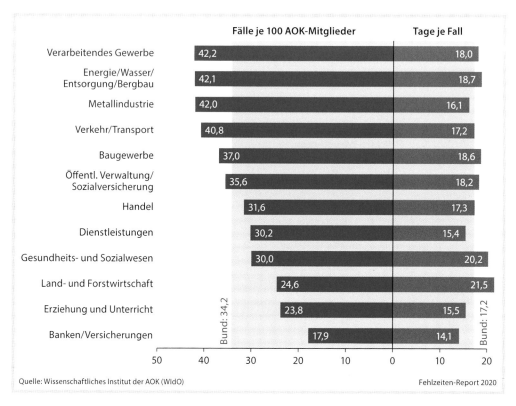

■ **Abb. 23.33** Krankheiten des Muskel- und Skelettsystems und des Bindegewebes nach Branchen im Jahr 2019, AOK-Mitglieder

□ Abb. 23.34 Muskel- und Skelett-Erkrankungen nach Berufen im Jahr 2019 AOK-Mitglieder

23

▪▪ Atemwegserkrankungen

Die meisten Erkrankungsfälle aufgrund von Atemwegserkrankungen waren im Jahr 2019 im Bereich Erziehung und Unterricht zu verzeichnen (◘ Abb. 23.35). Überdurchschnittlich viele Fälle fielen unter anderem auch in der Öffentlichen Verwaltung/Sozialversicherung, in der Metallindustrie sowie im Gesundheits- und Sozialwesen und bei den Banken und Versicherungen an.

Aufgrund einer großen Anzahl an Bagatellfällen ist die durchschnittliche Erkrankungsdauer bei dieser Krankheitsart relativ gering. Im Branchendurchschnitt liegt sie bei 6,4 Tagen. In den einzelnen Branchen bewegte sie sich im Jahr 2019 zwischen 5,6 Tagen bei Banken und Versicherungen und 7,6 Tagen im Bereich Land- und Forstwirtschaft.

Der Anteil der Atemwegserkrankungen an den Arbeitsunfähigkeitstagen (◘ Abb. 23.32) ist bei den Banken und Versicherungen sowie im Bereich Erziehung und Unterricht (16 %) am höchsten, in der Land- und Forstwirtschaft sowie im Baugewerbe (8 bzw. 9 %) am niedrigsten.

In ◘ Abb. 23.36 sind die hohen und niedrigen Fehlzeiten aufgrund von Atemwegserkrankungen von zehn Berufsgruppen dargestellt. Spitzenreiter sind die Berufe im Dialogmarketing mit 96,9 Arbeitsunfähigkeitsfällen je 100 AOK-Mitglieder und einer durchschnittlichen Falldauer von 6,4 Tagen je Fall, während Berufe in der Nutztierhaltung (außer Geflügelhaltung) im Vergleich zwar deutlich seltener an Atemwegserkrankungen leiden (25,4 Fälle je 100 AOK-Mitglieder), jedoch eine überdurchschnittliche Falldauer von 10,0 Tagen aufweisen.

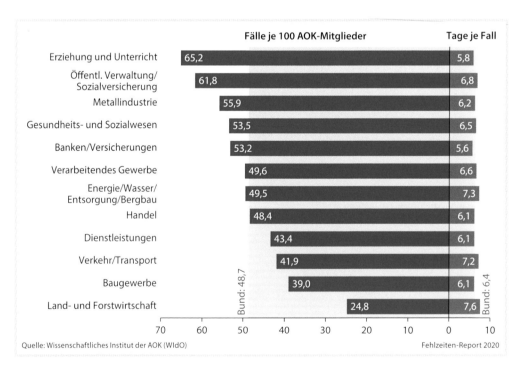

Fehlzeiten-Report 2020

◘ **Abb. 23.35** Krankheiten des Atmungssystems nach Branchen im Jahr 2019 AOK-Mitglieder

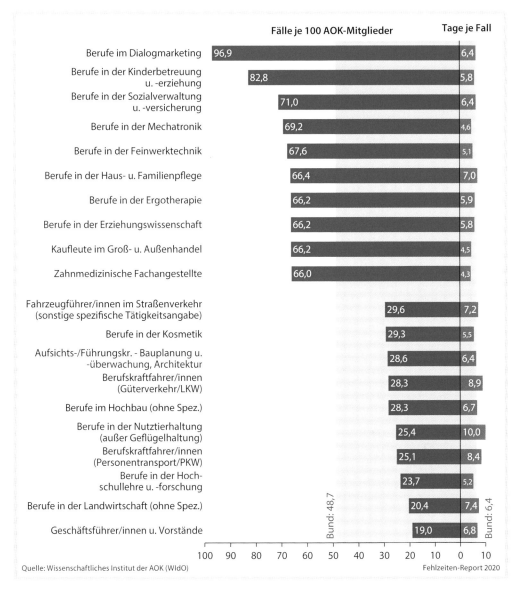

Fälle je 100 AOK-Mitglieder | Tage je Fall

Beruf	Fälle je 100 AOK-Mitglieder	Tage je Fall
Berufe im Dialogmarketing	96,9	6,4
Berufe in der Kinderbetreuung u. -erziehung	82,8	5,8
Berufe in der Sozialverwaltung u. -versicherung	71,0	6,4
Berufe in der Mechatronik	69,2	4,6
Berufe in der Feinwerktechnik	67,6	5,1
Berufe in der Haus- u. Familienpflege	66,4	7,0
Berufe in der Ergotherapie	66,2	5,9
Berufe in der Erziehungswissenschaft	66,2	5,8
Kaufleute im Groß- u. Außenhandel	66,2	4,5
Zahnmedizinische Fachangestellte	66,0	4,3
Fahrzeugführer/innen im Straßenverkehr (sonstige spezifische Tätigkeitsangabe)	29,6	7,2
Berufe in der Kosmetik	29,3	5,5
Aufsichts-/Führungskr. - Bauplanung u. -überwachung, Architektur	28,6	6,4
Berufskraftfahrer/innen (Güterverkehr/LKW)	28,3	8,9
Berufe im Hochbau (ohne Spez.)	28,3	6,7
Berufe in der Nutztierhaltung (außer Geflügelhaltung)	25,4	10,0
Berufskraftfahrer/innen (Personentransport/PKW)	25,1	8,4
Berufe in der Hochschullehre u. -forschung	23,7	5,2
Berufe in der Landwirtschaft (ohne Spez.)	20,4	7,4
Geschäftsführer/innen u. Vorstände	19,0	6,8

Bund: 48,7   Bund: 6,4

100 90 80 70 60 50 40 30 20 10 0 10

Quelle: Wissenschaftliches Institut der AOK (WIdO)   Fehlzeiten-Report 2020

Abb. 23.36 Krankheiten des Atmungssystems nach Berufen im Jahr 2019 AOK-Mitglieder

Verletzungen

Der Anteil der Verletzungen an den Arbeitsunfähigkeitstagen variiert sehr stark zwischen den einzelnen Branchen (Abb. 23.32). Am höchsten ist er in Branchen mit vielen Arbeitsunfällen. Im Jahr 2019 bewegte er sich zwischen 8 % bei den Banken und Versicherungen, im Gesundheits- und Sozialwesen sowie bei Erziehung und Unterricht und 17 % im Baugewerbe und in der Land- und Forstwirtschaft. Im Baugewerbe war die Zahl der Fälle mehr als doppelt so hoch wie bei Banken und Versicherungen (Abb. 23.37). Die Dauer der verletzungsbedingten Krankmeldungen schwankte in den einzelnen Branchen zwischen 15,7 Tagen bei Banken und Versicherun-

23

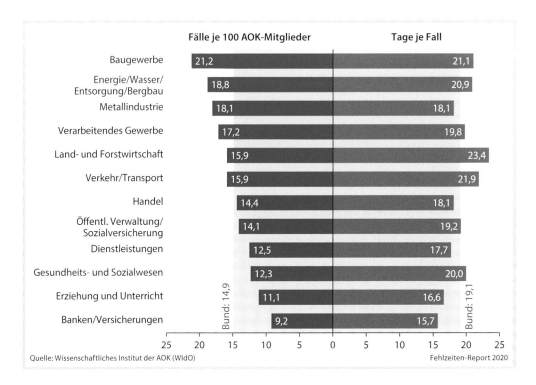

■ **Abb. 23.37** Verletzungen, Vergiftungen und bestimmte andere Folgen äußerer Ursachen nach Branchen im Jahr 2019 AOK-Mitglieder

gen und 23,4 Tagen im Bereich der Land- und Forstwirtschaft. Die Unterschiede zeigen sich auch bei den Berufsgruppen (■ Abb. 23.38). An der Spitze der Arbeitsunfähigkeitsfälle aufgrund Verletzungen stehen Berufe in der Zimmerei und der Dachdeckerei mit 34,2 bzw. 32,8 Fällen je 100 AOK-Mitglieder und einer relativ langen Falldauer (21,6 und 21,4 Tagen pro Fall). Berufe in der Hochschullehre und -forschung liegen dagegen mit 3,9 Fällen je 100 AOK-Mitglieder und 13,6 Tagen je Fall weit unter dem Bundesdurchschnitt. Die längste gemittelte Falldauer geht auf Berufe in der Forstwirtschaft zurück (24,4 Tage je Fall).

Ein erheblicher Teil der Verletzungen ist auf Arbeitsunfälle zurückzuführen. In der Land- und Forstwirtschaft gehen 53 % der Arbeitsunfähigkeitstage auf Arbeitsunfälle durch Verletzungen zurück. Im Baugewerbe, im Bereich Verkehr und Transport, Energie, Wasser, Entsorgung und Bergbau und dem verarbei-

tenden Gewerbe gehen bei den Verletzungen immerhin mehr als ein Drittel der Fehltage auf Arbeitsunfälle zurück (■ Abb. 23.39). Am niedrigsten ist der Anteil der Arbeitsunfälle bei den Banken und Versicherungen: Dort beträgt er lediglich 17 %.

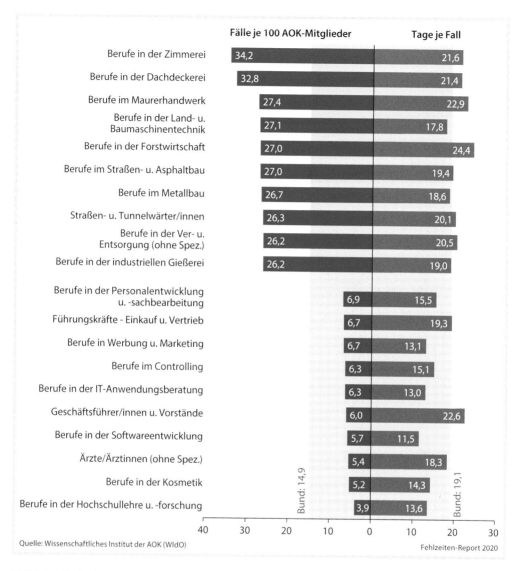

	Fälle je 100 AOK-Mitglieder	Tage je Fall
Berufe in der Zimmerei	34,2	21,6
Berufe in der Dachdeckerei	32,8	21,4
Berufe im Maurerhandwerk	27,4	22,9
Berufe in der Land- u. Baumaschinentechnik	27,1	17,8
Berufe in der Forstwirtschaft	27,0	24,4
Berufe im Straßen- u. Asphaltbau	27,0	19,4
Berufe im Metallbau	26,7	18,6
Straßen- u. Tunnelwärter/innen	26,3	20,1
Berufe in der Ver- u. Entsorgung (ohne Spez.)	26,2	20,5
Berufe in der industriellen Gießerei	26,2	19,0
Berufe in der Personalentwicklung u. -sachbearbeitung	6,9	15,5
Führungskräfte - Einkauf u. Vertrieb	6,7	19,3
Berufe in Werbung u. Marketing	6,7	13,1
Berufe im Controlling	6,3	15,1
Berufe in der IT-Anwendungsberatung	6,3	13,0
Geschäftsführer/innen u. Vorstände	6,0	22,6
Berufe in der Softwareentwicklung	5,7	11,5
Ärzte/Ärztinnen (ohne Spez.)	5,4	18,3
Berufe in der Kosmetik	5,2	14,3
Berufe in der Hochschullehre u. -forschung	3,9	13,6

Bund: 14,9   Bund: 19,1

Quelle: Wissenschaftliches Institut der AOK (WIdO)

Fehlzeiten-Report 2020

◻ **Abb. 23.38** Verletzungen, Vergiftungen und bestimmte andere Folgen äußerer Ursachen nach Berufen im Jahr 2019, AOK-Mitglieder

23

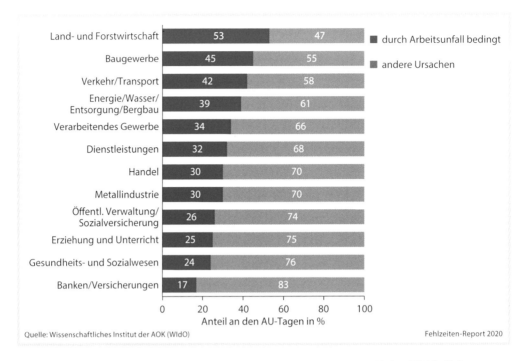

Quelle: Wissenschaftliches Institut der AOK (WIdO)   Fehlzeiten-Report 2020

◘ Abb. 23.39 Anteil der Arbeitsunfälle an den Verletzungen nach Branchen im Jahr 2019, AOK-Mitglieder

▪ ▪ Erkrankungen der Verdauungsorgane

Auf Erkrankungen der Verdauungsorgane gingen im Jahr 2019 insgesamt 5 % der Arbeitsunfähigkeitstage zurück, einzig im Gesundheits- und Sozialwesen und in der Öffentlichen Verwaltung/Sozialversicherung waren es 4 % (◘ Abb. 23.32). Die Unterschiede zwischen den Wirtschaftszweigen hinsichtlich der Zahl der Arbeitsunfähigkeitsfälle sind relativ gering. Die Branchen Energie, Wasser, Entsorgung und Bergbau sowie Öffentliche Verwaltung und Sozialversicherung verzeichneten mit 21,5 bzw. 21,4 Fällen je 100 AOK-Mitglieder eine vergleichsweise hohe Anzahl an Arbeitsunfähigkeitsfällen. Am niedrigsten war die Zahl der Arbeitsunfähigkeitsfälle im Bereich Land- und Forstwirtschaft mit 12,7 Fällen je 100 AOK-Mitglieder. Die Dauer der Fälle betrug im Branchendurchschnitt 6,7 Tage. In den einzelnen Branchen bewegte sie sich zwischen 5,5 bei den Banken und Versicherungen und 8,2 Tagen in der Land- und Forstwirtschaft (◘ Abb. 23.40).

Die Berufe mit den meisten Arbeitsunfähigkeitsfällen aufgrund von Erkrankungen des Verdauungssystems waren im Jahr 2019 Berufe im Dialogmarketing (33,6 Fälle je 100 AOK-Mitglieder), die Gruppe mit den wenigsten Fällen waren Berufe im Bereich der Hochschullehre und -forschung (5,7 Fälle je 100 AOK-Mitglieder) (◘ Abb. 23.41).

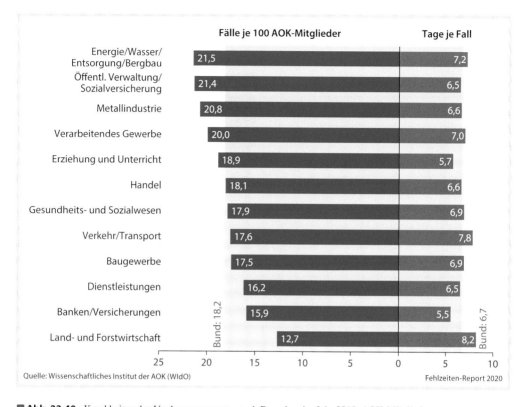

Abb. 23.40 Krankheiten des Verdauungssystems nach Branchen im Jahr 2019, AOK-Mitglieder

23

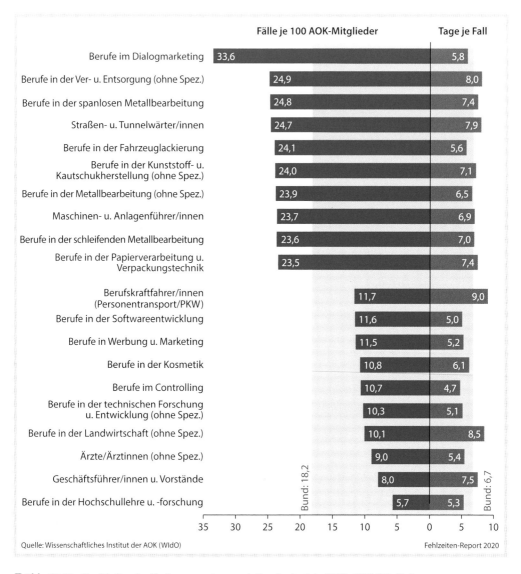

	Fälle je 100 AOK-Mitglieder	Tage je Fall
Berufe im Dialogmarketing	33,6	5,8
Berufe in der Ver- u. Entsorgung (ohne Spez.)	24,9	8,0
Berufe in der spanlosen Metallbearbeitung	24,8	7,4
Straßen- u. Tunnelwärter/innen	24,7	7,9
Berufe in der Fahrzeuglackierung	24,1	5,6
Berufe in der Kunststoff- u. Kautschukherstellung (ohne Spez.)	24,0	7,1
Berufe in der Metallbearbeitung (ohne Spez.)	23,9	6,5
Maschinen- u. Anlagenführer/innen	23,7	6,9
Berufe in der schleifenden Metallbearbeitung	23,6	7,0
Berufe in der Papierverarbeitung u. Verpackungstechnik	23,5	7,4
Berufskraftfahrer/innen (Personentransport/PKW)	11,7	9,0
Berufe in der Softwareentwicklung	11,6	5,0
Berufe in Werbung u. Marketing	11,5	5,2
Berufe in der Kosmetik	10,8	6,1
Berufe im Controlling	10,7	4,7
Berufe in der technischen Forschung u. Entwicklung (ohne Spez.)	10,3	5,1
Berufe in der Landwirtschaft (ohne Spez.)	10,1	8,5
Ärzte/Ärztinnen (ohne Spez.)	9,0	5,4
Geschäftsführer/innen u. Vorstände	8,0	7,5
Berufe in der Hochschullehre u. -forschung	5,7	5,3

Bund: 18,2   Bund: 6,7

35 30 25 20 15 10 5 0 5 10

Quelle: Wissenschaftliches Institut der AOK (WIdO)   Fehlzeiten-Report 2020

◘ Abb. 23.41 Krankheiten des Verdauungssystems nach Berufen im Jahr 2019, AOK-Mitglieder

■ ■ Herz- und Kreislauf-Erkrankungen
Der Anteil der Herz- und Kreislauf-Erkrankungen an den Arbeitsunfähigkeitstagen lag im Jahr 2019 in den einzelnen Branchen zwischen 4 und 7 % (◘ Abb. 23.32). Die meisten Erkrankungsfälle waren im Bereich Energie, Wasser, Entsorgung und Bergbau sowie im Bereich Öffentliche Verwaltung und Sozialversicherung zu verzeichnen (10,9 bzw. 9,9 Fälle je 100 AOK-Mitglieder). Die niedrigsten Werte waren bei den Beschäftigten im Bereich Banken und Versicherungen zu finden (5,6 Fälle je 100 AOK-Mitglieder). Herz- und Kreislauf-Erkrankungen bringen oft lange Ausfallzeiten mit sich. Die Dauer eines Erkrankungsfalls bewegte sich in den einzelnen Wirtschaftsbereichen zwischen 13,6 Tagen bei den Banken und Versicherungen und 21,7 Tagen in der Branche Baugewerbe (◘ Abb. 23.42).

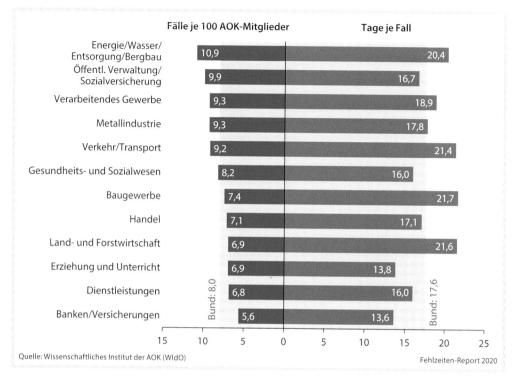

Fälle je 100 AOK-Mitglieder   Tage je Fall

Branche	Fälle je 100 AOK-Mitglieder	Tage je Fall
Energie/Wasser/Entsorgung/Bergbau	10,9	20,4
Öffentl. Verwaltung/Sozialversicherung	9,9	16,7
Verarbeitendes Gewerbe	9,3	18,9
Metallindustrie	9,3	17,8
Verkehr/Transport	9,2	21,4
Gesundheits- und Sozialwesen	8,2	16,0
Baugewerbe	7,4	21,7
Handel	7,1	17,1
Land- und Forstwirtschaft	6,9	21,6
Erziehung und Unterricht	6,9	13,8
Dienstleistungen	6,8	16,0
Banken/Versicherungen	5,6	13,6

Bund: 8,0   Bund: 17,6

Quelle: Wissenschaftliches Institut der AOK (WIdO)   Fehlzeiten-Report 2020

Abb. 23.42 Krankheiten des Kreislaufsystems nach Branchen im Jahr 2019, AOK-Mitglieder

◼ Abb. 23.43 stellt die hohen und niedrigen Fehlzeiten aufgrund von Erkrankungen des Herz-Kreislauf-Systems nach Berufen im Jahr 2019 dar. Die Berufsgruppe mit den meisten Arbeitsunfähigkeitsfällen sind Straßen- und Tunnelwärter/innen (14,1 Fällen je 100 AOK-Mitglieder). Die wenigsten AU-Fälle sind in der Berufsgruppe der Hochschullehre und -forschung zu verzeichnen (1,7 Fälle je 100 AOK-Mitglieder). Mit 24,1 Tagen je Fall fallen Führer/innen von Erdbewegungs- und verwandten Maschinen überdurchschnittlich lange aufgrund von Herz-Kreislauf-Erkrankungen aus.

23

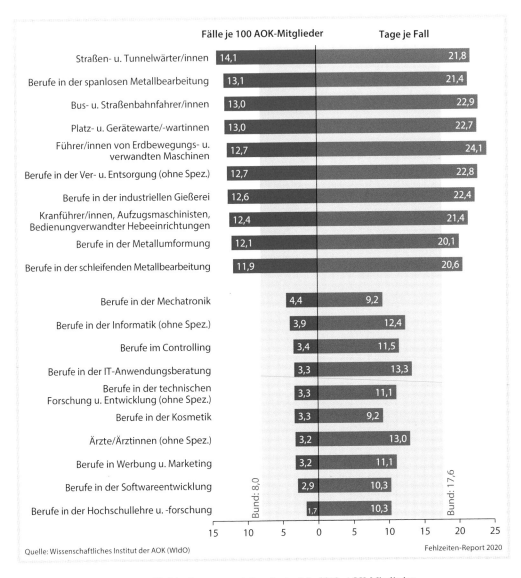

Fälle je 100 AOK-Mitglieder   **Tage je Fall**

Beruf	Fälle je 100 AOK-Mitglieder	Tage je Fall
Straßen- u. Tunnelwärter/innen	14,1	21,8
Berufe in der spanlosen Metallbearbeitung	13,1	21,4
Bus- u. Straßenbahnfahrer/innen	13,0	22,9
Platz- u. Gerätewarte/-wartinnen	13,0	22,7
Führer/innen von Erdbewegungs- u. verwandten Maschinen	12,7	24,1
Berufe in der Ver- u. Entsorgung (ohne Spez.)	12,7	22,8
Berufe in der industriellen Gießerei	12,6	22,4
Kranführer/innen, Aufzugsmaschinisten, Bedienungverwandter Hebeeinrichtungen	12,4	21,4
Berufe in der Metallumformung	12,1	20,1
Berufe in der schleifenden Metallbearbeitung	11,9	20,6
Berufe in der Mechatronik	4,4	9,2
Berufe in der Informatik (ohne Spez.)	3,9	12,4
Berufe im Controlling	3,4	11,5
Berufe in der IT-Anwendungsberatung	3,3	13,3
Berufe in der technischen Forschung u. Entwicklung (ohne Spez.)	3,3	11,1
Berufe in der Kosmetik	3,3	9,2
Ärzte/Ärztinnen (ohne Spez.)	3,2	13,0
Berufe in Werbung u. Marketing	3,2	11,1
Berufe in der Softwareentwicklung	2,9	10,3
Berufe in der Hochschullehre u. -forschung	1,7	10,3

Bund: 8,0   Bund: 17,6

15   10   5   0   5   10   15   20   25

Quelle: Wissenschaftliches Institut der AOK (WIdO)   Fehlzeiten-Report 2020

Abb. 23.43   Krankheiten des Kreislaufsystems nach Berufen im Jahr 2019, AOK-Mitglieder

■■ Psychische und Verhaltensstörungen
Der Anteil der psychischen und Verhaltensstörungen an den krankheitsbedingten Fehlzeiten schwankte in den einzelnen Branchen erheblich. Die meisten Erkrankungsfälle sind im tertiären Sektor zu verzeichnen. Während im Baugewerbe und in der Land- und Forstwirtschaft nur 7 % der Arbeitsunfähigkeitsfälle auf psychische und Verhaltensstörungen zurückgingen, ist im Gesundheits- und Sozialwesen,

bei Banken und Versicherungen sowie im Bereich Erziehung und Unterricht mit jeweils 16 % der höchste Anteil an den AU-Fällen zu verzeichnen (■ Abb. 23.32). Die durchschnittliche Dauer der Arbeitsunfähigkeitsfälle bewegte sich in den einzelnen Branchen zwischen 24,5 und 29,9 Tagen (■ Abb. 23.44).

Gerade im Dienstleistungsbereich tätige Personen, wie Beschäftigte im Dialogmarketing (28,7 AU-Fälle je 100 Mitglieder) und in

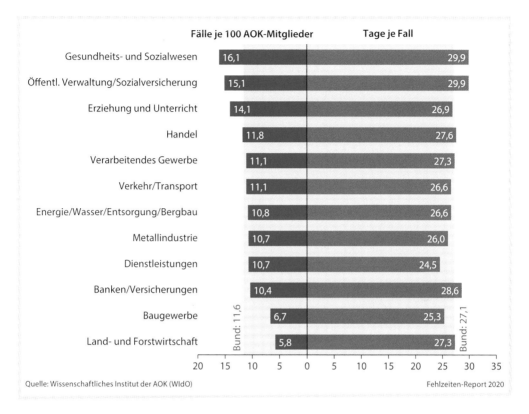

Fälle je 100 AOK-Mitglieder   **Tage je Fall**

Branche	Fälle je 100 AOK-Mitglieder	Tage je Fall
Gesundheits- und Sozialwesen	16,1	29,9
Öffentl. Verwaltung/Sozialversicherung	15,1	29,9
Erziehung und Unterricht	14,1	26,9
Handel	11,8	27,6
Verarbeitendes Gewerbe	11,1	27,3
Verkehr/Transport	11,1	26,6
Energie/Wasser/Entsorgung/Bergbau	10,8	26,6
Metallindustrie	10,7	26,0
Dienstleistungen	10,7	24,5
Banken/Versicherungen	10,4	28,6
Baugewerbe	6,7	25,3
Land- und Forstwirtschaft	5,8	27,3

Bund: 11,6   Bund: 27,1

Quelle: Wissenschaftliches Institut der AOK (WIdO)   Fehlzeiten-Report 2020

◻ **Abb. 23.44** Psychische und Verhaltensstörungen nach Branchen im Jahr 2019, AOK-Mitglieder

der Haus-, Familien- und Altenpflege (21 bzw. 20,4 AU-Fälle je 100 AOK-Mitglieder), sind verstärkt von psychischen Erkrankungen betroffen. Psychische Erkrankungen sind dabei in der Regel mit langen Ausfallzeiten verbunden: Im Schnitt fehlt ein Arbeitnehmer 27,1 Tage (◻ Abb. 23.45). Geschäftsführer/innen und Vorstände sind zwar vergleichsweise selten psychisch erkrankt, ist dies aber der Fall, dann mit langen Ausfallzeiten (41,2 Fehltage pro Fall).

23

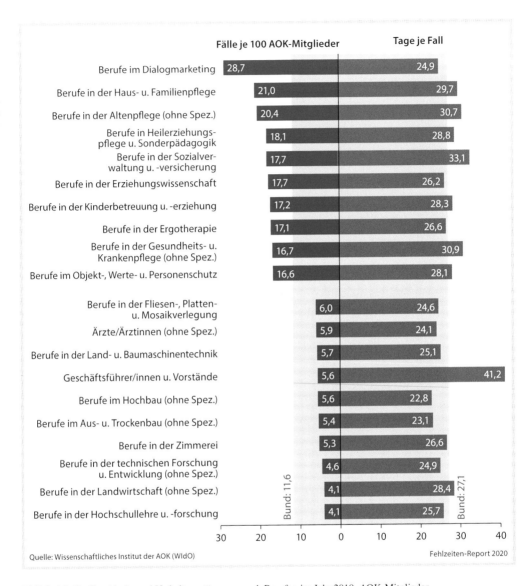

Fälle je 100 AOK-Mitglieder   **Tage je Fall**

	Fälle je 100 AOK-Mitglieder	Tage je Fall
Berufe im Dialogmarketing	28,7	24,9
Berufe in der Haus- u. Familienpflege	21,0	29,7
Berufe in der Altenpflege (ohne Spez.)	20,4	30,7
Berufe in Heilerziehungspflege u. Sonderpädagogik	18,1	28,8
Berufe in der Sozialverwaltung u. -versicherung	17,7	33,1
Berufe in der Erziehungswissenschaft	17,7	26,2
Berufe in der Kinderbetreuung u. -erziehung	17,2	28,3
Berufe in der Ergotherapie	17,1	26,6
Berufe in der Gesundheits- u. Krankenpflege (ohne Spez.)	16,7	30,9
Berufe im Objekt-, Werte- u. Personenschutz	16,6	28,1
Berufe in der Fliesen-, Platten- u. Mosaikverlegung	6,0	24,6
Ärzte/Ärztinnen (ohne Spez.)	5,9	24,1
Berufe in der Land- u. Baumaschinentechnik	5,7	25,1
Geschäftsführer/innen u. Vorstände	5,6	41,2
Berufe im Hochbau (ohne Spez.)	5,6	22,8
Berufe im Aus- u. Trockenbau (ohne Spez.)	5,4	23,1
Berufe in der Zimmerei	5,3	26,6
Berufe in der technischen Forschung u. Entwicklung (ohne Spez.)	4,6	24,9
Berufe in der Landwirtschaft (ohne Spez.)	4,1	28,4
Berufe in der Hochschullehre u. -forschung	4,1	25,7

Bund: 11,6   Bund: 27,1

30 20 10 0 10 20 30 40

Quelle: Wissenschaftliches Institut der AOK (WIdO)   Fehlzeiten-Report 2020

▪ **Abb. 23.45** Psychische und Verhaltensstörungen nach Berufen im Jahr 2019, AOK-Mitglieder

23.16 **Langzeitfälle nach Krankheitsarten**

Langzeit-Arbeitsunfähigkeit mit einer Dauer von mehr als sechs Wochen stellt sowohl für die Betroffenen als auch für die Unternehmen und Krankenkassen eine besondere Belastung dar. Daher kommt der Prävention derjenigen Erkrankungen, die zu langen Aus-

fallzeiten führen, eine spezielle Bedeutung zu (▪ Abb. 23.46).

Ebenso wie im Arbeitsunfähigkeitsgeschehen insgesamt spielen auch bei den Langzeitfällen die Muskel- und Skelett-Erkrankungen und die psychischen und Verhaltensstörungen eine entscheidende Rolle. Auf diese beiden Krankheitsarten gingen 2019 bereits 43 % der durch Langzeitfälle verursachten Fehlzeiten zurück. An dritter Stelle stehen Verletzungen

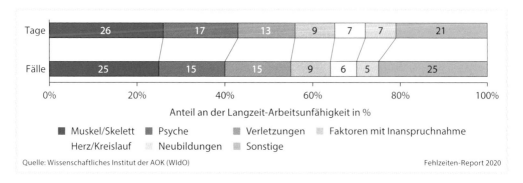

Quelle: Wissenschaftliches Institut der AOK (WIdO)   Fehlzeiten-Report 2020

◼ **Abb. 23.46** Langzeit-Arbeitsunfähigkeit (> sechs Wochen) der AOK-Mitglieder nach Krankheitsarten im Jahr 2019

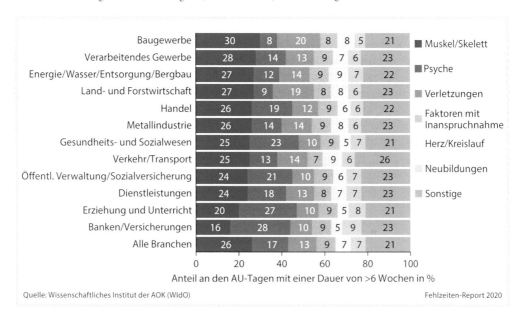

Quelle: Wissenschaftliches Institut der AOK (WIdO)   Fehlzeiten-Report 2020

◼ **Abb. 23.47** Langzeit-Arbeitsunfähigkeit (> sechs Wochen) der AOK-Mitglieder nach Krankheitsarten und Branchen im Jahr 2019

mit einem Anteil von 13 % an den durch Langzeitfälle bedingten Fehlzeiten.

Auch in den einzelnen Wirtschaftsabteilungen geht die Mehrzahl der durch Langzeitfälle bedingten Arbeitsunfähigkeitstage auf die o. g. Krankheitsarten zurück (◼ Abb. 23.47). Der Anteil der muskuloskelettalen Erkrankungen ist im Baugewerbe (30 %) am höchsten. Bei den Verletzungen werden die höchsten Werte ebenfalls im Baugewerbe (20 %) sowie in der Land- und Forstwirtschaft erreicht (19 %). Die psychischen und Verhaltensstörungen verursa-

chen – bezogen auf die Langzeiterkrankungen – die meisten Ausfalltage bei Banken und Versicherungen (28 %). Der Anteil der Herz- und Kreislauf-Erkrankungen ist im Bereich Verkehr und Transport sowie in Energie/Wasser/Entsorgung/Bergbau (9 %) am ausgeprägtesten.

23.17 Krankheitsarten nach Diagnoseuntergruppen

In ▸ Abschn. 23.16 wurde die Bedeutung der branchenspezifischen Tätigkeitsschwerpunkte und -belastungen für die Krankheitsarten aufgezeigt. Doch auch innerhalb der Krankheitsarten zeigen sich Differenzen aufgrund der unterschiedlichen arbeitsbedingten Belastungen. In ◘ Abb. 23.48, 23.49, 23.50, 23.51, 23.52 und 23.53 wird die Verteilung der wichtigsten Krankheitsarten nach Diagnoseuntergruppen (nach ICD-10) und Branchen dargestellt.

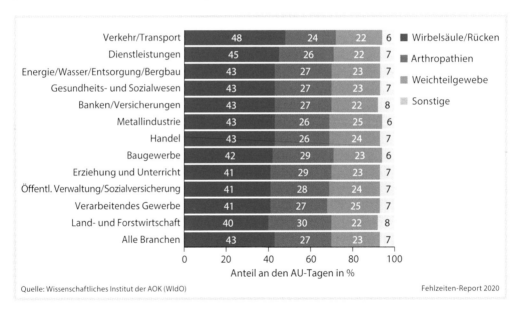

Quelle: Wissenschaftliches Institut der AOK (WIdO)

Fehlzeiten-Report 2020

◘ **Abb. 23.48** Krankheiten des Muskel- und Skelettsystems und Bindegewebserkrankungen nach Diagnoseuntergruppen und Branchen im Jahr 2019, AOK-Mitglieder

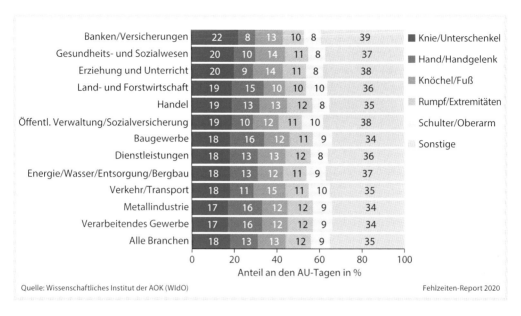

◻ Abb. 23.49 Verletzungen, Vergiftungen und bestimmte andere Folgen äußerer Ursachen nach Diagnoseuntergruppen und Branchen im Jahr 2019, AOK-Mitglieder

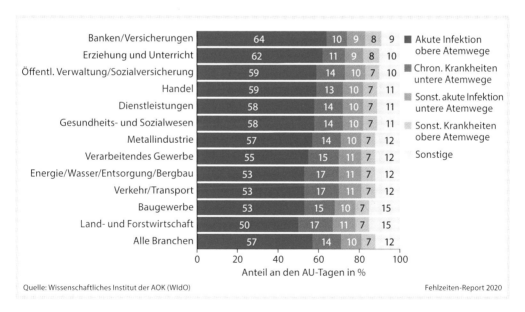

◻ Abb. 23.50 Krankheiten des Atmungssystems nach Diagnoseuntergruppen und Branchen im Jahr 2019, AOK-Mitglieder

23

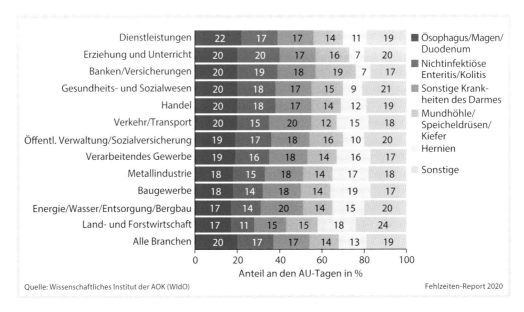

Quelle: Wissenschaftliches Institut der AOK (WIdO)   Fehlzeiten-Report 2020

◻ **Abb. 23.51** Krankheiten des Verdauungssystems nach Diagnoseuntergruppen und Branchen im Jahr 2019, AOK-Mitglieder

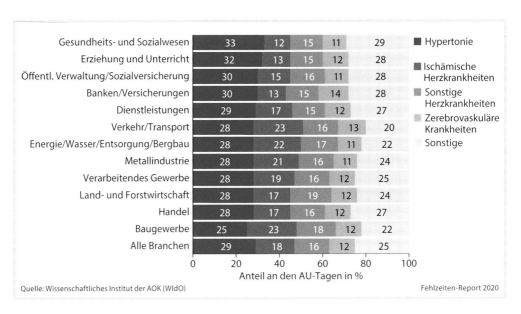

Quelle: Wissenschaftliches Institut der AOK (WIdO)   Fehlzeiten-Report 2020

◻ **Abb. 23.52** Krankheiten des Kreislaufsystems nach Diagnoseuntergruppen und Branchen im Jahr 2019, AOK-Mitglieder

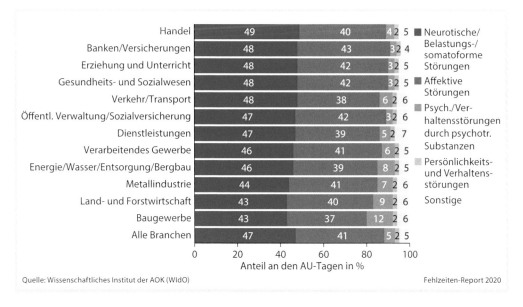

◘ Abb. 23.53 Psychische und Verhaltensstörungen nach Diagnoseuntergruppen und Branchen im Jahr 2019, AOK-Mitglieder

23.18 Burnout-bedingte Fehlzeiten

Im Zusammenhang mit psychischen Erkrankungen ist in der öffentlichen Wahrnehmung und Diskussion in den letzten Jahren zunehmend die Diagnose Burnout in den Vordergrund getreten. Unter Burnout wird ein Zustand physischer und psychischer Erschöpfung verstanden, der in der ICD-10-Klassifikation unter der Diagnosegruppe Z73 „Probleme mit Bezug auf Schwierigkeiten bei der Lebensbewältigung" in der Hauptdiagnosegruppe Z00–Z99 „Faktoren, die den Gesundheitszustand beeinflussen und zur Inanspruchnahme des Gesundheitswesens führen" eingeordnet ist. Burnout ist daher von den Ärzten nicht als eigenständige Arbeitsunfähigkeit auslösende psychische Erkrankung in der ICD-Gruppe der psychischen und Verhaltensstörungen zu kodieren. Es ist jedoch möglich, diese als Zusatzinformation anzugeben.

Zwischen 2010 und 2019 haben sich die Arbeitsunfähigkeitstage aufgrund der Diagnosegruppe Z73 je 1.000 AOK-Mitglieder von 72,3 Tagen auf 129,8 Tage um fast das Doppelte erhöht (◘ Abb. 23.54). Im Jahr 2019 stieg ihre Zahl im Vergleich zum Vorjahr um 9,3 Tage an. Alters- und geschlechtsbereinigt hochgerechnet auf die mehr als 39 Mio. gesetzlich krankenversicherten Beschäftigten bedeutet dies, dass ca. 185.000 Menschen mit insgesamt 4,3 Mio. Fehltagen im Jahr 2019 wegen eines Burnouts krankgeschrieben wurden.

Zwischen den Geschlechtern zeigen sich deutliche Unterschiede: Frauen sind aufgrund eines Burnouts fast doppelt so lange krankgeschrieben. Im Jahr 2019 entfielen auf Frauen 168,9 Ausfalltage je 1.000 AOK-Mitglieder, auf Männer hingegen nur 98,7 Tage. Sowohl Frauen als auch Männer sind am häufigsten zwischen dem 60. und 64. Lebensjahr von einem Burnout betroffen. Weiterhin zeigt sich, dass mit zunehmendem Alter das Risiko einer Krankmeldung infolge eines Burnouts zunimmt (◘ Abb. 23.55).

Bei den Auswertungen nach Tätigkeiten zeigt sich, dass vor allem Angehörige kun-

23

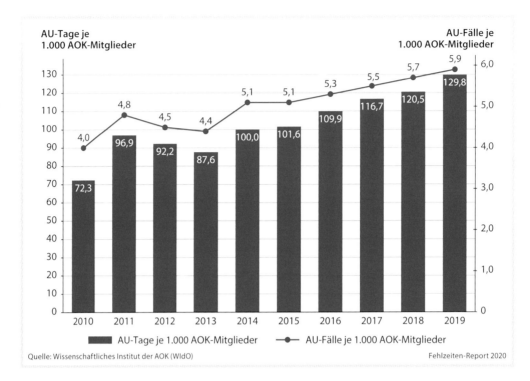

AU-Tage je
1.000 AOK-Mitglieder

AU-Fälle je
1.000 AOK-Mitglieder

Quelle: Wissenschaftliches Institut der AOK (WIdO)   Fehlzeiten-Report 2020

Abb. 23.54 AU-Tage und -Fälle der Diagnosegruppe Z73 in den Jahren 2010–2019 je 1.000 AOK-Mitglieder

denorientierter und erzieherischer Berufe, bei denen ständig eine helfende oder beratende Haltung gegenüber anderen Menschen gefordert ist, von einem Burnout betroffen sind. ◼ Abb. 23.56 zeigt diejenigen Berufe, in denen am häufigsten die Diagnose Z73 gestellt wurde. So führt die Berufsgruppe Dialogmarketing mit 324,6 Arbeitsunfähigkeitstagen je 1.000 AOK-Mitglieder die Liste an. An zweiter Stelle stehen Aufsichts- und Führungskräfte im Verkauf mit 323,6 AU-Tagen. An dritter Stelle folgen die Berufe in der Altenpflege mit 290,8 Arbeitsunfähigkeitstagen je 1.000 AOK-Mitglieder.

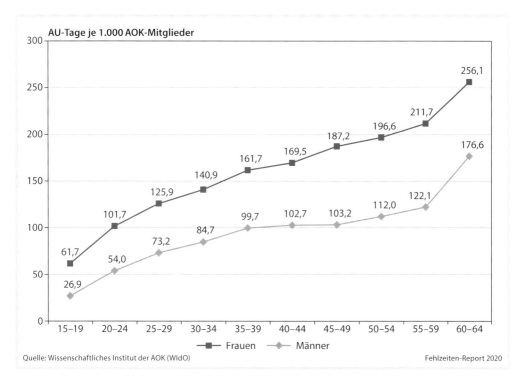

Abb. 23.55 Tage der Arbeitsunfähigkeit der Diagnosegruppe Z73 je 1.000 AOK-Mitglieder nach Alter und Geschlecht im Jahr 2019

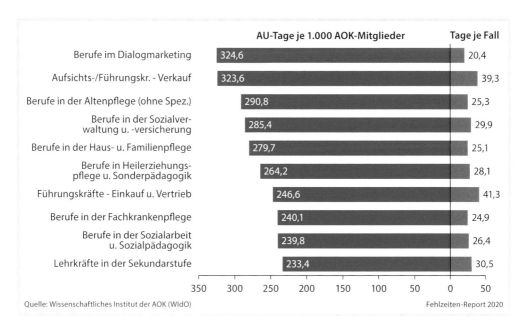

Abb. 23.56 AU-Tage und AU-Tage je Fall der Diagnosegruppe Z73 nach Berufen im Jahr 2019, AOK-Mitglieder

23.19 Arbeitsunfähigkeiten nach Städten 2019

Analysiert man die 50 einwohnerstärksten Städte in Deutschland nach der Dauer der Arbeitsunfähigkeit, ergeben sich deutliche Unterschiede. Danach sind die Arbeitnehmer aus Hagen durchschnittlich 25,3 Tage im Jahr krankgeschrieben und liegen damit an der Spitze aller deutschen Großstädte. Im Vergleich ist damit die Zahl der Fehltage von erwerbstätigen AOK-Mitgliedern, die in Hagen wohnen, im Durchschnitt 5,5 Tage höher als im Bund (19,8 Tage). Die wenigsten Fehltage weisen Beschäftigte in München aus: Diese fielen 2019 durchschnittlich 11,2 Tage weniger krankheitsbedingt am Arbeitsplatz aus (14,1 Fehltage) als Erwerbstätige aus Hagen (◘ Abb. 23.57).

Die Anzahl der Fehltage ist abhängig von einer Vielzahl von Faktoren. Nicht nur die Art der Krankheit, sondern auch das Alter, das Geschlecht, die Branchenzugehörigkeit und vor allem die ausgeübte Tätigkeit der Beschäftigten haben einen Einfluss auf die Krankheitshäufigkeit und -dauer. So weisen beispielsweise Berufe mit hohen körperlichen Arbeitsbelastungen wie Berufe in der Ver- und Entsorgung, in der industriellen Gießerei, aber auch Bus- und Straßenbahnfahrer oder Altenpfleger deutlich höhere Ausfallzeiten auf. Setzt sich die Belegschaft aus mehr Akademikern zusammen, die dann auch noch insbesondere in den Branchen Banken und Versicherungen, Handel oder Dienstleistungen tätig sind, werden im Schnitt deutlich geringere Ausfallzeiten erreicht. In diesem Zusammenhang ist zu sehen, dass klassische Industriestädte mit geringerem Akademikeranteil wie Hagen und Herne deutlich mehr Fehlzeiten aufweisen als Städte mit einem höheren Akademikeranteil. So liegen beispielsweise Bewohner der Stadt Freiburg mit durchschnittlich 14,9 Fehltagen im Jahr 2019 um 10,4 Tage unterhalb der durchschnittlichen Anzahl der Fehltage der in Hagen Beschäftigten. Dies liegt u. a. daran, dass Freiburg als Wissenschaftsstand-

ort eine günstigere Tätigkeitsstruktur aufweist, insbesondere was die körperlichen Belastungen betrifft. Von den 50 einwohnerstärksten Städten in Deutschland arbeiten hier die meisten Hochschullehrer und Dozenten und dies ist die Berufsgruppe mit den geringsten Arbeitsunfähigkeitstagen überhaupt (◘ Abb. 23.18). Auch arbeiten in Freiburg vergleichsweise weniger Beschäftigte in der Metallindustrie oder im Baugewerbe als beispielsweise in Hagen. Dies sind Branchen, in denen Beschäftigte körperlich stärker beansprucht werden und damit auch eher krankheitsbedingt ausfallen. Ähnlich sieht es in München, der Stadt mit den geringsten Fehlzeiten, aus. Dort arbeiten beispielsweise viermal so viele Beschäftigte in der Branche Banken und Versicherungen und deutlich weniger im verarbeitenden Gewerbe als in Hagen. Auch ist der Akademikeranteil der Beschäftigten in München besonders hoch: Von den einwohnerstärksten deutschen Städten hat München mit 33,5 % den höchsten Akademikeranteil unter den Beschäftigten, gefolgt von Stuttgart (30,5 %). In Gelsenkirchen liegt der Anteil bei nur 10,5 % (vgl. HWWI/Berenberg-Städteranking 2019).

Unterschiede zwischen den Städten zeigen sich auch bei den Gründen einer Arbeitsunfähigkeit. In Hagen, dem Spitzenreiter nach Fehlzeiten, entfallen 10,5 % der Arbeitsunfähigkeitstage auf psychische Erkrankungen. Ein häufiger Grund für Fehltage sind dort vor allem Muskel- und Skelett-Erkrankungen; auf diese Erkrankungsart entfallen in Hagen rund ein Viertel aller Fehltage (24,5 %) und damit mehr als doppelt so viele wie auf psychische Erkrankungen. Insbesondere die Städte im Ruhrgebiet weisen einen überdurchschnittlichen Anteil an Fehltagen aufgrund von Muskel- und Skelett-Erkrankungen aus, was als ein Hinweis betrachtet werden kann, dass hier mehr Berufe mit schwerer körperlicher Arbeit ausgeübt werden. Obwohl Freiburg nach München die geringsten Fehlzeiten im Ranking aufweist, wird hier jedoch der Spitzenplatz bei den psychischen Erkrankungen belegt: Knapp jeder sechste Fehltag der Beschäftigten in Freiburg (16,5 %) wird durch eine psychische Krankheit

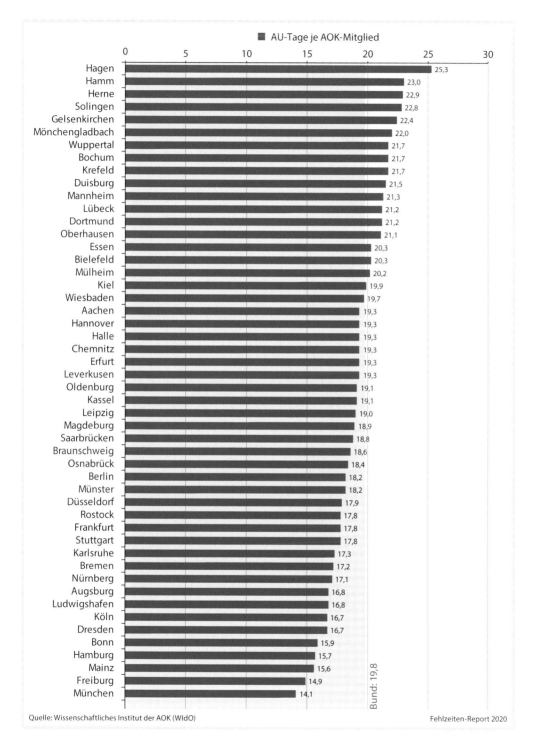

■ Abb. 23.57 Arbeitsunfähigkeitstage je AOK-Mitglied im Jahr 2019 in den 50 einwohnerstärksten deutschen Städten

23

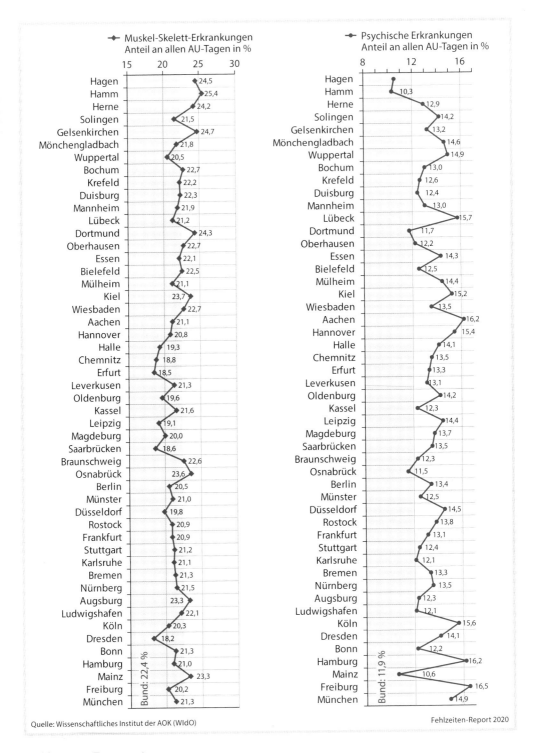

Quelle: Wissenschaftliches Institut der AOK (WIdO)

Fehlzeiten-Report 2020

◻ Abb. 23.57 (Fortsetzung)

begründet. Der Bundesdurchschnitt liegt hier im Vergleich bei 11,9 %.

23.20 Inanspruchnahme von Krankengeld bei Erkrankung des Kindes

Die Erkrankung eines Kindes stellt für viele berufstätige Eltern und insbesondere für Alleinerziehende häufig einen belastenden Versorgungsengpass dar. Kann die Betreuung des kranken Kindes nicht durch Angehörige oder Betreuungspersonal sichergestellt werden, bleibt oft nur die Inanspruchnahme der gesetzlichen Freistellung von der Arbeit. In Deutschland bietet der gesetzliche Anspruch auf Freistellung den erwerbstätigen Eltern die Möglichkeit, ihr erkranktes Kind zu Hause zu versorgen, ohne finanzielle Verluste zu erleiden. Die Basis für die Freistellungsmöglichkeit eines Elternteils bei der Erkrankung eines Kindes bildet § 45 des SGB V (Krankengeld bei Erkrankung des Kindes). Soweit das Kind das 12. Lebensjahr noch nicht vollendet hat oder behindert und auf Hilfe angewiesen ist, keine andere pflegende Person im Haushalt bereitsteht und sowohl das Kind als auch der Elternteil gesetzlich krankenversichert sind, besteht seitens des Versicherten der Anspruch auf Zahlung von Kinderpflegekrankengeld (KKG). Als weitere Voraussetzung muss ein ärztliches Attest zur notwendigen Pflege des Kindes vorliegen. Für die Auszahlung durch die Krankenkasse muss zudem ein Formular ausgefüllt werden.

Der gesetzliche Anspruch auf die Befreiung von zehn Arbeitstagen kann für jedes Kind geltend gemacht werden – maximal bis zu 25 Arbeitstage je Elternteil und Kalenderjahr. Alleinerziehende Eltern haben einen Anspruch von 20 Arbeitstagen pro Kind, wobei 50 Arbeitstage nicht überschritten werden dürfen. Für schwerstkranke Kinder, die nach ärztlichem Zeugnis nur noch eine Lebenserwartung von Wochen oder wenigen Monaten haben, ist das KKG zeitlich unbegrenzt. Das KKG wird laut § 45 SGB V nach dem während der Freistellung ausgefallenen Nettoarbeitsentgelt berechnet (ähnlich wie die Entgeltfortzahlung im Krankheitsfall). Das Brutto-Krankengeld beträgt 90 % des Nettoarbeitsentgelts; es darf 70 % der Beitragsbemessungsgrenze nach § 223 Absatz 3 nicht überschreiten.

Im Jahr 2019 nahmen 3,3 % aller AOK-Mitglieder KKG in Anspruch. Somit haben von den 14,4 Mio. erwerbstätigen AOK-Mitgliedern 471.174 mindestens einmal KKG in Anspruch genommen. Der Anteil der KKG-Fälle an allen Arbeitsunfähigkeitsfällen betrug 5 %. Durchschnittlich fehlte jedes erwerbstätige AOK-Mitglied, das KKG in Anspruch genommen hat, wegen der Betreuung seines erkrankten Kindes pro Fall 2,3 Kalendertage. Im Durchschnitt werden die gesetzlich zustehenden Freistellungstage von den erwerbstätigen Eltern bei Weitem nicht ausgeschöpft.

◘ **Tabelle 23.9** Krankenstandskennzahlen der AOK-Mitglieder zum Kinderpflegekrankengeld im Jahr 2019

Geschlecht	AOK-Mitglieder mit mind. 1 KKG-Fall	Anteil an allen AOK-Mitgliedern	Anteil der KKG-Fälle an allen AU-Fällen	Anteil der KKG-Tage an allen AU-Tagen	KKG-Fälle: Tage je Fall	AU-Fälle je 100 Mitglieder	AU-Tage je 100 Mitglieder
Männer	142.169	1,7	2,5	0,5	2,2	4,1	9,2
Frauen	329.005	5,3	8,0	1,6	2,3	14,7	33,8
Gesamt	471.174	3,3	5,0	1,0	2,3	8,8	20,1

Fehlzeiten-Report 2020

23

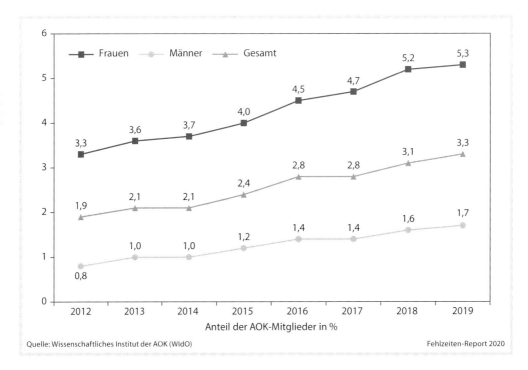

Quelle: Wissenschaftliches Institut der AOK (WIdO)   Fehlzeiten-Report 2020

☐ **Abb. 23.58** Anteile der AOK-Mitglieder mit mindestens einem Kinderpflegekrankengeldfall an allen AOK-Mitgliedern in den Jahren 2012 bis 2019 nach Geschlecht

Männer nehmen weniger häufig KKG in Anspruch als Frauen: 1,7 % aller männlichen AOK-Mitglieder haben 2019 mindestens einmal KKG in Anspruch genommen, bei den Frauen waren es mit 5,3 % mehr als dreimal so viele (☐ Tab. 23.9). Nach wie vor sind es zwar vor allem die Mütter, die ihr krankes Kind pflegen, jedoch steigt der Anteil der Männer an allen AOK-Mitgliedern, die KKG beanspruchen, seit 2012 kontinuierlich an: Von 25 auf über 30 % im Jahr 2019. Der Anteil bei beiden Geschlechtern mit Inanspruchnahme von KKG ist im Vergleich der letzten sieben Jahre deutlich angestiegen: bei Männern von 0,8 auf 1,7 %, bei Frauen von 3,3 auf 5,3 % (☐ Abb. 23.58).

Betrachtet man die Inanspruchnahme des KKG nach Alter, zeigt sich, dass die meisten KKG-Fälle in die Altersgruppe der 30- bis 39-Jährigen fallen, wobei Frauen deutlich mehr KKG in Anspruch nehmen als Männer. In der Altersgruppe der 35- bis 39-Jäh-

rigen weisen sowohl Frauen mit 42,3 Fällen je 100 Versichertenjahre als auch Männer mit 11,7 Fällen je 100 Versichertenjahre die meisten KKG-Fälle auf. Die Länge der Fehlzeiten unterscheidet sich kaum zwischen den Geschlechtern (☐ Abb. 23.59).

Eine Differenzierung der KKG-Fälle nach Falldauerklassen zeigt, dass die Mehrheit der Fälle nur ein (39,6 %) oder zwei (27,3 %) Tage andauerten. Lediglich 2,5 % aller KKG-Fälle erstreckten sich über mehr als fünf Tage (☐ Abb. 23.60).

Unter Berücksichtigung des Bildungsstandes haben im Jahr 2019 am häufigsten AOK-Mitglieder mit einem Hochschulabschluss (Diplom/Magister/Master/Staatsexamen) mindestens einmal KKG in Anspruch genommen (6,5 % aller AOK-Mitglieder innerhalb dieses Bildungsstandes). Am wenigsten haben Beschäftigte ohne berufliche Ausbildung das KKG in Anspruch genommen (1,4 %). Es zeigt sich, dass in der Tendenz mit der Höhe des

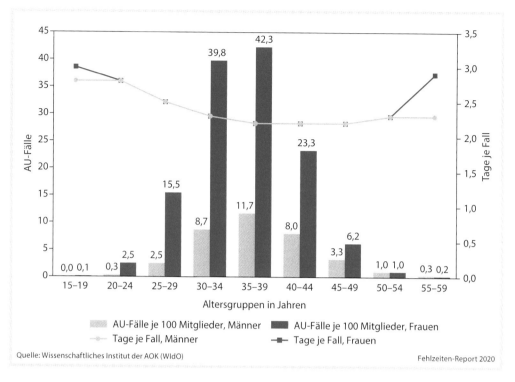

Quelle: Wissenschaftliches Institut der AOK (WIdO)

Fehlzeiten-Report 2020

■ **Abb. 23.59** Kinderpflegekrankengeldfälle nach Anzahl und Dauer der Arbeitsunfähigkeit, AOK-Mitglieder im Jahr 2019 nach Altersgruppen

Ausbildungsabschlusses die Inanspruchnahme des KKG steigt (■ Abb. 23.61).

Wird der Anteil der Mitglieder mit Inanspruchnahme von KKG in Bezug zur gesamten AOK-Mitgliedschaft des jeweiligen Landes in Bezug gesetzt, zeigt sich, dass besonders Versicherte aus Ostdeutschland die Möglichkeit zur Betreuung des kranken Kindes in Anspruch nehmen. Die Werte für die KKG-Inanspruchnahme lagen mit 10,1 % in Sachsen und 9,4 % in Thüringen besonders hoch und deutlich über dem Bundesdurchschnitt (3,3 %) und den Anteilswerten in Westdeutschland (■ Abb. 23.62). Dies könnte unter anderem damit zusammenhängen, dass Mütter in den neuen Bundesländern früher in den Beruf zurückkehren als in den alten Bundesländern und auch insgesamt häufiger erwerbstätig sind als Mütter in Westdeutschland, bei denen der Berufseinstieg in mehreren längeren Phasen erfolgt. Damit steigt auch die Wahrscheinlichkeit

für Mütter in Ostdeutschland, Kinderpflegekrankengeld in Anspruch nehmen zu müssen. So liegt die Vollzeitquote von erwerbstätigen Müttern im Westen bei insgesamt nur 25 %, im Osten ist sie dagegen mit 50,7 % doppelt so hoch (Statistisches Bundesamt 2015). Eltern, die Vollzeit arbeiten, müssen vermutlich eher zu Hause bleiben, um ihr krankes Kind zu versorgen, als Eltern, die Teilzeit arbeiten und so eine nur kurzzeitige alternative Betreuung organisieren müssen.

23

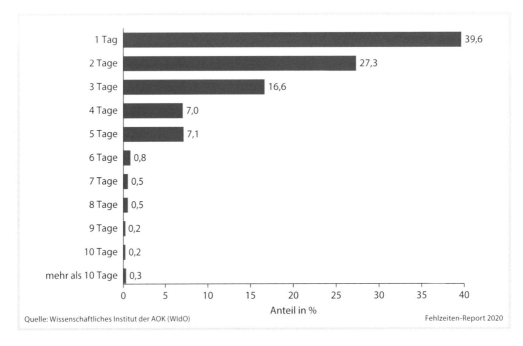

◼ Abb. 23.60 Kinderpflegekrankengeldfälle nach Dauer, AOK-Mitglieder im Jahr 2019

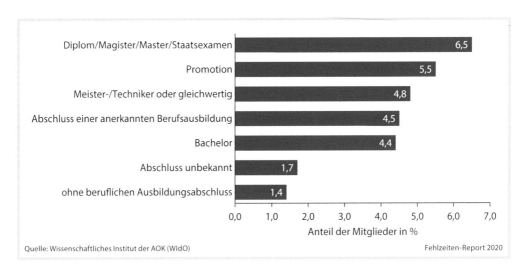

◼ Abb. 23.61 Anteile der AOK-Mitglieder mit mind. einem Kinderpflegekrankengeldfall an allen AOK-Mitgliedern in der jeweiligen Personengruppe nach Bildungsstand im Jahr 2019

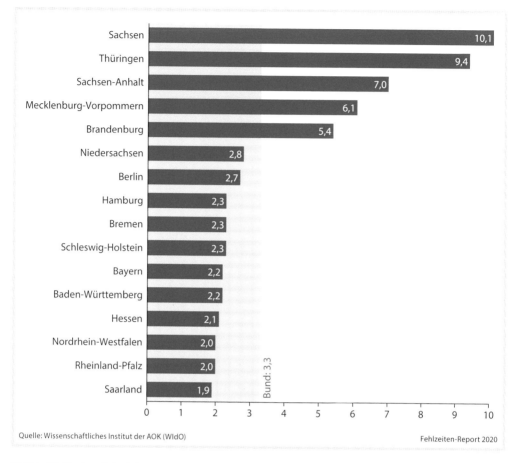

Quelle: Wissenschaftliches Institut der AOK (WIdO)

Fehlzeiten-Report 2020

◻ **Abb. 23.62** Anteil der Mitglieder mit mind. einem Kinderpflegekrankengeldfall an allen AOK-Mitgliedern nach Bundesländern im Jahr 2019

23.21 Im Fokus: Rückenschmerzen

Ein Blick auf die Fehlzeiten zeigt, dass die meisten Fehltage auf Krankheiten des Muskel-Skelett-Systems zurückzuführen sind: 22,4 % aller Fehltage entfallen auf diese Diagnosegruppe (◻ Abb. 23.63). Treiber bei den Muskel- und Skelett-Erkrankungen sind vor allem Rückenschmerzen (ICD M54). Doch wer ist hiervon besonders betroffen?

Fast jedes zehnte AOK-Mitglied war im Jahre 2019 aufgrund von Rückenschmerz mindestens einmal arbeitsunfähig (9,4 % aller AOK-Mitglieder). 2019 fehlten die erwerbs-

fähigen AOK-Mitglieder insgesamt 214 Mio. Tage, 21 Mio. Fehltage entfielen dabei allein auf die Diagnose Rückenschmerzen. Damit war diese Einzeldiagnose der häufigste Grund, im Betrieb arbeitsunfähig zu fehlen. Im Jahr 2019 hat jedes AOK-Mitglied bedingt durch Rückenschmerzen durchschnittlich zwei Tage im Betrieb gefehlt. Damit liegt diese Erkrankung noch vor der klassischen Erkältung (1,4 Fehltage pro AOK-Mitglied).

Die Art der Tätigkeit spielt bei der Diagnose eine wesentliche Rolle: Betroffen sind vor allem Beschäftigte mit körperlich stark belastenden Tätigkeiten. An der Spitze stehen Beru-

23

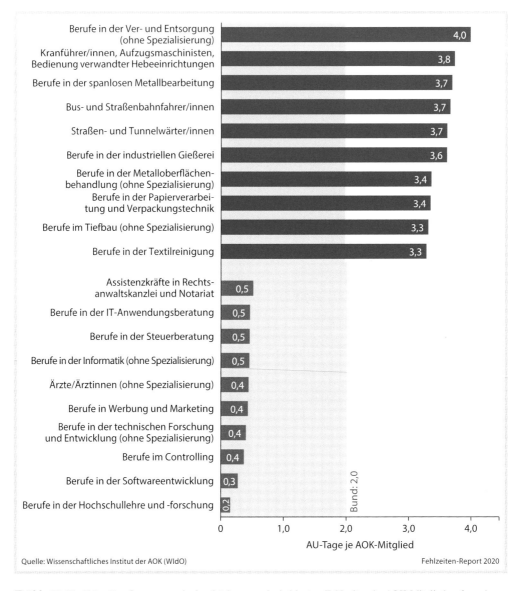

◘ Abb. 23.63 Zehn Berufsgruppen mit den höchsten und niedrigsten Fehlzeiten je AOK-Mitglied aufgrund von Rückenschmerzen (ICD M54) im Jahr 2019; berücksichtigt wurden alle Berufe, deren Anzahl mindestens 0,1 % der AOK-Mitglieder aufweisen

fe in der Ver- und Entsorgung (durchschnittlich 4,0 Fehltage pro AOK-Mitglied) und Kranführer/innen (3,8 Fehltage), gefolgt von Berufen in der spanlosen Metallbearbeitung (3,7 Fehltage). Die niedrigsten Fehlzeiten aufgrund von Rückenschmerzen hatten Berufe in der Hochschullehre und -forschung mit durchschnittlich

lediglich 0,2 Fehltagen, gefolgt von den Berufen in der Softwareentwicklung mit 0,3 Fehltagen.

Neben der beruflichen Tätigkeit spielen auch Alter und Geschlecht eine Rolle bei den rückenschmerzbedingten Fehlzeiten. Zum einen werden körperlich stark beanspruchte

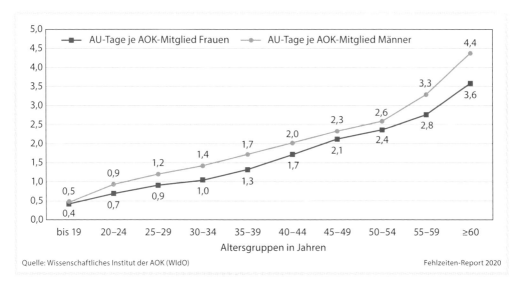

Quelle: Wissenschaftliches Institut der AOK (WIdO)   Fehlzeiten-Report 2020

◻ **Abb. 23.64** Arbeitsunfähigkeitstage je AOK-Mitglied aufgrund von Rückenschmerzen (ICD M54) im Jahr 2019 nach Alter und Geschlecht

Tätigkeiten vor allem von Männern ausgeübt. So sind Männer in allen Altersgruppen systematisch mehr von Rückenschmerzen betroffen als Frauen. So lassen sich Männer auch häufiger wegen Rückenschmerzen arbeitsunfähig schreiben als Frauen (18,3 zu 13,4 Arbeitsunfähigkeitsfälle je 100 AOK-Mitglieder). Zum anderen steigen Rückenbeschwerden prinzipiell mit dem Alter an. Besonders Männer über 60 Jahre sind stark betroffen: Hier liegen die Fehltage um 22 % höher als bei den Frauen (4,4 zu 3,6 Fehltagen pro AOK-Mitglied) (◻ Abb. 23.64).

Die Fehlzeiten aufgrund von Rückenschmerzen verteilen sich regional sehr unterschiedlich. So fehlen die AOK-Mitglieder in Brandenburg am längsten (durchschnittlich 2,4 Fehltage), gefolgt von Mecklenburg-Vorpommern (2,3 Fehltage); am wenigsten betroffen sind die Beschäftigten in Hamburg (1,6 Fehltage) und Bayern (1,7 Fehltage). Die meisten Krankschreibungen aufgrund von Rückenschmerzen gibt es in Hessen (19,3 Arbeitsunfähigkeitsfälle je 100 Versichertenjahre). Werden die Alters- und Geschlechtsstrukturen und die Verteilung der beruflichen Tätig-

keiten standardisiert – also nach der bundesweiten Verteilung der Beschäftigten gewichtet –, ergeben sich deutliche Unterschiede zu den beobachteten Kennwerten. So rutscht beispielsweise das Bundesland Berlin mit durchschnittlich 2,0 Fehltagen je AOK-Mitglied auf den zweiten Platz bei den auffälligen Bundesländern. Dies zeigt, dass dem Alter, dem Geschlecht und der beruflichen Tätigkeit eine wichtige Erklärungskraft beim Aufkommen von Rückenschmerzen bei den Beschäftigten zukommt (◻ Tab. 23.10).

Beim Vergleich der mehr als 400 Kreise Deutschlands zeigt sich: Beschäftigte, die in den Städten Gelsenkirchen und Offenbach am Main wohnen, haben deutschlandweit die meisten Fehltage aufgrund von Rückenschmerzen (3,4 und 3,3 Fehltage pro AOK-Mitglied). Beschäftigte aus den bayerischen Landkreisen Garmisch-Partenkirchen oder Oberallgäu sind vergleichsweise wenig von Rückenschmerzen betroffen (1,0 und 1,1 Fehltage) (◻ Abb. 23.65).

Den Rücken gesund zu erhalten ist eine wichtige Aufgabe der Betrieblichen Gesundheitsförderung. Hier können Betriebe mit zielgenauen Präventionsmaßnahmen wie Rückenschulen oder Bewegungspausen für die Beschäftigten gegensteuern.

23

◼ **Tabelle 23.10** Arbeitsunfähigkeitstage je AOK-Mitglied aufgrund von Rückenschmerzen (ICD M54) im Jahr 2019 nach Bundesländern nach Betriebsort der Beschäftigten

Bundesland	Beobachtet			Standardisiert[a]		
	Arbeits-unfähig-keitstage je 100 Mitglieder	Arbeits-unfähig-keitsfälle je 100 Mitglieder	Tage je Fall	Arbeits-unfähig-keitstage je 100 Mitglieder	Arbeits-unfähig-keitsfälle je 100 Mitglieder	Tage je Fall
Brandenburg	240,4	15,8	15,3	196,5	13,8	14,7
Mecklenburg-Vorpommern	234,6	14,1	16,7	185,8	12,5	16,7
Saarland	232,1	17,7	13,2	176,7	14,1	12,9
Sachsen-Anhalt	230,6	15,0	15,3	188,3	13,3	14,6
Hessen	226,1	19,3	11,7	190,1	16,2	11,6
Nordrhein-Westfalen	225,4	18,6	12,1	184,1	15,3	11,9
Thüringen	213,8	15,2	14,1	180,4	13,5	13,8
Niedersachsen	212,9	17,6	12,1	178,5	15,2	11,9
Berlin	200,1	16,5	12,1	196,2	16,0	12,5
Bremen	197,9	16,4	12,1	161,9	13,5	11,3
Rheinland-Pfalz	197,8	14,9	13,3	165,4	12,6	13,0
Sachsen	190,7	13,2	14,4	171,3	12,4	14,4
Baden-Württemberg	184,7	16,6	11,1	157,7	14,3	11,0
Schleswig-Holstein	184,5	14,4	12,8	150,7	12,3	12,8
Bayern	167,0	14,1	11,8	144,3	12,2	11,9
Hamburg	164,5	13,4	12,3	152,4	12,1	12,4

[a]standardisiert nach der Beschäftigtenstatistik der Bundesagentur für Arbeit, Stand November 2018
Fehlzeiten-Report 2020

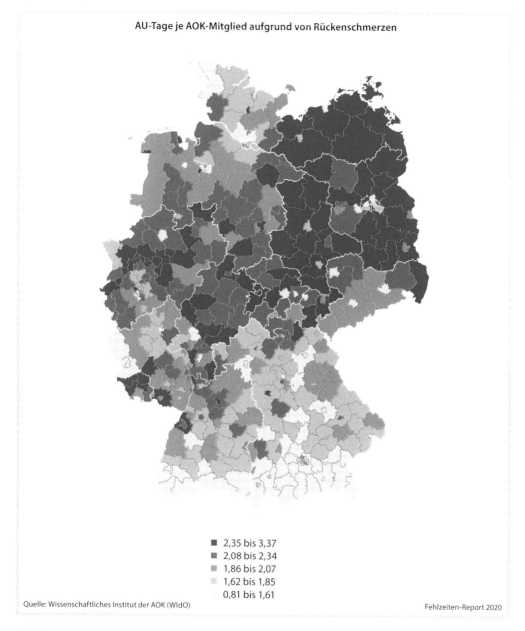

AU-Tage je AOK-Mitglied aufgrund von Rückenschmerzen

- 2,35 bis 3,37
- 2,08 bis 2,34
- 1,86 bis 2,07
- 1,62 bis 1,85
- 0,81 bis 1,61

Quelle: Wissenschaftliches Institut der AOK (WIdO)

Fehlzeiten-Report 2020

◘ **Abb. 23.65** Regionale Verteilung der Arbeitsunfähigkeitstage aufgrund von Rückenschmerzen (ICD M54), AOK-Mitglieder 2019

Literatur

Benz A (2010) Einflussgrößen auf krankheitsbedingte Fehlzeiten – dargestellt am Beispiel des Regierungspräsidiums Stuttgart. Diplomarbeit Hochschule für öffentliche Verwaltung und Finanzen Ludwigsburg. https://opus-hslb.bsz-bw.de/files/139/Benz_Annika.pdf. Zugegriffen: 15. März 2017

Bundesagentur für Arbeit (2020) Beschäftigtenstatistik nach Wirtschaftszweigen. Nürnberg Stand: 30. Juni 2019. http://statistik.arbeitsagentur.de/nn_31966/SiteGlobals/Forms/Rubrikensuche/Rubrikensuche_Form.html?view=processForm&pageLocale=de&topicId=746698. Zugegriffen: 1. März 2017

Bundesagentur für Arbeit (2017) Berichte: Blickpunkt Arbeitsmarkt. Situation schwerbehinderter Menschen. Bundesagentur für Arbeit, Nürnberg

Bundesministerium für Arbeit und Soziales, Bundesanstalt für Arbeitsschutz und Arbeitsmedizin (2020) Sicherheit und Gesundheit bei der Arbeit 2018

Bundesministerium für Gesundheit (2020) Gesetzliche Krankenversicherung. Vorläufige Rechnungsergebnisse 1.–4. Quartal 2019. Stand 1. März 2020

Damm K, Lange A, Zeidler J, Braun S, Graf von der Schulenburg JM (2012) Einführung des neuen Tätigkeitsschlüssels und seine Anwendung in GKV-Routinedatenauswertungen. Bundesgesundheitsblatt 55:238–244

Wissenschaftszentrum Berlin für Sozialforschung (WZB) (2018) Datenreport 2018. Ein Sozialbericht für die Bundesrepublik Deutschland. Bundeszentrale für politische Bildung. Statistisches Bundesamt (Destatis), Deutschland

Deutsche Rentenversicherung Bund (2019) Rentenversicherung in Zahlen 2019. Deutsche Rentenversicherung Bund, Berlin

HWWI/Berenberg-Städteranking 2019. Die 30 größten Städte Deutschlands im Vergleich. Stand August 2019

Jacobi F et al (2014) Psychische Störungen in der Allgemeinbevölkerung. Nervenarzt 1(85):77–87

Karasek R, Theorell T (1990) Healthy work: stress, productivity, and the reconstruction of working life. Basic Books, New York

Kohler H (2002) Krankenstand – Ein beachtlicher Kostenfaktor mit fallender Tendenz. IAB-Werkstattbericht, Diskussionsbeiträge des Instituts für Arbeitsmarkt- und Berufsforschung der Bundesanstalt für Arbeit, Bd. 1/30.01.2002

Marmot M (2005) Status syndrome: how your social standing directly affects your health. Bloomsbury Publishing, London

Marstedt G, Müller R, Jansen R (2002) Rationalisierung, Arbeitsbelastungen und Arbeitsunfähigkeiten im Öffentlichen Dienst. In: Badura B, Litsch M, Vetter C (Hrsg) Fehlzeiten-Report 2001. Springer, Berlin Heidelberg

Mielck A (2000) Soziale Ungleichheit und Gesundheit. Huber, Bern

Mielck A, Lüngen M, Siegel M, Korber K (2012) Folgen unzureichender Bildung für die Gesundheit. Bertelsmann

Oppolzer A (2000) Ausgewählte Bestimmungsfaktoren des Krankenstandes in der öffentlichen Verwaltung – Zum Einfluss von Arbeitszufriedenheit und Arbeitsbedingungen auf krankheitsbedingte Fehlzeiten. In: Badura B, Litsch M, Vetter C (Hrsg) Fehlzeiten-Report 1999. Springer, Berlin Heidelberg

Siegrist J (1999) Psychosoziale Arbeitsbelastungen und Herz-Kreislauf-Risiken: internationale Erkenntnisse zu neuen Stressmodellen. In: Badura B, Litsch M, Vetter C (Hrsg) Fehlzeiten-Report 1999. Psychische Belastung am Arbeitsplatz. Zahlen, Daten, Fakten aus allen Branchen der Wirtschaft. Springer, Berlin Heidelberg New York Barcelona Hongkong London Mailand Paris Singapur Tokio

Statistisches Bundesamt (2015) Vereinbarkeit von Familie und Beruf: Ergebnisse des Mikrozensus 2013. Wirtschaft und Statistik, Bd. Dezember 2014

Thom J, Bretschneider J, Kraus N, Handerer J, Jacobi F (2019) Versorgungsepidemiologie psychischer Störungen. Warum sinken die Prävalenzen trotz vermehrter Versorgungsangebote nicht ab? Bundesgesundheitsblatt – Gesundheitsforschung – Gesundheitsschutz. Springer, Berlin Heidelberg

Vahtera J, Kivimäki M, Pentti J (2001) The role of extended weekends in sickness absenteeism. Occup Environ Med 58:818–822

WHO (2011) Global burden of mental disorders and the need for a comprehensive, coordinated response for health and social sectors at the country level. Executive Board, Bd. 130/9

Krankheitsbedingte Fehlzeiten nach Branchen im Jahr 2019

Markus Meyer, Stefanie Wiegand und Antje Schenkel

Inhaltsverzeichnis

© Springer-Verlag GmbH Deutschland, ein Teil von Springer Nature 2020
B. Badura et al. (Hrsg.), *Fehlzeiten-Report 2020*, Fehlzeiten-Report,
https://doi.org/10.1007/978-3-662-61524-9_24

24.1 Banken und Versicherungen

24

◘ Tabelle 24.1 Entwicklung des Krankenstands der AOK-Mitglieder in der Branche Banken und Versicherungen in den Jahren 1995 bis 2019

Jahr	Krankenstand in %			AU-Fälle je 100 AOK-Mitglieder			Tage je Fall		
	West	Ost	Bund	West	Ost	Bund	West	Ost	Bund
1995	3,9	4,0	3,9	119,3	111,2	117,9	11,9	13,8	12,2
1996	3,5	3,6	3,5	108,0	109,3	108,1	12,2	12,5	12,2
1997	3,4	3,6	3,4	108,4	110,0	108,5	11,5	11,9	11,5
1998	3,5	3,6	3,5	110,6	112,2	110,7	11,4	11,7	11,4
1999	3,6	4,0	3,7	119,6	113,3	119,1	10,8	11,6	10,9
2000	3,6	4,1	3,6	125,6	148,8	127,1	10,5	10,2	10,5
2001	3,5	4,1	3,6	122,2	137,5	123,1	10,6	10,8	10,6
2002	3,5	4,1	3,5	125,0	141,3	126,1	10,1	10,6	10,2
2003	3,3	3,5	3,3	126,0	137,1	127,0	9,5	9,4	9,5
2004	3,1	3,2	3,1	117,6	127,7	118,8	9,7	9,3	9,6
2005	3,1	3,3	3,1	122,6	132,0	123,8	9,2	9,0	9,1
2006	2,7	3,2	2,8	108,1	126,7	110,7	9,2	9,1	9,2
2007	3,1	3,4	3,1	121,0	133,6	122,8	9,2	9,3	9,2
2008 (WZ03)	3,1	3,6	3,2	127,0	136,6	128,4	9,0	9,6	9,1
2008 (WZ08)[a]	3,1	3,6	3,2	126,9	135,9	128,3	9,0	9,6	9,1
2009	3,2	3,9	3,3	136,8	150,9	138,8	8,6	9,5	8,8
2010	3,2	4,0	3,3	134,3	177,7	140,2	8,8	8,3	8,7
2011	3,3	3,9	3,3	139,7	181,2	145,3	8,5	7,9	8,4
2012	3,2	4,1	3,4	134,5	153,7	137,0	8,8	9,8	9,0
2013	3,2	4,1	3,4	143,8	158,6	145,7	8,2	9,4	8,4
2014	3,4	4,2	3,5	142,6	157,2	144,5	8,7	9,8	8,9
2015	3,6	4,4	3,7	152,9	170,1	155,3	8,7	9,4	8,8
2016	3,7	4,5	3,8	150,6	175,0	154,3	8,9	9,5	9,0
2017	3,6	4,8	3,8	145,2	172,6	149,7	9,1	10,2	9,3
2018	3,7	4,9	3,9	146,1	177,1	151,7	9,3	10,1	9,5
2019	3,6	4,8	3,8	139,9	167,2	144,1	9,4	10,6	9,6

[a] aufgrund der Revision der Wirtschaftszweigklassifikation in 2008 ist eine Vergleichbarkeit mit den Vorjahren nur bedingt möglich

Fehlzeiten-Report 2020

24

☐ **Tabelle 24.2** Arbeitsunfähigkeit der AOK-Mitglieder in der Branche Banken und Versicherungen nach Bundesländern im Jahr 2019 im Vergleich zum Vorjahr

Bundesland	Kranken-stand in %	Arbeitsunfähigkeit je 100 AOK-Mitglieder				Tage je Fall	Veränd. z. Vorj. in %	AU-Quote in %
		AU-Fälle	Veränd. z. Vorj. in %	AU-Tage	Veränd. z. Vorj. in %			
Baden-Württemberg	3,5	145,0	−3,4	1.282,4	−3,9	8,8	−0,5	55,0
Bayern	3,4	119,6	−0,1	1.238,7	0,8	10,4	0,9	46,4
Berlin	3,9	160,5	−5,3	1.426,4	−1,3	8,9	4,2	46,1
Brandenburg	4,7	178,3	−5,6	1.706,4	−1,3	9,6	4,5	58,6
Bremen	3,9	131,6	−10,7	1.428,6	1,3	10,9	13,4	49,1
Hamburg	3,4	109,6	−8,1	1.256,4	−5,9	11,5	2,4	39,8
Hessen	3,5	143,3	−6,1	1.259,4	−3,9	8,8	2,3	49,2
Mecklenburg-Vorpommern	4,6	151,5	−11,5	1.687,9	0,4	11,1	13,4	51,6
Niedersachsen	3,8	154,0	−3,8	1.382,8	−4,3	9,0	−0,5	57,7
Nordrhein-Westfalen	4,0	155,4	−5,2	1.466,0	−3,7	9,4	1,5	53,6
Rheinland-Pfalz	3,8	128,5	−26,9	1.369,2	−13,4	10,7	18,5	47,5
Saarland	4,4	150,1	−3,3	1.596,0	−9,2	10,6	−6,1	55,6
Sachsen	4,7	163,2	−5,6	1.722,6	−1,8	10,6	4,0	61,1
Sachsen-Anhalt	5,5	179,6	−4,8	2.012,0	−1,4	11,2	3,6	60,3
Schleswig-Holstein	3,7	127,8	−4,3	1.332,4	−2,8	10,4	1,5	48,3
Thüringen	4,8	170,5	−5,7	1.757,3	−1,2	10,3	4,7	62,8
West	**3,6**	**139,9**	**−4,3**	**1.318,9**	**−3,1**	**9,4**	**1,2**	**51,5**
Ost	**4,8**	**167,2**	**−5,6**	**1.765,8**	**−1,5**	**10,6**	**4,3**	**61,0**
Bund	**3,8**	**144,1**	**−5,0**	**1.387,4**	**−3,3**	**9,6**	**1,8**	**52,9**

Fehlzeiten-Report 2020

■ **Tabelle 24.3** Arbeitsunfähigkeit der AOK-Mitglieder nach Wirtschaftsabteilungen in der Branche Banken und Versicherungen im Jahr 2019

Wirtschaftsabteilungen	Krankenstand in %		Arbeitsunfähigkeiten je 100 AOK-Mitglieder		Tage je Fall	AU-Quote in %
	2019	2019 stand.[a]	Fälle	Tage		
Erbringung von Finanzdienstleistungen	3,9	3,9	147,7	1.412,7	9,6	55,0
Mit Finanz- und Versicherungsdienstleistungen verbundene Tätigkeiten	3,5	3,8	132,4	1.292,4	9,8	46,5
Versicherungen, Rückversicherungen und Pensionskassen (ohne Sozialversicherung)	3,8	4,0	140,6	1.383,6	9,8	51,7
Branche gesamt	**3,8**	**3,9**	**144,1**	**1.387,4**	**9,6**	**52,9**
Alle Branchen	**5,4**	**5,5**	**164,7**	**1.980,3**	**12,0**	**52,9**

[a] Krankenstand alters- und geschlechtsstandardisiert

Fehlzeiten-Report 2020

24

◘ **Tabelle 24.4**   Kennzahlen der Arbeitsunfähigkeit nach ausgewählten Berufsgruppen in der Branche Banken und Versicherungen im Jahr 2019

Tätigkeit	Kranken-stand in %	Arbeitsunfähigkeit je 100 AOK-Mitglieder		Tage je Fall	AU-Quote in %	Anteil der Berufsgruppe an der Branche in %[a]
		AU-Fälle	AU-Tage			
Anlageberater/innen – u. sonstige Finanzdienst-leistungsberufe	3,1	113,4	1.140,8	10,1	46,6	1,6
Bankkaufleute	3,7	147,7	1.343,9	9,1	56,4	49,3
Berufe im Vertrieb (außer Informations- u. Kommunika-tionstechnologien)	3,7	129,5	1.343,5	10,4	48,4	2,9
Berufe in der Buchhaltung	3,3	136,1	1.194,6	8,8	50,1	1,2
Berufe in der Reinigung (ohne Spez.)	7,6	151,8	2.776,7	18,3	57,6	1,2
Büro- u. Sekretariatskräfte (ohne Spez.)	4,0	136,1	1.477,1	10,9	46,8	8,5
Kaufmännische u. technische Betriebswirtschaft (ohne Spez.)	3,9	149,1	1.406,8	9,4	51,0	3,7
Versicherungskaufleute	3,7	150,3	1.357,4	9,0	52,3	14,7
Branche gesamt	**3,8**	**144,1**	**1.387,4**	**9,6**	**52,9**	**1,2**[b]

[a] Anteil der AOK-Mitglieder in der Berufsgruppe an den in der Branche beschäftigten AOK-Mitgliedern insgesamt
[b] Anteil der AOK-Mitglieder in der Branche an allen AOK-Mitgliedern
Fehlzeiten-Report 2020

◘ **Tabelle 24.5**   Dauer der Arbeitsunfähigkeit der AOK-Mitglieder in der Branche Banken und Versicherungen im Jahr 2019

Fallklasse	Branche hier		Alle Branchen	
	Anteil Fälle in %	Anteil Tage in %	Anteil Fälle in %	Anteil Tage in %
1–3 Tage	41,7	8,8	35,5	5,9
4–7 Tage	30,9	15,7	31,3	13,2
8–14 Tage	15,2	16,1	17,1	14,7
15–21 Tage	4,5	8,1	5,7	8,3
22–28 Tage	2,5	6,1	2,9	5,8
29–42 Tage	2,3	8,1	3,0	8,6
> 42 Tage	3,0	37,0	4,4	43,5

Fehlzeiten-Report 2020

◧ **Tabelle 24.6** Tage der Arbeitsunfähigkeit je AOK-Mitglied nach Wirtschaftsabteilung und Betriebsgröße in der Branche Banken und Versicherungen im Jahr 2019

Wirtschaftsabteilungen	Betriebsgröße (Anzahl der AOK-Mitglieder)					
	10–49	50–99	100–199	200–499	500–999	≥ 1.000
Erbringung von Finanzdienstleistungen	13,4	14,5	15,3	16,0	17,7	14,1
Mit Finanz- und Versicherungsdienstleistungen verbundene Tätigkeiten	14,1	16,8	14,3	18,6	–	–
Versicherungen, Rückversicherungen und Pensionskassen (ohne Sozialversicherung)	14,6	14,0	12,3	13,9	–	–
Branche gesamt	**13,6**	**14,6**	**14,9**	**15,7**	**17,7**	**14,1**
Alle Branchen	**20,3**	**22,4**	**22,5**	**22,6**	**22,6**	**22,6**

Fehlzeiten-Report 2020

◧ **Tabelle 24.7** Krankenstand in Prozent nach Ausbildungsabschluss in der Branche Banken und Versicherungen im Jahr 2019, AOK-Mitglieder

Wirtschaftsabteilungen	Ausbildung						
	ohne Ausbildungsabschluss	mit Ausbildungsabschluss	Meister/ Techniker	Bachelor	Diplom/ Magister/ Master/ Staatsexamen	Promotion	unbekannt
Erbringung von Finanzdienstleistungen	3,6	4,2	3,4	2,0	2,8	1,5	4,9
Mit Finanz- und Versicherungsdienstleistungen verbundene Tätigkeiten	3,6	3,8	4,0	1,9	2,2	1,0	3,6
Versicherungen, Rückversicherungen und Pensionskassen (ohne Sozialversicherung)	3,4	4,4	3,7	2,2	2,4	2,1	3,4
Branche gesamt	**3,6**	**4,2**	**3,4**	**2,0**	**2,6**	**1,6**	**4,3**
Alle Branchen	**6,0**	**5,9**	**4,6**	**2,4**	**2,9**	**2,1**	**4,9**

Fehlzeiten-Report 2020

24

▨ Tabelle 24.8 Tage der Arbeitsunfähigkeit je AOK-Mitglied nach Ausbildungsabschluss in der Branche Banken und Versicherungen im Jahr 2019

Wirtschafts-abteilungen	Ausbildung						
	ohne Aus-bildungs-abschluss	mit Aus-bildungs-abschluss	Meister/ Techniker	Bachelor	Diplom/ Magister/ Master/ Staats-examen	Promotion	unbekannt
Erbringung von Fi-nanzdienstleistungen	13,3	15,4	12,4	7,3	10,2	5,5	18,1
Mit Finanz- und Versicherungsdienst-leistungen verbundene Tätigkeiten	13,2	13,9	14,6	6,8	8,0	3,7	13,3
Versicherungen, Rück-versicherungen und Pensionskassen (ohne Sozialversicherung)	12,4	16,2	13,3	7,9	8,6	7,6	12,6
Branche gesamt	**13,2**	**15,2**	**12,5**	**7,3**	**9,5**	**5,7**	**15,6**
Alle Branchen	**21,8**	**21,6**	**16,7**	**8,7**	**10,7**	**7,7**	**18,0**

Fehlzeiten-Report 2020

▨ Tabelle 24.9 Anteil der Arbeitsunfälle an den AU-Fällen und -Tagen in Prozent nach Wirtschaftsabteilungen in der Branche Banken und Versicherungen im Jahr 2019, AOK-Mitglieder

Wirtschaftsabteilungen	AU-Fälle in %	AU-Tage in %
Erbringung von Finanzdienstleistungen	1,0	2,2
Mit Finanz- und Versicherungsdienstleistungen verbundene Tätigkeiten	0,9	2,3
Versicherungen, Rückversicherungen und Pensionskassen (ohne Sozialver-sicherung)	0,7	1,4
Branche gesamt	**0,9**	**2,1**
Alle Branchen	**3,0**	**5,8**

Fehlzeiten-Report 2020

■ **Tabelle 24.10** Tage und Fälle der Arbeitsunfähigkeit durch Arbeitsunfälle nach Berufsgruppen in der Branche Banken und Versicherungen im Jahr 2019, AOK-Mitglieder

Tätigkeit	Arbeitsunfähigkeit je 1.000 AOK-Mitglieder	
	AU-Tage	AU-Fälle
Berufe in der Reinigung (ohne Spez.)	757,2	24,7
Kaufmännische u. technische Betriebswirtschaft (ohne Spez.)	305,2	14,3
Büro- u. Sekretariatskräfte (ohne Spez.)	293,8	11,5
Bankkaufleute	235,0	11,9
Berufe im Vertrieb (außer Informations- u. Kommunikationstechnologien)	214,5	11,4
Versicherungskaufleute	209,8	10,2
Anlageberater/innen – u. sonstige Finanzdienstleistungsberufe	143,3	7,9
Berufe in der Buchhaltung	130,5	7,8
Branche gesamt	**294,9**	**13,5**
Alle Branchen	**1.145,8**	**48,9**

Fehlzeiten-Report 2020

◻ Tabelle 24.11 Tage und Fälle der Arbeitsunfähigkeit je 100 AOK-Mitglieder nach Krankheitsarten in der Branche Banken und Versicherungen in den Jahren 1995 bis 2019

Jahr	Arbeitsunfähigkeiten je 100 AOK-Mitglieder											
	Psyche		Herz/Kreis-lauf		Atemwege		Verdauung		Muskel/Skelett		Verletzungen	
	Tage	Fälle	Tage	Fälle	Tage	Fälle	Tage	Fälle	Tage	Fälle	Tage	Fälle
1995	102,9	4,1	154,9	8,2	327,6	43,8	140,1	19,1	371,0	20,0	179,5	10,7
1996	107,8	3,8	129,5	6,6	286,2	39,8	119,4	17,9	339,3	17,2	166,9	9,9
1997	104,8	4,1	120,6	6,8	258,1	39,8	112,5	17,8	298,0	16,9	161,1	9,8
1998	109,3	4,5	112,8	6,9	252,3	40,4	109,3	18,1	313,9	18,0	152,2	9,7
1999	113,7	4,8	107,6	6,9	291,2	46,4	108,7	19,0	308,3	18,6	151,0	10,3
2000	138,4	5,8	92,5	6,3	281,4	45,3	99,1	16,6	331,4	19,9	145,3	10,0
2001	144,6	6,6	99,8	7,1	264,1	44,4	98,8	17,3	334,9	20,5	147,6	10,3
2002	144,6	6,8	96,7	7,1	254,7	44,0	105,1	19,0	322,6	20,6	147,3	10,5
2003	133,9	6,9	88,6	7,1	261,1	46,5	99,0	18,7	288,0	19,5	138,2	10,3
2004	150,2	7,1	92,8	6,5	228,5	40,6	103,7	19,0	273,1	18,4	136,5	9,8
2005	147,5	7,0	85,1	6,5	270,1	47,7	100,1	17,9	248,8	18,1	132,1	9,7
2006	147,2	7,0	79,8	6,2	224,6	40,8	98,8	18,3	243,0	17,4	134,0	9,6
2007	167,2	7,5	87,7	6,3	243,9	44,4	103,0	19,6	256,9	18,1	125,2	9,1
2008 (WZ03)	172,7	7,7	86,7	6,5	258,1	46,8	106,2	20,0	254,0	18,0	134,6	9,5
2008 (WZ08)[a]	182,3	7,8	85,3	6,5	256,9	46,7	107,1	20,0	254,0	18,0	134,6	9,5
2009	182,3	8,2	80,6	6,2	303,2	54,6	105,4	20,2	242,2	17,7	134,2	9,6
2010	205,3	8,8	80,0	6,1	260,2	49,2	97,4	18,7	248,6	18,6	142,6	10,4
2011	209,2	8,9	73,8	5,7	268,8	49,4	90,7	17,9	228,7	17,6	132,3	9,8
2012	232,9	9,1	80,1	5,7	266,4	49,1	97,5	18,1	243,8	18,1	135,9	9,7
2013	230,1	9,0	70,7	5,4	321,0	58,3	94,4	17,9	219,7	17,3	128,9	9,8
2014	258,4	10,0	81,6	5,7	272,3	51,3	98,8	18,7	248,7	18,8	139,0	10,0
2015	256,7	10,1	81,6	5,9	340,5	60,5	99,9	18,6	249,0	18,4	144,9	10,0
2016	274,0	10,6	74,5	6,1	317,9	57,5	99,5	18,5	269,5	19,3	145,1	10,1
2017	276,6	10,5	76,7	5,8	325,8	57,0	91,6	17,0	270,1	18,8	148,2	9,7
2018	283,2	10,3	75,5	5,7	343,6	58,1	90,7	16,9	264,8	18,6	147,1	9,8
2019	296,2	10,4	75,5	5,6	298,3	53,2	86,9	15,9	252,5	17,9	144,0	9,2

[a] aufgrund der Revision der Wirtschaftszweigklassifikation in 2008 ist eine Vergleichbarkeit mit den Vorjahren nur bedingt möglich

Fehlzeiten-Report 2020

◻ **Tabelle 24.12** Verteilung der Arbeitsunfähigkeitstage nach Krankheitsarten in Prozent in der Branche Banken und Versicherungen im Jahr 2019, AOK-Mitglieder

Wirtschaftsabteilungen	AU-Tage in %						
	Psyche	Herz/ Kreislauf	Atem- wege	Ver- dauung	Muskel/ Skelett	Verlet- zungen	Sonstige
Erbringung von Finanz- dienstleistungen	16,0	4,3	16,7	4,8	13,9	8,1	36,3
Mit Finanz- und Versi- cherungsdienstleistungen verbundene Tätigkeiten	16,7	4,1	15,5	4,9	14,1	7,9	36,8
Versicherungen, Rück- versicherungen und Pensionskassen (ohne Sozialversicherung)	18,3	3,8	17,1	5,0	13,9	7,4	34,5
Branche gesamt	**16,4**	**4,2**	**16,5**	**4,8**	**14,0**	**8,0**	**36,2**
Alle Branchen	**11,9**	**5,4**	**11,8**	**4,6**	**22,4**	**10,8**	**33,1**

Fehlzeiten-Report 2020

◻ **Tabelle 24.13** Verteilung der Arbeitsunfähigkeitsfälle nach Krankheitsarten in Prozent in der Branche Banken und Versicherungen im Jahr 2019, AOK-Mitglieder

Wirtschaftsabteilungen	AU-Fälle in %						
	Psyche	Herz/ Kreislauf	Atem- wege	Ver- dauung	Muskel/ Skelett	Verlet- zungen	Sonstige
Erbringung von Finanz- dienstleistungen	5,5	3,0	29,0	8,6	9,9	5,1	39,0
Mit Finanz- und Versi- cherungsdienstleistungen verbundene Tätigkeiten	6,0	3,0	27,6	8,6	9,1	4,7	40,9
Versicherungen, Rück- versicherungen und Pensionskassen (ohne Sozialversicherung)	5,9	2,9	30,0	8,4	9,4	4,6	38,7
Branche gesamt	**5,6**	**3,0**	**28,8**	**8,6**	**9,7**	**5,0**	**39,3**
Alle Branchen	**5,4**	**3,7**	**22,6**	**8,4**	**15,9**	**6,9**	**37,2**

Fehlzeiten-Report 2020

24

◻ Tabelle 24.14 Verteilung der Arbeitsunfähigkeitstage nach Krankheitsarten und ausgewählten Berufsgruppen in der Branche Banken und Versicherungen im Jahr 2019, AOK-Mitglieder

Tätigkeit	AU-Tage in %						
	Psyche	Herz/ Kreislauf	Atem- wege	Ver- dauung	Muskel/ Skelett	Verlet- zungen	Sonstige
Anlageberater/innen – u. sonstige Finanzdienst- leistungsberufe	20,6	3,8	15,4	4,4	12,6	8,3	34,9
Bankkaufleute	16,1	4,1	17,6	4,9	12,6	7,9	36,8
Berufe im Vertrieb (außer Informations- u. Kommunika- tionstechnologien)	18,8	4,2	15,5	6,0	13,0	6,8	35,7
Berufe in der Buchhaltung	20,2	2,8	17,1	3,5	10,9	5,5	40,0
Berufe in der Reinigung (ohne Spez.)	11,6	7,3	8,4	3,4	24,5	8,5	36,2
Büro- u. Sekretariatskräfte (ohne Spez.)	17,4	3,7	14,8	4,9	15,5	7,5	36,2
Kaufmännische u. technische Betriebswirtschaft (ohne Spez.)	17,2	4,4	16,8	5,3	10,5	7,2	38,6
Versicherungskaufleute	17,1	3,8	17,4	5,0	13,0	7,8	35,9
Branche gesamt	**16,4**	**4,2**	**16,5**	**4,8**	**14,0**	**8,0**	**36,2**
Alle Branchen	**11,9**	**5,4**	**11,8**	**4,6**	**22,4**	**10,8**	**33,1**

Fehlzeiten-Report 2020

Tabelle 24.15 Verteilung der Arbeitsunfähigkeitsfälle nach Krankheitsarten und ausgewählten Berufsgruppen in der Branche Banken und Versicherungen im Jahr 2019, AOK-Mitglieder

Tätigkeit	AU-Fälle in %						
	Psyche	Herz/ Kreislauf	Atem- wege	Ver- dauung	Muskel/ Skelett	Verlet- zungen	Sonstige
Anlageberater/innen – u. sonstige Finanzdienst- leistungsberufe	5,8	2,7	26,9	8,7	8,7	5,4	42,0
Bankkaufleute	5,3	2,9	30,0	8,8	8,9	5,0	39,1
Berufe im Vertrieb (außer Informations- u. Kommunika- tionstechnologien)	7,0	2,7	28,1	8,3	8,5	4,4	41,0
Berufe in der Buchhaltung	6,5	2,5	28,2	8,3	9,5	4,0	41,0
Berufe in der Reinigung (ohne Spez.)	6,1	5,4	17,6	8,1	17,8	5,7	39,3
Büro- u. Sekretariatskräfte (ohne Spez.)	6,7	3,6	26,2	8,8	9,8	4,2	40,7
Kaufmännische u. technische Betriebswirtschaft (ohne Spez.)	6,7	3,1	28,7	8,0	8,4	4,4	40,6
Versicherungskaufleute	5,4	2,7	30,0	8,4	8,7	4,9	39,8
Branche gesamt	**5,6**	**3,0**	**28,8**	**8,6**	**9,7**	**5,0**	**39,3**
Alle Branchen	**5,4**	**3,7**	**22,6**	**8,4**	**15,9**	**6,9**	**37,2**

Fehlzeiten-Report 2020

24

Anteile der 40 häufigsten Einzeldiagnosen an den AU-Fällen und AU-Tagen in der Branche Banken und Versicherungen im Jahr 2019, AOK-Mitglieder

ICD-10	Bezeichnung	AU-Fälle in %	AU-Tage in %
J06	Akute Infektionen an mehreren oder nicht näher bezeichneten Lokalisationen der oberen Atemwege	13,4	6,9
A09	Sonstige und nicht näher bezeichnete Gastroenteritis und Kolitis infektiösen und nicht näher bezeichneten Ursprungs	4,4	1,7
M54	Rückenschmerzen	3,6	3,6
B34	Viruskrankheit nicht näher bezeichneter Lokalisation	2,3	1,1
K08	Sonstige Krankheiten der Zähne und des Zahnhalteapparates	2,1	0,6
R10	Bauch- und Beckenschmerzen	2,0	1,1
F43	Reaktionen auf schwere Belastungen und Anpassungsstörungen	1,8	3,9
J20	Akute Bronchitis	1,8	1,1
J01	Akute Sinusitis	1,4	0,8
J00	Akute Rhinopharyngitis [Erkältungsschnupfen]	1,4	0,7
J02	Akute Pharyngitis	1,4	0,7
R51	Kopfschmerz	1,4	0,7
K52	Sonstige nichtinfektiöse Gastroenteritis und Kolitis	1,4	0,6
J40	Bronchitis, nicht als akut oder chronisch bezeichnet	1,3	0,8
J32	Chronische Sinusitis	1,3	0,8
J03	Akute Tonsillitis	1,3	0,7
F32	Depressive Episode	1,2	5,0
K29	Gastritis und Duodenitis	1,2	0,6
G43	Migräne	1,2	0,5
I10	Essentielle (primäre) Hypertonie	1,1	1,2
R11	Übelkeit und Erbrechen	1,0	0,5
J98	Sonstige Krankheiten der Atemwege	0,9	0,5
F48	Andere neurotische Störungen	0,8	1,6
R53	Unwohlsein und Ermüdung	0,8	0,9
N39	Sonstige Krankheiten des Harnsystems	0,8	0,4
F45	Somatoforme Störungen	0,7	1,7
R42	Schwindel und Taumel	0,7	0,5
M99	Biomechanische Funktionsstörungen, anderenorts nicht klassifiziert	0,7	0,5
B99	Sonstige und nicht näher bezeichnete Infektionskrankheiten	0,7	0,4
J04	Akute Laryngitis und Tracheitis	0,7	0,4

◘ **Tabelle 24.16** (Fortsetzung)

ICD-10	Bezeichnung	AU-Fälle in %	AU-Tage in %
Z98	Sonstige Zustände nach chirurgischem Eingriff	0,6	1,5
M79	Sonstige Krankheiten des Weichteilgewebes, anderenorts nicht klassifiziert	0,6	0,7
T14	Verletzung an einer nicht näher bezeichneten Körperregion	0,6	0,7
M25	Sonstige Gelenkkrankheiten, anderenorts nicht klassifiziert	0,6	0,7
J11	Grippe, Viren nicht nachgewiesen	0,6	0,4
A08	Virusbedingte und sonstige näher bezeichnete Darminfektionen	0,6	0,2
G47	Schlafstörungen	0,5	0,7
S93	Luxation, Verstauchung und Zerrung der Gelenke und Bänder in Höhe des oberen Sprunggelenkes und des Fußes	0,5	0,6
M53	Sonstige Krankheiten der Wirbelsäule und des Rückens, anderenorts nicht klassifiziert	0,5	0,5
R05	Husten	0,5	0,3
	Summe hier	**60,4**	**46,8**
	Restliche	39,6	53,2
	Gesamtsumme	**100,0**	**100,0**

Fehlzeiten-Report 2020

24

ICD-10	Bezeichnung	AU-Fälle in %	AU-Tage in %
J00–J06	Akute Infektionen der oberen Atemwege	19,8	10,2
A00–A09	Infektiöse Darmkrankheiten	5,3	2,0
M50–M54	Sonstige Krankheiten der Wirbelsäule und des Rückens	4,4	5,0
F40–F48	Neurotische, Belastungs- und somatoforme Störungen	3,7	8,6
R50–R69	Allgemeinsymptome	3,7	3,1
R10–R19	Symptome, die das Verdauungssystem und das Abdomen betreffen	3,3	1,8
K00–K14	Krankheiten der Mundhöhle, der Speicheldrüsen und der Kiefer	2,6	0,9
B25–B34	Sonstige Viruskrankheiten	2,5	1,3
J40–J47	Chronische Krankheiten der unteren Atemwege	2,2	1,6
J20–J22	Sonstige akute Infektionen der unteren Atemwege	2,2	1,4
G40–G47	Episodische und paroxysmale Krankheiten des Nervensystems	2,1	1,6
J30–J39	Sonstige Krankheiten der oberen Atemwege	2,0	1,3
K50–K52	Nichtinfektiöse Enteritis und Kolitis	1,8	0,9
K20–K31	Krankheiten des Ösophagus, des Magens und des Duodenums	1,7	0,9
F30–F39	Affektive Störungen	1,6	7,8
Z80–Z99	Personen mit potentiellen Gesundheitsrisiken aufgrund der Familien- oder Eigenanamnese und bestimmte Zustände, die den Gesundheitszustand beeinflussen	1,6	3,0
M70–M79	Sonstige Krankheiten des Weichteilgewebes	1,5	2,2
R00–R09	Symptome, die das Kreislaufsystem und das Atmungssystem betreffen	1,4	0,9
I10–I15	Hypertonie [Hochdruckkrankheit]	1,2	1,3
K55–K64	Sonstige Krankheiten des Darmes	1,2	0,8
N30–N39	Sonstige Krankheiten des Harnsystems	1,2	0,6
M20–M25	Sonstige Gelenkkrankheiten	1,1	2,1
J95–J99	Sonstige Krankheiten des Atmungssystems	1,0	0,6
R40–R46	Symptome, die das Erkennungs- und Wahrnehmungsvermögen, die Stimmung und das Verhalten betreffen	0,9	0,8
J09–J18	Grippe und Pneumonie	0,9	0,7
S90–S99	Verletzungen der Knöchelregion und des Fußes	0,8	1,1
T08–T14	Verletzungen nicht näher bezeichneter Teile des Rumpfes, der Extremitäten oder anderer Körperregionen	0,8	0,8
N80–N98	Nichtentzündliche Krankheiten des weiblichen Genitaltraktes	0,8	0,7

◻ Tabelle 24.17 (Fortsetzung)

ICD-10	Bezeichnung	AU-Fälle in %	AU-Tage in %
B99–B99	Sonstige Infektionskrankheiten	0,8	0,4
S80–S89	Verletzungen des Knies und des Unterschenkels	0,7	1,8
D10–D36	Gutartige Neubildungen	0,7	0,6
E70–E90	Stoffwechselstörungen	0,7	0,6
M95–M99	Sonstige Krankheiten des Muskel-Skelett-Systems und des Bindegewebes	0,7	0,6
Z00–Z13	Personen, die das Gesundheitswesen zur Untersuchung und Abklärung in Anspruch nehmen	0,7	0,4
C00–C75	Bösartige Neubildungen an genau bezeichneten Lokalisationen, als primär festgestellt oder vermutet, ausgenommen lymphatisches, blutbildendes und verwandtes Gewebe	0,6	2,7
Z40–Z54	Personen, die das Gesundheitswesen zum Zwecke spezifischer Maßnahmen und zur medizinischen Betreuung in Anspruch nehmen	0,6	1,0
E00–E07	Krankheiten der Schilddrüse	0,6	0,5
I95–I99	Sonstige und nicht näher bezeichnete Krankheiten des Kreislaufsystems	0,6	0,4
H65–H75	Krankheiten des Mittelohres und des Warzenfortsatzes	0,6	0,3
Z70–Z76	Personen, die das Gesundheitswesen aus sonstigen Gründen in Anspruch nehmen	0,5	1,0
	Summe hier	**81,1**	**74,3**
	Restliche	18,9	25,7
	Gesamtsumme	**100,0**	**100,0**

Fehlzeiten-Report 2020

24.2 Baugewerbe

24

◻ **Tabelle 24.18** Entwicklung des Krankenstands der AOK-Mitglieder in der Branche Baugewerbe in den Jahren 1995 bis 2019

Jahr	Krankenstand in %			AU-Fälle je 100 AOK-Mitglieder			Tage je Fall		
	West	Ost	Bund	West	Ost	Bund	West	Ost	Bund
1995	6,5	5,5	6,2	161,7	146,9	157,6	14,7	13,7	14,5
1996	6,1	5,3	5,9	145,0	134,8	142,2	15,5	14,0	15,1
1997	5,8	5,1	5,6	140,1	128,3	137,1	14,6	14,0	14,5
1998	6,0	5,2	5,8	143,8	133,8	141,4	14,7	14,0	14,5
1999	6,0	5,5	5,9	153,0	146,3	151,5	14,2	13,9	14,1
2000	6,1	5,4	5,9	157,3	143,2	154,5	14,1	13,8	14,1
2001	6,0	5,5	5,9	156,3	141,5	153,6	14,0	14,1	14,0
2002	5,8	5,2	5,7	154,3	136,0	151,2	13,8	14,0	13,8
2003	5,4	4,6	5,3	148,8	123,0	144,3	13,3	13,7	13,3
2004	5,0	4,1	4,8	136,6	110,8	131,9	13,4	13,7	13,4
2005	4,8	4,0	4,7	136,0	107,1	130,8	13,0	13,7	13,1
2006	4,6	3,8	4,4	131,6	101,9	126,2	12,7	13,7	12,8
2007	4,9	4,2	4,8	141,4	110,3	135,7	12,7	14,0	12,9
2008 (WZ03)	5,1	4,5	4,9	147,8	114,9	141,8	12,5	14,2	12,8
2008 (WZ08)[a]	5,0	4,4	4,9	147,3	114,3	141,2	12,5	14,2	12,8
2009	5,1	4,7	5,1	151,8	120,8	146,2	12,4	14,2	12,6
2010	5,1	4,7	5,1	147,8	123,2	143,4	12,7	14,0	12,9
2011	5,2	4,4	5,1	154,0	128,0	149,3	12,4	12,7	12,5
2012	5,3	5,1	5,3	152,3	124,6	147,3	12,8	14,9	13,1
2013	5,4	5,2	5,3	158,9	130,1	153,8	12,3	14,5	12,6
2014	5,5	5,4	5,5	156,3	130,9	151,8	12,8	14,9	13,1
2015	5,5	5,6	5,5	162,4	139,6	158,4	12,4	14,5	12,7
2016	5,5	5,5	5,5	160,2	141,5	157,1	12,5	14,1	12,7
2017	5,3	5,5	5,4	154,6	140,5	152,2	12,6	14,4	12,9
2018	5,4	5,7	5,5	159,7	146,7	157,5	12,4	14,1	12,7
2019	5,4	5,7	5,4	154,6	144,4	152,9	12,7	14,4	13,0

[a] aufgrund der Revision der Wirtschaftszweigklassifikation in 2008 ist eine Vergleichbarkeit mit den Vorjahren nur bedingt möglich

Fehlzeiten-Report 2020

24

Tabelle 24.19 Arbeitsunfähigkeit der AOK-Mitglieder in der Branche Baugewerbe nach Bundesländern im Jahr 2019 im Vergleich zum Vorjahr

Bundesland	Kranken-stand in %	Arbeitsunfähigkeit je 100 AOK-Mitglieder				Tage je Fall	Veränd. z. Vorj. in %	AU-Quote in %
		AU-Fälle	Veränd. z. Vorj. in %	AU-Tage	Veränd. z. Vorj. in %			
Baden-Württemberg	5,2	167,4	−1,4	1.910,2	−1,7	11,4	−0,3	52,9
Bayern	5,0	133,2	−0,8	1.839,3	0,4	13,8	1,1	48,8
Berlin	4,7	130,0	−1,9	1.704,8	−1,2	13,1	0,7	35,6
Brandenburg	6,1	151,2	−1,6	2.237,5	4,4	14,8	6,1	53,3
Bremen	5,2	144,0	−1,4	1.911,0	1,1	13,3	2,5	44,5
Hamburg	4,9	127,7	−0,7	1.789,1	−0,2	14,0	0,6	40,5
Hessen	5,4	148,6	−1,0	1.973,4	0,2	13,3	1,2	43,9
Mecklenburg-Vorpommern	6,2	146,4	0,8	2.254,7	3,8	15,4	3,0	52,2
Niedersachsen	5,9	177,0	−1,8	2.164,1	−0,2	12,2	1,6	57,5
Nordrhein-Westfalen	5,7	170,1	−1,7	2.081,6	0,3	12,2	2,0	51,3
Rheinland-Pfalz	5,3	136,0	−30,0	1.942,3	−12,5	14,3	24,9	45,5
Saarland	6,5	167,1	−4,6	2.385,0	−5,0	14,3	−0,4	53,8
Sachsen	5,5	141,2	−2,0	1.993,3	−0,6	14,1	1,4	53,8
Sachsen-Anhalt	5,9	143,1	−1,4	2.140,5	−2,5	15,0	−1,0	50,1
Schleswig-Holstein	5,8	161,1	−2,6	2.105,5	0,7	13,1	3,4	52,2
Thüringen	5,8	148,3	−1,5	2.117,1	1,6	14,3	3,1	54,7
West	**5,4**	**154,6**	**−3,2**	**1.966,3**	**−1,0**	**12,7**	**2,3**	**50,1**
Ost	**5,7**	**144,4**	**−1,6**	**2.085,9**	**0,5**	**14,4**	**2,1**	**53,3**
Bund	**5,4**	**152,9**	**−3,0**	**1.986,1**	**−0,7**	**13,0**	**2,3**	**50,6**

Fehlzeiten-Report 2020

◻ **Tabelle 24.20** Arbeitsunfähigkeit der AOK-Mitglieder nach Wirtschaftsabteilungen in der Branche Baugewerbe im Jahr 2019

Wirtschaftsabteilungen	Krankenstand in %		Arbeitsunfähigkeiten je 100 AOK-Mitglieder		Tage je Fall	AU-Quote in %
	2019	2019 stand.[a]	Fälle	Tage		
Hochbau	6,0	4,8	141,8	2.189,1	15,4	50,4
Tiefbau	6,2	5,0	155,5	2.275,1	14,6	54,5
Vorbereitende Baustellenarbeiten, Bauinstallation und sonstiges Ausbaugewerbe	5,2	4,8	155,7	1.888,3	12,1	50,2
Branche gesamt	**5,4**	**4,8**	**152,9**	**1.986,1**	**13,0**	**50,6**
Alle Branchen	**5,4**	**5,5**	**164,7**	**1.980,3**	**12,0**	**52,9**

[a] Krankenstand alters- und geschlechtsstandardisiert

Fehlzeiten-Report 2020

24

◼ **Tabelle 24.21** Kennzahlen der Arbeitsunfähigkeit nach ausgewählten Berufsgruppen in der Branche Baugewerbe im Jahr 2019

Tätigkeit	Kranken-stand in %	Arbeitsunfähigkeit je 100 AOK-Mitglieder		Tage je Fall	AU-Quote in %	Anteil der Berufsgruppe an der Branche in %[a]
		AU-Fälle	AU-Tage			
Berufe für Maler- u. Lackiererarbeiten	5,6	178,6	2.050,5	11,5	57,2	6,0
Berufe im Aus- u. Trockenbau (ohne Spez.)	4,8	125,6	1.764,4	14,0	39,5	3,3
Berufe im Beton- u. Stahlbetonbau	6,1	137,6	2.211,0	16,1	41,0	2,0
Berufe im Hochbau (ohne Spez.)	5,2	126,7	1.899,0	15,0	37,4	18,3
Berufe im Holz-, Möbel- u. Innenausbau	5,5	166,5	1.996,6	12,0	57,5	1,7
Berufe im Maurerhandwerk	7,0	164,0	2.560,4	15,6	59,4	4,7
Berufe im Straßen- u. Asphaltbau	6,5	189,2	2.374,4	12,5	63,0	1,6
Berufe im Tiefbau (ohne Spez.)	6,8	161,9	2.482,9	15,3	56,6	3,3
Berufe in der Bauelektrik	4,9	192,1	1.798,9	9,4	59,4	5,1
Berufe in der Dachdeckerei	6,9	185,4	2.511,9	13,5	63,6	2,1
Berufe in der Elektrotechnik (ohne Spez.)	5,1	175,5	1.870,7	10,7	51,7	1,9
Berufe in der Fliesen-, Platten- u. Mosaikverlegung	5,5	160,2	2.024,8	12,6	54,7	1,3
Berufe in der Maschinenbau- u. Betriebstechnik (ohne Spez.)	5,2	148,6	1.912,2	12,9	45,3	1,5
Berufe in der Sanitär-, Heizungs- u. Klimatechnik	5,7	198,5	2.071,7	10,4	63,2	6,5
Berufe in der Zimmerei	6,1	160,7	2.222,2	13,8	61,0	2,0
Berufskraftfahrer/innen (Güterverkehr/LKW)	6,6	130,1	2.406,1	18,5	52,4	1,2
Büro- u. Sekretariatskräfte (ohne Spez.)	3,3	109,7	1.218,6	11,1	43,5	5,4
Führer/innen von Erdbewegungs- u. verwandten Maschinen	6,9	144,3	2.515,3	17,4	57,1	2,0

◻ **Tabelle 24.21** (Fortsetzung)

Tätigkeit	Kranken-stand in %	Arbeitsunfähigkeit je 100 AOK-Mitglieder		Tage je Fall	AU-Quote in %	Anteil der Berufsgruppe an der Branche in %[a]
		AU-Fälle	AU-Tage			
Kaufmännische u. technische Betriebswirtschaft (ohne Spez.)	3,1	125,5	1.137,7	9,1	50,0	1,4
Maschinen- u. Geräte-zusammensetzer/innen	5,7	139,3	2.064,6	14,8	46,2	1,7
Branche gesamt	**5,4**	**152,9**	**1.986,1**	**13,0**	**50,6**	**7,3**[b]

[a] Anteil der AOK-Mitglieder in der Berufsgruppe an den in der Branche beschäftigten AOK-Mitgliedern insgesamt
[b] Anteil der AOK-Mitglieder in der Branche an allen AOK-Mitgliedern
Fehlzeiten-Report 2020

◻ **Tabelle 24.22** Dauer der Arbeitsunfähigkeit der AOK-Mitglieder in der Branche Baugewerbe im Jahr 2019

Fallklasse	Branche hier		Alle Branchen	
	Anteil Fälle in %	Anteil Tage in %	Anteil Fälle in %	Anteil Tage in %
1–3 Tage	38,5	5,8	35,5	5,9
4–7 Tage	29,1	11,1	31,3	13,2
8–14 Tage	15,8	12,5	17,1	14,7
15–21 Tage	5,5	7,3	5,7	8,3
22–28 Tage	2,7	5,1	2,9	5,8
29–42 Tage	3,0	7,9	3,0	8,6
> 42 Tage	5,5	50,3	4,4	43,5

Fehlzeiten-Report 2020

24

☐ **Tabelle 24.23** Tage der Arbeitsunfähigkeit je AOK-Mitglied nach Wirtschaftsabteilung und Betriebsgröße in der Branche Baugewerbe im Jahr 2019

Wirtschaftsabteilungen	Betriebsgröße (Anzahl der AOK-Mitglieder)					
	10–49	50–99	100–199	200–499	500–999	≥ 1.000
Hochbau	22,8	21,3	22,2	20,7	16,1	19,9
Tiefbau	23,6	24,0	20,7	22,4	14,7	20,1
Vorbereitende Baustellenarbeiten, Bauinstallation und sonstiges Ausbaugewerbe	19,5	19,3	18,0	18,1	20,5	–
Branche gesamt	**20,7**	**20,9**	**20,2**	**20,2**	**18,6**	**20,0**
Alle Branchen	**20,3**	**22,4**	**22,5**	**22,6**	**22,6**	**22,6**

Fehlzeiten-Report 2020

☐ **Tabelle 24.24** Krankenstand in Prozent nach Ausbildungsabschluss in der Branche Baugewerbe im Jahr 2019, AOK-Mitglieder

Wirtschaftsabteilungen	Ausbildung						
	ohne Ausbildungsabschluss	mit Ausbildungsabschluss	Meister/ Techniker	Bachelor	Diplom/ Magister/ Master/ Staatsexamen	Promotion	unbekannt
Hochbau	6,1	6,8	4,6	1,7	2,3	6,8	5,1
Tiefbau	6,6	6,7	5,5	1,9	2,5	5,1	5,5
Vorbereitende Baustellenarbeiten, Bauinstallation und sonstiges Ausbaugewerbe	5,2	5,7	4,4	2,4	2,9	3,8	4,6
Branche gesamt	**5,5**	**6,0**	**4,6**	**2,1**	**2,6**	**4,5**	**4,8**
Alle Branchen	**6,0**	**5,9**	**4,6**	**2,4**	**2,9**	**2,1**	**4,9**

Fehlzeiten-Report 2020

☐ **Tabelle 24.25** Tage der Arbeitsunfähigkeit je AOK-Mitglied nach Ausbildungsabschluss in der Branche Baugewerbe im Jahr 2019

Wirtschafts-abteilungen	Ausbildung						
	ohne Aus-bildungs-abschluss	mit Aus-bildungs-abschluss	Meister/ Techniker	Bachelor	Diplom/ Magister/ Master/ Staats-examen	Promotion	unbekannt
Hochbau	22,3	24,8	17,0	6,3	8,5	24,7	18,8
Tiefbau	24,2	24,5	19,9	7,0	9,2	18,6	20,3
Vorbereitende Bau-stellenarbeiten, Bauinstallation und sonstiges Ausbauge-werbe	18,8	20,8	16,2	8,9	10,6	13,8	16,8
Branche gesamt	**20,0**	**22,0**	**16,7**	**7,7**	**9,6**	**16,5**	**17,4**
Alle Branchen	**21,8**	**21,6**	**16,7**	**8,7**	**10,7**	**7,7**	**18,0**

Fehlzeiten-Report 2020

☐ **Tabelle 24.26** Anteil der Arbeitsunfälle an den AU-Fällen und -Tagen in Prozent nach Wirtschaftsabteilungen in der Branche Baugewerbe im Jahr 2019, AOK-Mitglieder

Wirtschaftsabteilungen	AU-Fälle in %	AU-Tage in %
Hochbau	7,3	14,3
Tiefbau	5,9	11,2
Vorbereitende Baustellenarbeiten, Bauinstallation und sonstiges Ausbauge-werbe	5,8	11,6
Branche gesamt	**6,1**	**12,2**
Alle Branchen	**3,0**	**5,8**

Fehlzeiten-Report 2020

◻ Tabelle 24.27 Tage und Fälle der Arbeitsunfähigkeit durch Arbeitsunfälle nach Berufsgruppen in der Branche Baugewerbe im Jahr 2019, AOK-Mitglieder

Tätigkeit	Arbeitsunfähigkeit je 1.000 AOK-Mitglieder	
	AU-Tage	AU-Fälle
Berufe in der Zimmerei	4.669,5	185,4
Berufe in der Dachdeckerei	4.091,0	166,5
Berufe im Beton- u. Stahlbetonbau	4.005,6	122,9
Berufe im Maurerhandwerk	3.809,5	131,8
Berufskraftfahrer/innen (Güterverkehr/LKW)	3.564,7	98,0
Berufe im Hochbau (ohne Spez.)	3.205,5	106,1
Berufe im Tiefbau (ohne Spez.)	3.073,9	110,3
Berufe im Aus- u. Trockenbau (ohne Spez.)	2.797,8	94,3
Berufe im Straßen- u. Asphaltbau	2.742,0	117,9
Berufe im Holz-, Möbel- u. Innenausbau	2.658,2	119,8
Führer/innen von Erdbewegungs- u. verwandten Maschinen	2.571,4	82,7
Maschinen- u. Gerätezusammensetzer/innen	2.426,7	93,4
Berufe in der Maschinenbau- u. Betriebstechnik (ohne Spez.)	2.413,6	99,0
Berufe in der Sanitär-, Heizungs- u. Klimatechnik	2.213,7	117,1
Berufe in der Elektrotechnik (ohne Spez.)	2.046,1	84,7
Berufe für Maler- u. Lackiererarbeiten	2.045,5	85,4
Berufe in der Bauelektrik	1.760,1	88,1
Berufe in der Fliesen-, Platten- u. Mosaikverlegung	1.698,7	75,8
Kaufmännische u. technische Betriebswirtschaft (ohne Spez.)	360,7	14,7
Büro- u. Sekretariatskräfte (ohne Spez.)	273,5	9,4
Branche gesamt	**2.414,5**	**93,0**
Alle Branchen	**1.145,8**	**48,9**

Fehlzeiten-Report 2020

◻ **Tabelle 24.28** Tage und Fälle der Arbeitsunfähigkeit je 100 AOK-Mitglieder nach Krankheitsarten in der Branche Baugewerbe in den Jahren 1995 bis 2019

Jahr	Arbeitsunfähigkeiten je 100 AOK-Mitglieder											
	Psyche		Herz/Kreis-lauf		Atemwege		Verdauung		Muskel/Skelett		Verletzungen	
	Tage	Fälle	Tage	Fälle	Tage	Fälle	Tage	Fälle	Tage	Fälle	Tage	Fälle
1995	69,1	2,6	208,2	8,0	355,9	43,5	205,2	23,6	780,6	38,5	602,6	34,4
1996	70,5	2,5	198,8	7,0	308,8	37,3	181,0	21,3	753,9	35,0	564,8	31,7
1997	65,3	2,7	180,0	7,0	270,4	35,5	162,5	20,5	677,9	34,4	553,6	31,9
1998	69,2	2,9	179,1	7,3	273,9	37,1	160,7	20,9	715,7	37,0	548,9	31,7
1999	72,2	3,1	180,3	7,5	302,6	41,7	160,6	22,4	756,0	39,5	547,9	32,2
2000	80,8	3,6	159,7	6,9	275,1	39,2	144,2	19,3	780,1	41,2	528,8	31,2
2001	89,0	4,2	163,6	7,3	262,0	39,0	145,0	19,7	799,9	42,3	508,4	30,3
2002	90,7	4,4	159,7	7,3	240,8	36,7	141,0	20,2	787,2	41,8	502,0	29,7
2003	84,7	4,3	150,0	7,1	233,3	36,7	130,8	19,1	699,3	38,2	469,0	28,6
2004	102,0	4,4	158,3	6,6	200,2	30,6	132,1	18,6	647,6	36,0	446,6	26,8
2005	101,1	4,2	155,2	6,5	227,0	34,7	122,8	17,0	610,4	34,2	435,3	25,7
2006	91,9	4,1	146,4	6,4	184,3	29,1	119,4	17,8	570,6	33,8	442,6	26,4
2007	105,1	4,4	148,5	6,6	211,9	33,5	128,7	19,3	619,3	35,6	453,9	26,0
2008 (WZ03)	108,2	4,6	157,3	6,9	218,5	34,9	132,8	20,4	646,1	37,0	459,8	26,5
2008 (WZ08)[a]	107,3	4,6	156,4	6,9	217,0	34,7	131,4	20,2	642,3	36,9	459,2	26,5
2009	112,3	4,9	163,5	7,1	254,8	40,1	132,5	19,8	629,8	35,7	458,7	26,0
2010	121,0	5,0	160,5	6,9	216,2	34,1	127,0	18,4	654,5	36,6	473,1	26,5
2011	124,5	5,5	154,9	7,1	224,1	35,9	124,9	18,8	631,6	37,4	464,5	26,4
2012	143,7	5,7	178,5	7,4	223,4	35,0	133,8	18,7	679,9	37,5	475,7	25,0
2013	146,2	5,8	177,4	6,9	271,3	42,0	136,2	18,9	666,4	36,9	462,7	24,5
2014	157,4	6,4	183,4	7,3	227,2	35,6	139,0	19,3	716,4	38,9	475,9	24,6
2015	161,3	6,5	179,6	7,3	272,6	42,5	138,2	19,2	694,8	38,0	463,5	23,8
2016	159,3	6,5	162,8	7,4	254,0	40,8	130,8	19,0	708,1	38,3	459,7	23,3
2017	157,7	6,5	158,6	7,2	249,5	39,6	125,8	17,9	690,3	37,2	447,8	22,1
2018	161,2	6,6	155,9	7,3	273,2	42,6	124,1	17,9	679,6	37,0	455,8	22,2
2019	170,3	6,7	160,0	7,4	238,9	39,0	121,3	17,5	689,2	37,0	447,2	21,2

[a] aufgrund der Revision der Wirtschaftszweigklassifikation in 2008 ist eine Vergleichbarkeit mit den Vorjahren nur bedingt möglich

Fehlzeiten-Report 2020

24

◼ **Tabelle 24.29** Verteilung der Arbeitsunfähigkeitstage nach Krankheitsarten in Prozent in der Branche Baugewerbe im Jahr 2019, AOK-Mitglieder

Wirtschaftsabteilungen	AU-Tage in %						
	Psyche	Herz/ Kreislauf	Atem- wege	Ver- dauung	Muskel/ Skelett	Verlet- zungen	Sonstige
Hochbau	5,6	7,0	7,6	4,6	27,8	17,8	29,6
Tiefbau	6,7	7,4	8,4	4,9	27,2	14,6	30,9
Vorbereitende Baustellenar- beiten, Bauinstallation und sonstiges Ausbaugewerbe	6,8	5,6	9,8	4,6	25,9	17,4	29,7
Branche gesamt	**6,5**	**6,1**	**9,2**	**4,7**	**26,5**	**17,2**	**29,8**
Alle Branchen	**11,9**	**5,4**	**11,8**	**4,6**	**22,4**	**10,8**	**33,1**

Fehlzeiten-Report 2020

◼ **Tabelle 24.30** Verteilung der Arbeitsunfähigkeitsfälle nach Krankheitsarten in Prozent in der Branche Baugewerbe im Jahr 2019, AOK-Mitglieder

Wirtschaftsabteilungen	AU-Fälle in %						
	Psyche	Herz/ Kreislauf	Atem- wege	Ver- dauung	Muskel/ Skelett	Verlet- zungen	Sonstige
Hochbau	3,2	4,5	17,7	8,8	19,8	11,7	34,2
Tiefbau	3,5	4,7	17,6	9,2	19,9	9,9	35,2
Vorbereitende Baustellenar- beiten, Bauinstallation und sonstiges Ausbaugewerbe	3,4	3,4	20,7	8,8	18,4	10,6	34,6
Branche gesamt	**3,4**	**3,7**	**19,8**	**8,9**	**18,8**	**10,8**	**34,6**
Alle Branchen	**5,4**	**3,7**	**22,6**	**8,4**	**15,9**	**6,9**	**37,2**

Fehlzeiten-Report 2020

◻ **Tabelle 24.31** Verteilung der Arbeitsunfähigkeitstage nach Krankheitsarten und ausgewählten Berufsgruppen in der Branche Baugewerbe im Jahr 2019, AOK-Mitglieder

Tätigkeit	AU-Tage in %						
	Psyche	Herz/ Kreislauf	Atem- wege	Ver- dauung	Muskel/ Skelett	Verlet- zungen	Sonstige
Berufe für Maler- u. Lackiererarbeiten	6,3	5,5	10,2	4,8	27,6	16,7	28,9
Berufe im Aus- u. Trockenbau (ohne Spez.)	5,2	5,9	8,0	5,0	28,3	21,0	26,8
Berufe im Beton- u. Stahlbetonbau	5,0	6,7	6,8	4,4	28,3	20,5	28,3
Berufe im Hochbau (ohne Spez.)	4,9	6,2	7,4	4,6	28,3	20,5	28,2
Berufe im Holz-, Möbel- u. Innenausbau	8,5	5,6	9,4	4,5	25,2	19,0	27,9
Berufe im Maurerhandwerk	4,4	6,9	7,1	4,3	29,7	18,8	28,8
Berufe im Straßen- u. Asphaltbau	5,6	7,1	8,4	5,0	27,3	16,5	30,0
Berufe im Tiefbau (ohne Spez.)	5,5	7,1	7,8	4,8	29,6	16,1	29,0
Berufe in der Bauelektrik	6,5	5,2	12,9	5,1	22,0	17,2	31,1
Berufe in der Dachdeckerei	5,1	5,0	8,4	4,0	29,6	22,2	25,7
Berufe in der Elektrotechnik (ohne Spez.)	6,6	5,3	11,2	4,9	25,0	16,3	30,6
Berufe in der Fliesen-, Platten- u. Mosaikverlegung	5,9	5,6	8,7	4,6	32,2	15,3	27,7
Berufe in der Maschinenbau- u. Betriebstechnik (ohne Spez.)	7,1	5,8	9,6	4,4	26,0	18,3	28,8
Berufe in der Sanitär-, Heizungs- u. Klimatechnik	6,2	5,6	11,4	4,8	24,5	17,9	29,6
Berufe in der Zimmerei	4,4	4,2	7,4	3,6	26,8	27,2	26,4
Berufskraftfahrer/innen (Güterverkehr/LKW)	6,1	8,1	6,9	4,2	26,2	15,4	33,0
Büro- u. Sekretariatskräfte (ohne Spez.)	13,8	4,5	11,9	4,9	16,6	8,9	39,5
Führer/innen von Erdbewegungs- u. verwandten Maschinen	6,1	8,9	7,0	5,1	27,3	13,1	32,5

24

◘ Tabelle 24.31   (Fortsetzung)

Tätigkeit	AU-Tage in %						
	Psyche	**Herz/ Kreislauf**	**Atem- wege**	**Ver- dauung**	**Muskel/ Skelett**	**Verlet- zungen**	**Sonstige**
Kaufmännische u. tech- nische Betriebswirtschaft (ohne Spez.)	13,0	4,7	15,4	5,4	15,1	9,0	37,4
Maschinen- u. Geräte- zusammensetzer/innen	7,4	5,8	8,4	4,7	27,4	17,9	28,3
Branche gesamt	**6,5**	**6,1**	**9,2**	**4,7**	**26,5**	**17,2**	**29,8**
Alle Branchen	**11,9**	**5,4**	**11,8**	**4,6**	**22,4**	**10,8**	**33,1**

Fehlzeiten-Report 2020

▣ Tabelle 24.32 Verteilung der Arbeitsunfähigkeitsfälle nach Krankheitsarten und ausgewählten Berufsgruppen in der Branche Baugewerbe im Jahr 2019, AOK-Mitglieder

Tätigkeit	AU-Fälle in %						
	Psyche	Herz/ Kreislauf	Atem- wege	Ver- dauung	Muskel/ Skelett	Verlet- zungen	Sonstige
Berufe für Maler- u. Lackie- rerarbeiten	3,3	3,1	21,3	9,3	18,6	10,0	34,5
Berufe im Aus- u. Trockenbau (ohne Spez.)	3,1	3,6	18,0	8,6	22,4	12,4	31,9
Berufe im Beton- u. Stahlbe- tonbau	3,1	4,3	16,4	8,0	22,6	12,6	33,0
Berufe im Hochbau (ohne Spez.)	3,2	4,0	16,6	8,5	22,8	12,6	32,4
Berufe im Holz-, Möbel- u. Innenausbau	3,4	3,0	21,0	8,5	18,5	12,6	33,1
Berufe im Maurerhandwerk	2,7	4,3	17,3	8,9	20,9	13,0	33,0
Berufe im Straßen- u. Asphaltbau	3,0	4,0	18,0	9,4	18,6	11,3	35,6
Berufe im Tiefbau (ohne Spez.)	3,3	4,7	16,3	9,1	21,9	10,8	33,8
Berufe in der Bauelektrik	2,9	2,8	24,2	9,2	14,8	10,1	35,9
Berufe in der Dachdeckerei	3,0	2,9	19,4	8,8	19,1	14,3	32,6
Berufe in der Elektrotechnik (ohne Spez.)	3,4	3,2	22,0	8,7	18,3	9,5	34,9
Berufe in der Fliesen-, Plat- ten- u. Mosaikverlegung	3,0	3,2	20,0	8,9	22,5	9,8	32,7
Berufe in der Maschinenbau- u. Betriebstechnik (ohne Spez.)	3,8	3,7	19,4	8,5	20,1	11,5	33,0
Berufe in der Sanitär-, Hei- zungs- u. Klimatechnik	2,9	2,8	22,7	8,9	16,6	11,2	34,9
Berufe in der Zimmerei	2,4	2,8	19,1	7,7	18,2	17,8	32,0
Berufskraftfahrer/innen (Güterverkehr/LKW)	3,6	6,2	14,6	9,0	19,6	10,0	37,0
Büro- u. Sekretariatskräfte (ohne Spez.)	5,4	3,5	23,2	9,2	10,8	5,2	42,7
Führer/innen von Erdbe- wegungs- u. verwandten Maschinen	3,5	6,2	14,7	9,7	20,0	9,5	36,3

□ Tabelle 24.32 (Fortsetzung)

Tätigkeit	AU-Tage in %						
	Psyche	Herz/ Kreislauf	Atem- wege	Ver- dauung	Muskel/ Skelett	Verlet- zungen	Sonstige
Kaufmännische u. technische Betriebswirtschaft (ohne Spez.)	5,2	3,4	26,4	9,7	9,6	5,2	40,5
Maschinen- u. Geräte- zusammensetzer/innen	3,9	4,2	17,5	8,6	21,4	11,1	33,3
Branche gesamt	**3,4**	**3,7**	**19,8**	**8,9**	**18,8**	**10,8**	**34,6**
Alle Branchen	**5,4**	**3,7**	**22,6**	**8,4**	**15,9**	**6,9**	**37,2**

Fehlzeiten-Report 2020

24

◻ **Tabelle 24.33** Anteile der 40 häufigsten Einzeldiagnosen an den AU-Fällen und AU-Tagen in der Branche Baugewerbe im Jahr 2019, AOK-Mitglieder

ICD-10	Bezeichnung	AU-Fälle in %	AU-Tage in %
J06	Akute Infektionen an mehreren oder nicht näher bezeichneten Lokalisationen der oberen Atemwege	8,4	3,2
M54	Rückenschmerzen	7,1	6,8
A09	Sonstige und nicht näher bezeichnete Gastroenteritis und Kolitis infektiösen und nicht näher bezeichneten Ursprungs	4,2	1,2
K08	Sonstige Krankheiten der Zähne und des Zahnhalteapparates	2,1	0,4
T14	Verletzung an einer nicht näher bezeichneten Körperregion	1,7	1,6
I10	Essentielle (primäre) Hypertonie	1,6	1,4
J20	Akute Bronchitis	1,6	0,8
M25	Sonstige Gelenkkrankheiten, anderenorts nicht klassifiziert	1,5	1,8
B34	Viruskrankheit nicht näher bezeichneter Lokalisation	1,5	0,6
R10	Bauch- und Beckenschmerzen	1,5	0,6
K52	Sonstige nichtinfektiöse Gastroenteritis und Kolitis	1,5	0,4
R51	Kopfschmerz	1,2	0,4
K29	Gastritis und Duodenitis	1,1	0,5
J40	Bronchitis, nicht als akut oder chronisch bezeichnet	1,1	0,5
M99	Biomechanische Funktionsstörungen, anderenorts nicht klassifiziert	1,0	0,8
M51	Sonstige Bandscheibenschäden	0,9	2,6
M75	Schulterläsionen	0,9	2,2
M79	Sonstige Krankheiten des Weichteilgewebes, anderenorts nicht klassifiziert	0,9	0,7
J03	Akute Tonsillitis	0,9	0,4
J00	Akute Rhinopharyngitis [Erkältungsschnupfen]	0,9	0,3
R11	Übelkeit und Erbrechen	0,9	0,3
M23	Binnenschädigung des Kniegelenkes [internal derangement]	0,8	1,8
F43	Reaktionen auf schwere Belastungen und Anpassungsstörungen	0,8	1,3
S93	Luxation, Verstauchung und Zerrung der Gelenke und Bänder in Höhe des oberen Sprunggelenkes und des Fußes	0,8	1,1
M77	Sonstige Enthesopathien	0,8	0,9
J02	Akute Pharyngitis	0,8	0,3
Z98	Sonstige Zustände nach chirurgischem Eingriff	0,7	2,0
J01	Akute Sinusitis	0,7	0,3

24

◻ Tabelle 24.33 (Fortsetzung)

ICD-10	Bezeichnung	AU-Fälle in %	AU-Tage in %
J32	Chronische Sinusitis	0,7	0,3
F32	Depressive Episode	0,6	1,8
S83	Luxation, Verstauchung und Zerrung des Kniegelenkes und von Bändern des Kniegelenkes	0,6	1,4
M53	Sonstige Krankheiten der Wirbelsäule und des Rückens, anderenorts nicht klassifiziert	0,6	0,7
R42	Schwindel und Taumel	0,6	0,4
R07	Hals- und Brustschmerzen	0,6	0,3
J98	Sonstige Krankheiten der Atemwege	0,6	0,2
A08	Virusbedingte und sonstige näher bezeichnete Darminfektionen	0,6	0,2
M47	Spondylose	0,5	0,9
S61	Offene Wunde des Handgelenkes und der Hand	0,5	0,6
R53	Unwohlsein und Ermüdung	0,5	0,4
B99	Sonstige und nicht näher bezeichnete Infektionskrankheiten	0,5	0,2
	Summe hier	**54,8**	**42,6**
	Restliche	45,2	57,4
	Gesamtsumme	**100,0**	**100,0**

Fehlzeiten-Report 2020

◻ **Tabelle 24.34** Anteile der 40 häufigsten Diagnoseuntergruppen an den AU-Fällen und AU-Tagen in der Branche Baugewerbe im Jahr 2019, AOK-Mitglieder

ICD-10	Bezeichnung	AU-Fälle in %	AU-Tage in %
J00–J06	Akute Infektionen der oberen Atemwege	12,4	4,8
M50–M54	Sonstige Krankheiten der Wirbelsäule und des Rückens	8,4	9,3
A00–A09	Infektiöse Darmkrankheiten	5,2	1,5
R50–R69	Allgemeinsymptome	3,5	2,5
M70–M79	Sonstige Krankheiten des Weichteilgewebes	3,2	4,9
K00–K14	Krankheiten der Mundhöhle, der Speicheldrüsen und der Kiefer	2,7	0,6
R10–R19	Symptome, die das Verdauungssystem und das Abdomen betreffen	2,6	1,2
M20–M25	Sonstige Gelenkkrankheiten	2,3	3,8
T08–T14	Verletzungen nicht näher bezeichneter Teile des Rumpfes, der Extremitäten oder anderer Körperregionen	2,0	2,0
J40–J47	Chronische Krankheiten der unteren Atemwege	2,0	1,4
I10–I15	Hypertonie [Hochdruckkrankheit]	1,9	1,7
J20–J22	Sonstige akute Infektionen der unteren Atemwege	1,9	0,9
S60–S69	Verletzungen des Handgelenkes und der Hand	1,8	2,9
Z80–Z99	Personen mit potentiellen Gesundheitsrisiken aufgrund der Familien- oder Eigenanamnese und bestimmte Zustände, die den Gesundheitszustand beeinflussen	1,7	3,8
F40–F48	Neurotische, Belastungs- und somatoforme Störungen	1,7	3,0
K20–K31	Krankheiten des Ösophagus, des Magens und des Duodenums	1,7	0,8
B25–B34	Sonstige Viruskrankheiten	1,7	0,7
K50–K52	Nichtinfektiöse Enteritis und Kolitis	1,7	0,6
R00–R09	Symptome, die das Kreislaufsystem und das Atmungssystem betreffen	1,5	0,9
S90–S99	Verletzungen der Knöchelregion und des Fußes	1,4	2,2
S80–S89	Verletzungen des Knies und des Unterschenkels	1,3	3,2
G40–G47	Episodische und paroxysmale Krankheiten des Nervensystems	1,3	1,0
J30–J39	Sonstige Krankheiten der oberen Atemwege	1,2	0,6
M95–M99	Sonstige Krankheiten des Muskel-Skelett-Systems und des Bindegewebes	1,1	0,9
K55–K64	Sonstige Krankheiten des Darmes	1,1	0,8
M15–M19	Arthrose	1,0	2,9
E70–E90	Stoffwechselstörungen	0,9	0,6
F30–F39	Affektive Störungen	0,8	2,6

24

◨ **Tabelle 24.34** (Fortsetzung)

ICD-10	Bezeichnung	AU-Fälle in %	AU-Tage in %
S00–S09	Verletzungen des Kopfes	0,8	0,8
J09–J18	Grippe und Pneumonie	0,8	0,6
R40–R46	Symptome, die das Erkennungs- und Wahrnehmungsvermögen, die Stimmung und das Verhalten betreffen	0,8	0,6
Z00–Z13	Personen, die das Gesundheitswesen zur Untersuchung und Abklärung in Anspruch nehmen	0,8	0,4
G50–G59	Krankheiten von Nerven, Nervenwurzeln und Nervenplexus	0,7	1,4
F10–F19	Psychische und Verhaltensstörungen durch psychotrope Substanzen	0,7	0,8
L00–L08	Infektionen der Haut und der Unterhaut	0,7	0,7
J95–J99	Sonstige Krankheiten des Atmungssystems	0,7	0,4
S40–S49	Verletzungen der Schulter und des Oberarmes	0,6	1,6
I20–I25	Ischämische Herzkrankheiten	0,6	1,5
Z40–Z54	Personen, die das Gesundheitswesen zum Zwecke spezifischer Maßnahmen und zur medizinischen Betreuung in Anspruch nehmen	0,6	1,0
M05–M14	Entzündliche Polyarthropathien	0,6	0,8
	Summe hier	**78,4**	**72,7**
	Restliche	21,6	27,3
	Gesamtsumme	**100,0**	**100,0**

Fehlzeiten-Report 2020

24.3 Dienstleistungen

24

◻ Tabelle 24.35 Entwicklung des Krankenstands der AOK-Mitglieder in der Branche Dienstleistungen in den Jahren 2000 bis 2019

Jahr	Krankenstand in %			AU-Fälle je 100 AOK-Mitglieder			Tage je Fall		
	West	Ost	Bund	West	Ost	Bund	West	Ost	Bund
2000	4,6	5,6	4,8	148,6	164,9	150,9	11,4	12,3	11,5
2001	4,6	5,4	4,7	146,9	156,2	148,2	11,4	12,7	11,6
2002	4,5	5,2	4,6	145,2	151,7	146,1	11,3	12,4	11,5
2003	4,3	4,7	4,3	141,5	142,9	141,7	11,0	11,9	11,2
2004	3,9	4,1	4,0	126,9	126,1	126,8	11,3	12,0	11,4
2005	3,8	3,9	3,8	126,6	120,6	125,6	11,0	11,8	11,2
2006	3,7	3,8	3,8	127,3	118,9	125,9	10,7	11,6	10,9
2007	4,0	4,1	4,1	140,5	129,9	138,7	10,5	11,5	10,7
2008 (WZ03)	4,2	4,3	4,2	149,0	134,6	146,5	10,4	11,6	10,6
2008 (WZ08)[a]	4,1	4,2	4,1	147,0	135,3	145,0	10,3	11,4	10,4
2009	4,2	4,5	4,2	146,3	140,1	145,2	10,4	11,6	10,6
2010	4,2	4,6	4,2	146,7	146,7	146,7	10,4	11,3	10,5
2011	4,3	4,4	4,3	152,5	148,8	151,9	10,2	10,7	10,3
2012	4,3	4,7	4,4	148,4	136,4	146,4	10,6	12,5	10,9
2013	4,3	4,7	4,4	151,5	141,0	149,7	10,3	12,3	10,6
2014	4,3	4,8	4,4	148,4	138,9	146,8	10,6	12,6	10,9
2015	4,4	4,9	4,5	153,9	146,5	152,7	10,4	12,1	10,7
2016	4,3	5,0	4,4	151,3	148,5	150,8	10,4	12,3	10,7
2017	4,3	5,1	4,4	148,6	149,0	148,7	10,5	12,5	10,8
2018	4,4	5,3	4,5	152,5	153,5	152,7	10,5	12,5	10,8
2019	4,3	5,2	4,5	146,4	147,9	146,6	10,8	12,8	11,1

[a] aufgrund der Revision der Wirtschaftszweigklassifikation in 2008 ist eine Vergleichbarkeit mit den Vorjahren nur bedingt möglich
Fehlzeiten-Report 2020

◨ Tabelle 24.36 Arbeitsunfähigkeit der AOK-Mitglieder in der Branche Dienstleistungen nach Bundesländern im Jahr 2019 im Vergleich zum Vorjahr

Bundesland	Kranken-stand in %	Arbeitsunfähigkeit je 100 AOK-Mitglieder				Tage je Fall	Veränd. z. Vorj. in %	AU-Quote in %
		AU-Fälle	Veränd. z. Vorj. in %	AU-Tage	Veränd. z. Vorj. in %			
Baden-Württemberg	4,0	150,5	−3,4	1.475,3	−1,7	9,8	1,7	45,4
Bayern	3,8	123,5	−2,2	1.372,8	−0,5	11,1	1,8	38,9
Berlin	4,5	150,5	−2,5	1.625,3	−2,4	10,8	0,2	41,2
Brandenburg	5,5	144,5	−3,1	1.997,5	−0,4	13,8	2,8	44,9
Bremen	4,6	148,8	−2,4	1.685,0	−4,1	11,3	−1,8	42,1
Hamburg	4,0	125,5	−2,2	1.465,1	−0,7	11,7	1,5	36,4
Hessen	4,6	159,5	−2,0	1.697,1	0,0	10,6	2,0	44,6
Mecklenburg-Vorpommern	5,2	132,8	−2,1	1.913,4	0,3	14,4	2,4	42,8
Niedersachsen	4,9	164,2	−1,4	1.775,8	0,4	10,8	1,8	48,1
Nordrhein-Westfalen	4,7	159,2	−4,0	1.707,7	−0,6	10,7	3,5	44,5
Rheinland-Pfalz	4,1	119,3	−30,9	1.480,0	−14,5	12,4	23,6	36,2
Saarland	4,7	143,8	−7,8	1.713,7	−5,5	11,9	2,4	43,1
Sachsen	4,9	148,7	−3,6	1.795,0	−1,6	12,1	2,1	50,4
Sachsen-Anhalt	5,5	145,6	−2,1	1.993,1	−2,2	13,7	−0,1	46,7
Schleswig-Holstein	4,8	141,1	−3,7	1.738,4	−1,4	12,3	2,4	42,3
Thüringen	5,4	156,3	−5,8	1.984,3	−3,8	12,7	2,2	49,1
West	**4,3**	**146,4**	**−4,0**	**1.576,2**	**−1,4**	**10,8**	**2,8**	**43,0**
Ost	**5,2**	**147,9**	**−3,7**	**1.887,6**	**−1,8**	**12,8**	**1,9**	**48,3**
Bund	**4,5**	**146,6**	**−4,0**	**1.626,3**	**−1,4**	**11,1**	**2,7**	**43,8**

Fehlzeiten-Report 2020

24

◘ Tabelle 24.37 Arbeitsunfähigkeit der AOK-Mitglieder nach Wirtschaftsabteilungen in der Branche Dienstleistungen im Jahr 2019

Wirtschaftsabteilungen	Krankenstand in %		Arbeitsunfähigkeiten je 100 AOK-Mitglieder		Tage je Fall	AU-Quote in %
	2019	2019 stand.[a]	Fälle	Tage		
Erbringung von freiberuflichen, wissenschaftlichen und technischen Dienstleistungen	3,5	3,9	138,8	1.281,8	9,2	48,3
Erbringung von sonstigen Dienstleistungen	4,7	4,7	150,1	1.733,3	11,6	50,6
Erbringung von sonstigen wirtschaftlichen Dienstleistungen	5,4	5,5	179,0	1.964,6	11,0	45,1
Gastgewerbe	3,8	4,0	108,4	1.402,1	12,9	35,3
Grundstücks- und Wohnungswesen	4,6	4,5	136,7	1.685,9	12,3	48,5
Information und Kommunikation	3,4	4,0	131,3	1.255,0	9,6	44,6
Kunst, Unterhaltung und Erholung	4,6	4,6	125,5	1.666,7	13,3	41,5
Private Haushalte mit Hauspersonal, Herstellung von Waren und Erbringung von Dienstleistungen durch private Haushalte für den Eigenbedarf	3,1	3,0	79,0	1.125,8	14,3	30,6
Branche gesamt	**4,5**	**4,7**	**146,6**	**1.626,3**	**11,1**	**43,8**
Alle Branchen	**5,4**	**5,5**	**164,7**	**1.980,3**	**12,0**	**52,9**

[a] Krankenstand alters- und geschlechtsstandardisiert

Fehlzeiten-Report 2020

◻ **Tabelle 24.38** Kennzahlen der Arbeitsunfähigkeit nach ausgewählten Berufsgruppen in der Branche Dienstleistungen im Jahr 2019

Tätigkeit	Kranken-stand in %	Arbeitsunfähigkeit je 100 AOK-Mitglieder		Tage je Fall	AU-Quote in %	Anteil der Berufsgruppe an der Branche in %[a]
		AU-Fälle	AU-Tage			
Berufe im Dialogmarketing	7,8	306,1	2.844,3	9,3	59,1	1,3
Berufe im Friseurgewerbe	3,4	144,8	1.245,7	8,6	48,3	1,9
Berufe im Gartenbau (ohne Spez.)	5,5	163,0	2.013,1	12,4	49,9	1,1
Berufe im Gastronomie-service (ohne Spez.)	3,5	103,8	1.284,0	12,4	32,7	7,9
Berufe im Hotelservice	4,2	141,5	1.533,5	10,8	43,4	2,5
Berufe im Objekt-, Werte-u. Personenschutz	6,0	151,3	2.191,1	14,5	47,1	2,9
Berufe in der Gebäude-reinigung	6,0	157,2	2.192,6	13,9	47,9	1,9
Berufe in der Gebäudetechnik (ohne Spez.)	5,2	124,8	1.890,9	15,2	46,2	1,7
Berufe in der Hauswirtschaft	5,2	129,1	1.904,4	14,8	44,0	1,1
Berufe in der Lagerwirtschaft	5,2	215,2	1.904,1	8,8	41,3	9,1
Berufe in der Maschinenbau-u. Betriebstechnik (ohne Spez.)	5,1	183,1	1.855,1	10,1	48,9	1,1
Berufe in der Metall-bearbeitung (ohne Spez.)	5,2	230,8	1.905,9	8,3	48,5	2,2
Berufe in der Reinigung (ohne Spez.)	5,8	153,1	2.107,0	13,8	47,0	10,5
Berufe in der Steuerberatung	2,8	145,7	1.036,0	7,1	53,4	1,3
Büro- u. Sekretariatskräfte (ohne Spez.)	3,7	141,1	1.354,5	9,6	46,6	4,5
Kaufmännische u. technische Betriebswirtschaft (ohne Spez.)	3,7	150,2	1.338,7	8,9	50,1	1,7
Köche/Köchinnen (ohne Spez.)	4,1	110,7	1.487,6	13,4	35,8	7,7
Branche gesamt	**4,5**	**146,6**	**1.626,3**	**11,1**	**43,8**	**28,8**[b]

[a] Anteil der AOK-Mitglieder in der Berufsgruppe an den in der Branche beschäftigten AOK-Mitgliedern insgesamt
[b] Anteil der AOK-Mitglieder in der Branche an allen AOK-Mitgliedern
Fehlzeiten-Report 2020

24

◻ **Tabelle 24.39** Dauer der Arbeitsunfähigkeit der AOK-Mitglieder in der Branche Dienstleistungen im Jahr 2019

Fallklasse	Branche hier		Alle Branchen	
	Anteil Fälle in %	Anteil Tage in %	Anteil Fälle in %	Anteil Tage in %
1–3 Tage	35,9	6,5	35,5	5,9
4–7 Tage	32,2	14,7	31,3	13,2
8–14 Tage	17,1	15,9	17,1	14,7
15–21 Tage	5,6	8,8	5,7	8,3
22–28 Tage	2,6	5,8	2,9	5,8
29–42 Tage	2,7	8,4	3,0	8,6
> 42 Tage	3,8	39,9	4,4	43,5

Fehlzeiten-Report 2020

◻ **Tabelle 24.40** Tage der Arbeitsunfähigkeit je AOK-Mitglied nach Wirtschaftsabteilung und Betriebsgröße in der Branche Dienstleistungen im Jahr 2019

Wirtschaftsabteilungen	Betriebsgröße (Anzahl der AOK-Mitglieder)					
	10–49	50–99	100–199	200–499	500–999	≥ 1.000
Erbringung von freiberuflichen, wissenschaftlichen und technischen Dienstleistungen	13,5	15,6	16,4	17,0	17,4	14,8
Erbringung von sonstigen Dienstleistungen	19,5	23,2	24,0	22,7	19,0	20,7
Erbringung von sonstigen wirtschaftlichen Dienstleistungen	19,8	20,7	20,8	20,7	19,9	21,2
Gastgewerbe	15,2	18,1	20,3	21,8	21,8	45,6
Grundstücks- und Wohnungswesen	19,2	22,1	25,4	21,7	–	–
Information und Kommunikation	12,6	15,5	17,6	18,4	18,0	11,0
Kunst, Unterhaltung und Erholung	18,2	21,6	21,0	23,1	21,9	14,8
Private Haushalte mit Hauspersonal, Herstellung von Waren und Erbringung von Dienstleistungen durch private Haushalte für den Eigenbedarf	14,3	–	–	–	–	–
Branche gesamt	**16,7**	**19,6**	**20,5**	**20,4**	**19,6**	**19,6**
Alle Branchen	**20,3**	**22,4**	**22,5**	**22,6**	**22,6**	**22,6**

Fehlzeiten-Report 2020

Tabelle 24.41 Krankenstand in Prozent nach Ausbildungsabschluss in der Branche Dienstleistungen im Jahr 2019, AOK-Mitglieder

Wirtschafts-abteilungen	Ausbildung						
	ohne Aus-bildungs-abschluss	mit Aus-bildungs-abschluss	Meister/Techniker	Bachelor	Diplom/Magister/Master/Staats-examen	Promotion	unbekannt
Erbringung von freiberuflichen, wissenschaftlichen und technischen Dienstleistungen	4,2	4,1	3,3	1,9	2,1	1,5	3,7
Erbringung von sonstigen Dienstleistungen	5,7	5,2	4,5	2,7	3,0	2,1	4,2
Erbringung von sonstigen wirtschaftlichen Dienstleistungen	5,3	6,0	4,9	2,6	3,1	3,5	5,1
Gastgewerbe	4,3	4,7	4,0	2,4	3,1	3,1	3,3
Grundstücks- und Wohnungswesen	4,9	5,0	4,2	2,3	2,8	2,0	4,5
Information und Kommunikation	4,0	4,2	3,6	1,7	2,0	1,9	3,7
Kunst, Unterhaltung und Erholung	4,8	5,5	5,2	2,5	3,1	2,1	4,0
Private Haushalte mit Hauspersonal, Herstellung von Waren und Erbringung von Dienstleistungen durch private Haushalte für den Eigenbedarf	3,2	3,4	3,8	1,3	3,0	1,6	2,9
Branche gesamt	**4,9**	**5,1**	**4,1**	**2,1**	**2,4**	**1,9**	**4,3**
Alle Branchen	**6,0**	**5,9**	**4,6**	**2,4**	**2,9**	**2,1**	**4,9**

Fehlzeiten-Report 2020

24

◼ **Tabelle 24.42** Tage der Arbeitsunfähigkeit je AOK-Mitglied nach Ausbildungsabschluss in der Branche Dienstleistungen im Jahr 2019

Wirtschafts-abteilungen	Ausbildung						
	ohne Aus-bildungs-abschluss	mit Aus-bildungs-abschluss	Meister/ Techniker	Bachelor	Diplom/ Magister/ Master/ Staats-examen	Promotion	unbekannt
Erbringung von freiberuflichen, wis-senschaftlichen und technischen Dienst-leistungen	15,3	15,1	12,2	7,1	7,6	5,6	13,6
Erbringung von sonsti-gen Dienstleistungen	20,8	18,9	16,5	10,0	10,8	7,8	15,3
Erbringung von sons-tigen wirtschaftlichen Dienstleistungen	19,5	22,0	17,9	9,3	11,5	12,6	18,8
Gastgewerbe	15,5	17,2	14,7	8,8	11,1	11,2	12,0
Grundstücks- und Wohnungswesen	17,7	18,4	15,2	8,2	10,1	7,4	16,3
Information und Kom-munikation	14,5	15,5	13,0	6,3	7,3	7,0	13,4
Kunst, Unterhaltung und Erholung	17,5	20,0	18,8	9,3	11,4	7,8	14,6
Private Haushalte mit Hauspersonal, Herstellung von Waren und Erbringung von Dienstleistungen durch private Haushalte für den Eigenbedarf	11,6	12,4	13,8	4,9	10,9	5,7	10,5
Branche gesamt	**17,9**	**18,4**	**14,8**	**7,6**	**8,6**	**7,0**	**15,6**
Alle Branchen	**21,8**	**21,6**	**16,7**	**8,7**	**10,7**	**7,7**	**18,0**

Fehlzeiten-Report 2020

◩ **Tabelle 24.43** Anteil der Arbeitsunfälle an den AU-Fällen und -Tagen in Prozent nach Wirtschaftsabteilungen in der Branche Dienstleistungen im Jahr 2019, AOK-Mitglieder

Wirtschaftsabteilungen	AU-Fälle in %	AU-Tage in %
Erbringung von freiberuflichen, wissenschaftlichen und technischen Dienstleistungen	1,6	3,7
Erbringung von sonstigen Dienstleistungen	2,0	4,0
Erbringung von sonstigen wirtschaftlichen Dienstleistungen	3,4	6,5
Gastgewerbe	3,4	5,3
Grundstücks- und Wohnungswesen	2,6	5,1
Information und Kommunikation	1,4	3,2
Kunst, Unterhaltung und Erholung	3,9	8,0
Private Haushalte mit Hauspersonal, Herstellung von Waren und Erbringung von Dienstleistungen durch private Haushalte für den Eigenbedarf	1,7	4,3
Branche gesamt	**2,8**	**5,4**
Alle Branchen	**3,0**	**5,8**

Fehlzeiten-Report 2020

24

◻ **Tabelle 24.44** Tage und Fälle der Arbeitsunfähigkeit durch Arbeitsunfälle nach Berufsgruppen in der Branche Dienstleistungen im Jahr 2019, AOK-Mitglieder

Tätigkeit	Arbeitsunfähigkeit je 1.000 AOK-Mitglieder	
	AU-Tage	AU-Fälle
Berufe im Gartenbau (ohne Spez.)	2.083,4	90,8
Berufe in der Metallbearbeitung (ohne Spez.)	1.565,4	101,8
Berufe in der Maschinenbau- u. Betriebstechnik (ohne Spez.)	1.546,8	80,4
Berufe in der Lagerwirtschaft	1.476,6	84,9
Berufe in der Gebäudetechnik (ohne Spez.)	1.374,0	52,8
Berufe in der Gebäudereinigung	1.142,0	43,8
Berufe im Objekt-, Werte- u. Personenschutz	1.118,4	40,0
Berufe in der Reinigung (ohne Spez.)	935,3	37,3
Köche/Köchinnen (ohne Spez.)	828,6	45,2
Berufe in der Hauswirtschaft	791,9	27,5
Berufe im Gastronomieservice (ohne Spez.)	643,5	32,0
Berufe im Hotelservice	640,3	32,6
Berufe im Dialogmarketing	435,6	21,9
Berufe im Friseurgewerbe	286,4	16,0
Büro- u. Sekretariatskräfte (ohne Spez.)	285,5	13,7
Kaufmännische u. technische Betriebswirtschaft (ohne Spez.)	230,4	13,4
Berufe in der Steuerberatung	153,6	9,2
Branche gesamt	**885,4**	**41,4**
Alle Branchen	**1.145,8**	**48,9**

Fehlzeiten-Report 2020

■ **Tabelle 24.45** Tage und Fälle der Arbeitsunfähigkeit je 100 AOK-Mitglieder nach Krankheitsarten in der Branche Dienstleistungen in den Jahren 2000 bis 2019

Jahr	Arbeitsunfähigkeiten je 100 AOK-Mitglieder											
	Psyche		Herz/Kreis-lauf		Atemwege		Verdauung		Muskel/Skelett		Verletzungen	
	Tage	Fälle	Tage	Fälle	Tage	Fälle	Tage	Fälle	Tage	Fälle	Tage	Fälle
2000	136,7	7,0	127,0	8,2	307,0	44,0	141,7	20,3	508,6	33,5	260,6	18,2
2001	146,4	7,8	131,4	8,8	292,2	43,4	142,1	20,8	521,6	34,6	256,4	18,1
2002	151,6	8,1	128,1	8,8	277,1	41,7	141,6	21,3	511,8	34,2	247,1	17,4
2003	146,8	8,0	122,1	8,6	275,7	42,5	132,9	20,5	464,0	31,5	235,5	16,5
2004	158,8	7,9	125,2	7,6	233,4	35,2	129,7	19,4	435,6	28,8	223,9	15,3
2005	150,9	7,4	118,9	7,2	259,5	39,2	119,8	17,8	404,7	27,1	216,7	14,7
2006	152,0	7,6	117,2	7,4	223,5	35,0	123,8	19,3	409,4	28,3	226,9	15,8
2007	167,4	8,3	120,3	7,5	254,8	40,1	133,9	21,5	433,8	30,2	232,0	16,1
2008 (WZ03)	177,0	8,7	124,0	7,8	267,3	42,3	140,4	22,7	455,9	31,9	237,7	16,5
2008 (WZ08)[a]	174,8	8,7	119,2	7,6	263,3	42,1	137,3	22,5	441,1	31,2	232,7	16,3
2009	185,8	9,0	119,6	7,4	298,3	46,6	132,1	21,0	427,9	29,0	224,2	14,9
2010	196,5	9,4	116,5	7,4	259,2	41,6	121,2	19,6	448,4	30,8	241,3	16,3
2011	202,9	9,9	112,1	7,3	265,7	42,5	121,5	19,7	437,6	31,5	237,7	16,1
2012	228,4	10,2	125,1	7,4	262,6	41,2	124,2	19,1	460,1	30,9	236,0	14,8
2013	220,0	9,8	121,0	6,9	306,3	47,5	120,6	18,5	445,0	30,1	230,5	14,4
2014	238,5	10,6	125,3	7,2	255,5	40,6	123,9	18,9	471,5	31,4	233,6	14,4
2015	239,8	10,5	122,7	7,2	303,2	47,5	119,9	18,4	456,9	30,6	228,3	14,0
2016	242,5	10,5	114,0	7,2	283,9	45,5	115,7	18,2	464,1	30,9	226,2	13,7
2017	245,4	10,5	111,0	7,0	285,2	45,2	111,5	17,3	460,8	30,5	226,5	13,3
2018	250,9	10,7	110,3	7,0	304,1	47,3	109,6	17,0	459,9	30,6	225,1	13,3
2019	260,9	10,7	109,5	6,8	266,6	43,4	105,3	16,2	464,1	30,2	222,4	12,5

[a] aufgrund der Revision der Wirtschaftszweigklassifikation in 2008 ist eine Vergleichbarkeit mit den Vorjahren nur bedingt möglich

Fehlzeiten-Report 2020

□ Tabelle 24.46 Verteilung der Arbeitsunfähigkeitstage nach Krankheitsarten in Prozent in der Branche Dienstleistungen im Jahr 2019, AOK-Mitglieder

Wirtschaftsabteilungen	AU-Tage in %						
	Psyche	Herz/ Kreislauf	Atem- wege	Ver- dauung	Muskel/ Skelett	Verlet- zungen	Sonstige
Erbringung von freiberuf- lichen, wissenschaftlichen und technischen Dienst- leistungen	14,1	4,3	15,5	5,2	16,4	9,2	35,2
Erbringung von sonstigen Dienstleistungen	13,6	4,9	12,4	4,6	20,6	9,0	34,9
Erbringung von sonstigen wirtschaftlichen Dienst- leistungen	10,6	5,3	12,0	4,9	23,9	10,9	32,5
Gastgewerbe	12,0	5,2	10,1	4,8	22,2	10,7	35,0
Grundstücks- und Woh- nungswesen	11,5	6,0	11,7	4,9	21,4	10,2	34,3
Information und Kommuni- kation	15,0	4,5	16,4	5,0	16,0	8,4	34,5
Kunst, Unterhaltung und Erholung	14,4	5,0	11,5	4,4	19,0	11,9	33,7
Private Haushalte mit Hauspersonal, Herstellung von Waren und Erbringung von Dienstleistungen durch private Haushalte für den Eigenbedarf	12,2	4,7	9,2	4,5	20,5	10,9	38,1
Branche gesamt	**12,1**	**5,1**	**12,3**	**4,9**	**21,5**	**10,3**	**33,9**
Alle Branchen	**11,9**	**5,4**	**11,8**	**4,6**	**22,4**	**10,8**	**33,1**

Fehlzeiten-Report 2020

■ **Tabelle 24.47** Verteilung der Arbeitsunfähigkeitsfälle nach Krankheitsarten in Prozent in der Branche Dienstleistungen im Jahr 2019, AOK-Mitglieder

Wirtschaftsabteilungen	AU-Fälle in %						
	Psyche	Herz/ Kreislauf	Atem- wege	Ver- dauung	Muskel/ Skelett	Verlet- zungen	Sonstige
Erbringung von freiberuf-lichen, wissenschaftlichen und technischen Dienst-leistungen	5,4	3,0	27,3	8,7	10,9	5,4	39,3
Erbringung von sonstigen Dienstleistungen	6,0	3,6	23,3	8,4	13,9	5,8	39,1
Erbringung von sonstigen wirtschaftlichen Dienst-leistungen	5,2	3,6	20,9	8,4	18,5	6,9	36,5
Gastgewerbe	5,9	3,9	19,5	8,2	16,1	7,3	39,2
Grundstücks- und Woh-nungswesen	5,5	4,2	22,2	9,0	14,9	6,4	37,7
Information und Kommuni-kation	5,7	3,1	28,7	8,5	11,1	5,0	37,9
Kunst, Unterhaltung und Erholung	6,6	3,9	22,4	8,0	13,5	7,5	38,0
Private Haushalte mit Hauspersonal, Herstellung von Waren und Erbringung von Dienstleistungen durch private Haushalte für den Eigenbedarf	6,2	5,0	18,8	7,8	14,2	6,3	41,7
Branche gesamt	**5,5**	**3,5**	**22,5**	**8,4**	**15,6**	**6,5**	**37,9**
Alle Branchen	**5,4**	**3,7**	**22,6**	**8,4**	**15,9**	**6,9**	**37,2**

Fehlzeiten-Report 2020

Tabelle 24.48 Verteilung der Arbeitsunfähigkeitstage nach Krankheitsarten und ausgewählten Berufsgruppen in der Branche Dienstleistungen im Jahr 2019, AOK-Mitglieder

Tätigkeit	AU-Tage in %						
	Psyche	Herz/ Kreislauf	Atem- wege	Ver- dauung	Muskel/ Skelett	Verlet- zungen	Sonstige
Berufe im Dialogmarketing	20,0	3,7	17,4	5,5	12,9	4,9	35,5
Berufe im Friseurgewerbe	13,8	3,3	13,6	5,3	17,3	9,1	37,6
Berufe im Gartenbau (ohne Spez.)	7,6	6,2	9,8	4,9	27,7	15,0	28,8
Berufe im Gastronomie- service (ohne Spez.)	12,1	4,8	10,9	5,0	21,4	11,0	34,8
Berufe im Hotelservice	12,5	3,7	11,9	4,8	22,2	9,2	35,6
Berufe im Objekt-, Werte- u. Personenschutz	14,4	6,9	10,8	4,7	19,7	8,8	34,7
Berufe in der Gebäude- reinigung	10,2	5,6	10,4	4,5	26,8	9,6	32,8
Berufe in der Gebäudetechnik (ohne Spez.)	8,9	8,0	9,2	5,1	24,2	12,1	32,4
Berufe in der Hauswirtschaft	12,0	4,7	9,9	3,9	24,5	9,5	35,5
Berufe in der Lagerwirtschaft	8,3	4,7	12,9	5,3	25,7	12,5	30,7
Berufe in der Maschinenbau- u. Betriebstechnik (ohne Spez.)	8,6	5,8	12,5	5,0	23,0	13,9	31,4
Berufe in der Metall- bearbeitung (ohne Spez.)	7,8	4,2	13,6	5,5	25,1	13,3	30,5
Berufe in der Reinigung (ohne Spez.)	10,3	5,3	10,2	4,3	26,8	8,9	34,2
Berufe in der Steuerberatung	15,4	3,3	18,5	5,6	10,8	7,2	39,1
Büro- u. Sekretariatskräfte (ohne Spez.)	16,9	4,2	15,0	5,0	14,2	7,4	37,3
Kaufmännische u. technische Betriebswirtschaft (ohne Spez.)	17,2	3,9	17,0	5,1	13,6	6,9	36,4
Köche/Köchinnen (ohne Spez.)	11,3	5,8	9,7	4,8	22,9	10,9	34,7
Branche gesamt	**12,1**	**5,1**	**12,3**	**4,9**	**21,5**	**10,3**	**33,9**
Alle Branchen	**11,9**	**5,4**	**11,8**	**4,6**	**22,4**	**10,8**	**33,1**

Fehlzeiten-Report 2020

24

■ **Tabelle 24.49** Verteilung der Arbeitsunfähigkeitsfälle nach Krankheitsarten und ausgewählten Berufsgruppen in der Branche Dienstleistungen im Jahr 2019, AOK-Mitglieder

Tätigkeit	AU-Fälle in %						
	Psyche	Herz/ Kreislauf	Atem- wege	Ver- dauung	Muskel/ Skelett	Verlet- zungen	Sonstige
Berufe im Dialogmarketing	7,9	2,7	25,8	9,1	9,3	3,3	41,9
Berufe im Friseurgewerbe	5,6	2,6	24,1	8,7	10,8	5,4	42,7
Berufe im Gartenbau (ohne Spez.)	4,0	3,9	18,6	8,7	21,6	9,8	33,4
Berufe im Gastronomie- service (ohne Spez.)	6,1	3,6	20,1	8,2	15,4	7,2	39,3
Berufe im Hotelservice	5,9	2,9	21,8	8,0	15,7	5,9	39,8
Berufe im Objekt-, Werte- u. Personenschutz	7,4	4,9	19,8	7,9	15,3	5,9	38,8
Berufe in der Gebäude- reinigung	5,4	4,4	18,7	8,1	20,9	6,5	36,0
Berufe in der Gebäudetechnik (ohne Spez.)	4,9	5,5	17,9	9,3	18,4	8,2	35,8
Berufe in der Hauswirtschaft	6,2	4,6	19,6	7,9	16,3	6,0	39,4
Berufe in der Lagerwirtschaft	4,2	2,9	20,8	8,7	20,9	7,6	34,8
Berufe in der Maschinenbau- u. Betriebstechnik (ohne Spez.)	4,4	3,3	22,3	8,7	17,8	8,4	35,0
Berufe in der Metall- bearbeitung (ohne Spez.)	4,1	2,9	21,3	8,8	19,4	8,2	35,3
Berufe in der Reinigung (ohne Spez.)	5,5	4,5	18,6	7,7	20,7	5,9	37,1
Berufe in der Steuerberatung	4,9	2,5	28,9	9,4	7,6	4,3	42,4
Büro- u. Sekretariatskräfte (ohne Spez.)	6,4	3,1	26,1	8,7	9,6	4,5	41,4
Kaufmännische u. technische Betriebswirtschaft (ohne Spez.)	6,4	2,9	27,8	8,8	9,5	4,4	40,2
Köche/Köchinnen (ohne Spez.)	5,6	4,3	18,5	8,3	17,0	7,7	38,6
Branche gesamt	**5,5**	**3,5**	**22,5**	**8,4**	**15,6**	**6,5**	**37,9**
Alle Branchen	**5,4**	**3,7**	**22,6**	**8,4**	**15,9**	**6,9**	**37,2**

Fehlzeiten-Report 2020

◻ Tabelle 24.50 Anteile der 40 häufigsten Einzeldiagnosen an den AU-Fällen und AU-Tagen in der Branche Dienstleistungen im Jahr 2019, AOK-Mitglieder

ICD-10	Bezeichnung	AU-Fälle in %	AU-Tage in %
J06	Akute Infektionen an mehreren oder nicht näher bezeichneten Lokalisationen der oberen Atemwege	9,8	4,7
M54	Rückenschmerzen	6,5	6,4
A09	Sonstige und nicht näher bezeichnete Gastroenteritis und Kolitis infektiösen und nicht näher bezeichneten Ursprungs	4,3	1,6
R10	Bauch- und Beckenschmerzen	2,0	1,1
J20	Akute Bronchitis	1,7	1,0
B34	Viruskrankheit nicht näher bezeichneter Lokalisation	1,7	0,8
K08	Sonstige Krankheiten der Zähne und des Zahnhalteapparates	1,7	0,4
F43	Reaktionen auf schwere Belastungen und Anpassungsstörungen	1,5	2,7
I10	Essentielle (primäre) Hypertonie	1,5	1,4
R51	Kopfschmerz	1,5	0,7
K52	Sonstige nichtinfektiöse Gastroenteritis und Kolitis	1,5	0,6
K29	Gastritis und Duodenitis	1,4	0,7
F32	Depressive Episode	1,2	3,4
M25	Sonstige Gelenkkrankheiten, anderenorts nicht klassifiziert	1,2	1,4
J40	Bronchitis, nicht als akut oder chronisch bezeichnet	1,2	0,7
J00	Akute Rhinopharyngitis [Erkältungsschnupfen]	1,2	0,5
R11	Übelkeit und Erbrechen	1,1	0,5
J03	Akute Tonsillitis	1,0	0,5
J02	Akute Pharyngitis	1,0	0,4
T14	Verletzung an einer nicht näher bezeichneten Körperregion	0,9	1,0
M79	Sonstige Krankheiten des Weichteilgewebes, anderenorts nicht klassifiziert	0,9	0,9
R53	Unwohlsein und Ermüdung	0,9	0,8
J01	Akute Sinusitis	0,9	0,4
M99	Biomechanische Funktionsstörungen, anderenorts nicht klassifiziert	0,8	0,7
J32	Chronische Sinusitis	0,8	0,5
G43	Migräne	0,8	0,3
M51	Sonstige Bandscheibenschäden	0,7	1,7
F48	Andere neurotische Störungen	0,7	1,2

◻ **Tabelle 24.50** (Fortsetzung)

ICD-10	Bezeichnung	AU-Fälle in %	AU-Tage in %
M53	Sonstige Krankheiten der Wirbelsäule und des Rückens, anderenorts nicht klassifiziert	0,7	0,8
R42	Schwindel und Taumel	0,7	0,6
J98	Sonstige Krankheiten der Atemwege	0,7	0,3
M75	Schulterläsionen	0,6	1,4
F45	Somatoforme Störungen	0,6	1,2
M77	Sonstige Enthesopathien	0,6	0,8
B99	Sonstige und nicht näher bezeichnete Infektionskrankheiten	0,6	0,3
A08	Virusbedingte und sonstige näher bezeichnete Darminfektionen	0,6	0,2
Z98	Sonstige Zustände nach chirurgischem Eingriff	0,5	1,5
S93	Luxation, Verstauchung und Zerrung der Gelenke und Bänder in Höhe des oberen Sprunggelenkes und des Fußes	0,5	0,7
R07	Hals- und Brustschmerzen	0,5	0,3
N39	Sonstige Krankheiten des Harnsystems	0,5	0,3
	Summe hier	**57,5**	**45,4**
	Restliche	42,5	54,6
	Gesamtsumme	**100,0**	**100,0**

Fehlzeiten-Report 2020

□ Tabelle 24.51 Anteile der 40 häufigsten Diagnoseuntergruppen an den AU-Fällen und AU-Tagen in der Branche Dienstleistungen im Jahr 2019, AOK-Mitglieder

ICD-10	Bezeichnung	AU-Fälle in %	AU-Tage in %
J00–J06	Akute Infektionen der oberen Atemwege	14,5	7,0
M50–M54	Sonstige Krankheiten der Wirbelsäule und des Rückens	7,7	8,5
A00–A09	Infektiöse Darmkrankheiten	5,3	2,0
R50–R69	Allgemeinsymptome	4,1	3,2
F40–F48	Neurotische, Belastungs- und somatoforme Störungen	3,3	6,2
R10–R19	Symptome, die das Verdauungssystem und das Abdomen betreffen	3,3	1,8
M70–M79	Sonstige Krankheiten des Weichteilgewebes	2,4	3,6
J40–J47	Chronische Krankheiten der unteren Atemwege	2,2	1,6
K00–K14	Krankheiten der Mundhöhle, der Speicheldrüsen und der Kiefer	2,2	0,6
J20–J22	Sonstige akute Infektionen der unteren Atemwege	2,0	1,2
K20–K31	Krankheiten des Ösophagus, des Magens und des Duodenums	1,9	1,0
B25–B34	Sonstige Viruskrankheiten	1,9	0,9
G40–G47	Episodische und paroxysmale Krankheiten des Nervensystems	1,8	1,3
K50–K52	Nichtinfektiöse Enteritis und Kolitis	1,8	0,8
M20–M25	Sonstige Gelenkkrankheiten	1,7	2,9
I10–I15	Hypertonie [Hochdruckkrankheit]	1,7	1,6
F30–F39	Affektive Störungen	1,6	5,2
Z80–Z99	Personen mit potentiellen Gesundheitsrisiken aufgrund der Familien- oder Eigenanamnese und bestimmte Zustände, die den Gesundheitszustand beeinflussen	1,6	3,0
R00–R09	Symptome, die das Kreislaufsystem und das Atmungssystem betreffen	1,5	1,0
J30–J39	Sonstige Krankheiten der oberen Atemwege	1,4	0,8
T08–T14	Verletzungen nicht näher bezeichneter Teile des Rumpfes, der Extremitäten oder anderer Körperregionen	1,1	1,2
K55–K64	Sonstige Krankheiten des Darmes	1,0	0,8
R40–R46	Symptome, die das Erkennungs- und Wahrnehmungsvermögen, die Stimmung und das Verhalten betreffen	1,0	0,8
S60–S69	Verletzungen des Handgelenkes und der Hand	0,9	1,4
S90–S99	Verletzungen der Knöchelregion und des Fußes	0,9	1,4
M95–M99	Sonstige Krankheiten des Muskel-Skelett-Systems und des Bindegewebes	0,9	0,8
S80–S89	Verletzungen des Knies und des Unterschenkels	0,8	1,9
J09–J18	Grippe und Pneumonie	0,8	0,6

24

◻ Tabelle 24.51 (Fortsetzung)

ICD-10	Bezeichnung	AU-Fälle in %	AU-Tage in %
E70–E90	Stoffwechselstörungen	0,8	0,6
J95–J99	Sonstige Krankheiten des Atmungssystems	0,8	0,5
N30–N39	Sonstige Krankheiten des Harnsystems	0,8	0,5
Z00–Z13	Personen, die das Gesundheitswesen zur Untersuchung und Abklärung in Anspruch nehmen	0,8	0,4
M15–M19	Arthrose	0,7	2,0
N80–N98	Nichtentzündliche Krankheiten des weiblichen Genitaltraktes	0,7	0,5
G50–G59	Krankheiten von Nerven, Nervenwurzeln und Nervenplexus	0,6	1,2
Z40–Z54	Personen, die das Gesundheitswesen zum Zwecke spezifischer Maßnahmen und zur medizinischen Betreuung in Anspruch nehmen	0,6	0,9
F10–F19	Psychische und Verhaltensstörungen durch psychotrope Substanzen	0,6	0,7
B99–B99	Sonstige Infektionskrankheiten	0,6	0,3
I95–I99	Sonstige und nicht näher bezeichnete Krankheiten des Kreislaufsystems	0,6	0,3
L00–L08	Infektionen der Haut und der Unterhaut	0,5	0,6
	Summe hier	**79,4**	**71,6**
	Restliche	20,6	28,4
	Gesamtsumme	**100,0**	**100,0**

Fehlzeiten-Report 2020

24.4 Energie, Wasser, Entsorgung und Bergbau

24

◻ **Tabelle 24.52** Entwicklung des Krankenstands der AOK-Mitglieder in der Branche Energie, Wasser, Entsorgung und Bergbau in den Jahren 1995 bis 2019

Jahr	Krankenstand in %			AU-Fälle je 100 AOK-Mitglieder			Tage je Fall		
	West	Ost	Bund	West	Ost	Bund	West	Ost	Bund
1995	6,2	5,0	5,8	149,0	126,4	143,3	15,6	13,9	15,2
1996	5,7	4,1	5,3	139,1	112,4	132,3	15,7	13,8	15,3
1997	5,5	4,2	5,2	135,8	107,1	129,1	14,8	13,8	14,6
1998	5,7	4,0	5,3	140,4	108,1	133,4	14,8	13,6	14,6
1999	5,9	4,4	5,6	149,7	118,8	143,4	14,4	13,5	14,2
2000	5,8	4,4	5,5	148,8	122,3	143,7	14,3	13,1	14,1
2001	5,7	4,4	5,4	145,0	120,3	140,4	14,3	13,5	14,2
2002	5,5	4,5	5,3	144,9	122,0	140,7	13,9	13,4	13,8
2003	5,2	4,1	5,0	144,2	121,6	139,9	13,2	12,4	13,0
2004	4,9	3,7	4,6	135,2	114,8	131,1	13,1	11,9	12,9
2005	4,8	3,7	4,6	139,1	115,5	134,3	12,7	11,7	12,5
2006	4,4	3,6	4,3	127,1	112,8	124,2	12,7	11,7	12,5
2007	4,8	3,7	4,6	138,7	117,0	134,3	12,7	11,6	12,5
2008 (WZ03)	4,9	3,9	4,7	142,6	121,6	138,2	12,6	11,8	12,4
2008 (WZ08)[a]	5,6	4,9	5,4	157,8	132,3	152,1	13,0	13,5	13,1
2009	5,8	5,3	5,7	162,4	142,8	158,1	13,0	13,5	13,1
2010	6,0	5,5	5,9	165,7	148,9	162,0	13,3	13,4	13,3
2011	6,0	4,9	5,8	166,2	148,3	162,3	13,3	12,2	13,0
2012	6,0	5,4	5,9	163,5	145,8	159,6	13,4	13,7	13,4
2013	6,4	5,7	6,2	175,2	154,5	170,8	13,2	13,4	13,3
2014	6,5	5,7	6,3	171,9	150,3	167,3	13,7	13,8	13,7
2015	6,7	5,9	6,5	183,1	163,8	178,9	13,3	13,0	13,3
2016	6,7	5,9	6,5	184,0	168,3	180,5	13,4	12,9	13,3
2017	6,7	6,2	6,6	182,0	173,8	180,1	13,5	13,0	13,4
2018	6,8	6,3	6,7	187,1	176,6	184,7	13,3	13,1	13,3
2019	6,7	6,3	6,6	181,2	172,8	179,2	13,6	13,2	13,5

[a] aufgrund der Revision der Wirtschaftszweigklassifikation in 2008 ist eine Vergleichbarkeit mit den Vorjahren nur bedingt möglich

Fehlzeiten-Report 2020

24

□ Tabelle 24.53 Arbeitsunfähigkeit der AOK-Mitglieder in der Branche Energie, Wasser, Entsorgung und Bergbau nach Bundesländern im Jahr 2019 im Vergleich zum Vorjahr

Bundesland	Krankenstand in %	Arbeitsunfähigkeit je 100 AOK-Mitglieder				Tage je Fall	Veränd. z. Vorj. in %	AU-Quote in %
		AU-Fälle	Veränd. z. Vorj. in %	AU-Tage	Veränd. z. Vorj. in %			
Baden-Württemberg	6,0	179,4	−2,1	2.181,0	−1,5	12,2	0,7	61,3
Bayern	6,1	158,1	−2,1	2.243,7	−2,2	14,2	−0,1	57,4
Berlin	7,6	216,0	0,8	2.768,3	−1,5	12,8	−2,3	58,5
Brandenburg	6,5	171,4	−0,8	2.360,0	1,4	13,8	2,2	61,0
Bremen	6,8	182,1	−1,6	2.472,0	−8,4	13,6	−6,9	58,8
Hamburg	5,3	153,6	−2,1	1.923,7	2,7	12,5	5,0	51,3
Hessen	7,7	209,3	−0,6	2.827,6	0,0	13,5	0,6	65,6
Mecklenburg-Vorpommern	6,4	170,7	−2,1	2.344,3	−5,4	13,7	−3,3	60,2
Niedersachsen	6,7	192,6	−1,4	2.444,2	−1,1	12,7	0,2	63,9
Nordrhein-Westfalen	7,5	192,4	−2,4	2.747,1	0,2	14,3	2,7	64,5
Rheinland-Pfalz	7,1	171,9	−23,6	2.594,4	−13,5	15,1	13,2	57,0
Saarland	8,4	185,9	−5,8	3.072,1	5,1	16,5	11,5	62,2
Sachsen	6,1	173,8	−1,7	2.223,7	0,4	12,8	2,1	64,5
Sachsen-Anhalt	6,4	165,9	−3,3	2.323,1	−2,3	14,0	1,1	60,5
Schleswig-Holstein	6,6	169,5	−3,6	2.408,4	5,5	14,2	9,4	59,4
Thüringen	6,4	178,3	−2,8	2.327,9	−2,6	13,1	0,2	65,1
West	**6,7**	**181,2**	**−3,2**	**2.456,5**	**−1,6**	**13,6**	**1,6**	**61,3**
Ost	**6,3**	**172,8**	**−2,1**	**2.285,1**	**−1,0**	**13,2**	**1,2**	**63,2**
Bund	**6,6**	**179,2**	**−3,0**	**2.415,2**	**−1,5**	**13,5**	**1,5**	**61,7**

Fehlzeiten-Report 2020

◘ **Tabelle 24.54** Arbeitsunfähigkeit der AOK-Mitglieder nach Wirtschaftsabteilungen in der Branche Energie, Wasser, Entsorgung und Bergbau im Jahr 2019

Wirtschaftsabteilungen	Krankenstand in %		Arbeitsunfähigkeiten je 100 AOK-Mitglieder		Tage je Fall	AU-Quote in %
	2019	2019 stand.[a]	Fälle	Tage		
Abwasserentsorgung	6,5	5,8	177,2	2.382,7	13,4	62,7
Bergbau und Gewinnung von Steinen und Erden	6,2	5,2	159,4	2.263,3	14,2	59,5
Beseitigung von Umweltverschmutzungen und sonstige Entsorgung	7,3	6,2	177,1	2.671,6	15,1	57,7
Energieversorgung	5,0	4,8	158,3	1.834,9	11,6	58,4
Sammlung, Behandlung und Beseitigung von Abfällen, Rückgewinnung	7,8	6,6	198,6	2.858,7	14,4	63,7
Wasserversorgung	6,4	5,6	182,1	2.327,2	12,8	67,0
Branche gesamt	**6,6**	**5,8**	**179,2**	**2.415,2**	**13,5**	**61,7**
Alle Branchen	**5,4**	**5,5**	**164,7**	**1.980,3**	**12,0**	**52,9**

[a] Krankenstand alters- und geschlechtsstandardisiert

Fehlzeiten-Report 2020

Tabelle 24.55 Kennzahlen der Arbeitsunfähigkeit nach ausgewählten Berufsgruppen in der Branche Energie, Wasser, Entsorgung und Bergbau im Jahr 2019

Tätigkeit	Krankenstand in %	Arbeitsunfähigkeit je 100 AOK-Mitglieder		Tage je Fall	AU-Quote in %	Anteil der Berufsgruppe an der Branche in %[a]
		AU-Fälle	AU-Tage			
Aufsichts-/Führungskr. – Unternehmensorganisation u. -strategie	3,2	111,1	1.185,5	10,7	49,7	1,1
Berufe im Berg- u. Tagebau	6,7	178,5	2.442,9	13,7	60,9	1,1
Berufe im Vertrieb (außer Informations- u. Kommunikationstechnologien)	4,0	145,6	1.446,0	9,9	56,2	1,1
Berufe in der Abfallwirtschaft	7,2	202,4	2.634,9	13,0	65,4	1,5
Berufe in der Bauelektrik	5,8	174,9	2.130,9	12,2	64,6	2,5
Berufe in der elektrischen Betriebstechnik	4,1	187,0	1.503,8	8,0	60,7	2,3
Berufe in der Energie- u. Kraftwerkstechnik	5,4	145,5	1.981,9	13,6	57,6	2,1
Berufe in der Kraftfahrzeugtechnik	7,0	204,5	2.546,5	12,5	66,9	1,1
Berufe in der Lagerwirtschaft	7,1	190,8	2.578,3	13,5	59,2	4,8
Berufe in der Maschinenbau- u. Betriebstechnik (ohne Spez.)	6,4	203,9	2.320,9	11,4	65,5	2,2
Berufe in der Naturstein- u. Mineralaufbereitung	7,0	167,5	2.549,8	15,2	63,0	1,3
Berufe in der Reinigung (ohne Spez.)	7,7	177,7	2.815,9	15,9	59,0	1,4
Berufe in der Ver- u. Entsorgung (ohne Spez.)	9,4	237,7	3.437,7	14,5	69,5	10,3
Berufe in der Wasserversorgungs- u. Abwassertechnik	7,0	192,5	2.540,8	13,2	66,9	3,8
Berufskraftfahrer/innen (Güterverkehr/LKW)	8,6	192,5	3.134,8	16,3	65,3	14,1
Büro- u. Sekretariatskräfte (ohne Spez.)	4,0	152,6	1.455,8	9,5	55,3	5,2
Führer/innen von Erdbewegungs- u. verwandten Maschinen	7,6	164,0	2.756,8	16,8	61,6	2,3

◻ **Tabelle 24.55** (Fortsetzung)

Tätigkeit	Kranken-stand in %	Arbeitsunfähigkeit je 100 AOK-Mitglieder		Tage je Fall	AU-Quote in %	Anteil der Berufsgruppe an der Branche in %[a]
		AU-Fälle	AU-Tage			
Kaufmännische u. technische Betriebswirtschaft (ohne Spez.)	4,0	155,8	1.470,9	9,4	57,9	6,2
Maschinen- u. Anlagen-führer/innen	6,9	169,1	2.532,0	15,0	61,4	2,2
Technische Servicekräfte in Wartung u. Instandhaltung	6,0	165,2	2.202,8	13,3	58,7	1,1
Branche gesamt	**6,6**	**179,2**	**2.415,2**	**13,5**	**61,7**	**1,4**[b]

[a] Anteil der AOK-Mitglieder in der Berufsgruppe an den in der Branche beschäftigten AOK-Mitgliedern insgesamt
[b] Anteil der AOK-Mitglieder in der Branche an allen AOK-Mitgliedern
Fehlzeiten-Report 2020

◻ **Tabelle 24.56** Dauer der Arbeitsunfähigkeit der AOK-Mitglieder in der Branche Energie, Wasser, Entsorgung und Bergbau im Jahr 2019

Fallklasse	Branche hier		Alle Branchen	
	Anteil Fälle in %	Anteil Tage in %	Anteil Fälle in %	Anteil Tage in %
1–3 Tage	33,3	4,8	35,5	5,9
4–7 Tage	29,1	10,8	31,3	13,2
8–14 Tage	18,5	14,4	17,1	14,7
15–21 Tage	6,7	8,7	5,7	8,3
22–28 Tage	3,4	6,2	2,9	5,8
29–42 Tage	3,7	9,5	3,0	8,6
> 42 Tage	5,2	45,6	4,4	43,5

Fehlzeiten-Report 2020

◩ Tabelle 24.57 Tage der Arbeitsunfähigkeit je AOK-Mitglied nach Wirtschaftsabteilung und Betriebsgröße in der Branche Energie, Wasser, Entsorgung und Bergbau im Jahr 2019

Wirtschaftsabteilungen	Betriebsgröße (Anzahl der AOK-Mitglieder)					
	10–49	50–99	100–199	200–499	500–999	≥ 1.000
Abwasserentsorgung	26,0	23,0	29,0	26,6	–	–
Bergbau und Gewinnung von Steinen und Erden	23,6	20,5	22,2	22,0	–	–
Beseitigung von Umweltverschmutzungen und sonstige Entsorgung	29,4	26,6	27,5	–	–	–
Energieversorgung	17,8	18,8	20,9	19,8	21,7	–
Sammlung, Behandlung und Beseitigung von Abfällen, Rückgewinnung	26,5	29,2	32,1	33,5	42,0	41,4
Wasserversorgung	23,5	24,4	22,1	25,7	–	–
Branche gesamt	**23,6**	**24,8**	**26,4**	**25,5**	**33,1**	**41,4**
Alle Branchen	**20,3**	**22,4**	**22,5**	**22,6**	**22,6**	**22,6**

Fehlzeiten-Report 2020

24

▣ **Tabelle 24.58** Krankenstand in Prozent nach Ausbildungsabschluss in der Branche Energie, Wasser, Entsorgung und Bergbau im Jahr 2019, AOK-Mitglieder

Wirtschafts-abteilungen	Ausbildung						
	ohne Ausbildungsabschluss	mit Ausbildungsabschluss	Meister/ Techniker	Bachelor	Diplom/ Magister/ Master/ Staatsexamen	Promotion	unbekannt
Abwasserentsorgung	7,5	6,8	5,1	2,9	4,1	–	6,2
Bergbau und Gewinnung von Steinen und Erden	7,0	6,4	5,4	1,7	3,2	3,7	6,0
Beseitigung von Umweltverschmutzungen und sonstige Entsorgung	7,6	8,2	6,7	8,8	3,7	–	6,0
Energieversorgung	4,9	5,7	4,0	2,0	2,7	2,6	4,9
Sammlung, Behandlung und Beseitigung von Abfällen, Rückgewinnung	9,5	7,8	5,0	2,4	3,4	3,4	7,0
Wasserversorgung	6,9	6,9	4,5	3,1	3,3	1,6	6,7
Branche gesamt	**8,1**	**6,8**	**4,5**	**2,2**	**3,0**	**2,9**	**6,5**
Alle Branchen	**6,0**	**5,9**	**4,6**	**2,4**	**2,9**	**2,1**	**4,9**

Fehlzeiten-Report 2020

24

◻ **Tabelle 24.59** Tage der Arbeitsunfähigkeit je AOK-Mitglied nach Ausbildungsabschluss in der Branche Energie, Wasser, Entsorgung und Bergbau im Jahr 2019

Wirtschafts-abteilungen	Ausbildung						
	ohne Aus-bildungs-abschluss	mit Aus-bildungs-abschluss	Meister/ Techniker	Bachelor	Diplom/ Magister/ Master/ Staats-examen	Promotion	unbekannt
Abwasserentsorgung	27,3	24,9	18,6	10,6	14,9	–	22,5
Bergbau und Gewin-nung von Steinen und Erden	25,4	23,2	19,7	6,3	11,7	13,4	22,0
Beseitigung von Um-weltverschmutzungen und sonstige Ent-sorgung	27,7	29,9	24,5	32,0	13,3	–	21,8
Energieversorgung	17,8	20,9	14,7	7,5	9,7	9,3	17,8
Sammlung, Behand-lung und Beseitigung von Abfällen, Rück-gewinnung	34,7	28,6	18,4	8,9	12,6	12,4	25,7
Wasserversorgung	25,2	25,1	16,3	11,2	11,9	5,7	24,4
Branche gesamt	**29,6**	**25,0**	**16,3**	**8,2**	**10,8**	**10,5**	**23,9**
Alle Branchen	**21,8**	**21,6**	**16,7**	**8,7**	**10,7**	**7,7**	**18,0**

Fehlzeiten-Report 2020

◻ **Tabelle 24.60** Anteil der Arbeitsunfälle an den AU-Fällen und -Tagen in Prozent nach Wirtschaftsabteilungen in der Branche Energie, Wasser, Entsorgung und Bergbau im Jahr 2019, AOK-Mitglieder

Wirtschaftsabteilungen	AU-Fälle in %	AU-Tage in %
Abwasserentsorgung	3,6	6,6
Bergbau und Gewinnung von Steinen und Erden	4,3	9,1
Beseitigung von Umweltverschmutzungen und sonstige Entsorgung	4,1	7,5
Energieversorgung	2,2	5,0
Sammlung, Behandlung und Beseitigung von Abfällen, Rückgewinnung	4,9	9,1
Wasserversorgung	2,4	4,6
Branche gesamt	**3,9**	**7,7**
Alle Branchen	**3,0**	**5,8**

Fehlzeiten-Report 2020

◘ Tabelle 24.61 Tage und Fälle der Arbeitsunfähigkeit durch Arbeitsunfälle nach Berufsgruppen in der Branche Energie, Wasser, Entsorgung und Bergbau im Jahr 2019, AOK-Mitglieder

Tätigkeit	Arbeitsunfähigkeit je 1.000 AOK-Mitglieder	
	AU-Tage	AU-Fälle
Berufe in der Naturstein- u. Mineralaufbereitung	3.455,7	103,9
Berufskraftfahrer/innen (Güterverkehr/LKW)	3.319,7	103,6
Berufe in der Ver- u. Entsorgung (ohne Spez.)	3.051,9	123,9
Berufe in der Lagerwirtschaft	2.737,2	103,0
Führer/innen von Erdbewegungs- u. verwandten Maschinen	2.671,4	78,8
Maschinen- u. Anlagenführer/innen	2.427,4	84,3
Berufe in der Kraftfahrzeugtechnik	2.420,1	121,4
Berufe in der Abfallwirtschaft	2.253,2	104,6
Berufe im Berg- u. Tagebau	2.208,6	63,4
Technische Servicekräfte in Wartung u. Instandhaltung	2.046,9	56,6
Berufe in der Maschinenbau- u. Betriebstechnik (ohne Spez.)	1.963,8	81,5
Berufe in der Wasserversorgungs- u. Abwassertechnik	1.620,0	71,7
Berufe in der Bauelektrik	1.409,4	52,4
Berufe in der Reinigung (ohne Spez.)	1.160,9	41,6
Berufe in der elektrischen Betriebstechnik	753,0	49,2
Berufe in der Energie- u. Kraftwerkstechnik	680,8	22,0
Berufe im Vertrieb (außer Informations- u. Kommunikationstechnologien)	424,0	18,0
Kaufmännische u. technische Betriebswirtschaft (ohne Spez.)	400,5	15,6
Aufsichts-/Führungskr. – Unternehmensorganisation u. -strategie	341,5	15,2
Büro- u. Sekretariatskräfte (ohne Spez.)	265,9	13,2
Branche gesamt	**1.870,7**	**69,5**
Alle Branchen	**1.145,8**	**48,9**

Fehlzeiten-Report 2020

◻ Tabelle 24.62 Tage und Fälle der Arbeitsunfähigkeit je 100 AOK-Mitglieder nach Krankheitsarten in der Branche Energie, Wasser, Entsorgung und Bergbau in den Jahren 1995 bis 2019

Jahr	Arbeitsunfähigkeiten je 100 AOK-Mitglieder											
	Psyche		Herz/Kreis-lauf		Atemwege		Verdauung		Muskel/Skelett		Verletzungen	
	Tage	Fälle	Tage	Fälle	Tage	Fälle	Tage	Fälle	Tage	Fälle	Tage	Fälle
1995	97,5	3,5	225,6	9,4	388,0	45,0	190,5	22,7	713,0	35,2	381,6	22,1
1996	95,0	3,4	208,2	8,5	345,8	40,8	168,6	21,0	664,2	32,2	339,2	19,3
1997	96,1	3,6	202,5	8,6	312,8	39,5	159,4	20,8	591,7	31,8	326,9	19,4
1998	100,6	3,9	199,5	8,9	314,8	40,6	156,4	20,8	637,4	34,3	315,3	19,4
1999	109,0	4,2	191,8	9,1	358,0	46,6	159,4	22,2	639,7	35,5	333,0	19,9
2000	117,1	4,7	185,3	8,4	305,5	40,2	140,8	18,6	681,8	37,5	354,0	20,5
2001	128,8	5,1	179,0	9,1	275,2	37,6	145,3	19,2	693,3	38,0	354,0	20,4
2002	123,5	5,5	176,2	9,2	262,8	36,7	144,0	20,2	678,0	38,3	343,6	19,6
2003	125,3	5,8	167,0	9,5	276,9	39,4	134,4	20,1	606,6	35,5	320,6	19,0
2004	136,6	5,7	179,8	8,9	241,9	33,9	143,2	20,2	583,5	34,5	301,5	17,7
2005	134,4	5,5	177,8	8,9	289,5	40,4	134,6	18,7	547,0	33,2	299,8	17,5
2006	131,5	5,6	180,1	8,9	232,2	33,7	131,8	19,3	540,1	32,9	294,5	17,7
2007	142,8	6,1	187,1	9,2	255,4	36,4	141,0	20,7	556,8	33,5	293,1	16,9
2008 (WZ03)	152,0	6,1	186,1	9,4	264,6	38,1	140,7	21,1	563,9	34,0	295,0	16,9
2008 (WZ08)[a]	161,5	6,7	212,6	10,5	293,0	39,4	167,2	23,3	674,7	40,3	361,8	20,4
2009	179,1	7,2	223,8	10,3	340,2	45,1	166,5	23,0	677,2	39,4	362,9	19,9
2010	186,4	7,7	216,5	10,5	303,4	40,9	156,5	21,5	735,2	42,5	406,8	21,8
2011	195,3	8,2	210,1	10,5	306,0	41,1	153,3	21,2	701,6	41,4	369,4	20,4
2012	218,5	8,4	230,4	10,6	300,0	40,6	162,6	21,4	723,8	40,9	378,1	19,6
2013	235,4	8,6	245,2	10,4	390,8	50,5	167,8	21,7	741,5	41,6	389,0	20,1
2014	244,4	9,5	251,2	10,9	312,8	41,9	170,7	22,5	792,9	43,3	394,5	19,8
2015	260,4	9,8	254,4	11,0	396,2	52,3	171,0	22,6	777,1	42,8	380,4	19,4
2016	262,3	10,1	232,4	11,3	368,5	50,4	161,0	22,7	801,2	44,0	393,4	19,8
2017	280,5	10,3	224,9	11,0	383,9	51,5	162,3	22,1	794,7	43,0	397,3	19,2
2018	277,3	10,4	222,9	11,2	413,9	54,5	157,4	21,6	782,1	42,7	394,3	19,3
2019	286,7	10,8	221,8	10,9	359,5	49,5	154,3	21,5	786,3	42,1	391,7	18,8

[a] aufgrund der Revision der Wirtschaftszweigklassifikation in 2008 ist eine Vergleichbarkeit mit den Vorjahren nur bedingt möglich

Fehlzeiten-Report 2020

◼ **Tabelle 24.63** Verteilung der Arbeitsunfähigkeitstage nach Krankheitsarten in Prozent in der Branche Energie, Wasser, Entsorgung und Bergbau im Jahr 2019, AOK-Mitglieder

Wirtschaftsabteilungen	AU-Tage in %						
	Psyche	Herz/ Kreislauf	Atem- wege	Ver- dauung	Muskel/ Skelett	Verlet- zungen	Sonstige
Abwasserentsorgung	7,9	6,6	10,5	4,9	24,7	12,2	33,0
Bergbau und Gewinnung von Steinen und Erden	6,9	7,2	9,7	5,0	23,9	13,3	34,0
Beseitigung von Umwelt- verschmutzungen und sonstige Entsorgung	8,0	10,2	9,9	3,9	27,8	10,6	29,5
Energieversorgung	10,3	6,3	13,3	5,1	20,9	11,0	33,1
Sammlung, Behandlung und Beseitigung von Abfäl- len, Rückgewinnung	8,7	7,1	10,5	4,6	25,9	12,5	30,8
Wasserversorgung	9,6	5,8	11,8	4,8	23,0	10,9	34,0
Branche gesamt	**8,9**	**6,9**	**11,1**	**4,8**	**24,3**	**12,1**	**32,0**
Alle Branchen	**11,9**	**5,4**	**11,8**	**4,6**	**22,4**	**10,8**	**33,1**

Fehlzeiten-Report 2020

◼ **Tabelle 24.64** Verteilung der Arbeitsunfähigkeitsfälle nach Krankheitsarten in Prozent in der Branche Energie, Wasser, Entsorgung und Bergbau im Jahr 2019, AOK-Mitglieder

Wirtschaftsabteilungen	AU-Fälle in %						
	Psyche	Herz/ Kreislauf	Atem- wege	Ver- dauung	Muskel/ Skelett	Verlet- zungen	Sonstige
Abwasserentsorgung	4,3	4,5	20,4	9,5	17,4	7,8	36,1
Bergbau und Gewinnung von Steinen und Erden	3,8	4,9	19,5	9,3	17,6	8,4	36,5
Beseitigung von Umwelt- verschmutzungen und sonstige Entsorgung	4,9	5,4	18,9	9,7	18,5	7,3	35,3
Energieversorgung	4,6	4,1	24,7	9,1	14,1	6,9	36,5
Sammlung, Behandlung und Beseitigung von Abfäl- len, Rückgewinnung	4,7	4,7	19,1	8,7	19,9	8,3	34,5
Wasserversorgung	4,4	4,4	21,6	10,1	16,0	7,5	36,0
Branche gesamt	**4,5**	**4,6**	**20,8**	**9,0**	**17,7**	**7,9**	**35,4**
Alle Branchen	**5,4**	**3,7**	**22,6**	**8,4**	**15,9**	**6,9**	**37,2**

Fehlzeiten-Report 2020

□ Tabelle 24.65 Verteilung der Arbeitsunfähigkeitstage nach Krankheitsarten und ausgewählten Berufsgruppen in der Branche Energie, Wasser, Entsorgung und Bergbau im Jahr 2019, AOK-Mitglieder

Tätigkeit	AU-Tage in %						
	Psyche	Herz/ Kreislauf	Atem- wege	Ver- dauung	Muskel/ Skelett	Verlet- zungen	Sonstige
Aufsichts-/Führungskr. – Unternehmensorganisation u. -strategie	9,4	5,5	14,6	5,2	17,6	9,1	38,6
Berufe im Berg- u. Tagebau	7,8	7,0	10,3	4,8	23,2	15,3	31,5
Berufe im Vertrieb (außer Informations- u. Kommunikationstechnologien)	13,5	4,0	15,7	5,0	18,5	10,5	32,8
Berufe in der Abfallwirtschaft	6,3	5,7	11,0	5,1	25,2	12,9	33,8
Berufe in der Bauelektrik	7,8	7,0	12,1	4,7	23,6	13,5	31,4
Berufe in der elektrischen Betriebstechnik	5,4	5,6	16,9	6,8	17,6	15,1	32,5
Berufe in der Energie- u. Kraftwerkstechnik	7,6	7,5	11,7	5,8	22,4	11,0	34,0
Berufe in der Kraftfahrzeugtechnik	7,6	6,8	11,4	4,3	26,4	14,5	29,0
Berufe in der Lagerwirtschaft	7,4	6,2	9,9	5,1	25,5	14,6	31,3
Berufe in der Maschinenbau- u. Betriebstechnik (ohne Spez.)	6,9	6,5	12,0	4,6	22,7	14,9	32,4
Berufe in der Naturstein- u. Mineralaufbereitung	5,6	6,8	8,2	4,7	28,0	15,0	31,7
Berufe in der Reinigung (ohne Spez.)	10,4	7,1	10,6	3,9	26,3	7,9	33,8
Berufe in der Ver- u. Entsorgung (ohne Spez.)	9,1	6,9	11,1	4,8	27,2	12,6	28,3
Berufe in der Wasserversorgungs- u. Abwassertechnik	8,0	7,1	10,8	4,1	24,3	13,0	32,7
Berufskraftfahrer/innen (Güterverkehr/LKW)	7,8	7,8	9,0	4,5	27,0	12,8	31,0
Büro- u. Sekretariatskräfte (ohne Spez.)	15,1	4,0	16,6	5,4	13,6	8,1	37,1
Führer/innen von Erdbewegungs- u. verwandten Maschinen	6,7	8,7	8,4	5,7	23,9	12,9	33,8

■ **Tabelle 24.65** (Fortsetzung)

Tätigkeit	AU-Tage in %						
	Psyche	Herz/ Kreislauf	Atem- wege	Ver- dauung	Muskel/ Skelett	Verlet- zungen	Sonstige
Kaufmännische u. tech- nische Betriebswirtschaft (ohne Spez.)	14,2	5,0	16,5	5,0	15,2	8,2	36,0
Maschinen- u. Anlagen- führer/innen	7,8	8,3	10,1	4,4	23,4	13,2	32,7
Technische Servicekräfte in Wartung u. Instandhaltung	10,1	6,2	10,3	4,6	25,2	14,3	29,2
Branche gesamt	**8,9**	**6,9**	**11,1**	**4,8**	**24,3**	**12,1**	**32,0**
Alle Branchen	**11,9**	**5,4**	**11,8**	**4,6**	**22,4**	**10,8**	**33,1**

Fehlzeiten-Report 2020

■ **Tabelle 24.66** Verteilung der Arbeitsunfähigkeitsfälle nach Krankheitsarten und ausgewählten Berufsgruppen in der Branche Energie, Wasser, Entsorgung und Bergbau im Jahr 2019, AOK-Mitglieder

Tätigkeit	AU-Fälle in %						
	Psyche	Herz/ Kreislauf	Atem- wege	Ver- dauung	Muskel/ Skelett	Verlet- zungen	Sonstige
Aufsichts-/Führungskr. – Unternehmensorganisation u. -strategie	4,5	4,4	25,6	10,4	11,3	5,4	38,4
Berufe im Berg- u. Tagebau	4,3	4,2	20,5	9,0	19,8	8,7	33,5
Berufe im Vertrieb (außer Informations- u. Kommunika- tionstechnologien)	5,5	3,3	26,6	9,1	11,0	5,2	39,3
Berufe in der Abfallwirtschaft	3,7	4,5	19,3	9,4	19,4	9,1	34,6
Berufe in der Bauelektrik	3,8	4,8	22,1	9,8	16,9	8,0	34,6
Berufe in der elektrischen Betriebstechnik	2,9	2,7	28,7	9,8	10,7	8,8	36,3
Berufe in der Energie- u. Kraftwerkstechnik	4,4	5,4	21,9	10,2	16,1	6,5	35,6
Berufe in der Kraftfahrzeug- technik	3,6	3,9	22,7	9,2	17,8	10,4	32,4
Berufe in der Lagerwirtschaft	4,4	4,5	18,3	8,8	20,5	9,1	34,4
Berufe in der Maschinenbau- u. Betriebstechnik (ohne Spez.)	3,7	4,2	22,4	9,3	16,7	9,3	34,4
Berufe in der Naturstein- u. Mineralaufbereitung	3,2	4,6	17,6	9,5	20,8	9,9	34,4
Berufe in der Reinigung (ohne Spez.)	5,6	5,3	18,8	8,1	19,1	6,1	36,9
Berufe in der Ver- u. Ent- sorgung (ohne Spez.)	4,7	4,2	19,5	8,5	21,5	8,8	32,7
Berufe in der Wasserversor- gungs- u. Abwassertechnik	4,0	4,5	20,4	9,7	16,7	8,7	36,0
Berufskraftfahrer/innen (Güterverkehr/LKW)	4,7	5,5	16,9	8,9	21,0	8,5	34,7
Büro- u. Sekretariatskräfte (ohne Spez.)	5,7	3,3	26,7	9,2	9,2	4,8	41,2
Führer/innen von Erdbe- wegungs- u. verwandten Maschinen	4,0	6,1	16,0	9,6	18,8	8,1	37,3

◨ **Tabelle 24.66** (Fortsetzung)

Tätigkeit	AU-Tage in %						
	Psyche	Herz/ Kreislauf	Atem- wege	Ver- dauung	Muskel/ Skelett	Verlet- zungen	Sonstige
Kaufmännische u. technische Betriebswirtschaft (ohne Spez.)	5,2	3,1	28,0	9,3	9,8	5,1	39,5
Maschinen- u. Anlagenführer/innen	4,6	5,5	18,3	8,7	18,8	8,5	35,8
Technische Servicekräfte in Wartung u. Instandhaltung	4,0	4,9	20,5	9,6	18,2	8,6	34,1
Branche gesamt	**4,5**	**4,6**	**20,8**	**9,0**	**17,7**	**7,9**	**35,4**
Alle Branchen	**5,4**	**3,7**	**22,6**	**8,4**	**15,9**	**6,9**	**37,2**

Fehlzeiten-Report 2020

24

◩ **Tabelle 24.67**   Anteile der 40 häufigsten Einzeldiagnosen an den AU-Fällen und AU-Tagen in der Branche Energie, Wasser, Entsorgung und Bergbau im Jahr 2019, AOK-Mitglieder

ICD-10	Bezeichnung	AU-Fälle in %	AU-Tage in %
J06	Akute Infektionen an mehreren oder nicht näher bezeichneten Lokalisationen der oberen Atemwege	8,8	4,0
M54	Rückenschmerzen	6,5	6,5
A09	Sonstige und nicht näher bezeichnete Gastroenteritis und Kolitis infektiösen und nicht näher bezeichneten Ursprungs	3,6	1,2
K08	Sonstige Krankheiten der Zähne und des Zahnhalteapparates	2,3	0,4
I10	Essentielle (primäre) Hypertonie	2,1	1,8
J20	Akute Bronchitis	1,7	1,0
B34	Viruskrankheit nicht näher bezeichneter Lokalisation	1,5	0,7
R10	Bauch- und Beckenschmerzen	1,4	0,6
M25	Sonstige Gelenkkrankheiten, anderenorts nicht klassifiziert	1,3	1,6
K52	Sonstige nichtinfektiöse Gastroenteritis und Kolitis	1,3	0,4
F43	Reaktionen auf schwere Belastungen und Anpassungsstörungen	1,2	1,9
J40	Bronchitis, nicht als akut oder chronisch bezeichnet	1,2	0,7
T14	Verletzung an einer nicht näher bezeichneten Körperregion	1,1	1,1
K29	Gastritis und Duodenitis	1,0	0,5
F32	Depressive Episode	0,9	2,4
M75	Schulterläsionen	0,9	2,2
M51	Sonstige Bandscheibenschäden	0,9	2,1
M99	Biomechanische Funktionsstörungen, anderenorts nicht klassifiziert	0,9	0,7
J00	Akute Rhinopharyngitis [Erkältungsschnupfen]	0,9	0,4
R51	Kopfschmerz	0,9	0,4
M79	Sonstige Krankheiten des Weichteilgewebes, anderenorts nicht klassifiziert	0,8	0,7
J32	Chronische Sinusitis	0,8	0,4
J02	Akute Pharyngitis	0,8	0,3
Z98	Sonstige Zustände nach chirurgischem Eingriff	0,7	1,8
M77	Sonstige Enthesopathien	0,7	0,9
M53	Sonstige Krankheiten der Wirbelsäule und des Rückens, anderenorts nicht klassifiziert	0,7	0,8
J01	Akute Sinusitis	0,7	0,4
J03	Akute Tonsillitis	0,7	0,3

□ Tabelle 24.67 (Fortsetzung)

ICD-10	Bezeichnung	AU-Fälle in %	AU-Tage in %
R11	Übelkeit und Erbrechen	0,7	0,3
M23	Binnenschädigung des Kniegelenkes [internal derangement]	0,6	1,3
I25	Chronische ischämische Herzkrankheit	0,6	1,2
S93	Luxation, Verstauchung und Zerrung der Gelenke und Bänder in Höhe des oberen Sprunggelenkes und des Fußes	0,6	0,8
G47	Schlafstörungen	0,6	0,6
E11	Diabetes mellitus, Typ 2	0,6	0,6
R53	Unwohlsein und Ermüdung	0,6	0,6
R42	Schwindel und Taumel	0,6	0,5
J98	Sonstige Krankheiten der Atemwege	0,6	0,3
F48	Andere neurotische Störungen	0,5	0,8
E78	Störungen des Lipoproteinstoffwechsels und sonstige Lipidämien	0,5	0,4
Z92	Medizinische Behandlung in der Eigenanamnese	0,5	0,4
	Summe hier	**53,3**	**44,0**
	Restliche	46,7	56,0
	Gesamtsumme	**100,0**	**100,0**

Fehlzeiten-Report 2020

24

◘ **Tabelle 24.68** Anteile der 40 häufigsten Diagnoseuntergruppen an den AU-Fällen und AU-Tagen in der Branche Energie, Wasser, Entsorgung und Bergbau im Jahr 2019, AOK-Mitglieder

ICD-10	Bezeichnung	AU-Fälle in %	AU-Tage in %
J00–J06	Akute Infektionen der oberen Atemwege	12,8	5,8
M50–M54	Sonstige Krankheiten der Wirbelsäule und des Rückens	7,8	8,7
A00–A09	Infektiöse Darmkrankheiten	4,5	1,5
R50–R69	Allgemeinsymptome	3,2	2,5
M70–M79	Sonstige Krankheiten des Weichteilgewebes	3,0	4,5
K00–K14	Krankheiten der Mundhöhle, der Speicheldrüsen und der Kiefer	2,8	0,6
F40–F48	Neurotische, Belastungs- und somatoforme Störungen	2,6	4,4
I10–I15	Hypertonie [Hochdruckkrankheit]	2,4	2,1
J40–J47	Chronische Krankheiten der unteren Atemwege	2,3	1,8
R10–R19	Symptome, die das Verdauungssystem und das Abdomen betreffen	2,3	1,1
J20–J22	Sonstige akute Infektionen der unteren Atemwege	2,1	1,2
Z80–Z99	Personen mit potentiellen Gesundheitsrisiken aufgrund der Familien- oder Eigenanamnese und bestimmte Zustände, die den Gesundheitszustand beeinflussen	2,0	3,8
M20–M25	Sonstige Gelenkkrankheiten	2,0	3,1
B25–B34	Sonstige Viruskrankheiten	1,7	0,8
K20–K31	Krankheiten des Ösophagus, des Magens und des Duodenums	1,6	0,8
K50–K52	Nichtinfektiöse Enteritis und Kolitis	1,6	0,7
R00–R09	Symptome, die das Kreislaufsystem und das Atmungssystem betreffen	1,5	1,0
T08–T14	Verletzungen nicht näher bezeichneter Teile des Rumpfes, der Extremitäten oder anderer Körperregionen	1,4	1,4
G40–G47	Episodische und paroxysmale Krankheiten des Nervensystems	1,4	1,2
J30–J39	Sonstige Krankheiten der oberen Atemwege	1,3	0,7
F30–F39	Affektive Störungen	1,2	3,7
K55–K64	Sonstige Krankheiten des Darmes	1,2	0,9
M15–M19	Arthrose	1,1	2,7
S80–S89	Verletzungen des Knies und des Unterschenkels	1,1	2,3
S90–S99	Verletzungen der Knöchelregion und des Fußes	1,1	1,5
E70–E90	Stoffwechselstörungen	1,1	0,8
S60–S69	Verletzungen des Handgelenkes und der Hand	1,0	1,6
M95–M99	Sonstige Krankheiten des Muskel-Skelett-Systems und des Bindegewebes	1,0	0,9

◻ Tabelle 24.68 (Fortsetzung)

ICD-10	Bezeichnung	AU-Fälle in %	AU-Tage in %
J09–J18	Grippe und Pneumonie	0,9	0,7
E10–E14	Diabetes mellitus	0,8	0,8
R40–R46	Symptome, die das Erkennungs- und Wahrnehmungsvermögen, die Stimmung und das Verhalten betreffen	0,8	0,7
J95–J99	Sonstige Krankheiten des Atmungssystems	0,8	0,5
Z00–Z13	Personen, die das Gesundheitswesen zur Untersuchung und Abklärung in Anspruch nehmen	0,8	0,4
C00–C75	Bösartige Neubildungen an genau bezeichneten Lokalisationen, als primär festgestellt oder vermutet, ausgenommen lymphatisches, blutbildendes und verwandtes Gewebe	0,7	2,2
I20–I25	Ischämische Herzkrankheiten	0,7	1,7
I30–I52	Sonstige Formen der Herzkrankheit	0,7	1,3
Z40–Z54	Personen, die das Gesundheitswesen zum Zwecke spezifischer Maßnahmen und zur medizinischen Betreuung in Anspruch nehmen	0,7	1,0
M05–M14	Entzündliche Polyarthropathien	0,7	0,7
G50–G59	Krankheiten von Nerven, Nervenwurzeln und Nervenplexus	0,6	1,3
M45–M49	Spondylopathien	0,6	1,2
	Summe hier	**77,9**	**74,6**
	Restliche	22,1	25,4
	Gesamtsumme	**100,0**	**100,0**

Fehlzeiten-Report 2020

24.5 Erziehung und Unterricht

24

Entwicklung des Krankenstands der AOK-Mitglieder in der Branche Erziehung und Unterricht in den Jahren 1995 bis 2019 ▪ Tab. 24.69

Arbeitsunfähigkeit der AOK-Mitglieder in der Branche Erziehung und Unterricht nach Bundesländern im Jahr 2019 im Vergleich zum Vorjahr ▪ Tab. 24.70

Arbeitsunfähigkeit der AOK-Mitglieder nach Wirtschaftsabteilungen in der Branche Erziehung und Unterricht im Jahr 2019 ▪ Tab. 24.71

Kennzahlen der Arbeitsunfähigkeit nach ausgewählten Berufsgruppen in der Branche Erziehung und Unterricht im Jahr 2019 ▪ Tab. 24.72

Dauer der Arbeitsunfähigkeit der AOK-Mitglieder in der Branche Erziehung und Unterricht im Jahr 2019 ▪ Tab. 24.73

Tage der Arbeitsunfähigkeit je AOK-Mitglied nach Wirtschaftsabteilung und Betriebsgröße in der Branche Erziehung und Unterricht im Jahr 2019 ▪ Tab. 24.74

Krankenstand in Prozent nach Ausbildungsabschluss in der Branche Erziehung und Unterricht im Jahr 2019, AOK-Mitglieder ▪ Tab. 24.75

Tage der Arbeitsunfähigkeit je AOK-Mitglied nach Ausbildungsabschluss in der Branche Erziehung und Unterricht im Jahr 2019 ▪ Tab. 24.76

Anteil der Arbeitsunfälle an den AU-Fällen und -Tagen in Prozent nach Wirtschaftsabteilungen in der Branche Erziehung und Unterricht im Jahr 2019, AOK-Mitglieder ▪ Tab. 24.77

Tage und Fälle der Arbeitsunfähigkeit durch Arbeitsunfälle nach Berufsgruppen in der Branche Erziehung und Unterricht im Jahr 2019, AOK-Mitglieder ▪ Tab. 24.78

Tage und Fälle der Arbeitsunfähigkeit je 100 AOK-Mitglieder nach Krankheitsarten in der Branche Erziehung und Unterricht in den Jahren 2000 bis 2019 ▪ Tab. 24.79

Verteilung der Arbeitsunfähigkeitstage nach Krankheitsarten in Prozent in der Branche Erziehung und Unterricht im Jahr 2019, AOK-Mitglieder ▪ Tab. 24.80

Verteilung der Arbeitsunfähigkeitsfälle nach Krankheitsarten in Prozent in der Branche Erziehung und Unterricht im Jahr 2019, AOK-Mitglieder ▪ Tab. 24.81

Verteilung der Arbeitsunfähigkeitstage nach Krankheitsarten und ausgewählten Berufsgruppen in der Branche Erziehung und Unterricht im Jahr 2019, AOK-Mitglieder ▪ Tab. 24.82

Verteilung der Arbeitsunfähigkeitsfälle nach Krankheitsarten und ausgewählten Berufsgruppen in der Branche Erziehung und Unterricht im Jahr 2019, AOK-Mitglieder ▪ Tab. 24.83

Anteile der 40 häufigsten Einzeldiagnosen an den AU-Fällen und AU-Tagen in der Branche Erziehung und Unterricht im Jahr 2019, AOK-Mitglieder ▪ Tab. 24.84

Anteile der 40 häufigsten Diagnoseuntergruppen an den AU-Fällen und AU-Tagen in der Branche Erziehung und Unterricht im Jahr 2019, AOK-Mitglieder ▪ Tab. 24.85

Tabelle 24.69 Entwicklung des Krankenstands der AOK-Mitglieder in der Branche Erziehung und Unterricht in den Jahren 1995 bis 2019

Jahr	Krankenstand in %			AU-Fälle je 100 AOK-Mitglieder			Tage je Fall		
	West	Ost	Bund	West	Ost	Bund	West	Ost	Bund
1995	6,1	9,8	7,5	193,8	352,2	253,3	11,5	10,2	10,8
1996	6,0	9,5	7,5	220,6	364,8	280,3	10,0	9,5	9,7
1997	5,8	8,9	7,0	226,2	373,6	280,6	9,4	8,7	9,0
1998	5,9	8,4	6,9	237,2	376,1	289,1	9,1	8,2	8,7
1999	6,1	9,3	7,3	265,2	434,8	326,8	8,4	7,8	8,1
2000	6,3	9,2	7,3	288,2	497,8	358,3	8,0	6,8	7,5
2001	6,1	8,9	7,1	281,6	495,1	352,8	7,9	6,6	7,3
2002	5,6	8,6	6,6	267,2	507,0	345,5	7,7	6,2	7,0
2003	5,3	7,7	6,1	259,4	477,4	332,4	7,4	5,9	6,7
2004	5,1	7,0	5,9	247,5	393,6	304,7	7,6	6,5	7,0
2005	4,6	6,6	5,4	227,8	387,2	292,1	7,4	6,2	6,8
2006	4,4	6,1	5,1	223,0	357,5	277,6	7,2	6,2	6,7
2007	4,7	6,1	5,3	251,4	357,2	291,0	6,9	6,2	6,6
2008 (WZ03)	5,0	6,2	5,4	278,0	349,8	303,4	6,6	6,4	6,6
2008 (WZ08)[a]	5,0	6,2	5,4	272,1	348,5	297,4	6,7	6,5	6,6
2009	5,2	6,5	5,6	278,2	345,3	297,9	6,8	6,9	6,9
2010	5,1	5,7	5,3	262,4	278,0	267,6	7,1	7,5	7,3
2011	4,6	5,1	4,7	212,9	247,4	220,9	7,8	7,5	7,8
2012	4,8	5,8	5,0	238,6	256,0	242,4	7,4	8,3	7,6
2013	4,4	4,9	4,5	192,8	184,5	191,2	8,3	9,7	8,5
2014	4,6	4,9	4,6	188,1	179,2	186,4	8,9	9,9	9,1
2015	4,8	5,0	4,8	195,2	184,6	193,1	8,9	9,8	9,1
2016	4,8	5,0	4,8	193,1	182,3	190,2	9,1	10,0	9,3
2017	4,8	5,2	4,8	184,0	182,1	183,0	9,4	10,4	9,7
2018	4,9	5,4	5,0	187,4	185,7	186,5	9,5	10,5	9,8
2019	4,8	5,3	4,9	179,6	183,1	179,9	9,7	10,6	9,9

[a] aufgrund der Revision der Wirtschaftszweigklassifikation in 2008 ist eine Vergleichbarkeit mit den Vorjahren nur bedingt möglich
Fehlzeiten-Report 2020

Tabelle 24.70 Arbeitsunfähigkeit der AOK-Mitglieder in der Branche Erziehung und Unterricht nach Bundesländern im Jahr 2019 im Vergleich zum Vorjahr

Bundesland	Kranken-stand in %	Arbeitsunfähigkeit je 100 AOK-Mitglieder				Tage je Fall	Veränd. z. Vorj. in %	AU-Quote in %
		AU-Fälle	Veränd. z. Vorj. in %	AU-Tage	Veränd. z. Vorj. in %			
Baden-Württemberg	4,5	171,8	−1,6	1.642,8	−0,2	9,6	1,5	55,7
Bayern	4,1	146,8	−1,9	1.500,8	−1,6	10,2	0,3	50,5
Berlin	5,3	233,8	−3,7	1.928,0	−3,4	8,2	0,3	57,0
Brandenburg	5,3	167,0	−5,5	1.917,7	0,0	11,5	5,9	53,4
Bremen	5,6	186,7	−3,6	2.050,7	−1,3	11,0	2,4	51,2
Hamburg	4,4	163,1	−10,9	1.620,0	−5,7	9,9	5,8	45,9
Hessen	5,5	210,6	−4,7	2.002,7	−0,4	9,5	4,6	57,3
Mecklenburg-Vorpommern	5,5	187,5	−3,5	2.001,9	3,3	10,7	7,0	53,6
Niedersachsen	5,4	205,9	−1,0	1.973,2	−1,1	9,6	−0,1	61,1
Nordrhein-Westfalen	4,9	187,8	−4,5	1.799,0	−3,0	9,6	1,6	55,0
Rheinland-Pfalz	5,0	157,9	−31,2	1.810,7	−15,7	11,5	22,5	50,7
Saarland	5,4	224,3	1,8	1.963,8	−6,9	8,8	−8,5	60,1
Sachsen	5,1	183,0	0,0	1.844,8	−0,3	10,1	−0,3	59,2
Sachsen-Anhalt	5,7	176,7	−2,1	2.094,7	−2,8	11,9	−0,8	56,6
Schleswig-Holstein	5,4	184,4	−2,1	1.971,0	−0,1	10,7	2,1	55,6
Thüringen	5,8	191,4	−4,0	2.116,7	−4,8	11,1	−0,9	61,4
West	**4,8**	**179,6**	**−4,2**	**1.748,6**	**−2,2**	**9,7**	**2,0**	**54,8**
Ost	**5,3**	**183,1**	**−1,4**	**1.931,8**	**−1,2**	**10,6**	**0,2**	**58,7**
Bund	**4,9**	**179,9**	**−3,5**	**1.785,6**	**−2,0**	**9,9**	**1,6**	**55,6**

Fehlzeiten-Report 2020

◻ **Tabelle 24.71** Arbeitsunfähigkeit der AOK-Mitglieder nach Wirtschaftsabteilungen in der Branche Erziehung und Unterricht im Jahr 2019

Wirtschaftsabteilungen	Krankenstand in %		Arbeitsunfähigkeiten je 100 AOK-Mitglieder		Tage je Fall	AU-Quote in %
	2019	2019 stand.[a]	Fälle	Tage		
Erbringung von Dienstleistungen für den Unterricht	3,6	3,2	149,2	1.296,9	8,7	47,8
Grundschulen	5,1	4,5	159,2	1.869,9	11,7	54,8
Kindergärten und Vorschulen	5,7	5,6	218,7	2.088,7	9,5	66,3
Sonstiger Unterricht	4,8	4,7	193,6	1.743,7	9,0	52,6
Tertiärer und post-sekundärer, nicht tertiärer Unterricht	3,2	3,9	115,1	1.185,1	10,3	40,5
Weiterführende Schulen	4,9	4,3	160,0	1.798,5	11,2	53,2
Branche gesamt	**4,9**	**4,6**	**179,9**	**1.785,6**	**9,9**	**55,6**
Alle Branchen	**5,4**	**5,5**	**164,7**	**1.980,3**	**12,0**	**52,9**

[a] Krankenstand alters- und geschlechtsstandardisiert
Fehlzeiten-Report 2020

Tabelle 24.72 Kennzahlen der Arbeitsunfähigkeit nach ausgewählten Berufsgruppen in der Branche Erziehung und Unterricht im Jahr 2019

Tätigkeit	Kranken-stand in %	Arbeitsunfähigkeit je 100 AOK-Mitglieder		Tage je Fall	AU-Quote in %	Anteil der Berufsgruppe an der Branche in %[a]
		AU-Fälle	AU-Tage			
Aufsichts-/Führungskr. – Erziehung, Sozialarbeit, Heil-erziehungspflege	4,8	163,4	1.758,6	10,8	61,6	1,0
Berufe im Verkauf (Ohne Spez.)	6,9	474,9	2.500,4	5,3	62,6	1,1
Berufe in der betrieblichen Ausbildung u. Betriebs-pädagogik	5,2	155,5	1.907,8	12,3	57,2	1,0
Berufe in der Erwachsenen-bildung (ohne Spez.)	3,9	138,8	1.432,9	10,3	47,9	1,5
Berufe in der Erziehungs-wissenschaft	4,8	180,1	1.745,7	9,7	57,3	1,7
Berufe in der Gebäudetechnik (ohne Spez.)	6,2	137,5	2.257,8	16,4	55,9	1,5
Berufe in der Gesundheits- u. Krankenpflege (ohne Spez.)	4,3	207,9	1.570,5	7,6	57,7	1,3
Berufe in der Hauswirtschaft	7,5	224,8	2.729,2	12,1	67,0	1,7
Berufe in der Hochschullehre u. -forschung	1,2	51,7	449,6	8,7	23,3	8,2
Berufe in der Kinder-betreuung u. -erziehung	5,5	223,5	2.008,1	9,0	66,7	31,2
Berufe in der öffentlichen Verwaltung (ohne Spez.)	4,3	151,2	1.560,3	10,3	53,9	2,1
Berufe in der Reinigung (ohne Spez.)	7,9	182,2	2.872,1	15,8	64,5	4,7
Berufe in der Sozialarbeit u. Sozialpädagogik	4,5	167,7	1.629,7	9,7	56,5	2,0
Berufe in Heilerziehungs-pflege u. Sonderpädagogik	6,0	206,6	2.200,6	10,6	64,3	1,5
Büro- u. Sekretariatskräfte (ohne Spez.)	4,3	163,9	1.573,4	9,6	51,8	5,2
Fahrlehrer/innen	3,5	102,1	1.284,0	12,6	41,8	1,2
Köche/Köchinnen (ohne Spez.)	7,3	199,7	2.676,9	13,4	64,3	1,9
Lehrkräfte für berufsbildende Fächer	3,8	124,3	1.399,2	11,3	48,2	2,4

◻ **Tabelle 24.72** (Fortsetzung)

Tätigkeit	Krankenstand in %	Arbeitsunfähigkeit je 100 AOK-Mitglieder		Tage je Fall	AU-Quote in %	Anteil der Berufsgruppe an der Branche in %[a]
		AU-Fälle	AU-Tage			
Lehrkräfte in der Primarstufe	3,7	132,6	1.349,3	10,2	44,1	2,2
Lehrkräfte in der Sekundarstufe	4,2	136,2	1.528,0	11,2	48,4	7,6
Branche gesamt	**4,9**	**179,9**	**1.785,6**	**9,9**	**55,6**	**2,7**[b]

[a] Anteil der AOK-Mitglieder in der Berufsgruppe an den in der Branche beschäftigten AOK-Mitgliedern insgesamt
[b] Anteil der AOK-Mitglieder in der Branche an allen AOK-Mitgliedern
Fehlzeiten-Report 2020

◻ **Tabelle 24.73** Dauer der Arbeitsunfähigkeit der AOK-Mitglieder in der Branche Erziehung und Unterricht im Jahr 2019

Fallklasse	Branche hier		Alle Branchen	
	Anteil Fälle in %	Anteil Tage in %	Anteil Fälle in %	Anteil Tage in %
1–3 Tage	40,9	8,3	35,5	5,9
4–7 Tage	31,1	15,4	31,3	13,2
8–14 Tage	15,6	15,9	17,1	14,7
15–21 Tage	4,5	7,9	5,7	8,3
22–28 Tage	2,4	5,9	2,9	5,8
29–42 Tage	2,3	8,1	3,0	8,6
> 42 Tage	3,2	38,5	4,4	43,5

Fehlzeiten-Report 2020

24

◻ **Tabelle 24.74** Tage der Arbeitsunfähigkeit je AOK-Mitglied nach Wirtschaftsabteilung und Betriebsgröße in der Branche Erziehung und Unterricht im Jahr 2019

Wirtschaftsabteilungen	Betriebsgröße (Anzahl der AOK-Mitglieder)					
	10–49	50–99	100–199	200–499	500–999	≥ 1.000
Erbringung von Dienstleistungen für den Unterricht	13,8	–	–	–	–	–
Grundschulen	18,6	18,0	16,9	24,2	–	21,5
Kindergärten und Vorschulen	20,1	21,6	23,4	26,6	31,5	27,1
Sonstiger Unterricht	19,3	21,1	19,6	26,7	15,0	–
Tertiärer und post-sekundärer, nicht tertiärer Unterricht	11,2	12,3	13,4	11,8	11,6	12,8
Weiterführende Schulen	18,5	19,8	19,2	21,1	23,6	15,4
Branche gesamt	**18,7**	**19,3**	**19,4**	**17,1**	**18,2**	**15,2**
Alle Branchen	**20,3**	**22,4**	**22,5**	**22,6**	**22,6**	**22,6**

Fehlzeiten-Report 2020

◻ **Tabelle 24.75** Krankenstand in Prozent nach Ausbildungsabschluss in der Branche Erziehung und Unterricht im Jahr 2019, AOK-Mitglieder

Wirtschafts-abteilungen	Ausbildung						
	ohne Ausbildungsabschluss	mit Ausbildungsabschluss	Meister/ Techniker	Bachelor	Diplom/ Magister/ Master/ Staatsexamen	Promotion	unbekannt
Erbringung von Dienstleistungen für den Unterricht	2,0	5,0	7,1	2,2	3,0	–	1,9
Grundschulen	5,9	5,9	7,3	3,1	4,2	3,2	4,6
Kindergärten und Vorschulen	6,2	5,7	6,4	4,0	4,9	2,9	5,9
Sonstiger Unterricht	5,9	5,1	5,1	3,1	3,5	2,7	4,4
Tertiärer und postsekundärer, nicht tertiärer Unterricht	4,9	5,8	4,5	1,7	1,7	1,2	3,9
Weiterführende Schulen	6,5	5,8	5,5	2,8	4,1	2,4	4,8
Branche gesamt	**5,9**	**5,6**	**5,9**	**2,7**	**3,2**	**1,5**	**5,0**
Alle Branchen	**6,0**	**5,9**	**4,6**	**2,4**	**2,9**	**2,1**	**4,9**

Fehlzeiten-Report 2020

◩ **Tabelle 24.76** Tage der Arbeitsunfähigkeit je AOK-Mitglied nach Ausbildungsabschluss in der Branche Erziehung und Unterricht im Jahr 2019

Wirtschafts-abteilungen	Ausbildung						
	ohne Aus-bildungs-abschluss	mit Aus-bildungs-abschluss	Meister/ Techniker	Bachelor	Diplom/ Magister/ Master/ Staats-examen	Promotion	unbekannt
Erbringung von Dienst-leistungen für den Unterricht	7,2	18,4	25,8	7,9	11,0	–	7,0
Grundschulen	21,4	21,4	26,6	11,1	15,2	11,6	16,6
Kindergärten und Vor-schulen	22,7	20,8	23,2	14,5	17,8	10,5	21,5
Sonstiger Unterricht	21,4	18,5	18,6	11,3	12,9	9,9	16,2
Tertiärer und post-sekundärer, nicht tertiärer Unterricht	17,9	21,2	16,6	6,1	6,1	4,5	14,4
Weiterführende Schulen	23,7	21,2	20,3	10,3	15,0	8,8	17,4
Branche gesamt	**21,6**	**20,6**	**21,6**	**10,0**	**11,6**	**5,3**	**18,1**
Alle Branchen	**21,8**	**21,6**	**16,7**	**8,7**	**10,7**	**7,7**	**18,0**

Fehlzeiten-Report 2020

◩ **Tabelle 24.77** Anteil der Arbeitsunfälle an den AU-Fällen und -Tagen in Prozent nach Wirtschaftsabteilungen in der Branche Erziehung und Unterricht im Jahr 2019, AOK-Mitglieder

Wirtschaftsabteilungen	AU-Fälle in %	AU-Tage in %
Erbringung von Dienstleistungen für den Unterricht	1,2	5,6
Grundschulen	1,7	3,0
Kindergärten und Vorschulen	1,3	2,7
Sonstiger Unterricht	1,8	3,9
Tertiärer und post-sekundärer, nicht tertiärer Unterricht	1,5	2,9
Weiterführende Schulen	1,6	3,4
Branche gesamt	**1,5**	**3,1**
Alle Branchen	**3,0**	**5,8**

Fehlzeiten-Report 2020

◘ Tabelle 24.78 Tage und Fälle der Arbeitsunfähigkeit durch Arbeitsunfälle nach Berufsgruppen in der Branche Erziehung und Unterricht im Jahr 2019, AOK-Mitglieder

Tätigkeit	Arbeitsunfähigkeit je 1.000 AOK-Mitglieder	
	AU-Tage	AU-Fälle
Berufe in der Gebäudetechnik (ohne Spez.)	1.527,9	47,1
Fahrlehrer/innen	884,3	37,0
Berufe in der Reinigung (ohne Spez.)	835,0	26,4
Köche/Köchinnen (ohne Spez.)	818,0	43,3
Berufe im Verkauf (Ohne Spez.)	809,1	63,6
Berufe in der Hauswirtschaft	694,0	36,5
Berufe in Heilerziehungspflege u. Sonderpädagogik	630,2	31,8
Berufe in der betrieblichen Ausbildung u. Betriebspädagogik	624,0	27,2
Berufe in der Erziehungswissenschaft	613,5	26,9
Berufe in der Kinderbetreuung u. -erziehung	574,6	28,3
Aufsichts-/Führungskr. – Erziehung, Sozialarbeit, Heilerziehungspflege	470,0	24,6
Lehrkräfte in der Sekundarstufe	423,8	18,3
Berufe in der Gesundheits- u. Krankenpflege (ohne Spez.)	413,4	30,9
Berufe in der öffentlichen Verwaltung (ohne Spez.)	354,1	16,3
Büro- u. Sekretariatskräfte (ohne Spez.)	351,2	15,5
Lehrkräfte für berufsbildende Fächer	345,2	16,7
Lehrkräfte in der Primarstufe	328,7	15,9
Berufe in der Sozialarbeit u. Sozialpädagogik	318,7	18,7
Berufe in der Erwachsenenbildung (ohne Spez.)	274,8	18,1
Berufe in der Hochschullehre u. -forschung	96,0	6,9
Branche gesamt	**550,6**	**26,2**
Alle Branchen	**1.145,8**	**48,9**

Fehlzeiten-Report 2020

◨ **Tabelle 24.79** Tage und Fälle der Arbeitsunfähigkeit je 100 AOK-Mitglieder nach Krankheitsarten in der Branche Erziehung und Unterricht in den Jahren 2000 bis 2019

Jahr	Arbeitsunfähigkeiten je 100 AOK-Mitglieder											
	Psyche		Herz/Kreis-lauf		Atemwege		Verdauung		Muskel/Skelett		Verletzungen	
	Tage	Fälle	Tage	Fälle	Tage	Fälle	Tage	Fälle	Tage	Fälle	Tage	Fälle
2000	200,3	13,3	145,3	16,1	691,6	122,5	268,8	55,4	596,0	56,0	357,1	33,8
2001	199,2	13,9	140,8	16,1	681,8	125,5	265,8	55,8	591,4	56,8	342,0	32,9
2002	199,6	14,2	128,7	15,3	623,5	118,9	257,3	57,3	538,7	54,4	327,0	32,0
2003	185,4	13,5	120,7	14,8	596,5	116,7	239,2	55,5	470,6	48,9	296,4	30,0
2004	192,8	14,0	121,5	12,7	544,1	101,0	245,2	53,0	463,3	46,9	302,8	29,1
2005	179,7	12,5	102,4	11,0	557,4	104,0	216,9	49,3	388,1	40,2	281,7	27,7
2006	174,6	12,0	99,8	11,2	481,8	92,8	215,6	50,0	365,9	38,0	282,7	27,7
2007	191,0	12,9	97,1	10,5	503,6	97,6	229,8	52,9	366,9	38,5	278,0	27,1
2008 (WZ03)	201,0	13,5	96,2	10,5	506,8	99,1	237,3	55,8	387,0	40,8	282,0	27,9
2008 (WZ08)[a]	199,5	13,3	97,6	10,4	498,4	97,3	232,6	54,5	387,1	40,3	279,3	27,2
2009	226,5	14,7	102,7	9,9	557,5	103,5	223,7	50,2	382,8	39,2	265,2	24,7
2010	261,4	14,9	98,1	9,3	460,6	86,6	176,9	39,0	387,7	36,3	253,5	21,9
2011	263,0	13,7	99,1	8,0	394,8	72,3	146,3	30,0	351,0	30,0	205,5	16,1
2012	297,7	15,6	104,0	8,6	408,8	76,8	161,2	33,7	374,0	33,3	233,9	18,4
2013	278,6	12,4	102,4	7,0	403,4	70,5	123,3	23,6	346,7	26,2	178,9	12,8
2014	316,3	13,6	111,8	7,5	349,4	62,8	127,5	23,5	374,8	26,9	186,8	12,8
2015	326,3	13,6	112,8	7,4	410,7	70,7	125,3	22,8	370,6	26,0	180,5	12,2
2016	342,1	13,9	102,8	7,4	395,1	68,8	119,3	22,2	376,9	26,0	183,1	12,0
2017	355,2	14,0	102,1	7,2	398,2	67,3	113,6	20,1	374,6	24,7	186,5	11,7
2018	365,4	14,0	101,5	7,2	424,5	69,8	111,3	19,8	372,5	24,4	186,8	11,6
2019	380,2	14,1	95,0	6,9	378,6	65,2	107,5	18,9	367,6	23,8	184,2	11,1

[a] aufgrund der Revision der Wirtschaftszweigklassifikation in 2008 ist eine Vergleichbarkeit mit den Vorjahren nur bedingt möglich

Fehlzeiten-Report 2020

24

◘ **Tabelle 24.80** Verteilung der Arbeitsunfähigkeitstage nach Krankheitsarten in Prozent in der Branche Erziehung und Unterricht im Jahr 2019, AOK-Mitglieder

Wirtschaftsabteilungen	AU-Tage in %						
	Psyche	**Herz/ Kreislauf**	**Atem- wege**	**Ver- dauung**	**Muskel/ Skelett**	**Verlet- zungen**	**Sonstige**
Erbringung von Dienst- leistungen für den Unterricht	8,8	3,1	17,5	6,3	10,1	11,9	42,3
Grundschulen	17,2	5,1	15,0	4,2	15,0	7,4	36,0
Kindergärten und Vorschulen	16,4	3,3	18,0	4,4	15,8	7,3	34,8
Sonstiger Unterricht	15,5	4,5	14,8	5,1	15,6	8,9	35,6
Tertiärer und post-sekundärer, nicht tertiärer Unterricht	16,0	4,3	15,5	4,9	15,0	8,1	36,2
Weiterführende Schulen	16,5	5,0	14,2	4,4	16,4	8,2	35,4
Branche gesamt	**16,3**	**4,1**	**16,2**	**4,6**	**15,7**	**7,9**	**35,3**
Alle Branchen	**11,9**	**5,4**	**11,8**	**4,6**	**22,4**	**10,8**	**33,1**

Fehlzeiten-Report 2020

◘ **Tabelle 24.81** Verteilung der Arbeitsunfähigkeitsfälle nach Krankheitsarten in Prozent in der Branche Erziehung und Unterricht im Jahr 2019, AOK-Mitglieder

Wirtschaftsabteilungen	AU-Fälle in %						
	Psyche	**Herz/ Kreislauf**	**Atem- wege**	**Ver- dauung**	**Muskel/ Skelett**	**Verlet- zungen**	**Sonstige**
Erbringung von Dienst- leistungen für den Unterricht	4,9	3,9	26,2	11,0	8,7	7,1	38,2
Grundschulen	6,8	3,8	27,6	8,2	10,4	4,8	38,3
Kindergärten und Vorschulen	5,7	2,5	30,7	7,8	9,7	4,4	39,2
Sonstiger Unterricht	6,2	3,1	25,2	8,8	10,7	5,3	40,7
Tertiärer und post-sekundärer, nicht tertiärer Unterricht	6,3	3,2	27,4	8,5	10,8	5,3	38,6
Weiterführende Schulen	6,8	3,9	26,2	8,3	11,1	5,1	38,6
Branche gesamt	**6,1**	**3,0**	**28,3**	**8,2**	**10,3**	**4,8**	**39,3**
Alle Branchen	**5,4**	**3,7**	**22,6**	**8,4**	**15,9**	**6,9**	**37,2**

Fehlzeiten-Report 2020

◘ Tabelle 24.82 Verteilung der Arbeitsunfähigkeitstage nach Krankheitsarten und ausgewählten Berufsgruppen in der Branche Erziehung und Unterricht im Jahr 2019, AOK-Mitglieder

Tätigkeit	AU-Tage in %						
	Psyche	Herz/ Kreislauf	Atem- wege	Ver- dauung	Muskel/ Skelett	Verlet- zungen	Sonstige
Aufsichts-/Führungskr. – Erziehung, Sozialarbeit, Heil- erziehungspflege	18,7	4,2	15,7	3,8	15,3	7,3	35,0
Berufe im Verkauf (Ohne Spez.)	13,8	1,6	20,0	8,3	11,0	9,4	35,9
Berufe in der betrieblichen Ausbildung u. Betriebs- pädagogik	15,3	6,1	13,4	4,5	16,1	8,6	36,0
Berufe in der Erwachsenen- bildung (ohne Spez.)	20,3	4,5	14,8	4,4	11,9	6,2	37,8
Berufe in der Erziehungs- wissenschaft	20,5	4,2	17,1	5,0	11,7	6,6	34,9
Berufe in der Gebäudetechnik (ohne Spez.)	9,5	8,4	9,6	4,9	21,1	9,9	36,6
Berufe in der Gesundheits- u. Krankenpflege (ohne Spez.)	18,2	4,3	17,6	6,2	13,3	7,5	32,9
Berufe in der Hauswirtschaft	13,8	4,6	13,1	3,9	22,3	7,9	34,3
Berufe in der Hochschullehre u. -forschung	18,4	3,3	19,7	4,9	8,0	8,0	37,7
Berufe in der Kinder- betreuung u. -erziehung	17,4	2,8	19,5	4,6	13,7	7,4	34,8
Berufe in der öffentlichen Verwaltung (ohne Spez.)	17,6	3,9	15,5	4,5	13,3	7,4	37,7
Berufe in der Reinigung (ohne Spez.)	11,7	5,8	10,5	3,5	27,5	7,9	33,2
Berufe in der Sozialarbeit u. Sozialpädagogik	22,3	3,3	17,5	4,1	11,4	6,2	35,1
Berufe in Heilerziehungs- pflege u. Sonderpädagogik	18,5	3,6	16,4	4,1	14,8	7,5	35,1
Büro- u. Sekretariatskräfte (ohne Spez.)	17,6	3,6	15,3	4,9	12,9	7,2	38,3
Fahrlehrer/innen	10,4	8,3	9,2	5,0	16,5	11,5	39,1
Köche/Köchinnen (ohne Spez.)	13,1	4,5	11,6	4,6	22,9	8,1	35,2
Lehrkräfte für berufsbildende Fächer	20,1	5,1	14,0	5,1	11,6	7,7	36,4

24

◘ Tabelle 24.82 (Fortsetzung)

Tätigkeit	AU-Tage in %						
	Psyche	Herz/ Kreislauf	Atem- wege	Ver- dauung	Muskel/ Skelett	Verlet- zungen	Sonstige
Lehrkräfte in der Primarstufe	20,8	4,8	17,8	4,8	10,8	7,0	33,9
Lehrkräfte in der Sekundar- stufe	19,2	5,4	15,2	4,4	12,2	7,5	36,2
Branche gesamt	**16,3**	**4,1**	**16,2**	**4,6**	**15,7**	**7,9**	**35,3**
Alle Branchen	**11,9**	**5,4**	**11,8**	**4,6**	**22,4**	**10,8**	**33,1**

Fehlzeiten-Report 2020

◘ **Tabelle 24.83** Verteilung der Arbeitsunfähigkeitsfälle nach Krankheitsarten und ausgewählten Berufsgruppen in der Branche Erziehung und Unterricht im Jahr 2019, AOK-Mitglieder

Tätigkeit	AU-Tage in %						
	Psyche	Herz/ Kreislauf	Atem- wege	Ver- dauung	Muskel/ Skelett	Verlet- zungen	Sonstige
Aufsichts-/Führungskr. – Erziehung, Sozialarbeit, Heil- erziehungspflege	6,7	3,5	28,4	7,7	10,6	4,9	38,2
Berufe im Verkauf (Ohne Spez.)	5,7	1,8	24,3	10,2	7,6	5,0	45,4
Berufe in der betrieblichen Ausbildung u. Betriebs- pädagogik	6,7	5,0	23,1	9,0	12,6	5,0	38,5
Berufe in der Erwachsenen- bildung (ohne Spez.)	8,5	3,8	27,0	7,8	8,4	4,2	40,2
Berufe in der Erziehungs- wissenschaft	7,9	3,5	28,0	8,2	9,5	4,2	38,7
Berufe in der Gebäudetechnik (ohne Spez.)	5,0	6,1	18,6	8,4	17,6	7,4	36,8
Berufe in der Gesundheits- u. Krankenpflege (ohne Spez.)	6,5	2,7	26,5	9,0	8,7	5,0	41,7
Berufe in der Hauswirtschaft	5,6	3,7	24,1	7,8	15,3	5,0	38,4
Berufe in der Hochschullehre u. -forschung	6,0	2,4	32,4	8,0	6,5	5,5	39,3
Berufe in der Kinder- betreuung u. -erziehung	5,8	2,2	31,8	7,9	8,6	4,3	39,4
Berufe in der öffentlichen Verwaltung (ohne Spez.)	6,8	3,0	27,7	8,2	9,7	4,7	39,9
Berufe in der Reinigung (ohne Spez.)	5,9	4,6	20,8	7,8	19,2	5,3	36,5
Berufe in der Sozialarbeit u. Sozialpädagogik	7,8	2,8	29,7	7,8	9,1	4,0	38,9
Berufe in Heilerziehungs- pflege u. Sonderpädagogik	6,8	2,5	29,1	7,9	10,4	5,0	38,2
Büro- u. Sekretariatskräfte (ohne Spez.)	6,8	3,1	26,2	8,8	9,4	4,4	41,4
Fahrlehrer/innen	5,1	5,1	20,1	9,6	11,0	7,1	41,9
Köche/Köchinnen (ohne Spez.)	5,7	3,8	22,7	8,4	15,5	5,9	38,0
Lehrkräfte für berufsbildende Fächer	7,8	4,6	26,5	8,3	9,2	5,0	38,6

24

◨ **Tabelle 24.83** (Fortsetzung)

Tätigkeit	AU-Tage in %						
	Psyche	Herz/ Kreislauf	Atem- wege	Ver- dauung	Muskel/ Skelett	Verlet- zungen	Sonstige
Lehrkräfte in der Primarstufe	6,8	3,4	33,1	7,2	8,4	4,1	37,1
Lehrkräfte in der Sekundar- stufe	7,6	4,3	27,9	8,3	9,5	4,7	37,8
Branche gesamt	**6,1**	**3,0**	**28,3**	**8,2**	**10,3**	**4,8**	**39,3**
Alle Branchen	**5,4**	**3,7**	**22,6**	**8,4**	**15,9**	**6,9**	**37,2**

Fehlzeiten-Report 2020

◼ **Tabelle 24.84** Anteile der 40 häufigsten Einzeldiagnosen an den AU-Fällen und AU-Tagen in der Branche Erziehung und Unterricht im Jahr 2019, AOK-Mitglieder

ICD-10	Bezeichnung	AU-Fälle in %	AU-Tage in %
J06	Akute Infektionen an mehreren oder nicht näher bezeichneten Lokalisationen der oberen Atemwege	12,5	6,3
A09	Sonstige und nicht näher bezeichnete Gastroenteritis und Kolitis infektiösen und nicht näher bezeichneten Ursprungs	4,8	1,7
M54	Rückenschmerzen	3,8	3,9
B34	Viruskrankheit nicht näher bezeichneter Lokalisation	2,2	1,1
F43	Reaktionen auf schwere Belastungen und Anpassungsstörungen	1,9	3,7
R10	Bauch- und Beckenschmerzen	1,9	1,0
J20	Akute Bronchitis	1,8	1,2
K08	Sonstige Krankheiten der Zähne und des Zahnhalteapparates	1,8	0,5
K52	Sonstige nichtinfektiöse Gastroenteritis und Kolitis	1,7	0,6
R51	Kopfschmerz	1,5	0,7
J40	Bronchitis, nicht als akut oder chronisch bezeichnet	1,4	0,9
J03	Akute Tonsillitis	1,4	0,8
J01	Akute Sinusitis	1,4	0,8
J02	Akute Pharyngitis	1,4	0,7
J00	Akute Rhinopharyngitis [Erkältungsschnupfen]	1,4	0,6
F32	Depressive Episode	1,3	4,5
J32	Chronische Sinusitis	1,3	0,8
I10	Essentielle (primäre) Hypertonie	1,2	1,2
K29	Gastritis und Duodenitis	1,2	0,6
R11	Übelkeit und Erbrechen	1,1	0,5
G43	Migräne	1,1	0,4
F48	Andere neurotische Störungen	0,9	1,7
R53	Unwohlsein und Ermüdung	0,9	1,0
J04	Akute Laryngitis und Tracheitis	0,9	0,5
J98	Sonstige Krankheiten der Atemwege	0,8	0,5
F45	Somatoforme Störungen	0,7	1,7
M25	Sonstige Gelenkkrankheiten, anderenorts nicht klassifiziert	0,7	0,9
M79	Sonstige Krankheiten des Weichteilgewebes, anderenorts nicht klassifiziert	0,7	0,7
R42	Schwindel und Taumel	0,7	0,5

24

◻ **Tabelle 24.84** (Fortsetzung)

ICD-10	Bezeichnung	AU-Fälle in %	AU-Tage in %
N39	Sonstige Krankheiten des Harnsystems	0,7	0,4
B99	Sonstige und nicht näher bezeichnete Infektionskrankheiten	0,7	0,4
T14	Verletzung an einer nicht näher bezeichneten Körperregion	0,6	0,7
M99	Biomechanische Funktionsstörungen, anderenorts nicht klassifiziert	0,6	0,5
J11	Grippe, Viren nicht nachgewiesen	0,6	0,3
H10	Konjunktivitis	0,6	0,2
A08	Virusbedingte und sonstige näher bezeichnete Darminfektionen	0,6	0,2
Z98	Sonstige Zustände nach chirurgischem Eingriff	0,5	1,5
M51	Sonstige Bandscheibenschäden	0,5	1,3
M53	Sonstige Krankheiten der Wirbelsäule und des Rückens, anderenorts nicht klassifiziert	0,5	0,6
R05	Husten	0,5	0,3
	Summe hier	**60,8**	**46,4**
	Restliche	39,2	53,6
	Gesamtsumme	**100,0**	**100,0**

Fehlzeiten-Report 2020

◻ **Tabelle 24.85** Anteile der 40 häufigsten Diagnoseuntergruppen an den AU-Fällen und AU-Tagen in der Branche Erziehung und Unterricht im Jahr 2019, AOK-Mitglieder

ICD-10	Bezeichnung	AU-Fälle in %	AU-Tage in %
J00–J06	Akute Infektionen der oberen Atemwege	19,1	9,7
A00–A09	Infektiöse Darmkrankheiten	5,9	2,2
M50–M54	Sonstige Krankheiten der Wirbelsäule und des Rückens	4,6	5,4
F40–F48	Neurotische, Belastungs- und somatoforme Störungen	4,0	8,5
R50–R69	Allgemeinsymptome	3,9	3,1
R10–R19	Symptome, die das Verdauungssystem und das Abdomen betreffen	3,3	1,7
B25–B34	Sonstige Viruskrankheiten	2,5	1,3
J40–J47	Chronische Krankheiten der unteren Atemwege	2,4	1,8
J20–J22	Sonstige akute Infektionen der unteren Atemwege	2,2	1,4
K00–K14	Krankheiten der Mundhöhle, der Speicheldrüsen und der Kiefer	2,2	0,7
G40–G47	Episodische und paroxysmale Krankheiten des Nervensystems	2,0	1,5
J30–J39	Sonstige Krankheiten der oberen Atemwege	2,0	1,3
K50–K52	Nichtinfektiöse Enteritis und Kolitis	2,0	0,9
F30–F39	Affektive Störungen	1,8	7,5
M70–M79	Sonstige Krankheiten des Weichteilgewebes	1,7	2,6
K20–K31	Krankheiten des Ösophagus, des Magens und des Duodenums	1,7	0,9
Z80–Z99	Personen mit potentiellen Gesundheitsrisiken aufgrund der Familien- oder Eigenanamnese und bestimmte Zustände, die den Gesundheitszustand beeinflussen	1,5	3,1
R00–R09	Symptome, die das Kreislaufsystem und das Atmungssystem betreffen	1,4	0,9
I10–I15	Hypertonie [Hochdruckkrankheit]	1,3	1,4
M20–M25	Sonstige Gelenkkrankheiten	1,2	2,3
N30–N39	Sonstige Krankheiten des Harnsystems	1,1	0,6
J95–J99	Sonstige Krankheiten des Atmungssystems	1,0	0,6
R40–R46	Symptome, die das Erkennungs- und Wahrnehmungsvermögen, die Stimmung und das Verhalten betreffen	0,9	0,8
J09–J18	Grippe und Pneumonie	0,9	0,7
K55–K64	Sonstige Krankheiten des Darmes	0,9	0,7
T08–T14	Verletzungen nicht näher bezeichneter Teile des Rumpfes, der Extremitäten oder anderer Körperregionen	0,8	0,9
N80–N98	Nichtentzündliche Krankheiten des weiblichen Genitaltraktes	0,8	0,7
B99–B99	Sonstige Infektionskrankheiten	0,8	0,4

24

□ **Tabelle 24.85** (Fortsetzung)

ICD-10	Bezeichnung	AU-Fälle in %	AU-Tage in %
S80–S89	Verletzungen des Knies und des Unterschenkels	0,7	1,6
S90–S99	Verletzungen der Knöchelregion und des Fußes	0,7	1,2
M95–M99	Sonstige Krankheiten des Muskel-Skelett-Systems und des Bindegewebes	0,7	0,6
E70–E90	Stoffwechselstörungen	0,7	0,5
H10–H13	Affektionen der Konjunktiva	0,7	0,3
M15–M19	Arthrose	0,6	1,7
E00–E07	Krankheiten der Schilddrüse	0,6	0,6
D10–D36	Gutartige Neubildungen	0,6	0,6
H65–H75	Krankheiten des Mittelohres und des Warzenfortsatzes	0,6	0,4
I95–I99	Sonstige und nicht näher bezeichnete Krankheiten des Kreislaufsystems	0,6	0,3
Z00–Z13	Personen, die das Gesundheitswesen zur Untersuchung und Abklärung in Anspruch nehmen	0,6	0,3
Z40–Z54	Personen, die das Gesundheitswesen zum Zwecke spezifischer Maßnahmen und zur medizinischen Betreuung in Anspruch nehmen	0,5	1,0
	Summe hier	**81,5**	**72,7**
	Restliche	18,5	27,3
	Gesamtsumme	**100,0**	**100,0**

Fehlzeiten-Report 2020

24.6 Gesundheits- und Sozialwesen

24

◘ **Tabelle 24.86** Entwicklung des Krankenstands der AOK-Mitglieder in der Branche Gesundheits- und Sozialwesen in den Jahren 2000 bis 2019

Jahr	Krankenstand in %			AU-Fälle je 100 AOK-Mitglieder			Tage je Fall		
	West	Ost	Bund	West	Ost	Bund	West	Ost	Bund
2000	5,7	5,4	5,7	162,4	165,2	162,8	12,8	12,0	12,7
2001	5,5	5,3	5,5	157,5	152,4	156,9	12,8	12,8	12,8
2002	5,4	5,2	5,4	159,5	154,7	159,0	12,4	12,4	12,4
2003	5,1	4,7	5,1	156,8	142,9	154,9	12,0	12,0	12,0
2004	4,8	4,2	4,7	144,9	129,8	142,7	12,2	11,9	12,1
2005	4,6	4,1	4,6	142,5	123,9	139,6	11,9	12,0	11,9
2006	4,5	3,9	4,4	136,6	116,9	133,4	12,1	12,3	12,1
2007	4,8	4,2	4,7	145,2	125,8	141,9	12,2	12,2	12,2
2008 (WZ03)	4,9	4,5	4,8	151,3	129,9	147,7	11,9	12,6	12,0
2008 (WZ08)[a]	4,9	4,5	4,8	151,5	130,8	147,9	11,9	12,6	12,0
2009	5,1	4,9	5,0	159,6	143,2	156,8	11,6	12,5	11,7
2010	5,2	5,1	5,2	158,8	155,3	158,2	11,9	11,9	11,9
2011	5,3	4,8	5,2	162,2	157,7	161,4	12,0	11,2	11,8
2012	5,3	5,2	5,3	158,2	140,5	155,2	12,3	13,5	12,5
2013	5,5	5,4	5,5	166,9	147,2	163,5	12,0	13,3	12,2
2014	5,7	5,5	5,6	165,4	145,9	162,0	12,5	13,7	12,7
2015	5,9	5,7	5,8	176,6	158,2	173,2	12,1	13,3	12,3
2016	5,8	5,9	5,8	175,8	162,0	173,1	12,1	13,3	12,3
2017	5,8	6,1	5,9	172,7	163,8	170,9	12,3	13,6	12,5
2018	6,0	6,4	6,0	177,4	170,1	175,9	12,3	13,6	12,5
2019	5,9	6,4	6,0	172,2	166,9	171,0	12,5	13,9	12,8

[a] aufgrund der Revision der Wirtschaftszweigklassifikation in 2008 ist eine Vergleichbarkeit mit den Vorjahren nur bedingt möglich
Fehlzeiten-Report 2020

◻ Tabelle 24.87 Arbeitsunfähigkeit der AOK-Mitglieder in der Branche Gesundheits- und Sozialwesen nach Bundesländern im Jahr 2019 im Vergleich zum Vorjahr

Bundesland	Kranken-stand in %	Arbeitsunfähigkeit je 100 AOK-Mitglieder				Tage je Fall	Veränd. z. Vorj. in %	AU-Quote in %
		AU-Fälle	Veränd. z. Vorj. in %	AU-Tage	Veränd. z. Vorj. in %			
Baden-Württemberg	5,6	176,6	−1,0	2.032,3	−1,0	11,5	0,0	59,8
Bayern	5,4	147,6	−0,5	1.978,1	−0,1	13,4	0,5	53,9
Berlin	6,6	204,3	−1,3	2.404,6	0,2	11,8	1,5	60,0
Brandenburg	7,1	175,5	−1,6	2.596,1	0,5	14,8	2,1	61,2
Bremen	6,1	164,1	−1,6	2.220,1	−1,9	13,5	−0,3	55,4
Hamburg	5,3	143,5	−2,6	1.918,4	−0,2	13,4	2,5	47,2
Hessen	6,2	191,6	−1,2	2.265,9	−0,8	11,8	0,3	60,6
Mecklenburg-Vorpommern	6,8	162,1	−2,4	2.465,2	2,5	15,2	4,9	57,2
Niedersachsen	6,4	187,5	−1,1	2.338,1	0,7	12,5	1,8	62,9
Nordrhein-Westfalen	6,2	181,4	−3,0	2.280,3	−0,2	12,6	2,9	60,5
Rheinland-Pfalz	5,7	147,3	−29,0	2.071,0	−12,7	14,1	23,0	52,1
Saarland	6,4	174,6	−8,2	2.349,1	−7,8	13,5	0,4	59,0
Sachsen	6,0	165,8	−1,3	2.206,4	0,4	13,3	1,7	60,9
Sachsen-Anhalt	6,5	156,1	−2,6	2.384,8	−1,9	15,3	0,7	57,4
Schleswig-Holstein	6,3	167,7	−4,0	2.291,6	−5,2	13,7	−1,3	56,8
Thüringen	6,6	173,8	−2,8	2.401,7	0,2	13,8	3,0	61,8
West	**5,9**	**172,2**	**−2,9**	**2.156,3**	**−1,0**	**12,5**	**2,0**	**58,4**
Ost	**6,4**	**166,9**	**−1,9**	**2.325,8**	**0,2**	**13,9**	**2,1**	**60,4**
Bund	**6,0**	**171,0**	**−2,7**	**2.188,9**	**−0,7**	**12,8**	**2,1**	**58,8**

Fehlzeiten-Report 2020

24

◘ Tabelle 24.88 Arbeitsunfähigkeit der AOK-Mitglieder nach Wirtschaftsabteilungen in der Branche Gesundheits- und Sozialwesen im Jahr 2019

Wirtschaftsabteilungen	Krankenstand in %		Arbeitsunfähigkeiten je 100 AOK-Mitglieder		Tage je Fall	AU-Quote in %
	2019	2019 stand.[a]	Fälle	Tage		
Altenheime, Alten- und Behindertenwohnheime	7,4	6,6	182,5	2.687,3	14,7	62,7
Arzt- und Zahnarztpraxen	3,3	3,2	167,5	1.202,9	7,2	54,7
Gesundheitswesen a. n. g.	5,1	5,2	155,3	1.862,4	12,0	55,7
Krankenhäuser	5,9	5,8	164,6	2.153,0	13,1	58,6
Pflegeheime	7,5	6,6	183,5	2.735,7	14,9	63,0
Sonstige Heime (ohne Erholungs- und Ferienheime)	5,5	5,4	156,9	2.008,4	12,8	57,0
Sonstiges Sozialwesen (ohne Heime)	6,0	5,7	185,1	2.181,7	11,8	60,2
Soziale Betreuung älterer Menschen und Behinderter	6,7	5,9	160,5	2.435,4	15,2	55,6
Stationäre Einrichtungen zur psychosozialen Betreuung, Suchtbekämpfung u. Ä.	6,3	5,8	165,1	2.293,0	13,9	59,3
Branche gesamt	**6,0**	**5,8**	**171,0**	**2.188,9**	**12,8**	**58,8**
Alle Branchen	**5,4**	**5,5**	**164,7**	**1.980,3**	**12,0**	**52,9**

[a] Krankenstand alters- und geschlechtsstandardisiert

Fehlzeiten-Report 2020

◻ **Tabelle 24.89** Kennzahlen der Arbeitsunfähigkeit nach ausgewählten Berufsgruppen in der Branche Gesundheits- und Sozialwesen im Jahr 2019

Tätigkeit	Kranken-stand in %	Arbeitsunfähigkeit je 100 AOK-Mitglieder		Tage je Fall	AU-Quote in %	Anteil der Berufsgruppe an der Branche in %[a]
		AU-Fälle	AU-Tage			
Ärzte/Ärztinnen (ohne Spez.)	2,2	87,8	786,4	9,0	34,9	1,7
Berufe im Rettungsdienst	5,2	150,3	1.915,5	12,7	55,9	1,0
Berufe in der Altenpflege (ohne Spez.)	7,6	187,3	2.760,6	14,7	61,5	18,8
Berufe in der Fachkranken-pflege	6,4	156,0	2.333,7	15,0	60,4	1,1
Berufe in der Gesundheits-u. Krankenpflege (ohne Spez.)	6,5	168,5	2.364,6	14,0	59,7	18,6
Berufe in der Haus- u. Famili-enpflege	7,8	198,1	2.831,7	14,3	62,7	1,5
Berufe in der Hauswirtschaft	7,8	175,2	2.831,0	16,2	62,2	4,6
Berufe in der Kinder-betreuung u. -erziehung	6,2	198,7	2.278,0	11,5	63,3	6,0
Berufe in der Physiotherapie	4,4	158,9	1.623,3	10,2	57,2	2,2
Berufe in der Reinigung (ohne Spez.)	8,1	184,3	2.944,0	16,0	63,5	2,9
Berufe in der Sozialarbeit u. Sozialpädagogik	5,3	148,6	1.925,4	13,0	57,1	2,8
Berufe in der Heilerziehungs-pflege u. Sonderpädagogik	6,0	180,0	2.186,8	12,2	61,5	3,6
Büro- u. Sekretariatskräfte (ohne Spez.)	4,5	146,9	1.645,0	11,2	54,4	2,1
Köche/Köchinnen (ohne Spez.)	8,2	172,4	3.005,1	17,4	62,9	2,5
Medizinische Fachangestellte (ohne Spez.)	3,5	170,7	1.293,7	7,6	56,7	8,2
Verwaltende Berufe im So-zial- u. Gesundheitswesen	4,7	155,4	1.713,1	11,0	57,1	1,1
Zahnmedizinische Fachange-stellte	3,4	195,1	1.224,7	6,3	58,8	4,9
Branche gesamt	**6,0**	**171,0**	**2.188,9**	**12,8**	**58,8**	**12[b]**

[a] Anteil der AOK-Mitglieder in der Berufsgruppe an den in der Branche beschäftigten AOK-Mitgliedern insgesamt
[b] Anteil der AOK-Mitglieder in der Branche an allen AOK-Mitgliedern
Fehlzeiten-Report 2020

24

◻ **Tabelle 24.90** Dauer der Arbeitsunfähigkeit der AOK-Mitglieder in der Branche Gesundheits- und Sozialwesen im Jahr 2019

Fallklasse	Branche hier		Alle Branchen	
	Anteil Fälle in %	Anteil Tage in %	Anteil Fälle in %	Anteil Tage in %
1–3 Tage	33,9	5,3	35,5	5,9
4–7 Tage	31,9	12,9	31,3	13,2
8–14 Tage	17,2	14,0	17,1	14,7
15–21 Tage	5,9	8,1	5,7	8,3
22–28 Tage	3,1	5,9	2,9	5,8
29–42 Tage	3,2	8,6	3,0	8,6
> 42 Tage	4,7	45,1	4,4	43,5

Fehlzeiten-Report 2020

◻ **Tabelle 24.91** Tage der Arbeitsunfähigkeit je AOK-Mitglied nach Wirtschaftsabteilung und Betriebsgröße in der Branche Gesundheits- und Sozialwesen im Jahr 2019

Wirtschaftsabteilungen	Betriebsgröße (Anzahl der AOK-Mitglieder)					
	10–49	50–99	100–199	200–499	500–999	≥ 1.000
Altenheime, Alten- und Behinderten-wohnheime	27,6	27,3	26,1	25,5	26,5	–
Arzt- und Zahnarztpraxen	14,4	16,7	19,2	16,1	–	–
Gesundheitswesen a. n. g.	22,2	22,3	23,4	25,9	–	–
Krankenhäuser	21,0	22,6	22,5	22,0	21,4	21,5
Pflegeheime	28,0	28,0	26,3	26,9	26,7	20,9
Sonstige Heime (ohne Erholungs- und Ferienheime)	20,4	19,4	21,4	21,0	20,0	–
Sonstiges Sozialwesen (ohne Heime)	21,8	23,0	23,3	24,9	25,3	27,0
Soziale Betreuung älterer Menschen und Behinderter	24,9	25,1	24,1	24,4	29,9	–
Stationäre Einrichtungen zur psycho-sozialen Betreuung, Suchtbekämpfung u. Ä.	23,8	25,5	24,4	23,5	–	–
Branche gesamt	**24,3**	**25,4**	**23,9**	**23,2**	**22,1**	**21,7**
Alle Branchen	**20,3**	**22,4**	**22,5**	**22,6**	**22,6**	**22,6**

Fehlzeiten-Report 2020

◻ **Tabelle 24.92** Krankenstand in Prozent nach Ausbildungsabschluss in der Branche Gesundheits- und Sozialwesen im Jahr 2019, AOK-Mitglieder

Wirtschafts-abteilungen	Ausbildung						
	ohne Aus-bildungs-abschluss	mit Aus-bildungs-abschluss	Meister/ Techniker	Bachelor	Diplom/ Magister/ Master/ Staats-examen	Promotion	unbekannt
Altenheime, Alten- und Behindertenwohn-heime	7,3	7,6	6,9	3,6	5,8	4,5	7,2
Arzt- und Zahnarzt-praxen	3,6	3,3	3,8	2,3	2,1	1,8	3,3
Gesundheitswesen a. n. g.	5,5	5,3	5,5	3,0	3,6	2,1	5,0
Krankenhäuser	6,3	6,4	6,6	2,7	2,8	2,2	6,7
Pflegeheime	7,5	7,7	6,9	3,6	5,4	6,9	7,2
Sonstige Heime (ohne Erholungs- und Ferien-heime)	6,2	5,8	6,1	3,4	4,0	2,0	6,3
Sonstiges Sozialwesen (ohne Heime)	6,6	6,5	6,7	3,4	4,4	3,5	5,7
Soziale Betreuung älterer Menschen und Behinderter	6,8	7,0	6,5	3,3	4,9	5,9	6,1
Stationäre Einrichtun-gen zur psychosozialen Betreuung, Suchtbe-kämpfung u. Ä.	7,1	6,5	6,2	3,3	4,9	–	7,1
Branche gesamt	**6,4**	**6,3**	**6,4**	**3,2**	**3,5**	**2,3**	**5,8**
Alle Branchen	**6,0**	**5,9**	**4,6**	**2,4**	**2,9**	**2,1**	**4,9**

Fehlzeiten-Report 2020

24

◘ **Tabelle 24.93** Tage der Arbeitsunfähigkeit je AOK-Mitglied nach Ausbildungsabschluss in der Branche Gesundheits- und Sozialwesen im Jahr 2019

Wirtschafts-abteilungen	Ausbildung						
	ohne Aus-bildungs-abschluss	mit Aus-bildungs-abschluss	Meister/ Techniker	Bachelor	Diplom/ Magister/ Master/ Staats-examen	Promotion	unbekannt
Altenheime, Alten- und Behindertenwohn-heime	26,6	27,6	25,3	13,2	21,0	16,3	26,2
Arzt- und Zahnarzt-praxen	13,2	12,1	14,0	8,4	7,8	6,5	12,1
Gesundheitswesen a. n. g.	20,0	19,3	20,1	11,1	13,1	7,7	18,2
Krankenhäuser	23,0	23,2	24,3	10,0	10,0	8,1	24,4
Pflegeheime	27,4	28,2	25,2	13,1	19,6	25,1	26,1
Sonstige Heime (ohne Erholungs- und Ferien-heime)	22,7	21,0	22,3	12,3	14,7	7,3	22,8
Sonstiges Sozialwesen (ohne Heime)	24,1	23,5	24,6	12,5	16,1	12,7	20,6
Soziale Betreuung älterer Menschen und Behinderter	24,9	25,6	23,7	12,1	18,0	21,4	22,2
Stationäre Einrichtun-gen zur psychosozialen Betreuung, Suchtbe-kämpfung u. Ä.	25,9	23,8	22,6	11,9	17,8	–	26,1
Branche gesamt	**23,2**	**22,9**	**23,2**	**11,8**	**12,9**	**8,3**	**21,1**
Alle Branchen	**21,8**	**21,6**	**16,7**	**8,7**	**10,7**	**7,7**	**18,0**

Fehlzeiten-Report 2020

◨ **Tabelle 24.94** Anteil der Arbeitsunfälle an den AU-Fällen und -Tagen in Prozent nach Wirtschaftsabteilungen in der Branche Gesundheits- und Sozialwesen im Jahr 2019, AOK-Mitglieder

Wirtschaftsabteilungen	AU-Fälle in %	AU-Tage in %
Altenheime, Alten- und Behindertenwohnheime	2,0	3,4
Arzt- und Zahnarztpraxen	0,9	1,9
Gesundheitswesen a. n. g.	2,0	4,3
Krankenhäuser	1,8	3,2
Pflegeheime	1,9	3,2
Sonstige Heime (ohne Erholungs- und Ferienheime)	2,2	4,1
Sonstiges Sozialwesen (ohne Heime)	1,8	3,3
Soziale Betreuung älterer Menschen und Behinderter	2,4	4,3
Stationäre Einrichtungen zur psychosozialen Betreuung, Suchtbekämpfung u. Ä.	2,0	2,7
Branche gesamt	**1,8**	**3,3**
Alle Branchen	**3,0**	**5,8**

Fehlzeiten-Report 2020

24

◻ **Tabelle 24.95** Tage und Fälle der Arbeitsunfähigkeit durch Arbeitsunfälle nach Berufsgruppen in der Branche Gesundheits- und Sozialwesen im Jahr 2019, AOK-Mitglieder

Tätigkeit	Arbeitsunfähigkeit je 1.000 AOK-Mitglieder	
	AU-Tage	AU-Fälle
Berufe im Rettungsdienst	1.717,3	68,7
Köche/Köchinnen (ohne Spez.)	1.079,0	46,8
Berufe in der Hauswirtschaft	1.073,6	38,4
Berufe in der Altenpflege (ohne Spez.)	979,9	39,7
Berufe in der Haus- u. Familienpflege	974,8	36,7
Berufe in der Reinigung (ohne Spez.)	947,1	34,8
Berufe in Heilerziehungspflege u. Sonderpädagogik	906,6	39,6
Berufe in der Gesundheits- u. Krankenpflege (ohne Spez.)	778,0	32,4
Berufe in der Fachkrankenpflege	748,6	28,8
Berufe in der Kinderbetreuung u. -erziehung	742,3	32,9
Berufe in der Physiotherapie	535,5	20,0
Berufe in der Sozialarbeit u. Sozialpädagogik	530,5	24,0
Verwaltende Berufe im Sozial- u. Gesundheitswesen	315,8	12,8
Büro- u. Sekretariatskräfte (ohne Spez.)	307,0	12,9
Ärzte/Ärztinnen (ohne Spez.)	243,2	11,8
Medizinische Fachangestellte (ohne Spez.)	236,3	14,5
Zahnmedizinische Fachangestellte	227,2	17,2
Branche gesamt	**728,9**	**30,7**
Alle Branchen	**1.145,8**	**48,9**

Fehlzeiten-Report 2020

☐ **Tabelle 24.96** Tage und Fälle der Arbeitsunfähigkeit je 100 AOK-Mitglieder nach Krankheitsarten in der Branche Gesundheits- und Sozialwesen in den Jahren 2000 bis 2019

Jahr	Arbeitsunfähigkeiten je 100 AOK-Mitglieder											
	Psyche		Herz/Kreis-lauf		Atemwege		Verdauung		Muskel/Skelett		Verletzungen	
	Tage	Fälle	Tage	Fälle	Tage	Fälle	Tage	Fälle	Tage	Fälle	Tage	Fälle
2000	229,0	9,5	142,7	8,8	357,9	50,2	145,4	20,8	627,8	33,3	221,5	14,7
2001	244,0	10,4	145,7	9,5	329,2	48,4	146,1	21,3	634,1	34,3	220,4	15,0
2002	246,6	10,8	139,1	9,5	316,8	47,7	149,1	23,1	613,5	33,9	220,7	15,0
2003	235,3	10,6	131,7	9,4	318,3	49,2	138,3	21,9	550,9	31,6	205,8	14,2
2004	245,7	10,7	141,1	8,5	275,2	41,9	140,7	21,4	522,5	29,9	201,9	13,3
2005	238,7	9,9	132,5	7,9	307,6	46,7	126,0	19,0	482,6	27,6	192,8	12,4
2006	244,3	10,1	134,4	8,0	257,8	39,6	130,2	20,2	489,9	27,4	198,7	12,5
2007	273,4	10,7	138,9	7,9	284,9	43,8	140,0	21,7	519,7	28,2	194,8	12,2
2008 (WZ03)	284,7	11,2	141,7	8,2	294,7	45,8	143,6	22,5	522,7	29,0	199,5	12,6
2008 (WZ08)[a]	285,0	11,2	141,9	8,2	295,3	45,8	144,1	22,5	524,2	29,1	199,2	12,6
2009	294,1	11,8	139,3	8,1	347,1	53,1	141,5	22,1	507,2	28,2	207,0	12,8
2010	331,8	12,8	138,9	8,0	301,4	47,1	133,5	20,6	545,8	29,6	224,3	13,7
2011	354,7	13,5	140,4	8,1	313,0	48,4	131,5	20,0	531,2	29,4	218,9	13,0
2012	383,9	13,7	150,3	8,2	307,8	46,7	133,8	19,5	556,3	29,3	223,4	12,6
2013	384,9	13,6	147,9	7,9	377,3	55,6	133,6	19,2	552,8	28,9	226,9	12,5
2014	422,9	15,0	157,7	8,5	312,9	47,7	140,4	19,9	599,4	30,5	233,7	12,7
2015	428,7	15,0	153,0	8,4	389,4	57,9	137,3	19,7	585,8	30,0	235,5	12,7
2016	437,8	15,3	135,0	8,4	361,8	55,5	132,2	19,9	604,7	30,7	238,4	12,8
2017	448,0	15,5	131,6	8,2	370,2	55,6	126,5	18,6	600,6	30,2	242,9	12,6
2018	460,3	15,8	130,3	8,3	400,1	58,5	126,1	18,3	597,6	30,0	245,1	12,7
2019	480,7	16,1	130,5	8,2	348,5	53,5	123,7	17,9	605,5	30,0	246,9	12,3

[a] aufgrund der Revision der Wirtschaftszweigklassifikation in 2008 ist eine Vergleichbarkeit mit den Vorjahren nur bedingt möglich
Fehlzeiten-Report 2020

▫ Tabelle 24.97 Verteilung der Arbeitsunfähigkeitstage nach Krankheitsarten in Prozent in der Branche Gesundheits- und Sozialwesen im Jahr 2019, AOK-Mitglieder

Wirtschaftsabteilungen	AU-Tage in %						
	Psyche	Herz/ Kreislauf	Atem- wege	Ver- dauung	Muskel/ Skelett	Verlet- zungen	Sonstige
Altenheime, Alten- und Behindertenwohnheime	16,9	4,5	10,5	3,9	22,6	8,0	33,6
Arzt- und Zahnarztpraxen	15,5	3,3	16,0	5,6	12,6	7,2	39,8
Gesundheitswesen a. n. g.	14,6	4,2	12,8	4,3	19,9	9,9	34,2
Krankenhäuser	15,9	4,4	12,0	4,1	20,7	8,7	34,1
Pflegeheime	16,4	4,8	10,4	4,0	22,8	8,0	33,6
Sonstige Heime (ohne Er- holungs- und Ferienheime)	18,0	4,7	12,4	4,3	17,3	8,9	34,4
Sonstiges Sozialwesen (ohne Heime)	17,7	4,4	14,0	4,4	17,5	8,0	33,9
Soziale Betreuung älterer Menschen und Behinderter	16,4	4,6	10,4	4,1	22,2	8,8	33,6
Stationäre Einrichtungen zur psychosozialen Be- treuung, Suchtbekämpfung u. Ä.	17,7	6,3	12,1	4,0	18,2	7,6	34,1
Branche gesamt	**16,3**	**4,4**	**11,8**	**4,2**	**20,6**	**8,4**	**34,3**
Alle Branchen	**11,9**	**5,4**	**11,8**	**4,6**	**22,4**	**10,8**	**33,1**

Fehlzeiten-Report 2020

Tabelle 24.98 Verteilung der Arbeitsunfähigkeitsfälle nach Krankheitsarten in Prozent in der Branche Gesundheits- und Sozialwesen im Jahr 2019, AOK-Mitglieder

Wirtschaftsabteilungen	AU-Fälle in %						
	Psyche	Herz/ Kreislauf	Atem- wege	Ver- dauung	Muskel/ Skelett	Verlet- zungen	Sonstige
Altenheime, Alten- und Behindertenwohnheime	7,8	3,9	21,2	7,5	15,5	5,6	38,6
Arzt- und Zahnarztpraxen	5,5	2,6	26,5	8,9	7,3	4,2	45,0
Gesundheitswesen a. n. g.	6,3	3,4	25,1	7,9	12,3	5,9	39,1
Krankenhäuser	6,9	3,7	23,9	7,8	13,5	5,6	38,7
Pflegeheime	7,6	3,9	21,2	7,4	15,6	5,6	38,6
Sonstige Heime (ohne Er- holungs- und Ferienheime)	7,6	3,6	24,3	8,0	11,7	5,8	39,1
Sonstiges Sozialwesen (ohne Heime)	7,0	3,4	26,0	8,0	11,8	5,1	38,7
Soziale Betreuung älterer Menschen und Behinderter	7,8	3,9	21,3	7,6	14,6	5,9	38,9
Stationäre Einrichtungen zur psychosozialen Be- treuung, Suchtbekämpfung u. Ä.	8,2	4,0	23,1	7,1	12,5	5,4	39,6
Branche gesamt	**7,0**	**3,6**	**23,5**	**7,8**	**13,1**	**5,4**	**39,5**
Alle Branchen	**5,4**	**3,7**	**22,6**	**8,4**	**15,9**	**6,9**	**37,2**

Fehlzeiten-Report 2020

◻ Tabelle 24.99 Verteilung der Arbeitsunfähigkeitstage nach Krankheitsarten und ausgewählten Berufsgruppen in der Branche Gesundheits- und Sozialwesen im Jahr 2019, AOK-Mitglieder

Tätigkeit	AU-Tage in %						
	Psyche	Herz/ Kreislauf	Atem- wege	Ver- dauung	Muskel/ Skelett	Verlet- zungen	Sonstige
Ärzte/Ärztinnen (ohne Spez.)	13,6	4,2	17,3	4,7	12,6	9,8	37,8
Berufe im Rettungsdienst	10,8	4,3	11,8	5,2	22,2	15,5	30,1
Berufe in der Altenpflege (ohne Spez.)	16,8	4,2	10,4	4,0	23,3	8,1	33,2
Berufe in der Fachkranken- pflege	16,0	4,8	11,4	3,8	20,6	10,2	33,2
Berufe in der Gesundheits- u. Krankenpflege (ohne Spez.)	16,4	4,3	11,2	4,1	21,7	8,8	33,5
Berufe in der Haus- u. Famili- enpflege	17,2	5,0	11,7	4,5	20,2	7,9	33,6
Berufe in der Hauswirtschaft	14,3	5,0	10,0	3,9	24,2	8,6	34,0
Berufe in der Kinder- betreuung u. -erziehung	19,2	3,7	15,0	4,4	16,6	7,5	33,7
Berufe in der Physiotherapie	13,1	3,9	15,3	4,2	17,2	11,1	35,1
Berufe in der Reinigung (ohne Spez.)	12,2	5,2	9,9	3,5	27,3	8,2	33,7
Berufe in der Sozialarbeit u. Sozialpädagogik	20,5	4,2	13,2	3,9	16,1	7,8	34,4
Berufe in Heilerziehungs- pflege u. Sonderpädagogik	18,2	4,0	13,3	4,0	17,6	9,1	33,8
Büro- u. Sekretariatskräfte (ohne Spez.)	18,8	4,3	13,1	4,7	14,1	7,1	38,0
Köche/Köchinnen (ohne Spez.)	13,4	5,5	8,8	3,8	25,4	8,8	34,3
Medizinische Fachangestellte (ohne Spez.)	16,6	3,4	15,3	5,5	12,4	7,0	39,8
Verwaltende Berufe im So- zial- u. Gesundheitswesen	18,4	4,0	12,8	4,4	15,7	7,1	37,6
Zahnmedizinische Fachange- stellte	14,8	2,7	18,4	6,0	11,5	7,1	39,6
Branche gesamt	**16,3**	**4,4**	**11,8**	**4,2**	**20,6**	**8,4**	**34,3**
Alle Branchen	**11,9**	**5,4**	**11,8**	**4,6**	**22,4**	**10,8**	**33,1**

Fehlzeiten-Report 2020

24

◻ Tabelle 24.100 Verteilung der Arbeitsunfähigkeitsfälle nach Krankheitsarten und ausgewählten Berufsgruppen in der Branche Gesundheits- und Sozialwesen im Jahr 2019, AOK-Mitglieder

Tätigkeit	AU-Fälle in %						
	Psyche	Herz/ Kreislauf	Atem- wege	Ver- dauung	Muskel/ Skelett	Verlet- zungen	Sonstige
Ärzte/Ärztinnen (ohne Spez.)	5,1	2,8	29,9	7,9	8,7	4,7	40,8
Berufe im Rettungsdienst	5,3	3,6	23,2	7,6	14,7	8,9	36,8
Berufe in der Altenpflege (ohne Spez.)	8,0	3,7	20,6	7,2	16,0	5,6	38,9
Berufe in der Fachkranken-pflege	7,6	3,6	23,7	7,4	14,6	6,3	36,6
Berufe in der Gesundheits- u. Krankenpflege (ohne Spez.)	7,4	3,7	22,7	7,4	14,3	5,7	38,7
Berufe in der Haus- u. Famili-enpflege	7,9	4,1	22,4	8,0	13,6	5,1	38,9
Berufe in der Hauswirtschaft	6,8	4,5	20,3	7,7	16,3	5,8	38,5
Berufe in der Kinder-betreuung u. -erziehung	7,2	3,0	27,5	8,0	10,5	4,9	38,9
Berufe in der Physiotherapie	5,3	2,8	28,8	8,1	10,2	5,8	39,1
Berufe in der Reinigung (ohne Spez.)	6,0	4,8	19,5	7,7	18,9	5,7	37,4
Berufe in der Sozialarbeit u. Sozialpädagogik	8,1	3,3	26,8	7,5	10,4	5,3	38,6
Berufe in Heilerziehungs-pflege u. Sonderpädagogik	7,7	3,1	26,0	7,6	11,8	5,9	37,8
Büro- u. Sekretariatskräfte (ohne Spez.)	7,2	3,7	24,8	8,8	9,9	4,5	41,1
Köche/Köchinnen (ohne Spez.)	6,5	5,0	18,8	7,6	17,6	6,4	38,2
Medizinische Fachangestellte (ohne Spez.)	5,9	2,7	26,4	9,0	7,0	4,1	44,9
Verwaltende Berufe im So-zial- u. Gesundheitswesen	7,2	3,4	24,6	8,5	9,9	4,3	42,2
Zahnmedizinische Fachange-stellte	5,1	2,2	27,1	8,8	7,3	4,2	45,4
Branche gesamt	**7,0**	**3,6**	**23,5**	**7,8**	**13,1**	**5,4**	**39,5**
Alle Branchen	**5,4**	**3,7**	**22,6**	**8,4**	**15,9**	**6,9**	**37,2**

Fehlzeiten-Report 2020

◻ Tabelle 24.101   Anteile der 40 häufigsten Einzeldiagnosen an den AU-Fällen und AU-Tagen in der Branche Gesundheits- und Sozialwesen im Jahr 2019, AOK-Mitglieder

ICD-10	Bezeichnung	AU-Fälle in %	AU-Tage in %
J06	Akute Infektionen an mehreren oder nicht näher bezeichneten Lokalisationen der oberen Atemwege	10,0	4,4
M54	Rückenschmerzen	5,0	5,3
A09	Sonstige und nicht näher bezeichnete Gastroenteritis und Kolitis infektiösen und nicht näher bezeichneten Ursprungs	4,4	1,4
F43	Reaktionen auf schwere Belastungen und Anpassungsstörungen	2,2	3,9
R10	Bauch- und Beckenschmerzen	2,0	1,0
J20	Akute Bronchitis	1,8	1,0
B34	Viruskrankheit nicht näher bezeichneter Lokalisation	1,8	0,8
K08	Sonstige Krankheiten der Zähne und des Zahnhalteapparates	1,6	0,4
F32	Depressive Episode	1,5	4,7
I10	Essentielle (primäre) Hypertonie	1,5	1,3
K52	Sonstige nichtinfektiöse Gastroenteritis und Kolitis	1,5	0,5
J40	Bronchitis, nicht als akut oder chronisch bezeichnet	1,3	0,7
R51	Kopfschmerz	1,2	0,5
K29	Gastritis und Duodenitis	1,2	0,5
R11	Übelkeit und Erbrechen	1,2	0,5
F48	Andere neurotische Störungen	1,1	1,8
J03	Akute Tonsillitis	1,1	0,5
J01	Akute Sinusitis	1,1	0,5
J00	Akute Rhinopharyngitis [Erkältungsschnupfen]	1,1	0,4
J32	Chronische Sinusitis	1,0	0,5
G43	Migräne	1,0	0,4
J02	Akute Pharyngitis	1,0	0,4
M25	Sonstige Gelenkkrankheiten, anderenorts nicht klassifiziert	0,9	1,2
R53	Unwohlsein und Ermüdung	0,9	0,9
F45	Somatoforme Störungen	0,8	1,6
M51	Sonstige Bandscheibenschäden	0,7	1,9
M79	Sonstige Krankheiten des Weichteilgewebes, anderenorts nicht klassifiziert	0,7	0,8
M99	Biomechanische Funktionsstörungen, anderenorts nicht klassifiziert	0,7	0,7
T14	Verletzung an einer nicht näher bezeichneten Körperregion	0,7	0,7

◨ **Tabelle 24.101** (Fortsetzung)

ICD-10	Bezeichnung	AU-Fälle in %	AU-Tage in %
R42	Schwindel und Taumel	0,7	0,5
J98	Sonstige Krankheiten der Atemwege	0,7	0,3
N39	Sonstige Krankheiten des Harnsystems	0,7	0,3
Z98	Sonstige Zustände nach chirurgischem Eingriff	0,6	1,7
M75	Schulterläsionen	0,6	1,5
M53	Sonstige Krankheiten der Wirbelsäule und des Rückens, anderenorts nicht klassifiziert	0,6	0,7
B99	Sonstige und nicht näher bezeichnete Infektionskrankheiten	0,6	0,3
J04	Akute Laryngitis und Tracheitis	0,6	0,3
A08	Virusbedingte und sonstige näher bezeichnete Darminfektionen	0,6	0,2
M77	Sonstige Enthesopathien	0,5	0,8
J11	Grippe, Viren nicht nachgewiesen	0,5	0,3
	Summe hier	**57,7**	**46,1**
	Restliche	42,3	53,9
	Gesamtsumme	**100,0**	**100,0**

Fehlzeiten-Report 2020

24

◩ **Tabelle 24.102** Anteile der 40 häufigsten Diagnoseuntergruppen an den AU-Fällen und AU-Tagen in der Branche Gesundheits- und Sozialwesen im Jahr 2019, AOK-Mitglieder

ICD-10	Bezeichnung	AU-Fälle in %	AU-Tage in %
J00–J06	Akute Infektionen der oberen Atemwege	15,0	6,6
M50–M54	Sonstige Krankheiten der Wirbelsäule und des Rückens	6,0	7,4
A00–A09	Infektiöse Darmkrankheiten	5,5	1,8
F40–F48	Neurotische, Belastungs- und somatoforme Störungen	4,5	8,6
R50–R69	Allgemeinsymptome	3,8	3,1
R10–R19	Symptome, die das Verdauungssystem und das Abdomen betreffen	3,4	1,7
J40–J47	Chronische Krankheiten der unteren Atemwege	2,4	1,6
F30–F39	Affektive Störungen	2,1	7,5
M70–M79	Sonstige Krankheiten des Weichteilgewebes	2,1	3,6
J20–J22	Sonstige akute Infektionen der unteren Atemwege	2,1	1,2
G40–G47	Episodische und paroxysmale Krankheiten des Nervensystems	2,0	1,4
B25–B34	Sonstige Viruskrankheiten	2,0	0,9
K00–K14	Krankheiten der Mundhöhle, der Speicheldrüsen und der Kiefer	2,0	0,6
Z80–Z99	Personen mit potentiellen Gesundheitsrisiken aufgrund der Familien- oder Eigenanamnese und bestimmte Zustände, die den Gesundheitszustand beeinflussen	1,8	3,4
K50–K52	Nichtinfektiöse Enteritis und Kolitis	1,8	0,7
I10–I15	Hypertonie [Hochdruckkrankheit]	1,7	1,5
J30–J39	Sonstige Krankheiten der oberen Atemwege	1,6	0,9
K20–K31	Krankheiten des Ösophagus, des Magens und des Duodenums	1,6	0,8
M20–M25	Sonstige Gelenkkrankheiten	1,4	2,8
R00–R09	Symptome, die das Kreislaufsystem und das Atmungssystem betreffen	1,4	0,8
N30–N39	Sonstige Krankheiten des Harnsystems	1,1	0,5
N80–N98	Nichtentzündliche Krankheiten des weiblichen Genitaltraktes	1,0	0,8
R40–R46	Symptome, die das Erkennungs- und Wahrnehmungsvermögen, die Stimmung und das Verhalten betreffen	1,0	0,8
T08–T14	Verletzungen nicht näher bezeichneter Teile des Rumpfes, der Extremitäten oder anderer Körperregionen	0,9	1,0
K55–K64	Sonstige Krankheiten des Darmes	0,9	0,7
J09–J18	Grippe und Pneumonie	0,9	0,6
M15–M19	Arthrose	0,8	2,3
S90–S99	Verletzungen der Knöchelregion und des Fußes	0,8	1,2

◻ **Tabelle 24.102** (Fortsetzung)

ICD-10	Bezeichnung	AU-Fälle in %	AU-Tage in %
M95–M99	Sonstige Krankheiten des Muskel-Skelett-Systems und des Bindegewebes	0,8	0,8
E70–E90	Stoffwechselstörungen	0,8	0,5
J95–J99	Sonstige Krankheiten des Atmungssystems	0,8	0,4
Z00–Z13	Personen, die das Gesundheitswesen zur Untersuchung und Abklärung in Anspruch nehmen	0,8	0,4
S80–S89	Verletzungen des Knies und des Unterschenkels	0,7	1,7
E00–E07	Krankheiten der Schilddrüse	0,7	0,6
B99–B99	Sonstige Infektionskrankheiten	0,7	0,3
G50–G59	Krankheiten von Nerven, Nervenwurzeln und Nervenplexus	0,6	1,3
Z40–Z54	Personen, die das Gesundheitswesen zum Zwecke spezifischer Maßnahmen und zur medizinischen Betreuung in Anspruch nehmen	0,6	0,9
S60–S69	Verletzungen des Handgelenkes und der Hand	0,6	0,9
D10–D36	Gutartige Neubildungen	0,6	0,6
I95–I99	Sonstige und nicht näher bezeichnete Krankheiten des Kreislaufsystems	0,6	0,3
	Summe hier	**79,9**	**73,5**
	Restliche	20,1	26,5
	Gesamtsumme	**100,0**	**100,0**

Fehlzeiten-Report 2020

24.7 Handel

24

◘ **Tabelle 24.103** Entwicklung des Krankenstands der AOK-Mitglieder in der Branche Handel in den Jahren 1995 bis 2019

Jahr	Krankenstand in %			AU-Fälle je 100 AOK-Mitglieder			Tage je Fall		
	West	Ost	Bund	West	Ost	Bund	West	Ost	Bund
1995	5,2	4,4	5,1	149,7	116,2	144,7	12,8	14,1	13,0
1996	4,6	4,0	4,5	134,3	106,2	129,9	12,9	14,4	13,1
1997	4,5	3,8	4,4	131,3	100,7	126,9	12,3	13,9	12,5
1998	4,6	3,9	4,5	134,1	102,0	129,6	12,3	13,8	12,5
1999	4,6	4,2	4,5	142,7	113,4	138,9	11,9	13,6	12,1
2000	4,6	4,2	4,6	146,5	117,9	143,1	11,6	13,0	11,7
2001	4,6	4,2	4,5	145,4	113,2	141,8	11,5	13,5	11,7
2002	4,5	4,1	4,5	145,5	114,4	142,0	11,4	13,0	11,5
2003	4,2	3,7	4,2	140,5	110,7	136,8	11,0	12,4	11,2
2004	3,9	3,4	3,8	127,0	100,9	123,4	11,2	12,2	11,3
2005	3,8	3,3	3,7	127,9	100,7	123,9	10,9	12,1	11,0
2006	3,7	3,3	3,6	122,7	97,0	118,9	11,0	12,3	11,2
2007	3,9	3,6	3,9	132,4	106,6	128,6	10,9	12,2	11,0
2008 (WZ03)	4,1	3,8	4,0	140,4	112,0	136,2	10,6	12,3	10,8
2008 (WZ08)ᵃ	4,1	3,7	4,0	139,9	111,7	135,7	10,6	12,2	10,8
2009	4,2	4,1	4,2	146,4	122,1	142,8	10,5	12,2	10,7
2010	4,3	4,1	4,3	143,7	126,8	141,2	10,9	11,9	11,0
2011	4,4	3,9	4,3	149,1	131,0	146,5	10,8	11,0	10,8
2012	4,4	4,4	4,4	149,7	125,8	146,2	10,8	12,9	11,1
2013	4,7	4,6	4,7	161,2	136,3	157,7	10,6	12,4	10,8
2014	4,8	4,7	4,8	159,1	133,4	155,4	11,0	13,0	11,3
2015	5,0	4,9	5,0	168,2	143,7	164,6	10,8	12,6	11,0
2016	5,0	5,1	5,0	166,6	146,9	163,9	10,9	12,6	11,1
2017	4,9	5,3	5,0	162,3	148,3	160,3	11,1	13,0	11,4
2018	5,1	5,5	5,2	168,5	154,5	166,5	11,1	13,0	11,4
2019	5,1	5,5	5,2	164,3	152,8	162,7	11,3	13,2	11,6

ᵃ aufgrund der Revision der Wirtschaftszweigklassifikation in 2008 ist eine Vergleichbarkeit mit den Vorjahren nur bedingt möglich
Fehlzeiten-Report 2020

⬛ Tabelle 24.104 Arbeitsunfähigkeit der AOK-Mitglieder in der Branche Handel nach Bundesländern im Jahr 2019 im Vergleich zum Vorjahr

Bundesland	Kranken-stand in %	Arbeitsunfähigkeit je 100 AOK-Mitglieder				Tage je Fall	Veränd. z. Vorj. in %	AU-Quote in %
		AU-Fälle	Veränd. z. Vorj. in %	AU-Tage	Veränd. z. Vorj. in %			
Baden-Württemberg	5,1	180,1	0,0	1.872,9	0,6	10,4	0,5	57,4
Bayern	4,7	145,6	−0,6	1.719,8	0,4	11,8	1,0	50,8
Berlin	4,7	168,4	1,6	1.711,5	1,9	10,2	0,2	47,2
Brandenburg	5,8	157,7	1,5	2.132,9	2,2	13,5	0,7	54,1
Bremen	5,0	149,5	−3,7	1.817,8	−1,7	12,2	2,0	48,6
Hamburg	4,6	146,1	−0,2	1.675,7	2,7	11,5	2,9	44,2
Hessen	5,4	179,6	−1,4	1.962,5	−0,3	10,9	1,1	55,5
Mecklenburg-Vorpommern	5,5	134,6	−1,9	1.994,8	−0,1	14,8	1,9	49,9
Niedersachsen	5,4	173,1	−1,4	1.954,6	−1,1	11,3	0,3	57,9
Nordrhein-Westfalen	5,3	168,0	−2,0	1.951,1	0,4	11,6	2,5	54,5
Rheinland-Pfalz	5,0	139,9	−30,0	1.820,2	−13,8	13,0	23,2	47,0
Saarland	5,7	162,7	−3,0	2.064,9	−3,1	12,7	−0,1	53,4
Sachsen	5,3	151,5	−0,9	1.916,5	0,3	12,6	1,2	57,0
Sachsen-Anhalt	5,8	151,3	−0,7	2.133,2	−1,6	14,1	−0,9	53,7
Schleswig-Holstein	5,2	152,7	−2,5	1.906,1	−0,1	12,5	2,4	51,4
Thüringen	5,8	160,4	−2,6	2.116,2	0,2	13,2	2,8	57,4
West	**5,1**	**164,3**	**−2,4**	**1.862,7**	**−0,5**	**11,3**	**2,0**	**53,8**
Ost	**5,5**	**152,8**	**−1,1**	**2.013,3**	**0,2**	**13,2**	**1,3**	**55,8**
Bund	**5,2**	**162,7**	**−2,3**	**1.885,3**	**−0,4**	**11,6**	**2,0**	**54,1**

Fehlzeiten-Report 2020

◘ **Tabelle 24.105** Arbeitsunfähigkeit der AOK-Mitglieder nach Wirtschaftsabteilungen in der Branche Handel im Jahr 2019

Wirtschaftsabteilungen	Krankenstand in %		Arbeitsunfähigkeiten je 100 AOK-Mitglieder		Tage je Fall	AU-Quote in %
	2019	2019 stand.[a]	Fälle	Tage		
Einzelhandel (ohne Handel mit Kraftfahrzeugen)	5,3	5,5	159,1	1.929,2	12,1	52,8
Großhandel (ohne Handel mit Kraftfahrzeugen)	5,2	5,2	165,1	1.905,2	11,5	56,0
Handel mit Kraftfahrzeugen, Instandhaltung und Reparatur von Kraftfahrzeugen	4,6	4,7	171,6	1.681,7	9,8	55,7
Branche gesamt	**5,2**	**5,4**	**162,7**	**1.885,3**	**11,6**	**54,1**
Alle Branchen	**5,4**	**5,5**	**164,7**	**1.980,3**	**12,0**	**52,9**

[a] Krankenstand alters- und geschlechtsstandardisiert

Fehlzeiten-Report 2020

◻ Tabelle 24.106 Kennzahlen der Arbeitsunfähigkeit nach ausgewählten Berufsgruppen in der Branche Handel im Jahr 2019

Tätigkeit	Kranken-stand in %	Arbeitsunfähigkeit je 100 AOK-Mitglieder		Tage je Fall	AU-Quote in %	Anteil der Berufsgruppe an der Branche in %[a]
		AU-Fälle	AU-Tage			
Aufsichts-/Führungskr. – Verkauf	4,4	106,4	1.610,0	15,1	46,7	1,2
Berufe im Verkauf (Ohne Spez.)	5,6	157,1	2.042,7	13,0	52,9	23,2
Berufe im Verkauf von Back- u. Konditoreiwaren	6,0	157,7	2.173,0	13,8	51,4	2,0
Berufe im Verkauf von Bekleidung, Sportartikeln, Lederwaren u. Schuhen	4,9	179,9	1.791,5	10,0	52,9	3,3
Berufe im Verkauf von drogerie- u. apothekenüblichen Waren	4,9	170,3	1.795,9	10,5	58,7	1,8
Berufe im Verkauf von Garten-, Heimwerker-, Haustier- u. Zoobedarf	5,8	176,9	2.101,8	11,9	61,3	1,2
Berufe im Verkauf von Kraftfahrzeugen, Zweirädern u. Zubehör	3,5	151,0	1.280,1	8,5	51,9	1,5
Berufe im Verkauf von Lebensmitteln (ohne Spez.)	5,4	157,4	1.958,9	12,4	53,5	1,8
Berufe im Vertrieb (außer Informations- u. Kommunikationstechnologien)	3,6	125,6	1.312,5	10,4	49,4	2,3
Berufe in der Kraftfahrzeugtechnik	5,0	204,0	1.817,0	8,9	62,4	5,2
Berufe in der Lagerwirtschaft	6,7	213,5	2.451,9	11,5	60,4	12,4
Berufe in der pharmazeutisch-technischen Assistenz	2,9	133,5	1.049,7	7,9	52,3	1,2
Berufskraftfahrer/innen (Güterverkehr/LKW)	7,3	155,6	2.675,3	17,2	57,2	2,5
Büro- u. Sekretariatskräfte (ohne Spez.)	3,5	130,1	1.288,4	9,9	48,8	4,5
Fahrzeugführer/innen im Straßenverkehr (sonstige spezifische Tätigkeitsangabe)	6,5	146,7	2.383,8	16,2	50,5	1,0
Kassierer/innen u. Kartenverkäufer/innen	6,2	161,6	2.247,7	13,9	54,5	2,2

□ Tabelle 24.106 (Fortsetzung)

Tätigkeit	Kranken-stand in %	Arbeitsunfähigkeit je 100 AOK-Mitglieder		Tage je Fall	AU-Quote in %	Anteil der Berufsgruppe an der Branche in %[a]
		AU-Fälle	AU-Tage			
Kaufleute im Groß- u. Außen-handel	3,5	187,5	1.262,4	6,7	60,1	1,8
Kaufmännische u. technische Betriebswirtschaft (ohne Spez.)	3,7	144,5	1.368,2	9,5	53,2	2,6
Branche gesamt	**5,2**	**162,7**	**1.885,3**	**11,6**	**54,1**	**14,2**[b]

[a] Anteil der AOK-Mitglieder in der Berufsgruppe an den in der Branche beschäftigten AOK-Mitgliedern insgesamt
[b] Anteil der AOK-Mitglieder in der Branche an allen AOK-Mitgliedern
Fehlzeiten-Report 2020

□ Tabelle 24.107 Dauer der Arbeitsunfähigkeit der AOK-Mitglieder in der Branche Handel im Jahr 2019

Fallklasse	Branche hier		Alle Branchen	
	Anteil Fälle in %	Anteil Tage in %	Anteil Fälle in %	Anteil Tage in %
1–3 Tage	36,8	6,4	35,5	5,9
4–7 Tage	31,8	14,0	31,3	13,2
8–14 Tage	16,2	14,5	17,1	14,7
15–21 Tage	5,4	8,1	5,7	8,3
22–28 Tage	2,7	5,7	2,9	5,8
29–42 Tage	2,9	8,6	3,0	8,6
> 42 Tage	4,2	42,7	4,4	43,5

Fehlzeiten-Report 2020

◼ Tabelle 24.108 Tage der Arbeitsunfähigkeit je AOK-Mitglied nach Wirtschaftsabteilung und Betriebsgröße in der Branche Handel im Jahr 2019

Wirtschaftsabteilungen	Betriebsgröße (Anzahl der AOK-Mitglieder)					
	10–49	50–99	100–199	200–499	500–999	≥ 1.000
Einzelhandel (ohne Handel mit Kraftfahrzeugen)	20,3	22,9	22,9	22,8	22,1	28,4
Großhandel (ohne Handel mit Kraftfahrzeugen)	19,9	21,6	22,1	23,3	23,2	–
Handel mit Kraftfahrzeugen, Instandhaltung und Reparatur von Kraftfahrzeugen	17,5	18,1	18,2	20,4	17,5	19,9
Branche gesamt	**19,8**	**21,8**	**22,1**	**22,8**	**22,2**	**28,3**
Alle Branchen	**20,3**	**22,4**	**22,5**	**22,6**	**22,6**	**22,6**

Fehlzeiten-Report 2020

◼ Tabelle 24.109 Krankenstand in Prozent nach Ausbildungsabschluss in der Branche Handel im Jahr 2019, AOK-Mitglieder

Wirtschafts-abteilungen	Ausbildung						
	ohne Ausbildungsabschluss	mit Ausbildungsabschluss	Meister/ Techniker	Bachelor	Diplom/ Magister/ Master/ Staatsexamen	Promotion	unbekannt
Einzelhandel (ohne Handel mit Kraftfahrzeugen)	5,5	5,5	4,5	2,5	2,9	3,3	4,9
Großhandel (ohne Handel mit Kraftfahrzeugen)	6,2	5,4	3,9	2,1	2,6	1,9	5,1
Handel mit Kraftfahrzeugen, Instandhaltung und Reparatur von Kraftfahrzeugen	4,7	4,8	4,5	2,3	2,6	2,7	4,3
Branche gesamt	**5,5**	**5,4**	**4,3**	**2,3**	**2,7**	**2,5**	**4,9**
Alle Branchen	**6,0**	**5,9**	**4,6**	**2,4**	**2,9**	**2,1**	**4,9**

Fehlzeiten-Report 2020

◼ **Tabelle 24.110** Tage der Arbeitsunfähigkeit je AOK-Mitglied nach Ausbildungsabschluss in der Branche Handel im Jahr 2019

Wirtschafts-abteilungen	Ausbildung						
	ohne Aus-bildungs-abschluss	mit Aus-bildungs-abschluss	Meister/ Techniker	Bachelor	Diplom/ Magister/ Master/ Staats-examen	Promotion	unbekannt
Einzelhandel (ohne Handel mit Kraftfahr-zeugen)	20,0	20,2	16,4	9,1	10,6	12,0	18,0
Großhandel (ohne Handel mit Kraftfahr-zeugen)	22,6	19,8	14,3	7,6	9,3	7,0	18,6
Handel mit Kraftfahr-zeugen, Instandhaltung und Reparatur von Kraftfahrzeugen	17,2	17,4	16,5	8,6	9,4	9,8	15,7
Branche gesamt	**20,2**	**19,7**	**15,7**	**8,3**	**9,9**	**9,2**	**17,9**
Alle Branchen	**21,8**	**21,6**	**16,7**	**8,7**	**10,7**	**7,7**	**18,0**

Fehlzeiten-Report 2020

◼ **Tabelle 24.111** Anteil der Arbeitsunfälle an den AU-Fällen und -Tagen in Prozent nach Wirtschaftsabteilungen in der Branche Handel im Jahr 2019, AOK-Mitglieder

Wirtschaftsabteilungen	AU-Fälle in %	AU-Tage in %
Einzelhandel (ohne Handel mit Kraftfahrzeugen)	2,5	4,2
Großhandel (ohne Handel mit Kraftfahrzeugen)	3,1	6,5
Handel mit Kraftfahrzeugen, Instandhaltung und Reparatur von Kraftfahrzeugen	3,4	6,0
Branche gesamt	**2,8**	**5,1**
Alle Branchen	**3,0**	**5,8**

Fehlzeiten-Report 2020

24

◘ **Tabelle 24.112** Tage und Fälle der Arbeitsunfähigkeit durch Arbeitsunfälle nach Berufsgruppen in der Branche Handel im Jahr 2019, AOK-Mitglieder

Tätigkeit	Arbeitsunfähigkeit je 1.000 AOK-Mitglieder	
	AU-Tage	**AU-Fälle**
Berufskraftfahrer/innen (Güterverkehr/LKW)	3.182,9	95,1
Fahrzeugführer/innen im Straßenverkehr (sonstige spezifische Tätigkeitsangabe)	2.466,8	81,1
Berufe in der Lagerwirtschaft	1.483,2	66,9
Berufe in der Kraftfahrzeugtechnik	1.394,1	94,3
Berufe im Verkauf von Garten-, Heimwerker-, Haustier- u. Zoobedarf	1.138,0	62,5
Berufe im Verkauf von Lebensmitteln (ohne Spez.)	910,0	53,1
Berufe im Verkauf von Back- u. Konditoreiwaren	787,8	46,3
Berufe im Verkauf (Ohne Spez.)	773,3	38,7
Aufsichts-/Führungskr. – Verkauf	640,6	27,9
Kassierer/innen u. Kartenverkäufer/innen	611,2	26,1
Berufe im Verkauf von drogerie- u. apothekenüblichen Waren	515,3	22,8
Berufe im Verkauf von Bekleidung, Sportartikeln, Lederwaren u. Schuhen	457,4	23,7
Kaufleute im Groß- u. Außenhandel	388,5	23,3
Berufe im Verkauf von Kraftfahrzeugen, Zweirädern u. Zubehör	375,6	21,3
Berufe im Vertrieb (außer Informations- u. Kommunikationstechnologien)	346,8	16,7
Büro- u. Sekretariatskräfte (ohne Spez.)	311,7	12,3
Kaufmännische u. technische Betriebswirtschaft (ohne Spez.)	289,7	15,9
Berufe in der pharmazeutisch-technischen Assistenz	176,2	10,8
Branche gesamt	**968,0**	**45,6**
Alle Branchen	**1.145,8**	**48,9**

Fehlzeiten-Report 2020

□ Tabelle 24.113 Tage und Fälle der Arbeitsunfähigkeit je 100 AOK-Mitglieder nach Krankheitsarten in der Branche Handel in den Jahren 1995 bis 2019

Jahr	Arbeitsunfähigkeiten je 100 AOK-Mitglieder											
	Psyche		Herz/Kreis-lauf		Atemwege		Verdauung		Muskel/Skelett		Verletzungen	
	Tage	Fälle	Tage	Fälle	Tage	Fälle	Tage	Fälle	Tage	Fälle	Tage	Fälle
1995	101,3	4,1	175,6	8,5	347,2	43,8	183,5	22,6	592,8	31,9	345,0	21,1
1996	92,4	3,8	152,5	7,1	300,8	38,8	153,0	20,3	524,4	27,6	308,0	18,8
1997	89,6	4,0	142,2	7,4	268,9	37,5	143,7	20,2	463,5	26,9	293,2	18,4
1998	95,7	4,3	142,2	7,6	266,0	38,5	140,9	20,4	480,4	28,3	284,6	18,3
1999	100,4	4,7	139,6	7,8	301,5	44,0	142,3	21,7	499,5	30,0	280,8	18,5
2000	113,7	5,5	119,8	7,0	281,4	42,5	128,1	19,1	510,3	31,3	278,0	18,8
2001	126,1	6,3	124,0	7,6	266,0	41,9	128,9	19,8	523,9	32,5	270,3	18,7
2002	131,0	6,7	122,5	7,7	254,9	41,0	129,6	20,8	512,6	32,0	265,8	18,4
2003	127,0	6,6	114,6	7,6	252,1	41,5	121,3	19,8	459,2	29,4	250,8	17,4
2004	136,9	6,4	120,4	6,8	215,6	34,6	120,4	19,0	424,2	27,1	237,7	16,0
2005	135,8	6,2	118,1	6,6	245,8	39,4	113,5	17,6	399,1	25,9	230,5	15,5
2006	137,2	6,3	117,7	6,7	202,9	33,5	115,7	18,4	400,5	26,0	234,8	15,7
2007	151,2	6,8	120,3	6,8	231,0	37,9	122,6	20,0	426,0	27,1	234,3	15,4
2008 (WZ03)	159,5	7,1	124,1	7,0	244,6	40,6	127,6	21,3	439,2	28,2	238,9	15,8
2008 (WZ08)[a]	158,2	7,1	123,2	7,0	243,2	40,4	127,3	21,2	435,9	28,0	238,8	15,8
2009	168,3	7,6	122,3	6,9	284,1	46,6	126,0	20,8	428,8	27,4	241,8	15,7
2010	190,3	8,1	124,2	6,9	240,7	40,4	118,2	19,2	463,3	28,5	256,3	16,4
2011	209,1	9,0	119,3	6,9	253,8	42,0	119,2	19,3	451,2	28,8	248,1	16,0
2012	231,8	9,3	130,4	7,1	254,5	41,9	124,0	19,5	478,2	29,5	252,0	15,5
2013	243,8	9,7	129,6	6,9	317,6	50,9	127,4	19,7	482,5	29,9	254,6	15,6
2014	273,9	10,7	137,2	7,2	265,7	43,7	133,5	20,3	523,9	31,5	257,2	15,7
2015	282,1	10,9	135,5	7,2	323,7	51,9	131,8	20,1	518,5	31,2	256,3	15,5
2016	290,7	11,1	124,1	7,3	305,6	50,1	125,9	19,9	533,1	31,7	258,6	15,3
2017	299,9	11,2	122,1	7,1	308,7	49,5	122,4	18,7	526,8	30,8	259,7	14,8
2018	311,9	11,6	122,5	7,2	336,2	52,5	121,2	18,5	529,7	31,2	263,4	14,9
2019	327,5	11,8	121,4	7,1	296,5	48,4	118,7	18,1	544,5	31,6	261,0	14,4

[a] aufgrund der Revision der Wirtschaftszweigklassifikation in 2008 ist eine Vergleichbarkeit mit den Vorjahren nur bedingt möglich

Fehlzeiten-Report 2020

24

◘ Tabelle 24.114 Verteilung der Arbeitsunfähigkeitstage nach Krankheitsarten in Prozent in der Branche Handel im Jahr 2019, AOK-Mitglieder

Wirtschaftsabteilungen	AU-Tage in %						
	Psyche	Herz/ Kreislauf	Atem- wege	Ver- dauung	Muskel/ Skelett	Verlet- zungen	Sonstige
Einzelhandel (ohne Handel mit Kraftfahrzeugen)	14,7	4,3	11,6	4,6	21,4	9,3	34,1
Großhandel (ohne Handel mit Kraftfahrzeugen)	11,1	5,9	11,7	4,8	22,3	11,2	32,9
Handel mit Kraftfahrzeu- gen, Instandhaltung und Reparatur von Kraftfahr- zeugen	10,0	4,9	13,1	5,2	21,7	13,4	31,8
Branche gesamt	**13,1**	**4,8**	**11,8**	**4,7**	**21,7**	**10,4**	**33,4**
Alle Branchen	**11,9**	**5,4**	**11,8**	**4,6**	**22,4**	**10,8**	**33,1**

Fehlzeiten-Report 2020

◘ Tabelle 24.115 Verteilung der Arbeitsunfähigkeitsfälle nach Krankheitsarten in Prozent in der Branche Handel im Jahr 2019, AOK-Mitglieder

Wirtschaftsabteilungen	AU-Fälle in %						
	Psyche	Herz/ Kreislauf	Atem- wege	Ver- dauung	Muskel/ Skelett	Verlet- zungen	Sonstige
Einzelhandel (ohne Handel mit Kraftfahrzeugen)	6,4	3,3	22,5	8,3	14,2	6,3	39,0
Großhandel (ohne Handel mit Kraftfahrzeugen)	4,8	3,7	22,7	8,8	16,1	6,9	36,9
Handel mit Kraftfahrzeu- gen, Instandhaltung und Reparatur von Kraftfahr- zeugen	4,1	2,9	24,3	8,8	14,9	8,4	36,5
Branche gesamt	**5,6**	**3,4**	**22,8**	**8,5**	**14,9**	**6,8**	**38,0**
Alle Branchen	**5,4**	**3,7**	**22,6**	**8,4**	**15,9**	**6,9**	**37,2**

Fehlzeiten-Report 2020

◻ Tabelle 24.116 Verteilung der Arbeitsunfähigkeitstage nach Krankheitsarten und ausgewählten Berufsgruppen in der Branche Handel im Jahr 2019, AOK-Mitglieder

Tätigkeit	AU-Tage in %						
	Psyche	Herz/ Kreislauf	Atem- wege	Ver- dauung	Muskel/ Skelett	Verlet- zungen	Sonstige
Aufsichts-/Führungskr. – Verkauf	20,4	4,2	9,2	4,1	19,6	8,7	33,7
Berufe im Verkauf (Ohne Spez.)	15,7	4,0	11,0	4,4	21,7	8,8	34,3
Berufe im Verkauf von Back- u. Konditoreiwaren	16,2	4,3	10,4	4,4	20,6	8,5	35,5
Berufe im Verkauf von Bekleidung, Sportartikeln, Lederwaren u. Schuhen	16,6	3,2	13,9	5,0	18,2	7,8	35,3
Berufe im Verkauf von dro- gerie- u. apothekenüblichen Waren	17,9	3,1	13,7	4,5	18,5	7,3	35,1
Berufe im Verkauf von Garten-, Heimwerker-, Haus- tier- u. Zoobedarf	13,6	4,9	12,0	5,2	21,8	10,2	32,3
Berufe im Verkauf von Kraft- fahrzeugen, Zweirädern u. Zubehör	13,8	4,8	15,8	5,7	15,3	10,1	34,5
Berufe im Verkauf von Le- bensmitteln (ohne Spez.)	14,9	4,0	10,6	4,7	22,2	10,0	33,7
Berufe im Vertrieb (außer Informations- u. Kommunika- tionstechnologien)	15,1	5,9	13,8	4,9	15,5	8,8	36,0
Berufe in der Kraftfahrzeug- technik	7,8	4,2	13,8	5,3	22,6	16,5	29,8
Berufe in der Lagerwirtschaft	10,1	5,5	11,4	4,8	26,2	10,9	31,1
Berufe in der pharmazeutisch- technischen Assistenz	14,4	3,7	18,9	5,1	11,9	7,2	38,7
Berufskraftfahrer/innen (Güterverkehr/LKW)	7,0	8,4	7,9	4,6	26,1	13,9	32,0
Büro- u. Sekretariatskräfte (ohne Spez.)	16,0	4,1	13,9	4,8	14,9	8,1	38,2
Fahrzeugführer/innen im Straßenverkehr (sonstige spezifische Tätigkeitsangabe)	7,9	7,2	7,7	4,5	27,8	13,5	31,4
Kassierer/innen u. Kartenver- käufer/innen	16,0	4,3	11,0	4,4	21,1	7,6	35,4

24

◻ Tabelle 24.116   (Fortsetzung)

Tätigkeit	AU-Tage in %						
	Psyche	Herz/ Kreislauf	Atem- wege	Ver- dauung	Muskel/ Skelett	Verlet- zungen	Sonstige
Kaufleute im Groß- u. Außen- handel	13,4	2,9	19,4	6,0	12,7	10,3	35,4
Kaufmännische u. technische Betriebswirtschaft (ohne Spez.)	15,9	4,3	15,4	5,3	14,6	7,9	36,6
Branche gesamt	**13,1**	**4,8**	**11,8**	**4,7**	**21,7**	**10,4**	**33,4**
Alle Branchen	**11,9**	**5,4**	**11,8**	**4,6**	**22,4**	**10,8**	**33,1**

Fehlzeiten-Report 2020

◻ **Tabelle 24.117** Verteilung der Arbeitsunfähigkeitsfälle nach Krankheitsarten und ausgewählten Berufsgruppen in der Branche Handel im Jahr 2019, AOK-Mitglieder

Tätigkeit	AU-Fälle in %						
	Psyche	Herz/ Kreislauf	Atem- wege	Ver- dauung	Muskel/ Skelett	Verlet- zungen	Sonstige
Aufsichts-/Führungskr. – Verkauf	8,2	3,6	20,7	8,5	13,7	6,1	39,2
Berufe im Verkauf (Ohne Spez.)	7,0	3,2	21,9	8,2	13,9	6,3	39,5
Berufe im Verkauf von Back- u. Konditoreiwaren	7,7	3,5	20,0	7,9	13,4	6,5	41,0
Berufe im Verkauf von Bekleidung, Sportartikeln, Lederwaren u. Schuhen	6,9	2,7	24,4	8,3	12,0	5,0	40,6
Berufe im Verkauf von dro- gerie- u. apothekenüblichen Waren	6,5	2,6	25,3	8,4	11,1	4,7	41,4
Berufe im Verkauf von Garten-, Heimwerker-, Haus- tier- u. Zoobedarf	6,0	3,3	22,7	8,6	14,4	7,2	37,7
Berufe im Verkauf von Kraft- fahrzeugen, Zweirädern u. Zubehör	4,9	2,7	27,6	9,3	9,3	5,9	40,4
Berufe im Verkauf von Le- bensmitteln (ohne Spez.)	6,3	3,3	21,0	8,9	13,2	7,3	40,1
Berufe im Vertrieb (außer Informations- u. Kommunika- tionstechnologien)	5,8	3,7	25,8	8,9	10,9	5,6	39,3
Berufe in der Kraftfahrzeug- technik	3,3	2,3	24,9	8,6	15,3	10,4	35,4
Berufe in der Lagerwirtschaft	4,8	3,6	21,0	8,5	20,4	7,0	34,8
Berufe in der pharmazeutisch- technischen Assistenz	5,4	2,7	28,9	8,5	7,8	4,3	42,4
Berufskraftfahrer/innen (Güterverkehr/LKW)	4,1	5,6	16,0	8,8	20,8	9,2	35,4
Büro- u. Sekretariatskräfte (ohne Spez.)	5,9	3,2	25,8	8,9	9,6	4,8	41,8
Fahrzeugführer/innen im Straßenverkehr (sonstige spezifische Tätigkeitsangabe)	4,6	4,9	17,4	8,3	21,5	9,2	34,1
Kassierer/innen u. Kartenver- käufer/innen	7,3	3,7	21,6	8,2	13,5	5,4	40,4

24

◼ Tabelle 24.117 (Fortsetzung)

Tätigkeit	AU-Fälle in %						
	Psyche	Herz/ Kreislauf	Atem- wege	Ver- dauung	Muskel/ Skelett	Verlet- zungen	Sonstige
Kaufleute im Groß- u. Außen- handel	4,1	2,0	29,9	9,0	7,9	5,7	41,3
Kaufmännische u. technische Betriebswirtschaft (ohne Spez.)	5,9	3,1	27,2	9,0	9,8	4,8	40,2
Branche gesamt	**5,6**	**3,4**	**22,8**	**8,5**	**14,9**	**6,8**	**38,0**
Alle Branchen	**5,4**	**3,7**	**22,6**	**8,4**	**15,9**	**6,9**	**37,2**

Fehlzeiten-Report 2020

☐ Tabelle 24.118 Anteile der 40 häufigsten Einzeldiagnosen an den AU-Fällen und AU-Tagen in der Branche Handel im Jahr 2019, AOK-Mitglieder

ICD-10	Bezeichnung	AU-Fälle in %	AU-Tage in %
J06	Akute Infektionen an mehreren oder nicht näher bezeichneten Lokalisationen der oberen Atemwege	10,0	4,5
M54	Rückenschmerzen	5,8	5,9
A09	Sonstige und nicht näher bezeichnete Gastroenteritis und Kolitis infektiösen und nicht näher bezeichneten Ursprungs	4,8	1,6
R10	Bauch- und Beckenschmerzen	1,9	1,0
B34	Viruskrankheit nicht näher bezeichneter Lokalisation	1,8	0,8
K08	Sonstige Krankheiten der Zähne und des Zahnhalteapparates	1,8	0,4
F43	Reaktionen auf schwere Belastungen und Anpassungsstörungen	1,7	3,1
J20	Akute Bronchitis	1,7	1,0
K52	Sonstige nichtinfektiöse Gastroenteritis und Kolitis	1,6	0,6
R51	Kopfschmerz	1,4	0,6
I10	Essentielle (primäre) Hypertonie	1,3	1,2
K29	Gastritis und Duodenitis	1,3	0,6
F32	Depressive Episode	1,2	3,8
J40	Bronchitis, nicht als akut oder chronisch bezeichnet	1,2	0,7
R11	Übelkeit und Erbrechen	1,2	0,5
M25	Sonstige Gelenkkrankheiten, anderenorts nicht klassifiziert	1,1	1,4
J00	Akute Rhinopharyngitis [Erkältungsschnupfen]	1,1	0,5
T14	Verletzung an einer nicht näher bezeichneten Körperregion	1,0	1,0
J03	Akute Tonsillitis	1,0	0,5
J02	Akute Pharyngitis	1,0	0,4
J01	Akute Sinusitis	0,9	0,5
J32	Chronische Sinusitis	0,9	0,5
M79	Sonstige Krankheiten des Weichteilgewebes, anderenorts nicht klassifiziert	0,8	0,8
R53	Unwohlsein und Ermüdung	0,8	0,8
M99	Biomechanische Funktionsstörungen, anderenorts nicht klassifiziert	0,8	0,7
G43	Migräne	0,8	0,3
M51	Sonstige Bandscheibenschäden	0,7	1,9
M75	Schulterläsionen	0,7	1,7
F45	Somatoforme Störungen	0,7	1,4

□ Tabelle 24.118 (Fortsetzung)

ICD-10	Bezeichnung	AU-Fälle in %	AU-Tage in %
F48	Andere neurotische Störungen	0,7	1,3
R42	Schwindel und Taumel	0,7	0,5
J98	Sonstige Krankheiten der Atemwege	0,7	0,3
Z98	Sonstige Zustände nach chirurgischem Eingriff	0,6	1,8
M77	Sonstige Enthesopathien	0,6	0,9
M53	Sonstige Krankheiten der Wirbelsäule und des Rückens, anderenorts nicht klassifiziert	0,6	0,7
B99	Sonstige und nicht näher bezeichnete Infektionskrankheiten	0,6	0,3
N39	Sonstige Krankheiten des Harnsystems	0,6	0,3
A08	Virusbedingte und sonstige näher bezeichnete Darminfektionen	0,6	0,2
M23	Binnenschädigung des Kniegelenkes [internal derangement]	0,5	1,2
S93	Luxation, Verstauchung und Zerrung der Gelenke und Bänder in Höhe des oberen Sprunggelenkes und des Fußes	0,5	0,7
	Summe hier	**57,7**	**46,9**
	Restliche	42,3	53,1
	Gesamtsumme	**100,0**	**100,0**

Fehlzeiten-Report 2020

◻ Tabelle 24.119 Anteile der 40 häufigsten Diagnoseuntergruppen an den AU-Fällen und AU-Tagen in der Branche Handel im Jahr 2019, AOK-Mitglieder

ICD-10	Bezeichnung	AU-Fälle in %	AU-Tage in %
J00–J06	Akute Infektionen der oberen Atemwege	14,9	6,7
M50–M54	Sonstige Krankheiten der Wirbelsäule und des Rückens	6,9	8,0
A00–A09	Infektiöse Darmkrankheiten	5,9	2,0
R50–R69	Allgemeinsymptome	3,8	2,9
F40–F48	Neurotische, Belastungs- und somatoforme Störungen	3,5	6,9
R10–R19	Symptome, die das Verdauungssystem und das Abdomen betreffen	3,4	1,7
M70–M79	Sonstige Krankheiten des Weichteilgewebes	2,5	3,9
K00–K14	Krankheiten der Mundhöhle, der Speicheldrüsen und der Kiefer	2,3	0,6
J40–J47	Chronische Krankheiten der unteren Atemwege	2,2	1,5
J20–J22	Sonstige akute Infektionen der unteren Atemwege	2,1	1,2
B25–B34	Sonstige Viruskrankheiten	2,0	0,9
K50–K52	Nichtinfektiöse Enteritis und Kolitis	1,9	0,8
G40–G47	Episodische und paroxysmale Krankheiten des Nervensystems	1,8	1,3
K20–K31	Krankheiten des Ösophagus, des Magens und des Duodenums	1,8	0,9
M20–M25	Sonstige Gelenkkrankheiten	1,7	3,0
F30–F39	Affektive Störungen	1,6	5,7
Z80–Z99	Personen mit potentiellen Gesundheitsrisiken aufgrund der Familien- oder Eigenanamnese und bestimmte Zustände, die den Gesundheitszustand beeinflussen	1,6	3,3
I10–I15	Hypertonie [Hochdruckkrankheit]	1,5	1,4
R00–R09	Symptome, die das Kreislaufsystem und das Atmungssystem betreffen	1,5	0,9
J30–J39	Sonstige Krankheiten der oberen Atemwege	1,4	0,8
T08–T14	Verletzungen nicht näher bezeichneter Teile des Rumpfes, der Extremitäten oder anderer Körperregionen	1,2	1,3
S90–S99	Verletzungen der Knöchelregion und des Fußes	1,0	1,4
S60–S69	Verletzungen des Handgelenkes und der Hand	1,0	1,4
K55–K64	Sonstige Krankheiten des Darmes	1,0	0,8
M95–M99	Sonstige Krankheiten des Muskel-Skelett-Systems und des Bindegewebes	0,9	0,9
R40–R46	Symptome, die das Erkennungs- und Wahrnehmungsvermögen, die Stimmung und das Verhalten betreffen	0,9	0,8
N30–N39	Sonstige Krankheiten des Harnsystems	0,9	0,4
S80–S89	Verletzungen des Knies und des Unterschenkels	0,8	2,0

□ Tabelle 24.119   (Fortsetzung)

ICD-10	Bezeichnung	AU-Fälle in %	AU-Tage in %
J09–J18	Grippe und Pneumonie	0,8	0,6
J95–J99	Sonstige Krankheiten des Atmungssystems	0,8	0,5
E70–E90	Stoffwechselstörungen	0,8	0,5
M15–M19	Arthrose	0,7	2,1
Z00–Z13	Personen, die das Gesundheitswesen zur Untersuchung und Abklärung in Anspruch nehmen	0,7	0,4
B99–B99	Sonstige Infektionskrankheiten	0,7	0,3
G50–G59	Krankheiten von Nerven, Nervenwurzeln und Nervenplexus	0,6	1,3
Z40–Z54	Personen, die das Gesundheitswesen zum Zwecke spezifischer Maßnahmen und zur medizinischen Betreuung in Anspruch nehmen	0,6	0,9
M65–M68	Krankheiten der Synovialis und der Sehnen	0,6	0,9
N80–N98	Nichtentzündliche Krankheiten des weiblichen Genitaltraktes	0,6	0,5
I95–I99	Sonstige und nicht näher bezeichnete Krankheiten des Kreislaufsystems	0,6	0,3
L00–L08	Infektionen der Haut und der Unterhaut	0,5	0,6
	Summe hier	**80,0**	**72,3**
	Restliche	20,0	27,7
	Gesamtsumme	**100,0**	**100,0**

Fehlzeiten-Report 2020

24

24.8 Land- und Forstwirtschaft

24

▣ Tabelle 24.120 Entwicklung des Krankenstands der AOK-Mitglieder in der Branche Land- und Forstwirtschaft in den Jahren 1995 bis 2019

Jahr	Krankenstand in %			AU-Fälle je 100 AOK-Mitglieder			Tage je Fall		
	West	Ost	Bund	West	Ost	Bund	West	Ost	Bund
1995	5,4	5,7	5,6	140,6	137,3	139,2	14,7	15,1	14,9
1996	4,6	5,5	5,1	137,3	125,0	132,3	12,9	16,3	14,2
1997	4,6	5,0	4,8	137,4	117,7	129,7	12,3	15,4	13,4
1998	4,8	4,9	4,8	143,1	121,4	135,1	12,1	14,9	13,0
1999	4,6	6,0	5,3	149,6	142,6	147,6	11,6	14,2	12,3
2000	4,6	5,5	5,0	145,7	139,7	142,7	11,6	14,3	12,9
2001	4,6	5,4	5,0	144,3	130,2	137,6	11,7	15,1	13,2
2002	4,5	5,2	4,8	142,4	126,5	135,0	11,4	15,1	13,0
2003	4,2	4,9	4,5	135,5	120,5	128,5	11,2	14,8	12,8
2004	3,8	4,3	4,0	121,5	109,1	115,6	11,4	14,6	12,8
2005	3,5	4,3	3,9	113,7	102,1	108,4	11,3	15,3	13,0
2006	3,3	4,1	3,7	110,2	96,5	104,3	11,0	15,4	12,8
2007	3,6	4,4	3,9	117,1	102,2	110,8	11,1	15,7	12,9
2008 (WZ03)	3,7	4,6	4,1	121,1	107,6	115,4	11,1	15,7	12,9
2008 (WZ08)[a]	3,1	4,6	3,9	101,5	101,6	101,6	11,3	16,5	13,9
2009	3,0	5,0	4,0	101,0	108,9	104,8	11,0	16,8	13,9
2010	3,3	5,1	4,2	99,6	112,5	105,6	12,2	16,7	14,4
2011	3,4	4,9	4,0	99,7	114,0	105,8	12,4	15,7	13,9
2012	3,2	5,4	4,1	91,0	110,2	99,2	12,9	17,8	15,2
2013	3,3	5,5	4,2	98,3	116,4	105,7	12,4	17,3	14,6
2014	3,4	5,5	4,2	92,5	112,2	100,3	13,2	17,9	15,3
2015	3,4	5,7	4,3	97,2	121,4	106,6	12,9	17,2	14,8
2016	3,5	5,9	4,4	97,8	123,2	107,8	13,1	17,5	15,0
2017	3,5	6,0	4,4	96,1	122,7	106,2	13,3	17,7	15,2
2018	3,6	6,2	4,5	97,5	129,3	109,2	13,4	17,6	15,2
2019	3,5	6,3	4,5	93,3	124,1	104,3	13,8	18,5	15,8

[a] aufgrund der Revision der Wirtschaftszweigklassifikation in 2008 ist eine Vergleichbarkeit mit den Vorjahren nur bedingt möglich

Fehlzeiten-Report 2020

◘ **Tabelle 24.121** Arbeitsunfähigkeit der AOK-Mitglieder in der Branche Land- und Forstwirtschaft nach Bundesländern im Jahr 2019 im Vergleich zum Vorjahr

Bundesland	Kranken- stand in %	Arbeitsunfähigkeit je 100 AOK- Mitglieder				Tage je Fall	Veränd. z. Vorj. in %	AU- Quote in %
		AU- Fälle	Veränd. z. Vorj. in %	AU- Tage	Veränd. z. Vorj. in %			
Baden-Württemberg	3,1	86,0	−4,7	1.122,7	1,5	13,1	6,5	24,8
Bayern	3,3	83,8	−0,7	1.192,4	4,4	14,2	5,1	26,3
Berlin	4,6	120,2	1,7	1.667,6	30,1	13,9	28,0	39,0
Brandenburg	6,3	119,7	−5,7	2.292,7	−1,6	19,1	4,3	45,4
Bremen	3,4	124,7	0,6	1.233,6	−5,1	9,9	−5,7	44,1
Hamburg	2,5	75,2	3,6	908,5	−17,8	12,1	−20,6	19,8
Hessen	4,8	107,9	−7,5	1.733,8	1,9	16,1	10,1	33,4
Mecklenburg-Vorpommern	6,2	110,9	−6,0	2.276,6	5,5	20,5	12,2	45,5
Niedersachsen	4,1	110,6	−2,2	1.478,3	−1,8	13,4	0,4	36,0
Nordrhein-Westfalen	3,4	91,9	−4,4	1.232,1	−4,8	13,4	−0,5	25,4
Rheinland-Pfalz	2,6	64,1	−27,6	940,3	−18,3	14,7	12,9	16,6
Saarland	3,5	97,7	−14,1	1.281,4	−21,0	13,1	−8,1	34,4
Sachsen	6,1	126,5	−3,8	2.210,8	−1,3	17,5	2,6	52,8
Sachsen-Anhalt	6,4	123,2	−3,4	2.330,3	−0,8	18,9	2,7	48,2
Schleswig-Holstein	3,7	92,2	2,3	1.364,0	6,9	14,8	4,5	28,9
Thüringen	6,6	134,4	−2,4	2.393,9	4,3	17,8	6,9	51,4
West	**3,5**	**93,3**	**−4,3**	**1.286,4**	**−1,2**	**13,8**	**3,3**	**27,9**
Ost	**6,3**	**124,1**	**−4,0**	**2.291,0**	**0,9**	**18,5**	**5,1**	**49,3**
Bund	**4,5**	**104,3**	**−4,5**	**1.643,4**	**−0,8**	**15,8**	**3,9**	**34,2**

Fehlzeiten-Report 2020

24

◘ **Tabelle 24.122** Arbeitsunfähigkeit der AOK-Mitglieder nach Wirtschaftsabteilungen in der Branche Land-
und Forstwirtschaft im Jahr 2019

Wirtschaftsabteilungen	Krankenstand in %		Arbeitsunfähigkeiten je 100 AOK-Mitglieder		Tage je Fall	AU-Quote in %
	2019	2019 stand.[a]	Fälle	Tage		
Fischerei und Aquakultur	4,5	4,7	112,5	1.626,5	14,5	42,3
Forstwirtschaft und Holzein-schlag	5,5	4,7	127,2	2.010,4	15,8	42,7
Landwirtschaft, Jagd und damit verbundene Tätigkeiten	4,4	4,5	102,2	1.610,4	15,8	33,4
Branche gesamt	**4,5**	**4,5**	**104,3**	**1.643,4**	**15,8**	**34,2**
Alle Branchen	**5,4**	**5,5**	**164,7**	**1.980,3**	**12,0**	**52,9**

[a] Krankenstand alters- und geschlechtsstandardisiert
Fehlzeiten-Report 2020

◼ **Tabelle 24.123** Kennzahlen der Arbeitsunfähigkeit nach ausgewählten Berufsgruppen in der Branche Land- und Forstwirtschaft im Jahr 2019

Tätigkeit	Kranken- stand in %	Arbeitsunfähigkeit je 100 AOK-Mitglieder		Tage je Fall	AU-Quote in %	Anteil der Berufsgruppe an der Branche in %[a]
		AU-Fälle	AU-Tage			
Berufe im Garten-, Land- schafts- u. Sportplatzbau	4,8	149,9	1.738,4	11,6	53,5	1,0
Berufe im Gartenbau (ohne Spez.)	4,0	116,1	1.459,1	12,6	33,1	9,9
Berufe in Baumschule, Staudengärtnerei u. Zier- pflanzenbau	4,3	164,5	1.587,3	9,6	52,3	1,5
Berufe in der Floristik	3,8	118,5	1.384,5	11,7	50,6	1,1
Berufe in der Forstwirtschaft	6,1	136,9	2.214,8	16,2	43,5	4,7
Berufe in der Lagerwirtschaft	6,8	165,3	2.463,8	14,9	53,1	1,3
Berufe in der Landwirtschaft (ohne Spez.)	3,4	79,7	1.226,4	15,4	23,7	49,3
Berufe in der Nutztierhaltung (außer Geflügelhaltung)	7,5	122,9	2.729,7	22,2	50,9	6,4
Berufe in der Pferdewirtschaft (ohne Spez.)	3,9	92,0	1.430,6	15,5	33,1	1,7
Berufe in der Tierpflege (ohne Spez.)	7,6	115,4	2.782,7	24,1	49,1	1,6
Berufskraftfahrer/innen (Güterverkehr/LKW)	6,2	117,2	2.263,8	19,3	46,9	1,3
Büro- u. Sekretariatskräfte (ohne Spez.)	3,4	103,1	1.228,3	11,9	43,8	1,8
Führer/innen von land- u. forstwirtschaftlichen Ma- schinen	5,4	113,0	1.967,2	17,4	48,5	2,6
Branche gesamt	**4,5**	**104,3**	**1.643,4**	**15,8**	**34,2**	**1,4[b]**

[a] Anteil der AOK-Mitglieder in der Berufsgruppe an den in der Branche beschäftigten AOK-Mitgliedern insgesamt
[b] Anteil der AOK-Mitglieder in der Branche an allen AOK-Mitgliedern
Fehlzeiten-Report 2020

◘ Tabelle 24.124 Dauer der Arbeitsunfähigkeit der AOK-Mitglieder in der Branche Land- und Forstwirtschaft im Jahr 2019

Fallklasse	Branche hier		Alle Branchen	
	Anteil Fälle in %	Anteil Tage in %	Anteil Fälle in %	Anteil Tage in %
1–3 Tage	31,9	3,9	35,5	5,9
4–7 Tage	28,1	9,2	31,3	13,2
8–14 Tage	18,3	12,1	17,1	14,7
15–21 Tage	7,1	7,9	5,7	8,3
22–28 Tage	3,6	5,6	2,9	5,8
29–42 Tage	4,0	8,8	3,0	8,6
> 42 Tage	7,0	52,5	4,4	43,5

Fehlzeiten-Report 2020

◘ Tabelle 24.125 Tage der Arbeitsunfähigkeit je AOK-Mitglied nach Wirtschaftsabteilung und Betriebsgröße in der Branche Land- und Forstwirtschaft im Jahr 2019

Wirtschaftsabteilungen	Betriebsgröße (Anzahl der AOK-Mitglieder)					
	10–49	50–99	100–199	200–499	500–999	≥ 1.000
Fischerei und Aquakultur	23,0	2,7	–	–	–	–
Forstwirtschaft und Holzeinschlag	23,6	25,2	7,5	–	–	–
Landwirtschaft, Jagd und damit verbundene Tätigkeiten	19,3	18,6	13,1	10,0	6,3	–
Branche gesamt	**19,6**	**19,0**	**12,8**	**10,0**	**6,3**	**–**
Alle Branchen	**20,3**	**22,4**	**22,5**	**22,6**	**22,6**	**22,6**

Fehlzeiten-Report 2020

▣ Tabelle 24.126 Krankenstand in Prozent nach Ausbildungsabschluss in der Branche Land- und Forstwirtschaft im Jahr 2019, AOK-Mitglieder

Wirtschafts-abteilungen	Ausbildung						
	ohne Ausbildungs-abschluss	mit Ausbildungs-abschluss	Meister/ Techniker	Bachelor	Diplom/ Magister/ Master/ Staats-examen	Promotion	unbekannt
Fischerei und Aquakultur	6,2	4,3	1,8	–	5,2	–	4,6
Forstwirtschaft und Holzeinschlag	5,2	6,9	4,5	1,9	3,8	–	3,7
Landwirtschaft, Jagd und damit verbundene Tätigkeiten	4,5	5,6	4,8	2,2	3,6	1,6	3,2
Branche gesamt	**4,5**	**5,7**	**4,8**	**2,2**	**3,7**	**1,6**	**3,2**
Alle Branchen	**6,0**	**5,9**	**4,6**	**2,4**	**2,9**	**2,1**	**4,9**

Fehlzeiten-Report 2020

▣ Tabelle 24.127 Tage der Arbeitsunfähigkeit je AOK-Mitglied nach Ausbildungsabschluss in der Branche Land- und Forstwirtschaft im Jahr 2019

Wirtschafts-abteilungen	Ausbildung						
	ohne Ausbildungs-abschluss	mit Ausbildungs-abschluss	Meister/ Techniker	Bachelor	Diplom/ Magister/ Master/ Staats-examen	Promotion	unbekannt
Fischerei und Aquakultur	22,5	15,6	6,5	–	19,0	–	17,0
Forstwirtschaft und Holzeinschlag	19,1	25,0	16,3	7,1	13,8	–	13,6
Landwirtschaft, Jagd und damit verbundene Tätigkeiten	16,3	20,5	17,6	8,0	13,3	5,8	11,5
Branche gesamt	**16,5**	**20,9**	**17,4**	**8,0**	**13,3**	**5,8**	**11,7**
Alle Branchen	**21,8**	**21,6**	**16,7**	**8,7**	**10,7**	**7,7**	**18,0**

Fehlzeiten-Report 2020

24

◨ Tabelle 24.128 Anteil der Arbeitsunfälle an den AU-Fällen und -Tagen in Prozent nach Wirtschaftsabteilungen in der Branche Land- und Forstwirtschaft im Jahr 2019, AOK-Mitglieder

Wirtschaftsabteilungen	AU-Fälle in %	AU-Tage in %
Fischerei und Aquakultur	5,4	9,9
Forstwirtschaft und Holzeinschlag	9,2	19,6
Landwirtschaft, Jagd und damit verbundene Tätigkeiten	7,4	13,5
Branche gesamt	**7,6**	**14,1**
Alle Branchen	**3,0**	**5,8**

Fehlzeiten-Report 2020

◨ Tabelle 24.129 Tage und Fälle der Arbeitsunfähigkeit durch Arbeitsunfälle nach Berufsgruppen in der Branche Land- und Forstwirtschaft im Jahr 2019, AOK-Mitglieder

Tätigkeit	Arbeitsunfähigkeit je 1.000 AOK-Mitglieder	
	AU-Tage	AU-Fälle
Berufe in der Forstwirtschaft	4.967,9	139,4
Berufe in der Tierpflege (ohne Spez.)	3.800,6	108,5
Berufe in der Nutztierhaltung (außer Geflügelhaltung)	3.790,8	117,0
Berufe in der Pferdewirtschaft (ohne Spez.)	3.604,7	127,6
Berufe im Garten-, Landschafts- u. Sportplatzbau	2.925,6	116,7
Führer/innen von land- u. forstwirtschaftlichen Maschinen	2.904,4	88,1
Berufskraftfahrer/innen (Güterverkehr/LKW)	2.769,2	77,9
Berufe in der Lagerwirtschaft	2.459,7	66,6
Berufe in der Landwirtschaft (ohne Spez.)	2.006,1	74,8
Berufe im Gartenbau (ohne Spez.)	1.420,0	53,8
Berufe in Baumschule, Staudengärtnerei u. Zierpflanzenbau	1.373,4	60,8
Büro- u. Sekretariatskräfte (ohne Spez.)	436,6	16,9
Berufe in der Floristik	330,7	22,6
Branche gesamt	**2.313,4**	**78,9**
Alle Branchen	**1.145,8**	**48,9**

Fehlzeiten-Report 2020

◨ **Tabelle 24.130** Tage und Fälle der Arbeitsunfähigkeit je 100 AOK-Mitglieder nach Krankheitsarten in der Branche Land- und Forstwirtschaft in den Jahren 1995 bis 2019

Jahr	Arbeitsunfähigkeiten je 100 AOK-Mitglieder											
	Psyche		Herz/Kreis-lauf		Atemwege		Verdauung		Muskel/Skelett		Verletzungen	
	Tage	Fälle	Tage	Fälle	Tage	Fälle	Tage	Fälle	Tage	Fälle	Tage	Fälle
1995	126,9	4,2	219,6	9,1	368,7	39,5	205,3	20,5	627,2	30,8	415,2	22,9
1996	80,7	3,3	172,3	7,4	306,7	35,5	163,8	19,4	561,5	29,8	409,5	23,9
1997	75,0	3,4	150,6	7,4	270,0	34,3	150,6	19,3	511,1	29,7	390,3	23,9
1998	79,5	3,9	155,0	7,8	279,3	36,9	147,4	19,8	510,9	31,5	376,8	23,7
1999	89,4	4,5	150,6	8,2	309,1	42,0	152,1	21,7	537,3	34,0	366,8	23,7
2000	80,9	4,2	140,7	7,6	278,6	35,9	136,3	18,4	574,4	35,5	397,9	24,0
2001	85,2	4,7	149,4	8,2	262,5	35,1	136,2	18,7	587,8	36,4	390,1	23,6
2002	85,0	4,6	155,5	8,3	237,6	33,0	134,4	19,0	575,3	35,7	376,6	23,5
2003	82,8	4,6	143,9	8,0	233,8	33,1	123,7	17,8	512,0	32,5	368,5	22,5
2004	92,8	4,5	145,0	7,2	195,8	27,0	123,5	17,3	469,8	29,9	344,0	20,9
2005	90,1	4,1	142,3	6,7	208,7	28,6	111,3	14,7	429,7	26,8	336,2	19,7
2006	84,3	4,0	130,5	6,5	164,4	23,4	105,6	15,0	415,1	26,9	341,5	20,3
2007	90,2	4,1	143,8	6,6	187,2	26,9	112,5	16,2	451,4	28,1	347,5	20,0
2008 (WZ03)	94,9	4,5	153,2	7,0	195,6	27,8	119,6	17,3	472,0	29,2	350,9	19,9
2008 (WZ08)[a]	88,2	4,0	160,5	6,8	176,9	23,8	112,4	15,5	436,4	24,8	336,1	18,3
2009	95,9	4,2	155,5	6,9	207,5	27,5	107,1	15,0	427,5	24,1	337,9	18,2
2010	105,3	4,4	153,8	6,7	181,5	23,5	106,4	14,0	481,0	25,7	368,9	19,1
2011	112,7	4,7	154,0	6,7	174,8	23,5	106,5	13,9	461,2	25,5	353,2	18,9
2012	123,7	4,8	168,7	6,9	169,5	21,8	108,8	13,2	482,1	24,7	357,5	17,1
2013	127,7	4,9	170,9	6,5	216,6	27,5	111,1	13,5	481,5	24,9	361,8	17,4
2014	133,3	5,2	165,5	7,1	169,2	21,6	110,1	13,2	493,6	25,1	364,2	17,3
2015	139,2	5,3	171,2	7,1	207,6	26,8	108,1	13,4	499,1	25,0	358,6	17,1
2016	147,3	5,6	157,6	7,3	201,7	26,0	105,4	13,7	528,7	25,8	359,5	17,1
2017	149,9	5,6	149,5	7,1	205,1	26,2	106,7	13,3	522,4	25,2	359,4	16,5
2018	148,5	5,7	147,6	7,1	227,3	28,3	107,8	13,0	515,5	25,1	367,0	16,6
2019	159,4	5,8	149,2	6,9	188,0	24,8	104,3	12,7	530,2	24,6	371,7	15,9

[a] aufgrund der Revision der Wirtschaftszweigklassifikation in 2008 ist eine Vergleichbarkeit mit den Vorjahren nur bedingt möglich

Fehlzeiten-Report 2020

24

◼ **Tabelle 24.131** Verteilung der Arbeitsunfähigkeitstage nach Krankheitsarten in Prozent in der Branche Land-
und Forstwirtschaft im Jahr 2019, AOK-Mitglieder

Wirtschaftsabteilungen	AU-Tage in %						
	Psyche	Herz/ Kreislauf	Atem- wege	Ver- dauung	Muskel/ Skelett	Verlet- zungen	Sonstige
Fischerei und Aquakultur	11,2	5,6	11,1	4,5	25,2	13,6	28,8
Forstwirtschaft und Holz- einschlag	5,0	6,2	8,0	3,8	26,4	20,8	29,7
Landwirtschaft, Jagd und damit verbundene Tätig- keiten	7,4	6,8	8,5	4,8	23,7	16,4	32,3
Branche gesamt	**7,2**	**6,7**	**8,5**	**4,7**	**24,0**	**16,8**	**32,1**
Alle Branchen	**11,9**	**5,4**	**11,8**	**4,6**	**22,4**	**10,8**	**33,1**

Fehlzeiten-Report 2020

◼ **Tabelle 24.132** Verteilung der Arbeitsunfähigkeitsfälle nach Krankheitsarten in Prozent in der Branche Land-
und Forstwirtschaft im Jahr 2019, AOK-Mitglieder

Wirtschaftsabteilungen	AU-Fälle in %						
	Psyche	Herz/ Kreislauf	Atem- wege	Ver- dauung	Muskel/ Skelett	Verlet- zungen	Sonstige
Fischerei und Aquakultur	5,7	3,7	21,3	7,6	17,2	10,4	34,0
Forstwirtschaft und Holz- einschlag	3,2	5,0	17,1	8,2	20,3	13,1	33,0
Landwirtschaft, Jagd und damit verbundene Tätig- keiten	4,2	4,9	17,5	9,0	17,0	11,0	36,4
Branche gesamt	**4,1**	**4,9**	**17,5**	**8,9**	**17,4**	**11,2**	**36,1**
Alle Branchen	**5,4**	**3,7**	**22,6**	**8,4**	**15,9**	**6,9**	**37,2**

Fehlzeiten-Report 2020

◻ **Tabelle 24.133** Verteilung der Arbeitsunfähigkeitstage nach Krankheitsarten und ausgewählten Berufsgruppen in der Branche Land- und Forstwirtschaft im Jahr 2019, AOK-Mitglieder

Tätigkeit	AU-Tage in %						
	Psyche	Herz/ Kreislauf	Atem- wege	Ver- dauung	Muskel/ Skelett	Verlet- zungen	Sonstige
Berufe im Garten-, Land- schafts- u. Sportplatzbau	6,1	6,2	9,1	4,7	29,4	19,7	24,9
Berufe im Gartenbau (ohne Spez.)	7,1	5,1	9,4	5,2	24,5	14,8	34,0
Berufe in Baumschule, Staudengärtnerei u. Zier- pflanzenbau	8,4	4,2	12,2	5,6	24,3	16,8	28,4
Berufe in der Floristik	10,9	3,6	11,7	4,2	20,6	11,7	37,4
Berufe in der Forstwirtschaft	4,3	5,9	7,9	4,1	28,1	23,1	26,6
Berufe in der Lagerwirtschaft	7,4	5,7	9,7	4,5	27,4	12,0	33,3
Berufe in der Landwirtschaft (ohne Spez.)	6,5	6,9	8,3	5,0	22,5	18,7	32,0
Berufe in der Nutztierhaltung (außer Geflügelhaltung)	8,5	7,0	7,1	3,9	27,4	15,9	30,2
Berufe in der Pferdewirtschaft (ohne Spez.)	7,8	3,0	7,7	3,3	21,5	27,7	28,8
Berufe in der Tierpflege (ohne Spez.)	8,4	8,3	6,1	4,7	27,0	13,6	31,7
Berufskraftfahrer/innen (Güterverkehr/LKW)	5,5	9,4	8,1	5,1	24,1	15,1	32,8
Büro- u. Sekretariatskräfte (ohne Spez.)	12,0	5,4	11,8	4,5	17,8	9,7	38,9
Führer/innen von land- u. forstwirtschaftlichen Ma- schinen	4,7	9,0	8,5	4,6	21,6	17,3	34,3
Branche gesamt	**7,2**	**6,7**	**8,5**	**4,7**	**24,0**	**16,8**	**32,1**
Alle Branchen	**11,9**	**5,4**	**11,8**	**4,6**	**22,4**	**10,8**	**33,1**

Fehlzeiten-Report 2020

Tabelle 24.134 Verteilung der Arbeitsunfähigkeitsfälle nach Krankheitsarten und ausgewählten Berufsgruppen in der Branche Land- und Forstwirtschaft im Jahr 2019, AOK-Mitglieder

Tätigkeit	AU-Fälle in %						
	Psyche	Herz/ Kreislauf	Atem- wege	Ver- dauung	Muskel/ Skelett	Verlet- zungen	Sonstige
Berufe im Garten-, Land- schafts- u. Sportplatzbau	3,0	3,7	20,6	9,4	18,6	11,8	32,9
Berufe im Gartenbau (ohne Spez.)	4,0	3,7	18,7	9,0	18,7	9,3	36,6
Berufe in Baumschule, Staudengärtnerei u. Zier- pflanzenbau	4,4	3,8	20,5	9,4	16,8	8,6	36,5
Berufe in der Floristik	5,8	3,4	24,1	7,6	11,8	7,4	39,8
Berufe in der Forstwirtschaft	2,8	4,8	16,4	8,1	22,2	14,3	31,6
Berufe in der Lagerwirtschaft	4,4	4,3	18,7	9,0	21,0	7,4	35,1
Berufe in der Landwirtschaft (ohne Spez.)	3,5	4,7	17,2	9,0	16,5	12,7	36,5
Berufe in der Nutztierhaltung (außer Geflügelhaltung)	5,3	5,6	14,6	8,2	19,1	12,4	34,9
Berufe in der Pferdewirtschaft (ohne Spez.)	5,6	3,7	15,7	7,6	15,5	16,5	35,4
Berufe in der Tierpflege (ohne Spez.)	5,1	6,2	13,0	9,6	18,4	11,4	36,4
Berufskraftfahrer/innen (Güterverkehr/LKW)	4,0	7,2	15,1	9,2	17,2	9,1	38,2
Büro- u. Sekretariatskräfte (ohne Spez.)	5,6	4,5	21,8	10,0	11,4	6,1	40,7
Führer/innen von land- u. forstwirtschaftlichen Ma- schinen	3,6	6,9	16,0	9,6	17,1	10,9	35,8
Branche gesamt	**4,1**	**4,9**	**17,5**	**8,9**	**17,4**	**11,2**	**36,1**
Alle Branchen	**5,4**	**3,7**	**22,6**	**8,4**	**15,9**	**6,9**	**37,2**

Fehlzeiten-Report 2020

24

◻ **Tabelle 24.135** Anteile der 40 häufigsten Einzeldiagnosen an den AU-Fällen und AU-Tagen in der Branche Land- und Forstwirtschaft im Jahr 2019, AOK-Mitglieder

ICD-10	Bezeichnung	AU-Fälle in %	AU-Tage in %
J06	Akute Infektionen an mehreren oder nicht näher bezeichneten Lokalisationen der oberen Atemwege	6,8	2,7
M54	Rückenschmerzen	6,0	6,0
A09	Sonstige und nicht näher bezeichnete Gastroenteritis und Kolitis infektiösen und nicht näher bezeichneten Ursprungs	2,9	0,8
K08	Sonstige Krankheiten der Zähne und des Zahnhalteapparates	2,5	0,4
I10	Essentielle (primäre) Hypertonie	2,2	1,7
T14	Verletzung an einer nicht näher bezeichneten Körperregion	1,6	1,4
J20	Akute Bronchitis	1,5	0,8
R10	Bauch- und Beckenschmerzen	1,5	0,7
M25	Sonstige Gelenkkrankheiten, anderenorts nicht klassifiziert	1,3	1,6
B34	Viruskrankheit nicht näher bezeichneter Lokalisation	1,3	0,5
K52	Sonstige nichtinfektiöse Gastroenteritis und Kolitis	1,1	0,3
F43	Reaktionen auf schwere Belastungen und Anpassungsstörungen	1,0	1,5
J40	Bronchitis, nicht als akut oder chronisch bezeichnet	1,0	0,5
K29	Gastritis und Duodenitis	1,0	0,5
M99	Biomechanische Funktionsstörungen, anderenorts nicht klassifiziert	0,9	0,8
M51	Sonstige Bandscheibenschäden	0,8	2,0
F32	Depressive Episode	0,8	2,0
M75	Schulterläsionen	0,8	1,9
M79	Sonstige Krankheiten des Weichteilgewebes, anderenorts nicht klassifiziert	0,8	0,7
R51	Kopfschmerz	0,8	0,4
J03	Akute Tonsillitis	0,8	0,4
Z98	Sonstige Zustände nach chirurgischem Eingriff	0,7	1,7
M77	Sonstige Enthesopathien	0,7	0,9
S93	Luxation, Verstauchung und Zerrung der Gelenke und Bänder in Höhe des oberen Sprunggelenkes und des Fußes	0,7	0,8
J02	Akute Pharyngitis	0,7	0,3
U50	Motorische Funktionseinschränkung	0,7	0,3
R11	Übelkeit und Erbrechen	0,7	0,3
J00	Akute Rhinopharyngitis [Erkältungsschnupfen]	0,7	0,2

24

◘ Tabelle 24.135 (Fortsetzung)

ICD-10	Bezeichnung	AU-Fälle in %	AU-Tage in %
M23	Binnenschädigung des Kniegelenkes [internal derangement]	0,6	1,4
M53	Sonstige Krankheiten der Wirbelsäule und des Rückens, anderenorts nicht klassifiziert	0,6	0,6
E11	Diabetes mellitus, Typ 2	0,6	0,5
E66	Adipositas	0,6	0,4
Z92	Medizinische Behandlung in der Eigenanamnese	0,6	0,4
J32	Chronische Sinusitis	0,6	0,3
J01	Akute Sinusitis	0,6	0,2
S83	Luxation, Verstauchung und Zerrung des Kniegelenkes und von Bändern des Kniegelenkes	0,5	1,2
S61	Offene Wunde des Handgelenkes und der Hand	0,5	0,5
R42	Schwindel und Taumel	0,5	0,4
E78	Störungen des Lipoproteinstoffwechsels und sonstige Lipidämien	0,5	0,3
R07	Hals- und Brustschmerzen	0,5	0,2
	Summe hier	**49,0**	**38,5**
	Restliche	51,0	61,5
	Gesamtsumme	**100,0**	**100,0**

Fehlzeiten-Report 2020

◨ **Tabelle 24.136** Anteile der 40 häufigsten Diagnoseuntergruppen an den AU-Fällen und AU-Tagen in der Branche Land- und Forstwirtschaft im Jahr 2019, AOK-Mitglieder

ICD-10	Bezeichnung	AU-Fälle in %	AU-Tage in %
J00–J06	Akute Infektionen der oberen Atemwege	10,3	4,1
M50–M54	Sonstige Krankheiten der Wirbelsäule und des Rückens	7,3	8,2
A00–A09	Infektiöse Darmkrankheiten	3,6	1,0
K00–K14	Krankheiten der Mundhöhle, der Speicheldrüsen und der Kiefer	3,1	0,7
R50–R69	Allgemeinsymptome	3,0	2,4
M70–M79	Sonstige Krankheiten des Weichteilgewebes	2,9	4,3
I10–I15	Hypertonie [Hochdruckkrankheit]	2,6	2,0
R10–R19	Symptome, die das Verdauungssystem und das Abdomen betreffen	2,4	1,2
Z80–Z99	Personen mit potentiellen Gesundheitsrisiken aufgrund der Familien- oder Eigenanamnese und bestimmte Zustände, die den Gesundheitszustand beeinflussen	2,1	3,8
F40–F48	Neurotische, Belastungs- und somatoforme Störungen	2,1	3,3
M20–M25	Sonstige Gelenkkrankheiten	2,0	3,2
J40–J47	Chronische Krankheiten der unteren Atemwege	2,0	1,4
T08–T14	Verletzungen nicht näher bezeichneter Teile des Rumpfes, der Extremitäten oder anderer Körperregionen	1,9	1,8
S60–S69	Verletzungen des Handgelenkes und der Hand	1,8	2,6
J20–J22	Sonstige akute Infektionen der unteren Atemwege	1,8	0,9
R00–R09	Symptome, die das Kreislaufsystem und das Atmungssystem betreffen	1,5	0,9
K20–K31	Krankheiten des Ösophagus, des Magens und des Duodenums	1,5	0,8
S80–S89	Verletzungen des Knies und des Unterschenkels	1,4	3,3
B25–B34	Sonstige Viruskrankheiten	1,4	0,6
S90–S99	Verletzungen der Knöchelregion und des Fußes	1,3	1,8
K50–K52	Nichtinfektiöse Enteritis und Kolitis	1,3	0,5
M15–M19	Arthrose	1,2	3,2
E70–E90	Stoffwechselstörungen	1,2	0,7
G40–G47	Episodische und paroxysmale Krankheiten des Nervensystems	1,1	0,8
F30–F39	Affektive Störungen	1,0	3,1
M95–M99	Sonstige Krankheiten des Muskel-Skelett-Systems und des Bindegewebes	1,0	0,9
K55–K64	Sonstige Krankheiten des Darmes	1,0	0,7
J30–J39	Sonstige Krankheiten der oberen Atemwege	1,0	0,5

◘ Tabelle 24.136 (Fortsetzung)

ICD-10	Bezeichnung	AU-Fälle in %	AU-Tage in %
Z00–Z13	Personen, die das Gesundheitswesen zur Untersuchung und Abklärung in Anspruch nehmen	1,0	0,4
G50–G59	Krankheiten von Nerven, Nervenwurzeln und Nervenplexus	0,8	1,6
I30–I52	Sonstige Formen der Herzkrankheit	0,8	1,3
Z40–Z54	Personen, die das Gesundheitswesen zum Zwecke spezifischer Maßnahmen und zur medizinischen Betreuung in Anspruch nehmen	0,8	1,2
S00–S09	Verletzungen des Kopfes	0,8	0,8
J09–J18	Grippe und Pneumonie	0,8	0,6
S20–S29	Verletzungen des Thorax	0,7	1,0
E10–E14	Diabetes mellitus	0,7	0,8
F10–F19	Psychische und Verhaltensstörungen durch psychotrope Substanzen	0,7	0,7
R40–R46	Symptome, die das Erkennungs- und Wahrnehmungsvermögen, die Stimmung und das Verhalten betreffen	0,7	0,6
N30–N39	Sonstige Krankheiten des Harnsystems	0,7	0,4
U50–U52	Funktionseinschränkung	0,7	0,4
	Summe hier	**74,0**	**68,5**
	Restliche	26,0	31,5
	Gesamtsumme	**100,0**	**100,0**

Fehlzeiten-Report 2020

24

24.9 Metallindustrie

Tabelle 24.137 Entwicklung des Krankenstands der AOK-Mitglieder in der Branche Metallindustrie in den Jahren 1995 bis 2019

Jahr	Krankenstand in %			AU-Fälle je 100 AOK-Mitglieder			Tage je Fall		
	West	Ost	Bund	West	Ost	Bund	West	Ost	Bund
1995	6,0	5,1	5,9	165,7	141,1	163,1	13,6	13,7	13,6
1996	5,5	4,8	5,4	150,0	130,2	147,8	13,9	13,9	13,9
1997	5,3	4,5	5,2	146,7	123,7	144,4	13,1	13,4	13,2
1998	5,3	4,6	5,2	150,0	124,6	147,4	13,0	13,4	13,0
1999	5,6	5,0	5,6	160,5	137,8	158,3	12,8	13,4	12,8
2000	5,6	5,0	5,5	163,1	141,2	161,1	12,6	12,9	12,6
2001	5,5	5,1	5,5	162,6	140,1	160,6	12,4	13,2	12,5
2002	5,5	5,0	5,5	162,2	143,1	160,5	12,5	12,7	12,5
2003	5,2	4,6	5,1	157,1	138,6	155,2	12,0	12,2	12,0
2004	4,8	4,2	4,8	144,6	127,1	142,7	12,2	12,1	12,2
2005	4,8	4,1	4,7	148,0	127,8	145,6	11,9	11,8	11,9
2006	4,5	4,0	4,5	138,8	123,3	136,9	11,9	11,9	11,9
2007	4,8	4,3	4,8	151,2	134,0	149,0	11,7	11,7	11,7
2008 (WZ03)	5,0	4,5	4,9	159,9	142,2	157,5	11,4	11,5	11,4
2008 (WZ08)ᵃ	5,0	4,5	5,0	160,8	143,0	158,5	11,5	11,5	11,5
2009	4,9	4,7	4,9	151,1	142,1	149,9	11,9	12,2	11,9
2010	5,1	4,9	5,1	158,9	154,9	158,4	11,7	11,6	11,7
2011	5,2	4,8	5,2	167,8	164,9	167,4	11,4	10,6	11,3
2012	5,3	5,3	5,3	169,7	160,5	168,5	11,4	12,2	11,5
2013	5,5	5,6	5,5	179,7	170,5	178,5	11,2	12,0	11,3
2014	5,6	5,6	5,6	176,7	168,0	175,5	11,6	12,2	11,7
2015	5,9	5,8	5,9	190,8	182,2	189,6	11,2	11,7	11,3
2016	5,8	6,0	5,8	189,3	184,6	188,2	11,2	11,8	11,3
2017	5,7	6,0	5,8	184,9	184,3	184,4	11,3	11,9	11,4
2018	5,9	6,2	5,9	191,6	191,2	191,2	11,2	11,9	11,3
2019	5,9	6,2	5,9	188,6	187,9	188,2	11,4	12,1	11,5

ᵃ aufgrund der Revision der Wirtschaftszweigklassifikation in 2008 ist eine Vergleichbarkeit mit den Vorjahren nur bedingt möglich

Fehlzeiten-Report 2020

◩ **Tabelle 24.138** Arbeitsunfähigkeit der AOK-Mitglieder in der Branche Metallindustrie nach Bundesländern im Jahr 2019 im Vergleich zum Vorjahr

Bundesland	Kranken-stand in %	Arbeitsunfähigkeit je 100 AOK-Mitglieder				Tage je Fall	Veränd. z. Vorj. in %	AU-Quote in %
		AU-Fälle	Veränd. z. Vorj. in %	AU-Tage	Veränd. z. Vorj. in %			
Baden-Württemberg	5,6	196,5	0,2	2.048,0	0,3	10,4	0,1	63,1
Bayern	5,3	164,0	−0,7	1.922,0	0,8	11,7	1,5	58,8
Berlin	5,9	183,2	−0,5	2.138,0	−4,2	11,7	−3,7	57,9
Brandenburg	6,8	193,7	−2,2	2.495,0	0,0	12,9	2,3	63,5
Bremen	5,3	172,3	−2,5	1.949,4	0,2	11,3	2,8	51,7
Hamburg	4,9	156,4	−2,8	1.781,6	−0,2	11,4	2,7	51,5
Hessen	6,9	212,1	−0,2	2.508,7	1,1	11,8	1,4	67,5
Mecklenburg-Vorpommern	6,3	185,3	−2,1	2.281,3	−3,6	12,3	−1,5	60,8
Niedersachsen	5,9	199,0	−0,5	2.147,4	0,6	10,8	1,1	65,6
Nordrhein-Westfalen	6,7	201,6	−1,5	2.462,1	1,1	12,2	2,7	67,0
Rheinland-Pfalz	5,8	163,6	−25,1	2.109,2	−10,9	12,9	19,0	54,7
Saarland	6,9	160,0	−7,3	2.528,5	−2,5	15,8	5,1	59,5
Sachsen	6,0	184,3	−1,6	2.179,7	0,6	11,8	2,2	65,8
Sachsen-Anhalt	6,7	185,0	−1,7	2.459,0	0,9	13,3	2,6	62,6
Schleswig-Holstein	5,8	173,7	−3,2	2.132,4	−2,7	12,3	0,5	59,8
Thüringen	6,5	195,8	−1,8	2.367,2	0,2	12,1	2,1	66,7
West	**5,9**	**188,6**	**−1,6**	**2.143,3**	**0,1**	**11,4**	**1,7**	**62,8**
Ost	**6,2**	**187,9**	**−1,7**	**2.274,1**	**0,3**	**12,1**	**2,1**	**65,4**
Bund	**5,9**	**188,2**	**−1,5**	**2.162,3**	**0,1**	**11,5**	**1,7**	**62,9**

Fehlzeiten-Report 2020

24

◘ **Tabelle 24.139** Arbeitsunfähigkeit der AOK-Mitglieder nach Wirtschaftsabteilungen in der Branche Metallindustrie im Jahr 2019

Wirtschaftsabteilungen	Krankenstand in %		Arbeitsunfähigkeiten je 100 AOK-Mitglieder		Tage je Fall	AU-Quote in %
	2019	2019 stand.[a]	Fälle	Tage		
Herstellung von Datenverarbeitungsgeräten, elektronischen und optischen Erzeugnissen	5,0	5,1	176,6	1.813,1	10,3	60,7
Herstellung von elektrischen Ausrüstungen	6,0	6,0	190,2	2.190,4	11,5	64,3
Herstellung von Kraftwagen und Kraftwagenteilen	6,3	6,4	187,4	2.285,1	12,2	58,3
Herstellung von Metallerzeugnissen	6,2	6,0	194,7	2.269,4	11,7	64,2
Maschinenbau	5,4	5,3	183,2	1.984,4	10,8	63,6
Metallerzeugung und -bearbeitung	7,0	6,4	196,3	2.561,6	13,0	67,5
Sonstiger Fahrzeugbau	5,5	5,6	185,0	2.015,5	10,9	61,7
Branche gesamt	**5,9**	**5,9**	**188,2**	**2.162,3**	**11,5**	**62,9**
Alle Branchen	**5,4**	**5,5**	**164,7**	**1.980,3**	**12,0**	**52,9**

[a] Krankenstand alters- und geschlechtsstandardisiert

Fehlzeiten-Report 2020

◩ **Tabelle 24.140** Kennzahlen der Arbeitsunfähigkeit nach ausgewählten Berufsgruppen in der Branche Metallindustrie im Jahr 2019

Tätigkeit	Kranken-stand in %	Arbeitsunfähigkeit je 100 AOK-Mitglieder		Tage je Fall	AU-Quote in %	Anteil der Berufsgruppe an der Branche in %[a]
		AU-Fälle	AU-Tage			
Berufe im Metallbau	6,6	207,2	2.418,2	11,7	66,1	5,7
Berufe im Vertrieb (außer Informations- u. Kommunikationstechnologien)	3,0	120,3	1.079,5	9,0	51,8	1,3
Berufe in der elektrischen Betriebstechnik	5,2	192,0	1.913,8	10,0	65,5	1,2
Berufe in der Elektrotechnik (ohne Spez.)	6,6	206,6	2.410,5	11,7	65,7	3,5
Berufe in der Kunststoff- u. Kautschukherstellung (ohne Spez.)	7,2	220,3	2.642,3	12,0	68,8	1,4
Berufe in der Lagerwirtschaft	7,2	207,6	2.614,0	12,6	66,8	5,7
Berufe in der Maschinenbau- u. Betriebstechnik (ohne Spez.)	6,3	201,7	2.284,5	11,3	65,3	9,6
Berufe in der Metall-bearbeitung (ohne Spez.)	7,3	216,0	2.681,1	12,4	68,2	9,6
Berufe in der Metalloberflächenbehandlung (ohne Spez.)	7,4	208,1	2.690,6	12,9	68,6	1,5
Berufe in der Schweiß- u. Verbindungstechnik	7,6	215,4	2.758,0	12,8	68,5	2,2
Berufe in der spanenden Metallbearbeitung	6,0	208,3	2.183,1	10,5	68,7	5,5
Berufe in der technischen Forschung u. Entwicklung (ohne Spez.)	2,0	99,0	745,1	7,5	43,7	1,3
Berufe in der technischen Produktionsplanung u. -steuerung	4,3	141,3	1.556,7	11,0	56,3	2,1
Berufe in der technischen Qualitätssicherung	6,0	181,9	2.175,7	12,0	63,8	2,4
Berufe in der Werkzeug-technik	5,4	200,6	1.976,5	9,9	68,2	1,8
Büro- u. Sekretariatskräfte (ohne Spez.)	3,5	133,4	1.259,4	9,4	50,3	2,7
Kaufmännische u. technische Betriebswirtschaft (ohne Spez.)	3,1	148,6	1.149,0	7,7	53,9	3,1

24

◘ Tabelle 24.140 (Fortsetzung)

Tätigkeit	Kranken-stand in %	Arbeitsunfähigkeit je 100 AOK-Mitglieder		Tage je Fall	AU-Quote in %	Anteil der Berufsgruppe an der Branche in %[a]
		AU-Fälle	AU-Tage			
Maschinen- u. Anlagen-führer/innen	7,1	221,3	2.590,8	11,7	68,5	4,2
Maschinen- u. Geräte-zusammensetzer/innen	7,2	209,0	2.638,3	12,6	64,6	3,8
Technische Servicekräfte in Wartung u. Instandhaltung	5,4	160,9	1.982,3	12,3	58,3	1,8
Branche gesamt	**5,9**	**188,2**	**2.162,3**	**11,5**	**62,9**	**10,6[b]**

[a] Anteil der AOK-Mitglieder in der Berufsgruppe an den in der Branche beschäftigten AOK-Mitgliedern insgesamt
[b] Anteil der AOK-Mitglieder in der Branche an allen AOK-Mitgliedern
Fehlzeiten-Report 2020

◘ Tabelle 24.141 Dauer der Arbeitsunfähigkeit der AOK-Mitglieder in der Branche Metallindustrie im Jahr 2019

Fallklasse	Branche hier		Alle Branchen	
	Anteil Fälle in %	Anteil Tage in %	Anteil Fälle in %	Anteil Tage in %
1–3 Tage	36,2	6,3	35,5	5,9
4–7 Tage	31,5	13,5	31,3	13,2
8–14 Tage	17,0	15,3	17,1	14,7
15–21 Tage	5,5	8,3	5,7	8,3
22–28 Tage	2,8	5,9	2,9	5,8
29–42 Tage	2,9	8,8	3,0	8,6
> 42 Tage	4,1	41,8	4,4	43,5

Fehlzeiten-Report 2020

◩ Tabelle 24.142 Tage der Arbeitsunfähigkeit je AOK-Mitglied nach Wirtschaftsabteilung und Betriebsgröße in der Branche Metallindustrie im Jahr 2019

Wirtschaftsabteilungen	Betriebsgröße (Anzahl der AOK-Mitglieder)					
	10–49	50–99	100–199	200–499	500–999	≥ 1.000
Herstellung von Datenverarbeitungs-geräten, elektronischen und optischen Erzeugnissen	18,0	18,7	19,9	19,7	18,5	17,4
Herstellung von elektrischen Ausrüstungen	21,5	22,6	22,6	23,4	19,1	24,9
Herstellung von Kraftwagen und Kraft-wagenteilen	20,4	23,2	24,3	23,9	24,6	22,0
Herstellung von Metallerzeugnissen	23,1	23,7	23,9	23,6	21,9	19,7
Maschinenbau	20,0	20,4	20,6	19,5	20,4	19,1
Metallerzeugung und -bearbeitung	25,9	26,7	25,3	24,9	25,3	31,0
Sonstiger Fahrzeugbau	19,1	22,3	19,6	21,9	20,0	18,4
Branche gesamt	**21,6**	**22,3**	**22,6**	**22,2**	**22,0**	**21,7**
Alle Branchen	**20,3**	**22,4**	**22,5**	**22,6**	**22,6**	**22,6**

Fehlzeiten-Report 2020

□ Tabelle 24.143 Krankenstand in Prozent nach Ausbildungsabschluss in der Branche Metallindustrie im Jahr 2019, AOK-Mitglieder

Wirtschafts-abteilungen	Ausbildung						
	ohne Aus-bildungs-abschluss	mit Aus-bildungs-abschluss	Meister/Techniker	Bachelor	Diplom/Magister/Master/Staats-examen	Promotion	unbekannt
Herstellung von Daten-verarbeitungsgeräten, elektronischen und op-tischen Erzeugnissen	6,3	5,4	3,4	2,0	2,4	1,3	5,3
Herstellung von elek-trischen Ausrüstungen	7,6	6,2	3,8	1,9	2,2	1,9	6,2
Herstellung von Kraftwagen und Kraft-wagenteilen	7,1	6,7	4,2	1,7	2,0	1,9	6,5
Herstellung von Me-tallerzeugnissen	7,1	6,3	4,3	2,3	3,0	3,6	6,0
Maschinenbau	6,1	5,8	3,7	1,8	2,4	2,1	5,7
Metallerzeugung und -bearbeitung	8,3	6,9	4,8	1,9	3,0	4,0	7,1
Sonstiger Fahrzeugbau	6,0	6,2	4,3	1,9	2,1	1,4	4,9
Branche gesamt	**7,0**	**6,2**	**3,9**	**1,9**	**2,4**	**1,9**	**6,0**
Alle Branchen	**6,0**	**5,9**	**4,6**	**2,4**	**2,9**	**2,1**	**4,9**

Fehlzeiten-Report 2020

◨ **Tabelle 24.144** Tage der Arbeitsunfähigkeit je AOK-Mitglied nach Ausbildungsabschluss in der Branche Metallindustrie im Jahr 2019

Wirtschafts-abteilungen	Ausbildung						
	ohne Ausbildungsabschluss	mit Ausbildungsabschluss	Meister/ Techniker	Bachelor	Diplom/ Magister/ Master/ Staatsexamen	Promotion	unbekannt
Herstellung von Datenverarbeitungsgeräten, elektronischen und optischen Erzeugnissen	23,0	19,6	12,5	7,1	8,6	4,8	19,2
Herstellung von elektrischen Ausrüstungen	27,6	22,7	13,7	6,8	8,2	7,1	22,7
Herstellung von Kraftwagen und Kraftwagenteilen	26,1	24,5	15,4	6,3	7,4	6,9	23,5
Herstellung von Metallerzeugnissen	25,9	23,0	15,6	8,4	10,8	13,1	22,1
Maschinenbau	22,4	21,2	13,4	6,7	8,8	7,5	20,7
Metallerzeugung und -bearbeitung	30,1	25,1	17,5	6,9	10,9	14,6	25,9
Sonstiger Fahrzeugbau	21,8	22,6	15,6	6,8	7,8	5,2	17,7
Branche gesamt	**25,5**	**22,6**	**14,4**	**6,9**	**8,7**	**7,1**	**22,0**
Alle Branchen	**21,8**	**21,6**	**16,7**	**8,7**	**10,7**	**7,7**	**18,0**

Fehlzeiten-Report 2020

□ Tabelle 24.145 Anteil der Arbeitsunfälle an den AU-Fällen und -Tagen in Prozent nach Wirtschaftsabteilungen in der Branche Metallindustrie im Jahr 2019, AOK-Mitglieder

Wirtschaftsabteilungen	AU-Fälle in %	AU-Tage in %
Herstellung von Datenverarbeitungsgeräten, elektronischen und optischen Erzeugnissen	1,5	3,0
Herstellung von elektrischen Ausrüstungen	1,9	3,7
Herstellung von Kraftwagen und Kraftwagenteilen	2,2	3,9
Herstellung von Metallerzeugnissen	3,8	6,9
Maschinenbau	2,9	5,4
Metallerzeugung und -bearbeitung	3,8	7,0
Sonstiger Fahrzeugbau	2,8	6,1
Branche gesamt	**2,9**	**5,4**
Alle Branchen	**3,0**	**5,8**

Fehlzeiten-Report 2020

□ Tabelle 24.146 Tage und Fälle der Arbeitsunfähigkeit durch Arbeitsunfälle nach Berufsgruppen in der Branche Metallindustrie im Jahr 2019, AOK-Mitglieder

Tätigkeit	Arbeitsunfähigkeit je 1.000 AOK-Mitglieder	
	AU-Tage	AU-Fälle
Berufe im Metallbau	2.520,6	119,7
Berufe in der Schweiß- u. Verbindungstechnik	1.911,0	97,4
Berufe in der Metalloberflächenbehandlung (ohne Spez.)	1.610,7	74,2
Berufe in der Metallbearbeitung (ohne Spez.)	1.453,4	68,6
Technische Servicekräfte in Wartung u. Instandhaltung	1.419,1	56,4
Maschinen- u. Anlagenführer/innen	1.403,6	65,6
Berufe in der Kunststoff- u. Kautschukherstellung (ohne Spez.)	1.247,5	56,6
Berufe in der Lagerwirtschaft	1.245,0	54,4
Berufe in der Maschinenbau- u. Betriebstechnik (ohne Spez.)	1.234,1	61,7
Berufe in der spanenden Metallbearbeitung	1.187,6	65,6
Berufe in der Werkzeugtechnik	1.104,7	63,6
Maschinen- u. Gerätezusammensetzer/innen	1.077,3	48,2
Berufe in der elektrischen Betriebstechnik	1.014,7	52,8
Berufe in der technischen Qualitätssicherung	765,6	28,0
Berufe in der Elektrotechnik (ohne Spez.)	738,7	31,9
Berufe in der technischen Produktionsplanung u. -steuerung	524,8	21,9
Berufe im Vertrieb (außer Informations- u. Kommunikationstechnologien)	272,6	9,9
Berufe in der technischen Forschung u. Entwicklung (ohne Spez.)	234,6	11,5
Büro- u. Sekretariatskräfte (ohne Spez.)	219,6	10,2
Kaufmännische u. technische Betriebswirtschaft (ohne Spez.)	216,4	12,5
Branche gesamt	**1.172,5**	**55,2**
Alle Branchen	**1.145,8**	**48,9**

Fehlzeiten-Report 2020

24

◻ **Tabelle 24.147** Tage und Fälle der Arbeitsunfähigkeit je 100 AOK-Mitglieder nach Krankheitsarten in der Branche Metallindustrie in den Jahren 2000 bis 2019

Jahr	Arbeitsunfähigkeiten je 100 AOK-Mitglieder											
	Psyche		Herz/Kreis-lauf		Atemwege		Verdauung		Muskel/Skelett		Verletzungen	
	Tage	Fälle	Tage	Fälle	Tage	Fälle	Tage	Fälle	Tage	Fälle	Tage	Fälle
2000	125,2	5,6	163,1	8,5	332,7	46,5	148,6	20,8	655,7	39,1	343,6	23,5
2001	134,9	6,4	165,4	9,1	310,6	45,6	149,9	21,6	672,0	40,8	338,9	23,4
2002	141,7	6,8	164,9	9,4	297,9	44,1	151,1	22,5	671,3	41,1	338,9	23,1
2003	134,5	6,7	156,5	9,3	296,8	45,1	142,2	21,5	601,3	37,9	314,5	21,7
2004	151,3	6,8	168,4	8,7	258,0	38,0	143,5	21,0	574,9	36,1	305,3	20,4
2005	150,7	6,6	166,7	8,7	300,6	44,4	136,0	19,6	553,4	35,3	301,1	19,9
2006	147,1	6,5	163,0	8,8	243,0	36,7	135,7	20,3	541,1	35,1	304,5	20,2
2007	154,4	6,9	164,0	8,8	275,3	42,1	142,2	21,8	560,3	36,0	303,9	20,2
2008 (WZ03)	162,9	7,1	168,5	9,2	287,2	44,6	148,4	23,3	580,4	37,9	308,6	20,7
2008 (WZ08)ᵃ	165,0	7,2	171,3	9,3	289,2	44,7	149,3	23,3	590,7	38,5	311,8	20,9
2009	170,6	7,2	173,4	8,7	303,3	46,3	137,9	19,0	558,2	34,1	307,9	19,0
2010	181,8	7,8	174,6	9,2	277,7	43,2	136,6	20,7	606,6	38,2	322,3	20,4
2011	187,5	8,2	168,1	9,2	291,4	45,4	136,8	21,1	595,5	38,9	317,8	20,5
2012	210,7	8,7	185,5	9,4	300,8	46,7	146,1	21,8	633,9	40,0	329,5	20,0
2013	217,5	8,7	184,2	9,0	374,9	56,7	149,7	21,8	630,9	39,8	329,6	19,9
2014	237,0	9,5	193,9	9,3	308,6	48,0	153,6	22,4	673,0	42,1	333,5	19,9
2015	243,7	9,8	193,5	9,5	391,0	59,5	154,3	22,7	669,1	41,9	331,7	19,6
2016	253,2	10,0	174,9	9,6	355,5	56,4	146,9	22,5	686,6	42,7	326,3	19,2
2017	255,6	10,1	168,3	9,3	360,0	56,3	140,9	21,3	668,7	41,4	324,7	18,6
2018	259,5	10,2	164,5	9,3	392,2	59,9	138,5	21,1	662,4	41,4	327,4	18,7
2019	277,8	10,7	165,2	9,3	348,3	55,9	137,0	20,8	676,8	42,0	327,1	18,1

ᵃ aufgrund der Revision der Wirtschaftszweigklassifikation in 2008 ist eine Vergleichbarkeit mit den Vorjahren nur bedingt möglich
Fehlzeiten-Report 2020

◻ Tabelle 24.148 Verteilung der Arbeitsunfähigkeitstage nach Krankheitsarten in Prozent in der Branche Metallindustrie im Jahr 2019, AOK-Mitglieder

Wirtschaftsabteilungen	AU-Tage in %						
	Psyche	Herz/ Kreislauf	Atem- wege	Ver- dauung	Muskel/ Skelett	Verlet- zungen	Sonstige
Herstellung von Daten- verarbeitungsgeräten, elektronischen und opti- schen Erzeugnissen	11,5	4,9	14,4	4,9	20,9	9,5	33,9
Herstellung von elektri- schen Ausrüstungen	11,0	5,5	12,4	4,6	23,8	10,2	32,5
Herstellung von Kraftwa- gen und Kraftwagenteilen	10,5	5,6	12,2	4,7	25,6	10,1	31,3
Herstellung von Metall- erzeugnissen	9,2	6,1	11,5	4,9	24,1	12,3	31,9
Maschinenbau	9,4	5,7	12,6	5,0	22,7	12,3	32,3
Metallerzeugung und -bearbeitung	9,0	6,8	11,5	4,6	25,1	11,9	31,2
Sonstiger Fahrzeugbau	9,4	5,3	13,5	4,7	22,7	12,6	31,8
Branche gesamt	**9,8**	**5,8**	**12,2**	**4,8**	**23,8**	**11,5**	**32,1**
Alle Branchen	**11,9**	**5,4**	**11,8**	**4,6**	**22,4**	**10,8**	**33,1**

Fehlzeiten-Report 2020

◘ Tabelle 24.149 Verteilung der Arbeitsunfähigkeitsfälle nach Krankheitsarten in Prozent in der Branche Metallindustrie im Jahr 2019, AOK-Mitglieder

Wirtschaftsabteilungen	AU-Fälle in %						
	Psyche	Herz/ Kreislauf	Atem- wege	Ver- dauung	Muskel/ Skelett	Verlet- zungen	Sonstige
Herstellung von Daten- verarbeitungsgeräten, elektronischen und opti- schen Erzeugnissen	4,9	3,5	25,6	8,8	14,4	5,9	36,9
Herstellung von elektri- schen Ausrüstungen	4,8	3,9	23,4	8,7	17,0	6,4	35,9
Herstellung von Kraftwa- gen und Kraftwagenteilen	4,9	3,8	22,5	8,4	19,1	6,8	34,6
Herstellung von Metall- erzeugnissen	4,2	3,9	21,9	8,6	17,8	8,2	35,4
Maschinenbau	4,1	3,7	24,1	8,7	16,4	7,8	35,3
Metallerzeugung und -bearbeitung	4,3	4,4	21,6	8,4	19,0	8,0	34,4
Sonstiger Fahrzeugbau	4,3	3,5	24,7	8,7	16,4	7,6	34,8
Branche gesamt	**4,4**	**3,8**	**23,1**	**8,6**	**17,3**	**7,5**	**35,3**
Alle Branchen	**5,4**	**3,7**	**22,6**	**8,4**	**15,9**	**6,9**	**37,2**

Fehlzeiten-Report 2020

◻ Tabelle 24.150 Verteilung der Arbeitsunfähigkeitstage nach Krankheitsarten und ausgewählten Berufsgruppen in der Branche Metallindustrie im Jahr 2019, AOK-Mitglieder

Tätigkeit	AU-Tage in %						
	Psyche	Herz/ Kreislauf	Atem- wege	Ver- dauung	Muskel/ Skelett	Verlet- zungen	Sonstige
Berufe im Metallbau	7,0	6,2	11,0	4,9	24,8	15,9	30,2
Berufe im Vertrieb (außer Informations- u. Kommunikationstechnologien)	13,5	4,9	16,9	5,5	13,0	9,1	37,0
Berufe in der elektrischen Betriebstechnik	10,5	4,3	14,0	5,2	22,3	13,3	30,6
Berufe in der Elektrotechnik (ohne Spez.)	11,5	4,8	12,4	4,4	24,5	9,0	33,3
Berufe in der Kunststoff- u. Kautschukherstellung (ohne Spez.)	10,1	5,0	11,5	4,8	26,6	10,5	31,7
Berufe in der Lagerwirtschaft	9,9	6,3	11,2	4,7	25,2	10,4	32,2
Berufe in der Maschinenbau- u. Betriebstechnik (ohne Spez.)	9,5	5,5	12,2	4,7	24,6	12,2	31,4
Berufe in der Metallbearbeitung (ohne Spez.)	9,8	6,1	11,3	4,7	26,1	10,8	31,3
Berufe in der Metalloberflächenbehandlung (ohne Spez.)	8,9	6,6	10,9	5,2	25,8	11,1	31,5
Berufe in der Schweiß- u. Verbindungstechnik	7,4	6,9	11,5	4,7	27,6	12,1	29,8
Berufe in der spanenden Metallbearbeitung	9,0	5,5	12,6	5,3	22,6	12,9	32,0
Berufe in der technischen Forschung u. Entwicklung (ohne Spez.)	10,5	3,9	22,5	5,6	12,9	10,8	33,7
Berufe in der technischen Produktionsplanung u. -steuerung	11,7	5,8	13,5	5,0	20,0	10,3	33,6
Berufe in der technischen Qualitätssicherung	11,4	5,7	12,9	4,4	22,5	9,4	33,8
Berufe in der Werkzeugtechnik	8,5	6,2	13,5	5,0	20,3	14,4	32,2
Büro- u. Sekretariatskräfte (ohne Spez.)	15,5	4,3	15,1	4,8	14,3	8,2	37,8
Kaufmännische u. technische Betriebswirtschaft (ohne Spez.)	14,1	4,0	18,2	5,2	12,6	9,0	36,9

24

◨ Tabelle 24.150   (Fortsetzung)

Tätigkeit	AU-Tage in %						
	Psyche	Herz/ Kreislauf	Atem- wege	Ver- dauung	Muskel/ Skelett	Verlet- zungen	Sonstige
Maschinen- u. Anlagen- führer/innen	9,7	5,8	12,1	4,8	25,4	11,1	31,1
Maschinen- u. Geräte- zusammensetzer/innen	10,4	5,5	11,7	4,5	26,1	10,3	31,5
Technische Servicekräfte in Wartung u. Instandhaltung	8,8	5,7	11,7	4,8	22,5	13,6	32,9
Branche gesamt	**9,8**	**5,8**	**12,2**	**4,8**	**23,8**	**11,5**	**32,1**
Alle Branchen	**11,9**	**5,4**	**11,8**	**4,6**	**22,4**	**10,8**	**33,1**

Fehlzeiten-Report 2020

□ Tabelle 24.151 Verteilung der Arbeitsunfähigkeitsfälle nach Krankheitsarten und ausgewählten Berufsgruppen in der Branche Metallindustrie im Jahr 2019, AOK-Mitglieder

Tätigkeit	AU-Fälle in %						
	Psyche	Herz/ Kreislauf	Atem- wege	Ver- dauung	Muskel/ Skelett	Verlet- zungen	Sonstige
Berufe im Metallbau	3,4	3,8	21,2	8,6	18,4	10,5	34,0
Berufe im Vertrieb (außer Informations- u. Kommunika- tionstechnologien)	4,8	3,2	28,9	8,8	9,7	5,3	39,3
Berufe in der elektrischen Betriebstechnik	4,1	3,0	25,6	8,7	15,7	8,2	34,7
Berufe in der Elektrotechnik (ohne Spez.)	5,4	3,9	22,6	8,5	17,5	5,5	36,6
Berufe in der Kunststoff- u. Kautschukherstellung (ohne Spez.)	4,9	3,8	21,4	8,3	20,1	6,7	34,8
Berufe in der Lagerwirtschaft	4,7	4,2	21,3	8,6	19,1	6,9	35,2
Berufe in der Maschinenbau- u. Betriebstechnik (ohne Spez.)	4,2	3,6	23,3	8,4	17,5	8,1	34,9
Berufe in der Metall- bearbeitung (ohne Spez.)	4,6	4,1	21,1	8,4	20,1	7,3	34,4
Berufe in der Metalloberflä- chenbehandlung (ohne Spez.)	4,4	4,3	20,2	8,5	21,0	7,5	33,9
Berufe in der Schweiß- u. Verbindungstechnik	3,8	4,4	20,8	8,5	21,5	8,6	32,5
Berufe in der spanenden Metallbearbeitung	4,0	3,4	24,0	8,8	16,2	8,5	35,1
Berufe in der technischen Forschung u. Entwicklung (ohne Spez.)	3,1	2,8	34,4	8,6	9,2	6,0	36,0
Berufe in der techni- schen Produktionsplanung u. -steuerung	4,8	3,8	25,4	9,0	14,9	6,4	35,7
Berufe in der technischen Qualitätssicherung	5,2	4,2	23,3	8,5	16,3	5,8	36,7
Berufe in der Werkzeug- technik	3,6	3,2	25,2	8,8	14,1	9,1	35,8
Büro- u. Sekretariatskräfte (ohne Spez.)	5,5	3,2	26,6	8,9	9,8	4,9	41,0
Kaufmännische u. technische Betriebswirtschaft (ohne Spez.)	4,6	2,7	29,7	8,9	8,4	5,2	40,5

24

◻ Tabelle 24.151   (Fortsetzung)

Tätigkeit	AU-Tage in %						
	Psyche	Herz/ Kreislauf	Atem- wege	Ver- dauung	Muskel/ Skelett	Verlet- zungen	Sonstige
Maschinen- u. Anlagen- führer/innen	4,7	3,8	22,1	8,4	19,5	7,4	34,2
Maschinen- u. Geräte- zusammensetzer/innen	5,0	3,9	21,7	8,3	19,6	6,7	34,9
Technische Servicekräfte in Wartung u. Instandhaltung	4,1	4,1	23,3	8,9	16,8	8,2	34,6
Branche gesamt	**4,4**	**3,8**	**23,1**	**8,6**	**17,3**	**7,5**	**35,3**
Alle Branchen	**5,4**	**3,7**	**22,6**	**8,4**	**15,9**	**6,9**	**37,2**

Fehlzeiten-Report 2020

◻ **Tabelle 24.152** Anteile der 40 häufigsten Einzeldiagnosen an den AU-Fällen und AU-Tagen in der Branche Metallindustrie im Jahr 2019, AOK-Mitglieder

ICD-10	Bezeichnung	AU-Fälle in %	AU-Tage in %
J06	Akute Infektionen an mehreren oder nicht näher bezeichneten Lokalisationen der oberen Atemwege	10,3	4,7
M54	Rückenschmerzen	6,6	6,4
A09	Sonstige und nicht näher bezeichnete Gastroenteritis und Kolitis infektiösen und nicht näher bezeichneten Ursprungs	4,3	1,4
K08	Sonstige Krankheiten der Zähne und des Zahnhalteapparates	2,1	0,5
J20	Akute Bronchitis	1,8	1,0
B34	Viruskrankheit nicht näher bezeichneter Lokalisation	1,8	0,8
I10	Essentielle (primäre) Hypertonie	1,7	1,5
R10	Bauch- und Beckenschmerzen	1,5	0,7
M25	Sonstige Gelenkkrankheiten, anderenorts nicht klassifiziert	1,3	1,5
J40	Bronchitis, nicht als akut oder chronisch bezeichnet	1,3	0,7
K52	Sonstige nichtinfektiöse Gastroenteritis und Kolitis	1,3	0,5
T14	Verletzung an einer nicht näher bezeichneten Körperregion	1,2	1,2
R51	Kopfschmerz	1,2	0,5
F43	Reaktionen auf schwere Belastungen und Anpassungsstörungen	1,1	2,0
K29	Gastritis und Duodenitis	1,1	0,5
J00	Akute Rhinopharyngitis [Erkältungsschnupfen]	1,1	0,5
F32	Depressive Episode	1,0	2,9
J02	Akute Pharyngitis	1,0	0,4
M75	Schulterläsionen	0,9	2,1
M79	Sonstige Krankheiten des Weichteilgewebes, anderenorts nicht klassifiziert	0,9	0,8
M99	Biomechanische Funktionsstörungen, anderenorts nicht klassifiziert	0,9	0,7
J32	Chronische Sinusitis	0,9	0,5
J03	Akute Tonsillitis	0,9	0,4
J01	Akute Sinusitis	0,9	0,4
M51	Sonstige Bandscheibenschäden	0,8	2,0
M77	Sonstige Enthesopathien	0,8	1,1
R11	Übelkeit und Erbrechen	0,8	0,3
M53	Sonstige Krankheiten der Wirbelsäule und des Rückens, anderenorts nicht klassifiziert	0,7	0,8

24

◨ Tabelle 24.152   (Fortsetzung)

ICD-10	Bezeichnung	AU-Fälle in %	AU-Tage in %
R53	Unwohlsein und Ermüdung	0,7	0,6
J98	Sonstige Krankheiten der Atemwege	0,7	0,3
Z98	Sonstige Zustände nach chirurgischem Eingriff	0,6	1,9
M23	Binnenschädigung des Kniegelenkes [internal derangement]	0,6	1,3
R42	Schwindel und Taumel	0,6	0,5
B99	Sonstige und nicht näher bezeichnete Infektionskrankheiten	0,6	0,3
J11	Grippe, Viren nicht nachgewiesen	0,6	0,3
G43	Migräne	0,6	0,2
A08	Virusbedingte und sonstige näher bezeichnete Darminfektionen	0,6	0,2
F45	Somatoforme Störungen	0,5	1,0
F48	Andere neurotische Störungen	0,5	0,8
G47	Schlafstörungen	0,5	0,6
Summe hier		**57,3**	**44,8**
Restliche		42,7	55,2
Gesamtsumme		**100,0**	**100,0**

Fehlzeiten-Report 2020

◻ **Tabelle 24.153** Anteile der 40 häufigsten Diagnoseuntergruppen an den AU-Fällen und AU-Tagen in der Branche Metallindustrie im Jahr 2019, AOK-Mitglieder

ICD-10	Bezeichnung	AU-Fälle in %	AU-Tage in %
J00–J06	Akute Infektionen der oberen Atemwege	14,8	6,8
M50–M54	Sonstige Krankheiten der Wirbelsäule und des Rückens	7,8	8,6
A00–A09	Infektiöse Darmkrankheiten	5,3	1,8
R50–R69	Allgemeinsymptome	3,4	2,7
M70–M79	Sonstige Krankheiten des Weichteilgewebes	3,0	4,6
R10–R19	Symptome, die das Verdauungssystem und das Abdomen betreffen	2,6	1,3
K00–K14	Krankheiten der Mundhöhle, der Speicheldrüsen und der Kiefer	2,6	0,7
F40–F48	Neurotische, Belastungs- und somatoforme Störungen	2,5	4,7
J40–J47	Chronische Krankheiten der unteren Atemwege	2,3	1,7
J20–J22	Sonstige akute Infektionen der unteren Atemwege	2,2	1,2
B25–B34	Sonstige Viruskrankheiten	2,0	0,9
M20–M25	Sonstige Gelenkkrankheiten	1,9	3,1
I10–I15	Hypertonie [Hochdruckkrankheit]	1,9	1,8
Z80–Z99	Personen mit potentiellen Gesundheitsrisiken aufgrund der Familien- oder Eigenanamnese und bestimmte Zustände, die den Gesundheitszustand beeinflussen	1,7	3,6
K20–K31	Krankheiten des Ösophagus, des Magens und des Duodenums	1,7	0,8
K50–K52	Nichtinfektiöse Enteritis und Kolitis	1,7	0,7
G40–G47	Episodische und paroxysmale Krankheiten des Nervensystems	1,5	1,2
R00–R09	Symptome, die das Kreislaufsystem und das Atmungssystem betreffen	1,5	1,0
T08–T14	Verletzungen nicht näher bezeichneter Teile des Rumpfes, der Extremitäten oder anderer Körperregionen	1,4	1,5
J30–J39	Sonstige Krankheiten der oberen Atemwege	1,4	0,8
F30–F39	Affektive Störungen	1,3	4,4
S60–S69	Verletzungen des Handgelenkes und der Hand	1,2	1,9
K55–K64	Sonstige Krankheiten des Darmes	1,1	0,8
M95–M99	Sonstige Krankheiten des Muskel-Skelett-Systems und des Bindegewebes	1,0	0,9
M15–M19	Arthrose	0,9	2,4
S80–S89	Verletzungen des Knies und des Unterschenkels	0,9	2,0
S90–S99	Verletzungen der Knöchelregion und des Fußes	0,9	1,4
J09–J18	Grippe und Pneumonie	0,9	0,7

◘ Tabelle 24.153   (Fortsetzung)

ICD-10	Bezeichnung	AU-Fälle in %	AU-Tage in %
R40–R46	Symptome, die das Erkennungs- und Wahrnehmungsvermögen, die Stimmung und das Verhalten betreffen	0,8	0,7
E70–E90	Stoffwechselstörungen	0,8	0,7
J95–J99	Sonstige Krankheiten des Atmungssystems	0,8	0,5
Z00–Z13	Personen, die das Gesundheitswesen zur Untersuchung und Abklärung in Anspruch nehmen	0,7	0,4
G50–G59	Krankheiten von Nerven, Nervenwurzeln und Nervenplexus	0,6	1,3
I20–I25	Ischämische Herzkrankheiten	0,6	1,3
I30–I52	Sonstige Formen der Herzkrankheit	0,6	1,0
M65–M68	Krankheiten der Synovialis und der Sehnen	0,6	0,9
Z40–Z54	Personen, die das Gesundheitswesen zum Zwecke spezifischer Maßnahmen und zur medizinischen Betreuung in Anspruch nehmen	0,6	0,9
M05–M14	Entzündliche Polyarthropathien	0,6	0,7
L00–L08	Infektionen der Haut und der Unterhaut	0,6	0,6
B99–B99	Sonstige Infektionskrankheiten	0,6	0,3
	Summe hier	**79,3**	**73,3**
	Restliche	20,7	26,7
	Gesamtsumme	**100,0**	**100,0**

Fehlzeiten-Report 2020

24

24.10 Öffentliche Verwaltung

24

◨ **Tabelle 24.154** Entwicklung des Krankenstands der AOK-Mitglieder in der Branche Öffentliche Verwaltung in den Jahren 1995 bis 2019

Jahr	Krankenstand in %			AU-Fälle je 100 AOK-Mitglieder			Tage je Fall		
	West	Ost	Bund	West	Ost	Bund	West	Ost	Bund
1995	6,9	6,3	6,8	166,7	156,3	164,1	15,6	14,9	15,4
1996	6,4	6,0	6,3	156,9	155,6	156,6	15,4	14,7	15,2
1997	6,2	5,8	6,1	158,4	148,8	156,3	14,4	14,1	14,3
1998	6,3	5,7	6,2	162,6	150,3	160,0	14,2	13,8	14,1
1999	6,6	6,2	6,5	170,7	163,7	169,3	13,8	13,6	13,8
2000	6,4	5,9	6,3	172,0	174,1	172,5	13,6	12,3	13,3
2001	6,1	5,9	6,1	165,8	161,1	164,9	13,5	13,3	13,5
2002	6,0	5,7	5,9	167,0	161,9	166,0	13,0	12,9	13,0
2003	5,7	5,3	5,6	167,3	158,8	165,7	12,4	12,2	12,3
2004	5,3	5,0	5,2	154,8	152,2	154,3	12,5	12,0	12,4
2005[b]	5,3	4,5	5,1	154,1	134,3	150,0	12,6	12,2	12,5
2006	5,1	4,7	5,0	148,7	144,7	147,9	12,5	11,8	12,3
2007	5,3	4,8	5,2	155,5	151,1	154,6	12,4	11,7	12,3
2008 (WZ03)	5,3	4,9	5,2	159,8	152,1	158,3	12,2	11,8	12,1
2008 (WZ08)[a]	5,3	4,9	5,2	159,9	152,2	158,4	12,1	11,8	12,1
2009	5,5	5,3	5,4	167,9	164,9	167,3	11,9	11,7	11,8
2010	5,5	5,7	5,5	164,8	184,6	168,2	12,2	11,3	12,0
2011	5,6	5,5	5,6	172,5	189,1	175,6	11,9	10,6	11,7
2012	5,5	5,5	5,5	163,9	164,4	164,0	12,2	12,2	12,2
2013	5,6	5,9	5,7	174,8	176,3	175,1	11,7	12,2	11,8
2014	5,9	6,1	5,9	174,9	179,9	175,9	12,3	12,3	12,3
2015	6,2	6,5	6,3	187,8	195,6	189,3	12,1	12,1	12,1
2016	6,2	6,6	6,3	189,3	203,8	192,0	12,1	11,9	12,0
2017	6,3	6,9	6,4	187,6	210,7	192,2	12,2	11,9	12,2
2018	6,5	7,2	6,6	192,5	216,4	197,4	12,3	12,2	12,3
2019	6,4	7,0	6,5	187,3	210,9	192,2	12,5	12,2	12,4

[a] aufgrund der Revision der Wirtschaftszweigklassifikation in 2008 ist eine Vergleichbarkeit mit den Vorjahren nur bedingt möglich

[b] ohne Sozialversicherung/Arbeitsförderung

Fehlzeiten-Report 2020

◻ Tabelle 24.155 Arbeitsunfähigkeit der AOK-Mitglieder in der Branche Öffentliche Verwaltung nach Bundesländern im Jahr 2019 im Vergleich zum Vorjahr

Bundesland	Kranken-stand in %	Arbeitsunfähigkeit je 100 AOK-Mitglieder				Tage je Fall	Veränd. z. Vorj. in %	AU-Quote in %
		AU-Fälle	Veränd. z. Vorj. in %	AU-Tage	Veränd. z. Vorj. in %			
Baden-Württemberg	5,9	188,3	−1,6	2.155,7	−1,1	11,4	0,6	64,0
Bayern	5,6	157,8	−2,0	2.061,9	−1,8	13,1	0,3	57,8
Berlin	6,1	194,2	−0,4	2.243,4	0,2	11,6	0,6	59,8
Brandenburg	7,8	213,0	−1,5	2.861,0	−1,3	13,4	0,2	68,3
Bremen	5,8	173,0	−10,3	2.111,9	−2,6	12,2	8,5	56,8
Hamburg	5,7	149,9	−3,8	2.066,3	1,0	13,8	5,0	48,6
Hessen	7,2	226,4	1,0	2.645,2	−2,0	11,7	−3,0	67,7
Mecklenburg-Vorpommern	7,9	208,9	−2,0	2.869,8	−0,3	13,7	1,7	67,2
Niedersachsen	6,6	198,1	−2,0	2.424,2	−0,3	12,2	1,7	66,6
Nordrhein-Westfalen	7,4	204,0	−3,0	2.699,8	−0,6	13,2	2,5	65,8
Rheinland-Pfalz	6,9	182,6	−15,1	2.529,7	−6,2	13,9	10,4	61,5
Saarland	8,8	201,8	−2,7	3.212,2	−0,6	15,9	2,1	67,1
Sachsen	6,6	207,4	−2,1	2.414,0	−2,1	11,6	0,1	69,3
Sachsen-Anhalt	7,5	213,8	−1,7	2.726,9	−3,2	12,8	−1,5	68,3
Schleswig-Holstein	6,7	181,0	−3,4	2.452,5	−3,0	13,6	0,4	61,4
Thüringen	7,1	216,2	−4,8	2.602,6	−3,1	12,0	1,8	69,6
West	**6,4**	**187,3**	**−2,7**	**2.339,5**	**−1,4**	**12,5**	**1,3**	**63,0**
Ost	**7,0**	**210,9**	**−2,6**	**2.572,5**	**−2,3**	**12,2**	**0,3**	**68,9**
Bund	**6,5**	**192,2**	**−2,6**	**2.386,9**	**−1,5**	**12,4**	**1,2**	**64,3**

Fehlzeiten-Report 2020

24

◻ Tabelle 24.156 Arbeitsunfähigkeit der AOK-Mitglieder nach Wirtschaftsabteilungen in der Branche Öffentliche Verwaltung im Jahr 2019

Wirtschaftsabteilungen	Krankenstand in %		Arbeitsunfähigkeiten je 100 AOK-Mitglieder		Tage je Fall	AU-Quote in %
	2019	2019 stand.[a]	Fälle	Tage		
Auswärtige Angelegenheiten, Verteidigung, Rechtspflege, öffentliche Sicherheit und Ordnung	7,1	6,3	198,4	2.608,5	13,1	60,7
Exterritoriale Organisationen und Körperschaften	8,3	6,4	206,0	3.019,2	14,7	63,9
Öffentliche Verwaltung	6,5	5,9	189,0	2.362,4	12,5	63,8
Sozialversicherung	6,4	5,9	200,9	2.331,7	11,6	68,1
Branche gesamt	**6,5**	**6,0**	**192,2**	**2.386,9**	**12,4**	**64,3**
Alle Branchen	**5,4**	**5,5**	**164,7**	**1.980,3**	**12,0**	**52,9**

[a] Krankenstand alters- und geschlechtsstandardisiert

Fehlzeiten-Report 2020

■ **Tabelle 24.157** Kennzahlen der Arbeitsunfähigkeit nach ausgewählten Berufsgruppen in der Branche Öffentliche Verwaltung im Jahr 2019

Tätigkeit	Kranken-stand in %	Arbeitsunfähigkeit je 100 AOK-Mitglieder		Tage je Fall	AU-Quote in %	Anteil der Berufsgruppe an der Branche in %[a]
		AU-Fälle	AU-Tage			
Berufe im Gartenbau (ohne Spez.)	10,1	255,3	3.671,6	14,4	73,2	1,9
Berufe im Objekt-, Werte- u. Personenschutz	8,5	243,4	3.091,1	12,7	63,7	1,1
Berufe in der Gebäudetechnik (ohne Spez.)	7,0	150,6	2.568,8	17,1	59,7	2,6
Berufe in der Kinder-betreuung u. -erziehung	5,8	226,8	2.134,6	9,4	68,8	10,8
Berufe in der öffentlichen Verwaltung (ohne Spez.)	5,1	172,1	1.860,8	10,8	60,4	16,0
Berufe in der Personaldienst-leistung	5,6	176,2	2.028,8	11,5	63,2	1,5
Berufe in der Reinigung (ohne Spez.)	8,9	188,6	3.241,7	17,2	66,6	5,7
Berufe in der Sozialarbeit u. Sozialpädagogik	4,4	145,7	1.593,2	10,9	56,2	2,4
Berufe in der Sozial-verwaltung u. -versicherung	6,4	206,3	2.317,8	11,2	69,9	10,1
Büro- u. Sekretariatskräfte (ohne Spez.)	6,3	190,5	2.299,1	12,1	63,8	8,5
Kaufmännische u. technische Betriebswirtschaft (ohne Spez.)	6,0	196,0	2.187,9	11,2	64,7	2,2
Köche/Köchinnen (ohne Spez.)	9,4	219,3	3.447,6	15,7	69,0	1,3
Platz- u. Gerätewarte/-wartinnen	7,9	182,0	2.882,4	15,8	65,7	2,9
Straßen- u. Tunnelwärter/-innen	8,6	221,0	3.152,2	14,3	72,1	3,0
Branche gesamt	**6,5**	**192,2**	**2.386,9**	**12,4**	**64,3**	**4,2**[b]

[a] Anteil der AOK-Mitglieder in der Berufsgruppe an den in der Branche beschäftigten AOK-Mitgliedern insgesamt
[b] Anteil der AOK-Mitglieder in der Branche an allen AOK-Mitgliedern
Fehlzeiten-Report 2020

◘ Tabelle 24.158 Dauer der Arbeitsunfähigkeit der AOK-Mitglieder in der Branche Öffentliche Verwaltung im Jahr 2019

Fallklasse	Branche hier		Alle Branchen	
	Anteil Fälle in %	Anteil Tage in %	Anteil Fälle in %	Anteil Tage in %
1–3 Tage	35,2	5,6	35,5	5,9
4–7 Tage	29,4	11,7	31,3	13,2
8–14 Tage	18,2	15,1	17,1	14,7
15–21 Tage	6,1	8,5	5,7	8,3
22–28 Tage	3,3	6,4	2,9	5,8
29–42 Tage	3,3	9,2	3,0	8,6
> 42 Tage	4,5	43,5	4,4	43,5

Fehlzeiten-Report 2020

◘ Tabelle 24.159 Tage der Arbeitsunfähigkeit je AOK-Mitglied nach Wirtschaftsabteilung und Betriebsgröße in der Branche Öffentliche Verwaltung im Jahr 2019

Wirtschaftsabteilungen	Betriebsgröße (Anzahl der AOK-Mitglieder)					
	10–49	50–99	100–199	200–499	500–999	≥ 1.000
Auswärtige Angelegenheiten, Verteidigung, Rechtspflege, öffentliche Sicherheit und Ordnung	26,7	26,0	27,6	23,6	32,4	–
Exterritoriale Organisationen und Körperschaften	27,6	34,2	34,7	34,6	37,4	–
Öffentliche Verwaltung	22,8	23,5	23,6	24,6	26,7	26,8
Sozialversicherung	22,6	23,5	23,4	24,3	23,5	23,1
Branche gesamt	**23,3**	**23,7**	**24,1**	**24,7**	**26,9**	**25,8**
Alle Branchen	**20,3**	**22,4**	**22,5**	**22,6**	**22,6**	**22,6**

Fehlzeiten-Report 2020

◻ Tabelle 24.160 Krankenstand in Prozent nach Ausbildungsabschluss in der Branche Öffentliche Verwaltung im Jahr 2019, AOK-Mitglieder

Wirtschafts-abteilungen	Ausbildung						
	ohne Aus-bildungs-abschluss	mit Aus-bildungs-abschluss	Meister/ Techniker	Bachelor	Diplom/ Magister/ Master/ Staats-examen	Promotion	unbekannt
Auswärtige An-gelegenheiten, Verteidigung, Rechts-pflege, öffentliche Sicherheit und Ordnung	8,1	7,6	6,4	3,2	2,2	2,1	7,3
Exterritoriale Or-ganisationen und Körperschaften	5,4	5,8	2,4	1,9	2,1	–	9,2
Öffentliche Verwaltung	8,0	6,6	6,2	3,2	4,2	2,3	7,4
Sozialversicherung	5,6	6,7	7,1	3,4	4,9	3,1	8,6
Branche gesamt	**7,7**	**6,7**	**6,3**	**3,3**	**4,2**	**2,4**	**7,7**
Alle Branchen	**6,0**	**5,9**	**4,6**	**2,4**	**2,9**	**2,1**	**4,9**

Fehlzeiten-Report 2020

24

■ **Tabelle 24.161**   Tage der Arbeitsunfähigkeit je AOK-Mitglied nach Ausbildungsabschluss in der Branche Öffentliche Verwaltung im Jahr 2019

Wirtschafts-abteilungen	Ausbildung						
	ohne Aus-bildungs-abschluss	mit Aus-bildungs-abschluss	Meister/ Techniker	Bachelor	Diplom/ Magister/ Master/ Staats-examen	Promotion	unbekannt
Auswärtige Angelegenheiten, Verteidigung, Rechtspflege, öffentliche Sicherheit und Ordnung	29,4	27,8	23,2	11,6	8,2	7,7	26,6
Exterritoriale Organisationen und Körperschaften	19,8	21,2	8,8	7,1	7,6	–	33,5
Öffentliche Verwaltung	29,1	24,2	22,6	11,8	15,5	8,5	27,0
Sozialversicherung	20,4	24,5	25,9	12,3	17,9	11,4	31,2
Branche gesamt	**27,9**	**24,6**	**22,8**	**11,9**	**15,3**	**8,8**	**28,1**
Alle Branchen	**21,8**	**21,6**	**16,7**	**8,7**	**10,7**	**7,7**	**18,0**

Fehlzeiten-Report 2020

■ **Tabelle 24.162**   Anteil der Arbeitsunfälle an den AU-Fällen und -Tagen in Prozent nach Wirtschaftsabteilungen in der Branche Öffentliche Verwaltung im Jahr 2019, AOK-Mitglieder

Wirtschaftsabteilungen	AU-Fälle in %	AU-Tage in %
Auswärtige Angelegenheiten, Verteidigung, Rechtspflege, öffentliche Sicherheit und Ordnung	1,5	3,3
Exterritoriale Organisationen und Körperschaften	1,8	3,4
Öffentliche Verwaltung	2,0	4,2
Sozialversicherung	0,8	1,6
Branche gesamt	**1,7**	**3,7**
Alle Branchen	**3,0**	**5,8**

Fehlzeiten-Report 2020

◩ **Tabelle 24.163** Tage und Fälle der Arbeitsunfähigkeit durch Arbeitsunfälle nach Berufsgruppen in der Branche Öffentliche Verwaltung im Jahr 2019, AOK-Mitglieder

Tätigkeit	Arbeitsunfähigkeit je 1.000 AOK-Mitglieder	
	AU-Tage	**AU-Fälle**
Platz- u. Gerätewarte/-wartinnen	2.614,1	88,6
Straßen- u. Tunnelwärter/innen	2.538,7	99,5
Berufe im Gartenbau (ohne Spez.)	2.417,4	97,0
Berufe in der Gebäudetechnik (ohne Spez.)	1.500,8	48,1
Berufe im Objekt-, Werte- u. Personenschutz	1.294,8	44,9
Köche/Köchinnen (ohne Spez.)	982,2	46,6
Berufe in der Reinigung (ohne Spez.)	905,7	29,0
Berufe in der Kinderbetreuung u. -erziehung	487,6	25,9
Büro- u. Sekretariatskräfte (ohne Spez.)	414,5	15,7
Kaufmännische u. technische Betriebswirtschaft (ohne Spez.)	381,9	18,7
Berufe in der öffentlichen Verwaltung (ohne Spez.)	380,0	16,0
Berufe in der Sozialarbeit u. Sozialpädagogik	345,4	17,4
Berufe in der Personaldienstleistung	331,8	11,7
Berufe in der Sozialverwaltung u. -versicherung	326,4	15,2
Branche gesamt	**873,3**	**33,5**
Alle Branchen	**1.145,8**	**48,9**

Fehlzeiten-Report 2020

◻ Tabelle 24.164 Tage und Fälle der Arbeitsunfähigkeit je 100 AOK-Mitglieder nach Krankheitsarten in der Branche Öffentliche Verwaltung in den Jahren 1995 bis 2019

Jahr	Arbeitsunfähigkeiten je 100 AOK-Mitglieder											
	Psyche		Herz/Kreis-lauf		Atemwege		Verdauung		Muskel/Skelett		Verletzungen	
	Tage	Fälle	Tage	Fälle	Tage	Fälle	Tage	Fälle	Tage	Fälle	Tage	Fälle
1995	168,1	4,2	272,1	9,1	472,7	39,5	226,4	20,5	847,3	30,8	327,6	22,9
1996	165,0	3,3	241,9	7,4	434,5	35,5	199,8	19,4	779,1	29,8	312,4	23,9
1997	156,7	3,4	225,2	7,4	395,1	34,3	184,0	19,3	711,5	29,7	299,8	23,9
1998	165,0	3,9	214,1	7,8	390,7	36,9	178,4	19,8	720,0	31,5	288,1	23,7
1999	176,0	4,5	207,0	8,2	427,8	42,0	179,1	21,7	733,3	34,0	290,5	23,7
2000	198,5	8,1	187,3	10,1	392,0	50,5	160,6	21,3	749,6	41,4	278,9	17,4
2001	208,7	8,9	188,4	10,8	362,4	48,7	157,4	21,7	745,4	41,8	272,9	17,1
2002	210,1	9,4	182,7	10,9	344,1	47,7	157,9	23,0	712,8	41,6	267,9	17,1
2003	203,2	9,4	170,5	11,1	355,1	50,5	151,5	22,8	644,3	39,3	257,9	16,5
2004	213,8	9,6	179,9	10,2	313,1	43,6	153,1	22,5	619,0	37,9	251,5	15,5
2005[b]	211,4	9,4	179,4	10,1	346,2	47,2	142,3	19,7	594,5	36,4	252,5	15,1
2006	217,8	9,4	175,5	10,2	297,4	42,0	142,8	21,3	585,5	35,9	248,5	15,0
2007	234,4	9,9	178,3	10,1	326,0	46,2	148,6	22,3	600,6	36,1	239,2	14,1
2008 (WZ03)	245,1	10,2	176,0	10,2	331,8	47,6	150,3	22,9	591,9	36,1	238,2	14,2
2008 (WZ08)[a]	245,2	10,3	175,9	10,2	332,0	47,7	150,4	22,9	591,5	36,2	238,0	14,2
2009	255,2	10,8	177,1	10,2	387,0	54,8	148,5	22,8	577,6	35,8	245,5	14,5
2010	278,4	11,3	177,0	10,1	337,6	49,3	142,8	21,4	618,1	37,5	261,2	15,3
2011	295,9	12,1	176,3	10,3	353,4	50,9	142,9	21,9	606,2	37,7	254,2	15,0
2012	315,8	11,9	177,3	9,6	337,9	48,5	139,1	20,5	587,4	35,0	243,6	13,6
2013	315,4	11,9	183,2	9,5	425,4	59,0	144,3	21,3	588,5	35,3	254,6	14,1
2014	354,3	13,2	194,5	10,1	356,8	51,6	151,9	22,5	643,6	37,5	263,9	14,5
2015	377,9	13,6	194,7	10,2	448,1	63,0	152,4	22,5	643,4	37,0	266,3	14,4
2016	389,5	14,1	174,7	10,3	423,3	61,8	149,9	23,0	660,9	37,5	268,5	14,6
2017	402,6	14,4	171,4	10,1	446,6	63,5	146,7	22,0	652,5	36,9	271,4	14,4
2018	428,5	14,9	171,2	10,3	480,7	66,4	144,3	21,9	645,6	36,0	274,4	14,6
2019	452,4	15,1	165,3	9,9	422,1	61,8	138,6	21,4	646,5	35,6	271,8	14,1

[a] aufgrund der Revision der Wirtschaftszweigklassifikation in 2008 ist eine Vergleichbarkeit mit den Vorjahren nur bedingt möglich
[b] ohne Sozialversicherung/Arbeitsförderung
Fehlzeiten-Report 2020

◻ **Tabelle 24.165** Verteilung der Arbeitsunfähigkeitstage nach Krankheitsarten in Prozent in der Branche Öffentliche Verwaltung im Jahr 2019, AOK-Mitglieder

Wirtschaftsabteilungen	AU-Tage in %						
	Psyche	Herz/ Kreislauf	Atem- wege	Ver- dauung	Muskel/ Skelett	Verlet- zungen	Sonstige
Auswärtige Angelegenheiten, Verteidigung, Rechtspflege, öffentliche Sicherheit und Ordnung	13,5	5,7	12,2	4,6	22,0	8,4	33,6
Exterritoriale Organisationen und Körperschaften	12,4	6,3	9,8	3,9	25,0	8,3	34,3
Öffentliche Verwaltung	13,3	5,4	13,2	4,3	21,2	9,0	33,6
Sozialversicherung	19,1	4,2	14,8	4,4	15,6	6,8	35,1
Branche gesamt	**14,3**	**5,2**	**13,3**	**4,4**	**20,4**	**8,6**	**33,9**
Alle Branchen	**11,9**	**5,4**	**11,8**	**4,6**	**22,4**	**10,8**	**33,1**

Fehlzeiten-Report 2020

◻ **Tabelle 24.166** Verteilung der Arbeitsunfähigkeitsfälle nach Krankheitsarten in Prozent in der Branche Öffentliche Verwaltung im Jahr 2019, AOK-Mitglieder

Wirtschaftsabteilungen	AU-Fälle in %						
	Psyche	Herz/ Kreislauf	Atem- wege	Ver- dauung	Muskel/ Skelett	Verlet- zungen	Sonstige
Auswärtige Angelegenheiten, Verteidigung, Rechtspflege, öffentliche Sicherheit und Ordnung	6,1	4,4	22,2	8,5	15,9	5,6	37,4
Exterritoriale Organisationen und Körperschaften	6,1	4,9	18,6	7,6	20,2	5,5	37,0
Öffentliche Verwaltung	5,7	4,0	24,4	8,4	14,5	5,9	37,2
Sozialversicherung	6,9	3,4	26,3	8,7	11,1	4,5	39,1
Branche gesamt	**6,0**	**3,9**	**24,4**	**8,4**	**14,1**	**5,6**	**37,6**
Alle Branchen	**5,4**	**3,7**	**22,6**	**8,4**	**15,9**	**6,9**	**37,2**

Fehlzeiten-Report 2020

24

◘ Tabelle 24.167 Verteilung der Arbeitsunfähigkeitstage nach Krankheitsarten und ausgewählten Berufsgruppen in der Branche Öffentliche Verwaltung im Jahr 2019, AOK-Mitglieder

Tätigkeit	AU-Tage in %						
	Psyche	Herz/ Kreislauf	Atem- wege	Ver- dauung	Muskel/ Skelett	Verlet- zungen	Sonstige
Berufe im Gartenbau (ohne Spez.)	8,6	6,0	11,5	4,2	29,1	11,0	29,6
Berufe im Objekt-, Werte- u. Personenschutz	14,1	5,5	12,3	4,5	22,2	8,6	32,8
Berufe in der Gebäudetechnik (ohne Spez.)	9,7	8,5	9,0	4,4	23,8	10,5	34,2
Berufe in der Kinder- betreuung u. -erziehung	17,1	3,2	19,0	4,4	14,6	7,1	34,6
Berufe in der öffentlichen Verwaltung (ohne Spez.)	16,8	4,5	15,3	4,7	15,2	7,4	36,1
Berufe in der Personaldienst- leistung	21,7	4,7	15,6	4,8	13,0	5,8	34,4
Berufe in der Reinigung (ohne Spez.)	11,8	5,2	10,1	3,4	28,3	7,9	33,3
Berufe in der Sozialarbeit u. Sozialpädagogik	22,5	3,4	16,4	4,7	11,9	6,5	34,7
Berufe in der Sozial- verwaltung u. -versicherung	19,4	4,0	15,1	4,5	15,2	6,7	35,0
Büro- u. Sekretariatskräfte (ohne Spez.)	17,4	4,9	13,9	4,5	16,4	6,9	35,9
Kaufmännische u. technische Betriebswirtschaft (ohne Spez.)	17,4	4,6	15,4	4,8	15,9	7,2	34,7
Köche/Köchinnen (ohne Spez.)	13,6	5,2	10,4	4,4	24,0	8,1	34,4
Platz- u. Gerätewarte/ -wartinnen	6,9	7,8	8,7	4,4	28,1	12,6	31,5
Straßen- u. Tunnelwärter/ -innen	6,4	7,2	10,3	4,6	28,5	12,5	30,4
Branche gesamt	**14,3**	**5,2**	**13,3**	**4,4**	**20,4**	**8,6**	**33,9**
Alle Branchen	**11,9**	**5,4**	**11,8**	**4,6**	**22,4**	**10,8**	**33,1**

Fehlzeiten-Report 2020

☐ **Tabelle 24.168** Verteilung der Arbeitsunfähigkeitsfälle nach Krankheitsarten und ausgewählten Berufsgruppen in der Branche Öffentliche Verwaltung im Jahr 2019, AOK-Mitglieder

Tätigkeit	AU-Fälle in %						
	Psyche	Herz/ Kreislauf	Atem- wege	Ver- dauung	Muskel/ Skelett	Verlet- zungen	Sonstige
Berufe im Gartenbau (ohne Spez.)	4,7	4,7	20,0	8,2	21,6	8,1	32,8
Berufe im Objekt-, Werte- u. Personenschutz	6,8	4,3	22,4	7,9	16,7	5,4	36,6
Berufe in der Gebäudetechnik (ohne Spez.)	5,1	6,5	17,4	8,8	17,9	6,9	37,4
Berufe in der Kinder- betreuung u. -erziehung	6,0	2,4	31,2	7,7	9,0	4,3	39,5
Berufe in der öffentlichen Verwaltung (ohne Spez.)	6,5	3,6	26,4	8,8	10,9	4,9	39,0
Berufe in der Personaldienst- leistung	7,9	3,7	27,1	8,5	9,9	4,0	39,0
Berufe in der Reinigung (ohne Spez.)	6,0	4,9	19,8	7,7	20,0	5,4	36,2
Berufe in der Sozialarbeit u. Sozialpädagogik	7,6	2,8	29,3	7,9	9,0	4,4	39,0
Berufe in der Sozial- verwaltung u. -versicherung	6,7	3,2	26,9	8,8	10,7	4,5	39,2
Büro- u. Sekretariatskräfte (ohne Spez.)	7,1	4,0	24,4	8,8	12,2	4,5	39,1
Kaufmännische u. technische Betriebswirtschaft (ohne Spez.)	7,0	3,6	25,9	9,1	11,9	4,8	37,8
Köche/Köchinnen (ohne Spez.)	6,2	4,7	20,0	8,4	17,8	5,6	37,2
Platz- u. Gerätewarte/ -wartinnen	3,4	5,5	17,4	8,6	21,8	9,1	34,2
Straßen- u. Tunnelwärter/ -innen	3,7	4,8	19,0	8,5	21,3	9,1	33,6
Branche gesamt	**6,0**	**3,9**	**24,4**	**8,4**	**14,1**	**5,6**	**37,6**
Alle Branchen	**5,4**	**3,7**	**22,6**	**8,4**	**15,9**	**6,9**	**37,2**

Fehlzeiten-Report 2020

□ Tabelle 24.169 Anteile der 40 häufigsten Einzeldiagnosen an den AU-Fällen und AU-Tagen in der Branche Öffentliche Verwaltung im Jahr 2019, AOK-Mitglieder

ICD-10	Bezeichnung	AU-Fälle in %	AU-Tage in %
J06	Akute Infektionen an mehreren oder nicht näher bezeichneten Lokalisationen der oberen Atemwege	10,7	5,1
M54	Rückenschmerzen	4,9	5,0
A09	Sonstige und nicht näher bezeichnete Gastroenteritis und Kolitis infektiösen und nicht näher bezeichneten Ursprungs	3,5	1,2
K08	Sonstige Krankheiten der Zähne und des Zahnhalteapparates	2,3	0,5
F43	Reaktionen auf schwere Belastungen und Anpassungsstörungen	1,8	3,2
J20	Akute Bronchitis	1,8	1,1
B34	Viruskrankheit nicht näher bezeichneter Lokalisation	1,8	0,9
I10	Essentielle (primäre) Hypertonie	1,7	1,5
R10	Bauch- und Beckenschmerzen	1,7	0,8
J40	Bronchitis, nicht als akut oder chronisch bezeichnet	1,3	0,8
F32	Depressive Episode	1,2	4,0
K52	Sonstige nichtinfektiöse Gastroenteritis und Kolitis	1,2	0,4
J01	Akute Sinusitis	1,1	0,6
J32	Chronische Sinusitis	1,1	0,6
J00	Akute Rhinopharyngitis [Erkältungsschnupfen]	1,1	0,5
M25	Sonstige Gelenkkrankheiten, anderenorts nicht klassifiziert	1,0	1,2
R51	Kopfschmerz	1,0	0,5
K29	Gastritis und Duodenitis	1,0	0,5
J03	Akute Tonsillitis	1,0	0,5
J02	Akute Pharyngitis	1,0	0,5
G43	Migräne	0,9	0,4
F48	Andere neurotische Störungen	0,8	1,4
T14	Verletzung an einer nicht näher bezeichneten Körperregion	0,8	0,8
M79	Sonstige Krankheiten des Weichteilgewebes, anderenorts nicht klassifiziert	0,8	0,8
R53	Unwohlsein und Ermüdung	0,8	0,8
M99	Biomechanische Funktionsstörungen, anderenorts nicht klassifiziert	0,8	0,7
R11	Übelkeit und Erbrechen	0,8	0,4
M75	Schulterläsionen	0,7	1,6
M51	Sonstige Bandscheibenschäden	0,7	1,6

24

◩ **Tabelle 24.169** (Fortsetzung)

ICD-10	Bezeichnung	AU-Fälle in %	AU-Tage in %
F45	Somatoforme Störungen	0,7	1,5
R42	Schwindel und Taumel	0,7	0,5
J98	Sonstige Krankheiten der Atemwege	0,7	0,4
N39	Sonstige Krankheiten des Harnsystems	0,7	0,3
Z98	Sonstige Zustände nach chirurgischem Eingriff	0,6	1,7
M77	Sonstige Enthesopathien	0,6	0,8
M53	Sonstige Krankheiten der Wirbelsäule und des Rückens, anderenorts nicht klassifiziert	0,6	0,7
B99	Sonstige und nicht näher bezeichnete Infektionskrankheiten	0,6	0,3
J04	Akute Laryngitis und Tracheitis	0,6	0,3
G47	Schlafstörungen	0,5	0,6
J11	Grippe, Viren nicht nachgewiesen	0,5	0,3
	Summe hier	**56,1**	**45,3**
	Restliche	43,9	54,7
	Gesamtsumme	**100,0**	**100,0**

Fehlzeiten-Report 2020

24

◨ **Tabelle 24.170** Anteile der 40 häufigsten Diagnoseuntergruppen an den AU-Fällen und AU-Tagen in der Branche Öffentliche Verwaltung im Jahr 2019, AOK-Mitglieder

ICD-10	Bezeichnung	AU-Fälle in %	AU-Tage in %
J00–J06	Akute Infektionen der oberen Atemwege	15,8	7,6
M50–M54	Sonstige Krankheiten der Wirbelsäule und des Rückens	6,0	6,9
A00–A09	Infektiöse Darmkrankheiten	4,3	1,5
F40–F48	Neurotische, Belastungs- und somatoforme Störungen	3,7	7,4
R50–R69	Allgemeinsymptome	3,3	2,8
K00–K14	Krankheiten der Mundhöhle, der Speicheldrüsen und der Kiefer	2,8	0,7
R10–R19	Symptome, die das Verdauungssystem und das Abdomen betreffen	2,7	1,4
M70–M79	Sonstige Krankheiten des Weichteilgewebes	2,4	3,7
J40–J47	Chronische Krankheiten der unteren Atemwege	2,4	1,7
J20–J22	Sonstige akute Infektionen der unteren Atemwege	2,2	1,3
B25–B34	Sonstige Viruskrankheiten	2,1	1,0
Z80–Z99	Personen mit potentiellen Gesundheitsrisiken aufgrund der Familien- oder Eigenanamnese und bestimmte Zustände, die den Gesundheitszustand beeinflussen	1,9	3,5
I10–I15	Hypertonie [Hochdruckkrankheit]	1,9	1,7
G40–G47	Episodische und paroxysmale Krankheiten des Nervensystems	1,9	1,4
F30–F39	Affektive Störungen	1,8	6,6
J30–J39	Sonstige Krankheiten der oberen Atemwege	1,6	0,9
M20–M25	Sonstige Gelenkkrankheiten	1,5	2,6
K20–K31	Krankheiten des Ösophagus, des Magens und des Duodenums	1,5	0,8
K50–K52	Nichtinfektiöse Enteritis und Kolitis	1,5	0,7
R00–R09	Symptome, die das Kreislaufsystem und das Atmungssystem betreffen	1,4	0,9
K55–K64	Sonstige Krankheiten des Darmes	1,1	0,7
N30–N39	Sonstige Krankheiten des Harnsystems	1,1	0,5
M15–M19	Arthrose	1,0	2,5
T08–T14	Verletzungen nicht näher bezeichneter Teile des Rumpfes, der Extremitäten oder anderer Körperregionen	1,0	1,0
M95–M99	Sonstige Krankheiten des Muskel-Skelett-Systems und des Bindegewebes	0,9	0,8
R40–R46	Symptome, die das Erkennungs- und Wahrnehmungsvermögen, die Stimmung und das Verhalten betreffen	0,9	0,8
J09–J18	Grippe und Pneumonie	0,9	0,7
E70–E90	Stoffwechselstörungen	0,9	0,6

◻ **Tabelle 24.170** (Fortsetzung)

ICD-10	Bezeichnung	AU-Fälle in %	AU-Tage in %
J95–J99	Sonstige Krankheiten des Atmungssystems	0,9	0,5
S80–S89	Verletzungen des Knies und des Unterschenkels	0,8	1,7
S90–S99	Verletzungen der Knöchelregion und des Fußes	0,8	1,1
D10–D36	Gutartige Neubildungen	0,7	0,5
Z00–Z13	Personen, die das Gesundheitswesen zur Untersuchung und Abklärung in Anspruch nehmen	0,7	0,4
C00–C75	Bösartige Neubildungen an genau bezeichneten Lokalisationen, als primär festgestellt oder vermutet, ausgenommen lymphatisches, blutbildendes und verwandtes Gewebe	0,6	2,4
G50–G59	Krankheiten von Nerven, Nervenwurzeln und Nervenplexus	0,6	1,2
Z40–Z54	Personen, die das Gesundheitswesen zum Zwecke spezifischer Maßnahmen und zur medizinischen Betreuung in Anspruch nehmen	0,6	1,0
I30–I52	Sonstige Formen der Herzkrankheit	0,6	0,9
N80–N98	Nichtentzündliche Krankheiten des weiblichen Genitaltraktes	0,6	0,5
E00–E07	Krankheiten der Schilddrüse	0,6	0,5
B99–B99	Sonstige Infektionskrankheiten	0,6	0,3
	Summe hier	**78,6**	**73,7**
	Restliche	21,4	26,3
	Gesamtsumme	**100,0**	**100,0**

Fehlzeiten-Report 2020

24.11 Verarbeitendes Gewerbe

Entwicklung des Krankenstands der AOK-Mitglieder in der Branche Verarbeitendes Gewerbe in den Jahren 1995 bis 2019 ◼ Tab. 24.171

Arbeitsunfähigkeit der AOK-Mitglieder in der Branche Verarbeitendes Gewerbe nach Bundesländern im Jahr 2019 im Vergleich zum Vorjahr ◼ Tab. 24.172

Arbeitsunfähigkeit der AOK-Mitglieder nach Wirtschaftsabteilungen in der Branche Verarbeitendes Gewerbe im Jahr 2019 ◼ Tab. 24.173

Kennzahlen der Arbeitsunfähigkeit nach ausgewählten Berufsgruppen in der Branche Verarbeitendes Gewerbe im Jahr 2019 ◼ Tab. 24.174

Dauer der Arbeitsunfähigkeit der AOK-Mitglieder in der Branche Verarbeitendes Gewerbe im Jahr 2019 ◼ Tab. 24.175

Tage der Arbeitsunfähigkeit je AOK-Mitglied nach Wirtschaftsabteilung und Betriebsgröße in der Branche Verarbeitendes Gewerbe im Jahr 2019 ◼ Tab. 24.176

Krankenstand in Prozent nach Ausbildungsabschluss in der Branche Verarbeitendes Gewerbe im Jahr 2019, AOK-Mitglieder ◼ Tab. 24.177

Tage der Arbeitsunfähigkeit je AOK-Mitglied nach Ausbildungsabschluss in der Branche Verarbeitendes Gewerbe im Jahr 2019 ◼ Tab. 24.178

Anteil der Arbeitsunfälle an den AU-Fällen und -Tagen in Prozent nach Wirtschaftsabteilungen in der Branche Verarbeitendes Gewerbe im Jahr 2019, AOK-Mitglieder ◼ Tab. 24.179

Tage und Fälle der Arbeitsunfähigkeit durch Arbeitsunfälle nach Berufsgruppen in der Branche Verarbeitendes Gewerbe im Jahr 2019, AOK-Mitglieder ◼ Tab. 24.180

Tage und Fälle der Arbeitsunfähigkeit je 100 AOK-Mitglieder nach Krankheitsarten in der Branche Verarbeitendes Gewerbe in den Jahren 1995 bis 2019 ◼ Tab. 24.181

Verteilung der Arbeitsunfähigkeitstage nach Krankheitsarten in Prozent in der Branche Verarbeitendes Gewerbe im Jahr 2019, AOK-Mitglieder ◼ Tab. 24.182

Verteilung der Arbeitsunfähigkeitsfälle nach Krankheitsarten in Prozent in der Branche Verarbeitendes Gewerbe im Jahr 2019, AOK-Mitglieder ◼ Tab. 24.183

Verteilung der Arbeitsunfähigkeitstage nach Krankheitsarten und ausgewählten Berufsgruppen in der Branche Verarbeitendes Gewerbe im Jahr 2019, AOK-Mitglieder ◼ Tab. 24.184

Verteilung der Arbeitsunfähigkeitsfälle nach Krankheitsarten und ausgewählten Berufsgruppen in der Branche Verarbeitendes Gewerbe im Jahr 2019, AOK-Mitglieder ◼ Tab. 24.185

Anteile der 40 häufigsten Einzeldiagnosen an den AU-Fällen und AU-Tagen in der Branche Verarbeitendes Gewerbe im Jahr 2019, AOK-Mitglieder ◼ Tab. 24.186

Anteile der 40 häufigsten Diagnoseuntergruppen an den AU-Fällen und AU-Tagen in der Branche Verarbeitendes Gewerbe im Jahr 2019, AOK-Mitglieder ◼ Tab. 24.187

◻ **Tabelle 24.171** Entwicklung des Krankenstands der AOK-Mitglieder in der Branche Verarbeitendes Gewerbe in den Jahren 1995 bis 2019

Jahr	Krankenstand in %			AU-Fälle je 100 AOK-Mitglieder			Tage je Fall		
	West	Ost	Bund	West	Ost	Bund	West	Ost	Bund
1995	6,0	5,3	5,9	157,5	133,0	154,6	14,6	15,2	14,7
1996	5,4	5,9	5,3	141,8	122,4	139,5	14,7	15,2	14,8
1997	5,1	4,5	5,1	139,0	114,1	136,1	13,8	14,5	13,8
1998	5,3	4,6	5,2	142,9	118,8	140,1	13,7	14,5	13,8
1999	5,6	5,2	5,6	152,7	133,3	150,5	13,5	14,4	13,6
2000	5,7	5,2	5,6	157,6	140,6	155,7	13,2	13,6	13,3
2001	5,6	5,3	5,6	155,6	135,9	153,5	13,2	14,2	13,3
2002	5,5	5,2	5,5	154,7	136,9	152,7	13,0	13,8	13,1
2003	5,1	4,8	5,1	149,4	132,8	147,4	12,5	13,2	12,6
2004	4,8	4,4	4,7	136,5	120,2	134,4	12,8	13,3	12,8
2005	4,8	4,3	4,7	138,6	119,4	136,0	12,5	13,2	12,6
2006	4,6	4,2	4,5	132,9	115,4	130,5	12,6	13,1	12,7
2007	4,9	4,5	4,8	143,1	124,7	140,5	12,5	13,1	12,6
2008 (WZ03)	5,1	4,8	5,0	150,9	132,8	148,3	12,3	13,3	12,4
2008 (WZ08)[a]	5,0	4,8	5,0	151,7	132,9	148,9	12,2	13,1	12,3
2009	5,1	5,0	5,0	153,0	138,6	150,8	12,2	13,2	12,4
2010	5,3	5,2	5,2	153,7	149,0	153,0	12,5	12,7	12,6
2011	5,4	5,0	5,3	159,6	154,4	158,8	12,4	11,8	12,3
2012	5,5	5,6	5,5	159,4	149,6	157,9	12,5	13,8	12,7
2013	5,7	5,8	5,7	168,7	159,4	167,3	12,2	13,4	12,4
2014	5,8	6,0	5,8	166,5	157,4	165,1	12,6	13,8	12,8
2015	6,0	6,2	6,0	178,6	169,7	177,2	12,3	13,3	12,4
2016	6,0	6,2	6,0	177,0	171,5	176,2	12,3	13,3	12,5
2017	6,0	6,4	6,0	174,7	172,2	174,4	12,5	13,6	12,6
2018	6,1	6,7	6,2	182,0	179,6	181,6	12,3	13,5	12,5
2019	6,1	6,7	6,2	178,2	176,6	177,9	12,5	13,9	12,7

[a] aufgrund der Revision der Wirtschaftszweigklassifikation in 2008 ist eine Vergleichbarkeit mit den Vorjahren nur bedingt möglich
Fehlzeiten-Report 2020

24

◻ **Tabelle 24.172** Arbeitsunfähigkeit der AOK-Mitglieder in der Branche Verarbeitendes Gewerbe nach Bundesländern im Jahr 2019 im Vergleich zum Vorjahr

Bundesland	Kranken-stand in %	Arbeitsunfähigkeit je 100 AOK-Mitglieder				Tage je Fall	Veränd. z. Vorj. in %	AU-Quote in %
		AU-Fälle	Veränd. z. Vorj. in %	AU-Tage	Veränd. z. Vorj. in %			
Baden-Württemberg	5,9	190,6	0,1	2.135,7	0,5	11,2	0,4	62,0
Bayern	5,6	156,4	−0,3	2.040,6	0,8	13,0	1,1	56,6
Berlin	5,6	169,9	−0,2	2.033,8	−6,0	12,0	−5,8	53,0
Brandenburg	7,1	176,5	−3,5	2.577,0	1,6	14,6	5,2	61,1
Bremen	6,8	168,7	−1,8	2.480,8	0,8	14,7	2,6	57,1
Hamburg	5,3	152,2	−0,8	1.940,5	−3,2	12,8	−2,4	51,2
Hessen	6,8	192,3	−0,9	2.487,7	0,2	12,9	1,1	62,8
Mecklenburg-Vorpommern	7,2	177,5	−0,6	2.638,9	1,5	14,9	2,1	59,3
Niedersachsen	6,4	192,3	−0,6	2.350,5	−0,6	12,2	0,0	63,5
Nordrhein-Westfalen	6,8	190,2	−1,9	2.469,1	0,6	13,0	2,6	62,9
Rheinland-Pfalz	6,0	152,2	−25,9	2.188,7	−11,5	14,4	19,4	54,0
Saarland	6,9	163,0	−4,3	2.514,9	−1,8	15,4	2,5	54,7
Sachsen	6,3	172,2	−1,0	2.306,6	1,0	13,4	2,1	62,9
Sachsen-Anhalt	6,9	177,0	−1,4	2.506,7	−1,2	14,2	0,2	61,6
Schleswig-Holstein	6,3	174,4	−1,0	2.314,5	1,1	13,3	2,1	58,8
Thüringen	7,1	184,1	−2,5	2.594,0	1,1	14,1	3,7	63,5
West	**6,1**	**178,2**	**−2,1**	**2.234,3**	**−0,3**	**12,5**	**1,8**	**60,2**
Ost	**6,7**	**176,6**	**−1,7**	**2.450,3**	**0,8**	**13,9**	**2,5**	**62,5**
Bund	**6,2**	**177,9**	**−2,0**	**2.267,3**	**−0,1**	**12,7**	**1,9**	**60,6**

Fehlzeiten-Report 2020

◼ **Tabelle 24.173** Arbeitsunfähigkeit der AOK-Mitglieder nach Wirtschaftsabteilungen in der Branche Verarbeitendes Gewerbe im Jahr 2019

Wirtschaftsabteilungen	Krankenstand in %		Arbeitsunfähigkeiten je 100 AOK-Mitglieder		Tage je Fall	AU-Quote in %
	2019	2019 stand.[a]	Fälle	Tage		
Getränkeherstellung	6,5	5,7	166,7	2.369,3	14,2	60,1
Herstellung von Bekleidung	5,5	5,0	167,7	2.005,4	12,0	59,1
Herstellung von chemischen Erzeugnissen	5,9	5,9	186,7	2.171,0	11,6	63,2
Herstellung von Druckerzeugnissen, Vervielfältigung von bespielten Ton-, Bild- und Datenträgern	5,9	5,5	173,6	2.142,8	12,3	60,6
Herstellung von Glas und Glaswaren, Keramik, Verarbeitung von Steinen und Erden	6,7	6,0	177,6	2.454,7	13,8	63,2
Herstellung von Gummi- und Kunststoffwaren	6,7	6,5	196,2	2.442,3	12,5	65,9
Herstellung von Holz-, Flecht-, Korb- und Korkwaren (ohne Möbel)	6,2	5,6	172,5	2.266,5	13,1	60,8
Herstellung von Leder, Lederwaren und Schuhen	7,0	6,6	181,9	2.571,9	14,1	63,3
Herstellung von Möbeln	6,3	5,9	180,9	2.284,9	12,6	62,8
Herstellung von Nahrungs- und Futtermitteln	6,2	6,1	162,1	2.247,9	13,9	55,0
Herstellung von Papier, Pappe und Waren daraus	6,9	6,4	190,7	2.508,8	13,2	65,6
Herstellung von pharmazeutischen Erzeugnissen	5,5	5,7	197,0	2.010,6	10,2	61,9
Herstellung von sonstigen Waren	5,4	5,3	182,9	1.959,4	10,7	61,7
Herstellung von Textilien	6,6	6,1	185,6	2.423,7	13,1	63,9
Kokerei und Mineralölverarbeitung	5,1	4,7	151,9	1.858,9	12,2	58,7
Reparatur und Installation von Maschinen und Ausrüstungen	5,2	5,2	167,4	1.911,3	11,4	55,9
Tabakverarbeitung	6,1	5,7	167,2	2.213,2	13,2	57,9
Branche gesamt	**6,2**	**6,0**	**177,9**	**2.267,3**	**12,7**	**60,6**
Alle Branchen	**5,4**	**5,5**	**164,7**	**1.980,3**	**12,0**	**52,9**

[a] Krankenstand alters- und geschlechtsstandardisiert

Fehlzeiten-Report 2020

■ Tabelle 24.174 Kennzahlen der Arbeitsunfähigkeit nach ausgewählten Berufsgruppen in der Branche Verarbeitendes Gewerbe im Jahr 2019

Tätigkeit	Kranken-stand in %	Arbeitsunfähigkeit je 100 AOK-Mitglieder		Tage je Fall	AU-Quote in %	Anteil der Berufsgruppe an der Branche in %[a]
		AU-Fälle	AU-Tage			
Berufe im Holz-, Möbel- u. Innenausbau	5,9	179,9	2.147,3	11,9	64,3	2,1
Berufe im Verkauf (Ohne Spez.)	5,4	142,3	1.969,0	13,8	50,9	1,2
Berufe im Verkauf von Back- u. Konditoreiwaren	5,6	143,8	2.049,3	14,2	52,7	4,3
Berufe im Verkauf von Fleischwaren	5,4	118,4	1.970,6	16,6	51,4	1,5
Berufe im Vertrieb (außer Informations- u. Kommunikationstechnologien)	3,3	120,8	1.207,1	10,0	51,0	1,3
Berufe in der Back- u. Konditoreiwarenherstellung	5,2	143,7	1.887,7	13,1	53,1	2,0
Berufe in der Chemie- u. Pharmatechnik	7,0	217,3	2.549,9	11,7	68,0	4,0
Berufe in der Drucktechnik	7,0	198,2	2.547,2	12,9	65,6	2,1
Berufe in der Fleischverarbeitung	6,0	145,8	2.194,9	15,1	47,4	2,3
Berufe in der Holzbe- u. -verarbeitung (ohne Spez.)	6,9	190,6	2.534,1	13,3	63,5	1,9
Berufe in der Kunststoff- u. Kautschukherstellung (ohne Spez.)	7,6	216,1	2.759,9	12,8	68,8	7,6
Berufe in der Lagerwirtschaft	7,3	201,4	2.670,8	13,3	62,9	8,9
Berufe in der Lebensmittelherstellung (ohne Spez.)	7,2	195,0	2.629,0	13,5	59,4	5,6
Berufe in der Maschinenbau- u. Betriebstechnik (ohne Spez.)	6,6	199,2	2.401,5	12,1	66,1	2,9
Berufe in der Metallbearbeitung (ohne Spez.)	7,0	212,4	2.545,8	12,0	67,9	1,3
Berufe in der Papierverarbeitung u. Verpackungstechnik	8,1	214,2	2.939,0	13,7	71,0	1,2
Berufskraftfahrer/innen (Güterverkehr/LKW)	7,4	147,2	2.692,9	18,3	57,3	1,4
Büro- u. Sekretariatskräfte (ohne Spez.)	3,6	128,5	1.296,1	10,1	50,4	2,7

◨ **Tabelle 24.174**   (Fortsetzung)

Tätigkeit	Kranken-stand in %	Arbeitsunfähigkeit je 100 AOK-Mitglieder		Tage je Fall	AU-Quote in %	Anteil der Berufsgruppe an der Branche in %[a]
		AU-Fälle	AU-Tage			
Kaufmännische u. technische Betriebswirtschaft (ohne Spez.)	3,2	141,9	1.156,4	8,2	53,8	3,1
Maschinen- u. Anlagen-führer/innen	7,9	219,1	2.897,8	13,2	69,6	3,0
Branche gesamt	**6,2**	**177,9**	**2.267,3**	**12,7**	**60,6**	**9,1**[b]

[a] Anteil der AOK-Mitglieder in der Berufsgruppe an den in der Branche beschäftigten AOK-Mitgliedern insgesamt

[b] Anteil der AOK-Mitglieder in der Branche an allen AOK-Mitgliedern

Fehlzeiten-Report 2020

◨ **Tabelle 24.175**   Dauer der Arbeitsunfähigkeit der AOK-Mitglieder in der Branche Verarbeitendes Gewerbe im Jahr 2019

Fallklasse	Branche hier		Alle Branchen	
	Anteil Fälle in %	Anteil Tage in %	Anteil Fälle in %	Anteil Tage in %
1–3 Tage	34,0	5,4	35,5	5,9
4–7 Tage	31,2	12,3	31,3	13,2
8–14 Tage	17,6	14,4	17,1	14,7
15–21 Tage	6,0	8,2	5,7	8,3
22–28 Tage	3,0	5,8	2,9	5,8
29–42 Tage	3,2	8,8	3,0	8,6
> 42 Tage	4,8	45,0	4,4	43,5

Fehlzeiten-Report 2020

◻ Tabelle 24.176 Tage der Arbeitsunfähigkeit je AOK-Mitglied nach Wirtschaftsabteilung und Betriebsgröße in der Branche Verarbeitendes Gewerbe im Jahr 2019

Wirtschaftsabteilungen	Betriebsgröße (Anzahl der AOK-Mitglieder)					
	10–49	50–99	100–199	200–499	500–999	≥ 1.000
Getränkeherstellung	23,2	25,4	26,3	25,1	–	–
Herstellung von Bekleidung	20,1	19,8	25,7	28,3	–	12,9
Herstellung von chemischen Erzeugnissen	22,9	23,9	22,7	21,7	17,5	18,3
Herstellung von Druckerzeugnissen, Vervielfältigung von bespielten Ton-, Bild- und Datenträgern	21,7	24,9	23,5	24,8	–	–
Herstellung von Glas und Glaswaren, Keramik, Verarbeitung von Steinen und Erden	25,3	25,9	24,1	26,0	23,1	–
Herstellung von Gummi- und Kunststoffwaren	24,8	25,1	25,3	24,2	25,0	20,5
Herstellung von Holz-, Flecht-, Korb- und Korkwaren (ohne Möbel)	23,1	23,9	25,1	24,4	24,7	–
Herstellung von Leder, Lederwaren und Schuhen	24,8	25,3	27,9	29,1	31,0	–
Herstellung von Möbeln	21,5	25,3	26,8	29,0	24,9	20,6
Herstellung von Nahrungs- und Futtermitteln	20,5	24,8	25,3	25,3	24,1	22,5
Herstellung von Papier, Pappe und Waren daraus	25,7	26,4	25,4	23,9	21,8	–
Herstellung von pharmazeutischen Erzeugnissen	18,5	22,1	20,7	21,8	–	19,1
Herstellung von sonstigen Waren	19,5	21,7	22,1	22,2	26,0	23,2
Herstellung von Textilien	24,1	25,6	26,3	27,0	16,2	–
Kokerei und Mineralölverarbeitung	18,1	27,9	19,1	11,0	–	–
Reparatur und Installation von Maschinen und Ausrüstungen	19,1	20,1	21,8	22,1	20,3	–
Tabakverarbeitung	18,5	37,4	27,9	15,3	–	–
Branche gesamt	**22,3**	**24,7**	**24,7**	**24,4**	**23,9**	**20,5**
Alle Branchen	**20,3**	**22,4**	**22,5**	**22,6**	**22,6**	**22,6**

Fehlzeiten-Report 2020

◻ **Tabelle 24.177** Krankenstand in Prozent nach Ausbildungsabschluss in der Branche Verarbeitendes Gewerbe im Jahr 2019, AOK-Mitglieder

Wirtschafts-abteilungen	Ausbildung						
	ohne Aus-bildungs-abschluss	mit Aus-bildungs-abschluss	Meister/ Techniker	Bachelor	Diplom/ Magister/ Master/ Staats-examen	Promotion	unbekannt
Getränkeherstellung	7,1	6,6	4,4	1,7	2,6	–	6,9
Herstellung von Bekleidung	7,4	5,2	3,9	2,2	2,8	–	5,7
Herstellung von chemischen Erzeugnissen	6,9	6,2	3,8	2,1	2,5	1,5	6,5
Herstellung von Druckerzeugnissen, Vervielfältigung von bespielten Ton-, Bild- und Datenträgern	7,3	5,9	4,1	2,3	3,1	4,4	5,7
Herstellung von Glas und Glaswaren, Keramik, Verarbeitung von Steinen und Erden	7,4	6,9	4,5	2,3	3,0	3,4	6,5
Herstellung von Gummi- und Kunststoffwaren	7,5	6,7	4,3	2,4	3,0	3,5	6,8
Herstellung von Holz-, Flecht-, Korb- und Korkwaren (ohne Möbel)	6,5	6,4	4,4	2,0	3,1	1,9	6,1
Herstellung von Leder, Lederwaren und Schuhen	8,4	6,9	5,4	3,8	2,6	–	6,5
Herstellung von Möbeln	6,8	6,5	4,1	1,8	4,2	11,8	6,1
Herstellung von Nahrungs- und Futtermitteln	6,9	6,4	4,9	2,7	3,4	2,6	5,6
Herstellung von Papier, Pappe und Waren daraus	7,9	6,8	4,3	2,1	3,0	2,7	7,0
Herstellung von pharmazeutischen Erzeugnissen	6,9	6,0	4,7	2,1	2,3	1,6	5,9
Herstellung von sonstigen Waren	6,4	5,5	3,7	2,0	2,5	1,2	5,2
Herstellung von Textilien	7,6	6,6	5,3	2,5	3,2	3,0	6,6
Kokerei und Mineralölverarbeitung	5,7	5,6	4,2	1,3	2,0	–	5,2

24

◨ Tabelle 24.177   (Fortsetzung)

Wirtschafts-abteilungen	Ausbildung						
	ohne Aus-bildungs-abschluss	mit Aus-bildungs-abschluss	Meister/ Techniker	Bachelor	Diplom/ Magister/ Master/ Staats-examen	Promotion	unbekannt
Reparatur und Installation von Maschinen und Ausrüstungen	5,5	5,7	3,9	2,3	2,7	1,8	4,9
Tabakverarbeitung	8,4	6,8	4,3	1,4	1,7	–	4,0
Branche gesamt	**7,1**	**6,4**	**4,3**	**2,3**	**2,8**	**2,0**	**6,0**
Alle Branchen	**6,0**	**5,9**	**4,6**	**2,4**	**2,9**	**2,1**	**4,9**

Fehlzeiten-Report 2020

◨ **Tabelle 24.178** Tage der Arbeitsunfähigkeit je AOK-Mitglied nach Ausbildungsabschluss in der Branche Verarbeitendes Gewerbe im Jahr 2019

Wirtschafts-abteilungen	Ausbildung						
	ohne Aus-bildungs-abschluss	mit Aus-bildungs-abschluss	Meister/ Techniker	Bachelor	Diplom/ Magister/ Master/ Staats-examen	Promotion	unbekannt
Getränkeherstellung	25,8	24,1	16,2	6,1	9,4	–	25,1
Herstellung von Bekleidung	26,8	19,1	14,4	7,9	10,3	–	20,9
Herstellung von chemischen Erzeugnissen	25,0	22,4	13,7	7,7	9,0	5,5	23,9
Herstellung von Druckerzeugnissen, Vervielfältigung von bespielten Ton-, Bild- und Datenträgern	26,5	21,4	15,0	8,5	11,4	16,2	20,8
Herstellung von Glas und Glaswaren, Keramik, Verarbeitung von Steinen und Erden	27,1	25,2	16,5	8,5	11,0	12,6	23,7
Herstellung von Gummi- und Kunststoffwaren	27,4	24,6	15,8	8,7	10,9	12,9	24,7
Herstellung von Holz-, Flecht-, Korb- und Korkwaren (ohne Möbel)	23,9	23,4	16,2	7,2	11,3	6,9	22,1
Herstellung von Leder, Lederwaren und Schuhen	30,8	25,3	19,6	13,7	9,7	–	23,8
Herstellung von Möbeln	24,8	23,6	15,1	6,6	15,5	43,1	22,3
Herstellung von Nahrungs- und Futtermitteln	25,1	23,5	17,8	9,7	12,3	9,6	20,3
Herstellung von Papier, Pappe und Waren daraus	28,8	24,9	15,6	7,5	10,9	10,0	25,6
Herstellung von pharmazeutischen Erzeugnissen	25,2	21,9	17,3	7,8	8,4	6,0	21,5
Herstellung von sonstigen Waren	23,4	20,2	13,5	7,4	9,0	4,4	19,0
Herstellung von Textilien	27,8	24,2	19,5	9,3	11,8	10,9	24,0
Kokerei und Mineralölverarbeitung	20,8	20,5	15,4	4,6	7,3	–	18,8

24

◘ **Tabelle 24.178**   (Fortsetzung)

Wirtschafts-abteilungen	Ausbildung						
	ohne Aus-bildungs-abschluss	mit Aus-bildungs-abschluss	Meister/ Techniker	Bachelor	Diplom/ Magister/ Master/ Staats-examen	Promotion	unbekannt
Reparatur und Installa-tion von Maschinen und Ausrüstungen	20,1	20,7	14,4	8,5	9,7	6,7	18,0
Tabakverarbeitung	30,7	24,8	15,8	5,1	6,0	–	14,5
Branche gesamt	**25,8**	**23,3**	**15,8**	**8,2**	**10,4**	**7,2**	**21,7**
Alle Branchen	**21,8**	**21,6**	**16,7**	**8,7**	**10,7**	**7,7**	**18,0**

Fehlzeiten-Report 2020

◻ **Tabelle 24.179** Anteil der Arbeitsunfälle an den AU-Fällen und -Tagen in Prozent nach Wirtschaftsabteilungen in der Branche Verarbeitendes Gewerbe im Jahr 2019, AOK-Mitglieder

Wirtschaftsabteilungen	AU-Fälle in %	AU-Tage in %
Getränkeherstellung	4,0	7,6
Herstellung von Bekleidung	1,4	3,1
Herstellung von chemischen Erzeugnissen	2,0	4,2
Herstellung von Druckerzeugnissen, Vervielfältigung von bespielten Ton-, Bild- und Datenträgern	2,4	4,9
Herstellung von Glas und Glaswaren, Keramik, Verarbeitung von Steinen und Erden	4,2	8,0
Herstellung von Gummi- und Kunststoffwaren	2,8	5,1
Herstellung von Holz-, Flecht-, Korb- und Korkwaren (ohne Möbel)	5,6	10,7
Herstellung von Leder, Lederwaren und Schuhen	2,2	4,2
Herstellung von Möbeln	4,2	7,4
Herstellung von Nahrungs- und Futtermitteln	3,8	6,4
Herstellung von Papier, Pappe und Waren daraus	2,8	5,7
Herstellung von pharmazeutischen Erzeugnissen	1,5	3,1
Herstellung von sonstigen Waren	1,9	3,7
Herstellung von Textilien	2,7	4,9
Kokerei und Mineralölverarbeitung	1,6	4,0
Reparatur und Installation von Maschinen und Ausrüstungen	4,4	8,1
Tabakverarbeitung	1,8	2,9
Branche gesamt	**3,2**	**6,1**
Alle Branchen	**3,0**	**5,8**

Fehlzeiten-Report 2020

24

☐ **Tabelle 24.180** Tage und Fälle der Arbeitsunfähigkeit durch Arbeitsunfälle nach Berufsgruppen in der Branche Verarbeitendes Gewerbe im Jahr 2019, AOK-Mitglieder

Tätigkeit	Arbeitsunfähigkeit je 1.000 AOK-Mitglieder	
	AU-Tage	AU-Fälle
Berufskraftfahrer/innen (Güterverkehr/LKW)	3.145,6	87,5
Berufe in der Holzbe- u. -verarbeitung (ohne Spez.)	2.697,0	107,7
Berufe im Holz-, Möbel- u. Innenausbau	2.179,9	103,8
Berufe in der Fleischverarbeitung	2.148,7	96,8
Berufe in der Lebensmittelherstellung (ohne Spez.)	1.826,5	76,6
Maschinen- u. Anlagenführer/innen	1.706,9	71,0
Berufe in der Maschinenbau- u. Betriebstechnik (ohne Spez.)	1.694,8	72,2
Berufe in der Papierverarbeitung u. Verpackungstechnik	1.535,8	60,7
Berufe in der Lagerwirtschaft	1.473,0	60,6
Berufe in der Kunststoff- u. Kautschukherstellung (ohne Spez.)	1.389,8	61,4
Berufe in der Drucktechnik	1.336,7	55,7
Berufe in der Metallbearbeitung (ohne Spez.)	1.334,1	63,3
Berufe in der Back- u. Konditoreiwarenherstellung	1.309,3	56,4
Berufe im Verkauf von Fleischwaren	1.229,1	59,4
Berufe in der Chemie- u. Pharmatechnik	981,2	43,3
Berufe im Verkauf (Ohne Spez.)	870,2	40,4
Berufe im Verkauf von Back- u. Konditoreiwaren	799,5	40,9
Berufe im Vertrieb (außer Informations- u. Kommunikationstechnologien)	312,6	14,2
Büro- u. Sekretariatskräfte (ohne Spez.)	283,3	11,8
Kaufmännische u. technische Betriebswirtschaft (ohne Spez.)	273,1	13,4
Branche gesamt	**1.372,2**	**57,5**
Alle Branchen	**1.145,8**	**48,9**

Fehlzeiten-Report 2020

◻ **Tabelle 24.181** Tage und Fälle der Arbeitsunfähigkeit je 100 AOK-Mitglieder nach Krankheitsarten in der Branche Verarbeitendes Gewerbe in den Jahren 1995 bis 2019

Jahr	Arbeitsunfähigkeiten je 100 AOK-Mitglieder											
	Psyche		Herz/Kreis-lauf		Atemwege		Verdauung		Muskel/Skelett		Verletzungen	
	Tage	Fälle	Tage	Fälle	Tage	Fälle	Tage	Fälle	Tage	Fälle	Tage	Fälle
1995	109,4	4,1	211,3	9,5	385,7	47,1	206,4	24,9	740,0	38,1	411,3	25,9
1996	102,2	3,8	189,6	8,1	342,8	42,4	177,6	22,5	658,4	33,2	375,3	23,3
1997	97,3	3,9	174,3	8,2	303,1	40,9	161,3	21,9	579,3	32,4	362,7	23,2
1998	101,2	4,3	171,4	8,5	300,9	42,0	158,4	22,2	593,0	34,3	353,8	23,2
1999	108,4	4,7	175,3	8,8	345,4	48,2	160,7	23,5	633,3	36,9	355,8	23,5
2000	130,6	5,8	161,8	8,4	314,5	43,1	148,5	20,0	695,1	39,6	340,4	21,3
2001	141,4	6,6	165,9	9,1	293,7	41,7	147,8	20,6	710,6	41,2	334,6	21,2
2002	144,0	7,0	162,7	9,2	278,0	40,2	147,5	21,4	696,1	40,8	329,1	20,8
2003	137,8	6,9	152,8	9,1	275,8	41,1	138,0	20,4	621,1	37,6	307,2	19,6
2004	154,2	6,9	164,5	8,4	236,7	34,1	138,9	19,8	587,9	35,5	297,7	18,3
2005	153,7	6,7	164,1	8,3	274,8	39,6	132,3	18,4	562,2	34,5	291,1	17,8
2006	153,0	6,7	162,3	8,5	226,0	33,1	133,6	19,3	561,3	34,7	298,5	18,2
2007	165,8	7,0	170,5	8,6	257,2	37,7	143,5	20,9	598,6	36,1	298,2	17,9
2008 (WZ03)	172,3	7,4	175,7	9,0	270,3	40,0	147,1	22,0	623,6	37,8	301,7	18,3
2008 (WZ08)[a]	170,6	7,3	173,9	9,0	270,0	40,3	146,9	22,2	619,5	37,7	300,4	18,4
2009	178,8	7,7	176,5	8,9	304,0	45,0	141,7	21,1	601,5	35,7	302,9	17,9
2010	198,5	8,1	179,8	9,0	265,0	39,7	139,0	20,4	655,5	38,3	324,5	19,0
2011	209,8	8,7	174,3	9,1	278,3	41,3	139,1	20,4	644,7	38,8	318,2	18,7
2012	235,1	9,1	194,6	9,4	281,1	41,3	145,4	20,6	687,0	39,3	327,4	18,2
2013	241,0	9,2	190,4	8,9	350,4	50,5	147,2	20,7	683,4	39,2	330,7	18,1
2014	260,4	10,0	201,6	9,4	285,8	42,3	153,3	21,4	732,5	41,4	337,7	18,3
2015	269,1	10,3	202,1	9,5	363,5	52,7	154,4	21,4	729,9	41,3	335,2	18,2
2016	274,3	10,5	181,0	9,6	330,6	49,8	145,6	21,4	746,4	42,0	333,2	17,9
2017	281,5	10,6	177,4	9,3	339,1	50,2	142,4	20,4	736,8	41,4	339,7	17,6
2018	288,4	10,8	175,2	9,4	372,7	53,8	140,7	20,4	739,8	41,8	342,4	17,8
2019	303,9	11,1	175,9	9,3	328,7	49,6	139,5	20,0	758,6	42,2	340,2	17,2

[a] aufgrund der Revision der Wirtschaftszweigklassifikation in 2008 ist eine Vergleichbarkeit mit den Vorjahren nur bedingt möglich

Fehlzeiten-Report 2020

◻ Tabelle 24.182 Verteilung der Arbeitsunfähigkeitstage nach Krankheitsarten in Prozent in der Branche Verarbeitendes Gewerbe im Jahr 2019, AOK-Mitglieder

Wirtschaftsabteilungen	AU-Tage in %						
	Psyche	Herz/ Kreislauf	Atem- wege	Ver- dauung	Muskel/ Skelett	Verlet- zungen	Sonstige
Getränkeherstellung	8,9	6,8	9,7	4,5	25,1	12,5	32,4
Herstellung von Bekleidung	11,9	5,5	11,6	4,1	21,4	8,9	36,6
Herstellung von chemischen Erzeugnissen	10,1	5,9	12,6	4,9	23,9	10,4	32,1
Herstellung von Druckerzeug- nissen, Vervielfältigung von bespielten Ton-, Bild- und Datenträgern	11,9	5,7	11,1	4,7	23,7	9,9	33,0
Herstellung von Glas und Glaswaren, Keramik, Ver- arbeitung von Steinen und Erden	8,4	6,6	10,1	4,5	26,1	12,8	31,6
Herstellung von Gummi- und Kunststoffwaren	10,0	5,8	11,0	4,8	26,0	10,4	32,1
Herstellung von Holz-, Flecht-, Korb- und Korkwaren (ohne Möbel)	7,5	6,2	9,7	4,4	26,3	15,3	30,6
Herstellung von Leder, Leder- waren und Schuhen	10,9	5,3	11,1	4,4	28,2	9,8	30,4
Herstellung von Möbeln	8,6	5,8	9,8	4,5	27,1	12,6	31,6
Herstellung von Nahrungs- und Futtermitteln	10,4	5,6	10,1	4,5	25,2	11,1	33,0
Herstellung von Papier, Pappe und Waren daraus	10,3	6,3	10,4	4,6	25,4	11,1	32,0
Herstellung von pharmazeuti- schen Erzeugnissen	12,5	4,3	14,9	5,1	21,5	9,0	32,8
Herstellung von sonstigen Waren	12,0	5,2	13,0	4,6	21,3	9,7	34,3
Herstellung von Textilien	10,4	5,8	10,5	4,5	25,8	10,0	33,1
Kokerei und Mineralölverar- beitung	9,0	5,4	11,9	4,8	25,2	10,4	33,3
Reparatur und Installation von Maschinen und Ausrüstungen	8,6	5,8	11,7	4,7	23,5	13,7	32,1
Tabakverarbeitung	11,7	6,3	11,5	3,8	24,8	9,1	32,7
Branche gesamt	**10,0**	**5,8**	**10,8**	**4,6**	**25,0**	**11,2**	**32,5**
Alle Branchen	**11,9**	**5,4**	**11,8**	**4,6**	**22,4**	**10,8**	**33,1**

Fehlzeiten-Report 2020

◨ **Tabelle 24.183** Verteilung der Arbeitsunfähigkeitsfälle nach Krankheitsarten in Prozent in der Branche Verarbeitendes Gewerbe im Jahr 2019, AOK-Mitglieder

Wirtschaftsabteilungen	AU-Fälle in %						
	Psyche	Herz/ Kreislauf	Atem- wege	Ver- dauung	Muskel/ Skelett	Verlet- zungen	Sonstige
Getränkeherstellung	4,4	4,5	19,6	8,5	18,6	8,2	36,2
Herstellung von Bekleidung	5,7	3,8	23,3	8,7	14,8	5,4	38,3
Herstellung von chemischen Erzeugnissen	4,6	3,9	23,3	8,7	17,6	6,5	35,3
Herstellung von Druckerzeug-nissen, Vervielfältigung von bespielten Ton-, Bild- und Datenträgern	5,5	3,9	22,4	8,8	17,0	6,4	36,0
Herstellung von Glas und Glaswaren, Keramik, Ver-arbeitung von Steinen und Erden	4,2	4,5	19,7	8,8	19,5	8,4	34,8
Herstellung von Gummi- und Kunststoffwaren	4,7	4,0	21,3	8,6	19,1	6,9	35,4
Herstellung von Holz-, Flecht-, Korb- und Korkwaren (ohne Möbel)	3,9	4,1	20,0	8,6	19,5	9,9	34,0
Herstellung von Leder, Leder-waren und Schuhen	5,1	4,1	20,9	8,5	19,6	6,5	35,2
Herstellung von Möbeln	4,2	3,9	20,7	8,7	19,2	8,6	34,7
Herstellung von Nahrungs- und Futtermitteln	5,1	4,1	19,8	8,3	18,2	7,6	36,9
Herstellung von Papier, Pappe und Waren daraus	4,8	4,2	21,0	8,5	19,0	7,2	35,3
Herstellung von pharmazeuti-schen Erzeugnissen	5,3	3,2	25,6	8,4	14,6	5,6	37,4
Herstellung von sonstigen Waren	5,1	3,6	24,2	8,8	14,8	6,1	37,5
Herstellung von Textilien	5,0	4,1	20,7	8,9	18,5	6,7	36,2
Kokerei und Mineralölverar-beitung	4,8	4,0	23,0	9,1	16,7	6,6	35,8
Reparatur und Installation von Maschinen und Ausrüstungen	4,1	3,8	22,5	8,7	16,7	8,8	35,5
Tabakverarbeitung	6,7	4,7	20,4	9,3	17,1	6,1	35,7
Branche gesamt	**4,8**	**4,0**	**21,3**	**8,6**	**18,1**	**7,4**	**35,9**
Alle Branchen	**5,4**	**3,7**	**22,6**	**8,4**	**15,9**	**6,9**	**37,2**

Fehlzeiten-Report 2020

24

◻ **Tabelle 24.184** Verteilung der Arbeitsunfähigkeitstage nach Krankheitsarten und ausgewählten Berufsgruppen in der Branche Verarbeitendes Gewerbe im Jahr 2019, AOK-Mitglieder

Tätigkeit	AU-Tage in %						
	Psyche	Herz/ Kreislauf	Atem- wege	Ver- dauung	Muskel/ Skelett	Verlet- zungen	Sonstige
Berufe im Holz-, Möbel- u. Innenausbau	7,2	5,3	9,7	4,9	26,7	16,1	30,0
Berufe im Verkauf (Ohne Spez.)	12,7	5,8	10,6	4,4	22,0	10,4	34,3
Berufe im Verkauf von Back- u. Konditoreiwaren	14,4	4,2	10,6	4,3	21,2	9,6	35,6
Berufe im Verkauf von Fleischwaren	11,0	4,9	8,1	4,0	23,5	12,2	36,3
Berufe im Vertrieb (außer Informations- u. Kommunikationstechnologien)	15,7	4,7	14,4	5,2	15,6	8,5	35,8
Berufe in der Back- u. Konditoreiwarenherstellung	10,3	5,3	10,6	4,9	23,4	12,7	32,8
Berufe in der Chemie- u. Pharmatechnik	10,6	5,3	12,5	4,9	25,8	9,7	31,2
Berufe in der Drucktechnik	10,9	5,9	10,4	4,5	25,6	11,0	31,7
Berufe in der Fleischverarbeitung	7,1	6,9	8,0	4,9	27,6	14,7	30,7
Berufe in der Holzbe- u. -verarbeitung (ohne Spez.)	6,9	6,2	9,3	3,9	28,5	14,7	30,6
Berufe in der Kunststoff- u. Kautschukherstellung (ohne Spez.)	9,6	5,8	10,8	4,8	27,4	10,0	31,7
Berufe in der Lagerwirtschaft	9,5	6,1	10,4	4,4	26,7	10,4	32,5
Berufe in der Lebensmittelherstellung (ohne Spez.)	9,1	5,3	10,3	4,4	28,1	10,9	31,9
Berufe in der Maschinenbau- u. Betriebstechnik (ohne Spez.)	8,4	5,7	11,3	4,5	24,8	12,5	32,6
Berufe in der Metallbearbeitung (ohne Spez.)	9,9	5,5	11,3	4,5	26,0	10,9	31,9
Berufe in der Papierverarbeitung u. Verpackungstechnik	10,1	5,7	9,9	4,5	27,8	10,4	31,6
Berufskraftfahrer/innen (Güterverkehr/LKW)	7,3	8,6	7,2	4,4	26,9	13,1	32,5
Büro- u. Sekretariatskräfte (ohne Spez.)	15,1	4,8	13,8	5,0	15,4	8,2	37,8

◘ Tabelle 24.184 (Fortsetzung)

Tätigkeit	AU-Tage in %						
	Psyche	Herz/ Kreislauf	Atem- wege	Ver- dauung	Muskel/ Skelett	Verlet- zungen	Sonstige
Kaufmännische u. technische Betriebswirtschaft (ohne Spez.)	15,1	4,2	16,9	5,5	12,6	8,7	37,0
Maschinen- u. Anlagen- führer/innen	10,0	5,4	10,9	4,7	27,2	10,9	30,9
Branche gesamt	**10,0**	**5,8**	**10,8**	**4,6**	**25,0**	**11,2**	**32,5**
Alle Branchen	**11,9**	**5,4**	**11,8**	**4,6**	**22,4**	**10,8**	**33,1**

Fehlzeiten-Report 2020

24

▫ Tabelle 24.185 Verteilung der Arbeitsunfähigkeitsfälle nach Krankheitsarten und ausgewählten Berufsgruppen in der Branche Verarbeitendes Gewerbe im Jahr 2019, AOK-Mitglieder

Tätigkeit	AU-Fälle in %						
	Psyche	Herz/ Kreislauf	Atem- wege	Ver- dauung	Muskel/ Skelett	Verlet- zungen	Sonstige
Berufe im Holz-, Möbel- u. Innenausbau	3,2	3,5	21,3	8,4	18,5	10,9	34,1
Berufe im Verkauf (Ohne Spez.)	6,3	4,0	20,9	8,6	14,6	7,1	38,4
Berufe im Verkauf von Back- u. Konditoreiwaren	7,0	3,8	20,7	8,1	13,1	6,7	40,5
Berufe im Verkauf von Fleischwaren	6,2	4,7	18,0	8,3	13,7	8,5	40,7
Berufe im Vertrieb (außer Informations- u. Kommunikationstechnologien)	5,8	3,5	25,9	9,3	10,8	5,3	39,4
Berufe in der Back- u. Konditoreiwarenherstellung	5,1	3,7	20,0	8,6	15,7	8,9	38,1
Berufe in der Chemie- u. Pharmatechnik	4,9	3,7	22,7	8,5	19,0	6,3	35,0
Berufe in der Drucktechnik	5,3	4,1	21,0	8,6	19,3	7,0	34,7
Berufe in der Fleischverarbeitung	3,8	4,6	16,2	8,3	22,0	10,6	34,5
Berufe in der Holzbe- u. -verarbeitung (ohne Spez.)	3,8	4,2	18,7	8,4	22,2	9,6	33,1
Berufe in der Kunststoff- u. Kautschukherstellung (ohne Spez.)	4,7	4,0	20,4	8,5	20,7	6,8	34,8
Berufe in der Lagerwirtschaft	4,8	4,2	20,1	8,5	20,1	6,9	35,5
Berufe in der Lebensmittelherstellung (ohne Spez.)	4,4	3,9	19,4	8,2	21,5	7,4	35,2
Berufe in der Maschinenbau- u. Betriebstechnik (ohne Spez.)	4,2	3,8	22,4	8,5	17,9	8,2	34,9
Berufe in der Metallbearbeitung (ohne Spez.)	4,6	3,9	21,7	8,5	19,0	7,2	35,2
Berufe in der Papierverarbeitung u. Verpackungstechnik	4,7	4,1	20,5	8,4	20,5	7,1	34,7
Berufskraftfahrer/innen (Güterverkehr/LKW)	4,0	6,0	15,4	9,4	20,5	8,8	35,9
Büro- u. Sekretariatskräfte (ohne Spez.)	5,6	3,4	25,5	9,0	10,1	5,0	41,3

◨ **Tabelle 24.185** (Fortsetzung)

Tätigkeit	AU-Fälle in %						
	Psyche	Herz/ Kreislauf	Atem- wege	Ver- dauung	Muskel/ Skelett	Verlet- zungen	Sonstige
Kaufmännische u. technische Betriebswirtschaft (ohne Spez.)	4,8	2,9	29,0	9,0	8,5	5,3	40,6
Maschinen- u. Anlagen- führer/innen	5,0	3,8	20,7	8,4	20,4	7,3	34,3
Branche gesamt	**4,8**	**4,0**	**21,3**	**8,6**	**18,1**	**7,4**	**35,9**
Alle Branchen	**5,4**	**3,7**	**22,6**	**8,4**	**15,9**	**6,9**	**37,2**

Fehlzeiten-Report 2020

24

☐ **Tabelle 24.186** Anteile der 40 häufigsten Einzeldiagnosen an den AU-Fällen und AU-Tagen in der Branche Verarbeitendes Gewerbe im Jahr 2019, AOK-Mitglieder

ICD-10	Bezeichnung	AU-Fälle in %	AU-Tage in %
J06	Akute Infektionen an mehreren oder nicht näher bezeichneten Lokalisationen der oberen Atemwege	9,2	4,0
M54	Rückenschmerzen	6,8	6,5
A09	Sonstige und nicht näher bezeichnete Gastroenteritis und Kolitis infektiösen und nicht näher bezeichneten Ursprungs	4,1	1,3
K08	Sonstige Krankheiten der Zähne und des Zahnhalteapparates	2,1	0,4
I10	Essentielle (primäre) Hypertonie	1,7	1,5
J20	Akute Bronchitis	1,7	1,0
R10	Bauch- und Beckenschmerzen	1,6	0,8
B34	Viruskrankheit nicht näher bezeichneter Lokalisation	1,6	0,7
K52	Sonstige nichtinfektiöse Gastroenteritis und Kolitis	1,4	0,5
F43	Reaktionen auf schwere Belastungen und Anpassungsstörungen	1,3	2,1
M25	Sonstige Gelenkkrankheiten, anderenorts nicht klassifiziert	1,3	1,6
J40	Bronchitis, nicht als akut oder chronisch bezeichnet	1,2	0,7
T14	Verletzung an einer nicht näher bezeichneten Körperregion	1,1	1,1
R51	Kopfschmerz	1,1	0,5
K29	Gastritis und Duodenitis	1,1	0,5
F32	Depressive Episode	1,0	3,0
J00	Akute Rhinopharyngitis [Erkältungsschnupfen]	1,0	0,4
M75	Schulterläsionen	0,9	2,2
M79	Sonstige Krankheiten des Weichteilgewebes, anderenorts nicht klassifiziert	0,9	0,9
M99	Biomechanische Funktionsstörungen, anderenorts nicht klassifiziert	0,9	0,8
J02	Akute Pharyngitis	0,9	0,4
R11	Übelkeit und Erbrechen	0,9	0,4
M51	Sonstige Bandscheibenschäden	0,8	2,1
M77	Sonstige Enthesopathien	0,8	1,1
J03	Akute Tonsillitis	0,8	0,4
J01	Akute Sinusitis	0,8	0,4
J32	Chronische Sinusitis	0,8	0,4
Z98	Sonstige Zustände nach chirurgischem Eingriff	0,7	2,0

◼ **Tabelle 24.186** (Fortsetzung)

ICD-10	Bezeichnung	AU-Fälle in %	AU-Tage in %
M53	Sonstige Krankheiten der Wirbelsäule und des Rückens, anderenorts nicht klassifiziert	0,7	0,8
R53	Unwohlsein und Ermüdung	0,7	0,6
R42	Schwindel und Taumel	0,7	0,5
M23	Binnenschädigung des Kniegelenkes [internal derangement]	0,6	1,3
F45	Somatoforme Störungen	0,6	1,1
F48	Andere neurotische Störungen	0,6	0,9
J98	Sonstige Krankheiten der Atemwege	0,6	0,3
G43	Migräne	0,6	0,2
A08	Virusbedingte und sonstige näher bezeichnete Darminfektionen	0,6	0,2
S93	Luxation, Verstauchung und Zerrung der Gelenke und Bänder in Höhe des oberen Sprunggelenkes und des Fußes	0,5	0,6
J11	Grippe, Viren nicht nachgewiesen	0,5	0,3
B99	Sonstige und nicht näher bezeichnete Infektionskrankheiten	0,5	0,3
	Summe hier	**55,7**	**44,8**
	Restliche	44,3	55,2
	Gesamtsumme	**100,0**	**100,0**

Fehlzeiten-Report 2020

24

◻ **Tabelle 24.187** Anteile der 40 häufigsten Diagnoseuntergruppen an den AU-Fällen und AU-Tagen in der Branche Verarbeitendes Gewerbe im Jahr 2019, AOK-Mitglieder

ICD-10	Bezeichnung	AU-Fälle in %	AU-Tage in %
J00–J06	Akute Infektionen der oberen Atemwege	13,4	5,8
M50–M54	Sonstige Krankheiten der Wirbelsäule und des Rückens	8,1	8,8
A00–A09	Infektiöse Darmkrankheiten	5,0	1,6
R50–R69	Allgemeinsymptome	3,5	2,8
M70–M79	Sonstige Krankheiten des Weichteilgewebes	3,1	4,8
F40–F48	Neurotische, Belastungs- und somatoforme Störungen	2,8	5,0
R10–R19	Symptome, die das Verdauungssystem und das Abdomen betreffen	2,7	1,3
K00–K14	Krankheiten der Mundhöhle, der Speicheldrüsen und der Kiefer	2,6	0,6
J40–J47	Chronische Krankheiten der unteren Atemwege	2,2	1,6
J20–J22	Sonstige akute Infektionen der unteren Atemwege	2,1	1,2
M20–M25	Sonstige Gelenkkrankheiten	2,0	3,3
I10–I15	Hypertonie [Hochdruckkrankheit]	2,0	1,8
B25–B34	Sonstige Viruskrankheiten	1,9	0,8
Z80–Z99	Personen mit potentiellen Gesundheitsrisiken aufgrund der Familien- oder Eigenanamnese und bestimmte Zustände, die den Gesundheitszustand beeinflussen	1,8	3,8
K20–K31	Krankheiten des Ösophagus, des Magens und des Duodenums	1,7	0,8
K50–K52	Nichtinfektiöse Enteritis und Kolitis	1,7	0,7
G40–G47	Episodische und paroxysmale Krankheiten des Nervensystems	1,5	1,2
F30–F39	Affektive Störungen	1,4	4,5
T08–T14	Verletzungen nicht näher bezeichneter Teile des Rumpfes, der Extremitäten oder anderer Körperregionen	1,4	1,4
R00–R09	Symptome, die das Kreislaufsystem und das Atmungssystem betreffen	1,4	0,9
J30–J39	Sonstige Krankheiten der oberen Atemwege	1,3	0,7
S60–S69	Verletzungen des Handgelenkes und der Hand	1,2	1,8
M95–M99	Sonstige Krankheiten des Muskel-Skelett-Systems und des Bindegewebes	1,1	0,9
K55–K64	Sonstige Krankheiten des Darmes	1,1	0,8
M15–M19	Arthrose	1,0	2,8
S80–S89	Verletzungen des Knies und des Unterschenkels	0,9	1,9
S90–S99	Verletzungen der Knöchelregion und des Fußes	0,9	1,3
R40–R46	Symptome, die das Erkennungs- und Wahrnehmungsvermögen, die Stimmung und das Verhalten betreffen	0,9	0,7

◘ Tabelle 24.187 (Fortsetzung)

ICD-10	Bezeichnung	AU-Fälle in %	AU-Tage in %
E70–E90	Stoffwechselstörungen	0,9	0,6
J09–J18	Grippe und Pneumonie	0,9	0,6
Z00–Z13	Personen, die das Gesundheitswesen zur Untersuchung und Abklärung in Anspruch nehmen	0,8	0,4
J95–J99	Sonstige Krankheiten des Atmungssystems	0,8	0,4
G50–G59	Krankheiten von Nerven, Nervenwurzeln und Nervenplexus	0,7	1,4
N30–N39	Sonstige Krankheiten des Harnsystems	0,7	0,4
M45–M49	Spondylopathien	0,6	1,1
Z40–Z54	Personen, die das Gesundheitswesen zum Zwecke spezifischer Maßnahmen und zur medizinischen Betreuung in Anspruch nehmen	0,6	1,0
M65–M68	Krankheiten der Synovialis und der Sehnen	0,6	1,0
I30–I52	Sonstige Formen der Herzkrankheit	0,6	1,0
M05–M14	Entzündliche Polyarthropathien	0,6	0,7
B99–B99	Sonstige Infektionskrankheiten	0,6	0,3
	Summe hier	**79,1**	**72,5**
	Restliche	20,9	27,5
	Gesamtsumme	**100,0**	**100,0**

Fehlzeiten-Report 2020

24.12 Verkehr und Transport

Tabelle 24.188 Entwicklung des Krankenstands der AOK-Mitglieder in der Branche Verkehr und Transport in den Jahren 1995 bis 2019

Jahr	Krankenstand in %			AU-Fälle je 100 AOK-Mitglieder			Tage je Fall		
	West	Ost	Bund	West	Ost	Bund	West	Ost	Bund
1995	4,7	4,7	5,9	144,2	109,3	137,6	16,1	16,1	16,1
1996	5,7	4,6	5,5	132,4	101,5	126,5	16,2	16,8	16,3
1997	5,3	4,4	5,2	128,3	96,4	122,5	15,1	16,6	15,3
1998	5,4	4,5	5,3	131,5	98,6	125,7	15,0	16,6	15,3
1999	5,6	4,8	5,5	139,4	107,4	134,1	14,6	16,4	14,8
2000	5,6	4,8	5,5	143,2	109,8	138,3	14,3	16,0	14,5
2001	5,6	4,9	5,5	144,1	108,7	139,3	14,2	16,5	14,4
2002	5,6	4,9	5,5	143,3	110,6	138,8	14,2	16,2	14,4
2003	5,3	4,5	5,2	138,7	105,8	133,8	14,0	15,4	14,1
2004	4,9	4,2	4,8	125,0	97,6	120,6	14,3	15,6	14,4
2005	4,8	4,2	4,7	126,3	99,0	121,8	14,0	15,4	14,2
2006	4,7	4,1	4,6	121,8	94,7	117,2	14,2	15,8	14,4
2007	4,9	4,3	4,8	128,8	101,5	124,1	14,0	15,5	14,2
2008 (WZ03)	5,1	4,5	4,9	135,4	106,7	130,5	13,6	15,3	13,9
2008 (WZ08)[a]	5,1	4,5	5,0	135,7	105,1	130,5	13,8	15,7	14,1
2009	5,3	5,0	5,3	139,7	114,2	135,4	13,9	16,0	14,2
2010	5,5	5,2	5,5	141,8	120,5	138,1	14,2	15,7	14,4
2011	5,5	4,8	5,4	145,0	121,9	141,1	13,9	14,4	13,9
2012	5,6	5,4	5,5	143,8	121,7	140,1	14,1	16,4	14,5
2013	5,7	5,8	5,7	154,1	130,1	150,1	13,5	16,2	13,9
2014	5,8	5,9	5,8	152,2	131,2	148,8	13,9	16,4	14,3
2015	6,0	6,0	6,0	161,1	140,5	157,7	13,5	15,6	13,8
2016	5,9	6,1	6,0	159,4	145,3	157,4	13,6	15,4	13,9
2017	5,9	6,3	6,0	158,1	148,5	156,7	13,6	15,5	13,9
2018	5,9	6,5	6,0	162,6	155,6	161,6	13,3	15,2	13,6
2019	5,9	6,5	6,0	159,4	153,6	158,6	13,5	15,5	13,8

[a] aufgrund der Revision der Wirtschaftszweigklassifikation in 2008 ist eine Vergleichbarkeit mit den Vorjahren nur bedingt möglich

Fehlzeiten-Report 2020

□ Tabelle 24.189 Arbeitsunfähigkeit der AOK-Mitglieder in der Branche Verkehr und Transport nach Bundesländern im Jahr 2019 im Vergleich zum Vorjahr

Bundesland	Kranken-stand in %	Arbeitsunfähigkeit je 100 AOK-Mitglieder				Tage je Fall	Veränd. z. Vorj. in %	AU-Quote in %
		AU-Fälle	Veränd. z. Vorj. in %	AU-Tage	Veränd. z. Vorj. in %			
Baden-Württemberg	5,8	171,0	1,6	2.119,7	1,9	12,4	0,2	51,0
Bayern	5,2	134,9	0,1	1.884,4	0,3	14,0	0,2	43,9
Berlin	5,5	151,0	−8,1	2.021,9	−5,9	13,4	2,4	38,0
Brandenburg	6,8	176,7	−3,2	2.495,4	1,1	14,1	4,4	50,5
Bremen	6,9	186,4	1,0	2.525,5	1,6	13,5	0,6	55,2
Hamburg	5,4	145,1	−1,4	1.955,4	−2,2	13,5	−0,8	43,4
Hessen	6,0	177,1	−4,5	2.201,1	−1,9	12,4	2,7	50,3
Mecklenburg-Vorpommern	6,0	123,6	−4,9	2.188,6	−1,0	17,7	4,1	44,5
Niedersachsen	6,3	168,8	0,3	2.282,7	0,0	13,5	−0,3	51,9
Nordrhein-Westfalen	6,4	169,4	−1,1	2.351,7	0,9	13,9	2,1	49,9
Rheinland-Pfalz	5,4	131,3	−25,1	1.972,6	−13,3	15,0	15,9	42,1
Saarland	6,4	147,6	−6,0	2.347,1	−4,5	15,9	1,5	47,8
Sachsen	6,4	152,8	−0,9	2.337,6	0,3	15,3	1,2	54,2
Sachsen-Anhalt	6,7	144,8	0,1	2.429,7	2,4	16,8	2,3	50,4
Schleswig-Holstein	5,7	132,2	−2,4	2.084,3	−3,8	15,8	−1,5	43,3
Thüringen	6,7	155,1	0,6	2.450,4	2,7	15,8	2,0	53,3
West	**5,9**	**159,4**	**−1,9**	**2.147,7**	**−0,5**	**13,5**	**1,5**	**48,1**
Ost	**6,5**	**153,6**	**−1,3**	**2.384,0**	**1,0**	**15,5**	**2,3**	**52,2**
Bund	**6,0**	**158,6**	**−1,8**	**2.184,9**	**−0,2**	**13,8**	**1,6**	**48,7**

Fehlzeiten-Report 2020

■ **Tabelle 24.190** Arbeitsunfähigkeit der AOK-Mitglieder nach Wirtschaftsabteilungen in der Branche Verkehr und Transport im Jahr 2019

Wirtschaftsabteilungen	Krankenstand in %		Arbeitsunfähigkeiten je 100 AOK-Mitglieder		Tage je Fall	AU-Quote in %
	2019	2019 stand.[a]	Fälle	Tage		
Lagerei sowie Erbringung von sonstigen Dienstleistungen für den Verkehr	6,3	6,3	181,1	2.291,4	12,6	54,8
Landverkehr und Transport in Rohrfernleitungen	5,7	5,7	131,7	2.065,0	15,7	44,2
Luftfahrt	5,4	6,0	182,8	1.982,0	10,8	54,0
Post-, Kurier- und Expressdienste	6,1	6,6	162,6	2.221,5	13,7	44,8
Schifffahrt	4,7	4,7	122,4	1.728,2	14,1	42,1
Branche gesamt	**6,0**	**6,2**	**158,6**	**2.184,9**	**13,8**	**48,7**
Alle Branchen	**5,4**	**5,5**	**164,7**	**1.980,3**	**12,0**	**52,9**

[a] Krankenstand alters- und geschlechtsstandardisiert

Fehlzeiten-Report 2020

24

□ Tabelle 24.191   Kennzahlen der Arbeitsunfähigkeit nach ausgewählten Berufsgruppen in der Branche Verkehr und Transport im Jahr 2019

Tätigkeit	Kranken-stand in %	Arbeitsunfähigkeit je 100 AOK-Mitglieder		Tage je Fall	AU-Quote in %	Anteil der Berufsgruppe an der Branche in %[a]
		AU-Fälle	AU-Tage			
Berufe für Post- u. Zustell-dienste	6,8	169,3	2.479,8	14,6	48,7	11,4
Berufe in der Lagerwirtschaft	7,1	228,2	2.584,9	11,3	59,2	19,6
Berufskraftfahrer/innen (Güter-verkehr/LKW)	5,6	110,7	2.049,8	18,5	42,0	26,3
Berufskraftfahrer/innen (Personentransport/PKW)	3,8	85,0	1.376,8	16,2	30,4	5,3
Büro- u. Sekretariatskräfte (ohne Spez.)	3,9	127,9	1.438,2	11,2	46,2	2,6
Bus- u. Straßenbahn-fahrer/innen	8,3	172,6	3.019,6	17,5	56,5	6,4
Fahrzeugführer/innen im Straßenverkehr (sonstige spezi-fische Tätigkeitsangabe)	4,1	106,3	1.494,9	14,1	30,9	6,3
Kaufmännische u. technische Betriebswirtschaft (ohne Spez.)	4,3	156,5	1.560,8	10,0	55,1	1,5
Kranführer/innen, Aufzugs-maschinisten, Bedienung verwandter Hebeeinrichtungen	7,8	217,2	2.854,8	13,1	65,2	1,1
Speditions- u. Logistikkaufleute	3,9	173,1	1.441,7	8,3	55,1	3,2
Branche gesamt	**6,0**	**158,6**	**2.184,9**	**13,8**	**48,7**	**7**[b]

[a] Anteil der AOK-Mitglieder in der Berufsgruppe an den in der Branche beschäftigten AOK-Mitgliedern insgesamt
[b] Anteil der AOK-Mitglieder in der Branche an allen AOK-Mitgliedern
Fehlzeiten-Report 2020

■ **Tabelle 24.192** Dauer der Arbeitsunfähigkeit der AOK-Mitglieder in der Branche Verkehr und Transport im Jahr 2019

Fallklasse	Branche hier		Alle Branchen	
	Anteil Fälle in %	Anteil Tage in %	Anteil Fälle in %	Anteil Tage in %
1–3 Tage	30,3	4,4	35,5	5,9
4–7 Tage	31,4	11,7	31,3	13,2
8–14 Tage	19,1	14,5	17,1	14,7
15–21 Tage	6,9	8,7	5,7	8,3
22–28 Tage	3,3	5,9	2,9	5,8
29–42 Tage	3,6	9,0	3,0	8,6
> 42 Tage	5,4	45,9	4,4	43,5

Fehlzeiten-Report 2020

■ **Tabelle 24.193** Tage der Arbeitsunfähigkeit je AOK-Mitglied nach Wirtschaftsabteilung und Betriebsgröße in der Branche Verkehr und Transport im Jahr 2019

Wirtschaftsabteilungen	Betriebsgröße (Anzahl der AOK-Mitglieder)					
	10–49	50–99	100–199	200–499	500–999	≥ 1.000
Lagerei sowie Erbringung von sonstigen Dienstleistungen für den Verkehr	22,2	22,8	23,8	25,1	28,2	30,9
Landverkehr und Transport in Rohrfernleitungen	19,5	23,3	23,8	25,4	30,9	36,9
Luftfahrt	18,2	13,8	20,6	24,7	40,4	22,2
Post-, Kurier- und Expressdienste	22,1	23,2	23,3	22,6	27,1	26,5
Schifffahrt	18,6	22,3	29,6	31,2	–	–
Branche gesamt	**21,0**	**22,9**	**23,7**	**24,7**	**28,9**	**30,9**
Alle Branchen	**20,3**	**22,4**	**22,5**	**22,6**	**22,6**	**22,6**

Fehlzeiten-Report 2020

◘ Tabelle 24.194 Krankenstand in Prozent nach Ausbildungsabschluss in der Branche Verkehr und Transport im Jahr 2019, AOK-Mitglieder

Wirtschafts-abteilungen	Ausbildung						
	ohne Aus-bildungs-abschluss	mit Aus-bildungs-abschluss	Meister/ Techniker	Bachelor	Diplom/ Magister/ Master/ Staats-examen	Promotion	unbekannt
Lagerei sowie Erbrin-gung von sonstigen Dienstleistungen für den Verkehr	6,9	6,6	5,4	3,1	3,4	5,6	5,8
Landverkehr und Transport in Rohr-fernleitungen	6,3	6,7	5,2	2,5	3,3	4,5	4,6
Luftfahrt	7,0	6,2	2,3	1,5	3,2	–	5,2
Post-, Kurier- und Expressdienste	5,3	6,5	5,0	3,7	4,3	3,2	6,2
Schifffahrt	6,2	5,7	3,2	1,7	2,9	–	2,9
Branche gesamt	**6,4**	**6,6**	**5,3**	**2,9**	**3,4**	**4,8**	**5,4**
Alle Branchen	**6,0**	**5,9**	**4,6**	**2,4**	**2,9**	**2,1**	**4,9**

Fehlzeiten-Report 2020

24

◻ **Tabelle 24.195** Tage der Arbeitsunfähigkeit je AOK-Mitglied nach Ausbildungsabschluss in der Branche Verkehr und Transport im Jahr 2019

Wirtschafts-abteilungen	Ausbildung						
	ohne Aus-bildungs-abschluss	mit Aus-bildungs-abschluss	Meister/ Techniker	Bachelor	Diplom/ Magister/ Master/ Staats-examen	Promotion	unbekannt
Lagerei sowie Erbrin-gung von sonstigen Dienstleistungen für den Verkehr	25,1	24,1	19,9	11,2	12,4	20,5	21,3
Landverkehr und Transport in Rohr-fernleitungen	22,9	24,4	19,1	9,2	12,1	16,4	16,9
Luftfahrt	25,6	22,5	8,5	5,6	11,7	–	18,9
Post-, Kurier- und Expressdienste	19,3	23,6	18,1	13,4	15,6	11,7	22,5
Schifffahrt	22,5	20,8	11,6	6,2	10,6	–	10,5
Branche gesamt	**23,5**	**24,1**	**19,2**	**10,5**	**12,4**	**17,7**	**19,8**
Alle Branchen	**21,8**	**21,6**	**16,7**	**8,7**	**10,7**	**7,7**	**18,0**

Fehlzeiten-Report 2020

◻ **Tabelle 24.196** Anteil der Arbeitsunfälle an den AU-Fällen und -Tagen in Prozent nach Wirtschaftsabteilungen in der Branche Verkehr und Transport im Jahr 2019, AOK-Mitglieder

Wirtschaftsabteilungen	AU-Fälle in %	AU-Tage in %
Lagerei sowie Erbringung von sonstigen Dienstleistungen für den Verkehr	3,6	7,8
Landverkehr und Transport in Rohrfernleitungen	4,3	8,7
Luftfahrt	1,4	2,3
Post-, Kurier- und Expressdienste	5,5	8,9
Schifffahrt	4,6	9,5
Branche gesamt	**4,1**	**8,2**
Alle Branchen	**3,0**	**5,8**

Fehlzeiten-Report 2020

24

◨ Tabelle 24.197 Tage und Fälle der Arbeitsunfähigkeit durch Arbeitsunfälle nach Berufsgruppen in der Branche Verkehr und Transport im Jahr 2019, AOK-Mitglieder

Tätigkeit	Arbeitsunfähigkeit je 1.000 AOK-Mitglieder	
	AU-Tage	AU-Fälle
Berufskraftfahrer/innen (Güterverkehr/LKW)	2.497,5	67,9
Berufe für Post- u. Zustelldienste	2.446,1	106,4
Kranführer/innen, Aufzugsmaschinisten, Bedienung verwandter Hebe-einrichtungen	2.122,3	75,4
Berufe in der Lagerwirtschaft	1.730,8	78,4
Bus- u. Straßenbahnfahrer/innen	1.730,4	43,0
Fahrzeugführer/innen im Straßenverkehr (sonstige spezifische Tätigkeits-angabe)	1.628,9	66,0
Berufskraftfahrer/innen (Personentransport/PKW)	751,7	28,3
Speditions- u. Logistikkaufleute	459,7	25,1
Kaufmännische u. technische Betriebswirtschaft (ohne Spez.)	416,7	17,7
Büro- u. Sekretariatskräfte (ohne Spez.)	382,8	14,2
Branche gesamt	**1.802,2**	**64,9**
Alle Branchen	**1.145,8**	**48,9**

Fehlzeiten-Report 2020

■ **Tabelle 24.198** Tage und Fälle der Arbeitsunfähigkeit je 100 AOK-Mitglieder nach Krankheitsarten in der Branche Verkehr und Transport in den Jahren 1995 bis 2019

Jahr	Arbeitsunfähigkeiten je 100 AOK-Mitglieder											
	Psyche		Herz/Kreis-lauf		Atemwege		Verdauung		Muskel/Skelett		Verletzungen	
	Tage	Fälle	Tage	Fälle	Tage	Fälle	Tage	Fälle	Tage	Fälle	Tage	Fälle
1995	94,1	3,5	233,0	9,0	359,1	33,4	205,9	21,0	741,6	35,7	452,7	24,0
1996	88,2	3,7	213,7	8,8	321,5	38,5	181,2	21,0	666,8	36,0	425,0	23,9
1997	83,9	3,4	195,5	7,7	281,8	34,8	163,6	19,4	574,0	32,1	411,4	22,0
1998	89,1	3,6	195,2	7,9	283,4	33,1	161,9	19,0	591,5	30,7	397,9	21,9
1999	95,3	3,8	192,9	8,1	311,9	34,5	160,8	19,2	621,2	32,5	396,8	21,7
2000	114,7	5,2	181,9	8,0	295,1	37,1	149,4	18,0	654,9	36,6	383,3	21,3
2001	124,3	6,1	183,1	8,6	282,2	36,8	152,3	18,9	680,6	38,6	372,8	21,0
2002	135,9	6,6	184,2	8,9	273,1	36,1	152,1	19,5	675,7	38,3	362,4	20,4
2003	136,0	6,7	182,0	9,1	271,5	36,4	144,2	18,7	615,9	35,6	345,2	19,3
2004	154,3	6,8	195,6	8,4	234,4	30,1	143,5	17,7	572,5	32,8	329,6	17,6
2005	159,5	6,7	193,5	8,4	268,8	34,7	136,2	16,6	546,3	31,8	327,1	17,3
2006	156,8	6,7	192,9	8,5	225,9	29,0	135,7	17,1	551,7	31,9	334,7	17,6
2007	166,1	7,0	204,2	8,7	249,9	32,6	143,6	18,4	575,2	32,8	331,1	17,0
2008 (WZ03)	172,5	7,3	205,5	9,1	260,0	34,6	149,0	19,2	584,3	34,3	332,0	17,1
2008 (WZ08)[a]	171,8	7,2	210,2	9,2	259,5	34,0	150,6	18,7	597,5	34,3	339,8	17,2
2009	190,8	7,8	223,2	9,3	297,4	38,1	149,0	18,7	607,7	34,3	341,0	17,2
2010	205,3	8,4	218,6	9,5	268,0	34,3	143,7	17,8	659,8	36,9	373,2	19,0
2011	215,5	8,9	209,0	9,4	272,0	35,7	141,8	17,9	625,3	36,6	350,1	18,1
2012	243,3	9,3	233,9	9,6	275,1	35,2	149,8	18,0	654,4	36,7	354,5	17,3
2013	246,7	9,4	228,9	9,1	334,0	43,1	150,4	18,5	656,9	37,4	356,3	17,4
2014	269,3	10,4	236,8	9,5	278,3	36,8	155,9	19,1	698,3	39,3	355,6	17,3
2015	277,4	10,5	232,5	9,4	338,6	44,5	154,5	19,1	686,4	39,2	355,5	17,2
2016	285,1	10,8	213,7	9,6	315,2	42,6	148,6	19,1	706,0	40,0	354,0	16,8
2017	289,0	10,9	207,1	9,3	318,1	42,7	142,9	18,1	700,1	39,9	349,5	16,5
2018	287,5	10,9	195,8	9,4	339,5	45,3	139,6	17,9	691,5	40,1	348,0	16,4
2019	295,6	11,1	197,6	9,2	303,2	41,9	137,8	17,6	703,1	40,8	347,3	15,9

[a] aufgrund der Revision der Wirtschaftszweigklassifikation in 2008 ist eine Vergleichbarkeit mit den Vorjahren nur bedingt möglich

Fehlzeiten-Report 2020

◻ Tabelle 24.199 Verteilung der Arbeitsunfähigkeitstage nach Krankheitsarten in Prozent in der Branche Verkehr und Transport im Jahr 2019, AOK-Mitglieder

Wirtschaftsabteilungen	AU-Tage in %						
	Psyche	Herz/Kreislauf	Atem-wege	Ver-dauung	Muskel/Skelett	Verlet-zungen	Sonstige
Lagerei sowie Erbringung von sonstigen Dienst-leistungen für den Verkehr	9,6	6,6	10,9	4,8	24,4	11,6	32,0
Landverkehr und Transport in Rohrfernleitungen	10,4	7,9	9,5	4,8	22,4	11,6	33,4
Luftfahrt	13,4	3,6	19,6	5,0	16,8	9,2	32,3
Post-, Kurier- und Express-dienste	10,5	4,8	10,2	4,4	27,2	13,4	29,5
Schifffahrt	11,9	5,5	10,8	4,4	22,6	13,2	31,6
Branche gesamt	**10,1**	**6,8**	**10,4**	**4,7**	**24,0**	**11,9**	**32,2**
Alle Branchen	**11,9**	**5,4**	**11,8**	**4,6**	**22,4**	**10,8**	**33,1**

Fehlzeiten-Report 2020

◻ Tabelle 24.200 Verteilung der Arbeitsunfähigkeitsfälle nach Krankheitsarten in Prozent in der Branche Verkehr und Transport im Jahr 2019, AOK-Mitglieder

Wirtschaftsabteilungen	AU-Fälle in %						
	Psyche	Herz/Kreislauf	Atem-wege	Ver-dauung	Muskel/Skelett	Verlet-zungen	Sonstige
Lagerei sowie Erbringung von sonstigen Dienst-leistungen für den Verkehr	4,9	4,1	20,5	8,4	19,5	7,1	35,6
Landverkehr und Transport in Rohrfernleitungen	5,6	5,3	18,3	8,6	17,8	7,4	36,9
Luftfahrt	6,1	2,4	31,0	6,6	11,9	5,1	36,9
Post-, Kurier- und Express-dienste	5,4	3,4	19,3	7,5	21,9	9,1	33,4
Schifffahrt	5,7	4,3	21,6	8,7	15,5	8,2	35,9
Branche gesamt	**5,2**	**4,3**	**19,7**	**8,3**	**19,2**	**7,5**	**35,7**
Alle Branchen	**5,4**	**3,7**	**22,6**	**8,4**	**15,9**	**6,9**	**37,2**

Fehlzeiten-Report 2020

◩ **Tabelle 24.201**　Verteilung der Arbeitsunfähigkeitstage nach Krankheitsarten und ausgewählten Berufsgruppen in der Branche Verkehr und Transport im Jahr 2019, AOK-Mitglieder

Tätigkeit	AU-Tage in %						
	Psyche	Herz/ Kreislauf	Atem- wege	Ver- dauung	Muskel/ Skelett	Verlet- zungen	Sonstige
Berufe für Post- u. Zustell- dienste	10,5	4,5	9,9	4,1	27,5	14,2	29,3
Berufe in der Lagerwirtschaft	9,9	5,1	11,8	4,9	27,3	11,2	29,8
Berufskraftfahrer/innen (Güterverkehr/LKW)	6,6	9,7	7,5	4,6	23,5	13,9	34,0
Berufskraftfahrer/innen (Personentransport/PKW)	9,9	9,8	9,4	4,6	18,7	9,1	38,4
Büro- u. Sekretariatskräfte (ohne Spez.)	17,4	5,2	12,4	4,8	15,7	8,1	36,4
Bus- u. Straßenbahn- fahrer/innen	13,5	7,4	9,8	4,8	22,7	8,2	33,4
Fahrzeugführer/innen im Straßenverkehr (sonstige spezifische Tätigkeitsangabe)	8,3	6,3	8,6	5,2	26,6	14,7	30,3
Kaufmännische u. technische Betriebswirtschaft (ohne Spez.)	17,1	5,3	14,6	4,8	14,8	7,3	36,1
Kranführer/innen, Aufzugs- maschinisten, Bedienung verwandter Hebe- einrichtungen	9,3	6,5	11,0	4,2	27,1	11,8	30,0
Speditions- u. Logistikkauf- leute	13,5	4,2	16,2	5,8	16,2	9,1	34,9
Branche gesamt	**10,1**	**6,8**	**10,4**	**4,7**	**24,0**	**11,9**	**32,2**
Alle Branchen	**11,9**	**5,4**	**11,8**	**4,6**	**22,4**	**10,8**	**33,1**

Fehlzeiten-Report 2020

24

☐ **Tabelle 24.202** Verteilung der Arbeitsunfähigkeitsfälle nach Krankheitsarten und ausgewählten Berufsgruppen in der Branche Verkehr und Transport im Jahr 2019, AOK-Mitglieder

Tätigkeit	AU-Fälle in %						
	Psyche	Herz/ Kreislauf	Atem- wege	Ver- dauung	Muskel/ Skelett	Verlet- zungen	Sonstige
Berufe für Post- u. Zustell- dienste	5,6	3,3	19,0	7,2	21,7	9,9	33,3
Berufe in der Lagerwirtschaft	4,8	3,3	20,9	8,2	22,3	7,0	33,4
Berufskraftfahrer/innen (Güterverkehr/LKW)	4,4	6,6	14,5	8,7	19,6	8,7	37,4
Berufskraftfahrer/innen (Personentransport/PKW)	5,8	6,8	17,5	8,0	14,6	6,2	41,0
Büro- u. Sekretariatskräfte (ohne Spez.)	6,5	3,7	23,9	8,8	10,8	5,0	41,4
Bus- u. Straßenbahn- fahrer/innen	7,0	5,5	18,5	8,7	18,2	5,4	36,9
Fahrzeugführer/innen im Straßenverkehr (sonstige spezifische Tätigkeitsangabe)	4,9	4,3	16,6	8,3	21,9	9,7	34,4
Kaufmännische u. technische Betriebswirtschaft (ohne Spez.)	6,5	3,2	26,3	8,8	10,7	4,7	39,8
Kranführer/innen, Aufzugs- maschinisten, Bedienung verwandter Hebe- einrichtungen	4,9	4,1	19,4	8,1	22,6	7,0	34,0
Speditions- u. Logistikkauf- leute	5,0	2,5	27,2	9,1	11,1	5,3	39,9
Branche gesamt	**5,2**	**4,3**	**19,7**	**8,3**	**19,2**	**7,5**	**35,7**
Alle Branchen	**5,4**	**3,7**	**22,6**	**8,4**	**15,9**	**6,9**	**37,2**

Fehlzeiten-Report 2020

■ **Tabelle 24.203** Anteile der 40 häufigsten Einzeldiagnosen an den AU-Fällen und AU-Tagen in der Branche Verkehr und Transport im Jahr 2019, AOK-Mitglieder

ICD-10	Bezeichnung	AU-Fälle in %	AU-Tage in %
J06	Akute Infektionen an mehreren oder nicht näher bezeichneten Lokalisationen der oberen Atemwege	8,2	3,6
M54	Rückenschmerzen	8,1	7,4
A09	Sonstige und nicht näher bezeichnete Gastroenteritis und Kolitis infektiösen und nicht näher bezeichneten Ursprungs	3,7	1,2
I10	Essentielle (primäre) Hypertonie	2,0	1,7
K08	Sonstige Krankheiten der Zähne und des Zahnhalteapparates	1,8	0,4
J20	Akute Bronchitis	1,6	0,9
R10	Bauch- und Beckenschmerzen	1,5	0,8
F43	Reaktionen auf schwere Belastungen und Anpassungsstörungen	1,4	2,3
M25	Sonstige Gelenkkrankheiten, anderenorts nicht klassifiziert	1,4	1,6
B34	Viruskrankheit nicht näher bezeichneter Lokalisation	1,4	0,6
K52	Sonstige nichtinfektiöse Gastroenteritis und Kolitis	1,3	0,5
J40	Bronchitis, nicht als akut oder chronisch bezeichnet	1,2	0,7
R51	Kopfschmerz	1,2	0,5
K29	Gastritis und Duodenitis	1,2	0,5
F32	Depressive Episode	1,0	2,8
T14	Verletzung an einer nicht näher bezeichneten Körperregion	1,0	1,0
J00	Akute Rhinopharyngitis [Erkältungsschnupfen]	1,0	0,4
M51	Sonstige Bandscheibenschäden	0,9	2,1
M79	Sonstige Krankheiten des Weichteilgewebes, anderenorts nicht klassifiziert	0,9	0,8
M99	Biomechanische Funktionsstörungen, anderenorts nicht klassifiziert	0,9	0,8
M75	Schulterläsionen	0,8	1,8
M53	Sonstige Krankheiten der Wirbelsäule und des Rückens, anderenorts nicht klassifiziert	0,8	0,8
R53	Unwohlsein und Ermüdung	0,8	0,7
R11	Übelkeit und Erbrechen	0,8	0,3
J03	Akute Tonsillitis	0,8	0,3
J02	Akute Pharyngitis	0,8	0,3
F48	Andere neurotische Störungen	0,7	1,0
S93	Luxation, Verstauchung und Zerrung der Gelenke und Bänder in Höhe des oberen Sprunggelenkes und des Fußes	0,7	0,9

24

▣ **Tabelle 24.203**   (Fortsetzung)

ICD-10	Bezeichnung	AU-Fälle in %	AU-Tage in %
M77	Sonstige Enthesopathien	0,7	0,8
G47	Schlafstörungen	0,7	0,8
R42	Schwindel und Taumel	0,7	0,6
J32	Chronische Sinusitis	0,7	0,4
J01	Akute Sinusitis	0,7	0,3
Z98	Sonstige Zustände nach chirurgischem Eingriff	0,6	1,5
I25	Chronische ischämische Herzkrankheit	0,6	1,2
F45	Somatoforme Störungen	0,6	1,0
E11	Diabetes mellitus, Typ 2	0,6	0,6
E66	Adipositas	0,6	0,4
R07	Hals- und Brustschmerzen	0,6	0,3
J98	Sonstige Krankheiten der Atemwege	0,6	0,3
	Summe hier	**55,6**	**44,9**
	Restliche	44,4	55,1
	Gesamtsumme	**100,0**	**100,0**

Fehlzeiten-Report 2020

■ **Tabelle 24.204** Anteile der 40 häufigsten Diagnoseuntergruppen an den AU-Fällen und AU-Tagen in der Branche Verkehr und Transport im Jahr 2019, AOK-Mitglieder

ICD-10	Bezeichnung	AU-Fälle in %	AU-Tage in %
J00–J06	Akute Infektionen der oberen Atemwege	12,1	5,3
M50–M54	Sonstige Krankheiten der Wirbelsäule und des Rückens	9,6	9,8
A00–A09	Infektiöse Darmkrankheiten	4,6	1,5
R50–R69	Allgemeinsymptome	3,8	3,1
F40–F48	Neurotische, Belastungs- und somatoforme Störungen	3,0	5,2
M70–M79	Sonstige Krankheiten des Weichteilgewebes	2,9	4,1
R10–R19	Symptome, die das Verdauungssystem und das Abdomen betreffen	2,6	1,3
I10–I15	Hypertonie [Hochdruckkrankheit]	2,2	2,0
J40–J47	Chronische Krankheiten der unteren Atemwege	2,2	1,7
K00–K14	Krankheiten der Mundhöhle, der Speicheldrüsen und der Kiefer	2,2	0,5
M20–M25	Sonstige Gelenkkrankheiten	2,0	3,0
J20–J22	Sonstige akute Infektionen der unteren Atemwege	1,9	1,1
Z80–Z99	Personen mit potentiellen Gesundheitsrisiken aufgrund der Familien- oder Eigenanamnese und bestimmte Zustände, die den Gesundheitszustand beeinflussen	1,8	3,2
K20–K31	Krankheiten des Ösophagus, des Magens und des Duodenums	1,7	0,9
G40–G47	Episodische und paroxysmale Krankheiten des Nervensystems	1,6	1,5
R00–R09	Symptome, die das Kreislaufsystem und das Atmungssystem betreffen	1,6	1,0
K50–K52	Nichtinfektiöse Enteritis und Kolitis	1,6	0,7
B25–B34	Sonstige Viruskrankheiten	1,6	0,7
F30–F39	Affektive Störungen	1,4	4,1
S90–S99	Verletzungen der Knöchelregion und des Fußes	1,2	1,8
T08–T14	Verletzungen nicht näher bezeichneter Teile des Rumpfes, der Extremitäten oder anderer Körperregionen	1,2	1,3
J30–J39	Sonstige Krankheiten der oberen Atemwege	1,2	0,7
K55–K64	Sonstige Krankheiten des Darmes	1,1	0,9
S80–S89	Verletzungen des Knies und des Unterschenkels	1,0	2,3
M95–M99	Sonstige Krankheiten des Muskel-Skelett-Systems und des Bindegewebes	1,0	0,9
E70–E90	Stoffwechselstörungen	1,0	0,7
M15–M19	Arthrose	0,9	2,1
S60–S69	Verletzungen des Handgelenkes und der Hand	0,9	1,4

24

☐ Tabelle 24.204   (Fortsetzung)

ICD-10	Bezeichnung	AU-Fälle in %	AU-Tage in %
R40–R46	Symptome, die das Erkennungs- und Wahrnehmungsvermögen, die Stimmung und das Verhalten betreffen	0,9	0,9
E10–E14	Diabetes mellitus	0,8	0,9
J09–J18	Grippe und Pneumonie	0,8	0,6
J95–J99	Sonstige Krankheiten des Atmungssystems	0,8	0,5
Z00–Z13	Personen, die das Gesundheitswesen zur Untersuchung und Abklärung in Anspruch nehmen	0,8	0,4
I20–I25	Ischämische Herzkrankheiten	0,7	1,7
G50–G59	Krankheiten von Nerven, Nervenwurzeln und Nervenplexus	0,7	1,2
I30–I52	Sonstige Formen der Herzkrankheit	0,7	1,2
F10–F19	Psychische und Verhaltensstörungen durch psychotrope Substanzen	0,6	0,7
E65–E68	Adipositas und sonstige Überernährung	0,6	0,5
N30–N39	Sonstige Krankheiten des Harnsystems	0,6	0,4
B99–B99	Sonstige Infektionskrankheiten	0,6	0,3
	Summe hier	**78,5**	**72,1**
	Restliche	21,5	27,9
	Gesamtsumme	**100,0**	**100,0**

Fehlzeiten-Report 2020

Arbeitsunfallgeschehen im Jahr 2018 – ein Überblick

Christoph Thomann

Inhaltsverzeichnis

© Springer-Verlag GmbH Deutschland, ein Teil von Springer Nature 2020
B. Badura et al. (Hrsg.), *Fehlzeiten-Report 2020*, Fehlzeiten-Report,
https://doi.org/10.1007/978-3-662-61524-9_25

25

∎∎ **Zusammenfassung**

Arbeitnehmerinnen und Arbeitnehmer sind in Deutschland im Rahmen der Sozialversicherung gegen die Folgen von Unfällen während der Arbeitszeit abgesichert. Die Arbeitsunfallstatistik der Deutschen Gesetzlichen Unfallversicherung (DGUV) ist die wichtigste nationale Informationsquelle über dieses Geschehen. Auch wenn die Entwicklung der vergangenen Jahre deutliche Erfolge der Prävention dokumentiert, ereigneten sich im Jahr 2018 im Bereich der DGUV immer noch 877.198 meldepflichtige Arbeitsunfälle und es waren 420 Todesfälle zu beklagen. Um das Bewusstsein für diese Unfälle zu schärfen und Gefahrenschwerpunkte zu ermitteln, werden diese umfassend analysiert und die Ergebnisse einer interessierten Öffentlichkeit zur Verfügung gestellt. Es zeigen sich deutliche geschlechts- und altersspezifische Unterschiede.

25.1 Arbeitsunfallstatistik der Deutschen Gesetzlichen Unfallversicherung

Die neun gewerblichen Berufsgenossenschaften und die 24 Unfallversicherungsträger der öffentlichen Hand[1] sind die Träger der gesetzlichen Unfallversicherung in der gewerblichen Wirtschaft und im öffentlichen Dienst. Ihre gesetzliche Aufgabe ist zunächst die Prävention von Arbeitsunfällen, Berufskrankheiten und arbeitsbedingten Gesundheitsgefahren. Nach Eintritt eines Arbeits- oder Wegeunfalls bzw. einer Berufskrankheit erbringen die Unfallversicherungsträger Leistungen zur Heilbehandlung und Rehabilitation sowie zur Teilhabe am Arbeitsleben und am Leben in der Gemeinschaft. Unfälle auf dem Weg zwischen Wohnung und versicherter Tätigkeit sind dem Arbeitsunfall gleichgestellt. Unter den gesetzlich festgelegten Voraussetzungen erbringen die Unfallversicherungsträger Leistungen zur

finanziellen Kompensation der Unfallfolgen, insbesondere Renten.

Die Unfallversicherungsträger der Länder und Kommunen sind auch für die sogenannte Schüler-Unfallversicherung zuständig. Diese umfasst Kinder in Tageseinrichtungen und Tagespflege, Schüler und Schülerinnen von allgemeinbildenden und beruflichen Schulen sowie Studierende.

Die DGUV ist der Spitzenverband der gewerblichen Berufsgenossenschaften und der Unfallversicherungsträger der öffentlichen Hand. Die Mitglieder arbeiten mit anderen wichtigen institutionellen Partnern auf Bundes- und Länderebene sowie anderen Sozialpartnern kontinuierlich im Bereich Arbeitsschutz und Prävention zusammen. Gemeinsam entwickeln sie in der „Gemeinsamen Deutschen Arbeitsschutzstrategie (GDA)" (2020) abgestimmte Konzepte zur Verringerung von Arbeitsunfällen. Die nachfolgende Darstellung beruht auf den Gemeinschaftsstatistiken der DGUV zu den Versicherungsfällen[2] ihrer Mitglieder für das Berichtsjahr 2018. Die Arbeitsunfälle werden dabei ohne die Fälle der Schüler-Unfallversicherung dargestellt.

25.2 Unfallgeschehen bei Erwerbstätigen

Arbeitnehmerinnen und Arbeitnehmer sind in Deutschland im Rahmen der Sozialversicherung gegen die Folgen von Unfällen während der Arbeitszeit abgesichert. Die Arbeitsunfallstatistik der Deutschen Gesetzlichen Unfallversicherung (DGUV) ist die wichtigste natio-

---

1   Die Anzahl der Unfallversicherungsträger gibt den Stand zum 01.01.2020 wieder.

2   Die gesetzliche Unfallversicherung im Bereich der Sozialversicherung für Landwirtschaft, Forsten und Gartenbau (SVLFG) ist in der vorliegenden Darstellung nicht enthalten. Unfallzahlen aus dem Zuständigkeitsbereich des SVLFG sind in deren Geschäftsbericht aufgeführt oder im Rahmen der Berichterstattung des Bundesministeriums für Arbeit und Soziales (BMAS) (Bundesanstalt für Arbeitsschutz und Arbeitsmedizin 2019) zu finden. Detaillierte Analysen zum Arbeitsunfallgeschehen im Bereich der DGUV finden sich in Deutsche Gesetzliche Unfallversicherung (2019).

nale Informationsquelle über dieses Geschehen und basiert auf den Unfallanzeigen, die auf Basis von § 193 SGB VII erhoben werden. Auch wenn die Entwicklung der vergangenen Jahre deutliche Erfolge der Prävention dokumentiert, ereigneten sich im Jahr 2018 im Bereich der DGUV immer noch 877.198 meldepflichtige Arbeitsunfälle und es waren 420 Todesfälle zu beklagen. Dazu kommen 188.527 meldepflichtige Wegeunfälle, davon 310 mit tödlichem Ausgang.

Wird eine versicherte Person durch einen Arbeits- oder Wegeunfall verletzt, sodass sie für vier oder mehr Tage arbeitsunfähig ist oder verstirbt, handelt es sich um einen meldepflichtigen Unfall im Sinne der gesetzlichen Unfallversicherung. Angaben zu diesen Unfällen werden durch die Unfallversicherungsträger für eine repräsentative Stichprobe verschlüsselt und finden Eingang in die Arbeitsunfallstatistik der DGUV. Methodisch bedeutet die Hochrechnung der Stichprobenfälle, dass es in den Auswertungen zu den meldepflichtigen Arbeitsunfällen zu Hochrechnungs- und geringfügigen Rundungsfehlern kommen kann. Die Teilmenge der tödlichen Arbeitsunfälle wird dagegen immer zu einhundert Prozent erfasst. Sogenannte „Leichtunfälle unter vier Tagen Arbeitsunfähigkeit" sind nicht Gegenstand der statistischen Dokumentation. Aus den Leistungsabrechnungen zwischen behandelnden Ärzten und Unfallversicherungsträgern lässt sich jedoch ableiten, dass nicht meldepflichtige Leistungsfälle aufgrund von Unfällen jährlich circa in der gleichen Anzahl wie die meldepflichtigen Leistungsfälle auftreten.

Als neue Unfallrenten werden zusätzlich diejenigen Fälle erfasst, die aufgrund der Schwere der Verletzungsfolgen im Berichtsjahr zum ersten Mal eine Entschädigung erhielten. Die erstmalige Entschädigung kann in Form einer Rente, einer Abfindung oder einer Sterbegeldzahlung erfolgen. Voraussetzung ist eine Minderung der Erwerbsfähigkeit um mindestens 20 % oder der tödliche Unfallausgang. Das Merkmal „Erstentschädigung" ist also ein Hinweis auf die besondere Schwere des Falles. Bevor es zur Feststellung einer neuen Un-

fallrente kommt, haben Maßnahmen zur Heilbehandlung und zur Rehabilitation Vorrang. Es werden also zunächst diese Möglichkeiten ausgeschöpft. In vielen Fällen liegt daher ein längerer Zeitraum zwischen meldepflichtigem Unfall und neuer Unfallrente. Für die Darstellung in den Tabellen folgt daraus, dass es sich bei den Unfallrenten nicht um eine Teilmenge der meldepflichtigen Unfälle desselben Berichtsjahres handelt; die Fallzahlen müssen für sich betrachtet werden.

Der gesetzliche Unfallversicherungsschutz in Deutschland erstreckt sich nach SGB VII auch auf Personenkreise, die in der öffentlichen Wahrnehmung selten oder gar nicht mit einem Arbeitsunfall in Verbindung gebracht werden. Dazu zählen beispielsweise Rehabilitanden, Strafgefangene, ehrenamtlich Tätige oder Blutspender. Die Risiken, einen versicherten Unfall zu erleiden, sowie die soziodemographischen Merkmale unterscheiden sich in diesen Gruppen zum Teil deutlich von denen der versicherten Erwerbstätigen. Daher – und weil mit 94 % (2018, deutschlandweit) der Hauptteil aller meldepflichtigen Unfälle auf die Versichertengruppen der Unternehmer und abhängig Beschäftigten entfällt – sind die folgenden Ausführungen auf den letztgenannten Versichertenkreis beschränkt. Am Ende dieses Abschnittes wird jedoch noch einmal gesondert auf die Versichertengruppe der Rehabilitanden eingegangen.

◘ Tab. 25.1 zeigt eine Übersicht über die meldepflichtigen Arbeits- und Wegeunfälle von abhängig Beschäftigten und Unternehmern für die Berichtsjahre 2016 bis 2018. Während bei den meldepflichtigen Unfällen insgesamt ein leichter Anstieg der Unfallzahlen zu verzeichnen war, ist die Zahl der neu zuerkannten Unfallrenten – also der besonders schweren Fälle – zurückgegangen. Auch die tödlichen Unfälle sind insgesamt zurückgegangen, wobei hier starke jährliche Schwankungen eine Aussage über einen „Trend" verunmöglichen.

Unfälle im Straßenverkehr verursachen in den meisten Fällen schwerwiegendere Verletzungen als andere Unfälle und lösen somit viel persönliches Leid aus. Der Anteil der

□ Tabelle 25.1 Meldepflichtige Unfälle, neue Unfallrenten, tödliche Unfälle von Unternehmern und abhängig Beschäftigten (Datenquelle: Unfallanzeigen-Dokumentation der DGUV)

		Meldepflichtige Unfälle[a]	Neue Unfallrenten	Tödliche Unfälle
		Anzahl	Anzahl	Anzahl
Arbeitsunfälle	2016	812.152	13.220	354
	2017	812.498	12.712	365
	2018	818.195	12.646	331
Wegeunfälle	2016	178.136	4.504	300
	2017	183.755	4.391	266
	2018	182.237	4.297	298
Gesamt	2016	990.287	17.724	654
	2017	996.253	17.103	631
	2018	1.000.431	16.943	629

[a] Da es sich hierbei um eine hochgerechnete Stichprobenstatistik handelt, können Hochrechnungsunsicherheiten und Rundungsfehler auftreten.

Fehlzeiten-Report 2020

Straßenverkehrsunfälle an den Unfällen mit Todesfolge ist im Berichtszeitraum gegenüber dem Anteil an den meldepflichtigen Unfällen mehr als viermal so hoch. Die Darstellungen in □ Abb. 25.1 verdeutlichen das starke prozentuale Anwachsen des Anteils der Straßenverkehrsunfälle mit steigender Schwere des Unfalls: von den meldepflichtigen Unfällen über die erstmals gewährten Unfallrenten bis hin zu den Todesfällen. 63 % aller tödlichen Unfälle von abhängig Beschäftigten und Unternehmern stehen in Zusammenhang mit dem Straßenverkehr, bei den meldepflichtigen Unfällen sind es lediglich 13 %.

Die häufigsten Unfallhergänge sind diejenigen, bei denen das Unfallopfer stolpert, ausrutscht oder hinfällt. Diese Unfälle werden präventionsseitig als Stolper-, Rutsch- und Sturzunfälle zusammengefasst. □ Abb. 25.2 zeigt den Anteil der sogenannten SRS-Unfälle an allen Arbeits- und Wegeunfällen für die vergangenen drei Berichtsjahre.

Der Anteil dieser Unfälle an den Arbeitsunfällen liegt insgesamt unter dem Anteil der SRS-Unfälle an den Wegeunfällen. Von allen Arbeitsunfällen sind ca. 21 % SRS-Unfälle, bei den Wegeunfällen sind je nach Jahr 25 bis 28 % SRS-Unfälle. Die Schwankungen im jährlichen Vergleich sind vorrangig witterungsbedingt zu erklären. Vor allem die Werktage mit Schnee, Schneematsch oder plötzlich auftretendem Glatteis lassen die Unfallzahlen in diesem Bereich hochschnellen. Der höher liegende Anteil bei den Wegeunfällen ist zudem darauf zurückzuführen, dass bei diesen die gehende Fortbewegung naturgemäß im Vordergrund steht. Bei den Arbeitsunfällen rücken dagegen Arbeiten an Maschinen und Werkstücken in den Vordergrund.

Im Geschlechtervergleich zeigt sich, dass der Anteil der männlichen Versicherten während der versicherten Arbeitszeit deutlich höher ist. Bei den weiblichen Versicherten ist der Anteil auf den Wegstrecken von und zur Arbeit höher. Ursächlich hierfür dürften die unterschiedlichen Anteile von Teilzeitbeschäftigten, die unterschiedlichen Risiken der beruflichen Tätigkeiten sowie die verschiedene Verteilung

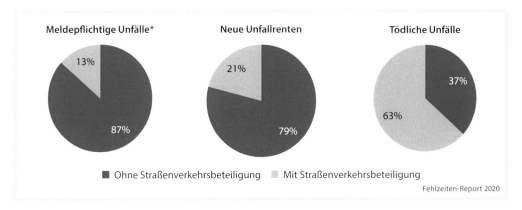

◘ Abb. 25.1 Anteil der Straßenverkehrsunfälle an den meldepflichtigen Unfällen, neuen Unfallrenten und tödlichen Unfällen (alle Unfallarten, abhängig Beschäftigte und Unternehmer 2018). (Datenquelle: Unfallanzeigen-Dokumentation der DGUV)

*Da es sich hierbei um eine hochgerechnete Stichprobenstatistik handelt, können Hochrechnungsunsicherheiten und Rundungsfehler auftreten

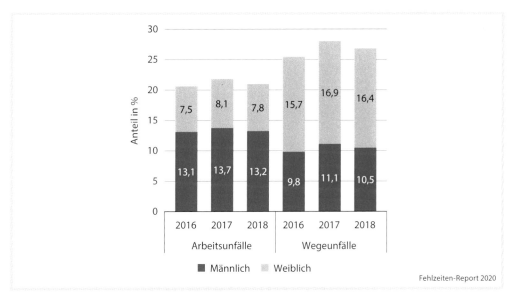

◘ Abb. 25.2 Anteil der Stolper-, Rutsch- und Sturzunfälle an den Arbeits- und Wegeunfällen von Unternehmern und abhängig Beschäftigten nach Geschlecht (Datenquelle: Unfallanzeigen-Dokumentation der DGUV)

bei der Nutzung von PKW und öffentlichen Verkehrsmitteln für die Wege zur Arbeit sein. Informationen aus dem Mikrozensus des Statistischen Bundesamtes zu den verwendeten Verkehrsmitteln zeigen, dass weibliche Arbeitnehmer ihre Wege häufiger zu Fuß, mit dem Rad oder mit öffentlichen Verkehrsmitteln zurücklegen als männliche Arbeitnehmer.

In ◘ Abb. 25.3 sind die meldepflichtigen Arbeitsunfälle nach Altersgruppen dargestellt. Rund ein Viertel aller Arbeitsunfälle entfällt demnach auf die Altersgruppe der 45- bis 54-Jährigen. Bei den jungen Versicherten liegen die Anteile der Arbeitsunfälle höher, bei den über 55-Jährigen steigt deren Anteil an den Wegeunfällen gegenüber den Arbeitsunfällen

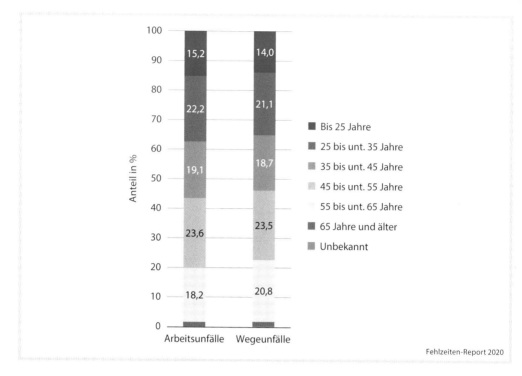

Fehlzeiten-Report 2020

⬛ Abb. 25.3 Meldepflichtige Arbeits- und Wegeunfälle von Unternehmern und abhängig Beschäftigten nach Altersgruppen 2018. (Datenquelle: Unfallanzeigen-Dokumentation der DGUV)

an. Bei der Bewertung dieser Verteilungen muss beachtet werden, dass allein auf Basis dieser Zahlen eine Ableitung eines höheren Risikos für eine bestimmte Altersgruppe nicht möglich ist. Dazu müssten entsprechend geeignete Bezugszahlen zu den Expositionszeiten je Altersgruppe und Bundesland herangezogen werden, die hier nicht vorliegen.

Für die Betrachtung des Unfallrisikos nach dem Wirtschaftszweig werden die geleisteten Arbeitsstunden im Berichtsjahr betrachtet. Aus den Arbeitsstunden berechnet sich die Anzahl der Vollarbeiter. Ein Vollarbeiter ist eine statistische Rechengröße, unter der man die durchschnittlich von einer vollbeschäftigten Person im produzierenden Gewerbe und Dienstleistungsbereich tatsächlich geleistete Arbeitsstundenzahl pro Jahr versteht. Die Größe spiegelt damit die Expositionszeit gegenüber Arbeitsunfällen wider. Zur Beurteilung des Unfallrisikos werden die Arbeitsun-

fälle auf die Bezugsgröße je 1.000 Vollarbeiter ermittelt. Das Ergebnis dieser Rechnung bezeichnet man auch als Unfallquote.

In ⬛ Abb. 25.4 sind die Unfallquoten der Wirtschaftszweigabschnitte gegenübergestellt. Der Bereich A – Land- und Forstwirtschaft, Fischerei fehlt, da die meisten Beschäftigten dieses Wirtschaftsbereichs bei der Sozialversicherung für Landwirtschaft, Forsten und Gartenbau – und damit nicht bei der DGUV – gesetzlich unfallversichert sind. Die Unfallquote liegt für die wenigen Versicherten dieses Wirtschaftszweiges im Versicherungsbereich der DGUV – zum Beispiel gemeindliche Forstarbeiter – mit 113 meldepflichtigen Arbeitsunfällen je 1.000 Vollarbeiter sehr hoch.

Bei den verbleibenden Wirtschaftszweigen weist die Bauwirtschaft mit 63 meldepflichtigen Unfällen je 1.000 Vollarbeiter das höchste Unfallrisiko auf. Im Abschnitt R „Kunst, Unterhaltung & Erholung" führen die dort zuge-

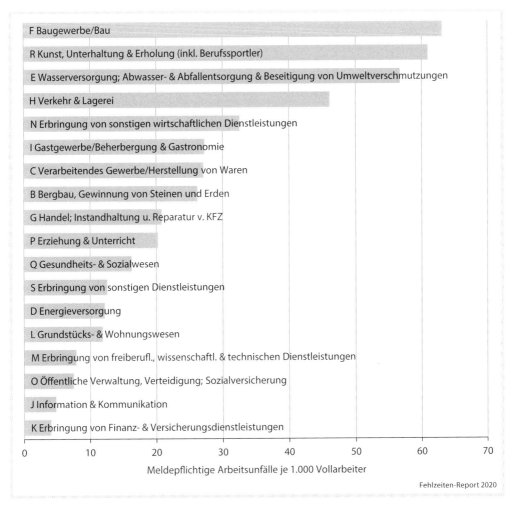

Meldepflichtige Arbeitsunfälle je 1.000 Vollarbeiter

Fehlzeiten-Report 2020

■ **Abb. 25.4** Unfallquote: meldepflichtige Arbeitsunfälle von Unternehmern und abhängig Beschäftigten je 1.000 Vollarbeiter nach Wirtschaftszweigabschnitten (NACE Rev.2) 2018 (Datenquelle: Unfallanzeigen-Dokumentation der DGUV)

hörigen Berufssportler zu der hohen Unfallquote von 61. Niedrige Unfallquoten herrschen in den Bereichen öffentliche Verwaltung, Informations- sowie Finanzwirtschaft.

Die in ■ Tab. 25.2 angegebenen Werte für die meldepflichtigen Arbeitsunfälle nach Berufshauptgruppen folgt in ihrer Struktur der Verteilung der Beschäftigten insgesamt. 42,0 % der Unfälle von männlichen Beschäftigten entfallen auf die Handwerksberufe und nur 6,1 % auf Dienstleistungs- und Verkaufsberufe. Bei den weiblichen Beschäftigten sind es 40,5 % im Dienstleistungs- und Verkaufsbereich und nur 5,7 % im Bereich der Handwerksberufe. Bei der Interpretation ist allerdings zu berücksichtigen, dass hier nur absolute Häufigkeiten wiedergegeben werden können. Es sind somit jeweils keine Aussagen über das Risiko, einen Arbeitsunfall in einer Berufsgruppe zu erleiden, möglich.

Die Unfalldiagnosen lassen sich zum einen in Bezug auf das verletzte Körperteil (vgl. ■ Tab. 25.3) und zum anderen durch die Art der Verletzung (vgl. ■ Tab. 25.4) beschreiben.

◘ Tabelle 25.2 Meldepflichtige Arbeitsunfälle[a] von Unternehmern und abhängig Beschäftigten nach Berufshauptgruppen und Geschlecht. (Datenquelle: Unfallanzeigen-Dokumentation der DGUV)

Berufshauptgruppe	Männlich		Weiblich	
	Anzahl	in %	Anzahl	in %
Führungskräfte	2.872	0,5	824	0,4
Wissenschaftler	6.528	1,1	5.565	2,6
Techniker und gleichrangige nichttechnische Berufe	36.913	6,1	37.701	17,8
Bürokräfte, kaufmännische Angestellte	51.027	8,4	22.907	10,8
Dienstleistungsberufe, Verkäufer in Geschäften und auf Märkten	36.879	6,1	85.711	40,5
Handwerks- und verwandte Berufe	254.671	42,0	12.134	5,7
Anlagen- und Maschinenbediener sowie Montierer	107.313	17,7	9.863	4,7
Hilfsarbeitskräfte	105.382	17,4	34.775	16,4
Sonstige	4.541	0,7	2.142	1,0
Gesamt	606.126	100,0	211.622	100,0

[a] Da es sich hierbei um eine hochgerechnete Stichprobenstatistik handelt, können Hochrechnungsunsicherheiten und Rundungsfehler auftreten.

Fehlzeiten-Report 2020

◘ Tabelle 25.3 Meldepflichtige Arbeitsunfälle von Unternehmern und abhängig Beschäftigten nach verletztem Körperteil (Datenquelle: Unfallanzeigen-Dokumentation der DGUV)

Verletztes Körperteil (gruppiert)	Meldepflichtige Unfälle[a]	
	Anzahl	in %
Kopf	61.328	7,5
Hand	270.334	33,0
Sonstige obere Extremitäten	115.955	14,2
Knöchel, Fuß	148.462	18,1
Sonstige untere Extremitäten	118.028	14,4
Sonstiger Körperteil	104.088	12,7
Gesamt	818.195	100,0

[a] Da es sich hierbei um eine hochgerechnete Stichprobenstatistik handelt, können Hochrechnungsunsicherheiten und Rundungsfehler auftreten.

Fehlzeiten-Report 2020

Am häufigsten kamen im Berichtsjahr 2018 Verletzungen der Hand vor (33 %), gefolgt von Verletzungen der unteren Extremitäten (Knöchel, Fuß, Knie sowie Unter-, Oberschenkel).

Bei Betrachtung der Arbeitsunfälle nach Verletzungsarten zeigt sich, dass Prellungen die Verletzungsart mit dem höchsten Anteil sind (24,2 %). Hierbei handelt es sich überwiegend um Oberflächenprellungen der Haut, Unterhaut sowie von Weichteilgewebe oder Gelenken.

Mit jeweils knapp 20 % der Fälle wurden die Gruppen „Zerrung, (Ver-)Stauchung, (Dis-)Torsion" und „oberflächliche Zerreißungen" gemeldet. Schwerere Formen von Zerreißungen und Zermalmungen, wie das Eindringen von Fremdkörpern bis hin zu traumatischen Amputationen, wurden in 12,7 % der Fälle registriert. Zu Frakturen kam es in 99.141 Fällen oder in 12,1 %.

◘ Tabelle 25.4 Meldepflichtige Arbeitsunfälle von Unternehmern und abhängig Beschäftigten nach Art der Verletzung (Datenquelle: Unfallanzeigen-Dokumentation der DGUV)

Art der Verletzung (gruppiert)	Meldepflichtige Unfälle[a]	
	Anzahl	in %
Prellung (Commotio)	198.332	24,2
Quetschung (Contusio)	39.564	4,8
Zerrung, (Ver-)Stauchung, (Dis-)Torsion	161.178	19,7
Oberflächliche Zerreißungen, d. h. offene Verletzungen von Haut- und Unterhautgewebe	162.229	19,8
Tiefergehende Zerreißungen bis hin zur traumatischen Amputation	103.982	12,7
Fraktur	99.141	12,1
Sonstige und nicht näher bezeichnete Verletzungen	53.770	6,6
Gesamt	818.195	100,0

[a] Da es sich hierbei um eine hochgerechnete Stichprobenstatistik handelt, können Hochrechnungsunsicherheiten und Rundungsfehler auftreten.
Fehlzeiten-Report 2020

25.3 Unfallgeschehen von Rehabilitanden

Die Unfallversicherungsträger sind neben dem „klassischen" Aufgabenfeld der Versicherung der abhängig Beschäftigten nach § 2 SGB VII Absatz 1 Nr. 1 auch für eine große Anzahl von anderen Versicherten zuständig. Mit nennenswertem Aufkommen an Unfällen fallen hier die – vor allem bei der Verwaltungs-Berufsgenossenschaft (VBG) versicherten – Rehabilitanden ins Gewicht. Personen, die zu Lasten einer gesetzlichen Krankenversicherung oder eines Trägers der gesetzlichen Rentenversicherung stationär oder teilstationär behandelt werden oder eine stationäre, teilstationäre oder ambulante Leistung zur medizinischen Rehabilitation erhalten, sind automatisch durch die VBG gesetzlich unfallversichert. Im Jahr 2018 umfasste dieser Personenkreis circa 24,4 Mio. Versicherte. Aus diesem Versichertenkreis wurden etwa 41.000 meldepflichtige Unfällen gemeldet, wobei nur ein relativ geringer Anteil auf Wegeunfälle entfällt.

Die als Rehabilitanden Versicherten machen somit rund 4 % des jährlichen meldepflichtigen Unfallaufkommens aus.

Bei Betrachtung der soziodemographischen Merkmale fällt vor allem die Altersstruktur der Verunfallten dieses Versichertenkreises ins Auge (◘ Abb. 25.5), der sich deutlich von den Unternehmern und abhängig Beschäftigten unterscheidet. Auf die Gruppe derjenigen, die 65 Jahre und älter sind, entfällt hierbei über die Hälfte des Unfallaufkommens.

Bei den Unfallhergängen fallen auch bei den Rehabilitanden die Stolper-, Rutsch- und Sturzunfälle mit einem hohen Anteil von etwa 40 % an den meldepflichtigen Unfällen auf.

25.4 Diskussion und Fazit

In den vergangenen Jahren sind große Anstrengungen unternommen worden, um die Zahl der Arbeitsunfälle weiter zu verringern. Gleichwohl bleibt ein erhebliches Unfallrisiko bestehen, wie die Zahl von insgesamt 877.198

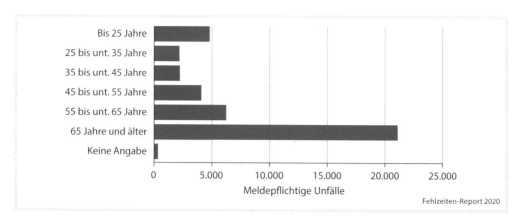

25

Fehlzeiten-Report 2020

◘ **Abb. 25.5** Meldepflichtige Arbeitsunfälle von Rehabilitanden nach Altersgruppen (Datenquelle: Unfallanzeigen-Dokumentation der DGUV)

Arbeitsunfällen im Berichtsjahr 2018 verdeutlicht. Wie gezeigt wurde, gibt es dabei deutliche branchen- und geschlechtsspezifische Unterschiede im Unfallgeschehen.

Diese sind nicht zuletzt in den oft anders gearteten Arbeitsverhältnissen begründet. Zusätzlich zeigt die Verteilung nach dem Alter, dass die 30- bis 39-jährigen Arbeitnehmer absolut geringere betriebliche Unfallzahlen aufweisen als andere Altersgruppen. Die Analyse der Unfallfolgen macht deutlich, dass im Zusammenhang mit dem Straßenverkehr besonders schwerwiegende Unfälle bis hin zu tödlichen Unfällen auftreten. Dabei kommen überwiegend Kraftfahrerinnen und -fahrer zu Schaden, aber auch Versicherte, die mit dem Rad oder zu Fuß unterwegs sind. Im Rahmen ihrer Präventionskampagne *kommmitmensch* geben Berufsgenossenschaften und Unfallkassen Tipps, wie Unternehmen das Thema Verkehrssicherheit angehen und ihre Präventionskultur verbessern können.

Auch das Thema Verkehrssicherheit gehört in die Gefährdungsbeurteilung, die jeder Betrieb erstellen muss. Dies kann auch ein guter Ausgangspunkt sein, um Verbesserungen anzustoßen. Wie sieht es aus im Fuhrpark? Wird alles regelmäßig gewartet? Welche sicherheitstechnischen Neuerungen sollte der Betrieb beim Kauf von Fahrzeugen berücksichtigen?

Die Unfallstatistik dient dazu, Ausgangspunkte für eine zielgerechte Präventionsarbeit aufzudecken. Die Möglichkeiten der Informationsgewinnung sind zwar einerseits begrenzt: Mit den dokumentierten meldepflichtigen Unfällen kann nur eine Momentaufnahme bestimmter vorher festgelegter Merkmale gezeigt werden. Andererseits liefern sie als wichtigste nationale Quelle zum Unfallgeschehen am Arbeitsplatz in der gewerblichen Wirtschaft und im öffentlichen Dienst wertvolle Ansatzpunkte für tiefergehende Studien und einen umfassenden Überblick.

Die Analyse von Arbeitsunfällen bietet eine wichtige Grundlage, um Unfallschwerpunkte zu identifizieren und auf eine weitere Verbesserung des Unfallschutzes hinzuwirken. Jeder verhinderte Unfall ist ein Gewinn für die Betroffenen, die Unternehmen und die Gesellschaft insgesamt.

Literatur

Bundesanstalt für Arbeitsschutz und Arbeitsmedizin (baua) (2019) Sicherheit und Gesundheit bei der Arbeit – Berichtsjahr 2018. Dortmund. https://www.bmas.de/SharedDocs/Downloads/DE/PDF-Pressemitteilungen/2019/bericht-sicherheit-und-gesundheit-bei-der-arbeit-2018.pdf. Zugegriffen: 8. Jan. 2020

Deutsche Gesetzliche Unfallversicherung (2019) Arbeitsunfallgeschehen 2018. Berlin. https://publikationen.
dguv.de/widgets/pdf/download/article/3680. Zugegriffen: 13. Dez. 2019

Gemeinsame Deutsche Arbeitsschutzstrategie (GDA)
(2020) http://www.gda-portal.de

Sozialgesetzbuch, Siebtes Buch (SGB VII) Gesetzliche
Unfallversicherung, § 8 Abs. 1

Entwicklung der Krankengeldausgaben bei AOK-Mitgliedern unter Einordnung in die verfügbaren Datenquellen

David Herr und Reinhard Schwanke

Inhaltsverzeichnis

© Springer-Verlag GmbH Deutschland, ein Teil von Springer Nature 2020
B. Badura et al. (Hrsg.), *Fehlzeiten-Report 2020*, Fehlzeiten-Report,
https://doi.org/10.1007/978-3-662-61524-9_26

26

▪▪ **Zusammenfassung**

Bei einer längeren Erkrankung von krankengeldberechtigten Mitgliedern ist Krankengeld eine wichtige Entgeltersatzleistung und ein bedeutendes Element der sozialen Absicherung. Die Ausgaben für Krankengeld nehmen seit einigen Jahren absolut und seit 2006 auch anteilig an den Gesamtleistungsausgaben der gesetzlichen Krankenversicherung (GKV) zu. Außerdem haben sich Verschiebungen zwischen den Diagnosegruppen und Veränderungen der Falldauer ergeben. Solche Befunde sind unter anderem für die Planung und Steuerung der Gesundheitsversorgung von großer Bedeutung, beispielsweise dafür, wie Langzeiterkrankte am besten unterstützt werden können. Der vorliegende Beitrag untersucht anhand von Krankenkassendaten aller AOK-Mitglieder von 2017 bis 2019, ob sich die genannten Entwicklungen fortgesetzt haben. Dabei werden insbesondere die Fallzahlen, Falldauern und die Ausgabenentwicklung sowie der Einfluss des Alters auf diese Parameter betrachtet. Die Daten werden dabei in die im deutschen Gesundheitswesen verfügbaren Datenquellen zum Krankengeld eingeordnet.

26.1 Einführung

Krankengeld ist eine Entgeltersatzleistung und ein wichtiges Element der sozialen Absicherung in Deutschland. Einen Leistungsanspruch darauf haben Mitglieder der gesetzlichen Krankenkassen, die mit Anspruch auf Krankengeld versichert sind (z. B. normalerweise Arbeitnehmer), bei krankheitsbedingter Langzeitarbeitsunfähigkeit. Es wird in der Regel ab der siebten Woche der Arbeitsunfähigkeit (AU) wegen derselben Krankheit gezahlt und löst bei Arbeitnehmern typischerweise die 100 %-Entgeltfortzahlung durch den Arbeitgeber ab. Die Höhe des Krankengeldes bemisst sich nach dem regelmäßigen Einkommen vor Beginn der AU und beträgt 70 % des Brutto-, maximal aber höchstens 90 % des Nettogehalts. Eventuelle Einmalzahlungen (zum Beispiel Urlaubs- oder Weihnachtsgeld) während der letzten zwölf Monate werden anteilig berücksichtigt. Das Krankengeld ist auf einen gesetzlichen Höchstbetrag begrenzt (Höchstkrankengeld im Jahr 2019: 105,88 € kalendertäglich).

Die Ausgaben für die Leistung Krankengeld nehmen seit einigen Jahren absolut, aber seit 2006 auch anteilig an den Gesamtleistungsausgaben der GKV, also überproportional, zu. Im Jahr 2015 legte anlässlich dessen der Sachverständigenrat zur Begutachtung der Entwicklung im Gesundheitswesen (SVR) im Auftrag des Bundesgesundheitsministers ein Sondergutachten zum Krankengeld vor und kam zu dem Schluss, dass ein erheblicher Teil dieser Entwicklung auf exogene und wirtschafts- sowie gesellschaftspolitisch durchaus wünschenswerte Faktoren zurückgeht. Dies sind vor allem eine höhere Erwerbsquote (Anstieg der sozialversicherungspflichtig Beschäftigten, infolgedessen der Anspruchsberechtigten) und gestiegene Erwerbseinkommen (infolgedessen höherer Zahlbetrag pro Tag) (SVR 2015). Allerdings wies der SVR auch auf eine gestiegene Fallzahl je krankengeldberechtigtem Mitglied (KGbM) und insbesondere eine gestiegene Falldauer hin. Bei diesen beiden Parametern sind wiederum u. a. demografische Effekte zu berücksichtigen, da ältere Menschen häufiger und länger krank werden.

Aus dem Anstieg der Falldauer und Verschiebungen zwischen den Diagnosegruppen ergeben sich auch Fragen mit weitergehender Relevanz für die Versorgungsforschung: Handelt es sich primär um Morbiditäts- bzw. Prävalenzveränderungen oder eher um einen Effekt eines veränderten Verhaltens auf Seiten der Versicherten und Leistungserbringer? Wie könnten Langzeiterkrankte noch besser unterstützt werden und welche Rolle soll dabei das Krankengeldfallmanagement der Krankenkassen einnehmen? Solche Fragen lassen sich in der Regel nicht allein anhand der Krankengelddaten abschließend beantworten, doch erlauben diese Daten der Krankenkassen hilfreiche Erkenntnisse über das zugrunde liegende Geschehen.

Der vorliegende Beitrag untersucht die Entwicklung beim Krankengeld unter allen AOK-Mitgliedern von 2017 bis 2019 und widmet sich insbesondere der Frage, ob die o. g. Entwicklungen sich fortgesetzt haben. Dabei werden die Fallzahlen, Falldauern sowie die Ausgabenentwicklung betrachtet. Das Krankengeld bei Erkrankung des Kindes (Kinderkrankengeld), das neben dem „AU-Krankengeld" existiert, wird dabei nicht einbezogen.

26.2 Einordnung der Datenquellen

Es existieren unterschiedliche Datenquellen, aus denen sich Schlüsse für die Krankengeldentwicklung ziehen lassen (RKI 2015). Die Datenquellen, die von verschiedenen Institutionen vorgehalten werden, besitzen unterschiedliche Stärken für die Analyse bestimmter Fragestellungen (Herr 2018). Zu ihnen gehören die öffentlich verfügbaren amtlichen Statistiken für die Ausgaben (KJ 1, KV 45), für die Krankengeldfälle (KG 2) und für die Mitglieder (KM 1) sowie die Daten einzelner Krankenkassen, die im Falle der AOKs auf Ebene der Krankenkassenart zusammengeführt werden können.

Die Daten basieren zum einen auf Routinedaten, die originär der Abrechnung dienen (bei ambulanten Arztbesuchen gemäß § 295 SGB V, bei Krankenhausfällen gemäß § 301 SGB V; Nimptsch et al. 2015) und Auskunft über Behandlungsdaten und Diagnosen geben, und zum anderen auf den AU-Bescheinigungen, die vom Versicherten direkt an die Krankenkasse übermittelt werden. Die Krankengeldzahlbeträge werden von den Krankenkassen einkommensabhängig berechnet.

Vorteile der amtlichen Statistiken sind die lange Datenreihe (ab 1973) und die Vollerfassung aller Versicherten, allerdings schränkt das Fehlen fallspezifischer Diagnosen und des Alters der Krankengeldbezieher die Analysemöglichkeiten deutlich ein. Die Krankheitsartenstatistik (KAST) enthält zwar Diagnoseinformationen, aber nur zu Arbeitsunfähig-

keit insgesamt und nicht speziell zu Krankengeld bzw. Langzeitarbeitsunfähigkeit; außerdem ist eine Betrachtung nur auf Ebene des ICD-10-Buchstabens (Einsteller) möglich.

Demgegenüber erlauben die Daten einzelner Krankenkassen bzw. Krankenkassenarten eine weitergehende Differenzierung beispielsweise hinsichtlich der Altersstruktur der Krankengeldbezieher sowie eine Analyse der den Krankengeldfällen zugrunde liegenden Krankheiten auf Basis der ICD-10-Diagnosen, bei Bedarf auch als Dreisteller (◘ Tab. 26.1). Noch tiefergehende Analysen, etwa im Rahmen einer Regressionsanalyse, lassen sich prinzipiell mit Individualdaten einzelner Krankenkassen durchführen.

Sofern ein Zugang ermöglicht wird, können auch aus dem Datensatz des morbiditätsorientierten Risikostrukturausgleichs beim Bundesamt für Soziale Sicherung (BAS) Schlussfolgerungen für das Krankengeld gezogen werden, die nach Geschlecht und Altersjahren differenziert werden können – allerdings ohne die Länge der Krankengeldfälle erfassen zu können. Außerdem liegen keine (Anlass-)Diagnosen je Fall vor, es können daher nur gezielt „Jahresprävalenzen" bestimmter ICD-Diagnosen unter allen Krankengeldbeziehern berechnet werden (Herr 2018). Zudem muss beim Morbi-RSA-Datensatz das Kinderkrankengeld behelfsweise geschätzt und eigens herausgerechnet werden.

Regionale Auswertungen sind am ehesten mit den Daten einzelner Krankenkassen beispielsweise im Fachcontrolling möglich, bei Sondervereinbarung auch mit den Morbi-RSA-Daten.

Beim Vergleich von Daten unterschiedlicher Krankenkassen ist zu berücksichtigen, dass diese möglicherweise mit unterschiedlichen Datenformaten arbeiten. Zudem können die Datengrundlagen und Selektionskriterien unterschiedlich sein, z. B. werden mehrere Diagnosen pro Krankengeldfall zugerechnet oder aber nur eine „Anlassdiagnose" – diese wiederum wird manchmal automatisiert in Abhängigkeit der Einträge auf den AU-Formularen, manchmal (z. B. im Falle der AOKs)

26

Tabelle 26.1 Übersicht über Datenquellen für Krankengeld. (Quelle: Modifiziert und aktualisiert aus Herr 2018)

Datenquelle	Amtliche Statistiken (KM1, KG2, KJ1/KV45)	Daten einzelner Krankenkassen bzw. Krankenkassenarten	Morbi-RSA-Daten	Transparenz-Daten (ab 2023 verfügbar)
Datenhaltende Institution	BMG	Krankenkassen	BAS/BfArM	BfArM/Forschungsdatenzentrum
Repräsentativität/Umfang	Alle GKV-Mitglieder	Je nach Krankenkasse	Alle GKV-Mitglieder	Alle GKV-Mitglieder
Zeitraum	Ab 1973	Ab ca. 2009 bzw. mehrere Jahre zurück	Ab 2009 bis 2018	Ab 2009
Verfügbarkeit/Zugang	Öffentlich	Mit Zustimmung der Krankenkasse(n)	Antrag bei BAS/BfArM	Antrag bei BfArM
Merkmale des Krankengelds				
Krankengeldfälle	x (KG2)	x	x	x
Krankengeldbezugstage	x (KG2)	x (ggf. auch fallbezogen)	–	x
Krankengeldausgaben	x (KJ1/KV45)	x	x	x
Kinderkrankengeld separierbar	x	x	– (behelfsweise schätzbar)	– (behelfsweise abschätzbar)
Krankengelddiagnosen (ICD-10-Codes)	–	x (fallbezogen)	(x) (als Jahresprävalenzen unter Krankengeldbeziehern, nicht fallbezogen)	x (nicht fallbezogen; quartalsweise Zuordnung möglich)
Merkmale der Krankengeldbezieher				
Alter	–	x	x	x
Geschlecht	(x) (teilweise)	x	x	x
Tätigkeitsschlüssel	–	Bei einzelnen Krankenkassen, z. B. AOKs	–	–
Versichertenstatus	x	x	–	x

◻ Tabelle 26.1 (Fortsetzung)

Datenquelle	Amtliche Statistiken (KM1, KG2, KJ1/KV45)	Daten einzelner Krankenkassen bzw. Krankenkassenarten	Morbi-RSA-Daten	Transparenz-Daten (ab 2023 verfügbar)
Aggregationsniveau und räumliche Auflösung				
Aggregationsniveau	Aggregiert auf Krankenkassenebene (z. B. Ersatzkassen)	Bei besonderer Vereinbarung Individualdatenanalyse pseudonymisiert möglich, sonst aggregiert je nach Fragestellung	Aggregiert je nach Fragestellung	Bei Notwendigkeit zur Beantwortung der Forschungsfrage pseudonymisierte Individualdatenanalyse möglich, sonst aggregiert je nach Fragestellung
Region/PLZ	–	Grundsätzlich möglich, Vereinbarung mit einzelnen Krankenkassen	Bei Sondervereinbarung mit dem BfArM möglich (2009 und ab 2011)	x
Datenformat				
Zurechnung der Ausgaben und Tage bei jahresübergreifenden Fällen	Aufteilung auf die Jahre	Unterschiedlich	Aufteilung auf die Jahre	Aufteilung auf die Jahre und auf Quartale möglich

Abkürzungen: BAS = Bundesamt für Soziale Sicherung, BMG = Bundesministerium für Gesundheit, BfArM = Bundesinstitut für Arzneimittel und Medizinprodukte.
Fehlzeiten-Report 2020

händisch durch einen Sachbearbeiter festgelegt; oder es werden die Fälle je nach Datum des Fallabschlusses oder auch des Fallbeginns auf die Jahre zugeordnet. Dies kann zu erheblichen Heterogenitäten führen (Herr 2018), die insbesondere bei einem beabsichtigten Zusammenführen von Daten berücksichtigt werden sollten.

Die folgenden Analysen basieren, sofern nichts anderes angegeben ist, auf aggregierten Daten aller AOKs. Dies ermöglicht eine krankengeldspezifische Auswertung u. a. nach Alters- und Diagnosegruppen.

26.3 Entwicklung des Krankengelds

Die jüngsten endgültigen Rechnungsergebnisse für das Krankengeld und die GKV-Gesamtleistungsausgaben liegen für das Jahr 2018 vor. Dort betrugen die Krankengeldausgaben 13,09 Mrd. €, die der GKV 226,22 Mrd. € (KJ 1-Statistik). Die Krankengeldausgaben machten somit 5,79 % aus. Für 2019 liegen gemäß der KV 45-Quartalsstatistik vorläufige Krankengeldausgaben von 14,4 Mrd. € vor. Demgegenüber betrugen die Krankengeldausgaben zehn Jahre früher, also im Jahr 2009, 7,26 Mrd. €, die Gesamtleistungsausgaben der GKV 160,4 Mrd. €. Die Krankengeldausgaben machten im Jahr 2009 also 4,53 % aus.

Die absoluten Krankengeldausgaben haben sich demnach in zehn Jahren annähernd verdoppelt. Der Anteil an den GKV-Gesamtleistungsausgaben war bis 2018 um mehr als einen Prozentpunkt gestiegen. Die Ursachen der steigenden Ausgabenentwicklung sind im SVR-Sondergutachten 2015 analysiert worden. Neben exogenen Faktoren wie z. B. Entwicklung der beitragspflichtigen Einkommen, konjunkturelle Lage, Alter und Geschlecht der Versicherten sowie Faktoren wie berufliche Qualifikation sowie Branche und Umfang der Tätigkeit der Versicherten, spielt laut SVR – insbesondere mit Blick auf den Einfluss der spezifischen Morbidität der Versicherten – der Zugang zu wirksamen Präventions- und Therapieangeboten eine wichtige Rolle (SVR 2015). Der SVR hat die Verbesserung der Effizienz und Effektivität von Prävention und Behandlung, vornehmlich in den krankengeldrelevanten Indikationsbereichen wie z. B. Rückenschmerzen und psychischen Erkrankungen, als wichtiges Element der Krankenkassenaktivitäten benannt (ebd.).

Betrachtet man die Entwicklung von 2017 bis 2019 genauer, sind auch die Krankengeldausgaben je KGbM gestiegen, und zwar für die gesamte GKV von 2017 auf 2018 um 4,3 % und von 2018 auf 2019 um 7,9 %.

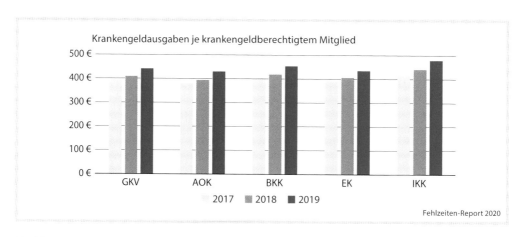

❏ **Abb. 26.1** Krankengeldausgaben je krankengeldberechtigtem Mitglied nach Krankenkassenart in den Jahren 2017–2019. (Quelle: Eigene Darstellung auf Basis von Daten der KV 45- und KM 1-Statistiken)

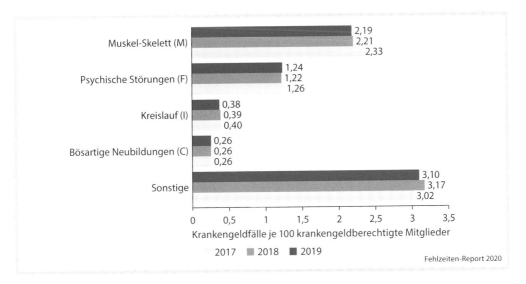

▫ Abb. 26.2 Krankengeldfälle nach Krankheitskategorie (ICD-10) je 100 krankengeldberechtigte AOK-Mitglieder in den Jahren 2017–2019. (Quelle: Eigene Darstellung auf Basis von AOK-Daten)

2019 ergibt sich ein Wert von 442 € je KGbM (▫ Abb. 26.1). Für die AOK zeigt sich eine Steigerung um 3,7 % bzw. 9,0 % auf 430 € je KGbM.

Die Ausgabensteigerung beim Krankengeld lässt sich in drei Komponenten zerlegen: Fallzahl (absolut oder je KGbM), Falldauer je Fall (Krankengeldtage) und Zahlbetrag pro Tag. Der letzte Parameter ist ausschließlich vom Einkommen abhängig und daher praktisch nicht aus dem Gesundheitssystem heraus beeinflussbar. Das mittlere Bruttoeinkommen ist in den letzten Jahren kontinuierlich gestiegen, und zwar von 3.141 € im Jahr 2009 auf 3.994 € im Jahr 2019, entsprechend einem Zuwachs um 27,2 % in zehn Jahren (Statistisches Bundesamt 2020). Im Folgenden werden diese Komponenten jeweils für die AOK-Versicherten dargestellt.

26.4 Krankengeldfallzahlen

Die Krankengeldfälle je 100 krankengeldberechtigte Mitglieder haben sich von 2017 bis 2019 uneinheitlich entwickelt, sie sind

bei manchen Krankheitsgruppen gesunken (Muskel-Skelett- und Herz-Kreislauf-Erkrankungen, geringfügiger auch bei psychischen Störungen), bei anderen ist sie hingegen gestiegen (▫ Abb. 26.2). Teilweise ist sie auch erst von 2017 auf 2018 gesunken und dann wieder gestiegen, etwa bei den psychischen Erkrankungen. Unter den hier einzeln betrachteten Krankheitsgruppen (die aggregierten „Sonstigen" außen vorgelassen) fallen die Muskel-Skelett-Erkrankungen als besonders häufige Diagnosegruppe auf, was ein von früheren Untersuchungen, auch bei anderen Krankenkassen, bekannter Befund ist (SVR 2015).

26.5 Krankengeldfalldauern

Die Krankengeldfalldauern sind von 2017 bis 2019 kontinuierlich angestiegen (▫ Abb. 26.3). Der Anteil der besonders langen Fälle, d. h. über 180 Tagen, ist dabei von 15,7 auf 16,9 % gestiegen, während vor allem der Anteil der kurzen Krankengeldfälle unter 20 Tagen leicht abgenommen hat, und zwar

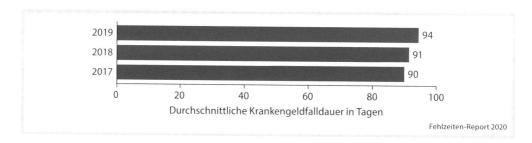

Fehlzeiten-Report 2020

■ **Abb. 26.3** Krankengeldfalldauer in Tagen bei den AOK-Mitgliedern in den Jahren 2017–2019. (Quelle: Eigene Darstellung auf Basis von Daten der AOK)

26

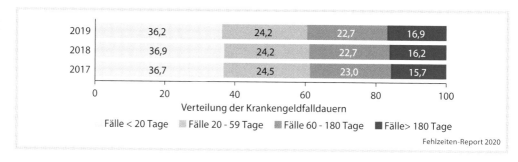

Fehlzeiten-Report 2020

■ **Abb. 26.4** Verteilung der Krankengeldfalldauern bei den AOK-Mitgliedern in den Jahren 2017–2019. (Quelle: Eigene Darstellung auf Basis von AOK-Daten)

von 36,7 auf 36,2 % (■ Abb. 26.4). Die Fälle zwischen 20 und 180 Tagen sind anteilig auch geringfügig zurückgegangen. Dabei sind von 2017 bis 2018 nur die Fälle zwischen 20 und 180 Tagen zurückgegangen, von 2018 bis 2019 hingegen nur die Fälle unter 20 Tagen, während die Fälle über 180 Tagen in beiden Jahren leicht zugenommen haben. Trotz der geschilderten leichten Verschiebung sind Fälle mit unter 20 Tagen Krankengeldbezug weiterhin häufig.

Für die Krankengeldfalldauern macht es einen großen Unterschied, welche Krankheit der Langzeitarbeitsunfähigkeit zugrunde liegt. Die größte Rolle spielen die Erkrankungsgruppen Muskel-Skelett-Erkrankungen (ICD-10: Buchstabe M), psychische Erkrankungen (ICD-10: Buchstabe F), Herz-Kreislauf-Erkrankungen (ICD-10: Buchstabe I) und Krebserkrankungen (ICD-10: Buchstabe C). Die längsten Falldauern bestehen bei Krebserkrankungen (ICD-10: Buchstabe C) mit durchschnittlich über 200 Tagen; bei psychischen Störungen und Kreislauferkrankungen liegen sie bei 136 bzw. 129 Tagen (■ Abb. 26.5). Die Muskel-Skelett-Erkrankungen führen zu mittleren Falldauern von 98 Tagen. Das bedeutet, die mittlere Falldauer bei Krebserkrankungen ist mehr als doppelt so lang als diejenige bei den (besonders häufigen) Muskel-Skelett-Erkrankungen.

■■ **Krankengeldausgaben nach Diagnosen**

Entsprechend der Falldauern sind auch die Krankengeldausgaben je Fall zwischen den Krankheitskategorien sehr unterschiedlich, steigen insgesamt aber an (■ Abb. 26.6). Die höchsten Ausgaben je Fall ergeben sich für die Krebserkrankungen mit 12.340 € im Jahr 2019, gefolgt von den Herz-Kreislauf-Erkrankungen mit 7.874 € und den psychischen Störungen mit 7.743 €.

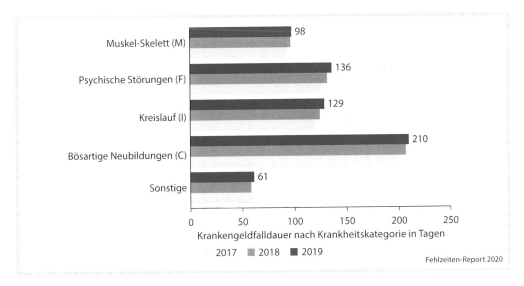

☐ **Abb. 26.5** Krankengeldfalldauern nach Krankheitskategorie (ICD-10) in Tagen bei den AOK-Mitgliedern in den Jahren 2017–2019. (Quelle: Eigene Darstellung auf Basis von AOK-Daten)

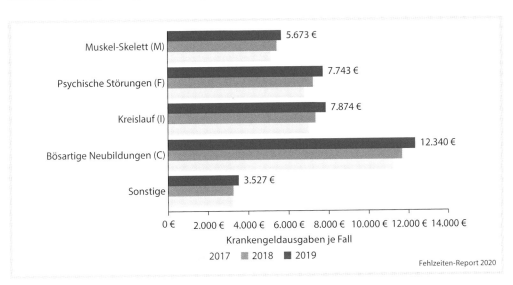

☐ **Abb. 26.6** Krankengeldausgaben in Euro je Fall nach Krankheitskategorie (ICD-10) bei den AOK-Mitgliedern für die Jahre 2017–2019. (Quelle: Eigene Darstellung auf Basis von AOK-Daten)

26.6 Krankengeldtage nach Diagnosen

Bei einer Betrachtung der Krankengeldtage je 100 KGbM nach den obigen Krankheitsgruppen sind die Muskel-Skelett-Erkrankungen im Jahr 2019 mit 214 Tagen je 100 KGbM an vorderster Stelle (☐ Abb. 26.7). Es folgen die psychischen Störungen (169 Tage je 100 KGbM), während die Werte bei den Kreislauferkrankungen und bösartigen Neubildungen mit 49 bzw. 54 Tagen je 100 KGbM deutlich geringer ausfallen. Dies ist hauptsächlich auf die Un-

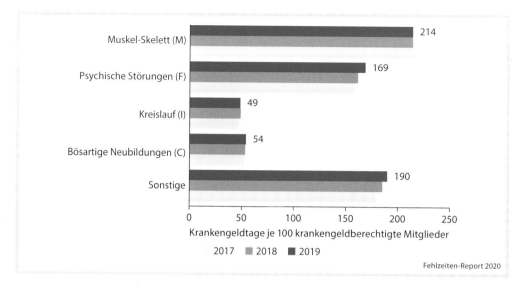

Abb. 26.7 Krankengeldtage nach Krankheitskategorie (ICD-10) je 100 krankengeldberechtigte AOK-Mitglieder in den Jahren 2017–2019. (Quelle: Eigene Darstellung auf Basis von AOK-Daten)

terschiede bei den Krankengeldfallzahlen zurückzuführen, auch wenn die Fälle mit bösartigen Neubildungen besonders lange Falldauern aufweisen (Abb. 26.5). Von 2017 bis 2019 sind die Krankengeldtage je 100 KGbM wegen der generell länger gewordenen Falldauern trotz überwiegend gesunkener Fallzahlen in den meisten Krankheitsgruppen mehr geworden. Lediglich bei den Muskel-Skelett-Erkrankungen sind sie geringfügig weniger geworden (Abb. 26.7).

26.7 Einfluss des Alters

Das Alter der krankengeldberechtigten Mitglieder hat einen erheblichen Einfluss auf die Fallhäufigkeit, die Falldauer und entsprechend auch die Ausgaben, wie entsprechende Auswertungen nach Altersgruppe zeigen (Abb. 26.8–26.10). So geht die Mehrzahl der Krankengeldfälle auf Mitglieder der Altersgruppe 50–64 Jahre zurück (Abb. 26.8), obwohl diese nur 35 % der Bevölkerung zwischen 15 und 64 Jahren ausmachen (diese Zahl allerdings nicht unterschieden nach Berufs-

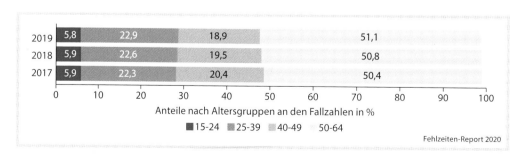

Abb. 26.8 Anteil der AOK-Mitglieder an den Krankengeldfallzahlen nach Altersgruppen in den Jahren 2017–2019. (Quelle: Eigene Darstellung auf Basis von AOK-Daten)

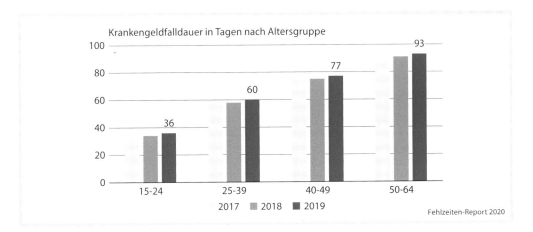

Abb. 26.9 Krankengeldfalldauer in Tagen nach Altersgruppe bei AOK-Mitgliedern in den Jahren 2017–2019. (Quelle: Eigene Darstellung auf Basis von AOK-Daten)

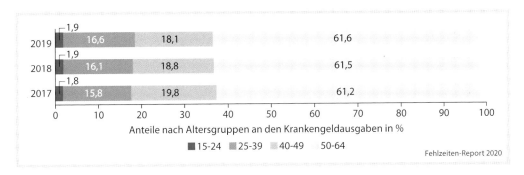

Abb. 26.10 Anteil der AOK-Mitglieder an den Krankengeldfallausgaben nach Altersgruppen in den Jahren 2017–2019. (Quelle: Eigene Darstellung auf Basis von AOK-Daten)

tätigkeit; Genesis-Destatis 2020). Der Anteil dieser Altersgruppe ist von 2017 bis 2019 nochmals von 50,4 auf 51,1 % gestiegen.

Die Krankengeldfalldauer ist in höherem Alter erheblich länger. Während 15- bis 24-Jährige im Jahr 2019 eine Falldauer von 36 Tagen aufwiesen, betrug diese in der Altersgruppe der 25- bis 39-Jährigen bereits 60 Tage, bei den 40- bis 49-Jährigen 77 Tage und bei den 50- bis 64-Jährigen 93 Tage (☐ Abb. 26.9).

Entsprechend ist auch der Anteil der Älteren an den Krankengeldausgaben überproportional hoch: 61,6 % der Ausgaben gehen auf die Altersgruppe der 50- bis 64-Jährigen zurück (☐ Abb. 26.10). Von der Altersgruppe

der 15- bis 24-Jährigen resultieren hingegen unter 2 % der Krankengeldausgaben. Dies hat neben den höheren Fallzahlen und Falldauern der Älteren auch mit den unterschiedlich hohen Einkommen der Versichertengruppen zu tun.

26.8 Zusammenfassung

Die absoluten Krankengeldausgaben sind bei den AOK-Mitgliedern wie bei allen Krankenkassen seit 2017 weiter gestiegen, wodurch sich ein Trend fortsetzt, der 2006 begonnen hat. Auch der Anteil der Krankengeldausgaben an den Gesamtleistungsausgaben der GKV hat weiter zugenommen.

Die Zahl der Krankengeldfälle je krankengeldberechtigtem Mitglied hat sich von 2017 bis 2019 hinsichtlich der zugrunde liegenden Diagnosen uneinheitlich entwickelt, sie ist bei manchen Krankheitsgruppen gesunken (Muskel-Skelett- und Herz-Kreislauf-Erkrankungen, geringfügiger auch bei psychischen Störungen), bei anderen ist sie hingegen gestiegen. Jedenfalls sind aber die Krankengeldfalldauern insgesamt gestiegen, und zwar bei allen hier einzeln betrachteten Krankheitsgruppen. Dies überkompensiert hinsichtlich der Ausgaben die teilweise gesunkene Fallzahl je KGbM. Dabei hat der Anteil der besonders langen Fälle über 180 Tage auf knapp 17 % zugenommen. Weiterhin gilt, dass die Falldauern bei Krebserkrankungen mit im Mittel über 200 Tagen besonders lang sind, wodurch sich in der Folge auch höhere Ausgaben je KGbM ergeben als bei anderen Krankheitsgruppen – wie zum Beispiel bei den häufigen Muskel-Skelett-Erkrankungen, deren mittlere Falldauer knapp 100 Tage beträgt.

Das Alter hat einen erheblichen Einfluss sowohl auf die Fallzahlen als auch auf die Krankengeldfalldauern, im Resultat auch auf die Krankengeldausgaben – je höher das Alter, desto wahrscheinlicher tritt ein Krankengeldfall ein und desto länger dauert er im Mit-

tel. Die Falldauer beispielsweise unterscheidet sich im Jahr 2019 zwischen 36 Tagen bei den 15- bis 24-Jährigen und 93 Tagen bei den 50- bis 64-Jährigen und damit um den Faktor 2,6. Dieser Unterschied hat sich von 2017 bis 2019 weiter verstärkt.

Literatur

Genesis-Destatis (2020) Genesis Online, Datenbank des Statistischen Bundesamts. https://www-genesis.destatis.de/genesis/. Zugegriffen: 2. Mai 2020

Herr D (2018) Datenquellen zum Krankengeld im deutschen Gesundheitswesen – eine Übersicht sowie Empfehlungen für die Versorgungsforschung. Z Evid Fortbild Qual Gesundhes 135–136:56–64

Nimptsch U, Bestmann A, Erhart M, Dudey S, Marx Y, Saam J, Schopen M, Schröder H, Swart E (2015) Zugang zu Routinedaten. In: Swart E, Ihle P, Gothe H, Matusiewicz D (Hrsg) Routinedaten im Gesundheitswesen. Huber, Bern

Robert Koch-Institut (2015) Wichtige Datenquellen. In: Gesundheit in Deutschland 2015. Gesundheitsberichterstattung des Bundes. Gemeinsam getragen von RKI und Destatis. RKI, Berlin, S 501–510

Statistisches Bundesamt (2020) Entwicklung der Bruttoverdienste. https://www.destatis.de/DE/Themen/Arbeit/Verdienste/Verdienste-Verdienstunterschiede/Tabellen/lange-reihe-deutschland.html. Zugegriffen: 2. Mai 2020

SVR – Sachverständigenrat zur Begutachtung der Entwicklung im Gesundheitswesen (2015) Krankengeld – Entwicklung, Ursachen und Steuerungsmöglichkeiten. Hogrefe, Berlin

Die Arbeitsunfähigkeit in der Statistik der GKV

Klaus Busch

Inhaltsverzeichnis

© Springer-Verlag GmbH Deutschland, ein Teil von Springer Nature 2020
B. Badura et al. (Hrsg.), *Fehlzeiten-Report 2020*, Fehlzeiten-Report,
https://doi.org/10.1007/978-3-662-61524-9_27

■ ■ Zusammenfassung

Der vorliegende Beitrag gibt anhand der Statistiken des Bundesministeriums für Gesundheit (BMG) einen Überblick über die Arbeitsunfähigkeitsdaten der gesetzlichen Krankenkassen (GKV). Zunächst werden die Arbeitsunfähigkeitsstatistiken der Krankenkassen und die Erfassung der Arbeitsunfähigkeit erläutert. Anschließend wird die Entwicklung der Fehlzeiten auf GKV-Ebene geschildert und Bezug auf die Unterschiede bei den Fehlzeiten zwischen den verschiedenen Kassen genommen. Zum Schluss sind Daten der Krankheitsartenstatistik 2018 enthalten.

27.1 Arbeitsunfähigkeitsstatistiken der Krankenkassen

Die Krankenkassen sind nach § 79 SGB IV verpflichtet, Übersichten über ihre Rechnungs- und Geschäftsergebnisse sowie sonstige Statistiken zu erstellen und über den GKV-Spitzenverband an das Bundesministerium für Gesundheit zu liefern. Bis zur Gründung des GKV-Spitzenverbandes war dies Aufgabe der Bundesverbände der einzelnen Kassenarten. Näheres hierzu wird in der Allgemeinen Verwaltungsvorschrift über die Statistik in der gesetzlichen Krankenversicherung (KSVwV) geregelt. Bezüglich der Arbeitsunfähigkeitsfälle finden sich Regelungen zu drei Statistiken:

- Krankenstand: Bestandteil der monatlichen Mitgliederstatistik KM 1
- Arbeitsunfähigkeitsfälle und -tage: Bestandteil der Jahresstatistik KG 2
- Arbeitsunfähigkeitsfälle und -tage nach Krankheitsarten: Jahresstatistik KG 8

Am häufigsten wird in der allgemeinen Diskussion mit dem Krankenstand argumentiert, wobei dieser Begriff unterschiedlich definiert wird. Der Krankenstand in der amtlichen Statistik wird über eine Stichtagserhebung gewonnen, die zu jedem Ersten eines Monats durchgeführt wird. Die Krankenkasse ermittelt

im Rahmen ihrer Mitgliederstatistik die zu diesem Zeitpunkt arbeitsunfähig kranken Pflicht- und freiwilligen Mitglieder mit einem Krankengeldanspruch. Vor dem Jahr 2007 bezog sich der Krankenstand auf die Pflichtmitglieder. Dabei wurden Rentner, Studenten, Jugendliche und Behinderte, Künstler, Wehr-, Zivil- sowie Dienstleistende bei der Bundespolizei, landwirtschaftliche Unternehmer und Vorruhestandsgeldempfänger nicht berücksichtigt, da für diese Gruppen in der Regel keine Arbeitsunfähigkeitsbescheinigungen von einem Arzt ausgestellt wurden. Seit dem Jahr 2005 bleiben auch die Arbeitslosengeld-II-Empfänger unberücksichtigt, da sie im Gegensatz zu den früheren Arbeitslosenhilfeempfängern keinen Anspruch auf Krankengeld haben und somit für diesen Mitgliederkreis nicht unbedingt AU-Bescheinigungen ausgestellt und den Krankenkassen übermittelt werden.

Die AU-Bescheinigungen werden vom behandelnden Arzt ausgestellt und unmittelbar an die Krankenkasse gesandt, die sie zur Ermittlung des Krankenstandes auszählt. Dies kann auch in elektronischer Form geschehen. Die Erhebung des Krankenstandes erfolgt monatlich im Rahmen der Mitgliederstatistik KM 1, die auch monatlich vom BMG im Internet veröffentlicht wird.[1] Aus den zwölf Stichtagswerten eines Jahres wird als arithmetisches Mittel ein jahresdurchschnittlicher Krankenstand errechnet. Dabei werden auch Korrekturen berücksichtigt, die z. B. wegen verspäteter Meldungen notwendig werden.

Eine Totalauszählung der Arbeitsunfähigkeitsfälle und -tage erfolgt in der Jahresstatistik KG 2. Da in dieser Statistik nicht nur das AU-Geschehen an einem Stichtag erfasst, sondern jeder einzelne AU-Fall mit seinen dazugehörigen Tagen im Zeitraum eines Kalenderjahres berücksichtigt wird, ist die Aussagekraft höher. Allerdings können die Auswertungen der einzelnen Krankenkassen auch erst nach Ab-

---

1   ► https://www.bundesgesundheitsministerium.de/themen/krankenversicherung/zahlen-und-fakten-zur-krankenversicherung/mitglieder-und-versicherte.html.

schluss des Berichtsjahres beginnen und die Ergebnisse daher nur mit einer zeitlichen Verzögerung von mehr als einem halben Jahr vorgelegt werden. Auch die Ergebnisse dieser Statistik werden vom BMG im Internet veröffentlicht.[2]

Zur weiteren Qualifizierung der Arbeitsunfähigkeitsfälle dient die Statistik KG 8, die sogenannte Krankheitsartenstatistik. Im Rahmen dieser Statistik werden Einzeldatensätze mit Diagnosemerkmalen, Altersgruppenzugehörigkeit des Mitglieds, der Falldauer etc. gemeldet. Aufgrund der großen Datenmenge und des aufwendigen Auswertungsverfahrens liegt die Krankheitsartenstatistik erst am Ende des Folgejahres vor.

27.2 Erfassung von Arbeitsunfähigkeit

Informationsquelle für eine bestehende Arbeitsunfähigkeit der pflichtversicherten Arbeitnehmer bildet die Arbeitsunfähigkeitsbescheinigung des behandelnden Arztes. Nach § 5 EFZG bzw. § 3 LFZG ist der Arzt verpflichtet, dem Träger der gesetzlichen Krankenversicherung unverzüglich eine Bescheinigung über die Arbeitsunfähigkeit mit Angaben über den Befund und die voraussichtliche Dauer zuzuleiten; nach Ablauf der vermuteten Erkrankungsdauer stellt der Arzt bei Weiterbestehen der Arbeitsunfähigkeit eine Fortsetzungsbescheinigung aus. Das Vorliegen einer Krankheit allein ist für die statistische Erhebung nicht hinreichend – entscheidend ist die Feststellung des Arztes, dass der Arbeitnehmer aufgrund des konkret vorliegenden Krankheitsbildes daran gehindert ist, seine Arbeitsleistung zu erbringen (§ 3 EFZG). Der arbeitsunfähig schreibende Arzt einerseits und der ausgeübte Beruf andererseits spielen daher für Menge und Art der AU-Fälle eine nicht unbedeutende Rolle.

Voraussetzung für die statistische Erfassung eines AU-Falles ist somit im Normalfall, dass eine AU-Meldung vorliegt. Zu berücksichtigen sind jedoch auch Fälle von Arbeitsunfähigkeit, die der Krankenkasse auf andere Weise als über die AU-Bescheinigung bekannt werden – beispielsweise Meldungen von Krankenhäusern über eine stationäre Behandlung oder die Auszahlung von Krankengeld nach Ablauf der Entgeltfortzahlungszeit. Nicht berücksichtigt werden solche AU-Fälle, für die die Krankenkasse nicht Kostenträger ist, aber auch Fälle mit einem Arbeitsunfall oder einer Berufskrankheit, für die der Träger der Unfallversicherung das Heilverfahren nicht übernommen hat. Ebenfalls nicht erfasst werden Fälle, bei denen eine andere Stelle wie z. B. die Rentenversicherung ein Heilverfahren ohne Kostenbeteiligung der Krankenkasse durchführt. Die Entgeltfortzahlung durch den Arbeitgeber wird allerdings nicht als Fall mit anderem Kostenträger gewertet, sodass AU-Fälle sowohl den Zeitraum der Entgeltfortzahlung als auch den Zeitraum umfassen, in dem der betroffene Arbeitnehmer Krankengeld bezogen hat.

Ein Fehlen am Arbeitsplatz während der Mutterschutzfristen ist kein Arbeitsunfähigkeitsfall im Sinne der Statistik, da Mutterschaft keine Krankheit ist. AU-Zeiten, die aus Komplikationen während einer Schwangerschaft oder bei der Geburt entstehen, werden jedoch berücksichtigt, soweit sich dadurch die Freistellungsphase um den Geburtstermin herum verlängert.

Der als „arbeitsunfähig" erfassbare Personenkreis ist begrenzt: In der Statistik werden nur die AU-Fälle von Pflicht- und freiwilligen Mitgliedern mit einem Krankengeldanspruch berücksichtigt. Mitversicherte Familienangehörige und Rentner sind definitionsgemäß nicht versicherungspflichtig beschäftigt, sie können somit im Sinne des Krankenversicherungsrechts nicht arbeitsunfähig krank sein.

Da die statistische Erfassung der Arbeitsunfähigkeit primär auf die AU-Bescheinigung des behandelnden Arztes abgestellt ist, können

---

2 ▶ https://www.bundesgesundheitsministerium.de/themen/krankenversicherung/zahlen-und-fakten-zur-krankenversicherung/geschaeftsergebnisse.html.

insbesondere bei den Kurzzeitarbeitsunfähigkeiten Untererfassungen auftreten. Falls während der ersten drei Tage eines Fernbleibens von der Arbeitsstelle wegen Krankheit dem Arbeitgeber (aufgrund gesetzlicher oder tarifvertraglicher Regelungen) keine AU-Bescheinigung vorgelegt werden muss, erhält die Krankenkasse nur in Ausnahmefällen Kenntnis von der Arbeitsunfähigkeit. Andererseits bescheinigt der Arzt nur die voraussichtliche Dauer der Arbeitsunfähigkeit; tritt jedoch vorher Arbeitsfähigkeit ein, erhält die Krankenkasse auch in diesen Fällen nur selten eine Meldung, dass das Mitglied die Arbeit wiederaufgenommen hat. Gehen AU-Bescheinigungen bei den Krankenkassen nicht zeitgerecht ein, kann die statistische Auswertung und Meldung schon erfolgt sein; der betreffende Fall wird dann zwar bei der Berechnung des monatlichen Krankenstandes nicht berücksichtigt, fließt aber in die Ermittlung des Jahresdurchschnitts mit ein und wird in der Statistik KG 2 – also der Totalauszählung der AU-Fälle und Tage – berücksichtigt. Der Krankenstand wird in der Regel eine Woche nach dem Stichtag ermittelt.

Der AU-Fall wird zeitlich in gleicher Weise abgegrenzt wie der Versicherungsfall im rechtlichen Sinn. Demnach sind mehrere mit Arbeitsunfähigkeit verbundene Erkrankungen, die als ein Versicherungsfall gelten, auch als ein AU-Fall zu zählen. Der Fall wird abgeschlossen, wenn ein anderer Kostenträger (z. B. die Rentenversicherung) ein Heilverfahren durchführt; besteht anschließend weiter Arbeitsunfähigkeit, wird ein neuer Leistungsfall gezählt. Der AU-Fall wird statistisch in dem Jahr berücksichtigt, in dem er abgeschlossen wird, sodass diesem Jahr alle Tage des Falles zugeordnet werden, auch wenn sie kalendermäßig teilweise im Vorjahr lagen.

27.3 Entwicklung des Krankenstandes

Der Krankenstand ist nach dem Jahr 2014 angestiegen und im Jahr 2017 leicht gesunken. Im Jahr 2019 hat er erstmals wieder den höchsten Wert seit dem Jahr 1996 erreicht. Er befindet sich dennoch heute, verglichen mit den 1970er und 1980er Jahren, auf einem Niveau, das sich seit Einführung der Lohnfortzahlung für Arbeiter im Jahr 1970 um einen Prozentpunkt reduziert hat. Zeiten vor 1970 sind nur bedingt vergleichbar, da durch eine andere Rechtsgrundlage bezüglich der Lohnfortzahlung (z. B. Karenztage) und des Bezugs von Krankengeld auch andere Meldewege und Erfassungsmethoden angewandt wurden. Da der Krankenstand in Form der Stichtagsbetrachtung erhoben wird, kann er nur bedingt ein zutreffendes Ergebnis zur absoluten Höhe der Ausfallzeiten wegen Krankheit liefern. Die zwölf Monatsstichtage betrachten nur jeden 30. Kalendertag, sodass z. B. eine Grippewelle möglicherweise nur deswegen nicht erfasst wird, weil ihr Höhepunkt zufällig in den Zeitraum zwischen zwei Stichtagen fällt. Saisonale Schwankungen ergeben sich nicht nur aus den Jahreszeiten heraus. Es ist auch zu berücksichtigen, dass Stichtage auf Sonn- und Feiertage fallen können, sodass eine beginnende Arbeitsunfähigkeit erst später, also zu Beginn des nächsten Arbeitstages, festgestellt werden würde (◘ Abb. 27.1). Deutlich wird dies auch bei der aktuellen Entwicklung der Pandemie durch das Corona-Virus: Die KM-1-Statistik hat offensichtlich die Wirkungen der Pandemie erstmals am Stichtag 1. April 2020 vollumfänglich erfasst, denn am Stichtag 1. März 2020 lag das Krankenstandsniveau noch auf der Höhe des Stichtags vom 1. Februar 2020 und erhöhte sich dann bis zum April um 45 %. Wurden zum Stichtag 1. März 2020 noch 1.470.709 arbeitsunfähige Mitglieder gemeldet, waren es zum Stichtag 1. April 2020 schon 2.126.105 arbeitsunfähige Mitglieder. Der monatliche Krankenstand erhöhte sich von 4,47 auf 6,48 %.

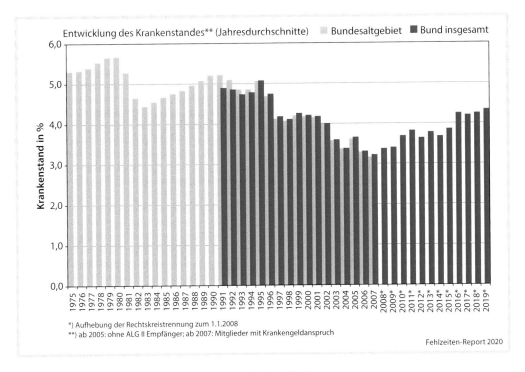

☐ **Abb. 27.1** Entwicklung des Krankenstandes (Jahresdurchschnitte)

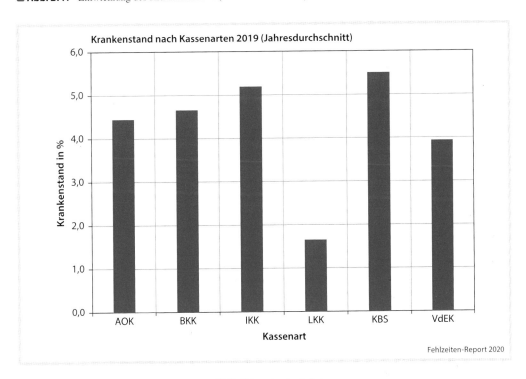

☐ **Abb. 27.2** Krankenstand nach Kassenarten 2019 (Jahresdurchschnitt)

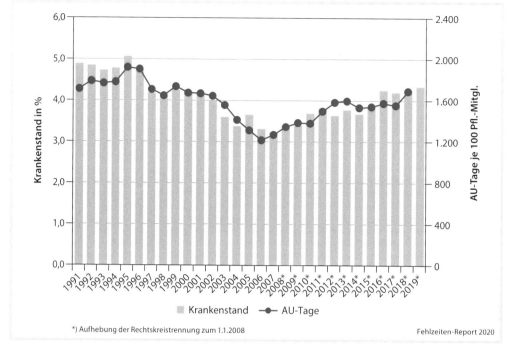

■ Abb. 27.3 Entwicklung von Krankenstand und AU-Tagen je 100 Pflichtmitglieder, 1991 bis 2019

Die Krankenstände der einzelnen Kassenarten unterscheiden sich zum Teil erheblich. Die Ursachen dafür dürften in den unterschiedlichen Mitgliederkreisen bzw. deren Berufs- und Alters- sowie Geschlechtsstrukturen liegen. Ein anderes Berufsspektrum bei den Mitgliedern einer anderen Kassenart führt somit auch automatisch zu einem abweichenden Krankenstandniveau bei gleichem individuellem, berufsbedingtem Krankheitsgeschehen der Mitglieder (■ Abb. 27.2). Die weiteren Beiträge des vorliegenden Fehlzeiten-Reports gehen für die Mitglieder der AOKs ausführlich auf die unterschiedlichen Fehlzeitenniveaus der einzelnen Berufsgruppen und Branchen ein.

Durch Fusionen bei den Krankenkassen reduziert sich auch die Zahl der Verbände. So haben sich zuletzt die Verbände der Arbeiterersatzkassen und der Angestellten-Krankenkassen zum Verband der Ersatzkassen e. V. (VdEK) zusammengeschlossen. Fusionen finden auch über Kassenartengrenzen hinweg

statt, wodurch sich das Berufsspektrum der Mitglieder verschiebt und sich auch der Krankenstand einer Kassenart verändert.

27.4   Entwicklung der Arbeitsunfähigkeitsfälle

Durch die Totalauszählungen der Arbeitsunfähigkeitsfälle im Rahmen der GKV-Statistik KG 2 werden die o. a. Mängel einer Stichtagserhebung vermieden. Allerdings kann eine Totalauszählung erst nach Abschluss des Beobachtungszeitraums, d. h. nach dem Jahresende, vorgenommen werden. Die Meldewege und die Nachrangigkeit der statistischen Erhebung gegenüber dem Jahresrechnungsabschluss bringen es mit sich, dass der GKV-Spitzenverband die Ergebnisse der GKV-Statistik KG 2 erst im August zu einem Bundesergebnis zusammenführen und dem Bundesministerium für Gesundheit übermitteln kann.

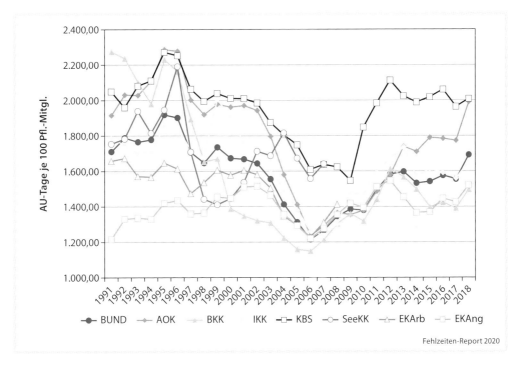

■ **Abb. 27.4** Arbeitsunfähigkeitstage je 100 Pflichtmitglieder nach Kassenarten, 1991 bis 2018

Dies führt dazu, das die GKV-Statistik KG 2 erst im Fehlzeiten-Report 2022 die Pandemie durch das Corona-Virus dokumentieren kann.

Ein Vergleich der Entwicklung von Krankenstand und Arbeitsunfähigkeitstagen je 100 Pflichtmitglieder zeigt, dass sich das Krankenstandniveau und das Niveau der AU-Tage je 100 Pflichtmitglieder gleichgerichtet entwickeln, es jedoch eine leichte Unterzeichnung beim Krankenstand gegenüber den AU-Tagen gibt (■ Abb. 27.3). Hieraus lässt sich schließen, dass der Krankenstand als Frühindikator für die Entwicklung des AU-Geschehens genutzt werden kann. Zeitreihen für das gesamte Bundesgebiet liegen erst für den Zeitraum ab dem Jahr 1991 vor, da zu diesem Zeitpunkt auch in den neuen Bundesländern das Krankenversicherungsrecht aus den alten Bundesländern eingeführt wurde. Seit 1995 wird Berlin insgesamt den alten Bundesländern zugeordnet, zuvor gehörte der Ostteil Berlins zum Rechtskreis der neuen Bundesländer.

Der Vergleich der Entwicklung der Arbeitsunfähigkeitstage je 100 Pflichtmitglieder nach Kassenarten zeigt, dass es bei den einzelnen Kassenarten recht unterschiedliche Entwicklungen gegeben hat. Am deutlichsten wird der Rückgang des Krankenstandes bei den Betriebskrankenkassen, die durch die Wahlfreiheit zwischen den Kassen und die Öffnung der meisten Betriebskrankenkassen auch für betriebsfremde Personen einen Zugang an Mitgliedern mit einer günstigeren Risikostruktur zu verzeichnen hatten. Die günstigere Risikostruktur dürfte insbesondere damit zusammenhängen, dass mobile, wechselbereite und gutverdienende jüngere Personen Mitglieder wurden, aber auch daran, dass andere, weniger gesundheitlich gefährdete Berufsgruppen jetzt die Möglichkeit haben, sich bei Betriebskrankenkassen mit einem günstigen Beitragssatz zu versichern. Durch die Einführung des Gesundheitsfonds mit einem einheitlichen Beitragssatz für die GKV ist der Anreiz zum Kassenwechsel reduziert worden.

◘ Tabelle 27.1 Arbeitsunfähigkeitsfälle und -tage der Pflichtmitglieder (ohne Rentner) nach Falldauer 2018

Dauer der Arbeitsunfähigkeit in Tagen	Fälle		Tage		
	Absolut	In %	Absolut	In %	
1 bis 7	27.867.697	65,63	96.543.264	16,82	
8 bis 14	7.826.222	18,43	80.768.603	14,07	
15 bis 21	2.535.360	5,97	43.873.507	7,64	
22 bis 28	1.204.513	2,84	29.436.287	5,13	
29 bis 35	711.180	1,67	22.393.391	3,90	
36 bis 42	525.892	1,24	20.493.247	3,57	
1 bis 42	40.670.864	95,79	293.508.299	51,12	*Ende Lohnfortzahlung*
43 bis 49	263.278	0,62	11.964.560	2,08	
50 bis 56	161.879	0,38	8.558.723	1,49	
57 bis 63	131.532	0,31	7.868.803	1,37	
64 bis 70	100.916	0,24	6.755.688	1,18	
71 bis 77	85.873	0,20	6.348.458	1,11	
78 bis 84	73.084	0,17	5.919.612	1,03	
1 bis 84	41.487.426	97,71	340.924.143	59,38	*12 Wochen*
85 bis 91	66.985	0,16	5.892.910	1,03	
92 bis 98	56.107	0,13	5.330.984	0,93	
99 bis 105	50.420	0,12	5.143.711	0,90	
106 bis 112	45.401	0,11	4.949.318	0,86	
113 bis 119	41.863	0,10	4.859.071	0,85	
120 bis 126	36.874	0,09	4.537.212	0,79	
1 bis 126	41.785.076	98,41	371.637.349	64,73	*18 Wochen*
127 bis 133	33.120	0,08	4.308.290	0,75	
134 bis 140	30.789	0,07	4.220.378	0,74	
141 bis 147	28.468	0,07	4.101.594	0,71	
148 bis 154	26.169	0,06	3.952.698	0,69	
155 bis 161	23.780	0,06	3.759.399	0,65	
162 bis 168	22.238	0,05	3.671.164	0,64	
1 bis 168	41.949.640	98,80	395.650.872	68,91	*24 Wochen*
1 bis 210	42.057.687	99,05	415.991.459	72,46	*30 Wochen*
1 bis 252	42.129.426	99,22	432.514.590	75,33	*36 Wochen*
1 bis 294	42.182.397	99,35	446.954.143	77,85	*42 Wochen*

27

◨ **Tabelle 27.1** (Fortsetzung)

Dauer der Arbeitsunfähigkeit in Tagen	Fälle		Tage		
	Absolut	In %	Absolut	In %	
1 bis 336	42.224.234	99,45	460.122.367	80,14	*48 Wochen*
1 bis 364	42.247.392	99,50	468.237.412	81,56	*52 Wochen (1 Jahr)*
Insgesamt	**42.459.319**	**100,00**	**574.125.075**	**100,00**	***78 Wochen***

Fehlzeiten-Report 2020

Kassen, die aufgrund ihrer wirtschaftlichen Situation gezwungen waren, einen Zusatzbeitrag zu erheben, hatten jedoch einen enormen Mitgliederschwund zu verzeichnen. Dies führte bei mehreren Kassen sogar zu einer Schließung.

Auch bei der IKK ging der Krankenstand zurück: Eine Innungskrankenkasse hatte aufgrund ihres günstigen Beitragssatzes in den Jahren von 2003 bis Ende 2008 einen Zuwachs von über 600.000 Mitgliedern zu verzeichnen, davon allein fast 511.000 Pflichtmitglieder mit einem Entgeltfortzahlungsanspruch von sechs Wochen. Diese Kasse wies im Zeitraum von 2004 bis 2008 stets einen jahresdurchschnittlichen Krankenstand von unter 2 % aus. Da sie Ende 2008 in ihrer Kassenart über 17 % der Pflichtmitglieder mit einem Entgeltfortzahlungsanspruch von sechs Wochen versicherte, reduzierte sich in diesem Zeitraum der Krankenstand der Innungskrankenkassen insgesamt deutlich. 2009 fusionierte diese Kasse in den Ersatzkassenbereich und der Krankenstand der Innungskrankenkassen nahm in der Folge wieder überproportional zu.

Am ungünstigsten verlief die Entwicklung bei den Angestellten-Ersatzkassen (EKAng), die jetzt nach der Fusion mit den Arbeiterersatzkassen den VdEK bilden. Nach einer Zwischenphase mit höheren AU-Tagen je 100 Pflichtmitglieder in den Jahren 2001 und 2002 reduzierte sich die Zahl der AU-Tage bis 2006, stieg dann aber wieder bis 2012 über das Niveau von 2002 hinaus; dieser Trend setzte sich in den Jahren 2013 und 2015 allerdings nicht

fort (◨ Abb. 27.4), sodass der VdEK und die BKKn seit 2012 wieder die Kassenarten mit den geringsten Zahlen bei den Arbeitsunfähigkeitstagen je 100 Pflichtmitglieder sind.

Insgesamt hat sich die Bandbreite der gemeldeten AU-Tage je 100 Pflichtmitglieder zwischen den verschiedenen Kassenarten deutlich reduziert. Im Jahr 1991 wiesen die Betriebskrankenkassen noch 2.275 AU-Tage je 100 Pflichtmitglieder aus, während die Angestelltenersatzkassen nur 1.217 AU-Tage je 100 Pflichtmitglieder meldeten – dies ist eine Differenz von 1.058 AU-Tage je 100 Pflichtmitglieder. Im Jahr 2018 hat sich diese Differenz zwischen der ungünstigsten und der günstigsten Kassenart auf rund 511 AU-Tage je 100 Pflichtmitglieder reduziert. Lässt man das Sondersystem KBS (Knappschaft-Bahn-See) unberücksichtigt, so reduziert sich die Differenz im Jahr 2018 zwischen den Betriebskrankenkassen mit 1.496 AU-Tagen je 100 Pflichtmitglieder und den Allgemeinen Ortskrankenkassen mit 1.991 AU-Tagen je 100 Pflichtmitglieder auf gerade 495 AU-Tage je 100 Pflichtmitglieder und damit auf rund 47 % des Wertes von 1991.

27.5 Dauer der Arbeitsunfähigkeit

In der Statistik KG8 (Krankheitsartenstatistik) wird auch die Dauer der einzelnen Arbeitsunfähigkeitsfälle erfasst. Damit lässt sich aufzeigen, wie viele Arbeitsunfähigkeitsfälle und

-tage im Lohnfortzahlungszeitraum von den ersten sechs Wochen abgeschlossen werden. Die Ergebnisse werden in der ◨ Tab. 27.1 dargestellt. Im Jahr 2018 waren 95,79 % aller Arbeitsunfähigkeitsfälle innerhalb von sechs Wochen abgeschlossen, kommen also nicht in den Zeitraum, für den die Krankenkassen Krankengeld zahlen. Wie schwer das Gewicht der Langzeitfälle jedoch ist, wird dadurch deutlich, dass die Arbeitsunfähigkeitsfälle mit einer Dauer von sechs Wochen und weniger lediglich 51,12 % der Arbeitsunfähigkeitstage insgesamt bilden.

Mit den Daten zur Altersabhängigkeit der Arbeitsunfähigkeit lässt sich modellhaft überprüfen, ob der kontinuierliche Anstieg des Krankenstandes seit dem Jahr 2007 seine Ursache in der demographischen Entwicklung hat. Durch die demographische Entwicklung einerseits und die Anhebung des Renteneintrittsalters andererseits werden die Altersgruppen 60 bis unter 65 Jahre und 65 bis unter 70 Jahre in Zukunft vermehrt erwerbstätig sein. Dies allein wird schon wegen der altersspezifischen Häufigkeit der Arbeitsunfähigkeitstage in diesen Gruppen den Krankenstand steigen lassen.

27.6 Altersabhängigkeit der Arbeitsunfähigkeit

Die Dauer der einzelnen Arbeitsunfähigkeitsfälle nach Altersgruppen wird ebenfalls erfasst. Damit lässt sich aufzeigen, wie viele Arbeitsunfähigkeitstage jede Altersgruppe jahresdurchschnittlich in Anspruch nimmt. Das Ergebnis wird in ◨ Tab. 27.2 dargestellt. Die wenigsten Arbeitsunfähigkeitstage je 10 Tsd. Pflichtmitglieder hat die Altersgruppe der 25- bis unter 30-Jährigen, nämlich gut 100 Tsd. AU-Tage im Jahr 2018. Die höchsten Werte sind bei den Altersgruppe 60 bis unter 65 Jahre zu beobachten, nämlich gut 297 Tsd. AU-Tage im Jahr 2018.

In der ◨ Tab. 27.2 wird dargestellt, dass die Falldauer sukzessive mit dem Alter zunimmt. Den geringsten Wert weist hier die Altersgruppe 15 bis unter 20 aus (5,31 Tage je Fall). Die Altersgruppe 65 bis unter 70 Jahre kommt hier auf 28,91 Tage je Fall, also auf den mehr als fünffachen Wert. Die Altersgruppe 15 bis unter 20 Jahre verursacht trotz der geringen Dauer der AU-Fälle mehr AU-Tage je Pflichtmitglied als die Altersgruppe der 25- bis unter 30-Jährigen. Dies hängt damit zusammen, dass die unter 20-Jährigen zwar nicht so lange krank sind, dafür aber wesentlich häufiger.

27.7 Arbeitsunfähigkeit nach Krankheitsarten

Abschließend soll noch ein Blick auf die Verteilung der Arbeitsunfähigkeitsfälle nach Krankheitsarten geworfen werden. Die Rasterung erfolgt zwar nur grob nach Krankheitsartengruppen, aber auch hier wird deutlich, dass die Psychischen und Verhaltensstörungen durch ihre lange Dauer von fast 42 Tagen je Fall ein Arbeitsunfähigkeitsvolumen von gut 30 Tsd. Arbeitsunfähigkeitstagen je 10.000 Pflichtmitglieder bilden. Sie liegen damit aber noch deutlich hinter den Krankheiten des Muskel-Skelett-Systems und des Bindegewebes mit gut 42 Tsd. Tagen, aber schon über den Krankheiten des Atmungssystems mit fast 26 Tsd. Tagen. Die Zahlen sind der ◨ Tab. 27.3 zu entnehmen.

Frauen fehlten 2018 häufiger durch Psychische und Verhaltensstörungen (37.497 AU-Tage je 10.000 Pflichtmitglieder) als Männer (23.093 AU-Tage je 10.000 Pflichtmitglieder). Umgekehrt war es bei den Krankheiten des Muskel-Skelett-Systems und des Bindegewebes: Hier verursachten 2018 Männer 45.775 AU-Tage je 10.000 Pflichtmitglieder, während für Frauen „nur" 39.181 AU-Tage je 10.000 Pflichtmitglieder ausgewiesen wurden.

◻ Tabelle 27.2 Arbeitsunfähigkeitsfälle und -tage je 10.000 Pflichtmitglieder (ohne Rentner) nach Altersgruppen 2018

Altersgruppen	Frauen			Männer			Frauen und Männer zusammen		
	Fälle	Tage	Tage je Fall	Fälle	Tage	Tage je Fall	Fälle	Tage	Tage je Fall
	je 10.000 Pflichtmitglieder o. R. der Altersgruppe			je 10.000 Pflichtmitglieder o. R. der Altersgruppe			je 10.000 Pflichtmitglieder o. R. der Altersgruppe		
GKV insgesamt									
Bis unter 15	174	42.258	243,33	308	23.839	77,52	243	32.650	134,10
15 bis unter 20	21.233	111.680	5,26	21.464	114.745	5,35	21.366	113.442	5,31
20 bis unter 25	16.128	112.857	7,00	15.232	108.271	7,11	15.641	110.363	7,06
25 bis unter 30	11.764	105.009	8,93	10.721	95.840	8,94	11.217	100.197	8,93
30 bis unter 35	11.544	119.589	10,36	11.070	110.912	10,02	11.297	115.074	10,19
35 bis unter 40	11.893	137.947	11,60	11.433	130.579	11,42	11.660	134.213	11,51
40 bis unter 45	12.448	160.985	12,93	11.657	151.871	13,03	12.057	156.481	12,98
45 bis unter 50	13.183	195.129	14,80	12.141	182.156	15,00	12.678	188.848	14,90
50 bis unter 55	13.626	225.767	16,57	12.449	214.002	17,19	13.065	220.163	16,85
55 bis unter 60	14.006	256.089	18,28	13.178	261.273	19,83	13.608	258.580	19,00
60 bis unter 65	12.807	288.779	22,55	12.190	306.501	25,14	12.504	297.484	23,79
65 bis unter 70	5.300	145.172	27,39	4.116	125.490	30,49	4.647	134.318	28,91
70 bis unter 75	610	9.194	15,06	618	9.962	16,12	615	9.701	15,77
75 bis unter 80	369	5.382	14,58	422	5.928	14,03	405	5.750	14,19
80 und älter	4.777	26.898	5,63	5.541	31.402	5,67	5.220	29.509	5,65
Insgesamt	13.038	176.231	13,52	12.264	165.905	13,53	12.648	171.023	13,52

27

◼ **Tabelle 27.2** (Fortsetzung)

Altersgruppen	Frauen			Männer			Frauen und Männer zusammen		
	Fälle	Tage	Tage je Fall	Fälle	Tage	Tage je Fall	Fälle	Tage	Tage je Fall
	je 1.000 Pflichtmitglieder o. R. der Altersgruppe			je 1.000 Pflichtmitglieder o. R. der Altersgruppe			je 1.000 Pflichtmitglieder o. R. der Altersgruppe		
AOK Bund									
Bis unter 15	683	1.902	2,79	1.197	4.530	3,79	957	3.303	3,45
15 bis unter 20	21.687	109.378	5,04	22.796	117.246	5,14	22.312	113.812	5,10
20 bis unter 25	18.316	121.328	6,62	18.254	121.187	6,64	18.282	121.250	6,63
25 bis unter 30	13.372	114.106	8,53	13.859	114.312	8,25	13.636	114.217	8,38
30 bis unter 35	12.053	120.216	9,97	13.236	124.712	9,42	12.701	122.678	9,66
35 bis unter 40	12.348	137.862	11,17	12.972	140.165	10,81	12.688	139.117	10,96
40 bis unter 45	12.998	162.316	12,49	12.694	158.951	12,52	12.833	160.492	12,51
45 bis unter 50	13.939	202.602	14,53	12.935	189.042	14,61	13.400	195.318	14,58
50 bis unter 55	14.069	232.707	16,54	12.982	222.507	17,14	13.484	227.221	16,85
55 bis unter 60	13.867	257.151	18,54	13.303	265.033	19,92	13.564	261.385	19,27
60 bis unter 65	11.883	276.011	23,23	12.064	308.685	25,59	11.981	293.643	24,51
65 bis unter 70	3.665	120.238	32,81	3.258	112.111	34,41	3.428	115.502	33,69
70 bis unter 75	120	1.963	16,43	137	2.364	17,21	132	2.245	17,00
75 bis unter 80	168	2.488	14,83	133	824	6,21	143	1.324	9,25
80 und älter	79	1.046	13,23	165	1.337	8,08	128	1.212	9,44
Insgesamt	13.745	174.759	12,71	13.728	174.786	12,73	13.736	174.774	12,72

◘ **Tabelle 27.2** (Fortsetzung)

Altersgruppen	Frauen			Männer			Frauen und Männer zusammen		
	Fälle	Tage	Tage je Fall	Fälle	Tage	Tage je Fall	Fälle	Tage	Tage je Fall
	je 10.000 Pflichtmitglieder o. R. der Altersgruppe			je 10.000 Pflichtmitglieder o. R. der Altersgruppe			je 10.000 Pflichtmitglieder o. R. der Altersgruppe		
BKK Bund									
Bis unter 15	69	556	8,00	62	1.914	31,00	65	1.275	19,50
15 bis unter 20	23.211	118.735	5,12	21.901	113.242	5,17	22.431	115.464	5,15
20 bis unter 25	16.363	112.986	6,90	14.794	105.348	7,12	15.504	108.804	7,02
25 bis unter 30	11.886	105.225	8,85	10.044	92.189	9,18	10.925	98.420	9,01
30 bis unter 35	11.771	120.227	10,21	10.805	109.785	10,16	11.280	114.919	10,19
35 bis unter 40	12.127	136.553	11,26	11.579	131.763	11,38	11.869	134.301	11,31
40 bis unter 45	12.535	156.184	12,46	12.247	157.136	12,83	12.402	156.623	12,63
45 bis unter 50	13.040	183.321	14,06	12.912	187.584	14,53	12.980	185.326	14,28
50 bis unter 55	14.000	223.346	15,95	13.628	224.065	16,44	13.821	223.693	16,19
55 bis unter 60	14.897	265.133	17,80	15.099	285.125	18,88	14.999	275.160	18,35
60 bis unter 65	14.000	307.178	21,94	13.547	317.972	23,47	13.757	312.960	22,75
65 bis unter 70	7.022	201.446	28,69	6.026	179.153	29,73	6.473	189.170	29,22
70 bis unter 75	140	8.368	59,58	82	6.103	74,17	101	6.818	67,74
75 bis unter 80	222	2.713	12,23	62	977	15,89	107	1.474	13,73
80 und älter	175	1.696	9,67	74	1.059	14,33	120	1.350	11,22
Insgesamt	13.389	175.914	13,14	12.831	174.570	13,60	13.110	175.243	13,37

27

■ Tabelle 27.2 (Fortsetzung)

Altersgruppen	Frauen			Männer			Frauen und Männer zusammen		
	je 10.000 Pflichtmitglieder o. R. der Altersgruppe			je 10.000 Pflichtmitglieder o. R. der Altersgruppe			je 10.000 Pflichtmitglieder o. R. der Altersgruppe		
	Fälle	Tage	Tage je Fall	Fälle	Tage	Tage je Fall	Fälle	Tage	Tage je Fall
IKK Bund									
Bis unter 15	0	0	0,00	328	820	2,50	161	403	2,50
15 bis unter 20	17.199	93.640	5,44	17.779	96.130	5,41	17.540	95.102	5,42
20 bis unter 25	15.181	111.144	7,32	14.041	107.342	7,65	14.553	109.050	7,49
25 bis unter 30	11.901	114.668	9,64	10.141	99.812	9,84	10.950	106.643	9,74
30 bis unter 35	11.905	128.926	10,83	10.513	113.217	10,77	11.165	120.576	10,80
35 bis unter 40	12.032	145.668	12,11	11.035	133.340	12,08	11.483	138.884	12,09
40 bis unter 45	12.432	167.423	13,47	11.344	155.330	13,69	11.804	160.438	13,59
45 bis unter 50	12.884	196.757	15,27	11.580	178.686	15,43	12.140	186.451	15,36
50 bis unter 55	13.497	232.520	17,23	12.016	209.877	17,47	12.666	219.818	17,36
55 bis unter 60	13.898	261.613	18,82	12.905	271.638	21,05	13.344	267.204	20,02
60 bis unter 65	13.409	323.876	24,15	13.483	375.238	27,83	13.450	352.396	26,20
65 bis unter 70	6.480	195.924	30,23	5.417	200.727	37,06	5.868	198.690	33,86
70 bis unter 75	122	994	8,12	41	1.452	35,08	66	1.311	19,80
75 bis unter 80	17	257	15,00	14	192	13,50	15	211	13,99
80 und älter	84	1.894	22,67	15	91	6,00	39	725	18,50
Insgesamt	12.930	183.542	14,20	11.814	177.724	15,04	12.308	180.302	14,65

◻ Tabelle 27.2 (Fortsetzung)

Altersgruppen	Frauen			Männer			Frauen und Männer zusammen		
	Fälle	Tage	Tage je Fall	Fälle	Tage	Tage je Fall	Fälle	Tage	Tage je Fall
	je 10.000 Pflichtmitglieder o. R. der Altersgruppe			je 10.000 Pflichtmitglieder o. R. der Altersgruppe			je 10.000 Pflichtmitglieder o. R. der Altersgruppe		
LKK									
Bis unter 15	0	0	0,00	0	0	0,00	0	0	0,00
15 bis unter 20	3.469	20.612	5,94	1.833	14.933	8,15	2.236	16.332	7,30
20 bis unter 25	1.349	11.419	8,46	918	12.069	13,15	988	11.964	12,11
25 bis unter 30	767	9.182	11,98	484	9.077	18,77	541	9.098	16,81
30 bis unter 35	925	15.054	16,28	360	6.424	17,85	444	7.702	17,36
35 bis unter 40	809	13.619	16,83	168	4.696	27,97	272	6.141	22,60
40 bis unter 45	782	13.880	17,75	68	1.288	18,99	181	3.287	18,14
45 bis unter 50	546	10.514	19,27	64	1.468	23,10	134	2.791	20,82
50 bis unter 55	708	23.818	33,65	60	1.428	23,73	150	4.544	30,22
55 bis unter 60	757	23.564	31,14	58	2.259	39,11	148	5.018	33,85
60 bis unter 65	586	24.704	42,12	93	3.265	35,08	157	6.045	38,48
65 bis unter 70	166	5.953	35,85	50	3.121	62,46	64	3.457	54,25
70 bis unter 75	265	2.947	11,13	25	81	3,20	57	463	8,07
75 bis unter 80	0	0	0,00	30	292	9,67	24	229	9,66
80 und älter	0	0	0,00	65	343	5,25	46	244	5,25
Insgesamt	694	16.883	24,31	140	3.211	22,88	221	5.199	23,53

◻ Tabelle 27.2 (Fortsetzung)

Altersgruppen	Frauen			Männer			Frauen und Männer zusammen		
	je 10.000 Pflichtmitglieder o. R. der Altersgruppe			je 10.000 Pflichtmitglieder o. R. der Altersgruppe			je 10.000 Pflichtmitglieder o. R. der Altersgruppe		
	Fälle	Tage	Tage je Fall	Fälle	Tage	Tage je Fall	Fälle	Tage	Tage je Fall
KBS									
Bis unter 15	0	0	0,00	0	0	0,00	0	0	0,00
15 bis unter 20	7.621	48.750	6,40	7.683	44.822	5,83	7.656	46.539	6,08
20 bis unter 25	14.951	116.814	7,81	14.092	112.702	8,00	14.495	114.630	7,91
25 bis unter 30	11.410	118.215	10,36	9.903	104.470	10,55	10.626	111.059	10,45
30 bis unter 35	11.290	129.891	11,50	10.213	114.269	11,19	10.719	121.601	11,34
35 bis unter 40	11.602	149.882	12,92	10.976	142.170	12,95	11.272	145.812	12,94
40 bis unter 45	12.683	182.634	14,40	11.386	164.861	14,48	11.997	173.231	14,44
45 bis unter 50	12.977	221.486	17,07	11.632	200.400	17,23	12.224	209.675	17,15
50 bis unter 55	13.719	257.618	18,78	12.421	240.549	19,37	13.002	248.194	19,09
55 bis unter 60	14.451	291.742	20,19	13.869	290.240	20,93	14.131	290.917	20,59
60 bis unter 65	14.047	350.740	24,97	14.156	372.287	26,30	14.107	362.538	25,70
65 bis unter 70	7.621	226.869	29,77	6.667	179.115	26,87	7.038	197.686	28,09
70 bis unter 75	3.084	32.969	10,69	2.897	30.943	10,68	2.943	31.439	10,68
75 bis unter 80	2.404	20.546	8,55	2.358	26.860	11,39	2.365	25.870	10,94
80 und älter	254.138	1.342.586	5,28	166.667	890.251	5,34	192.354	1.023.089	5,32
Insgesamt	12.882	202.331	15,71	11.939	195.039	16,34	12.370	198.376	16,04

▢ Tabelle 27.2 (Fortsetzung)

Altersgruppen	Frauen			Männer			Frauen und Männer zusammen		
	Fälle	Tage	Tage je Fall	Fälle	Tage	Tage je Fall	Fälle	Tage	Tage je Fall
	je 10.000 Pflichtmitglieder o. R. der Altersgruppe			je 10.000 Pflichtmitglieder o. R. der Altersgruppe			je 10.000 Pflichtmitglieder o. R. der Altersgruppe		
VdEK									
Bis unter 15	112	56.125	500,62	185	31.012	167,96	150	43.062	287,42
15 bis unter 20	21.140	120.259	5,69	20.541	119.211	5,80	20.792	119.649	5,75
20 bis unter 25	13.749	103.342	7,52	12.032	94.111	7,82	12.837	98.436	7,67
25 bis unter 30	10.209	94.436	9,25	7.783	76.760	9,86	8.984	85.513	9,52
30 bis unter 35	10.956	116.860	10,67	8.972	96.081	10,71	9.979	106.635	10,69
35 bis unter 40	11.427	136.958	11,99	9.934	119.918	12,07	10.724	128.937	12,02
40 bis unter 45	11.990	160.541	13,39	10.426	141.811	13,60	11.312	152.423	13,47
45 bis unter 50	12.739	193.635	15,20	11.240	175.711	15,63	12.131	186.370	15,36
50 bis unter 55	13.241	220.383	16,64	11.746	205.521	17,50	12.665	214.651	16,95
55 bis unter 60	13.878	251.289	18,11	12.687	251.140	19,79	13.416	251.231	18,73
60 bis unter 65	13.087	287.061	21,93	11.895	292.274	24,57	12.606	289.163	22,94
65 bis unter 70	5.983	143.850	24,04	4.721	125.696	26,63	5.368	135.002	25,15
70 bis unter 75	952	13.977	14,68	1.205	19.546	16,21	1.102	17.261	15,67
75 bis unter 80	520	8.152	15,66	679	11.403	16,79	618	10.149	16,42
80 und älter	261	4.570	17,49	474	6.960	14,67	379	5.895	15,54
Insgesamt	12.376	176.002	14,22	10.642	150.530	14,14	11.599	164.578	14,19

Fehlzeiten-Report 2020

27

● **Tabelle 27.3** Arbeitsunfähigkeitsfälle und -tage der Pflichtmitglieder (ohne Rentner) nach Krankheitsartengruppen 2018

Krankheitsartengruppe	Frauen			Männer			Zusammen		
	je 10.000 Pfl.-Mitgl. o. R.			je 10.000 Pfl.-Mitgl. o. R.			je 10.000 Pfl.-Mitgl. o. R.		
	Fälle	Tage	Tage je Fall	Fälle	Tage	Tage je Fall	Fälle	Tage	Tage je Fall
I. Bestimmte infektiöse und parasitäre Krankheiten	1.359	7.899	5,81	1.379	7.633	5,54	1.369	7.765	5,67
II. Neubildungen	201	8.906	44,26	146	5.445	37,37	173	7.160	41,34
III. Krankheiten des Blutes und der blutbildenden Organe sowie bestimmte Störungen mit Beteiligung des Immunsystems	19	341	18,33	11	257	22,69	15	299	20,00
IV. Endokrine, Ernährungs- und Stoffwechselkrankheiten	73	1.330	18,29	66	1.248	18,92	69	1.288	18,59
V. Psychische und Verhaltensstörungen	895	37.497	41,88	549	23.093	42,09	720	30.231	41,96
VI. Krankheiten des Nervensystems	383	5.222	13,65	254	4.343	17,11	318	4.779	15,05
VII. Krankheiten des Auges und der Augenanhangsgebilde	160	1.180	7,35	158	1.284	8,11	159	1.232	7,73
VIII. Krankheiten des Ohres und des Warzenfortsatzes	161	1.572	9,77	128	1.232	9,64	144	1.401	9,72
IX. Krankheiten des Kreislaufsystems	307	5.594	18,25	333	9.465	28,40	320	7.547	23,58
X. Krankheiten des Atmungssystems	4.028	28.280	7,02	3.452	23.679	6,86	3.738	25.959	6,94
XI. Krankheiten des Verdauungssystems	1.169	7.291	6,24	1.227	8.598	7,01	1.198	7.950	6,64
XII. Krankheiten der Haut und der Unterhaut	153	1.813	11,81	197	2.744	13,92	175	2.282	13,01

☐ **Tabelle 27.3** (Fortsetzung)

Krankheitsartengruppe	Frauen			Männer			Zusammen		
	Fälle	Tage	Tage je Fall	Fälle	Tage	Tage je Fall	Fälle	Tage	Tage je Fall
	je 10.000 Pfl.-Mitgl. o. R.			je 10.000 Pfl.-Mitgl. o. R.			je 10.000 Pfl.-Mitgl. o. R.		
XIII. Krankheiten des Muskel-Skelett-Systems und des Bindegewebes	1.756	39.181	22,32	2.330	45.775	19,64	2.046	42.508	20,78
XIV. Krankheiten des Urogenitalsystems	421	3.639	8,65	146	1.804	12,34	282	2.713	9,62
XV. Schwangerschaft, Geburt und Wochenbett	233	2.646	11,34	0	0	0,00	116	1.311	11,34
XVI. Bestimmte Zustände, die ihren Ursprung in der Perinatalperiode haben	1	12	10,15	0	6	14,71	1	9	11,36
XVII. Angeborene Fehlbildungen, Deformitäten und Chromosomenanomalien	16	375	23,33	13	274	20,84	15	324	22,20
XVIII. Symptome und abnorme klinische und Laborbefunde, die anderenorts nicht klassifiziert sind	1.017	9.214	9,06	816	7.304	8,95	916	8.250	9,01
XIX. Verletzungen, Vergiftungen und bestimmte andere Folgen äußerer Ursachen	686	14.240	20,75	1.059	21.722	20,52	874	18.014	20,61
Insgesamt (I. bis XIX. zus.)	**13.038**	**176.231**	**13,52**	**12.264**	**165.905**	**13,53**	**12.648**	**171.023**	**13,52**

Fehlzeiten-Report 2020

Betriebliches Gesundheitsmanagement und krankheitsbedingte Fehlzeiten in der Bundesverwaltung

Annette Schlipphak

Inhaltsverzeichnis

© Springer-Verlag GmbH Deutschland, ein Teil von Springer Nature 2020
B. Badura et al. (Hrsg.), *Fehlzeiten-Report 2020*, Fehlzeiten-Report,
https://doi.org/10.1007/978-3-662-61524-9_28

■ ■ Zusammenfassung

Die krankheitsbedingten Fehlzeiten der unmittelbaren Bundesverwaltung werden auf der Grundlage eines Kabinettsbeschlusses seit 1997 erhoben und veröffentlicht. Der nachfolgende Beitrag umfasst den Erhebungszeitraum 2018 und basiert auf dem im November 2019 veröffentlichten Gesundheitsförderungsbericht 2018. Das Schwerpunktthema fokussiert auf die Umsetzung des Betrieblichen Gesundheitsmanagements in der unmittelbaren Bundesverwaltung. Darüber hinaus werden die krankheitsbedingten Abwesenheitszeiten in der Bundesverwaltung dargestellt und analysiert (Statistisches Bundesamt 2018a).

28.1 Gesundheitsmanagement in der Bundesverwaltung

Das Durchschnittsalter der Beschäftigten der unmittelbaren Bundesverwaltung bleibt – trotz einer rückläufigen Tendenz – weiterhin hoch. Dies hat Einfluss auf die krankheitsbedingten Fehlzeiten. Gerade ältere Beschäftigte weisen durchschnittlich längere Ausfallzeiten auf als jüngere Beschäftigte. Daneben wirkt sich der Faktor Qualifikation auf die Entwicklung der krankheitsbedingten Fehlzeiten aus. Mit zunehmender Qualifikationshöhe der Beschäftigten und dem damit verbundenen Tätigkeitsprofil sinken die krankheitsbedingten Fehlzeiten. Die Gruppe der Beschäftigten im einfachen Dienst fehlten durchschnittlich an 32,21 Arbeitstagen, im mittleren Dienst an 26,25 Arbeitstagen und im höheren Dienst an 10,72 Arbeitstagen. Um langfristig die Gesundheit der Beschäftigten des Bundes für einen leistungsfähigen öffentlichen Dienst zu erhalten, setzt der Bund seit einigen Jahren auf ein systematisches Gesundheitsmanagement. In Rahmen des Fehlzeiten-Reports wurden in der Vergangenheit das Eckpunktepapier zum Betrieblichen Gesundheitsmanagement sowie die vertiefenden Schwerpunktpapiere vorgestellt.

28.1.1 Entwicklung des Gesundheitsmanagements

Mit der Verabschiedung der „Gemeinsamen Initiative zur Förderung des Gesundheitsmanagements in der Bundesverwaltung" wurde 2009 eine Grundlage für die Entwicklung des Betrieblichen Gesundheitsmanagements (BGM) gelegt. Im Jahr 2010 wurde eine erste Bestandsaufnahme zur Einführung des BGM vorgenommen. Um die weitere Entwicklung zu dokumentieren, fand im Jahr 2018 erneut eine Befragung in der unmittelbaren Bundesverwaltung statt. Erfasst wurden insbesondere die konzeptionellen Grundlagen, die Organisation und Evaluation sowie die zur Verfügung stehenden Ressourcen.

An dieser Befragung beteiligten sich 122 Behörden und Dienststellen der unmittelbaren Bundesverwaltung, darunter die obersten Bundesbehörden. Die Ergebnisse können daher als einen ersten Hinweis auf den Stand der Umsetzung des BGM in der unmittelbaren Bundesverwaltung verstanden werden.

28.1.2 Kernaussagen

- Das BGM hat sich in den vergangenen Jahren in der Bundesverwaltung grundsätzlich positiv entwickelt.
- Hinsichtlich der konzeptionellen und strukturellen Rahmenbedingungen sind positive Veränderungen festzustellen: In mehr als der Hälfte der Behörden basiert das BGM auf einem schriftlichen Konzept. Dies ist gegenüber 2010 ein Anstieg um fast 40 %. Dienstvereinbarungen zum BGM wurden in gut 20 % der Behörden abgeschlossen.
- In rund zwei Drittel der Behörden und Dienststellen wird BGM systematisch und zielorientiert eingesetzt. Gegenüber dem Jahr 2010 bedeutet dies eine Verdopplung.
- In mehr als der Hälfte der Behörden basiert das BGM auf einer regelmäßigen Bedarfserhebung.

28.1.3 Verankerung des BGM in den Behörden

Betriebliches Gesundheitsmanagement ist inzwischen Teil der behördlichen Strukturen und des behördlichen Alltags. Dies zeigt sich darin, dass bei über der Hälfte der Behörden Maßnahmen des BGM systematisch und zielorientiert geplant, umgesetzt, kontrolliert und verbessert werden, in rund einem Viertel der Behörden ist die Einführung des systematischen BGM geplant. Dennoch geben noch rund 23 % der Behörden an, keine Anstrengungen unternommen zu haben, ein systematisches BGM einzuführen.

Eine Dienstvereinbarung bietet bei knapp einem Viertel der Behörden die formale Grundlage für das BGM. Dies sind doppelt so viele Behörden wie im Jahr 2010. Die Anzahl der Behörden, die keine entsprechende Vereinbarung mit der Personalvertretung abgeschlossen haben, ist dagegen fast gleichgeblieben. Unabhängig davon, ob eine Dienstvereinbarung abgeschlossen wurde, können die strukturelle Verankerung und strategische Zielrichtung des BGM auch auf anderem Wege geregelt werden. Eine Option ist ein schriftliches BGM-Konzept. Der Anteil der Behörden, die über ein solches Konzept verfügen, ist seit 2010 deutlich angestiegen: von 15 auf 54 %. Ein weiteres Viertel der Behörden plant, ein entsprechendes Konzept zu entwickeln.

Ein systematisches BGM folgt den Prozessschritten eines Managementsystems. Grundlage für weite Teile des BGM der unmittelbaren Bundesverwaltung bildet das Eckpunktepapier zum Betrieblichen Gesundheitsmanagement. Dieses wird flankiert und unterstützt durch die vertiefenden Schwerpunktpapiere zu den jeweiligen Prozessschritten. Generell fördern Managementsysteme die Entwicklung von Kennzahlen und die Ableitung von Standards der Erhebung, Auswertung und Bewertung. Durch ihre formalen Anforderungen stellen sie sicher, dass klar definierte Standards oder formale Prozesse eingehalten bzw. erfüllt werden. In einigen Behörden werden behördenübergreifende Managementsysteme eingesetzt. In diesen Fällen kann es sinnvoll sein, das BGM auch in einen bestehenden Prozess zu integrieren. Von Interesse war, welche Management- oder Qualitätssicherungssysteme in der Bundesverwaltung verbreitet sind (Mehrfachantworten). Rund die Hälfte der Behörden lässt sich im Audit Beruf und Familie zertifizieren. Auch das Arbeitsschutzmanagementsystem (AMS) wird in einem Drittel der Behörden eingesetzt. Weniger verbreitet sind andere Managementsysteme.

28.1.4 Organisation und Ressourcen im BGM

Rund zwei Drittel der Behörden geben an, dass sie gesundheitliche Fragen in die Personal- und Organisationsentwicklung integriert haben. Eine Einbindung über den Inneren Dienst findet in 17 % der Behörden statt. Rund 40 % der Behörden haben für das BGM andere Organisationsformen gefunden.

Die Personalvertretung sowie Beschäftigte und Führungskräfte werden in fast allen Behörden beteiligt.

In rund 70 % der Behörden stehen personelle Ressourcen für die Arbeit des BGM zur Verfügung. Die Aufgaben des Gesundheitsmanagements werden überwiegend von entsprechend qualifizierten Beschäftigten im gehobenen Dienst wahrgenommen. Bei einem Teil der Gesundheitsmanager ist BGM Teil der beruflichen Ausbildung, über zwei Drittel der Verantwortlichen für das BGM haben an Seminaren zum Thema BGM teilgenommen, eine weitere größere Gruppe weist sonstige Qualifikationen auf.

In rund zwei Drittel der Behörden sind die Aufgaben des BGM mit den Aufgaben des BEM und des Arbeitsschutzes vernetzt.

Um das BGM in einer Behörde zu verankern, kommt Führungskräften eine zentrale Rolle bei der Gestaltung von gesunden Rahmenbedingungen bei der Arbeit zu. Dazu sensibilisieren die Verantwortlichen in den Behörden ihre Führungskräfte in Fortbildungsveranstaltungen und in Leitungsrunden. Die Gesundheitsthemen werden auch im Rahmen von Personalversammlungen oder Kooperationsgesprächen aufgegriffen. Die Ergebnisse zeigen, dass in den meisten Behörden Führungskräften entsprechende Fortbildungen angeboten werden.

Die Fragen zur Analyse und Evaluation im Betrieblichen Gesundheitsmanagement wurden erstmals in der Befragung 2018 gestellt. Mehr als die Hälfte aller im BGM durchgeführten Maßnahmen basieren auf einer Bedarfserhebung, bei einem weiteren Drittel ist diese geplant.

Der Einsatz von Analyseinstrumenten ist inzwischen weit verbreitet. Das häufigste dafür eingesetzte Instrument ist die Gefährdungsbeurteilung. Darüber hinaus kommen Beschäftigtenbefragungen, die Auswertung der Dienstunfallstatistik sowie Altersstrukturanalysen zum Einsatz.

28.2 Überblick über die krankheitsbedingten Abwesenheitszeiten im Jahr 2018

28.2.1 Methodik der Datenerfassung

Die krankheitsbedingten Abwesenheitszeiten der Beschäftigten in der unmittelbaren Bundesverwaltung werden seit 1997 auf der Grundlage eines Kabinettbeschlusses vom Bundesministerium des Innern, für Bau und Heimat erhoben und veröffentlicht. In der Abwesenheitszeitenstatistik der unmittelbaren Bundesverwaltung werden sämtliche Tage erfasst, an denen die Beschäftigten des Bundes (Beamtinnen und Beamte einschließlich Richterinnen/Richter, Anwärter sowie Tarifbeschäftigte einschließlich Auszubildende mit Dienstsitz in Deutschland) im Laufe eines Jah-

res aufgrund einer Erkrankung, eines Unfalls oder einer Rehabilitationsmaßnahme arbeitsunfähig waren. Fehltage, die auf Wochenenden oder Feiertage fallen, sowie Abwesenheiten durch Elternzeit, Fortbildungen oder Urlaub werden nicht berücksichtigt. Die Anzahl der Krankheitsfälle wird nicht erhoben. Über die Krankheitsursachen können keine Aussagen gemacht werden, da die Diagnosen auf den Arbeitsunfähigkeitsbescheinigungen nur den Krankenkassen, nicht aber dem Arbeitgeber bzw. Dienstherrn zugänglich sind. Systematisch aufbereitet wurden die Datensätze nach den Merkmalen Dauer der Erkrankung (Kurzzeiterkrankungen bis zu drei Arbeitstagen, längere Erkrankungen von vier bis zu 30 Tagen, Langzeiterkrankungen über 30 Tage und Rehabilitationsmaßnahmen), Laufbahn-, Status- und Behördengruppen sowie Geschlecht und Alter.

28.2.2 Allgemeine Entwicklung der Abwesenheitszeiten

Die unmittelbare Bundesverwaltung umfasste 2018 insgesamt 270.680 Beschäftigte (ohne Soldatinnen und Soldaten). Für den Gesundheitsförderungsbericht 2018 konnten die krankheitsbedingten Abwesenheitszeiten von insgesamt 267.473 Beschäftigten der unmittelbaren Bundesverwaltung in die Auswertung einbezogen werden. Davon arbeiteten 9,7 % in den 23 obersten Bundesbehörden und 90,3 % in den Geschäftsbereichsbehörden. Der Krankenstand ist gegenüber 2017 in allen Bereichen angestiegen. Durchschnittlich fehlten die Beschäftigten an 21,35 Arbeitstagen. Gegenüber 2017 (20,55) sind die krankheitsbedingten Abwesenheitstage um 0,8 Arbeitstage angestiegen. ◘ Abb. 28.1 stellt die Entwicklung der Abwesenheitstage je Beschäftigtem in der unmittelbaren Bundesverwaltung von 2003 bis 2018 dar. In diesem Zeitraum bewegt sich die Zahl der krankheitsbedingten Abwesenheitstage zwischen 15,74 und 21,35 Tagen. Stieg in den letzten 15 Jahren das Durchschnittsalter

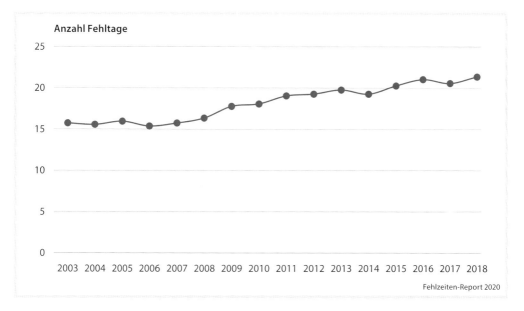

□ Abb. 28.1 Entwicklung der krankheitsbedingten Abwesenheitstage je Beschäftigten in der unmittelbaren Bundesverwaltung von 2003 bis 2018

der Beschäftigten der Bundesverwaltung um 1,5 Jahre an, so konnte dieser Trend gestoppt werden. Bereits im dritten Jahr in Folge ist das Durchschnittsalter der Beschäftigten der unmittelbaren Bundesverwaltung leicht zurückgegangen. Im Jahr waren 2018 die Beschäftigten der Bundesverwaltung im Durchschnitt 45,1 Jahre alt und damit erneut geringfügig jünger als im Vorjahr.

28.2.3 Dauer der Erkrankung

Der Anteil der Langzeiterkrankungen an den Abwesenheiten ist 2018 weitgehend stabil geblieben (2018: 7,27 Tage, 2017: 7,17 Tage). Sie haben einen Anteil von 34,0 % an den gesamten krankheitsbedingten Abwesenheitszeiten. Längere Erkrankungen haben einen Anteil von 45,2 % und sind im Vergleich zum Vorjahr leicht angestiegen. Den geringsten Anteil an den Abwesenheitszeiten haben Kurzzeiterkrankungen mit 18,6 % sowie Rehabilitationsmaßnahmen (Kuren) mit 2,2 % aller Abwesen-

heitstage im Jahr 2018. Wie □ Abb. 28.2 zeigt, hat sich das Verhältnis zwischen Kurzzeiterkrankungen, längeren Erkrankungen, Langzeiterkrankungen und Rehabilitationsmaßnahmen im Zeitverlauf nicht wesentlich verändert.

28.2.4 Abwesenheitstage nach Laufbahngruppen

Bezogen auf die verschiedenen Laufbahngruppen waren im Jahr 2018 6,5 % aller Beschäftigten im einfachen Dienst, 46,5 % im mittleren Dienst, 26,9 % im gehobenen Dienst und 12,4 % im höheren Dienst tätig, 7,8 % waren Auszubildende, Anwärterinnen und Anwärter. Die Tarifbeschäftigten wurden hierzu den ihren Entgeltgruppen vergleichbaren Besoldungsgruppen und den entsprechenden Laufbahngruppen zugeordnet. Wie schon in den vergangenen Jahren sinkt die Anzahl der krankheitsbedingten Abwesenheitstage mit zunehmender beruflicher Qualifikation der Beschäftigten. Je höher die Laufbahngruppe,

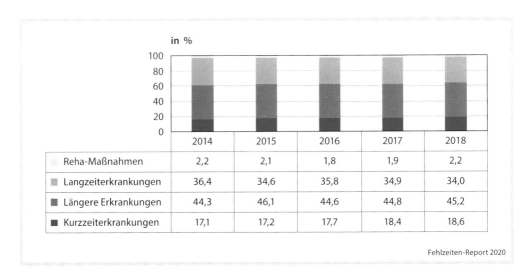

in %	2014	2015	2016	2017	2018
Reha-Maßnahmen	2,2	2,1	1,8	1,9	2,2
Langzeiterkrankungen	36,4	34,6	35,8	34,9	34,0
Längere Erkrankungen	44,3	46,1	44,6	44,8	45,2
Kurzzeiterkrankungen	17,1	17,2	17,7	18,4	18,6

Fehlzeiten-Report 2020

28

◻ **Abb. 28.2** Entwicklung der Krankheitsdauer von 2014 bis 2018 in %

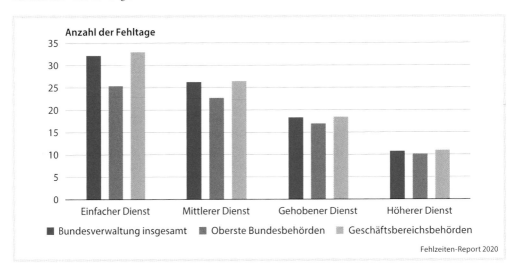

◻ **Abb. 28.3** Abwesenheitstage je Beschäftigten nach Laufbahngruppen im Jahr 2018

desto niedriger sind die Abwesenheitszeiten. Zwischen den einzelnen Laufbahngruppen bestehen dabei erhebliche Unterschiede. Durchschnittlich fehlten die Beschäftigten der Bundesverwaltung im einfachen Dienst an 32,21, im mittleren Dienst an 26,25, im gehobenen Dienst an 18,32 und im höheren Dienst an 10,72 Arbeitstagen. Diese Entwicklung ist sowohl in den obersten Bundesbehörden als auch in den Geschäftsbereichsbehörden zu beobachten (◻ Abb. 28.3).

28.2.5 Abwesenheitstage nach Statusgruppen

In der Statistik wurden 267.473 (2017: 262.908) Beschäftigte erfasst. Das Personal der Bundesverwaltung unterteilt sich statusrechtlich in 134.468 Beamtinnen und Beamte sowie Richterinnen und Richter (im Folgenden zusammengefasst als Beamtinnen und Beamte), 112.174 Tarifbeschäftigte sowie 20.831

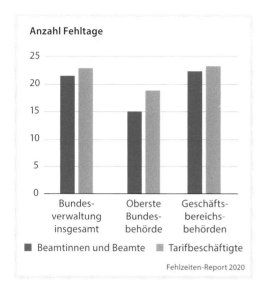

Anzahl Fehltage

Fehlzeiten-Report 2020

◘ **Abb. 28.4** Abwesenheitstage nach Statusgruppen in der Bundesverwaltung 2018

28.2.6 Abwesenheitstage nach Behördengruppen

Seit Beginn der Erhebung der Abwesenheitszeitenstatistik in der unmittelbaren Bundesverwaltung ist die Zahl der durchschnittlichen Abwesenheitstage der Beschäftigten in den Geschäftsbereichsbehörden höher als in den obersten Bundesbehörden. Im Jahr 2018 setzt sich dieser Trend fort. Die durchschnittliche Anzahl der krankheitsbedingten Abwesenheitstage je Beschäftigten in den obersten Bundesbehörden liegt bei 16,36 (2017: 16,50) und in den Geschäftsbereichsbehörden bei 21,90 (2017: 20,99) Abwesenheitstagen (◘ Abb. 28.5). Damit waren im Jahr 2018 die Beschäftigten in den Geschäftsbereichsbehörden 5,54 Tage länger krankheitsbedingt abwesend als die Beschäftigten der obersten Bundesbehörden.

28.2.7 Abwesenheitstage nach Geschlecht

61,2 % aller Beschäftigten waren Männer, 38,8 % Frauen. Die krankheitsbedingten Abwesenheitszeiten von Beschäftigten der Bundesverwaltung waren im Jahr 2018 bei den Frauen mit durchschnittlich 22,89 Abwesenheitstagen um 2,5 Tage höher als bei den Männern mit 20,38 Abwesenheitstagen. Während längere Erkrankungen zwischen 4 und 30 Tagen bei beiden Geschlechtern ähnlich häufig auftreten, finden sich bei Frauen öfters Kurzzeiterkrankungen. Langzeiterkrankungen kommen dagegen häufiger bei Männern als bei Frauen vor (◘ Abb. 28.6).

28.2.8 Abwesenheitstage nach Alter

Die Beschäftigten der Bundesverwaltung waren im Jahr 2018 im Durchschnitt 45,13 (2017:

Auszubildende und Anwärter. Bei den Beamten und Beamtinnen der Bundesverwaltung ist der mittlere Dienst mit 43,7 % am stärksten vertreten. Im einfachen Dienst sind 1,1 %, im gehobenen Dienst 38,9 % und im höheren Dienst 16,3 % der Beamten und Beamtinnen tätig. Die größte Gruppe der Tarifbeschäftigten der Bundesverwaltung ist mit 58,6 % im mittleren Dienst tätig. Im einfachen Dienst waren 14,1 %, im gehobenen Dienst 17,4 % und im höheren Dienst 10,0 % der Tarifbeschäftigten beschäftigt. Mit Blick auf die Statusgruppen sind die Abwesenheitstage der Beamten und Beamtinnen mit 21,64 Tagen gegenüber dem Jahr 2017 angestiegen, liegen aber unter denen der Tarifbeschäftigten mit 23,04 Tagen.

In den obersten Bundesbehörden weisen Beamtinnen und Beamte sowie Tarifbeschäftigte durchschnittlich weniger Abwesenheitstage auf als in den Geschäftsbereichsbehörden. Tarifbeschäftigte sind in den Geschäftsbereichsbehörden 0,92 Tage und in den obersten Bundesbehörden im Durchschnitt 3,86 Tage länger krank als Beamtinnen und Beamte (◘ Abb. 28.4).

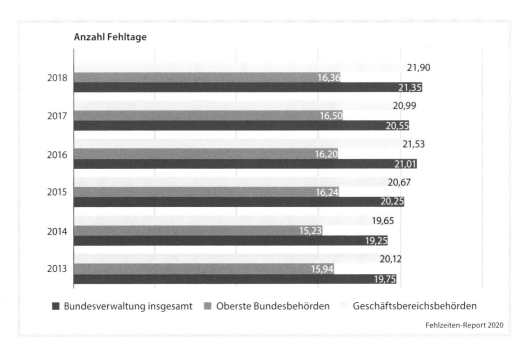

Abb. 28.5 Abwesenheitstage je Beschäftigten nach Behördengruppen von 2013 bis 2018

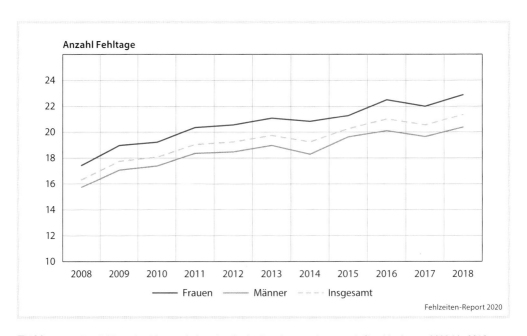

Abb. 28.6 Entwicklung der Abwesenheitszeiten in der Bundesverwaltung nach Geschlecht von 2008 bis 2018

28

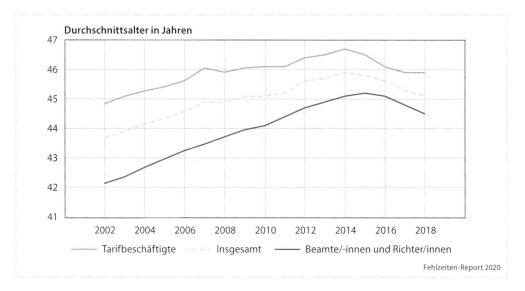

■ **Abb. 28.7** Durchschnittsalter der Beschäftigten in der unmittelbaren Bundesverwaltung 2002 bis 2018 (ohne Geschäftsbereich BMVg)

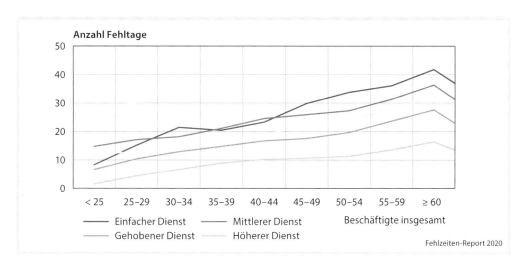

■ **Abb. 28.8** Krankenstand in der Bundesverwaltung nach Laufbahngruppen im Altersverlauf 2018

45,3) Jahre alt. Das durchschnittliche Alter lag bei den Beamtinnen und Beamten bei 44,5 (2017: 44,8) Jahren und bei den Tarifbeschäftigten bei 45,9 (2017: 45,9) Jahren. Seit 2003 ist das Durchschnittsalter der Beschäftigten im Bundesdienst um 1,5 Jahre gestiegen. ■ Abb. 28.7 zeigt, dass seit drei Jahren ein leichter Rückgang des Durchschnittsalters zu beobachten ist.

Die Zahl der krankheitsbedingten Abwesenheitstage der Beschäftigten der unmittelbaren Bundesverwaltung steigt mit zunehmendem Alter an (■ Abb. 28.8). Der Anstieg fällt bei Frauen und Männern in etwa gleich hoch aus. Die Statistik zeigt, dass ältere Beschäftigte bei einer Erkrankung im Schnitt länger ausfallen als ihre jüngeren Kolleginnen und Kollegen. Der Anstieg der Krankheitsdauer hat

28

zur Folge, dass der Krankenstand trotz der Abnahme der Krankmeldungen mit zunehmendem Alter deutlich ansteigt. Dieser Effekt wird dadurch verstärkt, dass ältere Beschäftigte häufiger von mehreren Erkrankungen gleichzeitig betroffen sind. Dieser Trend kehrt sich erst in der Altersgruppe der über 60-Jährigen um, da gesundheitlich stark beeinträchtigte ältere Beschäftigte häufig vorzeitig aus der analysierten Gruppe ausscheiden. Für die Bundesverwaltung sind dabei zusätzlich die besonderen Altersgrenzen beim Eintritt in den Ruhestand, z. B. bei der Bundespolizei, zu berücksichtigen. Im Jahr 2018 fehlten über 60-jährige Beschäftigte der unmittelbaren Bundesverwaltung durchschnittlich an 32,04 Tagen. Damit liegt der Wert gegenüber den unter 25-jährigen Beschäftigten (11,63 Tage) um das 2,9-Fache höher. Die krankheitsbedingten Abwesenheiten steigen in fast allen Laufbahngruppen mit zunehmendem Alter kontinuierlich an (◘ Abb. 28.8). Der größte Unterschied zwischen den einzelnen Laufbahngruppen besteht

bei den über 60-Jährigen: In dieser Altersgruppe haben die Beschäftigten im höheren Dienst durchschnittlich 16,38 Abwesenheitstage und die Beschäftigten des einfachen Dienstes 41,78 Abwesenheitstage. Dies ergibt eine Differenz von 25,4 Tagen.

28.2.9 Gegenüberstellung mit den Abwesenheitszeiten der AOK-Statistik

Für eine Gegenüberstellung der krankheitsbedingten Abwesenheiten der unmittelbaren Bundesverwaltung mit dem Fehlzeiten-Report der AOK werden die Fehlzeiten der AOK gesamt und des AOK-Bereichs „Öffentliche Verwaltung" herangezogen. Vergleichswerte sind die Abwesenheitszeiten von 13,9 Millionen erwerbstätigen AOK-Versicherten (Badura et al. 2019). Die krankheitsbedingten Abwesenheitszeiten der unmittelbaren Bundes-

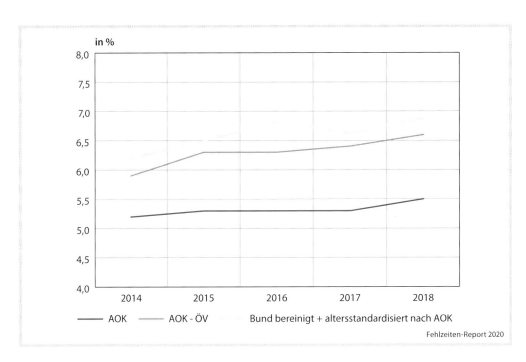

◘ Abb. 28.9 Entwicklung der Abwesenheitszeitenquote der Beschäftigten der Bundesverwaltung und der erwerbstätigen AOK-Versicherten (inkl. Bereich der öffentlichen Verwaltung/Sozialversicherung) von 2014 bis 2018

verwaltung wurden ansatzweise bereinigt und standardisiert. ◨ Abb. 28.9 zeigt die Entwicklung der bereinigten und standardisierten Abwesenheitszeitenquote der unmittelbaren Bundesverwaltung und des Krankenstands der erwerbstätigen AOK-Versicherten.

Bei einem Vergleich der Abwesenheitszeiten der Bundesverwaltung mit denen der Wirtschaft ist immer zu berücksichtigen, dass sich die Standards der Abwesenheitszeitenerhebungen systembedingt ganz erheblich voneinander unterscheiden. Die Krankenstanderhebungen unterliegen keinen einheitlichen Standards für die Ermittlung von Abwesenheitszeiten, deren Erfassungsmethodik sowie deren Auswertung. Ein weiterer erheblicher Unterschied liegt in den Strukturen der Beschäftigtengruppen, wodurch sich bekannte Einflussgrößen wie Alter, Geschlecht und Tätigkeit unterschiedlich auswirken und zu Verzerrungen führen. So ist der Anteil älterer Beschäftigter in der unmittelbaren Bundesverwaltung deutlich höher als in der gesamten Erwerbsbevölkerung. Im Jahr 2018 waren 57,9 % der Beschäftigten der unmittelbaren Bundesverwaltung 45 Jahre und älter. In der übrigen Erwerbsbevölkerung in Deutschland liegt demgegenüber der Anteil der über 45-Jährigen bei 49,3 %. Die 25- bis 44-Jährigen, die in der gesamten Erwerbsbevölkerung mit 41 % die stärkste Altersgruppe bilden, machen im Bundesdienst nur 34,3 % aus (Statistisches Bundesamt 2018b; 2018c).

Literatur

Badura B, Ducki A, Schröder H, Klose J, Meyer M (Hrsg) (2019) Fehlzeiten-Report 2019. Digitalisierung – gesundes Arbeiten ermöglichen. Springer, Berlin

Statistisches Bundesamt (2018a) Fachserie 14 Reihe 6, Finanzen und Steuern. Personal des öffentlichen Dienstes, Wiesbaden

Statistisches Bundesamt (2018b) Quelle für die demographischen Angaben zur Gesamtbevölkerung und zu den Beschäftigten des Bundes 2018

Statistisches Bundesamt (2018c) Mikrozensus 2018

Erwerbsminderungsrente der erwerbsfähigen Bevölkerung in Deutschland – ein unterschätztes Risiko?

Christine Hagen und Ralf K. Himmelreicher

Inhaltsverzeichnis

29

■ ■ **Zusammenfassung**

Der Beitrag untersucht einerseits auf Basis von aggregierten Daten der Deutschen Rentenversicherung die Veränderungen des Erwerbsminderungsrentengeschehens seit den 1990er Jahren, auch im Hinblick auf die zunehmende Bedeutung von psychischen Erkrankungen beim Zugang in die Erwerbsminderungsrente. Andererseits werden auf Basis von durch das Forschungsdatenzentrum der Rentenversicherung (FDZ-RV) zur Verfügung gestellten Mikrodaten alters- und diagnosespezifische Risiken von Berentungen wegen chronischer Erkrankungen in eine Erwerbsminderungsrente berechnet. Dabei zeigt sich, dass die Risiken aus gesundheitlichen Gründen vorzeitig aus dem Arbeitsmarkt auszuscheiden vergleichsweise hoch sind, die eigenverantwortliche Vorsorge gegen solche Risiken gering ist und die Absicherung durch die Erwerbsminderungsrente trotz verlängerter Zurechnungszeiten vor allem für ostdeutsche Männer, westdeutsche Frauen und Versicherte ohne deutsche Staatsbürgerschaft eher niedrig ausfällt.

29.1 Einleitung

Die Gesundheit und die Erwerbsbeteiligung nehmen bei vielen Menschen bereits vor dem Rentenalter ab, sodass ein erheblicher Teil der älteren Arbeitnehmerinnen und Arbeitnehmer von prekären Altersübergängen betroffen ist (Kistler et al. 2019). Dieses häufig unterschätzte Risiko spiegelt sich auch in der hohen Zahl von Personen wider, die aufgrund von chronischen Erkrankungen eine Erwerbsminderungsrente (EM-Rente) beantragen. In den Jahren 2015 bis 2018 wurden von der gesetzlichen Rentenversicherung (gRV) in Deutschland jährlich rund 350.000 Anträge auf eine EM-Rente geprüft, wovon allerdings – aufgrund relativ restriktiver Zugangskriterien (Aurich-Beerheide et al. 2018) – nur etwa jeder zweite Antrag bewilligt wurde. Das heißt, in dem benannten Zeitraum erlangten jährlich rund 180.000 Versicherte Anspruch auf eine

EM-Rente. Im Jahr 2018 waren dies 17,6 % aller Rentenneuzugänge (Deutsche Rentenversicherung Bund 2019).

Es existieren keine statistisch belastbaren Informationen darüber, wie viele Personen nach einer zunächst befristeten EM-Rente auf den Arbeitsmarkt zurückkehren. Befragungen ergeben, dass viele Versicherte – vor allem zu Beginn des Rentenbezuges – konkrete Rückkehrabsichten äußern (Zschucke et al. 2017), allerdings wird die Quote der tatsächlich ins Erwerbsleben zurückkehrenden auf lediglich vier bis sechs Prozent geschätzt (Kobelt et al. 2009; Lippke et al. 2018). Bei den meisten Versicherten wird die EM-Rente ohne zwischenzeitliche Erwerbstätigkeit bei Erreichen der Regelaltersgrenze in eine Altersrente in gleicher Höhe umgewandelt.

Die Diagnosen, die zu einer Bewilligung einer EM-Rente führen, haben sich in den letzten Jahrzehnten verändert. Obgleich auch heute noch das Risiko dominiert, aufgrund von chronischen körperlichen Erkrankungen den Arbeitsmarkt vorzeitig zu verlassen, haben die psychischen Erkrankungen als Grund für den Bezug von Erwerbsminderungsrente absolut sowie relativ zugenommen (Hagen und Himmelreicher 2014; Frommert 2020). Dem Antrag auf eine Erwerbsminderungsrente (EM) geht dabei zumeist eine längere Krankheitsgeschichte voraus, die häufig durch Mehrfacherkrankungen gekennzeichnet und nicht selten von einem diskontinuierlichen Erwerbsverlauf und Phasen der Arbeitslosigkeit begleitet ist (Söhn und Mika 2015; Lohse et al. 2016).

EM-Renten erlangen aufgrund ihrer Verbreitung und Folgen eine große gesundheits- und sozialpolitische sowie ökonomische Bedeutung. Insbesondere wegen der hohen Altersarmutsrisiken von chronisch Erkrankten hat das Thema Erwerbsminderung in den letzten Jahren zunehmende Bedeutung erlangt (Märtin 2017; Welti 2019; Schäfer 2018). Dies zeigt sich auch an den letzten rentenpolitischen Maßnahmen. Durch sie werden nicht nur langjährig Versicherte, sondern auch Erwerbsminderungsrentnerinnen und -rentner finanziell bessergestellt.

Im vorliegenden Beitrag werden mit Daten der Deutschen Rentenversicherung die Veränderungen des Erwerbsminderungsrentengeschehens seit den 1990er Jahren aufgezeigt und unterschiedliche Ausprägungen hinsichtlich der Betroffenheit, Diagnosen und altersspezifischen Risiken für Männer und Frauen in Ost- und Westdeutschland dargestellt. Schließlich werden Analysen zur Verteilung der Rentenhöhe und einige Einflussfaktoren auf diese präsentiert.

29.2 Institutionelle Rahmenbedingungen

Die Absicherung von abhängig beschäftigten Arbeitnehmerinnen und Arbeitnehmern bei Erwerbsminderung liegt in Deutschland seit mehr als 125 Jahren bei der gRV. Mit Wirkung zum 1. Januar 2001 richtete der Gesetzgeber die Absicherung von Invalidität (EM-ReformG) grundlegend neu aus, was zu einer Absenkung der Zugänge in EM sowie der Rentenzahlbeträge führte (Viebrok et al. 2004; Schäfer 2018). Die bisherige Rente wegen Erwerbs- und Berufsunfähigkeit wurde durch die zweistufige Erwerbsminderungsrente ersetzt (§ 43 SGB VI). Galt bis 2001 für die Versicherten ein Berufsschutz, so gilt nun die Erwerbsfähigkeit der Versicherten auf dem allgemeinen Arbeitsmarkt (also in jeder denkbaren Erwerbstätigkeit) als Maßstab.

Eine volle EM-Rente erhält, wessen Arbeitsfähigkeit von Gutachtern auf weniger als drei Stunden täglich eingeschätzt wird. Wird die Arbeitsfähigkeit auf zwischen drei und weniger als sechs Stunden taxiert, kann ein Anspruch auf eine teilweise EM-Rente bestehen.[1] Die teilweise EM-Rente kann auf eine volle aufgestockt werden, wenn die zuständige Agentur für Arbeit einschätzt, dass auf dem regionalen Arbeitsmarkt keine Möglichkeiten einer Teilzeitbeschäftigung bestehen.

Versicherungsrechtliche Voraussetzungen sind ferner, dass der Versicherte innerhalb der letzten fünf Jahre vor dem Eintritt der Erwerbsminderung wenigstens drei Jahre lang Pflichtbeiträge durch Erwerbstätigkeit abgeführt hat. Sind die Heilungsprognosen durch Rehabilitationsmaßnahmen negativ und die versicherungsrechtlichen Voraussetzungen erfüllt, dann kann ein Anspruch auf die Lohnersatzleistung EM-Rente geltend gemacht werden.

Die Höhe der EM-Rente bemisst sich an den durchschnittlichen relativen Entgelten bis zum Zeitpunkt der Erwerbsminderung. Die Bundesregierung hat in den letzten Jahren mehrere Schritte zur Verbesserung der Zahlbeträge der EM-Renten unternommen. Zum einen hat sie seit 2014 eine Günstigerprüfung eingeführt, mit der die vier letzten Beitragsjahre vor Eintritt der Erwerbsminderung bei der Bewertung der Zurechnungszeit unberücksichtigt bleiben, wenn sich hierdurch eine geringere Rentenhöhe (weil bspw. in dieser Zeit bereits Einkommenseinbußen aufgrund gesundheitlicher Einschränkungen vorhanden waren) ergeben würde. Zum anderen wurden mit dem „Rentenpaket" zum 1. Januar 2019 die Zurechnungszeiten zum dritten Mal verlängert. Hierdurch werden die Erwerbsgeminderten so gestellt, als hätten sie weiterhin mit ihrem bisherigen Durchschnittsverdienst bis zur Regelaltersgrenze Beiträge an die gRV abgeführt (§ 253a Abs. 3 SGB VI).[2] Die Verlängerung der Zurechnungszeit wird EM-Rentnerinnen und -rentnern mit einem Rentenbeginn ab 2019 nach Berechnungen der gRV im Schnitt monatlich 70 € mehr Rente bringen (Winkel 2019). Die EM-Renten werden aber nach wie vor in den meisten Fällen durch Abschläge vermindert, wenn der Versicherte sie vor dem Referenzalter bezieht (dies wird seit 2012 bis 2024 schrittweise von 63 auf 65 Jahre angehoben;

---

1 In der Praxis spielen Renten wegen teilweiser EM nur eine geringe Rolle. Von allen Zugängen in EM-Renten im Jahr 2018 erfolgten 12 % in eine halbe und ca. 88 % in volle EM-Renten (Deutsche Rentenversicherung Bund 2019).

2 Das Ende der Zurechnungszeit (allerdings nur für Neurentnerinnen und -rentner) folgt nun der Anhebung der Regelaltersgrenze und wird bis 2031 auf 67 Jahre steigen.

2020 liegt es bei 64 Jahren und vier Monaten). Der Abschlag beträgt pro Monat vorzeitiger Inanspruchnahme 0,3 % und ist insgesamt auf maximal 10,8 % begrenzt.

29.3   Datenbasis und Methode

Die Analysen basieren auf zwei verschiedenen Datentypen. Zunächst werden Entwicklungen im Zeitverlauf auf Datenbasis von aggregierten (Makro-)Daten aus verschiedenen Jahrgängen der EM-Rentenzugangsstatistik präsentiert. Eine Mikroanalyse versucht den Einfluss spezifischer regionaler wie individueller Einflussfaktoren abzuschätzen.

Im Rahmen der Mikroanalyse werden die aktuellsten prozessproduzierten Daten der gRV verwendet, die vom Forschungsdatenzentrum der Rentenversicherung (FDZ-RV) für wissenschaftliche Forschungsvorhaben zur Verfügung gestellt werden. Dies ist der Scientific Use File (SUF) „Abgeschlossene Rehabilitation 2008–2015 im Versicherungsverlauf (FDZ-RV – SUFRSDLV15B)" sowie die „Aktiv Versicherten 2014 (FDZ-RV – SUFAKVS14XVSBB)", letztere enthalten Informationen über die Gesamtzahl der unter EM-Risiko stehenden Population im Jahr 2014, also im Vorjahr vor Berentung mit einer EM-Rente. Als „Aktive" wurden solche Versicherte definiert, die am 31.12.2014 eine Beitrags- oder eine Anrechnungszeit bei der gRV hatten. Nicht unter EM-Risiko stehende Versicherte, wie im Berichtsjahr bereits (Teil-)Rente Beziehende, Verstorbene oder Personen mit Beschäftigungszeiten nach dem Altersteilzeitgesetz, wurden ausgeschlossen. Die Untersuchungspopulation ist wegen des regionalen Zuschnitts auf in Deutschland lebende Personen (Inlandskonzept) im Alter von 30 bis einschließlich 65 Jahren begrenzt.

Im Datensatz FDZ-RV – SUFRSDLV15B werden Personen betrachtet, die ausschließlich erstmals im Jahr 2015 eine EM-Rente bezogen, ohne Renten für Bergleute wegen Vollendung des 50. Lebensjahrs (vgl. Hagen und Himmelreicher 2014). Psychische und somatische Erkrankungen werden durch die Internationale statistische Klassifikation der Krankheiten und verwandter Gesundheitsprobleme ICD-10 (German Modification) chronischer Erkrankungen ausgewiesen. Wobei die rentenbegründende Hauptdiagnose „psychische Erkrankungen und Verhaltensstörungen" das gesamte Kapitel V einschließt, von „Demenz (F00)" bis hin zu „Psychische Störung ohne nähere Angabe (F99)". Alle anderen Krankheiten werden als somatische Erkrankung klassifiziert. Fälle mit nicht erfasster erster Diagnose wurden ausgeschlossen.

Im Hinblick auf die Validität der Datenquelle (FDZ-RV – SUFRSDLV15B) sind insbesondere zwei Typen von Selektionseffekten zu beachten. Der erste steht in Zusammenhang mit dem versicherten Personenkreis: Versichert sind vor allem sozialversicherungspflichtig beschäftigte Personen, die die oben genannten Anspruchsvoraussetzungen erfüllen. Nicht versichert sind das Gros der Selbständigen, Beamte und Personen ohne mehrjährige Beitragszeiten und damit Personen, die die Anspruchsvoraussetzungen nicht erfüllen; darunter langjährig ALG-II-Beziehende. Solche nicht Versicherten haben keinen Anspruch auf eine EM-Rente; damit können für diese Personen keine Aussagen zu EM-Renten formuliert werden.

Ein weiterer Typ von Selektionseffekten steht in Zusammenhang mit den individuellen und kontextuellen Möglichkeiten des Umgangs mit EM-Risiken, wie etwa Absentismus versus Präsentismus. Zudem ist von Selektionseffekten beim Zugang in EM-Rente auszugehen, wegen sozialer Ungleichheit im Hinblick auf krankheitsbedingte Anpassungen von Arbeitsbedingungen und Arbeitszeiten, wegen ungleich verteilter „Health Literacy" und unterschiedlichem Gesundheitsverhalten, um nur einige wenige Aspekte zu benennen. Unter Beachtung dieser Selektionseffekte ist der Bezug einer Erwerbsminderungsrente ein valider Indikator für chronische Erkrankungen (Hagen et al. 2011).

29.4 Empirische Befunde

Insgesamt beziehen in Deutschland im Jahr 2018 gut 1,8 Mio. Menschen eine EM-Rente. Während der Bestand der EM-Renten Beziehenden seit den 1990er Jahren leicht rückgängig war, hat er sich in den letzten zehn Jahren (seit 2008) um 16 % erhöht und liegt nun wieder auf ähnlich hohem Niveau wie 1992 (Deutsche Rentenversicherung Bund 2019). Um einschätzen zu können, wie viele Männer und Frauen mit welchen chronischen Erkrankungen dem Arbeitsmarkt nicht mehr zur Verfügung stehen, wird im Folgenden die Entwicklung der Neuzugänge in eine EM-Rente analysiert.

Bei den Neuzugängen in EM-Rente ist zwischen 1995 und 2006 ein relativ starker Rückgang von rund 46 % (von 294.000 Zugänge auf etwas mehr als 158.000) zu beobachten (◻ Abb. 29.1). Die sinkenden Rentenbewilligungen in den 1990er Jahren sind vor allem auf die abnehmenden Zugänge bei Männern mit Muskel-Skelett-Erkrankungen zurückzuführen (Müller et al. 2013). Seit 2006 unterliegt das Niveau der Neuzugänge in EM-Rente bei den Männern vergleichsweise kleinen Schwankungen. Die ab Ende der 2000er Jahre leicht zunehmenden Zahlen bei den bewilligten EM-Renten sind u. a. darauf zurückzuführen, dass zwischen 2005 und 2010 Zeiten des Bezuges von ALG II als Pflichtbeiträge zählten und damit den Kreis der EM-Anspruchsberechtigten erhöhten.[3] Seit Beginn der 2010er Jahre ist die Zahl der jährlichen Zugänge in EM-Rente bei den Männern leicht abnehmend.

Die Zugänge in EM-Rente bei den Frauen (insbesondere in Westdeutschland) haben sich

hingegen seitdem leicht erhöht, was vor allem auf die Zunahme von psychischen Diagnosen zurückzuführen ist (Hagen und Himmelreicher 2014). Bemerkenswert ist, dass seit 2016 erstmals mehr Frauen als Männer eine EM-Rente bewilligt bekommen. Insbesondere bei Frauen in Westdeutschland ist zu beachten, dass wegen der Zunahme der Frauenerwerbstätigkeit eine größer werdende Anzahl der Frauen die versicherungsrechtlichen Voraussetzungen zum Bezug einer EM-Rente erfüllt.

Aus ◻ Abb. 29.1b geht hervor, dass steigende Anteile von EM-Renten wegen psychischer Erkrankungen sowohl in Ost- und Westdeutschland als auch bei Frauen und Männern vorzufinden sind. Diese Entwicklung führt dazu, dass seit Beginn der 2010er Jahre etwa jede zweite Frau und jeder dritte Mann wegen diagnostizierter psychischer Erkrankungen als Berentungsursache eine EM-Rente bewilligt bekommen hat. Die Hauptdiagnosen sind dabei mit steigender Tendenz affektive Störungen, v. a. Depressionen und Angststörungen (Deutsche Rentenversicherung 2014). Auffällig ist dabei eine hohe psychische und/oder somatische Komorbidität bei diesen EM-Rentnerinnen und -Rentnern. Häufig gehen dem Rentenantrag bei Menschen mit psychischen Störungen langfristige Krankheitsverläufe voraus, in denen sich subjektiv wahrgenommene gesundheitliche Beeinträchtigungen zuspitzen und mit einem sozialen Abstieg verbunden sind. Oft kommt es zu erheblichen Leistungseinschränkungen und einer beeinträchtigten Teilhabe sowohl in der Erwerbstätigkeit als auch am sozialen Leben. Aus Perspektive der Betroffenen wird die EM-Rente häufig als Ausweg aus einem abwärts gerichteten Krankheitsverlauf wahrgenommen (von Kardorff et al. 2019).

Vor dem Hintergrund des beschriebenen Trends werden in ◻ Tab. 29.1 für 2015 zentrale Fallzahlen ausgewiesen. Es sind die Zugänge in EM-Renten nach Diagnosegruppen aufgeführt und in Relation zu den aktiv Versicherten am 31.12. des Vorjahres gesetzt. Diese Verhältnisse werden im Folgenden als relative Erwerbsminderungsrisiken (hier in Anteilen

---

3   Die versicherungsrechtlichen Voraussetzungen für den Bezug einer EM-Rente durch den ausschließlichen Bezug von ALG II („Hartz IV") erfüllten 23 % der Zugänge in EM im Jahr 2010 (Deutsche Rentenversicherung Bund 2013). Damit einher ging ein Rückgang der durchschnittlichen EM-Rentenzahlbeträge von Frauen und Männern in Deutschland auf unter 600 € im Jahr 2011. 2018 beträgt der durchschnittliche EM-Rentenzahlbetrag insgesamt 735 € (Deutsche Rentenversicherung Bund 2019).

29

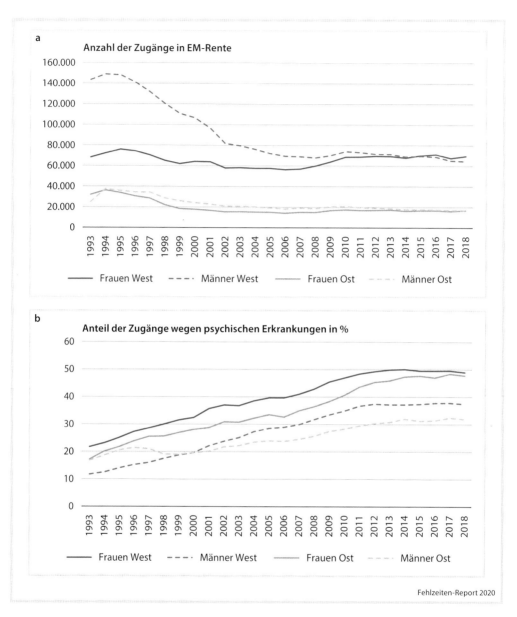

◻ Abb. 29.1 Entwicklung der Anzahl der Zugänge in EM-Rente (**a**) sowie Anteile der Zugänge in EM-Rente wegen psychischer Erkrankungen in % (**b**), differenziert nach Geschlecht und Region (1993–2018). (Quelle: Deutsche Rentenversicherung Bund, Rentenzugangsstatistik, verschiedene Jahrgänge, eigene Berechnungen)

pro tausend aktiv Versicherte) interpretiert. Im Jahr 2015 sind insgesamt rund 174 Tausend EM-Neuzugänge zu verzeichnen. Das hier ausgewiesene relative EM-Risiko beträgt 6,387, d. h. annähernd jede/r Hundertsechzigste von den aktiv Versicherten bekam 2015 eine EM-

Rente bewilligt. In Ostdeutschland gibt es insgesamt ein höheres EM-Risiko als in Westdeutschland. Es zeigt sich, dass ostdeutsche Männer das höchste EM-Risiko aufweisen, gefolgt von ostdeutschen sowie westdeutschen Frauen. Bei westdeutschen Männern sind hin-

◘ **Tabelle 29.1** Zentrale Fallzahlen von inländischen 30- bis 65-jährigen Versicherten und Zugängen in EM-Rente nach Diagnosegruppen (2015) sowie Anteile pro 1.000 aktiv Versicherte. (Quelle: FDZ-RV – SUFRSDLV15B, AKVS2014XVSBB, eigene Berechnungen)

		Westdeutschland		Ostdeutschland		Insgesamt
		Männer	**Frauen**	**Männer**	**Frauen**	
Aktiv Versicherte	N (Tsd.) =	11.124,6	10.461,8	2.861,3	2.796,8	27.244,5
EM-Rente (insgesamt)	N (Tsd.) =	65,9	67,0	21,6	19,5	174,0
	Anteile =	5,924	6,404	7,549	6,972	6,387
Davon wegen psychischer Erkrankungen	N (Tsd.) =	27,9	35,1	8,1	9,7	80,8
	Anteile =	2,508	3,355	2,831	3,468	2,966
Davon wegen somatischer Erkrankungen	N (Tsd.) =	38,0	31,9	13,5	9,8	93,2
	Anteile =	3,416	3,049	4,718	3,504	3,421
Rel. Anteile psychischer Erkrankungen		42,3 %	52,4 %	37,5 %	49,7 %	46,4 %

Fehlzeiten-Report 2020

gegen die geringsten EM-Risiken zu verzeichnen.

Differenziert man die EM-Risiken nach der für die Rentenbewilligung ausschlaggebenden Hauptdiagnose, zeigt sich, dass die EM-Risiken der Männer überwiegend auf somatische Erkrankungen und anteilig lediglich zu 37,5 % bei ostdeutschen und zu 42,3 % bei westdeutschen auf psychische Ursachen zurückzuführen sind. Bei den Frauen stellt sich die Situation etwas anders dar; hier fallen die psychischen Erkrankungen stärker ins Gewicht. Das EM-Risiko von ost- sowie westdeutschen Frauen fällt im Vergleich zu dem der Männer relativ hoch aus: Insbesondere bei den westdeutschen Frauen lassen sich über die Hälfte aller Zugänge auf psychische Erkrankungen zurückführen.

◘ Abb. 29.2 zeigt EM-Risiken für somatische und für psychische Erkrankungen differenziert nach dem Alter der Versicherten. Altersspezifische Erwerbsminderungsrisiken hängen damit zusammen, dass je nach Alter unterschiedliche Erkrankungen und Chronifizierungsgrade im Vordergrund stehen. So ist bekannt, dass im jüngeren Alter psychische Diagnosen, wie zum Beispiel Schizophrenie, eine größere Bedeutung für den EM-Rentenzugang haben als im höheren Alter. Gerade bei Jüngeren werden oftmals akute Erkrankungen mit ungünstigen Heilungsprognosen diagnostiziert.

Bei den altersspezifischen EM-Risiken der Männer für 2015 (◘ Abb. 29.2b) zeigt sich, dass es bei den somatischen Erkrankungen in Ost- sowie in Westdeutschland ab etwa dem 50. bis zum 61. Lebensjahr jeweils ein exponentiell steigendes EM-Risiko gibt, das dann bis zum Alter von 65 Jahren wieder stark zurückgeht. Die nach dem 61. Lebensjahr wieder abflachenden EM-Risiken sind darauf zurückzuführen, dass manche Versicherte versuchen, ihre Berentung in Richtung Altersrente ohne Gesundheitsprüfung und „Krankheitsstigma" zu verschieben, eventuell flankiert durch den Bezug von Arbeitslosengeld. Nahezu über das gesamte Altersspektrum weisen ostdeutsche Männer ein höheres EM-Risiko für somatische Erkrankungen als westdeutsche auf. Das entsprechend höchste EM-Risiko liegt bei etwa 17 von 1.000 Versicherten im Alter von 61 Jahren bei ostdeutschen Männern.

29

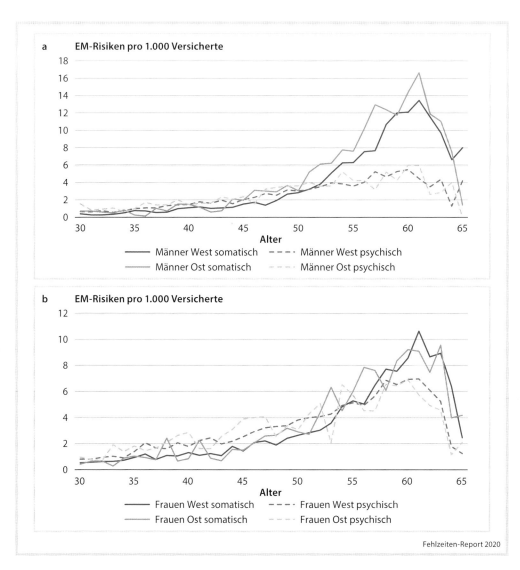

◘ Abb. 29.2 Kontrollierte altersspezifische Zugänge von Männern (**a**) und Frauen (**b**) wegen psychischer und somatischer Erkrankungen in EM-Renten in Ost- und Westdeutschland (2015). (Quelle: FDZ-RV – SUFRSDLV15B, AKVS2014XVSBB, eigene Berechnungen)

Während bei somatischen Erkrankungen exponentiell geformte Alters-EM-Risikoprofile zu verzeichnen sind, haben jene für psychische Erkrankungen einen eher im Altersverlauf leicht ansteigenden linearen Verlauf mit vergleichsweise niedrigen EM-Risiken. Bemerkenswert ist jedoch, dass bei den unter 50-jährigen Männern und Frauen die EM-Risiken für psychische Erkranken fast durchgehend leicht

über denen für somatische Erkrankungen liegen.

Bei den Frauen stellen sich die Unterschiede in den altersspezifischen EM-Risiken zwischen psychischen und somatischen Erkrankungen nicht so unterschiedlich dar wie bei den Männern (◘ Abb. 29.2b). Für eine Berentung aufgrund somatischer Erkrankungen zeigt sich auch bei den Frauen ab einem Alter ab

◻ Tabelle 29.2 Rentenbeträge von inländischen 30- bis 65-jährigen Zugängen in EM-Rente nach Dezilen in Euro pro Monat (2015). (Quelle: FDZ-RV – SUFRSDLV15B, eigene Berechnungen)

		Westdeutschland		Ostdeutschland		
		Männer	**Frauen**	**Männer**	**Frauen**	**Insgesamt**
Dezile	*1.*	281	291	301	385	299
	2.	446	430	426	547	448
	3.	570	535	526	635	557
	4.	680	631	605	711	655
	5.	800	720	685	782	747
	6.	910	809	773	858	842
	7.	1.026	897	855	946	938
	8.	1.149	994	947	1.044	1.054
	9.	1.316	1.142	1.101	1.199	1.214

Anmerkung: Als Rentenbetrag wird der nach der Rentenformel ermittelte Monatsbetrag der Rente, vermindert um die Auswirkungen der Vorschrift über das Zusammentreffen von Renten und Einkommen (Einkommensanrechnung), bezeichnet. Insbesondere Beiträge zur Kranken- und Pflegeversicherung sowie ggf. Steuern sind von den Rentenbeträgen abzuziehen.
Fehlzeiten-Report 2020

Anfang 50 Jahren ein stark ansteigendes Risiko (allerdings auf weit niedrigerem Niveau als bei den Männern). Während das EM-Risiko für psychische Erkrankungen bei den Frauen zwischen 30 und 50 Jahren noch wesentlich höher ausfällt als das Risiko für somatische Erkrankungen und bis zum Alter von 60 Jahren tendenziell ansteigt, liegt das EM-Risiko für somatischen Erkrankungen ab Mitte 50 auch bei den Frauen über dem EM-Risiko für psychische Erkrankungen.

Bemerkenswert ist, dass psychische Erkrankungen, die zu Erwerbsminderung führen, in den Lebensläufen der Betroffenen (mit 51,0 Jahren im Durchschnitt) über drei Jahre früher eintreten als somatische (mit 54,2 Jahren). Das Durchschnittsalter für EM-Berentung liegt bei 52,7 Jahren; die Unterschiede zwischen Frauen und Männern in Ost und West sind unerheblich.

Vor dem Hintergrund hoher Altersarmutsrisiken vor allem von EM-Rentnerinnen (Mär-

tin 2017) zeigt sich für Menschen mit psychischen Erkrankungen, dass diesen weniger Zeit für private und betriebliche Altersvorsorge zur Verfügung steht als den später berenteten Personen mit somatischen Erkrankungen. Dementsprechend sind die vollwertigen Beitragszeiten von Personen mit Diagnose psychischer Erkrankungen kürzer als jene von Personen mit somatischen Erkrankungen. Durch den rentensteigernden Effekt der Zurechnungszeiten liegen die durchschnittlichen Bruttorentenzahlbeträge von EM-Rentnerinnen und -Rentnern bei etwa 750 € (5. Dezil bzw. Median in ◻ Tab. 29.2). Nicht zuletzt wegen der Verlängerung der Zurechnungszeiten sind die Rentenbeträge bei EM-Renten im Neuzugang gestiegen. Dennoch zeigt die Verteilung der Rentenbeträge, von denen noch der hälftige Anteil der Rentnerinnen und Rentner für die Kranken- und Pflegeversicherung sowie gegebenenfalls Steuern abzuziehen sind, dass vor allem unter ostdeutschen Männern

und westdeutschen Frauen niedrige Rentenbeträge weit verbreitet sind (■ Tab. 29.2).
Sollten diese EM-Rentnerinnen und -Rent-
ner ausschließlich auf diese Einkommensquel-
le angewiesen sein, dann dürfte im Fall von
unbefristeter EM-Rente der Bezug von Grundsicherung bei dauerhafter EM-Rente häufig
vorkommen.

Insgesamt gesehen sind die Rentenbeträge
bei psychischen und somatischen Erkrankungen nahezu identisch: Der Median bei psychischen Erkrankungen liegt bei 743 €, der bei
EM-Renten wegen somatischer Erkrankungen
beträgt 752 € (eigene Berechnungen für 2015).
Große Unterschiede zeigen sich allerdings,
wenn nach Geschlecht differenzierte lineare
Regressionsmodelle auf die Höhe der Ren-
tenbeiträge berechnet werden (■ Tab. 29.3).
Obgleich im Modell mit der hier verwendeten Datenbasis nur wenige Merkmale kontrolliert werden können und die Modellgü-
te (R^2) als eher gering anzusehen ist, können dennoch einige Zusammenhänge dargestellt werden. Zunächst zeigt sich, dass ein
hohes Alter beim Zugang in die EM-Rente
sich negativ auf die Höhe der Rentenbeiträ-
ge auswirkt. Vermutlich weisen ältere chronisch kranke Menschen kumulative Risiken
aus Arbeitslosigkeit, Krankheit und prekären
Beschäftigungsbedingungen auf. Und umgekehrt begünstigen lange Erwerbsbiografien bei
Frauen wie Männern höhere Rentenbeträge.
Eine nicht-deutsche Staatsangehörigkeit wirkt
sich vor allem bei Frauen negativ auf die Höhe der EM-Rente aus. Männer im Osten –
dies wurde bereits in ■ Tab. 29.2 deutlich –
weisen geringere Rentenhöhen auf als Männer
im Westen. Bei Frauen verhält es sich umgekehrt: Frauen im Osten haben höhere EM-
Renten als Frauen im Westen. Die Diagnose
psychische Erkrankung geht bei Männern mit
niedrigeren Renten, bei Frauen mit eher höheren einher. Qualifikatorische Aspekte können
mit dem zugrunde liegenden Datensatz wegen
hoher Anteile fehlender Werte in Bezug auf
schulische wie berufliche Qualifikationen nicht
kontrolliert werden.

29.5 Zusammenfassung und Diskussion

Es zeigt sich, dass chronische gesundheitliche Einschränkungen, die zum Bezug einer
EM-Rente führen, sowohl ein zentrales Risiko
für ein vorzeitiges Ausscheiden aus dem Erwerbsleben darstellen als auch weit verbreitet
sind. Im Erwerbsminderungsrentengeschehen
ist vor allem eine Zunahme von psychischen
Erkrankungen zu beobachten. Diese können
im Zusammenhang mit Ökonomisierungs- und
Beschleunigungstendenzen und damit verbundenen zunehmenden Belastungen am Arbeitsplatz sowie im Alltag stehen. Als Stressoren des Arbeitslebens gelten insbesondere un-
sichere Arbeitsverhältnisse, Arbeitslosigkeit,
Über- und Unterforderung, wachsender Kon-
kurrenzdruck, ständige Erreichbarkeit, erhöhte
Anforderung an Flexibilität und Mobilität und
ein schlechtes Betriebsklima (Lohmann-Haislah 2012; Kistler et al. 2019).

Mit dem Arbeitsmarktaufschwung seit Mitte der letzten Dekade zeigt sich zwar insgesamt
für alle Personengruppen eine verbesserte Arbeitsmarktsituation (mit steigender Erwerbstätigkeit und sinkender Arbeitslosigkeit). Allerdings dürften der langfristige Trend von
Globalisierung und Digitalisierung und die damit verbundenen Veränderungen der Qualifikationsanforderungen und Berufe den Arbeits-
marktzugang von gesundheitlich beeinträchtigten Menschen zukünftig eher erschweren
(Walwei 2018). Zwar ist zu erwarten, dass
körperlich belastende Arbeiten eher abnehmen werden, aber durch die Zunahme neuer Arbeitsformen und -modelle (die weniger
zeit- und ortsgebunden sind) könnten durch
Entgrenzungstendenzen zwischen Arbeit und
Freizeit andere Gefahren für die Gesundheit
entstehen. Vor allem bei prekär Beschäftigten,
überlasteten oder arbeitslosen Personen können sich Zukunftsängste entwickeln, die mit
gesundheitlichen Belastungen und Einschränkungen in der Berufs- und Alltagsbewältigung
assoziiert sind. Ein Abbau von sogenannten

◻ Tabelle 29.3 Individuelle und regionale Effekte auf die Höhe der Rentenbeträge bei Zugängen in EM-Rente (2015). (Quelle: FDZ-RV – SUFRSDLV15B, eigene Berechnungen)

	Männer		Frauen	
	Koeff. B	t-Wert	Koeff. B	t-Wert
Alter (Jahre)	−16,45***	−17,84	−30,80***	−23,79
Region Ost (Ref.: West)	−135,64***	−15,48	50,84***	6,28
Staatsangehörigkeit Deutsch (Ref.: Nicht-D.)	64,84***	4,47	109,41***	8,47
Erwerbsbiografie (Jahre)	25,86***	32,54	27,50***	22,87
Diagnose psychisch (Ref.: somatisch)	−21,35**	−2,71	37,68***	5,51
Konstante	721,57***	20,25	1245,45***	33,75
R^2	0,177		0,108	
n	8.752		8.654	

Statistisch signifikante Koeffizienten sind markiert mit ***/**/* für das 1/5/10 %-Niveau.
Fehlzeiten-Report 2020

„Schonarbeitsplätzen" in den Betrieben durch Outsourcing erhöht die Arbeitsmarktrisiken für chronisch Erkrankte zusätzlich. Fragen nach der sozialen Sicherung von Erwerbstätigen und einer künftig eher steigenden Zahl von Kleinselbstständigen in der sogenannten Netzwerk- und Plattformökonomie sowie bei neuen Beschäftigtenformen von Crowdworking sind noch nicht geklärt (Mecke 2018). Bei Beschäftigten mit gesundheitlichen Einschränkungen und längerem ALG-II-Bezug besteht ebenfalls die Gefahr, dass sie die institutionellen Voraussetzungen zur EM-Rente nicht erfüllen und so jede auf den vorherigen Lohn bezogene Absicherung verlieren und die Arbeitsmarktrisiken individuell tragen (Bäcker 2018).

Wie hier gezeigt werden konnte sind gesundheitliche Beeinträchtigungen mit dem Alter korreliert. Ab dem 50. Lebensjahr steigen die EM-Risiken in Deutschland stark an. Vor diesem Hintergrund kann der mit der demografischen Entwicklung verbundene wachsende Anteil älterer Erwerbstätiger sowie die Verlängerung der Lebensarbeitszeit zukünftig zu einer steigenden Zahl von Erwerbsminderungsrentnerinnen und -rentnern beitragen (Walwei 2018).

Die letzten Rentenreformen, die zu einer besseren Absicherung der EM-Rentnerinnen und EM-Rentner beigetragen haben, sind positiv zu bewerten. Doch durch eine weitere Senkung des Rentenniveaus und häufig fehlender Berufsunfähigkeitsversicherungen sowie ergänzender privater und betrieblicher Altersvorsorge von EM-Rentnerinnen und -Rentnern (Frommert 2020) dürften die Rentenzahlbeträge der EM-Renten bei vielen Betroffenen auch zukünftig nicht armutsvermeidend sein, sondern häufig unterhalb des Grundsicherungsbedarfs liegen. Darauf verweisen bereits die aktuellen hohen Empfängerquoten von Leistungen der Grundsicherung von dauerhaft Erwerbsgeminderten (2018: 15 %) im Vergleich zu Altersrentnerinnen und -rentnern (2018: 2,6 %; Deutsche Rentenversicherung Bund 2019).

Sozialpolitisch besteht also weiterhin Handlungsbedarf. Vor allem sind flexible Instrumente des Übergangs in EM- wie Altersrente zu entwickeln, die mehr auf Anreize als auf Abschläge setzen. In diesem Zusammenhang erscheinen jüngste Reformen wie etwa in den Niederlanden (Mittag 2018) besonders vielversprechend zu sein, weil dort erkrankte Beschäftigte enger an die Betriebe gebunden sind. Es gibt klar geregelte Verantwortlichkeiten, einen verbindlichen Einbezug der Betriebe, stärkere Anreize zur Prävention sowie eine klare Wiedereingliederungsperspektive durch aktives Fallmanagement und Beratung. In Deutschland sollten die sozialrechtlichen Anreize, die EM-Rente wieder zu verlassen, durch flexible Möglichkeiten der Reintegration in den Arbeitsmarkt (*return to work*) erleichtert werden, um die Interessen der Betriebe wie der Beschäftigten näher zueinander zu bringen.

Literatur

Aurich-Beerheide P, Brussig M, Schwarzkopf M (2018) Zugangssteuerung in Erwerbsminderungsrenten. Hans-Böckler-Stiftung, Nr. 377

Bäcker G (2018) Wann und Wie in den Ruhestand? Altersübergänge im Umbruch. Sozialer Fortschr 67(2018):997–1015

Deutsche Rentenversicherung Bund (2013) Reha-Bericht 2013. Deutsche Rentenversicherung Bund, Berlin

Deutsche Rentenversicherung Bund (2014) Positionspapier der Deutschen Rentenversicherung zur Bedeutung psychischer Erkrankungen in der Rehabilitation und bei Erwerbsminderung. Deutsche Rentenversicherung Bund, Berlin

Deutsche Rentenversicherung Bund (2019) Rentenversicherung in Zeitreihen. https://www.deutsche-rentenversicherung.de/SharedDocs/Downloads/DE/Statistiken-und-Berichte/statistikpublikationen/rv_in_zeitreihen.html. Zugegriffen: 13. März 2020

Frommert D (2020) Erwerbsminderung: Vorgeschichte und Absicherung im Leistungsfall. In: Jürges H, Siegrist J, Stiehler M (Hrsg) Männergesundheitsbericht. Psychosozial-Verlag, Gießen (im Erscheinen)

Hagen C, Himmelreicher R, Kemptner D, Lampert T (2011) Soziale Ungleichheit und Risiken der Erwerbsminderung. WSI 7/2011:336–344

Hagen C, Himmelreicher R (2014) Erwerbsminderungsrente in Deutschland – Ein unterschätztes Risiko(?). Vierteljahresh Zur Wirtschaftsforsch 83:115–138

von Kardorff E, Klaus S, Meschnig A (2019) Wege psychisch Kranker in die EM-Rente und Rückkehrperspektiven aus der EM-Rente in Arbeit: Ansatzpunkte zu frühzeitiger Intervention in biografische und krankheitsbezogene Verlaufskurven. (WEMRE) – Tätigkeitsbericht über den Projektzeitraum vom 1.7.2018 bis 31.3.2019, Berlin

Kistler E, Holler M, Schneider D (2019) Alter(n)sgerechte Arbeitsbedingungen und Lebenslagen – Fiktionen und Fakten. In: Schneider W, Stadelbacher S (Hrsg) Der Altersübergang als Neuarrangement von Arbeit und Leben. Springer, Wiesbaden

Kobelt A, Grosch E, Hesse B, Gebauer E, Gutenbrunner C (2009) Wollen psychisch erkrankte Versicherte, die eine befristete Rente wegen voller Erwerbsminderung beziehen, wieder ins Erwerbsleben eingegliedert werden? Psychother Psychosom Med Psychol 59(7):273–280

Lippke S, Zschucke E, Hessel A (2018) Befristete Erwerbsminderungsrente – und dann…? – Zur Realität des Rückkehrwunsches: Ergebnisse einer Befragung von Versicherten mit befristeter Erwerbsminderungsrente. Sozialr Aktuell Sonderh 2018:38–42

Lohmann-Haislah A (2012) Stressreport Deutschland 2012. Psychische Anforderungen, Ressourcen und Befinden. Bundesanstalt für Arbeitsschutz und Arbeitsmedizin, Dortmund Berlin Dresden

Lohse R, Rodriguez Gonzales M, Schröder M, Morgenroth H, Himmelreicher R (2016) Erwerbsminderung, Arbeitslosigkeit und Krankheit im Kontext der Erwerbsbiografien sozialversicherungspflichtig Beschäftigter. Zeitschrift Für Versicherungswes 08:252–257

Märtin S (2017) Materielle Absicherung bei Erwerbsminderung im Kontext der Lebensform. Eine empirische Analyse auf Basis von Befragungs- und Routinedaten. Springer VS, Wiesbaden

Mecke C (2018) Arbeit der Zukunft und Erwerbsminderung – eine Einführung. Sozialr Aktuell Sonderh 2018:56–57

Mittag O (2018) „Reha vor Rente" in der Domäne der Rentenversicherung: Befunde zur Umsetzung. Sozialr Aktuell Sonderh 2018:20–24

Müller R, Hagen C, Himmelreicher R (2013) Risiken für eine Erwerbsminderungsrente. Bremen im Ländervergleich. Arbeitnehmerkammer, Bremen

Schäfer I (2018) Defizite der sozialen Absicherung bei geminderter Leistungsfähigkeit. Sozialr Aktuell Sonderh 2018:9–11

Söhn J, Mika T (2015) Die erwerbsbiografische Vorgeschichte der Frühverrentung wegen Erwerbsminderung. ZSR 61(4):461–492

Viebrok H, Himmelreicher R, Schmähl W (2004) Private Altersvorsorge statt Rente: Wer gewinnt, wer verliert? Beiträge zur Sozial- und Verteilungspolitik Bd. 3. LIT, Münster (Hrsg Schmähl W)

Walwei U (2018) Arbeit der Zukunft und Erwerbsminderung. Sozialr Aktuell Sonderh 2018:58–62

Winkel R (2019) Erwerbsminderungsrente erneut verbessert. EM-Rente für Ältere mit Handicaps jetzt besser als vorgezogene Altersrente. Soziale Sicherh 1:25–31

Welti F (2019) Höhere Erwerbsminderungsrenten: sicher und gerecht – aber Reformbedarf bleibt. Ifo Schnelld 2:18–21

Zschucke E, Lippke S, Hessel A (2017) Erwerbsminderungsrente und Rückkehr ins Erwerbsleben aus Sicht der Betroffenen. Diskussionsforum Rehabilitations- und Teilhaberecht, Fachbeitrag D15-2017, S 1–7

Serviceteil

Anhang 1

Internationale statistische Klassifikation der Krankheiten und verwandter Gesundheitsprobleme (10. Revision, Version 2019, German Modification)

I. Bestimmte infektiöse und parasitäre Krankheiten (A00–B99)	
A00–A09	Infektiöse Darmkrankheiten
A15–A19	Tuberkulose
A20–A28	Bestimmte bakterielle Zoonosen
A30–A49	Sonstige bakterielle Krankheiten
A50–A64	Infektionen, die vorwiegend durch Geschlechtsverkehr übertragen werden
A65–A69	Sonstige Spirochätenkrankheiten
A70–A74	Sonstige Krankheiten durch Chlamydien
A75–A79	Rickettsiosen
A80–A89	Virusinfektionen des Zentralnervensystems
A92–A99	Durch Arthropoden übertragene Viruskrankheiten und virale hämorrhagische Fieber
B00–B09	Virusinfektionen, die durch Haut- und Schleimhautläsionen gekennzeichnet sind
B15–B19	Virushepatitis
B20–B24	HIV-Krankheit [Humane Immundefizienz-Viruskrankheit]
B25–B34	Sonstige Viruskrankheiten
B35–B49	Mykosen
B50–B64	Protozoenkrankheiten
B65–B83	Helminthosen
B85–B89	Pedikulose [Läusebefall], Akarinose [Milbenbefall] und sonstiger Parasitenbefall der Haut
B90–B94	Folgezustände von infektiösen und parasitären Krankheiten
B95–B98	Bakterien, Viren und sonstige Infektionserreger als Ursache von Krankheiten, die in anderen Kapiteln klassifiziert sind
B99–B99	Sonstige Infektionskrankheiten

II. Neubildungen (C00–D48)

C00–C97	Bösartige Neubildungen
D00–D09	In-situ-Neubildungen
D10–D36	Gutartige Neubildungen
D37–D48	Neubildungen unsicheren oder unbekannten Verhaltens

III. Krankheiten des Blutes und der blutbildenden Organe sowie bestimmte Störungen mit Beteiligung des Immunsystems (D50–D90)

D50–D53	Alimentäre Anämien
D55–D59	Hämolytische Anämien
D60–D64	Aplastische und sonstige Anämien
D65–D69	Koagulopathien, Purpura und sonstige hämorrhagische Diathesen
D70–D77	Sonstige Krankheiten des Blutes und der blutbildenden Organe
D80–D90	Bestimmte Störungen mit Beteiligung des Immunsystems

IV. Endokrine, Ernährungs- und Stoffwechselkrankheiten (E00–E90)

E00–E07	Krankheiten der Schilddrüse
E10–E14	Diabetes mellitus
E15–E16	Sonstige Störungen der Blutglukose-Regulation und der inneren Sekretion des Pankreas
E20–E35	Krankheiten sonstiger endokriner Drüsen
E40–E46	Mangelernährung
E50–E64	Sonstige alimentäre Mangelzustände
E65–E68	Adipositas und sonstige Überernährung
E70–E90	Stoffwechselstörungen

V. Psychische und Verhaltensstörungen (F00–F99)

F00–F09	Organische, einschließlich symptomatischer psychischer Störungen
F10–F19	Psychische und Verhaltensstörungen durch psychotrope Substanzen
F20–F29	Schizophrenie, schizotype und wahnhafte Störungen
F30–F39	Affektive Störungen
F40–F48	Neurotische, Belastungs- und somatoforme Störungen
F50–F59	Verhaltensauffälligkeiten mit körperlichen Störungen und Faktoren
F60–F69	Persönlichkeits- und Verhaltensstörungen
F70–F79	Intelligenzstörung
F80–F89	Entwicklungsstörungen
F90–F98	Verhaltens- und emotionale Störungen mit Beginn in der Kindheit und Jugend
F99–F99	Nicht näher bezeichnete psychische Störungen

VI. Krankheiten des Nervensystems (G00–G99)

G00–G09	Entzündliche Krankheiten des Zentralnervensystems
G10–G14	Systematrophien, die vorwiegend das Zentralnervensystem betreffen
G20–G26	Extrapyramidale Krankheiten und Bewegungsstörungen
G30–G32	Sonstige degenerative Krankheiten des Nervensystems
G35–G37	Demyelinisierende Krankheiten des Zentralnervensystems
G40–G47	Episodische und paroxysmale Krankheiten des Nervensystems
G50–G59	Krankheiten von Nerven, Nervenwurzeln und Nervenplexus
G60–G64	Polyneuroapathien und sonstige Krankheiten des peripheren Nervensystems
G70–G73	Krankheiten im Bereich der neuromuskulären Synapse und des Muskels
G80–G83	Zerebrale Lähmung und sonstige Lähmungssyndrome
G90–G99	Sonstige Krankheiten des Nervensystems

VII. Krankheiten des Auges und der Augenanhangsgebilde (H00–H59)

H00–H06	Affektionen des Augenlides, des Tränenapparates und der Orbita
H10–H13	Affektionen der Konjunktiva
H15–H22	Affektionen der Sklera, der Hornhaut, der Iris und des Ziliarkörpers
H25–H28	Affektionen der Linse
H30–H36	Affektionen der Aderhaut und der Netzhaut
H40–H42	Glaukom
H43–H45	Affektionen des Glaskörpers und des Augapfels
H46–H48	Affektionen des N. opticus und der Sehbahn
H49–H52	Affektionen der Augenmuskeln, Störungen der Blickbewegungen sowie Akkommodationsstörungen und Refraktionsfehler
H53–H54	Sehstörungen und Blindheit
H55–H59	Sonstige Affektionen des Auges und der Augenanhangsgebilde

VIII. Krankheiten des Ohres und des Warzenfortsatzes (H60–H95)

H60–H62	Krankheiten des äußeren Ohres
H65–H75	Krankheiten des Mittelohres und des Warzenfortsatzes
H80–H83	Krankheiten des Innenohres
H90–H95	Sonstige Krankheiten des Ohres

IX. Krankheiten des Kreislaufsystems (I00–I99)

I00–I02	Akutes rheumatisches Fieber
I05–I09	Chronische rheumatische Herzkrankheiten
I10–I15	Hypertonie [Hochdruckkrankheit]
I20–I25	Ischämische Herzkrankheiten
I26–I28	Pulmonale Herzkrankheit und Krankheiten des Lungenkreislaufs
I30–I52	Sonstige Formen der Herzkrankheit
I60–I69	Zerebrovaskuläre Krankheiten
I70–I79	Krankheiten der Arterien, Arteriolen und Kapillaren
I80–I89	Krankheiten der Venen, der Lymphgefäße und der Lymphknoten, anderenorts nicht klassifiziert
I95–I99	Sonstige und nicht näher bezeichnete Krankheiten des Kreislaufsystems

X. Krankheiten des Atmungssystems (J00–J99)

J00–J06	Akute Infektionen der oberen Atemwege
J09–J18	Grippe und Pneumonie
J20–J22	Sonstige akute Infektionen der unteren Atemwege
J30–J39	Sonstige Krankheiten der oberen Atemwege
J40–J47	Chronische Krankheiten der unteren Atemwege
J60–J70	Lungenkrankheiten durch exogene Substanzen
J80–J84	Sonstige Krankheiten der Atmungsorgane, die hauptsächlich das Interstitium betreffen
J85–J86	Purulente und nekrotisierende Krankheitszustände der unteren Atemwege
J90–J94	Sonstige Krankheiten der Pleura
J95–J99	Sonstige Krankheiten des Atmungssystems

XI. Krankheiten des Verdauungssystems (K00–K93)

K00–K14	Krankheiten der Mundhöhle, der Speicheldrüsen und der Kiefer
K20–K31	Krankheiten des Ösophagus, des Magens und des Duodenums
K35–K38	Krankheiten der Appendix
K40–K46	Hernien
K50–K52	Nichtinfektiöse Enteritis und Kolitis
K55–K64	Sonstige Krankheiten des Darms
K65–K67	Krankheiten des Peritoneums
K70–K77	Krankheiten der Leber
K80–K87	Krankheiten der Gallenblase, der Gallenwege und des Pankreas
K90–K93	Sonstige Krankheiten des Verdauungssystems

XII. Krankheiten der Haut und der Unterhaut (L00–L99)

L00–L08	Infektionen der Haut und der Unterhaut
L10–L14	Bullöse Dermatosen
L20–L30	Dermatitis und Ekzem
L40–L45	Papulosquamöse Hautkrankheiten
L50–L54	Urtikaria und Erythem
L55–L59	Krankheiten der Haut und der Unterhaut durch Strahleneinwirkung
L60–L75	Krankheiten der Hautanhangsgebilde
L80–L99	Sonstige Krankheiten der Haut und der Unterhaut

XIII. Krankheiten des Muskel-Skelett-Systems und des Bindegewebes (M00–M99)

M00–M25	Arthropathien
M30–M36	Systemkrankheiten des Bindegewebes
M40–M54	Krankheiten der Wirbelsäule und des Rückens
M60–M79	Krankheiten der Weichteilgewebe
M80–M94	Osteopathien und Chondropathien
M95–M99	Sonstige Krankheiten des Muskel-Skelett-Systems und des Bindegewebes

XIV. Krankheiten des Urogenitalsystems (N00–N99)

N00–N08	Glomeruläre Krankheiten
N10–N16	Tubulointerstitielle Nierenkrankheiten
N17–N19	Niereninsuffizienz
N20–N23	Urolithiasis
N25–N29	Sonstige Krankheiten der Niere und des Ureters
N30–N39	Sonstige Krankheiten des Harnsystems
N40–N51	Krankheiten der männlichen Genitalorgane
N60–N64	Krankheiten der Mamma [Brustdrüse]
N70–N77	Entzündliche Krankheiten der weiblichen Beckenorgane
N80–N98	Nichtentzündliche Krankheiten des weiblichen Genitaltraktes
N99–N99	Sonstige Krankheiten des Urogenitalsystems

XV. Schwangerschaft, Geburt und Wochenbett (O00–O99)

O00–O08	Schwangerschaft mit abortivem Ausgang
O09–O09	Schwangerschaftsdauer
O10–O16	Ödeme, Proteinurie und Hypertonie während der Schwangerschaft, der Geburt und des Wochenbettes
O20–O29	Sonstige Krankheiten der Mutter, die vorwiegend mit der Schwangerschaft verbunden sind
O30–O48	Betreuung der Mutter im Hinblick auf den Fetus und die Amnionhöhle sowie mögliche Entbindungskomplikationen
O60–O75	Komplikation bei Wehentätigkeit und Entbindung
O80–O82	Entbindung
O85–O92	Komplikationen, die vorwiegend im Wochenbett auftreten
O94–O99	Sonstige Krankheitszustände während der Gestationsperiode, die anderenorts nicht klassifiziert sind

XVI. Bestimmte Zustände, die ihren Ursprung in der Perinatalperiode haben (P00–P96)

P00–P04	Schädigung des Fetus und Neugeborenen durch mütterliche Faktoren und durch Komplikationen bei Schwangerschaft, Wehentätigkeit und Entbindung
P05–P08	Störungen im Zusammenhang mit der Schwangerschaftsdauer und dem fetalen Wachstum
P10–P15	Geburtstrauma
P20–P29	Krankheiten des Atmungs- und Herz-Kreislaufsystems, die für die Perinatalperiode spezifisch sind
P35–P39	Infektionen, die für die Perinatalperiode spezifisch sind
P50–P61	Hämorrhagische und hämatologische Krankheiten beim Fetus und Neugeborenen
P70–P74	Transitorische endokrine und Stoffwechselstörungen, die für den Fetus und das Neugeborene spezifisch sind
P75–P78	Krankheiten des Verdauungssystems beim Fetus und Neugeborenen
P80–P83	Krankheitszustände mit Beteiligung der Haut und der Temperaturregulation beim Fetus und Neugeborenen
P90–P96	Sonstige Störungen, die ihren Ursprung in der Perinatalperiode haben

XVII. Angeborene Fehlbildungen, Deformitäten und Chromosomenanomalien (Q00–Q99)

Q00–Q07	Angeborene Fehlbildungen des Nervensystems
Q10–Q18	Angeborene Fehlbildungen des Auges, des Ohres, des Gesichtes und des Halses
Q20–Q28	Angeborene Fehlbildungen des Kreislaufsystems
Q30–Q34	Angeborene Fehlbildungen des Atmungssystems
Q35–Q37	Lippen-, Kiefer- und Gaumenspalte
Q38–Q45	Sonstige angeborene Fehlbildungen des Verdauungssystems
Q50–Q56	Angeborene Fehlbildungen der Genitalorgane
Q60–Q64	Angeborene Fehlbildungen des Harnsystems
Q65–Q79	Angeborene Fehlbildungen und Deformitäten des Muskel-Skelett-Systems
Q80–Q89	Sonstige angeborene Fehlbildungen
Q90–Q99	Chromosomenanomalien, anderenorts nicht klassifiziert

XVIII. Symptome und abnorme klinische und Laborbefunde, die anderenorts nicht klassifiziert sind (R00–R99)

R00–R09	Symptome, die das Kreislaufsystem und das Atmungssystem betreffen
R10–R19	Symptome, die das Verdauungssystem und das Abdomen betreffen
R20–R23	Symptome, die die Haut und das Unterhautgewebe betreffen
R25–R29	Symptome, die das Nervensystem und das Muskel-Skelett-System betreffen
R30–R39	Symptome, die das Harnsystem betreffen
R40–R46	Symptome, die das Erkennungs- und Wahrnehmungsvermögen, die Stimmung und das Verhalten betreffen
R47–R49	Symptome, die die Sprache und die Stimme betreffen
R50–R69	Allgemeinsymptome
R70–R79	Abnorme Blutuntersuchungsbefunde ohne Vorliegen einer Diagnose
R80–R82	Abnorme Urinuntersuchungsbefunde ohne Vorliegen einer Diagnose
R83–R89	Abnorme Befunde ohne Vorliegen einer Diagnose bei der Untersuchung anderer Körperflüssigkeiten, Substanzen und Gewebe
R90–R94	Abnorme Befunde ohne Vorliegen einer Diagnose bei bildgebender Diagnostik und Funktionsprüfungen
R95–R99	Ungenau bezeichnete und unbekannte Todesursachen

XIX. Verletzungen, Vergiftungen und bestimmte andere Folgen äußerer Ursachen (S00–T98)

S00–S09	Verletzungen des Kopfes
S10–S19	Verletzungen des Halses
S20–S29	Verletzungen des Thorax
S30–S39	Verletzungen des Abdomens, der Lumbosakralgegend, der Lendenwirbelsäule und des Beckens
S40–S49	Verletzungen der Schulter und des Oberarms
S50–S59	Verletzungen des Ellenbogens und des Unterarms
S60–S69	Verletzungen des Handgelenks und der Hand
S70–S79	Verletzungen der Hüfte und des Oberschenkels
S80–S89	Verletzungen des Knies und des Unterschenkels
S90–S99	Verletzungen der Knöchelregion und des Fußes
T00–T07	Verletzung mit Beteiligung mehrerer Körperregionen
T08–T14	Verletzungen nicht näher bezeichneter Teile des Rumpfes, der Extremitäten oder anderer Körperregionen
T15–T19	Folgen des Eindringens eines Fremdkörpers durch eine natürliche Körperöffnung
T20–T32	Verbrennungen oder Verätzungen
T33–T35	Erfrierungen
T36–T50	Vergiftungen durch Arzneimittel, Drogen und biologisch aktive Substanzen
T51–T65	Toxische Wirkungen von vorwiegend nicht medizinisch verwendeten Substanzen
T66–T78	Sonstige nicht näher bezeichnete Schäden durch äußere Ursachen
T79–T79	Bestimmte Frühkomplikationen eines Traumas
T80–T88	Komplikationen bei chirurgischen Eingriffen und medizinischer Behandlung, anderenorts nicht klassifiziert
T89–T89	Sonstige Komplikationen eines Traumas, anderenorts nicht klassifiziert
T90–T98	Folgen von Verletzungen, Vergiftungen und sonstigen Auswirkungen äußerer Ursachen

XX. Äußere Ursachen von Morbidität und Mortalität (V01–Y84)

V01–X59	Unfälle
X60–X84	Vorsätzliche Selbstbeschädigung
X85–Y09	Tätlicher Angriff
Y10–Y34	Ereignis, dessen nähere Umstände unbestimmt sind
Y35–Y36	Gesetzliche Maßnahmen und Kriegshandlungen
Y40–Y84	Komplikationen bei der medizinischen und chirurgischen Behandlung

XXI. Faktoren, die den Gesundheitszustand beeinflussen und zur Inanspruchnahme des Gesundheitswesen führen (Z00–Z99)

Z00–Z13	Personen, die das Gesundheitswesen zur Untersuchung und Abklärung in Anspruch nehmen
Z20–Z29	Personen mit potentiellen Gesundheitsrisiken hinsichtlich übertragbarer Krankheiten
Z30–Z39	Personen, die das Gesundheitswesen im Zusammenhang mit Problemen der Reproduktion in Anspruch nehmen
Z40–Z54	Personen, die das Gesundheitswesen zum Zwecke spezifischer Maßnahmen und zur medizinischen Betreuung in Anspruch nehmen
Z55–Z65	Personen mit potenziellen Gesundheitsrisiken aufgrund sozioökonomischer oder psychosozialer Umstände
Z70–Z76	Personen, die das Gesundheitswesen aus sonstigen Gründen in Anspruch nehmen
Z80–Z99	Personen mit potentiellen Gesundheitsrisiken aufgrund der Familien- oder Eigenanamnese und bestimmte Zustände, die den Gesundheitszustand beeinflussen

XXII. Schlüsselnummern für besondere Zwecke (U00–U99)

U00–U49	Vorläufige Zuordnungen für Krankheiten mit unklarer Ätiologie und nicht belegte Schlüsselnummern
U50–U52	Funktionseinschränkung
U55–U55	Erfolgte Registrierung zur Organtransplantation
U60–U61	Stadieneinteilung der HIV-Infektion
U69–U69	Sonstige sekundäre Schlüsselnummern für besondere Zwecke
U80–U85	Infektionserreger mit Resistenzen gegen bestimmte Antibiotika oder Chemotherapeutika
U99–U99	Nicht belegte Schlüsselnummern

Anhang 2

Branchen in der deutschen Wirtschaft basierend auf der Klassifikation der Wirtschaftszweige (Ausgabe 2008/NACE)

Banken und Versicherungen

K	Erbringung von Finanz- und Versicherungsdienstleistungen
64	Erbringung von Finanzdienstleistungen
65	Versicherungen, Rückversicherungen und Pensionskassen (ohne Sozialversicherung)
66	Mit Finanz- und Versicherungsdienstleistungen verbundene Tätigkeiten

Baugewerbe

F	Baugewerbe
41	Hochbau
42	Tiefbau
43	Vorbereitende Baustellenarbeiten, Bauinstallation und sonstiges Ausbaugewerbe

Dienstleistungen

I	Gastgewerbe
55	Beherbergung
56	Gastronomie

J	Information und Kommunikation
58	Verlagswesen
59	Herstellung, Verleih und Vertrieb von Filmen und Fernsehprogrammen; Kinos; Tonstudios und Verlegen von Musik
60	Rundfunkveranstalter
61	Telekommunikation
62	Erbringung von Dienstleistungen der Informationstechnologie
63	Informationsdienstleistungen

L	Grundstücks- und Wohnungswesen
68	Grundstücks- und Wohnungswesen

M	Erbringung von freiberuflichen, wissenschaftlichen und technischen Dienstleistungen
69	Rechts- und Steuerberatung, Wirtschaftsprüfung
70	Verwaltung und Führung von Unternehmen und Betrieben; Unternehmensberatung
71	Architektur- und Ingenieurbüros; technische, physikalische und chemische Untersuchung
72	Forschung und Entwicklung
73	Werbung und Marktforschung
74	Sonstige freiberufliche, wissenschaftliche und technische Tätigkeiten
75	Veterinärwesen
N	Erbringung von sonstigen wirtschaftlichen Dienstleistungen
77	Vermietung von beweglichen Sachen
78	Vermittlung und Überlassung von Arbeitskräften
79	Reisebüros, Reiseveranstalter und Erbringung sonstiger Reservierungsdienstleistungen
80	Wach- und Sicherheitsdienste sowie Detekteien
81	Gebäudebetreuung; Garten- und Landschaftsbau
82	Erbringung von wirtschaftlichen Dienstleistungen für Unternehmen und Privatpersonen a. n. g.
Q	Gesundheits- und Sozialwesen
86	Gesundheitswesen
87	Heime (ohne Erholungs- und Ferienheime)
88	Sozialwesen (ohne Heime)
R	Kunst, Unterhaltung und Erholung
90	Kreative, künstlerische und unterhaltende Tätigkeiten
91	Bibliotheken, Archive, Museen, botanische und zoologische Gärten
92	Spiel-, Wett- und Lotteriewesen
93	Erbringung von Dienstleistungen des Sports, der Unterhaltung und der Erholung
S	Erbringung von sonstigen Dienstleistungen
94	Interessenvertretungen sowie kirchliche und sonstige religiöse Vereinigungen (ohne Sozialwesen und Sport)
95	Reparatur von Datenverarbeitungsgeräten und Gebrauchsgütern
96	Erbringung von sonstigen überwiegend persönlichen Dienstleistungen
T	Private Haushalte mit Hauspersonal; Herstellung von Waren und Erbringung von Dienstleistungen durch private Haushalte für den Eigenbedarf
97	Private Haushalte mit Hauspersonal
98	Herstellung von Waren und Erbringung von Dienstleistungen durch private Haushalte für den Eigenbedarf ohne ausgeprägten Schwerpunkt

Energie, Wasser, Entsorgung und Bergbau

B   **Bergbau und Gewinnung von Steinen und Erden**

    5   Kohlenbergbau

    6   Gewinnung von Erdöl und Erdgas

    7   Erzbergbau

    8   Gewinnung von Steinen und Erden, sonstiger Bergbau

    9   Erbringung von Dienstleistungen für den Bergbau und für die Gewinnung von Steinen und Erden

D   **Energieversorgung**

    35   Energieversorgung

E   **Wasserversorgung; Abwasser- und Abfallentsorgung und Beseitigung von Umweltverschmutzungen**

    36   Wasserversorgung

    37   Abwasserentsorgung

    38   Sammlung, Behandlung und Beseitigung von Abfällen; Rückgewinnung

    39   Beseitigung von Umweltverschmutzungen und sonstige Entsorgung

Erziehung und Unterricht

P   **Erziehung und Unterricht**

    85   Erziehung und Unterricht

Handel

G   **Handel; Instandhaltung und Reparatur von Kraftfahrzeugen**

    45   Handel mit Kraftfahrzeugen; Instandhaltung und Reparatur von Kraftfahrzeugen

    46   Großhandel (ohne Handel mit Kraftfahrzeugen)

    47   Einzelhandel (ohne Handel mit Kraftfahrzeugen)

Land- und Forstwirtschaft

A   **Land- und Forstwirtschaft, Fischerei**

    1   Landwirtschaft, Jagd und damit verbundene Tätigkeiten

    2   Forstwirtschaft und Holzeinschlag

    3   Fischerei und Aquakultur

Metallindustrie

C   Verarbeitendes Gewerbe

24   Metallerzeugung und -bearbeitung

25   Herstellung von Metallerzeugnissen

26   Herstellung von Datenverarbeitungsgeräten, elektronischen und optischen Erzeugnissen

27   Herstellung von elektrischen Ausrüstungen

28   Maschinenbau

29   Herstellung von Kraftwagen und Kraftwagenteilen

30   Sonstiger Fahrzeugbau

Öffentliche Verwaltung

O   Öffentliche Verwaltung, Verteidigung; Sozialversicherung

84   Öffentliche Verwaltung, Verteidigung; Sozialversicherung

U   Exterritoriale Organisationen und Körperschaften

99   Exterritoriale Organisationen und Körperschaften

Verarbeitendes Gewerbe

C   Verarbeitendes Gewerbe

10   Herstellung von Nahrungs- und Futtermitteln

11   Getränkeherstellung

12   Tabakverarbeitung

13   Herstellung von Textilien

14   Herstellung von Bekleidung

15   Herstellung von Leder, Lederwaren und Schuhen

16   Herstellung von Holz-, Flecht-, Korb- und Korkwaren (ohne Möbel)

17   Herstellung von Papier, Pappe und Waren daraus

18   Herstellung von Druckerzeugnissen; Vervielfältigung von bespielten Ton-, Bild- und Daten-
      trägern

19   Kokerei und Mineralölverarbeitung

20   Herstellung von chemischen Erzeugnissen

21   Herstellung von pharmazeutischen Erzeugnissen

22   Herstellung von Gummi- und Kunststoffwaren

23   Herstellung von Glas und Glaswaren, Keramik, Verarbeitung von Steinen und Erden

31   Herstellung von Möbeln

32   Herstellung von sonstigen Waren

33   Reparatur und Installation von Maschinen und Ausrüstungen

Verkehr und Transport

Die Autorinnen und Autoren

Prof. Dr. Thomas Afflerbach

Hochschule für Wirtschaft und Recht Berlin
Fachbereich II: Duales Studium
Berlin

Prof. Dr. Thomas Afflerbach ist Gastprofessor für Allgemeine Betriebswirtschaftslehre, insbesondere Dienstleistungsmanagement, an der Hochschule für Wirtschaft und Recht Berlin. Zusätzlich führt er als selbstständiger Innovationsberater regelmäßig Workshops mit DAX Unternehmen, Start-ups und Nichtregierungsorganisationen durch, z. B. als Design Thinking Coach an der Hasso-Plattner-Institut Academy der Universität Potsdam. In seinen Lehr- und Forschungstätigkeiten widmet er sich schwerpunktmäßig den Themen nutzerzentriertes Innovationsmanagement (Design Thinking und Service Design), Dienstleistungsmarketing, Digitalisierung von Dienstleistungsunternehmen und moderne Arbeitswelten (z. B. virtuelle Teams und Vertrauen innerhalb von Organisationen).

Prof. Dr. Bernhard Badura

Universität Bielefeld
Fakultät für Gesundheitswissenschaften
Bielefeld

Dr. rer. soc., Studium der Soziologie, Philosophie und Politikwissenschaften in Tübingen, Freiburg, Konstanz und Harvard/Mass. Seit März 2008 Emeritus der Fakultät für Gesundheitswissenschaften der Universität Bielefeld.

Pia Barth

BDA | DIE ARBEITGEBER
Bundesvereinigung der Deutschen Arbeitgeberverbände
Berlin

Pia Barth ist Syndikusanwältin und seit 2019 Referentin für Betriebliche Personalpolitik in der Abteilung Arbeitsmarkt der Bundesvereinigung der Deutschen Arbeitgeberverbände (BDA). Ihre Themenschwerpunkte liegen in den Bereichen Qualität der Arbeit und Arbeitswelt 4.0 sowie Chancengleichheit, Vereinbarkeit und Diversity Management. Frau Barth und blickt auf mehr als 15 Jahre operative Erfahrung im Personalmanagement in Unternehmen der Metall- und Elektroindustrie zurück.

Prof. Dr. Edgar Baumgartner

Fachhochschule Nordwestschweiz
Hochschule für Soziale Arbeit
Olten
Schweiz

Prof. Dr. Edgar Baumgartner ist Leiter des Instituts Professionsforschung und -entwicklung an der Hochschule für Soziale Arbeit der Fachhochschule Nordwestschweiz. Themenschwerpunkte in Forschung und Lehre sind Betriebliche Soziale Arbeit, Evaluationsforschung und Methoden der Wirkungsforschung.

Dr. Hauke Behrendt

Akademischer Rat
Institut für Philosophie
Universität Stuttgart
Stuttgart

Dr. Hauke Behrendt ist Akademischer Rat am Institut für Philosophie der Universität Stuttgart. Seine Forschungsinteressen sind Sozialphilosophie, Politische Philosophie, Angewandte Ethik und Metaethik. Sein jüngstes Buch „Das Ideal einer Inklusiven Arbeitswelt. Teilhabegerechtigkeit im Zeitalter der Digitalisierung" (erschienen 2018 im Campus Verlag) untersucht die ethischen Implikationen von technischen Assistenzsystemen am Arbeitsplatz für die Förderung der beruflichen Qualifikation von Menschen mit Beeinträchtigungen und entwickelt vor diesem Hintergrund eine philosophische Theorie sozialer Inklusion.

Corinna Brauner

Bundesanstalt für Arbeitsschutz und Arbeits-
medizin (BAuA)
Gruppe 1.1 Wandel der Arbeit
Dortmund

Corinna Brauner ist wissenschaftliche Mitarbeiterin im Projekt „Arbeitszeitberichterstat-
tung für Deutschland" bei der Bundesanstalt
für Arbeitsschutz und Arbeitsmedizin und verantwortlich für die Durchführung der BAuA-
Arbeitszeitbefragung. Sie studierte Psychologie mit Schwerpunkt Personal- und Wirtschaftspsychologie an der Universität Münster. Im Rahmen ihrer Dissertation beschäftigt
sie sich mit Zusammenhängen zwischen Ar-
beitszeitflexibilisierung, Entgrenzung und der
Gesundheit und Work-Life-Balance von Beschäftigten.

Klaus Busch

Rheinbach

Studium der Elektrotechnik/Nachrichtentech-
nik an der FH Lippe, Abschluss: Diplom-Ingenieur. Studium der Volkswirtschaftslehre mit
dem Schwerpunkt Sozialpolitik an der Universität Hamburg, Abschluss: Diplom-Volkswirt.
Referent in der Grundsatz- und Planungsabtei-
lung des Bundesministeriums für Arbeit und
Sozialordnung (BMA) für das Rechnungswe-
sen und die Statistik in der Sozialversicherung. Referent in der Abteilung „Krankenversicherung" des Bundesministeriums für Gesundheit (BMG) für ökonomische Fragen der
zahnmedizinischen Versorgung und für Heil-
und Hilfsmittel. Danach Referent in der Abteilung „Grundsatzfragen der Gesundheitspolitik, Pflegesicherung, Prävention" des BMG
im Referat „Grundsatzfragen der Gesundheitspolitik, Gesamtwirtschaftliche und steuerliche
Fragen, Statistik des Gesundheitswesens". Vertreter des BMG im Statistischen Beirat des
Statistischen Bundesamtes. Seit Mai 2014 im
Ruhestand.

Dr. Elisa Clauß

BDA | DIE ARBEITGEBER
Bundesvereinigung der Deutschen Arbeit-
geberverbände
Berlin

Dr. Elisa Clauß ist Referentin für Arbeitswissenschaft in der Abteilung Soziale Sicherung
bei der Bundesvereinigung der Deutschen Arbeitgeberverbände (BDA). Als Mitglied in verschiedenen Gremien wie der Gemeinsamen

Deutschen Arbeitsschutzstrategie sowie in der nationalen und internationalen Normung vertritt sie den Themenbereich Arbeit und Gesundheit. Ihre Schwerpunkte liegen hierbei auf Arbeitsschutz und -gestaltung, psychischer Gesundheit sowie Arbeit 4.0. Frau Dr. Clauß arbeitete zuvor als Wissenschaftlerin u. a. an der Humboldt-Universität zu Berlin und als freiberufliche Beraterin in verschiedenen Projekten zu psychischer Gesundheit, Erholung sowie Ressourcenaufbau im Bereich der Arbeits-, Ingenieurs- und Organisationspsychologie.

Prof. Dr. Nico Dragano

Heinrich-Heine-Universität Düsseldorf
Institut für Medizinische Soziologie
Centre for Health and Society (CHS)
Düsseldorf

Prof. Dr. Nico Dragano ist seit 2012 Leiter des Instituts für Medizinische Soziologie am Universitätsklinikum Düsseldorf und Leiter des Studiengangs Public Health an der Medizinischen Fakultät der Henrich-Heine-Universität Düsseldorf. Ein Schwerpunkt seiner wissenschaftlichen Tätigkeit ist die Erforschung der gesundheitlichen Folgen von Arbeitsbelastungen. Untersucht werden Aspekte wie die Entstehung und Wirkung von Arbeitsstress, der Einfluss von Führung und Management auf die Gesundheit der Beschäftigten oder die Bedeutung sozial- und wirtschaftspolitischer Regelungen für ein gesundes Arbeitsumfeld.

Prof. Dr. Antje Ducki

Beuth Hochschule für Technik Berlin
Fachbereich I: Wirtschafts- und Gesellschaftswissenschaften
Berlin

Nach Abschluss des Studiums der Psychologie an der Freien Universität Berlin als wissenschaftliche Mitarbeiterin an der TU Berlin tätig. Betriebliche Gesundheitsförderung für die AOK Berlin über die Gesellschaft für Betriebliche Gesundheitsförderung, Mitarbeiterin am Bremer Institut für Präventionsforschung und Sozialmedizin, Hochschulassistentin an der Universität Hamburg. 1998 Promotion in Leipzig. Seit 2002 Professorin für Arbeits- und Organisationspsychologie an der Beuth Hochschule für Technik Berlin. Arbeitsschwerpunkte: Arbeit und Gesundheit, Gender und Gesundheit, Mobilität und Gesundheit, Stressmanagement, Betriebliche Gesundheitsförderung.

Dr. Cona Ehresmann

FH Münster
University of Applied Sciences
Fachbereich Oecotrophologie – Facility Management
Münster

Studium der Gesundheitswissenschaften (M. Sc.) an der Universität Bielefeld (2011–2013). Wissenschaftliche Tätigkeit bei Prof. Dr. Bernhard Badura an der Fakultät für Gesundheitswissenschaften der Universität Bielefeld. Arbeitsschwerpunkt: Betriebliches Gesundheitsmanagement, insbesondere Organisationsdiagnostik (2012–2016). 2017 Promotion zum Doctor of Public Health zum Thema Burnout. Seit 2016 Nachwuchsprofessorin für Betriebliches Gesundheitsmanagement an der FH Münster.

Martin Eisenmann

Technische Universität Dortmund
Sozialforschungsstelle
Forschungsgebiet Industrie- und Arbeitsforschung (FIA)
Dortmund

Martin Eisenmann studierte bis 2016 an der Ruhr-Universität Bochum Sozialwissenschaften mit den Schwerpunkten Arbeitsorganisation, Erwerbsregulierung und Partizipation, Management von Arbeit sowie Gesundheitswirtschaft. Er ist zurzeit wissenschaftlicher Mitarbeiter der TU Dortmund (Sozialforschungsstelle) und promoviert im DFG-geförderten Graduiertenkolleg (GRK 2193).

Sabrina Fenn

AOK – Die Gesundheitskasse für Niedersachsen
Hannover

Sabrina Fenn studierte Health Communication und Public Health an der Universität Bielefeld mit den Schwerpunkten Betriebliches Gesundheitsmanagement und Prävention. Seit April 2016 ist sie als Beraterin für Betriebliches Gesundheitsmanagement bei der AOK Niedersachsen beschäftigt. Im November 2016 wechselte sie zum Innovationsprojekt „Gesundheit in der Arbeitswelt 4.0", in dem sie sich mit der Weiterentwicklung des Betrieblichen Gesundheitsmanagements sowie der Wirkung der neuen Arbeitswelt auf die Gesundheit der Beschäftigten befasst.

Prof. Dr. Andrea Fischbach

Deutsche Hochschule der Polizei (DHPol)
Department I (Führungs-, Organisations- und Verwaltungswissenschaften)
Fachgebiet 1.4 (Sozial-, Arbeits- und Organisationspsychologie)
Münster

Andrea Fischbach ist seit 2008 Universitätsprofessorin an der Deutschen Hochschule der Polizei in Münster (DHPol) und leitet dort das Fachgebiet Sozial-, Arbeits- und Organisationspsychologie. Sie hat an der Goethe-Universität Frankfurt/Main Psychologie (Diplom) studiert, an der Georg-August-Universität Göttingen promoviert und hatte an der Universität Trier eine Juniorprofessur für Arbeits-, Betriebs- und Organisationspsychologie inne. Sie beschäftigt sich mit Stress und Gesundheit bei der Arbeit und den Effekten von Führung, Arbeitsgestaltung, Personalmanagement und Organisationsentwicklung auf Leistungsfähigkeit und Gesundheit im Betrieb. Forschungsprojekte zu Emotionsarbeit, aufgabenbedingter Traumakonfrontation, Job-Crafting, organisationalen Veränderungsprozessen und Karriereförderung von Frauen in Führungspositionen.

Gabriele Fuchs-Hlinka

Kuratorium Wiener Pensionisten-Wohnhäuser (KWP)
Bereich Pflege und interdisziplinäre Betreuung (PIB)
Wien
Österreich

Diplomierte Gesundheits- und Krankenpflegerin, Lehrerin für GuK, akademische Health-Care-Managerin, vormals Leiterin des Fachbereichs Ausbildung im Wiener Krankenanstaltenverbund, derzeit karenziert und seit November 2019 Leiterin des Bereichs Pflege und interdisziplinäre Betreuung im Kuratorium Wiener Pensionisten Wohnhäuser (KWP) in Wien. Das KWP betreibt 30 Häuser zum Leben, die Seniorinnen und Senioren rund 9.000 Plätze bieten. Dazu kommen die 150 Pensionistenklubs der Stadt Wien mit etwa 17.000 eingeschriebenen Klubmitgliedern. Damit ist das KWP österreichweit der größte Anbieter auf dem Sektor der Seniorenbetreuung. Insgesamt arbeiten im KWP über 4.200 Mitarbeiterinnen und Mitarbeiter. Zudem engagieren sich über 500 ehrenamtliche Mitarbeiter und 70 Zivildiener für die KWP-Kunden. Das KWP ist Preisträger von zahlreichen Auszeichnungen. Details unter www.kwp.at

Ulrike Fugli

AOK Bayern – Die Gesundheitskasse
Bereich Gesundheitsförderung
Fachbereich Arbeitswelt
Nürnberg

Studium der Sportwissenschaften und Medien- und Kommunikationswissenschaften (B. A.) sowie Physical Activity and Health (M. A.). Anschließend wissenschaftliche Mitarbeiterin am Department für Sportwissenschaft und Sport (FAU Erlangen-Nürnberg) mit dem Schwerpunkt Multiple Sklerose und Bewegung. Freiberufliche Tätigkeit in der Unterstützung und Betreuung von Unternehmen in der Betrieblichen Gesundheitsförderung. Seit 2013 Beraterin für Betriebliches Gesundheitsmanagement bei der AOK Bayern. Weiterbildung zur Changemanagement- & Organisationsberaterin. Arbeitsschwerpunkte: Konzeption und Durchführung von Projekten zum Betrieblichen Gesundheitsmanagement, Führung und Gesundheit.

Prof. Dr. Katharina Gläsener

Beuth Hochschule für Technik Berlin
Fachbereich I: Wirtschafts- und Gesellschaftswissenschaften
Berlin

Prof. Dr. Katharina Gläsener ist Professorin für BWL/Personalmanagement am Fachbereich Wirtschafts- und Gesellschaftswissenschaften der Beuth Hochschule für Technik Berlin. Im Mittelpunkt ihrer Forschung und Lehre stehen die Themen Teamarbeit, Digitalisierung, Diversity Management (insbesondere Sprache und Kultur), Innovationsmanagement, Empirische Forschungsmethoden sowie Macht und Mikropolitik. Zusätzlich bietet sie regelmäßig Workshops zu Design Thinking sowohl im hochschulischen als auch außerhochschulischen Bereich an.

Kerstin Guhlemann

Technische Universität Dortmund
Sozialforschungsstelle
Forschungsbereich Arbeitspolitik und
Gesundheit
Dortmund

Kerstin Guhlemann studierte Soziologie und Medienwissenschaft an der Ruhr-Universität Bochum und ist seit 2009 wissenschaftliche Mitarbeiterin im Forschungsbereich 4, Arbeitspolitik und Gesundheit, der Sozialforschungsstelle Dortmund, den sie seit 2019 koordiniert. Arbeitsschwerpunkte: Prävention, Arbeitsschutz, Arbeitspolitik, Arbeitsmarktintegration.

Dr. Christine Hagen

Deutsches Zentrum für Altersfragen, Geschäftsstelle für die Altersberichte der Bundesregierung Berlin

Dr. Christine Hagen hat an der Johann Wolfgang Goethe-Universität Frankfurt Soziologie studiert und im Sonderforschungsbereich 186 „Statuspassagen und Risikolagen im Lebensverlauf" an der Universität Bremen promoviert. Nach beruflicher Tätigkeit im Landesgesundheitsamt und Sozialministerium des Landes Brandenburg sowie im Robert Koch-Institut ist sie aktuell stellvertretende Leiterin der Geschäftsstelle für die Altersberichte der Bundesregierung im Deutschen Zentrum für Altersfragen.

Dr. David Herr

Bundesministerium für Gesundheit
Berlin

Studium der Medizin an der Westfälischen Wilhelms-Universität in Münster. 2010 Trainee beim Standing Committee of European Doctors (CPME) in Brüssel. Von 2012 bis 2014 Arzt in der Klinik für Psychiatrie und Psychotherapie der Uniklinik Köln. Seit 2014 tätig im Bundesministerium für Gesundheit.

PD Dr. Ralf Himmelreicher

Institut für Soziologie der Freien Universität Berlin und Bundesanstalt für Arbeitsschutz und Arbeitsmedizin (BAuA) Berlin

Ralf Himmelreicher (Dr. rer. pol. habil.) ist Elektriker. Er war wissenschaftlicher Mitarbeiter in der Angestelltenkammer Bremen, im Institut für Konjunktur- und Strukturforschung sowie am Zentrum für Sozialpolitik an der Universität Bremen und anschließend Leiter des Forschungsdatenzentrums der Rentenversicherung in Berlin. Seit 2009 ist er Privatdozent am Institut für Soziologie der Freien Universität Berlin und seit 2015 Senior Scientist in der Bundesanstalt für Arbeitsschutz und Arbeitsmedizin (BAuA).

PD Dr. Thomas Höge

Universität Innsbruck
Institut für Psychologie
Innsbruck
Österreich

PD Dr. Thomas Höge ist am Institut für Psychologie der Universität Innsbruck tätig. Seine Forschungsinteressen sind die psychologischen Aspekte von Flexibilisierung und Subjektivierung in der Arbeitswelt, Arbeit und Gesundheit sowie Partizipation und organisationale Demokratie.

Miriam-Maleika Höltgen

Wissenschaftliches Institut der AOK (WIdO) Berlin

Studium der Germanistik, Geschichte und Politikwissenschaften an der Friedrich-Schiller-Universität Jena (M. A.); wissenschaftliche

Mitarbeiterin am Institut für Literaturwissenschaft. Im Anschluss berufliche Stationen in Verlagen in den Bereichen Redaktion, Lektorat, Layout und Herstellung. Seit 2006 im Wissenschaftlichen Institut der AOK (WIdO) im Forschungsbereich Betriebliche Gesundheitsförderung, Heilmittel und ambulante Bedarfsplanung, hier insbesondere verantwortlich für die Redaktion des Fehlzeiten-Reports.

PD Dr. Severin Hornung

Universität Innsbruck
Institut für Psychologie
Innsbruck

PD Dr. Severin Hornung ist als wissenschaftlicher Assistent am Institut für Psychologie der Universität Innsbruck beschäftigt. Seine Forschungsschwerpunkte sind Arbeit und Gesundheit, Wandel von Arbeit und Organisationen sowie kritische Perspektiven der angewandten Psychologie.

Peter Jaensch

IDC Forschungsinstitut
Wilhelm Löhe Hochschule Fürth (WLH)
Fürth (Bay.)

Peter Jaensch absolvierte von 1996 bis 2003 ein Magisterstudium der Soziologie, Psychologie und Pädagogik an der Friedrich-Alexander-Universität Erlangen-Nürnberg (FAU). Neben der Tätigkeit am Institut für Psychogerontologie in Erlangen von 2005 bis 2009 Studium der Gerontologie (M. Sc.). Von 2008 bis 2009 leitete er im Auftrag des Seniorenamtes der Stadt Nürnberg ein Projekt zur Neuauflage des „Nürnberger Pflege-Heimatlas". Seit 2009 freiberuflicher Referent und seit 2011 wissenschaftlicher Mitarbeiter am IDC Forschungsinstitut der Wilhelm Löhe Hochschule für angewandte Wissenschaften (WLH). Arbeitsschwerpunkte: technische Assistenzsysteme und technische Unterstützung im Versorgungskontext, Bedingungsfaktoren ihrer Akzeptanz, Implementierungshürden technischer Assistenzsysteme, Mitarbeiterbefragungen und Aspekte Betrieblichen Gesundheitsmanagements im Gesundheits- und Sozialmarkt.

Julia Klein

Wissenschaftliches Institut der AOK (WIdO)
Berlin

B. A. Sporttherapie und Prävention an der Universität Potsdam. Zurzeit im M. Sc. Integrative Sport-, Bewegungs- und Gesundheitswissenschaften an der Universität Potsdam. Seit Februar 2020 studentische Mitarbeiterin im Forschungsbereich Betriebliche Gesundheitsförderung, Heilmittel und ambulante Bedarfsplanung des Wissenschaftlichen Instituts der AOK (WIdO).

Prof. Dr. Martin Klein

Katholische Hochschule NRW
Köln

Prof. Dr. Martin Klein ist Professor für Soziale Arbeit und Sozialmanagement an der Katholischen Hochschule/NRW und Vorsitzender des Bundesfachverbandes Betriebliche Sozialarbeit (bbs e. V.). Schwerpunkte in der Lehre und Forschung sind Case Management, Digitalisierung und soziale Arbeit, Soziales und Wirtschaft.

Joachim Klose

Wissenschaftliches Institut der AOK (WIdO)
Berlin

Diplom-Soziologe. Nach Abschluss des Studiums der Soziologie an der Universität Bamberg (Schwerpunkt Sozialpolitik und Sozialplanung) wissenschaftlicher Mitarbeiter im Rahmen der Berufsbildungsforschung an der Universität Duisburg. Seit 1993 wissenschaftlicher Mitarbeiter im Wissenschaftlichen Institut der AOK (WIdO) im AOK-Bundesverband; Leiter des Forschungsbereichs Betriebliche Gesundheitsförderung, Heilmittel und ambulante Bedarfsplanung.

PD Dr. Thomas Lampert

Robert Koch-Institut
Leiter der Abteilung Epidemiologie und
Gesundheitsmonitoring
General-Pape-Straße 62–66
12101 Berlin

Studium der Soziologie, Psychologie und Statistik an der Freien Universität Berlin. Promotion an der Technischen Universität Berlin. Habilitation am Universitätsklinikum Leipzig. Wissenschaftlicher Mitarbeiter am Max-Planck-Institut für Bildungsforschung und an der Technischen Universität Berlin. Seit 2002 wissenschaftlicher Mitarbeiter am Robert Koch-Institut. Von 2015 bis 2019 Leiter des Fachgebiets Soziale Determinanten der Gesundheit. Seit 2020 Leiter der Abteilung Epidemiologie und Gesundheitsmonitoring am Robert Koch-Institut. Arbeitsschwerpunkte: Soziale und gesundheitliche Ungleichheit, Epidemiologische Lebensverlaufsforschung, Lebensstil und Gesundheitsverhalten, Sozial- und Gesundheitsberichterstattung.

Prof. Dr. Stefan Liebig

Deutsches Institut für Wirtschaftsforschung (DIW Berlin)
Berlin

Stefan Liebig ist Direktor des Sozio-oekonomischen Panels am DIW Berlin und Professor für Soziologie mit Schwerpunkt Sozialstrukturanalyse und Surveymethodologie an der Freien Universität Berlin. Er 1998 wurde an Humboldt-Universität zu Berlin promoviert und 2004 an der Ludwigs-Maximilians-Universität München habilitiert (Soziologie). 2005 erfolgte die Berufung auf eine Professur für Methodenlehre an der Universität Trier, von 2006 bis 2008 hatte er eine Professur für Soziologie mit dem Schwerpunkt Sozialstrukturanalyse an der Universität Duisburg-Essen inne und von 2008 bis 2019 eine Professur für Soziale Ungleichheit an der Universität Bielefeld. Seine Forschungsinteressen liegen im Bereich sozialer Ungleichheiten sowie deren Wahrnehmung und Bewertung.

Patricia Lück

AOK-Bundesverband
Berlin

Diplom-Psychologin und Referentin für Betriebliche Gesundheitsförderung des AOK-Bundesverbandes in Berlin, Beauftragte in der Initiative Gesundheit und Arbeit (iga) und aktiv im Trägerkreis des Deutschen Netzwerks Betriebliche Gesundheitsförderung (DNBGF).

Miriam Meschede

Wissenschaftliches Institut der AOK (WIdO)
Berlin

Masterstudium der Prävention und Gesundheitsförderung an der Universität Flensburg. Seit 2018 Wissenschaftliche Mitarbeiterin im Forschungsbereich Betriebliche Gesundheitsförderung, Wissenschaftliches Institut der AOK (WIdO).

Markus Meyer

Wissenschaftliches Institut der AOK (WIdO)
Berlin

Diplom-Sozialwissenschaftler. Berufliche Stationen nach dem Studium: Team Gesundheit der Gesellschaft für Gesundheitsmanagement mbH, BKK Bundesverband und spectrum|K GmbH. Tätigkeiten in den Bereichen Betriebliche Gesundheitsförderung, Datenmanagement und IT-Projekte. Seit 2010 wissenschaftlicher Mitarbeiter im Wissenschaftlichen Institut der AOK (WIdO) im AOK-Bundesverband, Forschungsbereich Betriebliche Gesundheitsförderung, Heilmittel und ambulante Bedarfsplanung; Projektleiter Forschungsbereich Betriebliche Gesundheitsförderung. Arbeitsschwerpunkte: Fehlzeitenanalysen, betriebliche und branchenbezogene Gesundheitsberichterstattung.

Dr. Niels Michalski

Robert Koch-Institut
Fachgebiet Soziale Determinanten der
Gesundheit
Berlin

Studium der Sozialwissenschaften an der HU Berlin (B. A.) und Studium der Soziologie an der FU Berlin (M. A.) von 2003 bis 2010. Tätigkeit als studentischer Mitarbeiter in der Abteilung Sozioökonomisches Panel am DIW Berlin. 2011 bis 2019 wissenschaftlicher Mitarbeiter am Lehrbereich für Methoden der empirischen Sozialforschung an der HU Berlin. Promotion an der Berlin Graduate School of Social Sciences der HU Berlin (2018). Seit 2019 wissenschaftlicher Mitarbeiter am Robert Koch-Institut im Fachgebiet Soziale Determinanten der Gesundheit mit den Arbeitsschwerpunkten soziale Ungleichheit, regionale Ungleichheiten der Gesundheit, soziales Kapital und soziale Kohäsion.

Dr. Stefan Mondorf

BDA | DIE ARBEITGEBER
Bundesvereinigung der Deutschen Arbeit-
geberverbände
Berlin

Dr. Stefan Mondorf ist Referent in der Abteilung Soziale Sicherung bei der Bundesvereinigung der Deutschen Arbeitgeberverbände. Hier beschäftigt er sich mit aktuellen wirtschafts- und sozialpolitischen Themen und Gesetzgebungsverfahren. Als Mitglied der Vertreterversammlung der Verwaltungs-Berufsgenossenschaft (VBG) vertritt er die Arbeitgeberinteressen in der Sozialen Selbstverwaltung und ist Lehrbeauftragter an der Hochschule für Wirtschaft und Recht Berlin. Zuvor arbeitete Herr Mondorf als Wissenschaftlicher Mitarbeiter im Fachgebiet Mikroökonomik des Fachbereichs Wirtschaftswissenschaften an der Universität Osnabrück. Seine Forschungstätigkeit konzentrierte sich dort auf verhaltensökonomische Fragestellungen.

Stephan Müters

Robert Koch-Institut
Fachgebiet Soziale Determinanten der
Gesundheit
Berlin

Studium der Sozialwissenschaften an der Humboldt-Universität Berlin. Tätigkeit als wissenschaftlicher Mitarbeiter am Institut für Gesundheitswissenschaften der Technischen Universität Berlin. Seit 2006 wissenschaftlicher Mitarbeiter am Robert Koch-Institut, zunächst im Fachgebiet Gesundheitsmonitoring, seit 2015 im Fachgebiet Soziale Determinanten der Gesundheit. Arbeitsschwerpunkte: soziale Ungleichheit und Gesundheit, Arbeitslosigkeit und Gesundheit, Empirische Sozialforschung, soziodemografische Indikatoren in Gesundheitssurveys.

Julia Maria Ott

IDC Forschungsinstitut
Wilhelm Löhe Hochschule Fürth (WLH)
Fürth (Bay.)

Julia Maria Ott absolvierte 2014 bis 2018 das Studium Management im Gesundheits- und Sozialmarkt (B. A.) an der Wilhelm Löhe Hochschule in Fürth für angewandte Wissenschaften (WLH). 2018 begann sie das Studium der Gerontologie (M. Sc.) am Institut für Psychogerontologie der Friedrich-Alexander-Universität Erlangen-Nürnberg (FAU). Sie war im Qualitätsmanagement im Bereich der Altenpflege tätig und bildete sich zur Qualitätsmanagerin weiter. Seit 2019 ist sie wissenschaftliche Mitarbeiterin am IDC Forschungsinstitut der Wilhelm Löhe Hochschule für angewandte Wissenschaften (WLH).

Prof. Dr. Kathleen Otto

Abteilung Arbeits- und Organisations-
psychologie
Fachbereich Psychlogie
Philipps-Universität Marburg
Marburg

Prof. Dr. Kathleen Otto ist Professorin für Arbeits- und Organisationspsychologie an der Philipps-Universität Marburg und Gastprofessorin an der Universität Luxemburg. Sie forscht zu Themen der organisationalen Fairness, Führung und Gesundheit, Karriereentwicklung, organisationaler Wandel sowie Arbeitsplatzunsicherheit, Erwerbslosigkeit und atypische Beschäftigung. Mit diesen Themen hat sie in internationalen Zeitschriften publiziert u. a. *Journal of Vocational Behavior*, *Journal of Occupational Health Psychology* und *European Journal of Work and Organizational Psychology*. Kathleen Otto hat praktische Erfahrungen als Gutachterin, Moderatorin und Coach und verfügt als Mediatorin über Expertise im Bereich Konfliktmanagement mit Schwerpunkt Wirtschaftsmediation.

Prof. Dr. Nadine Pieck

Hochschule Magdeburg – Stendal
Institut für Gesundheitsförderung und
Prävention in Lebenswelten
Magdeburg

Quelle: Viktoria Kühne

Prof. Dr. Nadine Pieck ist Direktorin des Instituts für Gesundheitsförderung und Prävention in Lebenswelten an der Hochschule Magdeburg-Stendal. Ihre Forschungsschwerpunkte liegen in der Gestaltung partizipativer Prozesse sowie in der geschlechter- und diversitygerechten Gesundheitsförderung und Prävention.

Dr. Armin Pircher Verdorfer

University of Amsterdam |
Amsterdam Business School
Leadership & Management
Amsterdam

Armin Pircher Verdorfer ist Assistant Professor an der Sektion Leadership & Management der Amsterdam Business School. Nach der Promotion am Institut für Psychologie der Universität Innsbruck und einer kurzen Station an der University of Oklahoma war er als Postdoc an der wirtschaftswissenschaftlichen Fakultät der TU München tätig. Seine Schwerpunkte in Forschung und Lehre liegen auf den Bedingungen, Inhalten und Auswirkungen ethischer bzw. destruktiver Führung sowie Fragen der Führungsentwicklung. Seine Arbeiten wurden in internationalen Fachzeitschriften wie dem Journal of Business Ethics oder dem Journal of Management publiziert.

Prof. Dr. Thomas Rigotti

Johannes Gutenberg-Universität Mainz und Leibniz Institut für Resilienzforschung
Arbeits-, Organisations- und Wirtschaftspsychologie
Mainz

Thomas Rigotti studierte (Dipl. Psych.) und promovierte an der Universität Leipzig. Seit 2013 ist er Professor für Arbeits-, Organisations- und Wirtschaftspsychologie an der Johannes Gutenberg-Universität Mainz sowie seit 2020 Arbeitsgruppenleiter im Leibniz Institut für Resilienzforschung. In seiner Forschung setzt er sich mit den Wechselwirkungen zwischen Arbeitsbedingungen, Gestaltungsoptionen und Gesundheit auseinander. Dabei interessieret ihn besonders das Zusammenwirken

verschiedener Ebenen (Individuum, Team, Organisation) sowie die Aufklärung zeitlicher Prozesse

PD Dr. Christiane Roick, MPH

AOK-Bundesverband
Berlin

Christiane Roick ist stellvertretende Leiterin des Stabs Medizin beim AOK-Bundesverband. Nach ihrem Medizinstudium arbeitete sie mehrere Jahre klinisch in der Psychiatrie und Psychotherapie. Von 1997 bis 2007 war sie zunächst als wissenschaftliche Mitarbeiterin und später als Projektleiterin an der Psychiatrischen Universitätsklinik Leipzig tätig. In dieser Zeit entstanden zahlreiche Publikationen zu Themen aus den Bereichen psychiatrische Versorgungsforschung, Public Health und Gesundheitsökonomie. 1999 schloss sie ein gesundheitswissenschaftliches Aufbaustudium ab. Von 2005 bis 2007 gehörte sie dem Vorstand des Zentrums für Prävention und Rehabilitation der Universität Leipzig an. Seit Mitte 2007 arbeitet sie beim AOK-Bundesverband und befasst sich dort schwerpunktmäßig mit der Entwicklung und Evaluation neuer Versorgungsmodelle, evidenzbasierter Medizin und Qualitätssicherung. Mit der Universität Leipzig ist sie als Gastwissenschaftlerin am Institut für Sozialmedizin, Arbeitsmedizin und Public Health weiterhin verbunden. 2012 habilitierte sie sich für das Fachgebiet Public Health und

Versorgungsforschung an der Medizinischen Fakultät der Universität Leipzig.

Prof. Dr. Carsten Sauer

Lehrstuhl für Soziologie mit Schwerpunkt Sozialstrukturanalyse
Fakultät für Staats- und Gesellschaftswissenschaften
Zeppelin Universität
Friedrichshafen

Carsten Sauer ist Professor für Soziologie mit Schwerpunkt Sozialstrukturanalyse an der Zeppelin Universität in Friedrichshafen. Er studierte Soziologie an der Universität Konstanz. Nach seiner Studienzeit war er wissenschaftlicher Mitarbeiter am Institut für Soziologie der Universität Duisburg-Essen und anschließend an der Fakultät für Soziologie der Universität Bielefeld, wo er 2014 promoviert wurde. Danach arbeitete er als Radboud Excellence Initiative Fellow am Fachbereich für Soziologie der Radboud Universität Nijmegen. Seine Forschungsinteressen liegen in den Bereichen Arbeitsmarkt, soziale Ungleichheiten, Ursachen und Folgen von Ungerechtigkeitswahrnehmungen sowie Survey-Experimenten.

Dr. Tabea Scheel

Abteilung Arbeits- und Organisationspsychologie
Europa-Universität Flensburg, International Institute of Management and Economic Education
Flensburg

Dr. Tabea Scheel ist Vertretungsprofessorin für Arbeits- und Organisationspsychologie an der Europa-Universität Flensburg und Alumna der Alexander von Humboldt-Stiftung. Zu ihren Forschungsinteressen gehören motivationale und emotionale Prozesse im Arbeitskontext, Veränderungsbereitschaft und Führung in der sich wandelnden Arbeitswelt sowie neueren Formen der Arbeit wie Crowdworking und Coworking. Sie veröffentlicht in internationalen Zeitschriften mit Peer-Review, wie *Human Resource Management, European Journal of Work & Organizational Psychology* und *Work & Stress* und schrieb ein Buch über Humor im Arbeitskontext. Tabea Scheel arbeitet seit vielen Jahren auch freiberuflich als Coach.

Antje Schenkel

Wissenschaftliches Institut der AOK (WIdO)
Berlin

Diplom-Mathematikerin. Nach Abschluss des
Studiums 2007 durchgehend unterwegs in Da-
tenbankentwicklung und Datenanalyse. Seit
2017 Mitarbeiterin des Wissenschaftlichen Instituts der AOK (WIdO) im Forschungsbereich
Betriebliche Gesundheitsförderung, Heilmittel
und ambulante Bedarfsplanung.

Annette Schlipphak

Bundesministerium des Innern, für Bau und
Heimat
Berlin

Studium der Psychologie in Frankfurt am
Main. Erfahrungen im Bereich Unterricht,
Training und Beratung, Personalentwicklung
und -auswahl. Seit 2001 Referentin im Bundesministerium des Innern, heute tätig im Ärztlichen und Sozialen Dienst der obersten Bundesbehörden, Gesundheitsmanagement. Zuständig u. a. für die Koordination der Umsetzung des Betrieblichen Gesundheitsmanagements in der unmittelbaren Bundesverwaltung
sowie die Erstellung des Gesundheitsförde-
rungsberichts.

Prof. Dr. Ellen Schmid

Munich Business School
Professor for Responsible Leadership
München

Ellen Schmid ist Professorin für Responsible
Leadership an der Munich Business School,
wo sie zum Thema verantwortungsvolle Führung lehrt und forscht. Sie war HR Business
Partner bei General Electric, bevor sie 2011 an
die TU München wechselte. Dort hat sie zum
Thema Führung geforscht und zuletzt das Center for Digital Leadership Development an der
TU München geleitet. Neben ihrer Tätigkeit in
Forschung und Lehre ist sie als Beraterin für
verschiedene Unternehmen tätig.

Dr. Rolf Schmucker

Institut DGB-Index Gute Arbeit
Berlin

Studium der Politikwissenschaft an der Philipps-Universität Marburg/Lahn. Wissenschaftlicher Mitarbeiter am Institut für Medizinische Soziologie der Goethe-Universität-Frankfurt/Main (2001–2010) sowie der Fakultät für Gesundheitswissenschaften der Universität Bielefeld (2010–2013). Seit 2014 Leiter des Instituts DGB-Index Gute Arbeit beim Bundesvorstand des Deutschen Gewerkschaftsbundes.

Helmut Schröder

Wissenschaftliches Institut der AOK (WIdO)
Berlin

Nach dem Abschluss als Diplom-Soziologe an der Universität Mannheim als wissenschaft-licher Mitarbeiter im Wissenschaftszentrum Berlin für Sozialforschung (WZB), dem Zentrum für Umfragen, Methoden und Analysen e. V. (ZUMA) in Mannheim sowie dem Institut für Sozialforschung der Universität Stuttgart tätig. Seit 1996 wissenschaftlicher Mitarbeiter im Wissenschaftlichen Institut der AOK (WIdO) im AOK-Bundesverband und dort insbesondere in den Bereichen Arzneimittel, Heilmittel, Betriebliche Gesundheitsförderung sowie Evaluation tätig; stellvertretender Geschäftsführer des WIdO.

Prof. Dr. Reinhard Schunck

Bergische Universität Wuppertal
Fakultät für Human- und Sozial-wissenschaften, Institut für Soziologie
Wuppertal

Reinhard Schunck ist Professor für Soziologie an der Bergischen Universität Wuppertal. Er hat in Mannheim, Utrecht (Niederlande) und Bloomington (USA) Sozialwissenschaften mit den Schwerpunkten Soziologie und Forschungsmethoden studiert. Nach Abschluss seines Studiums (2006) promovierte er 2011 an der Universität Bremen an der Bremen International Graduate School of Social Sciences (BIGSSS). Anschließend war er mehrere Jahre an der Universität Bielefeld und dann Teamleiter bei GESIS – Leibniz-Institut für Sozialwissenschaften in Köln. Zu seinen Forschungs-

und Lehrschwerpunkten gehören – neben den quantitativen Methoden – die Migrations-, Familien- und Ungleichheitssoziologie.

Reinhard Schwanke

AOK-Bundesverband
Geschäftsführungseinheit Markt/Produkte
Berlin

Diplom-Informatiker. Seit 1991 im AOK-Bundesverband tätig, u. a. im WIdO und in Bundes-Projekten mit Bezug auf die Leistung „Krankengeld". Derzeit im Geschäftsbereich „Markt/Produkte", Abteilung „Leistungen & Produkte" als Referatsleiter „Leistungsprozesse". Aufgabenschwerpunkt des Referats ist aktuell im Wesentlichen die kontinuierliche Weiterentwicklung des AOK-Krankengeldmanagements. Ein Schwerpunkt liegt dabei in der stetigen Berichtsverbesserung eines bundesweit abgestimmten Krankengeld-Fachcontrollings.

Christian Seubert, PhD

Universität Innsbruck
Institut für Psychologie
Innsbruck
Österreich

Christian Seubert, PhD, ist Assistenzprofessor am Institut für Psychologie an der Universität Innsbruck. Seine Forschungsinteressen sind humanorientierte Arbeitsgestaltung, Ressourcen in der Arbeit sowie das subjektive Erleben von prekären Beschäftigungsbedingungen. Er forscht zu gesundheitsförderlichen Arbeits- und Beschäftigungsbedingungen und deren Verknüpfung mit dem Befähigungsansatz.

Prof. Dr. Johannes Siegrist

Heinrich-Heine-Universität Düsseldorf
Seniorprofessur Medizinische Fakultät
Life Science Center
Düsseldorf

Johannes Siegrist ist Seniorprofessor für Psychosoziale Arbeitsbelastungsforschung an der Medizinischen Fakultät der Heinrich-Heine-Universität Düsseldorf. Bis 2012 war er Direktor des Instituts für Medizinische Soziologie und Leiter des Postgraduiertenstudiengangs „Public Health" an dieser Universität. Seine Forschungsschwerpunkte umfassen die Themen Psychosoziale Arbeitsbelastungen und Gesundheit sowie soziale Ungleichheit von Gesundheit und Krankheit, zu denen er umfangreiche internationale und nationale Publikationen erarbeitet hat.

Susanne Sollmann

Wissenschaftliches Institut der AOK (WIdO)
Berlin

Susanne Sollmann studierte Anglistik und Kunsterziehung an der Rheinischen Friedrich-Wilhelms-Universität Bonn und am Goldsmiths College, University of London. Von 1986 bis 1988 war sie wissenschaftliche Hilfskraft am Institut für Informatik der Universität Bonn. Seit 1989 ist sie im Wissenschaftlichen Institut der AOK (WIdO) tätig, u. a. im Projekt Krankenhausbetriebsvergleich und im Forschungsbereich Krankenhaus. Verantwortlich für das Lektorat des Fehlzeiten-Reports.

Heidemarie Staflinger

Arbeiterkammer Oberösterreich
Abteilung Arbeitsbedingungen
Linz
Österreich

MMag.a Heidemarie Staflinger, Sozial- und Wirtschaftswissenschafterin mit den Schwerpunkten Organisation, Personal, Arbeits- und Organisationspsychologie. Ausgebildete E. D. E.-Heimleiterin und Kommunikationstrainerin im Gesundheits- und Sozialbereich. Mitentwicklerin E-Qalin® – Qualitätsmanagement für die Langzeitpflege. Langjährige Erfahrung in der Weiterbildung von Expertinnen und Experten im Gesundheits- und Sozialbereich. Leitung und Mitarbeit in zahlreichen EU-Projekten mit dem Fokus Langzeitpflege. Tätig in der Arbeiterkammer Oberösterreich (gesetzliche Interessensvertretung der oö. Arbeitnehmerinnen und Arbeitnehmer) mit dem Schwerpunkt Arbeitsbedingungen im Gesundheits- und Sozialen Dienstleistungsbereich.

Prof. Dr. Bettina Stoll

Hochschule Fulda
Fachbereich SW
Fulda

Bettina Stoll, Prof. Dr. phil., ist Dipl.-Päd. (Univ.), Dipl.-Sozialpäd. (FH), promoviert in Soziologie. Professorin für Sozialmanagement an der Hochschule für angewandte Wissenschaften/Fulda. Unter anderem langjährige Tätigkeit in der Betrieblichen Sozialarbeit eines Großunternehmens. Schwerpunkte in Lehre und Forschung sind z. B. „Soziales und Wirtschaft", CSR/Corporate Citizenship, Soziale Unternehmen/Social Entrepreneurship. Lei-

tungsmitglied im fakultätsübergreifenden wissenschaftlichen Zentrum für Gesellschaft und Nachhaltigkeit (CeSSt) der Hochschule Fulda; Mitglied im Bundesfachverband Betriebliche Sozialarbeit (bbs e. V.) u. a. m.

Christoph Thomann

Deutsche Gesetzliche Unfallversicherung (DGUV)
Berlin

Christoph Thomann ist Diplom-Ingenieur (BA) für Informatik sowie Diplom-Soziologe mit den Schwerpunkten Organisations- und Techniksoziologie. Nach seiner Tätigkeit im Programmbereich Epidemiologie des Deutschen Rheuma-Forschungszentrums ist er seit 2015 bei der Deutschen Gesetzlichen Unfallversicherung tätig. Als Referent im Bereich Statistik ist er zuständig für die Arbeitsunfallstatistik der DGUV.

Dr. Anita Tisch

Bundesanstalt für Arbeitsschutz und Arbeitsmedizin (BAuA)
Gruppe 1.1 Wandel der Arbeit
Dortmund

Dr. Anita Tisch ist Leiterin der Fachgruppe „Wandel der Arbeit" in der Bundesanstalt für Arbeitsschutz und Arbeitsmedizin (BAuA) in Dortmund. In ihrem Verantwortungsbereich liegt die konzeptionelle Weiterentwicklung der Forschung von gesundheitlichen und sozialen Auswirkungen des arbeitsorganisatorischen und technologischen Wandels. Ihre derzeitigen Forschungsschwerpunkte sind die Auswirkungen der Arbeitszeitgestaltung sowie der Digitalisierung. Zuvor forschte sie am Institut für Arbeitsmarkt- und Berufsforschung (IAB) in Nürnberg zu arbeitsmarktwissenschaftlichen sowie gesundheitswissenschaftlichen Fragestellungen.

Andrea Waltersbacher

Wissenschaftliches Institut der AOK (WIdO)
Berlin

Andrea Waltersbacher, Diplom-Soziologin, ist seit 2001 wissenschaftliche Mitarbeiterin im WIdO. Seit 2002 ist sie Projektleiterin des AOK-Heilmittel-Informations-Systems (AOK-HIS) im Forschungsbereich Betriebliche Gesundheitsförderung, Heilmittel und ambulante Bedarfsplanung.

Prof. Dr. Wolfgang Weber

Universität Innsbruck
Institut für Psychologie
Innsbruck
Österreich

Univ.-Prof. Dr. phil. habil. Wolfgang G. Weber ist am Institut für Psychologie der Universität Innsbruck leitend im Fachbereich Angewandte Psychologie tätig. Seine Forschungsinteressen sind Organisationale Demokratie, ethisches Unternehmensklima, Sozialisation sozialer und moralischer Kompetenz, soziale Entfremdung, menschengerechte Arbeitsgestaltung.

Stefanie Wiegand

Wissenschaftliches Institut der AOK (WIdO)
Berlin

Stefanie Wiegand ist staatlich anerkannte Ergotherapeutin (2003–2006 in Leipzig) mit mehrjähriger Berufserfahrung. Im Bachelor studierte sie Sozialwissenschaften (B. A.) an der Humboldt-Universität zu Berlin. Nach dem erfolgreichen Abschluss arbeitete sie im Bereich Recruiting sowie im Betrieblichen Eingliederungsmanagement bei der Deutschen Bahn AG. Derzeit studiert sie Public Health (M. Sc.) an der Charité-Universitätsmedizin Berlin. Seit Februar 2020 arbeitet sie als studentische Mitarbeiterin im WIdO im Forschungsbereich Betriebliche Gesundheitsförderung, Heilmittel und ambulante Bedarfspflege, hier insbesondere im Rahmen des Fehlzeiten-Reports.

Dr. Tobias Wienzek

Technische Universität Dortmund
Sozialforschungsstelle
Forschungsbereich Lernende Organisation und Netzwerke
Dortmund

Dr. Tobias Wienzek studierte Wirtschafts- und Sozialwissenschaften an der TU in Dortmund und ist seit 2008 als wissenschaftlicher Mitarbeiter im Bereich Arbeitsforschung (Sozialforschungsstelle Dortmund) tätig. Er promovierte im Jahr 2013 zum Thema Boundary Spanner und Promotoren in Innovationskooperationen nichtforschungsintensiver KMU. Arbeitsschwerpunkte: Innovationspolitik, Kooperationsformen, Industrie 4.0.

Werner Winter

AOK Bayern – Die Gesundheitskasse
Nürnberg

Studium der Sozialpädagogik und Betriebs-
wirtschaft. Change Manager und Organisati-
onsentwickler. Seit 1982 in unterschiedlichen
Feldern der Gesundheitsförderung, insb. der
Betrieblichen Gesundheitsförderung tätig. Seit
1989 Mitarbeiter der AOK Bayern, u. a. Leiter
des Fachbereichs Arbeitswelt. Aktuell Mitarbeit im bundesweiten Fachprojekt „BGF in der
Pflege". Arbeitsschwerpunkte: Organisationsentwicklung, Qualitätsmanagement, psychosoziale Belastungen, Sucht und Führung.

der RW-Fakultät der FAU. Forschungsgebiete
liegen in den Bereichen Gesundheitsökonomik
und Ökonomie der Langzeitpflege, Innovationsforschung und ökonomischen Bewertung
(ELSI/HTA) von Assistenzsystemen.

Prof. Dr. Jürgen Zerth

IDC Forschungsinstitut
Wilhelm Löhe Hochschule Fürth (WLH)
Fürth (Bay.)

Seit Oktober 2012 Professor für Wirtschaftswissenschaften, insbesondere Gesundheitsökonomie, an der Wilhelm Löhe Hochschule
für angewandte Wissenschaften in Fürth und
dort gleichzeitig Institutsleiter des Forschungs-
instituts IDC. Seit 2015 ist Jürgen Zerth
Vizepräsident (Forschung) der WLH. Von
2010 bis 2012 Leiter des Forschungsinsti-
tuts der Diakonie Neuendettelsau. Nach dem
Studium der Volkswirtschaftslehre mit den
Schwerpunkten Gesundheitsökonomie und
Sozialpolitik von 2000 bis 2010 Geschäftsführer der Forschungsstelle für Sozialrecht
und Gesundheitsökonomie an der Universität
Bayreuth; Gastdozent an der SISU in Shanghai
2003 und 2006 sowie im WS 2009/2010 Vertretung des Lehrstuhls Wirtschaftspolitik an

Stichwortverzeichnis